आर॰ गुप्ता® कृत

पॉपुलर मास्टर गाइड

स्वास्थ्य निरीक्षक मलेरिया निरीक्षक सेनेटरी निरीक्षक

भर्ती परीक्षा

DSSSB, RRBs, ESIC, HSSC, SSC तथा
अन्य संस्थाओं द्वारा आयोजित परीक्षाओं के लिए उपयोगी

RPH संपादक मंडल

द्वारा संपादित

2027
EDITION

रमेश पब्लिशिंग हाउस, नई दिल्ली

प्रकाशक

ओ॰पी॰ गुप्ता, **रमेश पब्लिशिंग हाउस**

प्रशासनिक कार्यालय

12-H, न्यू दरियागंज रोड, ऑफिसर्स मेस के सामने,
नई दिल्ली-110002 ✆ 23275224, 23245124

E-mail: info@rameshpublishinghouse.com
For Online Shopping: www.rameshpublishinghouse.com

विक्रय केन्द्र

- बालाजी मार्किट, नई सड़क, दिल्ली-110006 ✆ 23282525 📱 9354373464
- 4457, नई सड़क, दिल्ली-110006

Book Code: R-1022

ISBN: 978-81-7812-599-2

मूल्यः ₹ 440

मुद्रकः राजधानी ऑफसैट, दिल्ली

विषय-सूची

पिछले प्रश्न-पत्र, 2025 1-20

पिछले प्रश्न-पत्र, 2023 1-28

पिछले प्रश्न-पत्र, 2021 .... A1-A8

पिछले प्रश्न-पत्र, 2019 .... A9-A16

पिछले प्रश्न-पत्र, 2017 .... A17-A24

पिछले प्रश्न-पत्र, 2015 .... A25-A32

- **स्वास्थ्य विषयक जागरूकता 1-216**

  (Health Related Awareness)

  स्वास्थ्य और रोगों से संबंधित अवधारणाएँ; मूलभूत शरीर-क्रिया विज्ञान; जानपदिक रोग विज्ञान (महामारी विज्ञान); संचारी और असंचारी रोग; परजीवी विज्ञान और कीट विज्ञान; प्राथमिक उपचार और व्यवहारपरक विज्ञान; परिवार कल्याण; स्वास्थ्य शिक्षा; स्वास्थ्य प्रशासन और कार्यक्रम; स्वास्थ्य पर्यावरण; अभ्यास प्रश्न-पत्र (8 सेट)।

- **General English 1-48**

  Comprehension Passages; English Grammar; Sentence Completion; Spotting Errors; One Word Substitution; Spelling Errors

- **सामान्य गणित (General Mathematics) 1-68**

  संख्या प्रणाली; महत्तम समापवर्तक एवं लघुत्तम समापवर्त्य; वर्गमूल एवं घनमूल; प्रतिशत; लाभ तथा हानि; मिश्रण; साधारण और चक्रवृद्धि ब्याज; अनुपात, समानुपात एवं समानुपाती भाग; साझा; औसत; आयु; कार्य तथा समय (टंकी पर आधारित प्रश्न); समय, चाल और दूरी; क्षेत्रफल।

- **सामान्य ज्ञान (General Awareness) 1-56**

  हमारा भारत, राष्ट्रीय प्रतीक, हमारी पृथ्वी, विश्व बोध, संयुक्त राष्ट्र संघ, भारत का भूगोल, रक्षा, कला एवं साहित्य, महत्वपूर्ण दिवस, खेल जगत, पुरस्कार एवं सम्मान, सामान्य विज्ञान, वस्तुनिष्ठ प्रश्नोत्तर।

पिछले प्रश्न-पत्र

RRB-स्वास्थ्य एवं मलेरिया निरीक्षक (Grade-III)

भर्ती परीक्षा, 2025

(Exam held on 28-04-2025)

1. निम्नलिखित में से किसे साहित्य और शिक्षा में उनके योगदान के लिए जनवरी, 2025 में मरणोपरांत पद्म विभूषण से सम्मानित किया गया?

1. शारदा सिन्हा 2. कुमुदिनी लाखिया
3. ओसामु सुजुकी 4. एमटी वासुदेवन नायर

2. दिए गए कथनों और निष्कर्षों को ध्यानपूर्वक पढ़िए। यह मानते हुए कि कथनों में दी गई जानकारी सत्य है, भले ही वह सामान्य रूप से ज्ञात तथ्यों से भिन्न प्रतीत होती हो, निश्चय कीजिए कि दिए गए निष्कर्षों में से कौन-से निष्कर्ष, कथनों का तार्किक रूप से अनुसरण करते हैं।

कथनः
सभी ढेर, राशियाँ हैं।
सभी स्टोर, राशियाँ हैं।

निष्कर्षः
I. कुछ ढेर, स्टोर हैं।
II. कुछ राशियाँ, स्टोर हैं।

1. न तो निष्कर्ष (I) और न ही निष्कर्ष (II) अनुसरण करता है
2. केवल निष्कर्ष (II) अनुसरण करता है
3. निष्कर्ष (I) और (II) दोनों अनुसरण करते हैं
4. केवल निष्कर्ष (I) अनुसरण करता है

3. एक निश्चित तर्क के अनुसार 18 का संबंध 107 से है। समान तर्क के अनुसार 21 का संबंध 125 से है। उसी तर्क के अनुसार 14 का संबंध, दिए गए विकल्पों में से किससे है?

(नोटः संख्याओं को उसके घटक अंकों में तोड़े बिना, संक्रियाएँ पूर्ण संख्याओं पर की जानी चाहिए। उदाहरण के लिए, 13 लीजिए– 13 पर संक्रियाएँ जैसे कि 13 में जोड़ना/घटाना/गुणा करना आदि केवल 13 पर की जा सकती हैं। 13 को 1 और 3 में तोड़ना और फिर 1 और 3 पर गणितीय संक्रियाएँ करना अनुमत नहीं है।)

1. 91 2. 95
3. 83 4. 87

4. भारत में जम्मू और कश्मीर में स्थित दाचीगाम अभयारण्य निम्नलिखित में से किस प्रजाति का घर है?

1. भारतीय बाइसन 2. हिम तेंदुआ
3. दरियाई घोड़ों 4. एक सींग वाले गैंडों

5. अवतल दर्पण द्वारा प्रतिबिंब निर्माण के लिए, निम्नलिखित में से कौन-सा कथन सत्य है?

1. वस्तु को वक्रता केंद्र पर रखे जाने पर निर्मित प्रतिबिंब की प्रकृति, वास्तविक और सीधी होती है।
2. वक्रता केंद्र पर प्रतिबिंब का आकार, वस्तु के आकार के समान होता है।
3. फोकस पर रखी गई वस्तु का एक अत्यधिक छोटा प्रतिबिंब बनता है।
4. वस्तु को अनंत पर रखे जाने पर निर्मित प्रतिबिंब का आकार वस्तु से बड़ा होता है।

1. 2	**2.** 2	**3.** 3	**4.** 2	**5.** 2

6. हरीश और विनीत शहर A से शहर B की ओर क्रमशः 35 km/h और 36 km/h की चाल से जाते हैं। यदि विनीत, हरीश से 40 मिनट पहले शहर B पहुंचता है, तो शहर A और B के बीच की दूरी ज्ञात कीजिए।

1. 840 km
2. 834 km
3. 841 km
4. 838 km

7. उस सबसे बड़े वृत्त की परिधि (m में) ज्ञात कीजिए, जिसे 49 m और 94 m विमा वाले आयत में अंतर्निहित किया जा सकता है। ($\pi = 22/7$ लीजिए)

1. 149
2. 163
3. 159
4. 154

8. खेजड़ी वृक्षों की सुरक्षा के लिए निम्नलिखित में से किसने अपने प्राणों का बलिदान दिया?

1. सविता देवी बिश्नोई
2. अमृता देवी बिश्नोई
3. सुनीता विलियम
4. सुनीता देवी

9. किसी प्रिज्म से गुजरने के बाद प्रकाश किरण के लिए विचलन कोण, _____ होता है।

1. प्रिज्म कोण
2. अनिर्धार्य
3. आपतित किरण और प्रिज्म की किसी एक कोर के बीच का कोण
4. निर्गत किरण और आपतित किरण के बीच का कोण

10. भारत में 'एक राष्ट्र, एक कर और एक बाजार' बनाने के उद्देश्य से 2016 में कौन-सा परिवर्तनकारी सुधार पेश किया गया था?

1. प्रत्यक्ष कर संहिता का आरंभ
2. राज्य बैंकों का राष्ट्रीयकरण
3. कतिपय वस्तुओं के लिए सीमा शुल्क अधिनियम में संशोधन
4. वस्तु एवं सेवा कर का कार्यान्वयन

11. भारत सरकार ने 2025 में स्वास्थ्य सेवा की पहुँच और चिकित्सा डेटा की अंतर-संचालन में सुधार के लिए एक नई डिजिटल स्वास्थ्य कार्यक्रम शुरू की है। इस कार्यक्रम का नाम क्या है?

1. आयुष्मान भारत डिजिटल मिशन 2.0
2. डिजिटल इंडिया हेल्थकेयर 2025
3. भारत एआई स्वास्थ्य ग्रिड (Grid)
4. राष्ट्रीय स्वास्थ्य स्टैक प्रसार

12. A और B एक साथ मिलकर किसी कार्य को 25 दिनों में पूरा कर सकते हैं। उन्होंने 20 दिनों तक एक साथ कार्य किया और फिर B कार्य छोड़कर चला गया। अगले 10 दिनों के बाद, A ने शेष कार्य पूरा किया। A अकेले कितने दिनों में संपूर्ण कार्य कर सकता है?

1. 50
2. 54
3. 60
4. 40

13. अंग्रेजी वर्णमाला क्रम पर आधारित, निम्नलिखित चार अक्षर-समूहों युग्म में से तीन एक निश्चित तरीके से एकसमान हैं और इस प्रकार एक ग्रुप बनाते हैं। कौन-सा अक्षर-समूह युग्म उस ग्रुप से संबंधित नहीं है?

(नोटः असंगत अक्षर-समूह, व्यंजनों/स्वरों की संख्या या उनकी स्थिति पर आधारित नहीं है।)

1. RTU
2. JLK
3. FHG
4. NPO

14. अंग्रेजी वर्णमाला क्रम पर आधारित, निम्नलिखित चार अक्षर-समूह युग्मों में से तीन एक निश्चित तरीके से एकसमान हैं और इस प्रकार एक ग्रुप बनाते हैं। कौन-सा अक्षर-समूह युग्म उस ग्रुप से संबंधित नहीं है?

(नोटः असंगत अक्षर-समूह युग्म, व्यंजनों/स्वरों की संख्या या उनकी स्थिति पर आधारित नहीं है।)

1. ZS–EN
2. MQ–RK
3. CO–HJ
4. EA–JV

15. विरंजन चूर्ण एक श्वेत ठोस है जिसमें क्लोरीन की तीव्र गंध होती है। इसका उपयोग सामान्यतः _____ में किया जाता है।

1. सीमेंट और कांच के विनिर्माण
2. भोजन को संरक्षित करने और जल को मृदु बनाने
3. उर्वरक और प्लास्टिक बनाने
4. जल को रोगाणुरहित करने और फैब्रिक के विरंजन

6. 1	**7.** 4	**8.** 2	**9.** 4	**10.** 4	**11.** 1	**12.** 1	**13.** 1	**14.** 2	**15.** 4

16. उस तत्व की पहचान करें जिसकी दी गई संयोजकता उसकी विशिष्ट संयोजकता से सुमेलित नहीं है।

तत्व	परमाणु क्रमांक	दी गई संयोजकता
Be	4	2
Ne	10	0
Al	13	3
F	9	7

1. F
2. Ne
3. Be
4. Al

17. पदपों के जटिल स्थायी ऊतक के संबंध में निम्नलिखित में से कौन-सा कथन सही है?

1. जाइलम कार्बनिक पोषक तत्वों के परिवहन के लिए उत्तरदायी है
2. फ्लोएम जल के परिवहन के लिए उत्तरदायी है
3. ये ऊतक पादप ऊतक हैं जिनमें एक प्रकार की कोशिका होती है
4. ये ऊतक पादप की परिवहन प्रणाली के लिए आवश्यक हैं

18. भारतीय राष्ट्रीय आंदोलन के दौरान निम्नलिखित में से किस समाज सुधारक ने विधवा पुनर्विवाह को बढ़ावा देने के लिए कार्य किया?

1. ई.वी. रामास्वामी नायकर
2. ज्योतिराव फुले
3. ईश्वरचंद्र विद्यासागर
4. स्वामी विवेकानंद

19. छः बॉक्स A, B, C, D, E और F एक के ऊपर एक रखे गए हैं लेकिन जरूरी नहीं कि वे इसी क्रम में रखे गए हों। B को नीचे से दूसरे स्थान पर रखा गया है। B और F के बीच केवल एक बॉक्स रखा गया है। C और D के बीच केवल तीन बॉक्स रखे गए हैं। D को B के ठीक नीचे रखा गया है। A और E के बीच केवल दो बॉक्स रखे गए हैं। A को C के ठीक ऊपर रखा गया है। नीचे से तीसरे स्थान पर कौन-सा बॉक्स है?

1. E
2. A
3. F
4. C

20. भारत में पश्चिमी तटीय मैदानों के खंडों को सही ढंग से सूचीबद्ध करने वाला विकल्प निम्नलिखित में से कौन-सा है?

1. कर्नाटक तट, पूर्वी तट और मालाबार तट
2. कोंकण तट, कर्नाटक तट और मालाबार तट
3. कोंकण तट, कोरोमंडल तट और वेम्बनाड तट
4. उत्तरी सरकार तट, मालाबार तट और कोरोमंडल तट

21. $\left(\frac{4}{7}\right) \times \left(\frac{21}{20}\right) + \left(\frac{6}{5} - 9\right)$ का मान ज्ञात कीजिए।

1. $-\frac{36}{5}$
2. $-\frac{35}{9}$
3. $-\frac{29}{3}$
4. $-\frac{39}{8}$

22. किसी विक्रेता ने एक रुपए में 20 चॉकलेट बेचीं, जिससे उसे 35% का लाभ हुआ। उसने एक रुपए में कितनी चॉकलेट खरीदी थीं?

1. 29
2. 33
3. 31
4. 27

23. मुगल शासन के दौरान निर्मित निम्नलिखित में से कौन-सा स्मारक यमुना नदी के तट पर स्थित है?

1. पंच महल
2. ताज महल
3. अकबर का मकबरा
4. जामा मस्जिद

24. भारतीय संविधान के अनुच्छेद 74 के अंतर्गत, केंद्रीय मंत्रिपरिषद को किस प्राधिकरण को सहायता और सलाह देने का अधिदेश दिया गया है?

1. भारत के राष्ट्रपति
2. लोक सभा अध्यक्ष
3. भारत के सर्वोच्च न्यायालय
4. भारत के प्रधानमंत्री

25. राज्य विधानसभा चुनाव के बाद, 5 दिसंबर 2024 को महाराष्ट्र के मुख्यमंत्री के रूप में किसने शपथ ली?

1. उद्धव ठाकरे
2. देवेन्द्र फडणवीस
3. एकनाथ शिंदे
4. अजित पवार

16. 1 **17.** 4 **18.** 3 **19.** 1 **20.** 2 **21.** 1 **22.** 4 **23.** 2 **24.** 1 **25.** 2

26. पादपों में संवेदनशीलता के संबंध में निम्नलिखित में से कौन-सा कथन गलत है?

1. पादप प्रकाश स्रोत की ओर बढ़ने से प्रकाशानुवर्तन (phototropism) प्रदर्शित करते हैं।
2. स्पर्शानुवर्तन (Thigmotropism) पदापों के स्पर्श या शारीरिक संपर्क के प्रति अनुक्रिया है।
3. पादपों में सूचना संचालन के लिए विशेष तंत्रिका ऊतक होते हैं।
4. रसानुवर्तन (Chemotropism) पादपों की उनके पर्यावरण में रासायनिक उद्दीपकों के प्रति वृद्धि अनुक्रिया (growth response) है।

27. 14V विभवांतर के दो बिंदुओं के बीच 10C आवेश को ले जाने में किया गया कार्य कितना होगा?

1. 1.4 J
2. 14 J
3. 140 J
4. 10 J

28. भारतीय संविधान के किस सवैधानिक संशोधन द्वारा केंद्र शासित प्रदेश दिल्ली के लिए विधान सभा की शुरुआत की गई?

1. 42वें संशोधन
2. 61वें संशोधन
3. 74वें संशोधन
4. 69वें संशोधन

29. कार्बन यौगिक दहन के संबंध में निम्नलिखित में से कौन-सा विकल्प सत्य है?

1. सदैव कार्बन मोनोऑक्साइड बनाता है
2. पूर्ण दहन के लिए अधिक ऑक्सीजन की आवश्यकता होती है
3. ऑक्सीजन के बिना जलता है
4. कभी जल का निर्माण नहीं करता है

30. महिलाओं में निम्नलिखित में से कौन-सा यौन परिपक्वता परिवर्तन होता है?

1. स्तन का आकार बढ़ना
2. नितंब का संकुचित होना
3. आर्तव चक्र (menstrual cycle) बंद हो जाना
4. त्वचा में तेल का उत्पादन कम हो जाना

31. स्वच्छता शिक्षा के संदर्भ में, कम संसाधन वाले समुदायों में दीर्घकालिक स्वच्छता व्यवहार परिवर्तन को बनाए रखने में निम्नलिखित में से कौन-सी रणनीति सबसे प्रभावी है?

1. स्वच्छता किट का एकमुश्त वितरण उपलब्ध कराना
2. अस्वास्थ्यकर प्रथाओं के लिए सख्त दंड लागू करना
3. रेडियो विज्ञापनों के माध्यम से जागरूकता अभियान चलाना
4. समुदाय-आधारित सहभागिता कार्यक्रमों में स्वच्छता वर्धन को एकीकृत करना

32. स्कूल-आधारित स्वास्थ्य शिक्षा कार्यक्रम में, किशोरों के बीच स्वस्थ व्यवहार को बढ़ावा देने के लिए निम्नलिखित में से कौन-सा सबसे उचित अवसर है?

1. जीवन कौशल पाठ्यचर्या में स्वास्थ्य मॉड्यूल शामिल करना
2. स्कूल के नोटिस बोर्ड पर स्वास्थ्य सांख्यिकी दर्ज करना
3. सार्वजनिक स्वास्थ्य विषयों पर अंतिम परीक्षा आयोजित करना
4. वर्ष में एक बार स्वास्थ्य पर चर्चा आयोजित करना

33. निम्नलिखित को हाथ धोने के अनुशंसित चरणों के अनुसार व्यवस्थित कीजिए, तथा दिए गए विकल्पों में से सही क्रम का चयन कीजिए।

क्रमांक	हाथ धोने के चरण
1.	अपने हाथों को स्वच्छ बहते जल से गीला करें।
2.	अपने हाथों और कलाइयों को स्वच्छ और बहते जल से धोएँ।
3.	नल बंद करने के लिए तौलिये का उपयोग करें।
4.	अपने हाथों को साबुन से अच्छी तरह से मलें और रगड़ें, अपने हाथों, उंगलियों, नाखूनों और कलाई की सभी सतहों को अच्छी तरह से साफ करें।

26. 3 **27.** 3 **28.** 4 **29.** 2 **30.** 1 **31.** 4 **32.** 1 **33.** 3

5.	अपने हाथों और कलाइयों की सभी सतहों को कवर करते हुए पर्याप्त साबुन लगाएँ।
6.	अपने हाथों और कलाइयों को साफ तौलिये से सुखाएँ या उन्हें हवा में सूखने दें।
7.	अपने हाथों और कलाइयों को कम से कम 20 सेकंड तक रगड़ें।

1. 2, 4, 5, 6, 7, 1, 3
2. 4, 2, 3, 1, 5, 6, 7
3. 1, 5, 4, 7, 2, 6, 3
4. 4, 3, 2, 6, 7, 1, 5

34. रोग की 'हिमशैल परिघटना (Iceberg Phenomenon)' मुख्यतः क्या निरूपित करती है?

1. रोग के मामलों का एक छोटा दृश्य भाग, जिसमें एक बड़ा अदृश्य घटक होता है
2. दीर्घकालिक रोगों में स्वास्थ्य सेवा की लागत
3. पृष्ठ के नीचे आनुवंशिक उत्परिवर्तन
4. रोग की प्रगति पर प्रतिजैविकी का प्रभाव

35. रोगवाहक नियंत्रण की जैविक विधि निम्नलिखित में से कौन-सी है?

1. मच्छरों के डिम्ब खाने वाली मछलियों का उपयोग
2. प्रजनन स्थलों को नष्ट करना
3. कीट विकर्षकों का उपयोग करना
4. रासायनिक डिंभनाशी का उपयोग करना

36. संपर्क सावधानियों के बाद व्यक्तिगत सुरक्षा उपकरण (PPE) हटाने के लिए निम्नलिखित में से कौन-सा सही क्रम है?

1. दस्ताने → गाउन → हाथ की साफ-सफाई
2. गाउन → दस्ताने → मास्क
3. मास्क → दस्ताने → हाथ की साफ-सफाई
4. दस्ताने → मास्क → गाउन

37. जैव-चिकित्सा अपशिष्ट प्रबंधन में उत्पत्ति बिंदु (point of generation) पर पृथक्करण क्यों महत्वपूर्ण है?

1. यह अस्पताल के कर्मचारियों को अपशिष्ट को छूने से रोकता है
2. यह अपशिष्ट प्रबंधकों के जोखिम को कम करता है और उचित उपचार सुनिश्चित करता है
3. यह पुनर्चक्रण योग्य अपशिष्ट की मात्रा को बढ़ाता है
4. यह परिवहन की आवश्यकता को समाप्त करता है

38. एड्स से पीड़ित व्यक्ति में CD4 काउंट सामान्यतः _____ होता है।

1. 2000 कोशिकाएं/mm^3 या उससे अधिक
2. 1000 कोशिकाएं/mm^3 के बीच
3. 500 से 800 कोशिकाएं/mm^3 के बीच
4. 200 कोशिकाएं/mm^3 से कम

39. निम्नलिखित में से कौन-सी स्वास्थ्य आदतें वैज्ञानिक तर्क के अतिरिक्त स्थानीय रीति-रिवाजों और सामाजिक परिस्थितियों से सबसे अधिक प्रभावित होती हैं?

1. दस्त के समय ओरल रिहाइड्रेशन सॉल्यूशन का उपयोग
2. मल-उत्सर्जन के बाद साबुन से हाथ धोना
3. 5 वर्ष से कम उम्र के बच्चों का टीकाकरण
4. मासिक धर्म के दौरान निश्चित खाद्य पदार्थों से परहेज

40. निम्नलिखित में से कौन-सा कूकर खांसी (pertussis) का एक उत्कृष्ट लक्षण है?

1. त्वचा पर दर्द रहित फफोले
2. तीव्र ज्वर और शरीर पर रैश
3. अचानक तेज सिरदर्द
4. लगातार खांसी के बाद "हूपिंग" की आवाज आना

41. भारतीय खाद्य सुरक्षा एवं मानक प्राधिकरण (FSSAI) के अनुसार, खाद्य प्रबंधन प्रतिष्ठान को लाइसेंस देने के लिए निम्नलिखित में से क्या अनिवार्य है?

1. इन-हाउस डाइटिशियन की उपलब्धता
2. खाद्य प्रबंधकों की नियमित स्वास्थ्य जांच
3. जैविक उत्पाद परोसना
4. वैलेट पार्किंग उपलब्ध कराना

34. 1	**35.** 1	**36.** 1	**37.** 2	**38.** 4	**39.** 4	**40.** 4	**41.** 2

42. मलेरिया नियंत्रण के लिए राष्ट्रीय वेक्टर जनित रोग नियंत्रण कार्यक्रम के अंतर्गत उपयोग की जाने वाली एक प्रमुख रणनीति निम्नलिखित में से कौन-सी है?

1. प्रतिरक्षण
2. भीतरी अवशिष्ट छिड़काव (IRS) और कीटनाशी उपचारित जालों (ITNs) का उपयोग
3. सामूहिक कीमोथेरेपी
4. जल शोधन

43. निम्नलिखित में से कौन-सा विषाणुज यकृत शोथ मुख्य रूप से रक्त और अन्य शारीरिक तरलों के माध्यम से संचारित होता है?

1. यकृत शोथ A
2. यकृत शोथ C
3. यकृत शोथ E
4. यकृत शोथ B

44. वायु गुणवत्ता सूचकांक (AQI) मुख्यतः किसे इंगित करता है?

1. वायु में आर्द्रता के स्तर को
2. समग्र वायु तापमान को
3. वायु प्रदूषकों की सांद्रता को
4. पर्यावरण में ऑक्सीजन के स्तर को

45. नगरपालिका स्वास्थ्य विनियमों के अंतर्गत निम्नलिखित में से कौन-सा स्वच्छता स्वास्थ्य निरीक्षक का वैधानिक उत्तरदायित्व है?

1. वेक्टर-जनित रोग का निदान करना
2. पैथेलॉजिकल लैब परीक्षणों का संचालन करना
3. खाद्य प्रतिष्ठानों का लाइसेंस देना और निरीक्षण करना
4. ग्रामीण क्षेत्रों में टीकों का प्रबंध करना

46. निम्नलिखित में से कौन-सा, अल्प नियंत्रित टाइप 1 मधुमेह का एक सामान्य दीर्घकालिक उपद्रव (complication) है?

1. मधुमेहज तंत्रिकाशोथ (Diabetic neuropathy)
2. अल्पशर्करारक्तता (Hypoglycaemia)
3. मधुमेहज कीटोन अम्लमयता (Diabetic Ketoacidosis)
4. अतिरक्तदाब (Hypertension)

47. निम्नलिखित में से कौन-सा, ग्रामीण समुदाय में पोषण शिक्षा अभियान की योजना बनाने में सामुदायिक संसाधनों के प्रभावी उपयोग को सर्वोत्तम रूप से प्रदर्शित करता है?

1. फार्मास्युटिकल कंपनियों द्वारा वितरित मुद्रित सामग्रियों का उपयोग करना
2. पाककला प्रदर्शनों के लिए आंगनबाड़ी कार्यकर्ताओं के साथ सहयोग करना
3. मशहूर हस्तियों को दिखाने वाले टीवी विज्ञापन आयोजित करना
4. शहरी अस्पतालों से बाहरी आहार विशेषज्ञों की नियुक्ति

48. निम्नलिखित में से कौन-सा प्राकृतिक वेंटिलेशन का एक प्रकार है?

1. खिड़कियों और झरोखों का उपयोग करके क्रॉस वेंटिलेशन
2. सीलिंग फैन
3. एयर प्यूरीफायर
4. मैकेनिकल एग्जॉस्ट सिस्टम

49. बिजली गुल होने की स्थिति में, कौन-सा उपकरण बाहरी बिजली आपूर्ति के बिना सबसे लंबे समय तक सुरक्षित वैक्सीन भंडारण सुनिश्चित करता है?

1. कोल्ड बॉक्स (Cold box)
2. स्टैंडर्ड रेफ्रिजरेटर (Standard refrigerator)
3. आइस-लाइन्ड रेफ्रिजरेटर (Ice-lined refrigerator)
4. घरेलू डीप फ्रीजर (Domestic deep freezer)

42. 2 **43.** 4 **44.** 3 **45.** 3 **46.** 1 **47.** 2 **48.** 1 **49.** 3

50. निम्नलिखित में से कौन-सा, संचारी रोग के प्राकृतिक इतिहास (natural history) में चरणों के सबसे सटीक अनुक्रम को निरूपित करता है?

1. उद्भवन → रोजगार → शमन → गुप्त प्रावस्था (Incubation → Pathogenesis → Resolution → Latent phase)
2. उद्घासन → लक्षण की शुरुआत → पूर्व-रोगजनन → मृत्यु दर (Exposure → Symptom onset → Pre-pathogenesis → Mortality)
3. उद्घासन → उद्भवन → नैदानिक रोग → रिकवरी/अशक्तता/मृत्यु (Exposure → Incubation → Clinical disease → Recover/disability/death)
4. वाहक अवस्था → रोगजनन → रिकवरी → प्रतिरक्षा (Carrier state → Pathogenesis → Recovery → Immunity)

51. निम्नलिखित में से कौन-सी, अल्पपोषित आबादी में प्रभावी पोषण शिक्षा कार्यक्रमों को लागू करने में प्रमुख बाधा है?

1. सूचना के लिए कई स्रोतों तक पहुँच
2. पौष्टिक खाद्य की प्रचुरता
3. आधुनिक संचार प्रौद्योगिकी का अत्यधिक उपयोग
4. सांस्कृतिक खाद्य वर्जनाएँ और कम साक्षरता

52. जैव-चिकित्सीय अपशिष्ट के लिए उचित नियंत्रण के बिना, खुले मे जलाने या भस्मीकरण का प्राथमिक जोखिम क्या है?

1. विषाक्त प्रदूषकों का उत्सर्जन
2. कुशल अपशिष्ट पृथक्करण
3. अपशिष्ट की मात्रा में कमी
4. पुनर्चक्रण दर में वृद्धि

53. निम्नलिखित में से कौन-सा, संक्रामक रोग की उद्भवन अवधि को सर्वोत्तम रूप से परिभाषित करता है?

1. रोग के सबसे अधिक संक्रामक होने का समय
2. लक्षण शुरू होने और पूर्णतः ठीक होने के बीच का समय
3. संक्रमण से लेकर प्रथम लक्षणों के प्रकट होने तक का समय
4. संक्रमण में प्रतिरक्षा के विकास तक का समय

54. स्वास्थ्य सेवा केंद्रों में श्वसन संक्रमण के प्रसार को रोकने के लिए किस साक्ष्य-आधारित पद्धति की अनुशंसा की जाती है?

1. श्वसन संबंधी लक्षणों वाले रोगियों को हर समय अलग कमरे में अकेले रखना
2. लक्षणों चाहें कुछ भी हों, सभी रोगियों के लिए सर्जिकल मास्क का उपयोग करना
3. स्वास्थ्य सेवा कर्मियों और रोगियों को उचित खाँसी शिष्टाचार और श्वसन स्वच्छता के बारे में बताना
4. फ्लू जैसे लक्षणों वाले सभी रोगियों के लिए प्रति-विषाणु औषधियों का नियमित सेवन

55. आमवाती हृदय रोग वाले रोगियों में, कौन-सा हृदय कपाट सबसे अधिक प्रभावित होता है, जिससे आघात का जोखिम संभावित रूप से बढ़ जाता है?

1. महाधमनी कपाट (Aortic valve)
2. द्विकपर्दी कपाट (Mitral valve)
3. फुफ्फुसीय कपाट (Pulmonary valve)
4. त्रिवलन कपाट (Tricuspid valve)

56. सार्वजनिक स्वास्थ्य (public health) में व्यापकता की माप क्या है?

1. किसी रोग के विकसित होने के जोखिम वाले लोगों की संख्या
2. किसी आबादी में रोग के कारण मृत्यु की दर
3. किसी विशिष्ट समय अवधि के दौरान किसी बीमारी के नए मामलों की संख्या
4. किसी निश्चित समय पर आबादी में किसी रोग के कुल मामलों (नए और मौजूदा) की संख्या

50. 3 **51.** 4 **52.** 1 **53.** 3 **54.** 3 **55.** 2 **56.** 4

57. भारत में पल्स पोलियो कार्यक्रम की सफलता में निम्नलिखित में से किस रणनीति ने सबसे अधिक योगदान दिया?

1. स्कूल में प्रवेश के समय पोलियो बूस्टर की शुरूआत
2. निष्क्रिय पोलियो वैक्सीन (Inactivated Polio Vaccine-IPV) का उपयोग
3. केवल अधिक जोखिम वाले राज्यों में ही टीकाकरण
4. पांच वर्ष से कम आयु के सभी बच्चों को लक्षित करते हुए समकालिक राष्ट्रीय प्रतिरक्षीकरण दिवस (National Immunization Days-NID)

58. होम गार्ड्स और नागरिक सुरक्षा (Home Guards and Civil Defence) के लिए वार्षिक दिवस ______ को मनाया जाता है।

1. 10 दिसंबर
2. 6 दिसंबर
3. 6 नवंबर
4. 10 नवंबर

59. निम्नलिखित में से सामान्यतः जनसांख्यिकीय और स्वास्थ्य सर्वेक्षण (DHS) में क्या शामिल नहीं होता है?

1. प्रजनन दर
2. राष्ट्रीय जीडीपी (GDP) सांख्यिकी
3. गर्भनिरोधक का उपयोग
4. शिशु और बाल मृत्युदर

60. निम्नलिखित में से कौन-सा लिपिड पैरामीटर, हृद्धमनी हृदय रोग (CHD) के बढ़ते जोखिम से सबसे अधिक निकटता से संबंधित है?

1. निम्न घनत्व वाले लिपोप्रोटीन (LDL) कोलेस्ट्रॉल
2. उच्च घनत्व वाले लिपोप्रोटीन (HDL) कोलेस्ट्रॉल
3. ट्राइग्लिसरॉइडस
4. कुल कोलेस्ट्रॉल

61. संचारी रोग नियंत्रण में संपर्क अनुरेखण का क्या उद्देश्य है?

1. मृत्यु दरों का विश्लेषण करना
2. रोगी के ठीक होने का समय निर्धारित करना
3. संक्रमण के संपर्क में आए व्यक्तियों की पहचान करना और उनका उपचार करना
4. टीके की प्रभावशीलता को मॉनीटर करना

62. निम्नलिखित में से कौन-सी मच्छर स्पीशीज, जापानी मस्तिष्कशोथ (Japanese Encephalitis) की प्राथमिक वाहक है?

1. हेमागोगस मच्छर (Haemagogus mosquitoes)
2. एडीज मच्छर (Aedes mosquitoes)
3. एनोफिलीज मच्छर (Anopheles mosquitoes)
4. क्यूलेक्स मच्छर (Culex mosquitoes)

63. रूबेला (Rubella) को सामान्यतः ______ के नाम से जाना जाता है।

1. छोटी माता (Chickenpox)
2. स्कार्लेट ज्वर (Scarlet fever)
3. कुक्कर खांसी (Whooping cough)
4. जर्मन मीजिल्स (German measles)

64. जैव-चिकित्सा अपशिष्ट की किस श्रेणी में संक्रामक रोग फैलने का सबसे अधिक जोखिम होता है?

1. सामान्य गैर-खतरनाक अपशिष्ट
2. एक्सपायर औषधियाँ
3. नुकीले सामान (सुई, ब्लेड, इत्यादि)
4. रेडियोधर्मी अपशिष्ट

65. विसंक्रामकों और पीड़कनाशियों के बीच का मुख्य अंतर क्या है?

1. विसंक्रामकों का उपयोग केवल बाहर किया जाता है
2. पीड़कनाशी, विसंक्रामकों से अधिक सुरक्षित होते हैं
3. पीड़कनाशियों का उपयोग मनुष्यों पर किया जाता है
4. विसंक्रामक सूक्ष्मजीवों को लक्षित करते हैं; पीड़कनाशी कीटों और कृंतकों जैसे पीड़कों को लक्षित करते हैं

57. 4	**58.** 2	**59.** 2	**60.** 1	**61.** 3	**62.** 4	**63.** 4	**64.** 3	**65.** 4

66. वैक्सीन वायल मॉनिटर (Vaccine Vial Monitor-VVM) विशिष्ट रूप से तब रंग बदलता है जब ____।

1. वैक्सीन को सूर्य के प्रकाश के संपर्क में लाया गया हो
2. शीशी (vial) खुली हो
3. वैक्सीन की समाप्ति तिथि निकट हो
4. तापमान, वैक्सीन के लिए सुरक्षित स्तर से अधिक हो जाता हो

67. संलक्षणी प्रबंधन (syndromic management) के अनुसार योनिशोथ (vaginitis) के उपचार में निम्नलिखित में से किस एक को छोड़ कर शेष सभी औषधियाँ शामिल हैं?

1. टिनिडाजोल (Tinidazole)
2. सेक्निडाजोल (Secnidazole)
3. एमिकासिन (Amikacin)
4. फ्लुकोनाजोल (Fluconazole)

68. प्राथमिक स्वास्थ्य केंद्रों के माध्यम से ग्रामीण क्षेत्रों में स्वास्थ्य शिक्षा प्रदान करने के लिए निम्नलिखित में से कौन-सा तरीका सबसे उचित है?

1. स्थानीय भाषा का उपयोग करते हुए पारस्परिक समूह चर्चा
2. ऑनलाइन वेबिनार और मोबाइल एप्लीकेशन
3. वैज्ञानिक पत्रिकाओं में स्वास्थ्य लेख (Health articles)
4. मास मीडिया विज्ञापन

69. निम्नलिखित में से कौन-सा रोगाणु खराब रख-रखाव वाले खाद्य प्रहस्तन प्रतिष्ठानों में खाद्य जनित बीमारी से सबसे अधिक संबद्ध है?

1. नाइसीरिया गोनोरी (Neisseria gonorrhoeae)
2. साल्मोनेला एंटेरिका (Salmonella enterica)
3. क्लास्ट्रिडियम टेटेनाई (Clostridum tetani)
4. माइकोबैक्टीरियम ट्यूबरकुलोसिस (Mycobacterium tuberculosis)

70. राष्ट्रीय रेबीज नियंत्रण कार्यक्रम (NRCP) के अंतर्गत, रेबीज को नियंत्रित करने के लिए निम्नलिखित में से कौन-सी रणनीति महत्वपूर्ण है?

1. बड़े पैमाने पर कुत्तों का टीकाकरण और लावारिस कुत्तों की आबादी पर नियंत्रण
2. संक्रमित जानवरों का उपचार
3. रेबीज के विरूद्ध मानवों का टीकाकरण
4. केवल मानव रोगियों का उपचार

71. निम्नलिखित में से कौन-सा यौन संचारित रोग, उपचरित न किए जाने पर गर्भाशय-ग्रीवा कैंसर का कारण बन सकता है?

1. AIDS
2. मानव पैपिलोमावायरस (HPV) संक्रमण
3. सिफलिस
4. सुजाक

72. अस्पताल से उत्पन्न जैव-चिकित्सीय अपशिष्ट को _____ पृथक किया जाना चाहिए।

1. सभी स्रोतों से उन्हें एकत्रित करने के बाद
2. केवल दिन की समाप्ति पर
3. उत्पादन स्थल पर
4. निपटान क्षेत्र में पहुंचने पर

73. निम्नलिखित में से किसे स्वास्थ्य का सामाजिक निर्धारक माना जाता है जो समुदाय में स्वच्छता प्रथाओं को महत्वपूर्ण रूप से प्रभावित करता है?

1. सांस्कृतिक मान्यताएँ
2. परिवहन सुविधा
3. इंटरनेट एक्सेस
4. स्वच्छ पेयजल की उपलब्धता

74. निम्नलिखित में से कौन-सा तरीका परिवार के स्वास्थ्य निर्धारण के लिए क्रियात्मक उपगमन (functional approach) को सर्वोत्तम तरीके से निरूपित करता है?

1. परिवार की सामाजिक-आर्थिक स्थिति को रिकॉर्ड करना
2. परिवार की भूमिकाओं, संचार और निर्णय लेने का मूल्यांकन करना
3. घरेलू भौगोलिक स्थान का भू-मापन
4. परिवार के सभी सदस्यों का BMI मापना

66. 4 **67.** 3 **68.** 1 **69.** 2 **70.** 1 **71.** 2 **72.** 3 **73.** 1 **74.** 2

75. ओरल पोलियो वैक्सीन (Oral Polio Vaccine) के संबंध में निम्नलिखित में से कौन-सा कथन सत्य नहीं है?

1. यह हत वैक्सीन (killed vaccines) की तुलना में कम शक्तिशाली प्रतिरक्षी एजेंट है
2. यह शरीर की आंत्रिक श्लेष्मिका (intestinal mucosa) को प्रभावित करता है
3. जीव, पूर्ण रूप से विकसित बीमारी को प्रेरित करने की अपनी क्षमता खो देते हैं
4. इसे जीवित जीवों से तैयार किया जाता है

76. निम्नलिखित में से कौन-सा अभिलक्षण, संक्रामक रोगों को परिभाषित करता है?

1. ये सदैव दीर्घकालिक बीमारी का कारण बनते हैं।
2. ये संक्रामक कारकों के कारण होते हैं और प्रत्यक्ष या अप्रत्यक्ष संपर्क के माध्यम से प्रसारित हो सकते हैं।
3. ये व्यक्ति से व्यक्ति में संचारित नहीं हो सकते हैं।
4. ये जनकों से विरासत में मिलते हैं।

77. किस परिस्थिति में माता-पिता की सहमति के अतिरिक्त बच्चे की सहमति भी आवश्यक होती है?

1. यदि बच्चे के साथ उसका कोई भाई-बहन हो
2. यदि बच्चे की सर्जरी हो
3. यदि बच्चा शारीरिक रूप से चोटिल है
4. यदि बच्चा 7 वर्ष से अधिक आयु का है

78. सेप्टिक टैंक प्रणालियों में, कौन-सा घटक तरल अपशिष्ट के मृदा तक पहुंचने से पहले उसका आंशिक उपचार सुनिश्चित करता है?

1. शोषक गर्त या निक्षालन क्षेत्र (Soak pit or leach field)
2. यू.वी. स्टेरिलाइजर (UV sterilizer)
3. क्लोरीन टैंक (Chlorine tank)
4. भस्मित्र (Incinerator)

79. डिंभनाशी (larvicides) का उपयोग करते समय कौन-सा पर्यावरणीय विचारणीय बिंदु है?

1. गैर-लक्ष्यित जलीय जीवों के लिए विषाक्तता
2. अधिक डिंब आकर्षित होना
3. वयस्क मच्छरों की जनसंख्या में वृद्धि
4. मृदा पोषक तत्वों पर अवशिष्ट प्रभाव

80. किसी आपातकालीन परिस्थिति में श्वसन में मूल्यांकन में, कौन-सा निष्कर्ष, आसन्न श्वसन पात का संकेत देता है?

1. सहायक पेशियों के उपयोग के साथ 20/मिनट की श्वसन दर
2. $PaCO_2 > 50$ mmHg के साथ उत्तान श्वसन
3. ठंड के संपर्क में आने पर उंगलियों के सिरे पर हल्का नीलापन
4. स्पष्ट श्वास ध्वनियों के साथ 14/मिनट की श्वसन दर

81. डिजिटल डिवाइसों का उपयोग करते समय आंखों पर पड़ने वाले तनाव को रोकने के लिए निम्नलिखित में से कौन-सी विधि सबसे उपयुक्त है?

1. चमक को कम करने के लिए घर के अंदर धूप का चश्मा (sunglass) पहनना
2. हर समय स्क्रीन की हाई ब्राइटनेस सेटिंग का उपयोग करना
3. बार-बार पलकें झपकाना और प्रत्येक 20 मिनट में आंखों को आराम देना
4. स्क्रीन को बहुत नजदीक से देखना

82. निम्नलिखित में से कौन-सा सार्वजनिक स्वास्थ्य अंतःक्षेप, सामुदायिक स्तर पर दंत क्षरण (dental caries) को रोकने में सबसे प्रभावी है?

1. स्कूलों में वार्षिक दंत चिकित्सा शिविर
2. अनिवार्य दंत चिकित्सा बीमा
3. निःशुल्क टूथब्रश वितरण
4. जल फ्लूओरोडीन

75. 1 **76.** 2 **77.** 4 **78.** 1 **79.** 1 **80.** 2 **81.** 3 **82.** 4

83. निम्नलिखित में से कौन-सा कथन, स्वास्थ्य सेवा परिवेशों में बेहतर स्वच्छता के प्राथमिक सार्वजनिक स्वास्थ्य प्रभाव की सर्वोत्तम व्याख्या करता है?

1. स्वास्थ्य सेवा सुविधाओं की दृश्य अपील को बढ़ाता है
2. औषध प्रयोग के प्रति रोगी का अनुपालन को बढ़ता है
3. स्वास्थ्य सेवा से संबंधित संक्रमणों के जोखिम को कम करता है
4. बाह्य रोगी विभागों में रोगी के प्रतीक्षा समय को कम करता है

84. निम्नलिखित में से कौन-सा शहरी जनसंख्या में स्वास्थ्य का प्रमुख पर्यावरणीय निर्धारक है?

1. शिक्षा का स्तर
2. फलों और सब्जियों का उपभोग
3. स्वच्छ पेयजल की उपलब्धता
4. दीर्घकालिक रोगों का पारिवारिक इतिहास

85. जनगणना डेटा स्वास्थ्य नीति नियोजन को किस प्रकार प्रत्यक्ष रूप से समर्थन प्रदान करते हैं?

1. प्रत्येक अस्पताल में चिकित्सा पेशेवरों की संख्या को ट्रैक करके
2. प्रकोप का कारण बनने वाले विशिष्ट रोगजनकों की पहचान करके
3. अस्पताल में संक्रमण दरों का प्राक्कलन करके
4. स्वास्थ्य संसाधनों को आवंटित करने के लिए जनसंख्या डेटा उपलब्ध कराकर

86. निम्नलिखित में से कौन-सा जैवनिम्नीकरणीय ठोस अपशिष्ट का उदाहरण है?

1. कांच के जार
2. ऐलुमिनियम के डिब्बे
3. सब्जी के छिलके
4. प्लास्टिक की बोतलें

87. स्वास्थ्य सेवा सेटिंग में प्रभावी संक्रमण नियंत्रण कार्यक्रम के लिए निम्नलिखित में से कौन-सा घटक आवश्यक है?

1. केवल प्रकोप के दौरान अलग-अलग अंतःक्षेप
2. सभी भर्ती रोगियों के लिए एंटीबायोटिक का उपयोग
3. निरंतर निगरानी और स्टाफ प्रशिक्षण
4. केवल पोस्ट-अनावरण रोगनिरोध पर निर्भरता

88. निम्नलिखित में से किसे प्रमुख वायु प्रदूषक माना जाता है?

1. ऑक्सीजन
2. जल के अणु
3. नाइट्रोजन
4. कार्बन मोनोऑक्साइड

89. समुदाय-आधारित स्वास्थ्य शिक्षा गतिविधि की योजना बनाने में निम्नलिखित में से कौन-सा सबसे महत्वपूर्ण प्रथम चरण है?

1. लक्ष्य जनसंख्या की स्वास्थ्य आवश्यकताओं का आकलन करना
2. दृश्य-श्रव्य सामग्री तैयार करना
3. गतिविधि के लिए तिथियाँ निर्धारित करना
4. अधिगम के उद्देश्य निधारित करना

90. शरीर का वजन मापने के लिए डिजिटल स्केल का उपयोग करते समय निम्नलिखित में से कौन-सी बात ध्यान में रखनी चाहिए?

1. सुनिश्चित करें कि स्केल नियमित रूप से कैलिब्रेट किया गया हो
2. बिना जूतों के ही व्यक्ति का वजन करें
3. यदि व्यक्ति ने कोई कपड़ा पहना हुआ है, तो स्केल का उपयोग करने से बचें
4. दिन में अलग-अलग समय पर वजन को मापें

91. भू-भरण स्थल पर उत्पन्न मेथेन गैस की अनुमेय सांद्रता कितनी होती है?

1. निम्न विस्फोटक सीमा के 10 प्रतिशत से अधिक नहीं
2. उच्च विस्फोटक सीमा के 25 प्रतिशत से अधिक नहीं
3. उच्च विस्फोटक सीमा के 10 प्रतिशत से अधिक नहीं
4. निम्न विस्फोटक सीमा के 25 प्रतिशत से अधिक नहीं

83. 3	**84.** 3	**85.** 4	**86.** 3	**87.** 3	**88.** 4	**89.** 1	**90.** 1	**91.** 4

92. BMWM दिशानिर्देश 2016 के अनुसार, त्याग दी गई या एक्सपायर हो चुकी दवाओं को पृथक करने के लिए निम्नलिखित में से किस बैग का उपयोग किया जाता है?

1. सफेद बैग
2. पीला बैग
3. लाल बैग
4. नीला बैग

93. ट्रेकोमा (trachoma) के लिए निम्नलिखित में से किस एंटीबायोटिक को प्राथमिकता दी जाती है?

1. नियोमाइसिन नेत्र मरहम का 4% (4% of opthalmic ointment of neomycin)
2. एरिथ्रोमाइसिन (Erythromycin)
3. टेट्रासाइक्लिन का 1% नेत्र मरहम (1% ophthalmic ointment of tetracycline)
4. क्लोफाजिमाइन (Clofazimine)

94. निम्नलिखित में से कौन-सा रोग साधारणतः अनुपचारित वाहितमल के संपर्क में आने से संबंधित है?

1. टाइफॉइड
2. दमा
3. वमन
4. त्वचा कैंसर

95. आवास में आरपार संवातन (Cross ventilation) से क्या तात्पर्य है?

1. वायु को केवल एक खिड़की से गुजरने देना
2. एक दिशा से वायु का प्रवेश करना और विपरीत दिशा से वायु का बाहर निकलना
3. सभी वायु प्रवेश बिंदुओं को अवरुद्ध करना
4. केवल एयर कंडीशनर का उपयोग करना

96. 20 श्वास प्रति मिनट से अधिक श्वसन दर को क्या कहा जाता है?

1. अश्वसन (Apnea)
2. मन्दश्वसन (Bradypnea)
3. अतिसंवातन (Hyperventilation)
4. श्वासक्षिप्रता (Tachypnea)

97. हृद् धमनी अवरोधों का पता लगाने के लिए निम्नलिखित में से कौन-सा टेस्ट सबसे यथार्थ है?

1. इलेक्ट्रोकार्डियोग्राम (Electrocardiogram-ECG)
2. कार्डियक बायोमार्कर टेस्टिंग (Cardiac biomarker testing)
3. एक्सरसाइज स्ट्रेस टेस्ट (Exercise stress test)
4. कोरोनरी एंजियोग्राफी (Coronary angiography)

98. स्वच्छ भारत अभियान का प्राथमिक लक्ष्य क्या है?

1. खुले में शौच को समाप्त करना और स्वच्छता में सुधार करना
2. वन आच्छादन को बढ़ाना
3. सार्वभौमिक स्वास्थ्य सेवा प्राप्त करना
4. औद्योगिक संवृद्धि को बढ़ावा देना

99. निम्नलिखित में से कौन-सी संक्रमण नियंत्रण पद्धति स्वास्थ्य देखभाल से जुड़े संक्रमणों के संचरण को कम करने में साक्ष्य द्वारा सबसे अधिक समर्थित है?

1. अस्पताल में भर्ती सभी रोगियों को नियमित रूप से एंटीबायोटिक्स देना
2. सभी स्वास्थ्य सेवा कर्मियों को हर समय सर्जिकल मास्क का अनिवार्य रूप से उपयोग करना
3. स्वास्थ्य सेवा सुविधाओं का बार-बार धूमन करना
4. नियमित रूप से हाथ की साफ-सफाई और ऐल्कोहॉल-आधारित हैंड रब का उपयोग करना

100. बायोमेडिकल अपशिष्ट वह अपशिष्ट है जो ______ के दौरान उत्पन्न होता है।

1. चिकित्सालय के प्रशासनिक कार्यों
2. चिकित्सालय के गृह संचालन कार्यों
3. मानवों के निदान, उपचार या टीकाकरण
4. स्वास्थ्य देखभाल परिसर के अनुरक्षण

92. 2	**93.** 3	**94.** 1	**95.** 2	**96.** 4	**97.** 4	**98.** 1	**99.** 4	**100.** 3

व्याख्यात्मक उत्तर

1. (2): कुमुदिनी लाखिया को जनवरी 2025 में मरणोपरांत पद्म विभूषण से सम्मानित किया गया, जो साहित्य और शिक्षा के क्षेत्र में उनके योगदान की मान्यता है। वे कथक की एक अग्रणी नृत्यांगना थीं, जिन्होंने पारंपरिक कथक को समकालीन दृष्टिकोण से प्रस्तुत किया और इस कला को वैश्विक मंच तक पहुँचाया। उन्होंने अनेक शिष्यों को प्रशिक्षित किया और कथक की शिक्षा को संस्थागत रूप दिया।

2. (2): दिए गए कथन सेः

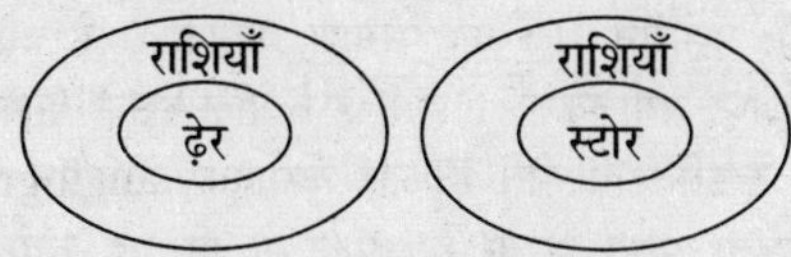

निष्कर्षः (*i*) कुछ ढ़ेर, स्टोर है। (असत्य)

(*ii*) कुछ राशियाँ, स्टोर है। (सत्य)

यहाँ, केवल निष्कर्ष (*ii*) अनुसरण करता है।

3. (3): दिया है, 18 का संबंध 107 से है।

$\Rightarrow \quad 18 \times 6 - 1 = 108 - 1 = 107$

21 का संबंध 125 से है।

$\Rightarrow \quad 21 \times 6 - 1 = 126 - 1 = 125$

उसी प्रकार, $14 \times 6 - 1 = 84 - 1 = 83$

$\therefore$ 14 का संबंध 83 से है।

4. (2): दाचीगाम अभयारण्य जम्मू और कश्मीर में स्थित है और हिमालयी क्षेत्र की दुर्लभ प्रजातियों का निवास स्थान है, जिनमें हिम तेंदुआ प्रमुख है। यह अभयारण्य ऊँचाई और मौसम के कारण हिम तेंदुए के लिए उपयुक्त पर्यावास प्रदान करता है। हालाँकि यह क्षेत्र हंगल (कश्मीरी बारहसिंगा) के लिए प्रसिद्ध है, परंतु यहाँ हिम तेंदुआ जैसे लुप्तप्राय शिकारी जीव भी पाए जाते हैं।

5. (2): जब किसी वस्तु को अवतल दर्पण के वक्रता केंद्र (Centre of Curvature) पर रखा जाता है, तो परावर्तित किरणें उसी बिंदु पर वापस आकर मिलती हैं। इससे बना प्रतिबिंब वास्तविक (real), उल्टा (inverted) और वस्तु के समान आकार का होता है। यह प्रतिबिंब वक्रता केंद्र पर ही बनता है और स्क्रीन पर प्राप्त किया जा सकता है।

6. (1): माना शहर A और B के बीच की दूरी *d* km है।

तब, $\frac{d}{35} - \frac{d}{36} = \frac{40}{60}$

$\Rightarrow \quad \frac{36d - 35d}{35 \times 36} = \frac{2}{3}$

$\Rightarrow \quad d = \frac{2}{3} \times 35 \times 36$

$= 2 \times 35 \times 12$

$\Rightarrow \quad d = 840$ km

$\therefore$ शहर A और B के बीच की अभीष्ट दूरी 840 km है।

7. (4): 49 m और 94 m विमा वाले आयत में अंतर्निहित वृत्त व्यास = 49 m

$\Rightarrow \quad 2r = 49$ m

$\Rightarrow \quad r = \frac{49}{2}$ m

$\therefore$ उस बड़े वृत्त की परिधि $= 2\pi r$

$= 2 \times \frac{22}{7} \times \frac{49}{2}$

$= 22 \times 7 = 154$ m.

8. (2): अमृता देवी बिश्नोई ने 1730 ई. में खेजड़ी वृक्षों की कटाई का विरोध करते हुए अपने प्राणों का बलिदान दिया था। उन्होंने जोधपुर के राजा के सैनिकों द्वारा पेड़ों की कटाई रोकने के लिए अपने गले को वृक्ष से लगाकर बलिदान दिया। उनके साथ 363 बिश्नोई समाज के अन्य लोगों ने भी वृक्षों की रक्षा के लिए जान दी। यह घटना पर्यावरण संरक्षण के इतिहास में 'खेजड़ी बलिदान' के नाम से प्रसिद्ध है।

9. (4): किसी प्रिज्म में प्रकाश के प्रवेश और निकलने पर उसका पथ मुड़ता है, और इस परिवर्तन को विचलन (Deviation) कहते हैं। विचलन कोण वह कोण होता है जो आपतित किरण और प्रिज्म से बाहर निकलने वाली किरण (निर्गत किरण) के बीच बनता है। यह कोण प्रिज्म के पदार्थ, उसकी कोणीय संरचना और आपतन कोण पर निर्भर करता है।

10. (4): 2016 में भारत सरकार ने 'एक राष्ट्र, एक कर, एक बाजार' के लक्ष्य को प्राप्त करने हेतु वस्तु एवं सेवा कर (GST) का कानून पारित किया। GST ने केंद्र और राज्य सरकारों के विभिन्न अप्रत्यक्ष करों को एकीकृत कर दिया, जिससे पूरे देश में एक समान कर व्यवस्था लागू हो सकी। यह आर्थिक सुधार देश के एकीकृत बाजार की दिशा में एक महत्वपूर्ण कदम था।

11. (1): भारत सरकार ने 2025 में स्वास्थ्य सेवा प्रणाली में पारदर्शिता, डेटा की इंटरऑपरेबिलिटी और नागरिकों की सुविधा को बढ़ाने के लिए 'आयुष्मान भारत डिजिटल मिशन 2.0' की शुरुआत की। इसके तहत नागरिकों को एक डिजिटल हेल्थ आईडी मिलेगी, जो उनकी स्वास्थ्य संबंधी जानकारियों को एकीकृत रूप से सहेजेगी। यह मिशन डिजिटल स्वास्थ्य ढांचे को मजबूत करने की दिशा में एक अग्रणी पहल है।

12. (1): माना A और B किसी कार्य को x दिनों में और y दिनों में पूरा कर सकते है।

तब, $25\left(\frac{1}{x}+\frac{1}{y}\right) = 20\left(\frac{1}{x}+\frac{1}{y}\right)+\frac{10}{x}$

$\Rightarrow 25\left(\frac{1}{x}+\frac{1}{y}\right)-20\left(\frac{1}{x}+\frac{1}{y}\right) = \frac{10}{x}$

$\Rightarrow \quad 5\left(\frac{1}{x}+\frac{1}{y}\right) = \frac{10}{x}$

$\Rightarrow \quad \frac{5}{y} = \frac{5}{x} \Rightarrow x = y \qquad \ldots(i)$

अब, A और B का 1 दिन का कार्य $= \frac{1}{25}$

$\therefore \quad \frac{1}{x}+\frac{1}{y} = \frac{1}{25} \qquad \ldots(ii)$

(i) और (ii) से

$\frac{1}{x}+\frac{1}{x} = \frac{1}{25}$

$\Rightarrow \quad \frac{2}{x} = \frac{1}{25}$

$\Rightarrow \quad x = 50$

अतः A अकेले 50 दिनों में संपूर्ण कार्य कर सकता है।

13. (1): 1. R T U (T → U: +1; R → U: +3) 2. J L K (L → K: –1; J → K: +1)

3. F H G (H → G: –1; F → G: +1) 4. N P O (P → O: –1; N → O: +1)

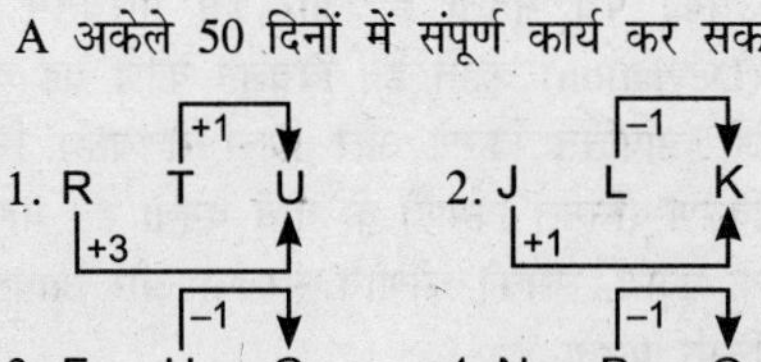

यहाँ विकल्प (1) का अक्षर-समूह असंगत है।

14. (2): 1. Z S – E N (S → N: –5; Z → E: +5) 2. M Q – R K (Q → K: –6; M → R: +5)

3. C O – H J (O → J: –5; C → H: +5) 4. E A – J V (A → V: –5; E → J: +5)

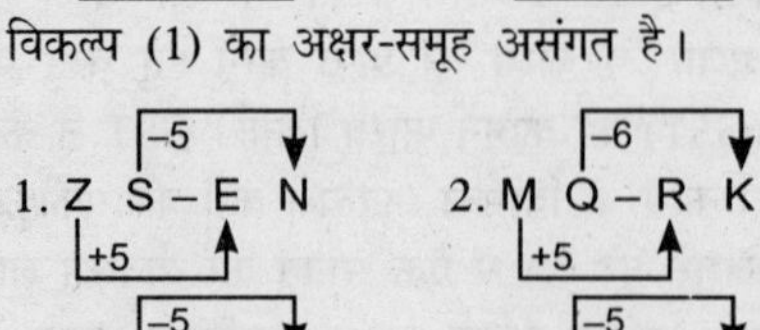

यहाँ, विकल्प (2) अक्षर-समूह युग्म उस ग्रुप से संबंधित नहीं है।

15. (4): विरंजन चूर्ण (Bleaching powder) एक सफेद ठोस पदार्थ है जिसमें क्लोरीन की तीव्र गंध होती है और इसका रासायनिक नाम कैल्शियम ऑक्सीक्लोराइड ($Ca(OCl)_2$) होता है। इसका उपयोग जल को रोगाणुरहित (disinfect) करने तथा वस्त्रों और कागज के विरंजन (bleaching) में व्यापक रूप से किया जाता है। यह एक शक्तिशाली ऑक्सीकरण कारक है और कीटाणु नष्ट करने में प्रभावी है।

16. (1): फ्लोरीन (F) का परमाणु क्रमांक 9 है और इसकी विशिष्ट संयोजकता 1 होती है क्योंकि इसके बाह्यतम कक्षा में 7 इलेक्ट्रॉन होते हैं और यह एक इलेक्ट्रॉन प्राप्त कर स्थिरता प्राप्त करता है। प्रश्न में दी गई संयोजकता 7 है, जो गलत है क्योंकि कोई भी तत्व 7 संयोजकता नहीं दिखाता। अतः फ्लोरीन की दी गई संयोजकता उसकी वास्तविक संयोजकता से मेल नहीं खाती।

17. (4): जटिल स्थायी ऊतक जैसे– जाइलम और फ्लोएम– पौधों में जल, खनिज तथा पोषक तत्वों के परिवहन के लिए जिम्मेदार होते हैं। ये ऊतक विभिन्न प्रकार की कोशिकाओं से मिलकर बने होते हैं और पौधों में दीर्घ दूरी तक परिवहन कार्य करते हैं। इसलिए वे पौधों की परिवहन प्रणाली का आवश्यक भाग हैं।

18. (3): ईश्वरचंद्र विद्यासागर ने 19वीं सदी में समाज सुधार के लिए कई कार्य किए, जिनमें विधवा पुनर्विवाह का समर्थन प्रमुख था। उन्होंने सामाजिक प्रतिरोध के बावजूद विधवा पुनर्विवाह के पक्ष में आंदोलन चलाया और 1856 में विधवा पुनर्विवाह अधिनियम पारित करवाने में महत्वपूर्ण भूमिका निभाई। उनके प्रयासों ने भारतीय समाज में स्त्रियों की स्थिति सुधारने की दिशा में एक नई राह खोली।

19. (1): दिया है, छः बॉक्स एक के उपर एक रखे गए हैं।

क्रम	बॉक्स
6	A
5	C
4	F
3	E
2	B
1	D

यहाँ, नीचे से तीसरे स्थान पर बॉक्स E है।

20. (2): भारत के पश्चिमी तटीय मैदान को तीन मुख्य खंडों में बाटा जाता है– उत्तर में महाराष्ट्र और गोवा के बीच फैला कोंकण तट, मध्य भाग में कर्नाटक के पास स्थित कर्नाटक तट (जिसे कनारा तट भी कहा जाता है), और दक्षिण में केरल में फैला मालाबार तट। ये सभी पश्चिमी तट के हिस्से हैं और अरब सागर से लगे हुए हैं।

21. (1): $\left(\frac{4}{7}\right)\times\left(\frac{21}{20}\right)+\left(\frac{6}{5}-9\right)$

$$=\left(\frac{4}{7}\right)\times\left(\frac{21}{20}\right)+\left(\frac{6-45}{5}\right)$$

$$=\frac{4}{7}\times\frac{21}{20}-\frac{39}{5}$$

$$=\frac{3}{5}-\frac{39}{5}=\frac{-36}{5}.$$

22. (4): $\because$ 20 चॉकलेट का विक्रय-मूल्य = ₹ 1 = 100 पैसे

$\therefore$ 20 चॉकलेट का क्रय मूल्य = $100\times\frac{100}{135}$ पैसे

= $\frac{2000}{27}$ पैसे

$\because$ $\frac{2000}{27}$ पैसे में 20 चॉकलेट खरीदी थी

$\therefore$ ₹ 1 = 100 पैसे में $\frac{20\times27}{2000}\times100$ चॉकलेट खरीदी थी।

= 27 चॉकलेट

$\therefore$ उसने ₹ 1 में 27 चॉकलेट खरीदी थी।

23. (2): ताज महल आगरा में यमुना नदी के तट पर स्थित है और इसका निर्माण मुगल सम्राट शाहजहाँ ने अपनी पत्नी मुमताज़ महल की याद में कराया था। यह सफेद संगमरमर से बना भव्य मकबरा 17वीं सदी की मुगल वास्तुकला का अद्वितीय उदाहरण है। ताज महल का परावर्तित प्रतिबिंब यमुना नदी में दिखाई देता है, जो इसकी सुंदरता को और बढ़ाता है।

24. (1): भारतीय संविधान का अनुच्छेद 74 यह निर्धारित करता है कि केंद्रीय मंत्रिपरिषद्, प्रधानमंत्री के नेतृत्व में, भारत के राष्ट्रपति को सहायता और सलाह देने के लिए बाध्य होती है। राष्ट्रपति इस सलाह के अनुसार कार्य करने के लिए संवैधानिक रूप से बाध्य होते हैं। इस व्यवस्था से भारत में संसदीय शासन प्रणाली सुनिश्चित होती है, जहाँ वास्तविक कार्यपालिका शक्ति मंत्रिपरिषद के पास होती है।

25. (2): हालाँकि 2024 के अंत में महाराष्ट्र में राजनीतिक स्थिति परिवर्तनशील रही, लेकिन 5 दिसंबर, 2024 को राज्यपाल द्वारा आमंत्रण के बाद देवेन्द्र फडणवीस ने दोबारा महाराष्ट्र के मुख्यमंत्री के रूप में शपथ ली। इससे पहले वे 2014 से 2019 तक भी मुख्यमंत्री रह चुके हैं और भारतीय जनता पार्टी के प्रमुख नेता हैं। उनका पुनः शपथ लेना राजनीतिक समीकरणों में बदलाव का संकेत देता है।

26. (3): यह कथन गलत है क्योंकि पादपों में पशुओं की तरह तंत्रिका ऊतक या मस्तिष्क नहीं होते। वे हार्मोन और रासायनिक संकेतों की सहायता से बाहरी उद्दीपनों का उत्तर देते हैं। उदाहरणस्वरूप, औक्सिन जैसे हार्मोन पादपों की प्रकाश और गुरुत्वाकर्षण की दिशा में वृद्धि को नियंत्रित करते हैं।

27. (3): कार्य (W) = आवेश (Q) × विभवांतर (V)

$$W = 10\ C \times 14\ V = 140\ J$$

अतः 10 कूलम्ब आवेश को 14 वोल्ट विभवांतर वाले दो बिंदुओं के बीच ले जाने पर किया गया कार्य 140 जूल होगा।

28. (4): भारत के संविधान का 69वां संशोधन 1991 में पारित हुआ, जिसके तहत केंद्र शासित प्रदेश दिल्ली को 'राष्ट्रीय राजधानी क्षेत्र दिल्ली' का दर्जा मिला और इसके लिए एक निर्वाचित विधान सभा की व्यवस्था की गई। इससे दिल्ली में आंशिक राज्य शासन की व्यवस्था लागू हुई और एक मुख्यमंत्री व मंत्रिपरिषद का प्रावधान किया गया।

29. (2): कार्बन यौगिकों का पूर्ण दहन तभी संभव होता है जब पर्याप्त ऑक्सीजन उपलब्ध हो। इस स्थिति में कार्बन डाइऑक्साइड और जल का निर्माण होता है और अधिक ऊर्जा प्राप्त होती है। यदि ऑक्सीजन कम हो तो अपूर्ण दहन होता है जिसमें कार्बन मोनोऑक्साइड जैसी विषैली गैसें बनती हैं।

30. (1): महिलाओं में यौन परिपक्वता के समय एस्ट्रोजन हार्मोन के प्राभाव से स्तनों का विकास प्रारंभ होता है, जो यौन परिपक्वता का एक प्रमुख लक्षण है। यह परिवर्तन किशोरावस्था के दौरान होता है और प्रजनन क्षमता के विकास की दिशा में पहला संकेत होता है।

31. (4): कम संसाधन वाले समुदायों के दीर्घकालिक स्वच्छता व्यवहार में बदलाव लाने के लिए लोगों की सीधी भागीदारी आवश्यक होती है। जब समुदाय स्वयं स्वच्छता गतिविधियों में भाग लेता है, तो उन्हें स्वामित्व की भावना होती है और वे बदलाव को बनाए रखने के लिए प्रतिबद्ध रहते हैं। यह रणनीति सामाजिक मान्यताओं और व्यवहार में स्थायी परिवर्तन लाने में अधिक प्रभावी होती है।

32. (1): किशोरों में स्वस्थ व्यवहार को बढ़ावा देने का सबसे उपयुक्त अवसर तब मिलता है जब स्वास्थ्य शिक्षा को नियमित शिक्षण का हिस्सा बनाया जाता है। जीवन कौशल आधारित पाठ्यक्रम में स्वास्थ्य से जुड़े विषय जैसे पोषण, मानसिक स्वास्थ्य, यौन शिक्षा आदि को सम्मिलित करना उन्हें रोजमर्रा की समझ और व्यवहार का हिस्सा बना देता है।

33. (3): हाथ धोने की अनुशंसित क्रमबद्ध प्रक्रिया है: (1) पहले हाथों को स्वच्छ जल से गीला करना, (5) फिर साबुन लगाना, (4) सभी सतहों को अच्छी तरह से रगड़ना, (7) कम-से-कम 20 सेकंड तक रगड़ना, (2) फिर हाथों को पानी से धोना, (6) हाथों को साफ तौलिये से सुखाना, और अंत में (3) तौलिये से नल बंद करना। यह क्रम संक्रमण नियंत्रण के दृष्टिकोण से वैज्ञानिक और प्रभावी है।

34. (1): हिमशैल परिघटना का अर्थ है कि किसी रोग के ज्ञात मामलों की तुलना में अधिक संख्या में मामले छिपे होते हैं जो बिना लक्षण के होते हैं। यह विशेष रूप से संक्रामक रोगों, कुपोषण और गैर-संचारी रोगों में देखा जाता है जहाँ केवल एक छोटा हिस्सा ही स्वास्थ्य सेवाओं तक पहुँचता है और बाकी अदृश्य रह जाता है।

35. (1): जैविक रोगवाहक नियंत्रण विधियों में एक प्रमुख तरीका है मच्छरों के लार्वा को खाने वाली मछलियों जैसे गम्बूसिया (Gambusia) का उपयोग। यह पर्यावरण के अनुकूल विधि है जो मच्छरों की संख्या को स्वाभाविक रूप से कम करती है और रासायनिक कीटनाशकों की आवश्यकता को घटाती है।

36. (1): व्यक्तिगत सुरक्षा उपकरण (PPE) हटाते समय सबसे पहले दस्ताने हटाए जाते हैं क्योंकि वे सबसे अधिक संदूषित होते हैं। इसके बाद गाउन को हटाया जाता है ताकि संपर्क सीमित रहे। अंत में, हाथों को अच्छी तरह साफ करना आवश्यक होता है ताकि किसी भी शेष सूक्ष्मजीव को समाप्त किया जा सके।

37. (2): बायोमेडिकल अपशिष्ट का उत्पत्ति बिंदु पर पृथक्करण आवश्यक होता है क्योंकि इससे खतरनाक और गैर-खतरनाक, अपशिष्ट अलग-अलग रहते हैं। यह न केवल अपशिष्ट के उचित निपटान को सुनिश्चित करता है, बल्कि अपशिष्ट हैंडल करने वाले कर्मचारियों के संक्रमण और चोट के जोखिम को भी कम करता है।

38. (4): एड्स के रोगियों में CD4T-कोशिकाओं की संख्या बहुत कम हो जाती है, जो उनकी रोग प्रतिरोधक क्षमता को कमजोर बना देती है। जब CD4 काउंट 200 कोशिकाएं प्रति घन मिलीमीटर से नीचे चला जाता है, तब व्यक्ति को एड्स (AIDS) का निदान दिया जाता है और यह गंभीर संक्रमणों का उच्च जोखिम दर्शाता है।

39. (4): मासिक धर्म से जुड़ी व्यवस्था आदतें, जैसे कुछ भोजन न खाना, वैज्ञानिक प्रमाणों की तुलना में अधिकतर सामाजिक मान्यताओं, परंपराओं और सांस्कृतिक धारणाओं से प्रभावित होती हैं। ये रीति-रिवाज कई बार महिला के पोषण और स्वास्थ्य पर नकारात्मक प्रभाव डालते हैं।

40. (4): कूकर खांसी (Pertussis), एक संक्रामक श्वसन रोग है जिसमें मरीज को लागतार, तीव्र खांसी के दौरे पड़ते हैं। प्रत्येक खांसी की शृंखला के अंत में एक विशिष्ट ''हूपिंग'' (whooping) ध्वनि आती है, जो इस रोग का प्रमुख और विशिष्ट लक्षण माना जाता है।

41. (2): FSSAI के नियमानुसार, खाद्य प्रबंधन प्रतिष्ठानों को लाइसेंस प्रदान करने के लिए यह सुनिश्चित करना आवश्यक होता है कि खाद्य को संभालने वाले कर्मियों की नियमित स्वास्थ्य जांच हो। इससे खाद्यजनित संक्रमणों के जोखिम को कम किया जाता है और उपभोक्ताओं की सुरक्षा सुनिश्चित होती है।

42. (2): राष्ट्रीय वेक्टर जनित रोग नियंत्रण कार्यक्रम के अंतर्गत मलेरिया नियंत्रण की प्रमुख रणनीतियाँ हैं— मच्छरों की रोकथाम के लिए घरों की दीवारों पर भीतरी कीटनाशी छिड़काव (IRS) और कीटनाशी-उपचारित मच्छरदानी (ITNs) का वितरण। ये उपाय मलेरिया फैलाने वाले मच्छरों के संपर्क को कम करते हैं और रोग प्रसार को रोकते हैं।

43. (4): यकृत शोथ B (Hepatitis B) एक विषाणुज रोग है जो मुख्यतः रक्त और अन्य शारीरिक तरलों के माध्यम से संचारित होता है। यह संक्रमित सुइयों, असुरक्षित रक्त संक्रमण, अंग प्रत्यारोपण और असुरक्षित यौन संपर्क के जरिए फैलता है। इसके विपरीत, यकृत शोथ A और E दूषित भोजन या पानी से फैलते हैं। प्रश्न में दिए गए विकल्पों में से केवल हेपेटाइटिस B ही ऐसा प्रकार है जो रक्त-जनित संक्रमण का सही उदाहरण है।

44. (3): वायु गुणवत्ता सूचकांक (AQI) एक संख्यात्मक माप है जो वातावरण में मौजूद मुख्य वायु प्रदूषकों जैसे— PM2.5, PM10, नाइट्रोजन डाइऑक्साइड, ओजोन, कार्बन मोनोऑक्साइड आदि की सांद्रता को प्रदर्शित करता है। यह लोगों को वायु गुणवत्ता की स्थिति के बारे में जागरूक करता है ताकि वे अपनी गतिविधियों को सुरक्षित रूप से नियोजित कर सकें।

45. (3): नगरपालिका स्वास्थ्य विनियमों के अंतर्गत स्वच्छता स्वास्थ्य निरीक्षकों का कार्य होता है खाद्य प्रतिष्ठानों का नियमित निरीक्षण करना, स्वच्छता मानकों की जाँच करना, और आवश्यक होने पर उन्हें लाइसेंस जारी करना। यह जिम्मेदारी खाद्यजन्य रोगों की रोकथाम और सार्वजनिक स्वास्थ्य की रक्षा के लिए अत्यंत आवश्यक है।

46. (1): टाइप 1 मधुमेह का यदि लंबे समय तक उचित नियंत्रण न किया जाए तो यह रक्त में अत्यधिक शर्करा की उपस्थिति के कारण तंत्रिकाओं को क्षति पहुँचाता है। यह स्थिति मधुमेहज तंत्रिकाशोथ कहलाती है, जो पैरों और हाथों में झनझनाहट, सुन्नता या दर्द का कारण बन सकती है। यह एक सामान्य और गंभीर दीर्घकालिक उपद्रव है।

47. (2): ग्रामीण समुदायों में पोषण शिक्षा प्रभावी तभी होती है तब स्थानीय संसाधनों और भरोसेमंद समुदाय कर्मियों का उपयोग किया जाए। आंगनबाड़ी कार्यकर्ता स्थानीय संस्कृति को समझती है और पाककला प्रदर्शन जैसे व्यवहारिक तरीकों से पोषण ज्ञात को लोगों तक पहुँचाने में समर्थ होती हैं। यह रणनीति सहभागिता और सीखने को बढ़ावा देती है।

48. (1): प्राकृतिक वेंटिलेशन वह होता है जिसमें हवा के प्रवाह के लिए किसी कृत्रिम यंत्र या बिजली की आवश्यकता नहीं होती। तब कमरे में दो विपरीत दिशाओं में खिड़कियाँ या झरोखे होते हैं, तो हवा का प्रवाह स्वाभाविक रूप से होता है जिसे क्रॉस वेंटिलेशन कहते हैं। यह वायु की गुणवत्ता बनाए रखने और गर्मी निकालने में सहायक होता है।

49. (3): आइस-लाइन्ड रेफ्रिजरेटर (ILR) विशेष रूप से वैक्सीन भंडारण के लिए डिजाइन किया गया होता है और इसमें बर्फ की परतें दीवारों के अंदर होती हैं जो बिजली न होने पर भी तापमान बनाए रखती हैं। यह उपकरण लंबे समय तक ठंडक बनाए रखने में सक्षम होता है, जिससे जिबली गुल होने की स्थिति में भी टीकों की गुणवत्ता बनी रहती है।

50. (3): संचारी रोग के प्राकृतिक इतिहास में सबसे सटीक क्रम हैः पहले रोगजनक के संपर्क में आना (उद्भासन), फिर रोग का न लक्षणात्मक लेकिन सक्रिय चरण (उद्भवन), इसके बाद स्पष्ट लक्षणों के साथ नैदानिक रोग की अवस्था और अंततः व्यक्ति या तो ठीक हो जाता है (रिकवरी), अशक्ता हो जाता है या मृत्यु को प्राप्त करता है।

51. (4): अल्पपोषित आबादी में पोषण शिक्षा कार्यक्रमों की सफलता में संस्कृतिक मान्यताएँ, परंपरागत खाद्य वर्जनाएँ और कम साक्षरता बड़ी बाधाएँ होती हैं। जब लोग वैज्ञानिक तथ्यों की बजाय परंपरागत धारणाओं पर विश्वास करते हैं, या जानकारी पढ़ नहीं सकते, तब जागरूकता और व्यवहार में बदलाव लाना कठिन हो जाता है।

52. (1): जैव-चिकित्सीय अपशिष्ट को खुले में जलाने या बिना नियंत्रित भस्मीकरण से डाइऑक्सिन, फ्यूरॉन जैसे हानिकारक रसायन वायु में उत्सर्जित होते हैं। ये प्रदूषक श्वसन रोग, कैंसर और पर्यावरणीय विषाक्तता का कारण बन सकते हैं। इसलिए ऐसे अपशिष्ट का निष्पादन वैज्ञानिक और नियंत्रित तरीकों से किया जाना चाहिए।

53. (3): संक्रामक रोगों की उद्भवन अवधि वह समय होता है जो रोगजनक के शरीर में प्रवेश करने के बाद पहले लक्षण को प्रकट होने तक लगता है। यह अवधि प्रत्येक रोग में भिन्न होती है और संक्रमण की पहचान, रोकथाम तथा प्रसार की समझ में महत्वपूर्ण भूमिका निभाती है।

54. (3): श्वसन संक्रमण के प्रसार को रोकने के लिए सबसे प्रभावी साक्ष्य-आधारित उपायों में से एक है रोगियों और स्वास्थ्यकर्मियों को खाँसी और छींकने के सही तरीके (जैसे टिशू का उपयोग या कोहनी में खाँसना) सिखाना। साथ ही, हाथ धोने और मास्क के उपयुक्त उपयोग की जानकारी देना संक्रमण नियंत्रण की कुंजी है।

55. (2): आमवाती हृदय रोग (Rheumatic heart disease) में सबसे अधिक प्रभावित होने वाला कपाट द्विकपर्दी कपाट होता है। यह बायें आलिंद और निलय के बीच स्थित होता है, और जब यह संकुचित या क्षतिग्रस्त होता है तो हृदय में रक्त का प्रवाह बाधित होता है, जिससे आघात (stroke) का जोखिम बढ़ जाता है।

56. (4): सार्वजनिक स्वास्थ्य में प्रचलन (Prevalence) वह माप है जो किसी रोग के सभी मामलों (नए और पूर्व से चल रहे) की संख्या को किसी विशेष समय पर जनसंख्या में दर्शाता है। यह बीमारी के बोझ को समझने में सहायक होता है और दीर्घकालिक योजनाओं व संसाधन आवंटन के लिए उपयोगी है।

57. (4): पल्स पोलियो कार्यक्रम की सफलता का मुख्य आधार यह रहा कि पूरे देश में एक साथ, व्यापक स्तर पर पाँच वर्ष से कम आयु के सभी बच्चों को पोलियो ड्रॉप्स दिए गए। यह रणनीति वायरस के संचरण चक्र को तोड़ने में अत्यंत प्रभावी रही, जिससे भारत को पोलियो-मुक्त राष्ट्र घोषित किया जा सका।

58. (2): भारत में होम गार्ड्स और सिविल डिफेंस दिवस हर वर्ष 6 दिसंबर को मनाया जाता है। यह दिवस नागरिक सुरक्षा बलों के योगदान को सम्मानित करने के लिए होता है जो आपदा प्रबंधन, सुरक्षा व्यवस्था और सार्वजनिक सेवा में अपनी महत्वपूर्ण भूमिका निभाते हैं।

59. (2): जनसांख्यिकीय और स्वास्थ्य सर्वेक्षण (DHS) मुख्यतः स्वास्थ्य और जनसंख्या से संबंधित आँकड़ों जैसे-- प्रजनन दर, गर्भनिरोधक उपयोग, बाल, मृत्यु दर, पोषण स्थिति आदि को कवर करता है। राष्ट्रीय GDP जैसे आर्थिक संकेतक इस सर्वेक्षण का हिस्सा नहीं होते क्योंकि वह आर्थिक सर्वेक्षण के अंतर्गत आता है।

60. (1): LDL कोलेस्ट्राल को "खराब कोलेस्ट्रॉल" कहा जाता है क्योंकि यह रक्त नलिकाओं की दीवारों पर जमा होकर प्लाक बनाता है, जिससे हृदय की धमनियाँ संकरी हो जाती हैं। यह प्रक्रिया कोरोनरी हृदय रोग (CHD) के खतरे को अत्यधिक बढ़ा देती है। अतः LDL का उच्च स्तर CHD से सबसे अधिक संबंधित माना जाता है।

61. (3): संपर्क अनुरेखण (Contact Tracing) का मुख्य उद्देश्य या सुनिश्चित करना होता है कि संक्रमित व्यक्ति के संपर्क में आए लोगों की समय रहते पहचान हो जाए। इससे संक्रमण की श्रृंखला को तोड़ने, आगे प्रसार को रोकने और संभावित मामलों को जल्द से जल्द आइसोलेट या उपचारित करने में सहायता मिलती है।

62. (4): जापानी मस्तिष्कशोथ (Japanese Encephalitis) का प्रमुख वाहक Culex प्रजाति का मच्छर होता है, विशेषकर Culex tritaeniorhynchus। ये मच्छर मुख्यतः चावल के खेतों, जल जमाव वाले क्षेत्रों और पुशओं के आस-पास पाए जाते हैं, और रात में काटते हैं। यह रोग मुख्यतः ग्रामीण क्षेत्रों में अधिक फैलता है।

63. (4): रूबेला (Rubella) को आमतौर पर जर्मन मीजिल्स कहा जाता है क्योंकि इसके लक्षण पारंपरिक खसरे (Measles) से मिलते-जुलते होते हैं, लेकिन यह हल्के रूप में होता है। गर्भवती महिलाओं में संक्रमण के समय यह भ्रूण में जन्म दोष उत्पन्न कर सकता है, इसलिए इसका टीकाकरण अत्यंत आवश्यक होता है।

64. (3): जैव-चिकित्सीय अपशिष्ट में सबसे अधिक संक्रमण का खतरा नुकीले सामान जैसे सुई, ब्लेड, कैनुला आदि से होता है। इन्हें शार्प्स कहा जाता है और इनके द्वारा एचआईवी, हेपेटाइटिस बी/सी जैसे संक्रमण स्वास्थ्य कार्यकर्ताओं में फैल सकते हैं। इसलिए इनका निपटान अत्यंत सावधानी से किया जाना चाहिए।

65. (4): विसंक्रामक (Disinfectants) मुख्यतः सतहों और उपकरणों पर मौजूद सूक्ष्मजीवों (बैक्टीरिया, वायरस) को नष्ट करने के लिए उपयोग किए जाते हैं, जबकि पीड़कनाशी (Pesticides) कीटों, कृतकों और अन्य जीवों को नियंत्रित करने के लिए उपयोग होते हैं जो मनुष्य के स्वास्थ्य या फसलों को नुकसान पहुँचाते हैं।

66. (4): वैक्सीन वायल मॉनिटर (VVM) एक थर्मोसेंसिटिव लेबल होता है जो वैक्सीन की तापमान संवेदनशीलता पर नजर रखता है। यदि वैक्सीन सुरक्षित तापमान सीमा से अधिक तापमान के संपर्क में आता है, तो VVM का रंग धीरे-धीरे बदलता है। जब अंदर का रंग बाहरी रिंग से मेल खा जाता है या गहरा हो जाता है, तो वैक्सीन को अनुपयोगी माना जाता है।

67. (3): योनिशोथ (Vaginitis) के संलक्षणी प्रबंधन में मुख्यतः टिनिडाजोल, सेक्निडाजोल और फ्लुकोनाजोल जैसी औषधियाँ उपयोग होती हैं जो प्रोटोजोआ, बैक्टीरिया व फफूंद के संक्रमण को लक्षिण करती हैं, एमिकासिन एक ऐमिनोग्लाइकोसाइड एंटीबायोटिक है जिसका उपयोग गंभीर प्रणालीगत संक्रमणों में होता है, न कि योनिशोध के सामान्य उपचार में।

68. (1): ग्रामीण क्षेत्रों में स्वास्थ्य शिक्षा को प्रभावशाली बनाने के लिए संवाद और स्थानीय भाषा में सरल संदेश आवश्यक हैं। पारस्परिक समूह चर्चाओं के माध्यम से जटिल जानकारी भी आसानी से समझाई जा सकती है और समुदाय की भागीदारी सुनिश्चित होती है। यह तरीका साक्षरता स्तर की बाधा को भी पार कर सकता है।

69. (2): साल्मोनेला एंटेरिका एक सामान्य खाद्य जनित रोगाणु है जो दूषित भोजन या जल के माध्यम से शरीर में प्रवेश करता है। खराब साफ-सफाई, अपर्याप्त खाना पकाना और संक्रमित व्यक्तियों द्वारा भोजन तैयार करने से यह फैलता है। यह बुखार, डायरिया और पेट दर्द जैसे लक्षण उत्पन्न करता है।

70. (1): राष्ट्रीय रेबीज नियंत्रण कार्यक्रम (NRCP) के तहत, रेबीज उन्मूलन की सबसे प्रभावशाली रणनीति है कुत्तों का व्यापक टीकाकरण और आवारा कुत्तों की संख्या पर नियंत्रण। चूँकि 95% से अधिक मानव रेबीज के मामले कुत्ते के काटने से होते हैं, इसलिए कुत्तों में रोग नियंत्रण से ही मानव सुरक्षा संभव है।

71. (2): HPV एक सामान्य यौन संचारित संक्रमण है और इसकी कुछ विशिष्ट किस्में (जैसे HPV-16 और HPV-18) गर्भाशय-ग्रीवा (cervix) की कोशिकाओं में असामान्य वृद्धि करके कैंसर का कारण बनती हैं। यदि इसका समय पर उपचार या टीकाकरण न हो, तो यह सर्वाइकल कैंसर में परिवर्तित हो सकता है। अतः यह यौन संचारित रोग गर्भाशय-ग्रीवा कैंसर से निकटता से जुड़ा है।

72. (3): जैव-चिकित्सीय अपशिष्ट का पृथक्करण उसी स्थान पर किया जाना चाहिए जहाँ वह उत्पन्न होता है— यानी उपचार कक्ष, ऑपरेशन थिएटर, लैब आदि। इससे संक्रमण

के जोखिम को कम किया जा सकता है और सुरक्षित संग्रहण, परिवहन तथा निपटान सुनिश्चित किया जा सकता है। यह WHO और बायोमेडिकल वेस्ट मैनेजमेंट नियमों के अनुरूप है।

73. (1): स्वच्छता प्रथाओं को केवल संसाधनों से नहीं, बल्कि सांस्कृतिक मान्यताओं से भी गहराई से प्रभावित किया जाता है। उदाहरणस्वरूप, कुछ समुदायों में खुले में शौच की सामाजिक स्वीकृति या मासिक धर्म के दौरान सफाई संबंधी वर्जनाएँ व्यवहार को प्रभावित करती हैं। स्वास्थ्य का सामाजिक निर्धारक होने के नाते ये मान्यताएँ व्यवहार परिवर्तन कार्यक्रमों में ध्यान देने योग्य होती हैं।

74. (2): क्रियात्मक उपगमन (functional approach) परिवार की आंतरिक कार्यप्रणाली– जैसे भूमिकाओं का विभाजन, पारस्परिक संचार, निर्णय लेने की प्रक्रिया – का अध्ययन करता है। इससे यह समझने में मदद मिलती है कि परिवार किस तरह स्वास्थ्य संबंधी व्यवहारों को अपनाता या प्रभावित करता है। यह मात्र संरचनात्मक या भौगोलिक अध्ययन नहीं होता।

75. (1): यह कथन सत्य नहीं है क्योंकि ओरल पोलियो वैक्सीन (OPV) जीवित, कमजोर किए गए वायरस से बनी होती है और यह शरीर की आंतरिक (mucosal) प्रतिरक्षा को सक्रिय करती है, जिससे यह हत वैक्सीन (IPV) की तुलना में अधिक प्रभावी प्रतिरक्षी प्रतिक्रिया उत्पन्न कर सकती है। इस कारण इसे बड़े पैमाने पर उपयोग में लाया गया है।

76. (2): संक्रामक रोग ऐसे रोग होते हैं जो सूक्ष्म जीवों जैसे बैक्टीरिया, वायरस, फफूंद या परजीवियों द्वारा उत्पन्न होते हैं। ये रोग एक व्यक्ति से दूसरे व्यक्ति में सीधे संपर्क (जैसे छींक, खांसी) या अप्रत्यक्ष माध्यम (जैसे दूषित पानी, हवा या वस्तुएँ) से फैल सकते हैं। यह गुण इन्हें गैर-संचारी रोगों से अलग करता है।

77. (4): जब कोई बच्चा 7 वर्ष या उससे अधिक आयु का होता है, तो उसे उपचार, जाँच या हस्तक्षेप से पहले उपयुक्त स्तर की जानकारी देकर उसकी सहमति (Assent) लेना नैतिक रूप से आवश्यक माना जाता है। यद्यपि कानूनी सहमति माता-पिता से ही ली जाती है, पर बच्चे की समझ और भागीदारी भी महत्वपूर्ण होती है, विशेषकर जब वह निर्णय को समझने की क्षमता रखता है।

78. (1): सेप्टिक टैंक से निकलने वाला अपशिष्ट तरल पहले शोषक गर्त या निक्षालन क्षेत्र में जाता है, जहाँ यह मिट्टी में प्रवाहित होने से पहले आंशिक रूप से स्वाभाविक से शुद्ध होता है। यह प्रक्रिया जैविक अपघटन और निस्यंदन द्वारा जल को हानिकारक सूक्ष्मजीवों और प्रदूषकों से मुक्त करने में सहायक होती है।

79. (1): डिंभनाशी (Larvicides) उपयोग करते समय यह ध्यान देना आवश्यक होता है कि वे केवल लक्षित मच्छर लार्वा को नष्ट करें और अन्य जलीय जीवों जैसे मछली या जलचर कीटों को नुकसान न पहुँचाएँ। यदि विषाक्तता अधिक हो तो यह पारिस्थितिकी तंत्र को असंतुलित कर सकती है।

80. (2): $PaCO_2$ (आंशिक कार्बन डाइऑक्साइड दाब) का 50 mmHg से अधिक होना दर्शाता है कि शरीर में CO_2 निष्कासन कम हो गया, जो सांस की विफलता (respiratory failure) का संकेत है। यदि यह उच्च स्तर के साथ तेज, सतही (उत्तान) श्वसन के साथ हो, तो यह आसन्न श्वसन पात (Imminent respiratory arrest) की गंभीर चेतावनी है।

81. (3): डिजिटल डिवाइसेज के अत्यधिक उपयोग से आँखों पर तनाव (Digital Eye Strain) हो सकता है, जिसे रोकने के लिए "20-20-20 नियम" सबसे प्रभावी माना जाता है। इसके अनुसार हर 20 मिनट में 20 फीट दूर किसी वस्तु को कम-से-कम 20 सेकंड तक देखना चाहिए। साथ ही, बार-बार पलकें झपकाने से आँखों की नमी बनी रहती है और सूखापन नहीं होता।

82. (4): दंत क्षरण की रोकथाम के लिए जल में उपयुक्त मात्रा में फ्लूओराइड मिलान एक सशक्त सामुदायिक सार्वजनिक स्वास्थ्य उपाय है। यह उपाय पूरे समुदाय में बिना व्यक्तिगत प्रयास के दांतों को क्षरण से बचाता है और लंबे समय तक प्रभावी रहता है। WHO और CDC जैसे निकायों ने भी इसे प्रभावी हस्तक्षेप माना है।

83. (3): स्वास्थ्य संस्थानों में स्वच्छता बनाए रखने से हस्पताल-जनित संक्रमणों (HAIs) का खतरा कम होता है। जैसे– स्वच्छ सतहें, हाथ को स्वच्छता, और उपकरणों की साफ-सफाई रोग के प्रसार को रोकती है। यह रोगियों, कर्मचारियों और आंगतुकों सभी के लिए सुरक्षित वातावरण सुनिश्चित करता है।

84. (3): शहरी क्षेत्रों में जनसंख्या घनत्व अधिक होने के कारण जलजनित रोगों का जोखिम अधिक होता है। ऐसे में स्वच्छ और सुरक्षित पेयजल की सतत उपलब्धता स्वास्थ्य का एक प्रमुख पर्यावरणीय निर्धारक बन जाती है। यह डायरिया, हैजा, हेपेटाइटिस आदि रोगों की रोकथाम में महत्वपूर्ण भूमिका निभाता है।

85. (4): जनगणना से प्राप्त जनसंख्या-आधारित आँकड़ें नीति निर्माताओं को यह जानकारी देते हैं कि किस क्षेत्र में कितनी आबादी है और वहाँ स्वास्थ्य संसाधनों (जैसे अस्पताल, टीकाकरण, दवाइयाँ) की क्या आवश्यकता है। इससे संसाधनों का न्यायपूर्ण और प्रभावी वितरण सुनिश्चित किया जा सकता है।

86. (3): सब्जी के छिलके जैविक पदार्थ होते हैं जो सूक्ष्मजीवों द्वारा प्राकृतिक रूप से विघटित होकर मिट्टी में मिल जाते हैं। इन्हें जैवनिम्नीकरणीय (biodegradable) ठोस अपशिष्ट कहा जाता है, जो पर्यावरण को हानि पहुँचाए बिना विघटित हो जाते हैं। इसके विपरीत काँच, ऐलुमिनियम और प्लास्टिक बहुत धीमी गति से या कभी नहीं विघटित होते।

87. (3): स्वास्थ्य सेवा संस्थानों में संक्रमण नियंत्रण कार्यक्रम की प्रभावशीलता इस पर निर्भर करती है कि स्टाफ को नियमित प्रशिक्षण दिया जाए और संक्रमणों की सतत निगरानी हो। इससे संक्रमण के प्रसार की प्रारंभिक पहचान, रोकथाम और नियंत्रण संभव होता है। केवल प्रकोप के समय सक्रिय होना पर्याप्त नहीं होता।

88. (4): कार्बन मोनोऑक्साइड (CO) एक अत्यंत विषैली गैस है जो अधजले ईंधन से निकलती है और वायु प्रदूषण का एक प्रमुख स्रोत है। यह रंगहीन, गंधहीन होती है और हीमोग्लोबिन से बाँधकर ऑक्सीजन के परिवहन को बाधित करती है, जिससे दम घुटने जैसी स्थिति उत्पन्न हो सकती है। यह शहरी व औद्योगिक क्षेत्रों में विशेष रूप से अधिक पाई जाती है।

89. (1): किसी भी प्रभावी स्वास्थ्य शिक्षा कार्यक्रम की परियोजना बनाने का पहला कदम होता है– लक्षित समुदाय की स्वास्थ्य जरूरतों को समझना। इससे यह तय किया जा सकता है कि किन मुद्दों पर ध्यान केंद्रित करना है, और कौन-से हस्तक्षेप स्थानीय संदर्भ में सबसे अधिक प्रभावी होंगे।

90. (1): डिजिटल स्केल से शरीर का वजन मापते समय उसकी सटीकता अत्यंत महत्वपूर्ण होती है। यदि स्केल कैलिब्रेट नहीं किया गया है, तो माप गलत हो सकता है और उस पर आधारित कोई भी स्वास्थ्य निर्णय दोषपूर्ण होगा। नियमित कैलिब्रेशन से माप विश्वसनीयता सुनिश्चित होती है।

91. (4): भू-भरण स्थलों में उत्पन्न होने वाली मेथेन गैस ज्वलनशील होती है, और यदि इसकी मात्रा नियंत्रित न हो, तो विस्फोट का खतरा हो सकता है। सुरक्षित सीमा के अनुसार, मेथेन की सांद्रता निम्न विस्फोटक सीमा (LEL) के 25% से अधिक नहीं होनी चाहिए। यह गैस निरंतर निगरानी के अधीन रखी जाती है ताकि कोई आपात स्थिति न उत्पन्न हो।

92. (2): BMWM (Bio-Medical Waste Management) नियम 2016 के अनुसार, त्याग दी गई या एक्सपायर हो चुकी दवाओं को पीले बैग से संग्रहित किया जाता है। यह श्रेणी संक्रामक और रासायनिक जोखिम वाले अपशिष्टों के लिए निर्धारित है, जिनमें सर्जिकल ड्रेसिंग, दवाएँ, जैविक पदार्थ आदि शामिल हैं।

93. (3): ट्रेकोमा एक संक्रमणजन्य नेत्र रोग है जो Chlamydia trachomatis के कारण होता है। इसके इलाज के लिए WHO द्वारा प्राथमिकता से 1% टेट्रासाइक्लिन नेत्र मरहम की अनुशंसा की जाती है, जो सीधे आँखों में लगाया जाता है और बैक्टीरियल संक्रमण को रोकता है।

94. (1): टाइफॉइड एक जलजनित रोग है जो Salmonella typhi नामक बैक्टीरिया के कारण होता है और सामान्यतः अनुपचारित मलमूत्र के संपर्क में आने वाले दूषित जल या भोजन के माध्यम से फैलता है। यह बुखार, उल्टी, कमजोरी और आंतों में अल्सर का कारण बन सकता है।

95. (2): आरपार संवातन (cross ventilation) तब होता है जब भवन में हवा एक दिशा में प्रवेश कर दूसरी दिशा से बाहर निकलती है। यह हवा के प्राकृतिक प्रवाह को बढ़ावा देता है, जिससे गर्मी और प्रदूषकों की निकासी होती है और ताजगी बनी रहती है।

96. (4): जब श्वसन दर 20 बार प्रति मिनट से अधिक होती है तो उसे Tachypnea कहा जाता है। यह संकेत हो सकता है कि शरीर को अधिक ऑक्सीजन की आवश्यकता है या व्यक्ति को कोई श्वसन संबंधी रोग है। यह स्थिति फेफड़ो, दिल या तंत्रिका तंत्र की गड़बड़ियों से जुड़ी हो सकती है।

97. (4): कोरोनरी एंजियोग्राफी (Coronary angiography) हृदय रक्त वाहिनियों में रुकावटों की पहचान करने की सबसे यथार्थ और सटीक तकनीक है। इस प्रक्रिया में डाई इंजेक्ट करके एक्स-रे से रक्त प्रवाह का अवलोकन किया जाता है, जिससे रुकावट की सटीक स्थित ज्ञात होती है।

98. (1): स्वच्छ भारत अभियान का उद्देश्य पूरे देश को खुले में शौच से मुक्त (ODF) बनाना और लोगों में स्वच्छता संबंधी व्यवहार को बढ़ावा देना है। इसके अंतर्गत शौचालय निर्माण, ठोस अपशिष्ट प्रबंधन और स्वच्छता शिक्षा जैसी पहले शामिल हैं। यह अक्टूबर 2014 को शुरू हुआ था।

99. (4): स्वास्थ्य देखभाल से जुड़े संक्रमणों की रोकथाम में हाथ स्वच्छता सबसे सशक्त और साक्ष्य-आधारित पद्धति है। WHO द्वारा सुझाई गई "5 Moments for Hand Hygien" गाइडलाइन इसका समर्थन करती है। अल्कोहल आधारित हैंड रब रोगजनकों को नष्ट करने में अत्यंत प्रभावी होता है।

100. (3): बायोमेडिकल अपशिष्ट वे सभी अपशिष्ट होते हैं जो मानवों की चिकित्सा, निदान, उपचार, टीकाकरण या अनुसंधान के दौरान उत्पन्न होते हैं। इसमें रक्त, ऊतक, संक्रमित सामग्री, सुइयाँ, दवाइयाँ आदि शामिल होते हैं और इनका उचित निपटान सार्वजनिक स्वास्थ्य के लिए अत्यंत आवश्यक होता है।

पिछले प्रश्न-पत्र (हल सहित)

स्वास्थ्य एवं सेनेटरी निरीक्षक

भर्ती परीक्षा, 2023

1. सूर्य की कीटाणुनाशक क्रिया किसके कारण होती है?
   A. पराबैंगनी किरणें B. अवरक्त किरणें
   C. ताप प्रभाव D. इनमें से कोई नहीं

2. बायोमेडिकल अपशिष्ट निपटान के लिए निम्नलिखित में से कौन-सा मानक है?
   A. एगमार्क B. एफ.एस.एस.ए.आई.
   C. बी.आई.एस. D. निक्षय

3. कीटनाशकों में पेट का जहर है :
   A. पेरिस ग्रीन
   B. गुलदाउदी का एक प्रकार
   C. लिन्डेन
   D. क्लोरथियान

4. हॉरोक्स उपकरण क्या मापने के लिए उपयोग किया जाता है?
   A. फ्री क्लोरिन B. संयुक्त क्लोरिन
   C. (A) और (B) दोनों D. क्लोरिन की माँग

5. निम्नलिखित में से कौन-सा जीवाणु मल संदूषण में नहीं पाया जाता है?
   A. स्टैफीलोकोक्स B. स्ट्रेप्टोकोकस
   C. ई. कोलाई D. क्लोस्ट्रीडियम परफ्रिन्जेन्स

6. रसोई से निकलने वाला अपशिष्ट जल क्या कहलाता है?
   A. रिफ्यूज़ B. सल्लेज़
   C. गार्बेज़ D. सिवेज़

7. पीने के पानी में से फ्लोराइड निकालने के लिए, निम्नलिखित में से किस विधि का प्रयोग किया जाता है?
   A. बैंगलोर विधि B. इन्दौर विधि
   C. मेंगलोर विधि D. नालगोंडा विधि

8. निम्नलिखित में से कौन-सा 'शैवाल प्रस्फुटन' का प्रमुख कारण है?
   A. पानी में भारी धातुओं की मौजूदगी
   B. जल में रोगजनकों का संदूषण
   C. यूट्रोफिकेशन
   D. मृदा कटाव

9. मृदु जल में $CaCO_3$ की सांद्रता .... होती है।
   A. शून्य
   B. 30-60 मिलीग्राम/लीटर
   C. 61-90 मिलीग्राम/लीटर
   D. 91-120 मिलीग्राम/लीटर

10. दिये गये पानी के नमूने में गंध यौगिक की एकाग्रता निर्धारित करने के लिए निम्नलिखित में से किस तकनीक का उपयोग किया जाता है?
    A. निःसादन B. प्रधावन
    C. अंशहरण प्रक्रिया D. क्लोरीनन

11. कैटाडिन फिल्टर में फिल्टर की सतह निम्नलिखित में से किस उत्प्रेरक से लेपित होती है?
    A. पोटैशियम परमैंग्नेट B. चाँदी
    C. हेलोजन D. नाइट्राइट

1. A	2. C	3. A	4. D	5. A	6. B	7. D	8. C	9. B	10. C	11. B

*Conducted by UKPSC

12. पानी की स्थायी कठोरता कैल्शियम और मैग्नीशियम के .... के कारण कारण होती है।

A. कार्बोनेट एवं बाइकार्बोनेट

B. बाइकार्बोनेट एवं नाइट्रेट

C. कार्बोनेट एवं नाइट्रेट

D. क्लोराइड एवं सल्फेट

13. नेफैलोमीटर का उपयोग प्रदूषित पानी में क्या मापने के लिए किया जाता है?

A. रंग B. गंध

C. निलम्बित कण D. गैस

14. सापेक्ष आर्द्रता किसके द्वारा निर्धारित की जाती है?

A. काटा थर्मोमीटर B. एनीमोमीटर

C. स्लिंग साइक्रोमीटर D. गार्डबेन्ड उपकरण

15. निम्नलिखित में से एक के अलावा सभी वायु प्रदूषण को मापने के संकेतक हैं :

A. सॉइलिंग इंडेक्स

B. मैक आरडल्स इंडेक्स

C. सस्पैंडेड पार्टिकल काउंट (गणना)

D. SO_2 कन्सनट्रैशन

16. निम्नलिखित में से कौन-सा इनडोर वायु प्रदूषण का कारण नहीं है?

A. कार्बन मोनोक्साइड

B. नाइट्रोजन डाइऑक्साइड

C. रेडोन

D. मर्क्युरी (पारा) वेपर

17. एक ही समय में विश्व का एक भाग गर्म होना और दूसरा ठंडा होना यह कहलाता है :

A. हरित गृह प्रभाव

B. विभेदी हरित गृह प्रभाव

C. पृथ्वी का गर्म होना

D. समुद्र का गर्म होना

18. वायुजनित ठोस कण, ठोस और तरल दोनों कणों से बने होते हैं, उनका आकार होता है :

A. 0.01 माइक्रोन से 20 माइक्रोन

B. 0.1 माइक्रोन से 10 माइक्रोन

C. 0.001 माइक्रोन से 1 माइक्रोन

D. 1 माइक्रोन से 10 माइक्रोन

19. कार्बन डाइऑक्साइड द्वारा कौन-से विकिरण अवशोषित होते हैं?

A. ऐक्स-किरण विकिरण B. पैराबैंगनी विकिरण

C. अवरक्त विकिरण D. दृश्य स्पेक्ट्रम

20. खाद्य जाल में उच्च स्तर पर पारे की गतिशीलता एवं संचय का कारण जीवों में पारे का जैव-प्रवर्धन .... के द्वारा होता है।

A. प्लेंकटोन्स B. भृंग

C. वायरस D. जीवाणु

21. निम्नलिखित वक्तव्यों को ध्यान से पढ़ें और सही उत्तर की पहचान करें :

1. प्राथमिक प्रदूषक वह होते हैं जिनका उत्सर्जन सीधा स्रोत से होता है।
2. द्वितीयक प्रदूषक वह होते हैं जो कि सदैव वातावरण में उपस्थित होते हैं।

A. केवल वक्तव्य 1 सही है।

B. वक्तव्य 1 और 2 सही हैं।

C. केवल वक्तव्य 2 सही है।

D. उपरोक्त में से कोई भी सही नहीं है।

22. प्रकाश रासायनिक धुंध सबसे पहले कहाँ देखी गई थी?

A. सेन फ्रांसिस्को B. लॉस एंजेल्स

C. लन्दन D. पेरिस

23. निम्नलिखित में से किस गैस में अधिकतम ग्लोबल वार्मिंग क्षमता है?

A. मीथेन

B. कार्बन मोनोक्साइड

C. कार्बन डाइऑक्साइड

D. नाइट्रस ऑक्साइड

12. D **13.** C **14.** C **15.** B **16.** D **17.** B **18.** A **19.** C **20.** D **21.** A **22.** B **23.** D

24. फुस्फुसाने से कितने डेसिबल की ध्वनि उत्पन्न होती है?
A. 20-30 डेसिबल B. 40-50 डेसिबल
C. 50-60 डेसिबल D. 60-70 डेसिबल

25. ध्वनि की आवृत्ति को मापने के लिए .... इकाई का उपयोग किया जाता है।
A. पास्कल B. वॉट
C. हर्ट्ज़ D. डेसिबल

26. दिन के समय आवासीय क्षेत्र में अधिकतम शोर सीमा कितनी होनी चाहिए?
A. 55 डेसिबल B. 40 डेसिबल
C. 60 डेसिबल D. 70 डेसिबल

27. ध्वनि प्रदूषण स्तर में 30 डेसिबल वृद्धि का प्रतिनिधित्व करता है :
A. ध्वनि की तीव्रता में 30 गुना वृद्धि
B. ध्वनि की तीव्रता में 100 गुना वृद्धि
C. ध्वनि की तीव्रता में 15 गुना वृद्धि
D. ध्वनि की तीव्रता में 1000 गुना वृद्धि

28. 'ग्रीन मफलर' किससे सम्बन्धित है?
A. मृदा प्रदूषण B. वायु प्रदूषण
C. ध्वनि प्रदूषण D. जल प्रदूषण

29. मेलों और त्योहारों पर स्वच्छता बनाए रखने का प्राथमिक उद्देश्य क्या है?
A. टिकटों की बिक्री बढ़ाने के लिए
B. स्वस्थ एवं सुरक्षित वातावरण को बढ़ावा देना
C. आयोजन के लिए राजस्व उत्पन्न करना
D. सांस्कृतिक विविधता प्रदर्शित करना

30. अगर मेलों व त्योहारों में सही स्वच्छता न रखी जाये तो निम्नलिखित बीमारी की सम्भावनायें ज्यादा हो सकती है :
A. कर्क रोग B. हैज़ा
C. निमोनिया D. ड्रॉपसी

31. 'सुविधा क्षेत्र' का प्रभाव तापमान कितना होता है?
A. 69-76 डिग्री फारेनहाइट
B. 77-80 डिग्री फारेनहाइट
C. 81-85 डिग्री फारेनहाइट
D. 86-90 डिग्री फारेनहाइट

32. किस भारतीय शहर में लगातार बिना रुके पानी की आपूर्ति है?
A. दिल्ली B. कोटा
C. गुवाहाटी D. पुरी

33. निम्नलिखित में से कौन-सा 'स्वस्थ आवास' के लिए एक मानदण्ड नहीं है?
A. यह भौतिक सुरक्षा और आश्रय प्रदान करता है।
B. यह खाना पकाने और खाने के लिए पर्याप्त स्थल प्रदान करता है।
C. यह मलमूत्र उत्सर्जन के लिए पर्याप्त स्थान प्रदान करता है।
D. यह ध्वनि प्रदूषण के खतरों से सुरक्षा प्रदान नहीं करता है।

34. मिड-डे मील में प्रोटीन तथा ऊर्जा किस अनुपात में होती है?
A. 1/2 प्रोटीन और 1/2 ऊर्जा
B. 1/2 प्रोटीन और 1/4 ऊर्जा
C. 1/2 प्रोटीन और 1/3 ऊर्जा
D. 2/3 प्रोटीन और 1/3 ऊर्जा

35. अधिकांश वयस्कों के लिए नियमित दन्त जाँच और सफाई की अनुशंसित आवृत्ति क्या है?
A. हर छः महीने B. हर दो साल
C. हर पाँच साल D. हर महीने

36. एक ही भवन या भूखण्ड में परिवारों के समूह के बीच साझा किये जाने वाले शौचालय को ..... कहा जाता है।
A. सामुदायिक शौचालय B. व्यक्तिगत शौचालय
C. साझा शौचालय D. पाश्चात्य शौचालय

37. निम्नलिखित में से कौन-सा रोग धूम्रपान से सम्बन्धित नहीं है।
A. डिप्थीरिया
B. फेफड़ों का कैन्सर
C. श्वसनी शोथ (ब्रोंकाइटिस)
D. मुँह का कैन्सर

24. A	**25.** C	**26.** A	**27.** D	**28.** C	**29.** B	**30.** B
31. B	**32.** B	**33.** D	**34.** C	**35.** A	**36.** C	**37.** A

38. निम्नलिखित में से कौन-सा पर्यावरणीय आयोडीन की कमी का सबसे संवेदनशील संकेतक है?
A. सीरम T_3 स्तर
B. सीरम T_4 स्तर
C. नवजात हाइपोथायराइडिज्म
D. मूत्र में आयोडीन का उत्सर्जन

39. मासिक धर्म के दौरान रक्त की हानि के कारण महिलाओं को अधिक ...... की आवश्यकता होती है?
A. कैल्सियम B. लौह तत्त्व
C. सोडियम D. जिंक

40. निम्नलिखित में से कौन-सा विषय महामारी जलोदर रोग के लिए उत्तरदायी है?
A. अरगॉट विष B. सैन्गुनैरिन
C. बी.ओ.ए.ए. D. अफ्लाटॉक्सिन

41. कौन-सी प्राचीन सभ्यता संरक्षण की विधि-ममीकरण का उपयोग करने के लिए जानी जाती है?
A. यूनानी B. रोमन
C. मिस्र D. चीनी

42. शवों के अस्वच्छ निपटान से स्वास्थ्य को क्या खतरा है?
A. रोग संचरण का खतरा बढ़ना
B. कैंसर का होना
C. मनुष्यों में कैल्सियम की कमी
D. मधुमेह का खतरा बढ़ना

43. निम्नलिखित में से कौन-सी विधि दाहसंस्कार से सम्बन्धित है?
A. शव को किसी संरक्षणीय घोल में डुबाना।
B. शव को एक सीलबन्द थैले में रखना।
C. उच्च तापमान वाले दहन के माध्यम में शव को राख में बदलना।
D. शव को संरक्षण टैंक में डुबाना।

44. इसके अतिरिक्त निम्नलिखित सभी रोग मल मूल से दूषित जल के माध्यम से फैलते हैं?
A. हेपाटाइटिस A B. हेपाटाइटिस C
C. हेपाटाइटिस E D. टाइफाइड

45. अकेले व्यक्ति के लिए रहने वाले कमरे (लिविंग रूम) के फर्श का क्षेत्रफल कम से कम इतना होना चाहिये :
A. 50 वर्गफीट से 70 वर्गफीट
B. 70 वर्गफीट से 90 वर्गफीट
C. 90 वर्गफीट से 100 वर्गफिट
D. 100 वर्गफीट से 110 वर्गफीट

46. इस राज्य में काला-आजार को नोटिफायबिल बीमारी घोषित किया गया है :
A. पंजाब B. उत्तर प्रदेश
C. बिहार D. मध्यप्रदेश

47. निम्नलिखित में से कौन-सा रोग संचरण का एक अप्रत्यक्ष माध्यम है?
A. सीधा संपर्क या स्पर्श
B. लार की बूँदें
C. मिट्टी के साथ संपर्क
D. अन्य व्यक्ति का तौलिया उपयोग करना

48. किसी रोग का अव्यवस्थित एवं अनियंत्रित पैटर्न में होना कहलाता है :
A. एन्डेमिक B. एपिडेमिक
C. स्पोरेडिक D. पेनडेमिक

49. राष्ट्रीय टीकाकरण अनुसूची में खसरे का टीका इस आयु में दिया जाता है :
A. जन्म B. छः माह
C. नौ माह D. पाँच वर्ष

50. डेंगू वायरस के कुल सीरोटाईप की संख्या है :
A. 1 B. 2
C. 3 D. 4

51. इस वर्ष में पोलियो का अन्तिम मामला देश में पाया गया :
A. 2009 B. 2010
C. 2011 D. 2014

52. चैन्नई में बी.सी.जी. वैक्सीन के उत्पादन के लिए बी.सी.जी. प्रयोगशाला इस स्ट्रेन का प्रयोग कर रही है :
A. 1133 B. 1113
C. 1331 D. 1311

38. C	**39.** B	**40.** B	**41.** C	**42.** A	**43.** C	**44.** B	**45.** B
46. C	**47.** D	**48.** C	**49.** C	**50.** D	**51.** C	**52.** C	

53. कोलपिक स्पॉटस (धब्बे) इस रोग में पाये जाते हैं :
A. खसरा B. चिकेनपॉक्स
C. मन्कीपॉक्स D. जर्मन खसरा

54. किस रोग को रोकने के लिए टी वाई 21 ए वैक्सीन दी जाती है?
A. खसरा B. रोटावाइरस डायरिया
C. टाइफाइड D. डिपथीरिया

55. शहरों में एडीज ईजिपटाई इन्डेक्स ...... से अधिक नहीं होना चाहिए।
A. 1 B. 2
C. 5 D. 10

56. इस रोग को पता करने के लिए नेपियर का ऐल्डिहाइड टेस्ट किया जाता है :
A. मलेरिया B. डेंगू
C. फाइलेरिया D. काला-आजार

57. लिस्ट 'A' को लिस्ट 'B' से मिलाइए।

'A'	'B'
(*a*) सिफलिस	(*i*) के. ग्रेनोलोमेटिस
(*b*) गोनोरिया	(*ii*) एच. डकरियाई
(*c*) शेनकरायड	(*iii*) एन. गौनोरी
(*d*) डोनोवानोसिस	(*iv*) टी. पैलिडम

	(*a*)	(*b*)	(*c*)	(*d*)
A.	(*iv*)	(*i*)	(*ii*)	(*iii*)
B.	(*iii*)	(*i*)	(*iv*)	(*ii*)
C.	(*iv*)	(*iii*)	(*ii*)	(*i*)
D.	(*ii*)	(*iii*)	(*iv*)	(*i*)

58. निम्नलिखित में से कौन-सा कथन सही नहीं है?
A. मलेरिया एक वेक्टर जनित रोग है।
B. प्लाजमोडियम एक प्रोटोजोआ है।
C. मलेरिया नर एनाफ्लीज मच्छर के काटने से फैलता है।
D. मलेरिया मादा एनाफ्लीज मच्छर के काटने से फैलता है।

59. दुनिया भर में पुरुषों और महिलाओं दोनों को प्रभावित करने वाला सबसे आम कैंसर है :
A. अग्नाशय का कैंसर
B. मुख म्युकोसा का कैंसर
C. फेफड़े का कैंसर
D. कोलोरेक्टल कैंसर

60. पराबैंगनी विकिरण (UV) का वह प्रकार जो त्वचा कैंसर उत्पन्न करने के लिए जाना जाता है :
A. पराबैंगनी विकिरण-E B. पराबैंगनी विकिरण-B
C. पराबैंगनी विकिरण-C D. पराबैंगनी विकिरण-D

61. निम्नलिखित में से कौन-सा उच्च रक्तचाप की प्राथमिक रोकथाम का उपाय नहीं है?
A. वजन घटाना
B. व्यायाम संवर्धन
C. नमक का सेवन कम करना
D. उच्च रक्तचाप का शीघ्र निदान

62. राष्ट्रीय अंधत्व एवं दृष्टिबाधित नियंत्रक कार्यक्रम (एन.पी.सी.बी.वी.आई.) के अंतर्गत अंधत्व की परिभाषा क्या है?
A. 3/60 B. 6/60
C. 3/18 D. 6/18

63. निम्नलिखित में से किसे मधुमेह रोगियों के लिए सबसे महत्वपूर्ण कारक माना जाएगा?
A. निवास
B. पुरुष लिंग
C. माँ में गर्भकालीन मधुमेह
D. HLA-DR3 की उपस्थिति

64. मोटापे के किस सूचकांक में ऊँचाई शामिल नहीं है?
A. बॉडी मास सूचकांक B. पौन्डरल सूचकांक
C. ब्रोका सूचकांक D. कोरप्यूलेंस सूचकांक

65. जनसांख्यिकीय चक्र में कितने चरण होते हैं?
A. 3 B. 2
C. 5 D. 6

66. किसी जनसंख्या में महत्वपूर्ण सांख्यिकी को निम्नलिखित में से किस एक द्वारा दर्शाया जाता है?
A. लिंग अनुपात B. जन्म दर
C. आयु संरचना D. निर्भरता अनुपात

53. A	**54.** C	**55.** A	**56.** D	**57.** C	**58.** C	**59.** C
60. B	**61.** D	**62.** A	**63.** D	**64.** D	**65.** C	**66.** B

67. साक्षरता दर की गणना में किस पैरामीटर को ध्यान में रखा जाता है?
A. 10वीं कक्षा तक स्कूली शिक्षा
B. आयु 7 वर्ष से अधिक
C. पूरी आबादी
D. 15 वर्ष तक स्कूली शिक्षा

68. भारत जनसांख्यिकी चक्र के किस चरण में है?
A. विलम्बित विस्तार B. शीघ्र विस्तार
C. उच्च विस्तार D. निम्न विस्तार

69. आयु भिन्नता के साथ जनसंख्या का सर्वोत्तम प्रतिनिधित्व किसके द्वारा किया जाता है?
A. जीवन तालिका B. सहसंबंध गुणांक
C. जनसंख्या पिरामिड D. बार चार्ट

70. भारत में मातृ मृत्यु का सबसे आम कारण क्या है?
A. रक्त अल्पता B. रक्तस्राव
C. गर्भपात D. प्रतिरोधित प्रसव

71. 31 दिसंबर, 2022 के बाद प्लास्टिक अपशिष्ट प्रबंधन नियम (संशोधन 2021) के तहत प्लास्टिक बैग की अनुमत मोटाई .... से कम नहीं होनी चाहिये।
A. 30 माइक्रोन B. 50 माइक्रोन
C. 90 माइक्रोन D. 120 माइक्रोन

72. पर्यावरण संरक्षण नियमों (1999) के अनुसार, पटाखे फोड़ने का स्वीकृत शोर स्तर है :
A. 125 dB B. 120 dB
C. 100 dB D. 70 dB

73. ठोस अपशिष्ट प्रबंधन नियम, 2016 के अनुसार, किसी लैंडफिल साइट के बन्द होने के बाद कम से कम .... वर्षों तक देखभाल करनी चाहिए।
A. 5 B. 10
C. 15 D. 20

74. गर्भावस्था का चिकित्सीय समापन (एम.टी.पी.) अधिनियम, 1971 के अनुसार गर्भावस्था का चिकित्सीय गर्भपात, गर्भावस्था के ..... सप्ताह तक सुरक्षित माना जाता है।
A. 4 B. 8
C. 10 D. 12

75. कारखाना अधिनियम, 1948 के अनुसार, इस अधिनियम के प्रारम्भ होने के बाद से कारखाने में कार्यरत प्रत्येक कार्मिक के लिए स्थान .... घनमीटर होना चाहिए।
A. 4.2 B. 6.3
C. 8.7 D. 14.2

76. अनैतिक व्यापार (रोकथाम) अधिनिम, 1956 के अनुसार, बच्चे का अर्थ वह व्यक्ति है जिसने .... वर्ष की आयु पूरी नहीं की है।
A. 8 B. 12
C. 16 D. 18

77. खाद्य सुरक्षा और मानक अधिनियम, 2006 के अनुसार, कोई भी सामग्री जो खाद्य पदार्थों को असुरक्षित या घटिया बनाने के लिए उपयोग की जाती है या की जा सकती है, उसे .... कहा जाता है।
A. उपमिश्रण B. संदूषक
C. खाद्य योज्यक D. द्वितीयक भोजन

78. केन्द्रीय प्रदूषण नियंत्रण बोर्ड (CPCB) की स्थापना जल (प्रदूषण की रोकथाम और नियंत्रण) अधिनियम, 1974 की किस धारा के तहत की गई है?
A. धारा 3 B. धारा 18
C. धारा 25 D. धारा 57

79. वायु (प्रदूषण रोकथाम और नियंत्रण) अधिनियम, 1981 की धारा 39 .... प्रदान करती है।
A. वायु प्रदूषण नियंत्रण क्षेत्र घोषित करने की शक्ति
B. प्रवेश और निरीक्षण करने की शक्ति
C. इस अधिनियम के कुछ प्रावधानों के उल्लंघन के लिए दंड
D. राज्य बोर्ड का विघटन

80. खाद्य उपमिश्रण निवारण अधिनियम, 1954 के अनुसार, निम्नलिखित में से कौन-सा "प्राथमिक भोजन" का उदाहरण है?
A. कृषि की उपज प्राकृतिक रूप में
B. पैक की गई पानी की बोतल
C. पकाये हुए चावल
D. शीतल पेय

67. B	**68.** A	**69.** C	**70.** B	**71.** D	**72.** A	**73.** C
74. D	**75.** D	**76.** C	**77.** A	**78.** A	**79.** C	**80.** A

81. 'ई एस आई' अधिनियम के तहत मातृत्व लाभ के अन्तर्गत ...... की अनुमति है।
A. दैनिक मजदूरी का 7/12
B. आधी मजदूरी
C. चौथाई मजदूरी
D. पूरी मजदूरी

82. बायसिनोसिस किसके अंतःश्वसन के कारण होती है?
A. सिलिका
B. कपास का रेशा
C. गन्ने की धूल
D. कोयले की धूल

83. संविधान किस उम्र से कम के बच्चों को कारखानों में काम करने से रोक लगाता है?
A. 12 वर्क्ष
B. 14 वर्ष
C. 16 वर्ष
D. 18 वर्ष

84. सिलिकोसिस, एक व्यवसायिक बीमारी है, जो स्थायी विकलांगता और मृत्यु का प्रमुख कारण है, इसका प्रमुख कारक है :
A. सिलिकन का सिलिकॉन की धूल में साँस लेने के कारण
B. कपास रेशे की धूल में साँस लेना
C. गन्ने की धूल में श्वसन
D. विकिरण

85. एर्गोनॉमिक्स किससे सम्बन्धित है?
A. कार्यस्थल पर लोगों की कार्यक्षमता
B. कार्यस्थल पर जोखिम मूल्यांकन
C. कार्यस्थल पर स्वच्छता
D. कार्यस्थल पर वायु की गुणवत्ता

86. एम्पलॉइज स्टेट इंसोरेन्स (ई.एस.आई.) योजना का चेयरमेन होता है :
A. केन्द्रीय स्वास्थ्य एवं परिवार कल्याण मंत्री
B. केन्द्रीय सामाजिक न्याय एवं अधिकारिता मंत्री
C. केन्द्रीय श्रम मंत्री
D. सचिव, स्वास्थ्य मंत्रालय

87. माइक्रोपॉलीस्पोरा फेनी इसका मुख्य कारण है :
A. बैगासोसिस
B. बायसिनोसिस
C. फार्मर्स लंग
D. एन्थ्राकोसिस

88. टीकाकरण रोकथाम का कौन-सा स्तर है?
A. प्राथमिक रोकथाम
B. द्वितीयक रोकथाम
C. तृतीयक रोकथाम
D. मौलिक रोकथाम

89. निम्नलिखित में से कौन-सा कथन उपदेशात्मक विधि के बारे में सत्य नहीं है?
A. ज्ञान थोपा हुआ
B. कोई प्रतिक्रिया नहीं
C. सक्रिय अध्ययन
D. मानव व्यवहार को प्रभावित नहीं करता

90. निम्नलिखित में से क्या संचार की सांस्कृतिक बाधा नहीं है?
A. अशिक्षा
B. ध्वनि (शोर)
C. रवैया
D. ज्ञान

91. निम्नलिखित में से क्या स्वास्थ्य शिक्षा का सिद्धान्त नहीं है?
A. संस्कृति-संक्रमण
B. विश्वसनीयता
C. रुचि
D. सहभागिता

92. प्रभावी समूह चर्चा के लिये समूह में कम से कम 6 एवं अधिक से अधिक .... व्यक्ति शामिल होने चाहिये।
A. 16
B. 9
C. 12
D. 15

93. निम्नलिखित में से कौन-सी स्वास्थ्य शिक्षा में जन दृष्टिकोण की विधि नहीं है?
A. टेलीविजन
B. रोल प्ले
C. स्वास्थ्य संग्रहालय
D. इन्टरनेट

94. निम्नलिखित में से कौन-सी स्वास्थ्य शिक्षा के समूह दृष्टिकोण में उपयोग की जाने वाली विधि नहीं है?
A. व्याख्यान
B. पेनल चर्चा
C. संगोष्ठी
D. व्यक्तिगत संपर्क

95. निम्नलिखित में कौन-सा कम्पाउण्ड पदार्थ मच्छर नियंत्रण में लार्वीसाइड के तौर पर प्रयोग किया जाता है?
A. खनिज तेल
B. डीडीटी
C. पायरेथ्रम
D. लिन्डेन

81. D	**82.** B	**83.** B	**84.** A	**85.** A	**86.** C	**87.** C	**88.** A
89. C	**90.** B	**91.** A	**92.** C	**93.** B	**94.** D	**95.** A	

96. मच्छरदानी में सामान्यतः एक वर्ग इंच में छिद्रों की संख्या कितनी होती है?

A. 50 B. 100
C. 150 D. 200

97. विश्व स्वास्थ्य संगठन के अन्तर्राष्ट्रीय स्वास्थ्य नियमों के अनुसार, सभी अन्तर्राष्ट्रीय हवाई अड्डों और बंदरगाहों को मच्छरों से इतनी दूरी तक मुक्त रखा जाता है :

A. 100 मीटर B. 400 मीटर
C. 500 मीटर D. 1000 मीटर

98. निम्नलिखित में से कौन-सा व्यवहारिक विकास नहीं है?

A. मोटर विकास B. ग्रहणशील विकास
C. अनुकूली विकास D. भाषा विकास

99. एक व्यक्ति में नगें पैर चलने से यह संक्रमण हो सकता है :

A. फैसियोलोसिस B. पिनवर्म
C. हुकवर्म D. टेपवर्म

100. जन भागीदारी का मुख्य सिद्धांत .... है।

A. खुलापन एवं अनुकूलनशीलता
B. रोजगार बढ़ाना
C. गरीबी उन्मूलन
D. छूट बढ़ाना

101. सूर्य की किरणें किस विटामिन की उपयोग क्षमता को बढ़ा देती हैं?

A. विटामिन D B. विटामिन A
C. विटामिन B_1 D. विटामिन C

102. चिपको आंदोलन का ध्येय किसका संरक्षण था?

A. वन B. चारागाह
C. रेगिस्तान D. आर्द्र भूमि

103. प्राथमिक चिकित्सा की ए.बी.सी.डी.ई. विधि में 'ई' क्या इंगित करता है?

A. खुला होना B. अभिव्यक्ति
C. अनुभव D. परीक्षा

104. निम्नलिखित में से कौन-सा आदर्श घाव ड्रेसिंग की विशेषता नहीं है?

A. घाव को नम रखना चाहिए।
B. बैक्टीरिया की अतिवृद्धि को सीमित करना चाहिए।
C. गंध को न्यूनतम रखें।
D. घाव की ड्रेसिंग चारों ओर से अत्यधिक कड़ी होनी चाहिए।

105. निम्नलिखित में से कौन-सा कीटाणुनाशन का प्रकार नहीं है?

A. समवर्ती कीटाणुनाशन B. आवर्ती कीटाणुनाशन
C. अंतस्थ कीटाणुनाशन D. पूर्ववर्ती कीटाणुनाशन

106. खुले घाव के उपचार के लिए स्वर्णिम काल कौन-सा माना जाता है?

A. 10 घण्टे B. 6 घण्टे
C. 12 घण्टे D. 24 घण्टे

107. गंभीर रूप से घायल रोगी के चिकित्सकीय प्रबंधन में सर्वप्रथम एवं सबसे महत्वपूर्ण कदम कौन-सा है?

A. साँस लेने के लिए वायुमार्ग को बनाये रखना
B. रक्तस्राव को रोकना
C. इंट्रा वेनस (IV) तरल पदार्थ देना
D. स्प्लिंटिंग फ्रैक्चर

108. आपातकालीन स्थिति में निम्नलिखित में से कौन-सा रक्त समूह बिना क्रॉस (Cross) मिलान के चढ़ाया जा सकता है?

A. बी. पॉजीटिव B. ए.बी. पॉजीटिव
C. ओ पॉजीटिव D. ओ नेगेटिव

109. मध्याह्न भोजन योजना .... को शुरू हुई थी।

A. 15 अगस्त, 1995 B. 15 सितम्बर, 1990
C. 02 नवम्बर, 1998 D. 08 दिसम्बर, 1999

110. निम्नलिखित में से कौन-सा स्वास्थ्य के आयामों से सम्बन्धित नहीं है?

A. भौतिक आयाम B. मानसिक आयाम
C. प्राथमिक आयाम D. सामाजिक आयाम

96. C	**97.** B	**98.** B	**99.** C	**100.** A	**101.** A	**102.** A	**103.** A
104. D	**105.** B	**106.** B	**107.** A	**108.** D	**109.** A	**110.** C	

111. स्वास्थ्य एवं परिवार कल्याण मंत्रालय द्वारा शुरू किए गए 'मिशन इन्द्रधनुष' का उद्देश्य है :

A. उन 90% बच्चों को पूरी तरह प्रतिरक्षित करना, जिनका टीकाकरण नहीं हुआ है या आंशिक रूप से हुआ है।

B. उन 80% बच्चों को पूरी तरह प्रतिरक्षित करना, जिनका टीकाकरण नहीं हुआ है या आंशिक रूप से हुआ है।

C. उन 70% बच्चों को पूरी तरह प्रतिरक्षित करना, जिनका टीकाकरण नहीं हुआ है या आंशिक रूप से हुआ है।

D. उन 50% बच्चों को पूरी तरह प्रतिरक्षित करना, जिनका टीकाकरण नहीं हुआ है या आंशिक रूप से हुआ है।

112. शिशु मृत्यु दर की गणना में किस पैरामीटर की आवश्यकता नहीं है?

A. प्रारंभिक नवजात मृत्यु

B. मृत जन्म

C. देर से नवजात की मृत्यु

D. प्रसवोत्तर मृत्यु

113. प्राथमिक स्वास्थ्य देखभाल का प्रस्ताव सबसे पहले किस समिति द्वारा दिया गया था?

A. चड्ढा समिति B. भोरे समिति

C. मुखर्जी समिति D. श्रीवास्तव समिति

114. ओटावा चारटर 1986 निम्नलिखित में से सम्बन्धित है :

A. प्रजनन स्वास्थ्य

B. स्वास्थ्य उन्नति

C. प्राथमिक स्वास्थ्य देखभाल

D. जनसंख्या विकास

115. निम्नलिखित में से कौन-सा हिमस्खलनन का प्रमुख घटक नहीं है?

A. आरंभ क्षेत्र B. हिमस्खलन ट्रैक

C. अंतिम क्षेत्र D. अपवाह क्षेत्र

116. प्रहरी निगरानी का उपयोग किया जाता है :

A. प्रभावित लोगों की कुल संख्या जानने के लिये।

B. समुदाय में छिपे मामलों को जानने के लिये।

C. घटना की तुलना करने के लिए।

D. घटना और व्यापकता को मापने के लिए।

117. निम्नलिखित में से कौन प्राथमिक स्वास्थ्य देखभाल का सिद्धांत नहीं है?

A. सामाजिक सहभागिता

B. उपयुक्त तकनीक

C. अंतर क्षेत्रीय समन्वय

D. आवश्यक दवाओं का प्रावधान

118. कायाकल्प योजना का उद्देश्य है :

A. वरिष्ठ नागरिकों को शारीरिक सहायता व यंत्र देना

B. भारत सरकार द्वारा प्रायोजित स्वास्थ्य बीमा

C. स्वच्छ अस्पताल पहल की शुरुआत करना

D. एकीकृत स्वास्थ्य सूचना प्रणाली की स्थापना

119. वह अन्तर्राष्ट्रीय संस्था जो भारत में राष्ट्रीय अंधता नियंत्रण कार्यक्रम में सहयोग प्रदान करती है :

A. सीडा B. डानिडा

C. फोर्ड फॉउण्डेशन D. केयर

120. पहाड़ी क्षेत्रों में एक स्वास्थ्य उपकेन्द्र को इतनी जनसंख्या के लिए अनुशंसित किया गया है :

A. 1000 B. 3000

C. 5000 D. 20000

121. मानव शरीर को नाइट्रोजन की पूर्ति किस पोषक तत्व द्वारा होती है?

A. ट्राइएसाइल ग्लिसरोल B. प्रोटीन

C. ग्लूकोज D. लिपिड्स

122. वयस्क मानव शरीर की दैनिक प्रोटीन आवश्यकता कितनी होती है?

A. 6 ग्राम B. 60 ग्राम

C. 120 ग्राम D. 250 ग्राम

123. निम्नलिखित खाद्य वस्तुओं में से किसमें सबसे अधिक कोलेस्ट्रोल की मात्रा पाई जाती है?

A. नारियल तेल B. अण्डे का पीला भाग

C. हाइड्रोजिनेटेड वसा D. असंतृप्त घी

111. A	**112.** B	**113.** B	**114.** C	**115.** C	**116.** B	**117.** D
118. C	**119.** B	**120.** B	**121.** B	**122.** B	**123.** B	

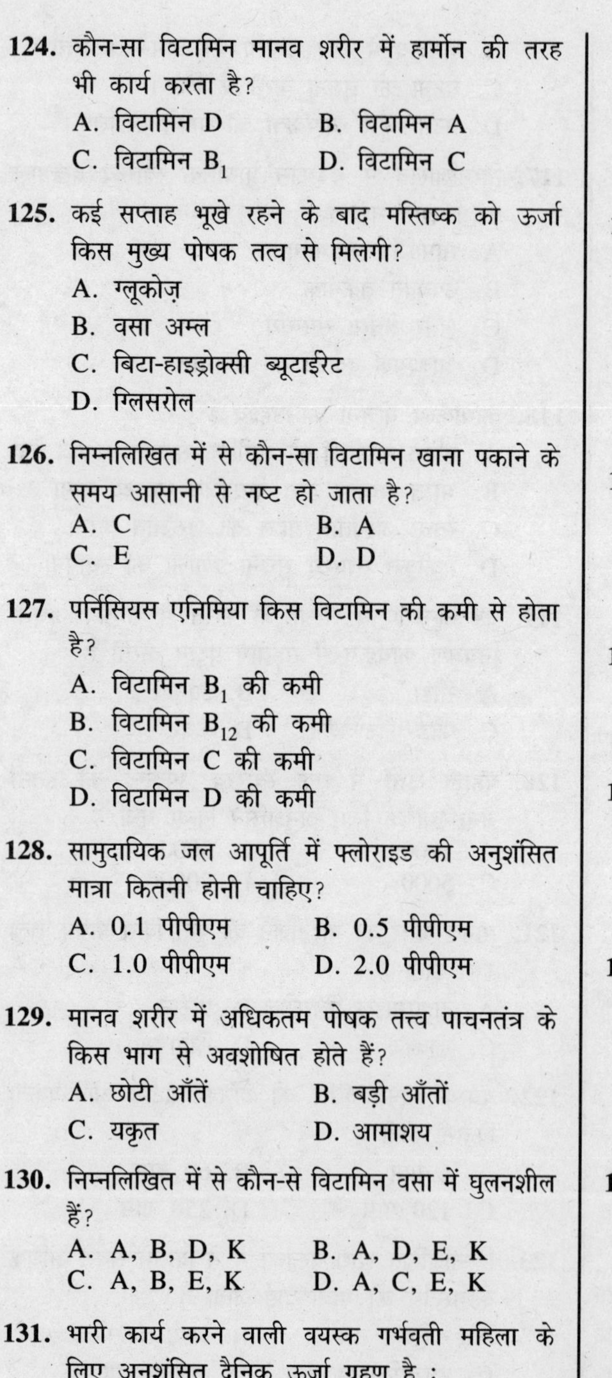

124. कौन-सा विटामिन मानव शरीर में हार्मोन की तरह भी कार्य करता है?

A. विटामिन D B. विटामिन A

C. विटामिन B_1 D. विटामिन C

125. कई सप्ताह भूखे रहने के बाद मस्तिष्क को ऊर्जा किस मुख्य पोषक तत्व से मिलेगी?

A. ग्लूकोज़

B. वसा अम्ल

C. बिटा-हाइड्रोक्सी ब्यूटाइरेट

D. ग्लिसरोल

126. निम्नलिखित में से कौन-सा विटामिन खाना पकाने के समय आसानी से नष्ट हो जाता है?

A. C B. A

C. E D. D

127. पर्निसियस एनिमिया किस विटामिन की कमी से होता है?

A. विटामिन B_1 की कमी

B. विटामिन B_{12} की कमी

C. विटामिन C की कमी

D. विटामिन D की कमी

128. सामुदायिक जल आपूर्ति में फ्लोराइड की अनुशंसित मात्रा कितनी होनी चाहिए?

A. 0.1 पीपीएम B. 0.5 पीपीएम

C. 1.0 पीपीएम D. 2.0 पीपीएम

129. मानव शरीर में अधिकतम पोषक तत्त्व पाचनतंत्र के किस भाग से अवशोषित होते हैं?

A. छोटी आँतें B. बड़ी आँतों

C. यकृत D. आमाशय

130. निम्नलिखित में से कौन-से विटामिन वसा में घुलनशील हैं?

A. A, B, D, K B. A, D, E, K

C. A, B, E, K D. A, C, E, K

131. भारी कार्य करने वाली वयस्क गर्भवती महिला के लिए अनुशंसित दैनिक ऊर्जा ग्रहण है :

A. 2100 किलो कैलोरी

B. 3200 किलो कैलोरी

C. 2500 किलो कैलोरी

D. 2900 किलो कैलोरी

132. निम्नलिखित में से स्थूल पोषक (Macro Nutrients) तत्व कौन-से हैं?

A. प्रोटीन एवं वसा

B. विटामिन A एवं B

C. विटामिन D एवं C

D. लोहा

133. स्टार्च की मिलावट किये गये दूध में .... मिलाने पर नीला रंग आता है।

A. फीनॉलफ्थेलिन घोल B. आयोडीन घोल

C. सल्फ्यूरिक अम्ल D. मिथाइल ऑरेंज

134. निम्नलिखित में से किसका पोषक मूल्य नहीं है?

A. सेल्यूलोज़ B. स्टार्च

C. ग्लूकोज़ D. फ्रक्टोज़

135. भारत सरकार द्वारा राष्ट्रीय पोषण नीति लागू की गयी है :

A. 1990 में B. 1993 में

C. 2004 में D. 2006 में

136. जैव-चिकित्सा अपशिष्ट प्रबन्धन एवं हैंडलिंग नियमों के अनुसार अपशिष्ट शार्प को किस रंग के कंटेनर में डालना चाहिए?

A. सफेद कंटेनर B. पीला कंटेनर

C. लाल कंटेनर D. काला कंटेनर

137. अपशिष्ट जल के लक्षण जानने हेतु कौन-कौन से भौतिक मापदण्ड हैं?

A. कुल कार्बनिक कार्बन

B. जैविक ऑक्सीजन डिमांड

C. रासायनिक ऑक्सीजन डिमांड

D. घनत्व और श्यानता

124. A	**125.** C	**126.** A	**127.** B	**128.** C	**129.** A	**130.** B
131. C	**132.** A	**133.** B	**134.** A	**135.** B	**136.** A	**137.** D

138. पानी में मल संदूषण का सबसे विश्वसनीय प्रमाण किसके द्वारा किया गया है?
A. कोलीफॉर्म बैक्टीरिया
B. क्लोस्ट्रीडियम परफ्रिन्जेन्स
C. स्ट्रेप्टोकोकस फिकेलिस
D. क्लोस्ट्रीडियम वेल्ची

139. किसी पद्धति में 24 घंटे में बहने वाले सीवेज की मात्रा को .... कहा जाता है।
A. सीवेज दर
B. शुष्क मौसम का प्रवाह
C. आर.सी.ए. इन्डेक्स
D. कीचड़

140. निम्नलिखित में से एक के अलावा बाकी सभी स्वास्थ्य सेवा अपशिष्ट की श्रेणी में आते हैं :
A. शार्प्स B. कैमिकल वेस्ट
C. पैथोलॉज़िकल वेस्ट D. नाइट सॉयल

141. .... निर्धारित करने के लिए आर्थो-टालिडीन परीक्षण का उपयोग किया जाता है।
A. पानी में मुक्त और संयुक्त क्लोरीन
B. पानी में नाइट्राइट्स
C. पानी में नाइट्रेट्स
D. पानी में अमोनिया की मात्रा

142. साइटोटॉक्सिक दवा का निपटान .... में किया जाता है।
A. पीला थैला B. लाल थैला
C. नीला थैला D. काला थैला

143. श्मुटजडेक परत (मलस्तर) किसको संदर्भित करती है?
A. पीने के पानी में निलम्बित पदार्थ
B. पीने के पानी में शैवाल
C. रेत तल फिल्टर की सतह पर फिटकरी का प्रवाह
D. रेत तल फिल्टर की सतह पर शैवाल, प्लवक, डायटम और बैक्टीरिया

144. मृदु जल में कठोरता का स्तर ...... मिइक्यू/लीटर है।
A. 1 से कम B. 2-3
C. 3-6 D. 6 से अधिक

145. संयुक्त राष्ट्र अन्तर्राष्ट्रीय बाल आपातकालीन फण्ड (UNICEF) किस एक को छोड़कर सभी को फण्ड उपलब्ध कराती है?
A. बाल पोषण
B. बाल स्वास्थ्य शिक्षा
C. टीकाकरण
D. परिवार नियोजन

146. अस्पतालों में मानव शारीरिक अंग अपशिष्टों को निपटाने के लिए बैग की कलर कोडिंग क्या है?
A. पीला B. काला
C. लाल D. नीला

147. रिफ्यूज निस्तारण का सबसे सन्तोषजनक तरीका है :
A. डम्पिंग B. खाद के गड्ढे
C. भस्मीकरण D. नियन्त्रित टिपिंग

148. ट्राइएज में, काला रंग .... दर्शाता है।
A. मृत्यु
B. स्थानान्तरण
C. उच्च प्राथमिकता
D. कम प्राथमिकता

149. विश्व स्वास्थ्य संगठन के अनुसार पेयजल के लिए जल गुणवत्ता मानकों में निम्नलिखित में से कौन-सी अभिमुखता शामिल है?
A. रेडियोधर्मिता
B. सूक्ष्मजीव विज्ञानी
C. (A) और (B) दोनों
D. इनमें से कोई नहीं

150. निम्नलिखित में से किस एक को छोड़कर अन्य सभी मच्छरों के प्यूपा में लम्बा साइफन होता है?
A. क्यूलेक्स B. एनोफिलिस
C. एडीज D. मैनसोनिया

138. A	**139.** B	**140.** D	**141.** A	**142.** D	**143.** D	**144.** A
145. D	**146.** A	**147.** D	**148.** A	**149.** C	**150.** B	

व्याख्यात्मक उत्तर

1. (A): प्राकृतिक निःसंक्रमणः अनेक प्राकृतिक शक्तियाँ भी हमारे लिए वरदान हैं। सूर्य के प्रकाश एवं ताप द्वारा अनेक रोगों से कीटाणु मर जाते हैं। जो कीटाणु सीलन एवं अँधेरे में पनपते हैं वे सूर्य के प्रकाश द्वारा मर जाते हैं। इसलिए वस्तुओं को समय-समय पर धूप में रखने से वे कीटाणु मुक्त हो जाती हैं। इसके अतिरिक्त हमारे वायुमण्डल में व्याप्त ऑक्सीजन भी अनेक प्रकार के रोगाणुओं को नष्ट करने में सहायक होती है। ऑक्सीजन अनेक रोगों के कीटाणुओं को बढ़ने से रोकती है।

3. (A): रासायनिक नियंत्रण : खनिज तेल, पेरिस ग्रीन और सिंथेटिक कीटनाशक सामान्यतः इस्तेमाल होने वाले रासायनिक लार्वासाइड हैं। पानी पर खनिज तेल (मिट्टी का तेल, डीजल, या विशेष मच्छर लार्विसाइडल ऑयल) लगाने पर, ये फैलते हैं और पानी की सतह ऊपर एक पतली फिल्म बनाते हैं, इस प्रकार मच्छरों के लार्वा और प्यूपा को हवा की आपूर्ति बंद हो जाती है, और उनके ऊपर जहरीले प्रभाव उत्पन्न होते हैं। जीवन-चक्र के चरण। सप्ताह में एक बार सभी मच्छरों के पनपने वाले स्थानों पर तेल अवश्य लगाना चाहिए।

पेरिस ग्रीन या कॉपर एसीटोआर्सेनाइट (एक पन्ना हरा, सूक्ष्म क्रिस्टली पाउडर जिसमें 50% आर्सेनियस ऑक्साइड होता है) लार्वा के लिए पेट का जहर है। यह 20-50 माइक्रोन से लेकर कणों के साथ 2% धूल के रूप में हैंड ब्लोअर या घूर्णी ब्लोअर का उपयोग करके लगाया जाता है।

4. (D): जल के शुद्धिकरण के लिए आवश्यक ब्लीचिंग पाउडर की मात्रा की गणना के लिए हॉरॉक के उपकरण का उपयोग किया जाता है।

ब्लीचिंग पाउडर जिसे रासायनिक रूप से कैल्शियम ऑक्सीक्लोराइड ($CaOCl_2$) कहा जाता है, इस सक्रिय एजेंट है जिसका उपयोग पीने के जल में कीटाणुओं और बैक्टीरिया को मारने के लिए किया जाता है। ब्लीचिंग पाउडर चूने और क्लोरीन का एक यौगिक है।

5. (A): स्टैफीलोक्कस जीवाणु मल संदूषण में नहीं पाया जाता है। स्टैफीलोक्क्स (Staphylococcus) ग्राम-धनात्मक बैक्टीरिया का एक वंश है। सूक्ष्मदर्शी से देखने पर यह अंगूर जैसे गोल और गुच्छों में पाया जाता है। स्टैफीलोकोक्क्स की लगभग 40 जातियाँ हैं, जो सभी वैकल्पिक अवायुजीव हैं, यानि यह वायवीय और अवायवीय दोनों प्रकार के श्वसन में सक्षम हैं।

ई. कोलाई अथवा कोलाई सदृश अन्य बैक्टीरिया जैसे स्ट्रेप्टोकॉकस, क्लोस्ट्रीडियम आदि मानव व जानवरों की बड़ी आंत में हमेशा पाये जाते हैं और मल में निस्तारित होते रहते हैं। जल में उक्त किसी भी बैक्टीरिया समूह की उपस्थिति मल-जल प्रदूषण (faecal pollution of water) का द्योतक है। अतः जल में ई. कोलाई या कोलाई सदृश बैक्टीरिया खतरनाक जल प्रदूषण के चेतावनी संकेत हैं।

6. (B): अपशिष्ट (स्लज) जल, रसोई से निकलने वाले अपशिष्ट जल को कहते हैं। इस जल में रसाई से निकलने वाले जलों के साथ-साथ घरों के अन्य जलों जैसे कपड़े धोने का पानी, नहाने का पानी, आदि को सम्मिलित किया जाता है। इस जल में घरों के शौचालयों से निकलने वाले जलों को शामिल नहीं किया जाता है।

7. (D): नालगोंडा तकनीक : यह तकनीकी कच्ची आपूर्ति से रंग, गंध मैलापन बैक्टीरिया और कार्बनिक संदूषकों को घटाने के साथ-साथ फ्लोराइड या डिफ्लूरिडेशन को हटाने में मदद करता है। नगगोंडा तकनीक का उपयोग करते हुए डिफ्लोराइड डेशन में फिटकरी का उपयोग चूने या सोडियम कार्बोनेट (Na_2Co_3) के पूर्व मिश्रण के साथ किया जाता है।

8. (C): यूट्रोफिकेशनः अपशिष्ट जल के प्रवाह से जलीय तंत्र में पोषक तत्वों का प्रवेश होता है, जिससे जलीय तंत्र में पोषक तत्व की वृद्धि होने लगती है, जिसे सुपोषण कहा जाता है। जल में अप्राकृतिक रूप से नाइट्रोजन एवं फॉस्फोरस की मात्रा बढ़ाना ही यूट्रोफिकेशन (सुपोषण) है। सुपोषण से जल की गुणवत्ता में कमी

आने के साथ ही ऑक्सीजन की मात्रा कम हो जाती है। इन पोषक तत्वों की उपलब्धता से शैवालों का तीव्र विकास होता है, जिसे 'शैवाल ब्लूम' (Algae Bloom) कहा जाता है। इन पोषक तत्वों (अपशिष्ट) की वृद्धि के कारण ही अपघटन हेतु सूक्ष्मजीवियों को अधिक ऑक्सीजन की आवश्यकता होती है। परिणामस्वरूप अन्य जीवों के पर्याप्त ऑक्सीजन में कमी आने लगती है, जिससे विभिन्न जीव मरने लगते हैं और जैव विविधता को नुकसान पहुंचता है।

9. (B): जल की कठोरता : कठोरता जल का वह गुण है जिसके कारण वह बिना झाग बनाए साबुन का उपभोग करता है। जल दो प्रकार का होता है :

1. कठोर जल : वह जल जिसमें घुले हुए खनिज या आयन जैसे कैल्शियम, मैग्नीशियम आदि अधिक मात्रा में होते हैं।

2. मृदु जल : मृदु जल सतही जल होता है जिसमें आयनों या खनिजों की बहुत कम सांद्रता होती है, जैसे, वर्षा जल और आसुत जल।

कैल्शियम कार्बोनेट की सांद्रता	जल का प्रकार
$<$60 mg/l	मृदु जल
60 – 120 mg/l	मध्यम कठोर जल
120-180 mg/l	कठोर जल
$>$ 180 mg/l	बहुत कठोर जल

10. (C): किसी नमूने में गंध यौगिकों की सांद्रता निर्धारित करने के लिए उपयोग की जाने वाली तकनीक को स्ट्रिपिंग या अंशहरण के रूप में जाना जाता है।

स्ट्रिपिंग विश्लेषण पीने के पानी में मौजूद गंधयुक्त यौगिकों की पहचान के लिए एक उन्नत तकनीक है। स्ट्रिपिंग तकनीक तकनीकी समस्याएं पैदा किए बिना उच्च स्ट्रिपिंग तापमान की अनुमति देती है।

12. (D): जल की कठोरता : जल की कठोरता वह विशेषता है जो पर्याप्त चर्म या झाग के निर्माण को रोकती है। यह कार्बोनेट बाइकार्बोनेट, सल्फेट, कैल्शियम और मैग्रीनिशयम (Ca और Mg) के क्लोराइड की उपस्थिति के कारण होती है। जल की कठोरता Ca^{2+}, Mg^{2+}, Al^{3+}, आयरण और अन्य भारी तत्वों के घुले हुए खनिजों की उपस्थिति के कारण होती है। विशेष रूप से कैल्शियम सल्फेट, कैल्शियम बाइकार्बोनेट, कैल्शियम क्लोराइड, मैग्नीशियम सल्फेट, मैग्नीशियम बाइकार्बोनेट और मैग्नीशियम क्लोराइड के कारण होती है।

16. (D): मिनामाता (Minamata): मर्क्युरी (पारा) वेपर इनडोर वायु प्रदूषण का कारण नहीं है। बीमारी मानव शरीर में पारे (Mercury : Hg) के विषैले प्रभाव के कारण होती है। जिसकी परिणति अपंगता या मृत्यु में होती है विनामाता बीमारी का प्रारम्भिक लक्षण है होंठों, अंगों और जिह्वा की सुन्नता (Numbness of lips, limbs and Tongue)। इसके अतिरिक्त दृष्टि की धुंधता (Blurred Vision) भी होती है।

यह बीमारी सबसे पहले 1950 में प्रकाश में आयी। इस बीमारी का मूल कारण जापान का प्लास्टिक उद्योग था जो जापान के समुद्र तट पर 1905 में स्थापित किया गया था। इस उद्योग का गौण उत्पाद (Bi-Product) पारा था जो समुद्र जल में मिल जाया करता था। धीरे-धीरे यह पारा समुद्र जीवों के शरीर में संग्रहीत होता गया, बाद में कुत्ते, बिल्ली, पक्षी जिसने भी समुद्री जीवों का भक्षण किया वे पहले अपंगता और अन्नता मृत्यु का शिकार हुए फिर जब मनुष्यों ने मछली आदि समुद्री जीवों का भक्षण किया तो वे भी अपंगता और मृत्यु का शिकार हुए।

17. (B): विश्व के एक भाग का एक साथ गर्म होना और दूसरे भाग का ठंडा होना विभेदक ग्रीन हाउस प्रभाव कहलाता है, ग्रीनहाउस प्रभाव या हरितगृह प्रभाव (greenhouse effect) एक प्राकृतिक प्रक्रिया है जिसके द्वारा किसी ग्रह या उपग्रह के वातावरण में मौजूद कुछ गैसें वातावरण के तापमान को अपेक्षाकृत अधिक गर्म बनाने में मदद करती हैं। इन ग्रीनहाउस गैसों में कार्बन डाई-ऑक्साइड, जल-वाष्प, मिथेन आदि शामिल हैं। यदि ग्रीनहाउस प्रभाव नहीं होता तो शायद ही पृथ्वी पर जीवन नहीं होता, क्योंकि तब पृथ्वी का औसत तापमान-180° सेल्सियस होता न कि वर्तमान 15° सेल्सियस।

19. (C): पृथ्वी पर पहुंचने वाली सौर ऊर्जा, पराबैंगनी किरण, दृश्य विकिरण तथा अवरक्त विकिरण के रूप में होती है। अवरक्त विकिरण पहले पृथ्वी को गर्म करती है, फिर उष्मा (अवरक्त) के रूप में वापस लौटती है। वायु में CO_2 की अधिक सांद्रता इस अवरक्त विकिरण को अवशोषित कर लेती है। परिणामतः वायुमण्डलीय तापमान में वृद्धि होती है।

20. (D): खाद्य शृंखला के उच्च पोषी स्तरों पर कुछ रासायनिक पदार्थों या विशाक्त पदार्थों के निर्माण की प्रक्रिया को जैव आवर्धन कहा जाता है। इसे जैविक आवर्धन भी कहा जाता है। ऐसे संदूषक भारती धातु, पारा, आर्सेनिक और कीटनाशक पदार्थ, पॉलीक्लोरीनेटेड, बाइफिनाइल और डी.डी.टी. होते हैं, जिन्हें रासायनिक कीटनाशक के रूप में दर्शाया जाता है।

21. (A): प्राथमिक प्रदूषक : वे पदार्थ जो सीधे स्रोत से उत्सर्जित होते हैं और अपने वास्तविक रूप में रहते हैं, उन्हें प्राथमिक प्रदूषण कहते हैं; जैसे—धूम्रपान धुआँ, राख, धूल, नाइट्रिक ऑक्साइड और सल्फर डाइऑक्साइड।

द्वितीयक प्रदूषक : वे पदार्थ जो प्राथमिक प्रदूषक और घटक पर्यावरण (पहले से ही वातावरण में मौजूद हैं) के बीच रासायनिक प्रतिक्रिया से बनते हैं, जैसे—धुआं, ओजोन, सल्फर डाइऑक्साइड, नाइट्रोजन डाइऑक्साइड।

22. (B): प्रकाश रासायनिक स्मॉग को लॉस एंजिल्स स्मॉग के नाम से भी जाना जाता है। प्रकाश रासायनिक स्मॉग प्रकाश रासायनिक स्मॉग प्रदूषकों को एक मिश्रण है जो तब बनता है जब नाइट्रो जन ऑक्साइड और वाष्पशील कार्बनिक यौगिक (VOC) सूर्य प्रकाश के प्रति अभिक्रिया करते हैं, जिसके कारण शहरों के ऊपर एक भूरी धुंध बन जाती है। यह गर्मियों में अधिक बार होता है, क्योंकि उस समय पृथ्वी पर सबसे अधिक सूर्य प्रकाश होता है। इस प्रकार का स्मॉग 1940 के दशक में लॉस एंजिल्स में देखा गया था। इसे ऑक्सीकरण स्मॉग के नाम से भी जाना जाता है। ऑक्सीकरण का अर्थ ऑक्सीजन का जुड़ना है। इससे आंखों में जलन होती है।

23. (D): वैश्विक तापमान क्षमता (GWP) इस बात का मापन है कि एक टन कार्बन डाइऑक्साइड (CO) के उत्सर्जन के सापेक्ष एक टन गैस का उत्सर्जन एक निश्चित अवधि में कितनी ऊर्जा अवशोषित करेगा।

नाइट्रस ऑक्साइड (NO): नाइट्रस ऑक्साइड (NO) एक शक्तिशाली ग्रीनहाउस गैस है जिसका GWP सूचीबद्ध अन्य गैसों की तुलना में काफी अधिक है। जलवायु परिवर्तन पर अंतर सरकारी पैनल (IPCC) 100 वर्ष की अवधि में नाइट्रस ऑक्साइड को 298 का GWP प्रदान करता है, जिसका अर्थ है कि यह उस समय के बराबर कार्बन डाइऑक्साइड की तुलना में वातावरण में गर्मी को रोकने में 298 गुना अधिक प्रभावी है।

24. (A): 'डेसीबल' ध्वनि की तीव्रता नापने की इकाई है। ध्वनि की तीव्रता इसे उत्पन्न करने वाली कम्पनशील वस्तु के आयाम पर निर्भर करती है। कम्पन का आयाम बढ़ने पर ध्वनि की तीव्रता में भी वृद्धि हो जाती है। ताप तथा आर्दता में वृद्धि होने पर ध्वनि की चाल भी बढ़ जाती है। दो व्यक्तियों की पारस्परिक बातचीत में 30 से 50 डेसीबल की ध्वनि उत्पन्न होती है। फुसफुसाहट में 20 से 30 डेसीबल, गुस्से में बातचीत में 70 से 80 डेसीबल तथा लाउडस्पीकर से 70 से 100 डेसीबल की आवाज उत्पन्न होती है।

25. (C): ध्वनि की आवृत्ति मापने की इकाई हर्ट्ज (Hertz) है। आवृत्ति के आधार पर ध्वनि को निम्नलिखित तीन भागों में बाँटा गया है :

(*i*) श्रव्य (Audible): मनुष्य के कान 20 हर्ट्ज से 20000 हर्ट्ज तक की आवृत्ति वाली ध्वनि को सुन सकते हैं। इसे मनुष्य का श्रव्य परास (Audible Range) कहते हैं।

(*ii*) पराश्रव्य (Ultrasonic): श्रव्य परास से अधिक आवृत्ति (20000 हर्ट्ज से अधिक) की तरंगों को पराश्रव्य तरंगें कहते हैं।

(*iii*) अवश्रव्य (Infrasonic): श्रव्य परास से कम आवृत्ति (20 हर्ट्ज से कम) की तरंगों को अवश्रव्य तरंगें कहते हैं।

26. (A): भारत में अनुमेय शोर स्तरः CPCB ने विभिन्न क्षेत्रों के लिए भारत में अनुमेय ध्वनि स्तर निर्धारित किए हैं। ध्वनि प्रदूषण नियमों ने विभिन्न क्षेत्रों में

दिन और रात दोनों समय के लिए ध्वनि के स्वीकार्य स्तर को परिभाषित किया है।

1. औद्योगिक क्षेत्रों में, अनुमेय सीमा दिन के लिए 75 dB और रात में 70 dB है।
2. वाणिज्यिक क्षेत्रों में, यह 65 dB और 55 dB है, जबकि आवासीय क्षेत्रों में यह क्रमशः दिन और रात के दौरान 55 dB और 45 dB है।

इसलिए, भारत में आवासीय क्षेत्रों के लिए निर्धारित दिन के समय ध्वनि मानक 55 dB है।

27. (D): डेसिबल (dB) मापक शून्य से प्रारंभ होता है, जो सामान्य मनुष्य के कान द्वारा सुनी जा सकने वाली सर्वाधिक धीमी आवाज को प्रदर्शित करता है। डेसिबल मापक में प्रति दस गुना वृद्धि का मतलब 10 dB है। यदि सर्वाधिक मंद मापक पर ध्वनि तीव्रता dB वृद्धि होती है तो डेसिबल मापक ध्वनि तीव्रता 10 dB होगी। यदि ध्वनि की तीव्रता में 100 गुना वृद्धि हो जाती है तो वह 20 dB होगी, 1000 गुना वृद्धि होने पर ध्वनि की तीव्रता डेसिबल मापक पर 30 dB होगी।

28. (C): ग्रीन मफ्लर अधिक आबादी वाले या ध्वनि प्रदूषण वाले क्षेत्र जैसे सड़कों के किनारे, औद्योगिक क्षेत्रों और राजमार्गों के आस-पास के रिहायशी इलाकों में 4-6 पंक्तियों में वृक्षारोपण कर ध्वनि प्रदूषण को कम करने की एक तकनीक है ताकि घने पेड़ ध्वनि प्रदूषण को कम कर सके क्योंकि पेड़ ध्वनि को अवशोषित करते हैं और इसे नागरिकों तक पहुँचने से रोकते है। ध्वनि प्रदूषण को नियन्त्रित करने वाले ये हरे पौधे 'ग्रीन मफ्लर' कहलाते हैं।

30. (B): यदि मेलों और त्योहारों के दौरान उचित स्वच्छता नहीं रखी गई तो हैजा नामक बीमारी की संभावना अधिक होती है, हैजा एक जीवाणु संक्रमण है जो प्रदूषित पानी पीने से फैलता है। यह निर्जलीकरण और गंभीर डायरिया का कारण बनता है। हैजा, अगर अनुपचारित छोड़ दिया जाता है, तो एक व्यक्ति को घंटों के अन्दर मार सकता है, भले ही वह पहले स्वस्थ हो।

औद्योगिक देशों में, आधुनिक सीवेज/गंदा पानी और जल उपचार ने हैजा को व्यावहारिक रूप से समाप्त कर दिया है। हालांकि, अफ्रीका, दक्षिण पूर्व एशिया और हैती में हैजा की समस्या बनी हुई है। हैजा की महामारी की संभावना तब बढ़ जाती है जब गरीबी, युद्ध या प्राकृतिक आपदाएँ लोगों को अपर्याप्त स्वच्छता के साथ भीड़भाड़ वाली परिस्थितियों में रहने के लिए मजबूर करती हैं।

33. (D): 'स्वस्थ आवास' के मानक निम्नलिखित हैं :

- घर को अपने आस-पास से अपलिफ्टेड किया जाना चाहिए।
- घर के पास एक सड़क होनी चाहिए जिससे हम स्वतंत्रत रूप से वहाँ पहुँच जाएँ।
- यह सुनिश्चित किया जाना चाहिए कि धुआँ, यातायात एवं अत्यधिक शोर जैसी समस्याएँ घर के आस-पास न विद्यमान हों।
- घर का परिवेश सुन्दर एवं आनन्दपूर्ण होना चाहिए।
- यह सुनिश्चित किया जाना चाहिए कि मिट्टी उचित प्रकार से सूखी एवं सुरक्षित हो एवं इसे अच्छी तरह से सूखा होना चाहिए।
- यह भौतिक सुरक्षा और आश्रय प्रदान करता है।
- यह खाना पकाने और खाने के लिए पर्याप्त स्थान प्रदान करता है।
- यह मलमूत्र उत्सर्जन के लिए पर्याप्त स्थान प्रदान करता है।
- डपिंग स्थलों का उपयोग न्यूनतम 20 से 25 वर्षों के इमारतों के निर्माण के लिए नहीं किया जाना चाहिए।
- ''सेट बैक'' को उचित प्रकाश व्यवस्था एवं संवातन के लिए घर के चारों ओर एक खुले स्थान पर संदर्भित किया जाता है।
- घर प्रकाश की व्यवस्था आधे मंजिल के क्षेत्र में 1 प्रतिशत से अधिक होना चाहिए।
- सभी आवासों में एक अगल रसोईघर होना चाहिए। रसोई का निर्माण धूल, धुएँ से बचने और उचित प्रकाश व्यवस्था की सुविधा के लिए किया जाना चाहिए। इस प्रकार की आवश्यकताओं के साथ, इसमें खाद्य भंडारण, ईंधन एवं पानी की आपूर्ति की पर्याप्त व्यवस्था होनी चाहिए।

34. (C): मध्याह्न भोजन योजना : इस योजना की शुरुआत 15 अगस्त, 1995 को की गई थी। 1997-98 तक इस योजना को देश के समस्त विकास खण्डों में शुरू कर दिया गया। इस योजना के अंतर्गत प्रोटीन तथा ऊर्जा का अनुपात 1/2 प्रोटीन और 1/3 ऊर्जा होता है। 1 अप्रैल, 2008 से इस योजना में देश के सभी क्षेत्रों के शिक्षा गारन्टी स्कीम, वैकल्पिक एवं नवप्रवर्तक शिक्षा केन्द्रों के शिक्षा गारन्टी स्कीम, वैकिल्पक एवं नवप्रवर्तक 'शिक्षा केन्द्रों तथा सरकारी स्थानीय निकायों और सरकारी सहायता प्राप्त प्राथमिक और उससे ऊपर की कक्षाओं के सभी बच्चों को शामिल कर दिया गया है।

35. (A): अधिकांश वयस्कों के लिए नियमित दंत जाँच और सफाई की अनुशंसित आवृत्ति प्रत्येक छः महीने हैं। नियमित निवारक दंत जांच आपके मौखिक स्वास्थ्य और आपके समग्र स्वास्थ्य दोनों को बनाए रखने की कुंजी है। चेकअप न केवल दांतों की सड़न, मसूड़ों की बीमारी और मौखिक कैंसर को रोकने में मदद करते हैं, बल्कि वे आपको उस दर्द और लागत से बचने से भी मदद करते हैं जो दंत समस्याएं अपने साथ ला सकती है।

37. (A): धूम्रपान एवं मदिरा का सेवन दोनों स्वास्थ्य के लिए हानिकारक होती है। इसके प्रयोग से शरीर के तंत्रिका तंत्र पर सीधा प्रभाव पड़ता है। इनका अधिक सेवन व्यक्ति को कमजोर तथा संवेदन शून्य कर देता है तथा कई भयंकर बीमारियों को पैदा होने की स्थिति बनाता है। श्वसनी शोथ (ब्रोंकाइटिस) 'फेफड़ों का कैंसर, तथा मुँह का कैंसर इत्यादि रोग धूम्रपान से संबंधित है जबकि डिप्थीरिया धूम्रपान से संबंधित बीमारी नहीं है।

डिप्थीरिया वायरस से न होकर बैक्टीरिया (जीवाणु) से होता है। ये बीमारी प्रत्यक्ष सम्पर्क तथा छोटी-छोटी बूँदों एवं भोजन के द्वारा श्वसन तंत्र को संक्रमित करते हैं। इसमें गले में तकलीफ होना, बुखार होना, उल्टी होना, श्वास लेने में कठिनाई होना आदि समस्याएँ पैदा होती है। यह रोग कोरिनेबैक्टीरियम डिप्थीरिया नामक जीवाणु से होता है।

38. (C): बच्चों में हाइपोथॉयरायडिज्म के कारण Cretinism होता है। ये रोग Thyroid gland स्रावित हार्मोन्स की कमी के कारण होता है। Cretinism की वजह से बच्चों की वृद्धि धीरे-धीरे होती है। हृदय दर भी कम होती है। और तापमान कम और अविकसित होता है।

39. (B): मासिक धर्म के दौरान रक्त की हानि के कारण महिलाओं को अधिक लोह तत्व की आवश्यकता होती है। इस अवस्था में लोहे की आवश्यकता रक्त की मात्रा में वृद्धि के कारण बढ़ जाती है। लड़कियों में इसकी आवश्यकता लड़कों की अपेक्षा अधिक होती है, क्योंकि हर मास मासिक धर्म (Menstruation Period) के दौरान होने वाले रक्त प्रवाह से उत्पन्न होने वाली कमी को पूरा करना होता है।

41. (C): ममीकरण :

- प्राचीनतम मिस्र के लोगों ने रेगिस्तान में छोटे गड्ढों में उनके मृतकों को दफन किया था।
- कई शताब्दियों से, प्राचीन मिस्रियों ने शरीर को संरक्षित करने की एक विधि विकसित की ताकि वे आजीवन बने रहें।
- इस प्रक्रिया में शवों का संलेपन और उन्हें लिनन के कतरन में लपेटना शामिल है, हम इस प्रक्रिया को ममीकरण कहते हैं।

43. (C): दाह-संस्कार या अग्निदाह किसी प्राणी (विशेषकर मानव) के मृत-शरीर को आग द्वारा जलाकर समाप्त कर देने की विधि को कहते हैं। हिन्दू, बौद्ध, सिख, जैन व कुछ अन्य धार्मिक समुदायों में इसी प्रक्रिया को परम्परागत रूप से करा जाता है। यूरोप व उत्तर अमेरिका के ईसाई मान्यता वाले लोगों में भी अग्निदाह प्रचलित है, हालांकि उनमें दफनाने की ऐतिहासिक परम्परा भी है। प्राचीन यूरोप में रोम व यूनान में अग्निदाह ही अधिक प्रचलित मृत्यु-परम्परा थी, और उस समय की कथायें व वर्णन इसकी पुष्टि करते हैं। रासायनिक रूप से अग्निदाह में शरीर भस्म होकर राख, गैसें, धुआँ और कुछ हड्डीनुमा अस्तियाँ छोड़ जाता है।

44. (B): हेपेटाइटिस एक प्रकार का यकृत रोग है जो हेपेटाइटिस नामक वायरस के संक्रमण से होता है। हेपेटाइटिस विषाणु 6 प्रकार के होते हैं। ए, बी, सी, डी, ई और जी मनुष्य इन सभी किस्मों के विषाणु का वाहक होता है। ये विषाणु संक्रमित मनुष्य से स्वस्थ मनुष्य के शरीर में प्रवेश कर सकते हैं। ए व ई किस्म के विषाणु पानी में पैदा होने वाले होते हैं। ये विषाणु थूक, खंखार आदि के जरिये फैलते हैं, जबकि अन्य किस्म के विषाणु रक्त के जरिये संक्रमित होते हैं। B व C किस्म के विषाणु अधिक खतरनाक होते हैं।

टाइफाइड (Typhoid) को आन्त्र ज्वार भी कहते हैं। यह सालमोनेल्ला टाइफी (Salmonella Typhi) नामक जीवाणु से फैलता है। यह टाइफाइड और पेराटाइफड दो रूपों में होता है। इस रोग का संक्रमण पानी, दूध, भोजन, कच्ची सब्जियों तथा फलों पर बैठने वाली मक्खियों के द्वारा तथा रोगी के मलमूत्र से फैलता है।

46. (C): भारत के बिहार राज्य में काला-आजार को नोटिफायबिल बीमारी घोषित किया है। यह लीशमैनिया डोमोवानी (Leishmania domovani) नामक प्रोटोजोआ से फैलता है। इस परजीवी का वाहक बालू मक्खी (Sand Fly) है। इसमें रोगी को तेज बुखार आता है।

लीशमीनियासिस के तीन प्रकार हैं :

1. आँत का लीशमैनियासिस : यह शरीर के कई अंगों को प्रभावित करता है और यह रोग का सबसे गंभीर रूप है।
2. त्वचीय (Cutaneous) लीशमैनियासिसः यह बीमारी त्वचा के घावों का कारण बनती है और यह बीमारी का आम रूप है।
3. श्लेष्मत्वचीय (Mucocutaneous) लीशमैनियासिसः यह बीमारी त्वचा एवं श्लैष्मिक घावों का कारण है।

47. (D): संक्रामक रोग संपर्क द्वारा भी फैल सकते हैं। यह संपर्क निम्न प्रकार से हो सकता है : प्रत्येक संपर्क तथा अप्रत्यक्ष संपर्क।

प्रत्यक्ष संपर्क से तात्पर्य है कि आप वास्तव में रोगी को स्पर्श करें या उसके साथ यौन संबंध स्थापित करें। डिप्थीरिया, कॉलरा, तपेदिक, निमोनिया, मीजल्स, मेनिन्जाइटिस जैसे रोग प्रत्यक्ष रूप से रोगी के संपर्क में आने के कारण होते हैं। हेपेटाइटिस बी, जेनिटल वार्टस् या मस्सा, हरपीस आतशक, सूजाक तथा एचआवी/एड्स जैसे रोग रोगी के साथ योन संबंध स्थापित करने के कारण होते हैं।

जब रोगी की वस्तुओं का प्रयोग करते हैं जैसे कंघी, तौलिया कप आदि, तो आप अप्रत्यक्ष रूप से रोगी के संपर्क में आ जाते हैं।

48. (C): यह रोग अनियंमित अंतराल पर या केवल कुछ ही स्थानों पर प्रकीर्ण या पृथक रूप से होता है। स्पोरैडिक (छिटपुट) का तात्पर्य एक ऐसे रोग से है जो केवल कभी-कभी, अनियमित रूप से या यत्र-तत्र ही होता है। यह कुछ पृथक स्थानों में होता है, जिसका कोई स्थानिक प्रतिरूप नहीं होता है, जो प्रकीर्ण या पृथक रूप से होता है। यह संक्रमण के एक पहचानने योग्य सामान्य स्रोत को नहीं दर्शाता है। टिटनेस, रेबीज़, प्लेग और मलेरिया स्पोरैडिक रोगों के उदाहरण हैं।

49. (C): 9 माह की उम्र पूर्ण होने पर खसरे के टीके के साथ-साथ विटामिन 'ए' की पहली खुराक तथा पीसीवी (न्यूमोकोकल कोन्जूगेट वैक्सीन) बूस्टर खुराक दी जाती है। 16 से 24 माह का होने पर बच्चे को खसरे एवं विटामिन 'ए' की दूसरी खुराक दी जाती है। बच्चे के 5 साल पूर्ण होने तक 6 माह के अन्तराल पर विटामिन 'ए' की कुल 9 खुराकें दी जानी चाहिये।

50. (D): डेंगू बुखार एक उष्णकटिबंधीय रोग हैं जो मच्छरों जल द्वारा होने वाला रोग है। यह डेंगू वायरस के कारण होता है। डेंगू वायरस (DEN) एक छोटा एकल-रज्जुक RNA वायरस है जिसमें चार अलग-अलग सीरोटाइप होते हैं।

डेंगू एडीज किस्म के मादा मच्छरों की कई प्रजातियों से फैलता है, विशेष रूप से एडीज एजिप्टी। मच्छरों की इस प्रजाति के लिए आदर्श परिस्थितियाँ आमतौर पर 35° उत्तर और 35° दक्षिण के अक्षांशों और 1000 मीटर की ऊँचाई के बीच होती हैं। भले ही मनुष्य वायरस के प्राथमिक परपोषी हैं, लेकिन गैर-मानव प्राइमेट भी वाहक हैं।

51. (C): भारत दुनिया का पहला देश था जिसने अपने टीकाकरण कार्यक्रम में फ्रैक्शनल-डोज इनएक्टिवेटेड पोलियोवायरस वैक्सीन पेश किया। भारत ने 2 अक्टूबर 1995 को पल्स पोलियो टीकाकरण कार्यक्रम शुरू किया। दो दशकों के भीतर, भारत को 27 मार्च, 2014 को विश्व स्वास्थ्य संगठन से 'पोलियो-मुक्त प्रमाणन' प्राप्त हुआ। 13 जनवरी 2011 को पश्चिम बंगाल के हावड़ा में पोलियो का आखिरी मामला सामने आया था। विश्व स्वास्थ्य संगठन ने 1985 में इस कार्यक्रम की शुरुआत की थी।

52. (C): चेन्नई में बीसीजी-वैक्सीन के उत्पादन के लिए प्रयोगशाला में 1331 स्ट्रेन का प्रयोग कर रही है। बीसीजी-डेनिश-1331 बीज स्ट्रेन को शुरू में तरल बीसीजी वैक्सीन के उत्पादन के लिए विश्व स्वास्थ्य संगठन (डब्ल्यूएचओ) के माध्यम से स्टेटन के सीरम इंस्टीट्यूट (एसएसआई) कोपेनहेगन, डेनमार्क से प्राप्त किया गया था। 1973 तक बीसीजीवीएल में बीसीजी वैक्सीन का तरल रूप निर्मित किया जाता था। बाद में इसे एम्पौल्स में फ्रीज सूखे रूप में बदल दिया गया।

53. (A): कोलपिक धब्बे खसरा रोग में पाया जाता है। कोलपिक धब्बे भूरे-सफेद डॉट्स होते हैं, जो रेत के दाने जितने छोटे होते हैं, जिनमें लाल रंग के एरोले होते हैं। वे प्रीमोलर्स के स्तर पर गाल के अंदरूनी हिस्सों पर होते हैं, लेकिन बाकी बुक्कल म्यूकोसा में फैल सकते हैं। वे 12-18 घंटे के भीतर गायब हो जाते हैं। खसरे का विशिष्ट लक्षण कोल्पिक स्पॉट (धब्बे) हैं। दाने आमतौर पर किसी व्यक्ति के उजागर होने के लगभग 14 दिनों के बाद दिखाई देते हैं। चकत्तों के फैलने का मार्ग सिर से धड़ तक निचले छोरों तक होता है।

मरीजों को दाने दिखाई देने के 3-4 दिन पहले से लेकर 3-4 दिन बाद तक संक्रामक माना जाता है।

54. (C): आंत्र ज्वर (टाइफाइड) :

आंत्र ज्वर एक जीवाणु संक्रमण है जो पूरे शरीर में फैल सकता है, जिससे कई अंग प्रभावित हो सकते हैं। यह साल्मोनेला टाइफी नामक जीवाणु के कारण होता है। पैरेंटेरल vi पॉलीसेकेराइड और ओरल Ty21a दोनों टाइफाइड के टीके के स्वीकार्य रूप हैं।

56. (D): नेपियर का एल्डिहाइड परीक्षणः भारत के कालाजार स्थापिक क्षेत्रों में, नेपियर के एल्डिहाइड परीक्षण का उपयोग लंबे समय से किया जा रहा है। परीक्षण सीरम ग्लोब्युलिन के फॉर्मेल्डिहाइड से बंधने के कारण होने वाले जेलीफिकेशन पर निर्भर करता है। विभिन्न प्रकार के संक्रमणों में सीरम ग्लोब्युलिन बढ़ जाता है और इसलिए यह परीक्षण गैर-विशिष्ट है।

58. (C): मलेरिया प्लाज्मोडियम नामक प्रोटोजोआ से होता है। एक व्यक्ति से दूसरे व्यक्ति में संक्रमण मादा एनाफ्लीज मच्छर से सम्पन्न होता है जब मच्छर किसी मनुष्य का रुधिर चूसती है तो रुधिर के साथ प्रोटोजोआ भी आता है और मच्छर के अंदर प्लाज्मोडियम का एक जीवन चक्र होता है। इसमें 8 से 10 दिन लगते हैं। फिर किसी दूसरे मनुष्य को काटती है तो मानव के शरीर में भी अलैंगिक चक्र होती है। इसमें रुधिर कोशिका प्रभावित होती है। कॉलरा या हैजा एक संक्रामक रोग है, जो विब्रियो कालेरी नामक जीवाणु द्वारा होता है तथा मक्खियों द्वारा फैलता है। जॉन्डिस या पीलिया या हेपेटाइटिस यकृत का रोग है। यह वायरस से होता है।

59. (C): दुनियाभर में पुरुषों एवं महिलाओं दोनों को प्रभावित करने वाला सबसे आम कैंसर फेफड़े का कैंसर है। फेफड़ों के कैंसर से होने वाली मौतों में योगदान देने वाला मुख्य कारक धूम्रपान है। धूम्रपान चिरकालिक ब्रोंकाइटिस तथा वातस्फीति जैसी फेफड़ों की स्थिति में भी योगदान देता है। धूमपान अस्थमा के लक्षणों को बढ़ा देता है।

60. (B):

- पराबैंगनी विकिरण (UV किरणें) मुख्य रूप से तीन प्रकार के होते हैं—UV-A, UV-B और UV-C।
- UV-C का तरंग दैर्ध्य सबसे कम होता है, जिसके बाद UV-B और UV-A बढ़ते हुए क्रम में।
- UV-B से कम तरंग दैर्ध्य वाला UV विकिरण पृथ्वी के वायुमंडल द्वारा लगभग पूरी तरह से अवशोषित हो जाता है, जिसके कारण ओजोन परत बरकरार है।

- लेकिन, UV-B डीएनए को नुकसान पहुंचाता है और जिससे उत्परिवर्तन हो सकता है।
- यह त्वचा की उम्र बढ़नें, त्वचा की कोशिकाओं की क्षति और विभिन्न प्रकार के त्वचा कैंसर का कारण बनता है।
- मानव आँख में, कॉर्निया UV-B विकिरण को अवशोषित करता है और UV-B की उच्च मात्रा के कारण कॉर्निया में सूजन आ जाती है, किसी स्लो ब्लाइंडनेस, मोतियाबिंद, आदि कहा जाता है।
- ऐसी दीप्ति कॉर्निया को स्थायी रूप से नुकसान पहुंचा सकती है।

61. (D): उच्च रक्तचापः अगर रक्तचाप 140/90 से उपर है तो उच्च रक्तचाप की श्रेणी में आता है। बढ़ती उम्र के कारण, धमनियों के सख्त होने, गुर्दे में बदलाव, जिसमें सोडियम या नमक इकट्ठा हो जाता है। इन सबसे रक्तचाप बढ़ जाता है इस कारण बुजुर्गों में उच्च रक्तचाप सामान्यतः पाया जाता है। दीर्घकालिक रक्तचाप जब कि सही तरह से नियमित न हो, वह धमनी तंत्र को नुकसान पहुंचा सकता है और इससे शरीर के अंगों की क्षति हो सकती है जैसे हृदय रोग (हृदय का कमजोर होना, हृदयघात), पक्षघात, गुर्दे की बीमारी आदि। वजन घटाना, व्यायाम संवर्धन तथा नमक का सेवन कम करना उच्च रक्तचाप की प्राथमिक रोकथाम का उपाय है।

62. (D): राष्ट्रीय अंधता एवं दृष्टि हानि नियंत्रण कार्यक्रम (एनपीसीबीवीआई) वर्ष 1976 में 100% केंद्रीय रूप से शुरू किया गया था। प्रायोजित योजना का लक्ष्य अंधेपन की व्यापकता को 1.4% से घटाकर 0.3% करना है। 2001-02 में सर्वेक्षण के अनुसार, की व्यापकता। अंधेपन को 3/60 से कम की दृश्य तीक्ष्णता या सर्वोत्तम संभव सुधार के साथ बेहतर आंख में दृश्य क्षेत्र की हानि के रूप में परिभाषित किया गया है।

63. (D): HLA-DR3 की उपस्थिति मधुमेह रोगियों के लिए सबसे महत्वपूर्ण कारक माना गया है। मधुमेह (डायाबिटीज) के गैर-रुपांतरणीय जोखिम कारक बढ़ती हुई उम्र, परिवारिक इतिहास या परिवारिक स्थिति तथा प्रजाति या वंशानुगत स्थिति है।

जब हमारे शरीर के पैक्रियाज में इंसुलिन का पहुंचना कम हो जाता है तो रक्त में ग्लूकोज का स्तर बढ़ जाता है। इस स्थिति को मधुमेह या डायबिटिज कहा जाता है। इंसुलिन एक हार्मोन हैं जो कि पाचक ग्रंथि द्वारा बनता है। इसका कार्य शरीर के अंदर भोजन को एनर्जी में बदलना होता है। यही वह हार्मोन है जो शरीर में शुगर की मात्रा को नियंत्रित करता है। मधुमेह हो जाने पर शरीर को भोजन से ऊर्जा बनाने में कठिनाई होती है। इस स्थिति में ग्लूकोज का बढ़ा हुआ स्तर शरीर के विभिन्न अंगों को पहुंचाना शुरू कर देता है। यह रोग महिलाओं की अपेक्षा पुरुषों में अधिक होता है।

66. (B): प्रश्नानुसार किसी जनसंख्या से महत्वपूर्ण सांख्यिकी को जन्म दर द्वारा दर्शाया जाता है। जन्म दर वह शब्द है जिसका प्रयोग जनसंख्या में प्रति 1000 व्यक्तियों पर प्रतिवर्ष जन्म लेने वाले बच्चों की संख्या को परिभाषित करने के लिए किया जाता है। मृत्यु दर वह शब्द है जिसका प्रयोग जन्मसंख्या में प्रति 1000 लोगों पर प्रति वर्ष होने वाली मौतों की संख्या को परिभाषित करने के लिए किया जाता है।

67. (B): 2011 की जनगणना के अनुसार एक व्यक्ति जिसकी आयु 7 वर्ष या उससे अधिक है जो किसी भी भाषा को समझकर लिख या पढ़ सकता है उसे साक्षर की श्रेणी में रखा जाता है। भारत की साक्षरता के स्तर में धीरे-धीरे सुधार हो रहा है। 2011 की जनगणना के अनुसार देश की साक्षरता दर 73 प्रतिशत है, जिसमें पुरुषों की साक्षरता दर 80.9 प्रतिशत एवं महिलाओं की 64.6 प्रतिशत है। साक्षरता दरों में इस प्रकार का अंतर क्यों है?

69. (C): जनसंख्या पिरामिड का प्रतिपादन W. थामसन ने किया था। जब किसी देश की जनसंख्या की आयु तथा लिंग संरचना को एक साथ ग्राफ में अंकित किया जाता है तो हमें पिरामिड प्राप्त होता है। यदि पिरामिड का आधार चौड़ा तथा ऊंचाई कम हो तो दीर्घायु में कमीं, जन्म दर में अधिकता होगी जो सामान्यतः विकासशील देशों की विशेषता है। यदि पिरामिड का आधार कम चौड़ा तथा ऊंचाई अधिक हो तो जन्म दर में कमी तथा दीर्घायु में वृद्धि होगी।

जो सामान्यतः विकसित देशों की विशेषता है। पिरामिड के निर्माण में बाएं अक्ष पर पुरुषों की संख्या दाहिने अक्ष पर स्त्रियों की संख्या को दर्शाया जाता है।

70. **(B):** मातृ मृत्यु दर, गर्भावस्था के दौरान या शिशु के जन्म के कारण माँ की मृत्यु के दर को कहा जाता है। भारत में मातृ-मृत्यु का सर्वमान्य कारण है, रक्स्राव। मातृ-मृत्यु के 50-98% प्रत्यक्ष प्रसूति संबंधी कारणों में, रक्तस्राव, संक्रमण और उच्च रक्तचाप, से ग्रस्त विकार, टूटे हुए गर्भशाय, हेपेटाइटिस और एनीमिया, थ्रोम्बोइम्बोलिज्म आदि कारण भी है।

71. **(D):** पर्यावरण मंत्रालय ने प्लास्टिक अपशिष्ट प्रबंधन संशोधन नियम, 2021 को अधिसूचित किया है। ये नियम 2022 तक विशिष्ट एकल-उपयोग वाली प्लास्टिक वस्तुओं पर रोक लगाते हैं, जिनकी "कम उपयोगिता और उच्च कूड़ेदान क्षमता" है। प्लास्टिक की थैलियों की अनुमत मोटाई, वर्तमान में 50 माइक्रोन, होगी 30 सितंबर, 2021 से 75 माइक्रोन और 31 दिसंबर, 2022 से 120 माइक्रोन तक बढ़ाया गया। नीति स्तर पर, 2016 के नियमों के तहत पहले से उल्लिखित विस्तारित उत्पादक उत्तरदायित्व (ईपीआर) की अवधारणा को बढ़ावा दिया जाना है।

73. **(C):** पर्यावरण वन और जलवायु परिवर्तन मंत्रालय द्वारा 5 अप्रैल, 2016 को ठोस अपशिष्ट प्रबंधन नियम, 2016 अधिसूचित किया गया। यह नियम नगर निगम के क्षेत्रों से बाहर भी लागू होंगे। इन नियमों में अब शहर संबंधी समूहों जनगणना वाले कस्बों, अधिसूचित औद्योगिक टाउनशिप, भारतीय रेल के नियंत्रण वाले क्षेत्रों, हवाई अड्डों एयर बेस, बंदरगाह, रक्षा प्रतिष्ठानों, विशेष आर्थिक क्षेत्र, केन्द्र एवं राज्य सरकारों के संगठनों, तीर्थ स्थलों और धार्मिक एवं ऐतिहासिक महत्व के स्थानों को भी शामिल किया गया है। इस नियम के अनुसार लैंडफिल साइट के बंद होने के बाद कम से कम 15 वर्षों तक देखभाल करनी चाहिए।

74. **(D):** भारत में गर्भपात के कानून को 'गर्भ का चिकित्सकीय समापन अधिनियम 1971' (मेडिकल टर्मिनेशन ऑफ प्रेग्नेंसी-MTP) के तहत नियंत्रित किया जाता है। इसके तहत महिलाएं कुछ विशेष परिस्थितियों में सरकारी अस्पताल में या सरकार द्वारा अधिकृत किसी चिकित्सा केंद्र में अधिकृत या प्रशिक्षित डॉक्टर द्वारा गर्भपात करवा सकती है। इस अधिनियम के अनुसार, गर्भावस्था के 12 सप्ताह तक गर्भपात के लिए सुरक्षित माना है।

75. **(D): कारखाना अधिनियम, 1948 के धारा 16 अतिभीड़:** (1) किसी कारखाने में किसी कमरे में इतनी अतिभीड़ नहीं होगी कि वह वहां नियोजित कर्मकारों के स्वास्थ्य के लिए क्षतिकर हो। (2) उपधारा (1) की व्यापकता पर प्रतिकूल प्रभाव डाले बिना यह है कि इस अधिनियम के प्रारम्भ की तारीख को विद्यमान कारखाने के प्रत्येक काम करने के कमरे में कम से कम [9.9 घन मीटर] और इस अधिनियम के प्रारम्भ के पश्चात् बने कारखाने के प्रत्येक काम करने के कमरे में कम से कम [14.2 घन मीटर] जगह वहां नियोजित हर कर्मकार के लिए होगी, और इस उपधारा के प्रयोजन के लिए किसी ऐसी जगह को हिसाब में नहीं लिया जाएगा जो कमरे के फर्श के तल से [14.2 घन मीटर] अधिक ऊपर है।

76. **(C):** अनैतिक दुर्व्यापार (निवारण) अधिनियम, 1956 का उद्देश्य बुराइयों के व्यावसायीकरण और महिलाओं की तस्करी को रोकना है। यह यौन कार्य के आसपास के कानूनी ढाँचे को चित्रित करता है। हालाँकि यह अधिनियम स्वयं यौन कार्य को अवैध घोषित नहीं करता है, लेकिन यह वेश्यालय चलाने पर रोक लगाता है। वेश्यावृत्ति में संलग्न होना कानूनी रूप से मान्यता प्राप्त है, लेकिन लोगों को लुभाना और उन्हें यौन गतिविधियों में शामिल करना अवैध माना जाता है। अधिनियम की धारा 5 उन लोगों को दंडित करती है जो वेश्यावृत्ति के उद्देश्यों के लिये व्यक्तियों को खरीदते हैं, प्रेरित करते हैं या ले जाते हैं, उन पर सजा के रूप में 3-7 साल की कठोर कारावास और 2,000 रुपये का जुर्माना शामिल है। किसी व्यक्ति या बच्चे (Child) की इच्छा के विरुद्ध अपराध के लिये अधिकतम सजा चौदह वर्ष या आजीवन कारावास तक हो सकती है। बच्चे का अर्थ है वह व्यक्ति जिसने सोलह वर्ष की आयु पूरी न की हो।

77. (A): खाद्य सुरक्षा और मानक अधिनियम, 2006 के अनुसार, कोई भी सामग्री जो खाद्य पदार्थों को असुरक्षित या घटिया बनाने के लिए उपयोग की जाती है या की जा सकती है, उसे अपमिश्रण (Adulterant) कहा जाता है। 23 अगस्त, 2006 को खाद्य सुरक्षा और मानक अधिनियम-2006, अपमिश्रण की रोकथाम अधिनियम-1954 को प्रतिस्थापित कर संसद द्वारा अधिनियमित किया गया। खाद्य से संबंधित विधियों को समेकित करने, खाद्य विनिर्माण, भंडारण, वितरण, विक्रय और आयात को विनियमित करने एवं मानव उपभोग के लिए सुरक्षित तथा स्वास्थ्यप्रद खाद्य की उपलब्धता सुनिश्चित कराने का कार्य यह अधिनियम करता है।

78. (A): केंद्रीय प्रदूषण नियंत्रण बोर्ड का गठन जल (प्रदूषण निवारण तथा नियंत्रण) अधिनिमय 1974 की धारा 3 के अंतर्गत किया गया है। बोर्ड के प्रमुख कार्य धारा 16 में उल्लेखित हैं। केंद्रीय प्रदूषण नियंत्रण बोर्ड, भारत सरकार, पर्यावरण एवं वन मंत्रालय के प्रशासनिक नियंत्रण में संचालित है। बोर्ड का मुख्यालय दिल्ली में स्थित है तथा आंचलिक कार्यालय क्रमशः भोपाल, लखनऊ, वडोदरा, कोलकाता, बेंगलुरु एवं शिलांग में कार्यरत हैं एवं आगरा में प्रोजेक्ट कार्यालय स्थित है। आंचलित कार्यालय भोपाल राजभाषा अधिनियम के अनुसार 'क' क्षेत्र में स्थित है एवं इसके अधिकार क्षेत्र में स्थित तीनों राज्य (मध्य प्रदेश, राजस्थान एवं छत्तीगढ़) भी 'क' क्षेत्र के अंतर्गत हैं।

79. (C): वायु (प्रदूषण की रोकथाम और नियंत्रण) अधिनियम, 1981 : 29 मार्च, 1981 को लागू हुआ। भारत में वायु प्रदूषण को नियंत्रित करने और रोकने के लिए मुख्य कानूनों में से एक है। वायु (प्रदूषण की रोकथाम और नियंत्रण) अधिनियम 1981 में 7 अध्यायों में 54 खंड शामिल हैं। इसने वायु प्रदूषण की रोकथाम और नियंत्रण के लिए राज्य प्रदूषण नियंत्रण बोर्डों को भी अनिवार्य कर दिया।

इस अधिनियम के धारा 39 के अनुसार जो कोई इस अधिनियम के किसी उपबंध या उसके अधीन जारी किए गए किसी आदेश या निदेश का, जिसके लिए इस अधिनियम में अन्यत्र किसी शास्ति का उपबंध नहीं किया गया है, उल्लंघन करेगा तो वह कारावास से जिसकी अवधि तीन मास तक की हो सकेगी या जुर्माने से जो दस हजार रुपए तक का हो सकेगा या दोनों से और यदि उल्लंघन जारी रहता है तो ऐसे अतिरिक्त जुर्माने से, जो प्रथम ऐसे उल्लंघन के लिए दोषसिद्ध किए जाने के पश्चात् ऐसे प्रत्येक दिन के लिए जिसके दौरान ऐसा उल्लंघन जारी रहता है, पांच हजार रुपए तक का हो सकेगा, दंडनीय होगा।

80. (A): खाद्य अपमिश्रण निवारण अधिनियम, 1954 के अनुसार, 'कृषि की उपज प्राकृतिक रूप में' प्राथमिक भोजन का उदाहरण है। यह अधिनियम 1954 में पारित किया गया था। इस अधिनियम का उद्देश्य खाद्य पदार्थों के अपमिश्रण की जांच करना और उनकी शुद्धता सुनिश्चित करना है ताकि सार्वजनिक स्वास्थ्य को बनाए रखा जा सके। खाद्य अपमिश्रण निवारण अधिनियम 1954 के उद्देश्य इस प्रकार हैं :

- लोगों को अपमिश्रित और विषाक्त भोजन से बचाना
- घटिया खाद्य सामग्री की बिक्री पर लगाम लगाना
- धोखाधड़ी प्रथाओं को समाप्त करके उपभोक्ताओं के हितों की रक्षा करना।

82. (B): बाइसिनोसिसः

- यह एक व्यावसायिक फेफड़ों का रोग है जो कपास या जूट की धूल के अंतःश्वसन के कारण होता है।
- यह आमतौर पर कपड़ा श्रमिकों में होता है जो ऊन और तंतु निर्माण उद्योगों में कार्यरत हैं।
- इसके लक्षण अस्थमा के समान होते हैं और इसमें छाती में जकड़न घरघराहट और खाँसी होती हैं।
- इसका निदान फेफड़ों के एक्स-रे और CT स्कैन द्वारा किया जा सकता है।
- धूल के पास काम करते समय मास्क पहनकर इसे रोका जा सकता है।

83. (B): भारतीय संविधान के अनुच्छेद 23 से 24 शोषण के विरुद्ध मूल अधिकार से संबंधित है। जहाँ अनुच्छेद 23, मानव-दुर्व्यापार, बेगार और किसी भी प्रकार के बलात्श्रम आदि पर प्रतिबन्ध लगाता है, वही अनुच्छेद 24 किसी फैक्ट्री, कारखाने व खदानों, निर्माण कार्यों में 14 वर्ष से कम उम्र के बच्चों के नियोजन पर रोक लगाता है।

भारतीय संविधान में अनुच्छेद 14 से 18 तक समानता का अधिकार अनुच्छेद 19 से 22 तक स्वतंत्रता का

अधिकार तथा अनुच्छेद 25 से 28 तक धार्मिक स्वतंत्रता का अधिकार शामिल है।

84. (A): सिलिकोसिसः सिलिकोसिस आमतौर पर उत्खनन, निर्माण और भवन निर्माण उद्योगों में काम करने वाले लोगों में होता है। सिलिका (SiO2/सिलिकॉन डाइऑक्साइड) एक क्रिस्टल/धातु जैसा खनिज है जो रेत, चट्टान और क्वार्ट्ज में प्रचुर मात्रा में पाया जाता है। यह एक फेफड़ों की बीमारी है जो लंबे समय तक सिलिका के छोटे-छोटे कणों के साँस के माध्यम से शरीर के भीतर प्रवेश करने से होती है, इसके सामान्य लक्षणों में साँस लेने में परेशानी होना, खाँसी, बुखार और त्वचा का रंग नीला पड़ना शामिल है। यह दुनिया में सबसे अधिक प्रचलित व्यावसायिक स्वास्थ्य बीमारियों में से एक है। औद्योगिक और गैर-औद्योगिक स्रोतों से उत्पन्न सिलिका धूल के जोखिम का प्रभाव गैर-व्यावसायिक क्षेत्रों की आबादी पर भी देखा जाता है।

85. (A): मानव तथा कार्य वातावरण व उपकरणों के मध्य परस्पर क्रिया को एर्गोनॉमिक्स कहा जाता है। कार्य पर खराब मुद्रा तथा अनुचित बातचीत का परिणाम हो सकती है जो बात रोग विकास तथा कम कार्य कुशलता का कारण होती है कुर्सियों तथा मेजों की ऊँचाई या उपकरणों के आकार के मध्य असंगतता कर्मचारियों के शरीर के साथ कुछ सामान्य एर्गोनोमिक जोखिम होता है।

87. (C): फफूंदयुक्त फसलों पर अक्सर पाए जाने वाले बैक्टीरिया या फफूंदी के बीजाणुओं वाली धूल में सांस लेने से लोगों को फार्मर्स लंग्स हो सकता है। ''माइक्रोपॉलीस्पोरा फेनी'' और ''थर्मोएक्टिनोमाइसेस वल्गरिस'' फार्मर्स लंग के उदाहरण है।

88. (A): टीकाकरण रोकथाम प्राथमिक स्तर में आता है। टीकाकरण लोगों को हानिकारक रोगों से बचाने का एक सरल, सुरक्षित और प्रभावी उपाय है। इससे पहले कि वे रोगों के संपर्क में आएँ। टीकाकरण द्वारा पोलियो, डिप्थीरिया, पर्टुसिस, टिटनेस और खसरा जैसी बीमारियों से बचाया जा सकता है।

89. (C): उपदेशात्मक विधिः उपदेशात्मक शिक्षण की वह विधि है जिसमें एक शिक्षक आमतौर पर बच्चे को एक संगठित और व्यवस्थित विधि से जानकारी देते हैं, कक्षा निर्देश को नियंत्रित करते हैं, और पुनर्बलन देने के लिए उसके प्रदर्शन का मूल्यांकन करते हैं। मोंटेसरी ने इंद्रियों के माध्यम से सीखने और ज्ञान को छोटे टुकड़ों में दिया जाना चाहिए, पर बल दिया। उपदेशात्मक विधि में सक्रिय अध्ययन पर बल नहीं दिया जाता है।

90. (B): सांस्कृतिक बाधाएँ : यदि विभिन्न सांस्कृतिक पृष्ठभूमि के कर्मचारी एक ही संगठन के लिए कार्य करते हैं तो सम्प्रेषण में अधिक बाधा उत्पन्न हो सकती है। अलग-अलग संस्कृतियों से जुड़े लोगों के लिए एक ही प्रतीक या क्रियाएं अलग-अलग कार्यो का प्रतीक हो सकती हैं। उदाहरण के लिए–'काला' रंग पश्चिमी देशों में मृत्यु और शोक का प्रतीक है, जबकि पूर्वी देशों में 'सफेद' रंग का वही अर्थ और प्रतीक हैं। अमेरिका में अधिकतर लोग अपने पहले नाम से ही पुकारना पसंद करते हैं। जबकि भारत एवं ब्रिटेन के व्यक्ति अपने शीर्षक या उपनाम से पुकारना पसंद करते हैं। इस प्रकार अशिक्षा, रवैया तथा ज्ञान सांस्कृतिक बाधा है।

95. (A): कीटनाशक जिस प्रकार के कीट को मारते हैं उसके अनुसार कीटनाशक विभिन्न प्रकार के होते हैं।

कीटनाशक–कॉकरोच जैसे कीड़ों को मारता है।

कृन्तक नाशी–चूहों और चूहों जैसे कृन्तकों को मारता है।

शाकनाशी–खेतों में आवांछित पौधों को नष्ट करता है।

कवकनाशी–रोग पैदा करने वाले कवक को मारता है।

लार्विसाइड्स–खेतों या घरों में बढ़ रहे डेंगू, मलेरिया जैसे विभिन्न मच्छरों के लार्वा को मारता है।

96. (C): मच्छरदानी–इनका उपयोग मच्छरों के काटने से सुरक्षा हेतु सोने के दौरान किया जाता है। आदर्श रूप में, वे आयताकार-आकार एवं हल्के रंग के (विशेषकर सफेद) होने चाहिए जिससे मच्छर सरलता से दिखायी दें। एक जाल के किनारे जाली होनी चाहिए। मच्छरदारी में सामान्यतः 1 वर्ग इंच में छिद्रों की संख्या 150 होती है।

97. (B): अंतर्राष्ट्रीय स्वास्थ्य विनियम (IHR) 2005 के अनुसार, सभी अंतर्राष्ट्रीय हवाई अड्डों/बंदरगाहों और

400 मीटर तक के परिधीय क्षेत्रों को वैक्टर से मुक्त किया जाना चाहिए। रोगवाहक और रोगवाहक जनित रोगों के प्रबंधन में जीव विज्ञान, पारिस्थितिकी और आधुनिक उपकरणों का अनुप्रयोग।

98. (B): मोटर विकास, अनुकूली विकास तथा भाषा विकास व्यवहारिक विकास से सम्बन्धित हैं।

संवेदी विकास/ग्रहणशील विकास (Sensory Development): नवजात शिशु अपनी माँ के स्वर को पहचान कर अपनी संवेदी क्षमता का परिचय देता है। शिशुओं में स्पर्श (Touch) के प्रति संवेदनशीलता पायी जाती है। दर्द के प्रति भी रोकर, पैर सिकोड़कर अनुक्रिया करते हैं। अन्य उद्दीपकों की तुलना में नवजात शिशु किसी भी चेहरे के प्रति तुरन्त प्रतिक्रिया करते हैं। प्रौढ़ों की तुलना में इनकी दृश्य क्षमता कम होती है। छठे महीने तक थोड़ी बेहतर होती है और एक वर्ष की आयु होते-होते वयस्कों के समान (20/20) हो जाती है। रंगों के अन्तर को नहीं समझ पाते हैं परन्तु लाल व सफेद रंग का अन्तर समझ जाते हैं। पूर्ण दृष्टि 3 माह तक विकसित हो जाती है श्रवण क्षमता जन्म के तुरन्त बाद पायी जाती है। इसके अतिरिक्त स्वाद व गन्ध की भी संवेदी क्षमता होती है।

99. (C): हुकवर्म अंडे एक संक्रमित व्यक्ति के मल के माध्यम से उत्सर्जित होते हैं। 1-2 दिनों के बाद हैच उन्हें अनुकूल परिस्थितियों मिलती हैं अर्थात् ढ़ीली मिट्टी पर एक गर्म, नम जगह)। अंडे लार्वा में परिपक्व होते हैं जो अनुकूल परिस्थितियों में 3-4 सप्ताह तक मिट्टी में रहते हैं। 5-10 दिनों के बाद लार्वा संक्रमण पैदा करने और मानव की त्वचा में घुसने की क्षमता प्राप्त करता है जिसके साथ वह सम्पर्क में आता है। इस प्रकार, व्यक्ति संक्रमित हो सकता है यदि वह नंगे पैर चलता है या दूषित मिट्टी में बैठता है।

101. (A): विटारमिन 'डी' वसा में घुलनशील एक विटामिन है। इसे सनशाइन, अर्थात् सूर्य के प्रकाश का विटामिन भी कहा जाता है। विटामिन 'डी' मानव शरीर में कैल्सियम के स्तर को बनाए रखने में सहायक है, जिससे अस्थियाँ सशक्त होती हैं। यह आँतों से कैल्सियम का अवशोषण करता है। रोगों से लड़ने की क्षमता में वृद्धि करने में इसकी महत्वपूर्ण भूमिका है।

102. (A): चिपको आंदोलन–चिपको आन्दोलन पर्यावरण के संरक्षण से संबंधित आन्दोलन था। चिपको आंदोलन का मुख्य उद्देश्य पेड़-पौधों और वनों को काटने से बचाना तथा उनका संरक्षण करना था। इस आन्दोलन की शुरुआत 1973 ई. में उत्तराखण्ड के चमोली जिले से हुई थी। इसकी शुरुआत चंडी प्रसाद भट्ट और गौरा देवी ने की थी, परन्तु इसका नेतृत्व सुन्दरलाल बहुगुणा ने किया। इस आन्दोलन में पेड़ों को काटने से बचाने के लिए लोग पेड़ से चिपक जाते थे, इसी कारण इसका नाम चिपको आन्दोलन पड़ा।

105. (B): कीटाणुशोधन की प्रमुख विधियाँ निम्नलिखित हैं:

1. भौतिक विधि (Physical Method)
   - उबलना
   - पराबैगनी विकिरण (UV) प्रकाश के रूप में गैर आयनिक विकिरण
2. रासायनिक विधि (Chemical Method)
   - अतिरिक्त चुने के साथ उपचार
   - पोटेशियम परमैग्नेट द्वारा
   - क्लोरीन यौगिकों द्वारा
   - ओजोनीकरण

106. (A): खुला घाव (Open Wound): इस घाव में शरीर के ऊतकों आमतौर पर त्वचा में बाहरी या आंतरिक विघ्न होते हैं। खुले घाव के उपचार के लिए स्वर्णिम काल 6 घंटे तक को माना जाता है। खुले घाव निम्न प्रकार के होते हैं :

- **कटा हुआ घाव (Incised Wound):** यह एक तेज धार वाले हथियार (जैसे चाकू, छुरा आदि) से होने वाली चोट है।
- **विदारण (Avulsion):** यह एक आंशिक या पूर्ण रूप से फटने वाली त्वचा तथा अंतर्निहित ऊतकों से बाहर होता है।
- **विदीर्ण घाव (Lacerated Wound):** इस घाव में, प्रत्यक्ष बल लगाने के कारण त्वचा और अंतर्निहित ऊतक फट जाते हैं। इन घावों में असमान तथा फटी किनारी होती हैं। घाव में कम रक्तस्राव होता है।

- **छिद्रित घाव (स्टब वाउंड) (Punctued Wound (Stab Wound):** यह घाव त्वचा के माध्यम से शरीर में भेदित एक नुकीले हथियार (चाकू, खंजर, सुई, भाला, तीर, कैंची, बर्फ की चुभन, आदि) के कारण होता है।
- **रगड़/छिलन (खुरचन, ग्राज या दबने का निशान) (Abrasion (Scratch, Grazed or Pessure Mark):** यह एक सतही/ऊपरी चोट है जिसमें केवल बाहरी त्वचा की परतें शामिल होती हैं। यह कुछ खुरदरी वस्तुओं द्वारा लगाए गए रगड़ या दबने के कारण होता है। रगड़ से भी बहुत कम रक्तस्राव होता है।

107. (A): गंभीर रूप से घायल मरीजों के प्रबंधन में वायुमार्ग सबसे महत्वपूर्ण प्राथमिकता है। डिस्टल एंडोट्रैचियल ट्री तक हवा की मुफ्त पहुंच की अनुमति देने के लिए वायुमार्ग को खोलना और साफ करना आवश्यक है। एक बार वायुमार्ग बनाए रखने के बाद, वायुमार्ग के माध्यम से पर्याप्त ऑक्सीजन और वेंटिलेशन सुनिश्चित करना महत्वपूर्ण है।

108. (D): आपातकालीन स्थिति में, O नेगेटिव प्रकार की लाल रक्त कोशिकाएं किसी को भी दी जा सकती हैं, खासकर यदि स्थिति जीवन-घातक हो या सुमेलित रक्त समूह की आपूर्ति कम हो। रक्त समूह प्रकार O नेगेटिव में आमतौर पर इसे प्राप्त करने वाले अधिकांश व्यक्तियों के लिए गंभीर प्रतिक्रिया पैदा करने का सबसे कम जोखिम होता है। इस गुण के कारण, इसे कभी-कभी सार्वभौमिक रक्त दाता प्रकार कहा जाता है। O नेगेटिव को सार्वभौमिक दाता के रूप में जाना जाता है क्योंकि RBC पर बिल्कुल कोई प्रोटीन नहीं होता है, जिसका अर्थ है कि कोई भी व्यक्ति बिना अस्वीकृति के उस रक्त को प्राप्त कर सकता है। कार्ल लैंडस्टीनर को रक्त समूहन और प्रतिरक्षा रसायन के जनक के रूप में जाना जाता है।

109. (A): मध्यान्ह भोजन योजना की शुरुआत 15 अगस्त, 1995 से हुई थी। मध्यान्ह भोजन योजना को प्रारम्भ एवं व्यवस्थित करने में स्कूल मैनेजमेंट (व्यवस्थापक), पंचायती राज संस्था एवं स्वयं सेवा समूह की भागीदारी तो रहती है किन्तु ठेकेदार की नहीं।

110. (C): स्वास्थ्य की परिभाषा (WHO) के अनुसार, "शारीरिक, मानसिक तथा सामाजिक दृष्टि से पूर्णतया तथा सुखी होना ही स्वास्थ है, केवल रोग या विकृति से मुक्त होना ही स्वास्थ नहीं है। उपरोक्त परिभाषा से स्पष्ट है कि WHO ने स्वास्थ के तीन आयाम माने हैं: शारीरिक, मानसिक और सामाजिक।

111. (A): मिशन इन्द्रधनुष की शुरुआत भारत सरकार द्वारा देश में प्रतिरक्षण को बढ़ावा देने के उद्देश्य से की गई है।

- मिशन इन्द्रधनुष का आरंभ 25 दिसंबर 2014 को भारत सरकार के स्वास्थ्य एवं परिवार कल्याण मंत्रालय द्वारा किया गया।
- इस कार्यक्रम में 7 बीमारियों के खिलाफ टीकाकरण को शामिल किया गया है। वे हैं–तपेदिक, पोलियो, हेपेटाइटिस बी, डिप्थीरिया, बलगम, टिटनस और खसरा।

मिशन इन्द्रधनुष का प्रमुख उद्देश्य उन 90% बच्चों को पूरी तरह प्रतिरक्षित करना, जिनका टीकाकरण नहीं हुआ है या आंशिक रूप से हुआ है।

112. (B): शिशु मृत्यु-दर (Infrant Death Rate): शिशु मृत्यु-दर का सम्बन्ध आयु के प्रथम वर्ष में होने वाली शिशु मृत्युओं से है। इसकी गणना में किसी निश्चित वर्ष में एक निर्धारित क्षेत्र के एक वर्ष से कम आयु के शिशुओं को मृत्यु संख्या को उसी क्षेत्र में उत्पन्न शिशुओं की कुल संख्या से विभाजित कर 1000 से गुणा कर की जाती है। इसकी गणना निम्नांकित सूत्र द्वारा की जाती है :

$$\text{शिशु मृत्यु दर} = \frac{\text{एक वर्ष से कम आयु के शिशुओं की मृत्यु संख्या}}{\text{उसी वर्ष पैदा हुए कुल शिशुओं की संख्या}} \times 1000$$

एक वर्ष में किसी देश में मृतकों की संख्या का एक महत्वपूर्ण भाग शिशु मृत्यु के रूप में होता है। यह दर अशोधित मृत्यु-दर से अधिक होती है और न्यून शिशु मृत्यु-दर भी बड़ी संख्या में शिशुओं की मृत्यु को इंगित करती हैं। शिशु मृत्यु दर की गणना के लिए प्रमुख मानक निम्नलिखित हैं–प्रारंभिक नवजात मृत्यु; देर से नवजात की मृत्यु तथा प्रसवोत्तर मृत्यु।

114. (C): ओटावा चार्टर (1986) प्राथमिक स्वास्थ्य देखभाल से संबंधित है। ओटावा चार्टर एक वैश्विक स्वास्थ्य मील का पत्थर है, और स्वास्थ्य संवर्धन के लिए एक महत्वपूर्ण संदर्भ बना हुआ है। चार्टर स्वास्थ्य संवर्धन कार्रवाई के पांच घटकों और स्वास्थ्य के लिए पूर्वापेक्षाओं की पहचान करता है, जिसमें शांति, आश्रय, शिक्षा, भोजन, आय, एक स्थिर पारिस्थतिकी तंत्र, स्थायी संसाधन, सामाजिक-न्याय और समानता शामिल हैं।

115. (C): हिमस्खलन (Snowslide) में पर्वतीय ढालों के सहारे तेजी से हिमराशि (Snowdrift) और शिलाओं (Rockdrift) का प्रवाह होता है, जिससे पर्वतीय क्षेत्रों में जन-धन की अपार क्षति होती है। ये हिमस्खलन शीत ऋतु में हिमपात (Snowfail) और वसन्त ऋतु में हिमद्रवण (Snow Melting) के समय अधिक देखे जाते हैं। आरंभ-क्षेत्र, हिमस्खलन ट्रैक तथा अपवाह क्षेत्र हिमस्खलन के प्रमुख घटक हैं।

116. (B): प्रहरी निगरानी का उपयोग समुदाय में छिपे मामलों को जानने के लिए किया जाता है। प्रहरी निगरानी उन घटनाओं के लिए आयोजित की जाती है जो रिपोर्टिंग की नियमित प्रणाली (मलेरिया के गम्भरी मामलों), उनके प्रबन्धन तथा मलेरिया से होने वाली मौतों तथा उपयोग की जा रही मलेरिया–रोधी दवाओं की प्रभावशीलता पर कब्जा नहीं करती है। प्रहरी निगरानी करने का उद्देश्य रोगी मलेरिया, गम्भरी मलेरिया तथा मलेरिया से होने वाली मृत्यु के प्रवृित्तियों का निरीक्षण करना है।

117. (D): प्राथमिक स्वास्थ्य देखभाल के सिद्धांत :

- बच्चों और युवाओं के स्वास्थ्य वृद्धि और विकास को प्रभावित करने वाले कार्यक्रमों और सेवाओं वृद्धि करना।
- अपने समुदाय के स्वास्थ्य में सुधार के लिए सरकार के साथ समुदाय की भागीदारी को बढ़ावा देना।
- प्राथमिक स्वास्थ्य देखभाल प्रणाली के साथ सामुदायिक संतुष्टि विकसित करना।
- प्रांतीय सार्वजनिक स्वास्थ्य नीतियों और दिशा-निर्देशों के कार्यान्वयन का समर्थन और प्रोत्साहन करना।
- सामाजिक सहभागिता, उपयुक्त तकनीक तथा अंतर क्षेत्रीय समन्वय प्राथमिक स्वास्थ्य देखभाल का सिद्धांत है।

आवश्यक दवाओं का प्रावधान

- यह प्राथमिक स्वास्थ्य देखभाल से संबंधित नहीं है क्योंकि प्रत्येक दो वर्ष में WHO द्वारा आवश्यक दवाएं तय की जाती हैं।
- आवश्यक दवाएं जनसंख्या की प्राथमिक स्वास्थ्य देखभाल आवश्यकताओं को पूरा करती हैं।
- लोगों की स्वास्थ्य संबंधी जरूरतों को पूरा करने के लिए WHO द्वारा आवश्यक दवाओं का प्रावधान शुरू किया गया है।

118. (C): कायाकल्प योजना : प्रत्येक व्यक्ति की एक स्वचछ और सुखद वातावरण में रहने और काम करने की इच्छा होती है। स्वास्थ्य और परिवार कल्याण मंत्रालय की कायाकल्प पहल 2015 में सभी 36 राज्यों और संघ शासित प्रदेशों में केंद्रीय सरकार के संस्थानों और सार्वजनिक स्वास्थ्य सुविधाओं में बुनियादी ढांचे के बेहतर रखरखाव, स्वच्छता और साफ-सफाई, तथा संक्रमण नियंत्रण उपायों में सुधार के उद्देश्य के साथ शुरू की गई थी।

119. (B): डेनमार्क की सरकार 1978 से राष्ट्रीय दृष्टिहीनता नियंत्रण कार्यक्रम के अंतर्गत सेवाओं के विकास के लिए सहायता प्रदान कर रही है। डेनिश अंतर्राष्ट्रीय विकास एजेंसी को डानिडा (DANIDA) कहा जाता है।

120. (B): उपकेंद्र गांव का एक परिधीय क्षेत्र है जहां स्वास्थ्य देखभाल वितरण प्रणाली होती है। एक उप केंद्र मैदानी क्षेत्र में 5000 और पहाड़ी और आदिवासी क्षेत्र में 3000 की आबादी को कवर करता है। यह जमीनी स्तर पर काम करता है और इसका मुख्य कार्य प्राथमिक स्वास्थ्य देखभाल सेवा और कुछ निवारक, प्रोत्साहक और उपचारात्मक सेवाएं प्रदान करना है। एक PHC में छह उपकेंद्र हैं।

121. (B): मानव शरीर में प्रोटीन सबसे अधिक महत्वपूर्ण तथा आवश्यक तत्व है। इसमें कार्बन, हाइड्रोजन, ऑक्सीजन, नाइट्रोजन, कुछ गन्धक तथा कुछ अंश फॉस्फोरस का होता है। मानव शरीर नाइट्रोजन का अधिक मात्रा में सेवन करता है। नाइट्रोजन केवल प्रोटीन में ही पाया जाता है अतः इसे नाइट्रोजन वाला तत्व भी कहा

जाता है। प्रोटीन शरीर के निर्माण में सक्रिय रूप से भाग लेता है। यह कोशिका निर्माण का प्रमुख पदार्थ है। यद्यपि खनिज लवण भी कोशिका निर्माण में भाग लेते हैं परन्तु प्रोटीन का अपना अलग स्थान है।

123. (B): अण्डे के पीले भाग को जर्दी कहा जाता है। अण्डे की जर्दी में विटामिन B12 की मात्रा लगभग 90% तक होती है। इसमें उपस्थित बायोटिन स्किन को कोमल बनाता है। इसके अलावा इसमें विटामिन A, विटामिन D, विटामिन B6 और जिंक भी पाया जाता है। अण्डे की जर्दी में लगभग 200 मिलीग्राम कोलेस्ट्रोल होता है।

124. (A): विटामिन D वसा में घुलनशील एक विटामिन है जो हार्मोन की तरह कार्य करता है। विटामिन D का मुख्य स्रोत मक्खन, दूध, कॉड लीवर आयल और अन्य मछलियों के यकृत तेल तथा सूर्य का प्रकाश है। विटामिन D के अभाव से रिकेट्स (सूखा रोग) हो जाता है। रिकेट्स एक प्रकार का रोग है जिसमें हड्डिया नर्म, कमजोर, लचीली और टेढ़ी हो जाती है।

126. (A): खान बनते समय अत्यधिक ताप के कारण विटामिन सी नष्ट हो जाते हैं। विटामिन 'सी' एक ऐसा विटामिन है जिसके लिए फलों और सब्जियों को पकाते, धोते और काटते समय सावधानी रखनी चाहिए, क्योंकि पकाते वक्त यह शीघ्रता से नष्ट हो जाते हैं। यहाँ तक कि सब्जी काटते समय हवा लगने पर भी सब्जी में मौजूद विटामिन 'सी' नष्ट होने लगता है। विटामिन 'सी' को वैज्ञानिक भाषा में एस्कार्बिक एसिड कहते हैं।

127. (B): Pernicious anaemia (प्रणाली रक्ताल्पता) एक प्रकार का रोग है जिसमें हमारा शरीर विटामिन बी$_{12}$ को पर्याप्त मात्रा में अवशोषित नहीं कर सकता है जिसकी वजह से लाल रक्त कोशिकाओं में कमी आ जाती है।

129. (A): आहार नाल का शेष भाग आँत कहलाता है जो 7.50 मीटर लम्बी व दो भागों में विभाजित होती है। छोटी आँत व बड़ी आंत। छोटी आंत आमाशय के पीछे उदरगुहा के अधिकांश भाग को घेरे 6 मीटर लम्बी और 2.5 सेमी. अत्यधिक कुण्डलित नलिका होती है। जिसमें हमारे शरीर में कुछ पोषक तत्व व खनिज अवशोषण का 90% भाग अवशोषित होता है।

130. (B): विटामिन A और D के साथ-साथ E और K भी वसा में घुलनशील है तथा विटामिन B तथा C जल में घुलनशील विटामिन है। विटामिन A की कमी से रतौंधी, B की कमी से बेरी-बेरी, C की कमी से स्कर्वी, D की कमी से रिकेट्स, E की कमी से बाल एवं त्वचा सम्बन्धी रोग तथा विटामिन K की कमी से रक्त का थक्का नहीं बनता है।

131. (C): एक वयस्क भारी काम करने वाली गर्भवती महिला की अनुशंसित प्रतिदिन की ऊर्जा 2900 किलोकैलारी होती है। सामान्य महिला को प्रतिदन 2100 कैलोरीज का आहार करना चाहिए। मध्य वर्ग की गर्भवती स्त्री के लिए जो मध्यम श्रम का काम करती है उनके लिए एक दिन की ऊर्जा 2525 किलोकैलारी होनी चाहिए।

132. (A): स्थूल पोषक : ये पोषक तत्व शरीर को कैलोरी या ऊर्जा प्रदान करते हैं तथा इसके कार्यों को बनाए रखने एवं दैनिक जीवन की गतिविधियों को पूरा करने के लिए अधिक मात्रा में इसकी आवश्यकता होती है। इसमें कार्बोहाइड्रेट, वसा, फाइबर, प्रोटीन एवं जल शामिल होते हैं।

133. (B): स्टार्च की उपस्थिति का पता लगाने के लिए आयोडीन परीक्षण करते है जिसमें आयोडीन पोटैशियम आयोडाइड के विलयन में घुल जाती है और ट्राइआयोडाइड एनाएन (I_3^-) स्टार्च के साथ मिलकर सम्मिश्र बना लेती है और गाढ़ा नीला रंग/बैंगनी रंग उत्पन्न करती है। ताप बढ़ने के साथ रंग हल्का होता जाता है। यह क्रिया निम्न pH पर नहीं की जा सकती है।

135. (B): अप्रैल 1993 में, भारत सरकार महिला एवं बाल विकास विभाग द्वारा विकसित राष्ट्रीय पोषण नीति को मंत्रीमंडल द्वार अनुमोदित किया गया तथा अगस्त 1993 में ससंद के दोनों सदनों में प्रस्तुत किया गया। नीति में, ''कुपोषण की बहुआयामी समस्या को सम्बोधित करने तथा व्यक्तियों के लिए पोषण की इष्टतम स्थिति प्राप्त करने के लिए व्यापक एकीकृत तथा अंतर-क्षेत्रीय योजना का आह्वान किया गया है।

136. (A): बायोमेडिकल अपशिष्ट की श्रेणियां एवं निर्धारित कलर कोड :

लाल : संक्रमित अपशिष्ट (रिसाइक्लेबिल): डिस्पोसेबल सामग्री जैसे ट्यूबिंग, बोलतें, इंट्रावेनस ट्यूब्स और सेट्स, केथेटर, यूरिन बैग्स, सिरिंजिस (बिना सुई वाली एवं फिक्स सुई वाली सिरिंज), नीडिल कट के साथ वेक्युटेनर और ग्लव्स।

पीला : मानव शारीरिक उपशिष्ट : मानव ऊतक, अंग, शारीरिक भाग, जीवन क्षमता से कम समय का भ्रूण (मेडिकल प्रेगनेंसी टर्मिनेशन एक्ट, 1971 के आधार पर)

पशु शारीरिक अपशिष्ट : परीक्षण किये हुए पशुओं के शरीर, शारीरिक भाग, अंग, ऊतक तथा पशु चिकित्सालय या कॉलेज में परीक्षण किये हुए पशु।

सफेद : शार्प्स अपशिष्ट धातु सहित : संक्रमित एवं निष्कासित किये हुए शार्प्स जैसे—सुइयां, फिक्स सुई वाली सिरिंज, टिप कटर या बर्नर से कटी हुई सुइयां, चाकू, ब्लेड अथवा अन्य नुकीले सामान जो पंक्चर अथवा कट कर सकते हैं।

नीला : ग्लासवेयर : टूटे, निष्कासित अथवा संक्रमित कांच, साइटोटोक्सिक अपशिष्ट से संक्रमित इंजेक्शन की शीशियां एवं छोटी बोलतें को छोड़कर सभी निष्कासित इंजेक्शन की शीशियां एवं छोटी बोतलें।

138. (A): पानी में मल संदूषण का सबसे विश्वसनीय प्रमाण कोलीफार्म बैक्टीरिया द्वारा लगाया जाता है। यह बैक्टीरिया मनुष्यों के स्वास्थ्य के लिए हानिकारक है। कोलीफॅर्म (Coliform) समूह का जीवाणु एस्चेरिचिया कोलाई (Escherichia coli) या ई.कोलाई (E.coli) ज्यादा खतरनाक है। जल में इस समूह के बैक्टरीरिया की उपस्थिति इस बात का संकेत करती है कि जल मुख्यतः मानव मल एवं अन्य संदूषण कारक पदार्थों की उपस्थिति के कारण संदूषित हो गया है।

141. (A): पानी में मुक्त और संयुक्त क्लोरीन निर्धारित करने के लिए आर्थो-टोल्यूडीन परीक्षण का उपयोग किया जाता है। पेयजल में मुक्त क्लोरीन (जिसे क्लोरीन अवशिष्ट, मुक्त क्लोरीन अवशिष्ट, अवशिष्ट क्लोरीन भी कहा जाता है) की उपस्थिति इंगित करती है किः जीवाणु और कुछ विषाणुओं को निष्क्रिय करने के लिए शुरू में जल में पर्याप्त मात्रा में क्लोरीन मिलाया गया था जो अतिसार की बीमारी का कारण बनते हैं। भंडारण के दौरान जल को दोबारा दूषित होने से बचाया जाता है। पेयजल में मुक्त क्लोरीन की उपस्थिति अधिकांश रोग उत्पन्न करने वाले जीवों की अनुपस्थिति से संबंधित है, और इस प्रकार यह जल को पीने योग्य बनाने का एक उपाय है।

142. (D): साइटोटोक्सिक/कोशिका विषाक्तता अपशिष्ट साइटोटोक्सिक दवाओं से जुड़ा होता है, जिसमें रसायन होते हैं जो कोशिकाओं के लिए जहरीले होते हैं। इसमें साइटोटोक्सिक दवाओं से दूषित सामग्री, उपकरण और अवशेष शामिल हैं। कोशिका गुणन और वृद्धि को रोकने के लिए कैंसर और मल्टीपल स्केलेरोसिस के रोगियों को साइटोटोक्सिक दवाएं (या एंटी-नियोप्लास्टिक्स) दी जाती हैं। साइटोटोक्सिक दवा का निपटान काला थैला में किया जाता है।

कोशिका विषाक्तता अपशिष्ट के प्रकार

- सिरिंज
- शीशियां
- दस्ताने
- निडिल
- रेस्पिरेटर मास्क
- व्यक्तिगत कपड़े और उपकरण
- वायु निस्यंदक

144. (A): मृदु जल वैसा जल जो साबुन के साथ सरलता एवं शीघ्रता से काफी झाग उत्पन्न करता है, मृदु जल कहलाता है। इस जल के साथ कम ही साबुन खर्च करने पर काफी झाग उत्पन्न होता है। मृदु जल में कठोरता का स्तर 1 से कम mEq/Litre होता है।

145. (D): संयुक्त राष्ट्र बाल कोष (UNICEF) संयुक्त राष्ट्र महासभा द्वारा 11 दिसंबर 1946 को बनाया गया था। पूर्व में इसे संयुक्त राष्ट्र अंतर्राष्ट्रीय बाल आपातकालीन कोष (United Nations International Childerns Emergency Fund) कहा जाता था। पोलैंड के चिकित्सक लुडविक रॉश्मन जे यूनिसेफ का गठन करने में प्रमुख भूमिका निभाई।

यूनिसेफ की मुख्य गतिविधियाँ हैं :

- टीके प्रदान करने और बीमारी से बचने के लिए
- माताओं और बच्चों के लिए एचआईवी थेरेपी प्रदान करना
- माँ और शिशु के पोषण में सुधार करने के लिए।
- शिक्षा के बारे में जागरूकता बढ़ाने, स्वच्छता को बढ़ावा देने और आपदा की स्थिति में संकटकालीन सहायता प्रदान करने के लिए।

146. (A): बायोमेडिकल वेस्ट (बीएमडब्ल्यू) प्रबंधन को पहले चरण के रूप में इसके वर्गीकरण की आवश्यकता है। बीएमडब्ल्यू नियम बीएमडब्ल्यू को निम्नलिखित श्रेणियों में वर्गीकृत करते हैं।

वर्ग	अपशिष्ट का प्रकार	उपचार और व्यक्तिगत विकल्प
पीला	इसमें मानव ऊतक, शरीर के अंग होते हैं	भस्मीकरण या प्लाज्मा पायरोलिसस या गहरा दफन
लाल	दूषि अपशिष्ट (पुनर्नवीनीकरण): ट्यूबिंग, बोतलें, अंतःशिरा ट्यूब और सेट, सीरिंज (सुइयों और निश्चित सुई सीरिंज के बिना), और दस्ताने जैसे डिस्पोजेबल वस्तुओं से उत्पन्न कचरे।	लाल रंग का गैर-क्लोरीनयुक्त प्लास्टिक बैग या कंटेनर। इसके निपटान के लिए आटोक्लेविंग या माइक्रो वार्मिंग एक उपयुक्त विकल्प है।
नीला सफेद	नीले प्लास्टिक बैग में दूषित कांच होता है। सफेद बैग में धातु सहित धारदार अपशिष्ट होते हैं।	नीले बैग के निपटान के लिए कीटाणुशोधन या हाइड्रोक्लाविंग एक उपयुक्त विधि है। शुष्क गर्म कीटाणुशोधन या सैनिटरी लैडफिल सफेद प्लास्टिक बैग के निपटान का एक व्यवहार्य विकल्प है।
काला	ज्यादातर में घरेलू/सामान्य कचरा या कचरा होता है।	इसे सुरक्षित लैंडफिल में भूमिगत निपटान के लिए सुरक्षित रूप से छोड़ा जा सकता है।

147. (D): नियंत्रित टिपिंग या सैनिटरी लैंडफिल, वेस्ट निपटान का सबसे संतोषजनक तरीका है। यह साधारण डंपिंग से अलग होता है। इस विधि में वेस्ट पदार्थ को पर्याप्त रूप से कॉम्पेक्ट कर खाई या गढे में रखकर मिट्टी से ढक दिया जाता है। खाई में रखा गया है, पर्याप्त रूप से कॉम्पैक्ट किया गया है, और कार्य दिवस के अंत में soil के साथ कवर किया जाता है।

148. (A): एक उन्नत ट्राइएज सिस्टम में चार कलर कोड सिस्टम लाल, पीला, हरा, सफेद और काला शामिल हैं।

- **रेड टैग :** (आपातकालीन) उन लोगों को लेबल करने के लिए उपयोग किया जाता है जो तत्काल उपचार के बिना जीवित नहीं रह सकते हैं, लेकिन जिनके पास जीवित रहने की क्षमता है।
- **येलो टैग :** (अत्यावश्यक) पीले रंग का उपयोग अक्सर अति आवश्यक स्थितियों वाले रोगियों को नामित करने के लिए किया जाता है। ये ऐसे व्यक्ति हैं जिन्हें अपेक्षाकृत जल्दी चिकित्सा की आवश्यकता होती है। लेकिन उनकी स्थिति तुरंत जीवन के लिए खतरा नहीं होती है।
- **ग्रीन टैग :** (प्रतीक्षा करें) ''घूमने से घायल'' के लिए आरक्षित हैं जिन्हें अधिक गंभीर चोटों के इलाज के बाद चिकित्सा देखभाल की आवश्यकता होगी।
- **सफेद टैग :** (बर्खास्तगी) मामूली चोटों वाले लोगों को दिया जाता है जिन्हें डॉक्टर की देखभाल की आवश्यकता नहीं होती है।
- **ब्लैक टैग :** (प्रत्याशित) मृतक के लिए और उन लोगों के लिए उपयोग किया जाता है जिनकी चोटें इतनी व्यापक हैं कि उपलब्ध देखभाल के लिए कारण वे जीवित नहीं रह पाएंगे।

पिछले प्रश्न-पत्र (हल सहित)

स्वास्थ्य एवं सेनेटरी इंस्पेक्टर

भर्ती परीक्षा, 2021*

भाग-A

1. ऑपरेशन थियेटर (ओटी) और लेबर रूम के लिए आवश्यक न्यूनतम रोशनी होनी चाहिए :

A. 100 lux B. 150 lux
C. 200 lux D. 300 lux

2. अस्पताल के गलियारों को एक दिन में कितनी बार साफ करना चाहिए?

A. कम से कम एक बार
B. कम से कम दो बार
C. कम से कम तीन बार
D. बिल्कुल भी आवश्यक नहीं है

3. वार्ड को गीले पोंछे से एक दिन में साफ करना चाहिए :

A. कम से कम एक बार
B. कम से कम दो बार
C. कम से कम तीन बार
D. बिल्कुल भी आवश्यक नहीं है

4. निम्नलिखित में से भारत सरकार का कौन-सा मंत्रालय 'जैव चिकित्सा अपशिष्ट प्रबंधन नियम,2016' अधिसूचित किया?

A. स्वास्थ्य एवं परिवार कल्याण मंत्रालय
B. पर्यावरण, वन और जलवायु परिवर्तन मंत्रालय
C. खाद्य प्रसंस्करण उद्योग मंत्रालय
D. पेयजल और स्वच्छता मंत्रालय

5. 'बायो-मेडिकल वेस्ट मैनेजमेंट रूल्स, 2016' में शामिल है :

A. परमाणु ऊर्जा अधिनियम, 1962 (1962 का 33) और अधिनियम के तहत बनाए गए नियमों के प्रावधानों के तहत रेडियोधर्मी अपशिष्ट।
B. अधिनियम के तहत बनाए गए नगरपालिका ठोस अपशिष्ट (प्रबंधन और निगरानी) नियम, 2000 के तहत आने वाले ठोस अपशिष्ट।
C. अधिनियम के तहत बनाए गए खतरनाक सूक्ष्मजीवों, आनुर्वंशिक रूप से इंजीनियरीकृत सूक्ष्मजीवों या कोशिकाओं के निर्माण, उपयोग, आयात, निर्यात और भंडारण नियम, 1989 के तहत खतरनाक सूक्ष्मजीवों, आनुर्वंशिक रूप से इंजीनियरीकृत सूक्ष्मजीवों और कोशिकाओं को शामिल किया गया है।
D. उपरोक्त में से कोई नहीं

6. 2011 में हरियाणा राज्य में प्रति हजार पुरुषों पर महिलाओं की संख्या थी :

A. 876 B. 818
C. 879 D. 868

7. 2011 में, भारत में प्रति हजार पुरुषों पर महिलाओं की संख्या थी :

A. 958 B. 973
C. 943 D. 996

8. 2011 में राज्यों में प्रति हजार पुरुषों पर महिलाओं की संख्या में वृद्धि हुई :

A. तमिलनाडु और केरल
B. तमिलनाडु और छत्तीसगढ़
C. तमिलनाडु और पुडुचेरी
D. केरल और पुडुचेरी

9. 2011 में सर्वाधिक जनसंख्या घनत्व राज्य/केंद्र शासित प्रदेश का था :

A. चंडीगढ़ B. उत्तर प्रदेश
C. एनसीटी, दिल्ली D. बिहार

10. 2011 में, उच्चतम दशकीय वृद्धि दर राज्य/केंद्रशासित प्रदेश की थी :

A. हरियाणा
B. अंडमान और निकोबार द्वीप समूह
C. लक्षद्वीप
D. दादरा और नगर हवेली

* Held on 27-12-2021.

11. 2013 में भारत की शिशु मृत्यु दर थी :
A. 40 B. 54
C. 50 D. 12

12. 2013 में हरियाणा राज्य में मृत्यु दर थी :
A. 6.20 B. 4.00
C. 6.30 D. 4.10

13. राज्य की सर्वाधिक जनसंख्या गरीबी रेखा के नीचे निवास करती है :
A. उत्तराखंड B. बिहार
C. पश्चिम बंगाल D. उत्तर प्रदेश

14. 2014 में, भारत में प्रति व्यक्ति प्रति दिन अनाज और दालों की शुद्ध उपलब्धता थी :
A. 491.30 gm B. 400.00 gm
C. 450.30 gm D. 416.20 gm

15. 1 अप्रैल, 2015 की स्थिति के अनुसार, पेयजल में फ्लोराइड की अधिक मात्रा के कारण हरियाणा राज्य के कौन-से जिले की ग्रामीण जनसंख्या फ्लोराइड से प्रभावित है?
A. फरीदाबाद और सोनीपत
B. फरीदाबाद और सिरसा
C. फरीदाबाद और महेंद्रगढ़
D. सिरसा और महेंद्रगढ़

16. 2011 के आँकड़ों के अनुसार, प्रतिशत घरों में घरेलू शौचालय नहीं हैं और वे खुले में शौच करते हैं :
A. 33.10 B. 34.80
C. 29.80 D. 3.205

17. NPCDCS के तहत गैर-संचारी रोगों से निपटने के लिए कौन-सा कथन सही है?
A. मधुमेह, डेंगू, कालाजार और स्ट्रोक
B. मधुमेह, कैंसर, चिकनगुनिया और स्ट्रोक
C. मधुमेह, कैंसर, हृदय रोग और स्ट्रोक
D. मधुमेह, कैंसर, हैजा और स्ट्रोक

18. किस राज्य में 2014 में इंसेफेलाइटिस के सबसे ज्यादा मामले और मौतें दर्ज की गईं?
A. बिहार B. ओडिशा
C. हरियाणा D. उत्तर प्रदेश

19. किस राज्य में 2015 में चिकन पॉक्स के सबसे ज्यादा मामले और मौतें दर्ज की गईं?
A. बिहार B. ओडिशा
C. पश्चिम बंगाल D. दिल्ली

20. भारत के अत्यधिक कालाजार प्रभावित राज्य हैं :
A. बिहार, दिल्ली, झारखंड और उत्तर प्रदेश
B. बिहार, झारखंड, उत्तर प्रदेश और पश्चिम बंगाल
C. बिहार, झारखंड, मध्य प्रदेश और पश्चिम बंगाल
D. बिहार, झारखंड, असम और पश्चिम बंगाल

21. निम्नलिखित में से कौन-सा पशुजन्य (zoonotic) रोग है?
A. प्लेग B. डेंगू
C. जीका D. फाइलेरिया

22. मच्छर द्वारा प्रसारित रोग के सक्रिय संचरण को बाधित करने के लिए कौन-सा स्प्रे किया जाएगा?
A. मौजूदा स्थितियों के अनुसार स्पेस स्प्रे
B. उपलब्धता के अनुसार डीडीटी/मैलाथियोन/सिथेंटिक पाइरेथ्रोइड्स डब्ल्यूपी के साथ इंडोर रेसिडुअल स्प्रे
C. शांत जल में लार्विसाइडल स्प्रे
D. उपरोक्त सभी

23. कौन-सा मच्छर एंथ्रोपोफिलिक है?
A. *Anopheles culicifacies*
B. *Aedes aegypti*
C. *Mansonia annulifera*
D. *Culex quinquefasciatus*

24. डेंगू, चिकनगुनिया और जीका की रोकथाम और नियंत्रण के लिए कौन-सा अंतःक्षेप उपाय सबसे अधिक प्रभावी है?
A. नियमित कीटनाशक फॉगिंग
B. मच्छर प्रजनन स्रोत में कमी
C. डीडीटी/मैलाथियोन/सिंथेटिक पाइरेथ्रोइड्स के साथ इंडोर रेसिडुअल स्प्रे
D. ढोल पीटना

25. प्लेग का कारक जीव है :
A. *Yercinia pestis*
B. *Leishmania donovani*
C. *Wuchereria bancrofti*
D. *Xenopsylla cheopsis*

26. 2014 में, भारत में दुर्घटना से होने वाली मौतों की कुल संख्या थी :
A. 400517 B. 357021
C. 451757 D. 294175

27. शहरी मलेरिया रोगवाहक है :
A. *Anopheles culicifacies*
B. *Anopheles stephensi*
C. *Anopheles minimus*
D. *Anopheles fluviatilis*

28. मच्छर किसकी सहायता से ध्वनि उत्पन्न करते हैं?

A. सूंड B. पैर
C. पंख D. एंटीना

29. सतही/उपसतही जल दूषित होता है :

A. फीकल कोलीफॉर्म बैक्टीरिया
B. जैविक प्रदूषक
C. परजीवी जीव/रोगजनक
D. ये सभी

30. सैनिटेशन संबंधी रोग है :

A. जल जनित (मौखिक-मल मार्ग, टाइफाइड, हैजा, पेचिश); जल आधारित (सिस्टोसोमियासिस)
B. जल से संबंधित (डेंगू, मलेरिया, फाइलेरिया, जीका); मलमूत्र से संबंधित (ट्रैकोमा)
C. जल संग्रह और भंडारण संबंधी (मलमूत्र कंटेनरों के अनुचित संचालन के कारण); विष संबंधी (सतही जल में टॉक्सिक बैक्टीरिया द्वारा—यकृत रोग)
D. उपरोक्त सभी

31. अक्षमता-समायोजित जीवन वर्ष (DALY) का अर्थ है :

A. बीमारी या विकलांगता जैसी स्वास्थ्य स्थिति के परिणामस्वरूप 'स्वस्थ जीवन' के एक वर्ष का ह्रास
B. विकलांगता जैसी स्वास्थ्य स्थिति के परिणामस्वरूप 'स्वस्थ जीवन' की ह्रास हुई कुल अवधि
C. बीमारी जैसी स्वास्थ्य स्थिति के परिणामस्वरूप 'स्वस्थ जीवन' की ह्रास हुई कुल अवधि
D. उपरोक्त में से कोई नहीं

32. गुणवत्ता त्रिकोण अवधारणा में शामिल है :

A. त्रिकोण के कोनों पर लागत, समय और गुणवत्ता और त्रिभुज के मध्य/केंद्र में विस्तार
B. त्रिकोण के कोनों पर लागत, समय और विस्तार और त्रिभुज के मध्य/केंद्र में गुणवत्ता
C. त्रिकोण के कोनों पर गुणवत्ता, समय और विस्तार और त्रिभुज के मध्य/केंद्र में लागत
D. त्रिकोण के कोनों पर लागत, गुणवत्ता और विस्तार और त्रिभुज के मध्य/केंद्र में समय

33. जल विसंक्रमण किसके द्वारा किया जाता है?

A. क्लोरीनेशन
B. उबालकर
C. पराबैंगनी किरणों द्वारा उपचारित
D. उपरोक्त सभी

34. जलापूर्ति वाले पाइप के अंतिम छोर पर क्लोरीन की सांद्रता होनी चाहिए :

A. 5 ppm B. 6 ppm
C. 4 ppm D. 1 ppm

35. मेलों, त्योहारों एवं जनसभाओं जैसी सांस्कृतिक प्रथाओं में सुनिश्चित किया जाए :

A. पर्याप्त प्रकाश और हवा के साथ केवल सुरक्षित पेयजल आपूर्ति
B. बायो-टॉयलेट/बायो-डिग्रेडेबल उपकरणों का प्रयोग
C. ताजा और ढका हुआ खाने का सामान
D. उपरोक्त सभी

36. पर्यावरण प्रबंधन के लिए कौन-सा ASQ मानक होता है?

A. ISO 9000 ISO 9001
B. ISO 19011
C. ISO 31011
D. ISO 14000 ISO 14001

37. कौन-सा ASQ मानक खाद्य-सुरक्षा के लिए है?

A. ISO 9000 ISO 9001
B. ISO 22000
C. ISO 31011
D. ISO 14000 ISO 14001

38. FSSAI का अर्थ है :

A. खाद्य उत्पादों के निर्माण, वितरण और परिवहन के लिए खाद्य उत्पाद व्यवसाय को पंजीकृत करने के लिए खाद्य सुरक्षा और मानक अधिनियम, 2006 के तहत भारत सरकार का निकाय।
B. स्थानीय/मूल, राज्य, केन्द्रीय स्तर के लाइसेंस के लिए एक से पाँच वर्ष की अवधि के लिए लाइसेंस जारी करना
C. प्रमाण-पत्र/लाइसेंस व्यवसाय को बढ़ने में मदद करता है और ग्राहकों के लिए सुरक्षा की भावना पैदा करता है।
D. उपरोक्त सभी

39. किसके परिणामस्वरूप प्लेग रोग का उन्मूलन हुआ?

A. द्वितीय विश्व युद्ध के बाद स्वास्थ्य और कृषि क्षेत्रों में रासायनिक कीटनाशकों के प्रयोग के संपार्श्विक प्रभाव के फलस्वरूप
B. कृन्तकों को मारने के लिए स्वदेशी प्रथाओं के प्रयोग के फलस्वरूप
C. उपरोक्त दोनों
D. उपरोक्त में से कोई नहीं

40. जापानी इन्सेफेलाइटिस एक व्यक्ति से दूसरे व्यक्ति में क्यों फैलता है?

A. मनुष्य में अल्पावधि के लिए पेरिफेरल विरेमिया
B. संक्रमित करने के लिए अपर्याप्त
C. मच्छर विषाणुओं को संचारित करते हैं
D. मनुष्य में विषाणु निष्क्रिय होते हैं

41. भारतीय मानक ब्यूरो भारत का राष्ट्रीय मानक निकाय है :

A. माल के मानकीकरण, अंकन और गुणवत्ता प्रमाणन की गतिविधियों के सामंजस्यपूर्ण विकास और उससे जुड़े या प्रासंगिक मामलों के लिए।
B. सुरक्षित, विश्वसनीय गुणवत्ता वाले सामानों के संदर्भ में राष्ट्रीय अर्थव्यवस्था का पता लगाने की क्षमता और मूर्त लाभ प्रदान करने; उपभोक्ताओं के स्वास्थ्य संबंधी खतरों को कम करने; निर्यात और आयात विकल्प को बढ़ावा देने; मानकीकरण, प्रमाणन और परीक्षण के माध्यम से किस्मों आदि के प्रसार पर नियंत्रण के लिए।
C. उपरोक्त दोनों
D. उपरोक्त में से कोई नहीं

42. स्किम्ड दूध पाउडर के परीक्षण के लिए भारतीय मानक ब्यूरो का विनिर्देश मानक ग्रेड है :

A. IS 13334 : Part 2 : 1992
B. IS 13334 : Part 1 : 1998
C. IS 12299 : 1998
D. IS 1166 : 1986

43. आयोडीन युक्त नमक के परीक्षण के लिए भारतीय मानक ब्यूरो का विनिर्देश है :

A. IS 1166 : 1986   B. IS 1165 : 2002
C. IS 7224 : 2006   D. IS 14433 : 2007

44. 2013 में दक्षिण-पूर्व एशियाई देशों के सकल घरेलू उत्पाद के प्रतिशत के रूप में सार्वजनिक स्वास्थ्य पर व्यय किस देश में सबसे अधिक था?

A. भूटान   B. नेपाल
C. मालदीव   D. भारत

45. राष्ट्रीय पोषण सप्ताह प्रतिवर्ष मनाया जाता है :

A. 1-7 सितम्बर   B. 1-7 अगस्त
C. 1-7 अप्रैल   D. 1-7 नवम्बर

46. प्रतिवर्ष एंटी-डेंगू महीना मनाया जाता है :

A. जून   B. अगस्त
C. सितम्बर   D. जुलाई

47. देश के बच्चों के किस आयु-वर्ग में जापानी इन्सेफलाइटिस टीका SA 14-14-2 लगाया जाता है?

A. 1-15 वर्ष   B. 2-15 वर्ष
C. 3-15 वर्ष   D. इनमें से कोई नहीं

48. NABH घटक बोर्ड है :

A. मेडिकल काउंसिल ऑफ इंडिया (MCI)
B. भारतीय गुणवत्ता परिषद (QCI)
C. फार्मेसी काउंसिल ऑफ इंडिया (PCI)
D. इनमें से कोई नहीं

49. NABH का विस्तृत रूप है :

A. National Accreditation Board for Hospitals
B. National Accreditation Board for Healthcare providers
C. National Accreditation Board for Hospitals & Healthcare providers
D. उपरोक्त में से कोई नहीं

50. NABL 120 निम्नलिखित क्षेत्र में सेवाएँ प्रदान करता है :

A. उत्पाद समूहों के वर्गीकरण की जाँच एवं मापांकन के लिए दिशा-निर्देश
B. उत्पाद समूहों के वर्गीकरण की जाँच के लिए दिशा-निर्देश
C. उत्पाद समूहों के वर्गीकरण के मापांकन के लिए दिशा-निर्देश
D. उपरोक्त में से कोई नहीं

51. NABL 180 निम्नलिखित क्षेत्र में सेवाएँ प्रदान करता है :

A. केवल प्रवीणता परीक्षण प्रदाताओं के लिए आवेदन पत्र
B. केवल संदर्भ सामग्री निर्माता प्रत्यायन के लिए आवेदन पत्र
C. उपरोक्त दोनों
D. उपरोक्त में से कोई नहीं

52. NABL 190 इस क्षेत्र में सेवाएँ प्रदान करता है :

A. केवल प्रवीणता परीक्षण प्रदाताओं के लिए आवेदन पत्र
B. केवल संदर्भ सामग्री निर्माता प्रत्यायन के लिए आवेदन पत्र
C. उपरोक्त दोनों
D. उपरोक्त में से कोई नहीं

53. जूनियर चैंबर इंटरनेशनल (JCI) है :
A. युवा लोगों का गैर-लाभकारी अंतर्राष्ट्रीय सरकारी संगठन
B. युवा लोगों का गैर-लाभकारी अंतर्राष्ट्रीय गैर-सरकारी संगठन
C. उपरोक्त दोनों
D. उपरोक्त में से कोई नहीं

54. जेसीआई के सदस्य लाभान्वित होते हैं :
A. स्थानीय और दुनिया भर के दोस्तों और व्यावसायिक संपर्कों के नेटवर्क के विस्तार द्वारा
B. समुदाय को वापस देने और सकारात्मक परिवर्तन को प्रभावित करने का अवसर प्राप्त करवाकर
C. नेतृत्व और प्रबंधन कौशल और व्यक्तिगत विकास के अवसरों के विकास द्वारा
D. उपरोक्त सभी

55. बाह्य-कोशिकीय रोग उत्पन्न करने वाला परजीवी है :
A. *Plasmodium vivax*
B. *Wuchereria bancrofti*
C. *Leishmania donovani*
D. उपरोक्त में से कोई नहीं

56. मलेरिया परजीवी की संक्रामक अवस्था होती है :
A. Trophozoite B. Sporozoite
C. Gametocyte D. उपरोक्त सभी चरण

57. पाइरेथ्रम कीटनाशक एक पौधे का प्राकृतिक अर्क है :
A. *Azadirachta indica*
B. *Artimisia annua*
C. *Chrysanthemum* sp
D. *Ocimum sanctum*

58. DDT कीटनाशक है :
A. Organophosphorus compound
B. Synthetic pyrethroid compound
C. Chlorinated hydrocarbon compound
D. इनमें से कोई नहीं

59. कौन-सा पौधा पानी में मच्छरों के लार्वा की वृद्धि को रोकता है :
A. *Jatropha curcas* B. *Brassica campestris*
C. *Sonchus asper* D. *Cynodon dactylon*

60. पाइप वाले पानी में नेसेंट गैस छोड़ने से पानी का कीटाणुशोधन होता है :
A. ऑक्सीजन B. क्लोरीन
C. हाइड्रोजन D. नाइट्रोजन

61. मच्छर-रोधी उपायों के लिए पर्यावरण इंजीनियरिंग विधियों में शामिल हैं :
A. नालियों/जल निकायों से निराई और गाद निकालना
B. पानी के तेज प्रवाह के लिए नालियों में ढाल बनाए रखना
C. निचली जमीनों/गड्ढों/नाली के किनारों की ड्रेसिंग और भराई
D. उपरोक्त सभी

62. आवास आधारित रुग्णता प्रबंधन और विकलांगता रोकथाम का अभ्यास किया जाता है :
A. मलेरिया और फाइलेरिया के मरीज
B. फाइलेरिया एवं कुष्ठ रोगी
C. डेंगू और फाइलेरिया के मरीज
D. इनमें से कोई नहीं

63. कुष्ठ रोग किसके कारण होता है :
A. प्रोटोजोआ परजीवी B. वायरस
C. बैक्टीरिया D. कृमि

64. विषाणु-जनित रोग है :
A. डेंगू B. चिकनगुनिया
C. जीका D. ये सभी रोग

65. भारत में उन्मूलन के लिए प्रस्तावित वेक्टर जनित रोग हैं :
A. मलेरिया, फाइलेरिया और कालाजार
B. मलेरिया, डेंगू और कालाजार
C. चिकनगुनिया, फाइलेरिया और कालाजार
D. जापानी इंसेफेलाइटिस, फाइलेरिया और कालाजार

66. भारत में 2030 तक उन्मूलन के लिए प्रस्तावित वेक्टर जनित रोग हैं :
A. डेंगू B. चिकनगुनिया
C. मलेरिया D. ये सभी रोग

67. वार्षिक परजीवी सूचकांक (API) समुदाय में मलेरिया संक्रमण को दर्शाता है :
A. प्रति सौ जनसंख्या पर B. प्रति हजार जनसंख्या पर
C. प्रति लाख जनसंख्या पर D. इनमें से कोई नहीं

68. सूचकांक कैसे निर्धारित होता है :
A. जब अंश और हर एक ही इकाई के हों
B. जब अंश और हर अलग-अलग इकाइयों के हों
C. इकाइयों का सूचकांक के साथ कोई संबंध नहीं है
D. उपरोक्त में से कोई नहीं

69. मच्छर की प्यूपा अवस्था होती है :

A. शाकाहारी B. मांसाहारी

C. सर्वाहारी D. कुछ नहीं खाते

70. मच्छरदानी के लिए BIS विनिर्देश हैं :

A. IS 1166 : 1986 B. IS 9886 : 1990

C. IS 12299 : 1998 D. इनमें से कोई नहीं

भाग-B

71. किस मंत्रालय ने 16 दिसंबर, 2021 को 'विकास पोर्टल' लॉन्च किया है?

A. ग्रामीण विकास मंत्रालय

B. कृषि और कृषक कल्याण मंत्रालय

C. स्वास्थ्य और परिवार कल्याण मंत्रालय

D. श्रम और रोजगार मंत्रालय

72. हरियाणा राज्य का निर्माण कब हुआ?

A. 1 नवंबर, 1966 B. 10 दिसंबर, 1966

C. 2 जनवरी, 1967 D. 4 मार्च, 1967

73. निम्नलिखित में से कौन-सा भौगोलिक शब्द 'उपमहाद्वीपीय भूमि का टुकड़ा जो पानी से घिरा हुआ है' से संबंधित है?

A. प्रायद्वीप B. खाड़ी

C. जलडमरूमध्य D. द्वीप

74. यूनिफाइड पेमेंट्स इंटरफेस (UPI) के बारे में निम्नलिखित कथनों पर विचार करें :

1. यह देश में कैशलेस अर्थव्यवस्था को बढ़ावा देना चाहता है।
2. इसे भारतीय राष्ट्रीय भुगतान निगम (NPCI) द्वारा विकसित किया गया है।
3. यह उपयोगकर्ता को कई बैंक खातों के लिए एक ही आभासी पता रखने की सुविधा प्रदान करता है।

उपरोक्त कथनों में से कौन-सा/से सही है/हैं?

A. केवल 1 B. केवल 1 और 2

C. उपरोक्त सभी D. उपरोक्त में से कोई नहीं

75. पहला हरियाणा साहित्य-संगम किस शहर में शुरू हुआ है?

A. फरीदाबाद B. पंचकुला

C. गुरुग्राम D. करनाल

76. निम्नलिखित में से कौन-सा अनुच्छेद समान न्याय के विचार को बढ़ावा देता है और गरीबों को मुफ्त कानूनी सहायता प्रदान करता है?

A. अनुच्छेद 38 B. अनुच्छेद 39

C. अनुच्छेद 39 A D. अनुच्छेद 41

77. लगातार तीन संख्याओं का योग 87 है। मध्य संख्या है :

A. 30 B. 27

C. 29 D. 28

78. एक आदमी प्रत्येक वर्ष के अंत में ₹ 200 बचाता है और 5% चक्रवृद्धि ब्याज पर पैसे उधार देता है। 3 साल के अंत में यह कितना हो जाएगा?

A. ₹ 662 B. ₹ 662.01

C. ₹ 662.02 D. ₹ 662.03

79. रमेश ने मूर्ति की मूल कीमत से 25% अधिक कीमत पर एक मूर्ति बेची। हालांकि उन्होंने मूर्ति को मूल कीमत पर 20% छूट पर खरीदा था। ₹ 2025 के लाभ के साथ मूर्ति का वास्तविक मूल्य ज्ञात कीजए।

A. ₹ 6000 B. ₹ 7500

C. ₹ 3500 D. ₹ 4500

80. सुरेंद्र साइकिल से 18 किमी./घं. की गति से एक दूरी तय करता है। वह एक बस से 45 किमी./घं. की गति से आरंभिक स्थान पर लौटता है। पूरी यात्रा की औसत गति ज्ञात कीजिए?

A. 27.39 किमी./घं. B. 25.71 किमी./घं.

C. 27 किमी./घं. D. 31.5 किमी./घं.

81. (74.6 – 38.9 – 5.7)/(26.4 – 18.9) का मान क्या होगा?

A. 3.5 B. 2.25

C. 2.0 D. 4.0

82. यदि $a * b = 2a + 3b$, तो 2 * 3 + 3 * 4 का मान है :

A. 24 B. 31

C. 32 D. 34

83. A good judge never gropes _________ the conclusion.

A. for B. to

C. at D. on

84. Talk _______ now. The music is ______ so people will be disturbed.
A. Softly, softly B. Soft, soft
C. Softly, soft D. Soft, softly

85. Which tense is used to express an action completed in the immediate past?
A. Past indefinite tense
B. Present indefinite tense
C. Present perfect tense
D. Past perfect tense

86. What's the synonym of MENDACIOUS?
A. untruthful B. irritating
C. provocative D. misleading

87. The indirect form of the sentence "Everybody said, "How well she sings!", is:
A. Everybody exclaimed that she sang very well.
B. Everybody told us that how she sang very well.
C. Everybody exclaimed that she sings very well.
D. Everybody told us that she sings very well.

88. The officer asked the peon ________ why he was late.
A. that B. if
C. but D. No word needed

89. श्रृंखला में अगला अंक कौन-सा है :
1536, 384, 96, ___?
A. 23 B. 24
C. 28 D. 18

90. रमन कहता है, "अनुज की माँ मेरी माँ की इकलौती बेटी है।" अनुज का रमन से क्या संबंध है?
A. भाई B. भतीजा
C. पिता D. उपरोक्त में से कोई नहीं

91. श्रृंखला में अगला पद क्या होगा?
ATNHG, DKCMB, CVPJI, GNFPE, EXRLK, JQISH, GZTNM, ______
A. MTLVK B. PQMTH
C. RIJTU D. HSKUJ

92. यदि PINK को 1691411 के रूप में कोडित किया जाता है, तो RED को किस रूप में कोडित किया जाएगा?
A. 1963 B. 1854
C. 1853 D. 1954

93. निम्नलिखित में से कौन-से शब्दों के जोड़े भिन्न रूप से संबंधित हैं?
A. दयालु : क्रूर B. धीमा : सुस्त
C. बासी : ताजा D. सत्य : झूठ

94. **कथन :** क्या भारत में स्कूलों में शिक्षा का केवल एक बोर्ड होना चाहिए?
तर्क :
I. हाँ, यह शिक्षा में एकरूपता और समानता लाएगा।
II. नहीं, यह या तो गुणवत्तापूर्ण शिक्षा की संभावनाओं को कम करेगा या/और साक्षरता दर को प्रभावित कर सकता है।
A. केवल तर्क I प्रबल है
B. केवल तर्क II प्रबल रूप से सही है
C. या तो तर्क I या II प्रबल रूप से गलत है
D. न तो तर्क I और न ही II प्रबल है

95. दी गई आकृति में त्रिभुजों की संख्या ज्ञात कीजिए।

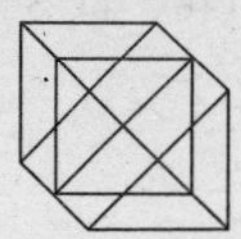

A. 18 B. 20
C. 24 D. 27

96. दी गई आकृति में सीधी रेखाओं और त्रिभुजों की संख्या क्या है?

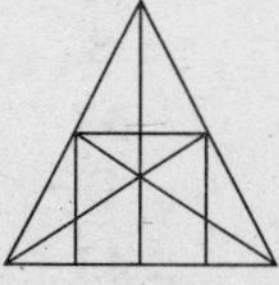

A. 10 सीधी रेखाएँ और 34 त्रिभुज
B. 9 सीधी रेखाएँ और 34 त्रिभुज
C. 9 सीधी रेखाएँ और 36 त्रिभुज
D. 10 सीधी रेखाएँ और 36 त्रिभुज

निर्देश (प्र.सं. 97 से 100 तक): *एक कम्प्यूटर एयरलाइन के पर्यवेक्षक पायलटों को सिटी X से सिटी Y तक राउंड ट्रिप उड़ान भरने के लिए शेड्यूल बनाता है।*

एक कम्प्यूटर एयरलाइन का पर्यवेक्षक पायलटों को शहर X से शहर Y तक राउंड-ट्रिप उड़ान भरने के लिए शेड्यूल करता है। यात्रा में केवल दो घंटे लगते हैं, और एयरलाइन की सुबह में एक राउंड-ट्रिप उड़ान और दोपहर में एक राउंड-ट्रिप उड़ान

होती है, प्रत्येक दिन, सोमवार से शुक्रवार। पायलटों को निम्नलिखित नियमों के अनुसार शेड्यूल किया जाना चाहिए।

केवल W, X और Y ही सुबह की उड़ान भर सकते हैं।

केवल V, X और Z दोपहर की उड़ान भर सकते हैं।

कोई भी पायलट एक ही दिन में दो बार उड़ान नहीं भर सकता।

कोई भी पायलट लगातार दो दिन उड़ान नहीं भर सकता।

X को बुधवार सुबह की उड़ान भरनी है।

Z को मंगलवार दोपहर की उड़ान भरनी है।

97. निम्नलिखित में से कौन-सा सत्य होना चाहिए?

A. W सोमवार सुबह की उड़ान भरता है।

B. X सोमवार दोपहर की उड़ान भरता है।

C. Y मंगलवार की सुबह उड़ान भरता है।

D. Z गुरुवार दोपहर की उड़ान भरता है।

98. यदि X शुक्रवार की सुबह उड़ता है, तो निम्नलिखित में से कौन-सा सत्य होना चाहिए?

A. X सोमवार दोपहर को उड़ान नहीं भरता है।

B. V शुक्रवार दोपहर को उड़ान भरता है।

C. W गुरुवार सुबह को उड़ान भरता है।

D. Y गुरुवार सुबह को उड़ान भरता है।

99. यदि X सप्ताह के दौरान केवल एक सुबह की उड़ान भरता है, तो निम्नलिखित में से कौन-सा सत्य होना चाहिए?

A. W सप्ताह के दौरान ठीक दो दिन उड़ान भरता है।

B. X सप्ताह के दौरान ठीक तीन दिन उड़ान भरता है।

C. Y सप्ताह में केवल एक दिन उड़ान भरता है।

D. Z सोमवार दोपहर और शुक्रवार दोपहर को उड़ान भरता है।

100. यदि W सप्ताह के दौरान बिल्कुल भी उड़ान भरने के लिए निर्धारित नहीं है, तो निम्न को छोड़कर सभी को सही होना चाहिए :

A. X सोमवार सुबह उड़ान भरता है

B. V सोमवार दोपहर को उड़ान भरता है

C. Y गुरुवार की सुबह उड़ान भरता है

D. Z शुक्रवार दोपहर को उड़ान भरता है

उत्तरमाला

1	2	3	4	5	6	7	8	9	10
D	B	C	B	D	C	C	D	C	D
11	**12**	**13**	**14**	**15**	**16**	**17**	**18**	**19**	**20**
A	C	D	A	D	C	C	D	C	B
21	**22**	**23**	**24**	**25**	**26**	**27**	**28**	**29**	**30**
A	A	B	B	A	C	B	C	D	D
31	**32**	**33**	**34**	**35**	**36**	**37**	**38**	**39**	**40**
A	B	D	D	D	D	B	D	A	A
41	**42**	**43**	**44**	**45**	**46**	**47**	**48**	**49**	**50**
C	B	C	C	A	D	A	B	C	A
51	**52**	**53**	**54**	**55**	**56**	**57**	**58**	**59**	**60**
A	B	B	D	B	B	C	C	A	B
61	**62**	**63**	**64**	**65**	**66**	**67**	**68**	**69**	**70**
D	B	C	D	A	C	B	B	D	B
71	**72**	**73**	**74**	**75**	**76**	**77**	**78**	**79**	**80**
A	A	D	B	B	C	C	C	D	B
81	**82**	**83**	**84**	**85**	**86**	**87**	**88**	**89**	**90**
D	B	A	C	D	A	A	D	B	B
91	**92**	**93**	**94**	**95**	**96**	**97**	**98**	**99**	**100**
A	B	B	B	C	C	D	B	A	D

पिछले प्रश्न-पत्र (हल सहित)

स्वास्थ्य एवं मलेरिया निरीक्षक

भर्ती परीक्षा, 2019*

1. लोध जलप्रपात किस राज्य में है?

A. उत्तराखंड B. ओडिशा

C. झारखंड D. छत्तीसगढ़

2. 40 kg/m^2 से ऊपर बीएमआई (BMI) .... इंगित करता है।

A. अल्प-भार (Underweight)

B. अधि-भार (Overweight)

C. रुग्ण रागिष्ठ मोटापा (Morbid Obesity)

D. दर्जा 1 का मोटापा (Class 1 Obesity)

3. कैल्शियम अवशोषण के लिए कौन-सा विटामिन आवश्यक है?

A. विटामिन D B. विटामिन A

C. विटामिन K D. विटामिन B_{12}

4. भारतीय नागरिकों के मौलिक अधिकारों को सुनिश्चित करने वाला कौन है?

A. राज्यपाल B. प्रधानमंत्री

C. उच्चतम न्यायालय D. राष्ट्रपति

5. दो घंटियाँ 57 सेकंड और 68 सेकंड के अंतराल पर एक साथ बजना शुरू हुई। यदि वे दोनों सुबह 10 बजे एक साथ बजती हैं, तो वे दोबारा कितने सेकंड बाद एक साथ बजेंगी?

A. 3776 B. 3976

C. 3676 D. 3876

6. रेशेयुक्त (Fiber-rich) खाद्य समूह की पहचान करें।

A. सब्जियाँ और हरी पत्तेदार सब्जियाँ

B. तेल और वसा

C. मांस और मछली

D. चीनी और शहद

7. विश्व स्वास्थ्य दिवस .... को मनाया जाता है।

A. 7 जुलाई B. 31 मई

C. 7 अप्रैल D. 27 मार्च

8. अपर्याप्त/खराब आवास के कारण होने वाली एक प्रमुख स्वास्थ्य समस्या क्या है?

A. गुर्दे संबंधी रोग

B. श्वसन संबंधी रोग

C. हृदय संबंधी रोग

D. त्वचा कैंसर

9. किस खाद्य सामग्री में संतृप्त वसा होती है?

A. आलू B. नारियल

C. गेहूँ D. सेब

10. 'एनवायर्नमेंटल सैनीटेशन' शब्द को अब .... द्वारा प्रतिस्थापित किया जा रहा है।

A. पब्लिक हेल्थ

B. एनवायर्नमेंटल हेल्थ

C. A और B दोनों

D. इनमें से कोई नहीं

11. अधिक मात्रा में पानी के साथ खाना पकाने से भोजन .... से वंचित हो जाता है।

A. विटामिन K B. विटामिन A

C. विटामिन C D. विटामिन E

12. निम्नलिखित में से कौन-सा स्ट्रोक के लिए जोखिमकारक नहीं है?

A. शराब और धूम्रपान

B. मौखिक गर्भनिरोधक गोलियों का सेवन

C. मधुमेह और उच्च रक्तचाप

D. आहार नियमन

* परीक्षा RRB द्वारा 19 जुलाई 2019 को आयोजित हुई।

13. एक कूटभाषा (कोडबद्ध) में यदि BASIC को CDUEK लिखा जाता है, तो FORCE को कैसे लिखा जाएगा?

A. HFURI B. QHTGE
C. ULIXV D. HQTEG

14. हड़प्पा शहर किस नदी के तट पर है?

A. सिंधु B. सरस्वती
C. लूनी D. रावी

15. ओलम्पिक खेलों का आदर्श वाक्य क्या है?

A. अखंडता-भाईचारा-चुस्ती
B. करो या मरो
C. तेज - ऊंचा - मजबूत
D. प्रतिस्पर्धा की मनोवृत्ति को बढ़ावा

16. जब एक महामारी पहले से ही फैल चुकी है, तो चिकनगुनिया बुखार के नियंत्रण में निम्नलिखित में से क्या सबसे महत्वपूर्ण है?

A. पानी का भंडारण पात्र मच्छरों के पनपने से मुक्त रखना
B. स्रोत में कमी
C. लार्वा को मारना
D. मच्छरों से बचने का उपाय

17. हवा में मौजूद ऑक्सीजन की सांद्रता क्या है?

A. 20.9% B. 27.8%
C. 25% D. 24%

18. निम्नलिखित में से किसे कलीचूना (Quick lime) भी कहा जाता है?

A. कैल्शियम ऑक्साइड
B. सोडियम ऑक्साइड
C. कैल्शियम बाइकार्बोनेट
D. नाइट्रस ऑक्साइड

19. कौन-सा खाद्य समूह अधिक प्रोटीन देता है?

A. अनाज और बाजरा
B. सब्जियाँ
C. मांस और मछली
D. फल

20. निम्नलिखित में से कौन-सा उच्च रक्तचाप का निवारक और नियंत्रण उपाय नहीं है?

A. एंटी-हाइपरटेंसिव दवाओं के साथ इलाज
B. वजन में कमी और व्यायाम
C. वसायुक्त भोजन से परहेज
D. भोजन का सेवन कम करना

21. एक लड़के ने चलना आरंभ किया और पूर्व दिशा की ओर 3 किमी. चला। फिर वह दाएं मुड़ा और 4 किमी. चला और फिर बाएँ मुड़कर 3 किमी. चला। वह दाएँ मुड़कर 6 किमी. चलने से पहले एक बार दाएं मुड़ा और 3 किमी चला। इस यात्रा के समापन बिंदु से आरंभिक बिंदु किस दिशा में है?

A. पूर्व B. दक्षिण
C. पश्चिम D. उत्तर

22. निम्नलिखित में से क्या 'स्वच्छता अवरोध' का अर्थ है?

A. मल का पृथक्करण
B. व्यक्तिगत स्वच्छता
C. जल प्रदूषण
D. मक्खियों का उन्मूलन

23. आंवला जैसे फल .... से भरपूर होते हैं।

A. विटामिन C
B. विटामिन D
C. विटामिन फोलिक अम्ल
D. विटामिन K

24. ऊर्जा का मुख्य स्रोत क्या है?

A. विटामिन B. लौह
C. पानी D. वसा

25. मधुमेह के कारण होनेवाली विकलांगता क्या है?

A. अंधापन B. मनोभ्रंश
C. बहरापन D. पक्षाघात

26. किस प्रकार के पोषक खाद्य पदार्थों से टाइप 2 मधुमेह कम होगा?

A. विटामिन सामग्री
B. खनिज सामग्री
C. प्रोटीन सामग्री
D. फाइबर सामग्री

27. गर्भवती महिलाओं को प्रतिदिन कितनी ऊर्जा की आवश्यकता होती है?

A. 3200 कैलोरी

B. 2000 कैलोरी

C. 1500 कैलोरी

D. 2500 कैलोरी

28. इनमें से कौन-सा सुरक्षित पानी की खपत का मापदंड नहीं है?

A. हानिकारक रासायनिक पदार्थों से मुक्त

B. गंध और रंग से मुक्त

C. रोगजनकों से मुक्त

D. अतिरिक्त स्वाद के लिए एजेंट को डालना

29. ट्रेनों में प्रयुक्त होने वाला जैव-शौचालय निम्नलिखित में से किस सिद्धांत पर आधारित होता है?

A. वायवीय प्रक्रिया

B. अवायवीय प्रक्रिया

C. A और B दोनों

D. इनमें से कोई नहीं

30. निम्नलिखित में से कौन-सा दहनशील अपशिष्ट का एक प्रकार है?

A. चीनी मिट्टी के बर्तन

B. डिब्बे

C. गत्ते

D. धातु

31. बढ़े हुए बॉडी मास इंडेक्स (BMI) के कारण .... नहीं हो सकता है।

A. स्ट्रोक B. हृदयरोग

C. पीलिया D. मधुमेह

32. वायरल हेपेटाइटिस 'बी' के लिए कौन-से नियंत्रण उपाय नहीं है?

A. हेपेटाइटिस 'बी' से प्रतिरक्षण

B. संक्रमित व्यक्ति को छूने से बचना

C. रक्त और शरीर के तरल पदार्थ के साथ सावधानियाँ

D. कंडोम का उपयोग करना

33. निम्नलिखित में से कौन-सा पोलियो माइलाइटिस का लक्षण या संकेत नहीं है?

A. पक्षाघात (Paralysis)

B. सीने में गंभीर दर्द

C. गर्दन और पीठ में दर्द

D. दस्त और उल्टी

34. घरेलू जल निकासों में, निम्नलिखित में से कौन-सा पदार्थ निलंबित ठोस (संस्पेंडेड सॉलिड) का भाग नहीं होता है?

A. मिट्टी B. रेत

C. गाद D. कागज के रेशे

35. रतौंधी .... की कमीं के कारण होती है।

A. जिंक

B. विटामिन K

C. विटामिन A

D. फोलिक अम्ल

36. 'ग्रेट सेनेटरी अवेकनिंग' .... में हुई।

A. भारत B. इंग्लैंड

C. अमेरिका D. जर्मनी

37. किसे धूप विटामिन (Sunshine Vitamin) के रूप में जाना जाता है?

A. विटामिन D

B. विटामिन K

C. विटामिन A

D. विटामिन C

38. निम्नलिखित में से कौन-सा एक शुद्ध तरल आहार है?

A. दूध

B. लस्सी

C. कच्चे नारियल का पानी

D. सब्जी का गाढ़ा सूप

39. शृंखला में अगली संख्या ज्ञात करें :

6, 7, 9, 13, 21, ?

A. 43 B. 29

C. 37 D. 35

40. एड्स (AIDS) के निदान (diagnosis) के लिए प्रमुख संकेत .... हैं।
A. शरीर के वजन का 10% से अधिक या उसके बराबर वजन कम होना
B. एक महीने से अधिक समय तक लगातार दस्त होना
C. एक महीने से अधिक समय तक बुखार रहना
D. उपरोक्त सभी

41. निम्नलिखित में से कौन-सा संधिपाद जनित रोग नहीं है?
A. हुकवर्म B. मलेरिया
C. प्लेग D. फाइलेरिया

42. वह पदार्थ जो प्राकृतिक प्रक्रिया से विघटित हो जाता है, उसे .... कहा जाता है।
A. जैव अवक्रमणशील पदार्थ
B. गैर जैव अवक्रमणशील पदार्थ
C. ऊष्मीय पदार्थ
D. खंडनीय पदार्थ

43. निम्नलिखित में से किसे मिलेट कहा जाता है?
A. चावल B. मक्का
C. गेहूँ D. बाजरा

44. 17 D वैक्सीन का उपयोग .... को नियंत्रित करने के लिए किया जाता है।
A. चिकनगुनिया बुखार B. पीत ज्वर
C. टॉयफायड बुखार D. क्यू (Q) बुखार

45. 19वें एशियाई खेलों का आयोजन किस देश में किया जाएगा?
A. ऑस्ट्रेलिया B. भारत
C. ब्राजील D. चीन

46. निम्नलिखित में से कौन-सा यौन संक्रमण के खिलाफ रोकथाम और नियंत्रण का उपाय नहीं है?
A. डिस्पोजेबल सिरिंज और सुइयों का उपयोग करना
B. रक्त और अंग दाताओं की स्क्रीनिंग
C. कंडोम का उपयोग करना
D. कामोत्तेजक यौन क्रिया को प्रोत्साहित करना

47. एक CPU को ₹ 7705 में बेचने पर एक व्यक्ति 15% का लाभ प्राप्त करता है। 25% लाभ प्राप्त करने के लिए इसे किस मूल्य पर बेचा जाना चाहिए? (₹ में)
A. 8375 B. 8275
C. 8575 D. 8475

48. निम्नलिखित में से कौन-सा रोग एडीस (Aedes) मच्छरों द्वारा नहीं फैलता है?
A. चिकनगुनिया B. डेंगू
C. पीत ज्वर D. जापानी मस्तिष्ककोप

49. निम्नलिखित में से कौन-सा रक्त में मौजूद ऑक्सीजन का सामान्य स्तर है?
A. 70 से 74 mmHg
B. 75 से 100 mmHg
C. 60 से 72 mmHg
D. 55 से 60 mmHg

50. लेप्टोस्पायरोसिस का पर्यावरण नियंत्रण उपाय ....।
A. सब सही हैं
B. संभावित रूप से दूषित पानी के संपर्क में आने से रोकना
C. कृंतक (Rodent) नियंत्रण के उपाय
D. अपशिष्ट और स्वास्थ्य शिक्षा का उचित निपटान

51. राज्यसभा में सीटों का आवंटन प्रत्येक राज्य/केंद्रशासित प्रदेश के .... के आधार पर होता है।
A. जनसंख्या
B. क्षेत्र
C. निर्वाचन क्षेत्रों की संख्या
D. जीडीपी

52. निम्नलिखित में से कौन-सा रोग क्यूलेक्स (Culex) मच्छरों के कारण होता है?
A. मलेरिया B. हैजा
C. प्लेग D. फाइलेरिया

53. मध्यम स्तर का काम करने वाले पुरुष श्रमिकों की दैनिक प्रोटीन की आवश्यकता क्या है?
A. 55 ग्राम B. 65 ग्राम
C. 40 ग्राम D. 30 ग्राम

54. समय-पूर्व जन्मे बच्चे (Preterm babies) वे होते हैं, जिनकी गर्भावधि आयु .... के बीच होती है।
A. 38 से 40 सप्ताह
B. 40 से 42 सप्ताह
C. 39 से 42 सप्ताह
D. 34 से 37 सप्ताह

55. 2350 लड़के और 1400 लड़कियों की एक परीक्षा ली गई, 42% लड़के और 36% लड़कियों ने परीक्षा उत्तीर्ण की। परीक्षा में अनुत्तीर्ण होने वाले छात्रों की कुल संख्या का प्रतिशत ज्ञात करें।
A. 60.24 B. 63.24
C. 62.24 D. 61.24

56. मुद्रास्फीति के आकलन के लिए प्रयोग किए जाने वाले CPI का पूर्ण रूप क्या है?
A. कंज्यूमर पे इंडेक्स
B. कॉलर प्राइस इंडेक्स
C. कंज्यूमर प्राइस इंडेक्स
D. कॉलर पे इंडेक्स

57. ORS का पूर्ण रूप क्या है?
A. ओरल रिजूविनेट सॉल्यूशन
B. ओरल रिहाइड्रेशन सॉल्ट
C. ओरल रिजूविनेट सॉल्ट
D. ओरल रिपेयर सॉल्यूशन

58. कौन-सा अल्पशर्करारक्तता (Hypoglycemia) का संकेत और लक्षण नहीं है?
A. उलझन B. पसीना आना
C. कंपकपाहट D. सिहरन

59. किसी संख्या को 469 से विभाजित करने पर हमें शेषफल 66 प्राप्त होता है। उसी संख्या को 67 से विभाजित करने पर शेषफल क्या होगा?
A. 36 B. 56
C. 66 D. 46

60. निम्नलिखित में से कौन-सा उपकरण विद्युत धारा के तापीय प्रभाव के सिद्धांत के अनुसार कार्य करता है?
A. विद्युत हीटर B. रेफ्रिजरेटर
C. पंखा D. टेलीविजन

61. बिजली के उत्पादन में किस अपशिष्ट पदार्थ का उपयोग किया जाता है?
A. जूट अपशिष्ट B. कचरा
C. गन्ने का अपशिष्ट D. प्लास्टिक

62. निम्नलिखित में से किस विधि का उपयोग पानी की क्लोरीन मांग के अनुमान के लिए किया जाता है?
A. क्लोरोमीटर
B. बर्कफेल्ड फिल्टर
C. होरॉक का उपकरण
D. डबल पोट विधि

63. निम्नलिखित में से कौन-सा क्यूलेक्स मच्छर में माइक्रोफिलारिया की वृद्धि (propogation) का एक प्रकार है?
A. प्रोपागेटिव B. साइकलोडेवलपमेंटल
C. साइकलीकल D. साइकलोप्रोपागेटिव

64. किस तेल में अधिक असंतृप्त वसा अम्ल होते हैं?
A. मूँगफली का तेल B. नारियल का तेल
C. सूरजमुखी का तेल D. ताड़ का तेल

65. किसी प्रकाशीय माध्यम की बंकन क्षमता (Bending ability) को उसके .... द्वारा मापा जाता है।
A. विसरण सूचकांक B. अपवर्तन सूचकांक
C. विक्षेपण सूचकांक D. संपीड़न सूचकांक

66. कहानियों के प्रसिद्ध संग्रह 'पंचतंत्र' के लेखक कौन हैं?
A. महावस्तु B. नलादियार
C. विष्णु शर्मा D. दीपवंश

67. लैक्टोज असह्यता के मामले में दूध का विकल्प क्या है?
A. गाय का दूध B. सोया दूध
C. भैंस का दूध D. दही

68. मलेरिया एक .... बीमारी है, जो मच्छर के काटने से होती है।
A. प्रजीवगण संबंधी
B. जीवाणु संबंधी
C. विषाणु संबंधी
D. कृमि संबंधी

69. 4320 विद्यार्थियों वाले एक विद्यालय में लड़कियों की संख्या का लड़कों की संख्या से अनुपात 47 : 49 है। कितनी और लड़कियों को दाखिल किया जाना चाहिए जिससे यह अनुपात बदलकर 1 : 1 हो जाए?

A. 86 B. 92
C. 90 D. 88

70. इनमें से कौन-सा भोजन स्वच्छता सर्वोत्तम अभ्यासों में से एक नहीं है?

A. खाद्य संचालकों की नियमित जांच
B. रसोइयों और भोजन संचालकों की व्यक्तिगत स्वच्छता
C. रेफ्रिजरेटर में रखे हुए भोजन का पुनः उपयोग करना
D. दूध का पाश्चरीकरण

71. इस प्रश्न में दिए गए कथन में दो भिन्न तत्वों के बीच संबंध दर्शाया गया है। कथन के बाद तीन निष्कर्ष दिए गए हैं। दिए गए कथन को सत्य मानें और दिए गए विकल्पों में से उत्तर चुनें :

कथन : $W = O > R \geq I > E < D$

निष्कर्ष : (*i*) $R > D$
(*ii*) $D > O$
(*iii*) $W > R$

A. केवल (*i*) और (*ii*) तर्कसंगत हैं
B. केवल (*iii*) तर्कसंगत है
C. केवल (*ii*) और (*iii*) तर्कसंगत हैं
D. सभी तर्कसंगत हैं

72. एक स्लो सैंड फिल्टर के केंद्र में क्या है?

A. महत्वपूर्ण परत B. ईंट की परत
C. जल स्तर D. रेत का तह

73. अपशिष्ट जल जिसमें मानव मल-मूत्र नहीं होता है, उसे .... कहा जाता है।

A. मलजल (Sewage)
B. मलमार्ग (Sewer)
C. मैला पानी (Sullage)
D. उपरोक्त सभी

74. दूध में मौजूद डाईसैकराइड (Disaccharide) कौन-सा है?

A. माल्टोस B. स्टार्च
C. सुक्रोज D. लैक्टोज

75. आहार प्रोटीन का मुख्य कार्य क्या है?

A. हड्डी के विकास को बढ़ावा देना
B. शरीर सौष्ठव (Body building)
C. मलोत्सर्ग में वृद्धि
D. लौह अवशोषण को बढ़ावा देना

76. शरीर कुष्ठ नियंत्रण कार्यक्रम में, जनसंख्या का आकार .... से अधिक होना चाहिए।

A. 50000 B. 100000
C. 70000 D. 75000

77. एक वस्तु को जल में डुबोने पर वह किस बल का अनुभव करेगी?

A. प्रतिकर्षण बल
B. आकर्षण बल
C. उत्प्लावन बल
D. गुरुत्वाकर्षण बल

78. डेंगू सिंड्रोम .... संक्रमण का एक प्रकार है।

A. श्वसन संबंधी B. आंतों संबंधी
C. संधिपाद जनित D. इनमें से कोई नहीं

79. निम्नलिखित में से कौन-सी एक जलीय आपदा है?

A. हिमस्खलन B. हिमझंझावत
C. ओला-वृष्टि D. तूफानी लहरें

80. एक रेलगाड़ी एक स्टेशन प्लेटफार्म को पार करने में 63 सेकंड और प्लेटफार्म पर खड़े व्यक्ति को पार करने में 47 सेकंड का समय लेती है। यदि रेलगाड़ी की गति 29 m/s है, तो प्लेटफार्म की लंबाई कितनी है? (मीटर में)

A. 474 B. 484
C. 494 D. 464

81. किस पोषक तत्व की कमी से 'पेलैग्रा' रोग होता है?

A. निकोटिनिक एसिड B. कैल्शियम
C. लौह D. विटामिन K

82. निम्नलिखित में से कौन-सी स्तन कैंसर की जाँच की एक विधि नहीं है?

A. अल्ट्रासोनोग्राम
B. स्तन की जांच खुद करना
C. मैमोग्राफी
D. नैदानिक स्तन जांच

83. इलेक्ट्रॉन की खोज किसने की थी?
A. जेम्स चैडविक
B. यूजेन गोल्डस्टीन
C. फिलिप वॉरेन एंडरसन
D. जे.जे. थॉमसन

84. स्क्रब टाइफस .... द्वारा फैलता है।
A. पिस्सू (Flea)
B. जूं (Louse)
C. किलनी (Tick)
D. डिंभक घुन (Larval mite)

85. एक पांच लोगों वाले घर में कितने कमरे आवश्यक हैं?
A. 3 B. 2
C. 5 D. 4

86. मानव शरीर में नाइट्रोजनयुक्त अपशिष्ट जैसे यूरिया अथवा यूरिक अम्ल कहाँ निष्कासित होते हैं?
A. फेफड़े B. महाधमनी
C. वृक्क D. रक्त वाहिकाएं

87. 1 ग्राम वसा कितनी ऊर्जा प्रदान करती है?
A. 9 कैलोरी B. 5 कैलोरी
C. 12 कैलोरी D. 7 कैलोरी

88. रेबीज की मुख्य नैदानिक अभिव्यक्ति क्या है?
A. फोटोफोबिया B. हाईड्रोफोबिया
C. क्लौस्ट्रोफोबिया D. अगेरोफोबिया

89. पीयूषिका-ग्रंथि .... से जुड़ी होती है।
A. थायरॉयड ग्रंथि B. फेफड़े
C. अग्न्याशय D. मस्तिष्क

90. ऊर्जा की इकाई को क्या कहा जाता है?
A. पौंड B. कैलोरी
C. ग्राम D. मिलीलीटर

91. पोलियो माइलाइटिस का रोगोद्भवन काल (Incubation period) क्या है?
A. 7 से 14 दिन B. 4 से 5 दिन
C. 1 से 3 दिन D. 20 से 30 दिन

92. कैंडिडा अल्बिकन्स किस प्रकार का जीव है?
A. बाह्यपरजीवी (Ectoparasites)
B. फफूंद एजेंट (Fungal agent)
C. वायरल एजेंट (Viral agent)
D. प्रोटोजोअल एजेंट (Protozoal agent)

93. निम्नलिखित में से किसकी कमी माइक्रोसाइटिक एनीमिया का प्रेरक कारक है?
A. फास्फोरस B. आयोडीन
C. लौह D. कैल्शियम

94. निम्नलिखित में से कौन-सा रोग जीवाणु द्वारा जनित रोग नहीं है?
A. क्षय रोग B. हेपेटाइटिस-A
C. हैजा D. आंत्र ज्वर

95. निम्नलिखित में से कौन-सा मच्छरों के नियंत्रण का उपाय नहीं है?
A. मच्छरों के प्रजनन स्थलों को कम करना
B. फॉगिंग/डीडीटी छिड़कना
C. स्थिर पानी पर तेल
D. गर्म पानी पीना

96. किस खाद्य पदार्थ में प्रोटीन का उच्च जैविक मूल्य होता है?
A. जई (Oats) B. दाल (Pulses)
C. अंडा (Egg) D. पत्तागोभी (Cabbage)

97. डेंगू बुखार का एक गंभीर रूप .... है।
A. रक्तस्रावी बुखार B. एक-सा बुखार
C. पृथक अंगोपांग D. इनमें से कोई नहीं

98. किस उद्देश्य के लिए VVM लेबल को टीके (Vaccine) की शीशी पर लगाया जाता है?
A. वैक्सीन पोटेंसी जाँच के लिए
B. वैक्सीन संदूषण जाँच के लिए
C. सही अनुपात के जाँच के लिए
D. खुराक मापन के लिए

99. जिनॉन तत्व का प्रतीक क्या है?
A. Xe B. Xo
C. Xn D. X

100. टाइफाइड का रोगोद्भवन काल (Incubation period) क्या है?
A. 5 से 7 दिन B. 20 से 25 दिन
C. 18 से 24 दिन D. 10 से 14 दिन

उत्तरमाला

1	2	3	4	5	6	7	8	9	10
C	C	A	C	D	A	C	B	B	B
11	**12**	**13**	**14**	**15**	**16**	**17**	**18**	**19**	**20**
C	D	B	D	C	D	A	A	C	D
21	**22**	**23**	**24**	**25**	**26**	**27**	**28**	**29**	**30**
D	A	A	D	A	D	D	D	B	C
31	**32**	**33**	**34**	**35**	**36**	**37**	**38**	**39**	**40**
C	B	B	D	C	B	A	C	C	D
41	**42**	**43**	**44**	**45**	**46**	**47**	**48**	**49**	**50**
A	A	D	B	D	D	A	D	B	A
51	**52**	**53**	**54**	**55**	**56**	**57**	**58**	**59**	**60**
A	D	A	D	A	C	B	C	C	A
61	**62**	**63**	**64**	**65**	**66**	**67**	**68**	**69**	**70**
C	C	B	C	B	C	B	A	C	C
71	**72**	**73**	**74**	**75**	**76**	**77**	**78**	**79**	**80**
B	A	C	D	B	B	C	C	D	D
81	**82**	**83**	**84**	**85**	**86**	**87**	**88**	**89**	**90**
A	A	D	D	A	C	A	B	D	B
91	**92**	**93**	**94**	**95**	**96**	**97**	**98**	**99**	**100**
A	B	C	B	D	C	A	A	A	D

पिछले प्रश्न-पत्र (हल सहित)

स्वास्थ्य एवं मलेरिया निरीक्षक/असिस्टेंट सैनेटरी इंस्पेक्टर भर्ती परीक्षा, 2017*

1. जैव-चिकित्सा कचरा प्रबंधन नियमों के अनुसार, डिस्पोजेबल वस्तुओं, जैसे—ट्यूबिंग, बोतलें, अन्तःशिरा नलियों द्वारा जनित कचरा निम्न में से किस थैली में भरा जाता है?
A. पीला B. लाल
C. सफेद D. नीला

2. सम्पूर्ण जैव-चिकित्सा अपशिष्ट में सामान्य स्वास्थ्य अपशिष्ट कितना उत्पन्न होता है?
A. 15% B. 1%
C. 3% D. 80%

3. कशेरूक-दंड का कार्य किसको रक्षण देने का है?
A. मेरुरज्जु B. वक्षीय अंगों
C. उदरीय अंगों D. मस्तिष्क

4. आँखों की अश्रुग्रंथियाँ किसका स्राव करती हैं?
A. लार B. आँसू
C. श्लेष्मा D. कोशिकाओं

5. शरीर में उत्पन्न ऊर्जा को ऊष्मा की किस इकाई में मापा और व्यक्त किया जाता है?
A. जूल B. सेल्सियस
C. किलो कैलोरी D. फॉरेनहाइट

6. खराब प्रबंधित संक्रामक अपशिष्टों और तीक्ष्ण उपकरणों से निम्न में से एक संक्रमण संचरित हो सकता है :
A. कैंसर B. एचआईवी
C. मलेरिया D. डेंगू

7. यदि किसी व्यक्ति के अंग में मोच है, तो निम्न में से एक उपाय किया जाना चाहिए :
A. सबसे आरामदायक स्थिति में घायल को आराम और सहारा देना
B. घायल को लिटा देना
C. घायल को उदर से सुलाना
D. घायल को खड़ा रखना

8. बच्चों में सी.पी.आर. (CPR) के दौरान छाती संपीड़न की साँस में दर है :
A. 15 संपीड़न और 2 श्वसन
B. 15 संपीड़न और 1 श्वसन
C. 30 संपीड़न और 2 श्वसन
D. 30 संपीड़न और 1 श्वसन

9. त्वचा के छीलने के साथ एक सतही घाव को इस रूप में जाना जाता है :
A. घाव B. फटना
C. पंचर D. खरोंच

10. पानी को दूषित होने से बचाने के लिए, संसद ने पहले जल (प्रदूषण रोकथाम और नियंत्रण) अधिनियम को किस वर्ष में अधिनियमित किया?
A. 1974 B. 1984
C. 1994 D. 2004

11. नदी के पानी की संग्रहण की अनुकूलतम अवधि को माना जाता है :
A. 5-7 दिन B. 10-14 दिन
C. 15-20 दिन D. 21-30 दिन

12. बड़े पैमाने पर एक विशिष्ट जल शुद्धिकरण प्रणाली के घटकों में निम्न में से एक उपाय शामिल हैं :
A. संग्रहण, निस्यंदन और रोगाणुनाशन
B. रासायनिक, भौतिक और यांत्रिक
C. निगरानी
D. सर्वेक्षण

* परीक्षा HSSC द्वारा 28 अक्टूबर 2017 को आयोजित हुई।

13. ब्लीचिंग पाउडर में उपलब्ध क्लोरीन का लगभग कितने प्रतिशत होता है?

A. 10 B. 20
C. 33 D. 50

14. उपलब्ध क्लोरीन का कितना ppm सोडियम हायपोक्लोराइट में होता है?

A. 80,000 से 1,80,000 ppm
B. 10,000 से 25,000 ppm
C. 30,000 से 55,000 ppm
D. 60,000 से 80,000 ppm

15. फोर्मल्डीहाइड सामान्य रूप से किस नाम से प्रसिद्ध है?

A. सेवलोन B. डेटॉल
C. फॉर्मेलीन D. एल्कोहल

16. दंत क्षय अधिक बार हो सकता है, यदि निम्न में से एक का अत्यधिक सेवन होता है :

A. चीनी और परिष्कृत कार्बोहाइड्रेट
B. फल और सब्जियाँ
C. पानी
D. घर का खाना

17. आँख के संक्रमण से होने वाली परिस्थितियाँ हैं :

A. नेत्र तनाव और मोतियाबिंद
B. कन्जक्टीवाइटीस और ट्रेकोमा
C. मोतियाबिंद और ट्रेकोमा
D. ग्लूकोमा और ट्रेकोमा

18. एमिनो एसिड जिन्हें शरीर में संश्लेषित नहीं किया जा सकता उन्हें कहते हैं :

A. आवश्यक एमिनो एसिड
B. अनावश्यक एमिनो एसिड
C. संपूर्ण प्रोटीन
D. प्रोटीन की गुणवत्ता

19. निम्नलिखित में से कौन-सा पानी में घुलनशील विटामिन है?

A. विटामिन A
B. विटामिन B कॉम्पलेक्स
C. विटामिन E
D. विटामिन D

20. मानव की दैनिक सोडियम क्लोराइड की आवश्यकता होनी चाहिए :

A. 1-10 ग्रा. B. 1-06 ग्रा.
C. 20-30 ग्रा. D. 30-50 ग्रा.

21. स्वास्थ्य के निर्धारणकर्ता में निम्नलिखित सभी शामिल हैं, सिवाय

A. आबादी की आयु
B. स्वास्थ्य प्रणाली
C. समानता और सामाजिक न्याय
D. जीवन की गुणवत्ता

22. एक रोगग्रस्त स्थिति को किस तरह से समझाया जा सकता है?

A. शारीरिक/मनोवैज्ञानिक दुष्क्रिया
B. व्यक्ति की व्यक्तिपरक स्थिति जो अच्छा न होने के बारे में जागरूक महसूस करती है।
C. सामाजिक दुष्क्रिया
D. स्वास्थ्य की अनुपस्थिति

23. महामारी संबंधी त्रय के कारकों में शामिल हैं :

A. माध्यम और यजमान
B. माध्यम और पर्यावरण
C. यजमान और पर्यावरण
D. माध्यम, यजमान और पर्यावरण

24. एक समुदाय से अपशिष्ट जल, जिसमें ठोस और तरल उत्सर्ग होता है जो घरों, सड़क और उद्योगों से प्राप्त होता है, कहलाता है :

A. सीवेज
B. सीवरेज प्रणाली
C. सीवर एपरटन्सीस (appurtenances)
D. सुलेज

25. स्वास्थ्य शिक्षा का चिकित्सा मॉडल मुख्य रूप से इसमें रुचि रखता है :

A. स्वास्थ्य संबंधी जानकारी को वांछित स्वास्थ्य कार्रवाई में परिणत करना।
B. रोग की पहचान तथा उपचार
C. सभी मॉडलों का संयोजन
D. समूह भागीदारी को सक्रिय करना।

26. निम्नलिखित में से यह सभी स्वास्थ्य शिक्षा में शामिल हैं, सिवाय

A. मानव जीवविज्ञान B. पोषण

C. हाइजीन D. मनोरंजन

27. अपशिष्ट जल जिसमें मानव उत्सर्ग शामिल नहीं है, जैसे रसोईघर का अपशिष्ट जल, उसे कहा जाता है :

A. सीवेज B. सीवरेज प्रणाली

C. सीवर एपरटन्सीस D. सुलेज

28. वह बिंदु जिस पर अपशिष्ट क्लोरीन प्रकट होता है और जब सभी संयुक्त क्लोरीन को पूरी तरह से नष्ट कर दिया जाता है, उसे कहते हैं :

A. अनुकूल खुराक

B. ब्रेकपॉइन्ट खुराक

C. ब्रेकपॉइन्ट क्लोरीनेशन

D. सुपरक्लोरीनेशन

29. कुओं को विसंक्रमित करने वाली सबसे प्रभावी और सस्ती विधि है :

A. ब्लीचिंग पाउडर

B. पोटैशियम परमैंगनेट

C. ओजोनेशन

D. पराबैंगनी प्रदीपन

30. मिसल्स (खसरा) कैसे प्रसारित हो सकता है?

A. संपर्क द्वारा B. बिंदूक संक्रमण

C. रक्त संपर्क D. चिकित्सालयी संक्रमण

31. एक या दोनों पैरोटिड ग्रंथियों की नॉन-सपरेटीव एन्लार्जमेन्ट और टेन्डरनेस (कोमलता) को कहते हैं :

A. कैंसर

B. रूबेला

C. कनफेड/गलसुआ

D. चिकनपॉक्स (छोटी माता)

32. डिफ्थीरिया के खिलाफ प्रतिरक्षण के लिए कौन-सा टीका है?

A. ट्यूबरक्यूलीन टीका

B. डीपीटी टीका

C. हेपेटाइटिस टीका

D. पोलियो ओरल ड्रॉप्स

33. मनोचिकित्सा के लिए बाल मार्गदर्शन क्लीनिक में निम्नलिखित विधियाँ कार्यरत हैं, सिवाय :

A. प्ले थैरेपी

B. काउन्सलिंग

C. अभिभावकों के व्यवहार का पुनर्निर्माण

D. डाँट लगाना

34. उपचारात्मक उपाय और अनुवर्ती कार्रवाई के लिए विशेष क्लिनिक को विशेष रूप से ग्रामीण इलाकों में स्कूली बच्चों के लिए कहाँ आयोजित किया जाना चाहिए?

A. बाल मार्गदर्शन क्लिनिक

B. सामुदायिक स्वास्थ्य केन्द्र

C. प्राथमिक स्वास्थ्य केन्द्र

D. डिस्पेंसरी

35. निम्नलिखित में से यह गर्भनिरोधक के लिए अवरोध विधियों की भौतिक पद्धति है :

A. स्टेरीलाइजेशन

B. फोम टेबलेट्स

C. कॉन्डम

D. गर्भनिरोधक गोलियाँ

36. गर्भनिरोधक के अवरोध तरीकों का उद्देश्य है :

A. शुक्राणुओं को नष्ट करने के लिए

B. शुक्राणु निर्माण को रोकने के लिए

C. जीवित शुक्राणुओं को अंडक से मिलने से रोकने के लिए

D. हॉर्मोन स्राव करने के लिए

37. गैर-औषधीय या निष्क्रिय IUD को अक्सर कहा जाता है :

A. पहली पीढ़ी के IUD

B. दूसरी पीढ़ी के IUD

C. तीसरी पीढ़ी के IUD

D. चौथी पीढ़ी के IUD

38. नवजात शिशु में नवजातीय टेटनस को किसके टीकाकरण द्वारा रोका जा सकता है?

A. वयस्क B. बच्चों

C. गर्भवती महिला D. स्वस्थ बालक

39. निम्नलिखित में से यह नवजात शिशुओं में पाए जाने वाली आनुवंशिक असामान्यता है :

A. निम्न जन्म भार

B. टेटनस

C. एच.आई.वी. संक्रमण

D. फेनिलकीटोन्यूरिया

40. जिला उपभोक्ता न्यायालय द्वारा अनुमत मुआवजे की मौद्रिक सीमाएँ हैं :

A. ₹ 20 लाख तक

B. ₹ 20 लाख से ₹ 40 लाख

C. ₹ 40 लाख से ₹ 80 लाख

D. ₹ 80 लाख से ₹ 1 करोड़

41. जन्म को दर्ज (पंजीकृत) कराने की समय सीमा है :

A. 7 दिन B. 14 दिन

C. 21 दिन D. 28 दिन

42. उपकेन्द्र समुदाय के साथ अंतरफलक कहाँ प्रदान करता है?

A. आधार स्तर B. प्राथमिक स्तर

C. द्वितीयक स्तर D. तृतीयक स्तर

43. उपकेन्द्र की मातृ स्वास्थ्य देखभाल में शामिल है :

A. न्यूनतम तीन एंटीनेटल चेकअप

B. हर महीने एंटीनेटल चेकअप

C. उपकेन्द्र पर प्रसूति

D. उच्च जोखिम वाली गर्भावस्था के उपचार

44. सभी के लिए स्वास्थ्य के लक्ष्य को प्राप्त करने का सबसे अच्छा तरीका प्रदान करना है :

A. प्राथमिक स्वास्थ्य देखभाल

B. द्वितीयक स्वास्थ्य देखभाल

C. तृतीयक स्वास्थ्य देखभाल

D. धर्मशाला देखभाल

45. राष्ट्रीय स्वास्थ्य प्रणाली के साथ व्यक्तियों, परिवारों और समुदायों के संपर्क का प्रथम स्तर, जहाँ देखभाल प्रदान की जाती है, उसे ______ कहते हैं।

A. प्राथमिक देखभाल स्तर

B. द्वितीयक देखभाल स्तर

C. तृतीयक देखभाल स्तर

D. निर्दिष्ट प्रणाली

46. निम्नलिखित संक्रमणों में से यह तीव्र जलीय दस्त का महत्वपूर्ण बैक्टीरियल कारण है :

A. ई. हिस्टोलिटिका

B. जिआर्डिया आंत

C. ट्राइक्यूरिस

D. इश्वेरेशिया कोलाई

47. एनॉफिलीज कितनी मात्रा में अंडे देती है?

A. कलस्टर में B. 100-250 अंडे

C. 50-100 अंडे D. एक

48. एडीस इजीप्ती किस समय पर डंक मारती है?

A. दिन में B. रात में

C. शाम को D. 24 घंटे में

49. RNTCP में DMC का पूरा नाम क्या है?

A. डेसिनेटेड माइक्रोस्कोपी सेन्टर

B. डीजाइन्ड माइक्रोस्कोपी सेन्टर

C. डिविजनल माइक्रोस्कोपी सेन्टर

D. डिपोजीशनल माइक्रोस्कोपी सेन्टर

50. एंटी मलेरिया महीना अभियान हर साल किस महीने में मनाया जाता है?

A. फरवरी B. मार्च

C. अप्रैल D. जून

51. निम्न में से कौन-सा जिला क्षेत्रफल के अनुसार हरियाणा का सबसे बड़ा जिला है?

A. अंबाला B. गुरुग्राम

C. भिवानी D. हिसार

52. कुरुक्षेत्र के किस स्थान में शक्कर की मिलें हैं?

A. पेहोवा B. शाहबाद

C. लाडवा D. बाबेन

53. निम्न में से कौन-सा क्रिकेटर हरियाणा राज्य से नहीं है?

A. अजय रात्रा B. हरभजन सिंह

C. जोगिन्दर शर्मा D. कपिल देव

54. हरियाणा राज्य में पुरुषों के द्वारा पहनी जाने वाली पगड़ी कहलाती है :

A. खाण्डवा B. पग्गड़

C. तोड़ा D. पगड़ी

55. ''खुले में शौच से आजादी'', खुले में मलत्याग से स्वतंत्रता सप्ताह हरियाणा में मनाया गया :

A. 9 से 15 अगस्त, 2017

B. 6 से 12 अगस्त, 2017

C. 13 से 19 अगस्त, 2017

D. इनमें से कोई नहीं

56. अनंगपुर बाँध का निर्माण हुआ था :

A. 9वीं शताब्दी ई. में

B. 8वीं शताब्दी ई. में

C. 11वीं शताब्दी ई. में

D. इनमें से कोई नहीं

57. हरियाणा के श्रम एवं रोजगार राज्य मंत्री कौन हैं?

A. नायब सिंह B. मनोहर लाल

C. श्री कम्बोज D. श्रीमती कविता जैन

58. लोकप्रिय साप्ताहिक 'ज्ञानोदय' का प्रकाशन आरम्भ हुआ था :

A. हिसार से B. रेवाड़ी से

C. अम्बाला से D. गुरुग्राम से

59. हरियाणा का सबसे प्रमुख इको-पार्क कौन-सा है?

A. कालेसर वन्यजीव अभयारण्य

B. नाहर वन्यजीव अभयारण्य

C. भिण्डावास वन्यजीव अभयारण्य

D. सुल्तानपुर पक्षी अभयारण्य

60. डिजिटल भुगतान को बढ़ावा देने के उद्देश्य से गुरुग्राम, हरियाणा में डिजिधन मेला कब आयोजित किया गया?

A. सितम्बर, 2016

B. नवम्बर, 2016

C. दिसम्बर, 2016

D. इनमें से कोई नहीं

61. शिक्षा क्षेत्र में राजनीति में आए डॉ. स्वरूप सिंह किस विश्वविद्यालय में पूर्व उपकुलपति (1971-1974) थे?

A. जवाहरलाल नेहरू विश्वविद्यालय

B. बनारस विश्वविद्यालय

C. दिल्ली विश्वविद्यालय

D. इनमें से कोई नहीं

62. राजकुमार राव की कौन-सी मूवी ऑस्कर अवार्ड 2018 के लिए भारत की अधिकृत तौर पर प्रविष्टि में नामित की गई है?

A. NH-10 B. सीटी लाइट्स

C. न्यूटन D. कोई नहीं

63. गलत युग्म मालूम कीजिए :

A. संपादकीय कार्टूनिस्ट – शेखर गुरेरा

B. टेलीविजन पत्रकार – रोहित सरदाना

C. लेखक – प्रीति सिंह

D. कला एवं वास्तुकला – गजेन्द्र वर्मा

64. पाकिस्तान के पहले प्रधानमंत्री नवाबजादा लियाकत अली खान का जन्म हरियाणा (पूर्वी पंजाब) के किस जिले में हुआ था?

A. करनाल B. सिरसा

C. भिवानी D. चंडीगढ़

65. प्रथम संविधान सभा, जिसने भारत का संविधान निर्मित किया, के सदस्य, जिनकी मृत्यु 2009 में हुई :

A. रणबीर सिंह हूडा

B. निहाल सिंह तक्षक

C. गंगा सिंह गुर्जर

D. सर छोटू राम

66. रियो ओलम्पिक 2016 में साक्षी मलिक ने किस श्रेणी में कांस्य पदक जीता?

A. 58 किग्रा. B. 48 किग्रा.

C. 55 किग्रा. D. 65 किग्रा.

67. निम्न में से क्या हरियाणा के भिवानी जिले से संबंधित नहीं है?

A. पृथ्वीराज की कचहरी

B. स्टार स्मारक

C. खेरा बाबा की समाधि

D. सेन्ट पॉल चर्च

68. किस वर्ष में हरियाणा का हिसार नगर स्थापित किया गया था?

A. 1354 ई. B. 1456 ई.

C. 1556 ई. D. 1656 ई.

69. प्रसिद्ध आयरिश जॉर्ज जिसने हरियाणा पर 1798 ई. में शासन किया, का आवास था–

A. गूजरी महल B. जहाज कोठी
C. शीश महल D. लाट की मस्जिद

70. जींद के राजा गोपाल सिंह करनाल में किस वर्ष बंदी बनाए गए?

A. 1760 ई. B. 1763 ई.
C. 1773 ई. D. 1783 ई.

71. _______ जिला पूर्व में कनौद से जाना जाता था।

A. महेन्द्रगढ़ B. करनाल
C. फरीदाबाद D. जींद

72. हरियाणा सरकार के द्वारा मार्च, 2017 में निम्न में से कौन-सा पोर्टल भूमि सौदे में पारदर्शिता लाने हेतु जारी किया गया है?

A. e-Dhara B. e-Bhoomi
C. e-Sarkar D. e-Custody

73. हरियाणा में विपक्ष का नेता किस पार्टी का है?

A. भारतीय राष्ट्रीय लोकदल
B. UPA
C. NCP
D. BSP

74. निम्न कौन-सी फिल्म हरियाणवी भाषा की फिल्म है?

A. पगड़ी : दि ऑनर
B. डियर वर्सेस बीयर
C. धरती
D. पगड़ी : दि ऑनर और डियर वर्सेस बीयर दोनों

75. हरियाणा सरकार की अन्नपूर्णा रसोई योजना के अन्तर्गत दोपहर भोजन तथा रात्रि भोजन प्रत्येक के लिए लागत है :

A. ₹ 20 B. ₹ 25
C. ₹ 10 D. ₹ 15

76. भारत के राष्ट्रपति ने किसे प्रथम पूर्णकालिक महिला रक्षा मंत्री के रूप में नियुक्त किया है?

A. निर्मला सीतारमन
B. नजमा हेपतुल्लाह
C. स्मृति ईरानी
D. सुषमा स्वराज

77. निकोलस कॉपरनिकस था :

A. खगोलशास्त्री
B. अर्थशास्त्री
C. समाजशास्त्री
D. दार्शनिक

78. प्रकाश-वर्ष किसकी इकाई है?

A. शक्ति B. आयतन
C. समय D. दूरी

79. मीनाक्षी मंदिर कहाँ स्थित है?

A. अहमदाबाद B. मुम्बई
C. मदुराई D. दिल्ली

80. निम्न में से विषम को चुनिए :

A. पंचांग B. मिनट
C. घंटा D. सेकेण्ड

81. यदि हम विकल्प में दिए गए सभी शब्दों को वर्णक्रमानुसार रखते हैं, तो इस क्रम में अंतिम शब्द कौन-सा आएगा?

A. Shovel B. Shoes
C. Shower D. Shout

82. समान सम्बन्ध ज्ञात कीजिए :

CLOSE : DNRWJ : : OPEN : ?

A. PRHR B. PRJQ
C. RPJB D. RZWR

83. यदि एक सांकेतिक भाषा में "min fin bin gin" का अर्थ है "trains are always late", "gin din cin hin" का अर्थ है "drivers were always punished", "bin cin vin rin" का अर्थ है "drivers stopped all trains" और "din kin fin vin" का अर्थ है "all passengers were late".

निम्नलिखित प्रश्न का उत्तर दो :

"vin" का अर्थ क्या होगा?

A. all B. late
C. trains D. drivers

84. 3759 × 9573 के गुणनफल में दहाई के अंकों और इकाई के अंकों का योग क्या है?

A. 9 B. 16
C. 0 D. 7

85. यदि $a - b = 3$ और $a^2 + b^2 = 29$, तो ab का मूल्य ज्ञात करो।

A. 10 B. 12
C. 15 D. 18

86. $\dfrac{(0.96)^3 - (0.1)^3}{.96^2 + (.96 \times 0.1) + 0.1^2}$ का मूल्य है :

A. 0.86 B. 0.95
C. 0.97 D. 1.06

87. P और Q की औसत मासिक आय ₹ 5,050 है। Q और R की औसत मासिक आय ₹ 6,250 है तथा P और R की औसत मासिक आय ₹ 5,200 है। P की मासिक आय कितनी है?

A. ₹ 3,500 B. ₹ 4,000
C. ₹ 4,050 D. ₹ 5,000

88. निम्न में से कौन-सी सबसे कम भारी धातु है?

A. पारा B. चाँदी
C. लोहा D. सोना

89. लेप्रसी बैसिलस की खोज किसने की?

A. कोच B. हैनसन
C. फ्लेमिंग D. हार्वी

90. किस इकाई में ध्वनि का शोर मापा जाता है?

A. एम्पियर B. हर्ट्ज
C. साइकिल D. डेसीबल

91. Choose one option that expresses the meaning of the sentence:

A person who does not believe in the existence of god.

A. Theist B. Atheist
C. Ascetic D. Agnostic

92. Choose one option that expresses the most appropriate meaning for the idiom out of four options:

To take a thing lying down

A. to beg
B. to submit without resistance
C. to disregard
D. to avoid

93. Choose the most appropriate preposition out of four options:

Reena was invited his friends _____ dinner.

A. for
B. to
C. with
D. over

94. For blank space, choose the proper article:

I waited for ______ hour.

A. a B. an
C. no article D. the

95. Choose the pair of words that best expresses a relationship similar to that expressed in the pair of words in capital.

AIRPLANE : HANGER

A. automobile : garage
B. ship : seaport
C. train : station
D. bus : bus stop

96. निम्न में से पुल्लिंग शब्द नहीं है :

A. समाज B. विभाग
C. सुपारी D. देश

97. चपला - चपल का समरूपी भिन्नार्थक है :

A. बिजली - तेज
B. तेज - बिजली
C. बादल - गर्जन
D. गर्जन - बादल

98. निम्न में से किस शब्द की वर्तनी सही है?

A. आधीन B. देहिक
C. हिंग D. दायित्व

99. 'बिजली' का समानार्थी शब्द नहीं है :

A. चंचला B. सफरी
C. चपला D. दामिनी

100. निम्न में से कौन-सा विलोम युग्म सही है?

A. नूतन – आज
B. कुटिल – सीधा
C. रक्षक – तक्षक
D. पुरस्कार – दंड

उत्तरमाला

1	2	3	4	5	6	7	8	9	10
B	D	A	B	C	B	A	A	D	A
11	12	13	14	15	16	17	18	19	20
B	A	C	A	C	A	B	A	B	B
21	22	23	24	25	26	27	28	29	30
D	A	D	A	B	D	D	C	A	B
31	32	33	34	35	36	37	38	39	40
C	B	D	C	C	C	A	C	D	A
41	42	43	44	45	46	47	48	49	50
C	A	A	A	A	D	D	A	A	D
51	52	53	54	55	56	57	58	59	60
C	B	B	A	A	B	A	A	D	C
61	62	63	64	65	66	67	68	69	70
C	C	D	A	A	A	D	A	B	B
71	72	73	74	75	76	77	78	79	80
A	B	A	D	C	A	A	D	C	A
81	82	83	84	85	86	87	88	89	90
C	A	A	D	A	A	B	C	B	D
91	92	93	94	95	96	97	98	99	100
B	B	B	B	A	C	A	D	B	D

पिछले प्रश्न-पत्र (हल सहित)

RRB—स्वास्थ्य एवं मलेरिया निरीक्षक भर्ती परीक्षा, 2015*

1. गाऊट क्या है?

A. एक अपविकसित विकार
B. एक संवहनी विकार
C. एक वृक्कीय विकार
D. एक चयापचयी विकार

2. नागरिक अवज्ञा आंदोलन निम्न वर्ष में शुरू हुआ था–

A. 1905 B. 1920
C. 1930 D. 1942

3. अगर 1 अप्रैल, 2014 को मंगलवार है, तो 1 जून, 2014 होगा–

A. गुरूवार B. शुक्रवार
C. शनिवार D. रविवार

4. जापान की मुद्रा है–

A. येन B. पौंड
C. युआन D. पेसो

5. एक निश्चित कूट भाषा में 'mink yang pe' का अर्थ 'fruits are ripe'; 'pe lao may mink' का अर्थ 'oranges are not ripe' और 'may pe nue mink' का अर्थ 'mangoes are not ripe' है। उस भाषा में 'mangoes' के लिए कौन-सा शब्द है?

A. may B. pe
C. nue D. mink

6. दो संख्याओं का गुणनफल 7 है। एक संख्या $\frac{3}{2}$ है। इन दोनों संख्याओं का योग होगा–

A. $8\frac{1}{2}$ B. $5\frac{1}{2}$
C. $7\frac{1}{7}$ D. $6\frac{1}{6}$

7. किस रंग की रोशनी का प्रयोग नव्यजन्म पीलिया के उपचार में होता है–

A. लाल रोशनी B. पीली रोशनी
C. नारंगी रोशनी D. नीली रोशनी

8. एक कतार में 40 लड़के हैं। रमेश दाहिनी सिरे से 14वें स्थान पर है। बायें सिरे से उसका स्थान कौन-सा है?

A. 27वां B. 26वां
C. 25वां D. 24वां

9. मानव आमाशय के उस अंग की पहचान कीजिए जो ग्रासनली को जोड़ता है–

A. बुध्न (Fundus) B. जठरागमी (Cardia)
C. काया (Body) D. जठरनिर्गम (Pylorous)

10. निम्न में से कौन संक्रामक हेपेटाइटिस है?

A. हेपेटाइटिस A B. हेपेटाइटिस B
C. हेपेटाइटिस C D. हेपेटाइटिस D

11. अंतर्राष्ट्रीय रूप से नर्सिंग दिवस मनाया जाता है–

A. मई 12 को B. नवम्बर 14 को
C. अक्टूबर 24 को D. दिसम्बर 22 को

12. गर्भवती महिला के लिए निम्न में कौन-सा टीका लगाना आवश्यक है?

A. टिटेनस B. बीसीजी
C. रूबेला. D. डीपीटी

13. एसपिरीन का रासायनिक नाम क्या है?

A. एसेटिक सेलिसाइक्लिक एसिड
B. एसेटाइल सेलिसाइक्लिक एसिड
C. एसिटोन सेलिसाइक्लिक एसिड
D. एमाइड सेलिसाइक्लिक एसिड

14. भारतीय मानक समय (I.S.T.) निम्न में भारत के किस स्थान के स्थानीय समय से निर्धारित होता है?

A. दिल्ली B. कोलकाता
C. इलाहाबाद D. जयपुर

* 08/02/2015 को आयोजित।

15. नवजात का पहला मल कहलाता है–
A. सेबम (Sebum)
B. लेनुगो (Lenugo)
C. मेकोनियम (Meconium)
D. वर्निक्स केसिओसा (Vernix Caseosa)

16. मोहन और सोहन मिलकर किसी कार्य को 12 दिनों में कर सकते हैं। सोहन अकेले उस कार्य को 28 दिनों में कर सकता है। मोहन अकेले उसी कार्य को कितने दिनों में करेगा?
A. 21 दिन B. 16 दिन
C. 24 दिन D. 20 दिन

17. निम्न में किसे गरीब आदमी का गोश्त के रूप में जाना जाता है?
A. दूध B. मछली
C. दालें D. चिकेन

18. लड़कों की एक कतार में राजन बायें सिरे से छठे स्थान पर और विनय दायें सिरे से दसवें स्थान पर है। अगर राजन और विनय के बीच में आठ लड़के हों, तो कतार में कुल कितने लड़के हैं?
A. 23 B. 24
C. 25 D. 26

19. निम्न में से कौन-सी जांच आन्त्रज्वर दण्डाणु का पता लगाने में प्रयोग होता है?
A. VDRL B. WIDAL
C. BCG D. UDRL

20. निम्नलिखित शृंखला में 21वां पद निकालिए–
3, 9, 15, 21, ...
A. 123 B. 129
C. 117 D. 135

21. थैलेसीमिया जन्मजात है, एक–
A. हड्डी में त्रुटि B. रक्त विकार
C. तंत्रिकीय त्रुटि D. मांसपेशीय त्रुटि

22. दस्त एक लक्षण है–
A. डेंगू का B. मलेरिया का
C. हैजा का D. टाइफाइड का

23. निम्न में से कौन-सा एक ग्राफिक्स सॉफ्टवेयर की प्रस्तुति है?
A. एमएस विंडोज B. एमएस वर्ड
C. एमएस एक्सेल D. एमएस पॉवरप्वाइंट

24. दिल्ली का 'लाल किला' किसने बनाया?
A. अकबर B. शाहजहाँ
C. जहाँगीर D. औरंगजेब

25. विल्मस ट्यूमर निम्न में से किसे प्रभावित करता है?
A. यकृत B. वृक्क
C. गर्भाशय D. त्वचा

26. एक निश्चित कूट में DOG को GRJ लिखा जाता है, तो उस कूट में CAT को कैसे लिखा जाएगा?
A. FEW B. FEV
C. FDW D. EDV

27. निम्न में से कौन-सा रक्त समूह सार्वत्रिक प्राप्तकर्ता है?
A. A B. O
C. AB D. B

28. बुलिमिया नर्वोसा और एनोरेक्सिया नर्वोसा है–
A. नींद विकार B. भक्षण विकार
C. स्नायविक विकार D. इनमें से कोई नहीं

29. कौन-सा शहर ओलम्पिक खेल, 2020 की मेजबानी करेगा?
A. मैड्रिड B. इस्तांबुल
C. रियो डि जेनेरियो D. टोक्यो

30. एक आयत की एक भुजा 40 मीटर है और इसका विकर्ण 50 मीटर है। आयत का परिमाप निकालिये–
A. 180 मी. B. 140 मी.
C. 70 मी. D. 90 मी.

31. इलेक्ट्रोनिक स्प्रेड सीट किसका बना होता है?
A. Rows B. Columns
C. Cells D. सभी का

32. पेनिसिलीन का सामान्य बाह्य प्रभाव होता है–
A. रेसेस विद इचिंग
B. बुखार
C. रेनल कलकुलि
D. गैस्ट्रो इन्टेसटाइनल डिस्टरबेंस

33. शृंखला पूर्ण करें–
21, 47, 23, 49, 25, 51, 27, ...
A. 29 B. 53
C. 31 D. 55

34. स्नेलन चार्ट किसकी माप के लिए प्रयोग होता है?
A. दृष्टि B. श्रवण
C. गन्ध D. स्पर्श

35. मानव शरीर में कौन-सी सबसे बड़ी तंत्रिका है?
A. ऊरु तंत्रिका B. नितम्ब तंत्रिका
C. उपस्थ तंत्रिका D. थोरेसिस तंत्रिका

36. एक व्यक्ति अपने वेतन का $\frac{1}{4}$ भाग भोजन पर खर्च करता है, $\frac{3}{8}$ भाग मकान के किराये पर। अब उसके पास ₹ 4,800 बचते हैं। उसका पूरा वेतन ज्ञात करें–
A. ₹ 7,680 B. ₹ 15,600
C. ₹ 9,600 D. ₹ 12,800

37. निम्न में से कौन-सा आयन रक्त का थक्का जमने में मदद करता है?
A. Ca^{+2} B. Mn^{+2}
C. K^{+} D. PO_4^{-2}

38. एक नवजात शिशु का वज़न उसके जन्म भार से दुगुना हो जाता है–
A. 6 महीने में B. 1 वर्ष में
C. 2 वर्षों में D. 3 वर्षों में

39. एन्जियोग्राफी एक्सरे मानसदर्शन है–
A. हृदय का B. फेफड़े का
C. रक्त थक्के का D. रक्त नलिका का

40. MMR टीकाकरण इनकी सुरक्षा के लिए किया जाता है–
A. खसरा, गलसुआ, रूबेला
B. खसरा, गलसुआ, अलर्करोग
C. खसरा, मलेरिया, अलर्करोग
D. तानिकाशोथ, गलसुआ, रूबेला

41. ₹ 1,500 का 9 प्रतिशत वार्षिक दर से छह वर्षों का साधारण ब्याज ज्ञात कीजिए–
A. ₹ 810 B. ₹ 900
C. ₹ 1,350 D. ₹ 675

42. ₹ 2,000 का 10 प्रतिशत वार्षिक की दर से (संयोजित वार्षिक) तीन वर्षों का चक्रवृद्धि ब्याज ज्ञात कीजिए–
A. ₹ 600 B. ₹ 200
D. ₹ 662 D. ₹ 680

43. निम्न में कौन-सा एक डिप्थीरिया की जाँच है?
A. मेन्टॉक्स जांच B. सिक (Schick) जांच
C. WIDAL जांच D. VDRL जांच

44. जब हम इन्टरनेट खोलते हैं तो 'www' देखते हैं, 'www' का पूर्ण रूप क्या है?
A. World Wide Web
B. World Wide Word
C. Words Wise Web
D. इनमें से कोई नहीं

45. मानव कोशिका में क्रोमोसोमों की संख्या होती है–
A. 46 B. 48
C. 50 D. 52

46. वर्ड डाक्यूमेंट में सामान्यतः फाइल का क्या विस्तार होता है?
A. COM B. EXT
C. DOC D. इनमें से कोई नहीं

47. 'भारत का वयोवृद्ध पुरुष' किसे कहा जाता है?
A. दादा भाई नौरोजी B. जी.के. गोखले
C. महात्मा गांधी D. रवीन्द्र नाथ टैगोर

48. $(128)^{\frac{-2}{7}}$ का मान ज्ञात कीजिए–
A. 4 B. $\frac{1}{4}$
C. 24 D. $\frac{1}{16}$

49. उस रोगी को पेरासिटामोल नहीं दिया जाता है जो पहले से ही ग्रस्त हो–
A. यकृत विकार से B. वृक्क विकार से
C. फेफड़ा विकार से D. G.I.T. विकार से

50. किसे 'लेडी विद द लैम्प' के रूप में जाना जाता है?
A. मदर टेरेसा
B. सरोजिनी नायडू
C. फ्लोरेंस नाइटिंगेल
D. इनमें से कोई नहीं

51. अस्पताल अपशिष्ट के निपटान की सबसे प्रभावी विधि कौन-सी है?
A. पुनर्चक्रीकरण द्वारा
B. कम्पोस्ट द्वारा
C. अस्थायी गोदाम द्वारा
D. भस्मीकरण द्वारा

52. एक बुजुर्ग पुरुष की ओर संकेत करते हुए कुणाल ने कहा, "उसका बेटा मेरे बेटे का चाचा है।" वह बुजुर्ग पुरुष कुणाल से किस प्रकार संबंधित है?

A. भाई B. दादा
C. पिता D. जीजा

53. वृक्क की मूल कार्यकारी इकाई क्या है?

A. वृक्क का प्रान्तस्था B. नेफरॉन
C. ग्लोमेरुलस D. वृक्क अन्तस्था

54. एक वृत की परिधि और व्यास में 30 सेमी का अन्तर है। वृत का क्षेत्रफल है–

A. 154 सेमी^{2} B. 616 सेमी^{2}
C. 308 सेमी^{2} D. 462 सेमी^{2}

55. वह विकार, जो एक वृद्ध व्यक्ति के स्मरण एवं ज्ञानात्मक कार्य को प्रभावित करता है, कहलाता है–

A. अनिद्रा B. संविभ्रम
C. वाचाघात D. पागलपन

56. किसने यह नारा दिया 'स्वराज मेरा जन्मसिद्ध अधिकार है और मैं इसे लेकर रहूंगा'?

A. महात्मा गांधी
B. पंडित नेहरू
C. सुभाष चन्द्र बोस
D. बाल गंगाधर तिलक

57. कम्प्यूटर शब्दावली में प्राइमरी स्टोरेज किसे इंगित करता है?

A. हार्ड डिस्क ड्राइव
B. रेन्डम एक्सेस मेमोरी (RAM)
C. रीड ऑनली मेमोरी (ROM)
D. इनमें से कोई नहीं

58. चार अंकों की सबसे बड़ी संख्या कौन-सी है, जो 13 से पूर्णतया भाज्य हो?

A. 9991 B. 9997
C. 9996 D. 9993

59. अगर एक 13 मीटर लम्बे लोहे की छड़ का वजन 24.7 किग्रा. है, तो 6 मीटर लम्बे लोहे की छड़ का वजन क्या होगा?

A. 1.9 किग्रा. B. 11.4 किग्रा.
C. 10.8 किग्रा. D. 11.9 किग्रा.

60. निम्न में वह कौन-सा कैंसर है, जो उच्च वसा आहार से संबंधित है?

A. अण्डाशय कैंसर B. फेफड़ा कैंसर
C. बृहदान्त्र कैंसर D. यकृत कैंसर

61. वर्तमान में रीना, सुनीता से दुगुनी बड़ी है। तीन वर्ष पहले, रीना सुनीता से तिगुनी बड़ी थी। रीना की वर्तमान आयु क्या है?

A. 6 वर्ष B. 8 वर्ष
C. 10 वर्ष D. 12 वर्ष

62. इन्सुलिन मुख के जरिये नहीं दिया जा सकता है, कारण–

A. इसके कारण GIT रक्त रिसता है
B. इसके कारण मिचली और उल्टी होती है
C. यह GIT द्वारा व्यर्थ हो जाता है
D. इनमें से कोई नहीं

63. निम्न में से किस राज्य में 'काकरापार परमाणु ऊर्जा केन्द्र' अवस्थित है?

A. कर्नाटक B. तमिलनाडु
C. महाराष्ट्र D. गुजरात

64. मनोज उत्तर की ओर 40 मीटर चलता है। तब वह बायें मुड़ता है और 20 मीटर चलता है। वह फिर बायें मुड़ता है और 40 मीटर चलता है। वह अब अपने प्रस्थान बिन्दु से किस दिशा में और कितनी दूरी पर है?

A. 100 मी., उत्तर B. 80 मी., पूर्व
C. 60 मी., पश्चिम D. 20 मी., पश्चिम

65. हरी पत्तेदार सब्जियाँ उत्तम स्रोत हैं–

A. विटामिन A का B. विटामिन B का
C. विटामिन C का D. विटामिन D का

66. 15, 21 और 30 का लघुत्तम समापवर्त्य (LCM) निकालिये–

A. 210 B. 3
C. 630 D. 105

67. "AMBU" थैला का पूर्ण रूप है–

A. Artificial Mouth Breathing Unit
B. Artificial Manual Breathing Unit
C. Airway Mouth Breathing Unit
D. इनमें से कोई नहीं

68. एक नवजात शिशु के हृदय धड़कन की दर सामान्यतया होती है–

A. 75 धड़कन प्रति मिनट
B. 80 धड़कन प्रति मिनट
C. 90 धड़कन प्रति मिनट
D. 120–140 धड़कन प्रति मिनट

69. एक नाव धारा की दिशा में 100 किमी. जाने में 10 घंटे लेता है। धारा की विपरीत दिशा में 75 किमी. जाने में 15 घंटे लेता है। स्थिर जल में नाव की चाल है–

A. 10 किमी/घंटा B. 5 किमी/घंटा
C. $2\frac{1}{2}$ किमी/घंटा D. $7\frac{1}{2}$ किमी/घंटा

70. Disulfiram एक दवा है जो उपचार में प्रयोग होता है–

A. मलेरिया के B. एड्स के
C. मदात्यय के D. उन्माद के

71. निषेचन क्रिया होती है–

A. अण्डाशय में B. डिम्बवाही नली में
C. गर्भाशय में D. योनि में

72. निम्न में से किस रंजक की अनुपस्थिति के कारण मानव के बाल का रंग सफेद हो जाता है?

A. मेलानिन B. मेलाटोनिन
C. बिलिरूबिन D. बिलिवर्डीन

73. नोबेल शांति पुरस्कार, 2014 के विजेता की पहचान कीजिए–

A. कैलाश सत्यार्थी व मलाला युसूफजई
B. बराक ओबामा
C. व्लादीमीर पुतिन
D. जीन तिरोल

74. 0.7 प्रतिशत को भिन्न में बदलें–

A. $\frac{7}{10}$ B. $\frac{7}{100}$
C. $\frac{7}{1000}$ D. $\frac{7}{10000}$

75. जम्मू और कश्मीर राज्य को विशेष दर्जा .... के अन्तर्गत मिला है–

A. संविधान के अनुच्छेद 360
B. संविधान के अनुच्छेद 370
C. संविधान के अनुच्छेद 380
D. संविधान के अनुच्छेद 356

76. विटामिन 'डी' की कमी के कारण कौन-सा रोग हो जाता है?

A. रतौंधी B. चर्मग्राह
C. सूखारोग D. क्वाशिओरकर

77. हाल ही नवम्बर, 2014 में 18वाँ सार्क सम्मेलन आयोजित हुआ–

A. थिम्पू B. ढाका
C. काठमाण्डू D. नई दिल्ली

78. श्रृंखला पूर्ण करें–

6, 11, 21, 36, ...?.... 81, 111.

A. 46 B. 51
C. 56 D. 71

79. गर्भावस्था के दौरान उदर के निचले हिस्से में एक उजली रेखा बनती है, जो कहलाती है–

A. गर्भावस्था नकाब
B. लिनिया निग्रा
C. स्ट्रीय ग्रेविडरूम
D. इनमें से कोई नहीं

80. निम्नलिखित भिन्न को अवरोही क्रम में व्यवस्थित करें–

$\frac{1}{2}, \frac{3}{5}, \frac{3}{10}, \frac{21}{50}$

A. $\frac{3}{5} > \frac{1}{2} > \frac{21}{50} > \frac{3}{10}$ B. $\frac{21}{50} > \frac{3}{5} > \frac{3}{10} > \frac{1}{2}$
C. $\frac{1}{2} > \frac{3}{5} > \frac{3}{10} > \frac{21}{50}$ D. $\frac{3}{10} > \frac{21}{50} > \frac{3}{5} > \frac{1}{2}$

81. निम्नलिखित किस वर्ष में सूचना का अधिकार कानून लागू हुआ?

A. 2002 B. 2003
C. 2004 D. 2005

82. निम्नलिखित में से किसको कोशिका का 'पावर हाउस' कहा जाता है?

A. न्यूक्लिअस B. राइबोसोम
C. लाइसोसोम D. माइटोकान्ड्रिया

83. एक व्यक्ति 3.5 किमी प्रति/घंटा की रफ्तार से चलता है। 15 मिनट में उसके द्वारा तय की गई दूरी ज्ञात कीजिए–

A. 875 मीटर B. 525 मीटर
C. 850 मीटर D. 675 मीटर

84. जलपीटिका (Pemphigus) का मुख्य लक्षण है–

A. लाल धब्बे B. नीले धब्बे
C. छोटा फफोला D. बड़ा फफोला

85. एक वयस्क का सामान्य रक्तचाप होता है–

A. 120/80 B. 120/100
C. 150/100 D. 150/60

86. अगर लागत मूल्य ₹ 120 है और विक्रय मूल्य ₹ 90 है, तो हानि प्रतिशत ज्ञात कीजिए–

A. 30% B. $33\frac{1}{3}\%$
D. 25% D. 75%

87. दो संख्याओं का महत्तम समापवर्तक और लघुत्तम समापवर्त्य क्रमशः 8 और 320 है। अगर इनमें से एक संख्या 64 है, तो दूसरी संख्या है–

A. 40 B. 80
C. 32 D. 48

88. 15 शिक्षकों का औसत वेतन ₹ 4,500 प्रतिमाह है, 5 शिक्षकों ने स्कूल छोड़ दिया। अब शेष बचे 10 शिक्षकों का औसत वेतन ₹ 4,200 है। 5 शिक्षकों का कुल वेतन ज्ञात कीजिए, जिन्होंने स्कूल छोड़ दिया–

A. ₹ 24,000 B. ₹ 25,000
C. ₹ 27,000 D. ₹ 25,500

89. चिकेन पॉक्स .... के संक्रमण द्वारा होता है–

A. फफूँदी B. जीवाणु
C. विषाणु D. प्रोटोजोआ

90. निम्नलिखित में से कौन-सा दाँत भोजन को चबाने और पीसने में प्रयोग होता है?

A. केनिन (श्वदन्त) B. इन्सीसर (कृन्तक)
C. मोलर (चर्वणदन्त) D. प्रीमोलर (अग्रचर्वणक)

91. अगर L का मतलब (+), M का मतलब (–), N का मतलब (×) और P का मतलब (÷) हो, तो निम्न का मूल्य ज्ञात कीजिए–

14 N 10 L 42 P 2 M 8 = ?

A. 153 B. 216
C. 248 D. 251

92. माता द्वारा भ्रूण की गतिविधि महसूस करना जाना जाता है–

A. बेलोट्टमेंट B. पैल्मर साइन
C. हेगर साइन D. क्विकनिंग

93. निम्नलिखित में से कौन-सा एक "महावत्त" (Great Circle) के रूप में जाना जाता है?

A. विषुवत रेखा B. आर्कटिक वृत्त
C. कर्क रेखा D. मकर रेखा

94. किसे "भारतीय नेपोलियन" कहा जाता है?

A. समुद्रगुप्त B. चन्द्रगुप्त II
C. अशोक D. स्कन्दगुप्त

95. प्रथम 8 प्राकृत संख्याओं के वर्ग का योगफल ज्ञात कीजिए, जो हैं– $(1^2 + 2^2 + 3^2 + ... + 8^2)$

A. 184 B. 194
C. 204 D. 72

96. निम्नलिखित शृंखला को पूर्ण करने हेतु सही विकल्प का चयन कीजिए–

a _ ba _ b _ b _ a _ b

A. abaab B. abbab
C. aabba D. bbabb

97. भारत के रक्षा मंत्री कौन हैं? (01.12.2014 को)

A. राजनाथ सिंह B. मनोहर पार्रिकर
C. अरुण जेटली D. स्मृति ईरानी

98. शृंखला को पूर्ण करें–

1, 4, 27, 16, …?...., 36, 343.

A. 25 B. 120
C. 125 D. 81

99. एक व्यक्ति पूर्व की ओर मुखातिब है। वह 100° घड़ी की सूई की दिशा में मुड़ता है और फिर 145° घड़ी की सूई की विपरीत दिशा में मुड़ता है। अब वह किस दिशा की ओर मुखातिब है?

A. पूर्व B. उत्तर-पूर्व
C. उत्तर D. दक्षिण-पश्चिम

100. अगर 1000 व्यक्ति किसी कार्य को 12 दिनों में कर सकते हैं, तो 1200 व्यक्ति उस कार्य को कितने दिनों में करेंगे?

A. 6 दिनों में B. 8 दिनों में
C. 9 दिनों में D. 10 दिनों में

उत्तरमाला

1	2	3	4	5	6	7	8	9	10
D	C	D	A	C	D	D	A	B	A
11	**12**	**13**	**14**	**15**	**16**	**17**	**18**	**19**	**20**
A	A	B	C	C	A	C	B	B	A
21	**22**	**23**	**24**	**25**	**26**	**27**	**28**	**29**	**30**
B	C	D	B	B	C	C	B	D	B
31	**32**	**33**	**34**	**35**	**36**	**37**	**38**	**39**	**40**
D	A	B	A	B	D	A	A	D	A
41	**42**	**43**	**44**	**45**	**46**	**47**	**48**	**49**	**50**
A	C	B	A	A	C	A	B	A	C
51	**52**	**53**	**54**	**55**	**56**	**57**	**58**	**59**	**60**
D	C	B	A	D	D	B	B	B	C
61	**62**	**63**	**64**	**65**	**66**	**67**	**68**	**69**	**70**
D	C	D	D	A	A	B	D	D	C
71	**72**	**73**	**74**	**75**	**76**	**77**	**78**	**79**	**80**
B	A	A	C	B	C	C	C	C	A
81	**82**	**83**	**84**	**85**	**86**	**87**	**88**	**89**	**90**
D	D	A	D	A	C	A	D	C	C
91	**92**	**93**	**94**	**95**	**96**	**97**	**98**	**99**	**100**
A	D	A	A	C	D	B	C	B	D

कुछ चुने हुए प्रश्नों के व्याख्यात्मक उत्तर

5. mink yang pe — fruits are ripe
pe lao may mink — oranges are not ripe
may pe **nue** mink — **mangoes** are not ripe
अतः, mangoes का कूट **nue** है।

6. माना कि एक संख्या x है,
प्रश्नानुसार,

$$\frac{3}{2}x = 7 \Rightarrow x = \frac{14}{3}$$

अतः, दो संख्याओं का योग

$$= x + \frac{3}{2} = \frac{14}{3}+\frac{3}{2}=\frac{37}{6}=6\frac{1}{6}.$$

20. 3, 9, 15, 21
दी गई श्रेणी A.P. में है
जिसका प्रथम पद, $a = 3$
तथा सामान्य अंतर $d = 6$ है।

$$t_n = a + (n - 1).d$$
$$t_{21} = 3 + (21 - 1).6$$
$$= 3 + 20 \times 6 = 123.$$

30. Δ ABC से,

$$BC = \sqrt{(AC)^2 - (AB)^2}$$
$$= \sqrt{(50)^2 - (40)^2}$$
$$= 30$$

आयत की परिधि

$$= 2(AB + BC)$$
$$= 2(40 + 30) = 140 \text{ मी.}$$

36. माना कि व्यक्ति का कुल वेतन x है।

तब, $\frac{x}{4}+\frac{3}{8}x+4800 = x$

$$\frac{5x}{8}+4800 = x$$

$$x-\frac{5x}{8} = 4800$$

$$\frac{3x}{8} = 4800$$

$$x = \frac{4800\times 8}{3} = 12800.$$

41. $S.I. = \frac{PRT}{100} = \frac{1500\times 6\times 9}{100} =$ ₹ 810.

42. चक्रवृद्धि ब्याज (C.I.)

$$= 2000\times\left(1+\frac{10}{100}\right)^3 - 2000$$

$$= 2000\times\frac{11\times 11\times 11}{1000} - 2000$$

$= 2662 - 2000$

$=$ ₹ 662.

44. www का पूर्ण रूप है: world wide web.

48. $(128)^{-\frac{2}{7}} = \frac{1}{(128)^{\frac{2}{7}}}$

$$= \frac{1}{(2^7)^{\frac{2}{7}}} = \frac{1}{2^{7\times\frac{2}{7}}} = \frac{1}{2^2} = \frac{1}{4}.$$

54. मानाकि वृत्त का व्यास d से.मी है, तो वृत्त की परिधि $= \pi.d.$

प्रश्नानुसार,

$\pi d - d = 30$

$(\pi - 1)d = 30$

$\left(\frac{22}{7}-1\right)d = 30$

$\frac{15}{7}\cdot d = 30 \Rightarrow d = 14$ सेमी

वृत्त का क्षेत्रफल $A = \frac{\pi\cdot d^2}{4} = \frac{\pi\cdot(14)^2}{4}$

$= \frac{22}{7}\times\frac{14\times 14}{4} = 154$ सेमी^{2}.

64. प्रारंभ बिंदु से दूरी = 20 मी. और वह प्रारंभ बिंदु के सापेक्ष में पश्चिम दिशा में है।

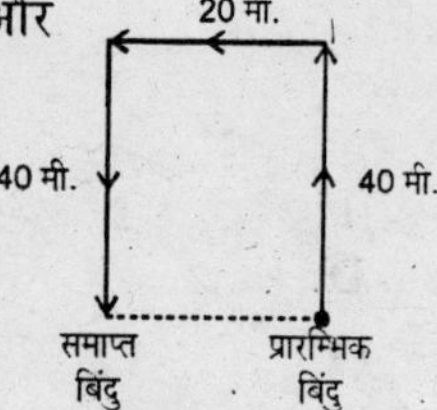

69. मानाकि स्थिर पानी में नाव की चाल x किमी./घं. तथा धारा की चाल y किमी./घंटा है।

धारा के अनुदिश चाल = $(x + y)$ किमी./घंटा है।

धारा के विपरीत चाल = $(x - y)$ किमी./घंटा है।

प्रश्नानुसार,

$$(x + y) = \frac{100}{10}$$

$x + y = 10$ ...(i)

और $x - y = \frac{75}{15}$

$x - y = 5$ ...(ii)

(i) तथा (ii) से,

$x = 7\frac{1}{2}$ किमी./घं.

अतः स्थिर पानी में नाव की चाल

$= 7\frac{1}{2}$ किमी./घं.

74. $0.7\% = \frac{0.7\times 1}{100} = \frac{7}{1000}.$

95. प्रथम n प्राकृतिक संख्याओं के वर्गों का योग

$$= \frac{n(n+1)(2n+1)}{6}$$

$$= \frac{8\times(8+1)(2\times 8+1)}{6}$$

$$= \frac{8\times 9\times 17}{6} = 204.$$

100. 1 व्यक्ति द्वारा कार्य समाप्त करने में लगा समय = 12×1000 दिन

$\therefore$ 1200 व्यक्तियों द्वारा कार्य समाप्त करने में लगा

समय $= \frac{12\times 1000}{1200} = 10$ दिन

भाग–II

स्वास्थ्य विषयक जागरूकता
(HEALTH RELATED AWARENESS)

1. स्वास्थ्य और रोगों से संबंधित अवधारणाएँ (Concepts of Health and Diseases)

भूमिका

अधिकांश संस्कृतियों में स्वास्थ्य एक सामान्यतः स्वीकृत अवधारणा है। वास्तव में, सभी समुदायों के पास उनकी अपनी–अपनी संस्कृतियों के हिस्से के रूप में स्वास्थ्य की अवधारणाएँ होती हैं। प्राचीन काल से ही स्वास्थ्य की सर्वाधिक स्वीकृत परिभाषा यह है कि स्वास्थ्य "रोग से मुक्ति" की स्थिति है। कुछ संस्कृतियों में स्वास्थ्य और सामंजस्य को समतुल्य माना जाता है। सामंजस्य की परिभाषा "स्वयं के साथ, समुदाय के साथ, ईश्वर और ब्रह्मांड के साथ शांतिपूर्ण अस्तित्व का होना" है। प्राचीन भारतीयों और यूनानियों ने इस अवधारणा को स्वीकार किया तथा रोग को शारीरिक संतुलन में बाधा उत्पन्न होने का कारण बताया जिसे उन्होंने "मनोदशा" की संज्ञा दी।

आधुनिक चिकित्सा विज्ञान पर प्रायः यह आरोप लगाया जाता है कि यह रोगों के अध्ययन में तल्लीन है और स्वास्थ्य के अध्ययन की उपेक्षा कर रहा है। परिणामस्वरूप हम निरंतर स्वास्थ्य की उपेक्षा करते रहे हैं। उदाहरण के लिए स्वास्थ्य के निर्धारक तत्त्व क्या हैं, यह बात अभी भी स्पष्ट नहीं है। स्वास्थ्य की मौजूदा परिभाषा भ्रम उत्पन्न करती है तथा स्वास्थ्य की माप करने का कोई भी एक निश्चित पैमाना हमारे पास उपलब्ध नहीं है। अतः स्वास्थ्य के दृष्टिगत रोगों के फैलने और उन पर नियंत्रण स्थापित करने की विधियों के वैज्ञानिक अध्ययन में भारी संभावनाएँ निहित हैं।

"स्वास्थ्य" एक ऐसा पद है जिसे परिभाषित करना सर्वाधिक कठिन कार्य है, हालांकि हम सभी उसके अर्थ से भली–भांति परिचित हैं। अतः समय–समय पर स्वास्थ्य की अनेक परिभाषाएं प्रस्तुत की गई हैं। जिनमें से कुछ पर आगे चर्चा की गई है।

"शरीर, मस्तिष्क और आत्मा से अदूषित होने की अवस्था : विशेषकर, शारीरिक रोग या कष्ट से मुक्ति की अवस्था"। *(वेब्स्टर डिक्शनरी)*

"शारीरिक रूप और प्रकार्य के आपेक्षिक संतुलन की स्थिति जो उस संतुलन को विक्षुब्ध करने के प्रयास करने वाली शक्तियों के प्रति सफल गतिक समायोजन के फलस्वरूप उत्पन्न होती है। यह शारीरिक अवयवों और उनसे टकराने वाली शक्तियों के बीच निश्चेष्ट अंतर्संबंध नहीं है बल्कि यह फिर से समायोजन स्थापित करने की दिशा में प्रयासरत शारीरिक शक्तियों के प्रति प्रदर्शित एक सक्रिय प्रतिक्रिया है।" *(पार्किन्स)*

स्वास्थ्य के निर्धारक तत्त्व

स्वास्थ्य के अनेक निर्धारक तत्त्व हैं। स्वास्थ्य को प्रभावित करने वाले तत्त्व व्यक्ति के भीतर भी निहित हैं और उस समाज में भी निहित हैं जिसमें वह व्यक्ति निवास करता है। यह एक स्वयंसिद्ध तथ्य है कि मनुष्य के स्वास्थ्य की स्थिति क्या है और वह किन रोगों की चपेट में आ सकता है यह दो घटकों पर निर्भर करता है—उसके आनुवंशिक घटक और पर्यावरण संबंधी घटक जिनसे वह प्रभावित होता है। ये घटक आपस में अन्योन्य क्रिया करते हैं और ये अन्योन्य क्रियाएँ स्वास्थ्यवर्धक भी हो सकती हैं और स्वास्थ्य के लिए हानिकारक भी। अतः अवधारणा की दृष्टि से, व्यक्तियों और संपूर्ण समुदायों का स्वास्थ्य अनेक अन्योन्य क्रियाओं का परिणाम हो सकता है।

यहाँ केवल कुछ अधिक महत्त्वपूर्ण स्वास्थ्य निर्धारकों के संबंध में संक्षिप्त विवरण दिया जा सकता है :

1. आनुवंशिकता
2. पर्यावरण
3. जीवनशैली

4. सामाजिक, आर्थिक परिस्थितियाँ

5. स्वास्थ्य और परिवार कल्याण सेवाएँ

6. अन्य कारक

1. आनुवंशिकता (Heredity) : प्रत्येक मानव की शारीरिक और मानसिक विशेषताएँ कुछ हद तक उसके गर्भागमन के समय ही जीनों की प्रकृति द्वारा निर्धारित होती हैं। किसी भी व्यक्ति की आनुवंशिक संरचना इस संदर्भ में विलक्षण होती है कि उसके गर्भागमन के बाद उसके आनुवंशिक गुणों में परिवर्तन नहीं किया जा सकता। अब अनेक रोगों को आनुवंशिक रोग कहा जाने लगा है। जैसेकि : गुणसूत्रीय असंगतियाँ, चयापचय क्रियाओं में दोष, मानसिक मंदन, कुछ प्रकार के मधुमेह आदि। अतः स्वास्थ्य की दशा अंशतः व्यक्ति के आनुवंशिक गठन पर निर्भर करती है।

2. पर्यावरण : सर्वप्रथम यूनानी चिकित्सक हिप्पोक्रैट्स ने रोग को जलवायु, जल, वायु आदि पर्यावरण के घटकों के साथ जोड़ा। उसके कई शताब्दियों बाद जर्मनी के पेट्टेनकोफर ने रोग और पर्यावरण के बीच संबंधों की अवधारणा की ओर एक बार फिर से लोगों का ध्यान आकृष्ट किया।

पर्यावरण को दो श्रेणियों में बाँटा जा सकता है—आंतरिक पर्यावरण और बाह्य पर्यावरण। व्यक्ति का आंतरिक पर्यावरण उसके "शरीर के प्रत्येक अवयव (अंग, भाग), प्रत्येक ऊतक, अंग और अंग–तंत्र तथा एक शारीरिक प्रणाली के भीतर इन सभी के सामंजस्यपूर्वक कार्य करने" से संबंधित है। आंतरिक पर्यावरण आंतरिक औषधियों का क्षेत्र है। बाह्य या बृहत् पर्यावरण में वे चीजें आती हैं जिनसे व्यक्ति का सामना गर्भागमन के बाद होता है। इसकी परिभाषा "एकल मानव पोषक से बाह्य अन्य सभी अवयवों" के रूप में दी जाती है।

3. जीवन शैली : जीवन शैली एक व्यापक अवधारणा है जिसका प्रयोग प्रायः लोगों के जीवन जीने के तरीके को सूचित करने के लिए तथा सामाजिक मूल्यों, क्रिया–कलापों और प्रवृत्तियों के एक विस्तृत आयाम को प्रदर्शित करने के लिए किया जाता है। इसमें सांस्कृतिक और व्यवहारगत प्रतिरूप तथा जीवनभर के व्यक्तिगत स्वभाव जैसेकि (धूम्रपान करना, मद्यपान करना आदि) निहित हैं, जो उस व्यक्ति में उसके समाजीकरण की प्रक्रिया के दौरान विकसित हुए हैं। जीवनशैली सामाजिक अंतर्संबंधों (माता–पिता, समकक्ष या समवयस्क व्यक्तियों के समूहों तथा मित्र, भाई–बहन आदि के साथ अन्योन्य संबंध), स्कूली वातावरण और जनसंपर्क के माध्यमों द्वारा विकसित होती है।

4. सामाजिक, आर्थिक परिस्थितियाँ : यह एक सर्वविदित तथ्य है कि सामाजिक आर्थिक दशाओं का मानव के स्वास्थ्य पर दीर्घकालिक प्रभाव पड़ता है। विश्व के अधिकांश देशों में लोगों का स्वास्थ्य स्तर मुख्य रूप से उनके सामाजिक आर्थिक विकास अर्थात् प्रति व्यक्ति सकल राष्ट्रीय उत्पाद, शिक्षा, पोषण, रोजगार, आवास सुविधा, देश की राजनीतिक व्यवस्था आदि द्वारा निर्धारित किया जाता है।

5. स्वास्थ्य और परिवार कल्याण सेवाएँ : स्वास्थ्य और परिवार कल्याण सेवाओं में रोगों का उपचार, बीमारियों की रोकथाम और उन्नत स्वास्थ्य सेवाएं उपलब्ध कराना शामिल हैं। स्वास्थ्य सेवाओं का उद्देश्य लोगों के स्वास्थ्य स्तर में सुधार लाना है। उदाहरण के लिए, बच्चों के टीकाकरण द्वारा उन्हें किसी विशेष रोग का शिकार होने से बचाया जा सकता है। सुरक्षित पेय जल उपलब्ध कराने से जलवाहित रोगों के कारण मृत्युदर और रोगग्रस्तता की दर में कमी आ सकती है। स्वास्थ्य संबंधी जागरूकता से गर्भवती महिलाओं की प्रसव के दौरान मृत्यु या रोगग्रस्तता तथा साथ ही बच्चों की भी मृत्युदर और रोगग्रस्तता में कमी आ सकती है। स्वास्थ्य सेवाएं तभी प्रभावी हो सकती हैं यदि वे समाज के सभी वर्गों तक समान रूप से पहुँचें तथा वे देश और समुदाय के लिए उचित मूल्यों पर उपलब्ध हों तथा सामाजिक दृष्टि से स्वीकार्य हों। ये सभी "प्राथमिक स्वास्थ्य सुविधाओं" जिन्हें लोगों के बेहतर स्वास्थ्य की प्रमुख शर्त माना जाता है, के प्रमुख घटक हैं।

स्वास्थ्य सेवाओं को सामाजिक और आर्थिक विकास के लिए भी आवश्यक माना जाता है। हमें यह अवश्य स्मरण रखना चाहिए कि "स्वास्थ्य सुविधाएं अच्छे स्वास्थ्य की जनक नहीं हैं। जहाँ सकल राष्ट्रीय उत्पाद और जन्म के समय आयु–संभाविता के बीच एक सुदृढ़ सह–संबंध है, वहीं चिकित्सीय सुविधाओं की उपलब्धता और जन्म के समय आयु–संभाविता के बीच कोई पर्याप्त सह–संबंध नहीं है। हम एक प्रभावी स्वास्थ्य सेवा से अधिक से अधिक यह आशा कर सकते हैं कि हमें अच्छी स्वास्थ्य सुविधाएं उपलब्ध हों। सामाजिक रोगविज्ञान के पहलू इस बात पर बल देते हैं कि स्वास्थ्य सेवाएं तकनीकी दृष्टि से चाहे कितनी ही उन्नत या लागत सापेक्ष हों, ये अंततः तभी सार्थक हैं यदि उनसे व्यक्ति के स्वास्थ्य में सुधार होता है।

6. अन्य कारक : जनता के स्वास्थ्य को निर्धारित करने वाले अन्य कारकों में औपचारिक स्वास्थ्य सुविधा तंत्र (उदाहरण के लिए, खाद्यान्न और कृषि, शिक्षा, उद्योग, समाज कल्याण, ग्रामीण विकास आदि) तथा जीवन स्तर को उन्नत बनाने में सहायक आर्थिक और सामाजिक क्षेत्र की नीतियाँ शामिल हैं। आर्थिक और सामाजिक क्षेत्र की नीतियों में रोजगार के अवसर, श्रमिक वर्ग के वेतन में वृद्धि, पूर्वदत्त (प्रीपेड) चिकित्सीय कार्यक्रम और परिवार के लिए आर्थिक सहायता उपलब्ध कराए जाने वाले साधन आदि अंतर्निहित हैं।

स्वास्थ्य के संसूचक तत्त्व

संसूचकों की आवश्यकता न केवल किसी समुदाय की स्वास्थ्य संबंधी स्थिति जानने के लिए होती है बल्कि ये एक देश के लोगों की स्वास्थ्य स्थिति का दूसरे देश के लोगों की स्वास्थ्य स्थिति से तुलना करने, स्वास्थ्य सुविधाओं की अपेक्षाओं का मूल्यांकन करने, दुर्लभ संसाधनों के आवंटन तथा स्वास्थ्य सेवाओं, क्रियाकलापों और कार्यक्रमों पर निगरानी रखने और उनके मूल्यांकन हेतु भी आवश्यक होते हैं। संसूचक यह जानने में सहायक होते हैं कि किसी कार्यक्रम के उद्देश्यों और लक्ष्यों को किस सीमा तक हासिल किया जा सका है।

संसूचकों के अभिलक्षण

संसूचकों को वैज्ञानिक आधार प्रदान किया गया है। उदाहरण के लिए, आदर्श संसूचक :

(*i*) वैध होने चाहिए अर्थात वे वास्तव में उन तथ्यों की माप करने में सक्षम हों जिनकी उन्हें माप करनी है।

(*ii*) विश्वसनीय और यथार्थ होने चाहिए अर्थात समान परिस्थितियों में विभिन्न व्यक्तियों द्वारा माप किए जाने पर उत्तर एक जैसे हों।

(*iii*) संवेदनशील होने चाहिए अर्थात वे संबंधित परिस्थितियों में हुए परिवर्तनों के प्रति संवेदनशील हों; और

(*iv*) परिस्थिति–विशिष्ट होने चाहिए अर्थात वे केवल संबंधित परिस्थिति में ही परिवर्तनों को प्रदर्शित करने में सक्षम हों।

अतः स्वास्थ्य के संबंध में हमारी समझ केवल किसी एक संसूचक के संदर्भ में नहीं हो सकती। यह एक रूपरेखा के संदर्भों में विकसित की जानी चाहिए जिसमें अनेक संसूचक अंतर्निहित हों। इन संसूचकों को निम्नवत वर्गीकृत किया गया है:

1. मृत्यु–दर संसूचक
2. रोगग्रस्तता संसूचक
3. अशक्तता दर
4. पोषण स्तर संसूचक
5. स्वास्थ्य सुविधा उपलब्धता संसूचक
6. उपयोग दर
7. सामाजिक और मानसिक स्वास्थ्य के संसूचक
8. पर्यावरण संबंधी संसूचक
9. सामाजिक–आर्थिक संसूचक
10. स्वास्थ्य नीति विषयक संसूचक
11. जीवन स्तर के संसूचक
12. अन्य संसूचक

भारत में स्वास्थ्य की स्थिति

1. जनसांख्यिकीय आँकड़े : जनसंख्या विस्फोट आज की एक प्रमुख समस्या है। जनसांख्यिकीय आँकड़ों की निम्नलिखित विशेषताएँ हैं :

(*i*) विशाल जनसंख्या आधार

(*ii*) जन्मदर में वृद्धि और परिवार का बड़ा आकार

(*iii*) मृत्यु दर में कमी

(*iv*) किशोर जनसंख्या (जो कुल जनसंख्या का लगभग 40% है और जिसमें 15 वर्ष से कम आयु के सदस्य शामिल हैं)।

(*v*) अशिक्षित जनसंख्या लगभग 48% है। इससे यह स्पष्ट होता है कि जन्मदर में कमी की दर इतनी धीमी क्यों है।

(*vi*) आश्रित अनुपात 0.9 है अर्थात आर्थिक दृष्टि से उत्पादक प्रत्येक सदस्य द्वारा करीब–करीब एक व्यक्ति को आश्रय दिया जाता है।

2. मृत्यु-दर संबंधी आँकड़े : गत कुछ दशकों के दौरान लोगों के स्वास्थ्य की स्थिति में उल्लेखनीय प्रगति हुई है। मृत्युदर निरंतर घटते हुए 1965 के 21 के आँकड़े से घटकर 1994 में 9.2 पर पहुँच गई है। वर्ष 1951 के बाद से

जन्म के समय आयु संभाविता में पर्याप्त वृद्धि हुई है तथा 1995 में भारत में आयु संभाविता 62 वर्ष के स्तर पर पहुँच गई। अनेक संक्रामक और संचारणीय रोगों जैसेकि हैजा, मलेरिया, प्लेग आदि पर नियंत्रण के कारण भी मृत्युदर में गिरावट दर्ज की गई है।

3. रोगग्रस्तता संबंधी आँकड़े : रोगग्रस्तता संबंधी आँकड़े मुख्य रूप से संचारणीय रोगों से संबंधित हैं। एक अनुमान के अनुसार भारत में होने वाली 17.2% मृत्यु और 20.8% बीमारियों के मुख्य कारण संचरणीय रोग ही हैं। हमारे देश में आज भी टी.बी., फाइलैरियासिस, कोढ़, मलेरिया, पेचिश और कुपोषण आदि लोगों की रोगग्रस्तता के प्रमुख कारण हैं। विषाणुजनित रोगों में से चेचक का हमारे देश में 1980 में उन्मूलन हो गया। खसरा आज भी हमारे देश में अपने पैर पसारे हुए है। अभी भी पोलियो और विषाणुजनित हैपेटाइटिस से हमारा देश जूझ रहा है। वर्ष 1973 से हमारे देश में जापानी इन्सेफैलाइटिस का बड़े पैमाने पर प्रकोप बढ़ा है। जीवाणुजनित रोगों में मस्तिष्कावरण शोथ (meningococcal meningitis) में काफी वृद्धि हुई है। हैजा के रोगियों की संख्या में पर्याप्त कमी आई है, किंतु अभी भी अन्य जलवाहित रोगों (जैसे कि पेचिश, आदि) का प्रशमन करने में अपेक्षित सफलता प्राप्त नहीं हो सकी है। विश्व भर के टी.बी. रोगियों की आधी संख्या भारत में है जो लगभग 14 मिलियन है जिनमें से लगभग 3.5 मिलियन संक्रामक स्थिति में हैं।

स्वास्थ्य सेवाएं

स्वास्थ्य सेवाएं मानव समुदाय के लिए अत्यधिक महत्त्वपूर्ण हैं। इसकी परिभाषा ''स्वास्थ्य सेवा या स्वास्थ्य व्यवस्था के अभिकर्ताओं या एजेंटों द्वारा व्यक्तियों, परिवारों या समुदायों को स्वास्थ्य संवर्धन, अनुरक्षण, अनुवीक्षण (देख–रेख) या पुनःस्थापन के उद्देश्य से उपलब्ध कराई गई विविध सेवाओं'' के रूप में दी जाती है। इन सेवाओं में कर्मचारियों, संगठन का ढाँचा, प्रशासन और वित्त–पोषण के तरीके में भारी अंतर हो सकता है किंतु इन सभी में एक बात सामान्य अर्थात् एक जैसी होती है और वह यह कि इनका उद्देश्य लोगों की सेवा करना यानी स्वास्थ्यकर्मियों द्वारा रोगियों को वैज्ञानिक चिकित्सा, सहायता, उपचार, स्वास्थ्य शिक्षा और स्वास्थ्य लाभ प्रदान करना है, ताकि वे एक बार फिर से सामान्य जीवन व्यतीत कर सकें। अनेक देशों में स्वास्थ्य सेवा पूर्णतः या काफी हद तक सरकार के अधीन है।

स्वास्थ्य सेवा में चिकित्सीय सेवा अंतर्निहित है। अनेक लोग भूलवश ऐसा मानते हैं कि ये दोनों पद पर्यायवाची हैं। चिकित्सीय सेवा स्वास्थ्य सेवा तंत्र का एक उपखंड है। ''चिकित्सीय सेवा (जिसमें रोगी के आवास से लेकर अस्पताल तक की सेवा निहित है) का आशय व्यक्ति को प्रदान की जाने वाली ऐसी सेवा है जो सीधे चिकित्सक द्वारा या चिकित्सक के निर्देशानुसार प्रदान की जाती है।''

स्वास्थ्य सेवा में अनेक अभिलाक्षणिक तत्त्व अंतर्निहित हैः

(*i*) **औचित्य (संगतता) :** इसका अर्थ है कि क्या ये सेवाएं अनिवार्य मानवीय आवश्यकताओं, प्राथमिकताओं और नीतियों के दृष्टिगत सर्वथा आवश्यक हैं;

(*ii*) **व्यापकता :** अर्थात क्या इन सेवाओं में निवारक, उपचारात्मक और संवर्धनात्मक सेवाओं का संयोजन है;

(*iii*) **पर्याप्तता :** अर्थात क्या सेवा व्यक्ति की आवश्यकता के अनुपात में है;

(*iv*) **उपलब्धता :** अर्थात किसी प्रशासनिक इकाई द्वारा सेवित व्यक्तियों की संख्या और स्वास्थ्य सुविधा का अनुपात (उदाहरण के लिए, प्रत्येक स्वास्थ्य केंद्र से जुड़ी जनसंख्या, चिकित्सक–जनसंख्या अनुपात);

(*v*) **अभिगम्यता :** अर्थात भौगोलिक अभिगम्यता, आर्थिक अभिगम्यता या सांस्कृतिक अभिगम्यता;

(*vi*) **वहनीयता :** अर्थात स्वास्थ्य सुविधाओं का मूल्य इतना हो कि उसे व्यक्ति और राज्य द्वारा चुकाया जा सके;

(*vii*) **संभाव्यता :** अर्थात कुछ प्रक्रियाओं, उपकरणों, जनशक्ति और अन्य भौतिक संसाधनों की प्रचालनात्मक दक्षता;

स्वास्थ्य तंत्र

स्वास्थ्य तंत्र के संघटकों में अवधारणा (अर्थात स्वास्थ्य और रोग), उद्देश्य या ध्येय (अर्थात अस्पताल, स्वास्थ्य केंद्र, स्वास्थ्य कार्यक्रम), भाव (अर्थात समानता, व्यापकता, प्रभावकारिता, दक्षता, प्रभाव) और व्यक्ति (अर्थात प्रदाता और उपभोक्ता) अंतर्निहित हैं। ये सभी संघटक परस्पर मिलकर एक समुच्चय का निर्माण करते हैं जिसके सभी अवयव या संघटक एक–दूसरे को सहायता देने या नियंत्रित करने के

लिए परस्पर अंतर्संबंधित होते हैं। स्वास्थ्य तंत्र का उद्देश्य व्यक्ति और समुदाय के स्वास्थ्य में सुधार लाना है जो जनता के स्वास्थ्य की दशा में निरंतर और क्रमिक सुधार लाने की एक प्रक्रिया है। स्वास्थ्य तंत्र का लक्ष्य ''सभी के लिए स्वास्थ्य'' सुनिश्चित करना है।

सभी के लिए स्वास्थ्य

तीन दशकों तक प्रयास के बाद और लोगों की बुनियादी स्वास्थ्य आवश्यकताओं को पूरा करने में असंतुष्ट रहने के बाद विश्व स्वास्थ्य संगठन ने मई 1977 में निर्णय लिया था कि आगामी वर्षों में सरकारों और विश्व स्वास्थ्य संगठन का मुख्य सामाजिक लक्ष्य ''वर्ष 2000 तक विश्व के सभी व्यक्तियों के लिए स्वास्थ्य का एक ऐसा स्तर प्राप्त करना होगा ताकि सभी व्यक्ति सामाजिक और आर्थिक दृष्टि से उत्पादक जीवन व्यतीत कर सकें।'' इस लक्ष्य को ''वर्ष 2000 तक सभी के लिए स्वास्थ्य'' के नाम से जाना जाता है। इस नई अवधारणा को विकसित करने का कारण विश्व की अधिकांश जनता, विशेषकर ग्रामीण निर्धन जनता के स्वास्थ्य का निम्न स्तर तथा धनी और निर्धन, शहरी और ग्रामीण जनता की स्वास्थ्य दशाओं में भारी अंतर होना था। ''सभी के लिए स्वास्थ्य'' का मूल सिद्धांत सभी के लिए ''स्वास्थ्य की दशाओं में समानता'' सुनिश्चित करना था जिसका अर्थ है कि सभी व्यक्तियों को अच्छे स्वास्थ्य के लिए आवश्यक सुविधाओं का उपयोग करने के अवसर प्राप्त हों।

''सभी के लिए स्वास्थ्य'' का यह अर्थ नहीं था कि वर्ष 2000 की समाप्ति के बाद चिकित्सकों और परिचारकों ने विश्व के प्रत्येक व्यक्ति को होने वाली किसी भी बीमारी का उपचार करना शुरू कर दिया; इसका यह अर्थ भी नहीं था कि वर्ष 2000 के बाद कोई भी व्यक्ति बीमार ही नहीं होगा और न ही अशक्त होगा; इसका एक मात्र आशय यह था कि लोगों के अच्छे स्वास्थ्य के लिए जो भी संसाधन उपलब्ध हों उनका लोगों के बीच समान रूप से वितरण सुनिश्चित हो ताकि लोग उपलब्ध संसाधनों का अपने बेहतर स्वास्थ्य के लिए उपयोग कर सकें। ''सभी के लिए स्वास्थ्य'' का आशय दूरगामी था जो न केवल स्वास्थ्य के क्षेत्र में सुधार से संबंधित था बल्कि उसका आशय समांतर रूप से सामाजिक और आर्थिक विकास करना भी था। विश्व भर में वर्तमान में अपनाई जाने वाली सर्वमान्य नीति यह है कि स्वास्थ्य सेवाओं को ''सभी के लिए स्वास्थ्य'' के नीतिगत उद्देश्यों के दृष्टिगत पुनर्गठित किया जाए और एक नई दिशा प्रदान की जाए।

रोग से संबंधित अवधारणा

रोग को परिभाषित करने के अनेक प्रयास हुए हैं। वेब्स्टर शब्दकोश में इसकी परिभाषा देते हुए कहा गया है कि ''यह एक ऐसी दशा है जिसमें शरीर का स्वास्थ्य बिगड़ जाता है। स्वस्थ न रहना, मानव शरीर की क्षमता में बदलाव जिसके कारण जैविक कार्यों के निष्पादन में बाधा उत्पन्न होती है।'' ऑक्सफोर्ड इंग्लिश डिक्शनरी में रोग की परिभाषा ''शरीर या शरीर के किसी भाग या अंग की एक ऐसी दशा के रूप में दी गई है जिसमें उसके कार्यकरण में बाधा आती है या कार्यकरण अव्यवस्थित हो जाता है।'' रोग से ग्रसित होने का आशय है व्यक्ति का अस्वस्थ हो जाना अर्थात यह स्वस्थ होने की स्थिति की विपरीत स्थिति है जिसमें शरीर के सामान्य कार्यकरण पर प्रतिकूल प्रभाव पड़ता हैं। 'रोग' का अर्थ केवल किसी विशिष्ट 'व्याधि' से ग्रस्त होना ही नहीं है बल्कि इसका अर्थ संबंधित व्याधि या रोग के प्रति व्यक्ति की समझ और उसके व्यवहार तथा मानसिक सामाजिक पर्यावरण पर उस रोग के प्रभाव से भी है। 'रोग' का संदर्भ सामाजिक व्यवहार में परिवर्तन से भी है। सुसर ने रोग के संबंध में निम्नलिखित मत व्यक्त किए हैं:

''रोग एक शारीरिक/मानसिक दुष्क्रिया है। रोग एक ऐसे व्यक्ति की आत्मनिष्ठ दशा है जिसमें ऐसा अनुभव होता है कि वह स्वस्थ नहीं है।

रोग या बीमारी सामाजिक दुष्क्रिया की एक अवस्था है अर्थात यह एक ऐसी भूमिका है जिसे रोगी व्यक्ति ग्रहण कर लेता है (''रोगी की भूमिका'')।

रोग का प्राकृतिक इतिहास

रोग व्यक्ति, एक अभिकर्ता (रोग का कारण) और पर्यावरण के बीच एक जटिल अंतःक्रिया का परिणाम है। 'रोग का प्राकृतिक इतिहास' पद रोग विज्ञान की एक मूल अवधारणा है। यह एक ऐसे तरीके का उल्लेख करता है जिसमें कोई रोग अपने रोगजनन से पूर्व की प्रारंभिक अवस्था से विकसित होकर समय के अनुसार समाप्त हो जाता है जबकि रोगी को

स्वास्थ्य लाभ हो जाता है या फिर वह उपचार या निवारक उपायों की अनुपस्थिति में किसी अशक्तता या मृत्यु का शिकार हो जाता हैं। प्रत्येक रोग का अपना एक अलग इतिहास होता है जिसका सभी व्यक्तियों के संबंध में एक सा होना आवश्यक नहीं है। अतः रोग का एक सामान्य या व्यापक प्राकृतिक इतिहास बता देना निश्चित ही स्वेच्छाचारिता होगी। आइए, हम संक्रमण से होने वाले रोग का प्रतिमान लेकर रोग के प्राकृतिक इतिहास में घटित होने वाली घटनाओं पर विचार करें :

1. रोगजनन से पूर्व की अवस्था : यह व्यक्ति में रोग के लक्षण दिखाई पड़ने से पूर्व की अवस्था है। अभी रोग का एजेंट व्यक्ति के शरीर में प्रविष्ट नहीं हुआ है किंतु उसके मानव शरीर में प्रविष्ट होने के सभी सहायक कारक पर्यावरण में मौजूद हैं। इस स्थिति का उल्लेख प्रायः ''रोग के बीच मानव'' या ''रोग की आशंका से ग्रसित मानव'' के रूप में किया जाता हैं

2. रोगजनन की अवस्था : रोग के 'एजेंट' के शीघ्र प्रभावित होने वाले मानव (पोषी) के शरीर में प्रवेश करने के साथ ही रोगजनन की अवस्था आरंभ हो जाती है। बाद की घटनाएं संक्रामक रोग के लक्षण प्रकट होने तक की घटनाएं हैं अर्थात रोगजनक रोगाणु के पोषी के शरीर में बहुगुणित होना और पोषी के शरीर के ऊतकों को नष्ट करना तथा उसमें शरीर–क्रियात्मक परिवर्तन लाना। रोगजनन की इस अवस्था में उद्भवन अवधि (period of incubation), आरंभिक और परवर्ती रोगजनन की अवस्थाएं अंतर्निहित हैं। रोग का अंतिम परिणाम यह होता है कि या तो रोगी एक बार फिर से स्वास्थ्य लाभ कर ले या फिर उपचार के अभाव में अशक्तता या मृत्यु को प्राप्त कर ले। रोगजनन की अवस्था में टीकाकरण या औषधियों से उपचार द्वारा रोगी की अवस्था में सुधार लाया जा सकता है।

चिरकालिक रोगों (जैसे कि हृदय रोग, उच्च तनाव, कैंसर आदि) की स्थिति में आरंभिक रोगजनन अवस्था अधिक प्रभावशाली नहीं होती, अतः चिरकालिक रोगों की स्थिति में यह अवस्था रोग के लक्षण उत्पन्न होने से पूर्व की अवस्था कही जाती है। इस अवस्था में रोग के लक्षण दृष्टिगोचर नहीं होते। रोगात्मक परिवर्तन इतने गौण या अस्पष्ट होते हैं कि ''चिकित्सीय क्षेत्र'' के स्तर पर उनकी पहचान नहीं की जा सकती।

रोग का एजेंट (अभिकर्ता)

रोग के संचरण की शृंखला की पहली कड़ी ''रोग का एजेंट'' है। इसकी परिभाषा एक ऐसी सजीव या निर्जीव वस्तु या मूर्त या अमूर्त एक ऐसे बल या कारक के रूप में दी जा सकती है जिसकी अत्यधिक मात्रा में उपस्थिति या आपेक्षिक कमी (या अनुपस्थिति) से प्राणी के शरीर में रोग की प्रक्रिया आरंभ हो जाती है।

रोग के कारकों (एजेंटों) को व्यापक रूप में निम्नलिखित समूहों में वर्गीकृत किया जा सकता है :

1. जैविक कारक : ये रोग के सजीव एजेंट हैं। उदाहरण के लिए, विषाणु, कवक, जीवाणु, एककोशिक जीव और कुछ बहुकोशिक जीव। इन एजेंटों में अपने पोषी जीवों को प्रभावित करने के कुछ लक्षण विद्यमान होते हैं। जैसेकि :

(*i*) *संक्रामकता* : यह किसी संक्रामक एजेंट की अपने पोषी के शरीर में प्रवेश करके बहुगुणित होने और संक्रमण उत्पन्न करने की क्षमता है।

(*ii*) *रोगोत्पादकता* : यह व्यक्ति में रोग के स्पष्ट लक्षण उत्पन्न करने की क्षमता है।

(*iii*) *विषाक्तता* : इसकी परिभाषा जिन रोगियों में रोग के स्पष्ट लक्षण दिखाई देते हैं उनमें गंभीर रूप से रोगग्रस्त रोगियों (असामान्य रोगियों सहित) के अनुपात के रूप में दी जा सकती है।

2. पोषक कारक : इनमें प्रोटीन, वसा, कार्बोहाइड्रेट, विटामिन, खनिज और जल निहित हैं।

3. भौतिक कारक : अत्यधिक गरमी, ठंडक, आर्द्रता, दाब, विकिरण, विद्युत, ध्वनि आदि से प्रभावित होने पर भी व्यक्ति रोग का शिकार हो जाता है।

4. रासायनिक कारक :

(*i*) अंतर्जात (endogenous) **:** कुछ रसायन व्यक्ति के शरीर में ही उत्पन्न होते हैं जिनके कारण उसकी शारीरिक क्रिया अव्यवस्थित हो जाती है। उदाहरण के लिए, यूरिया (यूरेमिया), सीरम बिलिरूबिन (पीलिया), कीटोन्स (कीटोसिस), यूरिक अम्ल (गाऊट, जोड़ों का दर्द), कैल्सियम कार्बोनेट (गुर्दे में पत्थर) आदि।

(*ii*) बहिर्जात (exogenous) : मानव शरीर से बाहर उत्पन्न होने वाले एजेंट जैसे कि : कुछ धातु, धूम गैसें, धूल, अन्य गैसें, कीटनाशक आदि।

5. यांत्रिक कारक : देर तक घर्षण या अन्य यांत्रिक कारकों द्वारा मांसपेशियों का फट जाना, पिस जाना, मोच आ जाना, अस्थियों का विस्थापित हो जाना और मृत्यु जैसी घटनाएं भी हो सकती हैं।

6. स्वास्थ्य के लिए आवश्यक कारकों की अनुपस्थिति, अपर्याप्तता या आधिक्य : ये कारक हो सकते हैं (*i*) रासायनिक कारक जैसे कि हॉर्मोन (इंसुलिन, ओस्ट्रोजन, एंजाइम), (*ii*) पोषक कारक : उपर्युक्त (2) में इनका उल्लेख किया गया है, (*iii*) किसी अंग की कमी उदाहरण के लिए यदि किसी व्यक्ति में थाइमस ग्रंथि उपस्थित न हो तो वह अतिशीघ्र रोगों का शिकार हो जाता है। (*iv*) शरीर के किसी अंग की कमी जैसे कि : हृदय में कोई खराबी, (*v*) गुणसूत्रीय कारक, जैसे कि : गुणसूत्र की असमानता के कारण होने वाला मंगोलिज्म या डाउन्स सिन्ड्रोम, टर्नर्स सिन्ड्रोम, और (*vi*) प्रतिरक्षात्मक कारक, जैसे कि : आगामाग्लोबुलिन रक्तता।

7. सामाजिक कारक : रोग के सामाजिक कारकों पर भी विचार करना आवश्यक है। ये कारक हैं : निर्धनता, धूम्रपान, मादक द्रव्यों और ऐल्कोहॉल का सेवन, अस्वास्थ्यकर जीवन शैली, सामाजिक रूप से अलग–थलग रहना, मातृत्व का अभाव आदि।

पोषी से संबंधित कारक (आंतरिक)

पोषी से संबंधित कारकों को निम्नवत वर्गीकृत किया जाता है:

(*i*) जनसांख्यिकी अभिलक्षण जैसे कि : आयु, लिंग, जाति,

(*ii*) जीव वैज्ञानिक अभिलक्षण जैसे कि : आनुवंशिकी कारक, रक्त का जैव रासायनिक स्तर (उदाहरण के लिए कोलेस्ट्रॉल का स्तर), रक्त समूह और एंजाइम, रक्त की कोशिकीय संरचना, प्रतिरक्षात्मक कारक तथा शरीर के विभिन्न अंग–तंत्रों का शरीर रचनात्मक कार्य जैसे कि : रक्त चाप, बलात् निःश्वसन आदि,

(*iii*) सामाजिक और आर्थिक अभिलक्षण जैसे कि सामाजिक–आर्थिक स्थिति, शिक्षा, व्यवसाय, तनाव, वैवाहिक स्थिति, आवास आदि और

(*iv*) जीवन शैली को प्रभावित करने वाले कारक जैसे कि व्यक्तित्व के गुण, रहन–सहन संबंधी आदतें, पोषण, शारीरिक व्यायाम, ऐल्कोहॉल का सेवन, मादक द्रव्यों का सेवन, धूम्रपान, व्यवहारगत अभिलक्षण आदि।

पर्यावरण संबंधी कारक (बाह्य)

रोग का अध्ययन वस्तुतः मानव और उसके पर्यावरण का अध्ययन है। लाखों व्यक्ति प्रायः जिस पर्यावरण में रहते हैं उसके कारण उत्पन्न ऐसे रोगों के शिकार हो जाते हैं जिनका वास्तव में निवारण किया जा सकता है। बाह्य या बृहत–पर्यावरण की परिभाषा "मानव पोषी के बाह्य परिवेश में स्थित उन सभी सजीव और निर्जीव वस्तुओं के रूप में दी जा सकती है जिनके साथ वह नियमित रूप से अंतरसंबंधित होता है।" इसमें मानव के बाह्य परिवेश में स्थित वायु, जल, खाद्य पदार्थ, आवास आदि सभी कुछ शामिल हैं।

नियंत्रण की अवधारणा

रोग नियंत्रण : 'रोग नियंत्रण' पद निम्नलिखित को कम करने के लिए निरंतर की जा रही क्रियाओं का वर्णन करता है :

(*i*) रोगग्रस्तता की घटना

(*ii*) रोग की अवधि और परिणामतः उसके संचरण का जोखिम।

(*iii*) संक्रमण के प्रभाव, जिसमें शारीरिक और मनोवैज्ञानिक–सामाजिक जटिलताएं शामिल हैं, और

(*iv*) समुदाय पर वित्तीय बोझ

रोग निराकरण : नियंत्रण और उन्मूलन के बीच एक मध्यवर्ती लक्ष्य का वर्णन किया गया है जिसे 'क्षेत्रीय निराकरण' कहा जाता है। 'निराकरण' शब्द का प्रयोग रोगों के संचरण को बाधित करने का वर्णन करने के लिए किया जाता हैं। उदाहरण के लिए, एक बड़े भौगोलिक क्षेत्र से चेचक, पोलियो या डिफ्थेरिया का निराकरण। क्षेत्रीय निराकरण को अब उन्मूलन के एक महत्त्वपूर्ण अग्रदूत के रूप में देखा जा रहा है।

रोग उन्मूलन : उन्मूलन का शाब्दिक अर्थ है "जड़ से उखाड़ फेंकना"। रोग उन्मूलन का अर्थ है – संक्रामक कारकों को नष्ट करके संक्रमण के संचरण की सभी संभावनाओं को समाप्त कर देना। जैसा कि नाम से ही स्पष्ट है, उन्मूलन

एक पूर्ण प्रक्रिया है न कि मात्र एक सापेक्षिक लक्षण। इसका अर्थ है संपूर्ण विश्व से रोग को पूर्णतः समाप्त कर देना।

अनुवीक्षण और निगरानी

अनुवीक्षण : अनुवीक्षण से आशय है "पर्यावरण या लोगों के स्वास्थ्य की स्थिति में परिवर्तनों को जानने के लिए सामान्य क्रियाकलापों को करना और उनके कार्य–निष्पादन का विश्लेषण करना। अतः हम वायु प्रदूषण, जल की गुणवत्ता, वृद्धि और पोषण संबंधी स्थिति, आदि का अनुवीक्षण कर रहे हैं। इसका आशय किसी स्वास्थ्य सेवा, या स्वास्थ्य कर्मी के कार्य–निष्पादन की भी निरंतर जाँच करना तथा यह जानना भी है कि रोगी किस सीमा तक स्वास्थ्य कर्मी की सलाह को मानता है।

निगरानी : "निगरानी" को अनेक प्रकार से परिभाषित किया जाता है। एक व्याख्या के अनुसार निगरानी का अर्थ अत्यधिक ध्यानपूर्वक, प्राधिकार से और प्रायः संदेह की दृष्टि से भी क्रियाकलापों पर नजर रखना है। एक अन्य परिभाषा के अनुसार, निगरानी "रोगों के घटित होने और फैलने तथा प्रतिकूल स्वास्थ्य की अन्य दशाओं को निर्धारित करने वाले कारकों की निरंतर जाँच करने की प्रक्रिया है। निगरानी कार्यक्रम का कोई भी स्वरूप और आयाम हो सकता हैं। हम रोग विज्ञान, जनसांख्यिकी विषयक निगरानी और पोषाहार की स्थिति पर निगरानी और ऐसे ही अनेक अन्य विषयों पर निगरानी रख सकते हैं।

रोकथाम के उपाय

'रोकथाम' का अर्थ है मानव के रोगग्रस्त होने या उसके शरीर में रोग की वृद्धि होने की घटना को रोकने के लिए किए गए प्रयास। ऐसा प्रयास उपचार की व्यवस्था करके, शिक्षा, सामाजिक सहायता उपलब्ध कराकर किया जा सकता है। नीचे रोगों की रोकथाम के पाँच तरीकों का वर्णन किया गया है जो किसी रोग के प्राकृतिक इतिहास का एक सतत अनुक्रम प्रस्तुत करते हैं :

1. स्वास्थ्य संवर्धन
2. विशिष्ट संरक्षण
3. शीघ्र निदान और उपचार
4. अशक्तता को सीमित करना
5. पुनर्वास

1. स्वास्थ्य संवर्धन : स्वास्थ्य संवर्धन का अर्थ "लोगों को रोगों पर नियंत्रण करने में सक्षम बनाने और उनके स्वास्थ्य में सुधार लाने की प्रक्रिया" है। यह किसी विशिष्ट रोग के प्रति निर्देशित नहीं होता बल्कि इनका आशय पोषी को अनेक प्रकार (रोकथाम) से सक्षम बनाना होता हैं। रोकथाम की कुछ विशिष्ट विधियाँ हैं:

(*i*) स्वास्थ्य शिक्षा
(*ii*) पर्यावरण सुधार
(*iii*) पोषाहार में परिवर्तन
(*iv*) जीवन शैली और व्यवहारगत परिवर्तन

2. विशिष्ट संरक्षण : रोग को समूल नष्ट कर देना एक आदर्श स्थिति है किंतु ऐसा केवल कुछ सीमित मामलों में ही हो सकता हैं। विशिष्ट संरक्षण पर लक्षित रोकथाम के कुछ वर्तमान उपाय हैं: (*i*) टीकाकरण, (*ii*) विशिष्ट पोषक तत्त्वों का प्रयोग, (*iii*) औषधियों के प्रयोग से रोग निरोध, (*iv*) कार्य के दौरान जोखिम से सुरक्षा, (*v*) दुर्घटना से सुरक्षा, (*vi*) कैन्सरजनों (Carcinogens) से सुरक्षा, (*vii*) एलर्जी उत्पन्न करने वाले अवयवों से बचना, (*viii*) सामान्य पर्यावरण में विशिष्ट संकटों का नियंत्रण अर्थात वायु प्रदूषण, शोर नियंत्रण आदि, और (*ix*) उपभोक्ता उत्पादों जैसेकि खाद्य पदार्थों, औषधियों, प्रसाधन सामग्रियों आदि का गुणवत्ता नियंत्रण और संरक्षण।

3. शीघ्र निदान और उपचार : विश्व स्वास्थ्य संगठन की एक समिति ने स्वास्थ्य बिगड़ने की स्थिति में शीघ्र निदान की परिभाषा "समस्थैतिक और प्रतिपूरक तंत्र में उत्पन्न बाधाओं की एक ऐसे चरण में पहचान करने के रूप में दी है जबकि जीव–रासायनिक (biochemical), आकारिकी (morphological) और कार्यकरण (functional) में उत्पन्न परिवर्तनों को फिर से पूर्व अवस्था में लाया जा सकता है। अतः रोग या अशक्तता को प्रकट होने से रोकने के लिए निदान का मानदंड ऐसा होना चाहिए कि यदि संभव हो तो वह रोग के लक्षण या चिह्न प्रकट होने से पूर्व के जीवरासायनिक, आकारिकी और कार्यकरण में आरंभिक परिवर्तनों पर आधारित हो। चिरकालिक रोगों में इसका विशिष्ट महत्त्व होता है।

4. अशक्तता की सीमा : यदि कोई रोगी रोगजनन के अंतिम चरण में चिकित्सक की शरण में आता हो, तो रोकथाम का एकमात्र उद्देश्य रोग के कारण रोगी में उत्पन्न

अशक्तता को सीमित करना ही रह जाता हैं। इस रोकथाम का उद्देश्य रोग की प्रक्रिया पर रोगी को क्षति पहुँचाने से उसमें अशक्तता उत्पन्न होने की बीच की अवधि में ही रोक लगाना होता है।

5. पुनर्वास : पुनर्वास की परिभाषा : व्यक्ति को कार्यात्मक क्षमता के सर्वोच्च संभव स्तर का प्रशिक्षण और पुनः प्रशिक्षण प्रदान करने के लिए चिकित्सकीय, सामाजिक, शैक्षणिक और व्यावसायिक उपायों का संयोजित और समन्वित प्रयोग करना है। इसमें अशक्त और विकलांग बनाने की दशाओं के प्रभाव को कम करने तथा अशक्त और विकलांग व्यक्ति को समाज में तालमेल स्थापित करने के लिए अपेक्षित सभी उपाय अंतर्निहित हैं। समाज में तालमेल स्थापित करने का अर्थ है सामुदायिक जीवन की मुख्य धारा में अशक्त और विकलांग व्यक्तियों की सक्रिय भागीदारी सुनिश्चित करना।

जन-आयुर्विज्ञान

जन आयुर्विज्ञान का उल्लेख स्वास्थ्य, जन स्वास्थ्य, निवारक आयुर्विज्ञान, सामाजिक आयुर्विज्ञान या सामुदायिक आयुर्विज्ञान के रूप में किया जाता है। ये सभी स्वास्थ्य संवर्धन और रोग निवारण की दिशा में समान रूप से उपयोगी होते हैं।

स्वास्थ्य विज्ञान

'स्वास्थ्य विज्ञान' अंग्रेजी के शब्द (Hygiene) का हिंदी रूप है जिसकी व्युत्पत्ति यूनानी भाषा के शब्द (Hygeia) से हुई है जो यूनान की पौराणिक कथाओं के अनुसार स्वास्थ्य की देवी हैं। इनका वर्णन एक अत्यधिक सुंदर महिला के रूप में किया गया है, जिसके हाथ में एक कटोरा है जिसमें रखे पदार्थ को एक सर्प पी रहा है। सर्प स्वास्थ्य लाभ को निरूपित करता है। स्वास्थ्य विज्ञान की परिभाषा "स्वास्थ्य से संबंधित विशेष अध्ययन के रूप में दी गई है जिसमें स्वस्थ जीवन के लिए आवश्यक सभी कारक अंतर्निहित हैं।"

जन स्वास्थ्य

'जन स्वास्थ्य' शब्द सन 1840 ई. के आसपास व्यापक प्रयोग में आया। यह शब्द जनता को संचारी रोगों से बचाने की आवश्यकता के फलस्वरूप सामान्य रूप से प्रयोग में लाया जाने लगा। बाद में 1848 ई. में जनता के स्वास्थ्य की रक्षा करने, संवर्धन प्रदान करने और बनाए रखने के लिए समाज द्वारा किए गए संगठित प्रयास को एक निश्चित रूप प्रदान करने के लिए इंग्लैंड में "जनस्वास्थ्य अधिनियम" पारित किया गया जिससे यह शब्द एक बार फिर से एक कानूनी शब्द के रूप में सामने आया। अपने वर्तमान रूप में जन स्वास्थ्य विज्ञान–सम्मत विषयों उदाहरण के लिए (रोग विज्ञान, जैव सांख्यिकी, प्रयोगशाला विज्ञान, समाज विज्ञान, जनसांख्यिकी) तथा कौशल और कार्यनीतियों (उदाहरण के लिए रोग वैज्ञानिक अन्वेषणों, योजना–निर्माण और प्रबंधन, रोकथाम, निगरानी, मूल्यांकन) का संयोजित रूप है और ये सभी जनता के स्वास्थ्य के अनुसरण और संवर्धन की दिशा में कार्य करते हैं।

त्वरित समीक्षा

1. स्वास्थ्य विज्ञान : इसमें स्वास्थ्य संबंधी विशिष्ट अध्ययन किया जाता है। यह हमें बताता है कि स्वास्थ्य का संरक्षण और संवर्धन किस प्रकार किया जाना चाहिए। यह शब्द अंग्रेजी के (Hygiene) शब्द का हिंदी रूप है जिसकी व्युत्पत्ति यूनानी भाषा के (Hygeia) शब्द से हुई है जो यूनान की पौराणिक कथाओं के अनुसार स्वास्थ्य की देवी है।

2. जन स्वास्थ्य : सन् 1850 ई. तक चिकित्सा शास्त्र केवल रोगों के उपचार तक ही सीमित था। औद्योगिक क्रांति के फलस्वरूप शहरों में फैक्ट्रियाँ लगाई गईं और ग्रामीण क्षेत्रों से इन फैक्ट्रियों में काम करने के लिए लोग आकर फैक्ट्रियों के पास झोपड़–पट्टियों में रहने लगे। बहुत अधिक संख्या में लोगों के अस्वास्थ्यकर परिस्थितियों में रहने के कारण यूरोप के लगभग सभी शहरों में हैजा एक बड़ी महामारी के रूप में फैला जिसके कारण बहुत अधिक संख्या में लोग मारे गए। यह निर्णय लिया गया कि सरकार का यह कर्त्तव्य है कि वह जन स्वास्थ्य सेवाएं (मुख्य रूप से जल आपूर्ति तथा मल और कचरा निपटान सेवा) उपलब्ध कराए तथा महामारियों को फैलने से रोके। यह जन स्वास्थ्य सेवा की शुरूआत थी। 1848 ई. में इंग्लैंड में पहला जन स्वास्थ्य अधिनियम पारित किया गया जिसके अंतर्गत सरकार को जनता के स्वास्थ्य की देखरेख करने का उत्तरदायित्व सौंपा गया। हालांकि शुरू में जन स्वास्थ्य केवल स्वच्छता में वृद्धि करने और संचारी रोगों को नियंत्रित करने तक ही सीमित था किंतु बाद में कुछ नई सेवाएं भी जन स्वास्थ्य की परिधि में आईं। ये सेवाएं थीं : औद्योगिक श्रमिकों के मामले में महिला और बाल स्वास्थ्य संबंधी सेवाएं (प्रसवपूर्व और प्रसव

पश्चात् स्वास्थ्य सेवाएं और बाल स्वास्थ्य सेवा), स्कूली बच्चों को स्वास्थ्य सेवा, मानसिक स्वास्थ्य सेवा आदि। अतः जनस्वास्थ्य में रोगों के उपचार, रोगों के निवारण और लोगों के स्वास्थ्य में सुधार लाने के लिए सरकार द्वारा उपलब्ध कराई जाने वाली सभी सेवाएं शामिल हैं। यह अधिकतम संख्या में लोगों को स्वस्थ बनाए रखने के लिए संसाधनों का संगठित उपयोग है।

3. निवारक आयुर्विज्ञान : 18वीं शताब्दी में इंग्लैंड के कुछ जहाजी व्यापारियों को स्कर्वी नामक एक गंभीर रोग हो गया जिसके कारण अनेक लोगों की समुद्री जहाजों में ही मृत्यु हो गई। जेम्स लायण्ड ने यह पता लगाया कि जहाजियों को यह रोग उनके भोजन में विटामिन सी की कमी के कारण हुआ और समुद्री यात्रा पर जाने वाले व्यक्तियों के आहार में ताजे फल और सब्जियों को शामिल करने पर इस रोग पर पूरी तरह काबू पा लिया गया। यह निवारक आयुर्विज्ञान की शुरूआत थी। इंग्लैंड के एडवर्ड जेनर ने यह पता लगाया कि गाय को होने वाली चेचक से द्रव्य लेकर उसे यदि इंजेक्शन द्वारा चेचक से पीड़ित व्यक्ति के शरीर में पहुँचा दिया जाए तो उसे चेचक से मुक्ति दिलाई जा सकती है। रोगों की रोकथाम के लिए स्वच्छता की स्थिति में सुधार लाकर, रोगों की आरंभिक चरण में ही पहचान करने के लिए आधुनिक प्रयोगशाला विधियों का प्रयोग तथा रोग बढ़ने से रोकने के लिए नई औषधियों का प्रयोग निवारण आयुर्विज्ञान के क्षेत्र में हुई प्रगति के उदाहरण हैं।

4. सामाजिक आयुर्विज्ञान : जन स्वास्थ्य के साथ ही सामुदायिक आयुर्विज्ञान की अवधारणा भी विकसित हुई। सामाजिक आयुर्विज्ञान ऐसे कारकों और सामाजिक उपायों को प्रयोग में लाने का विज्ञान है जिनसे सामाजिक स्वास्थ्य में सुधार होता है, रोगों की रोकथाम होती है और बीमार व्यक्तियों का उपचार करने में सहायता मिलती है। इसके लिए निम्नलिखित उपाय आवश्यक हैं:

(*i*) लोगों के स्वास्थ्य की स्थिति का अध्ययन करना

(*ii*) स्वच्छता की स्थिति का अध्ययन करना

(*iii*) रोगों की रोकथाम करना और लोगों का स्वास्थ्य उन्नत बनाना

(*iv*) जनसंख्या नियंत्रण

(*v*) बीमार व्यक्तियों की देखभाल करना और उनके स्वास्थ्य लाभ हेतु आवश्यक परिस्थितियाँ उपलब्ध कराना। यह स्पष्ट है कि जन स्वास्थ्य, निवारक आयुर्विज्ञान और सामाजिक आयुर्विज्ञान के लक्ष्य एक से हैं।

5. सामुदायिक स्वास्थ्य और सामुदायिक आयुर्विज्ञान : कुछ देशों में "जन स्वास्थ्य, निवारक आयुर्विज्ञान और सामाजिक आयुर्विज्ञाान" के स्थान पर "सामुदायिक स्वास्थ्य और सामुदायिक आयुर्विज्ञान" पद का प्रयोग किया जाता है। इसमें लोगों के स्वास्थ्य के अनुरक्षण, संरक्षण और संवर्धन हेतु आवश्यक सभी तत्त्व अंतिर्निहित हैं। अब सामुदायिक आयुर्विज्ञान नामक एक अन्य शब्द भी प्रयोग में लाया जाने लगा है जिसमें "स्वास्थ्य पद" के महत्त्व पर बल दिया गया है।

6. स्वास्थ्य : रोग उत्पन्न होने के अनेक कारण हैं और इसके लिए किसी एक क़ारण का उल्लेख नहीं किया जा सकता। विश्व स्वास्थ्य संगठन द्वारा "स्वास्थ्य पद" की परिभाषा निम्नवत दी गई है :

"स्वास्थ्य पूर्ण शारीरिक, मानसिक और सामाजिक कल्याण की दशा है न कि केवल रोग या अशक्तता की अनुपस्थिति"। शारीरिक स्वास्थ्य का अर्थ है शरीर की पूर्णता की दशा जबकि शरीर के सभी तंत्र उपयुक्त रूप में काम कर रहे हों। शारीरिक स्वास्थ्य मस्तिष्क की सामान्य दशा है। यदि मानसिक स्वास्थ्य सही नहीं है तो व्यक्ति दूसरों के साथ तालमेल नहीं रख सकता और उनकी आवश्यकताएं नहीं समझ सकता। यदि उसका मस्तिष्क परेशान नहीं है तो उसका सही आत्म–नियंत्रण होता हैं। सामाजिक स्वास्थ्य का अर्थ है कि व्यक्ति को यह जानकारी होती है कि वह समाज और परिवार का सदस्य है अतः उसे अपने समाज और परिवार के प्रति कुछ उत्तरदायित्वों का वहन करना है और उनके प्रति उसके कुछ कर्त्तव्य भी हैं।

7. उत्तम स्वास्थ्य : जब किसी व्यक्ति का शारीरिक, मानसिक और सामाजिक स्वास्थ्य उपर्युक्त परिभाषा के अनुसार हो तो कहा जाता है कि उसका स्वास्थ्य उत्तम है। किंतु स्वास्थ्य एक दशा है जो कभी स्थिर नहीं रह सकती। इसमें समय–समय पर परिवर्तन होता रहता है। स्वास्थ्य की विभिन्न दशाएं एक स्पेक्ट्रम के समान होती हैं जिसे "स्वास्थ्य का स्पेक्ट्रम (Spectrum of health)" कहते हैं।

8. स्वास्थ्य का मापन : किसी समुदाय के स्वास्थ्य के सूचक हैं :

(*i*) मृत्यु दर संबंधी आँकड़े

(*ii*) रोगग्रस्तता संबंधी आँकड़े

(*iii*) स्वास्थ्य सेवाएँ

(*iv*) सामाजिक और मानसिक स्वास्थ्य

(*v*) सरकार की नीतियाँ

9. भारत में स्वास्थ्य की स्थिति : वर्तमान में भारत की जनसंख्या लगभग 125 करोड़ है जिनमें से 45% जनसंख्या 15 वर्ष से कम आयु के लोगों की है। इसमें प्रतिवर्ष 2.8% की वृद्धि हो रही है। हमारे देश में केवल 65% लोग ही साक्षर हैं। लोगों की औसत आयु 63 वर्ष है।

10. मृत्युदर : एक स्थूल अनुमान के अनुसार देश में मृत्युदर 14 प्रति हजार है। शिशु मृत्यु दर 122 प्रति हजार तथा प्रसव के दौरान मृत्यु दर 4 प्रति हजार जीवित शिशु हैं। देश में लगभग 25% मृत्यु संचारी रोगों के कारण होती हैं।

11. रोगग्रस्तता : अस्पतालों में भरती होने वाले 60% बीमार व्यक्ति संचारी रोगों के शिकार होते हैं। कुछ संचारी रोगों का उन्मूलन अभी तक संभव नहीं हो सका है। केवल चेचक का ही उन्मूलन संभव हो सका है। अभी भी जलवाहित रोग काफी प्रचलित हैं। अभी भी ट्यूबरकुलोसिस, कोढ़, पोलियो, मलेरिया जैसे रोगों से काफी अधिक संख्या में लोग प्रभावित होते हैं। पोषाहार से जुड़े रोगों से भी काफी अधिक संख्या में लोग प्रभावित होते हैं। असंचारी रोगों जैसे कि हृदय रोग, कैन्सर आदि से भी ग्रसित होने वाले लोगों की संख्या में वृद्धि हो रही हैं

12. स्वास्थ्य सेवाएं : हमारे देश में 2500 की जनसंख्या पर मात्र एक चिकित्सक उपलब्ध है। परिचारकों, दंत चिकित्सकों, तकनिशियनों आदि की संख्या भी आवश्यकता से काफी कम हैं। देश में 11000 प्राथमिक स्वास्थ्य केंद्र और 83000 उपकेंद्र कार्य कर रहे हैं। जल आपूर्ति, मल–जल व्ययन तथा कचरों के निबटान की व्यवस्था भी संतोषजनक नहीं है।

13. रोग : ऐसे रोग भी हो सकते हैं जिनका शरीर की कार्य प्रणाली या क्षमता पर बहुत कम प्रभाव पड़ता है या बिल्कुल भी प्रभाव नहीं पड़ता तथा रोग का शिकार व्यक्ति स्वस्थ दिखाई देता है।

14. रोग का प्राकृतिक इतिहास : रोगों की दो अवस्थाएं होती हैं। रोगजनन से पूर्व की अवस्था और रोगजनन की अवस्था।

रोगजनन की अवस्था वास्तव में व्यक्ति के रोगग्रस्त हो जाने की प्रक्रिया हैं। इसके अनेक चरण होते हैं जिनसे होकर रोग व्यक्ति के शरीर में अपनी जड़ें जमाता है और प्रभाव उत्पन्न करता है:

(*i*) उद्भवन अवधि (Incubation period)

(*ii*) रोगाणुओं के बहुगुणन की अवस्था

(*iii*) स्थिर अवस्था

(*iv*) रोग घटने की अवस्था

(*v*) स्वास्थ्य लाभ की अवस्था

(*vi*) रोगमुक्त हो जाना

15. रोगों की रोकथाम : निवारक आयुर्विज्ञान में रोगों की रोकथाम एक अत्यधिक महत्त्वपूर्ण कार्य है जिसके लिए रोग की संपूर्ण प्रक्रिया पर विचार करना होता है। रोगग्रस्तता की प्रक्रिया अर्थात् रोगजनन से पूर्व की अवस्था और रोकथाम की अवस्था दोनों के दौरान निवारक उपाय किए जाते हैं। रोगों की रोकथाम एक व्यापक प्रक्रिया है और यह प्रक्रिया रोग होने से पहले, रोग के दौरान और रोग की समाप्ति के बाद भी जारी रहती है। दूसरे शब्दों में यह प्रक्रिया विभिन्न स्तरों पर प्रयोग में लाई जा सकती है। ये स्तर "निवारक" या "रोकथाम के स्तर" कहलाते हैं। ऐसे 5 स्तर हैं।

16. स्वास्थ्य संवर्धन : यह सभी रोगों की रोकथाम के लिए उपयोगी है। किए जाने वाले उपाय सामान्य स्वरूप के होते हैं और उनका उद्देश्य स्वास्थ्य में सुधार लाना और उन्नत स्वास्थ्य बनाए रखना है ताकि शरीर रोगों के विरुद्ध अधिकतम प्रतिरोध आरोपित करे। इन उपायों का प्रयोग करके ऐसी दशा सृजित की जाती है जो पोषी के अनुकूल होती है न कि रोगाणुओं के।

17. विशिष्ट संरक्षण : रोगों से बचाव के लिए प्रतिरक्षक टीके लगाना, विटामिनों आदि की कमी के कारण होने वाले हीनताजन्य रोगों को उचित पूरक आहार द्वारा रोकना, श्रमिकों को उनके कार्यस्थल पर स्वास्थ्य सुरक्षा प्रदान करना, दुर्घटनाओं से बचाव के उपाय करना आदि विशिष्ट

संरक्षण के कुछ उदाहरण हैं इनके अतिरिक्त उपभोक्ता वस्तुओं और औषधियों की गुणवत्ता पर भी ध्यान दिया जाना चाहिए।

18. रोग का आरंभिक अवस्था में निदान और उपचार : इसका अर्थ है रोग की जितना शीघ्र हो सके, पहचान करना और रोगों का तत्काल उपचार करना। रोकथाम या निवारण का यह चरण रोग आरंभ होने के तुरंत बाद शुरू हो जाता है। इसे निवारण अर्थात रोकथाम कहते हैं क्योंकि इससे रोग का एक व्यक्ति से किसी दूसरे व्यक्ति में आगे फैलना रुक जाता हैं। यह प्रक्रिया असंचारी रोगों के मामले में भी अपनाई जाती हैं।

19. स्वास्थ्य लाभ पुनर्वास : रोग का उपचार कर लिए जाने के बाद भी रोकथाम या निवारण की प्रक्रिया जारी रहती है। रोग से प्रभावित व्यक्ति कभी–कभी अस्थायी या स्थायी रूप से अशक्त हो जाता है या उसके शरीर को क्षति पहुँचती है। अशक्तता का शिकार व्यक्ति यथासंभव सामान्य जीवन जीने में समर्थ होना चाहिए। अन्यथा वह दूसरों पर बोझ बन जाता है।

20. निवारण या रोकथाम : इस प्रक्रिया द्वारा हम यह सुनिश्चित करते हैं कि रोग की पुनरावृत्ति न हो। रोग के होने से पहले, रोग के दौरान और रोग मुक्ति के बाद निवारण के 5 स्तरों का उपयोग करके हम ऐसा कर सकते हैं। चेचक, डिफ्थेरिया, टिटेनस आदि जैसे कुछ रोगों की प्रतिरक्षी टीका द्वारा पूर्णतः रोकथाम की जा सकती है।

21. उन्मूलन : इस प्रक्रिया द्वारा रोग को समुदाय से पूर्णतः समाप्त कर दिया जाता है ताकि रोग का एक भी मामला प्रकाश में न आए। ऐसा चेचक के संबंध में किया गया है और अब इसका संपूर्ण विश्व से उन्मूलन कर दिया गया हैं किंतु ऐसी स्थिति मलेरिया के संबंध में प्राप्त नहीं की जा सकी है।

वस्तुनिष्ठ प्रश्न

1. रोग के अंतर्राष्ट्रीय वर्गीकरण के संबंध में निम्नलिखित में से कौन–सा कथन सत्य नहीं है?

A. इसे 10 वर्ष में एक बार संशोधित किया जाता है

B. इसे यूनिसेफ (UNICEF) द्वारा तैयार किया गया था

C. 10वें संशोधन में 21 प्रमुख अध्याय हैं

D. यह स्वास्थ्य के अन्य क्षेत्रों में प्रयोग के लिए आधार प्रदान करता है

E. इसे राष्ट्रीय और अंतर्राष्ट्रीय प्रयोग के लिए स्वीकार किया जाता है

2. सामाजिक आयुर्विज्ञान की अवधारणा सर्वप्रथम निम्नलिखित में से किसने प्रस्तुत की?

A. न्यूमैन और विर्चो B. रॉबर्ट गिट्जॉन

C. जॉन रायल D. रेने सैण्ड

E. ग्रीव

3. किसी बच्चे को विटामिन 'ए' की रोग निरोधक खुराक देने का आशय है:

A. स्वास्थ्य संवर्धन B. उपचार

C. विशिष्ट संरक्षण D. स्वास्थ्य लाभ

4. शरीर की क्रियाओं का पुनःस्थापन कहलाता है:

A. व्यावसायिक पुनर्वास

B. प्राथमिक निवारण

C. सामाजिक पुनर्वास

D. इनमें से कोई नहीं

5. प्राथमिक निवारण के संबंध में निम्नलिखित में से कौन–सा कथन असत्य है?

A. रोग के आरंभ में निदान और उपचार

B. पर्यावरण स्वच्छता

C. टीकाकरण

D. स्वास्थ्य संवर्धन

6. सामुदायिक निदान के संबंध में निम्नलिखित में से किस एक को छोड़कर अन्य सभी सत्य हैं?

A. एकत्रित किए गए कल्पित आँकड़े

B. आयु और लिंग से संबंधित अपेक्षित आंकड़े

C. अपेक्षित आयु–विशिष्ट मृत्युदर

D. प्रमुख रोगों से रोगग्रस्तता का आंकड़ा

7. बच्चों को पोलियो की दवा पिलाना निम्नलिखित में से किसके अंतर्गत आता है?

A. स्वास्थ्य संवर्धन

B. विशिष्ट संरक्षण

C. उपचार

D. स्वास्थ्य लाभ

8. निम्नलिखित में से किसे विशिष्ट संरक्षण का एक संघटक कहा जा सकता है?

A. टीकाकरण

B. एलर्जी उत्पन्न करने वाले रसायनों से बचाव

C. स्वास्थ्य पर्यावरण

D. रसायन उपचार

9. निम्नलिखित में से कौन–सा निवारण का तृतीयक स्तर है?

A. स्वास्थ्य संवर्धन

B. विशिष्ट संरक्षण

C. रोग का शुरू में ही निदान और उपचार

D. अशक्तता को सीमित करना

10. त्वचा कैंसर की ग्रीवा (Carcinoma Cervix) की पहचान के लिए की जाने वाली जाँच निम्नलिखित में से किस श्रेणी में रखी जा सकती है?

A. स्वास्थ्य संवर्धन

B. विशिष्ट संरक्षण

C. रोग का शुरू में ही निदान और उपचार

D. अशक्तता को सीमित करना

11. शरीर में लौह तत्त्व और फॉलिक अम्ल की पूर्ति के लिए किए जाने वाले उपाय हैं:

A. विशिष्ट संरक्षण B. स्वास्थ्य संवर्धन

C. स्वास्थ्य शिक्षा D. आरंभिक संरक्षण

12. स्वास्थ्य संवर्धन और संबंधित क्रियाकलाप के संबंध में आधुनिक संकल्पना के फलस्वरूप:

A. समस्या का बेहतर उपचार होता है

B. जागरूकता में वृद्धि और जीवन शैली में परिवर्तन होता है

C. रोग निरोधी सेवाएं उपलब्ध होती हैं

D. बेहतर स्वास्थ्य सेवाओं का उपयोग किया जाना संभव होता है

13. बच्चों को स्वस्थ जीवनशैली अपनाने के लिए प्रेरित करने की सबसे अच्छी विधि है:

A. आरंभिक निवारण

B. विशिष्ट संरक्षण

C. द्वितीयक निवारण

D. उच्च जोखिम के दृष्टिगत कार्य नीति अपनाना

14. निम्नलिखित में से किस एक को छोड़कर शेष सभी स्वास्थ्य को संवर्धित करने वाले क्रियाकलाप हैं?

A. समस्या का बेहतर समाधान प्रस्तुत करना

B. अधिकतम संभव जागरूकता प्राप्त करना और जीवन शैली में परिवर्तन लाना

C. रोग निरोधी सेवाएं प्रयोग में लाना

D. बेहतर स्वास्थ्य सेवाओं की उपलब्धता और अनुप्रयोग सुनिश्चित करना

15. रक्षात्मक निगरानी का प्राथमिक लक्ष्य है:

A. रोगियों की कुल संख्या जानना

B. रोग के लक्षणों को जानना

C. उपचार की विधि का निर्णय करना

D. लोगों को रोगों से संबंधित जानकारी देना

16. आरंभिक निवारण का प्रयोग किया जाता है जबकि:

A. रोग से पहले रोग की आशंका उत्पन्न हो गई हो

B. रोग की आशंका के बाद के कारकों का प्रकट होना

C. रोग अभी पूर्णतः प्रकट नहीं हुआ हो

D. कोई रोग न हो और न ही कोई जोखिम कारक हो

17. प्राथमिक निवारण के संबंध में निम्नलिखित में से कौन–सा कथन असत्य है?

A. शीघ्र निदान और उपचार

B. पर्यावरण स्वच्छता

C. टीकाकरण

D. स्वास्थ्य संवर्धन

18. धूम्रपान की आदत छुड़वाने के लिए किस प्रकार का निवारक उपाय प्रयोग में लाया जाता है?

A. आरंभिक निवारण
B. जनसंख्या (आम जनता) से जुड़ी कार्य नीति
C. उच्च जोखिम से जुड़ी कार्यनीति
D. द्वितीयक निवारण

19. निवारण का तृतीयक स्तर है:
A. स्वास्थ्य संवर्धन
B. रसायन उपचार
C. स्वास्थ्य लाभ
D. शीघ्र निदान और उपचार

20. रक्षात्मक निगरानी निम्नलिखित में से किस एक को छोड़कर अन्य सभी के लिए की जाती है?
A. एच.आई.वी. संक्रमण
B. डायरिया
C. तीव्र श्लथ (ढीला) अंगघात
D. प्रति व्यक्ति आय

21. रोगों पर नियंत्रण और उनकी पहचान से संबंधित जोखिम कारकों के निवारण हेतु निर्दिष्ट अवधारणा निम्नलिखित में से कौन–सी है?
A. आरंभिक निवारण B. द्वितीयक निवारण
C. स्वास्थ्य शिक्षा D. प्राथमिक निवारण

22. कुल रोगग्रस्तता का निर्धारण निम्नलिखित में से किसके द्वारा किया जाता है?
A. सक्रिय निगरानी B. निष्क्रिय निगरानी
C. रक्षात्मक निगरानी D. वार्षिक सर्वेक्षण

23. कैंसर ग्रस्त कोशिकाओं या कैंसर ग्रस्त होने से पूर्व कोशिकाओं की कैंसर ग्रस्तता की जाँच करना निम्नलिखित में से किसका उदाहरण है :
A. निवारण का प्राथमिक स्तर
B. निवारण का द्वितीयक स्तर
C. निवारण का तृतीयक स्तर
D. उपर्युक्त में से कोई नहीं

24. रोगग्रस्त होने की आवृत्ति को स्वीकार्य सीमा के भीतर रखना कहलाता है:
A. रोग नियंत्रण B. रोग निवारण
C. रोग उन्मूलन D. रोग निगरानी

25. सूची I (क्रियाकलापों) का सूची II (निवारण के स्तर) से मिलान कीजिए तथा सूची के नीचे दिए गए कूट से सही उत्तर का चयन कीजिए:

सूची I :
(*a*) रोग ग्रस्त हो जाने के बाद टीके द्वारा रोग निरोधन
(*b*) उच्च तनाव की जाँच
(*c*) कोढ़ के उपचार हेतु शल्य चिकित्सा
(*d*) लोगों में मोटापे की उच्च दर को रोकना

सूची II
1. द्वितीयक स्तर का निवारण
2. तृतीयक स्तर का निवारण
3. आरंभिक निवारण
4. प्राथमिक स्तर का निवारण

कूट :

	(*a*)	(*b*)	(*c*)	(*d*)
A.	4	3	2	1
B.	4	1	2	3
C.	2	1	3	4
D.	1	2	4	3

26. रक्षात्मक निगरानी का मुख्य उद्देश्य है:
A. रोग ग्रस्त लोगों की कुल संख्या ज्ञात करना
B. रोगोपचार द्वारा रोग का निवारण
C. रोग के प्राकृतिक इतिहास से परिचित कराना
D. रोगी को रक्षात्मक औषधियाँ देना

27. निम्नलिखित में से कौन एक सामाजिक आर्थिक संसूचक है?
A. साक्षरता दर
B. परिवार आकार
C. आवास
D. जन्म के समय पर आयु–संभाविता

28. रोग के वैश्विक भार को व्यक्त करने के लिए अर्थात यह व्यक्त करने के लिए कि कोई स्वस्थ व्यक्ति रोगों से किस प्रकार प्रभावित होता है, निम्नलिखित में से किसका प्रयोग किया जाता है?
A. अशक्तता–समायोजित आयु वर्ष
B. विशेष मृत्यु दर

C. आयु संभाविता

D. आयु विशिष्ट मृत्युदर

29. बच्चों में अशक्तता का आकलन करने के लिए प्रयुक्त सर्वाधिक महत्त्वपूर्ण रोग–वैज्ञानिक उपकरण है:

A. दैनिक जीवन के क्रियाकलापों का पैमाना (ADL Scale)

B. विंग्स हैंडिकैप, व्यवहार और कौशल अनुसूची (HBS Schedule)

C. बिनेट और साइमन आई क्यू परीक्षण (IQ test)

D. आयु सूचकांक का भौतिक गुण (PQ LI)

30. रोग भार निम्नलिखित में से किसके द्वारा सर्वाधिक स्पष्ट रूप से निरूपित किया जाता है?

A. शिशु मृत्यु दर

B. अशक्तता समायोजित आयु वर्ष (DALY)

C. आयु सूचकांक का भौतिक गुण (PQLI)

D. विशेष मामलों में मृत्युसंख्या

31. केरल में शिशु मृत्युदर है:

A. 38 B. 30

C. 26 D. 16

32. स्वास्थ्य सेवाओं के उद्देश्यो में निम्नलिखित में से क्या एक शामिल नहीं है?

A. केवल आरोग्यकारी सेवाएं ही प्रदान करना

B. स्वास्थ्य संवर्धन

C. रोग का निवारण, नियंत्रण या उन्मूलन

D. उपचार और पुनर्वास

33. PQLI में निम्नलिखित में से कौन एक शामिल नहीं है?

A. प्रति व्यक्ति आय

B. जीवन का 1 वर्ष पूरा होने पर आयु–संभाविता

C. साक्षरता दर

D. शिशु मृत्यु दर

34. भारत में जीवन की भौतिक गुणवत्ता है:

A. 31 B. 43

C. 50 D. 61

उत्तरमाला

1	2	3	4	5	6	7	8	9	10
B	A	C	A	A	C	B	A	A	C
11	**12**	**13**	**14**	**15**	**16**	**17**	**18**	**19**	**20**
A	B	A	B	D	A	A	A	C	B
21	**22**	**23**	**24**	**25**	**26**	**27**	**28**	**29**	**30**
A	C	B	A	C	A	D	A	B	B
31	**32**	**33**	**34**						
D	A	A	B						

2. मूलभूत शरीर-क्रिया विज्ञान (Basic Physiology)

त्वरित समीक्षा

1. शरीर-रचना विज्ञान (Anatomy) : शरीर के विभिन्न भागों की आंतरिक संरचना का वर्णन करता है। इससे भिन्न शरीर–क्रिया विज्ञान (Physiology) शरीर की विभिन्न संरचनाओं के कार्यों का वर्णन करता है।

2. कोशिका (Cell) : जीवों के शरीर की रचनात्मक और कार्यात्मक इकाई कोशिका कहलाती है। कोशिका बाहर से कोशिका भित्ति या कोशिका झिल्ली से घिरी होती है जिसके भीतर जीवित पदार्थ होता है जिसे जीवद्रव्य (Protoplasm) कहते हैं। जीवद्रव्य के भीतर स्थित सघन भाग कोशिका का केंद्रक कहलाता है जबकि विरल भाग कोशिकाद्रव्य (Cytoplasm) कहलाता है। केंद्रक कोशिका की समग्र क्रियाओं का नियंत्रण करता है।

3. अमीबीय संचलन : कुछ प्रकार की कोशिकाएं संचलन (गति) कर सकती है। इनमें कोशिका भित्ति नहीं होती। अमीबा की कोशिका, श्वेत रक्त कोशिका आदि इस प्रकार की कोशिका के उदाहरण हैं। आरंभ में ऐसी कोशिका का एक सिरा आगे बढ़ जाता है और तब संपूर्ण कोशिका उस दिशा में प्रवाहित हो जाती है। ऐसी गति या संचलन को अमीबीय संचलन कहते हैं।

4. कोशिकाशन या भक्षकाणु क्रिया (Phagocytosis): ठोस कणों को निगल लेने की क्रिया को कोशिकाशन या भक्षकाणु क्रिया कहते हैं। कोशिकाओं में खाद्य पदार्थों और गैसों का विनिमय परासरण (Osmosis) नामक प्रक्रिया द्वारा होता है। कोशिकाओं में प्रायः चयनात्मक परासरण की क्रिया होती रहती है।

5. ऊतक (Tissue) : संरचनात्मक और कार्यात्मक दृष्टि से समान कोशिकाओं का समूह ऊतक कहलाता है, जैसेकि त्वचा का ऊतक, अस्थि का ऊतक या मांसपेशी का ऊतक, आदि।

6. अंग (Organ) : ऐसे ऊतकों के समूह को अंग कहते हैं जो एक विशेष प्रकार का कार्य कर सकते हैं। हृदय एक अंग है जो रक्त को विभिन्न अंगों में भेजता है, धमनी भी एक अंग है जो रक्त को शरीर के विभिन्न भागों में पहुँचाती है। इसी प्रकार नेत्र भी एक अंग है जिसकी सहायता से हम देख सकते हैं।

7. तंत्र : किसी विशेष प्रकार के कार्य को करने वाले अंगों का समूह अंग–तंत्र कहलाता है।

8. अस्थि तंत्र : अस्थि तंत्र या कंकाल तंत्र हमारे शरीर का ढाँचा निर्मित करता है। हमारे शरीर में कुल 206 अस्थियाँ हैं। अस्थियाँ मोटी पट्टियों से युक्त तंतुल संरचनाओं, जिन्हें स्नायु (ligament) कहते हैं, की सहायता से आपस में जुड़ी होती हैं। कुछ अस्थियाँ आपस में मिली होती हैं और उनमें कोई गति नहीं होती। जैसेकि : खोपड़ी, सेक्रम (sacrum), श्रोणि प्रदेश की अस्थियाँ।

अस्थियों के कार्य

(*i*) अस्थियां शरीर को एक निश्चित आकार और दृढ़ता प्रदान करती हैं।

(*ii*) ये शरीर के कोमल और संवेदनशील अंगों की रक्षा करती हैं।

(*iii*) इनसे मांस पेशियां जुड़ी होती हैं जिसके कारण मांस पेशियों में संकुचन संभव होता है। अस्थियां जोड़ों (अस्थि संधियों) पर गति करने में सक्षम होती हैं।

(*iv*) अस्थियां ही लाल रक्त कोशिकाओं और श्वेत रक्त कोशिकाओं का निर्माण करती हैं।

(*a*) खोपड़ी में एक बड़ी और खोखली गुहा होती है जिसे कपाल गुहा (Cranial Cavity) कहते हैं। इसमें ही हमारा मस्तिष्क अवस्थित होता है।

खोपड़ी आपस में मिली हुई अस्थियों का एक समूह या पिंड होता है। हमारे चेहरे की अस्थियाँ भी खोपड़ी का ही भाग हैं। मसूड़े से 32 दाँत लगे होते हैं। दाँत के ऊपरी भाग पर दंतधातु इनैमल होती है तथा उसके भीतर दंत मज्जा (tooth pulp) निहित होती है। दंत इनैमल शरीर की सबसे अधिक कठोर अस्थि है।

(*b*) मेरूदंड में 33 कशेरुकाएं (vertebrae) होती हैं।

(*c*) वक्ष (thorax) हमारे शरीर के धड़ का ऊपरी भाग हैं। इसमें एक अस्थिल पंजड़ होता है जिसके पिछले हिस्से पर 12 कशेरुकाएं होती हैं।

9. उदर (abdomen) : उदर शरीर के धड़ का निचला हिस्सा है। डायाफ्राम उदर का शिखर भार निर्मित करता है।

10. उदरीय गुहा में स्थित अंग हैं : 1. यकृत (Liver), 2. प्लीहा (Spleen), 3. आमाशय (Stomach), 4. छोटी और बड़ी आंत (Small and large intestine), 5. अग्न्याशय (Pancreas), 6. दो गुर्दे (Kidneys), 7. मूत्राशय। मादा में दो डिंबग्रंथियाँ या अंडाशय (Ovaries) और एक गर्भाशय (Uterus) होता हैं।

11. ऊर्ध्वपाद (Upper limbs) की अस्थियाँ हैं : 1. जत्रुक या क्लेविकल (Clavicle) जिसे कॉलर बोन भी कहते हैं, 2. अंसफलक या स्कैपुला (Scapula) 3. बांह की अस्थि या प्रगंडिका (Humerus), 4. बहिःप्रकोष्ठिका (Radius) और अंतःप्रकोष्ठिका (Ulna), 5. कलाई की 8 कार्पल अस्थियां, 6. हथेली की मेटाकार्पल अस्थियाँ और 7. अंगुलास्थियाँ (14)।

12. निम्न पाद (Lower Limbs) की अस्थियाँ हैं : 1. श्रोणि अस्थि (hipbone), 2. उरु अस्थि (femur), अर्थात जंघिकास्थि, 3. टिबिया और फिबुला (अंतर्जंघिका और बहिर्जंघिका), अर्थात टांग की अस्थियाँ, 4. टखने की 7 गुल्फ अस्थियाँ (tarsal bones), 5. पाँव की 5 प्रपदिकास्थियां (Metatarsal bones), 6. टांग की अंगुलियों की 14 अस्थियां, 7. इनके अतिरिक्त जानुफलक (Patella) घुटने की संधि के सामने स्थित एक छोटी समतल अस्थि है जो घटने की संधि की रक्षा करती हैं। इसमें कंदुक–खल्लिका संधि (ball and socket joint) होती है।

13. अस्थि भंग होने पर : अस्थि भंग होने पर अस्थि टूट या चटक जाती हैं। अस्थि के अपने स्थान से हट जाने पर संधि का संपुट (Capsule) फट जाता है और अस्थि अपनी संधि से हटकर बाहर आ जाती है।

14. पेशी तंत्र : हमारे शरीर में 580 से भी अधिक पेशियां हैं। पेशियों के कार्य हैं :

1. ये शरीर को एक निश्चित आकार प्रदान करते है,
2. मांसपेशियां अस्थियों से जुड़ी होती हैं और इन मांस पेशियों के संकुचित होने पर अस्थियां गति करती हैं जिससे शरीर में गति उत्पन्न होती है,
3. ये आंतरिक अंगों की रक्षा करती हैं। सभी मांसपेशियां परस्पर समन्वय स्थापित करके कार्य करती हैं। अतः जब प्रसारिणी पेशी (extensor muscle) संकुचित होती है तो आकोचनी पेशी (flexor muscles) प्रसरित होती है या जब आंत्र पेशियां संकुचित होती हैं तो आंत्र अवरोधिनी पेशी प्रसरित होती है।

15. पाचन तंत्र (Digestive System) : पाचन तंत्र मुखगुहा से शुरू होकर गुदा पर समाप्त होता है। पाचन तंत्र से संबंधित कुछ महत्त्वपूर्ण बिंदुओं पर बिंदु संख्या 37, 38 और 39 में विस्तार से चर्चा की गई है।

16. अमाशय के प्रवेश द्वार पर एक वलयाकार पेशी होती है जिसे जठरागम रोधिनी (cardiac sphincter) कहते हैं। यह भोजन को वापस ग्रसिका (oesophagus) में जाने से रोकती है। दूसरे सिरे पर जठरनिर्गम अवरोधिनी (pyloric sphincter) होती है जो भोजन को तभी अग्न्याशय में जाने देती है जबकि वह आमाशय में पूरी तरह पच जाए। भोजन आमाशय में 2-3 घंटे तक रहता है।

17. इमाइलेज (Amylase) : यह कार्बोहाइड्रेट को पचा कर उसे ग्लूकोस में बदल देता है। ट्रिप्सिन प्रोटीन को पचा कर उसे पेप्टाइड और एमिनो ऐसिड में बदल देता है। लाइपेज पायसीकृत वसा को वसीय अम्लों और ग्लिसरॉल में बदल देता है।

18. प्रांकुर (Villi) : प्रांकुर छोटी आंत की दीवार से निकली छोटी–छोटी उंगलियों के आकार की रचनाएं होती हैं। इनकी संख्या लाखों में होती है। प्रत्येक प्रांकुर में लसीका कोशिकाएं (Lymphatic capillaries) होती हैं जिन्हें लेटेक्स वाहिनी और रक्त कोशिकाएं कहते हैं। लेटेक्स वाहिनियां वसीय अम्लों और ग्लिसरॉल को अवशोषित करती हैं जबकि

रक्त कोशिकाएं एमिनो ऐसिड, ग्लूकोस, विटामिनों और विभिन्न लवणों आदि को अवशोषित करती हैं।

19. श्वसन तंत्र (Respiratory System) : श्वसन तंत्र में नासा मार्ग, ग्रसनी (Pharynx), कंठ (Larynx), श्वासनली, श्वसनिका तथा उसकी विभिन्न शाखाएं और उपशाखाएं शामिल हैं जो कूपिका (alveolus) नामक वायुकोश में पहुँचती हैं।

20. डायाफ्राम के संकुचित होने पर वायु छाती में पहुँचती है जिसे अंतःश्वसन (inspiration) कहते हैं। डायाफ्राम के प्रसरण पर श्वास बाहर निकालने की क्रिया निःश्वसन (expiration) कहलाती है। अंतःश्वसन और निःश्वसन की क्रियाओं को सम्मिलित रूप में श्वसन क्रिया कहते हैं।

21. रक्त के कोशिकाओं से होकर प्रवाहित होने पर लाल रक्त कोशिकाएं कूपिका में CO_2 निर्मुक्त करती हैं। इसे बाह्य श्वसन कहा जाता हैं। आंतरिक श्वसन की स्थिति में लाल रक्त कोशिकाएं ऊतक कोशिकाओं को O_2 प्रदान करती हैं तथा उनसे CO_2 लेती हैं।

22. सामान्यतः कोई भी व्यक्ति एक मिनट में 18 बार श्वास लेता है। जब हम सांस लेते हैं तो हमारे फेफड़े में जाने वाली हवा में 20.95% ऑक्सीजन और 0.4% कार्बन डाइऑक्साइड गैस होती है किंतु सांस छोड़ने पर फेफड़े से बाहर निकलने वाली हवा में 16.5% ऑक्सीजन और 4.5% कार्बन डाइऑक्साइड गैस होती है।

23. रक्त परिसंचरण तंत्र : रक्त परिसंचरण तंत्र में हृदय, धमनियाँ और कोशिकाएं तथा रक्त शिराएं शामिल हैं।

24. लाल रक्त कोशिकाएं (RBC) : ये 7 माइक्रोन के छोटे–छोटे डिस्क के समान होती हैं। इनमें हीमोग्लोबिन होता है जो फेफड़े की कूपिका से ऑक्सीजन लेकर उसे ऊतक कोशिकाओं तक पहुँचाता है। यहीं से ये कार्बन डाइऑक्साइड लेते हैं और उसे फेफड़े की कूपिका में छोड़ते हैं। प्रायः एक मि.ली.रक्त में 5 मिलियन लाल रक्त कोशिकाएं होती हैं।

25. श्वेत रक्त कोशिकाएं (WBC) : ये आकार में लाल रक्त कोशिकाओं से बड़ी होती हैं। रक्त में इनकी संख्या लगभग 5000 प्रति मि.ली. होती है। श्वेत रक्त कोशिकाएं भिन्न–भिन्न प्रकार की होती हैं। इनमें केंद्रक होता है और ये बहुगुणित हो सकती हैं। ये प्लीहा और लसीका ग्रंथियों में भी उत्पन्न होती हैं।

26. हमारे शरीर में प्रतिरक्षी कणिकाएं (antibodies) पाई जाती हैं जो हमारे शरीर को एक अन्य प्रतिरक्षात्मक तंत्र उपलब्ध कराते हैं। ये रक्त में गामा ग्लोब्यूलिन (gama globulin) में उपस्थित होती हैं।

27. रक्त बिंबाणु (Blood Platelets) : ये लाल रक्त कोशिकाओं से छोटे आकार के होते हैं। इनका कार्य रक्त को जमाने में सहायता करना है। बिंबाणुओ के टूट जाने पर रक्त में विलयशील फाइब्रिनोजेन अविलयशील फाइब्रिन या तंतुओं का रूप ले लेते हैं। फाइब्रिन के संकुचित होने पर उसमें लाल रक्त कोशिकाएं फंस जाती हैं और इस प्रकार रक्त का थक्का जम जाता हैं। श्वेत रक्त कोशिकाएं अपनी अमीबीय संचलन द्वारा थक्के से बाहर निकल जाती हैं।

1. रक्त = लाल रक्त कोशिकाएं + श्वेत रक्त कोशिकाएं + बिंबाणु + प्लैज्मा
2. लसिका = प्लैज्मा (जीवद्रव्य) + श्वेत कोशिकाएं
3. सीरम = जीवद्रव्य + फाइब्रिनोजेन
4. रक्त का थक्का = फाइब्रिनोजेन + बिंबाणु + श्वेत रक्त कोशिकाएं (रक्त के जमने में कैल्सियम के लवण और विटामिन 'के' आदि की भूमिका भी अत्यधिक महत्त्वपूर्ण होती है)।
5. जीवद्रव्य = पाचन से प्राप्त उत्पाद + उत्सर्जन का उत्पाद + हॉर्मोन + विलयशील फाइब्रिनोजेन + गामा ग्लोब्यूलिन + जल आदि।

28. हृदय छाती की बायीं ओर स्थित एक खोखला मांसपेशियों से बना अंग है। मांसपेशियों से बनी एक दीवार हृदय को दो भागों में बाँटती है। बाएं भाग में ऊपर स्थित प्रकोष्ठ बायाँ अलिंद (left auricle) और नीचे स्थित प्रकोष्ठ बायां निलय (left ventricle) कहलाता है। दायें भाग में भी ऊपरी और निचला प्रकोष्ठ होता है जिसे क्रमशः दायां अलिंद (right auricle) और दायां निलय (right ventricle) कहते हैं।

29. रक्त वाहिकाएं : रक्त वाहिकाओं में धमनियां, कोशिकाएं और शिराएं शामिल हैं।

30. धमनियाँ (Arteries) : धमनियाँ शुद्ध रक्त को हृदय से शरीर के विभिन्न भागों तक पहुँचाती हैं। फुफ्फुस धमनी (Pulmonary Arteries) को छोड़कर शेष सभी धमनियाँ ऑक्सीजनीकृत रक्त का वहन करती हैं। धमनियों के ऊपर

एक मोटा तंतुल आवरण, एक मोटा मांसपेशीय आवरण तथा निचले आवरण को निर्मित करने वाली कोशिकाओं की एक परत होती है, जिसे अंतःस्तर (endothellium) कहते हैं। धमनियाँ हमेशा रक्त से भरी होती हैं, अतः उन पर एक अनुशिथिलन दाब (diastolic pressure) लगता रहता है। प्रायः अनुशिथिलन दाब पारद स्तंभ की 80 मिमी. ऊँचाई के समतुल्य होता है। जब हृदय संकुचित होकर धमनियों में और अधिक रक्त भेजता है तो रक्त दाब में वृद्धि होती है। इसे प्रकुंचन दाब (systolic pressure) कहते हैं। सामान्यतः प्रकुंचन दाब पारद स्तंभ की 120 मिमी से 160 मिमी ऊँचाई के समतुल्य होता है। यदि अनुशिथिलन या प्रकुंचन दाब उपर्युक्त मानक स्तर से अधिक हो तो व्यक्ति उच्च रक्त दाब का शिकार होता है।

31. श्वेत रक्त कोशिकाओं सहित प्लैज्मा को लसीका (lymph) कहते हैं।

32. केशिकाएं आपस में मिलकर छोटी–छोटी शिराएं निर्मित करती हैं जो परस्पर मिलकर बड़ी शिराएं निर्मित करती हैं।

33. केवल फुप्फुस शिराओं (Pulmonary veins) में ही ऑक्सीजनीकृत रक्त होता है।

34. विभिन्न प्रकार के रक्त संचरण हैं :

(*i*) **फुप्फुसी परिसंचरण (Pulmonary circulation)** का अर्थ है रक्त का हृदय में स्थित दाएं निलय से फेफड़े से जुड़ी फुप्फुस धमनियों में और तब फेफड़े की कूपिका के चारों ओर स्थित रक्त कोशिकाओं में और तत्पश्चात् फुप्फुस शिराओं से होते हुए हृदय के बाएं अलिंद (left auricle) में परिसंचरण।

(*ii*) दैहिक परिसंचरण (systemic circulation) का अर्थ है, रक्त का बाएं निलय से महाधमनी (aorta) में और वहाँ से पूरे शरीर में स्थित धमनियों में और तब रक्त कोशिकाओं में और तत्पश्चात् शिराओं से होकर पुनः हृदय में स्थित दाएं अलिंद में परिसंचरण।

35. निवाहिका परिसंचरण (Portal circulation) : आमाशय, छोटी और बड़ी आँतों, प्लीहा तथा अग्न्याशय की शिराएं आपस में मिलकर निवाहिका–शिरा (portal vein) निर्मित करती हैं। निवाहिका–शिरा और यकृत–धमनी (hepatic artery) से रक्त यकृत में प्रवेश करता है। अतः यकृत–शिरा में यकृत–धमनी और निवाहिका–शिरा दोनों से रक्त पहुँचता है।

36. उत्सर्जन तंत्र : उत्सर्जन तंत्र शरीर में उत्पन्न अपशिष्ट पदार्थों को शरीर से बाहर निकालता है। अपशिष्ट पदार्थ शरीर की कोशिकाओं में अपचयी प्रक्रिया के कारण निर्मित होते हैं।

37. उत्सर्जन तंत्र में दो गुर्दे, त्वचा फेफड़े और बड़ी आँत शामिल हैं।

38. मूत्र में निहित पदार्थ :

(*a*) जल 96%

(*b*) यूरिया, यूरिक अम्ल, आदि

(*c*) कुछ विषैले पदार्थ और अन्य ऐसे पदार्थ जिनकी शरीर को कोई आवश्यकता नहीं है।

(*d*) कुछ खनिज लवण जो शरीर में आवश्यकता से अधिक मात्रा में हैं।

गुर्दे (वृक्क) की कार्यात्मक इकाई को वृक्काणु (Nephron) कहते हैं।

39. फेफड़े CO_2 और ज़ल का वाष्प रूप में उत्सर्जन करते हैं।

40. त्वचा वृक्कों की यूरिया, यूरिक अम्ल, कुछ मात्रा में CO_2, लवण आदि जैसे अपशिष्ट पदार्थों के अपनी स्वेद ग्रंथियों के माध्यम से स्वेदन (perspiration) द्वारा उत्सर्जन में सहायता करती है।

41. तंत्रिका तंत्र (Nervous system) : तंत्रिका तंत्र में निम्नलिखित शामिल हैं :

(*a*) केंद्रीय तंत्रिका तंत्र जिसमें मस्तिष्क, मेरू रज्जु और तंत्रिकाएं शामिल हैं

(*b*) स्वचालित तंत्रिका तंत्र जिसमें अनुकंपी (Sympathetic) और परानुकंपी (Parasympathetic) तंत्रिकाएं शामिल हैं।

42. तंत्रिकोशिका (Neuron) मानव शरीर की सबसे बड़ी कोशिका है जबकि यकृत (Liver) मानव शरीर का सबसे बड़ा भाग (Gland) है।

43. मस्तिष्क में 1. प्रमस्तिष्क (cerebrum), 2. अनुमस्तिष्क (cerebellum), 3. पोन्स (pons) और 4. मेडुला

ऑब्लांगेटा (medulla oblongata) निहित होते हैं। मेडुला ऑब्लांगेटा मेरु रज्जु के रूप में नीचे तक जाता है।

44. मेडुला ऑब्लांगेटा मेरु रज्जु का ऊपरी विस्तारित भाग है। इसके निचले सिरों पर प्रमस्तिष्क से तंतुएं दूसरी ओर काटती हुई होती हैं। यह श्वसन और हृदय की धड़कन को नियमित करती है तथा रक्त चाप और शरीर के तापमान को नियंत्रित करती है। मेडुला ऑब्लांगेटा को चोट लगने पर व्यक्ति की तत्काल मृत्यु हो जाती है।

45. प्रतिवर्ती क्रिया (Reflex Action) : यदि हमारे हाथ की त्वचा से कोई गरम वस्तु छू जाए तो त्वचा से संवेदी आवेग मस्तिष्क तक जाने के बजाय संबद्ध तंतुओं तक जाता है जहाँ से तत्काल कार्रवाई करने का निर्देश हाथ की पेशियों को दिया जाता है। जिससे हाथ तत्काल उस गरम वस्तु से दूर हट जाता है। अतः इस स्थिति में मस्तिष्क द्वारा सोच–विचार किए बिना कार्रवाई की जाती है जो तत्काल होती है।

46. प्रजनन तंत्र : अन्य तंत्रों से भिन्न पुरुषों व महिलाओं के प्रजनन तंत्र में काफी अंतर होता है।

पुरुषों के प्रजनन तंत्र में निम्नलिखित शामिल होते हैं:

(*a*) वृषण (testes) जहाँ शुक्राणु बनते हैं।

(*b*) शुक्रवाहक (vas deferens) जिससे होकर शुक्राणु गति करते हैं।

(*c*) शुक्राशय (seminal vesicle) में शुक्राणु जमा होते हैं।

(*d*) स्खलनीय वाहिनी (ejaculatory duct) इससे होकर शुक्राणु मूत्रमार्ग में आते हैं और अंत में शिश्न से होकर विसर्जित हो जाते हैं।

47. महिलाओं में प्रजनन तंत्र : महिलाओं के प्रजनन तंत्र में निम्नलिखित शामिल होते हैं :

(*a*) उदर के निचले भाग में दो अंडाशय। प्रतिमाह एक अंडाणु विसर्जित होता है।

(*b*) अंडाणु डिंबवाहिनी नली (fallopian tube) से होकर गर्भाशय में पहुँचता है।

(*c*) यदि अंडाणु को शुक्राणु निषेचित कर दे तो निषेचित अंडाणु गर्भाशय की दीवार से चिपक जाता है और गर्भाधान की स्थिति आरंभ हो जाती है।

(*d*) अंडाणु के निषेचित न होने पर अनिषेचित अंडाणु गर्भाशय की दीवार से रक्त आदि के साथ योनि मार्ग से होकर ऋतुस्राव के रूप में बाहर निकल जाता है।

48. प्रत्येक 28 दिनों के बाद दोनों में से किसी भी एक अंडाशय से एक अंडाणु विसर्जित होता हैं। अतः प्रत्येक 28 दिन के बाद ऋतुस्राव होता है।

49. (Tubectomy) ट्यूबेक्टोमी डिंबवाहिनी नली का विच्छेदन कहलाता है। यह महिलाओं में परिवार नियोजन की स्थाई विधि है। यह ऑपरेशन पुरुषों में परिवार नियोजन के लिए की जाने वाली वैसेक्टोमी की तुलना में अधिक कठिन होता है। अंडाशय एक आंतरिक स्राव उत्पन्न करता है जिससे औपचारिक लैंगिक चरित्र निर्धारित होता है।

50. अंतःस्रावी ग्रंथियाँ : ग्रंथिल तंत्र में कई प्रकार की ग्रंथियाँ शामिल हैं :

पाचन तंत्र की ग्रंथियाँ हैं :

(***a***) **लार ग्रंथि :** लार ग्रंथियों में दो कर्णपूर्व ग्रंथियाँ (parotid glands), दो अधोजंभ ग्रंथियाँ (submaxillary glands), और दो अधोजिह्वा ग्रंथियाँ (sublingual glands) शामिल होती है। इन ग्रंथियों से लार स्रावित होती है। लार में टायलिन (Ptyalin) निहित होता है जो स्टार्च को पचाकर माल्टोस में बदल देता है।

(***b***) आमाशय की दीवार पर स्थित ग्रंथियाँ जठर रस स्रावित करती हैं। जठर रस में हाइड्रोक्लोरिक अम्ल, रेनिन और पेप्सिन निहित होते हैं। हाइड्रोक्लोरिक अम्ल से मिलकर दूध फट जाता है और यह अम्ल कुछ रोगाणुओं को भी मार देता है।

51. यकृत मानव शरीर की सबसे बड़ी ग्रंथि है। यह उदर के ऊपरी भाग में दायीं ओर स्थित होता है। यकृत लाल रक्त कोशिकाओं को तोड़कर पित्त बनाता है। अतः पित्त लाल रक्त कोशिकाओं के उत्सर्जन से निर्मित होता है। पित्त पित्ताशय में जमा होता है तथा पित्त वाहिका से होकर ग्रहणी (duodenum) में पहुँचता है। पित्त वसा का पायसीकरण करता है और वसा को पचाने में सहायता करता है, अतः पित्त एक स्राव भी है। पित्त वाहिका अग्न्याशय वाहिका से मिलती है और ग्रहणी में खुलती है। यकृत के निम्नलिखित कार्य हैं:

(*a*) यह पित्त निर्मित करता है।

(*b*) यह ग्लूकोस को ग्लाइकोजन में परिवर्तित कर देता है और ग्लाइकोजन का भंडारण करता है।

(*c*) रक्त में निहित विषैले पदार्थ हानिरहित उत्पाद में परिवर्तित हो जाते हैं।

(*d*) यह वसा तथा विलयशील विटामिन अर्थात विटामिन ए, डी और के का भंडारण करता है।

52. अग्न्याशय : यह ग्रहणी और प्लीहा के बीच और आमाशय के पीछे स्थित है। यह निम्नलिखित स्त्रावित करता है:

1. ट्रिप्सिन जो प्रोटीन को पेप्टाइड और एमिनो अम्ल में बदल देता है।
2. एमाइलेज जो स्टार्च और शर्करा को ग्लूकोस में बदल देता है।
3. लाइपेज जो पायसीकृत वसा को वसीय अम्ल और ग्लिसरॉल में बदल देता है। अग्न्याशय एक आंतरिक स्त्राव भी उत्पन्न करता है जिसे इंसुलिन कहते हैं।

53. प्लीहा : यह उदर के बायीं ओर ऊपरी भाग में स्थित होती है इसकी कोई वाहिका नहीं होती। प्लीहा कोई आंतरिक स्त्राव उत्पन्न करती है कि नहीं, यह जानकारी उपलब्ध नहीं है। प्लीहा टूट–फूट गईं लाल रक्त कोशिकाओं को नष्ट कर देती है और श्वेत रक्त कोशिकाएं निर्मित करती है।

54. पीयूष ग्रंथि : पीयूष ग्रंथि मस्तिष्क के आधार पर स्थित होती है। यह ग्रंथि अस्थियों की वृद्धि तथा प्रोटीन, कार्बोहाइड्रेट और वसा के चयापचय को नियंत्रित करती है। पीयूष ग्रंथि से अधिक मात्रा में स्त्राव होने पर 'अतिकायता' और कम मात्रा में स्त्राव होने पर 'स्थूलता' उत्पन्न होती है।

55. थाइरॉइड ग्रंथि : कंठ (larynx) के सामने होती है। इस ग्रंथि से अधिक मात्रा में स्त्राव होने का अर्थ है कि यह ग्रंथि अतिक्रियता की शिकार है तथा कम मात्रा में स्त्राव होना बच्चों में क्रेटीनता (इस ग्रंथि का छोटा होना) और वयस्कों में मिक्सिडिमा (इस ग्रंथि की अल्पक्रियता) का सूचक है।

56. लैंगरहैंस द्वीप : अग्न्याशय में स्थित कोशिकाओं के समूह हैं। इनसे इंसुलिन स्त्रावित होता है जो कार्बोहाइड्रेट का चयापचय नियंत्रित करता है। इंसुलिन की कमी से मधुमेह नामक रोग होता है।

57. पुरुषों में वृषण शुक्राणुओं को उत्पन्न करता है। वृषण से होने वाले आंतरिक स्त्राव से पुरुषों में लैंगिक लक्षण विकसित होते हैं।

58. महिलाओं में अंडाशय में अंडाणु उत्पन्न होते हैं। अंडाशयों से होने वाले आंतरिक स्त्राव से महिलाओं में लैंगिक लक्षण विकसित होते हैं।

59. विशेष अंग : हमारे नाक, जिह्वा, आँख और कान विशेष संवेदी अंग हैं। कंठ एक विशेष प्रेरक अंग है जिसकी सहायता से हम बोल सकते हैं।

60. 8वीं कपाल तंत्रिका (8th cranial nerve) : यह सुनने और शरीर के संतुलन को बनाए रखने में सहायता करती है।

61. डिप्लोपिया का अर्थ है एक वस्तु को दो वस्तु देखना। ऐसा नेत्र गोलक (eye ball) की मांसपेशियों के ठीक रूप में काम न करने के कारण होता है। ऐसा ऐल्कोहॉल आदि लेने के बाद होता है।

62. नेत्र श्लेष्मला (conjunctiva) में शोथ (अर्थात जलन) होना नेत्र श्लेष्मला शोथ (conjunctivitis) कहलाता है। यह एक संक्रामक रोग है। ट्रैकोमा नेत्र श्लेष्मला का एक रोग है जिसमें ऊपरी और निचली पलकें प्रभावित होती हैं।

63. कभी–कभी कॉर्निया शुष्क हो जाती है और उस पर बिटोट चित्ति (Bitot spots) आ जाता है। ऐसा विटामिन 'ए' की कमी के कारण होता है। अबिंदुकता (astigmatism) की स्थिति में कॉर्निया समान रूप से गोल नहीं होती। इस त्रुटि को दूर करने के लिए सिलिंडरी लेंस (cylindrical lens) लगाना आवश्यक होता है।

64. निकट दृष्टि दोष (myopia) नेत्र लेंस में उत्पन्न दोष है। अवतल लेंस द्वारा इस दोष को ठीक किया जा सकता है। दीर्घदृष्टि दोष (Hypermetropia) भी नेत्र लेंस में उत्पन्न दोष है। यह नेत्र दोष उत्तल लेंस द्वारा ठीक किया जा सकता है। आँख में मोतियाबिंद होने पर नेत्र लेंस अपारदर्शी हो जाता है। जिसे शल्य क्रिया द्वारा हटाना पड़ता है।

65. विटामिन 'ए' की कमी से नेत्र शलाकाओं (eye rods) में दोष उत्पन्न होता है जिससे प्रभावित व्यक्ति को रतौंधी हो जाती है और उसे रात में दिखाई नहीं देता।

वस्तुनिष्ठ प्रश्न

1. ऊँचाई वाले क्षेत्र में रहने वाले व्यक्ति में:

A. अधिक वायु ग्रहण क्षमता होगी

B. लाल रक्त कणिकाएं अधिक होंगी

C. हीमोग्लोबिन वक्र दायीं ओर चला जाता है

D. उपर्युक्त सभी

2. रक्त में कार्बन डाइऑक्साइड होता है:

A. घुली हुई गैस के रूप में

B. बाइकार्बोनेटों के रूप में

C. हीमोग्लोबिन के साथ संयोजित होकर

D. उपयुक्त सभी रूपों में

3. अधिकतम मात्रा में वायु का अंतःश्वसन करने के बाद निःश्वास में छोड़ी जा सकने वाली वायु की अधिकतम मात्रा होती है:

A. अवशिष्ट आयतन (Residual volume)

B. ज्वारीय आयतन (Tidal volume)

C. जैव क्षमता (Vital capacity)

D. कुल फेफड़ा आयतन (Total lung volume)

4. फेफड़ों की कूपिका में गैसों का आदान–प्रदान निम्नलिखित क्रिया द्वारा होता है:

A. परासरण B. सरल विसरण

C. निष्क्रिय परिवहन D. सक्रिय परिवहन

5. फेफड़े निम्नलिखित में से किससे घिरे होते हैं:

A. पेरिकार्डियम (Pericardium)

B. प्लूरा (Pleura)

C. पेरिटोनियम (Peritoneum)

D. पेरिकॉन्ड्रियम (Perichondrium)

6. डूब रहे एक व्यक्ति को डूबने से बचाने के बाद उसे 10-15 बार प्रति मिनट की दर से कृत्रिम श्वास दिया जाता है, क्योंकि:

A. इस दर पर श्वसन मार्ग का जल तेजी से हटता है

B. इस दर पर श्वसन मार्ग के अवरुद्ध होने की संभावना सबसे कम होती है

C. यह श्वसन की सामान्य दर है

D. इस दर पर फेफड़े में भर गया पानी काफी तेजी से हटता है

7. दूध के पाश्चुरीकरण का अर्थ है कि:

A. सभी जीवाणु मृत हो चुके हैं

B. रोगजनक जीवाणु मृत हो चुके हैं

C. दूध विटामिनों से समृद्ध है

D. दूध का केसीन (छेना) अंशतः निकाल लिया गया है

8. वियोज़न वक्र (Dissociation curve) निम्नलिखित में से किससे संबंधित है?

A. ऑक्सीजन B. ऑक्सी हीमोग्लोबिन

C. कार्बन डाइऑक्साइड D. कार्बनिक एनहाइड्रेट

9. क्या होगा यदि मानव शरीर अम्लीय हो जाए (अर्थात् उसका pH मान कम हो जाए)?

A. हीमोग्लोबिन की ऑक्सीजन वहन क्षमता बढ़ जाएगी

B. हीमोग्लोबिन की ऑक्सीजन वहन क्षमता घट जाएगी

C. लाल रक्त कोशिकाओं की संख्या बढ़ जाएगी

D. लाल रक्त कोशिकाओं की संख्या घट जाएगी

10. हीमोग्लोबिन–ऑक्सीजन वियोजन वक्र होता है:

A. अति परवलयिक (Hyperbolic)

B. सिग्मारूपी (Sigmoid)

C. सीधा (Straight)

D. स्थिर (Constant)

11. मेंढक के फेफड़े के सामने स्थित गुहा की कूपिका का उपकला संस्तर (epithelial lining) होता है:

A. शल्की और पक्ष्माभ (Squamous and ciliated)

B. स्तंभाकार और पक्ष्माभ (Ccolumnar and ciliated)

C. स्तंभाकार और अपक्ष्माभ (Columnar and non-ciliated)

D. शल्की और अपक्ष्माभ (Squamous and non-ciliated)

12. हीमोग्लोबिन का ऑक्सीजन वियोजन वक्र होता है:

A. सिग्माभ B. अभिनत

C. सरल रेखा D. परवलय

13. मछलियों में वाताशय निम्नलिखित में से किससे संबद्ध है:

A. द्रवस्थैतिक (Hydrostatic)

B. ध्वनि उत्पादन (Sound production)

C. गैसों का विनिमय

D. उपर्युक्त सभी

14. दर्विकाय उपास्थि (Arytenoid cartilage) निम्नलिखित में से कहाँ पाई जाती है?

A. नाक (Nose) B. कंठ (Larynx)

C. कंठिका (Hyoid) D. उरोस्थि (Sternum)

15. निम्नलिखित में से किसके संबंध में श्वसन भागफल (Respiratory Quotient, RQ) एक से कम होता है?

A. केला

B. आलू

C. निंबकुल के फल (citrus fruits)

D. एरंड बीज

16. मेंढक और अनय कशेरूकी जीवों के रक्त में ऑक्सीजन वाहक या श्वसन रंजक का नाम है:

A. हीमोसायनिन B. साइटोक्रोम

C. हीमोग्लोबिन D. इनमें से कोई नहीं

17. ऊर्जा प्राप्ति हेतु अवायवीय श्वसन द्वारा कार्बोहाइड्रेट का उपयोग करने वाले जीव में श्वसन भागफल (RQ) होता है, लगभग:

A. 0.7 B. 1.0

C. 0.9 D. अनंत

18. जिस अवस्था के दौरान श्वसन केंद्र संदमित या निरुद्ध होता है, वह अवस्था कहलाती है:

A. अनॉक्सी श्वसन (asphyxia)

B. श्वासावरोध (chocking)

C. अनॉक्सिता (anoxia)

D. दम घुटना (suffocation)

19. बिच्छू का श्वसन अंग है:

A. फेफड़ा (Lungs)

B. पुस्त फुफ्फुस (Book lungs)

C. गलफड़ा (Gills)

D. कंकतक्लोम (Ctenidia)

20. बोर प्रभाव (Bohr effect) निम्नलिखित में से किससे संबंधित है?

A. हीमोग्लोबिन में ऑक्सीजन का कम स्तर

B. रक्त में CO_2 का कम स्तर

C. लसीका में कार्बन का कम स्तर

D. रक्त में उपचित फॉस्फोरस स्तर

21. तनाव की दशा में अनुकंपी तंत्रिका द्वारा हृदय का उद्दीपन निम्नलिखित में से किसका परिणाम है?

A. ऐसीटिल कोलिन का निर्मुक्त होना

B. एड्रिनैलिन का निर्मुक्त होना

C. ऐसीटिल कोलिन का मंदित या निरुद्ध होना

D. एड्रिनैलिन का मंदित या निरुद्ध होना

22. आँख की आकृति निम्नलिखित में से किसके द्वारा अनुरक्षित की जाती है?

A. ऐक्विअस ह्यूमर (Aqueous humour)

B. विट्रिअस ह्यूमर (Uitreons humour)

C. नेत्रश्लेष्मला (Conjunctiva)

D. उपर्युक्त सभी

23. पक्ष्मों (eye lashes) का स्नेहन निम्नलिखित में से किसके द्वारा किया जाता है?

A. सेरुमिनस ग्रंथियाँ (Ceruminous glands)

B. माइबोमियन ग्रंथियाँ (Meibomian glands)

C. लैक्रिमल ग्रंथियाँ (Lacrymal glands)

D. उपर्युक्त सभी

24. अर्धवृत्ताकार नलिकाओं (Semicircular Canals) का मुख्य कार्य है:

A. ध्वनि कंपनों को समझना और संप्रेषित करना

B. जंतु को ध्वनि के स्रोत की ओर निर्देशित करना

C. ध्वनि कंपनों को समझना

D. सिर की गति को समझना

25. ऑर्गन्स ऑफ रफिनी (Organs of Ruffini) निम्नलिखित में से किसके ग्राही हैं:

A. ठंडक B. दाब

C. ऊष्मा D. स्पर्श

26. प्रमस्तिष्क का ब्रोकास एरिया और वर्निक सेंटर ऑफ एसोसिएशन एरिया (Broca's area and Wernicke centre of association area) निम्नलिखित में से किससे संबंधित है?

A. स्मृति B. ऐच्छिक क्रिया
C. ब्लाइंड स्पॉट D. उपर्युक्त A और B दोनों

27. खरगोश में दृष्टि में सहायता हेतु उसके नेत्रों से जुड़ी संरचना कहलाती है:
A. कॉर्पस कैलोसम (Corpus callosum)
B. कॉपारा क्वाड्रीजेमिना (Corpora quadrigemina)
C. कॉर्पस एल्बिकैन्स (Corpus albicans)
D. हिप्पोकैम्पस (Hippocampus)

28. एक आँख की रेटिना में अवनमन जो केवल शंकुओं को दबाता है, कहलाता है:
A. अंधबिंदु (Blind spot)
B. फोविया सेन्ट्रेलिस (Fovea centralis)
C. फेनेस्ट्रा रोटंडा (Fenestra rotunda)
D. लाल केंद्रक

29. ध्वनि के संबंध में सही प्रतिवर्ती क्रिया के लिए यह आवश्यक है कि हमारी निम्नलिखित आंतरिक संरचना ठीक ढंग से काम कर रही हो:
A. मेरुरज्जु B. अनुमस्तिष्क
C. हाइपोथैलेमस D. मेडुला ऑब्लांगोटा

30. मनुष्य की निम्नलिखित में से कौन–सी कपाल तंत्रिका संवेदी और प्रेरक दोनों हैं?
A. दृक्तंत्रिका (Optic Nerve)
B. वेगस तंत्रिका (Vagus Nerve)
C. घ्राण तंत्रिका (Olfactory Nerve)
D. त्रिशाखी तंत्रिका (trigeminal Nerve)

31. गुच्छिकापूर्व अनुकंपी तंतु (preganglionic sympathetic fibres) होते हैं:
A. ऐड्रिनर्जिक (adrenergic)
B. कोलीनर्जिक (cholinergic)
C. सिनर्जिक (synergic)
D. हाइपरगोनिक (hypergonic)

32. एटोकोनियम निम्नलिखित में से किसमें पाया जाता है?
A. परिलसीका (Perilymph)
B. रुधिरलसीका (Haemolymph)
C. सायनोवियल तरल (Synovial fluid)
D. ओटोलिथ झिल्ली (Otolith membrane)

33. यदि तंत्रिका आवेग की दिशा उलट जाए तो यह स्थिति कहलाती है:
A. एक्सो–एक्सोनिक (Axo-axonic)
B. एक्सो डेन्ड्रिटिक (Axo-dendritic)
C. एक्सो–एक्सन डेन्ड्रिटिक (Axo-axon dendritic)
D. उपर्युक्त में से कोई नहीं

34. ओरा सेराटा (Ora-serrata) है:
A. प्रोटोकॉर्डेटों की मुख गुहा
B. रेटिना के संवेदी भाग का अग्रसिरा
C. मेंढक की मुख गुहा में उपस्थित ग्रंथि
D. कान की दृति (utriculus) का एक भाग

35. वृक्षविन्यास (arbor vitae) में मुख्य रूप से निम्नलिखित अंतिर्निहित होते हैं:
A. धूसर द्रव्य
B. तंत्रिबंधी कोशिकाएं (Neuroglial cells)
C. सफेद द्रव्य
D. उपर्युक्त सभी

36. निम्नलिखित में से किस ग्रंथि से स्राव तंत्रिकास्रावी तंत्रिका तंत्रिकाक्ष से होता है?
A. पिनियल (Pineal)
B. एड्रिनल कोर्टेक्स (Adrenal cortex)
C. अग्र पीयूष ग्रंथि
D. पश्च पीयूष ग्रंथि

37. स्तनधारी जंतुओं में अनुकंपी तंत्रिकाएं निम्नलिखित में से कहाँ से उत्पन्न होती हैं?
A. सेक्रमी क्षेत्र (Sacral region)
B. ग्रीवा क्षेत्र (Cervical region)
C. वक्षकटि क्षेत्र (Thoraco- lumbar region)
D. तीसरा, सातवाँ, नौवाँ और दसवाँ कपाल क्षेत्र

38. स्तनधारियों की त्वचा में पैसीनियन कणिकाएं (Pacinian corpuscles) निम्नलिखित में से कहाँ उत्पन्न होती है?
A. एक प्रकार की ग्रंथि
B. दर्द ग्राही ग्रंथि
C. नग्न स्पर्श ग्राही ग्रंथि
D. संपुटि दाब ग्राही

39. आमाशय में दर्द की संवेदना निम्नलिखित में से किसके कारण होती है?

A. अंतर ग्राही ग्रंथियों (Interoreceptors)
B. बाह्य ग्राही ग्रंथियों (exteroreceptors)
C. स्वांतर ग्राही (Proprio receptors)
D. दूरग्राही (Teloreceptors)

40. रक्त प्लाज्मा में उपस्थित रुधिर धूल को कहते हैं:
A. रक्त बिंबाणु (Blood platelets)
B. वसालसीकाणु (Chylomicrons)
C. हीमोकोनिया (Haemoconia)
D. वसालसीकामेह (Chyluria)

41. मानव में हृद्चक्र (cardiac cycle) को पूरा होने में लगने वाला समय होता है, लगभग:
A. 0.5 सेकेंड B. 1.0 सेकेंड
C. 1.2 सेकेंड D. 0.8 सेकेंड

42. उदासीनरंजकों (neutrophils) का शोथ स्थलों तक संचलन निम्नलिखित के कारण होता है:
A. हार्मोन का निर्मुक्त होना
B. रसायन–अनुचलन (Chemotaxis)
C. ऐंटीजनों की सक्रियता
D. ऐंटीजनों को सक्रिय बनाना

43. लाल रक्त कोशिकाएं प्रायः यकृत में वियोजित होती हैं जबकि श्वेत रक्त कोशिकाएं वियोजित होती हैं:
A. प्लाज्मा में
B. लसीका में
C. शरीर की विभिन्न कोशिकाओं में
D. रक्त प्रवाह से बाहर

44. हृदय से दूरी बढ़ने के साथ ही धमनियों के पेशीय संस्तर की प्रत्यास्थता और परिमाण दोनों में:
A. कमी आती है B. स्थिरता आ जाती है
C. मामूली कमी आती है D. वृद्धि होती है

45. स्पंद दाब (Pulse pressure) अनुशिथिलन दाब और प्रकुंचन दाब का अंतर होता है जो पारद स्तंभ की ......मिमी ऊँचाई के समतुल्य होता है।
A. 40 B. 30
C. 10 D. 80

46. गति प्रेरक (Pacemaker) तब लगाया जाता है जबकि निम्नलिखित में से एक त्रुटिपूर्ण हो:
A. SA निस्पंद B. AV निस्पंद
C. पुरकिंजे तंतु D. रेखा पूल

47. थ्रोम्बोप्लास्टिन निम्नलिखित में से किसके द्वारा स्रावित होता है?
A. बिंबाणु (Platelets)
B. लसीकाणु (Lymphocytes)
C. सहायक T कोशिकाएं
D. मास्ट कोशिकाएं

48. रक्त परिसंचरण का पता निम्नलिखित में से किसने लगाया?
A. डार्विन B. हार्वे
C. अरस्तू D. पास्चर

49. स्तनधारियों की लाल रक्त कोशिकाओं में केंद्रक नहीं होता क्योंकि:
A. यह कोशिका के विकास के दौरान अपह्रासित हो जाता है:
B. लाल रक्त कोशिकाओं में आरंभ से ही केंद्रक नहीं होता
C. केंद्रक लाल रक्त कोशिकाओं के लिए हानिकारक होता है
D. केंद्रक के कारण लाल रक्त कोशिका का पृष्ठ क्षेत्रफल कम हो जाता है

50. यकृत निवाहिका तंत्र (Hepatic Portal System) स्थित होता है:
A. पाचनतंत्र से यकृत तक
B. वृक्क से यकृत तक
C. यकृत से हृदय तक
D. यकृत से वृक्क तक

51. अगली पीयूष ग्रंथि द्वारा स्रावित हार्मोनों की संख्या होती है:
A. 3 B. 4
C. 6 D. 8

52. वृक्कों में जल का पुनरावशोषण (reabsorption) निम्नलिखित में से किस हार्मोन के नियंत्रण के अधीन होता है?
A. LH B. ADH
C. STH D. ACTH

53. पैराथॉर्मोन (Parathormone) निम्नलिखित में से किसके द्वारा स्रावित होता है?

A. पैराथाइरॉइड ग्रंथि B. यकृत
C. पीयूष ग्रंथि D. हाइपोथैलेमस

54. निम्नलिखित में से किसे अंतःक्षेपित करने पर रक्त में कैल्सियम का स्तर बढ़ जाता है?
A. ग्लूकैगॉन (Glucagon)
B. थाइरॉक्सिन (Thyrixine)
C. पैराथॉर्मोन (Parathormone)
D. कैल्सिटोनिन (Calcitonin)

55. थाइरॉक्सिन के अतिस्राव से निम्नलिखित में से कौन–सा रोग होता है?
A. घेंघा (Goitre)
B. अवटुवामनता (Cretinism)
C. अतिकायता (Acromeglaly)
D. ऐडीसन रोग (Addison's disease)

56. महाकायता और अतिकायता निम्नलिखित में से किस हॉर्मोन के अतिस्राव के कारण होता है?
A. ADH B. GH
C. STH D. इनमें से कोई नहीं

57. निम्नलिखित में से कौन–सी रक्त की आपात ग्रंथि है?
A. थाइमस
B. वृषण
C. ऐड्रिनल अधिवृक्क ग्रंथि
D. पीयूष ग्रंथि

58. निम्नलिखित में विषम पद का चयन कीजिएः
A. कॉर्टिकोट्रोपिन B. वैसोप्रेसिन
C. नॉनएड्रिनैलिन D. प्रोलैक्टिन

59. प्रोटीन हॉर्मोनों के ग्राही अवस्थित होते हैंः
A. कोशिकाद्रव्य में
B. कोशिका की सतह पर
C. केंद्रक में
D. अंतर्जीवद्रव्यी जलिका में

60. प्रोजेस्टेरॉन हॉर्मोन निम्नलिखित में से किस ग्रंथि द्वारा स्रावित होता है?
A. कॉर्पस कैलोसम B. कॉर्पस ल्युटियम
C. कॉर्पस ऐल्बिकन्स D. थायमस

61. सेक्रेटिन (Secretin) निम्नलिखित में से किसे उद्दीपित करता है?
A. फेफड़ा B. पित्ताशय
C. अग्न्याशय D. जठर ग्रंथि

62. पैराथॉर्मोन निम्नलिखित में से क्या कार्य करता है?
A. सीरम कैल्सियम स्तर में वृद्धि
B. सीरम कैल्सियम स्तर में कमी
C. रक्त शर्करा स्तर में वृद्धि
D. रक्त शर्करा स्तर में कमी

63. निम्नलिखित में से कौन स्टेरॉइड हार्मोन की श्रेणी में नहीं आता?
A. ऐल्डोस्टेरोन (Aldosteron)
B. ऐंड्रोजन (Androgen)
C. एस्ट्रोजन (Estrogen)
D. थाइरॉक्सिन (Thyroxine)

64. पीयूष ग्रंथि निम्नलिखित में से किसके नियंत्रण में काम करती है?
A. पिनियल ग्रंथि B. थायरॉइड ग्रंथि
C. ऐड्रिनल ग्रंथि D. हाइपोथैलेमस

65. मूत्र की सांद्रता के लिए निम्नलिखित में से कौन–सा हॉर्मोन उत्तरदायी है?
A. वैसोप्रेसिन B. पिटोसिन
C. थाइरॉक्सिन D. रेनिन

66. एफ.एस.एच. निम्नलिखित में से किसके द्वारा उत्पन्न किया जाता है?
A. थायरॉइड ग्रंथि B. पश्च पीयूष ग्रंथि
C. अग्र पीयूष ग्रंथि D. जनन ग्रंथि

67. मेडियन एमिनेन्स (Median eminence) निम्नलिखित में से किसका एक भाग है?
A. तंत्रिका हाइपोफिसिस (Neurohypophysis)
B. पार्स इंटर मीडिया
C. एड्रिनोहाइपोफिसिस
D. पार्स डिस्टेलिस

68. रजोनिवृत्ति (Menopause) के समय मूत्र स्राव में किसकी वृद्धि हो जाती है?
A. एस टी एच B. एल टी एच
C. एम एस एच D. एफ एस एच

69. पीयूष ग्रंथि निम्नलिखित में से किसके द्वारा मूत्र निर्माण को प्रभावित करती है?

A. थाइरॉक्सिन B. ए सी टी एच
C. ऑक्सिटोसिन D. ए डी एच

70. निम्नलिखित में से कौन–सा शब्द युग्म संबंधित हॉर्मोन के अतिस्राव से उत्पन्न होने वाला दोष है?
A. अतिकायता और नेत्रोत्सेधी गलगंड (Gigantism and exophthalmic goitre)
B. मंगोलिज्म और क्रेटीनता (अवटुवामनता)
C. क्रेटीनता, मधुमेह (डायबिटीज मेलिटस) और घेंघा
D. सूखा रोग और मधुमेह

71. घेंघा (goitre) नामक रोग निम्नलिखित में से किससे जुड़ा है?
A. ग्लुकागोन B. थायरॉक्सीन
C. प्रोजेस्टेरॉन D. टेस्टोस्टेरोन

72. निम्नलिखित में से कौन–सा रोग एक अंतःस्रावी ग्रंथि द्वारा अतिस्राव के कारण होता है?
A. नेत्रोत्सेधी गलगंड B. अति तनाव
C. अतिकायता D. सामान्य घेंघा रोग

उत्तरमाला

1	2	3	4	5	6	7	8	9	10
D	D	C	B	B	D	A	B	B	B
11	**12**	**13**	**14**	**15**	**16**	**17**	**18**	**19**	**20**
D	A	D	B	D	C	D	C	B	A
21	**22**	**23**	**24**	**25**	**26**	**27**	**28**	**29**	**30**
B	B	D	D	C	D	B	B	A	B
31	**32**	**33**	**34**	**35**	**36**	**37**	**38**	**39**	**40**
B	B	A	B	C	D	C	D	A	B
41	**42**	**43**	**44**	**45**	**46**	**47**	**48**	**49**	**50**
D	C	B	B	D	A	A	B	D	B
51	**52**	**53**	**54**	**55**	**56**	**57**	**58**	**59**	**60**
C	B	A	C	B	B	C	C	B	B
61	**62**	**63**	**64**	**65**	**66**	**67**	**68**	**69**	**70**
C	A	D	D	A	C	A	D	D	A
71	**72**								
B	D								

3. जानपदिक रोग विज्ञान (महामारी विज्ञान) (Epidemiology)

जानपदिक रोग विज्ञान निवारक और सामाजिक आयुर्विज्ञान का आधारभूत विज्ञान है। यद्यपि इस संबंध में प्राचीनकाल से ही प्रगति की जाती रही है किंतु इस विज्ञान में वर्तमान शताब्दी के आरंभ तक काफी कम प्रगति हुई। गत तीन दशकों के दौरान जानपदिक रोग विज्ञान में काफी तीव्र प्रगति हुई है।

परिभाषा

जानपदिक रोग विज्ञान की परिभाषा जॉन एम लास्ट द्वारा वर्ष 1988 में निम्नवत रूप में दी गई : "यह किसी विनिर्दिष्ट आबादी के लोगों में स्वास्थ्य संबंधी दशाओं या घटनाओं के वितरण और उन्हें निर्धारित करने वाले घटकों या अवयवों का अध्ययन है तथा स्वास्थ्य समस्याओं के समाधान हेतु इस अध्ययन का उपयोग करना है।

जानपदिक रोग विज्ञान के लक्ष्य

अंतर्राष्ट्रीय जानपदिक रोग वैज्ञानिक संघ आई.ई.ए. के अनुसार, इस विज्ञान के निम्नलिखित तीन प्रमुख लक्ष्य हैं:

(*a*) मानव आबादी में स्वास्थ्य और रोग से संबंधित समस्याओं के वितरण और परिभाषा का वर्णन करना।

(*b*) रोग के रोगजनन में जोखिम संबंधी कारकों का वर्णन करना।

(*c*) रोग के रोकथाम, नियंत्रण और उपचार के लिए दी जाने वाली सेवाओं के संबंध में योजना तैयार करने, उनके क्रियान्वयन और मूल्यांकन हेतु आवश्यक आँकड़े उपलब्ध कराना तथा उन सेवाओं के बीच प्राथमिकताएं निर्धारित करना।

इन उद्देश्यों की पूर्ति के लिए जानपदिक रोग वैज्ञानिक अध्ययनों की तीन अपेक्षाकृत कठिन श्रेणियों का उल्लेख किया जा सकता है: विवरणात्मक अध्ययन, विश्लेषणात्मक अध्ययन, और प्रयोगात्मक या हस्तक्षेपी अध्ययन।

जानपदिक रोग विज्ञान का सर्वाधिक महत्त्वपूर्ण लक्ष्य निम्नलिखित के संबंध में प्रभावी उपाय करना है:

(*a*) स्वास्थ्य संबंधी समस्या को समाप्त या कम करना और

(*b*) संपूर्ण समाज के स्वास्थ्य और कल्याण को बढ़ावा देना।

जानपदिक रोग विज्ञान के आधारभूत मापक

जानपदिक रोग विज्ञान अन्य बातों के साथ–साथ मानव आबादी में मृत्यु दर और रोगग्रस्तता की दर की माप करता हैं। अतः पहली अपेक्षा यह है कि यह स्पष्ट किया जाए कि क्या मापना है और किन मानदंडों या मानकों के संदर्भ में माप की जानी है।

जानपदिक रोग विज्ञान में माप

जानपदिक रोग विज्ञान में मापन का क्षेत्र काफी विस्तृत और असीमित है तथा इसमें निम्नलिखित शामिल हैं:

(*a*) मृत्यु दर की माप

(*b*) रोगग्रस्तता की माप

(*c*) अशक्तता की माप

(*d*) जन्मदर की माप

(*e*) रोग के लक्षणों की उपस्थिति, अनुपस्थिति या वितरण की माप

(*f*) चिकित्सीय आवश्यकताओं, स्वास्थ्य संबंधी सुविधाओं, स्वास्थ्य सेवाओं के उपयोग और स्वास्थ्य संबंधी अन्य घटकों की माप

(*g*) ऐसे सभी पर्यावरण संबंधी और अन्य कारकों जिनसे रोग उत्पन्न होने की संभावना हो, की उपस्थिति, अनुपस्थिति या वितरण की माप करना।

(*h*) जनसंख्या में उतार–चढ़ाव की माप करना।

जानपदिक रोग विज्ञान के उपयोग

हालांकि रोगों के उत्पन्न होने और उनके कारणों का अध्ययन करना जानपदिक रोगविज्ञान का मुख्य लक्ष्य है, किंतु इसकी तकनीक का अत्यधिक व्यापक अनुप्रयोग है जिसमें न केवल रोग से संबंधित बल्कि स्वास्थ्य और स्वास्थ्य सेवाओं से संबंधित और भी अनेक महत्त्वपूर्ण क्षेत्र शामिल हैं। अधिक उपयोगी अर्थों में जानपदिक रोगविज्ञान की परिभाषा "सीखने या प्रश्न पूछने और ऐसे उत्तर प्राप्त करने जिनसे और भी अनेक प्रश्न उत्पन्न होते हैं, के एक माध्यम" के रूप में दी जाती है। इस संदर्भ में मोरिस ने जानपदिक रोग विज्ञान के सात स्पष्ट उपयोगों की पहचान की है जिनमें से पाँच जानपदिक रोग विज्ञान को रोग के कारणों की जाँच करने में भी काफी दूरगामी आयाम प्रदान करते हैं और उसे आधुनिक चिकित्सा विज्ञान के दैनिक सरोकारों के निकट लाते हैं। ये सात बिंदु निम्नवत् हैं:

1. आबादी के लोगों की रोगग्रस्तता की दर में विगत में हुई कमी-बेशी का अध्ययन करना : विन्स्टन चर्चिल ने कहा : "आप विगत की परिस्थितियों का जितना बेहतर रूप में मूल्यांकन कर सकते हैं उतने ही बेहतर रूप में आप भावी परिस्थितियों का अनुमान भी लगा सकते हैं।" जानपदिक रोग विज्ञान का पहला अनुप्रयोग इसी पहलू अर्थात् मानव आबादी की रोगग्रस्तता के विगत इतिहास के अध्ययन के पहलू से संबंधित है। यह एक सर्वविदित तथ्य है कि किसी समुदाय में स्वास्थ्य और रोगग्रस्तता का पैटर्न कभी भी स्थिर नहीं रहता है। इसमें अल्पकालिक और दीर्घकालिक आधार पर कमी–बेशी होती रहती है।

2. सामुदायिक रोग निदान : जानपदिक रोग विज्ञान का एक अनुप्रयोग यह है कि इसमें सामुदायिक रोग निदान किया जाता हैं। सामुदायिक रोग निदान का उद्देश्य प्रायः किसी समुदाय में मृत्यु दर और रोगग्रस्तता की दर और उनके अनुपातों के संदर्भ में समुदाय की स्वास्थ्य समस्याओं की पहचान और संख्या निर्धारण तथा ऐसे लोगों या समूहों जो इसके खतरे से जूझ रहे हैं या जिन्हें स्वास्थ्य सुविधा प्रदान करने की तत्काल आवश्यकता है, की संख्या निर्धारित करने के उद्देश्य से उनके सहसंबंधों की पहचान करना है। स्वास्थ्य समस्याओं से जूझ रहे लोगों की संख्या ज्ञात करने से हमारा अभिप्राय रोग नियंत्रण और निवारण में प्राथमिकताएं निर्धारित करना है।

3. योजना निर्माण और मूल्यांकन : किसी सीमित मात्रा में उपलब्ध संसाधन का यदि युक्ति–युक्त रूप में आवंटन करना हो तो इसके लिए एक सही योजना का होना अनिवार्य है। उदाहरण के लिए, विकसित देशों में किसी विशेष रोग के उपचार को ध्यान में रखे बिना बहुत अधिक संख्या में अस्पताल खोले गए हैं जो सभी प्रकार की सुविधाओं से सुसज्जित हैं। किसी काल और स्थान में स्वास्थ्य समस्याओं के उत्पन्न होने के संबंध में जानपदिक रोग विषयक सूचना उपलब्ध होने से अपेक्षित स्वास्थ्य सेवाओं के योजना निर्माण और विकास तथा लोगों की समस्याओं पर इन सेवाओं के प्रभाव का मूल्यांकन करने के लिए बुनियादी आधार प्राप्त होता है।

मूल्यांकन जानपदिक रोग विज्ञान का एक अन्य समान रूप से महत्त्वपूर्ण पहलू है। किसी रोग को नियंत्रित करने या रोग निवारण के लिए किए गए उपायों का मूल्यांकन किया जाना आवश्यक है ताकि यह जाना जा सके कि क्या किए गए उपाय रोग के पुनः प्रकट होने को रोकने या नियंत्रित करने में कारगर हैं या नहीं। किसी नियंत्रणकारी विधि जैसेकि हेपेटाइटिस का टीका लगाना आदि के मूल्यांकन के लिए यह आवश्यक है कि रोग प्रकट होने की घटना को कम करने या रोकने में उस टीके की प्रभावकारिता से लोगों को अवगत कराया जाए।

4. व्यक्ति के सामने उपस्थित जोखिम और संभावनाओं का मूल्यांकन : रोगविज्ञानियों का एक महत्त्वपूर्ण कर्त्तव्य यह है कि वे लोगों को रोगों से उत्पन्न होने वाले खतरों के विभिन्न पहलुओं से अवगत कराएं। किसी घटना के घटित होने की दर और विशिष्ट दरें जिनसे निरपेक्ष जोखिम का मापन होता है, के अतिरिक्त जानपदिक रोगविज्ञानी रोग से संबंधित किसी कारक या जिस कारक को रोग का एक कारण माना जाता है, के संबंध में सापेक्षिक जोखिम और आरोप्य जोखिम का मापन करते हैं।

5. लक्षण पहचान : चिकित्सीय दृष्टि से रोगों के लक्षणों की पहचान अलग–अलग रोगियों में जो लक्षण

सर्वाधिक पाए जाते हैं उन्हें ज्ञात करके की जाती है। यहाँ एक बात का उल्लेख करना समीचीन है कि समकालीन बालचिकित्सा साहित्य में लगभग 3000 तथाकथित लक्षणों का वर्णन किया गया है, किंतु इनमें से केवल 20 प्रतिशत ही प्राथमिक दोष माने जाते हैं। रोग वैज्ञानिक परीक्षणों का उपयोग रोग–लक्षणों को परिभाषित और परिशोधित करने के लिए किया जा सकता है। सामूहिक प्रेक्षणों द्वारा ऐसे अध्ययन अनेक रोग–लक्षणों के संबंध में मिथ्या अवधारणाओं को दुरुस्त करने में सहायक सिद्ध हुए हैं।

6. रोग के प्राकृतिक इतिहास को पूर्ण करना : रोग विज्ञान किसी आबादी में रोग के संपूर्ण अभिलक्षणों से संबंधित है। अस्पताल में आने वाले रोगियों की जाँच के आधार पर तैयार की गई रोग की तस्वीर समुदाय में विद्यमान स्थिति से काफी भिन्न है। रोग वैज्ञानिक समुदाय में किसी रोग के एजेंट, पोषी और पर्यावरण से जुड़े घटकों के संबंध में रोग पैटर्नों का अध्ययन करके चिकित्सालयों में काम कर रहे चिकित्सकों की तुलना में रोग के प्राकृतिक इतिहास की खाई को अधिक सहजता से भर सकते हैं। उदाहरण के लिए, यह जानने में कि स्थानिकारक्तता के कारण होने वाले हृदय रोग में एक–तिहाई से दो–तिहाई मामलों में रोगी की मृत्यु अचानक एक घंटे से भी कम समय में हो जाती है, ऐथिरेस्क्लेरोसिस (एक प्रकार का धमनी काठिन्य जिसमें धमनी की दीवारें कड़ी हो जाती हैं जिससे रक्त प्रवाह अवरुद्ध हो जाता है) के प्राकृतिक इतिहास को जानने में रोग विज्ञानी अधिक महत्त्वपूर्ण भूमिका निभाते हैं। अस्पतालों में किए जाने वाले अध्ययनों से इस निर्णय पर कभी भी नहीं पहुँचा जा सकता है क्योंकि अधिकांश रोगी अस्पताल पहुँच ही नहीं पाते।

7. कारणों और जोखिम के कारकों की पहचान करना : जानपदिक रोग विज्ञान आबादी के विभिन्न समूहों में रोगों के अभिलक्षणों में अंतर और परीक्षित आबादी के सदस्यों में उपस्थित रोगों के भिन्न–भिन्न अभिलक्षणों के आधार पर रोग के कारणों की जाँच करने का प्रयास करते हैं। इस संदर्भ में जानपदिक रोग विज्ञान के योगदान अनंत हैं।

त्वरित समीक्षा

जानपदिक रोग विज्ञान की परिभाषा "रोग या स्वास्थ्य संबंधी समस्याओं के वितरण और उनके कारणों के अध्ययन से संबंधित विज्ञान है।"

1. संचारी रोगों का जानपदिक रोग विज्ञान : जानपदिक रोग विज्ञान की शुरूआत वस्तुतः संचारी रोगों के अध्ययन से हुई। इस संबंध में अनेक तकनीकी पद प्रयोग में लाए जाते हैं जिनका अर्थ समझ लेना उपयोगी सिद्ध होगा।

2. संक्रमण : जब किसी संक्रामक रोग का जनक किसी मनुष्य या अन्य जंतु के शरीर में प्रवेश करके अपनी संख्या वृद्धि कर लेता है तो इसे संक्रमण कहते हैं।

3. परजीवी : पादप या जंतु मूल के सूक्ष्म जीव जो किसी मनुष्य या अन्य जंतु के शरीर के भीतर या उसके बाहर निवास करते हैं और उनसे पोषण प्राप्त करते हैं।

4. जंतुबाधा : जब कोई परजीवी किसी अन्य जंतु के शरीर के भीतरी या बाहरी भाग में स्वयं को स्थापित कर लेता है तो इसे जंतुबाधा कहते हैं।

संदूषण : जब संक्रामक एजेंट निर्जीव पदार्थों जैसे कि मृदा, जल आदि में निहित हों तो इसे संदूषण कहते हैं।

5. संसर्गज रोग : ऐसे रोग जो रोगी के साथ सीधे संसर्ग करने अर्थात् रोगी के सीधे संपर्क में आने (उसकी त्वचा को स्पर्श करने या उसके साथ लैंगिक संपर्क स्थापित करने) से फैलते हैं।

6. संचारी रोग : ऐसे सभी रोग जो एक मनुष्य से दूसरे मनुष्य में, मनुष्य से पशुओं में और पर्यावरण (वायु, जल आदि) से भी फैलते हैं। इसमें संक्रमण, जंतुबाधा या संसर्ग से होने वाले सभी रोग शामिल हैं।

7. स्थानिक रोग : ऐसे रोग जो किसी समुदाय में निरंतर उपस्थित रहते हैं और कभी भी पूर्णतः लुप्त नहीं होते (टायफाइड, मलेरिया, आदि)।

8. महामारी (जानपदिक रोग) : किसी समुदाय या क्षेत्र में होने वाला कोई रोग जो एक सामान्य स्रोत से फैलता है और प्रत्याशित सीमा से अधिक फैल जाता है (प्रत्याशित सीमा का निर्णय पिछले रिकॉर्ड के आधार पर किया जाता है)। यदि किसी समुदाय के बहुत से लोग किसी स्थानिक रोग से ग्रस्त हो जाएं तो वह स्थानिक रोग भी महामारी का रूप ले लेता है। यदि किसी रोग के फैलने की कोई भी संभावना न हो तो ऐसे रोग के कुछ मामलों को भी महामारी कहा जा सकता है।

9. सर्वव्यापी रोग : किसी एक देश से बहुत तेजी से किसी दूसरे देश में फैलने वाला रोग या जब कोई रोग एक ही समय में कई देशों में फैलने लगता है।

10. कदाचनिक रोग : जब किसी क्षेत्र में किसी रोग के बहुत कम मामले छिट–पुट पाए जाते हैं तो ऐसे रोग को कदाचनिक रोग कहा जाता है।

11. रोग प्रतिरोधक क्षमता : यदि किसी व्यक्ति के शरीर में रोगों का प्रतिरोध करने की अच्छी क्षमता हो तो संक्रमित होने पर भी ऐसे व्यक्ति में रोग के लक्षण प्रकट नहीं होते। इसे रोग प्रतिरोधक क्षमता कहते हैं तथा ऐसा व्यक्ति प्रतिरक्षित (Immune) कहलाता है।

12. उद्भवन अवधि : पोषी के शरीर में रोगाणु के प्रवेश करने तथा पोषी में रोग के लक्षण प्रकट होने के बीच की अवधि।

13. संक्रमण अवधि : वह अवधि जिस दौरान रोगग्रस्त व्यक्ति या पशु रोग को अन्य जंतुओं में फैला सकता है।

14. रोग संचरण : रोग उत्पन्न होने के तीन कारक हैं। ये हैं : एजेंट (अभिकर्ता), पोषी और पर्यावरण। संचारी रोगों के मामले में एजेंट सूक्ष्म जीव या रोगाणु और परजीवी होते हैं। वे जिन स्थानों पर होते हैं वे स्थान भंडार या आशय (reservoir) कहलाते हैं। भंडार या **आशय–संचरण के मार्ग–सुग्राह्य पोषी** एक शृंखला है तथा यदि इस शृंखला में कोई व्यवधान या रुकावट हो तो संक्रमण नहीं होता।

15. संचरण के मार्ग :

1. वायु वाहित : (*a*) बिंदुक संक्रमण, (*b*) बिंदुक केंद्रक, (*c*) संक्रमित धूल; 2. वाहक; 3. जल

16. कोशिकीय रोध क्षमता : रक्त की श्वेत रक्त कोशिकाओं ओर ऊतकों में कुछ कोशिकाओं में रोगाणुओं को नष्ट करने की शक्ति होती है। रक्त में कुछ लसीकाणु (lymphocytes) भी प्रतिरक्षी कोशिकाओं के उत्पादन को उद्दीपित करते हैं। कोशिकीय रोध क्षमता शरीर को संक्रमण से बचाने में अत्यंत महत्त्वपूर्ण भूमिका निभाती है। संक्रमण से शरीर की रक्षा के लिए शारीरिक और कोशिकीय दोनों प्रतिरक्षा व्यवस्था का उपस्थित रहना आवश्यक होता है।

17. प्राकृतिक (सहज) रोधक्षमता : इस प्रकार की रोधक्षमता सहज प्राकृतिक दशाओं में उपार्जित की जाती है। यह जीव में उसके जन्म के समय उपस्थित होती है और उसके पूरे जीवन बिना किसी परिवर्तन के बनी रहती है। मनुष्य पशुओं को होने वाले अनेक रोगों से ग्रस्त नहीं होते हालांकि वे पशुओं के संसर्ग में रहते हैं। इस प्रकार पशुओं को भी मनुष्यों के होने वाले अनेक रोग (जैसे कि हैजा, चेचक आदि) नहीं होते। ये सहज रोधक्षमता के उदाहरण हैं।

18. उपार्जित रोधक्षमता : उपार्जित प्रतिरक्षा शक्ति या तो सक्रिय होती है या निष्क्रिय। जब प्रतिरक्षा शक्ति व्यक्ति के अपने शरीर के भीतर उत्पन्न होती है तो उसे सक्रिय रोधक्षमता और जब प्रतिरक्षा शक्ति व्यक्ति को बाहर से (माता या किसी पशु या किसी अन्य व्यक्ति के शरीर से) प्रदान की जाती है तो उसे निष्क्रिय रोधक्षमता कहते हैं। प्रायः घोड़े के रक्त से प्रतिरक्षी कोशिकाएं प्राप्त की जाती हैं। यदि किसी व्यक्ति के शरीर में प्रतिरक्षा शक्ति उपलब्ध नहीं हो और उसे तत्काल इसकी आवश्यकता हो तो उसे निष्क्रिय रोधक्षमता प्रदान करना आवश्यक होता है। कभी–कभी रोग प्रतिरोधी प्रणाली के विफल होने पर शरीर प्रतिरक्षी कोशिकाएं उत्पन्न नहीं कर पाता। रक्त के द्रवीय भाग (सीरम) में प्रतिरक्षी कोशिकाएं होती हैं और उन्हें रक्त से तैयार किया जा सकता है।

19. टीकाकरण : यह किसी व्यक्ति में रोग प्रतिरोध क्षमता विकसित करने की एक कृत्रिम विधि है। यह आधुनिक चिकित्सा विज्ञान की एक महानतम उपलब्धि है। जब किसी व्यक्ति के शरीर में ऐंटीजन अंतःक्षेपित किया जाता है तो उसके शरीर में प्रतिरक्षी कोशिकाएं विकसित होती हैं। रोगाणु या उनके द्वारा उत्पन्न विष ऐंटीजन हैं। यदि उन्हें शरीर में अंतःक्षेपित किया जाए जिसे टीकाकरण कहते हैं तो व्यक्ति के शरीर में प्रतिरक्षी कोशिकाएं उत्पन्न होती हैं।

20. टीके :

जीवन क्षीणीकृत	हत निष्क्रियित	आविषाभ
1. जीवाण्वीय बी.सी.जी.	1. जीवाणुज हैजा, टायफाइड, कालीखाँसी, प्लेग	डिफ्थीरिया, टिटेनस
2. वाइरल पोलियो (ओरल) खसरा, रूबेला गलसुआ, पीत ज्वर	2. वाइरल पोलियो (साल्क), रेबिज, इंफ्लुएंजा	

21. संयोजित टीके : यदि दो या अधिक टीके मिला दिए जाएं तो उन्हें संयोजित टीका कहा जाता है। इस प्रकार केवल एक संयोजित टीका लगाकर ही एकाधिक रोगों के विरुद्ध प्रतिरोध शक्ति विकसित की जा सकती है। उदाहरणः डी.पी.टी (डिफ्थीरिया, काली खांसी, टिटेनस), एम.एम.आर (चेचक, गलसुआ, रुबेला)।

22. हिम शुष्क टीका : ये चूर्णित रूप में जीवित टीके होते हैं जिन्हें अत्यधिक निम्न तापमान (0°C से कम) पर सुरक्षित रखा जाता है। इस अवस्था में ये टीके लंबे समय तक सक्षम रहते हैं। इन्हें द्रव (सैलाइन आदि) में मिलाकर तत्काल अंतःक्षेपित कर दिया जाता है क्योंकि तब अत्यधिक शीघ्रता से इनकी जीवन–क्षमता नष्ट होने लगती है। बी.सी. जी, चेचक आदि के टीके इस श्रेणी में आते हैं।

23. संचारी रोग का निवारण और नियंत्रण : यहाँ संचारी रोग के निवारण और नियंत्रण के सामान्य तथा व्यापक सिद्धांतों पर चर्चा की गई है। प्रत्येक रोग के लिए किसी विशेष उपाय पर चर्चा प्रत्येक रोग पर की गई चर्चा के साथ की गई है क्योंकि रोग की प्रकृति के अनुसार उनमें भिन्नता होती है। ये सिद्धांत हैं :

1. अधिसूचना, 2. पार्थक्य, 3. संगरोध, 4. रोगाणुनाशन, 5. प्रतिरक्षीकरण, 6. सामान्य उपाय, 7. स्वास्थ्य शिक्षा

24. भौतिक विधि : रोगाणुनाशन हेतु दो भौतिक विधियाँ प्रयोग में लाई जाती हैं :

1. ऊष्मा उपचार, 2. विकिरण

25. रासायनिक रोगाणुनाशक पदार्थ की ठोस, द्रव और गैसीय तीनों अवस्था में पाए जाते हैं।

1. ठोस :

(*a*) चूना (CaO),

(*b*) ब्लीचिंग पाउडर ($CaOCl_2$)

2. द्रव

(*a*) अलकतरा समूह

(*b*) कार्बनिक अम्ल (फीनॉल)

3. गैस :

(*a*) फॉर्मल्डिहाइड

(*b*) एथीलिन ऑक्साइड

26. राष्ट्रीय प्रतिरक्षीकरण (टीकाकरण) कार्यक्रम

आयु	प्रतिरक्षीकरण (टीकारण)
1. 3-9 माह	1. डी.पी.टी, (डिफ्थीरिया, काली खांसी, टिटेनस) 4-6 सप्ताह के अंतर पर (प्रायः चौथे, पाँचवें और छठे माह) तीन टीके लगाए जाते हैं। 2. पोलियो टीका (मुँह में पिलाया जाने वाला) 41 से 61 सप्ताह के अंतर पर 3 खुराक (प्रायः डी.पी.टी के साथ दिया जाता है)। अब 5 खुराक पिलाने की सिफारिश की गई है। 3. बी.सी.जी टीका एक खुराक
2. 9-15 माह	1. चेचक का टीका, एक टीका
3. 18-24 माह	1. डी.पी.टी (केवल एक बूस्टर खुराक) 2. पोलियो (मुँह में पिलाया जाने वाला टीका)
4. 5-6 वर्ष	1. डी.टी (डिफ्थीरिया, टिटेनस) टीका एक बूस्टर खुराक 2. टायफॉइड का टीका 2 खुराक, 12 माह के अंतराल पर
5. 10 वर्ष	1. टिटेनस टॉक्साइड (एक बूस्टर खुराक) 2. टायफॉइड का टीका (एक बूस्टर खुराक)
6. 16 वर्ष	1. टिटेनस टॉक्साइड (एक बूस्टर खुराक 2. टायफॉइड का टीका (एक बूस्टर खुराक)
7. गर्भवती	1. गर्भधारण के 16-24 सप्ताह के बीच टिटेनस टॉक्साइड की पहली खुराक। 2. गर्भधारण के 24-32 सप्ताह के बीच टिटेनस टॉक्साइड की दूसरी खुराक।

27. प्रतिरक्षाग्लोब्युलिन : प्रतिरोधी क्षमता से युक्त व्यक्ति के रक्त से प्रतिरक्षा ग्लोब्युलिन पृथक किए जाते हैं। हालांकि यह एक अत्यधिक खर्चीली विधि है किंतु उनके द्वारा उत्पन्न प्रतिरक्षा काफी लंबे समय तक बनी रहती है। डिफ्थीरिया, टिटेनस, रैबीज, चेचक, खसरा और हेपेटाइटिस (ए और बी) से प्रतिरक्षा हेतु प्रतिरक्षाग्लोब्युलिन उपलब्ध हैं।

वस्तुनिष्ठ प्रश्न

1. महामारी के अन्वेषण का पहला चरण है:
A. स्रोत की खोज
B. नैदानिक पुष्टि
C. स्वच्छता
D. स्थल विशेष का मानचित्र तैयार करना

2. ताजा तैयार किए गए विरंजक चूर्ण (Bleaching Powder) में क्लोरीन की उपलब्धता होती है:
A. 20% B. 30%
C. 33% D. 40%

3. निम्नलिखित में से विरंजक चूर्ण के संबंध में किस एक को छोड़कर अन्य सभी कथन असत्य हैं?
A. इसमें 20% उपलब्ध क्लोरीन निहित होता है
B. मल–मूत्र को रोगाणुमुक्त करने के लिए 20% सांद्रता का विलयन प्रयोग में लाया जाता है
C. भंडारण किए जाने पर यह एक अस्थाई यौगिक है
D. इसे मल–मूत्र को रोगाणुमुक्त करने के लिए प्रयोग में नहीं लाया जाता

4. शल्य चिकित्सा हेतु प्रयोग में लाए जाने के लिए तीक्ष्ण उपकरणों को निम्नलिखित में से किसकी सहायता से विसंक्रमित किया जा सकता है?
A. विकिरण
B. लायसोल
C. तप्त वायु
D. उपर्युक्त में से कोई भी एक

5. निम्नलिखित में से कौन एक सर्वाधिक शक्तिशाली रासायनिक विसंक्रामक है?
A. फीनॉल B. लायसोल
C. डेटॉल D. पोटैशियम परमैंगनेट

6. प्रयोज्य (disposable) वस्तुओं को रोगाणुमुक्त करने की सर्वाधिक उत्तम विधि है:
A. शुष्क तापन B. दाहित्र में तपाना
C. गामा विकिरण D. क्वथन ऊष्मा

7. विश्व स्वास्थ्य संगठन (WHO) के अनुसार निम्नलिखित में से किस एक को छोड़कर अन्य सभी पर निगरानी रखने की आवश्यकता है?
A. छोटी माता (Chicken pox)
B. पीत ज्वर (Yellow fever)
C. मलेरिया (Malaria)
D. रैबीज (Rabies)

8. रासायनिक रोगनिरोधन निम्नलिखित में से किस एक को छोड़कर अन्य सभी में प्रयोग में लाया जाता है?
A. हैजा
B. प्लेग
C. चेचक
D. मेनिन्गोकोकल मेनिनजाइटिस

9. विश्व स्वास्थ्य संगठन द्वारा निम्नलिखित में से किस पर निगरानी नहीं रखी जाती है?
A. पोलियो B. मलेरिया
C. विषाणु मस्तिष्क शोथ D. पुनरावर्ती ज्वर

10. वैश्विक टीकाकरण कार्यक्रम के अंतर्गत प्राथमिक टीकाकरण कितने समय के भीतर पूरा कर लिए जाने का लक्ष्य रखा गया है?
A. 1 वर्ष B. 2 वर्ष
C. 3 वर्ष D. 5 वर्ष

11. निम्नलिखित में से कौन–सा टीका सबसे पहले दिया जाता है?
A. बी.सी.जी B. ओ.पी.वी
C. एम.एम.आर D. डी.पी.टी
E. डी.टी

12. निम्नलिखित में से किस रोग को फैलने से रोकने के लिए रोगी को अलग–थलग रखे जाने की आवश्यकता होती है?

A. खसरा B. गलसुआ
C. छोटी माता D. टिटेनस

13. संचारी रोगों के नियंत्रण में रोग के संबंध में संगरोध की अवधि निम्नलिखित में से किसके द्वारा निर्धारित होती है?

A. ऊष्मायन अवधि B. संक्रामकता अवधि
C. रोग की अवधि D. वाहक चरण

14. निम्नलिखित में से कौन–सा रोग घोषित किए जाने वाले रोग की श्रेणी में आता है?

A. छोटी माता (Varicella)
B. हैजा (Cholera)
C. मलेरिया (Malaria)
D. इंफ्लुएंजा (Influenza)

15. निम्नलिखित में से किस एक को छोड़कर अन्य सभी रोगों पर विश्व स्वास्थ्य संगठन द्वारा निगरानी रखी जाती है?

A. पुनरावर्ती ज्वर (Relapsing fever)
B. प्लेग (Plague)
C. मलेरिया (Malaria)
D. ट्यूबरकुलोसिस (Tuberculosis)

16. डी.पी.टी के टीके के भंडारण हेतु आदर्श तापमान है :

A. सामान्य तापमान B. 4 से 8°C
C. 0 से – 20°C D. इनमें से कोई नहीं

17. खसरे का टीका रेफ्रिजरेटर में कहाँ रखा जाता है?

A. शीतित ट्रे
B. फ्रीजर
C. फ्रीजर से नीचे की ट्रे
D. दरवाजे के खानों में

18. निम्नलिखित में किस एक को छोड़कर अन्य सभी जीवन क्षीणीकृत टीके हैं?

A. बी.सी.जी B. साक वैक्सीन
C. सेबिन D. खसरे का टीका

19. निम्नलिखित में से कौन एक सजीव विषाणु टीका नहीं है?

A. ओ.पी.वी
B. बी.सी.जी
C. हिब वैक्सीन
D. टायफॉइड के विरुद्ध 21 ए वैक्सीन

20. जीवन क्षीणीकृत टीके हैं:

A. ओ.पी.वी
B. हेपैटाइटिस
C. जापानी बी इन्सेफैलाइटिस
D. छोटी माता (चेचक) के टीके

21. निम्नलिखित में से कौन एक हत जीवाण्विक टीका (Killed Bacterial vaccine) है?

A. बी.सी.जी
B. डिफ्थेरिया का टीका
C. काली खांसी का टीका
D. आविषाभ

22. मानव शरीर में प्रयुक्त जीवन क्षीणीकृत टीका है:

A. इन्फ्लुएंजा
B. बी.सी.जी
C. पीत ज्वर
D. जापानी बी–इन्सेफैलाइटिस

23. निम्नलिखित में से किस एक को छोड़कर अन्य सभी सजीव विषाणु टीके हैं?

A. टायफाइड ओरल B. खसरे का टीका
C. बी.सी.जी D. काली खांसी का टीका

24. सूची I को सूची II से सुमेलित कीजिए और नीचे दिए गए कूटों से सही उत्तर का चयन कीजिए:

सूची I	सूची II
(*a*) ट्यूबरकुलोसिस	1. आविषाभ
(*b*) खसरा	2. हत जीवाणु
(*c*) डिफ्थेरिया	3. जीवन क्षीणीकृत विषाणु
(*d*) कुकुर खांसी	4. जीवन क्षीणीकृत जीवाणु

कूट :

	(*a*)	(*b*)	(*c*)	(*d*)
A.	4	3	2	1
B.	3	4	2	1
C.	3	4	1	2
D.	2	3	4	1

25. निम्नलिखित में से किस एक को छोड़कर अन्य सभी सजीव विषाणु टीके हैं?

A. खसरे का टीका B. बी.सी.जी
C. ओ.पी.वी D. हेपैटाइटिस बी का टीका

26. गौण आक्रमण दर (Secondary attack rate) से निम्नलिखित में से क्या सूचित होता है?

A. रोग की गंभीरता B. संक्रामकता

C. सांघातिकता D. इनमें से कोई नहीं

27. निम्नलिखित में से किसमें गुप्त संक्रमण नहीं होता?

A. चेचक B. छोटी माता

C. गलसुआ D. मलेरिया

28. ऊष्मायन अवधि निम्नलिखित में से किस एक को छोड़कर अन्य सभी के लिए लाभदायक होती है?

A. संगरोधन (Quarantine)

B. स्रोत पहचान (Source Identification)

C. निवारक टीकाकरण (Preventive immunization)

D. विलगन (Isolation)

29. जीव के शरीर में रोगाणु प्रवेश हो जाने के बाद अधिकतम संक्रमण प्रकट होने तक की अवधि कहलाती है?

A. ऊष्मायन अवधि (Incubation period)

B. जनन काल (Generation time)

C. क्रमिक अंतराली अग्रता अवधि (Serial interval lead period)

D. अग्रता काल (Lead time)

30. निम्नलिखित में से किसका प्रसार रोकना सर्वाधिक कठिन है?

A. रोग वाहकों (Vectors) का

B. एक मनुष्य से दूसरे मनुष्य में रोग का

C. वायुवाहित रोगों का

D. जलवाहित रोगों का

31. ऐडिज मच्छर के शरीर में पीत ज्वर के विषाणु का जीवन–चक्र होता है:

A. वर्धी चक्र (Propagative cycle)

B. चक्रवर्धी चक्र (Cydopropagative cycle)

C. चक्रविकास (Cyclo development)

D. उपर्युक्त में से कोई भी

32. निम्नलिखित में से किसके द्वारा ऊर्ध्वाधर संचरण होता है?

A. मच्छरों द्वारा

B. सीधे संपर्क के कारण

C. रोगाणुओं से युक्त सूक्ष्म तरल बूँदों द्वारा

D. प्लैसेंटा द्वारा

33. रोगों के पार अंडाशयी संचरण (Transovarian transmission) में निहित है:

A. सिफिलिस (Syphilis)

B. एड्स (AIDS)

C. के एफ डी (KFD)

D. रूबेला

34. निम्नलिखित में से किस एक को छोड़कर अन्य सभी में वाहक अवस्था (Carrier state) महत्वपूर्ण है?

A. खसरा B. पोलियो

C. हैजा D. टायफॉइड

35. निम्नलिखित में से किस रोग में वाहक रोग संचरण का एक महत्वपूर्ण स्रोत नहीं है?

A. डिफ्थेरिया B. खसरा

C. टायफॉइड D. पोलियोमाइलिटिस

36. निम्नलिखित में से किस एक को छोड़कर अन्य सभी में स्वस्थ वाहक पाए जाते हैं?

A. हैजा B. डिफ्थेरिया

C. टायफॉइड D. काली खांसी

37. ऐसा रोग जो किसी देश में सामान्यतः नहीं पाया जाता है किंतु अन्य देश से उस देश में आ जाता है, उसे कहते हैं:

A. विदेशज (exotic) B. जंतुमारी (epizootic)

C. स्थानिक (endemic) D. उपर्युक्त में से कोई नहीं

38. किसी अन्य देश से आने वाला रोग जो अन्यथा संबंधित देश में नहीं होता, कहलाता है:

A. विदेशज B. पशुस्थानिक महामारी

C. जंतुमारी D. स्थानिक

39. निम्नलिखित में किस एक को छोड़कर अन्य सभी में विषाणुओं की संख्या–वृद्धि मानव शरीर में होती है?

A. गिनि कृमि से ग्रस्त होना

B. रैबीज

C. प्लेग

D. उदाशय सिस्ट

40. साहचर्य कारण संबंध का निर्णय करने की सर्वोत्तम कसौटी है:

A. साहचर्य संबंध का सामर्थ्य

B. सांतत्य

C. घटना का अनुक्रमिक विवरण

D. विशिष्टता

41. किसी समुदाय में किसी रोग की पूर्व व्याप्ति निम्नलिखित में से किसके द्वारा ज्ञात की जा सकती है?

A. मामला नियंत्रण अध्ययन

B. सहगुणों का अध्ययन

C. अनुप्रस्थ परिच्छेदीय अध्ययन

D. विश्लेषणात्मक अध्ययन

42. नई अतितनाव विरोधी औषधि के मूल्यांकन हेतु उपयोगी परीक्षण है:

A. काई–वर्ग परीक्षण (Chi-square test)

B. फिशर–एफ परीक्षण (Fischer F. test)

C. युग्मित टी परीक्षण (Paired t-test

D. संयोजित परीक्षण (Pooled test)

43. निवारक हस्तक्षेप नीतियों से समुदाय को होने वाले अधिकतम लाभ को निर्धारित करने वाले सबसे अच्छे संसूचक हैं:

A. आपेक्षिक जोखिम

B. आरोप्य जोखिम

C. निरपेक्ष जोखिम

D. ओड का अनुपात

44. एक स्वास्थ्य निरीक्षक के रूप में आप निम्नलिखित में से कौन–सी उपचार कार्य योजना प्रयोग में लाएंगे?

A. आपेक्षिक जोखिम (Relative risk)

B. आरोप्य जोखिम (Attributable risk)

C. जनसंख्या आरोप्य जोखिम (Population attirbu table risk)

D. ओड का अनुपात (Odd's ratio)

45. घटना की दर का परिकलन करने की सर्वोत्तम विधि है:

A. मामला नियंत्रण अध्ययन

B. प्रहरी निगरानी

C. विशिष्ट गुण या मामला अध्ययन

D. अनुप्रस्थ परिच्छेदीय पूर्वव्याप्ति अध्ययन

46. यदि आप किसी समुदाय में लोगों के डायरिया से ग्रस्त होने के मामले का अध्ययन करना चाहते हैं तो आप निम्नलिखित में से अध्ययन की किस विधि का चयन करेंगे?

A. अनुप्रस्थ परिच्छेदीय अध्ययन

B. विशिष्ट मामला अध्ययन

C. मामला नियंत्रण अध्ययन

D. डबल ब्लाइंड प्लैसेबो अध्ययन

47. विशिष्ट मामला अध्ययन के संबंध में निम्नलिखित में से किस एक को छोड़कर अन्य सभी सत्य हैं?

A. भविष्यलक्षी

B. विरले होने वाले रोगों के संबंध में उपयोगी

C. रोग की घटना घटित होने के लिए आवश्यक

D. यह महंगा होता है

48. मामला नियंत्रण अध्ययन में निम्नलिखित में से कौन–सा अभिलक्षण सर्वाधिक पाया जाता है?

A. ओड का अनुपात निर्धारण

B. समस्या आधारित

C. थिल्ड की घटना दर

D. इसका निर्धारण कर पाना एक खर्चीली विधि है

49. कोई अध्ययन कार्य शुरू करते समय उसमें शामिल होने के लिए अनेक संबंधित व्यक्तियों को आमंत्रित किया जाता है जिनमें से कुछ लोग उस कार्य से नहीं जुड़ते। इसे कहा जाता है:

A. अनुत्तरदायित्व

B. स्वैच्छिक प्रतिक्रिया

C. चयनकर्ताओं द्वारा पक्षपात

D. बर्कसोनियन पक्षपात

50. मामला नियंत्रण अध्ययन निम्नलिखित में से किसके लिए प्रयोग में लाया जाता है?

A. कोई विरला कारण ज्ञात करने

B. अनेक जोखिम कारकों को ज्ञात करने

C. घटना घटित होने की दर ज्ञात करने

D. रोगग्रस्तता की दर ज्ञात करने

51. ओड के अनुपात का परिकलन कीजिए:

रोगग्रस्त	रोगमुक्त
धनात्मक	30-20
ऋणात्मक	20-30

A. 0.44 B. 1.5

C. 0.8 D. 2.25

52. 1 लाख की आबादी वाले किसी गांव में धूम्रपान करने वाले 20,000 व्यक्तियों में से 200 व्यक्ति कैंसर के शिकार हुए और धूम्रपान न करने वाले 40,000 व्यक्तियों में से 40 व्यक्ति कैंसर के शिकार हुए। कैंसर से रोगग्रस्तता में धूम्रपान के कारण आपेक्षिक जोखिम है:

A. 20 B. 10

C. 5 D. 15

53. आपेक्षिक जोखिम निम्नलिखित से प्राप्त की जा सकती है:

A. मामला अध्ययन

B. विशिष्ट गुणों पर आधारित मामलों का अध्ययन

C. मामला नियंत्रण अध्ययन

D. प्रायोगिक अध्ययन

54. रोग के संभावित कारणों से प्रभावित हुए और प्रभावित नहीं हुए लोगों में रोगग्रस्तता कहलाती है:

A. आपेक्षिक जोखिम

B. आरोप्य जोखिम

C. ओड का अनुपात

D. आक्रमण अनुपात

55. भारण (Weighting) है:

A. सामान्य चर (Normal variable)

B. असंतत चर (Discrete variable)

C. संकरण चर (Confounding variable)

D. संतत चर (Continuous variable)

56. मामला नियंत्रण अध्ययन के बारे में निम्नलिखित में से किस एक को छोड़कर अन्य सभी सत्य हैं?

A. यह अन्य अध्ययनों की तुलना में सस्ता होता है

B. यह एक विरले होने वाले रोग के संबंध में जाँच–पड़ताल में सहायक है

C. इससे ओड का अनुपात ज्ञात किया जा सकता है

D. इससे आपेक्षिक जोखिम की मात्रा जानी जा सकती है

57. सुमेलन (Matching) की प्रक्रिया निम्नलिखित में सहायक होती है:

A. सुमेलित चरों का मूल्यांकन करने

B. समान प्रकार के ज्ञात संकरण चरों की सहायता से विशिष्ट मामला और नियंत्रक समूह का चयन करने

C. संदेहास्पद कारकों को सुमेलित करने

D. इससे अवांछित चरों पर ध्यान केंद्रित करने से छूट मिल जाती है

58. मामला नियंत्रण अध्ययन के संबंध में निम्नलिखित में से किस एक को छोड़कर अन्य सभी सत्य हैं?

A. आपेक्षिक जोखिम का परिकलन किया जा सकता है

B. इसमें कम व्यय होता है

C. यह विरले होने वाले रोगों के लिए उपयुक्त होता है

D. इसमें पश्चगामी अध्ययन संभव है

59. मामला नियंत्रण अध्ययन के संबंध में निम्नलिखित में से किस एक को छोड़कर अन्य सभी सत्य हैं?

A. इसे आयोजित करना सरल है

B. यह मितव्ययी होता है

C. यह आरोप्य जोखिम की माप कर सकता है

D. रोगग्रस्त व्यक्तियों का रोगमुक्त व्यक्तियों से मिलान किया जाता है

60. अस्पताली व्यवस्था में सर्वाधिक उपयोगी अध्ययन होता है:

A. अनुप्रस्थ परिच्छेदीय अध्ययन

B. अनुदैर्घ्य अध्ययन

C. किसी विशिष्ट लक्षण का अध्ययन

D. मामला नियंत्रण

61. तीन विभिन्न गांवों में तीन भिन्न–भिन्न स्रोतों से जलापूर्ति की जाती है। इन गांवों के निवासियों को हैजा के वाहक जीवाणुओं की पहचान के लिए आयोजित किए जाने वाले कार्यक्रम में भाग लेने के लिए आमंत्रित किया गया। चूंकि हाल के वर्षों में ही हैजा के कारण बहुत से लोग मृत्यु के शिकार हो गए थे, अतः गांव के लगभग सभी लोगों ने इस कार्यक्रम में भाग लिया। प्रत्येक गांव में रोगवाहक पाए गए जिनका परिकलन किया गया और उनका तुलनात्मक अध्ययन किया गया। ऐसा अध्ययन कहलाता है।

A. अनुप्रस्थ परिच्छेदीय अध्ययन

B. मामला नियंत्रण अध्ययन

C. संगामी विशिष्ट गुण अध्ययन

D. असंगामी अध्ययन

62. बिंदु स्रोत महामारी के बारे मे निम्नलिखित में से कौन–सा कथन सत्य है?

A. इससे बच्चे अधिक प्रभावित होते हैं

B. बहुत तेजी से फैलती और नियंत्रित भी होती है

C. सभी मामले किसी एक ही ऊष्मायन अवधि में प्रकट होते हैं

D. कोई द्वितीयक लहर नहीं चलती

63. भोपाल गैस त्रासदी निम्नलिखित का एक उदाहरण हैः

A. मंद महामारी

B. संतत महामारी

C. बिंदु स्रोत महामारी

D. वर्धित महामारी

64. चेरनोबिल त्रासदी निम्नलिखित में से किसका एक उदाहरण हैः

A. बिंदु स्रोत महामारी

B. वर्धित महामारी

C. आधुनिक महामारी

D. संतत महामारी

65. तीन मुख्य प्रकार की महामारियों में निम्नलिखित में से किस एक को छोड़कर अन्य सभी शामिल हैंः

A. सामान्य स्रोत महामारी

B. आवधिक महामारी

C. वर्धित महामारी

D. मंद महामारी

उत्तरमाला

1	2	3	4	5	6	7	8	9	10
B	C	C	D	B	C	C	C	C	A
11	**12**	**13**	**14**	**15**	**16**	**17**	**18**	**19**	**20**
A	D	A	B	D	B	B	C	A	A
21	**22**	**23**	**24**	**25**	**26**	**27**	**28**	**29**	**30**
C	A	D	A	D	B	A	D	B	C
31	**32**	**33**	**34**	**35**	**36**	**37**	**38**	**39**	**40**
A	D	C	A	B	D	A	B	A	C
41	**42**	**43**	**44**	**45**	**46**	**47**	**48**	**49**	**50**
A	C	B	C	C	B	B	A	B	B
51	**52**	**53**	**54**	**55**	**56**	**57**	**58**	**59**	**60**
D	B	B	A	D	D	C	B	C	D
61	**62**	**63**	**64**	**65**					
A	A	C	A	B					

4. संचारी और असंचारी रोग (Communicable and Non-Communicable Diseases)

त्वरित समीक्षा

मानव को होने वाले विभिन्न रोगों को दो श्रेणियों में विभाजित किया जा सकता है:

1. जन्मजात रोग (congenital diseases) : ऐसे रोग जो व्यक्ति में जन्म से ही विद्यमान हों।

2. उपार्जित रोग (acquired diseases) : ऐसे रोग जो व्यक्ति में उसके जन्म के बाद होते हैं। उपार्जित रोगों को निम्नलिखित श्रेणियों में बांटा जा सकता है:

(*a*) *संक्रामक रोग :* जो विषाणुओं, जीवाणुओं, एककोशिक प्रोटोजोआ संघ के रोगाणुओं, कवक और कीट आदि द्वारा मानव शरीर में उत्पन्न किए गए संक्रमण के कारण होते हैं।

(*b*) *हीनताजन्य रोग :* जो शरीर में विटामिनों, खनिज पदार्थों, कार्बोहाइड्रेटों, प्रोटीनों और वसा आदि पोषक तत्त्वों की कमी के कारण होते हैं।

(*c*) *एलर्जी :* जो शरीर की अतिसंवेदनशीलता के कारण होती है।

(*d*) *अपहासी रोग :* जो व्यक्ति के शरीर के अत्यधिक महत्त्वपूर्ण अंगों जैसे कि हृदय, वृक्क, फेफड़ों, मस्तिष्क आदि के उचित रूप में काम न करने के कारण होते हैं।

- उपार्जित संक्रामक रोग संचारी रोग होते हैं। उदाहरणः प्लेग, टायफॉइड आदि।
- उपार्जित असंक्रामक रोग असंचारी रोग होते हैं। उदाहरणः मधुमेह, रतौंधी, स्कर्वी, आदि।
- यूनानी चिकित्सक हिप्पोक्रैट्स (460-350 ई.पू.) ने रोगों के लक्षणों का विस्तृत विवरण प्रस्तुत किया है। रोग मुक्ति के लिए ताजा भोजन, ताजी हवा और आराम की आवश्यकता का उल्लेख किया है। उसने यह दर्शाया और बताया कि मानव शरीर में रोगों से लड़ने की प्राकृतिक क्षमता होती है।
- लुई पास्चर और रॉबर्ट कोच ने रोगों के रोगाणु सिद्धांत को प्रतिपादित किया।
- महामारी विज्ञान (जानपदिक रोग विज्ञान) रोगों के संचरण के माध्यमों का विस्तृत अध्ययन करता है।
- जॉन स्नो को महामारी विज्ञान अर्थात संचारी रोगों के फैलने के स्वरूप का अध्ययन करने वाले विज्ञान का जनक माना जाता है।
- रोगाणुओं से लड़ने या बचाव के लिए शरीर में विद्यमान रक्षक, प्रतिरोधक तंत्र का अध्ययन **रोग क्षमता विज्ञान या प्रतिरक्षा विज्ञान** (Immunology) में किया जाता है।
- एडवर्ड जेनर ने चेचक के टीके की खोज की (1749-1823)।
- जॉन साल्क ने पोलियो के टीके की खोज की। सर्वप्रथम लुई पास्चर ने रैबीज से निवारक उपचार का पता लगाया। संसर्गज रोग (छूत की बीमारी) संक्रमित व्यक्ति के संपर्क में आने पर बड़ी आसानी से एक व्यक्ति से दूसरे व्यक्ति में पहुँच जाते हैं, उदाहरण के लिए—गलसुआ, खसरा, कुकुर खांसी आदि।
- संसर्ग से नहीं फैलने वाले रोग कीटों के काटने, संदूषित जल और भोजन ग्रहण करने आदि से फैलते हैं।
- संक्रमण को प्रभावित करने वाले अनेक कारक हैं जैसे कि : रोगाणु की क्षमता, रोगग्रस्त व्यक्तियों की संख्या, व्यक्ति के शरीर की रोध–क्षमता, आदि।

संचारी रोगों का वर्गीकरण

रोगाणुओं की प्रकृत्ति के अनुसार संचारी रोग निम्नलिखित प्रकार के होते हैं:

1. जीवाण्विक रोग
2. विषाणुजनित रोग
3. प्रोटोजोआ संघ के परजीवी के कारण उत्पन्न रोग
4. हेल्मिन्थेस परजीवी के कारण उत्पन्न रोग
5. कवक जनित रोग

1. जीवाण्विक रोग :

रोग		रोगजनक जीवाणु
1. ट्यूबरकुलोसिस	—	माइकोबैक्टेरियम ट्यूबरकुलोसिस
2. टायफॉइड	—	सालमोनेला टाइफि
3. कोढ़	—	लेप्रसी बैसिलस
4. हैजा	—	विब्रियो कॉमा
5. डिफ्थेरिया	—	कोरिने बैक्टीरियम डिफ्थेरिया
6. टिटेनस	—	क्लोस्ट्रिडियम टीटेनि
7. प्लेग	—	पास्टुरेलिया पेस्टिस
8. न्युमोनिया	—	डिप्लोकोक्कस न्युमोनिया
9. सिफलिस	—	ट्रेपोनेमा पैलिडियम
10. गोनोरिया	—	नाइसेरिया गोनोरिया
11. काली खांसी	—	बर्डिटेला पर्टुसिस

2. विषाणुजनित रोग : चेचक, खसरा, रैबीज, इन्फ्लुएन्जा, पोलियो, एड्स आदि।

3. प्रोटोजोआ संघ के एककोशिक जीवों के कारण होने वाले रोग : अमीबीय पेचिश, बैलेन्टीडियल पेचिश, क्रिप्टोस्पोरिडियम पेचिश, गियार्डियासिस, मलेरिया, स्लिपिंग सिकनेस (निद्रालु व्याधि)।

4. कृमि रोग : टीनियासिस, एस्कारियासिस शिस्टोमियासिस, फाइलेरियासिस, एन्साइलोस्टोमियासिस।

5. कवक जनित रोग : कवक संक्रमण के कारण होने वाले सभी रोग।

असंचारी रोग

असंचारी रोग हो सकते हैं: (*a*) हीनताजन्य रोग, (*b*) अपहासी (क्षयकारी) रोग।

(*a*) हीनताजन्य रोग : हीनताजन्य रोग विटामिनों, खनिज पदार्थों, कार्बोहाइड्रेटों, प्रोटीन और वसा की कमी से होने वाले रोग हैं। उदाहरण :

क्वाशियोरकोर	—	प्रोटीन की कमी के कारण
अरक्तता	—	लौह तत्त्व और फोलिक ऐसिड की कमी के कारण
रतौंधी	—	विटामिन ए$_1$ की कमी के कारण
जेरोफ्थैल्मिया	—	विटामिन बी$_5$ की कमी के कारण
बेरी–बेरी	—	विटामिन बी$_4$ की कमी के कारण
पैलाग्रा	—	विटामिन बी$_5$ की कमी के कारण
रिकेट्स	—	विटामिन 'डी' की कमी के कारण
स्कर्वी	—	विटामिन 'सी' की कमी के कारण
पर्निसिअस अरक्तता	—	विटामिन बी$_{12}$ की कमी के कारण
रक्तस्राव (हेमोरेज)	—	विटामिन 'के' की कमी के कारण

(*b*) अपहासी रोग (Degenerative Diseases) : ये शरीर के महत्त्वपूर्ण अंगों के उचित रूप में काम न करने के कारण होने वाले रोग हैं। उदाहरण : हृदय रोग, तंत्रिका तंत्र, फेफड़ा और वृक्क से जुड़े रोग।

संक्षिप्त समीक्षा

1. संचारी रोग निम्नलिखित श्रेणियों में वर्गीकृत किए गए हैं :

(*a*) **वायुवाहित संक्रमण :** संक्रामक कारकों को सांस में लेने के कारण होने वाले रोग।

(*b*) **आंत्र संक्रमण :** जल, भोजन आदि के साथ आंत में पहुँच गए संक्रमण के कारण होने वाले रोग।

(*c*) **आर्थोपोडा संघ के कीटों के कारण होने वाले संक्रमण :** सक्रिय वाहकों (कीट आदि) द्वारा संचारित रोग।

(*d*) **त्वचा संक्रमण :** पशुओं को काटने, संसर्ग आदि के कारण होने वाले रोग।

2. वायुवाहित संक्रमण

(*a*) **विषाणु जनित रोग :** चेचक, छोटी माता, खसरा, रूबेला (जर्मन खसरा, गलसुआ और इन्फ्लुएंजा)।

(*b*) **जीवाण्विक रोग :** डिफ्थेरिया, कुकुर खांसी, ट्यूबरकुलोसिस और मस्तिष्क ज्वर।

3. छोटी माता (वैरिसेला) : यह पूरी दुनिया में पाया जाने वाला एक सामान्य किंतु कम हानिकारक रोग है। यह अत्यधिक संक्रामक होता है। यह रोग केवल मनुष्यों को होता है।

एजेंट : इसका एजेंट वैरिसेला नामक विषाणु है।

पोषी : यह रोग प्रायः 10 वर्ष तक के बच्चों को होता है।

पर्यावरण संबंधी कारक : प्रायः प्रति वर्ष जनवरी से मई माह के दौरान होता है।

संचरण : यह प्रायः तरल सूक्ष्म बिंदु संक्रमण और बिंदुक केंद्रक द्वारा संचारित होता है।

उद्भवन अवधि : 14-16 दिन

लक्षण : रोग का आरंभ हल्का बुखार, सिर और शरीर में दर्द से होता है। 24 घंटे के भीतर शरीर पर हल्के दाने निकल आते हैं। शरीर पर अगले 2-3 दिनों तक दाने निकलते रहते हैं। ये दाने आरंभ में चित्ति या धब्बे के समान दिखाई देते हैं। 7वें दिन से पपड़ियाँ झड़ने लगती हैं और 10वें दिन तक सभी पपड़ियाँ झड़ जाती हैं। चूँकि ये दाने ऊपरी त्वचा पर होते हैं, अतः बाद में त्वचा पर कोई निशान नहीं रहता।

4. चेचक (वैरिओला) : पहले कभी यह एक अत्यधिक गंभीर रोग माना जाता था तथा यह रोग लगभग 100 वर्षों तक भारत की जनता के स्वास्थ्य के लिए एक बहुत बड़ी समस्या बना हुआ था। यह रोग चेचक के विषाणु द्वारा होता है और छोटी माता होने के समय ही यह रोग भी फैलता है। इंग्लैंड के एडवर्ड जेनर द्वारा 1796 में चेचक से बचाव के टीके की खोज की गई जो इस रोग के निवारण में अत्यधिक प्रभावी सिद्ध हुआ। विश्व स्वास्थ्य संगठन ने 1967 में चेचक उन्मूलन कार्यक्रम शुरू किया।

5. खसरा (रूबेला) : यह विश्व भर में बच्चों को होने वाला काफी पुराना और अत्यधिक संक्रामक रोग है। यह छोटे और कुपोषण के शिकार बच्चों में होने वाला काफी गंभीर रोग है जिसमें अनेक कठिनाइयाँ उत्पन्न होती हैं और कभी–कभी रोग के शिकार बच्चों की मृत्यु तक हो जाती है।

एजेंट : यह खसरे के विषाणु द्वारा होता है जो श्वसन नली में उपस्थित रहता है।

पोषी : प्रायः छोटे बच्चे प्रभावित होते हैं।

पर्यावरण संबंधी कारक : बहुतायत में मामले जाड़े के महीनों में सामने आते हैं किंतु रोग कभी भी हो सकता है।

संचरण : यह बिंदु या बिंदुक केंद्रक संक्रमण द्वारा होता है। संक्रमण अवधि संक्रमण (चित्तियाँ आना) शुरू होने के 5 दिन तक होता है। चित्तियाँ आने से पहले तक यह रोग अत्यधिक संक्रामक होता है।

उद्भवन अवधि : 8-16 दिन (प्रायः 10 दिन)।

लक्षण : रोग का आक्रमण होने पर प्रभावित व्यक्ति तेज बुखार से ग्रसित हो जाता है। उसे काफी सरदी लगती है, खांसी होती है, नाक बहने लगती है और आँखों से पानी आने लगता है। दूसरे –तीसरे दिन मुँह में दाढ़ के सामने कुछ लाल दाने निकलते हैं जिनके बीच वाला हिस्सा सफेद होता है। इन्हें "कॉप्लिक स्पॉट" कहते हैं।

उपचार : यदि ब्रोन्को न्यूमोनिया (श्वसनी फुप्फुसशोथ) जैसी परेशानी हो जाए तो एन्टी–बायोटिक्स दिए जाते हैं। 9-15 माह के प्रत्येक बच्चे को प्रतिरक्षा के लिए हिम–शुष्क सजीव विषाणु टीका दिया जाता है।

6. रूबेला (जर्मन खसरा) : यह खसरे के समान ही एक रोग है किंतु यह रोग एक भिन्न प्रकार के विषाणु (रूबेला विषाणु) के कारण होता हैं। यह बिंदुक संक्रमण द्वारा फैलता है और इसकी उद्भवन अवधि 8 दिनों की होती है। इस रोग का प्रभाव बच्चों और किशोरों पर अधिक पड़ता हैं। एक बार यह रोग हो जाने पर व्यक्ति में जीवन भर के लिए रोधी क्षमता उत्पन्न हो जाती है।

हल्का बुखार, गले में दर्द, और खांसी इस रोग के आरंभिक लक्षण हैं। रूबेला का प्रभाव गर्भवती महिलाओं पर काफी गंभीर होता है। यदि किसी गर्भवती महिला को, विशेषकर गर्भधारण के आरंभिक 3 महीनों के दौरान यह रोग हो जाए तो इससे गर्भस्थ शिशु में विकृति उत्पन्न हो सकती हैं। रूबेला से बचाव का एकमात्र उपाय रूबेला टीका (हिम–शुष्क सजीव विषाणु टीका) से सक्रिय प्रतिरक्षाकरण है। कुछ देशों में यह टीका 5 वर्ष से कम आयु के सभी बच्चों को दिया जाता है तथा कुछ देशों में यह टीका केवल लड़कियों को 10-14 वर्ष की आयु के दौरान (यौवनारंभ होने से पहले) दिया जाता है।

7. गलशोथ या गलसुआ : यह एक कम हानिकारक विषाणुजनित रोग है जो विश्वभर में पाया जाता है।

एजेंट : गलसुआ का विषाणु जो रोगी की लार में पाया जाता हैं।

पोषी : मुख्य रूप से 5-15 वर्ष के बच्चे

पर्यावरण संबंधी कारक : यह अधिकतर गर्मियों में होता है किंतु यह कभी भी हो सकता है।

संचरण : बिंदुक संक्रमण द्वारा

उद्भवन अवधि : 2-3 सप्ताह, प्रायः 18 दिन

लक्षण : शरीर में दर्द के साथ बुखार इसके आरंभिक लक्षण हैं। दो–तीन दिन बाद पहले एक ओर की और तब दूसरी ओर की भी लार ग्रंथियाँ (मुख्य रूप से पैरोटिड ग्रंथि और कभी–कभी दूसरी भी) सूज जाती हैं। बच्चों में इस रोग का आक्रमण अधिक गंभीर नहीं होता किंतु वयस्कों में कुछ अधिक परेशानी उत्पन्न हो सकती हैं जैसे कि : पुरुषों में वृषण में दर्द और सूजन तथा महिलाओं में अंडाशय में जलन और पेट में दर्द होना। कभी–कभी अग्न्याशय में जलन और इन्सेफैलाइटिस की समस्या भी उत्पन्न हो जाती है।

निवारण और नियंत्रण : इस रोग से ग्रस्त रोगी को अन्यों से अलग–थलग रखने का कोई अधिक लाभ नहीं होता किंतु यदि बच्चों के हॉस्टल में यह रोग फैल जाए तो उससे बचाव के लिए स्वस्थ बच्चों को अलग रखना आवश्यक हो जाता हैं।

8. डिफ्थेरिया : यह बच्चों में होने वाला एक महत्त्वपूर्ण रोग है और विश्व भर के देशों में यह रोग होता है। कोरिने बैक्टीरियम डिफ्थेरिआई या डिफ्थेरिया बैसिलस इस रोग के एजेंट हैं। इस जीवाणु के तीन प्रकार होते हैः ग्रेविस (gravis), इंटरमेडिअस (Intermedius) और माइटिस (Mitis)। भारत में प्रायः माइटिस प्रकार का जीवाणु पाया जाता है।

डिफ्थेरिया बैसिलस एक प्रकार का बहिःआविष (exotoxin) उत्पन्न करता हैं जो हृदय को क्षतिग्रस्त कर सकता है जिससे प्रभावित व्यक्ति की मृत्यु भी हो सकती हैं। इस बहिःआविष (exotoxin) के प्रभाव से हृदय की पेशियाँ क्षतिग्रस्त हो जाती हैं, यह आविष तंत्रिकाओं पर भी आक्रमण करके पेशियों को लकवाग्रस्त कर सकता है।

इस रोग से प्रायः 1-5 वर्ष के आयु वर्ग के बच्चे प्रभावित होते हैं।

डिफ्थेरिया एक स्थानिक (विशेष–क्षेत्री) रोग है जो पूरे वर्ष लोगों को अपने चपेट में लेता रहता है किंतु जुलाई और अगस्त माह में इस रोग से प्रभावित होने वालों की संख्या बढ़ जाती है। बिंदुक और बिंदुक संक्रमण द्वारा संक्रमणी पदार्थों (fomites) से भी संक्रमण में वृद्धि होती है।

हल्का बुखार, गले में दर्द (जिससे दूध आदि भी पिया नहीं जा सकता) इस रोग के आरंभिक लक्षण हैं। गर्दन की ग्रंथियाँ सूज जाती हैं।

उपचार : डिफ्थेरिया बैसिलि द्वारा उत्पन्न आयोक्सिन को नष्ट करने के लिए तत्काल डिफ्थेरिया आविष रोधी (Diptheria antitoxin) दिया जाता है।

निवारण और नियंत्रण

1. अधिसूचना आवश्यक है।
2. रोगी को अस्पताल के संक्रामक रोग विभाग में स्वस्थ व्यक्तियों से अलग रखना चाहिए।

प्रतिरक्षाकरण : डिफ्थेरिया का सर्वाधिक प्रभावी रोकथाम या निवारक उपाय यह है कि सभी बच्चों का सक्रिय प्रतिरक्षाकरण (active immunization) किया जाए। डिफ्थेरिया से बचाव के लिए अनेक टीके तैयार किए गए हैं जैसे किः फॉर्मल टॉक्साइड (एफ टी–2), ए पी टी (एलम प्रेसिपिटेटेड टॉक्साइड 3) टॉक्साइड एन्टीटॉक्सिन फ्लोक्युलस ए पी टी (एलम प्रेसिपिटेटेट टॉक्साइड) और पीटीएपी प्यूरिफाइड (टॉक्साइड ऐलुमिनियम फॉस्फेट प्रेसिपिटेटेड)। किंतु इसके लिए सर्वाधिक उपयोगी डी. पी. टी टीका है जो डिफ्थेरिया, काली खांसी, टिटेनस तीनों रोगों से बचाव का एक कारगर उपाय है।

9. काली खांसी (Pertusis) : यह बच्चों को प्रभावित करने वाला एक अन्य रोग है। यह रोग संपूर्ण विश्व में पाया जाता है किंतु विकसित देशों में सक्रिय टीकाकरण के कारण यह प्रायः विरले ही प्रकट होता है।

एजेंट : बोर्डेटेल्ला पर्टुसिस इस रोग का जनक है। इसी से मिलता–जुलता एक अन्य जीव बोर्डेटेल्ला पेरापर्टुसिस से भी कुछ स्थितियों में काली खांसी हो जाती है।

पोषी : 3 वर्ष से कम आयु के बच्चे और नवजात शिशु इस रोग से अधिक संख्या में ग्रस्त होते हैं।

पर्यावरण संबंधी कारक : अधिकतर मामले सर्दियों के दौरान देखे जाते हैं किंतु यह रोग वर्ष के दौरान कभी भी हो सकता है।

संचरण : बिंदुक और बिंदुक केंद्रक द्वारा, संदूषित पदार्थ के कारण भी संक्रमण फैल सकता हैं।

उद्‌भवन अवधि : 7-14 दिन।

लक्षण : रोग दो चरणों में होता है :

1. कैटेरल चरण (Catarrhal Stage)
2. पोरोक्सिसमल चरण (Poroxysmal Stage)

10. प्रमस्तिष्क मेरु ज्वर (मेनिन्गो कोकल मेनिन-जाइटिस) : यह ज्वर विश्व भर में होता है। भारत में यह रोग यदा–कदा प्रकट होता रहता है और कभी–कभी महामारी का रूप भी ले लेता है।

एजेंट : मेनिन्गो कोकस (एन. मेनिनजाइटिडिस) इस रोग का जनक है।

पोषी : प्रमुख रूप से बच्चे और किशोर वयस्क (पुरुष और महिला दोनों) इस रोग का शिकार होते हैं। रोग के हल्के प्रभाव से रोगी में प्रतिरोधक क्षमता विकसित होती हैं।

पर्यावरण संबंधी कारक : अधिकांश मामले सर्दियों और गर्मियों में प्रकट होते हैं।

संचरण : रोगियों और रोगवाहकों से बिंदुक तरल और बिंदुक केंद्रक के जरिए।

उद्‌भवन अवधि : 2-10 दिन।

लक्षण : रोग ज्वर के साथ प्रकट होता है। ज्वर काफी तेज होता है, काफी तेज सिरदर्द होता है, रोगी की गर्दन कड़ी हो जाती हैं और रोगी को उल्टी होती है।

उपचार : आरंभिक उपचार के लिए पेनिसिलिन, क्लोरैम्फेनिकॉल या सल्फाडाइजिन का प्रयोग किया जा सकता हैं। वाहक रोगियों को 'राइफामपिसिक्स' नामक ऐन्टीबायोटिक औषधि दी जाती हैं। अत्यधिक भीड़–भाड़ से बचा जाना चाहिए जिसके लिए स्वास्थ्य शिक्षा आवश्यक है।

11. ट्यूबरकुलोसिस (यक्ष्मा) : यह मनुष्यों में होने वाला एक पुराना रोग है और उपचार में काफी प्रगति के बावजूद यह अभी भी विश्व भर में विद्यमान है। भारत में यह एक प्रमुख स्वास्थ्य समस्या है। माइकोबैक्टिरियम ट्यूबरकुलोसिस (ट्यूबरकल बैसिलस) इस रोग का एजेंट है जिसकी खोज रॉबर्ट कोच ने 1885 ई. में की। मानव प्रकार के ट्यूबरकुलोसिस से मुख्य रूप से फेफड़े का ट्यूबरकुलोसिस होता हैं जबकि गो–प्रकार के ट्यूबरकुलोसिस से आँत, हड्डियों, ग्रंथियों आदि का ट्यूबरकुलोसिस होता हैं। फेफड़े के ट्यूबरकुलोसिस का जीवाणु रोगी के बलगम (कफ) में होता है जबकि गो–प्रकार के ट्यूबरकुलोसिस का जीवाणु रोगी के रक्त, लसिका ग्रंथि, और मल–मूत्र में होता है। भारत में गो–प्रकार का संक्रमण विरले ही पाया जाता हैं।

संक्रमण की अवधि लंबे समय तक चलती हैं। शरीर से उत्सर्जित बैसिलस जीवाणु अनेक वर्षो तक जीवित रहते हैं। सभी आयु के व्यक्ति इससे प्रभावित होते हैं। केवल बी.सी. जी टीकाकरण से ही प्रतिरक्षण संभव है।

ट्यूबरकुलोसिस एक सामाजिक रोग कहलाता है क्योंकि इस रोग के लिए मुख्य रूप से सामाजिक कारक उत्तरदायी हैं। निर्धनता, अत्यधिक भीड़–भाड़, अस्वच्छ निवास–स्थान, अज्ञानता, साफ–सफाई की कमी, बड़ा परिवार आदि सामाजिक कारक इस रोग के लिए उत्तरदायी कारण हैं। यही कारण है कि यह रोग झोपड़–पट्टियों और निर्धन समुदायों में काफी अधिक पाया जाता है।

फेफड़े के ट्यूबरकुलोसिस में रोगाणु रोगी के कफ में सक्रिय अवस्था में पाए जाते हैं। यहाँ से ये रोगाणु वायु में पहुँचते हैं तथा साँस द्वारा स्वस्थ व्यक्तियों के शरीर में पहुँच जाते हैं। ट्यूबरकुलोसिस अस्वच्छ या संदूषित सामग्रियों के माध्यम से संचरित नहीं होता। यह कभी भी हो सकता है। यूनान के लोगों ने ट्यूबरकुलोसिस को 'थाइसिस' कहा जिसका अर्थ है क्षयकारी रोग। आरंभ में इस रोग का प्रभाव काफी हल्का होता है। स्वयं रोगी को भी पता नहीं चल पाता कि उसे यह रोग हो गया है। इस रोग के अधिकांश मामले इस रोग से पहले से ग्रसित रोगियों के संसर्ग में रहने वालों में तथा अस्वच्छ क्षेत्रों में प्रकट होते हैं। अतः ऐसे लोगों और स्थानों पर विशेष ध्यान दिए जाने की आवश्यकता है।

उपचार : ट्यूबरकुलोसिस का प्रभावी उपचार उपलब्ध है। इसके उपचार हेतु निम्नलिखित औषधियाँ प्रयोग में लाई जाती हैं :

1. स्ट्रेप्टोमाइसिन
2. आई.एन.एच. (आइसो निकोटिनिक ऐसिड हाइड्राजाइड)
3. पी.ए.एस. (पैरा एमिनो सैलिसाइलिक ऐसिड)
4. थायासिटाजोन

इन दिनों डॉट (DOT) काफी प्रभावकारी है।

बी.सी.जी का टीका : इसकी शुरुआत 1927 ई. में हुई। बी.सी.जी (बैसिलस कालमेट्ट ग्यूरिन) प्रयोगशाला में संवर्धित एक गो–ट्यूबरकल बैसिलस जीवाणु है। भारत में इसे चेन्नई स्थित प्रयोगशाला में संवर्धित किया जाता है।

12. विषाणु जनित रोग

पोलियो माइलिटिस : यह एक पुराना रोग है किंतु गत 100 वर्षों के दौरान यह जनता के लिए स्वास्थ्य की एक समस्या बन चुका है। भारत में 1948 के बाद यह एक सामान्य रोग के रूप में प्रकट हुआ।

एजेंट : पोलियो विषाणु जो मनुष्य की आंत में अपनी संख्या वृद्धि करता है और कभी–कभी तंत्रिका तंत्र पर आक्रमण कर देता है। पोलियो विषाणु तीन प्रकार के होते हैं जिन्हें I, II और III प्रकार का विषाणु कहा जाता है। इनमें से पहले प्रकार का विषाणु (Type-I virus) अधिक सामान्य है जबकि दूसरे और तीसरे प्रकार के विषाणुओं से संक्रमण कम होता हैं।

पोषी : पहले कभी पोलियो विश्व भर में बच्चों में होने वाला एक रोग था। अब अमेरिका और यूरोप में यह स्कूल जाने वाले बच्चों और वयस्कों में होने वाला रोग हो गया है। भारत और अन्य विकासशील देशों में यह अभी भी 3 माह से 3 वर्ष आयु वर्ग के बच्चों में होता है। छोटे बच्चों में आमतौर पर हल्का संक्रमण (अंगघात किए बिना) होता है जो बच्चे में 5 वर्ष की आयु प्राप्त होने पर प्रतिरक्षा शक्ति उत्पन्न कर देता है।

पर्यावरण संबंधी कारक : पोलियो कभी भी हो सकता है किंतु यह जून से अक्टूबर के दौरान वर्षा ऋतु में महामारी का रूप ले लेता है।

संचरण : मुख्य रूप से जल और खाद्य पदार्थो को ग्रहण करने के साथ ही इसके विषाणु स्वस्थ व्यक्ति के शरीर में प्रवेश कर जाते हैं।

उद्‌भवन अवधि : 7-14 दिन, किंतु यह अवधि 35 दिन भी हो सकती है।

लक्षण : अधिकांश मामले में रोग का आक्रमण काफी हल्का प्रभाव उत्पन्न करता है तथा प्रभावित व्यक्ति को ज्वर और कुछ बार दस्त की शिकायत उत्पन्न होती है। 3-4 दिनों में व्यक्ति स्वस्थ हो जाता है। इनमें अंगघात (लकवा) नहीं होता। किंतु 100 में से 1 मामले में रोगी का तंत्रिका तंत्र प्रभावित होता है और रोगी को मांसपेशियों का लकवा हो जाता है। लकवे का प्रभाव टाँगों, बाजुओं, धड़ या गर्दन कहीं भी हो सकता है जो इस बात पर निर्भर करता है कि मेरूरज्जु में कौन सी कोशिका प्रभावित हुई है। लगभग 1 सप्ताह में ज्वर उतर जाता है किंतु लकवे की शिकायत बनी रहती है। लकवे की समस्या भी अधिकांश मामलों में लगभग 6 माह में ठीक हो जाती है। किंतु यह समस्या पूरी तरह ठीक नहीं हो पाती और कुछ मामलों में स्थाई रूप ले लेती है।

लकवे (अंगघात) की स्थिति में मृत्यु विरले ही होती है या इसकी संभावना तब अधिक हो जाती है जब मस्तिष्क विकृति (Eancephalitis) उत्पन्न हो जाए।

उपचार : पोलियो के उपचार की कोई दवा नहीं है।

टीकाकरण : पोलियो माइलिटिस के निवारण और नियंत्रण की एकमात्र विधि टीकाकरण ही है। मुख से दिए जाने वाले पोलियो की प्रतिरक्षक औषधि (सेबिन) वर्ष 1957 में तैयार की गई। यह एक सजीव वैक्सिन है। प्रायः इसमें तीनों प्रकार के पोलियो माइलिटिस विषाणु निहित होते हैं। इसकी खुराक चौथे, पाँचवें, छठे माह में पिलाई जाती है तथा 18-24 माह के बच्चे को एक बूस्टर खुराक दी जाती है। यह सर्व टीकाकरण कार्यक्रम (Universal Immunization Programme, UIP) में शामिल किया गया है।

13. विषाणु जनित हेपेटाइटिस (यकृत शोथ) : यह रोग यकृत के विषाणुजनित संक्रमण के फलस्वरूप होता हैं। यकृत को संक्रमित करने वाले अनेक विषाणु होते हैं। भारत में दो प्रकार के विषाणु अर्थात् विषाणु A और B मुख्य रूप से पाए जाते हैं। किंतु A प्रकार के विषाणु से संक्रमण अत्यधिक सामान्य है।

हेपेटाइटिस A : इस प्रकार का हेपेटाइटिस पूरे विश्व भर में पाया जाता है। यह विशेष क्षेत्री रोग के रूप में उपस्थित होता है। किंतु समय–समय पर महामारी का रूप ले लेता है। यह रोग केवल पुरुषों में ही होता हैं।

एजेंट : यह रोग विषाणु के कारण होता है जिसे काफी समय तक प्रयोगशाला में संवर्धित नहीं किया जा सका। हाल ही में हमारे वैज्ञानिक इसे प्रयोगशाला में संवर्धित करने में सक्षम हुए हैं। यह उद्‌भवन अवधि के अंतिम दौर में रोगी के मल (पाखाना) में भी उपस्थित होता है और रोग आरंभ होने के बाद 4 सप्ताह तक बना रहता है। पेयजल को 5-10

मिनट तक उबाल देने पर उसमें उपस्थित विषाणु मृत हो जाते हैं। इन विषाणुओं को जल में प्रति लीटर 0.5 मिग्रा क्लोरीन मिलाकर किए जाने वाले सामान्य क्लोरीनीकरण की प्रक्रिया से नष्ट नहीं किया जा सकता किंतु अतिक्लोरीनीकरण से ये विषाणु नष्ट हो जाते हैं।

पोषी : यह रोग पुरुषों और महिलाओं किसी को भी कभी भी हो सकता है। भारत में अनेक बच्चों को 5 वर्ष की आयु से पहले संक्रमण हो जाता है किंतु यह संक्रमण प्रायः हल्का होता हैं। संक्रामक हेपेटाइटिस वर्ष में कभी भी हो सकता है।

संचरण : यह मुख्य रूप से खाने–पीने वाले पदार्थों के साथ मानव शरीर में पहुँच जाता हैं

लक्षण : ज्वर, ठंड लगना और शरीर में दर्द, इस रोग के आरंभिक लक्षण हैं।

उपचार : संक्रामक हेपेटाइटिस का कोई औषधीय उपचार नहीं है। रोगी को आराम करने की सलाह दी जाती है तथा विटामिन बी कांप्लेक्स और उच्च कार्बोहाइड्रेट युक्त भोजन करने के लिए कहा जाता है। रोगी को अपने भोजन में वसा की मात्रा कम कर देनी चाहिए।

विसंक्रमण : रोगी के मलमूत्र और उसके द्वारा प्रयुक्त वस्तुओं को संक्रमण मुक्त किया जाना चाहिए।

14. हैजा (Cholera) : यह सैकड़ों वर्षों से मनुष्य को होने वाला एक सर्वाधिक पुराना रोग है। इसे भारत में विसूचिका के नाम से जाना जाता था।

एजेंट : हैजा के लिए उत्तरदायी रोगाणु बिब्रिओ कोलेरी नामक एक बैसिलस जीवाणु है जो कॉमा ',' की आकृति का होता है। इसकी खोज रॉबर्ट कोच द्वारा की गई। यह दो रूपों में पाया जाता है।

पोषी : किसी भी आयु वर्ग के व्यक्ति को हैजा हो सकता हैं। यदि व्यक्ति के आमाशय की अम्लता काफी अधिक हो तो विब्रिओ जीवाणु रास्ते में ही मर जाते हैं और ऐसे व्यक्ति को हैजा नहीं होता।

यह रोग किसी भी ऋतु में हो सकता है किंतु इसकी सर्वाधिक संभावना वर्षा ऋतु में होती है। अस्वच्छता, निर्धनता, अत्यधिक भीड़–भाड़, अज्ञानता, व्यक्तिगत साफ–सफाई की कमी भी इस रोग को बढ़ावा देने वाले कारक हैं। इस रोग के जीवाणुओं का संचरण मुख्य रूप से जल, भोजन, दूध आदि के जरिए होता है। उद्भवन अवधि कुछ घंटों से लेकर 5 दिनों तक की होती हैं।

लक्षण : उल्टी और दस्त। गंभीर मामलों में 15-20 या अधिक बार दस्त होता है। दस्त काफी पतला होता है जिसमें सफेद झाग मिले होते हैं। ऐसे दस्त को माँड़ जैसा पाखाना कहते हैं। उल्टी भी काफी पतली होती हैं।

उपचार : हैजा के उपचार का पहला सर्वाधिक महत्त्वपूर्ण पहलू यह है कि शरीर में जल और लवण की कमी को पूरा किया जाए। इसे पुनर्जलयोजन (Rehydration) कहते हैं। रोगी को सोडियम और पोटैशियम क्लोराइड तथा बाइकार्बोनेट लवण दिए जाने चाहिए। पुनर्जलयोजन के लिए रोगी को ओ.आर.एस. घोल पिलाया जा सकता है या फिर लवण जल के अंतःशिरा निक्षेपण द्वारा रोगी में जल की कमी को पूरा किया जाता है। ओ.आर.एस. घोल में निम्नलिखित निहित होते हैं:

सोडियम क्लोराइड (3.5 ग्रा); पोटैशियम क्लोराइड (2.5 ग्रा), सोडियम बाइकार्बोनेट (1.5 ग्रा) और ग्लूकोस (20 ग्राम)।

हैजा के मामले में औषधीय उपचार भी किया जाता है। रोगी को प्रत्येक 6 घंटे पर 500 मिग्रा टेट्रासाइक्लिन 3 दिनों तक दिया जाता है।

15. पेचिश : इस प्रकार का रोग विषाणुओं, जीवाणुओं आदि द्वारा अत्यधिक संक्रमण होने पर होने वाला एक रोग है जिसका प्रमुख लक्षण रोगी को दस्त लग जाना अर्थात उसे पेचिश हो जाना है। निर्धनता, अज्ञानता, साफ–सफाई की कमी, अत्यधिक भीड–भाड़ आदि भी इस श्रेणी के रोगों से ग्रसित होने के लिए सर्वाधिक उत्तरदायी कारक हैं। इसके रोगाणु भोजन और पानी के जरिए संचरित होते हैं। इनसे होने वाले संक्रमण को ठीक उसी प्रकार नियंत्रित किया जा सकता है जैसेकि हैजा से होने वाले संक्रमण को। ओ.आर. एस. घोल पिलाकर जल की कमी को पूरा करना, उचित पोषण प्रदान करना और साफ–सफाई रखना मुख्य निवारक–नियंत्रक उपाय हैं।

16. खाद्य विषाक्तता : रोगाणुओं द्वारा या रासायनिक विषों के कारण संदूषित भोजन या पेय पदार्थों को खाने–पीने से पेचिश या उल्टी शुरू हो जाने को खाद्य विषाक्तता कहते हैं। खाद्य विषाक्तता जीवाण्विक या अजीवाण्विक जीवों के कारण हो सकती है। 'सालमोनेला' नामक जीवाणु के कारण

होने वाली खाद्य विषाक्तता सर्वाधिक सामान्य प्रकार की खाद्य विषाक्तता है। **स्टैफिलोकोक्कल** नामक खाद्य विषाक्तता संदूषित दूध पीने से होती है।

हैजा और खाद्य विषाक्तता में अंतर

हैजा	खाद्य विषाक्तता
1. विशेष स्थानिक या विशेष क्षेत्री होता है जो संक्रमण फैलने से महामारी का रूप ले लेता है।	1. केवल संदूषित भोजन करने वाले व्यक्ति को ही होता है तथा फैलता नहीं है।
2. उद्भवन अवधि कुछ घंटों से लेकर 5 दिनों तक की होती है।	2. उद्भवन अवधि 1-24 घंटों तक की होती है।
3. पहले दस्त (पतला पाखाना) शुरू होता है जिसके बाद उल्टी भी होने लगती है।	3. पहले उल्टी शुरू होती है जिसके बाद दस्त लग जाता है।
4. मिचली (उबकाई) या सिर दर्द नहीं होता।	4. मिचली (उबकाई) या सिर दर्द होता हैं।
5. पतला पाखाना, चावल के मांड के समान।	5. पीले रंग का पाखाना जिसमें काफी बदबू होती है।
6. शरीर में जल की अत्यधिक कमी हो जाती है।	6. जल की कमी बहुत अधिक नहीं होती।
7. ज्वर नहीं होता।	7. ज्वर होता है।

17. टायफॉइड ज्वर : यह संपूर्ण विश्व में पाया जाता है।

एजेंट : यह रोग बैसिलस साल्मोनेला टाइफी नामक जीवाणु के कारण होता हैं। साल्मोनेला पैराटाइफॉइड A, B और C से क्रमशः A, B और C पैराटायफॉइड ज्वर होता है। बैसिलस जीवाणु का शरीर पक्ष्माभ होता है और वाहकों में Vi ऐन्टीजन होते हैं। यह जीव रोगियों और वाहकों के पाखाना (मल) में उपस्थित होता है।

पोषी : यह रोग प्रायः 10-30 वर्ष की आयु के किशोरों/वयस्कों को होता है। महिलाओं की तुलना में पुरुषों को यह रोग अधिक होता है। किंतु महिलाएं प्रायः इस रोग की वाहक होती हैं।

पर्यावरण संबंधी कारक : रोग पूरे वर्ष होता रहता है किंतु वर्षा ऋतु में यह रोग अधिक होता है।

संचरण : इस रोग का संचरण जल या भोजन के जरिए होता है। मक्खियाँ भी इस रोग के वहन हेतु उत्तरदायी हैं। इसका रोगाणु बर्फ में भी जीवित रह सकता है। हाथों से सीधा संचरण भी हो सकता है।

उद्भवन अवधि : 10-15 दिन।

लक्षण : अनेक समस्याएँ जैसे कि आँतों से रक्तस्राव या उनमें छिद्र हो जाना आदि उत्पन्न हो सकती है तथा मृत्यु की संभावना काफी अधिक होती है।

उपचार : ज्वर उतरने तक हर 4 घंटे में 500 मिग्रा क्लोरोम्फेनिकॉल औषधि दी जाती है और ज्वर के उतर जाने पर खुराक घटा कर प्रति दिन 4 बार तक कर दी जाती है। जो 14 दिन तक चलती रहती है।

18. अमीबी पेचिश (अमीबता) : यह विश्व भर में अत्यधिक सामान्य रूप से पाया जाने वाला एक प्रकार का अतिसार (पेचिश) है किंतु एशिया और अफ्रीका के ऊष्णकटिबंधीय देशों में रहने वाले लोगों को यह रोग सर्वाधिक होता है। भारत में इस रोग से 10-50% तक लोग प्रभावित होते हैं। यह एक चिरकालिक रोग है जो लंबे समय तक चलता रहता है। यह पूरे भारत में विशेष क्षेत्रों में पाया जाने वाला रोग है।

एजेंट : एन्ट अमीबा हिस्टोलिटिका नामक परजीवी जिसके कारण अमीबी पेचिश होता है।

पोषी : यह रोग किसी भी आयु के पुरुषों या महिलाओं को हो सकता है।

पर्यावरण संबंधी कारक : साफ–सफाई की कमी, अत्यधिक भीड़–भाड़, व्यक्तिगत स्वच्छता की कमी।

संचरण : यह रोग मुख्य रूप से भोजन और जल के साथ एक व्यक्ति से दूसरे व्यक्ति में संचरित होता है।

उद्भवन अवधि : 3-4 सप्ताह।

लक्षण : रोगी को दिन में 4-5 बार पाखाना होता है जिसमें खून और बलगम होता है तथा पाखाने का रंग भूरा होता है।

आर्थोपोडा संघ के जीवों के कारण होने वाला संक्रमण :

1. **मच्छर :** मलेरिया, फाइलेरिया, पीत ज्वर, डेंगू ज्वर, विषाणु इन्सेफेलाइटिस।

2. सिकता मक्खी : कालाजार और पुराना घाव।

3. **चूहा पिस्सू :** प्लेग, स्थानिक टाइफस।

4. जूँ : महामारी का रूप लेने वाला टाइफस, पुनरावर्ती ज्वर।

5. किलनी : क्यासनुर वन ज्वर, पुनरावर्ती ज्वर।

6. कुटकी : स्क्रब टाइफस, स्कैबीज।

19. पीत ज्वर : यह ज्वर अफ्रीका और दक्षिण अमेरिका के कुछ भागों में पाया जाता है। भारत में यह ज्वर कभी सामने नहीं आया। इतिहास में पीतज्वर द्वारा महामारी का रूप धारण करने के अनेक रिकॉर्ड हैं। यह दो प्रकार का होता है : (*i*) जंगली और (*ii*) शहरी।

पीत ज्वर बंदरों और अन्य जंगली जंतुओं को होता है और उनसे गांवों और शहरों में फैलता है जहाँ उसे शहरी पीत ज्वर कहते हैं।

एजेंट : इसका एजेंट एक विषाणु होता है जो मनुष्यों और पशुओं के रक्त में उपस्थित होता है और संक्रमण के बाद यह यकृत को प्रभावित करता है।

उद्भवन अवधि : 3-10 दिन।

लक्षण : रोग का आक्रमण अचानक होता है तथा प्रभावित व्यक्ति को तेज ज्वर हो जाता है। 2-3 दिनों में पीत ज्वर हो जाता है।

प्रतिरक्षण : सर्वाधिक प्रभावशाली प्रतिरक्षण यह है कि व्यक्ति को सजीव–विषाणु टीका दिया जाता है जिसकी एक खुराक 10 वर्षों तक इस रोग से प्रतिरक्षा प्रदान करती है।

20. डेंगू ज्वर : यह ज्वर भारत के सभी भागों में और एशिया के अनेक भागों में पाया जाता है। इसका जनक विषाणु चार प्रकार का होता है। संचरण मादा ऐडिस एजिप्ति मच्छर द्वारा होता है। यह रोग वर्ष में कभी भी हो सकता है। रोग के पहले तीन दिनों के दौरान रोगी के रक्त में यह विषाणु उपस्थित होता है। यह मच्छर के शरीर में 8-14 दिनों तक विकसित होता है और तत्पश्चात यह जब तक जीवित रहता है, संक्रमण में सक्षम होता है। डेंगू किसी भी व्यक्ति को हो सकता हैं। उद्भवन अवधि : 2-15 दिन है।

उपचार लक्षण के आधार पर : डेंगू का नियंत्रण ऐडिज मच्छर पर नियंत्रण करके किया जा सकता हैं।

21. जापानी इन्सेफैलाइटिस : यह एक विषाणुजनित रोग है तथा भारत में तमिलनाडु, उत्तर प्रदेश, बिहार और पश्चिम बंगाल में इसके महामारी का रूप ले लेने की सूचनाएँ प्राप्त हुई हैं। पक्षी और सुअर जैसे पशु इस रोग के संक्रमण के भंडार के समान हैं। यह रोग मनुष्य में क्युलेक्स मच्छर द्वारा संचारित होता है। उद्भवन अवधि 5-15 दिनों की है। बुखार और मस्तिष्क शोथ इस रोग के लक्षण हैं। 20-40 प्रतिशत मामलों में रोगी बेहोश हो जाता है और उसी दौरान उसकी मृत्यु हो जाती है। मच्छर रोधी उपायों को अपनाकर और मृत–विषाणु टीके द्वारा इस रोग पर नियंत्रण किया जा सकता है।

22. क्यासनुर वन रोग : यह विषाणु रोग कर्नाटक के शिमोगा जिले में पाया गया है। यह मुख्य रूप से बंदरों तथा अनेक अन्य जंतुओं जैसे कि मवेशियों, चूहों, पक्षियों आदि को होता है। इसका विषाणु वन में उपस्थित किलनियों द्वारा मनुष्य में संचारित होता है। इसकी उद्भवन अवधि लगभग 8 दिन है। मुख्यतः 20-40 वर्ष के आयु वर्ग के लोग इससे प्रभावित होते हैं।

ज्वर, सिरदर्द और रक्तस्राव इस रोग के लक्षण हैं। लगभग 5% मामलों में रोगी की मृत्यु हो जाती है। उपचार लक्षणों के आधार पर किया जाता है। रोग का नियंत्रण किलनियों पर नियंत्रण करके किया जा सकता है। इस रोग के निवारण हेतु एक मृत–विषाणु टीका तैयार किया गया है। किलनियों से बचाव के लिए दस्तानों, जूतों और किलनियों को भगाने की तकनीक इस्तेमाल में लाई जाती है।

23. सिक्ता मक्खी ज्वर : यह एशिया, अफ्रीका और दक्षिण अमेरिका के कुछ भागों में पाया जाने वाला एक विषाणु रोग है। भारत में भी इसके कुछ मामले प्रकाश में आए हैं। यह सिक्ता मक्खी (फ्लेबोटोमस पेपैटासी) द्वारा संचारित होने वाला ज्वर है। उद्भवन अवधि 3-4 दिनों की होती है। ज्वर और सिरदर्द इस रोग के मुख्य लक्षण हैं। सिक्ता मक्खी से बचाव करके इस रोग को नियंत्रित किया जा सकता है।

24. परजीवी जनित रोग : मलेरिया : यह मनुष्यों को होने वाला एक सर्वाधिक पुराना रोग है। इससे मनुष्य हजारों वर्षों से बीमार और मृत्यु का शिकार होता रहा है और अभी भी यह रोग पूर्णतः नियंत्रण के अधीन नहीं है।

वर्ष 1880 में लेवेरन ने मानव रक्त में मलेरिया परजीवी को देखा। वर्ष 1898 में रॉस ने यह सिद्ध किया कि यह रोग मच्छरों द्वारा संचारित होता है।

भारत में वर्ष 1953 में राष्ट्रीय मलेरिया नियंत्रण कार्यक्रम शुरू किया गया। वर्ष 1965 तक यह कार्यक्रम ठीक–ठीक चलता रहा किंतु उसके बाद देश में मलेरिया का मामला वर्षानुवर्ष बढ़ने लगा।

परिस्थिति की गंभीरता को देखते हुए भारत सरकार ने 1977 में संशोधित मलेरिया उन्मूलन कार्यक्रम शुरू किया। अब मलेरिया के कारण होने वाली मृत्यु दर काफी कम हो गई है (1984 में मलेरिया के मात्र 20 लाख मामले ही सामने आए)। किंतु अभी भी यह जनता के लिए एक बड़ी स्वास्थ्य समस्या बना हुआ है। इस रोग का एजेंट मलेरिया परजीवी (Malaria Parasite) है। इसे प्लैज्मोडियम कहा जाता है। यह परजीवी 4 प्रकार का होता है।

(*a*) **प्लैज्मोडियम वाइवैक्स :** यह सर्वाधिक सामान्य प्रकार का मलेरिया परजीवी है। यह हल्के प्रकार का तृतीयक मलेरिया रोग उत्पन्न करता है।

(*b*) **प्लैज्मोडियम फैल्सीपैरम :** यह अपेक्षाकृत कम पाया जाता है। यह सांघातिक या असाध्य प्रकार का तृतीयक मलेरिया (tertian malaria) उत्पन्न करता है।

(*c*) **प्लैज्मोडियम मलेरियाई :** यह सर्वाधिक कम पाया जाता है। यह चतुर्थक मलेरिया उत्पन्न करता है।

(*d*) **प्लैज्मोडियम ओवेल :** भारत में नहीं पाया जाता।

मलेरिया परजीवी का जीवनचक्र दो चरणों में पूरा होता है। इसका एक चरण जो अलैंगिक चरण कहलाता है, मनुष्य के शरीर में पूरा होता है तथा दूसरा चरण जो लैंगिक चरण कहलाता है, ऐनोफेलीज मच्छर के शरीर में पूरा होता है। चूंकि इस परजीवी का लैंगिक चरण मच्छर के शरीर में पूरा होता है, अतः मच्छर इसका अंत्य पोषी (Definitive Host) कहलाता है जबकि मनुष्य के शरीर में इसका अलैंगिक चरण पूरा होता है, जिससे उसे इसका मध्यस्थ पोषी (Intermediate Host) कहते हैं।

अलैंगिक जनन में शाइजॉन्ट के फटने पर मानव रक्त में असंख्य प्लैज्मोडियम परजीवी पहुँच जाते हैं जिसके साथ ही प्रभावित व्यक्ति को ठंड लगकर बुखार आना शुरू हो जाता है।

इस रोग का संचरण तभी हो सकता है जबकि मानव रक्त में युग्मकजनक (Gametocytes) उपस्थित हों क्योंकि ये ही मच्छर के शरीर में विकसित होते हैं। 20°C से 30°C तक का तापमान और 60% तक की आपेक्षिक आर्द्रता मच्छर और परजीवी दोनों के विकास हेतु आवश्यक है। वर्षा ऋतु में अनुकूल परिस्थिति हो जाने के कारण मलेरिया की घटना में वृद्धि होती है।

मलेरिया समुद्र तल से 6000 फीट ऊपर के स्थानों पर नहीं होता। यह रोग स्वस्थ व्यक्ति को मादा ऐनोफेलीज मच्छर के काटने से होता है। ऐनोफेलीज मच्छर कई प्रकार के होते हैं। जिनमें से भारत में निम्नलिखित प्रकार के मच्छर पाए जाते हैं :

1. ऐनोफेलीज क्यूलीसिफेसीज
2. ऐनोफेलीज फ्लुरिटैलीज

उद्भवन अवधि :

1. प्लैज्मोडियम वाइवैक्स—14 दिन जिसकी 3 वर्ष तक पुनरावृत्ति होती रहती है।
2. प्लैज्मोडियम फैल्सीपैरम—12 दिन जिसकी 1-2 वर्ष तक पुनरावृत्ति होती रहती है।
3. प्लैज्मोडियम मलेरिआई—30 दिन जिसकी 30 वर्ष या अधिक समय तक पुनरावृत्ति होती रहती है।

लक्षण : मलेरिया से प्रभावित व्यक्ति को 1 घंटे तक बहुत तेज ठंड लगने के बाद उच्च ज्वर हो जाता है जो 2-6 घंटे तक बना रहता है। इसके बाद 2-4 घंटे तक खूब पसीना निकल कर बुखार कम हो जाता है। क्लोरोक्वीन से बुखार ठीक हो जाता है और प्राइमाक्वीन से मलेरिया के आगे फैलने की संभावना समाप्त हो जाती है। अतः मलेरिया से प्रभावित व्यक्ति को ये दोनों ही औषधियाँ लेनी चाहिए।

राष्ट्रीय मलेरिया नियंत्रण कार्यक्रम : वर्ष 1958 में इस कार्यक्रम का नाम बदलकर राष्ट्रीय मलेरिया उन्मूलन कार्यक्रम रख दिया गया जिसके निम्नलिखित कारण थे :

1. ऐसा सोचा गया कि राष्ट्रीय मलेरिया नियंत्रण कार्यक्रम यदि सफल रहा तो लगभग 10 वर्षों में मलेरिया का उन्मूलन (Eradication) संभव होगा।
2. ऐसी संभावना व्यक्त की गई कि यदि लंबे समय तक डी.डी.टी का इस्तेमाल किया गया तो मच्छरों में इसके विरुद्ध प्रतिरोधक शक्ति उत्पन्न हो जाएगी।

राष्ट्रीय मलेरिया उन्मूलन कार्यक्रम का लक्ष्य मलेरिया परजीवी को नष्ट करके मलेरिया के प्रसार पर पूर्ण नियंत्रण स्थापित करना था जिसके दृष्टिगत यह कार्यक्रम पूरे देश में शुरू किया गया।

25. फाइलेरियासिस : यह रोग सूत्रकृमि (बेलनाकार शरीर वाली कृमि) द्वारा उत्पन्न होता है। इस समूह में अनेक कृमियाँ हैं जिनका मानव और पशुओं पर प्रभाव पड़ता है। ये अधिकतर एशिया और अफ्रीका के उष्णकटिबंधीय देशों में पाए जाते हैं। विश्व में लगभग 30 करोड़ लोग इस रोग से पीड़ित हैं।

भारत में मलेरिया के समान ही फाइलेरिया भी सार्वजनिक स्वास्थ्य के लिए एक बड़ी समस्या है। इस रोग से सर्वाधिक प्रभावित होने वाले राज्य हैं—उत्तर प्रदेश, बिहार, आंध्र प्रदेश, तमिलनाडु, उड़ीसा, केरल और गुजरात, विदर्भ और महाराष्ट्र के तटीय क्षेत्रों में रहने वाले रोग भी इस रोग से प्रभावित होते हैं।

एजेंट : भारत में केवल दो प्रकार का फाइलेरियासिस पाया जाता है। ये है—डब्ल्यू बैनक्राफ्टी और बी. मैलाई। 98% रोग का कारण डब्ल्यू बैनक्राफ्टी है और बी.मैलाई केरल और आंध्र प्रदेश, तमिलनाडु, मध्यप्रदेश, उड़ीसा और असोम के कुछ हिस्सों में पाया जाता है।

पोषी : किसी भी व्यक्ति को फाइलेरियासिस हो सकता है।

पर्यावरण संबंधी कारक : 22°C से 38°C तक का तापमान और 70% आपेक्षिक आर्द्रता इस रोग के प्रसार हेतु आवश्यक है।

संचरण : फाइलेरियासिस को फैलाने वाले दो प्रकार के मच्छर हैं। क्युलेक्स फैटीगन्स जो डब्ल्यू बैन्क्राफ्टी संक्रमण फैलाते हैं ओर मैन्सोनॉइड्स जो बी. मैलाई संक्रमण फैलाते हैं। अतः बी. मैलाई संक्रमण केवल देश के कुछ भागों में ही होता है जहाँ पिस्टिया पौधा पाया जाता है।

लक्षण : रोग लसीका ग्रंथियों के बढ़ जाने से शुरू होता है तथा इसके साथ ही रक्त में रोगाणुओं की संख्या में वृद्धि शुरू होती है। इसके बाद कुछ समय तक रोग का कोई लक्षण दिखाई नहीं पड़ता किंतु रक्त में फाइलेरिया के सूक्ष्म कारक (micro filaraie) मौजूद होते हैं। अगले चरण में रोगी को ज्वर होता है और लसीका ग्रंथियों में वृद्धि हो जाती है।

26. लिशमैनिता : यह लीशमैनिया डोनोवेनाई (Leishmania donovani) नामक परजीवी के कारण होने वाला एक संक्रमण है। इसके कारण दो प्रकार के रोग होते हैं—काला जार और पुराना घाव।

एजेंट : लिशमैनिया डोनोवेनाई नामक परजीवी कालाजार और पुराना घाव का कारक है।

पोषी : सभी आयु वर्ग के व्यक्ति प्रभावित हो सकते हैं किंतु 5-30 आयु वर्ग के लोगों के इससे प्रभावित होने की आशंका अधिक रहती है। एक बार यह रोग हो जाने पर रोगी में प्रतिरक्षा शक्ति उत्पन्न हो जाती है।

पर्यावरण जन्य कारक : प्रायः वर्षा के दौरान और वर्षा के बाद प्रकट होता है।

उद्भवन अवधि : 1-4 माह।

ऐंटीमनी लवण से उपचार करने पर रोग दूर हो जाता है। अत्यधिक छोटे छिद्र की मच्छरदानी प्रयोग में लाई जानी चाहिए क्योंकि सामान्य प्रकार की मच्छरदानी कारगर नहीं है।

27. प्लेग : यह कृंतकों, चूहों आदि से मनुष्य में फैल जाने वाला रोग है। विगत में यह एक खतरनाक रोग रहा है। जिसके कारण एशिया, अफ्रीका और दक्षिण अमेरिका में अनेक बार महामारी फैल चुकी है और असंख्य लोग मारे जा चुके हैं। यूरोप में भी 14 वीं शताब्दी में प्लेग फैला जिसे ब्लैक डेथ (Black death) की संज्ञा दी गई। भारत में 1612 में यह महामारी फैली थी तथा 1996 में यह महामारी बंबई में फैली जहाँ से पूरे देश में फैल गई। यह रोग दो रूपों में होता है—"वन्य प्लेग" जो वन्य पशुओं में होता है तथा "घरेलू प्लेग" जो मनुष्यों को होता है।

एजेंट : यह बैसिलस जीवाणुओं के कारण होता है जिसे 'यरसिनिया पेस्टिस' कहते हैं जो रोगी के रक्त, प्लीहा और यकृत में पाया जाता है।

पोषी : सभी व्यक्ति प्रभावित होते हैं। लोगों के एक स्थान से दूसरे स्थान पर आने–जाने से भी रोग फैलता है।

पर्यावरण संबंधी कारक : भारत में यह रोग सितंबर माह से मई माह के दौरान होता है। इसके फैलने के लिए 20°C से 25°C तक का तापमान और 60% आपेक्षित आर्द्रता आवश्यक होती है।

संचरण : यह चूहों और अन्य कृंतकों के शरीर पर उपस्थित पिस्सुओं के काटने से होता है। न्यूमोनिया प्लेग वायुवाहित होता है और तरल बिंदुक संक्रमण द्वारा संचारित होता है। चूहे के शरीर पर पाए जाने वाले पिस्सू (Xenopsylla) पंखरहित कीट होते हैं। चूंकि वे चूहे की त्वचा पर रहते हैं, अतः बाह्य परजीवी (Ectoparasites) हैं। प्लेग की शुरूआत चूहों में जंतुमारी से होती है जिससे उनकी काफी अधिक संख्या में मृत्यु होने लगती है।

उद्‌भवन अवधि : गिल्टी प्लेग (Bubonic plague) और पूतीजीवरक्ती प्लेग (Septicemic plague) में 2-7 दिन तथा न्यूमोनिक प्लेग में 1-4 दिन।

लक्षण : प्लेग तीन प्रकार का होता है—गिल्टी प्लेग (Bubonic Plague), पूतीजीवरक्ती प्लेग (Septicemic Plague) और न्यूमोनिक प्लेग (Pneumonic Plague)।

उपचार : 10 दिनों तक टेट्रासाइक्लिन दिया जाता है जो प्लेग की काफी कारगर औषधि है।

28. रैबीज : इसे हाइड्रोफोबिया भी कहते हैं। यह अत्यधिक खतरनाक रोग है क्योंकि इसका उपचार उपलब्ध नहीं है। जिस किसी भी व्यक्ति को रैबीज होता है उसकी मृत्यु अवश्यंभावी है। यह रोग आरंभ में भेड़ियों, सियारों आदि को होता है। यह इंग्लैंड, ऑस्ट्रेलिया आदि देशों को छोड़कर दुनिया के अन्य लगभग सभी देशों में पाया जाता है। मनुष्यों को कुत्तों और अन्य जंतुओं से यह संक्रमण होता हैं। भारत में यह कहीं भी होता है किंतु चूंकि मामलों की सही संख्या का पता नहीं चल पाता अतः इस संबंध में सही आँकड़े उपलब्ध नहीं हो पाते। रैबीज के कारण बहुत अधिक संख्या में मवेशियों की भी मृत्यु हो जाती है।

यह तंत्रिका पर आक्रमण करने वाले एक विषाणु (Neurotropic virus) तंत्रिका प्रभावी विषाणु के कारण होता हैं। यह विषाणु रोगियों और रैबीज से जूझ रहे अन्य जंतुओं के मस्तिष्क, लार, मूत्र, दूध और लसीका में उपस्थित होता है। कुत्ता, आदि ऐसे जंतु जिनकी मृत्यु रैबीज के कारण हो जाती है, के मस्तिष्क में पाए जाने वाले विषाणु 'स्ट्रीट वायरस' कहलाते हैं। रैबीज के विरुद्ध पहला टीका लुई पास्चर द्वारा खरगोश के मस्तिष्क में उपस्थित वायरस से बनाया गया। अब रैबीज से बचाव का टीका भेड़ के मस्तिष्क में उपस्थित वायरस से बनाया जाता है। किसी भी मनुष्य या अन्य नियततापी प्राणी (Warm blooded animal) को रैबीज हो सकता है।

यह प्रायः पशुओं के काटने से होता है किंतु यदि किसी रैबीज से ग्रस्त पशु द्वारा स्वस्थ नियततापी प्राणी की त्वचा पर खरोंच आदि भी बना दिया जाए तो भी संक्रमण होने की संभावना हो जाती है। यह मस्तिष्क से काटे जाने वाले स्थल तक की दूरी तथा इस बात पर भी निर्भर करती है कि कपड़े के ऊपर से काटा गया है या खाली बदन पर। रैबीज का विषाणु मनुष्य और अन्य नियततापी प्राणी के मस्तिष्क में पहुँचकर निग्रीबॉडीज (Negribodies) निर्मित करता है। इन्हें सूक्ष्मदर्शी की सहायता से देखा जा सकता है और केवल रैबीज होने पर ही ये प्रभावित व्यक्ति के मस्तिष्क में पाए जाते हैं। आरंभ में इसके लक्षण काफी हल्के प्रभाव वाले होते हैं। प्रभावित व्यक्ति को ज्वर, शरीर में दर्द और सिरदर्द होता हैं। काटे गए स्थान पर झुनझुनी और दर्द होता है। रोगी को हल्की बेचैनी महसूस होती है। बाद में तंत्रिका तंत्र की समस्याएँ उत्पन्न होती हैं। हाइड्रोफोबिया का अर्थ है "जल से भय"। चूँकि गले की पेशियों में बहुत अधिक दर्द और ऐंठन होती है, अतः रोगी जल भी नहीं पी सकता। यदि उसके पास जल लेकर जाया जाए तो वह उसे पीने पर उत्पन्न होने वाली ऐंठन और दर्द से घबड़ा जाता है। अतः जल को देखते ही रोगी में उत्पन्न होने वाले भय को हाइड्रोफोबिया कहा जाता है।

इसका उपचार शामक होता है और केवल रोगी को शांत बनाए रखने और असहनीय कष्ट से मुक्ति दिलाने के लिए ही किया जाता है क्योंकि यह रोग किसी भी उपचार से ठीक नहीं किया जा सकता।

रैबीज से प्रतिरक्षण हेतु एक नया वैक्सीन विकसित किया गया है। यह ऊतक संवर्धन से तैयार किया गया है और इसमें मस्तिष्क की कोशिकाएं प्रयोग में नहीं लाई जातीं। इसे एच.डी.सी.एस. वैक्सीन (ह्यूमन डिप्लॉयड सेल स्ट्रेन वैक्सीन) कहा जाता है। इस वैक्सीन की केवल 3-4 खुराक ही पर्याप्त होती है। प्रत्येक खुराक के साथ दी जाने वाली औषधि की मात्रा भी अपेक्षाकृत कम होती है। हालांकि मस्तिष्क की कोशिकाओं से निर्मित वैक्सीन का व्यक्ति पर

कोई प्रतिकूल प्रभाव नहीं पड़ता किंतु यह तुलनात्मक रूप से काफी महंगा होता है।

29. टिटेनस : यह एक गंभीर और अत्यधिक कष्टकारी रोग है जिसके कारण विश्व भर में काफी लोग मृत्यु के शिकार होते हैं।

एजेंट : यह रोग क्लॉस्ट्रिडियम टिटेनी या टिटेनस बैसिलस नामक जीवाणु से होता है। यह मिट्टी में कहीं भी बीजाणु के रूप में उपस्थित होता है।

पोषी : टिटेनस किसी भी आयु वर्ग के व्यक्तियों को हो सकता हैं किंतु इसकी संभावना 15-40 वर्ष के लोगों को सर्वाधिक होती है।

पर्यावरण संबंधी कारक : निर्धनता, अज्ञानता, स्वास्थ्य सेवाओं की अनुपलब्धता आदि कारक इस रोग के लिए मुख्य रूप से उत्तरदायी हैं। टिटेनस किसी भी ऋतु में हो सकता है।

संचरण : मिट्टी में टिटेनस के बीजाणु उपस्थित होते हैं जो कोई घाव होने या त्वचा के कटने–फटने पर उस स्थान से शरीर में प्रवेश कर जाते हैं।

उद्भवन अवधि : 3 दिन से 3 सप्ताह। उद्भवन अवधि कम होने के कारण रोग की गंभीरता अधिक होती है।

लक्षण : टिटेनस की शुरूआत गर्दन की मांसपेशियों के कड़ा होने से होती है तथा शीघ्र ही यह कड़ापन शरीर की अन्य सभी मांसपेशियों तक पहुँच जाता है।

उपचार : टिटेनस होने पर रोगी को 10000 अंतःशिरीय टिटेनस रोधी सीरम दिया जाता है। यह औषधि आविष को नष्ट करने के लिए दी जाती है। मांसपेशियों की ऐंठन का उपचार अलग से किया जाता है।

निवारण : सक्रिय प्रतिरक्षण जिसके लिए टिटेनस टॉक्साइड (TT) का इंजेक्शन दिया जाता है।

30. कोढ़ : यह मानव समुदाय में होने वाला एक प्राचीनतम रोग है और भारत में इसे 'कुष्ठ रोग' या 'महारोग' के नाम से जाना जाता है। यह केवल पुरूषों को ही होता है और यह एक चिरकालिक रोग है जो कई वर्षों तक चलता रहता है।

भारत में कोढ़ के रोगियों की संख्या 40 लाख से भी अधिक है। इनमें से 10 लाख संक्रामक रोग से ग्रसित हैं। तमिलनाडु, आंध्रप्रदेश, उड़ीसा, पश्चिम बंगाल, बिहार, महाराष्ट्र और उत्तर प्रदेश देश के सर्वाधिक प्रभावित राज्य हैं।

एजेंट : कोढ़ माइकोबैक्टिरियम लेप्री (लेप्रोसी बैसिलस) नामक जीवाणु के कारण होता है जो ट्यूबरकल बैसिलस के समान जीवाणु है। इसे 1873 में हैनसन द्वारा खोजा गया किंतु इसका प्रयोगशाला में संवर्धन नहीं किया जा सका है।

पोषी : कोढ़ किसी भी व्यक्ति को हो सकता है। किसी विशेष क्षेत्री या स्थानिक क्षेत्रों में यह बच्चों में अधिक होता है। महिलाओं की तुलना में पुरुष इस रोग से अधिक प्रभावित होते हैं।

पर्यावरण संबंधी कारक : इस रोग के लिए मुख्य रूप से सामाजिक कारक उत्तरदायी हैं। यही कारण है कि इसे सामाजिक रोग कहा जाता है। निर्धनता, अज्ञानता, अत्यधिक भीड़–भाड़, साफ–सफाई की कमी और व्यक्तिगत साफ–सफाई का अभाव कुछ ऐसे ही सामाजिक कारक हैं।

संचरण : इस रोग का संचरण मुख्य रूप से प्रत्यक्ष संसर्ग या रोगी द्वारा प्रयुक्त वस्तुओं उसके वस्त्रादि का स्वस्थ व्यक्ति द्वारा प्रयोग (अप्रत्यक्ष संसर्ग) किए जाने से होता है। रोगाणुओं के संचरण हेतु लंबे समय तक रोगी के संसर्ग में रहना आवश्यक हैं। रोगी की नाक में बैसिलस जीवाणु उपस्थित होते हैं। अतः वायुवाहित बिंदुक संक्रमण संभव है।

उद्भवन अवधि : 3-4 वर्ष किंतु 30-40 वर्ष भी हो सकता है।

लक्षण : कोढ़ की शुरूआत त्वचा पर एक धब्बे से होती है जो लाल या सफेद रंग का (hypopigmented) होता है। उस धब्बे में संवेदना समाप्त हो जाती है (निश्चेतना की स्थिति)।

निदान : संपूर्ण शरीर, संवेदना शून्य हो चुके धब्बे वाले स्थानों की त्वचा और तंत्रिकाओं जैसे कि अंतःप्रकोष्ठिक तंत्रिकाओं के स्थूलन की समग्र जाँच से कोढ़ की निश्चित रूप से पहचान की जा सकती है।

लेप्रोमिन परीक्षण : यह परीक्षण यह ज्ञात करने के लिए किया जाता है कि कोढ़ किस प्रकार का है और भविष्य में यह कौन–सा रूप लेगा।

उपचार : इसके उपचार हेतु डैप्सन (डाइमिनो डाइफेनिल) सल्फोन या डी डी एस का प्रयोग किया जाता है।

31. रतिज रोग : रतिज रोग (Venereal Disease) लैंगिक संभोग द्वारा संचारित होने वाले रोगों को कहा जाता है। इस समूह के प्रमुख रोग हैं :

1. उपदंश (Syphilis)
2. सूजाक (Gonorrhoea)
3. कैन्स्रॉइड मृदु घाव (Chancroid soft sore)
4. लिम्फो ग्रेनुलोमा वेनेरम (LGV)
5. डोनोवैनोसिस या ग्रैन्यूलोमा इन्गविनेल
6. एड्स (AIDS)

उपर्युक्त पहले तीन रतिज रोग पूरे भारत में सामान्य रूप से पाए जाते हैं किंतु LGV और डोनोवैनोसिस मुख्य रूप से दक्षिण भारत में पाए जाने वाले रतिज रोग हैं।

संचरण : इस समूह के सभी रोग लैंगिक संभोग की क्रिया से संचारित होते हैं। उपदंश माता से प्लैसेन्टा के जरिए गर्भस्थ शिशु में भी संचारित हो सकता है।

उद्भवन अवधि :

1. उपदंश — 10–90 दिन
2. सूजाक — 2–10 दिन
3. कैन्स्रॉइड — 1–5 दिन
4. एल जी वी — 3–20 दिन
5. डोनोवैनोसिस – 1–6 दिन

एड्स (AIDS) : यह एक नया रोग है जिसका पता लगभग 20 वर्ष पहले लगा। यह एक गंभीर रतिज रोग है। इसका संचरण एक विषाणु के जरिए होता है जो प्रभावित व्यक्ति के वीर्य, रक्त, लार और मूत्र में उपस्थित होता है। इस रोग के रोगियों और वाहकों को कोई रोग नहीं होता किंतु वे अन्यों को संक्रमण प्रदान करते हैं। यह रोग मुख्य रूप से अमेरिकी, यूरोपीय और अफ्रीकी देशों में पाया जाता है। भारत में भी एड्स के कुछ मामले प्रकाश में आए हैं। यह रोग 20-30 आयु वर्ग के महिलाओं और पुरुषों दोनों को हो सकता है।

उद्भवन अवधि 6 माह से 5 वर्ष है। इस रोग से प्रभावित व्यक्ति के शरीर की प्रतिरक्षा प्रणाली संपूर्णतः विफल हो जाती है। इसके विषाणु प्रतिरक्षा प्रणाली से जुड़ी कोशिकाओं पर आक्रमण करते हैं। प्रतिरक्षा प्रणाली के विफल हो जाने के कारण फेफड़े, तंत्रिका तंत्र आदि के अनेक रोग हो जाते हैं जिससे रोगी की 2 वर्ष में मृत्यु हो जाती हैं।

वर्तमान में इस रोग का कोई उपचार नहीं है। वैज्ञानिकों द्वारा इस रोग के प्रतिरक्षक टीके विकसित करने के प्रयास किए जा रहे हैं। रक्त दाताओं से रक्त लेने से पहले उनके रक्त में एच आई वी विषाणुओं की उपस्थिति की जांच अवश्य की जानी चाहिए।

अन्य रतिज रोगों के मामले में भी स्वास्थ्य शिक्षा आवश्यक है। इसे विश्व स्वास्थ्य संगठन द्वारा अधिसूचित रोगों की श्रेणी में रखा गया है।

32. असंचारी रोग : ये रोग अनेक कारणों से अनुत्क्रमणीय विकृतिजन्य परिवर्तन (non-reversible pathological changes) के फलस्वरूप होते है। इनमें उद्भवन अवधि लंबी और परिवर्तनशील होती हैं। ये रोग स्थायी होते हैं और रोगी में अशक्तता उत्पन्न करते हैं। इन रोगों से ग्रसित व्यक्तियों के उपचार और पुनर्वास हेतु उन्हें विशेष प्रशिक्षण देने की आवश्यकता होती हैं।

इस श्रेणी में शामिल किए गए रोग हैं :

1. मधुमेह
2. कैन्सर
3. हृदय रोग
4. दृष्टि विकलांगता (अंधापन)
5. बहरापन
6. मोटापा
7. दुर्घटना जनित अशक्तता

मधुमेह : यह रोग शरीर में इंसुलिन की अपर्याप्त मात्रा के कारण ग्लूकोस चपापचयन की प्रक्रिया बाधित हो जाने के फलस्वरूप होता है।

शरीर में इंसुलिन से विपरीत क्रिया वाले एंटीबॉडीज (प्रतिरक्षी कणिकाओं) कणिकाओं या अन्य हारमोनों के स्राव की स्थिति में इंसुलिन की मात्रा अपर्याप्त हो जाती है।

यह रोग किशोर अवस्था के या अधेड़ उम्र के उन लोगों में होने की संभावना सर्वाधिक होती है जो मोटापे के शिकार होते हैं और बैठे रहने वाले ऐसे काम करते हैं जिनमें अत्यधिक मानसिक श्रम की आवश्यकता होती है।

यह रोग गर्भावस्था, यौवनारंभ, रजोनिवृत्ति, संक्रमण या मानसिक तनाव के दौरान हो सकता है।

सामान्यतः 2% आबादी इस रोग से ग्रसित है।

निवारण और नियंत्रण : सर्वोत्तम उपाय पाँच स्तरीय निवारण प्रक्रिया को अपनाना है। तथापि, निवारण के तीसरे स्तर से उपाय सभी चिरकालिक रोगों में अधिक उपयोगी सिद्ध होते हैं।

स्वास्थ्य संवर्धन : शरीर का वजन कम करना, जिन व्यक्तियों के परिवार के सदस्यों को मधुमेह रहा हो (वंशानुगत) उन्हें मधुमेह के संबंध में आनुवंशिक विशेषज्ञों के परामर्श से उपचार की आवश्यकता होती है। इसके अतिरिक्त मधुमेह रोगियों को विवाह विषयक परामर्श भी दिए जाते हैं।

औषधीय उपचार : ऐसे रोगियों को क्लोरोप्रोपियामाइड और फेनाक्समीन जैसी मधुमेहरोधी औषधियाँ पिलाई जाती हैं जिनमें मधुमेह का परिपक्व चरण आरंभ हो गया हो या जिन्हें इंसुलिन की आवश्यकता 40 यूनिट प्रतिदिन से कम हो।

मधुमेह के रोगियों को इंसुलिन तब दिया जाता है जबकि गर्भावस्था में मधुमेह हो, गैन्ग्रीन, डॉयबेटिक कॉमा या शल्य चिकित्सा की आवश्यकता हो।

कैंसर : मानव शरीर विभिन्न अंगों और ऊतकों से बना है जिनकी संरचनात्मक इकाई को कोशिका (cells) कहते हैं। ये कोशिकाएं प्रायः एक नियंत्रित रूप में विभाजित होती रहती हैं। कभी–कभी यह कोशिका विभाजन अनियंत्रित रूप में होने लगता है तथा कोशिकाओं में असामान्य रूप से वृद्धि होने लगती है जिनमें किसी दूर के स्थान पर पहुँच कर वहाँ विकसित होने की प्रवृत्ति होती है। ये कोशिकाएं आसपास की कोशिकाओं/ऊतकों पर भी आक्रमण करती हैं। इसे कैंसर कहा जाता है जो शरीर के किसी भी भाग में हो सकता है। भारत में कैंसर मृत्यु के 10 प्रमुख कारणों में से एक है। भारत में मुख्य रूप से मुख कैन्सर, ऊपरी आहार नाल का कैंसर और गर्भाशय ग्रीवा का कैंसर पाया जाता है।

कैंसर के कारण

1. **भौतिक कारक :** पराबैंगनी किरणें, विकिरण और निरंतर उच्च तापीय परिवेश।
2. **रासायनिक कारक :** अलकतरा और रंग, एरोमैटिक, ऐमीन, निकैल, बेरिलियम, नेफ्थालामाइन।
3. **पोषाहार संबंधी कारक :** कवक द्वारा संदूषित नारियल का तेल।
4. **जैविक कारक :** शिस्टोसोमा विषाणु
5. **यांत्रिक कारण :** लंबे समय तक घर्षण, मानसिक आघात, चिड़चिड़ाहट, ठीक ढंग से न बैठी कृत्रिम दंतावली, चश्मे, कसकर धोती या साड़ी बाँधना।

कैंसर पर नियंत्रण : सात पूर्वलक्षण—सचेतक लक्षणः

1. सामान्य रूप से मूत्र त्याग की आदत में बदलाव।
2. ऐसा घाव जो भरता न हो।
3. असामान्य रक्तस्त्राव या आस्त्राव।
4. छाती या अन्य किसी स्थान पर स्थूलन या सूजन।
5. अपच या निगलने में कठिनाई।
6. शरीर पर मस्से या तिल के आकार में स्पष्ट परिवर्तन।
7. खाँसने में परेशानी।

उपचार :

1. शल्य चिकित्सा
2. औषधियों द्वारा रासायनिक उपचार
3. विकिरण
4. अंतिम चरण में विशिष्ट लक्षणों के अनुसार उपचार

डिफ्थेरिया

डिफ्थेरिया कोरिनेबैक्टीरियम डिफ्थेरियाई द्वारा उत्पन्न किया जाने वाला एक गंभीर संक्रामक रोग हैं। इसके तीन प्रमुख चिकित्सकीय प्रकारों का वर्णन किया गया है—अग्र नासा, आननीय (चेहरे का) और कंठ का। तथापि इससे त्वचा, नेत्र श्लेष्मला भाग और शरीर के अन्य भाग प्रभावित हो सकते हैं। बैसिली जीवाणु स्थानीय आधार पर, विशेषकर गले में बहुगुणित होता है और एक शक्तिशाली बहिःआविष (exotoxin) छोड़ता है जो निम्नलिखित के लिए उत्तरदायी होता है :

(*a*) प्रायः टॉन्सिल (गलतुंडिका), ग्रसनी या कंठ (या जहाँ इसके जीवाणु अपनी जड़ें जमाते हैं) पर सुस्पष्ट कोटों सहित भूरे से या पीले से रंग की झिल्ली का निर्माण जिसे हटाया नहीं जा सकता।

(*b*) चिह्नित संकुलन, शोफ (oedema) या स्थानीय ऊतकों का विनाश।

(*c*) क्षेत्रीय लसिका गांठों का बढ़ जाना, और

(*d*) आविषीकरण के चिह्नों और लक्षणों का प्रकट होना।

डिफ्थेरिया एक स्थानिक रोग हैं। उपलब्ध विगत आँकड़ों से भारत में डिफ्थेरिया के मामलों के घटने का पता चलता है। (स्रोत : मुंबई, चेन्नई, दिल्ली और बेंगलुरू के अस्पताल)। ऐसा बच्चों को प्रतिरक्षी टीकों की सहायता से अधिकाधिक प्रतिरक्षण आवरण प्रदान करने के फलस्वरूप हुआ है।

एजेंट कारक :

***(a)* एजेंट :** कारक एजेंट सी. डिफ्थेरियाई एक ग्रैम अभिरंजी (Gram positive), नॉन–मैटल जीव है। इसमें **कोई** आक्रामक शक्ति नहीं होती किंतु यह शक्तिशाली **बहिः**आविष (Exotoxin) उत्पन्न करता है। डिफ्थेरिया बैसिली के तीन प्रकार ग्रैविस, माइटिस और इन्टरमेडियस के रूप में अलग–अलग पहचाने जाते हैं जिनमें से सभी मानव के लिए रोगजनक होते हैं।

***(b)* संक्रमण के स्रोत :** संक्रमण के स्रोत रोगग्रस्त व्यक्ति या रोग का वाहक दोनों हो सकते हैं।

1. **रोगग्रस्त व्यक्ति :** रोगी की स्थिति लक्षणहीन या रोग के स्पष्ट लक्षणयुक्त हो सकती है। हल्के या गुप्त संक्रमण में रोगी की नाक बहने और गले में दर्द होने से अधिक कोई लक्षण दिखाई नहीं देते। ऐसे रोगी स्पष्ट लक्षण युक्त रोगी की तुलना में संक्रमण फैलाने में अधिक महत्त्वपूर्ण भूमिका निभाते हैं।
2. **वाहक :** वाहक संक्रमण के सामान्य स्रोत हैं। इनका अनुपात 95 वाहकों की तुलना में 5 चिकित्सीय (स्पष्ट लक्षणयुक्त) मामले हैं।

***(c)* संक्रामक सामग्री :** नासा ग्रसनी से स्राव, त्वचा विक्षत से विसर्जन, संदूषित सामग्री और संभवतः संक्रमित धूल।

***(d)* संक्रामकता की अवधि :** यदि उपचार न किया जाए तो संक्रामकता की अवधि रोग आरंभ होने के बाद 14 से 28 दिन हो सकती है। किंतु वाहक इससे अधिक समय तक संक्रमण के शिकार रह सकते हैं।

पोषी :

***(a)* आयु :** डिफ्थेरिया विशेषकर 1 से 5 वर्ष की आयु के बच्चों को प्रभावित करता है। जिन देशों में टीकाकरण व्यापक रूप में प्रचलित है वहाँ इस रोग से प्रभावित होने वालों की आयु सीमा में कुछ बदलाव हुआ है जो स्कूलपूर्व से स्कूल आयु तक देखा गया है।

***(b)* लिंग :** पुरुष और महिला दोनों प्रभावित होते हैं।

***(c)* प्रतिरक्षण :** प्रतिरक्षित माताओं से जन्मे शिशु अपेक्षाकृत जीवन के पहले कुछ सप्ताहों या महीनों तक रोग प्रतिरक्षित होते हैं।

पर्यावरण संबंधी कारक : डिफ्थेरिया के मामले सभी ऋतुओं में सामने आते हैं। हालांकि जाड़े के महीने इस रोग के प्रसार हेतु अनुकूल होते हैं। कोलकाता में अगस्त माह में सर्वाधिक मामले सामने आए हैं जबकि मुंबई में सर्दी के महीनों और दिल्ली में अगस्त से अक्टूबर माह के दौरान अधिकतम मामले सामने आए हैं।

संचरण का माध्यम : रोग मुख्य रूप से वायुवाहित संक्रमण (बिंदुक संक्रमण) से होता है। यह संक्रमित त्वचीय विक्षत वाले रोगी से संवेदनशील स्वस्थ्य व्यक्ति तक सीधे भी संचारित हो सकता है। रोगी के नासा ग्रसनी से निकलने वाले स्राव से संदूषित वस्तुओं (जैसे कप, थर्मामीटर, खिलौने, पेंसिल) से भी रोग का संचरण हो सकता है किंतु रोग केवल छोटी अवधियों के लिए ही होता हैं।

प्रवेश मार्ग :

***(a)* श्वसन मार्ग :** प्रायः श्वास नली स्वस्थ्य व्यक्ति के शरीर में इस रोग के पहुँचने का सामान्य मार्ग है।

***(b)* श्वसन मार्ग से भिन्न मार्ग :** रोग के रोगाणुओं का प्रवेश मार्ग स्वस्थ व्यक्ति की त्वचा पर ऐसी जगह हो सकती है जहाँ कट–फट गया हो, घाव हो गया हो और जिसकी सही रूप में देखभाल न की गई हो। डिफ्थेरिया के रोगाणु ऐसी जगहों से आसानी से स्वस्थ व्यक्ति के शरीर में पहुँच जाते हैं। इसी प्रकार, नवजात शिशु की नाभि से भी रोगाणुओं का प्रवेश हो सकता है। कभी–कभी रोगाणु व्यक्ति के नेत्रों, जनन छिद्र या मध्य कर्ण पर भी अपनी जड़ें जमा लेते हैं। श्वसन भिन्न मार्ग से संक्रमण की घटनाएं विकसित देशों में कम होती हैं।

उद्भवन अवधि : 2 से 6 दिन, प्रायः इससे अधिक भी।

डिफ्थेरिया का नियंत्रण : मामले (रोगी) और वाहक

***(a)* शीघ्र संसूचन :** आशंका होते ही परिवार और स्कूल में रोगियों और वाहकों की तलाश का काम तत्काल शुरू कर दिया जाना चाहिए। वाहकों को केवल संवर्धनात्मक विधि से ही संसूचित किया जा सकता है। दोनों नासा छिद्रों और गले से फाहा लेकर डिफ्थेरिया बैसिली की जाँच के लिए जीवाणु संवर्धन की प्रक्रिया अपनाई जानी चाहिए।

(*b*) **उपचार :**

(*i*) **रोगी :** डिफ्थेरिया की आशंका होने पर डिफ्थेरिया एंटीटॉक्सिन की मामले की गंभीरता के अनुसार 10,000 से 80,000 यूनिट की खुराक अंतः पेशीय या अंतःशिरीय (IM or IV) दी जानी चाहिए। प्रारंभिक जाँच के पश्चात् हॉर्स सीरम के प्रति संवेदनशीलता की जाँच करने के लिए 0.2 मिली अधः त्वचीय इंजेक्शन दिया जाएगा।

(*ii*) **वाहक :** वाहक को 10 दिनों तक एरिथ्रोमाइसिन की खुराक देना। एरिथ्रोमाइसिन डिफ्थेरिया रोग के वाहकों के उपचार हेतु सर्वाधिक प्रभावी औषधि है।

डी पी टी वैक्सीन : शिशुओं में रोग प्रतिरक्षण हेतु डीपीटी एक उचित वैक्सीन है। इसका पहला कारण है कि इससे शिशु एक साथ तीन रोगों से प्रतिरक्षित हो जाता है। ये तीन रोग हैं—डिफ्थेरिया, काली खांसी और टिटेनस। दूसरी महत्त्वपूर्ण बात यह है कि डी पी टी वैक्सीन में काली खांसी से बचाव का टीका उपलब्ध होने से डिफ्थेरिया टॉक्साइड की क्षमता में वृद्धि हो जाती है।

ट्यूबरकुलोसिस

ट्यूबरकुलोसिस एम. ट्यूबरकुलोसिस के कारण होने वाला एक विशेष संक्रामक रोग है। यह रोग मुख्य रूप से फेफड़ों को प्रभावित करता है जिससे फेफड़े की टीबी होती है। यह आंत, मस्तिष्क, हड्डियों और लसिका ग्रंथियों, त्वचा और शरीर के अन्य ऊतकों को भी प्रभावित करता है। यह रोग प्रायः चिरकालिक होता है और भिन्न–भिन्न लक्षण प्रदर्शित करता है। यह रोग मवेशियों को भी प्रभावित करता है जिसे गो–ट्यूबरकुलोसिस कहते हैं जो कभी–कभी मनुष्य में भी संचरित हो जाता है। यहाँ फुफ्फुसीय ट्यूबरकुलोसिस (फेफड़े के टीबी) पर चर्चा की जा रही है जो सर्वाधिक महत्त्वपूर्ण प्रकार की टीबी है।

ट्यूबरकुलोसिस का प्राकृतिक इतिहास :

एजेंट कारक :

(*a*) एम. ट्यूबरकुलोसिस एक अंतराकोशिकीय परजीवी है अर्थात् यह फैगोसाइटों द्वारा आसानी से पचा लिया जाता है और अंतराकोशिकीय भक्षण के प्रति रोधी–क्षमता से युक्त है। मनुष्य के लिए मानव और गो–ट्यूबरकुलोसिस दोनों महत्त्वपूर्ण हैं। अधिकांश मामले मानव स्ट्रेन के मिलते हैं। प्रारूपी माइको–बैक्टिरियम निम्नलिखित चार समूहों में वर्गीकृत किए गए हैं :

(*i*) फोटो–क्रोमोजेन्स (उदाहरण : एम कैन्सासिल)

(*ii*) स्कोटो–क्रोमोजेन्स (उदाहरण : स्क्रोफ्युलैसियम)

(*iii*) नॉन–फोटोक्रोमोजेन्स (उदाहरण : एम इंटरसेल्युलेस) (बैटरी बैसिलस) और

(*iv*) द्रुत वृद्धिशील (उदाहरण : एम. फॉर्च्यूटम)

(*b*) **संक्रमण के स्रोत :** इस रोग के संक्रमण के दो स्रोत हैं : मानव और गो जातीय मवेशी।

(*i*) **मानव स्रोत :** संक्रमण का सर्वाधिक सामान्य स्रोत मानव रोगी हैं जिनके बलगम (कफ) में सक्रिय ट्यूबरकल बैसिलि होते हैं। ऐसे रोगी वे होते हैं जिनका उपचार हुआ ही न हो या जिनका पूर्ण उपचार नहीं हुआ हो। ऐसे स्रोत वर्षों तक अपने कफ से बैसिली जीवाणुओं का विसर्जन करते रहते हैं।

(*ii*) **गोजातीय मवेशी स्रोत :** गोजातीय स्रोत से संक्रमण प्रायः संक्रमित दूध से फैलता है। इस बात का निश्चित प्रमाण नहीं है कि इस देश में गो जातीय स्रोत से ट्यूबरकुलोसिस एक समस्या के रूप में है क्योंकि हमारे देश में दूध काफी अधिक उबाल कर प्रयोग में लाया जाता है।

(*c*) **संचारणीयता :** जब तक रोगी का उपचार न किया जाए वे संक्रमण फैलाते रहते हैं। प्रभावी एंटीमाइक्रोबियल उपचार से संक्रमणीयता में 48 घंटे के भीतर 90 प्रतिशत तक की कमी हो जाती है।

पोषी :

(*a*) **आयु :** ट्यूबरकुलोसिस सभी आयु वर्ग के लोगों को हो सकता है। विकासशील देशों में शैशवावस्था से लेकर किशोरावस्था संक्रमण दर में काफी वृद्धि दिखाई देती है। भारत में 5 वर्ष से कम आयु के बच्चों में औसतन 1 प्रतिशत और 15 वर्ष तक की आयु के किशोरों में 30 प्रतिशत तक संक्रमणीयता देखी जाती है। विकसित देशों में वयस्क और अधिक आयु के लोगों में यह रोग अधिक होता है।

(*b*) **लिंग :** महिलाओं की तुलना में पुरुषों को यह रोग अधिक होता है।

(*c*) **आनुवंशिकता :** ट्यूबरकुलोसिस एक आनुवंशिक रोग नहीं है। तथापि, दो अध्ययन आनुवंशिक संवेदनशीलता की ओर इशारा करते हैं।

(*d*) प्रतिरक्षाकरण : पुरुषों में ट्यूबरकुलोसिस के प्रति कोई आनुवंशिक प्रतिरक्षण नहीं होता। यह प्राकृतिक संक्रमण या बी सी जी टीकाकरण द्वारा उपार्जित किया जाता है।

सामाजिक कारकः ट्यूबरकुलोसिस एक सामाजिक रोग है। सामाजिक कारकों में अनेक अचिकित्सीय कारक निहित हैं जैसे कि निम्न स्तरीय जीवन शैली, आवास की निम्न गुणवत्ता और अत्यधिक भीड़–भाड़, जनसंख्या विस्फोट, कुपोषण, शिक्षा का अभाव, बड़ा परिवार, कम आयु में विवाह, जागरूकता का अभाव और बीमारी के कारण, आदि।

ट्यूबरकुलिन जाँच : वॉन पिरक्वेट द्वारा 1907 में ट्यूबरकुलिन जाँच का पता लगाया गया। जाँच के प्रति सकारात्मक प्रतिक्रिया प्रायः यह दर्शाती है कि व्यक्ति को विगत या वर्तमान में एम. ट्यूबरकुलोसिस का संक्रमण हुआ है। ट्यूबरकुलिन जाँच एकमात्र उपाय है जिससे यह ज्ञात किया जा सकता है कि किसी आबादी के लोगों में संक्रमण की पूर्व व्याप्ति है अथवा नहीं।

ट्यूबरकुलिन : जाँच सामग्री या एंटीजन को ट्यूबरकुलिन कहा जाता है। दो प्रमुख एंटीजन है—ओल्ड ट्यूबरकुलिन (ओटी) और प्यूरिफाइड प्रोटीन डिराइवेटिव (पी पी डी)। चूँकि पी पी डी एक शुद्ध एंटीजन है, अतः इससे काफी कम अविशिष्ट प्रतिक्रियाएं होती हैं और इसे मानवीकृत करना आसान है। अब यह ओटी (Old Tuberculin) स्थान पर प्रयोग में लाया जाने लगा है।

मैनटॉक्स परीक्षण : मैनटॉक्स परीक्षण बाँह के अगले हिस्से पर मोड़ वाले पृष्ठ तल पर अंतरात्वचीय 0.1 मिली पी पी डी का आई टी यू देकर किया जाता है। विश्व स्वास्थ्य संगठन ने ''पी पी डी–आर टी–23 विथ ट्विन 80'' के नाम से ज्ञात रसायन द्वारा जाँच की बात कही है। इस परीक्षण का परिणाम 72 घंटे बाद (तीसरे दिन) ज्ञात होता है। यदि उपचार न किया जाए तो संक्रमणीयता की अवधि रोग आरंभ होने से 14 से 28 दिन की होती है किंतु कभी–कभी कुछ लंबी अवधि भी होती है।

संचरण की विधि : ट्यूबरकुलोसिस फेफड़े की टीबी से ग्रस्त रोगियों के थूक या बलगम से बिंदुक संक्रमण और बिंदुक केंद्रक (वायुवाहित) संक्रमण द्वारा फैलता है। संक्रमण के संचरण हेतु अणु इतने स्वच्छ और सबल होने चाहिए कि एक जीवनक्षम जीव का वहन कर सकें। रोगी या वाहक के कफ (बलगम) में सभी आकारों के रोगाणु काफी अधिक संख्या में निहित होते हैं। रोगी द्वारा खांसने की आवृत्ति और वेग तथा वातावरण के संवातन से संक्रमण का संचरण प्रभावित होता है। ट्यूबरकुलोसिस के जीवाणु अस्वच्छ वस्तुओं जैसेकि रोगी द्वारा प्रयुक्त प्याले और अन्य वस्तुओं से संचारित नहीं होते । अतः ऐसी वस्तुओं का विसंक्रमण रोग निवारण में कोई अधिक लाभप्रद नहीं होता। बाह्य फुप्फुसीय टीबी या स्मीयर निगेटिव टीबी से ग्रस्त रोगी से संक्रमण के संचरण का जोखिम न्यूनतम होता है।

उद्‌भवन अवधि : किसी व्यक्ति के संक्रमण का शिकार होने से लेकर उसे ट्यूबरकुलोसिस से ग्रस्त होने का लक्षण प्रकट होने तक की अवधि 3 से 6 सप्ताह हो सकती है और उसके बाद रोग का बढ़ना या घटना स्रोत (रोगी) से संपर्क, रोग की मात्रा और उसके थूक में रोगाणुओं की संख्या तथा पोषी–परजीवी संबंध पर निर्भर करता है। अतः उद्‌भवन अवधि सप्ताह, माह या वर्ष भी हो सकती है।

नियंत्रण : ट्यूबरकुलोसिस नियंत्रण का अर्थ है समुदाय में रोग की पूर्व व्याप्ति और रोग की घटना में कमी आना। विश्व स्वास्थ्य संगठन के अनुसार ट्यूबरकुलोसिस नियंत्रण का आशय है कि 0-14 वर्ष के आयु वर्ग में प्राकृतिक संक्रमण की पूर्वव्याप्ति लगभग 1 प्रतिशत हो। भारत में यह प्रतिशत लगभग 40 प्रतिशत है। इसका अर्थ है कि हमें विश्व स्वास्थ्य संगठन द्वारा निर्धारित लक्ष्य को प्राप्त करने के लिए अभी काफी प्रयास करने होंगे। चूंकि ट्यूबरकुलोसिस एक संक्रामक रोग है, इसके निवारण और नियंत्रण के आधारभूत सिद्धांत किसी भी अन्य संक्रामक रोग के ही समान हैं। नियंत्रण उपायों में उपचारात्मक उपाय शामिल हैं जैसे—रोगी की पहचान और उपचार और बी सी जी टीकाकरण द्वारा निवारक उपाय। ये राष्ट्रीय ट्यूबरकुलोसिस कार्यक्रम के दो मूल संघटक हैं। तथापि, सर्वाधिक सशक्त उपाय रोगी और वाहक की पहचान और उनका उपचार करना है।

जीवाणुनाशक औषधियाँ

रिफैम्पिसिन (RMP) : आर एम पी एक शक्तिशाली जीवाणुनाशी औषधि है। यह आई एन एच की तुलना में एक बेहतर संक्रमण रोधी एजेंट है। यह सभी ऊतक झिल्लियों और रक्त–मस्तिष्क तथा प्लैसेन्टल प्राचीरों को पार कर

जाता है। यह अंतराकोशिकीय और बहिःकोशिकीय बैसिलि के विरुद्ध समान रूप से कारगर औषधि है।

आईएनएच : आई एन एच ट्यूबरकुलोसिस के उपचार की एक सर्वाधिक सशक्त औषधि है।

स्ट्रेप्टोमाइसिन : स्ट्रेप्टोमाइसिन जीवाणुनाशी एंटीबायोटिक औषधि है। यह बहुगुणित हो रहे बैसिलि जीवाणुओं को संपूर्णतः और बहुत तेजी से नष्ट कर देता है।

पायरिजिनामाइड : यह औषधि जीवाणु नाशक औषधि है और विशेष रूप से धीमी गति से संख्या वृद्धि करने वाले अंतराकोशिक बैसिलस (जो अन्य औषधियों से नष्ट नहीं होते) के विरुद्ध एक प्रभावी औषधि है।

बी सी जी टीकाकरण : 'कोच' द्वारा एम–टयूबरकुलोसिस की खोज करने के बाद से ही जीवित या मृत ट्यूबरकल बैसिली का प्रयोग करके ट्यूबरकुलोसिस के विरूद्ध एक कारगर रोग निरोधक टीका तैयार करने के प्रयास किए जाते रहे हैं। फ्रांसीसी वैज्ञानिकों कालमेट्ट और गुवेरिन ने ट्यूबरकुलोसिस से बचाव का टीका तैयार करने के लिए वर्ष 1906 में एम. बोविस का एक विषाणु टीका शुरू करने का कार्य शुरू किया। 13 वर्ष की अवधि तक 230 विषाणु संवर्धन के फलस्वरूप वे बी सी जी (बैसिलस कालमेट्ट गुवेरिन) टीका तैयार करने में सफल हुए जो प्रतिरक्षा प्राप्त करने हेतु क्षमता प्रतिधारण के लिए मनुष्य के लिए एक विषाणु टीका था।

(1) उद्देश्य : बी सी जी टीके का उद्देश्य एक हल्का, कृत्रिम प्राथमिक संक्रमण उत्पन्न करना है जो बाद में होने वाले किसी संभावित सांघातिक ट्यूबरकल बैसिली के संक्रमण के प्रति एक उपार्जित प्रतिरोधक क्षमता उत्पन्न करेगा और इस प्रकार सर्वाधिक जोखिम वाले प्राथमिक ट्यूबरकुलोसिस से रोगग्रस्तता और मृत्युदर को कम करेगा।

(2) टीका : बी सी जी एकमात्र व्यापक रूप में प्रयोग में लाया जाने वाला सजीव जीवाण्विक टीका है। इसमें गोजाति के मवेशियों में पाए जाने वाले ट्यूबरकल बैसिलि के जीवन क्षीणीकृत जीवाणु होते हैं।

(3) खुराक या मात्रा : टीका के लिए, सामान्य मात्रा 0.1 मिली आयतन में 0.1 मिग्रा होती है।

राष्ट्रीय ट्यूबरकुलोसिस कार्यक्रम : राष्ट्रीय ट्यूबरकुलोसिस कार्यक्रम वर्ष 1962 से चलाया जा रहा है। यह अनिवार्यतः एक स्थायी देशव्यापी कार्यक्रम है जो सामान्य स्वास्थ्य सेवाओं के साथ एकीकृत करके ग्रामीण और शहरी दोनों क्षेत्रों में चलाया जा रहा है। इस कार्यक्रम का दीर्घकालिक लक्ष्य ''समुदाय में ट्यूबरकुलोसिस की समस्या को पर्याप्त रूप से और तेजी से कम करके ऐसे स्तर तक पहुँचाना है जबकि वह सार्वजनिक समस्या न रहे''।

जिला ट्यूबरकुलोसिस कार्यक्रम : जिला ट्यूबरकुलोसिस कार्यक्रम राष्ट्रीय ट्यूबरकुलोसिस कार्यक्रम का एक प्रमुख हिस्सा है। इसकी शुरुआत राष्ट्रीय ट्यूबरकुलोसिस संस्थान बेंगलूरू द्वारा की गई और इसे भारत सरकार द्वारा क्रियान्वयन हेतु स्वीकार कर लिया गया तथा वर्ष 1962 में इसका कार्यान्वयन शुरू कर दिया गया। जिला ट्यूबरकुलोसिस केंद्र जिला ट्यूबरकुलोसिस कार्यक्रम के केंद्रक अंग हैं। जिला ट्यूबरकुलोसिस केंद्र का कार्य सामान्य स्वास्थ्य सेवाओं के सहयोग से संपूर्ण जिले में जिला ट्यूबरकुलोसिस कार्यक्रम को नियोजित, संगठित और क्रियान्वित करने है। वर्तमान में देश भर में 390 जिला ट्यूबरकुलोसिस केंद्र कार्य कर रहे हैं। उनके कार्यकलापों में निम्नलिखित शामिल हैं :

(*a*) रोगियों की पहचान करना

(*b*) उपचार

(*c*) बी सी जी टीकाकरण

(*d*) पर्यवेक्षण

(*e*) उपलब्धि

पोलियोमाइलिटिस

पोलियोमाइलिटिस एक गंभीर विषाणु संक्रमण है जो आर एन ए विषाणु के कारण होता है। यह प्रमुख रूप से मानव के आहार नाल का संक्रमण है। किंतु बहुत कम प्रतिशत (लगभग 1 प्रतिशत) मामले में यह विषाणु केंद्रीय तंत्रिका तंत्र को संक्रमित कर देता है जिसके परिणामस्वरूप कमोबेश लकवा की शिकायत और संभावित मृत्यु भी हो सकती है।

एजेंट कारक :

(*a*) एजेंट : कारक एजेंट पोलियो विषाणु है जिसके तीन स्टीरियोटाइप 1, 2 और 3 हैं। सर्वाधिक अंगघातिक पोलियो टाइप–1 विषाणु के कारण होता है। पोलियो विषाणु बाह्य पर्यावरण में लंबे समय तक जीवित रह सकते हैं। ठंडे वातावरण में, यह जल में 4 महीनों तक और रोगी के मल में 6 माह तक जीवित रह सकते हैं।

(b) संक्रमण के स्त्रोत : पोलियो विषाणु के संक्रमण का एकमात्र स्त्रोत मनुष्य ही है। अधिकांश संक्रमण में रोग का कोई स्पष्ट लक्षण उत्पन्न नहीं होता। किंतु यही हल्का और लक्षणविहीन संक्रमण एक बड़े पैमाने पर संक्रमण फैलाने में अत्यधिक महत्त्वपूर्ण भूमिका निभाता है।

(c) संक्रमण सामग्री : विषाणु संक्रमित व्यक्ति की विष्ठा (मल) और मुख–ग्रसनी से निकलने वाले कफ (थूक, आदि) में पाए जाते हैं।

(d) संचारणीयता की अवधि : पोलियो के रोगी में रोग के लक्षण आरंभ होने और समाप्त होने से 7-10 दिन पहले और बाद तक ये रोगी अत्यधिक संक्रामक होते हैं। रोगी के मल से ये विषाणु प्रायः 2 से 3 सप्ताहों तक और कभी–कभी 3 से 4 माह तक उत्सर्जित होते रहते हैं।

पोषी कारक :

(a) आयु : भारत में पोलियो विशेष रूप से शिशुओं और बच्चों को होने वाला रोग है। पोलियो के लगभग 50% मामले शिशुओं में होते हैं। इस रोग से ग्रसित होने की सर्वाधिक संभावना 6 माह से 3 वर्ष तक की आयु के दौरान होती है।

(b) लिंग : प्रायः 3 पुरुषों की तुलना में एक महिला के प्रभावित होने की संभावना होती है।

(c) जोखिम कारक : पोलियो विषाणु से ग्रसित व्यक्ति के अंगमारी (लकवा) का शिकार हो जाने की संभावना काफी अधिक होती है।

(d) प्रतिरक्षण : माता से प्राप्त एंटीबॉडीज जीवन के पहले छह माह के दौरान क्रमशः समाप्त हो जाते हैं। संक्रमण के बाद जो प्रतिरक्षण होता है वह काफी सुदृढ़ होता है हालांकि रोगी को फिर से पोलियो हो सकता है क्योंकि एक प्रकार के पोलियो से प्रतिरक्षण का अर्थ यह नहीं है कि उसे शेष दो प्रकारों के पोलियो विषाणुओं से भी प्रतिरक्षण प्राप्त हो चुका है।

पर्यावरण संबंधी कारक : बरसात के दौरान पोलियो होने की संभावना सर्वाधिक होती है। भारत में लगभग 60% पोलियो के मामले जून से सितंबर माह के दौरान सामने आते हैं। संक्रमण के पर्यावरण संबंधी स्त्रोत जल, खाद्य पदार्थ और मक्खियाँ हैं। पोलियो के विषाणु ठंडे पर्यावरण में काफी समय तक जीवित रहते हैं। अत्यधिक भीड़–भाड़ और साफ–सफाई की कमी संक्रमण का शिकार होने की अनुकूल परिस्थितियाँ उपलब्ध कराते हैं।

संचरण की विधि :

(a) आहार नाल मार्ग : यह विकासशील देशों में इस रोग के प्रसार का मुख्य मार्ग है। संक्रमण सीधे संदूषित उंगलियों के माध्यम से हो सकता है यदि साफ–सफाई की स्थिति सोचनीय हो या फिर सीधे संदूषित जल, दूध, खाद्य पदार्थों, मक्खियों और दैनिक प्रयोग की वस्तुओं से हो सकता है।

(b) बिंदुक संक्रमण : इस प्रकार से संक्रमण रोग के गंभीर चरण में होता है जबकि विषाणु रोगी के गले में स्थित हो। किसी संक्रमित व्यक्ति के निकट व्यक्तिगत संपर्क से बिंदुक संक्रमण फैलता है। विकसित देशों में इस प्रकार से संक्रमण विकासशील देशों की तुलना में अधिक है।

उद्‌भवन अवधि : प्रायः 7 से 14 दिन रेंज 3 से 35 दिन।

निवारण : टीकाकरण पोलियोमाइलिटिस को नियंत्रित करने का एकमात्र प्रभावी उपाय है। इसके लिए हत और जीवन क्षीणीकृत विषाणु टीका दोनों ही उपलब्ध हैं और सही प्रकार से प्रयोग में लाए जाने पर दोनों ही टीके सुरक्षित और प्रभावी हैं। सभी शिशुओं को 6 माह की आयु तक प्रतिरक्षित करना आवश्यक है। विश्व भर में दो प्रकार के टीके प्रयोग में लाए जाते हैं। ये हैं :

1. निष्क्रियित (साल्क) पोलियो टीका (आई पी वी)
2. ओरल (सैबिन) पोलियो टीका (ओ पी वी)

1. निष्क्रियित (साल्क) पोलियो टीका (आई पी वी): इस टीके में फॉर्मेलिन द्वारा निष्क्रियित तीनों प्रकार के पोलियो विषाणु निहित होते हैं। इसमें क्रमशः 1, 2 और 3 प्रकारों के 20, 2 और 4 डी एंटीजन निहित होते हैं। प्रतिरक्षण की प्रारंभिक खुराक में 4 टीके होते है। पहली खुराक 1-2 माह के अंतर पर दी जाती है तथा चौथी खुराक तीसरी खुराक के 6-12 माह बाद दी जाती है। पहली खुराक प्रायः तब दी जाती है जबकि शिशु 6 सप्ताह की आयु का हो। बच्चे को विद्यालय जाने की आयु से पहले अतिरिक्त खुराक दी जाती है और तब 18 वर्ष की आयु तक प्रत्येक 5 वर्ष पर एक अतिरिक्त खुराक दी जाती है। निष्क्रियित टीके से प्रतिरक्षण की आरंभिक खुराक के बाद सुरक्षित रूप से जीवन क्षीणीकृत विषाणु टीके की एक या दो खुराक बारी–बारी से दी जाती है।

2. मुख से पिलाई जाने वाली (सेबिन) पोलियो खुराक : मुख से पिलाया जाने वाला ओ पी वी वैक्सीन वर्ष 1957 में सेबिन द्वारा खोजा गया। इसमें बंदर के वृक्क या मानव के द्विगुणित कोशिका संवर्धन में विकसित जीवन क्षीणीकृत विषाणु (1, 2 और 3 प्रकार) निहित होते हैं। आदर्श रूप में प्रत्येक विषाणु टीका एकयुगली टीके (monovalent vaccine) के रूप में दिया जाना चाहिए किंतु प्रशासनिक सुविधा की दृष्टि से इसे त्रियुगली टीके (TOPY) के रूप में दिया जाता है। इस टीके में निम्नलिखित निहित होते हैं :

(*i*) प्रति खुराक टाइप 1 पोलियोविषाणु के 3,00,000 टी सी आई डी 50 से अधिक।

(*ii*) प्रति खुराक टाईप 2 विषाणु के 1,00,000 टी सी आई डी 50 से अधिक।

(*iii*) प्रति खुराक टाइप 3 विषाणु के 3,00,000 टी सी आई डी 50 से अधिक।

प्रतिरक्षण के संबंध में विश्व स्वास्थ्य संगठन के कार्यक्रम और भारत में राष्ट्रीय प्रतिरक्षण कार्यक्रम द्वारा एक माह के अंतराल पर ओ पी वी की 3 खुराकों के प्रथमिक टीकाकरण कार्यक्रम की सिफारिश की गई है जिसकी पहली खुराक बच्चे को तब दी जाती है जब वह 6 सप्ताह की आयु का होता है। ओपीवी की खुराक डी पी टी की खुराक के साथ–साथ दी जाती है। ओ पी वी की पहली खुराक के साथ–साथ बी सी जी का टीका भी दिया जा सकता है।

पल्स पोलियो टीकाकरण : अपनी किस्म का सबसे बड़ा एक दिवसीय जन–स्वास्थ्य अभियान चलाते हुए भारत सरकार ने पल्स पोलियो टीकाकरण का पहला अभियान 9 दिसंबर 1995 को चलाया जिस दिन 87.81 मिलियन से भी अधिक बच्चों को ओ पी वी (ओरल पोलियो वैक्सीन) दिया गया। प्रतिरक्षित बच्चों में से 73.33 मिलियन (90 प्रतिशत) 3 वर्ष से कम आयु के थे और 8.48 मिलियन (10 प्रतिशत) 3 वर्ष या इससे अधिक आयु के थे। छह सप्ताह बाद 20 जनवरी 1996 को 93.58 मिलियन बच्चों को ओ पी वी टीके दिए गए। दूसरे चक्र में जिन बच्चों को टीके दिए गए उनमें से 85.42 मिलियन (91 प्रतिशत) 3 वर्ष से कम आयु के थे (यह संख्या 3 वर्ष से कम आयु के 80 मिलियन बच्चों को प्रतिरक्षित करने के अनुमानित प्रति अभियान लक्ष्य से भी अधिक थी) और 3 वर्ष व इससे अधिक आयु के 8.16 मिलियन (9 प्रतिशत) बच्चे प्रतिरक्षित किए गए।

हेपेटाइटिस 'ए'

हेपेटाइटिस 'ए' (यह पहले हेपेटाइटिस संक्रमण या महामारी पीलिया के नाम से जाना जाता था) एक विषाणु जो हेपेटाइटिस 'ए' विषाणु कहलाता है, के कारण होने वाला एक अत्यधिक संक्रामक रोग है। इस रोग का आरंभिक लक्षण कुछ अविशिष्ट लक्षण हैं जैसेकि बुखार, जाड़ा लगना, सिर दर्द, थकावट आदि। इसमें सामान्य कमजोरी और शरीर में दर्द भी होता है जिसके बाद रोगी को भूख न लगने, उबकाई, उल्टी और पीलिया की शिकायत होती हैं।

एजेंट कारक :

(क) एजेंट : इसका कारक एजेंट हेपेटाइटिस 'ए' विषाणु पाइकोर्नाविरीडी परिवार का एक एन्टेरोवाइरस (टाईप 72) है। यह केवल अपने हेपेटोसाइट्स में ही बहुगुणित होता है। उद्भवन अवधि के अंतिम भाग और रोग के आरंभिक सर्वाधिक गंभीर चरण में रोगी के मल से सर्वाधिक संख्या में यह विषाणु निकलता है। इसका केवल एक स्टीरियोटाइप ही ज्ञात है।

(ख) प्रतिरोध : यह विषाणु ऊष्मा और रसायनों के प्रति अत्यधिक प्रतिरोधी है। यह कुएं के जल में 10 सप्ताह से अधिक समय तक जीवित रहता हैं। यह एक घंटे तक 60°C ताप को सहन कर सकता हैं तथा क्लोरीनीकरण के लिए सामान्यतः प्रयुक्त क्लोरीन की मात्रा से प्रभावित नहीं होता।

(ग) संक्रमण के स्रोत : केवल मानव रोगी ही संक्रमण के स्रोत हैं। बच्चों में इस रोग का संक्रमण सर्वाधिक होता है। ये मामले समुदाय में संचरण की श्रृंखला को बनाए रखने में महत्त्वूपर्ण भूमिका निभाते हैं।

(घ) संक्रमण की अवधि : हेपेटाइटिस विषाणु के संक्रमण का जोखिम पीलिया होने से 2 सप्ताह पहले और 1 सप्ताह बाद तक सर्वाधिक होता है। पीलिया होने के बाद संक्रमणीयता में तेजी से कमी आती है।

(ड.) संक्रामक सामग्री : मुख्य रूप से मनुष्य की विष्ठा। विषाणु संक्रमण के दौरान प्रभावित व्यक्ति का रक्त, सीरम और उसके शरीर से निकलने वाला अन्य तरल अत्यधिक संक्रामक होता है।

(च) विषाणु का स्त्रवण : हेपेटाइटिस 'ए' का विषाणु रोगी को पीलिया होने से 2 सप्ताह पहले और उसके बाद एक सप्ताह तक रोगी की विष्ठा से निकलता है। विषाणु का स्त्रवण रोगी के मूत्र से भी हो सकता है।

पोषी कारक :

(क) आयु : हेपेटाइटिस 'ए' के विषाणु का संक्रमण वयस्कों की तुलना में बच्चों को अधिक होता है। तथापि, यदि संवेदनशील हों तो किसी भी आयु का व्यक्ति इसके संक्रमण का शिकार हो सकता हैं।

(ख) लिंग : स्त्री और पुरुष दोनों इस रोग से ग्रसित हो सकते हैं।

(ग) प्रतिरक्षण : एक बार आक्रमण के बाद व्यक्ति पूरे जीवन के लिए इस रोग से प्रतिरक्षित हो जाता है। लगभग 5 प्रतिशत रोगियों को ही दूसरी बार रोग दोबारा होने की जानकारी मिली है।

पर्यावरण संबंधी कारक : यह रोग पूरे वर्ष कभी भी हो सकता है। भारत में अत्यधिक वर्षा वाले दिनों में, साफ–सफाई की कमी वाले और अत्यधिक भीड़–भाड़ वाले इलाकों में लोगों को इसके संक्रमण की घटना अधिक होती है। इससे जल वाहित और दूषित खाद्य पदार्थों के कारण होने वाली महामारियाँ भी फैल जाती हैं।

संचरण की विधियाँ

(क) मल-मुख मार्ग : यह इस रोग के संचरण का प्रमुख मार्ग है। यह प्रत्यक्ष संपर्क (एक व्यक्ति से दूसरे व्यक्ति में) या संदूषित जल, भोजन या दूध द्वारा अप्रत्यक्ष रूप से फैलने वाला रोग हैं। विकसित देशों में जल वाहित संक्रमण एक प्रमुख कारक नहीं है किंतु इन देशों में संदूषित खाद्य पदार्थों के कारण इस रोग का संचरण अधिक होता है।

(ख) आन्त्रेतर मार्ग : हेपेटाइटिस 'ए' प्रायः आंत्रेतर मार्ग से संचारित होने वाला रोग नहीं है अर्थात यह रक्त या रक्त उत्पादों या संदूषित सूई से होने वाला रोग नहीं है।

(ग) लैंगिक संचरण : लैंगिक संपर्क द्वारा संचारित होने वाले रोग के रूप में हेपेटाइटिस 'ए' मुख्य रूप से मुख, गुदा संपर्क के कारण समलैंगिकों को होता है।

उद्भवन अवधि : 15 से 45 दिन (प्रायः 25 से 30 दिन)। उद्भवन अवधि इस बात पर निर्भर करती है कि शरीर में कितनी संख्या में विषाणुओं का प्रवेश हुआ है।

निवारण एवं नियंत्रण

स्त्रोत नियंत्रण : निम्नलिखित कारणों से स्त्रोत नियंत्रण कठिन होता है :

(क) उद्भवन अवधि और रोग के आरंभिक चरण में रोगी के मल से सर्वाधिक संख्या में यह विषाणु निकलता है। बड़ी संख्या में लक्षणविहीन रोगियों की संख्या, विशेष उपचार की कमी और लोगों की निम्न सामाजिक–आर्थिक हैसियत प्रायः रोग नियंत्रण में बाधक कारक है।

(ख) संचरण पर नियंत्रण : संक्रमण के प्रसार पर नियंत्रण का सर्वोत्तम उपाय व्यक्तिगत और सामुदायिक स्वास्थ्य के सरल उपायों को बढ़ावा देना है अर्थात भोजन करने से पहले और शौच के बाद हाथ अच्छी तरह धोना, मल–मूत्र का स्वच्छतापूर्वक निपटान ताकि भोजन, जल और दूध का संदूषण न हो तथा ऊर्णन फिल्टरेशन और पर्याप्त क्लोरीनीकरण द्वारा सामुदायिक जल आपूर्ति हेतु जल का उपचार करना।

(ग) संवेदनशील लोगों में रोग के संचरण पर नियंत्रणः
मानव इम्युनोग्लोब्युलिन – एक सुस्थापित प्रक्रिया स्वस्थ आदाताओं के संवर्धित प्लाज्मा (गामा ग्लोब्युलिन) से तैयार किया गया सामान्य मानव इम्युनोग्लोबिन का प्रयोग करना है ताकि उनमें निश्चित प्रतिरक्षण उत्पन्न हो सके। इसकी संस्तुति (*i*) अत्यधिक विशेष स्थानिक क्षेत्रों में यात्रा करने वाले संवेदनशील व्यक्तियों और (*ii*) हेपेटाइटिस 'ए' विषाणु के संक्रमण से जूझ रहे व्यक्तियों के साथ निकट का व्यक्तिगत संपर्क स्थापित करने वाले व्यक्तियों के संबंध में की जाती है।

(घ) टीका : 1979 में हेपेटाइटिस 'ए' विषाणु के कोशिका संवर्धन में उनकी संख्या काफी अधिक हो जाने के कारण हेपेटाइटिस 'ए' के टीके को तैयार करने का मार्ग प्रशस्त हुआ और इसे विकसित करने की दिशा में कार्य किए जा रहे हैं।

हैजा

हैजा विब्रिओ कॉलेरी नामक रोगाणु से होने वाला एक सांघातिक प्रवाहिका रोग है। इसके रोगी प्रायः लक्षण विहीन से लेकर गंभीर संक्रमण के शिकार रोगी तक होते हैं। अधिकांश संक्रमण हल्का होता है जिसमें रोग के लक्षण स्पष्ट नहीं होते। प्रारूपिक मामलों में रोगी को अचानक बहुत अधिक मात्रा में बिना बल लगाए पानी जैसा पाखाना होने लगता है। यह एक गंभीर प्रवाहिका रोग है जिसके साथ ही उसे उल्टी भी होने लगती है। इन कारणों से रोगी के शरीर में बहुत तेजी से जल की कमी होने लगती है। उसे मांसपेशियों में ऐंठन होने लगती है और मूत्र काफी कम मात्रा में आता है।

इतिहास : हैजा भारत में प्राचीन काल से होने वाला सांघातिक रोग है। आयुर्वेद में इसे 'विसूचिका' कहा गया है और 7वीं शताब्दी ई.पू. में ''सुश्रुत संहिता'' में इसकी स्पष्ट परिभाषा दी गई है।

(क) एजेंट कारक : हैजा के कारक एजेंट को विब्रियो कॉलेरी ओ ग्रुप 1 या विब्रिओ कॉलेरी 01 नाम दिया गया है। इन्हें जानपदिक रोग (महामारी) फैलाने वाला रोगाणु भी कहा जाता है। जो रोगाणु (विब्रिओ) जैवरासायनिक दृष्टि से महामारी फैलाने वाले विब्रियो (सी.वी. कॉलेरी 01) के समान होते हैं किंतु विब्रियो कॉलेरी 01 ऐन्टीसीरम में समूहित नहीं होते उन्हें विगत में समूहित नहीं होने वाले विब्रियो (non-agglutinating vibrios) या हैजा नहीं फैलाने वाले विब्रियो (non-Cholera vibrios) कहा जाता रहा हैं। इन्हें अब विब्रियो कॉलेरी प्रजाति में शामिल कर लिया गया है और अब इन्हें नॉन ओ ग्रुप 1 विब्रियो कॉलेरी (non-epidemic strain) कहा जाता है।

(ख) प्रतिरोध : विब्रियो कॉलेरी को 56°C पर गरम करने पर ये 30 मिनट में मर जाता है या उबालने पर ये कुछ सेकंडों में ही मर जाते हैं। बर्फ में ये 4-6 सप्ताह या इससे भी अधिक समय तक जीवित रह सकते हैं। सुखाने या धूप में रखने पर ये कुछ घंटों में मर जाते हैं। ये अलकतरा विसंक्रामकों जैसे कि क्रेसॉल आदि द्वारा सरलतापूर्वक नष्ट हो जाते हैं।

(ग) आविष उत्पादन : विब्रियो कॉलेरी छोटी आँत के ल्युमेन में बहुगुणित होता है और एक बहिःआविष (एन्टेरोटॉक्सिन) उत्पन्न करता है।

(घ) संक्रमण का स्रोत : हैजा संक्रमण का एकमात्र स्रोत मानव ही है वह या तो स्वयं रोगी हो सकता है या फिर रोग वाहक हो सकता है।

(ड.) संक्रामक सामग्री : संक्रमण का तात्कालिक कारक रोगी या वाहक का मल और उसकी उल्टी है। वाहक द्वारा रोगी की तुलना में कम रोगाणु उत्सर्जित किए जाते हैं (प्रतिग्राम मल में 10^2–10^5 विब्रियो)।

(च) संक्रामक मात्रा : जब व्यक्ति के शरीर में विब्रियो कॉलेरी व्यक्ति को संक्रमण का शिकार कर देने वाली संख्या से अधिक संख्या में पहुँच जाए तो वह व्यक्ति इसके संक्रमण का शिकार हो जाता है।

(छ) संचारणीयता की अवधि : हैजा का रोगी 7-10 दिनों की अवधि तक संक्रामक होता है। स्वास्थ्य लाभ करने वाले व्यक्ति 2-3 सप्ताहों तक संक्रामक रहते हैं। अधिक समय तक वाहक की अवस्था एक माह से लेकर 10 वर्ष या इससे भी अधिक समय में समाप्त होती है।

पोषी कारक

***(a)* आयु और लिंग :** हैजा किसी भी आयु और लिंग के व्यक्ति को हो सकता हैं। विशेष स्थानिक क्षेत्रों में इससे रोगग्रस्तता की दर बच्चों में अधिक होती है।

***(b)* आमाशय में अम्लीयता :** यह एक प्रभावी अवरोधक है। विब्रियो pH 5 या इससे कम की अम्लीयता में नष्ट हो जाते हैं।

***(c)* लोगों की आवाजाही :** लोगों के एक स्थान से दूसरे स्थानों पर आने–जाने (उदाहरण के लिए तीर्थ यात्रा, विवाह समारोहों, मेलों और त्योहारों में) के कारण इस संक्रमण से प्रभाव का जोखिम बढ़ जाता है।

***(d)* आर्थिक स्थिति :** हैजा से रोगग्रस्तता की दर निम्न आय वर्ग वाले सामाजिक आर्थिक समूहों में सर्वाधिक होती है और इसका कारण मुख्य रूप से साफ–सफाई की स्थिति खराब होना है।

***(e)* प्रतिरक्षण :** प्राकृतिक संक्रमण से अत्यधिक प्रभावी प्रतिरक्षण प्राप्त होता है। ऐसा प्रतीत होता है कि विब्रियो कॉलेरी से प्रतिरक्षण मुख्य रूप से स्थानीय आंत्रीय प्रतिरक्षा प्रणाली द्वारा प्रभावित होता है। टीकाकरण से केवल 3-6 महीनों के लिए अस्थाई आंशिक प्रतिरक्षण प्राप्त होता है।

पर्यावरण संबंधी कारक : विब्रियो कॉलेरी का संचरण ऐसे समुदायों में शीघ्रतापूर्वक होता है जहाँ साफ–सफाई की

कमी होती है। संदूषित जल और खाद्य पदार्थ कॉलेरा के लिए उत्तरदायी महत्त्वपूर्ण कारक है। मक्खियाँ विब्रियो कॉलेरी का वहन करती हैं किंतु यह सिद्ध नहीं हो सका है कि यह हैजा के लिए उत्तरदायी है। विशेषकर भारत में हैजा फैलने के अनेक सामाजिक कारण हैं। इसमें मानव द्वारा स्वाभाविक रूप से जल और मृदा को प्रदूषित करना, व्यक्तिगत साफ–सफाई नहीं रखना, शिक्षा की कमी और निम्न जीवन स्तर आदि कारक शामिल हैं।

संचरण की विधि : एक व्यक्ति से दूसरे व्यक्ति में संचरण निम्नलिखित द्वारा होता है :

***(a)* मल द्वारा संदूषित जल :** अनियंत्रित जल स्रोत जैसे कि कुआँ, झील, तालाब, झरने और नदियाँ भारी संकट की स्थिति उत्पन्न करते हैं।

***(b)* संदूषित भोजन और पेय :** संदूषित भोजन और पेय पदार्थों को हैजा फैलने का कारण माना जाता है। शिशुओं को बोतल से दूध पिलाने से भी हैजा फैल सकता है।

उद्भवन अवधि : कुछ घंटों से 5 दिनों तक किंतु प्रायः 1-2 दिन।

रोगजनन : दस्त होना हैजा का प्रमुख लक्षण है। हैजा में दस्त लगने के कारणों में आंत्रीय उपकला कोशिकाओं की पारगम्यता में वृद्धि होना, क्रमाकुंचन गति में वृद्धि होना, श्लेष्मलीय कोशिकाओं का क्षतिग्रस्त होना और मध्यांत्रिक रक्त प्रवाह (mesentric blood flow) में वृद्धि होना और "सोडियम पंप" का विफल होना अर्थात् सोडियम के प्रवाह मार्ग का प्लाज्मा में निहित ल्यूमेन द्वारा व्यतिकरण आदि महत्त्वपूर्ण कारण हैं।

हैजा का नियंत्रण : यह मान लिया गया है कि हैजा को नियंत्रित करने का सबसे अच्छा उपाय यह है कि सभी दस्त संबंधी रोगों को नियंत्रित करने के लिए एक राष्ट्रीय कार्यक्रम तैयार किया जाए और लागू किया जाए क्योंकि हैजा और किसी भी अन्य सांघातिक दस्त रोग के जानपदिक रोग विज्ञान, उपचार और नियंत्रण संबंधी उपाय काफी हद तक एक से हैं।

1. रोग निदान का सत्यापन : महामारी फैलने की पुष्टि कर लेना आवश्यक है। अतः जरा भी संदेह होने पर दस्त लगने के सभी मामलों की यथासंभव जाँच की जानी चाहिए। हैजा की विशिष्ट रूप में जाँच करने के लिए यह आवश्यक है कि रोगी की विष्ठा में विब्रियो कॉलेरी 01 की पहचान की जाए।

2. अधिसूचना : हैजा स्थानीय, राष्ट्रीय और अंतर्राष्ट्रीय स्तर पर एक अधिसूचित रोग है। सभी स्तरों पर कार्य करने वाले स्वास्थ्य कर्मियों (विशेष रूप से समुदाय के साथ घनिष्ठ संबंध रखने वाले स्वास्थ्यकर्मी जैसेकि सामुदायिक स्वास्थ्य कर्मचारी और बहुत से प्रयोजनों को ध्यान में रखकर कार्य करने वाले कर्मचारियों) को मामलों की पहचान करने का प्रशिक्षण दिया जाना चाहिए तथा वे रोग के मामलों की सूचना तत्काल स्थानीय स्वास्थ्य प्राधिकारी को दें।

3. रोग के मामलों का शीघ्र पता लगाना : समुदाय में रोग के मामले (मंद, हल्का या गंभीर) की गंभीरतापूर्वक तलाश की जानी चाहिए ताकि रोग का शीघ्र उपचार शुरू किया जा सके। रोग का शीघ्र पता चल जाने का अर्थ है कि घर में रह रहे संक्रमित व्यक्ति का पता चल जाए तथा रोग विज्ञानी रोग के फैलने के कारणों का पता लगा सकें और आवश्यक निवारक उपाय कर सकें।

4. उपचार केंद्रों की स्थापना : हैजा के रोगी का रोग उपचार यथाशीघ्र शुरू कर देना चाहिए और इसमें जरा भी समय नहीं नष्ट करना चाहिए। इस प्रयोजनार्थ यह आवश्यक है कि समुदाय में आसानी से उपलब्ध उपचारों का सहारा लिया जाए। जिन रोगियों के शरीर से जल की कम हानि हुई हो (ऐसे रोगियों की संख्या लगभग 90% होती है) उनके शरीर में जल की हानि की पूर्ति के लिए घर पर ही उपचार किया जाना चाहिए। ऐसे रोगियों को ओ.आर.एस. का घोल पिलाया जाता है। जिन रोगियों के शरीर में जल की काफी अधिक हानि हो चुकी हो और जिनके शरीर में नस द्वारा पानी पहुँचाने की आवश्यकता हो उन्हें तत्काल नजदीकी चिकित्सा केंद्र या अस्पताल तक या उपचार केंद्र तक पहुँचाना होता है। यदि संभव हो तो अस्पताल या उपचार केंद्र तक पहुँचाने से पूर्व मार्ग में उन्हें ओ आर एस का घोल पिलाते रहना चाहिए।

5. शरीर में जल की कमी दूर करना : शरीर में जल की कमी दूर करने के लिए विश्व स्वास्थ्य संगठन द्वारा वर्ष 1971 में पुनर्जलयोजन उपचार की शुरुआत की गई जिससे हैजा और अन्य गंभीर प्रवाहिका (दस्त) रोगों का उपचार करना काफी सरल हो गया। जलीय विलयन को पिलाने की तकनीक से रोगी के शरीर में जल की हानि रोकने और मृत्यु दर कम करने में काफी सहायता मिली।

तरल पिलाने की तकनीक इस तथ्य पर आधारित है कि ग्लूकोस पिलाने से आँतों की नमक और जल को अवशोषित करने की क्षमता में वृद्धि होती है और इससे शरीर में नमक और जल की कमी की भी पूर्ति होती है।

अब ओ.आर.एस. के पैकेट सभी प्राथमिक स्वास्थ्य केंद्रों, उपकेंद्रों और अस्पतालों में निःशुल्क उपलब्ध हैं। इस पैकेट की सामग्री को एक लीटर पेय जल में मिला दिया जाता है। यह घोल प्रतिदिन तैयार किया जाना चाहिए और 24 घंटे के भीतर प्रयोग में ले लिया जाना चाहिए। इस घोल को उबालना या विसंक्रमित नहीं किया जाना चाहिए।

अंतःशिरीय पुनर्जलयोजन : अंतःशिरीय जलयोजन की आवश्यकता प्रायः ऐसे रोगियों को होती है जिनके शरीर से अत्यधिक जल की हानि (निर्जलन) हुई हो और जो मानसिक आघात के शिकार हों या जो ओ आर एस घोल पीने में सक्षम न हों। ऐसे रोगियों को तत्काल निकटतम अस्पताल या उपचार केंद्र ले जाना चाहिए।

1. स्वच्छता के उपाय :

***(a)* जल नियंत्रण :** चूंकि हैजा फैलाने में जल की भूमिका अत्यधिक महत्त्वपूर्ण है, अतः लोगों को सभी प्रयोजनों (पीने, कपड़ा धोने और भोजन पकाने) के लिए उचित रूप में शोधित या अन्य प्रकार से सुरक्षित जल उपलब्ध कराने के हर संभव प्रयास किए जाने चाहिए।

***(b)* मल-मूत्र का निबटान :** मल–मूत्र के निबटान की सरल, सस्ती और प्रभावी विधि (स्वच्छ शौचालय) की उपलब्धता सभी मानव बस्तियों की आधारभूत आवश्यकता है। किसी इलाके में हैजा फैल जाने के बाद इन सुविधाओं की उपलब्धता काफी महत्त्वपूर्ण हो जाती है।

***(c)* स्वच्छ खाद्य पदार्थों की उपलब्धता :** चूंकि खाद्य पदार्थों से संक्रमण का फैलना स्वाभाविक है, अतः खाद्य पदार्थों की स्वच्छता की स्थिति में सुधार लाने के उपाय किए जाने चाहिए तथा बिक्री के लिए रखे गए खाद्य पदार्थों को स्वास्थ्यकर दशाओं में रखा जाना चाहिए।

***(d)* विसंक्रमण :** विसंक्रमण की प्रक्रिया साथ–साथ और समय–समय पर भी प्रयोग में लाई जानी चाहिए। सामान्य प्रयोग के लिए सर्वाधिक प्रभावी विसंक्रामक अलकतरा विसंक्रामक है जिसका राइडियल वाकर (आर डब्ल्यू) गुणांक क्रेसॉल के समान 10 या अधिक हो।

2. टीकाकरण : हैजा का टीका इसके रोगोपचार का एकमात्र उपलब्ध टीका है। इस समय प्रयुक्त टीके के रूप में विब्रियो कॉलेरी 01 प्रति मिली के ओगावा और इनाबा सीरो टाइप (प्रत्येक लगभग 6000 मिलियन) का लवण निलंबन (Saline Suspension) प्रयोग में लाया जाता है। इस टीके के प्रत्येक मिलीलीटर आयतन में 12,000 मिलियन विब्रियो निहित होते हैं।

3. स्वास्थ्य शिक्षा : सर्वाधिक प्रभावी रोग निरोधक उपाय संभवतः स्वास्थ्य शिक्षा प्रदान करना है। इसका उद्देश्य मुख्यतः निम्नलिखित होना चाहिए :

- *(a)* ओ आर एस घोल (जीवन रक्षक घोल) द्वारा उपचार की प्रभावकारिता और सरलता के बारे में जागरूकता प्रदान करना।
- *(b)* त्वरित उपचार के लिए स्वास्थ्यकर्मियों को तत्काल सूचना प्रदान करना।
- *(c)* स्वास्थ्यकर व स्वच्छ खाद्य पदार्थों को उपयोग में लाने की पद्धति अपनाना।
- *(d)* शौच जाने के बाद और भोजन करने से पहले हाथ साफ करना, और
- *(e)* पका हुआ और गरम ताजा भोजन करने तथा सुरक्षित पेय जल पीने की आदत अपनाना। चूंकि हैजा मुख्य रूप से निर्धन और अशिक्षित व्यक्तियों को होने वाला रोग है, अतः ऐसे समूह में जागरूकता उत्पन्न करना पहली प्राथमिकता होनी चाहिए।

खाद्य विषाक्तता (Food Poisoning)

खाद्य विषाक्तता या तो सजीव जीवाणुओं या उनके आविषों या अकार्बनिक रासायनिक पदार्थों तथा पौधों और जंतुओं से उत्पन्न विषों से संदूषित भोजन या पेय पदार्थ को ग्रहण करने से होने वाले गंभीर जठरांत्र शोथ (Gastro enteritis) को कहते हैं।

विभिन्न प्रकार की खाद्य विषाक्तता

खाद्य विषाक्तता दो प्रकार से हो सकती है : अजीवाण्विक और जीवाण्विक।

***(a)* अजीवाण्विक :** यह कुछ रसायनों जैसे कि आर्सेनिक, कुछ पौधों और समुद्री खाद्य पदार्थों के कारण होने वाली

खाद्य विषाक्तता है। हाल के वर्षों में रसायनों (जैसे कि उर्वरकों, कीटनाशकों, कैडमियम, पारद आदि) द्वारा भोजन के संदूषण के संबध में लोगों की जागरूकता में वृद्धि हुई है।

***(b)* जीवाण्विक** : यह सजीव जीवाणुओं या उनके आविषों द्वारा संदूषित भोजन या पेय पदार्थ ग्रहण करने के कारण होने वाली खाद्य विषाक्तता है।

साल्मोनेला जीवाणुओं के कारण खाद्य विषाक्तता (Salmonella Food Poisoning)

यह खाद्य विषाक्तता का अत्यधिक सामान्य रूप है। हाल के वर्षों में इस प्रकार की खाद्य विषाक्तता में वृद्धि होने के पाँच कारण बताए जाते हैं :

(*a*) सामुदायिक भोजों में लोगों की भागीदारी में वृद्धि होना।

(*b*) मानव द्वारा प्रयुक्त खाद्य पदार्थों के अंतर्राष्ट्रीय व्यापार में वृद्धि होना।

(*c*) पालतू मवेशियों की साल्मोनेला जीवाणुओं से रोगग्रस्तता में वृद्धि।

(*d*) घरों में डिटरजेंटों के प्रयोग में वृद्धि जिससे मल–जल के प्राकृतिक विघटन की प्रक्रिया बाधित हुई है।

(*e*) "तैयार भोजन" का व्यापक उपयोग।

एजेंट : मानव को सर्वाधिक प्रभावित करने वाले अनेक अन्य जीवाणुओं में से कुछ प्रमुख जीवाणु हैं : एस. टाइफिमुरियम, एस. कॉलेरेसिस और एस. एन्टेरिटाइडिस।

स्रोत : साल्मोनेलता (Salmonellosis) मुख्य रूप से पशुओं को होने वाला रोग हैं। मानव इससे संक्रमण का शिकार संदूषित मांस, दूध, दुग्ध उत्पादों, चटनियों, कस्टर्ड, अंडों और अंडों से प्राप्त होने वाले उत्पादों के माध्यम से पालतू पशुओं और मुर्गियों आदि द्वारा होता है। चूहे और मूस इसके संक्रमण के एक अन्य प्रमुख स्रोत हैं क्योंकि ये प्रायः इस जीवाणु से अत्यधिक संक्रमित होते हैं तथा अपने मल–मूत्र से खाद्य पदार्थों को संदूषित करते रहते हैं। मानव भी अस्थाई तौर पर इस जीवाणु के वाहक के रूप में काम करते हैं और समस्या में वृद्धि करते हैं।

उद्भवन अवधि : प्रायः 12 से 24 घंटे।

खाद्य विषाक्तता की प्रक्रिया : स्वस्थ व्यक्ति द्वारा अंतर्ग्रहण के बाद कारक जीवाणु व्यक्ति की आंत में पहुँचकर बहुगुणित होना शुरू करते हैं तथा गंभीर जठरांत्र शोथ (छोटी आंत में पीड़ा) और कोलाइटिस (बड़ी आंत में पीड़ा) का कारण बनते हैं।

स्टैफिलोकॉकी खाद्य विषाक्तता (Staphylococcal Food Poisoning)

यह साल्मोनेला खाद्य विषाक्तता जैसा ही एक सामान्यतः होने वाली खाद्य विषाक्तता है।

***(a)* एजेंट** : यह खाद्य विषाक्तता स्टैफाइलोकोकस ऑरियस नामक कोएगुलेस पोजिटिव जीवाणु के कारण होती है। कम से कम 5 विभिन्न आंत्राविषों (enterotoxins) की पहचान की गई है और एक छठे आंत्राविष के विद्यमान होने की भी संभावना व्यक्त की जाती है। आविष का निर्माण 35°C से 37°C के अनुकूलतम तापमान पर हो सकता है। ये आविष सापेक्षतः ऊष्मारोधी होते हैं और 30 मिनट या अधिक समय तक उबालने पर भी ये जीवित रह जाते हैं।

***(b)* स्रोत** : स्टैफिलोकॉकी जीवाणु सर्वव्यापी होते हैं तथा ये मनुष्य और पशुओं की त्वचा और नाक और गले में पाए जाते हैं।

***(c)* उद्भवन अवधि** : 1-6 घंटे। पूर्व निर्मित आविष के कारण उद्भवन अवधि कम होती है।

***(d)* खाद्य विषाक्तता की प्रक्रिया** : खाद्य विषाक्तता जिस खाद्य पदार्थ में जीवाणुओं का संवर्धन हो चुका है उसमें जीवाणुओं के कारण पूर्व निर्मित आविष (अंतः आहार आविषों) द्वारा होता है।

बाटुलिनम रोग (Botulism)

अत्यधिक गंभीर किंतु विरले होने वाली खाद्य विषाक्तता। इस प्रकार की खाद्य विषाक्तता से प्रभावित दो–तिहाई व्यक्ति मृत्यु के शिकार हो जाते हैं।

***(a)* एजेंट** : क्लॉस्ट्रिडियम बाटुलिनम का बहिःआविष जो प्रायः ए, बी या ई प्रकार का होता है।

***(b)* स्रोत** : यह रोगाणु मृदा, धूल और पशुओं की आंत में बीजाणु रूप में काफी अधिक संख्या में पाया जाता है।

***(c)* उद्भवन अवधि** : 12 से 36 घंटे।

***(d)* खाद्य विषाक्तता की प्रक्रिया** : यह आविष उपयुक्त अवायवीय परिस्थितियों में भोजन में पहले से ही उत्पन्न हो जाता है।

क्लास्ट्रिडियम परफ्रिन्जेन्स खाद्य विषाक्तता

(a) **एजेंट :** क्लॉस्ट्रिडियम परफ्रिन्जेन्स (वेल्चि)।

(b) **स्रोत :** यह रोगाणु मनुष्यों और पशुओं की विष्ठा में और मृदा, जल और वायु में पाया जाता है।

(c) **उद्‌भवन अवधि :** 6 से 24 घंटे जिसमें 10 से 14 घंटे के दौरान इनका संक्रमण सर्वाधिक होता है।

(d) **खाद्य विषाक्तता की प्रक्रिया :** इसके बीजाणु भोजन को पकाने पर भी जीवित रहते हैं और यदि पकाए गए मांस को पर्याप्त ठंडा न कर लिया जाए तो इसके बीजाणु पुनः संख्या वृद्धि कर लेते हैं। रोगाणु 30°C और 50°C तापमान के बीच अपनी संख्या वृद्धि करता है तथा विभिन्न प्रकार के आविष उत्पन्न करता है। उदाहरण : ऐल्फा आविष, थीटा आविष आदि।

(e) **चिकित्सीय लक्षण :** सर्वाधिक सामान्य लक्षण पेचिश, पेट में मरोड़ और हल्का ज्वर या ज्वर न होना है। ये सभी लक्षण विषाक्त भोजन ग्रहण करने के 8 से 24 घंटों के भीतर प्रकट होते हैं।

B. सेरिअस विषाणु द्वारा खाद्य विषाक्तता

बैसिलस सेरिअस एक वायवीय, बीजाणु धारक, गतिशील, ग्रैम पोजिटिव दंडाणु है। यह मृदा में सर्वत्र पाया जाता है तथा कच्चे, शुष्क और संसाधित भोजन में इसकी उपस्थिति देखी जाती है। इसके बीजाणु भोजन को पकाने पर भी जीवित रह जाते हैं तथा भोजन को अनुकूल तापमान पर लाने पर ये विषाणु बहुत तेजी से बहुगुणित होते हैं। हाल के वर्षों में बी. सेरियस के कारण खाद्य विषाक्तता में काफी वृद्धि हुई है।

निवारण और नियंत्रण

(i) **मांस निरीक्षण :** पशुओं का मांस संक्रमण से मुक्त होना चाहिए। पशुओं के वध से पहले और बाद में यह सुनिश्चित किया जाना चाहिए कि उसका मांस भोजन हेतु प्रयोग में लाए जाने के लिए उपयुक्त है कि नहीं।

(ii) **व्यक्तिगत स्वास्थ्य :** भोजन के रख–रखाव, उसे तैयार करने और पकाने का कार्य करने वाले व्यक्तियों का व्यक्तिगत स्वास्थ्य उच्च कोटि का होना अनिवार्य है।

(iii) **खाद्य पदार्थ का रख-रखाव कार्य :** जिन व्यक्तियों को संक्रामक घाव, पेचिश, अतिसार, गले का संक्रमण आदि है उन्हें खाद्य पदार्थों के रख–रखाव के कार्य से अलग रखना चाहिए।

(iv) **खाद्य पदार्थों के रख-रखाव की तकनीक :** खाने के लिए तैयार भोजन का नंगे हाथों से रख–रखाव नहीं किया जाना चाहिए।

(v) **स्वच्छता की स्थिति :** काम करने वाले सभी स्थानों और फर्श, बरतनों तथा उपकरणों की स्वच्छता सुनिश्चित की जानी चाहिए।

(vi) **स्वास्थ्य शिक्षा :** खाद्य पदार्थों का रख–रखाव करने वाले व्यक्तियों को स्वच्छता संबंधी आदतों और व्यक्तिगत स्वास्थ्य के संबंध में शिक्षित किया जाना चाहिए तथा उनमें बार–बार अच्छी तरह हाथ धोने की आदत डालनी चाहिए।

आर्थोपोडा संघ के जंतुओं के कारण संक्रमण

डेंगू (Dengue)

डेंगू के विषाणु आर्बोवाइरस अर्थात संधिपाद वाहित विषाणु होते हैं जो मानव को संक्रमित करके रोग उत्पन्न करने में सक्षम होते हैं। इस प्रकार का संक्रमण अलक्षणी (asymptomatic) होता है या फिर इसके कारण :

(i) चिरप्रतिष्ठित डेंगू ज्वर हो सकता है।

(ii) डेंगू रक्तस्रावी ज्वर (प्रघात रहित) हो सकता है या

(iii) डेंगू रक्तस्रावी ज्वर (प्रघात युक्त)।

1. चिरप्रतिष्ठित डेंगू ज्वर : चिरप्रतिष्ठित डेंगू ज्वर या ''हड्डीतोड़ ज्वर'' भारत में काफी समय से व्याप्त है। यह डेंगू विषाणु के कम से कम 4 सीरम प्रारूपों (1, 2, 3 और 4) द्वारा होने वाला एक सांघातिक विषाणु संक्रमण है। यह ज्वर महामारी का रूप ले सकता है या कभी–कभी विशेष क्षेत्री स्वरूप का होता है। महामारी विस्फोटक हो सकता है और प्रायः बरसात के दिनों में शुरू होता है जबकि इसके वाहक मच्छरों (एडीज मच्छरों) का प्रजनन काफी अधिक संख्या में होता है। मच्छरों द्वारा डेंगू ज्वर के संचरण में तापमान की भूमिका भी काफी महत्त्वपूर्ण होती है। 26°C तापमान पर मच्छर डेंगू-2 विषाणु के संचरण में विफल होते हैं। संक्रमण का स्रोत मानव और मच्छर दोनों हैं। इसका संचरण चक्र ''मानव–मच्छर–मानव'' होता है। एडीज एजिप्ति मच्छर

इसका प्रमुख वाहक है। अन्य तीन सीरम प्रारूपों द्वारा भी डेंगू के फैलने की संभावना होती है।

2. डेंगू रक्तस्रावी ज्वर : डेंगू रक्तस्रावी ज्वर एक से अधिक डेंगू विषाणु द्वारा संक्रमण के कारण होने वाला एक अत्यधिक गंभीर प्रकार का डेंगू ज्वर है। सांघातिक ज्वर डेंगू विषाणु के कारण दोहरे संक्रमण के फलस्वरूप होता है। पहले प्रकार के संक्रमण से रोगी डेंगू ज्वर से पीड़ित होता है तो दूसरे प्रकार का विषाणु रोगी के प्रतिरक्षा तंत्र को खोखला करता है।

डेंगू रक्तस्रावी ज्वर 'एडीज एजिप्ति' विषाणु के कारण फैलता है। हाल के वर्षों में दक्षिण पूर्वी एशिया (बर्मा, इंडोनेशिया, थाइलैंड और भारत) तथा पश्चिमी प्रशांत क्षेत्र (मलेशिया, फिलीपीन, सिंगापुर, वियतनाम) में डेंगू रक्तस्रावी ज्वर महामारी के रूप में फैला है। यह रोग 15 वर्ष से कम आयु के बच्चों में सर्वाधिक और सांघातिक रूप में फैलता है। अब बहुत से वयस्कों के भी इस रोग से ग्रस्त होने की रिपोर्ट आ रही है।

3. डेंगू प्रघात युक्त ज्वर : निदान निम्नलिखित पर आधारित होता है :

(*i*) उपर्युक्त सभी मानदंड और

(*ii*) प्रघात (दहशत) जो तेजी से चल रही नाड़ी द्वारा प्रदर्शित होता है जबकि नाड़ी दाब (पारद स्तंभ की 20 मिमी या कम ऊँचाई द्वारा आरोपित दाब) कम होने लगता है और रोगी ठंड महसूस करने के साथ अति तनाव की स्थिति से गुजरने लगता है। रोगी की त्वचा चिपचिपी हो जाती है और उसे बेचैनी महसूस होती है।

उपचार

डेंगू ज्वर का उपचार उसके लक्षणों के आधार पर किया जाता है जिसमें रोगी को रोग से लड़ने में सक्षम बनाने के लिए उसका सहायक उपचार किया जाता है। अत्यधिक ज्वर होने पर पूर्ण आराम करने की सलाह दी जाती है। शरीर के तापमान को 40°C से कम रखने के लिए ज्वरनाशी औषधि दी जानी चाहिए या भीगे कपड़े से रोगी के शरीर का तापमान कम करना चाहिए। जिन क्षेत्रों में डेंगू रक्तस्रावी ज्वर विशेष रूप से फैला हो उनमें रोगी को ऐस्प्रिन की गोली देने से बचना चाहिए। क्योंकि इससे पेट में दर्द, रक्तस्राव और अम्लीयता उत्पन्न होने की आशंका बढ़ जाती है। जिन रोगियों के शरीर से काफी पसीना निकलता हो, जिन्हें उल्टी हो रही हो या जो पेचिश के शिकार हों उनके लिए उन्हें तरल पदार्थ अधिक मात्रा में पिलाने की सलाह दी जाती है।

छोटे बच्चों को आरंभिक चरण में आधे सामर्थ्य के मानक लवण विलयन में पाँच प्रतिशत डेक्सट्रोज (5 प्रतिशत डी/1/2 एन एस एस) दिया जाता है। एक वर्ष तक की आयु के शिशुओं को 5 प्रतिशत डी/1/3 एन एस एस देने की सलाह दी जाती है यदि सीरम सोडियम सामान्य हो। जब रक्ताणुमापी (Haematocrit) में पाठ्यांक लगभग 40 प्रतिशत गिर जाए और जीवन के लक्षण स्थिर हों तो अंतःशिरीय तरल देना रोक दिया जाना चाहिए। यदि रोगी का मूत्र प्रवाह सही हो तो इसका अर्थ है कि उसके वृक्क सही रूप में काम कर रहे हैं।

नियंत्रण उपाय

1. मच्छरों पर नियंत्रण : हमारे घरों और आसपास डेंगू ज्वर और डेंगू रक्तस्रावी ज्वर के वाहकों (उदाहरण : एडीज एजिप्ति) के प्रजनन की संख्या पर सिद्धांततः व्यक्तिगत और सामुदायिक क्रिया द्वारा नियंत्रण किया जा सकता है। इस क्रिया में वयस्क मच्छरों और उनके लार्वा दोनों को समाप्त करना अंतर्निहित है।

2. टीका : अभी तक कोई संतोषजनक टीका विकसित नहीं किया गया है और निकट भविष्य में भी टीकाकरण द्वारा इस रोग पर नियंत्रण की संभावना नहीं है।

3. अन्य उपाय : पहले कुछ दिनों में मच्छरदानी का प्रयोग करके रोगी को स्वस्थ व्यक्तियों से अलग रखना, मच्छरों से व्यक्तिगत सुरक्षा के उपाय।

मलेरिया (Malaria)

मलेरिया प्लाज्मोडियम वंश के एककोशिक परजीवियों द्वारा संक्रमण के कारण होने वाला एक रोग है जो इस जीवाणु द्वारा संक्रमित मादा ऐनोफेलीज मच्छरों द्वारा संचारित होता है। इस रोग के तीन स्पष्ट चरण हैं : अत्यधिक ठंड लगना, काफी तीव्र ज्वर होना और रोगी के शरीर से जोरों का पसीना बहना।

एजेंट कारक

एजेंट : मनुष्यों में मलेरिया प्लाज्मोडियम वंश की चार प्रजातियों के कारण होता है : प्लाज्मोडियम वाइवैक्स, प्लाज्मोडियम फैल्सीपेरम, प्लाज्मोडियम मलेरिआई और प्लाज्मोडियम ओवेल। प्लाज्मोडियम वाइवैक्स के कारण होने वाला मलेरिया रोग पूरे विश्व में होता है। भारत में लगभग 70 प्रतिशत संक्रमण प्लाज्मोडियम वाइवैक्स के कारण, 25 से 30 प्रतिशत प्लाज्मोडियम फैल्सीपेरम के कारण और 4 से 8 प्रतिशत संक्रमण मिश्रित संक्रमण के कारण होता है। प्लाज्मोडियम मलेरिआई का संक्रमण एक निश्चित क्षेत्र में रहने वाले लोगों में ही देखा जाता है और भारत में इसके कारण 1 प्रतिशत से भी कम संक्रमण होता है। भारत में प्लाज्मोडियम मलेरिआई के कारण संक्रमण सर्वाधिक कर्नाटक राज्य के तुमकुर और हासन जिलों में होता है।

जीवन चक्र

मलेरिया परजीवी का जीवन चक्र दो चरणों में पूरा होता है। इसके जीवन का पहला चरण मनुष्य के शरीर में पूरा होता है (अलैंगिक चक्र) और दूसरा चरण मच्छर के शरीर में पूरा होता है (लैंगिक चरण)। मनुष्य इसका मध्यस्थ पोषी (Intermediate host) है जबकि मच्छर इसका अंत्यपोषी (definitive host) है।

***(i)* अलैंगिक चक्र** : मलेरिया परजीवी के जीवन का अलैंगिक चक्र तब शुरू होता है जब इस परजीवी से संक्रमित मादा ऐनोफेलीज मच्छर किसी स्वस्थ व्यक्ति को काट कर उसके शरीर में इसके बीजाणुओं (Sporozoites) को पहुँचा देती है। मनुष्य के शरीर में इस परजीवी के चार चरणों का नीचे उल्लेख किया गया है :

***(a)* यकृतीचरण (Hepatic Phase) :** मनुष्य के शरीर में पहुँचने के 60 मिनट के भीतर बीजाणु मनुष्य के परिधीय रक्त परिसंचरण तंत्र से लुप्त हो जाते हैं। उनमें से अनेक बीजाणुज भक्षकाणुओं (phagocytes) द्वारा नष्ट कर दिए जाते हैं किंतु कुछ बीजाणुज यकृत कोशिकाओं में पहुँच जाते हैं। यकृत कोशिकाओं में 1-2 सप्ताहों तक विकसित होने के बाद (परजीवी की प्रजाति के अनुसार) ये यकृत शाइजॉन्ट (Hepatic schizonts) में परिवर्तित हो जाते हैं जो अंततः फट जाते हैं जिससे असंख्य खंडजाणु (merozoites) निकलते हैं। किंतु कुछ यकृत शाइजॉन्ट नहीं फटते और यकृत कोशिकाओं में लंबे समय तक सुसुप्त अवस्था में पड़े रहते हैं जिसके बाद विकसित होकर रक्ताणुपूर्व शाइजॉन्ट (Pre erythrocytic Schizonts) निर्मित करते हैं और पोषी के रक्त में असंख्य खंडजाणु (merozoites) निर्मुक्त करते हैं जिससे रोगी में संक्रमण की पुनरावृत्ति होती है। प्लाज्मोडियम वाइवैक्स और प्लाज्मोडियम ओवेल 2 से 3 वर्ष तक पुनरावृत्त होते रहते हैं जबकि प्लाज्मोडियम मलेरिआई 10-20 वर्षों तक या इससे अधिक समय तक भी रोगी के शरीर में बना रहता है और उसे इस रोग की पुनरावृत्ति होती रहती है। एक बार लाल रक्त कोशिकाओं में पहुँचने के बाद ये परजीवी रोगी के यकृत पर आक्रमण नहीं करते।

***(b)* रक्ताण्विक प्रावस्था (Erythrocytic Phase) :** अनेक खंडजाणु (merozoites) तत्काल नष्ट हो जाते हैं किंतु बहुत से खंडजाणु लाल रक्त कणिकाओं (RBCs) पर आक्रमण करते हैं। ये मेरोजोइट्स तब लाल रक्त कणिकाओं में प्रविष्ट करके ट्रोफोजोइट्स और शाइजॉन्ट के चरणों को पूरा करते हैं। इन लाल रक्त कणिकाओं से अंततः असंख्य मेरोजोइट्स निर्मुक्त होते हैं जो नई लाल रक्त कणिकाओं पर आक्रमण करते हैं। लाल रक्त कणिकाओं से मेरोजोइट्स निर्मुक्त होने के साथ ही रक्ताण्विक प्रावस्था (erythrocytic phase) समाप्त हो जाती है।

यह चक्र बार–बार पुनरावृत्त होता है और तब तक चलता रहता है जब तक पोषी के प्रतिरक्षण तंत्र द्वारा इसे मंद न किया जाए। रक्ताण्विक प्रावस्था की अवधि मलेरिया परजीवी की प्रत्येक प्रजाति के लिए भिन्न–भिन्न होती है—प्लाज्मोडियम फैल्सीपेरम, प्लाज्मोडियम वाइवैक्स, और प्लाज्मोडियम ओवेल के लिए 48 घंटे तथा प्लाज्मोडियम मलेरिआई के लिए 72 घंटे।

***(c)* युग्मक जनन (Gametogany) :** मलेरिया परजीवी की सभी प्रजातियों में कुछ रक्ताण्विक रूप विभाजित नहीं होते बल्कि नर और मादा युग्मकजनक (gemetocytes) बन जाते हैं। युग्मक जनक इस परजीवी का लैंगिक रूप है जो मच्छरों को संक्रमित करता है।

***(ii)* लैंगिक चक्र** : जब मादा एनोफेलीज मच्छर मलेरिया से संक्रमित किसी व्यक्ति को काटती है तो रोगी व्यक्ति के शरीर में स्थित युग्मकजनक मच्छर के शरीर में पहुँच जाते हैं जिसके साथ ही मच्छर के शरीर में इस परजीवी का जीवन चक्र (बीजाणु उद्भवन, sporogony) शुरू हो जाता है।

युग्मकजनक मच्छर के शरीर में विकसित होना शुरू कर देते हैं। सर्वप्रथम 4-8 सूत्रवत तंतु विकसित होते हैं जिन्हें लघुयुग्मक (microgametes) कहा जाता है। मादा युग्मकजनक से परिपक्वता की एक प्रक्रिया के बाद मादा युग्मक बनते हैं जिन्हें गुरुयुग्मक (macrogametes) कहा जाता है।

रसायन अनुचालन की एक प्रक्रिया (chemotaxis) द्वारा लघुयुग्मक मादा युग्मक (गुरुयुग्मक) की ओर आकर्षित **होते हैं** जिनमें से कोई एक लघुयुग्मक मादा युग्मक को **निषेचित** करता है जिससे युग्मनज (zygote) बनता है। **युग्मनज** पहले तो गतिहीन होता है किंतु 18-24 घंटों के भीतर ही यह गतिशील हो जाता है। अब इसे चलयुग्मक (ookinete) कहते हैं जो मच्छर के आमाशय की दीवार को बेध कर आमाशय के बाह्य तल पर युग्मकपुटी (oocyst) के रूप में विकसित हो जाता है। यह युग्मकपुटी काफी तेजी से विकसित होता है और उसके भीतर असंख्य बीजाणुज (sporozoites) उत्पन्न होते हैं। मच्छर के शरीर के भीतर परजीवी के युग्मकजनक अवस्था से बीजाणुज अवस्था तक विकसित होने में लगने वाली अवधि लगभग 10-20 दिन होती है जो वायुमंडलीय ताप और आर्द्रता की अनुकूल दशाओं पर निर्भर करती है। इस अवधि को बाह्य उद्भवन अवधि (extrinsic incubation period) भी कहते हैं।

संक्रमण के स्रोत

उष्ण कटिबंधीय अफ्रीका में रहने वाले वनमानुष (चिम्पैंजी) जिनमें प्लाज्मोडियम मलेरिआई का संक्रमण देखा गया है, को छोड़कर मनुष्य को होने वाले प्लाज्मोडियम संक्रमण से किसी अन्य जंतु का संक्रमित होना ज्ञात नहीं है। किसी व्यक्ति के प्लाज्मोडियम संक्रमण का स्रोत होने की निम्नलिखित शर्तें हैं :

(*i*) व्यक्ति के रक्त में दोनों लिंगों के युग्मकजनक का उपस्थित होना आवश्यक है। यदि व्यक्ति के रक्त में केवल नर या मादा युग्मकजनक उपस्थित हो तो वाहक मच्छर में इसका आगे विकास नहीं हो सकता।

(*ii*) युग्मकजनक का परिपक्व होना आवश्यक है : अपरिपक्व युग्मकजनक आगे विकसित नहीं हो पाते।

(*iii*) युग्मकजनक में जीवन क्षमता का होना आवश्यक है अर्थात यदि रोगी मलेरियारोधी औषधि का सेवन करे तो युग्मकजनक की जीवनक्षमता या मच्छरों को संक्रमित करने की क्षमता समाप्त हो जाएगी।

(*iv*) युग्मकजनक पर्याप्त संख्या में उपस्थित हों ताकि वे मच्छरों को संक्रमित कर सकें।

संचरणीयता की अवधि

मलेरिया का संचार तभी हो सकता है जबकि उसके जीवनक्षम युग्मकजनक रोगी के परिसंचरित हो रहे रक्त में पर्याप्त संख्या में उपस्थित हों ताकि वे वाहक मच्छर को संक्रमित कर सकें।

पोषी कारक

मलेरिया रोग के संचरण में सर्वाधिक प्रभावी कारक मानव पोषी से संबंधित निम्नलिखित बातें शामिल हैं :

(*a*) आयु : मलेरिया सभी आयु के व्यक्तियों को हो सकता है। नवजात शिशुओं में प्लाज्मोडियम फैल्सीपेरम से संक्रमण के विरुद्ध पर्याप्त रोधी क्षमता होती है।

(*b*) लिंग : महिलाओं की तुलना में पुरुषों को मलेरिया से ग्रसित होने की संभावना अधिक होती हैं क्योंकि पुरुष अधिक समय तक घर से बाहर रहते हैं। इसके अतिरिक्त भारत में पुरुषों की तुलना में महिलाएं अपने शरीर को अधिक अच्छी तरह ढक कर रखती हैं।

(*c*) वंश : जिन व्यक्तियों में AS हीमोग्लोबिन होता है (दात्र कोशिका विशेषक Sickle cell trait) उन्हें ऐसे लोगों की तुलना में जिनमें सामान्य (AA) हीमोग्लोबिन होता है, फैल्सीपेरम संक्रमण से प्रभावित होने की संभावना कम रहती है। जिन व्यक्तियों की लाल रक्त कोशिकाएं डफी निगेटिव (Duffy negative) होती हैं (यह एक आनुवंशिक लक्षण है) वे प्लाज्मोडियम वाइवैक्स से संक्रमण के प्रति संरक्षित होते हैं।

(*d*) गर्भावस्था : गर्भावस्था के दौरान महिलाओं के मलेरिया से पीड़ित होने की संभावना बढ़ जाती है। गर्भावस्था के दौरान मलेरिया से गर्भस्थ शिशु की मृत्यु हो सकती है, इसके कारण गर्भपात या शिशु का असमय जन्म हो सकता है।

(*e*) सामाजिक-आर्थिक विकास : मलेरिया का व्यक्ति के स्वास्थ्य और समुदाय के सामाजिक–आर्थिक विकास से भी संबंध है।

***(f)* आवास :** आवास की दशाएं भी मलेरिया के महामारी का रूप लेने में अत्यधिक महत्त्वपूर्ण भूमिका निभाती है। जिन घरों में संवातन की या प्रकाश की समुचित व्यवस्था नहीं होती वहाँ मच्छर बहुत आसानी से अपना वास–स्थान बना लेते हैं।

***(g)* लोगों की आवाजाही :** लोग किसी न किसी कारण से एक देश से दूसरे देश में या किसी देश के एक भाग से दूसरे भाग में आते–जाते रहते हैं।

***(h)* व्यवसाय :** मलेरिया प्रमुख रूप से ग्रामीण क्षेत्रों में होने वाला रोग है और कृषि कार्य से जुड़े लोग इससे अत्यधिक प्रभावित होते हैं।

***(i)* मनुष्य की आदतें :** आदतें जैसेकि घर से बाहर खुले में सोना, खानाबदोशी, घरों के भीतर कीटनाशकों का छिड़काव न होने देना, कीटनाशकों के छिड़काव के बाद दीवारों पर फिर से पलस्तर कराना और व्यक्तिगत सुरक्षा के उपायों (जैसेकि मच्छरदानी का प्रयोग आदि) को न अपनाने से मनुष्य इस परजीवी के संपर्क में आ जाता है।

पर्यावरण संबंधी कारक

भारत की भौगोलिक स्थिति और जलवायु दशाएं मलेरिया के संचरण हेतु काफी अनुकूल हैं :

***(a)* ऋतु :** मलेरिया एक मौसमी रोग है। भारत में अधिकाशं भागों में यह रोग जुलाई से नवंबर माह के दौरान फैलता है।

***(b)* तापमान :** तापमान भी मलेरिया परजीवी के जीवन चक्र को प्रभावित करता है। मच्छर के शरीर में मलेरिया परजीवी के विकसित होने के लिए अनुकूलतम तापमान 20 डिग्री से 30 डिग्री सेल्सियस (68° F से 86°F) के बीच होता है। यदि औसत तापमान 16°C (60.8°F) से कम हो जाए तो यह परजीवी मच्छर के शरीर में विकसित होना बंद कर देता हैं। 35°C से अधिक तापमान होने पर भी यह परजीवी विकसित होना बंद कर देता है।

***(c)* आर्द्रता :** वायुमंडल की आर्द्रता से मच्छर की आयु संभाविता पर सीधा प्रभाव पड़ता है हालांकि इससे परजीवी पर कोई प्रभाव नहीं पड़ता।

***(d)* वर्षा :** वर्षा से सामान्यतः मच्छरों के प्रजनन हेतु अनुकूल दशाएं प्राप्त होती हैं और मलेरिया महामारी का रूप धारण कर सकता हैं। वर्षा से वायुमंडल की आर्द्रता बढ़ जाती है जो मच्छरों के अस्तित्व हेतु आवश्यक है। तथापि, भारी वर्षा होने पर मच्छरों के प्रजनन स्थल से पहले से ठहरे जल के बह जाने से मच्छरों के वृद्धि विकास पर प्रतिकूल प्रभाव पड़ता है। विरोधाभास की एक यह स्थिति देखी गई है कि कुछ क्षेत्रों (उदाहरण के लिए श्रीलंका) में वर्षो तक सूखा पड़ने के बाद मलेरिया की गंभीर महामारी फैली।

***(e)* समुद्र तल से ऊँचाई :** नियमानुसार समुद्रतल से 2000-2500 मीटर की ऊँचाई पर प्रतिकूल जलवायु दशाओं के कारण ऐनोफेलीज मच्छर नहीं पाए जाते।

***(f)* मानवजनित मलेरिया :** गड्ढों में भरा पानी, बगीचों में बने पानी से भरे गड्ढे, सिंचाई और इंजीनियरिंग परियोजना के लिए बनाई गई नहरें मच्छरों के लिए उपयुक्त प्रजनन स्थल हैं जिनके कारण मलेरिया के फैलने की संभावना बढ़ जाती है। ऐसी मानव परिचालित परियोजनाओं के कारण फैलने वाला मलेरिया रोग मानव जनित मलेरिया कहलाता है।

मलेरिया के वाहक

भारत में ऐनोफेलीज मच्छरों की पाई जाने वाली 45 प्रजातियों में से केवल कुछ प्रजातियाँ ही मलेरिया परजीवी के प्रमुख वाहक के रूप में काम करती हैं। मलेरिया परजीवी का वहन करने वाली कुछ प्रमुख प्रजातियाँ हैं : ए. क्यूलिसिफैसीज, ए. फ्लुवियाटिलिस, ए. स्टीफैन्सी, ए. मिनिमर्स, ए. फिलिपिनेन्सीज, ए. सुन्डैकस और ए. मैक्युलैटस। ए. क्यूलिसिफैसीज ग्रामीण क्षेत्रों में और ए. स्टीफैन्सी शहरी क्षेत्रों में प्रमुख वाहक हैं।

संचरण की विधि

***(a)* वाहक द्वारा संचरण :** मलेरिया रोग मादा एनोफेलीज मच्छरों के काटने से फैलता है। केवल एक ही संक्रमित मादा मच्छर अपने जीवन काल में अनेक व्यक्तियों को संक्रमित कर सकती है।

***(b)* प्रत्यक्ष संक्रमण :** मलेरिया रोग रक्त आघात द्वारा भी फैल सकता है। बोतल में – 4°C ताप पर रखने पर भी रक्त में मलेरिया का परजीवी कम से कम 14 दिनों तक जीवित रहता है।

(*c*) जन्मजात मलेरिया : मलेरिया रोग से ग्रस्त माता से भी नवजात शिशु को जन्मजात संक्रमण हो सकता है किंतु ऐसा विरले ही होता है।

उद्भवन अवधि

संक्रामक मच्छर द्वारा काटे जाने के बाद से लेकर रोग के लक्षण प्रकट होने तक की अवधि उद्भवन अवधि कहलाती हैं। यह अवधि प्रायः 10 दिनों से कम नहीं होती । भिन्न–भिन्न प्रजातियों के परजीवी के मामले में उद्भवन अवधि भिन्न–भिन्न होती है। प्राकृतिक संक्रमण (मच्छर द्वारा संक्रमित मलेरिया) होने पर फैल्सिपेरम मलेरिया में यह अवधि 12 (9 से 14 दिन) क्वार्टन मलेरिया में यह अवधि 28 (18 से 40 दिन) और औवेल मलेरिया में यह अवधि 17 दिन (16 से 18 दिन) होती है।

मलेरिया नियंत्रण/उन्मूलन

मलेरिया नियंत्रण : मलेरिया नियंत्रण कार्यक्रम की परिभाषा "ऐसे मलेरिया रोधी उपायों को करने के लिए संगठित प्रयास के रूप में दी गई है जो उपलब्ध संसाधनों से कर पाना संभव है और मौजूदा महामारी विज्ञान की दशाओं में उपयुक्त है ताकि मृत्युदर और रोगग्रस्तता की दर में सर्वाधिक संभव कमी लाई जा सके। भारत में अप्रैल 1953 में राष्ट्रीय मलेरिया नियंत्रण कार्यक्रम (एन एम सी पी) शुरू किया गया। इसका आधार ऐसे विशेष क्षेत्रों में जहाँ प्लीहा उत्पन्न होने की दर 10 प्रतिशत से अधिक हो वहाँ वर्ष में दो बार डीडीटी (प्रभावित विशेष क्षेत्रों में 1 ग्राम प्रति वर्ग मी से अधिक) का छिड़काव किया जाता है। यह कार्यक्रम 5 वर्षों तक (1953-58) चला।

मलेरिया उन्मूलन

उन्मूलन का शाब्दिक अर्थ है जड़ से उखाड़ना। इस परिभाषा से ऐसा प्रतीत होता है कि यह मनुष्यों में मलेरिया परजीवी को समाप्त करने के लिए किया गया एक अल्पकालिक गहन प्रयास है ताकि वाहक मच्छरों के विद्यमान होने पर भी कोई भी व्यक्ति मलेरिया रोग से ग्रस्त न हो। दूसरे शब्दों में, मलेरिया उन्मूलन का अर्थ संक्रमण के मानव स्रोत को संक्रमण मुक्त करना न कि मच्छरों का उन्मूलन करना। मलेरिया उन्मूलन का वैश्विक कार्यक्रम 1957 में विश्व स्वास्थ्य संगठन के तत्त्वावधान में शुरू हुआ।

मलेरिया उन्मूलन के उद्देश्य निम्नवत् हैं :

- मलेरिया के संचरण पर रोक लगाना
- संक्रमण के स्रोत का उन्मूलन और
- मलेरिया के फिर से होने पर रोक लगाना

मलेरिया उन्मूलन की नीति निम्नलिखित दो घटकों पर आधारित होती है :

(*a*) सभी आवासों और अन्य छतदार रचनाओं में कीटनाशक औषधियों का छिड़काव करना (जैसेकि : डी डी टी, बी एच सी या मैलाथियन) ताकि वाहक मच्छरों को मारा जा सके और इस प्रकार मलेरिया के संचरण को रोका जा सके, और

(*b*) घर–घर जाकर मलेरिया के मामलों की जाँच करना और उनका उचित उपचार ताकि मानव में इसके स्रोत को समाप्त किया जा सके।

मलेरिया का टीका

मलेरियारोधी टीका आज की एक ज्वलंत समस्या है। वर्तमान में मलेरिया पर नियंत्रण के लिए अनेक टीके विकसित किए जा रहे हैं। अलैंगिक रक्त प्रावस्था वाले टीके मनुष्य में उपस्थित प्लाज्मोडियम फैल्सिपेरम की मानव रक्त में प्रावस्था से प्राप्त ऐंटीजन पर आधारित होते हैं। ये टींके रोग के गंभीर और जटिल रूप में प्रकट होने को रोकने के लिए तैयार किए जा रहे हैं। इनसे अफ्रीका में 5 वर्ष से कम आयु के बच्चों में रोगग्रस्तता और मृत्यु दर को कम किया जा सकता है, अतः इन्हें विकसित करने को विश्व स्वास्थ्य संगठन द्वारा प्राथमिकता दी जा रही है।

रैबीज (Rabies)

रैबीज जिसे हाइड्रोफोबिया भी कहते हैं, लाइसेवाइरस टाइप. 1 द्वारा उत्पन्न किए जाने वाला केंद्रीय तंत्रिका तंत्र का एक अत्यधिक सांघातिक विषाणुजनित रोग है। यह विशेषकर कुत्ते, बिल्लियों, सियार और भेड़ियों आदि जैसे मांसाहारी पशुओं को होने वाला रोग है। यह रोग मनुष्य को रैबीज से ग्रस्त पशुओं द्वारा काटे जाने या चाटने से होता है।

चिकित्सीय दृष्टि से यह एक लंबी और परिवर्तनशील उद्‌भवन अवधि वाला रोग है जिसमें रोगी की गहन देखभाल के बावजूद मस्तिष्क सुषुम्नाशोथ (encephalomyelitis) के कारण थोड़े समय तक ज्वर से ग्रस्त रहने के बाद रोगी की मृत्यु हो जाती है। यह मनुष्य को होने वाला एकमात्र संचारी रोग है जो हमेशा सांघातिक होता है।

एजेंट कारक

एजेंट : कारक एजेंट (लाइसेवाइरस टाइप 1) गोली के आकार का तंत्रिका को प्रभावित करने वाला आर एन ए युक्त विषाणु है। यह रैब्डोवाइरिडल कुल का सीरोटाइप 1 (लाइसेवाइरस टाइप 1) विषाणु है जो रैबीज का कारक एजेंट है। सीरोटाइप 2, 3 और 4 भी रैबीज से ही जुड़े विषाणु हैं किंतु ये ऐंटीजन की दृष्टि से भिन्न प्रकार के विषाणु हैं जिनसे मनुष्यों और जंतुओं को रैबीज जैसा ही रोग होता है। रैबीज रोधी उपलब्ध टीकों से रैबीज से जुड़े विषाणुओं के विरुद्ध प्रभावी रोकथाम नहीं हो पाती। रैबीज विषाणु के कणों में प्रमुख रूप से दो भिन्न प्रकार के ऐंटीजन होते हैः विषाणु की झिल्ली से ग्लाइको–प्रोटीन (G-protein) ऐंटीजन और एक आंतरिक न्यूक्लियो–प्रोटीन ऐंटीजन। ग्लाइकोप्रोटीन एकमात्र ऐसा प्रोटीन है जो मनुष्य और पशुओं के रक्त में रैबीज के विषाणुओं को नष्ट या उदासीन करने में सक्षम ऐंटीबॉडीज निर्मित कर सकता है और रैबीज विषाणुओं से संक्रमण के विरुद्ध संरक्षण प्रदान कर सकता है।

यह विषाणु प्रभावित जंतु की लार में स्रावित होता है। प्राकृतिक रूप में रोगियों के शरीर में पाए जाने वाले रैबीज के विषाणु "स्ट्रीट वाइरस (street virus)" कहलाते हैं। यह सभी स्तनपायी जंतुओं में रोगजनक होता है और इसकी उद्‌भवन अवधि लंबी और भिन्न–भिन्न मामलों में भिन्न–भिन्न (20 से 60 दिनों तक) होती है। खरगोश में स्ट्रीट वाइरस के क्रमिक रूप से मस्तिष्क से मस्तिष्क में प्रवाह से विषाणु इस प्रकार परिवर्तन कर लेता है कि इसकी उद्‌भवन अवधि धीरे–धीरे घटकर 4-6 दिन रह जाती है। ऐसे चरण पर पृथकित विषाणु स्थिर विषाणु (fixed virus) कहलाता है। स्थिर विषाणु ऐसे विषाणु को कहते हैं जिसे किसी उपयुक्त जंतु के शरीर के मस्तिष्क में निःक्षेपित करने पर एक अल्पकालिक स्थिर और पुनरुत्पाद्य उद्‌भवन अवधि (4-6 दिनों) प्रदर्शित करता है। यह निग्रीबॉडीज (Negribodies) निर्मित नहीं करता है।

संक्रमण का स्रोत

रैबीज 3 रोगविज्ञानी रूपों में विद्यमान होता है :

(*a*) शहरी रैबीज : वन्य जीवों से पालतू कुत्तों में संक्रमण फैलने पर शहरी चक्र शुरू होता है जो पालतू कुत्तों के शरीर में चलता रहता है। इसके कारण भारत में मनुष्यों में 99% मामले उत्पन्न होते हैं।

(*b*) वन्य जीवों से होने वाला रैबीज : वन्य जीवों से होने वाला रैबीज एक जटिल किस्म का रैबीज है। यह संक्रमण का एक पहचाना न जा सकने वाला स्रोत है। वन्य जीवों में इस विषाणु का चक्र सियार, लोमड़ी, लकड़बग्घा और अन्य वन्य जीवों में चलता है जो रैबीज के प्रमुख स्रोत हैं और जो इसका प्रमुख रूप से संचारण करते हैं।

(*c*) चमगादड़ों को होने वाला रैबीज : इस प्रकार का रैबीज कुछ लैटिन अमेरिकी देशों (उदाहरण के लिए : ब्राजील, वेनेजुएला, मैक्सिको, त्रिनिदाद, टोबैगो) और संयुक्त राज्य अमेरिका के कुछ भागों में देखा जाता है। रक्तचूषक चमगादड़ इस प्रकार के रैबीज के एक महत्त्वपूर्ण पोषी और वाहक भी हैं।

संक्रमण के स्रोत

मनुष्य के लिए रैबीज के स्रोत रैबीज से ग्रस्त पशु हैं। कुत्ते और बिल्लियों में यह विषाणु रोग के लक्षण प्रकट होने से लेकर उसकी मृत्यु होने तक की अवधि से 3-4 दिन पूर्व (कभी–कभी 5-6 दिन पूर्व) उपस्थित होता है।

पोषी कारक

मनुष्य सहित सभी नियततापी जंतुओं को रैबीज हो सकता है। मनुष्य में रैबीज सांघातिक होता है तथा इसके शिकार व्यक्तियों का रोगमुक्त हो पाना लगभग असंभव होता है। भारत में इससे पीड़ित व्यक्ति 1-24 वर्ष के आयु वर्ग के होते हैं। रैबीज के रोगियों की देखभाल करने वाले तथा शिकारी आदि जैसे व्यवसाय से जुड़े लोगों को आम जनता की तुलना में इसका जोखिम अधिक होता है।

संचरण की विधि

***(a)* पशुओं द्वारा काटा जाना :** भारत में रैबीज के अधिकांश मामले कुत्ते द्वारा काटे जाने के कारण होते हैं।

***(b)* चाटना :** अपघर्षित त्वचा और श्लेष्मल पर चाटे जाने से यह रोग संचारित हो सकता है।

***(c)* ऐरोसॉल :** ऐरोसॉल (श्वसन द्वारा) संचरण कुछ मामलों में होता है जो रैबीज संक्रमित चमगादड़ों को रखने तथा संक्रमित जंतु की देखभाल करने वाले व्यक्तियों में भी संचारित हो सकता है।

***(d)* एक व्यक्ति से दूसरे व्यक्ति में :** एक मनुष्य से दूसरे मनुष्य में रैबीज का संक्रमण हालांकि विरले ही होता है, किंतु कभी–कभी बच्चे द्वारा माता–पिता को काट लेने तथा अंग प्रत्यारोपण से भी यह रोग संचारित होता है।

उद्‌भवन अवधि

मनुष्य में उदभवन अवधि काफी अलग–अलग होती है जो विषाणु के प्रभाव से ग्रसित होने के बाद सामान्यतः 3-8 सप्ताह तक होती है किंतु यह अवधि 4 दिन से लेकर कई वर्षों तक भी हो सकती हैं। उद्भवन अवधि संक्रमित पशु द्वारा किस अंग पर काटा गया है, कितना गहरा जख्म हुआ हैं, जख्मों की संख्या, अंतःक्षेपित विषाणुओं की संख्या, कपड़ों द्वारा प्रदत्त संरक्षण, काटे जाने वाले पशु की प्रजाति और कराए गए उपचार आदि अनेक बातों पर निर्भर करती है।

उपचार

रैबीज का कोई विशिष्ट उपचार नहीं है। रोग के प्रशमन हेतु निम्नलिखित प्रक्रिया अपनाई जाती है :

(a) रोगी को एक शांत कमरे में अलग रखना चाहिए और उसे बाह्य उद्दीपकों जैसे कि तेज प्रकाश, शोर या ठंडी हवा के झोंकों से बचाना चाहिए क्योंकि इनसे उसके शरीर में ऐंठन या मरोड़ उत्पन्न हो सकती है।

(b) शामक औषधियों के भरपूर उपयोग द्वारा रोगी को चिंता और पीड़ा से मुक्त रखना। रोगी को 30-40 मिग्रा मॉर्फिया की खुराक बार–बार दी जानी चाहिए।

(c) यदि मांसपेशियों में ऐंठन हो या सिकुड़न हो तो उसका औषधीय उपचार किया जाना चाहिए।

(d) यह सुनिश्चित करें कि रोगी के शरीर में जल की कमी न हो और मूत्रलता पर भी निगाह रखें।

(e) रोगी का श्वसन और रक्त परिसंचरण तंत्र ठीक रूप में काम करता रहे, इसका भी ध्यान रखें।

टीका

रैबीज का टीका रैबीज का शुष्क या तरल विषाणु टीका होता है जो खरगोश, भेड़, बकरे, चूहे या मूष की तंत्रिका कोशिकाओं या बत्तख के अंडों या कोशिका संवर्धन में विकसित "स्थिर" विषाणु होते हैं जो उपयुक्त विधि का प्रयोग करके निष्क्रियित कर दिए जाते हैं। निष्क्रियण प्रायः फीनॉल या बीटा–प्रोपियो लैक्टोस द्वारा उपचार करके किया जाता है। सभी टीके विश्व स्वास्थ्य संगठन द्वारा निर्धारित नियंत्रण प्रक्रियाओं के अनुसार जाँचे जाते हैं।

पास्चर द्वारा रैबीज टीके का आरंभिक विकास किए जाने के बाद अनेक प्रकार के रैबीज टीके विकसित किए गए हैं। इस समय प्रयोग में लाए जा रहे टीके 3 प्रकार के हैः

1. तंत्रिका ऊतक टीका (Nervous Tissue Vaccines, NTV)
   (a) रैबीज से प्रभावित वयस्क पशु (उदाहरण भेड़) के तंत्रिका ऊतक से प्राप्त
   (b) दुधमुँहा चूहे के मस्तिष्क से प्राप्त
2. बत्तख के भ्रूण से निर्मित टीका (DEV)
3. कोशिका संवर्ध टीका
   (a) मानव द्विगुणित कोशिका (HDC) टीका
   (b) दूसरी पीढ़ी का ऊतक संवर्ध (जंतु कोशिका) टीका।

रतिज रोग (लैंगिकतः संचारित संक्रमण)

ये इस प्रकार के संचारी रोग हैं जो प्रमुखतः लैंगिक संपर्क से संचारित होते हैं और अनेक प्रकार के जीवाणुओं, विषाणुओं, प्रोटोजोआ संघ के एक कोशिक जीवों, कवकों और बाह्य परजीवियों के कारण होते हैं।

गत दो दशकों के दौरान रतिज रोगों में नाटकीय परिवर्तन हुआ है। पहला यह कि इसका नाम अब रतिज रोग (VD) के बजाय लैंगिकतः संचारित रोग (Sexually

Transmitted Disease STD) रख दिया गया है। लैंगिक संबंधों द्वारा संचारणीय रोगजनकों की सूची में विस्तार हुआ है और 5 परंपरागत रतिज रोगों (उपदंश, सूजाक, रतिज, व्रण (घाव) कैन्सरॉइड, लिम्फोग्रेनुलोमा (रतिज लसीका कनिका गुल्म), वेनेरियम और डोनोवैनोसिस) से 20 से अधिक कारक (agents) जुड़ गए हैं।

भारत में लैंगिकतः संचारित रोग एक प्रमुख सार्वजनिक स्वास्थ्य समस्या का रूप धारण कर चुके हैं। नीचे दी गई तालिका में लैंगिकतः संचारित रोगों की सूचना दी गई है। इससे प्रभावितों की संख्या काफी अधिक भी हो सकती है।

(*a*) उपदंश (Syphilis) : उपदंश की व्यापकता के बारे में अभी भी सीरमीय सर्वेक्षण (Serological Survey) सूचना का सबसे अच्छा स्रोत है।

इस रोग की व्यापकता के बारे में अनुमान औरंगाबाद (महाराष्ट्र) में प्रसव–पूर्व परीक्षण हेतु औषधालय में आई 15,752 महिलाओं के वी डी आर एच परीक्षण (रतिज रोग ग्रस्तता संबंधी जाँच) से लगाया जा सकता है। इस सर्वेक्षण से 2.4 प्रतिशत महिलाओं में इस रोग की उपस्थिति का पता चला जो वस्तुतः एक उच्च आँकड़ा है। केरल राज्य में किए गए एक सर्वेक्षण से प्राप्त आँकड़ों से राज्य में 1.4 प्रतिशत महिलाओं के इस रोग से ग्रस्त होने का पता चलता है।

(*b*) सूजाक (Gonorrhoea) : सूजाक से रोगग्रस्तता का आंकड़ा बहुत हद तक उपलब्ध नहीं है क्योंकि अधिकांश मामलों में लोग इस रोग को उजागर नहीं होने देते। आम राय यह है कि उपदंश की तुलना में सूजाक से रोगग्रस्तता की संख्या कहीं अधिक है। इस रोग से ग्रस्त 80% महिलाओं में इस रोग के लक्षण प्रकट नहीं होते और वे रोग के वाहक की भूमिका निभाती हैं। इस बात का कोई साक्ष्य नहीं है कि ऐंटीबायोटिक दवाओं के व्यापक उपयोग से लैंगिक रोगों के संक्रमण से ग्रस्त वाहक/स्रोत की रोग संचारणीयता पर कोई प्रभाव पड़ा है।

(*c*) कैन्सरॉइड : कैन्सरॉइड या मृदु घाव (Chancroid or Soft sore) से भारत में काफी अधिक संख्या में लोग ग्रस्त हैं।

(*d*) लिम्फो ग्रेनुलोमा वेनेरम (L.G.V.) : इस रोग से रोगग्रस्तता की दर उत्तर भारत की तुलना में दक्षिण भारत के तमिलनाडु, आंध्र प्रदेश, महाराष्ट्र और कर्नाटक राज्यों में अधिक है।

(*e*) डोनोवैनोसिस : डोनोवैनोसिस या ग्रेनुलोमा इन्ग्युनेल नामक रतिज रोग से रोगग्रस्तता की दर भारत के तमिलनाडु, आंध्र प्रदेश, उड़ीसा, कर्नाटक और महाराष्ट्र राज्यों में अधिक है। समुद्र तटवर्ती क्षेत्रों में यह रोग और भी अधिक पैर पसारे हुए है। काकीनाडा (आंध्रप्रदेश) में डोनोवैनोसिस से 6.1 प्रतिशत पुरुष रतिज रोग ग्रस्त हैं जबकि 6.9% महिला रतिज रोगियों में यह रोग पाया गया है। अन्य राज्यों में इस रोग की व्यापकता की सूचना नहीं है।

(*f*) अन्य रतिज रोग : अन्य प्रकार के रतिज रोगों के बारे में सूचना उपलब्ध नहीं है क्योंकि इन रोगों के बारे में सूचना संग्रहण की कोई समुचित प्रणाली उपलब्ध नहीं है।

एजेंट कारक

लैंगिक संपर्क से लगभग 20 रोगजनकों का प्रसार होता है इन एजेंटों और उनके कारण होने वाले रोगों का नीचे दी गई तालिका में उल्लेख किया गया है।

सारणी : लैंगिकतः संचारित होने वाले रोगजनक और उनके कारण होने वाले रोग

रोगजनक	रोग या लक्षण
नाइसीरिया गनोरिया	गनोरिया (सूजाक), मूत्रमार्ग शोथ (urethritis), सर्विसाइटिस (Cervicitis), अधिवृषण (epididymis), सैप्लिनजाइटिस (Saplingitis), पी आई डी (PID), नवजात नेत्रश्लेष्मला शोथ (neonatal conjunctivitis)
ट्रेपोनेमा पैलिडम	उपदंश
हीमोफाइलस डुक्रेइ	कैन्सरॉइड
क्लैमाइडिया ट्रैकोमैटिस	एल.जी.वी., मूत्र मार्ग शोथ, सर्विसा-इटिस, प्रोक्टाइटिस, अधिवृषण, शिशुओं को न्यूमोनिया, रिथर्स सिन्ड्रोम, पीआईडी, नवजात नेत्र श्लेष्मला शोथ

Contd...

कैलिमैटो बैक्टीरियम	डोनोवैनोसिस (ग्रेन्युलोमा इन्न्युनेल)
हर्पिस सिम्प्लेक्स विषाणु	जेनिटल हर्पिस
हेपेटाइटिस बी विषाणु	सांघातिक हेपेटाइटिस
ह्ययूमन पैपिलोमा वाइरस	जनन मार्ग और गुदा पर मस्सा
एचआईवी	एड्स
मोलस्कम कॉन्टेजिओसम	जेनिटल मोलस्कम कॉन्टेजिओसम
कोन्डिडा अल्बिकन्स	वेजिनाइटिस
ट्राइकोमोनस वैजिनैलिस	वेजिनाइटिस

पोषी कारक

***(a)* आयु :** लैंगिकतः संचारित होने वाले अधिकांश रोगों से रोगग्रस्तता की अधिकतम दर 20-24 वर्ष के आयु–वर्ग के व्यक्तियों में पाई जाती है जिसके पश्चात् दूसरी श्रेणी 25-29 वर्ष के आयु वर्ग के और तीसरी श्रेणी 15-19 वर्ष के आयु वर्ग के लोगों की है।

***(b)* लिंग :** अधिकांश लैंगिकतः संचारित होने वाले रोगों से रोगग्रस्तता की दर महिलाओं की तुलना में पुरुषों में अधिक होती है किंतु संक्रमण के कारण रुग्णता महिलाओं में काफी अधिक गंभीर होती है, उदाहरण के लिए श्रोणीय प्रदाह रोग (Pelvic inflammatory disease)।

***(c)* वैवाहिक स्थिति :** विवाहित जोड़ों की तुलना में एकाकी रहने वाले तलाकशुदा लोगों में लैंगिकतः संचारित रोगों की उच्च दर पाई जाती है।

***(d)* सामाजिक आर्थिक स्थिति :** निम्नतम सामाजिक आर्थिक हैसियत वाले लोगों के लैंगिक रोगों से ग्रस्त होने की संभावना सर्वाधिक होती है।

लैंगिकतः संचारित रोगों का नियंत्रण

लैंगिकतः संचारित रोगों पर नियंत्रण हेतु आयोजित कार्यक्रम का मुख्य उद्देश्य उपर्युक्त परिस्थितियों के कारण होने वाली रुग्णता को अनेक उपायों द्वारा रोकना है। इस कार्यक्रम में प्राथमिक रोकथाम पर ध्यान देना (संक्रमण को रोकना), द्वितीयक रोकथाम पर ध्यान देना (संक्रमण के कारण स्वास्थ्य पर पड़ने वाले प्रतिकूल प्रभावों को न्यूनतम करना) या प्रायः इन दोनों पर संयुक्त रूप से ध्यान देना शामिल है। लैंगिकतः संचारित रोगों (STD) के नियंत्रण पर निम्नलिखित शीर्षों के अंतर्गत विचार किया जा सकता है :

1. आरंभिक योजना तैयार करना
2. हस्तक्षेप की नीति
3. सहायक घटक
4. मॉनीटरिंग और मूल्यांकन

वस्तुनिष्ठ प्रश्न

1. ऐसीटोन हत टायफॉइड टीके में प्रतिरक्षण अवधि होती है :

A. 6 माह B. 1 वर्ष
C. 2 वर्ष D. 3 वर्ष

2. सालमोनेलोसिस में रोगी को कब तक अलग–थलग रखना चाहिए?

A. क्रमशः तीन बार के शौच में सालमोनेला जीवाणुओं की उपस्थिति न पाए जाने तक
B. ज्वर उतर जाने तक
C. दीर्घांतराली अभिक्रिया ऋणात्मक होने तक
D. क्लोरैम्फेनिकल औषधि से उपचार के बाद 72 घंटे तक

3. टॉयफाइड के चिरकालिक वाहक के लिए समय अवधि .... से अधिक होती है।

A. 3 माह B. 6 माह
C. 9 माह D. 12 माह

4. टायफॉइड ज्वर से ग्रस्त होने वाले सर्वाधिक व्यक्ति निम्नलिखित में से किस आयु वर्ग के होते हैं?

A. 10-12 वर्ष B. 20-30 वर्ष
C. 30-40 वर्ष D. 40-60 वर्ष

5. टायफॉइड का स्थायी वाहक ऐसे व्यक्ति को कहते हैं जिसकी विष्ठा में निम्नलिखित में से कितने से अधिक समय तक बैसिलस जीवाणु उपस्थित होता है?

A. 3 माह B. 6 माह
C. 1 वर्ष D. 3 वर्ष

6. निम्नलिखित में से किस रोग का वाहक केवल मानव ही है?

A. चेचक B. इन्फ्लुएन्जा
C. सालमोनेला D. रैबीज

7. सालमोनेलोसिस में रोगी को कब तक अलग–थलग रखना चाहिए?

A. ज्वर उतर जाने तक
B. रक्त संवर्ध के ऋणात्मक होने तक
C. प्लीहा के खत्म हो जाने तक
D. क्रमशः तीन बार के शौच में सालमोनेला जीवाणुओं की उपस्थिति नहीं पाए जाने तक

8. कुछ बच्चों ने दोपहर का भोजन किया था जिसके बाद रात्रि में उन्होंने उल्टी करना शुरू कर दिया। खाद्य विषाक्तता के लिए सर्वाधिक संभावित कारक एजेंट हैः

A. सालमोनेला
B. बॉटुलिज्म
C. स्टैफिलोकॉकस
D. विषाणुजनित जठर आंत्रशोथ

9. बच्चों को पेचिश होने का सामान्य कारण हैः

A. रोटा विषाणु (Rota virus)
B. नॉरवाक विषाणु (Norwalk Virus)
C. एडेनोवाइरस
D. गियारडियासिस

10. हैजा टीकाकरण .... दिनों बाद वैध होता है।

A. 1 B. 3
C. 6 D. 10

11. हैजा के टीके के संबंध में निम्नलिखित में से किस एक को छोड़कर अन्य सभी सत्य हैंः

A. यह टीका 6 माह के अंतराल पर दिया जाता है
B. इससे प्रतिरक्षण लंबे समय तक होता है
C. महामारियों में उपयोगी नहीं है
D. मुँह से पिलाया नहीं जाता

12. नवीनतम दिशा–निर्देशों के अनुसार निर्जलता की निम्नलिखित में से किस अवस्था में रोगी को ओ. आर. एस. घोल पिलाने की आवश्यकता होती है?

A. मध्यम निर्जलन (Mild dehydration)
B. कम निर्जलन (Moderate dehydration)
C. कुछ निर्जलन (Some dehydration)
D. कितना भी निर्जलन (Any dehydration)

13. कॉलेरा से रोग निरोधन का सबसे अच्छा उपाय हैः

A. मामले की आरंभिक चरण में ही पहचान कर लेना
B. जल के स्वच्छता स्तर में सुधार लाना
C. रसायनों द्वारा रोगोपचार करना
D. महामारी फैलने से रोकना

14. कॉलेरा के महामारी का रूप ले लेने पर निम्नलिखित में से किस स्तर तक सूचना प्रेषित कर दी जानी चाहिए?

A. स्वास्थ्य मंत्रालय
B. सशस्त्र सेना चिकित्सा सेवा महानिदेशक (DGAFMS)
C. अस्पताल
D. जिले का मुख्य चिकित्सा अधिकारी

15. हैजा के रोग निरोधन हेतु रसायनों से उपचार निम्नलिखित द्वारा किया जाता हैः

A. डॉक्सिसाइक्लिन 300 मिग्रा औंस
B. मेट्रोजिल, 400 मिग्रा 3 गोली
C. वैन्कोमाइसिन, 1 मिग्रा
D. कैनामाइसिन, 500 मिग्रा

16. हैजा के उपचार हेतु उपयुक्त औषधि हैः

A. टेट्रासाइक्लिन B. सल्फाडाइजिन
C. एम्पिसिलिन D. स्ट्रेप्टोमाइसिन

17. विश्व स्वास्थ्य संगठन (WHO) द्वारा अनुशंसित ओ आर एस घोल की समसांद्रता (मोलर) होती है :

A. 240 B. 270
C. 800 D. 330

18. परंपरागत ओ. आर. एस. घोल में नींबू का रस निम्नलिखित में से किस दृष्टि से मिलाया जाता है?

A. सोडियम क्लोराइड अवशोषण में वृद्धि करने
B. आम्लरक्तता (Acidosis) ठीक करने
C. शेल्फ लाइफ (प्रयोग हेतु उपयुक्त होने की अवधि) में वृद्धि करने
D. ग्लूकोस अवशोषण में वृद्धि करने

19. पुनर्जलयोजन हेतु पिलाए जाने वाले ओ.आर.एस. घोल में निम्नलिखित में से किस एक को छोड़कर अन्य सभी शामिल होते हैं?

A. सोडियम क्लोराइड B. पोटैशियम क्लोराइड

C. मैग्नीशियम क्लोराइड D. ग्लूकोस

20. ओ. आर. एस. घोल तैयार करने के लिए विश्व स्वास्थ्य संगठन (WHO) द्वारा अनुशंसित सूत्र के अनुसार उसमें निम्नलिखित का होना आवश्यक है:

A. सोडियम, 70M B. पोटैशियम, 20M

C. क्लोराइड, 30M D. सोडाबाइकार्बोनेट, 80M

21. पुनर्जलयोजन हेतु पिलाए जाने वाले घोल में निम्नलिखित निहित नहीं होता :

A. सोडियम क्लोराइड B. कैल्सियम लैक्टेट

C. बाइकार्बोनेट D. ग्लूकोस

22. हैजा के महामारी का रूप ले लेने पर निम्नलिखित में से क्या आवश्यक नहीं है?

A. साप्ताहिक क्लोरीनीकरण

B. अधिसूचना जारी करना

C. लोगों का टीकाकरण

D. ओ. आर. एस. घोल और टेट्रासाइक्लिन द्वारा उपचार

23. हैजा के रोगी की विष्ठा को विसंक्रमित करने के लिए अपेक्षित विरंजक चूर्ण (Bleaching powder) की आवश्यक मात्रा है:

A. 25 मिग्रा/लीटर B. 50 ग्राम/लीटर

C. 75 ग्राम/लीटर D. 100 ग्राम/लीटर

24. रोगमुक्ति के बाद स्वास्थ्य–लाभ कर रहे हैजा के रोगी से निम्नलिखित में से कितने समय तक संक्रमण की संभावना रहती है?

A. 7 से कम दिन B. 7 से 14 दिन

C. 14 से 21 दिन D. 21 से 28 दिन

25. गर्भनिरोधक गोली और छाती के कैंसर के बीच संभावित संबंध का अध्ययन करने के संबंध में निम्नलिखित में से किस एक को छोड़कर अन्य सभी सत्य हैं?

A. अध्ययन हेतु मामले का चयन ऐसी आबादी से किया जाना जिसमें छाती के कैंसर की संभावना हो

B. अध्ययन में ऐसी महिलाओं को छोड़ दिया जाए जो सर्वेक्षण के समय गर्भ निरोधक गोली ले रही हों

C. सभी अध्ययन प्रतिदर्श स्वस्थ हों

D. गर्भ निरोधक गोली से होने वाले छाती के कैंसर के जोखिम को सीधे–सीधे ज्ञात किया जाना चाहिए

26. हैजा के संबंध में सबसे अधिक लंबा वाहक चरण है:

A. 2 से 3 सप्ताह B. 1 से 5 वर्ष

C. 5 से 10 वर्ष D. 10 वर्ष से अधिक

27. भारत में 5 वर्ष से कम आयु के बच्चों की होने वाली मृत्यु में से डायरिया के कारण होने वाली मृत्यु का प्रतिशत है:

A. 35% से 40% B. 25% से 30%

C. 15% से 20% D. 5% से 10%

28. इंग्लैंड में हैजा का एक जानपदिक रोग के रूप में वर्गीकरण निम्नलिखित में से किसके द्वारा किया गया?

A. जॉन स्नो B. विन्स्लो

C. चैडविक D. हावर्ड ह्यूज

29. एल्टर जानपदिक रोगविज्ञान (eltor epidemilogy) के संबंध में निम्नलिखित में किस एक को छोड़कर अन्य सभी सत्य हैं?

A. चिरकालिक वाहक सामान्य होते हैं

B. अलक्षणिक मंद लक्षण वाले मामले सामान्य होते हैं

C. आंत्र के बाहरी भाग में रोगाणु लंबे समय तक जीवित रहते हैं

D. इस रोग का गौण प्रभाव महिलाओं में काफी अधिक देखा जाता है

30. एल्टर कॉलेरा (eltor cholera) के संबंध में निम्नलिखित में से क्या सत्य है?

A. संक्रमण मंद और लाक्षणिक होता है

B. वे पोलिमाइसिन–बी यूनिट डिस्क के प्रतिरोधी होते हैं

C. चिरकालिक वाहक सामान्य होते हैं

D. गौण प्रभाव काफी अधिक देखा जाता है

31. हैजा के संबंध में निम्नलिखित में से क्या सत्य है?

A. परंपरागत की तुलना में एल्टर किस्म विरले होते हैं

B. महामारी के दौरान टीका आवश्यक होता है

C. एन्टीबायोटिक से उपचार का निषेध होता है

D. आंत्र में गैग्लिओसाइड अभिग्राहक होते हैं

32. हैजा वाहक द्वारा संचारित होने वाला रोग है क्योंकिः

A. वाहक को नियंत्रित करने पर महामारी नियंत्रित हो जाती है

B. रोगाणु को वाहक से अलग करना हमेशा संभव होता है

C. संक्रमण का सामान्य स्रोत पहचाना जा सकता है

D. रोगाणु अधिक दूरी तक संचारित नहीं हो सकता

33. भारत में संक्रामक हेपेटाइटिस के कारण फैलने वाली महामारी का सर्वाधिक प्रमुख कारण हैः

A. एच ए वी
B. एच बी वी
C. एच सी वी
D. एच ई वी

34. गर्भवती महिलाओं में मृत्यु दर निम्नलिखित में से किसके कारण सर्वाधिक होती है?

A. हेपेटाइटिस बी
B. हेपेटाइटिस ई
C. हेपेटाइटिस सी
D. हेपेटाइटिस

35. हेपेटाइटिस बी पोजिटिव से ग्रस्त माता से नवजात शिशु को बचाने का सबसे अच्छा तरीका हैः

A. शिशु को माँ से अलग रखना

B. शिशु को माता का स्तनपान न करने देना

C. हेपेटाइटिस बी इम्युनोग्लोबिन का प्रयोग

D. हेपेटाइटिस बी टीका और इम्युनोग्लोबिन का प्रयोग

36. विषाणुजनित हेपेटाइटिस बी के संबंध में निम्नलिखित में से क्या सत्य है?

A. यह मुख मार्ग से संचारित होता है

B. विषाणुजनित हेपेटाइटिस 'ए' की तुलना में उद्भवन अवधि अधिक होती है

C. विषाणुजनित हेपेटाइटिस 'ए' की तुलना में इसका ऊतक रोगविज्ञान भिन्न होता है

D. इसे प्रयोगशाला में संवर्धित किया जा सकता है

37. संक्रामक हेपेटाइटिस की औसत उद्भवन अवधि होती हैः

A. 7 दिन
B. 15 दिन
C. 25 दिन
D. 50 दिन

38. सांघातिक श्लथ अंगमारी का शिकार अधिकतर निम्नलिखित में से किस आयु वर्ग के होते हैंः

A. 0- 5 वर्ष
B. 0-10 वर्ष
C. 0-15 वर्ष
D. 0-3 वर्ष

39. निम्नलिखित में से किस एक को छोड़कर अन्य सभी विशेषताएं ऐस्बेस्टॉसिस रोग की ओर इशारा करती हैं?

A. प्रभावित होने के पाँच वर्ष के भीतर होता है

B. रोगकारक परिस्थितियों से संपर्क समाप्त होने के बाद भी रोग बढ़ता रहता है

C. पार्श्व मेसोथेलिमा हो सकता है

D. कफ (बलगम) में ऐस्बेस्टॉस के कण निहित हो सकते हैं

40. पोलियोमाइलिटिस महामारी का प्रसार रोकने का सर्वोत्तम तरीका हैः

A. हत विषाणु टीके का प्रयोग

B. सभी बच्चों को पोलियो की दवा (OPV drops) पिलाना

C. रोगियों को अन्यों से अलग रखना

D. सभी कुओं में क्लोरीन डालना

41. पोलियो टीके के संबंध में निम्नलिखित में से क्या असत्य है?

A. सामुदायिक रोग प्रतिरक्षा में सहायक

B. हत विषाणु टीके से अंगमारी नहीं होती

C. श्रृंखला को बनाए रखना कठिन है

D. प्रतिरक्षण विकसित होने में काफी समय लगता है

42. निष्क्रियित पोलियो टीके के संबंध में निम्नलिखित में से किस एक को छोड़कर अन्य सभी सत्य हैं?

A. यह आंत्रीय प्रतिरक्षा विकसित नहीं करता

B. यह अंगमारी रोकता है

C. रोग प्रतिरोध शक्ति में कमी आने पर इसका प्रयोग निषेध है

D. पिलाई जाने वाली दवा के साथ बूस्टर खुराक भी दी जा सकती है

43. निष्क्रियित पोलियो टीके के संबंध में निम्नलिखित में से कौन सत्य नहीं है?

A. केवल परिसंचरित हो रहे एंटीबॉडीज को ही प्रभावित करता है

B. वन्य पोलियो विषाणु से अंगमारी और पुनर्संक्रमण दोनों को रोकता है

C. व्यापक पैमाने पर महामारी नहीं फैलने देता

D. महामारी रोकने में उपयोगी नहीं है

44. पोलियो के निदान की सर्वाधिक कम संभावना निम्नलिखित में से किस लक्षण में होती है?

A. दो दिनों से ज्वर और घबराहट होना

B. ज्वर और नाक में कठोरता आना

C. प्रतिवर्ती क्रियाओं और संवेदी तंत्र को परिरक्षित रखते हुए दोनों पार्श्व अंगों में अंगमारी

D. मांसपेशियों के कार्य में छह माह में सुधार हो जाना

45. पोलियो के संचरण में निम्नलिखित पर क्रिया करके आसानी से रोक लगाई जा सकती है:

A. स्रोत

B. संवेदनशील पोषी

C. संक्रमित व्यक्ति को मुख से दवा पिलाकर

D. कारक

46. निम्नलिखित में से किस एक को छोड़कर अन्य सभी पोलियोमाइलिटिस महामारी के अभिलक्षणों को सूचित करता है:

A. उच्च आयु वर्ग के लोगों को होता है

B. उष्णकटिबंधीय क्षेत्रों में इसके मामले बढ़ रहे हैं

C. ऊपरी अंग का लकवा भी हो सकता है

D. कभी–कभी होने वाला रोग भी है और महामारी के समान फैलने वाला रोग भी है

47. निम्नलिखित में से किस प्रकार का पोलियो सर्वाधिक सामान्य प्रकार का पोलियो है?

A. अलक्षित (Inapparent)

B. विफल (Abortive)

C. अंगमारी रहित (Non-Paralytic)

D. अंगमारी युक्त (Paralytic)

48. अंगमारी के शिकार पोलियो रोगी के संबंध में निम्नलिखित में से क्या असत्य है?

A. वह नासामार्ग से विसर्जन द्वारा संक्रमण फैला सकता है

B. अलक्षणिक संक्रमण सामान्य होता है

C. उसे टीका दिया जा सकता है

D. उपर्युक्त में से कोई नहीं

49. किसी समुदाय में पोलियो महामारी वक्र के संबंध में किस एक को छोड़कर अन्य सभी सत्य हैं?

A. सभी मामले 7-14 दिन में फैल जाते हैं

B. मुखमार्ग द्वारा संचरण होता है

C. सामुदायिक प्रतिरक्षण की सुविधा उपलब्ध होती है

D. महामारी वक्र में मंद उठान के बाद गिरावट होनी चाहिए

50. 1 अंगमारी वाले पोलियो के मामले के लिए अलक्षणिक मामलों की संख्या होती है:

A. 50 B. 100

C. 1,000 D. 10,000

51. भारत में एड्स के रोगी की सर्वप्रथम पहचान निम्नलिखित में से किस वर्ष की गई?

A. 1975 B. 1981

C. 1986 D. 1991

52. बी सी जी टीकाकरण के संबंध में निम्नलिखित में से किस एक को छोड़कर अन्य सभी सत्य हैं?

A. सात दिनों में पिटिक (Papule)

B. व्रण (घाव) निर्मित करता है

C. घाव तत्काल भर जाता है

D. 5 सप्ताहों में 4-8 मिमी के आकार का घाव बन जाता है

53. बी सी जी टीके की प्रभावकारिता है:

A. 80% B. 60%

C. 40% D. 40% से कम

54. मैन्टॉक्स परीक्षण का पोजिटिव होना यह सूचित करता है कि:

A. बच्चा सांघातिक टीबी से जूझ रहा है

B. बच्चे को हाल ही में बी सी जी का टीका दिया गया है

C. बच्चा टीबी के संक्रमण का शिकार है

D. उपर्युक्त सभी

55. निम्नलिखित में से किस रोगी को बी सी जी का टीका नहीं दिया जाता है?

A. सामान्य एक्जीमा

B. संक्रामक डर्मेटोसिस

C. हाइपोगामाग्लोबुलिन एनीमिया

D. उपर्युक्त सभी

56. बी सी जी का टीका लगाते समय तनुकारी (diluent) के रूप में निम्नलिखित में से किसका प्रयोग किया जाता है?

A. ग्लिसरीन

B. ग्लिसरॉल

C. सामान्य लवण विलयन

D. आसुत जल

57. निम्नलिखित में से कौन–सा टीका अवत्वचीय मार्ग (Subcutaneous route) से लगाया जाता है?

A. बी सी जी

B. ओ पी वी

C. टिटेनस टॉक्सॉइड का टीका

D. खसरे का टीका

58. भारत में सीधे बी सी जी का टीका किस आयु तक दिया जाता है?

A. 10 वर्ष B. 15 वर्ष

C. 20 वर्ष D. 25 वर्ष

59. बच्चों को बी सी जी टीका दिया जाता है:

A. अंतरात्वचीय

B. अवत्वचीय

C. अंतरापेशीय

D. मुख से पिलाया जाता है

60. बी सी जी टीके के प्रतिक्रिया (Reaction) के बारे में निम्न- लिखित में से किस एक को छोड़कर अन्य सभी सत्य हैं?

A. दरार युक्त फोड़ा बन जाता है

B. 6-9 सप्ताह में घाव भर जाता है

C. पिटिक (Papule) 5 सप्ताह में अधिकतम आकार प्राप्त कर लेता है

D. सुपुरेटिव लिम्फैडेनिटिस (Suppurative lymphadenitis)

61. 0.1 मिली बी सी जी वैक्सिन का आर्द्र भार .... मिग्रा होता है।

A. 0.050 B. 0.025

C. 0.075 D. 0.100

62. डॉट्स (DOTS) निम्नलिखित में से किसका सूचक है?

A. प्रत्यक्ष निगरानी में दीर्घकालिक उपचार

B. प्रत्यक्ष निगरानी में अल्पकालिक उपचार

C. बिना देख रेख के अल्पकालिक उपचार

D. बिना देख रेख के घरेलू उपचार

63. ट्यूबरकुलोसिस विरोधी अल्पकालिक उपचार ..... को न्यूनतम करने के लिए किया जाता है।

A. रोगरोधी क्षमता B. आविषाक्तता

C. रोग का पुनरावर्तन D. व्यय

64. ट्यूबरकुलोसिस के जीवाणु में प्रतिरक्षण क्षमता विकसित होने को रोकने के लिए निम्नलिखित में से किस एक को छोडकर अन्य सभी कार्य किए जाते हैं?

A. बहुत सी दवाइयाँ प्रयोग में लाई जाती हैं

B. उस औषधि का प्रयोग किया जाता है जिसके प्रति जीवाणु संवेदनशील है

C. डिफॉल्टर एक्शन (Defaultor action)

D. उपचार से पूर्व जीवाणुओं की संवेदनशीलता ज्ञात करने के लिए नियमित रूप से जीवाणु संवर्धन किया जाता है

65. ट्यूबरकुलिन परीक्षण के संबंध में निम्नलिखित में से क्या सत्य है?

A. ट्यूबरकुलोसिस के निदान हेतु प्रयोग में लाया जाता है

B. यह रोग की घटना की माप है

C. 72 घंटे में 10 मिमी से अधिक पोजिटिव टेस्ट को सूचित करता है

D. प्रतिरक्षण स्थिति की माप की जाती है

66. ट्यूबरकुलिन परीक्षण का पोजिटिव होना निम्नलिखित पर निर्भर करता है:

A. त्वक्रक्तिका (erythema)

B. ग्रंथिका निर्माण (module formation)

C. दृढ़ीभवन (Induration)

D. व्रण (घाव) से जुड़े परिवर्तन

67. मैन्टॉक्स परीक्षण के लिए भारत में प्रयुक्त ट्यूबरकुलिन की मानक खुराक है:

A. 0.5 टीयू B. 1.0 टीयू

C. 5.0 टीयू D. 10.0 टीयू

68. ट्यूबरकुलिन परीक्षण का परिणाम कितने समय बाद प्राप्त होता है?

A. 48 घंटे B. 72 घंटे

C. 96 घंटे D. 24 घंटे

69. ट्यूबरकुलोसिस के संबंध में "वार्षिक संक्रमण दर" निम्नलिखित में से किसका प्रतिशत है?

A. ट्यूबरकुलिन निगेटिव से ट्यूबरकुलिन पॉजिटिव में परिवर्तित व्यक्ति
B. ट्यूबरकुलोसिस के नए मामले
C. जिन रोगियों के बलगम परीक्षण में ट्यूबरकुलोसिस पॉजिटिव रिपोर्ट आए
D. विकिरण (एक्स किरण) चिकित्सात्मक मामले

70. संशोधित राष्ट्रीय ट्यूबरकुलोसिस नियंत्रण कार्यक्रम के अंतर्गत नया मामला ऐसे रोगी को कहते हैं जिसने पहले कभी ट्यूबरकुलोसिस का उपचार नहीं कराया हो या ट्यूबरकुलोसिस रोधी औषधियों का सेवन ..... से कम समय तक किया हो।
A. 2 सप्ताह B. 4 सप्ताह
C. 6 सप्ताह D. 8 सप्ताह

71. एचआईवी विषाणुओं को निम्नलिखित में से किस एक को छोड़कर अन्य सभी से विलग (isolate) किया जा सकता है?
A. वीर्य (Semen) B. लार (Saliva)
C. रक्त (Blood) D. त्वचा की खुरचन

72. ट्यूबरकुलोसिस से रोगग्रस्तता निम्नलिखित द्वारा सिद्ध होती है:
A. एक्स किरण द्वारा पॉजिटिव रिपोर्ट प्राप्त होना
B. संवर्धन के प्रति पॉजिटिव होना
C. कफ (बलगम) का एएफबी पॉजिटिव होना
D. रोगी का ट्यूबरकुलोसिस पॉजिटिव होना

73. ट्यूबरकुलोसिस संक्रमण से ग्रस्तता की माप निम्नलिखित द्वारा की जाती है:
A. छाती के एक्स–रे
B. कफ (बलगम) का एएफबी परीक्षण
C. ट्यूबरकुलिन परीक्षण
D. कफ (बलगम) में ट्यूबरकुलोसिस जीवाणुओं का संवर्धन

74. ट्यूबरकुलोसिस के मामले में "वार्षिक संक्रमण दर" निम्नलिखित का प्रतिशत है:
A. ट्यूबरकुलिन निगेटिव से ट्यूबरकुलिन पॉजिटिव में परिवर्तित हुए व्यक्ति
B. ट्यूबरकुलोसिस के नये मामले
C. ऐसे रोगियों की संख्या जिनके कफ (बलगम) रिपोर्ट ट्यूबरकुलोसिस पॉजिटिव हो
D. विकिरण चिकित्सात्मक मामले

75. ट्यूबरकुलोसिस का संक्रमण पूल (Infectious pool) निम्नलिखित द्वारा सूचित किया जाता है:
A. कफ परीक्षण द्वारा पहचाने गए ट्यूबरकुलोसिस के पॉजिटिव मामलों की बहुलता
B. एक्स–रे रिपोर्ट द्वारा पहचाने गए ट्यूबरकुलोसिस के पॉजिटिव मामलों की व्यापकता
C. चिकित्सीय दृष्टि से पॉजिटिव मामले
D. उपर्युक्त में से कोई भी

76. निम्नलिखित में से कौन टीबी के निर्धारण और समाज पर उसके प्रभाव का सर्वाधिक सूचक है:
A. ट्यूबरकुलोसिस कन्वर्जन इंडेक्स
B. मृत्यु दर
C. संक्रमण की व्यापकता
D. नए मामले

77. निम्नलिखित में से किसके द्वारा टीबी के प्रभाव और समुदाय में उसकी व्यापकता का निर्धारण किया जाता है?
A. ट्यूबरकुलोसिस कन्वर्जन इंडेक्स
B. रोगग्रस्तता की दर
C. व्यापकता की दर
D. मृत्यु दर

78. गंभीर श्वास रोग के उपचार हेतु स्वास्थ कर्मियों द्वारा निम्नलिखित में से कौन–सी औषधि प्रयोग में लाई जाती है?
A. कोट्रिमोक्साजोल (Cotrimoxazole)
B. क्लोरेम्फैनिकल (Chloramphenicol)
C. बेन्जिल पेनिसिलिन (Benzyl Penicillin)
D. जेन्टामाइसिन (Gentamycin)

79. मेनिन्गोकोकल मेनिनजाइटिस (Meningococcal Meningitis) में:
A. प्रारूपित अनुपचारित मामलों में मृत्युदर 10% होती है
B. वाहक अवस्था के उपचार हेतु रिफैम्पिसिन एक उपयुक्त औषधि है
C. रोगग्रस्त व्यक्ति संक्रमण के सर्वाधिक महत्त्वपूर्ण स्रोत हैं

D. सूक्ष्म रोगाणुरोधी उपचार शुरू करने के 3-4 दिन बाद रोगी व्यक्ति संक्रमण मुक्त होने लगता है

80. निम्नलिखित को छोड़कर अन्य सभी रोगों पर विश्व स्वास्थ्य संगठन निगाह रखे हुए है:

A. पुनरावर्ती ज्वर
B. प्लेग
C. मलेरिया
D. ट्यूबरकुलोसिस

81. मस्तिष्क शोथ (miningococcal) महामारी में रोगरोधन हेतु निम्नलिखित में से किस एक को छोड़कर अन्य सभी उपयोगी हैं?

A. रिफैम्पिसिन
B. सल्फास
C. वैक्सीन
D. टेट्रासाइक्लिन

82. समूह .... के मस्तिष्क शोथ हेतु टीके उपलब्ध हैं।

A. ए
B. बी
C. सी
D. ए और सी

83. गर्भावस्था में निम्नलिखित में से किस टीके का निषेध है?

A. हैजा का टीका
B. टायफॉयड का टीका
C. मस्तिष्क शोथ का टीका
D. उपर्युक्त में से कोई नहीं

84. मस्तिष्कशोथ हेतु औसत उद्भवन अवधि है:

A. 90 दिन
B. 25 दिन
C. 10 दिन
D. 5 दिन

85. मस्तिष्कशोथ के संबंध में निम्नलिखित में से क्या सत्य है?

A. अनुपचारित मामले में मृत्यु दर 10% से कम होती है
B. रोगग्रस्त व्यक्ति संक्रमण के मुख्य स्रोत होते हैं
C. रिफैम्पिसिन एक उपयुक्त औषधि है
D. पहले 2 दिनों के भीतर उपचार से 95% मामलों में जीवन रक्षा की जा सकती है

86. एन. गोनोरिया के वाहक के संबंध में निम्नलिखित में से क्या असत्य है?

A. वाहक अवस्था कई महीनों तक बनी रहती है
B. रोगाणुओं को नासाग्रसनी (nasopharynx) से विलगित किया जा सकता है
C. महामारी के दौरान 5-30% तक व्यक्ति प्रभावित होते हैं
D. यह कोकोबैसिलस है

87. काली खांसी (Pertussis) के टीके के संदर्भ में किसका पूर्णतः निषेध है?

A. पेचिश
B. ज्वर
C. कुपोषण
D. ऐंठन

88. काली खांसी की उद्भवन अवधि होती है:

A. 7-14 दिन
B. 2 सप्ताह से कम
C. 16-18 दिन
D. 6 सप्ताह

89. यदि ऐंठन या मरोड़ हो तो निम्नलिखित में से कौन–सा टीका नहीं दिया जाना चाहिए:

A. डी पी टी
B. पोलियो की मुख से पिलाई जाने वाली दवा
C. बी सी जी
D. टिटेनस टॉक्साइड

90. डीपीटी वैक्सीन में डिफ्थीरिया आविष की निम्नलिखित में से कौन–सी धातक ऊर्णीकारक मात्रा (lethal flocculent dose) मिलाई जाती है?

A. 5 मात्रक
B. 15 मात्रक
C. 25 मात्रक
D. 35 मात्रक

91. डिफ्थीरिया के अप्रतिरक्षित संसर्गों से बचाव का उपाय है:

A. प्रति आविष (Antitoxin)
B. इम्युनोग्लोबिन और एन्टीटॉक्सिन
C. एरिथ्रोमाइसिन
D. विलगन

92. डिफ्थीरिया वाहक के लिए उपयुक्त औषधि है:

A. एरिथ्रोमाइसिन
B. टेट्रासाइक्लिन
C. पेनिसिलिन
D. डीपीटी

93. डिफ्थीरिया को महामारी के रूप में फैलने से रोकने के लिए समुदाय के .... से अधिक लोगों का प्रतिरक्षित होना आवश्यक समझा जाता है।

A. 50%
B. 55%
C. 60%
D. 70%

94. निम्नलिखित में से कौन–सा रोग उद्भवन अवधि के दौरान संचारित नहीं होता?

A. डिफ्थीरिया
B. काली खांसी
C. खसरा
D. टिटेनस

95. निम्नलिखित में से किस रोग के लिए अश्व (घोड़ा) को सामान्य ऐंटीबॉडी का स्रोत माना जाता है?

A. टिटेनस डिफ्थीरिया

B. संक्रामक हेपेटाइटिस

C. खसरा

D. उपर्युक्त में से कोई नहीं

96. निम्नलिखित में से कौन–सा संयोजन डीपीटी टीके का है?

A. आविष, जीवन क्षीणीकृत और हत

B. आविष, हत और आविष

C. जीवन क्षीणीकृत, हत और आविष

D. हत, हत और आविष

97. डीपीटी टीके में निम्नलिखित में से किस एक का प्रयोग किया जाता है?

A. मैग्नीशियम सल्फेट

B. ऐलुमिनियम फॉस्फेट

C. ऐलुमिनियम सल्फेट

D. मैग्नीशियम हाइड्रॉक्साइड

98. डिफ्थीरिया में नाक का मोटा और कड़ा हो जाना निम्नलिखित में से किसके कारण होता है?

A. पश्चग्रसनी फोड़ा

B. कंठ में फोड़ा बन जाना और उसमें पानी भर जाना

C. सेल्युलाइटिस (cellulitis)

D. लिम्फैडेनोपैथी (lymphadenopathy)

99. डिफ्थीरिया सामान्यतः किस आयु वर्ग में होने वाला रोग है?

A. 1-2 वर्ष B. 2-5 वर्ष

C. 2-7 वर्ष D. 2-9 वर्ष

100. डिफ्थीरिया से रोगी में संक्रमण कब तक बना रहता है?

A. कफ कम होने तक

B. रोगी को ज्वर आने तक

C. जीवन भर

D. संक्रमण होने के 15 दिन बाद तक

101. निम्नलिखित में से किस रोग में उद्भवन अवधि एक सप्ताह से कम होती है?

A. ट्यूबरकुलोसिस B. कोढ़

C. इन्फ्लुएंजा D. खाद्य विषाक्तता

102. निम्नलिखित में से किस एक को छोड़कर अन्य सभी इन्फ्लुएंजा महामारी के लक्षण हैं?

A. बहुत से लोग अलक्षणिक वाहक बन जाते हैं

B. उद्भवन अवधि काफी अधिक होती है

C. अन्योन्य प्रतिरक्षा का अभाव

D. रोग का अचानक प्रकट हो जाना

103. गर्भावस्था में निम्नलिखित में से किस टीके का निषेध है?

A. रूबेला (Rubella)

B. पोलियो की दवा देना (OPV)

C. बीसीजी

D. हेपेटाइटिस

104. गलसुआ (Mumps) के बारे में निम्नलिखित में से किस एक को छोड़कर अन्य सभी सत्य हैं?

A. उद्भवन अवधि 2-3 सप्ताह

B. अजर्म या अपूतित (aseptic) मस्तिष्क शोथ हो सकता है

C. वृषणशोथ के बाद भी बंध्यता विरले ही होती है

D. अग्न्याशयशोथ के कारण एमिलेस की मात्रा में वृद्धि होती है

105. गलसुआ के बारे में निम्नलिखित में से कौन–सा कथन सत्य नहीं है?

A. पैरामिक्सोवाइरस के कारण होता है

B. उद्भवन अवधि एक सप्ताह से कम होती है

C. लगभग 31-40% संक्रमण चिकित्सीय दृष्टि से आभासी नहीं होता

D. 4 में से 1 पुरुष (25% पुरुषों) को वृषण शोथ हो जाता है

106. गलसुआ की उद्भवन अवधि होती है:

A. 18 दिन B. 14 दिन

C. 10 दिन D. 5 दिन

107. निम्नलिखित में से कौन–सा रोग एक बार हो जाने के बाद संबंधित व्यक्ति जीवन भर के लिए उस रोग से प्रतिरक्षित हो जाता है?

A. टायफॉइड B. गलसुआ

C. टिटेनस D. डिफ्थीरिया

108. निम्नलिखित में से किस रोग का टीका हाल–हाल में खोजा गया है?

A. गलसुआ B. काली खांसी

C. खसरा D. रूबेला

109. निम्नलिखित में से कौन–सा लक्षण रूबेला में प्रायः नहीं पाया जाता?

A. कम ज्वर

B. आर्थाल्जिया (Arthralgia)

C. पश्च कर्ण लसिका की समस्या

D. सिर वाले भाग को छोड़कर पूरे शरीर पर चकत्ते आना

110. गर्भावस्था के दौरान निम्नलिखित में से किस टीके का निषेध है?

A. रूबेला B. ओपीवी (OPV)

C. टिटेनस D. इंफ्लुएंजा

111. स्वच्छपटल मृदुता या केरेटोमैलेसिया (Keretomalacia) निम्नलिखित में से किससे जुड़ा है?

A. खसरा B. गलसुआ

C. रूबेला D. डायरिया

E. चेचक

112. खसरे के टीके के बारे में निम्नलिखित में से कौन–सा कथन सत्य है?

A. अवत्वचीय दिया जाता है

B. उच्च प्रभावकारिता

C. 1 वर्ष से कम आयु के बच्चों को दिया जाता है

D. तनुकारी विलयन को संगृहीत करने की आवश्यकता नहीं होती

113. खसरे के टीके के संबंध में निम्नलिखित में से किस एक को छोड़कर अन्य सभी सत्य हैं?

A. टीका लगाने के 6-10 दिन बाद ज्वर आ सकता है

B. टीका लगाने के 11-12 दिन बाद रोगरोधी क्षमता उत्पन्न होती है

C. टीके के संपर्क में आने वालों में विषाणु का संचार हो सकता है

D. टीके की एक खुराक से 95% प्रतिरक्षण उत्पन्न हो सकता है

114. खसरे से प्रभावित व्यक्ति को खसरे का टीका दिए जाने पर उसमें संरक्षी प्रभाव उत्पन्न होता है:

A. 1 दिन में B. 3 दिनों में

C. 7 दिनों में D. 10 दिनों में

115. खसरे के टीके को पुनर्निर्मित किए जाने के बाद निम्नलिखित में से कितने समय के भीतर प्रयोग में ले लिया जाना चाहिए?

A. 1 घंटा B. 2 घंटा

C. 3 घंटा D. ½ घंटा

116. निम्नलिखित में से किस एक को छोड़कर अन्य सभी में वाहक द्वारा रोग का संचरण होता है?

A. हैजा B. टायफॉइड

C. खसरा D. पोलियोमाइलिटिस

117. निम्नलिखित में से किसमें वाहक रोग संचरण का एक महत्त्वपूर्ण स्रोत नहीं होते?

A. टायफॉइड B. पोलियोमाइलिटिस

C. डिफ्थीरिया D. खसरा

118. निम्नलिखित में से किसमें वाहक दिखाई नहीं देते?

A. हैजा B. डिफ्थीरिया

C. टायफॉइड D. खसरा

119. निम्नलिखित में से किस एक को छोड़कर अन्य सभी के साथ रोग के वाहक जुड़े हैं?

A. टायफॉइड B. हैजा

C. खसरा D. डिफ्थीरिया

120. निम्नलिखित में से किस एक को छोड़कर अन्य सभी चेचक (छोटी माता) के कारण होने वाली समस्या है?

A. रे का सिन्ड्रोम (Reys syndrome)

B. मस्तिष्क शोथ

C. न्यूमोनिया

D. आंत्रशोथ

121. शरीर पर आने वाले चकत्तों के सभी चरण निम्नलिखित में से किसमें दिखाई देते हैं?

A. छोटी माता (Chicken Pox)

B. छोटी माता (मसूरिका) (Small Pox)

C. खसरा (Measles)

D. टायफॉइड (Typhoid)

122. छोटी माता (Chicken Pox) में शरीर पर होने वाले चकत्तों के बारे में निम्नलिखित में से क्या सत्य है?

A. अपकेंद्रीय (Centrifugal)
B. विविधरूपी (Pleomorphic)
C. नाभियुक्त (Umblicated)
D. त्वचा में गहराई पर अवस्थित

123. निम्नलिखित में से किस एक को छोड़कर अन्य सभी छोटी माता (Chicken Pox) के अभिलक्षण हैं?

A. पपड़ी से सजीव विषाणुओं को अलग किया जा सकता है
B. चरणों में तेजी से परिवर्तन होता है
C. चकत्ते अभिकेंद्रतः वितरित होते हैं
D. चकत्ते क्रमिक रूप से घाव का रूप धारण कर लेते हैं

124. निम्नलिखित में से कौन–सी समस्या छोटी माता (Chicken Pox) के कारण होने वाली परेशानी नहीं है?

A. अग्न्याशय शोथ
B. न्यूमोनिया
C. मस्तिष्क शोथ
D. बिंबाणुअल्पता (Thrombocytopenia)

125. छोटी माता (Chicken Pox) में संचरण अवधि होती है:

A. अंतिम पपड़ी गिर जाने तक
B. चकत्ते आने के 4-5 दिन बाद तक
C. उद्‌भवन अवधि के दौरान
D. ज्वर उतरने तक

126. बच्चों में छोटी माता के कारण होने वाली सर्वाधिक सामान्य समस्या है:

A. न्यूमोनिया
B. द्वितीयक जीवाण्विक संक्रमण
C. ओटिटिसमीडिया (Otitismedia)
D. बाह्य ओटिटिस (External otitis)

127. छोटी माता में संक्रमणीयता कब तक बनी रहती है:

A. अंतिम पपड़ी गिर जाने तक
B. चकत्ते दिखाई पड़ने के 3 दिन बाद तक
C. चकत्ते दिखाई पड़ने के 6 दिन बाद तक
D. ज्वर रहने तक

128. छोटी माता (Chicken Pox) के संबंध में निम्नलिखित में से क्या सत्य है?

A. पपड़ियों में विषाणु नहीं पाए जाते
B. चकत्ते के केंद्र में विषाणु उत्पन्न हो सकते हैं
C. RNA विषाणु के कारण होता है
D. प्लैसेंटा अवरोध (Placenta barrier) को पार नहीं करता

129. निम्नलिखित में से किस एक को छोड़कर अन्य सभी कारणों से चेचक (छोटी माता) का उन्मूलन संभव हो सका?

A. मानवेतर स्रोत पर नियंत्रण
B. सरलतापूर्वक पहचान
C. सक्षम टीका
D. लंबी उद्‌भवन अवधि

130. विश्व में छोटी माता का अंतिम मामला किस वर्ष सूचित किया गया?

A. 1977 B. 1978
C. 1979 D. 1982

131. भारत में छोटी माता का अंतिम मामला किस वर्ष सामने आया था?

A. 1965 B. 1975
C. 1986 D. 1995

132. छोटी माता के टीके के संबंध में सर्वाधिक सामान्य समस्या क्या है?

A. ऐलर्जी स्वरूप शरीर पर चकत्ते होना
B. एक्जीमा का टीका
C. एन्सेफेलाइटिस
D. व्यापकीकृत टीका

133. भारत में राष्ट्रीय चेचक उन्मूलन कार्यक्रम कब शुरू किया गया?

A. 1959 B. 1960
C. 1962 D. 1961

134. निम्नलिखित में से कौन एड्स को स्पष्टतः सूचित करने वाला रोग है?

A. माइकोबैक्टीरियम ट्यूबरकुलोसिस मेनिनजाइटिस
B. क्रिप्टोकोकस नियोफॉर्मन्स मेनिनजाइटिस
C. साइटोमेगालोवाइरस मेनिनजाइटिस
D. हिस्टोप्लाज्मा कैप्सुलेटम मेनिनजाइटिस

135. एड्स के रोगियों में मृत्यु–दर है:

A. 50% B. 60%
C. 90% D. 100%

136. लैंगिक मार्ग से एड्स के संचरण की अधिकतम दक्षता होती है:

A. 18% B. 40%
C. 49% D. 90%

137. निम्नलिखित में से किसकी पहचान के लिए गुच्छ परीक्षण (Cluster testing) किया जाता है:

A. लैंगिकतः संचारित रोग (STD)
B. मधुमेह (Diabetes)
C. खसरा (Measles)
D. कैंसर (Cancer)

138. निम्नलिखित में से कौन–सा रोग लैंगिक संपर्क द्वारा संचारित नहीं होता:

A. उपदंश (Syphilis)
B. टी. पर्टेन्यु (T. Pertenu)
C. सुजाक (Gonorrhoea)
D. कैंडिडायसिस (Candidiasis)

139. भारत में सर्वाधिक सामान्य STD है:

A. उपदंश B. सुजाक
C. एड्स D. हर्पिस

140. निम्नलिखित में से कौन-सा रोग STD की श्रेणी में नहीं आता है?

A. हर्पिस सिम्पलेक्स
B. हेपेटाइटिस A
C. मोलस्कम कन्टाजिओसम
D. पैपिला वाइरस

141. पॉसिबैसिलियरी लेप्रसी के उपचार की उपयुक्त अवधि है:

A. 3 माह B. 6 माह
C. 9 माह D. 18 माह

142. कोढ़ और टीबी का रोगनिरोधन निम्नलिखित में से किसके द्वारा सर्वाधिक उपयुक्त रूप से किया जा सकता है?

A. रसायन रोगरोधन (Chemoprophylaxis)
B. शीघ्र निदान और उपचार
C. स्वास्थ्य शिक्षा
D. प्रतिरक्षा रोगरोधन (Immunoprophylaxis)

143. निम्नलिखित में से किसमें लेप्रोमिन परीक्षण सर्वाधिक पॉजिटिव होता है:

A. एल एल B. टी टी
C. बी बी D. अनिर्धार्य

144. कोढ़ के संचरण हेतु सर्वाधिक महत्त्वपूर्ण है:

A. ट्यूबरकुलॉइड (Tuberculoid)
B. बॉर्डरलाइन (Borderline)
C. लेप्रोमैट्स (Lepromatous)
D. कहा नहीं जा सकता

145. कोढ़ में घाव होते हैं:

A. त्वकरक्तिम (Erythematous)
B. आशय (Vesicle)
C. अतिवर्णित (hypopigmented)
D. सपाट और उभरे हुए

146. देश के किस राज्य में कोढ़ की व्यापकता दर 10 से कम है?

A. आंध्र प्रदेश B. तमिलनाडु
C. उड़ीसा D. महाराष्ट्र

147. भारत में कोढ़ के रोगियों की कुल संख्या अनुमानतः .... है।

A. 4.7 मिलियन B. 1.7 मिलियन
C. 5 मिलियन D. 8 मिलियन

148. विश्व स्वास्थ्य संगठन के अनुसार कोढ़ एक जन स्वास्थ्य समस्या है जिसकी व्यापकता की दर है:

A. 0.01% B. 0.1%
C. 0.5% D. 1.0%

149. कोढ़ को एक जन स्वास्थ्य समस्या माना जाता है यदि इसकी व्यापकता की दर निम्नलिखित से अधिक हो:

A. 1 प्रति 10,000 B. 2 प्रति 10,000
C. 5 प्रति 10,000 D. 10 प्रति 10,000

150. निम्नलिखित में से किस राज्य में कोढ़ के रोगियों की संख्या सर्वाधिक है?

A. कर्नाटक B. उड़ीसा
C. तमिलनाडु D. आंध्रप्रदेश

उत्तरमाला

1	2	3	4	5	6	7	8	9	10
D	A	D	A	C	C	D	C	A	C
11	12	13	14	15	16	17	18	19	20
B	D	B	A	A	A	D	C	C	B
21	22	23	24	25	26	27	28	29	30
B	C	D	C	D	D	C	A	D	C
31	32	33	34	35	36	37	38	39	40
D	A	D	B	D	B	C	C	A	B
41	42	43	44	45	46	47	48	49	50
D	C	B	C	D	A	A	A	D	C
51	52	53	54	55	56	57	58	59	60
C	A	D	D	D	C	D	C	A	D
61	62	63	64	65	66	67	68	69	70
C	B	A	D	C	C	B	B	A	B
71	72	73	74	75	76	77	78	79	80
D	C	C	A	A	A	A	A	B	D
81	82	83	84	85	86	87	88	89	90
C	D	C	D	D	D	D	A	A	B
91	92	93	94	95	96	97	98	99	100
C	A	B	D	A	D	B	D	B	D
101	102	103	104	105	106	107	108	109	110
D	B	A	D	B	A	B	D	D	A
111	112	113	114	115	116	117	118	119	120
C	D	C	C	A	C	D	D	C	D
121	122	123	124	125	126	127	128	129	130
A	B	A	A	B	B	C	A	A	A
131	132	133	134	135	136	137	138	139	140
B	D	D	B	D	D	A	B	B	B
141	142	143	144	145	146	147	148	149	150
B	B	B	A	B	B	B	A	A	B

5. परजीवी विज्ञान और कीट विज्ञान (Parasitology and Entomology)

परजीवी विज्ञान : विज्ञान की जिस शाखा में हम परजीवियों का अध्ययन करते हैं उसे परजीवी विज्ञान कहा जाता है।

1. जीवाणु (Bacteria) : ये सूक्ष्म एककोशिक जीव होते हैं। इनके शरीर में क्लोरोफिल नहीं होता। ये द्वि-विभाजन द्वारा अपनी संख्या में वृद्धि करते हैं। इनके शरीर में एंजाइम स्रावित होते हैं और उपापचय (Metabolism) की क्रिया होती है।

आकारिकी (Morphology) : (*a*) आकार : सर्वाधिक सूक्ष्म जीव (Cocci) का व्यास 0.8 से 2 माइक्रोमीटर तक और बड़े आकार के सूक्ष्म जीव (Bacilli) का आकार 1.2 से 12 माइक्रोमीटर तक होता है। जीवाणु तीन मूल आकार के होते हैं:

1. गोलाकार–(cocci), 2. दंडाकार (दंडाणु)–(bacilli), 3. सर्पिलाकार (सर्पिलाणु)–vibrios, तरंगाणु (स्पाइरोकीट)।

गतिशीलता (Motility) : किसी उपयुक्त तरल माध्यम में निलंबित करने पर अनेक जीव गतिशीलता प्रदर्शित करते हैं। यह गतिशीलता एक रोमिल संरचना के कारण होती है जिसे पक्ष्माभ (flagellae) कहते हैं। एककोशिकीय जीवों की गतिशीलता को बेहतर रूप में देख पाने के लिए अभिरंजकों का प्रयोग किया जाता है।

(*i*) ग्रैम अभिरंजक जिसके आधार पर जीवों को ग्रैम पॉजिटिव (बैंगनी) या ग्रैम निगेटिव (गुलाबी) के रूप में वर्गीकृत किया जाता है।

(*ii*) जील निल्सन अभिरंजक अम्ल स्थाई जीवाणुओं (acid fast bacteria) को आसानी से अभिरंजित करता है। जीवाणु कार्बनिक पदार्थों को किण्वित कर सकते हैं तथा अम्ल और गैस निर्मित करते हैं। इसका उपयोग प्रयोगशाला में जीवों की पहचान करने के लिए किया जाता है।

कुछ जीवाणु वृद्धि हेतु अनुकूल परिस्थिति न होने पर अपने चारों ओर एक प्रतिरोधक झिल्ली निर्मित कर लेते हैं। ऐसी स्थिति में इन्हें बीजाणु कहा जाता है। बीजाणु उत्पन्न करने वाले कुछ सामान्य जीवाणु हैं: टिटेनस, ऐंथ्रेक्स, बॉटुलिनम, क्लॉस्ट्रिडियम सेलचि आदि।

(*i*) टायफॉइड (विडाल परीक्षण), टाइफस ज्वर (वाइल फैलिक्स अभिक्रिया) और ब्रुसेलोसिस में प्रायः समूहन अभिक्रियाओं (Agglutination reaction) का प्रयोग किया जाता है।

(*ii*) अवक्षेपण अभिक्रिया (Precipitation reaction) :

(*a*) उपदंश में कॉन (Kahn) और वी डी आर एल परीक्षण।

(*b*) ऐगार जेल विसरण परीक्षण का प्रयोग छोटी माता (small pox) के लिए किया गया और अब इसका प्रयोग हेपेटाइटिस बी के लिए किया जाता है।

(*iii*) पूरक योजन परीक्षण (Complement fixation tests), उदाहरण के लिए उपदंश में वासरमैन परीक्षण।

2. बहिःआविष (Exotoxins) : इस प्रकार का आविष प्रोटीन प्रकृति का होता है तथा शरीर और संवर्धन माध्यम में भी जीवाणुओं द्वारा स्रावित किया जाता है। बहिःआविष प्रबल आविष होते हैं। ये आविष परपोषी में ऐंटीबॉडीज निर्मित कर सकते हैं।

3. अंतराविष (Endotoxin) : इन्हें जीवाणुओं द्वारा उत्पन्न किया जाता है और जीवाणु इन्हें अपनी मृत्यु के बाद निर्मुक्त कर देते हैं। टायफॉइड, कुकुर खांसी आदि उत्पन्न करने वाले ग्रैम निगेटिव बैसिलि जीवाणु अंतराविष उत्पन्न करते हैं।

4. तरंगाणु (Spirochaetes) : तरंगाणु अत्यधिक गतिशील, सुनम्य, कार्कपेच के आकार के जीव होते हैं। ट्रैपोनेमा पैलिडम के कारण उपदंश (एसटीडी) होता है, बोरेलिया के कारण पुनरावर्ती ज्वर होता है तथा लेप्टोस्पाइरा के कारण वाइल रोग (Weil's disease) होता है।

5. कवक (Fungi) : ये जीवाणु से बड़े आकार के होते हैं, इनके शरीर में रसधानियाँ होती हैं और इनके शरीर में जीवद्रव्यी प्रवाह होता है। इनमें सुस्पष्ट कोशिका भित्तियाँ होती हैं। कैंसर के उपचार हेतु प्रयुक्त प्रतिरक्षा दमनक औषधियाँ (immunosuppresant drugs) और ऐंटीबॉयोटिक औषधियों के व्यापक प्रयोजन के कारण कवक संक्रमण होता है। ये उचित माध्यम में विकसित होते हैं। संवर्धन माध्यम में इनके दो आकार होते हैं—1. लंबे शाखित तंतु; तंतुओं को कवक तंतु (hyphae) कहा जाता है जिन पर रोयेंदार संरचनाएं होती हैं जिन्हें कवकजाल (mycelium) कहते हैं, तथा 2. मुकुलन करने वाले यीस्ट।

मनुष्य को कवक के कारण होने वाले संक्रमण को परंपरागत रूप से निम्नवत वर्गीकृत किया जाता है :

1. सतही कवकार्ति (Superficial mycosis)
2. सर्वांगीण कवकार्ति (Systemic mycosis)

6. रिकेट्सी रोग (Rickettsial Disease) : ये जीव जीवाणु से छोटे और निस्पंदी विषाणुओं से बड़े आकार के होते हैं। इन्हें विशेष अभिरंजी विषाणुओं के समान अभिरंजित करके सूक्ष्मदर्शी में देखा जा सकता है। ये केवल कोशिकाओं के भीतर ही विकसित हो सकते हैं न कि संवर्धन माध्यम में। संधिपाद जीव इसके प्राकृतिक स्रोत हैं जबकि मनुष्य इसके अप्राकृतिक पोषी हैं।

प्रयोगशाला में इसका निरुपण या निदान वाइल फेलिक्स अभिक्रिया एवं पूरक योजन ऐंटीबायोटिक द्वारा किया जाता है।

सामान्य प्रकार के रिकेट्सी रोग :

(*i*) **रिकेट्सिया प्रोवाजेकिक (R. Prowazekic) :** इसके कारण महामारी के रूप में टाइफस होता है।

(*ii*) **रिकेट्सिया मूसेरि (R. Mooseri) :** इसके कारण स्थानिक टाइफस रोग होता है।

(*iii*) **रिकेट्सिया यूस्ट्सुगैमिसि (R. Eustsugamushi) :** इसके कारण स्क्रब टाइफस रोग होता है।

(*iv*) **कोक्सिएला बर्नेट्टी (Coxiella burnetti) :** इसके कारण Q ज्वर होता है।

7. विषाणु : सूक्ष्म रोगाणु जिनका आकार 28-300 नैनोमीटर तक होता है और यह साधारण सूक्ष्मदर्शी से नहीं देखा जा सकता। इन्हें देखने के लिए इलेक्ट्रॉन सूक्ष्मदर्शी की आवश्यकता होती है। सामान्य विषाणुजनित रोग हैं:

(*i*) **व्यापक रोग :** पीत ज्वर, खसरा।

(*ii*) **तंत्रिका तंत्र :** पोलियो, रैबीज, मस्तिष्क शोथ।

(*iii*) **श्वसन तंत्र :** इंफ्लुएंजा, साधारण जुकाम।

(*iv*) **त्वचा और श्लेष्मल झिल्ली :** हर्पिस, मस्से, ट्रैकोमा (श्वसन नली)।

(*v*) **यकृत :** हेपेटाइटिस A और B।

(*vi*) **लाल ग्रंथियाँ :** गलसुआ।

(*vii*) **लसिका ग्रंथि :** लिम्फोग्रेन्युलोमा इन्युनेल। विषाणुओं में या तो डी एन ए या आर एन ए (न्यूक्लिइक अम्ल) डीएनए विषाणु शामिल हैं। चेचक, हर्पिस, एडेनोवाइरस आरएनए विषाणु, संधिपादवाहित विषाणु (arbovirus), मिक्सोवाइरस, रैबीज, पोलियो।

8. एक विशेष प्रकार के विषाणु जीवाणुभोजी (bacteriophage) कहलाते हैं। ये जीवाणु को नष्ट कर देते हैं। अतः जीवाणुओं की पहचान करने के लिए जानपदिक रोग विज्ञान में इनका प्रयोग किया जाता है।

प्रोटोजोआ : ये पहले जंतु—एककोशिकीय जीव हैं जिनकी कोशिका में केंद्रक और कोशिकाद्रव्य होता है। इनके कारण निम्नलिखित रोग उत्पन्न होते हैं।

1. **आंत्र :** एन्टअमीबा हिस्टोलिटिका, गिआर्डिया, लैंबलिआ।
2. **मुख :** योनि, मूत्रमार्ग : ट्राइकोमोनास वैजीनेलिस।
3. **रक्त :** मलेरिया ट्रिपैनोसोमा, लिशमानिया।

9. एन्टअमीबा हिस्टोलिटिका : सहज परजीवी है जो विश्व भर में पाया जाता है। यह दो रूपों में पाया जाता है—कायिक या ट्रोफोजोइट्स (पोषाणु)। ये दोनों रूप शरीर में निर्मित होते हैं।

पुटी (सिस्ट) : यह संक्रामक रूप से प्रतिरक्षित होता है। सिस्ट जठर रस से अपनी रक्षा कर लेते हैं और आंत्र में विपुटित होते हैं जिससे पोषाणु (पोष जीवाणु) निर्मुक्त हो जाते हैं। ये पोषाणु (रोगजनक प्रावस्था) श्लेष्मल झिल्ली और अधः श्लेष्किा को बेध करके रक्त में पहुँच जाते हैं और रक्त से यकृत और कभी–कभी फेफड़े और मस्तिष्क में भी पहुँच जाते हैं।

गिआर्डिया : इसके पोषाणु और सिस्ट दोनों चरण होते है। यह छोटी आँत के ऊपरी भाग में अपना स्थान बना लेता है तथा पेट दर्द और पेचिश का कारण बनता है।

ट्राइकोमोनास : ट्राइकोमोनास होमिनिस आँत में और वैजिनैलिस योनि और मूत्रमार्ग में अपना स्थान बना लेता है। पोषाणु संक्रामक होते हैं तथा मनुष्य इसका एकमात्र पोषी है।

10. मलेरिया परजीवी : मलेरिया परजीवी चार प्रकार के होते हैं : प्लाज्मोडियम वाइवैक्स, प्लाज्मोडियम फैल्सीपेरम, प्लाज्मोडियम मलेरिआई, प्लाज्मोडियम ओवेल। इनमें से प्लाज्मोडियम ओवेल भारत में नहीं पाया जाता। प्लाज्मोडियम वाइवैक्स एक सामान्य प्रकार का (70%) मलेरिया परजीवी है।

11. लीशमैनिया (Leishmania) : इसके तीनों प्रकार के रोगाणुओं को आकारिकी, प्रयोगशाला संवर्धन या जंतुओं में संरोपण की दृष्टि से विभेदित नहीं किया जा सकता।

लीशमैनिया का जीवन–चक्र दो पोषियों के शरीर में होता है–लीशमैनिया चरण जो मनुष्य के शरीर में देखा जाता है और तनु एकक रूप (leptomonad form) जो कीटों या संवर्धन माध्यम में देखा जाता है। यह कीट सिकता मक्खी (Sandfly) है।

इसके कारण कालाजार नामक रोग होता है।

— लीशमैनिया डोनोवेनाई के कारण अंतरंग लीशमैनियता (visceral leishmaniasis) नामक रोग होता है जिसे कालाजार कहते हैं।

— लीशमैनिया ट्रॉपिका के कारण प्राच्य व्रण (oriental sore) नामक रोग होता है।

— लीशमैनिया टोरोजिलिएनसिस के कारण श्लेष्मत्वचीय लीशमैनियता (mucocutaneous leishmaniasis) नामक रोग होता है।

12. अंकुश कृमि (Hookworm) : ऐन्किलोस्टोमा डूओडिनेल : यह अंकुश की सहायता से छोटी आँत की दीवार से चिपका रहने वाला एक रक्त भोजी परजीवी है। इनमें लार्वा के चरण में ही अंकुश बन जाता है और तीसरे चरण का लार्वा संक्रामक होता है। उपचार के लिए सहायक भोजन, लौह पूरक भोजन, बीफेनियम हाइड्रॉक्सिनेफ्थोएट (ऐल्कोपोर) और मेबेन्डाजोल का प्रयोग किया जाता है।

13. गोल कृमि (ऐस्कारिस लम्ब्रीकोइडीज) : यह मनुष्य को प्रभावित करने वाली सभी कृमियों में सर्वाधिक सामान्य प्रकार की कृमि है तथा यदि संबंधित व्यक्ति का स्वास्थ्य मानक काफी कम है तो इस कृमि से वह व्यक्ति आसानी से ग्रसित हो जाता है। यह लघुशिराओं (venules) और लसिकाओं को पार करके दायें ह्रदय में पहुँच जाता है और वहाँ से फेफड़े में पहुँचता है। यह घांटी (glottis) में आता है और ग्रसिका से होते हुए आमाशय में पहुँच जाता है तथा छोटी आंत में पहुँचकर विकसित होकर वयस्क अवस्था को प्राप्त करता है।

14. सूत्र कृमि (एंटेरोबियस वर्मिकुलेरिस) : इसे वलय कृमि या ऑक्सियूरिस भी कहते हैं। परिगुदीय क्षेत्र से यह नाखून के भीतर स्थित उँगलियों, उँगलियों या भीतरी परिधानों द्वारा संदूषित भोजन आदि के द्वारा मुख में पहुँचता है। इनके अंडे मुख से होकर छोटी आंत में पहुँचते हैं और तब अंधनाल (caccum) में पहुँचकर परिपक्वता प्राप्त करते हैं। इससे ग्रस्त व्यक्ति को परिगुदीय क्षेत्र में खुजली होती है (इसके कारण व्यक्ति की नींद बाधित हो सकती है।) संक्रमण से बचाव ही इसका सर्वाधिक प्रभावी रोग निरोधक उपाय है किंतु व्यक्तिगत स्वास्थ्य में सुधार लाना, नाखूनों को छोटा रखना अत्यधिक लाभकारी है। नाखूनों को दाँत से कुतरना नहीं चाहिए क्योंकि ऐसा करने से नाखूनों के भीतर उँगली के सिरों पर छिपे रोगाणु शरीर में प्रवेश कर सकते हैं। इसके उपचार हेतु पिपराजिन साइट्रेट और रिप्रिनियम एम्बोनेट कारगर औषधि हैं।

15. सूत्राभ कृमि (Filarial worm) : वयस्क मादा मानव ऊतक में रहती है और निरंतर दीर्घ व सक्रिय सूक्ष्म सूत्राभ (microfilariae) उत्पन्न करती रहती है। इन्हें क्युलेक्स और मैनसोनॉइड प्रजाति के मच्छरों द्वारा प्रभावित व्यक्ति के रक्त से चूष लिया जाता है जहाँ ये सूक्ष्म सूत्राभ विकसित होकर संक्रामक रूप प्राप्त करते हैं। जब ऐसा मच्छर किसी स्वस्थ व्यक्ति को काटता है तो ये परजीवी एक अन्य पोषी के शरीर में पहुँच जाते हैं। वुचेरेरिया बोनक्राफ्टी सर्वाधिक व्यापक प्रभाव वाला परजीवी है। इसके बाद ब्रुगिया मलायि का स्थान है। रक्त में अधिक संख्या में सूक्ष्म सूत्राभ की उपस्थिति एक आवर्ती घटना है जो विशिष्ट प्रजाति के मच्छर द्वारा काटे जाने पर निर्भर करता है।

उदाशय रोग (hydatid disease) : यह रोग एकाइनोकोकस ग्रेनुलोसस (Echinococcus granulosus) द्वारा उत्पन्न किया जाता है। वयस्क परजीवी कुत्ते की छोटी आंत में रहता है तथा इसके अंडे कुत्ते की विष्ठा से बाहर निकलते हैं। ये अंडे कुत्ते के साथ लगाव या घनिष्ठ संबंध रखने वाले मनुष्यों के पेट में पहुँच जाते हैं। धीरे–धीरे भ्रूण विकसित होकर सिस्ट निर्मित करते हैं और इनका आकार (व्यास) बढ़ता जाता है। मनुष्य में यह भारी संक्रमण का कारण बनते हैं।

परजीवियों के कारण होने वाले संक्रमण के नियंत्रण और निवारण हेतु सामान्य उपाय : ऐसे उपायों में संक्रमण के स्रोत का नियंत्रण, संचरण पर नियंत्रण, मानव पोषी में पहुँचने पर नियंत्रण आदि कोई भी उपाय शामिल हो सकता हैं। परजीवी के जीवन चक्र के विभिन्न स्तरों पर नियंत्रण संबंधी उपाय किए जा सकते हैं। एक बार में दो या अधिक उपायों का प्रयोग एकल नियंत्रण उपाय की तुलना में अधिक कारगर होता है।

1. **समुदाय को नए संक्रमण की संभावना कम करना (मानव पोषी पर आक्रमण) :** परजीवी के लिए औषधि उपचार जिससे परजीवी के अंडाणु, अंडे आदि मृत हो जाते हैं। इससे विष्ठा द्वारा संचारित होने वाले या रक्त में परिसंचरित होने वाले सूक्ष्म सूत्राभों के मृत हो जाने के कारण उनकी संख्या समाप्त या कम हो जाती है। (मच्छर से संक्रमण की संभावना कम हो जाती है।)
2. **मानव से इतर पोषियों पर आक्रमण :** मच्छरों की संख्या को कम करना या उनके प्रजनन स्थल को समाप्त करना।
   लार्वा मच्छर को मारना
   वयस्क मच्छर को मारना
   मच्छरों के काटने से बचाव
   नियंत्रण : कुत्तों की संख्या पर नियंत्रण (मारना या उपचार), चूहों की संख्या पर नियंत्रण।
   पर्यावरण स्वच्छता के उपाय :
   (*i*) सुरक्षित जलापूर्ति तथा मलजल और अन्य कचरों का सुरक्षित निबटान।
   (*ii*) उदाशय रोग, गोमांस में पाई जाने वाली फीता कृमि पर नियंत्रण हेतु पशु वध गृहों का निरीक्षण और मांस की गुणवत्ता को बनाए रखना।
3. **मानव पोषी का संरक्षण :** संवर्धित व्यक्तिगत स्वास्थ्य, संरक्षित पोशाक और जूतों का प्रयोग करके अंकुश कृमि और स्ट्रॉन्जिलाभों (strongyloid) पर नियंत्रण।
4. **भोजन की स्वच्छता और उचित रूप में भोजन पकाना :** मछलियों में पाई जाने वाली फीताकृमि, गोमांस और पार्क फीता कृमियों पर नियंत्रण।

रोग के अभिकारकों (रोगाणुओं) को रोगी व्यक्ति से स्वस्थ व्यक्ति में पहुँचाने वाले कीट को वाहक कहते हैं।

रोग संचरण के माध्यम :

(i) यांत्रिक : इस प्रकार का संचरण मुख्य रूप से घरेलू मक्खियों, मुखांगों और शरीर पर स्थित रोमों के संदूषण द्वारा फैलता है। इस प्रकार से संचरण मक्खियों के विष्ठा पर बैठने के बाद मानव द्वारा प्रयुक्त भोजन पर बैठने के कारण फैलता है।

(*ii*) जैविक संचरण

दो प्रकार के पोषी संक्रमित होते हैं :

(*i*) **अंत्य परपोषी (definitive host) :** जिस परपोषी के शरीर में लैंगिक दृष्टि से परिपक्व प्रकार के रोगाणु रहते हैं उसे अंत्य परपोषी कहा जाता है। उदाहरण : मलेरिया परजीवी के संदर्भ में ऐनोफेलीज मच्छर।

(*ii*) **मध्यस्थ परपोषी :** जिस परपोषी के शरीर में लैंगिक दृष्टि से अपरिपक्व प्रकार के रोगाणु रहते हैं उसे मध्यस्थ परपोषी कहा जाता है। उदाहरण : मलेरिया परजीवी के संदर्भ में मानव।

मच्छर : चार महत्त्वपूर्ण प्रकार के मच्छर हैं : ऐनोफेलीज, क्युलेक्स, ऐडीज और मान्सनॉइड। प्रत्येक प्रकार के मच्छर में विकास के चार चरण होते हैं। सभी मच्छर जल की सतह पर अंडे देते हैं तथा उनका जीवन चक्र चार चरणों—अंडा, लारवा, प्यूपा और वयस्क में विभाजित होता है।

मच्छरों द्वारा संचारित किए जाने वाले महत्त्वपूर्ण रोग हैं:

(*i*) ऐनोफेलीज — मलेरिया

(*ii*) क्युलेक्स — फाइलेरियासिस, कुछ विषाणुजनित एन्सेफैलाइटिस

(*iii*) एडीज — डेंगू, चिकेनगुनिया ज्वर, पीत ज्वर

(*iv*) मान्सनॉइड — फाइलेरियासिस

मच्छरों पर नियंत्रण :

(*i*) **पर्यावरण नियंत्रण :**

(*a*) प्रजनन स्थलों का नियंत्रण

(*b*) लारवारोधी उपाय : फेन्थिऑन, एबेट, आदि जैसे कीटनाशकों का प्रयोग।

(*ii*) **वयस्क मच्छरों पर नियंत्रण के उपाय :** डी डी टी, गैमेक्सिन।

(*a*) जैविक नियंत्रण

(*b*) आनुवंशिकीय नियंत्रण

(*c*) लोगों में स्वास्थ्य शिक्षा का प्रसार

घरेलू मक्खी (The Housefly) : यह काटती नहीं है किंतु रोगाणु को गंदे स्थान से लाकर स्वस्थ व्यक्तियों तक यांत्रिक रूप से पहुँचाती है और इस प्रकार रोगाणुओं के संचरण का कार्य करती हैं।

मक्खियों द्वारा संचारित रोग : यह मानव द्वारा उत्सर्जित विष्ठा, बलगम (कफ), घाव से निकलने वाले स्राव आदि से पोषक पदार्थ ग्रहण करती है। यह मानव द्वारा खाए जाने वाले खाद्य पदार्थों के प्रति भी समान रूप से आकर्षित होती है। इस प्रकार मक्खियों द्वारा संदूषित भोजन को खाए जाने पर डायरिया, पेचिश, टायफॉइड, पैराटायफॉइड, हैजा और जठर आंत्रशोथ जैसी बीमारियाँ हो सकती हैं। मक्खियों के कारण नेत्रश्लेष्मला शोथ (conjunctivitis), ट्रेकोमा, ट्यूबरकुलोसिस जैसे रोग हो सकते हैं।

मक्खियों पर नियंत्रण :

1. पर्यावरण संबंधी नियंत्रण
2. कीटनाशकों का प्रयोग
3. फ्लाईपेपरों का प्रयोग

चूहों के शरीर पर पाए जाने वाले पिस्सू (Rat flea) के कारण होने वाले रोग :

(*i*) बुबोनिक प्लेग

(*ii*) स्थानिक टाइफस

पिस्सुओं पर नियंत्रण :

(*i*) कीटनाशकों का प्रयोग

(*ii*) पिस्सु भगाने वाली युक्तियों (repellents) का प्रयोग

(*iii*) चूहों पर नियंत्रण

साइक्लॉप्स (Cyclops) : यह नंगी आँख से दिखाई पड़ने वाला लगभग 1 मिमी आकार का जीव होता है जिसकी एक दैहिक संरचना होती है, एक पूंछ और दो जोड़ी शृंगिकाएं (एक छोटी, दूसरी लंबी) होती है।

चिकित्सीय महत्त्व : गिनि कृमि (नहरुवा) का मध्यस्थ पोषी (ड्रैकोनटियासिस) संक्रमण और मछली के शरीर में पाए जाने वाली फीता कृमि, साइक्लॉप्स युक्त जल को पीने से संक्रमण होता है।

साइक्लॉप्स का नियंत्रण :

(*i*) **पर्यावरणीय नियंत्रण :** कुओं में निर्मित पैड़ियों को हटा देना।

(*ii*) भौतिक विधियाँ

(*iii*) रासायनिक विधियाँ

(*iv*) जैविक विधियाँ

(*v*) स्वास्थ्य शिक्षा

डी डी टी (DDT) (डाइक्लोरो डाइफेनिल ट्राइक्लोरो एथेन) : यह एक सफेद रंग का चूर्ण होता है। यह व्यावहारिक रूप से जल में अविलयशील होता है। यह संस्पर्श विष (contact poison) है जिसे टाँगों और शरीर की त्वचा द्वारा अवशोषित कर लिया जाता है। इसके कारण टाँगों और पंखों की गतिशीलता समाप्त हो जाती है।

बी एच सी (बेंजीन हेक्साक्लोराइड) : यह एक सफेद रंग का रवेदार पदार्थ होता है जिसमें फफूँदी जैसी गंध होती है। शुद्ध रूप में इस औषधि को लिन्डेन कहा जाता है जो एक बारीक सफेद गंधहीन चूर्ण है। यह डी डी टी के समान ही कार्य करता है किंतु इसकी क्रिया काफी तीव्र होती है और यह वाष्पीकरण द्वारा भी रोगाणुओं को मार सकता है। इसे 50 मिग्रा प्रतिवर्ग फुट स्थान की दर से फैलाया जाता है। अवशिष्ट कीटनाशी प्रभाव 3-5 माह तक रह सकता है।

मैलाथिअन (Malathion) : मैलथिअन और डायजिनॉन मनुष्य के लिए दो सर्वाधिक कम आविषालू यौगिक हैं। यह एक स्वच्छ द्रव होता है जिसका रंग पीलापन लिए भूरा होता है। इसकी गंध अरुचिकर होती है, इसका चूर्ण चीनी के साथ मिलाकर मक्खियों पर नियंत्रण के लिए प्रयोग में लाया जाता है।

पाइरेथ्रम (Pyrethrum) : क्रिसैन्थेसमम पौधे के फूल के शुष्क शीर्ष का सत्व पाइरेथ्रम कहलाता है। पाइरेथ्रम I और II पाइरेथ्रम के सक्रिय संघटक हैं। यह यौगिक अत्यधिक अस्थाई यौगिक है। कीटों को नियंत्रित करने के लिए इस यौगिक का बार–बार प्रयोग किया जाता है क्योंकि इस यौगिक का कोई अवशिष्ट प्रभाव नहीं होता। इस कीटनाशी रसायन का सर्वाधिक महत्त्वपूर्ण लाभ यह है कि यह स्प्रे करने के तत्काल बाद कीट को मार गिराता है।

महत्त्वपूर्ण परजीवियों के बारे में पूर्ण विवरण

1. एंटअमीबा हिस्टोलिटिका

एंटअमीबा हिस्टोलिटिका एक रोगजनक प्रोटोजोआ है जिससे मनुष्य में अमीबिक पेचिश होती है। यह मुख्य रूप से मनुष्य की बड़ी आँत में पाया जाता है तथा मस्तिष्क, यकृत और फेफड़ों में भी फैला होता है। इसके कारण होने वाले रोग को अमीबता (Amoebiasis) कहते हैं। यह रोग पूरे विश्व में व्याप्त है। किंतु उष्ण कटिबंधीय क्षेत्र में इसकी व्यापकता अधिक देखी जाती है। एंटअमीबा के वयस्क और क्षति पहुँचाने वाले चरण में इसे पोषाणु (trophozoite) कहा जाता है। यह टूटे–फूटे ऊतकों और लाल रक्त कणिकाओं को खाकर जीवित रहता है।

संरचना : यह सूक्ष्म, अकोशिक, जंतुक है। सक्रिय भोजी चरण में इसकी माप 25 से 30 माइक्रोमीटर और छोटी कम सक्रिय चरण में इसकी माप 8 से 12 माइक्रोमीटर होती है। इसकी संरचना अमीबा के समान होती है। प्रायः इसके पास केवल एक ही कूटपाद होता है।

जीवन चक्र : एंटअमीबा हिस्टोलिटिका का जीवन चक्र एक ही पोषी के शरीर में पूरा हो जाता है, अतः इसे एकपोषीय (monogemetic) जीव कहते हैं। एक पोषी से दूसरे पोषी में इसका संचरण सिस्ट रूप में होता है तथा यह संचरण संदूषित सब्जियों, जल और भोजन या मक्खियों और तिलचट्टों आदि द्वारा होता है। इसके गंभीर संक्रमण से प्रभावित व्यक्ति को पेचिश होता है किंतु लंबे समय से इस संक्रमण के शिकार व्यक्ति की विष्ठा में संक्रमित सिस्ट निकलने शुरू हो जाते हैं।

प्रजनन : यह द्विविखंडन और पुटीभवन (encystment) द्वारा प्रजनन क्रिया करता है।

(*i*) **द्विविखंडन :** द्विविखंडन में केंद्रक समसूत्रीविभाजन द्वारा विभाजित होता है और केंद्रक विभाजन के बाद कोशिकाद्रव्य विभाजित होता है। इस प्रकार दो संतति कोशिकाएं निर्मित होती हैं जो बहुत तेजी से अपने आकार में वृद्धि करती हैं। पूर्णतः परिपक्व रूप श्लेष्मला झिल्ली में प्रवेश करके पोषी की आँत में घाव और रक्तस्राव उत्पन्न करते हैं।

(*ii*) **पुटीभवन (encystment) :** पुटी या सिस्ट निर्मित होने पर ये घाव से आँत के ल्यूमेन में पहुँच जाते हैं। सिस्ट रूप में कम सक्रिय होते हैं और छोटे गोल आकार के होते हैं। इस अवस्था में सिस्ट की दीवार महीन, प्रतिरोधी, रंगहीन और पारदर्शी होती है। इसमें विसरित ग्लाइकोजन कणिकाओं के रूप में आरक्षित भोजन और 2-4 क्रोमैटिनाभ पिंड (chromatoid bodies) होते हैं। अंतर्गृहीत लाल रक्त कणिकाएं लुप्त हो जाती हैं। सिस्ट संरक्षी प्रकृति का होता है। इस अवस्था में सिस्ट का केंद्रक दो भागों में विभाजित हो जाता है तथा बाद में हुए और विभाजनों से चार संतति केंद्रक बनते हैं। यह अवस्था चतुष्केंद्रीय अवस्था कहलाती है।

पुटीय अवस्था : पोषी के मल से परिपक्व चतुष्केंद्रकीय सिस्ट बाहर निकलते हैं। इस अवस्था में संचित ग्लाइकोजन का उपयोग भोजन के रूप में किया जाता है। अप्रतिकूल परिस्थिति (उदाहरण के लिए उच्च ताप) में ये सिस्ट नष्ट हो जाते हैं। निम्न ताप की स्थिति में ये सिस्ट लगभग 45 दिनों की अवधि तक जीवित रहते हैं। ताजा बने सिस्ट हरे रंग के और अपवर्तनीय होते हैं तथा चमकते हुए गोलों के समान प्रतीत होते हैं। ये सिस्ट रोग परीक्षणों के दौरान आसानी से पहचाने जा सकते हैं (अपरिपक्व सिस्ट द्विकेंद्रकीय होते हैं)।

संचरण : सिस्ट नए पोषी के शरीर में संदूषित सब्जियों, जल और भोजन के साथ पहुँचते हैं। पोषी की आँत में पहुँचने के बाद पाचक रसों या एंजाइमों की क्रिया के कारण सिस्ट टूट जाते हैं। सिस्ट से एक मेटासिस्ट बाहर निकलता हैं जो केंद्रकीय और कोशिकाद्रव्यीय विभाजन के बाद आठ एंटअमीबा को जन्म देता है। सेने (hatching) के समय चार केंद्रक उपस्थित होते हैं।

नए उत्पन्न एंटअमीबा विकसित होकर वयस्क पोषाणु उत्पन्न करते हैं जो आँत की श्लेष्मल झिल्ली को गलाने में सक्षम प्रोटीनयुक्त एंजाइम स्रावित करते हैं जिससे छोटी आँत में घाव (जख्म) बन जाता है। इस प्रकार नया संक्रमण उत्पन्न होता है और इस प्रकार परजीवी अमीबी पेचिश का कारण बनता है। ये लाल रक्त कणिकाओं को पचाने में सक्षम होते हैं और रोगी की विष्ठा से श्लेष्मल से युक्त रक्त निकलने लगता है।

उपचार (Treatment) : प्राथमिक संक्रमण में सल्फोगोनोडाइन युक्त यीष्ट और एन्टेरोवायोफार्म गोलियाँ दी जाती हैं। आर्सेनिक और आयोडीन के यौगिक जैसी अन्य औषधियों में नियोसेप्ट, डायोडोक्विन, फ्युरामाइट आदि नाम शामिल हैं। द्वितीयक संक्रमण में यौगिकों में कुछ प्रतिशत आर्सेनिक और आयोडीन बढ़ जाता है। पुराने और गंभीर मामलों में इमेटिन गोलियों, इंजेक्शन आदि से उपचार किया जाता है।

निवारण : स्वच्छता के उपाय को अपनाने का सिद्धांत सबसे अच्छा निवारक उपाय हैं। जल, सब्जियों, और भोजन को संक्रमण से बचाना चाहिए।

2. प्लाज्मोडियम वाइवैक्स

वर्गीकरण:

संघ	:	प्रोटोजोआ
उपसंघ	:	प्लाज्मोड्रोमा
वर्ग	:	स्पोरोजोआ
उपवर्ग	:	टीलोस्पोरिडिया
गण (ऑर्डर)	:	हीमोस्पैरिडिया
वंश	:	प्लाज्मोडियम
प्रजाति	:	वाइवैक्स

पोषी : यह परजीवी अपने द्विपोषी जीवन चक्र को दो परपोषियों के शरीर में पूरा करता है। इसके ये दो पोषी हैं:

(*i*) **मनुष्य :** मुख्य पोषी, रीढ़धारी पोषी, अंत्य पोषी, रोग का शिकार होने वाला पोषी, अलैंगिक चक्र का पोषी, आरंभिक पोषी, समतापी पोषी, अंतर्जात पोषी।

(*ii*) **मच्छर :** (ऐनोफेलीज) : मध्यस्थ पोषी, अकशेरुकी (रीढ़विहीन) पोषी, उदासीन पोषी, लैंगिक जनन के चक्र का पोषी, अंतिम पोषी, असमतापी पोषी, बहिर्जात पोषी।

वर्तमान में मच्छर को प्राथमिक पोषी माना जाता है (क्योंकि इसके शरीर में परजीवी की लैंगिक प्रावस्था संपन्न होती है) तथा मनुष्य को द्वितीयक या गौण पोषी माना जाता है (क्योंकि इसके शरीर में परजीवी की अलैंगिक प्रावस्था संपन्न होती है)।

प्लाज्मोडियम का जीवन चक्र : इसके जीवन चक्र में दो महत्त्वपूर्ण प्रावस्थाएं होती हैं :

मनुष्य के शरीर में जीवन चक्र (शाइजोगॉनी) : यदि कोई संक्रमित ऐनोफेलीज मच्छर किसी स्वस्थ व्यक्ति को काटता है तो असंख्य हँसिये के आकार के केंद्रक युक्त बीजाणुज (Sporozoites) व्यक्ति के रक्त में पहुँच जाते हैं।

बीजाणुज : ये हँसिए के आकार के होते हैं जिसकी लंबाई 14 माइक्रोमीटर और चौड़ाई 1 माइक्रोमीटर तक होती है। केंद्रक एकल होता है और मध्यभाग में स्थित होता है। ये प्रत्यास्थ और पतले उपचर्म से ढके होते हैं। ये रक्तधारा में फिसलते हुए आगे बढ़ते हैं। 30 मिनट बाद ये रक्त धारा से बाहर निकल जाते हैं और यकृत में प्रवेश करते हैं। यकृत में ये कई चरणों में विकसित होते हैं:

(*i*) **रक्ताणुपूर्व अवस्था :** प्रत्येक बीजाणुज यकृत कोशिका के भीतर पहुँच जाता है और गोल आकृति प्राप्त कर लेता है। इस चरण में इसे गूढ़ परजीवी (cryptozoite) कहते हैं। इस अवस्था में यह एक रक्ताणुपूर्व चक्र से होकर गुजरता है जो 10 दिनों में पूरा होता है और विखंडनीजनन (schizogony) द्वारा अलैंगिक जनन करता है। शाइजॉण्ट के फट जाने पर अनेक गूढ़ खंडजाणु मुक्त हो जाते हैं।

(*ii*) **रक्ताणुबाह्य अवस्था :** गूढ़ खंडजाणु (क्रिप्टोमेरोजॉइट) नई यकृत कोशिकाओं में प्रवेश करके अलैंगिक जनन करते हैं और काफी अधिक संख्या में मेटाक्रिप्टोमेरोजॉइट उत्पन्न करते हैं जिनमें से कुछ छोटे आकार के होते हैं जो सूक्ष्म मेटाक्रिप्टोमेरोजॉइट कहलाते हैं।

(*iii*) **रक्ताणु अवस्था :** सूक्ष्म मेटाक्रिप्टोमेरोजॉइट रक्त धारा में प्रवेश करते हैं और प्रत्येक लाल रक्त कणिकाओं में पहुंचकर गोल चकती के आकार की संरचना प्राप्त कर लेते हैं जिसमें केवल एक केंद्रक होता है। इसमें

एक रसधानी होती है जिसके कारण यह एक वलय के समान दिखाई पड़ता है। यह अवस्था मुद्रिका अवस्था (signet stage) कहलाती है। आगे और विकसित होने पर रसधानी लुप्त हो जाती है और परजीवी लाल रक्त कणिकाओं के कोशिकाद्रव्य को खाकर जीवित रहता है। यह अवस्था अमीबाभ (amoeboid) या पोषाणु अवस्था कहलाती है। परिपक्व पोषाणु विकसित होकर शाइजॉण्ट उत्पन्न करते हैं। यह रक्ताण्विक बहुगुणन द्वारा अनेक संख्या में अलैंगिकतः विभाजित होता है।

शाइजॉण्ट अपने कूटपादों को समेट कर गोल हो जाता है। केंद्रक विभाजित होकर अनेक केंद्रिकाओं को उत्पन्न करता है जो परिधीय भाग में विन्यस्त हो जाते हैं और अपने चारों ओर थोड़ी–थोड़ी मात्रा में कोशिका द्रव्य एकत्रित कर लेते हैं। इस प्रकार खंडजाणु (merozites) निर्मित होते हैं यह अवस्था रोजेट अवस्था (Rosette stage) कहलाती है। खंडजाणु प्लाज्मा में निर्मुक्त हो जाते हैं। इसके बाद नए खंडजाणु नई लाल रक्त कोशिका में प्रवेश करते हैं और एक बार फिर से रक्ताणु चक्र आरंभ हो जाता है जिसके बाद फिर से बड़ी संख्या में खंडजाणु उत्पन्न होते हैं। हीमोजोइन (Haemozoin) रक्त प्लाज्मा में निर्मुक्त होते हैं।

युग्मकों का निर्माण (Formation of Gamets) : कुछ खंडजाणु रक्ताणु चक्र की पुनरावृत्ति नहीं करते । वे लाल रक्त कणिकाओं पर आक्रमण करके रक्त प्रवाह में पहुँच जाते हैं और गैमॉन्ट या युग्मकजनक (gametocytes) कहलाते हैं। गैमॉन्ट दो प्रकार के होते हैं :

(i) **गुरु युग्मकजनक (Macro gametocytes) :** ये मादा कोशिकाएं होती हैं जो बड़े आकार की और खाद्य पदार्थों से भरी होती हैं जिनके एक सिरे पर केंद्रक होता है।

(ii) **लघु या सूक्ष्म युग्मकजनक (Microgametocytes) :** ये नर कोशिकाएं होती हैं जो आकार में छोटी होती हैं और केंद्रक इनके मध्य भाग में होता है।

मच्छर में जीवन चक्र (बीजाणु उद्‌भवन)

मादा एनोफेलीज द्वारा मलेरिया के किसी रोगी को काटने पर मलेरिया परजीवी कीट के आहार नाल में पहुँच जाते हैं। मच्छर के आमाशय में अलैंगिक रूप पच जाते हैं और केवल युग्मकजनक (gametocytes) ही बच जाते हैं।

लघु युग्मकजनकों का विकास : लघु युग्मकजनक नर युग्मकों का निर्माण करते हैं। ये सक्रिय हो जाते हैं और प्रत्येक केंद्रक का अर्धसूत्री विभाजन होता है जिससे 6-8 केंद्रिका बनते हैं। प्रत्येक केंद्रिका के चारों ओर कोशिकाद्रव्य एकत्रित हो जाता है और इस प्रकार वे नर युग्मक में विकसित होते हैं जिनसे कशाभिकाएं (flagella) जुड़ी होती हैं। यह प्रक्रिया विकशाभीभवन (exflagellation) कहलाती है। कशाभिकाओं की गति से ये नर युग्मक आमाशय के तरल में तैरने लगते हैं।

गुरु युग्मकजनकों का विकास : इसमें निम्नलिखित परिवर्तन होते हैं : केंद्रक में न्यूनकारी विभाजन (reduction division) होता है और दो केंद्रक निर्मित होते हैं। इनमें से एक ध्रुवीय काय (polar body) निर्मित करता है। इस प्रकार गुरु युग्मकजनक निर्मित होता है।

निषेचन : लघु युग्मकजनक के गुरु युग्मकजनक से मिलने से युग्मनज (zygote) निर्मित होता है। यह कुछ समय तक निष्क्रिय रहता है किंतु बाद में यह दीर्घाकार हो जाता है। इस अवस्था में इसे चलयुग्मज (ookinete) कहा जाता है। यह मच्छर के आमाशय की उपकला कोशिकाओं में प्रवेश करके विश्राम करता है जिस दौरान युग्मनज और आमाशय उपकला कोशिकाओं दोनों के स्रवण द्वारा इसके चारों ओर एक सिस्ट निर्मित हो जाता है। यह पुटीभूत (encysted) अवस्था युग्मकपुटी अवस्था कहलाती है।

बीजाणु उद्‌भवन (Sporogony) : युग्मकपुटी बीजाणु उद्‌भवन की अवस्था से गुजरती है। इसका केंद्रक अनेक बार विभाजित करके बहुत अधिक संख्या में केंद्रिका निर्मित करता है जिसके चारों ओर थोड़ी–थोड़ी मात्रा में कोशिकाद्रव्य जमा हो जाता है। इस प्रकार निर्मित अनियमित कोशिकाएं बीजाणुकोरक (sporoblast) कहलाती हैं। कोरक का केंद्रक अनेक बार विभाजित होकर संतति केंद्रिका निर्मित करता है जो बीजाणुकोरक के परिधीय भाग में पहुँच जाते हैं। यहाँ ये बीजाणुज (sporozoites) निर्मित करते हैं। परिपक्व होने पर ये युग्मकपुटी (oocyst) फट जाते हैं और मच्छर की देह गुहा में असंख्य बीजाणुज पहुँच जाते हैं। बीजाणुज लार ग्रंथियों की ओर गति करते हैं और उनमें छिद्र करके प्रवेश कर जाते हैं। अब वे संचरण हेतु तैयार होते हैं। जब परजीवी की इस संक्रामक अवस्था का वहन करने वाली मादा

ऐनोफेलीज मच्छर किसी स्वस्थ व्यक्ति को काटती है तो लार के साथ बीजाणुज उसके शरीर में पहुँच जाते हैं जहाँ वे आगे का विकास करते हैं।

3. फैसिओला हेपैटिका :

संघ	—	प्लैटिहेल्मिन्थीज
वर्ग	—	ट्रेमैटोड
ऑर्डर	—	डाइजीनिया
वंश	—	फैसिओला
प्रजाति	—	हेपैटिका

फैसिओला हेपैटिका को सामान्यतः यकृत पर्णाभ (कृमि) के नाम से जाना जाता है। यह भेड़ के शरीर में पाया जाने वाला एक अंतःपरजीवी है जो इसके यकृत और पित्तनली में रहता है। यह कृमि पूरे विश्व में पाया जाता है। इससे भेड़ में यकृत सड़न रोग होता है।

संरचना : यह चपटे पत्ते के समान होता है और कुछ हद तक अंडाकार होता है। इसकी माप 4-6 सेमी के बीच होती है, शरीर का रंग हल्का गुलाबी लिए होता है और शरीर के किनारे भूरे रंग के होते हैं।

इसके शरीर के अग्र सिरे पर एक सूक्ष्म गोल मुँह होता है जो एक मुख या अग्र चूषक से घिरा होता है। मुख चूषक के ठीक बाद उदर पृष्ठ पर पश्च या उदरीय चूषक होता है। इन दोनों चूषकों के बीच एक जनन छिद्र होता है। पश्च भाग में अंतिम सिरे पर लॉरर नाल का छिद्र (apperture of Laurers canal) भी होता है।

फैसिओला हेपैटिका का जीवन–चक्र

यकृत पर्णाभ (फैसिओला हेपैटिका) एक उभयलिंगी कीट है अर्थात् एक ही जीव के शरीर पर नर और मादा दोनों जनन अंग होते हैं। यह अपना जीवन चक्र दो पोषियों के शरीर में पूरा करता है। भेड़ या गाय–बैल इसके प्राथमिक पोषी हैं जबकि घोंघा (Snail) इसका द्वितीयक (गौण) पोषी है अतः इसका जीवन चक्र द्विपोषी (digenetic) होता है।

मैथुन : यद्यपि यह उभयलिंगी है किंतु इसमें परनिषेचन होता है। एक जीव का सिरस (cirrus) दूसरे जीव के लॉरर नाल के छिद्र में प्रविष्ट होता है। लॉरर नाल में शुक्राणु प्रवाहित होते हैं और अंततः अंडवाहिनी (oviduct) में पहुँच जाते हैं।

निषेचन : अंडवाहिनी में शुक्राणु और अंडाणु के संयोजन से निषेचन होता है।

अंडे : निषेचित अंडे अंडवाहिनी में पीतक (yolk) और कवच से घिरे होते हैं। अंडे का आकार एक कैप्स्युल के समान होता है जिसके ऊपर एक आच्छद होता है। अंडे गर्भाशय से निकल कर पोषी की आंत में पहुँच जाते हैं।

विदलन (Cleavage) : विदलन या दरार गर्भावस्था में आरंभ होता है। पहला विदलन पूर्ण किंतु असमान होता है जिसमें छोटी कणिकामय वर्धी कोशिका और एक बड़ी कायिक कोशिका उत्पन्न होती है। कायिक या दैहिक कोशिका (somatic cell) से विभाजन के बाद लार्वा का बहिःचर्म निर्मित होता है। शेष वर्धी कोशिका विभाजित होकर दो प्रकार की कोशिका निर्मित करती है :

(*i*) **दैहिक या कायिक कोशिकाओं का समूह :** ये कोशिकाएं भ्रूण की शारीरिक संरचना को निर्मित करने के लिए उत्तरदायी हैं।

(*ii*) **जनन कोशिकाओं का समूह :** ये कोशिकाएं लार्वा के शरीर के पश्च भाग में अवस्थित होती हैं और विकास के बाद नई लार्वा अवस्था सृजित करने का कार्य करती हैं। दो सप्ताह के भीतर एक पक्ष्माभयुक्त (ciliated) लार्वा निर्मित होता है जिसे मीरासीडियम (Miracidium) कहते हैं। यह बाहर निकलकर जल में तैरना शुरू कर देता है।

1. **मीरासीडियम लार्वा :** यह शंक्वाकार होता है तथा इसके समूचे शरीर पर पक्ष्माभ निकले होते हैं जिनसे इन्हें जल में तैरने में सहायता प्राप्त होती है। इसके अगले सिरे पर एक छोटा शीर्षस्थ पैपिला (apical papilla) उपस्थित होता है। शीर्ष भाग में बहुकेंद्रकीय शीर्षस्थ ग्रंथि और एककोशिक अंतर्वेधी ग्रंथियाँ उपस्थित होती हैं जो पैपिला के जरिए बाहर की ओर खुलती हैं।

द्वितीयक पोषी को संक्रमण : लार्वा काफी सक्रिय होता है और जल में मुक्त रूप से तैरता है। यदि इसे अपना द्वितीयक पोषी घोंघा (लिम्निया या प्लैनॉर्बिस) एक दिन के भीतर मिल जाए तो यह पैपिला की सहायता से फुफ्फुस कोश (pulmonary sac) में अंतर्वेधन

करके अपने लिए आवश्यक जीवन सामग्री प्राप्त कर लेता है या फिर यह मर जाता है। यहाँ इसके पक्ष्माभ नष्ट हो जाते हैं और यह एक नई लार्वा अवस्था बीजाणुपुटी (sporocyst) को प्राप्त कर लेता है।

2. **बीजाणुपुटी (Sporocyst) :** यह एक कोश जैसी संरचना है जो बाहर से उपचर्म से ढकी होती है। इसमें पक्ष्माभ और अधिचर्म कोशिकाएं नहीं होती हैं। नेत्र स्पॉट, मस्तिष्क ग्रंथियाँ आदि अपहासित होती हैं। अब उपकला कोशिकाएं (subepithilial cells), पेशियाँ और मध्योतकी कोशिकाएं उपस्थित होती हैं तथा जनन गोल (germ balls) और आदिवृक्क (Protonephridia) भी उपस्थित होते हैं।

   जनन गोल संतति बीजाणुपुटी उत्पन्न करते हैं जिनसे फिर से तीसरे प्रकार का लार्वा (रेडिया) उत्पन्न होता है।

3. **रेडिया (Redia) :** यह एक दीर्घीकृत कोशवत लार्वा है जो सिस्ट के फटने पर बाहर निकलता है और घोंघा के यकृत या पाचक ग्रंथि में पहुँच जाता है। इसके अग्र सिरे पर एक छोटा मुख होता है। इसमें कॉलर (collar) के निकट पार्श्व भित्ति में एक छिद्र होता है जिसे जन्म छिद्र (birth pore) कहते हैं।

4. **सर्केरिया (Cercaria) :** यह पुच्छ युक्त हृदय के आकार का एक लार्वा होता है जो देखने में वयस्क कृमि के समान होता है। इसका शरीर पतले उपचर्म से ढका होता है। इसमें वयस्क में पाए जाने वाले अधिकांश अंग अल्पवर्धित अवस्था में उपस्थित होते हैं। इसमें मुख चूषक द्वारा घिरा एक मुख होता है। उदर पक्ष में उदरीय चूषक या पश्च चूषक या ऐसीटाबुलम उपस्थित होता है। ग्रसनी (pharynx) चूषण कार्य करती है तथा आंत द्विशाखित होता है। उत्सर्जी वाहिकाएं जोड़े में होती हैं और ज्वाला कोशिकाएं और अल्पवर्धित जनन अंग उपस्थित होते हैं। पुटीजन कोशिकाएं (cystogenous cells) इसकी अभिलक्षणक विशेषता है जो पुटी (cyst) निर्मित करने के लिए उत्तरदायी होती हैं।

5. **मेटासर्केरिया (Metacercaria) :** यह सर्केरिया के समरूप होता है। किंतु इसमें पुच्छ और पुटीजन कोशिकाएं उपस्थित नहीं होती हैं। इसके चारों ओर पुटी (cyst) होता है। ज्वाला कोशिकाएं अधिक संख्या में होती हैं और उत्सर्जी आशय एक छिद्र द्वारा बाहर की ओर खुलता है।

   नए पोषी को संक्रमण : मेटासर्केरिया का आगे विकास तभी हो सकता है यदि इसे मुख्य पोषी (भेड़) द्वारा कुछ सप्ताह के भीतर ही निगल लिया जाए। सर्केरिया जलीय पौधों या वनस्पतियों के साथ भेड़ की आँत में पहुँच जाते हैं। यहाँ पाचक रसों की क्रिया के फलस्वरूप पुटी (cyst) गल जाता है और शिशु कृमि बाहर निकलती है जो आंत की दीवार को बेध देती है। इसके 2-3 सप्ताह बाद ये यकृत को संक्रमित करती हैं और विकसित होकर वयस्क अवस्था प्राप्त करने के लिए पित्त नली में प्रवेश कर जाती हैं।

4. ऐस्कारिस (Ascaris)

संघ	—	नेमाहेल्मिन्थीज
वर्ग	—	नेमाटोडा
ऑर्डर	—	ऐस्कारोइडिया
वंश	—	ऐस्कारिस
प्रजाति	—	लंब्रीकोइडीज

स्वभाव और वास-स्थान : ऐस्कारिस लंब्रीकोइडीज (गोल कृमि) एक सामान्य परजीवी है जो मनुष्य की बड़ी आँत में पाया जाता है। यह पूरे विश्व में पाया जाने वाला परजीवी है। किसी एक ही पोषी के शरीर में 500 या इससे अधिक की संख्या में भी ये कृमियाँ पाई जा सकती हैं।

ऐस्कारिस का जीवन चक्र : ऐस्कारिस का जीवन चक्र एक पोषी (monogenetic) होता है अर्थात् इसका संपूर्ण जीवन चक्र एक ही पोषी के शरीर में पूरा हो जाता है।

मैथुन और निषेचन : ऐस्कारिस में मैथुन क्रिया पोषी के शरीर में ही की जाती है। नर के शुक्राणु जो अमीबाभ (amoeboid) होते हैं, मादा की योनि में प्रवेश करते हैं और अंततः अंडवाहिनी या गर्भाशय के ऊपरी भाग (गर्भाशय के निकटस्थ भाग) में मादा अंडाणु को निषेचित करते हैं। निषेचित अंडा काइटिनी अंड कवच और ऐल्बुमिन की एक परत से घिरा होता है।

अंडनिक्षेपण (Oviposition) : अंडे पोषी (मनुष्य) की आंत्र में दिए जाते हैं और वे पोषी के मल के साथ बाहर निकलते हैं। मादा प्रतिदिन 1,50,000 अंडे दे सकती है। दोनों गर्भाशयों में 2,70,00,000 अंडे संचित हो सकते हैं किंतु इनमें से केवल 16% अंडे ही निषेचित होते हैं।

अंडे : अंडे अत्यधिक सूक्ष्म होते हैं जो 35 माइक्रोमीटर से 85 माइक्रोमीटर तक के आकार के होते हैं। ये दीर्घ, अंडाकार होते हैं और एक मोटे, पारदर्शी, काइटिनी अंड कवच के भीतर बंद होते हैं। यह कवच रसायनों और पर्यावरण परिवर्तन से अंडे की रक्षा करता है और लंबे समय तक (6 माह से 1 वर्ष तक) निष्प्रभावित बना रह सकता है।

विकास : विदलन सर्पिल और सुनिर्धारित होता है। युग्मनज (zygote) 2 कोशिकाओं में विभाजित हो जाता है और परवर्ती विभाजन के फलस्वरूप चार कोशिकाओं युक्त, T आकृति का भ्रूण उत्पन्न होता है और तब 16 कोशिकाओं युक्त कोरक (blastula) निर्मित होता है। अंतर्वलन द्वारा गैस्ट्रुलेशन (gastrulation) होता है और तब भ्रूण विकसित होकर अंततः सक्रिय लार्वा का रूप ग्रहण कर लेता है। यह अंड कवच के भीतर निर्मित होता है। सक्रिय लार्वा दो बार त्वचा निर्मोचन करता है और तब द्वितीयक लार्वा बन जाता है।

आगे इस द्वितीयक लार्वा को सेने या विकसित होने की सभी अनुकूल परिस्थितियाँ पोषी (मनुष्य) के शरीर द्वारा उपलब्ध कराई जाती हैं। इसका कोई मध्यस्थ पोषी नहीं होता।

संक्रमण : इसके भ्रूण या अंडे (दूसरे चरण के लार्वा युक्त) संदूषित भोजन, पेय पदार्थ और कच्ची सब्जियों के साथ पोषी के शरीर में पहुँच जाते हैं। ग्रहणी से होने वाले स्राव लार्वा को उद्दीपित करते हैं। इसमें तंत्रिका वलय और आहार नाल शामिल हैं।

लार्वा का प्राथमिक प्रवसन : यह सर्वप्रथम अंतर्वेधन द्वारा पोषी की आँत में पहुँचता है तथा निवाहिका तंत्र (Portal systems) या लसिका वाहिका के माध्यम से यकृत तक पहुँचता है। कुछ दिनों बाद यह पश्च महाशिरा (post caval vein) में पहुँचता है और तब हृदय में पहुँचता है। हृदय से फुप्फुस धमनी से होकर यह फेफड़े में पहुँचता है यहाँ यह कुछ समय के लिए कूपिका की रक्त कोशिकाओं में विश्राम करता है और इस दौरान एक के बाद एक दो बार त्वचा निर्मोचन करता हैं। तब इसकी लंबाई बढ़कर 1 से 2.1 मिमी तक हो जाती है। तीसरी बार त्वचा निर्मोचन के बाद पुनः प्रवसन आरंभ करता है।

लार्वा का द्वितीयक प्रवसन

लार्वा, पोषी के वायु मार्ग में पहुँच जाता है और तब कूपिका से ग्रसनी (pharynx) में पहुँचता है। यहाँ यह ग्रसनी की दीवार में जलन या उत्तेजना उत्पन्न करता है जिससे पोषी को खाँसी होती है। इस खाँसी से कफ के साथ यह या तो पोषी के शरीर से बाहर निकल जाता है या फिर पोषी द्वारा निगल लिए जाने पर यह पुनः पोषी की आँत में पहुँच जाता है। आँत में यह अंतिम बार (चौथी बार) त्वचा निर्मोचन करता है और विकसित होकर वयस्क रूप प्राप्त करता है।

आर्थिक महत्त्व

1. लार्वा पोषी के फेफड़ों में जलन या उत्तेजना उत्पन्न करता हैं। कभी–कभी इसके कारण पोषी में न्यूमोनिया ज्वर, रक्तअल्पता, इओसिनरागिता (eosinophilia) के लक्षण उत्पन्न होते हैं।
2. पूर्ण विकसित कृमि के कारण पोषी को पेट में दर्द, पेचिश, सिर दर्द आदि समस्याएं उत्पन्न होती हैं। बहुत अधिक संख्या में उत्पन्न हो जाने पर ये पोषी की आंत को अवरुद्ध कर सकते हैं।
3. इस परजीवी की उपस्थिति से पोषी के पेट में दर्द और आंत में घाव हो सकता है।
4. इस परजीवी की उपस्थिति से पोषी में प्रायः विष प्रभाव उत्पन्न होता है जैसेकि उल्टी, ऐलर्जी, पित्ती या कभी–कभी दृष्टिहीनता भी हो सकती है।

निवारण

निम्नलिखित निवारक उपायों द्वारा इससे उत्पन्न होने वाले संक्रमण को रोका जा सकता है:

1. कच्ची शाक–सब्जियों, फलों और मूलों को अच्छी तरह धोना और पकाना चाहिए।

2. संदूषित भोजन और जल का प्रयोग नहीं किया जाना चाहिए।
3. स्वच्छता पर उचित ध्यान दिया जाना चाहिए।
4. बढ़ गए नाखूनों को समय–समय पर काटते रहना चाहिए।
5. खाना खाने से पहले हाथ अच्छी तरह धोया जाना चाहिए।
6. बच्चों को अस्वच्छ स्थानों पर नहीं खेलना चाहिए।

5. वूचेरेरिया बैन्क्रोफ्टाइ (सूत्राभकृमि) (Wuchereria Bancrofti (Filarial worm)

स्वभाव और वास स्थान

वूचेरेरिया ब्रैन्क्रोफ्टाइ (सूत्राभ कृमि) मनुष्य की लसिका वाहिकाओं और लसिका ग्रंथियों में रहता है। इसका जीवन चक्र दो पोषियों के शरीर में पूरा होता है। अतः यह एक द्विपोषी नेमाटोड है। यह उष्ण कटिबंधीय और उपोष्ण कटिबंधीय देशों में पाया जाता है।

संरचना

यह लंबा, पारदर्शी और हल्के पीले रंग का होता हैं। नर कृमि की लंबाई मादा कृमि से कम होती है। जहाँ नर कृमि के शरीर की लंबाई 2-4 सेमी और चौड़ाई 1 मिमी होती है वहीं मादा कृमि के शरीर की लंबाई 7-9 सेमी और चौड़ाई 2.3 मिमी होती है। नर और मादा दोनों का शरीर तंतुरूप या बेलनाकार होता है तथा सिरे शुंडाकार होते हैं। नर की पूँछ वक्र होती है और अनेक पैपिला और दो असमान कंटिका कोष्ठ होते हैं। नर और मादा एक साथ कुंडलित रहते हैं। मादा अंडजारायुज (ovoviviparous) होती है। अंडपूर्ण मादाकृमि पहले चरण के लार्वे उत्पन्न करती है जो पोषी के रक्त में निर्मुक्त होते हैं जिन्हें सूक्ष्म सूत्राभ (micro filariae) कहते हैं।

जीवन चक्र

यह एक द्विपोषी नेमाटोड है और इसके निम्नलिखित पोषी हैं:

1. प्राथमिक पोषी–मनुष्य
2. द्वितीयक पोषी–मच्छर (क्युलेक्स)

1. प्राथमिक पोषी (मनुष्य) में जीवन चक्र : वयस्क कृमि (मादा) से सूक्ष्म सूत्राभ लार्वे जन्म लेते हैं। ये चारों ओर मृदु आवरण से घिरे होते हैं। सूक्ष्म सूत्राभ परिधीय रक्त परिसंचरण में रात्रि के दौरान प्रकट होते हैं जबकि दिन में वे गायब हो जाते हैं। ये सक्रिय होते हैं और रक्त में धारा के अनुप्रवाह और धारा के प्रतिकूल भी गमन कर सकते हैं। प्रत्येक सूक्ष्म सूत्राभ रंगहीन और बेलनाकार होता है तथा इसका सिर शुंडाकार होता है। शरीर में कणिकाएं होती हैं जो मध्यस्थ अक्ष के दोनों ओर विन्यस्त होती हैं।

सूक्ष्म सूत्राभ का आगे विकास केवल मध्यस्थ पोषी के शरीर में ही होता है जबकि वे मच्छर द्वारा प्राथमिक पोषी का रक्त चूसे जाने पर मच्छर अर्थात् द्वितीयक पोषी के शरीर में प्रवेश कर जाते हैं।

2. द्वितीयक पोषी (मच्छर) में सूत्राभ कृमि का जीवन चक्र : सूक्ष्म सूत्राभ मच्छर के आमाशय के अग्रभाग में एकत्रित हो जाते हैं जहाँ से अपने बाह्य आवरण के निर्मोचन के पश्चात् वक्ष पेशी की ओर आगे बढ़ते हैं। वक्ष पेशी के भीतर इनकी लंबाई में वृद्धि होती है। ये मोटे–मोटे आकार में परिवर्तित हो जाते हैं और प्रथम चरण के लार्वा का रूप ग्रहण करते हैं जबकि इनमें आहारनाल अल्प विकसित होता है। द्वितीयक चरण के लार्वा तीन से छह दिनों में विकसित हो जाते हैं क्योंकि लार्वा बहुत तेजी से विकसित होते हैं तथा एक बार त्वचा निर्मोचन के बाद 212 माइक्रोमीटर से 325 माइक्रोमीटर लंबाई प्राप्त कर लेते हैं। लगभग 102 घंटे बाद कायांतरण (metamorphosis) होता है। इसकी पूँछ हट जाती है तथा पाचन तंत्र, देह गुहा और जनन अंग विकसित होते हैं और वह तृतीयक चरण के लार्वे में परिवर्तित हो जाता है जो 1200 से 2000 माइक्रोमीटर तक लंबा और 15 से 20 माइक्रोमीटर तक चौड़ा होता है। इस अवस्था में लार्वा मच्छर के मुख भाग में चला जाता है।

मनुष्य में संक्रमण

जब कोई संक्रमित मच्छर जो रोग का वाहक होता है, किसी मनुष्य को काटता है तो असंख्य सूक्ष्म सूत्राभ घाव के निकट त्वचा में जमा हो जाते है या रक्त प्रवाह में पहुँच जाते हैं। इसके बाद में लार्वा लसिका वाहिनियों में पहुँचते हैं तथा किसी बिंदु पर एकत्रित होकर अंततः कायांतरण के बाद

वयस्क रूप में परिवर्तित होते हैं। लगभग एक वर्ष में ये वयस्क लैंगिक दृष्टि से परिपक्व हो जाते हैं और नये लार्वों को उत्पन्न करने में सक्षम हो जाते हैं।

इस परजीवी के कारण पोषी को फाइलेरिया ज्वर, मानसिक अवसाद, सिर दर्द आदि की समस्याएं होती है। अत्यधिक संक्रमण की स्थिति में लार्वे या वयस्क कृमि पोषी की लसिका वाहिनियों या रक्त वाहिकाओं को अवरुद्ध कर देते हैं। अंतःस्तरीय कोशिकाओं के कम प्रसरण के कारण लसिकीय वाहिकाएं मोटी हो जाती हैं। लसिका रक्त परिसंचरण तंत्र में लौट नहीं पाती और संबंधित अंगों में ही एकत्रित होने लगती है जिससे वह अंग अत्यधिक अनुपात में फूलने लगते है। इसके कारण प्रायः यकृत, प्लीहा, वृषणकोष, भग, टांगें तथा निचले उदर और ऊपरी जंघा के संधि स्थल काफी मोटे हो जाते हैं। इस प्रकार का लक्षण प्रायः हाथी पांव या फाइलेरियासिस के नाम से जाना जाता है। इस रोग के उपचार हेतु एंटीमनी और आर्सेनिक के यौगिक का औषधि रूप में प्रयोग किया जाता है। संक्रमण पर नियंत्रण हेतु निवारक उपाय किए जाने चाहिए जैसे कि : मच्छरों को नष्ट करना, मच्छरों द्वारा काटे जाने से बचाव आदि।

वस्तुनिष्ठ प्रश्न

1. एंटअमीबा हिस्टोलिटिका का सक्रिय या पोषी रूप निम्नलिखित में से किसे खाकर जीवित रहता है?
- A. रक्त
- B. आंत्र में आने वाला खाद्य पदार्थ
- C. बड़ी आँत की श्लेष्मलीय या उपश्लेष्मलीय कोशिकाएं
- D. बड़ी आँत के रक्ताणुओं, श्लेष्मलीय या उपश्लेष्मलीय कोशिकाएं

2. मलेरिया से संक्रमण में लाल रक्त कणिकाओं को नष्ट करने वाला लायसोलेसिथिन निम्नलिखित में से किसके द्वारा स्रावित किया जाता है?
- A. प्लीहा
- B. श्वेत रक्त कोशिकाएं
- C. यकृत
- D. प्लैज्मोडियम परजीवी

3. अमीबा को आसुत जल में रखने पर इसकी संकुचनशील रसधानीः
- A. धीमी गति से कार्य करने लगती है
- B. तीव्र गति से कार्य करने लगती है
- C. पूर्ववत कार्य करती है
- D. लुप्त हो जाती है

4. सर रोनाल्ड रॉस ने निम्नलिखित में से क्या खोज की?
- A. मलेरिया दूषित वायु के कारण उत्पन्न होने वाला रोग है
- B. मलेरिया का संचरण ऐनोफेलीज मच्छर द्वारा किया जाता है
- C. प्लैज्मोडियम की चार प्रजातियों के कारण मलेरिया रोग होता है
- D. मलेरिया रोग प्रोटोजोआ के कारण होता है

5. अमीबा में सिस्ट (पुटी) का निर्माण
- A. प्रतिकूल दशाओं में होता है
- B. नहीं होता है
- C. लैंगिक जनन के बाद होता है
- D. लैंगिक जनन से पहले होता है

6. अमीबता निवारण हेतु हमें निम्नलिखित उपाय करने चाहिएः
- A. अधिक मात्रा में भोजन करना चाहिए
- B. मच्छरदानी (Mosquito net) का प्रयोग करना चाहिए
- C. पानी उबालकर पीना चाहिए
- D. उपर्युक्त सभी उपाय करने चाहिए

7. निम्नलिखित में से किसमें गॉल्जी–चक्र पाया जाता है?
- A. श्वेत रक्त कोशिकाओं (W.B.C.)
- B. लाल रक्त कोशिकाओं (R.B.C.)
- C. यकृत कोशिकाओं (Liver cells)
- D. आमाशय (Stomach)

8. सक्टोरिआ वर्ग के जीवों में संचलन में सहायक अंग हैः
- A. कूटपाद (Pseudopodia)
- B. कशाभिका (Flagellum)
- C. पक्ष्माभ (Cilia)
- D. स्पर्शक (Tentacles)

9. निम्नलिखित में से किसका युग्मनज (zygote) गतिशील होता है?

A. हाइड्रा B. प्लाज्मोडियम
C. ऐस्कारिस D. फेरेटिमा

10. चतुर्थक मलेरिया (Quartan Malaria) निम्नलिखित में से किसके कारण होता है?

A. प्लाज्मोडियम ओवेल
B. प्लाज्मोडियम फैल्सिपेरम
C. प्लाज्मोडियम मलेरिआई
D. पलाज्मोडियम वाइवैक्स

11. निम्नलिखित में से कौन एक बहुरूपी (Polymorphic) है?

A. टीनिया सोलियम B. ट्रिपैनोसोमा
C. पैरामीशियम D. एंटअमीबा

12. एंटअमीबा हिस्टोलिटिका के किस रूप में क्रोमैटिनाभ पिंड (chromatoid body) पाए जाते हैं?

A. सूक्ष्म रूप में
B. परिपक्व पुटी (mature cyst) में
C. पोषाणुओं (trophozoites) में
D. उपर्युक्त में से कोई नहीं

13. प्लैज्मोडियम वाइवैक्स में रक्ताणु चक्र की अवधि होती है:

A. 48 घंटे B. 24 घंटे
C. अनिश्चित D. 72 घंटे

14. मनुष्य में मलेरिया परजीवी की कौन–सी अवस्था संक्रमण उत्पन्न करती है?

A. बीजाणुज (Sporozoites)
B. लीशमैनिया (Leishmania)
C. ट्रिपैनोसोमा (Trypanosoma)
D. प्लाज्मोडियम (Plasmodium)

15. पैरामीशियम में:

A. दो सूक्ष्म केंद्रिक होते हैं
B. एक या अधिक सूक्ष्म केंद्रिका होते हैं
C. दो बड़े आकार के केंद्रिका होते हैं
D. एक सूक्ष्म और एकाधिक बड़े आकार के केंद्रिका होते हैं

16. प्लाज्मोडियम वाइवैक्स निम्नलिखित में से किस वर्ग का परजीवी है?

A. टेलीस्पोरिया (Telesporea)
B. सार्कोडिना (Sarcodina)
C. मैस्टिगोफोरा (Mastigophora)
D. सिलिएटा (Ciliata)

17. "मलेरिया एक कीट द्वारा उत्पन्न किया जाने वाला रोग है"—यह निम्नलिखित में से किसने प्रतिपादित किया?

A. लैवेन्डर B. गॉल्जी
C. सर रोनाल्ड रॉस D. ग्रेसि

18. प्लाज्मोडियम में युग्मकजनकों (gametocytes) का न्यूनकारी विभाजन निम्नलिखित में से कहाँ होता है?

A. मनुष्य के रक्त में
B. मच्छर के आमाशय में
C. मच्छर की रक्त गुहा (haemocoel) में
D. उपर्युक्त में से कोई नहीं

19. निम्नलिखित में से किसमें रोग वाहक और रोग के नाम सुमेलित हैं?

A. ऐनोफेलीज – मलेरिया
B. घरेलू मक्खी —पीत ज्वर
C. शरीर पर बाह्य भाग में रहने वाला पिस्सू —टायफॉइड
D. सिकता मक्खी – प्लेग

20. मुक्त जीवी अमीबा प्रोटियस में पोषण की विधि होती है:

A. पादपसमभोजी या स्वपोषी (Holophytic)
B. मृतजीवी (Saprozoic)
C. प्राणिसमभोजी (Holozoic)
D. परजीविता (Parasitic)

21. मलेरिया के रोगी के शरीर में मलेरिया परजीवी द्वारा उत्पन्न आविष निम्नलिखित में से क्या है?

A. हीमैटिन
B. ग्लोब्युलिन
C. प्रोटियोलायसिन
D. हीमोजोइन

22. निम्नलिखिम में से किसके कारण उत्पन्न संक्रमण रोगी के फेफड़े, यकृत और मस्तिष्क में पहुँच सकता है?

A. ट्रिपैनोसोमा गैम्बिएन्स (Trypanosoma gambiense)
B. एंटअमीबा हिस्टोलिटिका (Entamoeba (Hystolystica)
C. प्लाज्मोडियम वाइवैक्स (Plasmodium vivax)
D. उपर्युक्त सभी

23. पिनकृमि या सीट कृमि का वैज्ञानिक नाम है:
A. ट्राइकिनेला स्पाइरैलिस (Trichinella spiralis)
B. ऐन्किलोस्टोमा (Ancylostoma)
C. ऑक्सियूरिस (Oxyuris)
D. वूचेरेरिया (Wuchereria)

24. मनुष्य में हाथी-पाँव नामक रोग निम्नलिखित में से किसके कारण होता है?
A. ड्रैकुनकुलस (गिनी कृमि)
B. ऐन्किलोस्टोमा (अंकुश कृमि)
C. ऑक्सियूरिस (पिन कृमि)
D. सूक्ष्म सूत्राभ (फाइलैरिया कृमि)

25. निम्नलिखित में से किसे शरीर से बाहर निकालने के लिए बथुआ तेल (chenopodium oil) का प्रयोग किया जाता है?
A. फीता कृमि B. यकृत पर्णाभ
C. चपटा कृमि D. गोल कृमि

26. निम्नलिखित में से किसका मध्यस्थ पोषी नहीं होता?
A. फीता कृमि (Tape worm)
B. यकृत पर्णाभ (कृमि)
C. गोल कृमि
D. प्लाज्मोडियम

27. ऐस्कारिस में लार्वा का अंतिम त्वचा निर्मोचन पोषी के किस अंग में होता है?
A. अंडाशय B. अंडवाहिनी
C. जनन अंग D. गर्भाशय

28. ऐस्कारिस में लार्वा का अंतिम त्वचा निर्मोचन होता है:
A. मनुष्य के यकृत में B. मनुष्य के फेफड़े में
C. मनुष्य के हृदय में D. मनुष्य की आँत में

29. ऐस्कारिस में वृषण का केवल अग्रभाग कार्यशील होता है। ऐसे जननांग को कहते हैं:
A. एकवृषणीय (Monorchic)
B. द्विअंडाशयी (Didelphic)
C. अंत्यजनद (Telogonia)
D. पश्चकोण (Metagonia)

30. द्विक (amphids) ऐस्कारिस के अधर पार्श्व भाग में स्थित उपत्वचीय उठान को कहते हैं। ये होते हैं:
A. रसोग्राही (Chemoreceptors)
B. घ्राणग्राही (Olfacto receptors)
C. स्पर्शग्राही (Tactoreceptors)
D. जठरग्राही (Gastoreceptors)

31. यष्टिका रूप (rhabditi form) लार्वा निम्नलिखित में से किसके जीवन वृत्त में निर्मित होता है?
A. गोल कृमि B. यकृत पर्णाभ
C. केंचुआ D. फीता कृमि

32. नेमाटोडा कहलाते हैं:
A. गोल कृमि (round worm)
B. चपटा कृमि (flat worm)
C. सूक्ष्मनेत्र गोधिका (blind worm)
D. नालवासी कृमि (tubiculous worm)

33. ऐस्कारिस लंब्रीकोइडीज मनुष्य की आंत से अपना प्रवसन निम्नलिखित में से कितनी अवधि के दौरान पूरा करता है?
A. 10-14 दिन B. 50-60 दिन
C. 30-34 दिन D. 1-2 वर्ष

34. मादा ऐस्कारिस को नर ऐस्कारिस से निम्नलिखित के कारण अलग पहचाना जा सकता है:
A. वक्र पश्च भाग B. सीधा पश्च भाग
C. पिनियल सीटा D. छोटा आकार

35. ऐस्कारिस के बाह्य कवच युक्त अंडे की भीतरी परत होती है:
A. प्रोटीनयुक्त
B. लिपिड से बनी
C. उपर्युक्त दोनों से बनी
D. उपर्युक्त में से कोई नहीं

36. ऐस्कारिस के कारण होने वाला संक्रमण निम्नलिखित में से किसमें अधिक होता है:
A. पुरुष B. महिला
C. वृद्ध व्यक्ति D. बच्चा

37. ऐस्कारिस में विदलन (Cleavage) होता है:
A. सर्पिल और सुनिर्धारित
B. पूर्णभंजी (holoblastic)
C. अंशभंजी (meroblastic)
D. उपर्युक्त सभी

38. निम्नलिखित में से कौन एक सजीवप्रजक (viviparous) जीव है?

A. फाइलेरिया का कृमि B. ऐस्कारिस

C. फैसिओला D. टीनिया

39. निम्नलिखित में से कौन ऐस्कारिस के संवेदी अंग हैं?

A. अधरस्त्वचीय तंतु B. स्पाइक्युल्स

C. पैपिला और ऐम्फिड D. परिकेंद्र वलय

40. ऐस्कारिस से संक्रमण प्रायः निम्नलिखित के कारण होता है:

A. मच्छर काटने

B. सेट्सी मक्खी

C. अच्छी तरह से न पका हुआ सूअर का गोश्त

D. संदूषित जल और शाक–सब्जियाँ

41. ऐस्कारिस में अंडाणु निर्माण की विधि कहलाती है:

A. अंत्यजनद (telogenia)

B. मुकुलन (budding)

C. अतिजनद (hypergonia)

D. द्विमूलोद्भवी (diphyletic)

42. हाथी-पाँव रोग निम्नलिखित में से किसके द्वारा संचारित होता है:

A. सिकता मक्खी B. फल मक्खी

C. घरेलू मक्खी D. मच्छर

43. ऐस्कारिस के जीवन–चक्र में संक्रामक अवस्था को कहते हैं:

A. निषेचित अंडा B. पुटी (cyst)

C. द्वितीयक लारवा D. तृतीयक लारवा

44. फाइलेरिया का लार्वा निम्नलिखित में से कहाँ पाया जाता है?

A. मनुष्य के प्लीहा पट में

B. मनुष्य के यकृत कैप्स्यूल में

C. मनुष्य की आँत की दीवार में

D. मनुष्य के रक्त में

45. वूचेरेरिया का मध्यस्थ पोषी है:

A. क्युलेक्स B. ऐनोफेलीज

C. घरेलू मक्खी D. सेट्सी मक्खी

46. एकल कूटपाद युक्त परजीवी अमीबा है:

A. अमीबा प्रोटियस B. अमीबा पाइलेसा

C. अमीबा वेरूकोसा D. एंटअमीबा

47. यूग्लीना में निम्नलिखित में से किस विधि से जनन होता है?

A. अलैंगिक

B. लैंगिक

C. अलैंगिक और लैंगिक दोनों विधियों से

D. संयुग्मन

48. प्लाज्मोडियम के जीवन चक्र में शुफनेर कण (Schuffner's dot) निम्नलिखित में से कहाँ पाए जाते हैं?

A. मनुष्य की लाल रक्त कणिकाओं में

B. मनुष्य की यकृत कोशिकाओं में

C. मच्छर में युग्मक निर्माण में

D. उपर्युक्त सभी में

49. प्लाज्मोडियम में विखंडनी जनन (schizogony) निम्नलिखित में से कहाँ होता है?

A. मनुष्य की लाल रक्त कणिकाओं में

B. मच्छर के आमाशय के ल्युमेन में

C. मनुष्य के यकृत में

D. मनुष्य के यकृत या लाल रक्त कणिकाओं में

50. प्रोटोजोआ संघ के जीवों में आमतौर पर अलैंगिक जनन देखा जाता है क्योंकि:

A. उनमें लैंगिक भेद स्पष्ट नहीं होता

B. वे काफी तेजी से संख्या वृद्धि कर सकते हैं

C. इसका पोषण की दृष्टि से महत्त्व है

D. इनमें से अनेक परजीवी रूप में जीवन व्यतीत करते हैं

51. एंटअमीबा हिस्टोलिटिका में उत्सर्जन की क्रिया निम्नलिखित में से किसके द्वारा संपन्न होती है?

A. संकुचनशील रसधानी

B. सामान्य पृष्ठीय सतह

C. खाद्य रसधानी

D. उपर्युक्त में से कोई नहीं

52. निम्नलिखित में से किसका युग्मनज (zygote) गतिशील होता है?

A. हाइड्रा B. प्लाज्मोडियम

C. ऐस्कारिस D. फेरेटिमा

53. प्लाज्मोडियम में युग्मकजनकों (gametocytes) का न्यूनकारी विभाजन निम्नलिखित में से कहाँ होता है?

A. मनुष्य के रक्त में
B. मच्छर के आमाशय में
C. मच्छर की रक्तगुहा में
D. उपर्युक्त में से कहीं नहीं

54. मलेरिया परजीवी के जीवन चक्र में बीजाणुज (Sporozoites) निम्नलिखित में से कहाँ संचित होते हैं?
A. मनुष्य के यकृत में
B. मनुष्य के रक्त में
C. मादा ऐनोफेलीज के आमाशय में
D. मादा ऐनोफेलीज की लार ग्रंथियों में

55. सॉल एंड जेल सिद्धांत (Sol and Gel theory) निम्नलिखित में से किसने प्रतिपादित किया?
A. डॉबेल B. हाइमन
C. डेलिन्जर D. मास्ट और पैन्टिन

56. निम्नलिखित में से किसके काटने से निद्रालु व्याधि (Sleeping sickness) होती है?
A. सिकता मक्खी B. सेट्सी मक्खी
C. खटमल D. सफेद मक्खी

57. द्विविखंडन के दौरान अमीबा कोशिका विभाजन की निम्नलिखित में से किस विधि से विभाजित होता है?
A. असूत्री विभाजन B. समसूत्री विभाजन
C. अर्धसूत्री विभाजन D. इनमें से कोई नहीं

उत्तरमाला

1	2	3	4	5	6	7	8	9	10
D	A	A	B	A	D	D	B	C	C
11	**12**	**13**	**14**	**15**	**16**	**17**	**18**	**19**	**20**
B	B	A	A	B	A	A	B	A	C
21	**22**	**23**	**24**	**25**	**26**	**27**	**28**	**29**	**30**
D	B	C	D	D	C	C	D	C	A
31	**32**	**33**	**34**	**35**	**36**	**37**	**38**	**39**	**40**
A	A	A	B	B	D	A	A	C	D
41	**42**	**43**	**44**	**45**	**46**	**47**	**48**	**49**	**50**
A	D	C	D	A	D	A	A	D	B
51	**52**	**53**	**54**	**55**	**56**	**57**			
B	B	D	D	D	B	B			

6. प्राथमिक उपचार और व्यवहारपरक विज्ञान (First Aid and Behavioural Science)

1. पुनरुज्जीवन हेतु कृत्रिम श्वसन

यदि कोई व्यक्ति साँस न ले रहा हो तो उसे तत्काल यदि संभव हो तो किसी कठोर सतह पर पीठ के बल लिटा दीजिए और उसके सिर के ऊपरी हिस्से को पीछे की ओर दबाइए ताकि उसका सिर फैल जाए। ठोढ़ी को आगे की ओर खींच कर वायु प्रवेश मार्ग की बाधा दूर कीजिए। यदि रोगी तब भी साँस न ले रहा हो तो मुख से साँस देने की की क्रिया तत्काल शुरू कीजिए क्योंकि ऐसी स्थिति में देर करने से रोगी की जान भी जा सकती है।

रोगी को कृत्रिम साँस देने के लिए अपना मुँह खोलकर गहरी साँस लीजिए। रोगी के नथुनों को अपनी उँगलियों से दबाइए और उसके मुँह को अपने होठों से बंद कर दीजिए (इस दौरान उसके सिर को पीछे की ओर रखिए) अब रोगी के मुँह में तब तक साँस छोड़ते रहिए जब तक कि उसकी छाती न फूल जाए। इसके पश्चात अपना मुँह हटा लीजिए और उसकी छाती का सिकुड़ना देखिए। ऐसा तब तक करते रहिए जब तक कि रोगी की साँस सामान्य गति से न चलने लगे किंतु आरंभिक चार बार यथासंभव तेजी से साँस दीजिए।

2. रक्त स्राव

खुले स्वच्छ घाव पर सीधे दबाव डालने से प्रायः रक्त स्राव रूक जाता है। ऐसा हाथ की उँगलियों से दबा कर किया जा सकता है किंतु यदि उपलब्ध हो तो पर्याप्त पैड लगाकर संक्रमण रहित पट्टी कर दिया जाना लाभदायक होता है। रक्तबंध (tourniquet) का प्रयोग कभी भी नहीं किया जाना चाहिए।

3. जलना

किसी अंग के जल जाने पर उसे तत्काल ठंडे जल में डुबा दीजिए ताकि प्रभावित व्यक्ति को दर्द से राहत मिले। तत्पश्चात् प्रभावित अंग को एक शुष्क विसंक्रमित पट्टी या धुले कपड़े से अच्छी तरह ढक दीजिए। यदि गंभीर रूप से जल गया हो तो रोगी को मानसिक आघात से उबारिए और यथासंभव शीघ्र रोगी को चिकित्सा सुविधा उपलब्ध कराइए। प्रभावित अंग पर मरहम या तेल की पट्टी न लगाइए।

4. वातनली का अवरुद्ध होना

ऐसा प्रायः वातनली में भोजन का अंश या कुछ अन्य चीज चले जाने से होता है और इसका उपचार प्रभावित व्यक्ति को झुका कर उसके कंधों की हड्डियों के बीच हलकी थपकी देकर किया जा सकता है। छोटे बच्चे को उलटा करके उसके कंधों की हड्डियों के बीच थपकी दी जा सकती है। यदि इससे वात नली का अवरोध दूर न होता हो तो गले के पिछले हिस्से में उँगली डाल कर व्यक्ति को उल्टी या खांसी कराई जा सकती है। यदि इनमें से कोई भी विधि कारगर न हो तो तत्काल चिकित्सीय सहायता ली जानी चाहिए।

5. बिजली का झटका लगना

यदि प्रभावित व्यक्ति बिजली के उपकरण के संपर्क में हो और आप बिजली का कनेक्शन नहीं काट सकते तो उस व्यक्ति को रबर का दस्ताना पहने बिना न छूएं। व्यक्ति को विद्युत संपर्क से हटाने के बाद कृत्रिम श्वसन दीजिए और यदि आवश्यक हो तो जल गए अंग का उपचार कीजिए।

6. विषाक्तता

यदि कोई व्यक्ति विष खा ले तो उसे तत्काल चिकित्सीय सहायता उपलब्ध कराइए। यदि यह पता न चले कि व्यक्ति ने कौन सा विषैला पदार्थ ग्रहण कर लिया है तो विष जिस पात्र में है उसे चिकित्सक को दिखाइए। संक्षारक अम्ल या क्षारीय विष जैसे ओसियोसोट, अमोनिया, कास्टिक सोडा,

प्रबल कार्बोलिक और ऑक्जैलिक अम्ल और अन्य अम्ल सभी होठों और मुख को जला देते हैं या धब्बा छोड़ते है। रोगी को तत्काल काफी मात्रा में जल पिलाएं किंतु उसे वमनकारी पदार्थ न पिलाएं।

यदि व्यक्ति ने कोई अम्ल ग्रहण कर लिया हो जैसे कि ऑक्जैलिक, नाइट्रिक या सल्फ्यूरिक अम्ल, तो उसका मुँह मैग्निशिया, चॉक, चूना जल आदि जैसे क्षार से धोइए। यदि लिया गया विष अमोनियम या कॉस्टिक सोडा जैसा कोई क्षारीय पदार्थ हो तो प्रभावित व्यक्ति को सिरका या नीबू पानी जैसा पेय पदार्थ पिलाएं। रोगी की नाड़ी की गति का मंद पड़ना, चेहरा पीला पड़ना, कुछ मामलों में नींद आना नींद की गोली या मादक पदार्थ ले लेने के लक्षण है। रोगी को वमनकारी पदार्थ पिलाएं और उसे जगाए रखें। विषैली गैस के प्रभाव की स्थिति में रोगी को ताजी हवा उपलब्ध कराएं उसे कृत्रिम साँस दें तथा चिकित्सक की सहायता लें।

7. आघात (प्रघात)

गंभीर रूप से जल जाने या चोट लग जाने की स्थिति में प्रभावित व्यक्ति आघात या प्रघात (सदमे) का शिकार हो जाता है। ऐसी स्थिति में रोगी पीला पड़ जाता है, उसकी त्वचा ठंडी पड़ जाती है, साँस तीव्र और अनियमित हो जाती है तथा नाड़ी की गति बढ़ जाती है। उसके सिर को नीचे तथा कूल्हे और टाँगों को थोड़ा उठाकर लिटा देना चाहिए। उसे उष्ण रखना चाहिए और यदि वह मूर्छित न हो तो उसे गुनगुना और मीठा पेय पदार्थ पीने को देना चाहिए किंतु कोई भी उद्दीपक नहीं देना चाहिए। उसे शांत रखें और दिलासा दीजिए। कुछ अत्यधिक छोटी दुर्घटनाओं के कारण भी रोगी आघात का शिकार हो सकता है।

8. आँख में कोई चीज गिर जाना

ऊपरी पलक को उठाकर निचले पलक पर रखने से प्रायः आँख में गिरी कोई वस्तु निचले पलक पर आ जाती है जहाँ से उसे सरलता से हटाया जा सकता है। दूसरी आँख को रगड़ कर आँख में पानी डालने या नाक छिड़कने से भी आँख में गिरा कण बाहर आ जाता है। यदि आँख में गिरी वस्तु स्पष्टतः दिखाई दे रही हो तो एक मृदु कागज के टुकड़े के सिरे को नम करके उसका उपयोग आँख में गिरी वस्तु को निकालने के लिए किया जा सकता है। आँख में गिरी वस्तु को बाहर निकालने के लिए छोटी चिमटी का प्रयोग कभी न करें और न ही उस आँख को रगड़ें। यदि वस्तु नेत्रगोलक (eye ball) से चिपक गई हो तो तत्काल चिकित्सक की सहायता लें।

9. वमनकारी पदार्थ (Emetics)

यदि यह ज्ञात हो कि व्यक्ति द्वारा खाया गया विष संक्षारक है, अम्ल या क्षार है अथवा यदि मुख में जलन या रंग–धब्बा दिखाई दे, तो ऐसी स्थिति में रोगी को वमनकारी पदार्थ देना या जबरदस्ती उल्टी कराना खतरनाक होता है, अतः ऐसा नहीं किया जाना चाहिए। अन्य प्रकार के विष के मामले में दो बड़ा चम्मच नमक या आधा बड़ा चम्मच सरसों का तेल लगभग 25 लीटर जल के साथ दिया जाना चाहिए।

मानसिक स्वास्थ्य और मादक औषधियों पर निर्भरता

मानसिक स्वास्थ्य किसी व्यक्ति के स्वास्थ्य का एक महत्त्वपूर्ण पहलू है। यह व्यक्ति के व्यक्तित्व और उसकी भावनाओं के बीच एक संतुलित अन्योन्य संबंध का प्रतीक है जिसकी सहायता से वह समाज के बीच सुखपूर्वक जीवन व्यतीत कर सकता है।

1. विक्षिप्ति या मनोविक्षिप्ति (Neuroses or Psychoneurosis)

रोगी प्रायः जीवन की परिस्थितियों के प्रति सामान्य प्रतिक्रिया अभिव्यक्त करने में समर्थ नहीं होता। यह मनोरोग का सर्वाधिक सामान्य रूप है।

ये हैं —

(*a*) चिंता (Anxiety)

(*b*) हिस्टीरिया (Hysteria)

(*c*) सनक (Obsession)

(*d*) अवसाद और भय (Depression and Phobias)

2. मानसिक अशक्तता

मानसिक अपसामान्यता के कारण व्यक्ति में बौद्धिक क्षमता की कमी होती है जो व्यक्ति में जन्म से ही या आरंभिक वय में देखी जाती है।

व्यापक रूप से दो प्रकार की मानसिक अशक्तता देखी जाती है –

(*i*) **अल्प मानसिक अशक्तता** (I.Q. 50-70) यह स्तर सामान्य बौद्धिक स्तर (I.Q. 85 से 115) से कम है। विशेष प्रशिक्षण द्वारा ऐसे बच्चे लाभान्वित हो सकते हैं।

(*ii*) **गंभीर मानसिक अशक्तता (I.Q. 49 या इससे कम)** ऐसे बच्चे सामान्य जीवन नहीं जी सकते और उन्हें हमेशा देख–रेख और सहायता की आवश्यकता होती है।

I.Q निम्नलिखित सूत्र द्वारा ज्ञात किया जाता है:

$$\text{I.Q} = \frac{\text{मानसिक आयु} \times 100}{\text{आनुक्रमिक आयु (वास्तविक आयु), वर्ष में}}$$

मानसिक अशक्तता (मंदबुद्धि होने) के अनेक कारण हैं किंतु इसके कुछ महत्त्वपूर्ण कारण निम्नलिखित हैं :

1. अधः लक्षण (मंगोलिज्म)
2. अवटु ग्रंथि की अल्पक्रियता (Hypothyroidism)
3. जन्मजात चोट
4. मस्तिष्क का संक्रमण

मानसिक स्वास्थ्य की दुर्बलता या अशक्तता के सुस्पष्ट चिह्नः

1. हमेशा चिंतित रहना
2. ध्यान केंद्रित न कर पाना
3. आसानी से और प्रायः आपा खो देना
4. निद्राहीनता
5. किसी अवधि के दौरान मनोदशा या मिजाज में काफी बदलाव आना
6. लोगों के साहचर्य में खुश न रहना
7. हमेशा भयभीत रहना
8. बिना कारण शरीर में दर्द की शिकायत होना।

मादक औषधियों पर निर्भरता

मादक औषधियों पर मानसिक और शारीरिक रूप से निर्भरता की स्थिति जिसमें प्रभावित व्यक्ति हेरोइन, मार्फिन, एल० एस० डी० जैसी मादक औषधियों को अधिकाधिक मात्रा में लेने लगता है।

अवसादकारी या शमक (Depressants)

मैक्ड्रैक्स, हेरोइन आदि अवसाद उत्पन्न करने वाले मादक द्रव्य हैं।

उद्दीपक : कोकीन, ऐम्फीटामिन

मिजाज या स्वभाव को उग्र बनाने वाला मादक द्रव्य : हशीश, चरस, गांजा।

दिल्ली, मुंबई आदि अनेक शहरों में ये मादक द्रव्य अनेक नामों से बेचे जाते हैं। स्वापक पदार्थ घोड़ा, मॉर्फ, जंक और चंदु के नाम से तो हेरोइन की बिक्री ब्राउन शुगर, गर्द, स्मैक और पाउडर के नाम से की जाती है

मादक औषधियों की लत छुड़ाने के उपायों से रोगी में उत्पन्न होने वाले लक्षण : रोगी की लत छुड़ाने से उसमें कई अवांछनीय लक्षण उत्पन्न हो सकते हैं जैसेकि पसीना आना, बेचैनी, विचलित होना, मिचली, शरीर के ताप में वृद्धि, चिंता, अन्यमनस्कता, चीढ़, नींद न आना आदि। ये अवांछनीय लक्षण मादक द्रव्य की अंतिम खुराक लेने के 24 से 48 घंटे में चरम स्थिति में पहुँच जाते हैं और तब 2 सप्ताह के भीतर धीरे–धीरे शांत हो जाते है।

मादक द्रव्य के आदी व्यक्तियों का उपचार

मादक औषधियों के आदी लोगों के उपचार हेतु अस्पतालों में बेड आरक्षित रखना और उनकी लत छुड़ाने के लिए चिकित्सीय उपचार आरंभ कर देना चाहिए। ऐसे रोगियों का उपचार अधिक सफल होता है यदि :

1. व्यक्ति कम मात्रा में और केवल एक ही मादक द्रव्य का सेवन कर रहा हो
2. नया–नया नशे का शिकार व्यक्ति जिसे आसानी से अभिप्रेरित किया जा सकता है।
3. यदि संबंधित व्यक्ति वर्तमान में किसी अन्य तनाव या समस्या से ग्रस्त न हो।
4. अच्छा पारिवारिक सहयोग उपलब्ध हो।

व्यवहारपरक विज्ञान

परिवार

परिवार समाज का सबसे छोटा और सर्वव्यापी एकक है। सभी स्वास्थ्य कार्यक्रमों में परिवार को आधारभूत इकाई

माना जाता है। स्वास्थ्य और रोग के संदर्भ में परिवार की भूमिका निम्नवत् है :

1. शिशु पालन
2. व्यक्तित्व निर्माण
3. समाजीकरण
4. आश्रितों की देखभाल
5. जीवन के सभी क्षेत्रों में तनाव का सामना करने में सहायता
6. कुछ रोगों जैसे कि होमोफीलिया आदि के प्रति आनुवंशिक प्रवणता तथा संचारी रोगों के फैलने में परिवार में काफी अधिक संख्या में लोगों का एक साथ मिलकर रहने की भूमिका।

आदर्श सामाजिक कार्यकर्ताओं की भूमिका

1. चिकित्सक की सहायता करना
2. रोगी की सहायता करना
3. रोगी की देखभाल करने के लिए परिवार के सदस्यों का मार्गदर्शन करना।
4. सामाजिक कल्याणकारी एजेन्सियों से वित्तीय सहायता प्राप्त करने में सहायता प्रदान करना
5. बेहतर स्वास्थ्य सुविधाएं प्राप्त करने के लिए समुदाय को दिशा निर्देश प्रदान करना।

व्यवहारपरक विज्ञान और चिकित्सा विज्ञान के बीच संबंध

1. इन विज्ञानों का ज्ञान स्वास्थ्य कर्मचारियों को कुछ रोगों के कारणों के संबंध में अधिक सूचना प्राप्त करने में सहायता प्रदान करता है।
2. रोगी के वैज्ञानिक उपचार के लिए परिवार की परंपराओं सदस्यों के स्वभाव, शैक्षिक स्तर, आर्थिक स्थिति, परिवार के सदस्यों के बीच संबंध की जानकारी होना आवश्यक है।

व्यक्तिगत स्वास्थ्य–विज्ञान विशेषकर व्यक्तिगत प्रयासों से स्वास्थ्य के अनुरक्षण और संवर्धन का विज्ञान है। व्यक्तिगत स्वास्थ्य विज्ञान में तीन मुख्य बिंदुओं का पालन किया जाना होता है :

(I) ताप

1. पोषाहार : भोजन पर्याप्त और संतुलित होना चाहिए
2. व्यक्तिगत आराम
3. बुनियादी भावनात्मक आवश्यकताओं की पूर्ति
4. वस्त्र और जूते
5. व्यायाम और आराम

(II) स्वच्छता

1. शरीर
2. बाल
3. त्वचा
4. कान
5. आँख
6. नाक
7. दाँत
8. नाखून
9. हाथ और पाँव

कुछ स्वभाव हानिकारक हो सकते हैं :

1. बहुत अधिक चाय, कॉफी के सेवन से अनिद्रा रोग हो सकता है। सिगार, बीड़ी, सिगरेट पीने या तंबाकू चबाने की आदतों से बचना चाहिए।
2. अत्यधिक ऐल्कोहॉल और हेरोइन, हशीश, गांजा, अफीम आदि मादक पदार्थों के सेवन से बचना चाहिए। ऐल्कोहॉल से सूत्रण रोग (Cirrhosis), पागलपन (मनाभ्रंश) की समस्या उत्पन्न हो सकती है। अन्य मादक पदार्थों के सेवन से परनिर्भरता में वृद्धि होती है।
3. विवाहेतर संबंधों के कारण लैंगिक संपर्क द्वारा संचारित होने वाले रोग (रतिज रोग) और एड्स होने की संभावना रहती है।

व्यक्तिगत स्वास्थ्य विज्ञान का सर्वोच्च लक्ष्य सभी के लिए सकारात्मक स्वास्थ्य की परिस्थितियाँ उपलब्ध कराना है।

औषध विज्ञान (Pharmacology)

(सार्वजनिक स्वास्थ्य में प्रयुक्त रसायनों सहित)

औषध विज्ञान रोगों और जीवों कें स्वास्थ्य पर औषधियों के प्रभाव और औषधियों के स्रोत के अध्ययन का विज्ञान है। औषधि से अभिप्राय रोग के निदान, उपचार या निवारण हेतु प्रयुक्त पदार्थ से है।

1. पीड़ानाशक (Analgesics) : ये ऐसी औषधियाँ हैं जो पीड़ा को कम करती हैं या समाप्त करती हैं। उदाहरण : ऐस्पिरीन, मॉर्फिन आदि।

2. रोगाणुरोधक और विसंक्रामक : सूक्ष्म जीवों को मारने के लिए प्रयुक्त या सूक्ष्म जीवों की वृद्धि और विकास के लिए प्रयुक्त औषधि जिसका प्रयोग शरीर की बाह्य त्वचा या पर्यावरण या प्रयुक्त वस्तुओं पर किया जाता है।

3. ऐन्टीबायोटिक्स : ऐसी औषधियों का प्रयोग शरीर के आंतरिक भागों में या बाह्य त्वचा पर हुए किसी संक्रमण को दूर करने के लिए किया जाता है।

4. कृमिनाशक : ये कृमियों को मारते या शिथिल करते हैं ताकि वे शरीर से चिपके न रहें (उदाहरण : पिपराजाइन, मेबेन्डाजोल)।

5. मृदु विरेचक (Laxatives or Purgative) : पेट साफ करने के लिए प्रयुक्त औषधि जैसे कि मिल्क ऑफ मैग्नीशिया, एरंड का तेल।

6. एक्सपेक्टोरेन्ट (कफ मिक्सचर) : बलगम बाहर निकालने में सहायक औषधि जिससे रोगी की तकलीफ कम होती है।

टॉनिक : यह रोगी को शारीरिक सामर्थ्य प्रदान करने और हीनताजन्य रोगों से बचाने के लिए दिया जाता है।

विभिन्न प्रकार की औषधियाँ

क्या औषधि बाह्य या आंतरिक या शरीर के स्थान विशेष पर प्रयोग में लाई जाने वाली औषधि है। सामान्यतः प्रयोग में लाई जाने वाली औषधियाँ हैं :

1. गोली, टैबलेट, कैप्सूल, स्पैन्स्युल (आंतरिक) प्रयोग
2. मरहम पेस्ट, क्रीम या जेली (बाह्य प्रयोग)
3. द्रव–मिश्रण (आंतरिक प्रयोग), लोशन, लेप, (बाह्य प्रयोग), निलंबन और इमल्शन (बाह्य और आंतरिक प्रयोग)
4. इन्जेक्शन : आसुत जल के साथ चूर्ण औषधि द्रव इंजेक्शन

   ऐम्पुल : प्रायः एकल औषधि

   वायल : एकल या एकाधिक औषधियों का मिश्रण
5. पाउडर
6. मलाशय से मल निष्कासन हेतु एनीमा

औषधि देने के मार्ग

1. प्रभावित भाग पर स्थानीय प्रयोग
2. मौखिक :

   (*a*) अधोजिह्व चबाकर

   (*b*) गोलियां आदि निगलकर
3. अंतःश्वसनः बेहोशी लाने वाली औषधियों, भाप अंतःश्वसन आदि कर
4. इन्जेक्शन

   (*a*) अंतः त्वचीय (त्वचा में, उदाहरण, बीसीजी टीका)

   (*b*) अधो उपत्वचीय (त्वचा और पेशी के बीच)

   (*c*) अंतरा पेशीय (पेशियों में)

   (*d*) अंतःशिरीय (शिरे में)

   (*e*) अंतः प्रावरकी (मस्तिष्क तरल में)

   (*f*) अंतरा उपत्वचीय (जोड़ों में)

औषधियों के प्रमुख अभिलक्षण

1. **चिकित्सीय प्रभाव :** यह शरीर के भाग या रोगजनक रोगाणुओं पर चयनात्मक रूप में काम करने और शरीर का सामान्य कार्यकरण पुनर्स्थापित करने की क्षमता है।
2. **प्रतिकूल प्रभाव :** उपयोगी प्रभाव के अतिरिक्त औषधियों द्वारा अवांछित प्रभाव भी उत्पन्न किया जाता है। (खाई जाने वाली गोलियों से बेचैनी, उल्टी आदि जैसी समस्याएं उत्पन्न हो सकती हैं)।
3. **ऐलर्जिक प्रभाव :** अवांछित प्रतिक्रिया उदाहरण के लिए, ऐस्पिरीन से दमे की शिकायत हो सकती है।

अभ्यस्तता

लोगों में मादक औषधियों का सेवन और उसकी मात्रा में निरंतर वृद्धि करने की प्रवृति घर कर जाती है। उदाहरण के लिए, सिगरेट पीने पर मनोवैज्ञानिक निर्भरता।

व्यसन

मादक औषधियों का सेवन करने और उसकी मात्रा में निरंतर वृद्धि करते रहने की प्रवृत्ति व्यसन कहलाती है। व्यसनी व्यक्ति मादक पदार्थों के प्रभाव पर शारीरिक और मनोवैज्ञानिक रूप से निर्भर हो जाता है। व्यसनी व्यक्ति किसी भी प्रकार मादक पदार्थ को ले लेने का प्रयास करता है और यदि उसे वह मादक पदार्थ प्राप्त न हो तो उसके शरीर में इसके कारण प्रतिकूल लक्षण उत्पन्न होने लगते हैं। उदाहरण : हेरोइन, मार्फिन, एल एस डी, भांग, गांजा, चरस आदि।

सार्वजनिक स्वास्थ्य रक्षा के लिए प्रयुक्त रसायन और रोग नियंत्रण

सार्वजनिक जल आपूर्ति तंत्र में प्रयुक्त रसायन

1. चूना (CaO)
2. सोडियम कार्बोनेट
3. परम्युटिट
4. फिटकरी : गंदलापन दूर करने के लिए
5. क्लोरीन गैस : Cl_2
6. ब्लीचिंग पाउडर : ($CaOCl_2$)
7. क्लोरीन की गोलियाँ
8. क्लोरीन विलयन
9. पोटैशियम परमैंगनेट ($KMnO_4$)
10. ओजोन गैस (O_3)

कृन्तकनाशी (Rodenticides)

चूहे आदि जंतु जो हमारे सामानों को कुतर देते हैं, कृंतक (rodents) कहलाते हैं। इन्हें मारने के लिए प्रयुक्त रसायनों को कृंतकनाशी रसायन कहा जाता है। आमतौर पर प्रयोग में लाए जाने वाले कृंतकनाशी रसायन हैं :

1. बेरियम कार्बोनेट
2. जिंक फॉस्फेट

7. परिवार कल्याण
(Family Welfare)

माता और शिशु स्वास्थ्य
(Maternal and Child Health)

"माता और शिशु स्वास्थ्य" का अर्थ है माताओं और बच्चों की स्वास्थ्य संवर्धन, रोग निवारक, आरोग्यकारी और स्वास्थ्य लाभ की दृष्टि से देख–भाल करना। इसमें माता का स्वास्थ्य, शिशु स्वास्थ्य, परिवार नियोजन, विद्यालय परिवेश, अशक्तता के शिकार बच्चे, किशोरावस्था तथा विशेष परिवेश में बच्चों की देखभाल जैसेकि : दिन में माता–पिता के घर से बाहर होने के समय बच्चों की देखभाल आदि जैसे पहलू शामिल है।

माता और शिशु देखभाल के विशिष्ट उद्देश्य हैं :

(*a*) माताओं की तथा प्रसवपूर्व और प्रसव पश्चात् शिशुओं की मृत्यु–दर और रोगग्रस्तता की दर में कमी लाना,

(*b*) जननात्मक स्वास्थ्य का संवर्धन, और

(*c*) परिवार में माता तथा बच्चों और किशोरों का शारीरिक और मनोवैज्ञानिक दृष्टि से विकास करना। माता और शिशु स्वास्थ्य का सर्वोच्च उद्देश्य लंबे समय से उपेक्षित इनके स्वास्थ्य पहलुओं पर ध्यान देना है।

जन्म पूर्व देख-भाल

जन्म पूर्व या प्रसव पूर्व देखभाल का अर्थ है गर्भावस्था के दौरान गर्भवती माताओं के स्वास्थ्य की देखभाल करना क्योंकि स्वस्थ माता ही स्वस्थ शिशु को जन्म दे सकती है। वस्तुतः यह देखभाल गर्भधारण के तुरंत बाद शुरू कर दी जानी चाहिए और गर्भावस्था की संपूर्ण अवधि के दौरान इसे जारी रखना चाहिए। कुछ देशों में गर्भधारण को अधिसूचित करना अपेक्षित है ताकि गर्भवती माताओं की यथाशीघ्र निवारक स्वास्थ्य हेतु उनकी देखभाल शुरू की जा सके।

उद्देश्य

जन्म पूर्व देखभाल के निम्नलिखित उद्देश्य हैं :

1. गर्भावस्था के दौरान गर्भवती माता के स्वास्थ्य का संवर्धन, संरक्षण और अनुरक्षण करना
2. 'उच्च जोखिम' वाले मामलों की पहचान करना और ऐसे मामलों में संबंधित गर्भवती माताओं की विशेष देखभाल करना
3. गर्भावस्था के दौरान होने वाली किसी समस्या की पहचान करना और उनकी रोकथाम करना
4. प्रसव से जुड़ी चिंता और भय का निराकरण करना
5. प्रसव के दौरान माता और शिशु की मृत्यु–दर और रोगग्रस्तता की दर को कम करना
6. शिशु की देखभाल, पोषण, व्यक्तिगत स्वास्थ्य विज्ञान और पर्यावरण स्वच्छता आदि के बारे में माताओं को प्रशिक्षण देना
7. माता को परिवार नियोजन सुविधा और गर्भ को चिकित्सीय देख–रेख में समाप्त करने (गर्भ समापन) की सलाह प्रदान करना
8. माता के संरक्षण में रहने वाले पाँच वर्ष से कम आयु के बच्चों पर विशेष ध्यान देना

प्रसव के दौरान देखभाल

शिशु को जन्म देना एक सामान्य शरीर क्रियात्मक प्रक्रिया है किंतु इसमें परेशानियाँ उत्पन्न हो सकती हैं। अकुशल और विषाक्त प्रक्रियाओं को अपनाने से इस दौरान माता के रक्त में प्रतिजीव (विषाक्त जीव) घर कर सकते हैं जिसके कारण गर्भवती माता पूतिजीवरक्तता (Septicaemia) की शिकार हो सकती है तथा विसंक्रमित नहीं किए गए उपकरणों के प्रयोग से टिटेनस नीओनेटरम (tetanus neonatorum) रोग हो सकता है। अतः प्रसव के दौरान गर्भवती माता की प्रभावी देखभाल करना आवश्यक है चाहे प्रसव सामान्य रूप से ही क्यों न हो। मुख्य बल स्वच्छता पर दिया जाना अनिवार्य है।

प्रसव के दौरान गर्भवती माता की सही देखभाल के निम्नलिखित उद्देश्य हैं :

(*i*) पूर्णतः विसंक्रमित प्रक्रिया का प्रयोग

(*ii*) शिशु और माता को न्यूनतम क्षति पहुँचा कर प्रसव कराना

(*iii*) किसी भी प्रकार की जटिलता उत्पन्न होने की स्थिति में उससे निबटने के लिए तैयार रहना। प्रसव के समय सामने आने वाली कुछ जटिलताएं हैंः लंबे समय तक प्रसव पीड़ा होना, प्रसव के दौरान अत्यधिक रक्त स्राव होना, शरीर में मरोड़ आना, गर्भनाल का टूट जाना आदि।

(*iv*) प्रसव के दौरान गर्भवती माता की देखभाल करना, गर्भनाल और शिशु के नेत्र आदि की देखभाल करना।

प्रसवोपरांत देखभाल

प्रसव के पश्चात् माता और नवजात शिशु की देखभाल करना प्रसवोपरांत देखभाल कहलाता है। स्थूल रूप में इस प्रकार की देखभाल को दो भागों में बाँटा गया है : माता की देखभाल करना जो मुख्य रूप के प्रसूति–विशेषज्ञ (Obstetrician) की जिम्मेवारी है और नवजात शिशु की देखभाल जो प्रसूति–विशेषज्ञ और बालरोग विशेषज्ञ दोनों की संयुक्त जिम्मेदारी है। इस संयुक्त देखभाल को परिप्रसव विज्ञान (Perinatology) कहा जाता है।

माता की देखभाल

प्रसवोपरांत देखभाल के उद्देश्य हैं :

1. प्रसवोपरांत उत्पन्न होने वाली किसी भी समस्या का समाधान करना
2. प्रसव के उपरांत माता के शीघ्र स्वास्थ्य लाभ हेतु सभी आवश्यक सुविधाएं उपलब्ध कराना
3. माता अपने शिशु को पर्याप्त मात्रा में स्तनपान करा सके, इस पर ध्यान रखना
4. परिवार नियोजन सेवाएं प्रदान करना
5. माता को प्राथमिक स्वास्थ्य शिक्षा प्रदान करना

बच्चों की देखभाल

इस संदर्भ में 0-14 वर्ष के आयु–वर्ग के बच्चों पर ध्यान रखा जाता है। यह आयु– वर्ग सभी समुदायों के लिए सर्वाधिक महत्त्वपूर्ण है जिसका कारण यह नहीं है कि ये कुल आबादी का लगभग 40% है बल्कि इसका कारण यह है कि बाद के जीवन में होने वाले किसी भी चिरकालिक रोग और स्वास्थ्य संबधी आदतों की नींव इसी आयु में पड़ती है। बाल्यावस्था इसलिए भी अत्यधिक महत्त्वपूर्ण है क्योंकि इसी दौरान व्यक्ति में समाजीकरण की प्रक्रिया आरंभ होती है और बच्चा प्रवृत्तियों, रूझानों, प्रथाओं और आदतों को अपनाता है।

बाल्यावस्था को परंपरागत रूप से निम्नलिखित आयु चरणों में विभाजित किया जाता है :

1. शैशवावस्था (1 वर्ष की आयु तक)
   (*a*) नवजात अवस्था (जीवन के प्रारंभिक 28 दिन)
   (*b*) नवजातोत्तर अवस्था (28 वें दिन से 1 वर्ष तक)
2. स्कूल–पूर्व अवस्था (1-4 वर्ष)
3. स्कूल जाने की अवस्था (5-14 वर्ष)

माता और शिशु स्वास्थ्य सेवाएं प्रदान करना

माता और शिशु स्वास्थ्य कोई नई विशेषज्ञता का विषय नहीं है। यह आबादी के एक ऐसे विशिष्ट वर्ग को स्वास्थ्य सेवाएं प्रदान करता है जिन्हें इनकी सर्वाधिक आवश्यकता है और जिन्हें रोग, अशक्तता या मृत्यु का सर्वाधिक खतरा होता है। यह वर्ग (अर्थात 5 वर्ष से कम आयु के बच्चे और प्रजनन आयु–वर्ग (15-44 वर्ष) की महिलाएँ) भारत की कुल आबादी का लगभग 31.6 प्रतिशत है।

माता और शिशु स्वास्थ्य सेवाओं में प्रसूति–विज्ञान, बालरोग विज्ञान, परिवार कल्याण, पोषण, बाल विकास और स्वास्थ्य शिक्षा के आरोग्यकर, निवारक और सामाजिक पहलू सम्मिलित हैं। माता और बाल स्वास्थ्य सेबाओं के निम्नलिखित विशिष्ट उद्देश्य हैं :

1. माता और बच्चों में रोगग्रस्तता की दर कम करना।
2. प्रजनन स्वास्थ्य का संवर्धन, और
3. परिवार में बच्चों के शारीरिक और मनोवैज्ञानिक विकास का संवर्धन।

   बाल विकास तथा माता–पिता और बच्चों को स्वास्थ्य शिक्षा प्रदान करके माता और शिशु स्वास्थ्य सेवाओं का सर्वोच्च उद्देश्य व्यक्ति को आजीवन स्वस्थ बनाए रखना है।

उप-क्षेत्र

माता और शिशु स्वास्थ्य सेवाओं में निम्नलिखित उप–क्षेत्र शामिल हैं :

(*a*) माता का स्वास्थ्य

(*b*) परिवार नियोजन

(*c*) बाल स्वास्थ्य

(*d*) विद्यालय जाने वाले बच्चों का स्वास्थ्य

(*e*) विकलांग बच्चे

(*f*) विशेष परिवेश में बच्चों की देखभाल जैसे कि माता–पिता के घर से बाहर होने के दौरान बच्चों की देख–भाल

माता और शिशु स्वास्थ्य की देखभाल के क्षेत्र में हाल में हुए विकास

माता और शिशु स्वास्थ्य की देखभाल का कार्य परंपरागत रूप से निर्धारित किया गया है और कुछ विकसित देशों से प्राप्त मॉडलों के आधार पर "मानक" तकनीकी सुविधाओं से युक्त एक अनुलंब कार्यक्रम के रूप में उपलब्ध कराया गया है। विभिन्न सामाजिक–आर्थिक स्थितियों में अनुप्रयुक्त ऐसे अनुलंब कार्यक्रम न्यूनतम कवरेज से अधिक उपलब्ध नहीं हुए क्योंकि उच्च लागत के कारण ये अधिकांश माताओं और बच्चों की प्रमुख समस्याओं का समाधान करने में सक्षम नहीं थे।

इन पर नीचे चर्चा की गई है :

1. **सुविधाओं का समन्वयन :** परंपरागत माता और शिशु स्वास्थ्य सेवाएं प्रसवपूर्व सेवा, प्रसवोपरांत सेवा, शिशु सेवा, परिवार नियोजन आदि में विभक्त हैं।
2. **जोखिम दृष्टिकोण :** माता और शिशु स्वास्थ्य की देखभाल और परिवार नियोजन के कवरेज और प्रभावकारिता में सुधार लाने का एक नया और आशाजनक माध्यम दुर्लभ संसाधनों का उपयोग करना है। यह अत्यधिक जोखिम की दशा में स्थित माताओं और बच्चों की शीघ्र पहचान करने पर आधारित है।

   (*a*) परिमाण अर्थात् मात्रा और व्यापकता,

   (*b*) उपचारणीयता अर्थात उपचार के प्रति अनुक्रिया और नियंत्रण

   (*c*) मानव के कष्ट को कम करने में लागत प्रभाव और

   (*d*) समुदाय की प्रवृत्ति अर्थात् सामाजिक सरोकार के अनुसार प्रत्येक कारक में जोखिम की मात्रा का आकलन करना भी संभव है।
3. **जनशक्ति परिवर्तन :** परिधीय स्तर पर माता और शिशु स्वास्थ्यकर्मियों की विशेष श्रेणी (जैसे कि सहायक कर्मचारी– नर्स, दाई, स्वास्थ्य सेवक) को धीरे–धीरे चरणबद्ध रूप में इससे अलग किया जा रहा है। माता और शिशु स्वास्थ्य के लिए अब अनेक कर्मचारियों को इस कार्य से जोड़ने की आवश्यकता समझी गई है। इनमें निम्नलिखित शामिल हैं:

   (*i*) **व्यावसायिक :** विशेषज्ञ

   (*ii*) **क्षेत्रीय कार्यकर्ता :** बहुउद्देश्यीय कार्यों को करने वाले व्यक्ति, स्वास्थ्य गाइड, दाई (परंपरागत रूप से प्रसव में सहायता करने वाली स्त्रियां), बालसेविका, आंगनवाड़ी कार्यकर्ता, आदि।

   (*iii*) **स्वैच्छिक कार्यकर्ता (स्वयंसेवक) :** महिला संगठनों के सदस्य
4. **प्राथमिक स्वास्थ्य कर्मचारी :** प्राथमिक स्वास्थ्य सुविधाएं अब सभी को आवश्यक स्वास्थ्य सेवाएं उपलब्ध कराने के लिए उपयोगी समझी जाने लगी हैं। इसमें माताओं और बच्चों के स्वास्थ्य पर सकरात्मक प्रभाव उत्पन्न करने के लिए आवश्यक अवयव जैसेकि : माता और शिशु स्वास्थ्य सुविधाएं, परिवार नियोजन, संक्रमण नियंत्रण, स्वास्थ्य समस्याओं और उनके निवारण की तकनीकों के बारे में शिक्षा और पोषक पदार्थों से युक्त भोजन सुनिश्चित करने के उपाय आदि समाहित हैं। प्राथमिक स्वास्थ्य सुविधाएं परिवार पर आधारित देखभाल और सहायता तथा समुदाय की स्वास्थ्य के मामले में आत्मनिर्भरता पर बल देती है।

माता और शिशु स्वास्थ्य सेवाओं के लक्ष्य

राष्ट्रीय स्वास्थ्य नीति में माता और शिशु स्वास्थ्य के संबंध में निम्नलिखित लक्ष्य निर्धारित किए गए हैं जिन्हें वर्ष 2009 तक प्राप्त कर लिया जाना है (नीचे दी गई तालिका देखें)

तालिका : माता और शिशु स्वास्थ्य के संबंध में राष्ट्रीय स्वास्थ्य नीति में वर्ष 2009 तक प्राप्त किए जाने वाले लक्ष्य

सूचक	मौजूदा स्तर	वर्ष 2009 तक प्राप्त किए जाने वाले लक्ष्य
(क) मृत्युदर (प्रति 1000) में कमी	83 (2004)	<60
शिशु मृत्युदर	54.2 (2003)	35
जन्मपूर्व शिशु मृत्युदर (0-4 वर्ष)	33.7 (2003)	10
गर्भवती माताओं में मृत्युदर	5 (2203)	2
(ख) जन्म के समय कम भार के अनुपात में कमी (%) 2500 ग्राम से कम भार के जन्मजात शिशु (%)	40 (2002)	10
(ग) सेवाएं (प्रतिशत कवरेज)	96.0 (2004-05)	85
टीकारण–शिशु–गर्भवती महिलाएं	91 (2004-05)	100
प्रशिक्षित दाइयों द्वारा प्रसव कराना	57.3 (2002)	100
जन्मपूर्व देखभाल	92 (2003)	100
(घ) विटामिन 'ए' की कमी के कारण होने वाली नेत्रहीनता पर रोक लगाना नेत्रहीनता की घटना (%)	2.4 (2000)	0.3

शिशु उत्तरजीविता और सुरक्षित मातृत्व कार्यक्रम

शिशु उत्तर जीविता और सुरक्षित मातृत्व कार्यक्रम 20 अगस्त 1992 को शुरू किया गया। इस कार्यक्रम को केंद्र और राज्य सरकारों द्वारा उच्च प्राथमिकता प्रदान की गई ताकि महिलाओं और बच्चों के स्वास्थ्य में सुधार लाया जा सके। इस कार्यक्रम में राष्ट्रीय स्वास्थ्य नीति (1983) में माता और शिशु स्वास्थ्य से संबंधित 17 में से 9 लक्ष्यों को प्राप्त करने की पुरजोर कोशिश की जा रही है।

अतिरिक्त उपकरणों की आपूर्ति, आवश्यक औषधियों की नियमित आपूर्ति तथा चिकित्सीय और अर्ध चिकित्सीय कर्मचारियों को नियुक्त करके इन कार्यक्रमों को समन्वित किया जा रहा है, उनके कवरेज स्तर में विस्तार किया जा रहा है तथा सेवा की गुणवत्ता में सुधार लाया जा रहा है।

सेवा का पैकेज निम्नवत् है :

1. बच्चों के लिए

(*a*) नवजात शिशु की अनिवार्य देखभाल
(*b*) टीकाकरण
(*c*) पेचिश से रोकथाम के लिए उपयुक्त प्रबंधन
(*d*) एआरआई का उपयुक्त प्रबंधन
(*e*) विटामिन 'ए' से रोग–निरोधन

2. माताओं के लिए

(*a*) टीकाकरण
(*b*) अरक्तता का निवारण और उपचार
(*c*) जन्मपूर्व देखभाल तथा गर्भवती माताओं में उत्पन्न होने वाली किसी समस्या की शीघ्र पहचान
(*d*) प्रशिक्षित दाइयों द्वारा प्रसव कराना
(*e*) संस्थाओं में प्रसव कराने पर जोर देना
(*f*) प्रसव के दौरान उत्पन्न होने वाली आपात स्थितियों का प्रबंधन
(*g*) दो बच्चों के जन्म के बीच अंतर होना

स्वास्थ्य शिक्षा और संचार

स्वास्थ्य शिक्षा सामुदायिक स्वास्थ्य का एक अनिवार्य उपकरण है। सामुदायिक स्वास्थ्य की प्रत्येक शाखा का एक स्वास्थ्य

शिक्षात्मक पहलू होता है। अंततः सामुदायिक स्वास्थ्यकर्मी एक स्वास्थ्य शिक्षक होता है। स्वास्थ्य शिक्षा का उद्देश्य "मित्र बनाना और लोगों को प्रभावित करना है।"

विश्व स्वास्थ्य संगठन के अनुसार स्वास्थ्य "पूर्ण शारीरिक, मानसिक और सामाजिक स्वास्थ्य की अवस्था है न कि केवल रोग या अशक्तता की कमी की स्थिति"। स्वास्थ्य शिक्षा का संबंध स्वास्थ्य में वृद्धि करना और व्यवहार प्रेरित रोग को कम करना है।

माता और शिशु स्वास्थ्य

1. माता और शिशु स्वास्थ्य : माता और शिशु स्वास्थ्य में महिलाओं के संपूर्ण प्रजनन चक्र (15-45 वर्ष) और सभी आयु वर्ग के बच्चों की माता के गर्भ में आने से लेकर किशोरावस्था के दौरान उनके शारीरिक, मानसिक और सामाजिक स्वास्थ्य से संबंधित सभी मामले शामिल हैं। इसमें विकलांग बच्चों के लिए अपेक्षित विशेष स्वास्थ्य सेवाएं भी शामिल हैं।

2. माता और शिशु स्वास्थ्य की समस्याएं : विकसित देशों में भी मृत्युदर, शारीरिक अंगों में जन्मजात विकृति, आनुवंशिक और कुछ व्यवहारगत समस्याएं शामिल हैं। विकासशील देशों में माताओं में मृत्युदर और रोगग्रस्तता की दर, बच्चों में मृत्युदर और रोगग्रस्तता की दर, दो बच्चों के जन्म के बीच अंतर, परिवार के आकार को सीमित करना, संचारी रोगों का निवारण तथा बच्चों में जन्मपूर्व की अवस्था से लेकर उनके द्वारा दूध–पीना छोड़ने तक की अवस्था के दौरान कोई शारीरिक विकृति रोकने के लिए उन्हें पौष्टिक आहार प्रदान करना शामिल है।

माता में संक्रमण के कारण शिशु का जन्म के समय भार कम होना, गर्भपात, शिशु का संक्रमण का शिकार होना आदि समस्याएं उत्पन्न हो सकती हैं। शिशु प्रसव के दौरान और स्तनपान की अवधि के दौरान संक्रमण का शिकार हो सकता है। वह पेचिश, श्वास नाल का संक्रमण, त्वचा संक्रमण, टीबी और मलेरिया जैसे सामान्य रोगों का शिकार होता रहता है। उसे डिफ्थीरिया, कुकुर खांसी, टिटेनस, खसरा, पोलियो आदि जैसे रोग भी हो सकते हैं।

3. जन्मपूर्व देखभाल : इसका बुनियादी उद्देश्य यह है कि प्रत्येक गर्भधारण के फलस्वरूप एक स्वस्थ शिशु जन्म ले और जन्म देनेवाली माता भी स्वस्थ रहे।

1. गर्भावस्था के दौरान माता के स्वास्थ्य का संवर्धन, संरक्षण और अनुरक्षण करना
2. गर्भावस्था के दौरान आई परेशानियों की पहचान करना और उनका उपचार करना
3. अत्यधिक जोखिम वाले मामलों की पहचान करना और उनका प्रबंधन

4. प्रसवपूर्व सलाह : गर्भवती महिलाओं को प्रसवपूर्व निम्नलिखित के संबंध में सुझाव दिए जाने चाहिए :

1. **आहार :** अतिरिक्त प्रोटीनयुक्त पूर्ण औसत आहार लेने की सलाह दी जानी चाहिए।
2. निम्नलिखित के संबंध में व्यक्तिगत स्वास्थ्य पर ध्यान दिया जाना चाहिए :
   व्यक्तिगत स्वच्छता, प्रतिदिन स्नान करना, स्वच्छ वस्त्र पहनना आदि।

5. बच्चे की देखभाल : गर्भवती माताओं को पोषण संबंधी शिक्षा, बच्चों के पालन–पोषण, खाना पकाने, परिवार नियोजन संबंधी शिक्षा, परिवार के लिए आय–व्यय का बजट बनाने आदि संबंधी जानकारी उपलब्ध कराई जानी चाहिए।

गर्भधारण या प्रसव के संबंध में किसी भी प्रकार के भय से उन्हें मुक्त कराया जाना चाहिए तथा उन्हें विशेष संरक्षण दिया जाना चाहिए।

1. **अरक्तता से बचाव :** गर्भधारण की दूसरी तिमाही से प्रत्येक गर्भवती माता को आयरन और फॉलिक ऐसिड (60 मिग्रा + 500 मिग्रा)
2. माता–शिशु स्वास्थ्य केंद्रों और आई सी डी एस परियोजना केंद्रों पर पोषणपूरक दवाएं वितरित की जाती हैं।
3. **टिटेनस :** गर्भवती माता को टिटेनस टॉक्साइड के 2 इंजेक्शन दिए जाते हैं।
4. **उपदंश :** रतिज रोग संबंधी रुटिन जाँच की जाती है और यदि संभव हो तो ऐसे किसी भी रोग के संबंध में पर्याप्त उपचार किया जाता है।
5. **Rh स्थिति :** यह भी परीक्षण किया जाता है कि क्या माता Rh निगेटिव है कि शिशु Rh पॉजिटिव है।

6. नवजात शिशु की देखभाल : निम्नलिखित पर तत्काल ध्यान दिया जाना चाहिए :

1. **श्वसन क्रिया का अनुरक्षण :** नवजात शिशु के मुख और नाक में मौजूद सभी स्राव को साफ कर दिया जाना चाहिए। यह अनिवार्य है कि बच्चा अवश्य ही साँस ले और रोए। बच्चे को 1-2 मिनट तक उल्टा टाँग कर रखें। यदि आवश्यक हो, तो चूषक यंत्र (Suction machine) का प्रयोग किया जाना चाहिए।
2. **गर्भनाल की देखभाल :** स्पंदन रूक जाने पर गर्भनाल को दो जगहों पर बाँध दिया जाना चाहिए और तब उसे काट कर उस पर पट्टी बाँध दी जानी चाहिए। विसंक्रमण हेतु सावधानी बरती जानी चाहिए।
3. **आँखों की देखभाल :** विसंक्रमित फाहे से आँखों को साफ किया जाना चाहिए और उन पर 1% टेरामाइसिन या सिल्वर नाइट्रेट की बूँद डाली जानी चाहिए।
4. **त्वचा की देखभाल :** नवजात शिशु को तेल लगाकर नहलाना चाहिए। यदि शिशु की साँस नहीं चल रही हो, वह मल त्याग नहीं कर रहा हो, लगातार उल्टी कर रहा हो या उनके शरीर में ऐंठन हो तो तत्काल चिकित्सक को सूचित किया जाना चाहिए।

7. माता-शिशु स्वास्थ्य सेवाओं से संबंधित संगठन :

1. प्राथमिक स्वास्थ्य केंद्र जिसमें स्वास्थ्य सेवाएं प्रदान करने के लिए तीन स्तरीय व्यवस्था की गई है : प्राथमिक स्वास्थ्य केंद्र, उपकेन्द्र और ग्राम स्तरीय केंद्र
2. निजी चिकित्सक
3. आई सी डी एस
4. छोटे अस्पताल
5. कुछ कल्याण केंद्र

8. शहरी-क्षेत्रों में माता-शिशु स्वास्थ्य सेवाएं : शहरी क्षेत्रों में माता–शिशु स्वास्थ्य सेवाएं उपलब्ध कराने का उत्तरदायित्व स्थानीय निकायों को सौंपा गया है :

स्थानीय निकायों द्वारा प्रसूति अस्पताल खोले और चलाए जाते हैं जिनमें पूर्णकालिक चिकित्सकों, आयाओं, नर्सों, अवैतनिक चिकित्सकों आदि को नियुक्त किया जाता है।

ऐसे कुछ अस्पताल राज्य सरकार द्वारा, कुछ केंद्र सरकार द्वारा और कुछ स्वैच्छिक एजेंसियों और स्थानीय निकायों द्वारा चलाए जाते हैं।

9. बाल अपराध : अपराधी बच्चा (बाल अपराधी) उसे कहते हैं जो चोरी, लैंगिक दुर्व्यवहार, हत्या, सेंधमारी आदि जैसे अपराधों से जुड़ा हो। बच्चे का अर्थ 18 वर्ष से कम आयु के लड़कों और 16 वर्ष से कम आयु की लड़कियों से है। अपराध का वास्तविक अर्थ ऐसा कोई भी असामान्य व्यवहार है जो सामाजिक दृष्टि से वांछनीय नहीं है। इसे पारिवारिक जीवन में सुधार ला कर, बच्चे को सही प्रकार से स्कूली शिक्षा प्रदान करके, मनोरंजन की सुविधाएं उपलब्ध कराकर और बच्चों को मार्गदर्शन प्रदान करने वाले केंद्रो को स्थापित करके प्रबंधित किया जा सकता है।

10. महिला और बाल कल्याण हेतु प्रयुक्त कानून :

1. **विवाह की आयु :** बालिकाओं के संबंध में यह आयु 15 वर्ष से बढ़ा कर 18 वर्ष कर दी गई है। इससे साक्षरता की स्थिति में सुधार होगा, जन्म दर में कमी होगी और बालिकाएं अधिक परिपक्व होंगी।
2. **गर्भ का चिकित्सीय समापन अधिनियम, 1971 (MTP ACT 1971) :** यह अधिनियम माता के स्वास्थ्य अनुरक्षण में सहायक है और अवांछित गर्भ से भी छुटकारा दिलाता है।
3. **हिंदू दत्तक और भरण-पोषण अधिनियम, 1956 (Hindu Adoptions and Maintenance Act, 1956):** यह अधिनियम महिलाओं और विशेषकर बांझ महिलाओं को कानून द्वारा माता बनने का अधिकार प्रदान करता है।
4. **फैक्टरी अधिनियम (Factory Act) :** यह अधिनियम किसी भी फैक्टरी में कार्यरत 30 कामकाजी महिलाओं के 5 वर्ष तक की आयु के बच्चों के लिए शिशुसदन स्थापित करने की सुविधा उपलब्ध कराता है।
5. **प्रसूति प्रसुविधा अधिनियम, 1961 (Maternity Benefit Act, 1961) :** इस अधिनियम के तहत गर्भवती महिलाओं को प्रसव हेतु 90 दिनों की सवैतनिक छुट्टी और गर्भ के चिकित्सीय समापन (MTP) या गर्भपात के लिए 42 दिनों की सवैतनिक छुट्टी प्रदान की जाती है ताकि ऐसी महिलाएं स्वास्थ्य लाभ कर सकें।
6. **स्त्री तथा लड़की अनैतिक व्यापार दमन अधिनियम, 1956 (Suppression of Immoral Traffic in Woment and Girls Act, 1956) :** यह अधिनियम स्त्रियों और लड़कियों के समाज में पुनर्वास में सहायता करता है, वेश्यालय चलाने वालों को दंडित करता है और उन्हें वेश्या बनने से बचाता है।

11. बाल कल्याण हेतु अधिनियम :

1. **बालक अधिनियम, 1960 (Children Act, 1960 :** इस अधिनियम में अपराधी प्रवृत्ति के बच्चों की देख–रेख, अनुरक्षण, कल्याण, प्रशिक्षण, शिक्षा और पुनर्वास का प्रावधान किया गया है। इस अधिनियम की परिधि में उपेक्षित, निस्सहाय, विकलांग, सामाजिक दृष्टि से अनियंत्रित, उत्पीड़ित और अपराधी प्रवृत्ति के बच्चों को शामिल किया गया है।
2. **फैक्टरी अधिनियम :** बच्चों से भारी वजन नहीं उठवाना चाहिए, उन्हें रात्रि की शिफ्ट में काम पर नहीं लगाना चाहिए। यदि उन्हें काम पर रखना अपरिहार्य हो तो प्राधिकृत सर्जन से इस आशय का प्रमाण पत्र प्राप्त कर लिया जाना चाहिए कि वे संबंधित कार्य के लिए उपयुक्त है।

12. शिशु मृत्यु दर : इसे वर्ष भर में प्रति 1000 जीवित जन्म शिशुओं में से मृत्यु का शिकार होने वाले शिशुओं की संख्या के रूप में परिभाषित किया जाता है। यह लोगों के स्वास्थ्य और जीवन स्तर को बताने वाला सर्वाधिक महत्त्वपूर्ण सूचकांक है।

13. जनसांख्यिकी : जनसंख्या का अध्ययन जनसांख्यिकी कहलाता है। जनसांख्यिकी की परिभाषा जनसंख्या आकार, वृद्धि, वितरण, प्रवसन, जन्म–मृत्यु संबंधी आँकड़े तथा सामाजिक और आर्थिक दशाओं पर इन सभी के प्रभावों के संदर्भ में मानव जनसंख्या के अभिलक्षणों के सांख्यिकी अध्ययन के रूप में दी जाती है।

14. जन्मदर : इसका अर्थ समुदाय में नवजात बच्चों के शामिल होने की संख्या है।

15. मृत्युदर : इसका अर्थ वह प्रक्रिया है जिसके द्वारा किसी समुदाय में जीवों की संख्या में कमी आती है।

16. प्रवसन : जिस क्षेत्र में प्रवसन होता है उसमें जनसंख्या वृद्धि होती है और जिस क्षेत्र से प्रवसन होता है उस क्षेत्र में जनसंख्या ह्रास होता है।

17. मृत्युदर और जन्मदर के बीच अंतर को जनसांख्यिकी अंतराल (demographic gap) कहते हैं। यदि यह अंतराल अधिक हो तो जनसंख्या में वृद्धि होती है और यदि यह अंतराल कम हो तो जनसंख्या में कमी आती है।

$$\frac{\text{समुदाय में जन्मदर} - \text{समुदाय में मृत्युदर}}{100}$$

= वर्ष में वृद्धि दर (प्रतिशत में)

18. जन्मदर में कमी लाने के लिए उत्तरदायी कारक :

1. उच्च तलाक दर
2. विधवाओं और तलाकशुदा लोगों के पुनर्विवाह पर रोक
3. उच्च जीवन स्तर
4. लंबे समय तक स्तनपान कराना
5. गर्भपात को लोकप्रियता प्राप्त होना
6. परिवार नियोजन को स्वीकृति प्राप्त होना

19. मृत्यु दर को प्रभावित करने वाले कारक : निम्नलिखित कारणों से मृत्यु दर में कमी आई है :

1. प्राकृतिक नियंत्रकों जैसे कि अकाल, महामारियों आदि की स्थिति उत्पन्न न होना या उनकी पुनरावृत्ति न होना।
2. छोटी माता, प्लेग, हैजा, मलेरिया आदि रोगों पर व्यापक नियंत्रण
3. चिकित्सा विज्ञान में प्रगति तथा जीवन रक्षक औषधियों, कीटनाशकों आदि की उपलब्धता
4. बेहतर स्वास्थ्य सेवाओं की उपलब्धता, प्राथमिक स्वास्थ्य केंद्रों को स्थापित करना
5. राष्ट्रीय स्वास्थ्य कार्यक्रम

20. परिवार कल्याण की भूमिका :

1. **विवाह पूर्व :** यौन शिक्षा, मातृत्व/पितृत्व संबंधी शिक्षा, विवाहपूर्व और आनुवंशिकी विषयक परामर्श (विवाह पूर्व आनुवंशिकी विषयों पर सलाह)
2. **विवाह पश्चात :** गर्भ निरोधक गोलियों/साधनों की आपूर्ति
3. **संतान-उत्पत्ति में सक्षम दंपति :** गर्भ का चिकित्सीय समापन (MTP), जनन मार्ग के रोगों की जाँच, शिशु पालन संबंधी शिक्षा और आनुवंशिकी परामर्श
4. **बाँझ दंपति :** बाँझपन की जाँच और उपचार, कृत्रिम वीर्यसेचन, संतान गोद लेना।

21. परिवार नियोजन की विधियाँ :

1. **संयम :** इसका अर्थ है कि संभोग से बचना। इसे गर्भ निरोधक हेतु प्रभावी विधि नहीं माना जाता क्योंकि इसे व्यवहार में लाना काफी कठिन है।
2. **अवरुद्ध मैथुन :** इस विधि में संभोग के दौरान पुरुष अपना शिश्न महिला की योनि से बाहर निकाल लेता

है ताकि वीर्यपात योनि से बाहर हो। ऐसी आशंका व्यक्त की गई है कि इससे कुछ लोगों में मानसिक विक्षोभ उत्पन्न हो जाता है। इस विधि में विफलता दर प्रतिवर्ष प्रति 1100 महिला में 15-20 गर्भधारण है।

3. **आवर्तन विधि** : सुरक्षित अवधि यह अवधि उन लोगों द्वारा प्रयोग में लाई जाती है जो धार्मिक या अन्य कारणों से परिवार नियोजन की किसी अन्य विधि का प्रयोग नहीं करते।

22. ग्रीवा आच्छद : इसका विगत में यूरोपीय देशों में और भारत में भी व्यापक उपयोग किया जाता था। यह रबर या धातु की एक छोटी घंटी जैसी युक्ति होती है जो गर्भाशय की ग्रीवा को ठीक–ठीक ढक लेती है। इस पर शुक्राणुनाशी रसायन की थोड़ी मात्रा भी रख दी जाती है। इस आच्छद या टोपी को अगले ऋतु स्राव तक लगा कर रखा जाता है। इसका प्रयोग लंबी गर्भाशय ग्रीवा होने की स्थिति में बेहतर रूप में किया जा सकता है। इसके प्रयोग हेतु चिकित्सक की सलाह आवश्यक है। प्रयोग में लाने से पूर्व इसकी जाँच कर ली जानी चाहिए।

अंतः गर्भ निरोधक युक्ति (I.U.C.D) : इस युक्ति में गर्भाशय के भीतर एक बाहरी वस्तु डाल कर गर्भधारण को रोका जाता है।

23. लिप लूप : यह पॉलिएथिलीन का बना होता है। यह एकानुचलनी होता है। इसमें एक लूप (पाश) एक आलग्नक, प्लंजर, रक्षक और धागा होता है। यह दोहरे "S" आकार का होता है। इसमें बेरियम सल्फेट की थोड़ी मात्रा होती है। लूप से परिष्कृत नाइलॉन के धागे जुड़े होते हैं, जो योनि में बाहर निकले हुए होते हैं।

लूप के लाभ

1. अस्पताल में भर्ती होने की आवश्यकता नहीं है, लगाने की प्रक्रिया जटिल नहीं होती। इसे लगाने में केवल 2 मिनट का समय लगता है।
2. इसे लगाने से मैथुन क्रिया पर कोई प्रभाव नहीं पड़ता।
3. गर्भधारण की इच्छा होने पर इसे आसानी से हटाया जा सकता है।
4. इसे 2-3 दिनों तक लगाए रखा जा सकता है।

24. कॉपर T : यह दूसरी पीढ़ी की अंतः गर्भाशयी गर्भनिरोधक युक्ति है। यह एक छोटी T आकार की विकिरण अपार्य (radioo paque) पॉलिएथिलीन युक्ति है। इसकी ऊर्ध्वाधर भुजा के चारों ओर 200 मिमी क्षेत्र का परिष्कृत ताँबे का तार लिपटा होता है। ऊर्ध्वाधर भुजा के निचले सिरे से 2 लंबी डोरियाँ निकली होती हैं।

विसंक्रमण : इसे विसंक्रमित करने की आवश्यकता नहीं है क्योंकि यह एक विसंक्रमित पैक में उपलब्ध होता है। कॉपर T को एक युक्ति की सहायता से जिसमें एक खोखली नलिका और ठोस प्लंजर होता है, गर्भाशय में निविष्ट कर दिया जाता है।

कॉपर T को गर्भाशय में निविष्ट कराने के लिए प्रयुक्त युक्ति में सीधा करके प्लंजर द्वारा गर्भाशय गुहा में धकेल दिया जाता है। इसके लिए गर्भाशय को संक्रमण से बचाव के लिए उपयुक्त सावधानी बरती जाती है। इसमें पाश (लूप) के समान ही धागा योनि में होना चाहिए।

कार्यप्रणाली : कॉपर T से ताँबे की अत्यल्प मात्रा निकलती है जो शुक्राणुनाशी का कार्य करती है और इसके साथ पॉलिएथिलीन का T निषेचित डिंब के अतः रोपण (Implantation) को रोकता है।

कॉपर T 3 वर्ष तक प्रभावी होता है, अतः 3 वर्ष पश्चात इसे बदल दिया जाना चाहिए।

25. गर्भनिरोधक गोलियाँ : इनमें संश्लेषित मादा लिंग हॉर्मोन होते हैं। ये हैं :

(*i*) संश्लेषित ऑइस्ट्रोजन
(*ii*) प्रोजेस्टेरोन

कार्यप्रणाली : ये हाइपोथैलामस पीयूष अक्ष को नियंत्रित करती हैं। जिससे अंडमोचन की क्रिया नहीं होती और निषेचन नहीं होता। ये ग्रीवा स्राव को भी सघन बनाती है।

26. अंतःक्षेपणीय गोलियाँ एम पी ए (मेड्रॉक्सि प्रोजेस्टेरोन ऐसीटेट) : इनकी 150 मिग्रा० मात्रा 3 माह या 300 मिग्रा० मात्रा 6 माह के लिए पर्याप्त होती है जिसे अंतःपेशीय अंतःक्षिप्त किया जाता है। यह अनियमित रोगी के लिए अत्यधिक प्रभावी विधि है और इसके लिए न्यूनतम अभिप्रेरण की आवश्यकता होती है। इससे स्तनपान कराने पर भी प्रभाव नहीं पड़ता। यह महंगी विधि है किंतु इसमें विफलता की दर काफी कम (1/1000 महिला प्रतिवर्ष) है।

27. ट्यूबेक्टोमी (Tubectomy) : यह निम्नलिखित विधि द्वारा किया जाता है :

(*a*) उदर मार्ग, मिनि लैप (इसमें छोटा चीरा लगाने की आवश्यकता है)
(*b*) योनि मार्ग
(*c*) लैपेरोस्कोपिक मार्ग

ऑपरेशन का समय

1. प्रसव या गर्भपात के बाद
2. प्रसव के दौरान

28. बंध्याकरण (वैसेक्टोमी) : यह पुरुष नसबंदी है जिसमें वृषण से शुक्राणुओं का वहन करने वाली शुक्र वाहक नली को काटकर दोनों सिरे अलग–अलग बांध दिए जाते हैं। इस ऑपरेशन के बाद मादा अंडाणुओं का निषेचन संभव नहीं होता और गर्भाधान निरूद्ध हो जाता है।

लाभ :

1. इसके लिए अस्पताल में भर्ती होने की आवश्यकता नहीं होती।
2. इससे यौन संबंध स्थापित करने की इच्छा या संभोग क्रिया पर कोई प्रभाव नहीं पड़ता।
3. इससे शारीरिक या मानसिक श्रम की क्षमता में कोई कमी नहीं आती।

29. जन्म नियंत्रण की विधि : यह विधि तब प्रयोग में लाई जाती है जब गर्भधारण आशंकित हो या गर्भधारण की पुष्टि हो चुकी हो।

1. मासिक चक्र को नियंत्रित करना
2. गर्भपात (गर्भ का समापन)

30. गर्भ का चिकित्सीय समापन अधिनियम, 1971 (MTP) : इसके प्रयोग के लिए आवश्यक शर्तें

1. **चिकित्सीय :** यदि गर्भधारण माता के लिए हानिकारक हो
2. यदि इस बात की आशंका हो कि जन्म लेने वाला शिशु जन्मजात विकृति का शिकार होगा (असामान्य विकास)
3. **मानवीय दृष्टिकोण :** यदि गर्भधारण बलात्कार से हुआ हो
4. **गर्भनिरोधक विधियों की विफलता :** अधिनियम में गर्भनिरोध हेतु प्रयुक्त विधि का उल्लेख नहीं किया गया है, अतः गर्भनिरोध हेतु प्रयुक्त किसी भी विधि के विफल होने पर MTP का उपयोग किया जा सकता है। यदि 18 वर्ष से कम आयु की महिला या मानसिक विक्षिप्तता की शिकार महिला को गर्भपात कराना हो तो इसके लिए उसके अभिभावक की स्वीकृति प्राप्त करना आवश्यक है।

31. गर्भपात की तकनीकें : ये तकनीकें 10 सप्ताहों के भीतर या इस अवधि तक प्रयोग में लाई जा सकती हैं :

1. विस्फारण अर्थात आयतन प्रसार (Dilatation) और क्युरेटेज (Currettage) द्वारा
2. निर्वात चूषण (vacuum suction) द्वारा
3. प्रोस्टा ग्लैन्डिन F_2 - का प्रयोग 12 से 20 सप्ताह के दौरान
   (*a*) प्रोस्टाग्लैन्डिन्स
   (*b*) एनियोटिक गुहा में अति परासरी लवण विलयन का प्रयोग

वस्तुनिष्ठ प्रश्न

1. शिशु के लिए गाय के दूध की तुलना में माता के स्तन का दूध अधिक लाभकारी होता है क्योंकि उसमें होता है :
A. अधिक कैलोरी　B. अधिक वसा
C. अधिक लैक्टोस　D. अधिक प्रोटीन

2. दूध में निम्नलिखित में से किसका अभाव होता है?
A. कैल्शियम　B. विटामिन ए
C. विटामिन डी　D. ऑयरन

3. निम्नलिखित में से कौन एक "जैविक दृष्टि से पूर्ण आहार" की श्रेणी में आता है?
A. मूंगफली　B. गेहूँ
C. सोयाबीन　D. दूध

4. मानव दुग्ध में प्रोटीन की मात्रा होती है :
A. 1.3 ग्राम　B. 2.3 ग्राम
C. 3.3 ग्राम　D. 4.5 ग्राम

5. निम्नलिखित में से किसमें प्रोटीन की सर्वाधिक मात्रा पाई जाती है?

A. सोयाबीन B. मूंगफली
C. बंगाली चना D. मसूर दाल

6. यदि किसी परित्यक्त बच्चे को कोई दंपति कानूनी रूप से अपना ले तो इसे कहते हैं :

A. सुधार गृह में रखने के बाद घर लाना
B. सुधार गृह में रखने के बाद किशोर को बंदीगृह में रखना
C. गोद लेना और घर में रखना
D. गोद लेना और सुधार गृह में रखना

7. 14 वर्षीय एक बालक जिसके पिता की एक वर्ष पूर्व मृत्यु हो चुकी है, उठाईगिरी करते हुए पकड़ा जाता है। इस बालक को निम्नलिखित में से कहाँ भेजा जाएगा?

A. अनाथालय B. आंगनवाड़ी
C. जेल D. सुधारगृह

8. निम्नलिखित में से किस पदार्थ की उपस्थिति से जल के पश्चसंदूषण (post contamination) का पता चलता है?

A. क्लोराइड B. नाइट्रेट
C. सल्फेट D. नाइट्राइट

9. आई क्यू (I.Q.) निम्नलिखित में से कितने से कम हो तो व्यक्ति मंदबुद्धि का होता है?

A. 90 B. 80
C. 70 D. 60

10. भारत में मंदबुद्धि व्यक्तियों की संख्या निम्नलिखित के आस–पास है :

A. 4-8 मिलियन B. 1-15 मिलियन
C. 15-20 मिलियन D. 20-25 मिलियन

11. किसी कक्षा में छात्रों के लिए प्रति व्यक्ति स्थान ...... वर्ग फीट से कम नहीं होना चाहिए।

A. 5 B. 10
C. 20 D. 50

12. स्कूली बच्चे के लिए संस्तुत आदर्श डेस्क है :

A. माइनस डेस्क (Minus desk)
B. प्लस डेस्क (Plus desk)
C. जीरो डेस्क (Zero desk)
D. उपर्युक्त में से कोई भी

13. विद्यालय स्वास्थ्य सेवाओं में निम्नलिखित में से किसकी भूमिका सर्वाधिक महत्त्वपूर्ण होती है?

A. विद्यालय के शिक्षक
B. स्वास्थ्य कर्मी
C. चिकित्सा अधिकारी
D. स्वास्थ्य सहायक

14. निम्नलिखित में से किस देश ने पहली बार विद्यालय स्वास्थ्य सेवाओं की शुरूआत की थी?

A. फ्रांस
B. रूस
C. संयुक्त राज्य अमेरिका
D. भारत

15. विद्यालय स्वास्थ्य कार्यक्रम निम्नलिखित में से किस वर्ष लागू हुआ?

A. 1946 B. 1948
C. 1950 D. 1960

16. शिशु मृत्युदर की अवधि है :

A. 1 वर्ष से कम B. 1 वर्ष के बराबर
C. 1 वर्ष तक D. 1 वर्ष से अधिक

17. भारत में नवजात शिशुओं की अधिक मृत्युदर का सर्वाधिक सामान्य कारण है :

A. डायरिया रोग
B. जन्म के समय आहत होना
C. जन्म के समय कम भार होना
D. जन्मजात विकृति

18. जन्म पश्चात (आरंभिक आयु में) मृत्युदर मुख्य रूप से निम्नलिखित पर निर्भर करती है?

A. पर्यावरण संबंधी कारण
B. प्रसवपूर्व देखभाल
C. जन्म के दौरान की घटनाएं
D. जन्म के बाद आरंभिक दिनों में घटने वाली घटनाएं

19. निम्नलिखित में से किस राज्य में शिशु मृत्युदर सबसे कम है?

A. केरल B. तमिलनाडु
C. पश्चिम बंगाल D. मध्य प्रदेश

20. शिशु मृत्यु संख्या का परिकलन केवल निम्नलिखित से कम आयु के शिशुओं के संदर्भ में ही किया जाता है :

A. 7 दिन　B. 1 माह

C. 1 वर्ष　D. 2 वर्ष

21. शिशुओं में मृत्युदर (IMR) के अनुपात में नवजात शिशुओं में मृत्युदर होती है :

A. 65-75%　B. 50-60%

C. 35-45%　D. 25-35%

22. नवजात शिशुओं में मृत्यु–दर को परिभाषित करने के लिए प्रयुक्त अंश (numerator) है :

A. एक वर्ष से कम आयु के सभी शिशु

B. 1 से 12 माह की आयु के सभी शिशु

C. 1 सप्ताह से कम आयु के शिशु

D. 28 दिन से कम आयु के शिशु

23. मृत प्रसव की दर में जन्म के पश्चात् निम्नलिखित अवधि के दौरान मृत शिशु शामिल है :

A. 20 सप्ताह　B. 24 सप्ताह

C. 28 सप्ताह　D. 32 सप्ताह

24. जन्मपूर्व (प्रसवपूर्व) मृत्युदर को ज्ञात करने के लिए हर (denominator) के रूप में निम्नलिखित का प्रयोग किया जाता है :

A. जीवित जन्मे बच्चों की संख्या

B. मृत प्रसव की संख्या

C. उपर्युक्त (*A*) और (*B*) दोनों

D. जीवित जन्मे बच्चों की संख्या घटा मृत प्रसव की संख्या

25. शिशुओं में मृत्युदर (IMR) के परिकलन हेतु निम्नलिखित में से किस समय अवधि का प्रयोग किया जाता है?

A. 7 दिन

B. 28 दिन

C. 1 वर्ष से पूर्व की अवधि

D. 1-5 वर्ष

26. भारत में प्रसव के दौरान माता की मृत्यु हो जाने का सर्वाधिक सामान्य कारण है :

A. अरक्तता

B. रक्तस्राव

C. गर्भपात

D. पूतिता (संक्रमण की शिकार होना)

27. प्रसूति–मृत्यु का सर्वाधिक असामान्य कारण है :

A. गर्भपात

B. अरक्तता

C. आविषरक्तता (Toxemia)

D. रक्तस्त्राव

28. भारत में प्रसूति–मृत्यु का सर्वाधिक सामान्य अप्रत्यक्ष कारण है :

A. संक्रमण　B. अरक्तता

C. हृदय रोग　D. दुर्घटना

29. भारत में किस एक को छोड़कर अन्य सभी प्रसूति मृत्यु के सामान्य कारण हैं?

A. अरक्तता　B. रक्तस्राव

C. आविषरक्ता　D. मधुमेह

30. भारत में किस रोग को छोड़कर अन्य सभी प्रसूति मृत्यु के प्रत्यक्ष कारण हैं?

A. हृदय रोग　B. गर्भाक्षेपक (Eclampsia)

C. रक्तस्राव　D. गर्भपात

31. प्रसूति मृत्युदर ज्ञात करने के लिए हर के रूप में निम्नलिखित में से किसका प्रयोग किया जाता है?

A. महिलाओं में कुल मृत्यु संख्या

B. जीवित जन्मे बच्चों की कुल संख्या

C. 1000 जीवित जन्मे बच्चे

D. 1000 महिलाओं की मृत्यु

32. 10,000 की जनसंख्या वाले समुदाय में यदि जन्मदर 36 प्रति 1000 और प्रसूति मृत्यु संख्या 5 हो तो उस समुदाय में प्रसूति मृत्युदर है :

A. 14.5　B. 13.8

C. 20　D. 5

33. भारत में निम्नलिखित में से किस एक को छोड़कर अन्य सभी प्रसूति मृत्यु के प्रमुख प्रासविक कारण (obstetrical causes) हैं?

A. गंभीर अरक्तता

B. गर्भ की आविषरक्तता

C. संवहन तंत्र संबंधी रोग

D. गर्भपात

34. 2000 के दौरान लक्षित शिशु मृत्यु दर थी :
A. 50 B. 60
C. 70 D. 80

35. भारत में निम्नलिखित में से किस एक को छोड़कर अन्य सभी शिशुओं की जन्म पश्चात् मृत्यु के कारण है?
A. टिटेनस B. श्वास नली
C. डायरिया D. कुपोषण

36. निम्नलिखित में से किस रोग के लिए इंग्लिश डिजीज (English disease) शब्द का प्रयोग किया जाता है?
A. चागा रोग (Chaga's disease)
B. रूमेटॉयड आर्थ्राइटिस (Rheumatoid arthritis)
C. चिरकाली श्वसनीशोथ (Chronic bronchitis)
D. उपर्युक्त में से कोई नहीं

37. माता–शिशु स्वास्थ्य सेवाओं का मूल्यांकन निम्नलिखित द्वारा किया जाता है :
A. मृत्युदर B. जन्मदर
C. प्रसूति मृत्युदर D. माता में अरक्तता

38. भारत में प्रयुक्त वृद्धि चार्ट (growth chart) के बारे में निम्नलिखित में से क्या सत्य नहीं है?
A. इसमें 3 वक्र हैं
B. सबसे ऊँचा वक्र हारवर्ड के 50 वें शतमक के संगत है
C. दूसरा वक्र उस मानक के 80% के संगत है
D. सामान्य भार वाले बच्चे उस रेखा से ऊपर स्थित होते हैं

39. वृद्धि की मॉनीटरिंग निम्नलिखित द्वारा की जाती है :
A. ऊँचाई B. भार
C. वृद्धि चार्ट D. ऐन्थ्राबायोमीट्रिक माप
E. मध्य बाहु परिधि

40. स्वास्थ्य कार्ड के मार्ग में 2 संदर्भ बिंदु है जो हैं :
A. लड़कों के लिए 30वाँ शतमक और लड़कियों के लिए तीसरा शतमक
B. लड़कों के लिए 50 वाँ शतमक और लड़कियों के लिए तीसरा शतमक
C. लड़कों के लिए 50वाँ शतमक और लड़कियों के लिए 5वाँ शतमक
D. लड़कों के लिए 80वाँ शतमक और लड़कियों के लिए 10वाँ शतमक

41. भारत में जन्म के समय बच्चों का औसत भार होता है:
A. 2.5 किग्रा B. 2.8 किग्रा
C. 3.00 किग्रा D. 3.2 किग्रा

42. स्वास्थ्य कार्ड की मार्ग रेखा है:
A. तीसरा शतमक B. 50वाँ शतमक
C. 80वाँ शतमक D. 97 वाँ शतमक

43. स्वास्थ्य कार्ड मार्ग के संबंध में निम्नलिखित में से क्या सत्य है?
A. 4 रेखाएं उपस्थित होती हैं
B. सबसे ऊपरी रेखा शतमक के 50% को निरूपित करती है
C. पहली और दूसरी रेखा के बीच स्थित बच्चे सामान्य होते हैं
D. सबसे निचली रेखा मानक के 70% के संगत होती है

44. मानव स्त्रियों के दूध और गाय के दूध में निम्नलिखित भिन्न प्रकार का होता है :
A. प्रोटीन और वसा B. प्रोटीन और शर्करा
C. प्रोटीन और लैक्टोस D. खनिज पदार्थ

45. यदि माता और बच्चे दोनों स्वस्थ हों तो बच्चों को कृत्रिम भोजन निम्नलिखित अवधि तक शुरू कर दिया जाना चाहिए:
A. 3 माह B. 5-6 माह
C. 1 वर्ष D. 1-5 वर्ष

46. भारत में प्रसवपूर्व मृत्युदर है :
A. मृत प्रसव + जन्म से एक सप्ताह के भीतर मृत शिशुओं की संख्या
B. मृत प्रसव + जन्म से 2 सप्ताह के भीतर मृत शिशुओं की संख्या
C. मृत प्रसव + जन्म के समय 1000 ग्राम से कम भार के शिशुओं की जन्म के बाद के आरंभिक दिनों में हुई मृत्यु की संख्या
D. मृत प्रसव + जन्म के समय 1500 ग्राम से कम भार के शिशुओं की जन्म के बाद के आरंभिक दिनों में हुई मृत्यु की संख्या

47. माता के गर्भ में पूर्णतः विकास की अवधि से पूर्व जन्म लेने वाले बच्चों की देखभाल निम्नलिखित द्वारा की जाती है :

A. उन्हें अन्य बच्चों से अलग रखा जाता है

B. प्रसव पूर्व देखभाल

C. पोषक पदार्थों की अनुपूर्ति द्वारा

D. टीकाकरण

48. जन्म के समय कम भार का अर्थ है :

A. 2.8 किग्रा से कम भार

B. 2.7 किग्रा से कम भार

C. 2.5 किग्रा से कम भार

D. 2.3 किग्रा के कम भार

49. भारत में वर्ष 2000 तक 2.5 किग्रा से कम भार के बच्चों के जन्म लेने के प्रतिशत को घटा कर निम्नलिखित में से कितना करने का लक्ष्य रखा गया था?

A. 10% B. 20%

C. 30% D. 40%

50. वर्ष 2000 तक सभी के लिए स्वास्थ्य का निम्नलिखित में से क्या लक्ष्य था?

A. शिशु मृत्यु दर 60% करना

B. अशोधित मृत्युदर 9% के सन्निकट लाना

C. अशोधित जन्म दर 21% लाना

D. जन्म के समय आयु संभाविता 70 वर्ष करना

उत्तरमाला

1	2	3	4	5	6	7	8	9	10
C	D	D	A	A	C	D	B	C	C
11	**12**	**13**	**14**	**15**	**16**	**17**	**18**	**19**	**20**
B	A	A	D	D	A	C	A	A	C
21	**22**	**23**	**24**	**25**	**26**	**27**	**28**	**29**	**30**
B	D	C	A	C	B	A	D	D	A
31	**32**	**33**	**34**	**35**	**36**	**37**	**38**	**39**	**40**
B	B	C	B	A	C	C	A	C	B
41	**42**	**43**	**44**	**45**	**46**	**47**	**48**	**49**	**50**
B	B	A	C	B	A	A	C	A	D

8. स्वास्थ्य शिक्षा
(Health Education)

भूमिका

स्वास्थ्य शिक्षा एक ऐसी प्रक्रिया है जो लोगों को स्वस्थ कार्यशैली और जीवन शैली अपनाने और बनाए रखने के लिए सूचित और प्रेरित करती है तथा सहायता प्रदान करती है, इस लक्ष्य की प्राप्ति हेतु आवश्यक पर्यावरणीय परिवर्तनों का समर्थन करती है तथा व्यावसायिक प्रशिक्षण और अनुसंधान कार्य आयोजित करती है।

स्वास्थ्य शिक्षा के उद्देश्य

उपर्युक्त परिभाषा के अंतर्गत स्वास्थ्य शिक्षा के तीन प्रमुख उद्देश्य हैं :

(*a*) **लोगों को सूचित करना :** हजारों वर्षों से लोग यह मानते रहे हैं कि दैनिक जीवन में स्वस्थ कार्यशैली को न अपनाना ही रोगों और मृत्यु का कारण है। आज आम जनता को इस संबंध में जागरूक बनाया जा रहा है।

(*b*) **लोगों को प्रेरित करना :** दूसरा उद्देश्य पहले से अधिक महत्त्वपूर्ण है। लोगों को स्वास्थ्य के बारे में केवल बता देना ही पर्याप्त नहीं है। यह आवश्यक है कि उन्हें अपनी आदतों और जीवन शैली में बदलाव लाने के लिए प्रेरित किया जाए क्योंकि सामुदायिक स्वास्थ्य संबंधी आज की अनेक समस्याओं के हल हेतु मानव व्यवहार में परिवर्तन या स्वास्थ्य की रक्षा को ध्यान में रखते हुए ऐसे क्रियाकलापों में परिवर्तन की आवश्यकता है जिनके कारण स्वास्थ्य पर प्रतिकूल प्रभाव पड़ता है।

(*c*) **कार्य रूप प्रदान करने हेतु मार्गदर्शन :** उपर्युक्त परिभाषा के अनुसार, स्वास्थ्य शिक्षा स्वास्थ्य, शिक्षा और संचार के क्षेत्र में कार्यरत अनेक कर्मियों की देख–रेख में शुरू की जानी चाहिए जिसकी शुरूआत चिकित्सक जैसे स्वास्थ्यकर्मी से की जाए। लोगों को ऐसे स्वस्थ व्यवहार और जीवन शैली को अपनाने और बनाए रखने के लिए सहायता की आवश्यकता होती है जो उनके लिए पूर्णतः नई हो सकती है। स्वास्थ्य सेवाओं हेतु आवश्यक अवसंरचनाएं विकसित करने में सरकार की भूमिका अत्यधिक महत्त्वपूर्ण है।

स्वास्थ्य शिक्षा के मुख्य घटक

स्वास्थ्य शिक्षा सामुदायिक स्वास्थ्य के समान ही एक व्यापक अवधारणा है। व्यवहार में, स्वास्थ्य शिक्षा के घटकों को निम्नवत वर्गीकृत किया जा सकता है :

1. **मानव जीवविज्ञान :** मानव जीवविज्ञान संबंधी अधिकांश बातें स्कूली स्तर पर बताई जाती है।
2. **पोषण :** पोषण में स्वास्थ्य शिक्षा का आशय लोगों को दैनिक कार्यों के लिए ऊर्जा प्राप्त करने, शरीर का विकास करने और अंगों की टूट–फूट की मरम्मत करने के लिए आवश्यक पोषक पदार्थों से युक्त अनुकूलतम और संतुलित आहार का चयन करने हेतु मार्गदर्शन प्रदान करना है। किंतु इसका आशय भोजन में निहित कैलोरी की मात्रा और पोषक पदार्थों के जीवरसायन के बारे में शिक्षा प्रदान नहीं करना है। यह शिक्षा दी जाती है कि भोजन का पोषण मूल्य क्या है तथा यह कि अधिक महंगे भोजन में अधिक पोषक तत्त्व नहीं होते।
3. **स्वास्थ्य विज्ञान :** इसके दो पहलू हैं– व्यक्तिगत और पर्यावरण संबंधी। व्यक्तिगत स्वास्थ्य विज्ञान का उद्देश्य व्यक्ति के आवासीय परिसर में व्यक्तिगत स्वच्छता के मानकों को संवर्धित करना है। व्यक्तिगत स्वास्थ्य–विज्ञान में नियमित स्नान, वस्त्र, हाथों की सफाई, शौच तथा पैरों, नाखूनों और दांतों की देखभाल, थूकना, खांसना, बलगम निकालना, छींकना व्यक्ति की वेशभूषा और स्वच्छता संबंधी आदतों का समावेशन निहित है। व्यक्तिगत स्वास्थ्य–विज्ञान विषयक प्रशिक्षण आरंभिक वय में ही आरंभ का दिया जाना चाहिए तथा स्कूल जाने की आयु में ही बच्चों को इन बातों से अवगत करा दिया जाना चाहिए। पर्यावरण संबंधी स्वास्थ्य विज्ञान के दो पहलू

है– घरेलू और सामुदायिक। घरेलू स्वास्थ्य विज्ञान में घर की स्वच्छता, साबुन का प्रयोग, स्वच्छ वायु, प्रकाश और वातायन की आवश्यकता, भोजन का स्वच्छतापूर्ण रख–रखाव, कचरों का उचित रूप में निपटान, कीटों, चूहों, आदि से भोजन का बचाव आदि शामिल है।

4. **परिवार के स्वास्थ्य की देख–रेख :** परिवार का स्वास्थ्य परंपरागत रूप में माता और शिशु स्वास्थ्य की देख–रेख पर केंद्रित है। तथापि, इसमें परिवार को एक इकाई माना गया है। वर्तमान में परिवार के स्वास्थ्य की देख–रेख संबंधी कार्यक्रमों में मानव के विकास पर ध्यान केंद्रित किया जाता है।
5. **संचारी और असंचारी रोगों पर नियंत्रण :** संचारी और असंचारी रोगों की व्यापक रेंज है जिसमें स्वास्थ्य शिक्षा संबंधी क्रियाकलापों की आवश्यकता है। ऐसे कुछ रोग हैं—मलेरिया, लैंगिक संपर्क द्वारा फैलने वाले रोग, ट्रैकोमा, कोढ़, ट्यूबरकुलोसिस, कुपोषण, हृदय– संवहन तंत्र के रोग, मादक पदार्थों, ऐल्कोहॉल सेवन आदि के सेवन का अभ्यस्त होना, दुर्घटनाएं, आदि।
6. **मानसिक स्वास्थ्य :** मानसिक स्वास्थ्य की समस्याएं विश्व के सभी देशों में व्याप्त हैं। जब अधिक मारक रोगों पर नियंत्रण कर लिया जाए तो मानसिक स्वास्थ्य संबंधी समस्याएं अधिक व्यापक होती हैं। वर्तमान में मानसिक रोगों की व्यापकता में वृद्धि हुई है।
7. **दुर्घटनाओं पर रोक :** दुर्घटनाएं विकसित देशों में आधुनिक जीवन की जटिलताओं की विशेषता है। इनके कारण जीवन की हानि होती है और इनका शिकार होने पर लोगों को शारीरिक क्षति का सामना करना पड़ता है।
8. **स्वास्थ्य सेवाओं का उपयोग :** स्वास्थ्य शिक्षा का एक घोषित उद्देश्य लोगों को समुदाय में उपलब्ध स्वास्थ्य सेवाओं और उनके उपयोग के तरीकों के बारे में सूचना प्रदान करना है। इनका दुरुपयोग नहीं किया जाना चाहिए।

सारणी : स्वास्थ्य शिक्षा और इसका प्रचार–प्रसार

स्वास्थ्य शिक्षा	प्रचार–प्रसार
1. सक्रिय रूप से अर्जित ज्ञान और निपुणता	लोगों को जानकारी प्रदान करना
2. लोगों को स्वयं के बारे में सोचने के योग्य बनाता है	नारे तैयार करके लोगों को सोचने से रोकना
3. आदिम इच्छाओं से अवगत कराता है	आदिम इच्छाएं जागृत करना
4. प्रतिवर्ती व्यवहार विकसित करता है। लोगों को कार्य करने से पूर्व निर्णय करने/सोचने के लिए प्रशिक्षित करता है।	प्रतिवर्ती, व्यवहार विकसित करता है, (आवेगी क्रियाओं पर लक्षित)
5. तर्क शक्ति विकसित होती है।	भावनात्मक अपील
6. व्यक्तित्व व्यक्तिगत विशेषताएं और आत्म अभिव्यक्ति को विकसित करता है।	प्रयुक्त मानकों के अनुसार प्रवृत्तियों और व्यवहारों का एक मानक प्रतिरूप विकसित करना
7. आत्म विश्वास से भरकर किए जाने वाले क्रियाकलापों के जरिए अर्जित ज्ञान	ज्ञान का प्रचार–प्रसार होता है और प्राप्ति होती है।
8. प्रक्रिया व्यवहार केंद्रित होती है और लक्ष्य अनुकूल प्रवृत्तियों और स्वभावपरक निपुणताएं विकसित करना है।	प्रक्रिया सूचना केंद्रित होती है इसमें प्रवृत्ति या व्यवहार में परिवर्तन लाना लक्षित नहीं होता।

स्वास्थ्य शिक्षा के सिद्धांत

स्वास्थ्य शिक्षा को व्यावहारिक रूप प्रदान करने से पूर्व यह आवश्यक है कि हम उसमें अंतनिर्हित सिद्धांतों के विषय में जान लें। स्वास्थ्य शिक्षा औषधियों की कला और विज्ञान तथा सामान्य शिक्षा के सिद्धांतों और व्यवहारों के बीच समन्वय स्थापित करती है। यह संबंध विद्यालय और व्यवहारपरक विज्ञानों – समाज विज्ञान, मनोविज्ञान आदि में पाया जाता है। कुछ अधिगम सिद्धांतों को प्राप्त करके स्वास्थ्य शिक्षा में प्रयुक्त करना भी संभव है।

(1) **रुचि :** यह एक मनोवैज्ञानिक सिद्धांत है कि लोग जिन बातों में रुचि नहीं रखते उन्हें सुनना पसंद नहीं करते। अतः यह आवश्यक है कि हम यह याद रखें कि स्वास्थ्य शिक्षा लोगों की रुचि से जुड़ी हो। जनता स्वास्थ्य संबंधी नारों जैसे कि "अपने स्वास्थ्य का ध्यान रखें" या "स्वस्थ रहें" आदि में रुचि नहीं रखती। इस

प्रकार का स्वास्थ्य शिक्षा कार्यक्रम उसी प्रकार व्यर्थ सिद्ध होगा जैसा कि किसी पोषाहार कार्यक्रम में लोगों को "स्वस्थ्य बनें" या "अच्छा भोजन करें" जैसी सलाह देना।

(2) **भागीदारी :** यह स्वास्थ शिक्षा का एक प्रमुख शब्द है। भागीदारी सक्रिय अधिगम के मनोवैज्ञानिक सिद्धांत पर आधारित हैं, यह निष्क्रिय अधिगम से बेहतर होता है। सामूहिक चर्चा, पैनल चर्चा, कार्यशालाओं का आयोजन आदि सभी सक्रिय अधिगम हेतु अवसर उपलब्ध कराते हैं। किसी कार्यक्रम से व्यक्तिगत रूप में जुड़ने से व्यक्तिगत स्वीकार्यता में वृद्धि होने की अधिक संभावना रहती है।

(3) **ज्ञात से अज्ञात की ओर :** स्वास्थ्य शिक्षा कार्य में हम ज्ञात से अज्ञात की ओर चलते हैं अर्थात् हम समुदाय के लोग जहाँ हैं और जितना समझते हैं वहाँ से शुरू करके नए ज्ञान की ओर बढ़ते हैं। हम लोगों के वर्तमान ज्ञान को खूँटी के रूप में इस्तेमाल करते हैं जिन पर नए ज्ञान लटकाए जा सकें। इस प्रकार व्यवस्थित ज्ञान को संस्थापित किया जाता है। नए ज्ञान से एक नई विस्तृत जानकारी प्राप्त होती है जिससे समस्या को समझने में सहायता प्राप्त होती है।

(4) **व्यापकता :** स्वास्थ्य शिक्षा प्रदान करने के लिए यह आवश्यक है कि हम जिन व्यक्तियों को यह शिक्षा प्रदान कर रहे हैं उनके विषय में यह जान लें कि उनका मानसिक, शैक्षिक और साक्षरता का स्तर क्या है। संप्रेषण की एक बाधा ऐसे शब्दों का प्रयोग है जिन्हें हम समझ नहीं सकते। प्रायः चिकित्सक मधुमेह के रोगियों को भोजन में मिष्ठान्न घटाने या कोई दवा लेने के लिए "दिन में तीन बार एक बड़ा चम्मच" की सलाह देते हैं। संभव है ऐसी सलाह कुछ लोगों की समझ में न आए। स्वास्थ्य शिक्षा में, हमें ऐसे शब्दों का ही प्रयोग करना चाहिए जिन्हें लोग आसानी से समझ लें तथा नये या अटपटे शब्दों का प्रयोग नहीं करना चाहिए।

(5) **सुदृढ़ीकरण :** बहुत कम लोग ही एक ही बार में सभी नई बातें जान और समझ पाते हैं। अतः एक बार बताई गई बातों को दोहराना काफी उपयोगी सिद्ध होता है। ऐसा करके लोगों को अपनी बात सरलतापूर्वक समझाई जा सकती है। प्रत्येक स्वास्थ्य अभियान को बार–बार चलाना काफी लाभकरी सिद्ध होता है।

(6) **अभिप्रेरण :** प्रत्येक व्यक्ति में जानने–सीखने की मूल इच्छा होती है। इस इच्छा को जगाना अभिप्रेरण कहलाता है। अभिप्रेरक दो प्रकार का होता है— प्राथमिक और द्वितीयक (या गौण)। प्राथमिक अभिप्रेरक (अर्थात सेक्स या काम भावना, भूख, उत्तरजीविता) प्रेरक बल के रूप में काम करते हैं जो लोगों को काम करने के लिए अभिप्रेरित करते हैं; ऐसे अभिप्रेरक जन्मजात इच्छाएँ है। द्वितीयक या गौण अभिप्रेरक बाह्य बलों या प्रोत्साहनों द्वारा सृजित इच्छाओं पर आधारित होते हैं। प्रशंसा, प्रेम, प्रतिद्वंद्विता, पुरस्कार तथा दंड और सम्मान कुछ गौण अभिप्रेरक हैं।

(7) **कार्य करते हुए सीखना :** सीखना एक कार्य प्रक्रिया है। यह केवल लिखी हुई बातों को याद करना ही नहीं है। चीनी कहावत "मैं सुनने पर ही जानता हूँ"— व्यक्ति द्वारा कार्य करते हुए सीखने के महत्त्व को व्यक्त करता है।

(8) **मिट्टी, बीज और उसे बोने वाला :** स्वास्थ्य शिक्षा प्रदान करने के लिए लोगों को **मिट्टी,** स्वास्थ्य विषयक बातों को **बीज** और लोगों तक इन बातों को पहुँचाने वाले माध्यमों को **बीज बोने वाले** की संज्ञा दी जा सकती है।

(9) **अच्छा जन संपर्क :** अध्ययनों से पता चलता है कि स्वास्थ्य प्रशिक्षक का मैत्रीपूर्ण व्यवहार और अच्छे व्यक्तिगत गुण उसकी तकनीकी योग्यताओं की तुलना में अधिक महत्त्वपूर्ण होते हैं। अधिगम की प्रक्रिया में अच्छे जन–सपर्क की भूमिका अत्यधिक महत्त्वपूर्ण होती है।

(10) **नेतृत्व :** मनोवैज्ञानिकों ने यह दर्शाया और सिद्ध किया है कि हम जिन लोगों का आदर–सम्मान करते हैं उनसे हम सबसे अच्छे रूप में सीख सकते हैं। स्वास्थ्य शिक्षा के कार्य में हम स्थानीय नेताओं जैसेकि गाँवों के मुखिया, स्कूल अध्यापक या राजनीतिक कार्यकर्ता के माध्यम से समुदाय तक अपनी बात पहुँचाने के प्रयास करते हैं। ये नेतागण परिवर्तन लाने में अत्यधिक महत्त्वपूर्ण भूमिका निभाते हैं, अतः स्वास्थ्य शिक्षा के कार्य में उनका उपयोग किया जाना चाहिए।

संप्रेषण के मार्ग में बाधाएं

संप्रेषण के मार्ग में निम्नलिखित बाधाएँ आ सकती हैं :

1. **शारीरिक :** सुनने या अभिव्यक्त करने में कठिनाई
2. **मनोवैज्ञानिक :** भावनात्मक बाधाएं, तंत्रिका–तंत्र संबंधी समस्याएं
3. **पर्यावरण संबंधी बाधाएं :** शोर, अदृश्यता, संकुलन
4. **सांस्कृतिक :** ज्ञान और समझ का स्तर, प्रथाएं, मान्यताएं, धर्म, प्रवृत्तियां

बाधाओं की पहचान की जानी चाहिए और उन्हें दूर किया जाना चाहिए ताकि विचार संप्रेषण प्रभावी रूप से हो सके।

प्रशासन और संगठन

सरकार का दायित्व है कि वह आम जनता को स्वास्थ्य विषयक शिक्षा प्रदान करने की मुहिम में सहायता और मार्गदर्शन प्रदान करे। इस प्रयोजनार्थ दिल्ली में 1956 में संयुक्त राज्य अमेरिका के तकनीकी सहयोग मिशन (Technical Corporation Mission) की सहायता से स्वास्थ्य मंत्रालय के अधीन केंद्रीय स्वास्थ्य शिक्षा ब्यूरो की स्थापना की गई। केन्द्रीय–स्वास्थ्य शिक्षा ब्यूरो में एक प्रशासनिक अनुभाग के अतिरिक्त प्रशिक्षण, मीडिया अनुसंधान और मूल्याकंन डिवीजन कार्य करते हैं। इस ब्यूरो के निम्नलिखित कार्य हैं:

(1) केंद्रीय स्वास्थ्य मंत्रालय की सेवाओं का ब्योरा प्रस्तुत करना ताकि उसकी विभिन्न सेवाओं के अधिकतम उपयोग के लिए सहायता प्राप्त की जा सके।

(2) शैक्षिक सामग्रियाँ प्राप्त और प्रकाशित करना और देशभर में उनका वितरण सुनिश्चित करना।

(3) तकनीकी सहायता हेतु अनुरोध करने पर केंद्रीय स्वास्थ्य सेवाओं, स्वैच्छिक संगठनों और राज्यों के स्वास्थ्य मंत्रालयों को सहायता उपलब्ध कराना।

(4) देश में स्वास्थ्य शिक्षा के कार्यों को संवर्धन प्रदान करना और उनमें समन्वय स्थापित करना, विशेषकर विशिष्ट प्रकार के अनुसंधान अध्ययन शुरू करके और आयोजित करके देश भर में स्वास्थ्य कर्मियों द्वारा शिक्षा का प्रभावी उपयोग करना; तथा

(5) केंद्रीय स्वास्थ्य सेवाओं का प्रतिनिधित्व करना तथा स्वास्थ्य में रूचि रखने वाली देश भर की संस्थाओं के साथ मिल कर विशेषकर ऐसी परियोजनाओं पर कार्य करना जिनमें शिक्षा मुख्य रूप से स्वास्थ्य शिक्षा के उद्देश्यों को प्राप्त करने के लिए प्रदान की जाती है।

सामुदायिक स्वास्थ्य की देखभाल

स्वास्थ्य देखभाल की अवधारणा

चूंकि स्वास्थ्य अनेक कारकों जैसे कि पर्याप्त भोजन, आवास, बुनियादी स्वच्छता, स्वास्थ्य जीवन शैली, पर्यावरण संबंधी जोखिमों और संचारी रोगों से बचाव आदि से प्रभावित होता है, अतः स्वास्थ्य का क्षेत्र चिकित्सीय देख–रेख की संकीर्ण सीमाओं की तुलना में काफी विस्तृत है। इस प्रकार यह स्पष्ट है कि ''स्वास्थ्य देखभाल'' का अर्थ ''चिकित्सीय देखभाल'' से कहीं अधिक है। चिकित्सीय देखभाल'' और ''स्वास्थ्य देखभाल'' ये दोनों पद एक–दूसरे के पर्यायवाची नहीं हैं। ''चिकित्सीय देखभाल'' मुख्य रूप से व्यक्तिगत आधार पर प्रदान की जाने वाली सेवाओं के संदर्भ में है जो सीधे चिकित्सकों द्वारा या फिर चिकित्सक के अनुदेशों के अनुसार प्रदान की जाती है। इसमें घर में प्रदान की जाने वाली चिकित्सीय सेवाओं से लेकर अस्पतालों में मुहैया कराई जाने वाली चिकित्सीय सुविधाएं शामिल हैं। चिकित्सीय देख–भाल ''वस्तुतः स्वास्थ्य देखभाल'' का एक घटक मात्र है।

स्वास्थ्य सेवाएं एक नागरिक अधिकार है तथा यह सरकार का उत्तरदायित्व है कि वह देश के सभी लोगों को समान रूप से यह सुविधा प्रदान करे। इसे विश्व के लगभग सभी देशों की सरकारें मानती हैं और सभी देशों की सरकारों ने इसे अपने देश के संविधान में उपयुक्त महत्त्व दिया है। भारत में, स्वास्थ्य सुविधा पूर्णतः या काफी हद तक सरकारी क्षेत्र द्वारा प्रदान की जाने वाली सेवा बनी हुई है।

स्वास्थ्य सुविधा के स्तर

प्रायः स्वास्थ्य सेवाओं का वर्णन तीन स्तरों की सेवाओं के रूप में किया जाता है– प्राथमिक, द्वितीयक और तृतीयक स्तर की सेवाएं। इन स्तरों में विभिन्न प्रकार की स्वास्थ्य सेवाएं शामिल हैं जिनमें भिन्न–भिन्न जटिलताएं समाहित हैं।

1. **प्राथमिक स्तर :** यह व्यक्तियों, परिवार और समुदाय के राष्ट्रीय स्वास्थ्य प्रणाली जहाँ प्राथमिक स्वास्थ्य सुविधाएँ (अनिवार्य स्वास्थ्य सुविधाएँ) प्रदान की जाती है, से

सपंर्क करने का पहला स्तर है। प्राथमिक स्तर का होने के कारण इस प्रकार की सेवाओं से जनता अधिकाधिक जुड़ी होती है। इस स्तर पर स्वास्थ्य संबधी अधिकांश समस्याओं का समाधान किया जाता है। इस स्तर पर क्षेत्र विशेष की आवश्यकताओं और सीमाओं के संदर्भ में सर्वाधिक प्रभावी स्वास्थ्य देखभाल की जाती है। भारतीय संदर्भ में प्राथमिक स्वास्थ्य सेवा प्राथमिक स्वास्थ्य केंद्रों और उनके उपकेंद्रों, उनसे जुड़ी बहुद्देश्यीय स्वास्थ्य कर्मियों से युक्त एजेंसियों, ग्रामीण स्वास्थ्य रक्षकों और प्रशिक्षित दाइयों के एक जटिल तंत्र द्वारा उपलब्ध कराई जाती है। प्राथमिक स्वास्थ्य सेवा प्रदान करने के अतिरिक्त ग्रामीण ''स्वास्थ्य दल'' ग्रामीण जनता और संगठित स्वास्थ्य क्षेत्र के बीच सेतु के रूप में भी काम करते हैं। चूंकि भारत में वर्ष 2000 तक ''सभी के लिए स्वास्थ्य'' का लक्ष्य रखा गया था, अतः इसके दृष्टिगत भारत में प्राथमिक स्वास्थ्य तंत्र को पुनर्संगठित किया गया था और सुदृढ़ बनाया गया था ताकि प्राथमिक स्वास्थ्य सुविधा तंत्र को अधिक प्रभावी बनाया जा सके।

2. **द्वितीयक स्तर :** यह स्वास्थ्य सुविधाओं का दूसरा (मध्यवर्ती) स्तर है। इस स्तर पर अधिक जटिल समस्याओं का समाधान किया जाता है। भारत में इस प्रकार की देखभाल प्रायः जिला अस्पतालों और सामुदायिक स्वास्थ्य केंद्रों में उपलब्ध कराई जाती है जो प्रथम संदर्भ स्तर के रूप में काम करते हैं।

3. **तृतीयक स्तर :** यह स्तर अधिक विशेषज्ञ चिकित्सीय सेवा उपलब्ध कराता है। इस स्तर के स्वास्थ्य केंद्रों में अधिक विशेषज्ञ स्वास्थ्य सेवाकर्मी कार्य करते हैं। यह सेवा क्षेत्रीय या केंद्रीय स्तर की संस्थाओं जैसेकि मेडिकल कॉलेजों, अस्पतालों, आखिल भारतीय संस्थानों, क्षेत्रीय अस्पतालों, विशिष्ट सेवाएं प्रदान करने वाले अस्पतालों और अन्य शीर्ष संस्थानों द्वारा प्रदान की जाती है।

स्वास्थ्य सेवा तंत्र का एक बुनियादी और आवश्यक कार्य एक सुदृढ़ संदर्भ तंत्र विकसित करना है। इसमें सूचना का द्विदिशिक आदान–प्रदान और रोगी के लिए उस केंद्र में वापस पहुँचना आवश्यक है जिसके द्वारा उसे उच्च संस्थान में भेजा गया था ताकि रोगी की अनुवर्ती देखभाल की जा सके। इससे चिकित्सीय देखभाल की प्रक्रिया में निरंतरता सुनिश्चिता होगी तथा तंत्र में उपभोक्ताओं का विश्वास बढ़ेगा। भारत सहित अनेक विकासशील देशों में स्वास्थ्य तंत्र का यह पहलू काफी कमजोर है।

प्राथमिक स्वास्थ्य के घटक

हालांकि भिन्न–भिन्न देशों में प्रदान की जाने वाली विशिष्ट स्वास्थ्य सेवाएं भिन्न–भिन्न होती हैं, किंतु अलमाटा घोषणा–पत्र में प्राथमिक स्वास्थ्य सेवा के निम्नलिखित 8 अनिवार्य घटकों का उल्लेख किया गया है :

1. विद्यमान स्वास्थ्य समस्याओं तथा उनके निवारण और नियंत्रण के उपायों कें संबंध में शिक्षा
2. खाद्य पदार्थों की आपूर्ति और उचित पोषण को बढ़ावा देना
3. सुरक्षित पेय जल की पर्याप्त आपूर्ति और बुनियादी स्वच्छता बनाए रखना
4. माता और शिशु स्वास्थ्य की देखभाल और परिवार नियोजन
5. प्रमुख संक्रामक रोगों के विरुद्ध प्रतिरक्षण
6. स्थानीय क्षेत्र विशिष्ट रोगों का निवारण और नियंत्रण
7. सामान्य रोगों और चोटों का उचित उपचार; तथा
8. आवश्यक औषधियों की उपलब्धता सुनिश्चित करना।

प्राथमिक स्वास्थ्य सेवाओं के सिद्धांत

1. **सम वितरण :** प्राथमिक स्वास्थ्य सेवाओं का पहला प्रमुख सिद्धांत स्वास्थ्य सेवाओं का समान वितरण अर्थात स्वास्थ्य सेवाओं तक सभी व्यक्तियों की समान रूप से पहुँच सुनिश्चित करना, चाहे वे किसी आय वर्ग के हों, उनकी भुगतान क्षमता कितनी भी हो और चाहे वे धनी हों या निर्धन, शहरी हों या ग्रामीण। वर्तमान में स्वास्थ्य सेवाएं मुख्य रूप से बड़े नगरों और शहरों में ही केंद्रित है जिससे ग्रामीण क्षेत्रों में रह रहे लोगों को इनका उचित लाभ नहीं मिल पाता है। इसका सर्वाधिक प्रतिकूल प्रभाव ग्रामीण क्षेत्रों और शहरी झोपड़पट्टियों में रह रहे कमजोर तबके के लोगों पर पड़ता है।

2. **सामुदायिक भागीदारी :** हालांकि स्वास्थ्य सेवाएं उपलब्ध कराने की समग्र जिम्मेदारी राज्य सरकारों और केंद्र सरकार की है, किंतु अपने स्वयं के स्वास्थ्य की देखभाल और कल्याण के लिए व्यक्तियों, परिवारों और समुदायों की भागीदारी प्राथमिक स्वास्थ्य सुविधाओं का एक अनिवार्य घटक है।

3. **अंतःक्षेत्रीय समन्वय :** इस तथ्य पर लोगों की सहमति में सर्वाधिक वृद्धि होती जा रही है कि प्राथमिक स्वास्थ्य

सेवाएं अकेले स्वास्थ्य क्षेत्र द्वारा उपलब्ध नहीं कराई जा सकतीं। अलमाटा घोषणा–पत्र में यह उल्लेख किया गया है कि "प्राथमिक स्वास्थ्य सेवा में स्वास्थ्य क्षेत्र के अतिरिक्त सभी संबंधित क्षेत्र तथा राष्ट्रीय सामुदायिक विकास के पहलू, खाद्य क्षेत्र, उद्योग, शिक्षा आवास, सार्वजनिक निर्माण क्षेत्र, संचार और अन्य क्षेत्र शामिल हैं।"

4. **उचित प्रौद्योगिकी :** उचित प्रौद्योगिकी की परिभाषा एक ऐसी प्रौद्योगिकी के रूप में दी जाती है जो वैज्ञानिक दृष्टि से सुदृढ़ हो, स्थानीय आवश्यकताओं के अनुरूप हो, तथा जो लोग उसे प्रयोग करते हैं और जिन के लिए उनका प्रयोग किया जाता है उनके द्वारा स्वीकार्य हो एवं जिसका समुदाय और देश द्वारा वहनीय संसाधनों के दृष्टिगत आत्मनिर्भर रहते हुए स्वयं लोगों द्वारा अनुरक्षण किया जा सकता हो।"

सभी के लिए स्वास्थ्य

वर्ष 1977 में, विश्व स्वास्थ्य सम्मेलन में "वर्ष 2000 तक सभी के लिए स्वास्थ्य" नाम से एक आंदोलन शुरू करने का निर्णय लिया गया। इस आंदोलन का बुनियादी सिद्धांत 'साम्य' है जो स्वास्थ्य संसाधनों के समान वितरण द्वारा सुनिश्चित की जाने वाली एक समान स्वास्थ्य की स्थिति होगी जो सभी देशों के लोगों को उपलब्ध होगी। विश्व स्वास्थ्य संगठन के सदस्य देशों के 30वें विश्व स्वास्थ्य सम्मेलन में सभी के लिए स्वास्थ्य की परिभाषा निम्नवत दी गई है :

"एक ऐसा स्वास्थ्य स्तर उपलब्ध कराना जिससे प्रत्येक व्यक्ति सामाजिक और आर्थिक दृष्टि से उत्पादक जीवन व्यतीत कर सके।"

सभी के लिए स्वास्थ्य 2000 के लिए राष्ट्रीय नीति

अलमाटा घोषणा–पत्र का एक हस्ताक्षरकर्ता देश होने के नाते भारत सरकार अपने सभी नागरिकों को वर्ष 2000 तक स्वास्थ्य सुविधाएं उपलब्ध कराने के प्रति वचनबद्ध थी। इस उद्देश्य की प्राप्ति हेतु उचित कार्यनीति और दृष्टिकोण विकसित करने के लिए विभिन्न प्रयास किए गए। इस संबंध में दो रिपोर्टें प्रकाशित हुईं :

(*i*) "सभी के लिए स्वास्थ्य—एक वैकल्पिक उपाय" विषय पर आई सी एस एस आर (ICSSR) और आई सी एम आर (ICMR) द्वारा प्रायोजित अध्ययन दल की रिपोर्ट, और

(*ii*) "2000 तक सभी के लिए स्वास्थ्य" विषय पर भारत सरकार के स्वास्थ्य और परिवार कल्याण मंत्रालय द्वारा प्रायोजित कार्य दल की रिपोर्ट।

इन दोनों दलों ने भारतीय संदर्भ में सभी व्यक्तियों को प्राथमिक स्वास्थ्य सेवाएं उपलब्ध कराने के लिए सभी संबंधित पहलुओं पर व्यापक विचार–विमर्श किया। ये रिपोर्टें भारत सरकार के स्वास्थ्य और परिवार कल्याण मंत्रालय द्वारा 1982 में तैयार की गई राष्ट्रीय स्वास्थ्य नीति का आधार बनीं। राष्ट्रीय स्वास्थ्य नीति को अंततः भारत की संसद द्वारा 1983 में अनुमोदित कर दिया गया जिसमें भारत के सभी लोगों को स्वास्थ्य सेवाएं उपलब्ध कराने के संबंध में भारत सरकार की वचनबद्धता व्यक्त की गई।

राष्ट्रीय स्वास्थ्य नीति में "सभी के लिए स्वास्थ्य" के संबंध में विश्व स्वास्थ्य संगठन द्वारा निर्धारित मानदंडों और अलमाटा घोषणा पत्र में उल्लिखित बिंदुओं को ध्यान में रखा गया। इसमें विभिन्न अवधियों तक प्राप्त किए जाने के लिए विशिष्ट लक्ष्य निर्धारित किए गए। कुछ ऐसे ही प्रमुख लक्ष्य थे :

(*i*) शिशु मृत्युदर में कमी लाना

(*ii*) जन्म के समय आयु संभाविता को 52 वर्ष के स्तर से बढ़ाकर 64 वर्ष करना

(*iii*) अशोधित मृत्युदर को 14 प्रति 1000 जनसंख्या से घटाकर कर 9/1000 करना।

(*iv*) अशोधित जन्मदर को 33 प्रति 1000 से घटाकर 21 प्रति हज़ार करना

(*v*) निवल (शुद्ध) प्रजननदर को एक के स्तर पर लाना

(*vi*) संपूर्ण ग्रामीण आबादी को पेय जल उपलब्ध कराना

स्वास्थ्य की स्थिति और स्वास्थ्य संबंधी समस्याएं

स्वास्थ्य की स्थिति और स्वास्थ्य संबंधी समस्याओं का मूल्यांकन करना स्वास्थ्य सेवाओं को विकसित करने में किसी भी योजनाबद्ध प्रयास की पहली अपेक्षा है। इसे

सामुदायिक निदान या निरूपण भी कहा जाता है। स्वास्थ्य की स्थिति में विश्लेषण और स्वास्थ्य संबंधी समस्याओं की पहचान हेतु अपेक्षित आंकड़ों में निम्नलिखित शामिल हैं :

1. रोगग्रस्तता और मृत्यु की दर
2. आबादी की जनसांख्यिकी स्थिति
3. स्वास्थ्य पर प्रतिकूल प्रभाव डालने वाली पर्यावरण की दशाएं
4. स्वास्थ्य पर सीधे प्रभाव डालने वाले सामाजिक आर्थिक कारक
5. सांस्कृतिक पृष्ठभूमि, प्रवृत्तियाँ मान्यताएँ और व्यवहार जिनका व्यक्ति के स्वास्थ्य पर प्रभाव पड़ता है।
6. उपलब्ध चिकित्सीय और स्वास्थ्य सेवाएँ
7. अन्य उपलब्ध सेवाएं

उपर्युक्त आँकड़ों के आलोक में स्वास्थ्य स्थिति के विश्लेषण से समुदाय की स्वास्थ्य संबंधी समस्याओं और आवश्यकताओं की जानकारी प्राप्त होती है। तत्पश्चात् इन समस्याओं को प्राथमिकता या तात्कालिकता के आधार पर क्रमबद्ध किया जाता है और तदनुसार संसाधन आवंटित किए जाते हैं।

वर्तमान में भारत में स्वास्थ्य की स्थिति का विवरण

स्वास्थ्य संबंधी समस्याएं

भारत में स्वास्थ्य संबंधी समस्याओं को सुविधा की दृष्टि से निम्नलिखित शीर्षों में वर्गीकृत किया गया है :

1. संचारी रोग संबंधी समस्याएं
2. पोषण संबंधी समस्याएं
3. पर्यावरण स्वच्छता संबंधी समस्याएं
4. चिकित्सीय सुविधा की उपलब्धता की समस्याएं
5. जनसंख्या की समस्या

भारत में प्राथमिक स्वास्थ्य सेवाएं

वर्ष 1977 में भारत सरकार ने एक ग्रामीण स्वास्थ्य स्कीम का शुभारंभ किया जो जनता के स्वास्थ्य की देखभाल का कार्य जनता को ही सौंपने के सिद्धांत पर आधारित था। यह वर्ष 1975 में समिति की सिफारिश पर आधारित स्वास्थ्य सेवा प्रदान करने वाली एक तीन स्तरीय प्रणाली थी। इन सिफारिशों के बाद 1978 में हुए अलमाटा सम्मेलन में स्वास्थ्य सेवाओं के एक स्वीकार्य स्तर के संबंध में लक्ष्य तय किए गए। अलमाटा घोषणा पत्र का एक हस्ताक्षरकर्ता देश होने के कारण भारत सरकार प्राथमिक स्वास्थ्य सेवाओं के जरिए सभी के लिए स्वास्थ्यकारी स्थिति उपलब्ध कराने के लिए वचनबद्ध है जिसका लक्ष्य वहनीय मूल्यों पर सभी को व्यापक स्वास्थ्य सुविधाएं उपलब्ध कराना है।

विश्व स्वास्थ्य संगठन के "सभी के लिए स्वास्थ्य" के लक्ष्य को ध्यान में रखते हुए भारत सरकार ने एक राष्ट्रीय स्वास्थ्य नीति विकसित की। जिसका मुख्य उद्देश्य सभी को प्राथमिक स्वास्थ्य सुविधाएं उपलब्ध कराना था।

राष्ट्रीय स्वास्थ्य नीति भारत के संसद द्वारा वर्ष 1983 में अनुमोदित कर दी गई। राष्ट्रीय स्वास्थ्य नीति के अंतर्गत मौजूदा ग्रामीण स्वास्थ्य अवसंरचनाओं के पुनर्विन्यास और निर्धारण हेतु एक कार्य–योजना तैयार की गई और विशेष लक्ष्य निर्धारित किए गए जिन्हें छठी पंचवर्षीय योजना (1980-85) तथा 20 सूची कार्यक्रम के अंतर्गत पूरा करने पर बल दिया गया। वर्ष 2000 तक सभी के लिए स्वास्थ्य का लक्ष्य प्राप्त करने के लिए राष्ट्रीय स्वास्थ्य नीति को लागू करने के लिए भी प्रभावकारी कदम उठाए गए। इन पर नीचे चर्चा की गई है :

1. ग्राम स्तर

प्राथमिक स्वास्थ्य सुविधा का एक मूलभूत सिद्धांत इसे सर्वसुलभ बनाना और स्वास्थ्य संसाधनों का समान वितरण सुनिश्चित करना है। इसका अर्थ है कि स्वास्थ्य सुविधा दूर–दराज के ग्रामीण क्षेत्रों तक पहुँचे और प्रत्येक व्यक्ति को यह सुलभ हो। ग्राम स्तर पर इस नीति को लागू करने के लिए निम्नलिखित स्कीमें चलाई जा रही हैं :

(*a*) ग्राम स्वास्थ्य गाइड स्कीम

(*b*) स्थानीय दाइयों को प्रशिक्षण

(*c*) आई सी डी एस (समन्वित बाल विकास स्कीम)

(*a*) ग्राम स्वास्थ्य गाइड : ग्राम स्वास्थ्य गाइड ऐसा व्यक्ति होता है जो समाज सेवा करने की अभिरूचि रखता हो और जो पूर्णकालिक सरकारी सेवक नहीं होता। ग्राम स्वास्थ्य गाइड स्कीम 2 अक्टूबर 1977 को शुरू की गई जो जनता के स्वास्थ्य की देखभाल हेतु स्वयं जनता के

लोगों की ही भागीदारी के सिद्धांत पर आधारित थी। यह स्कीम केरल, कर्नाटक, तमिलनाडु, अरुणाचल प्रदेश और जम्मू व कश्मीर को छोड़कर (इन राज्यों में वैकल्पिक व्यवस्था काम कर रही थी, उदाहरण के लिए तमिलनाडु में लघु स्वास्थ्य केंद्र स्थापित थे) देश के अन्य सभी राज्यों में शुरू की गई ताकि ग्राम स्तर पर लोगों को स्वास्थ्य सेवाएं प्रदान की जा सकें।

ग्राम स्वास्थ्य गाइडों के चयन हेतु निम्नलिखित मानदंड निर्धारित किए गए :

(*a*) वे स्थानीय समुदाय में स्थायी तौर पर निवास करते हों जिनमें महिलाओं को वरीयता दी गई।

(*b*) वे लिखने–पढ़ने में सक्षम हों तथा कम से कम छठी कक्षा तक न्यूनतम औपचारिक शिक्षा प्राप्त की हो।

(*c*) वे समुदाय के सभी वर्गों के लोगों द्वारा स्वीकार्य हों

(*d*) उनके पास सामुदायिक स्वास्थ्य कार्यों के लिए प्रतिदिन कम से कम 2 से 3 घंटे का समय उपलब्ध हो।

(*b*) स्थानीय दाइयाँ : अभी भी ग्रामीण क्षेत्रों में अधिकांश प्रसव अप्रशिक्षित दाइयाँ कराती हैं जो प्रसवपूर्व अवस्था में महिलाओं को तत्काल उपलब्ध हो सकने वाली एक मात्र सहायिका होती हैं। ग्रामीण स्वास्थ्य स्कीम के अंतर्गत देश में सभी श्रेणियों की स्थानीय दाइयों को प्रशिक्षण प्रदान करने के लिए ग्रामीण स्वास्थ्य स्कीम के अन्तर्गत एक व्यापक कार्यक्रम शुरू किया गया है ताकि प्रसूति और शिशु स्वास्थ्य, विसंक्रमण और प्रसव कराने की निपुणता के संबंध में उनकी प्राथमिक जानकारी में वृद्धि की जा सके। यह प्रशिक्षण 30 कार्य दिवसों तक प्रदान किया जाता है।

(*c*) आंगनवाड़ी कार्यकर्ता : आंगन का शाब्दिक अर्थ है एक प्रांगण/समन्वित बाल विकास सेवा (ICDS) स्कीम के अंतर्गत 1000 की जनसंख्या पर एक आंगनवाड़ी कार्यकर्ता को नियुक्त किया जाता है। प्रत्येक ICDS परियोजना में ऐसे 100 कर्मचारी नियुक्त किए जाते हैं। आज हमारे देश में 5320 से भी अधिक ICDS ब्लॉक कार्य कर रहे हैं। आंगनबाड़ी कार्यकर्ता का संबंधित समुदाय के लोगों में से ही चयन किया जाता है। उसे स्वास्थ्य पोषण और बाल विकास के विभिन्न पहलुओं के संबंध में 4 माह की अवधि का एक प्रशिक्षण प्रदान किया जाता है। वह एक अंशकालिक कार्यकर्ता होती है। उसकी इस सेवा हेतु जिसमें स्वास्थ्य की जाँच, प्रतिरक्षी टीके लगाना, संपोषक पदार्थ (औषधि वितरित करना), स्वास्थ्य शिक्षा प्रदान करना, अनौपचारिक स्कूल पूर्व शिक्षा और संदर्भ सेवाएँ प्रदान करना शामिल है। उसे सरकार द्वारा मानदेय स्वरूप कुछ राशि प्रदान की जाती है।

2. उपकेंद्र स्तर

उपकेंद्र ग्रामीण क्षेत्रों में मौजूदा स्वास्थ्य सेवा प्रणाली के परिधीय नाके (out posts) हैं। सामान्यतः 5000 की आबादी पर एक उपकेंद्र स्थापित किया जाता है किंतु पर्वतीय, जनजातीय और पिछड़े क्षेत्रों में यह मानदंड 3000 की आबादी का है। वर्तमान में देश में 132730 से भी अधिक उपकेंद्र कार्य कर रहे हैं।

3. प्राथमिक स्वास्थ्य केंद्र स्तर

भारत में प्राथमिक स्वास्थ्य केंद्र की अवधारणा कोई नई नहीं है। वर्ष 1946 में भोरे समिति (Bhore committee) ने एक बुनियादी स्वास्थ्य इकाई के रूप में प्राथमिक स्वास्थ्य केंद्रों की अवधारणा प्रस्तुत की थी जिनके माध्यम से ग्रामीण जनता को स्वास्थ्य सेवाओं के निवारक और संवर्धनात्मक पहलुओं पर बल देते हुए एक समन्वित उपचारक और निवारक स्वास्थ्य सुविधा उपलब्ध कराई जा सके।

'सभी के लिए स्वास्थ्य' की अवधारणा पर अलमाटा घोषणा पत्र ने समानता की एक नई अवधारणा और प्राथमिक स्वास्थ्य सेवा के एक नए दृष्टिकोण का सूत्रपात किया। राष्ट्रीय स्वास्थ्य योजना (1983) में मैदानी क्षेत्रों में प्रत्येक 30,000 की ग्रमीण आबादी के लिए एक तथा पर्वतीय, जनजातीय और पिछड़े क्षेत्रों में प्रत्येक 20,000 की आबादी के लिए एक प्राथमिक स्वास्थ्य केंद्र खोलने का प्रस्ताव रखा गया ताकि अधिकाधिक लोगों तक स्वास्थ्य सुविधाएं पहुँचाई जा सकें।

प्राथमिक स्वास्थ्य केंद्रों के कार्य

भारत में प्राथमिक स्वास्थ्य केंद्रों के कार्यों में अलमाटा घोषणा पत्र में उल्लिखित सभी 8 "अनिवार्य" तत्त्व शामिल हैं। ये हैं :

1. चिकित्सीय उपचार
2. जच्चा–बच्चा (माता–शिशु) स्वास्थ्य की देखभाल और परिवार नियोजन
3. सुरक्षित जलापूर्ति और बुनियादी स्वच्छता

4. स्थानीय विशेषक्षेत्री रोगों का निवारण और नियंत्रण
5. जन्म–मृत्यु के आँकड़ों का संग्रहण और संसूचन
6. स्वास्थ्य शिक्षा प्रदान करना
7. यथा संगत राष्ट्रीय स्वास्थ्य कार्यक्रम आयोजित करना
8. संदर्भ सेवाएं प्रदान करना

सामुदायिक स्वास्थ्य केंद्र

30 जून, 1996 को प्राथमिक स्वास्थ्य केंद्रों का उन्नयन करके 2424 सामुदायिक स्वास्थ्य केन्द्र स्थापित किए गए। प्रत्येक सामुदायिक स्वास्थ्य केंद्र 80,000 से लेकर 1.20 लाख तक की आबादी को कवर करता है। (इसे प्रत्येक सामुदायिक विकास खंड में स्थापित किया गया है)। प्रत्येक सामुदायिक स्वास्थ्य केंद्र में 30 बिस्तरों वाला एक छोटा अस्पताल होता है जहाँ शल्य चिकित्सा, मेडिसीन, प्रसूति, स्त्रीरोग व बाल रोगों के विशेषज्ञ चिकित्सक नियुक्त किए जाते हैं तथा एक्स रे और प्रयोगशाला की सुविधाएं भी उपलब्ध होती है। स्वास्थ्य सेवा के निवारक और संवर्धनात्मक पहलुओं को सुदृढ़ बनाने के लिए प्रत्येक सामुदायिक स्वास्थ्य केंद्र में सामुदायिक स्वास्थ्य अधिकारी का एक नया गैर चिकित्सीय पद भी सृजित किया गया है। सामुदायिक स्वास्थ्य अधिकारी का चयन प्राथमिक स्वास्थ्य केंद्र और जिला स्तर के पर्यवेक्षक श्रेणी के ऐसे कर्मचारियों में से किया जाता है जिन्हें ग्रामीण स्वास्थ्य कार्यक्रमों में कम से कम 7 वर्ष का अनुभव हो। कुछ राज्यों ने इस स्कीम को लागू नहीं किया है। इन राज्यों में सामुदायिक स्वास्थ्य अधिकारी के स्थान पर द्वितीय चिकित्सा अधिकारी को नियुक्त किया गया है।

स्वैच्छिक स्वास्थ्य एजेन्सियाँ

स्वैच्छिक स्वास्थ्य एजेन्सियों का सामुदायिक स्वास्थ्य कार्यक्रम में एक महत्त्वपूर्ण स्थान है। "स्वैच्छिक स्वास्थ्य एजेन्सी का अर्थ एक ऐसे संगठन से है जिसका प्रशासन एक स्वायत्त बोर्ड द्वारा किया जाता है जो बैठकें आयोजित करता है, एजेन्सी को वित्तीय सहायता प्रदान करने के लिए विशेषकर निजी स्रोतों से निधियां एकत्रित करता है और धन का व्यय करता है, जहाँ सवैतनिक या अवैतनिक कर्मचारी काम करते हैं, जो ऐसे कार्यक्रम आयोजित करते हैं जिनका उद्देश्य स्वास्थ्य शिक्षा या स्वास्थ्य सेवाएं प्रदान करके या स्वास्थ्य संबंधी अध्ययन करके या विधान प्रस्तुत करके या दोनों द्वारा सार्वजनिक स्वास्थ्य की स्थिति में सुधार लाना है।" संयुक्त राज्य अमेरिका एकमात्र ऐसा देश है जहाँ स्वैच्छिक स्वास्थ्य एजेन्सियाँ अत्यधिक विकसित हुई हैं। 1945 में संयुक्त राज्य अमेरिका में 20,000 से अधिक स्वैच्छिक एजेन्सियों के कार्यरत होने का अनुमान लगाया गया था।

कार्य

स्वैच्छिक स्वास्थ्य एजेन्सियों द्वारा प्रदान की जाने वाली सेवाएं निम्नलिखित श्रेणियों में वर्गीकृत की गई हैं :

(*a*) **सरकारी एजेन्सियों के कार्य की अनुपूर्ति :** यह एक सर्वविदित तथ्य है कि सरकारी एजेन्सियाँ पूर्ण सेवाएं प्रदान नहीं कर सकतीं क्योंकि उन पर वित्तीय और कानूनी प्रतिबंध होता है। स्वैच्छिक स्वास्थ्य एजेन्सियाँ विशेष उपकरणों, आपूर्ति या सेवाओं के लिए अपने कार्मिकों को उपलब्ध करा कर या निधि उपलब्ध करा कर सरकारी एजेन्सियों के कार्य में सहायता कर सकती हैं।

(*b*) **नए कार्यों/अभियानों की शुरुआत करना :** स्वैच्छिक स्वास्थ्य एजेन्सियाँ नए कार्य करने के तौर–तरीकों की खोज कर सकती हैं। अनुसधान इसी प्रकार का एक कार्य है। प्रयासों के सफल हो जाने और लाभकारी सिद्ध होने पर सरकारी एजेन्सियाँ भी ऐसे कार्यों से जुड़ सकती हैं और संबंधित परियोजना को आम जनता के लाभार्थ बड़े पैमाने पर चला सकती हैं। भारत में परिवार नियोजन कार्यक्रम इसका एक उदाहरण है जिसे सर्वप्रथम स्वैच्छिक एजेन्सियों द्वारा शुरू किया गया और इसके क्रियान्वयन में उन्हें काफी प्रतिरोध का सामना करना पड़ा। परिवार नियोजन का महत्त्व समझ में आने पर सरकार ने परिवार नियोजन कार्यक्रम को राष्ट्रीय नीति में शामिल किया।

(*c*) **शिक्षा :** भारत में स्वास्थ्य शिक्षा की असीमित संभावनाए हैं। सरकारी एजेन्सियाँ इस समस्या का सामना नहीं कर सकती यदि जनता के स्वैच्छिक प्रयासों द्वारा उन्हें समर्थन/सहायता न प्राप्त हो ।

(*d*) **प्रदर्शन :** प्रदर्शनों और प्रायोगिक परियोजनाओं द्वारा स्वैच्छिक स्वास्थ्य एजेन्सियों ने जनता के स्वास्थ्य की

दिशा में काफी उल्लेखनीय कार्य किया है। इस संबंध में भारत में अंकुश कृमि की समस्या के समाधान हेतु रॉकफेलर फाउंडेशन द्वारा बोरहोल लैट्रिन का प्रदर्शन एक उल्लेखनीय तथ्य है। उसके बाद बोरहोल लैट्रिन और उसका आशोधित रूप भारत में पर्यावरण स्वच्छता कार्यक्रम का एक अनिवार्य अंग बन गया।

(*e*) **सरकारी एजेन्सियों के कार्य को मार्गदर्शन प्रदान करना :** एक अच्छा उदाहरण प्रस्तुत करके स्वैच्छिक स्वास्थ्य एजेन्सियाँ सरकारी एजेन्सियों के कार्य को मार्गदर्शन प्रदान कर सकती हैं।

(*f*) **स्वास्थ्य संबंधी कानून की पहल करना :** स्वैच्छिक एजेन्सियाँ संपूर्ण समुदाय के लाभार्थ स्वास्थ्य मामलों पर जनमत सृजन तथा सरकार को इस संबंध में कानून बनाने के लिए अनुरोध भी कर सकती हैं।

भारत में स्वैच्छिक स्वास्थ्य एजेन्सियाँ

1. **इंडियन रेड क्रॉस सोसाइटी :** इंडियन रेड क्रॉस सोसायटी की स्थापना वर्ष 1920 में की गई। भारत भर में इसकी 400 से अधिक शाखाएं हैं। यह संस्था स्वास्थ्य संवर्धन, रोग निवारण और लोगों के कष्ट को दूर करने हेतु अनेक कार्यक्रम आयोजित करती रही है। इसके क्रियाकलापों पर नीचे चर्चा की गई है:

   (*a*) **राहत कार्य :** देश के किसी भी भाग में भूकंप, बाढ़ सूखा, महामारी आदि के रूप में आपदा की स्थिति उत्पन्न होने पर रेड क्रॉस सोसायटी तत्काल अपने संसाधनों को जुटाकर प्रभावित लोगों को राहत पहुँचाने की दिशा में कार्य शुरू कर देती है।

   (*b*) **दूध और चिकित्सा सामग्रियों की आपूर्ति :** अनेक अस्पतालों, औषधालयों, माता व शिशु कल्याण केद्रों, स्कूलों और अनाथालयों को रेड क्रॉस सोसायटी से प्रति वर्ष सहायता प्राप्त होती है। दी गई सहायता मुख्य रूप से पाउडर, औषधियों , विटामिनों और अन्य आपूर्तियों के रूप में होती है।

   (*c*) **सशस्त्र बल :** सशस्त्र सेनाओं के बीमार और घायल सैनिकों की देख-भाल करना रेड क्रॉस सोसाइटी का एक प्रमुख दायित्व है। रेड क्रॉस सोसायटी बेंगलुरू में 'रेड क्रॉस होम' नाम से एक पूर्णतः सुसज्जित अस्पताल चलाती है जो स्थाई तौर से विकलांग भूतपूर्व सैनिकों के लिए भारत और सुदूर पूर्व के देशों का अपने किस्म का एकमात्र अस्पताल है।

   (*d*) **माता और शिशु कल्याण सेवाएं :** भारत भर में रेड क्रॉस सोसायटी द्वारा सीधे प्रशासित या उसके द्वारा मान्यता प्राप्त अनेक प्रसूति और बाल कल्याण केंद्र हैं। इसका प्रसूति और बाल कल्याण ब्यूरो आदर्श प्रसूति और शिशु कल्याण केंद्र स्थापित करने की स्कीमों के लिए तकनीकी और वित्तीय सहायता प्रदान करता है।

   (*e*) **परिवार नियोजन :** भारत में अनेक राज्यों में इंडियन रेड क्रॉस के तत्त्वावधान में परिवार कल्याण केंद्र चलाए जा रहे हैं।

   (*f*) **रक्त बैंक और प्राथमिक उपचार :** कुछ राज्य शाखाओं द्वारा रक्त बैंक स्थापित किए गए हैं। भारत में सेंट जॉन एम्बुलेन्स एसोसिएशन ने, जो रेड क्रॉस का एक अंग है, लाखों स्त्री–पुरुषों को प्राथमिक उपचार, होम नर्सिंग और संबंधित विषयों का प्रशिक्षण प्रदान किया है।

2. **हिंद कुष्ठ निवारण संघ :** हिंद कुष्ठ निवारण संघ की स्थापना 1950 में की गई। इसका मुख्यालय नई दिल्ली में है। 1950 से पहले इस संस्था का नाम इंडियन काउंसिल ऑफ दि ब्रिटिश अम्पायर लेप्रासी रिलीफ एसोसिएशन था जिसे 1950 में भंग कर दिया गया। इस संघ के कार्यक्रमों में विभिन्न कुष्ठ गृहों और कुष्ठ चिकित्सालयों को वित्तीय सहायता उपलब्ध कराना, प्रकाशनों और पोस्टरों के माध्यम से स्वास्थ्य शिक्षा प्रदान करना, चिकित्सा–कर्मियों और फिजियोथेरापी करने वालों को प्रशिक्षण प्रदान करना, अखिल भारतीय कुष्ठ कर्मी सम्मेलन आयोजित करना तथा 'लेप्रासी इन इंडिया'' नामक एक तिमाही पत्रिका प्रकाशित करना शामिल है। संघ की शाखाएं पूरे भारत में हैं तथा यह सरकार और अन्य स्वैच्छिक एजेन्सियों के साथ घनिष्ठ संबंध बनाए रखता है।

3. **भारतीय बाल कल्याण परिषद् :** भारतीय बाल कल्याण परिषद् की स्थापना 1952 में की गई। यह अंतर्राष्ट्रीय बाल कल्याण संघ द्वारा मान्यताप्राप्त संगठन है। स्थापना के बाद से ही भारतीय बाल कल्याण परिषद् का देश भर में राज्य परिषदों और जिला परिषदों का नेटवर्क स्थापित किया गया है। भारतीय बाल कल्याण परिषद् की सेवाए

भारत के बच्चों के लिए ऐसे अवसर और सुविधाएं कानून और अन्य साधनों का उपयोग करके सुनिश्चित करने के प्रति समर्पित है जो एक स्वस्थ्य और सामान्य रूप में तथा स्वंतत्रता और गरिमा को बनाए रखकर अपना शारीरिक, मानसिक, नैतिक, आध्यात्मिक और सामाजिक विकास करने में सक्षम बनाने हेतु आवश्यक है।

4. **ट्यूबरकुलोसिस एसोसिएशन ऑफ इंडिया :** ट्यूबरकुलोसिस एसोसिएशन ऑफ इंडिया का गठन 1939 में किया गया। इसकी शाखाएं भारत के सभी राज्यों में हैं। इस एसोसिएशन के क्रियाकलापों में निधि जुटाने के लिए प्रतिवर्ष अभियान चलाना, चिकित्सकों, स्वास्थ्य– कर्मियों और सामाजिक कार्यकर्ताओं को ट्यूबरकुलोसिस निवारण के कार्य में प्रशिक्षण देना, स्वास्थ्य शिक्षा को बढ़ावा देना तथा परामर्श बैठकों और सम्मेलनों को आयोजित करना शामिल है। यह एसोसिएशन निम्नलिखित संस्थाओं का प्रबंध–कार्य देखती हैः न्यू दिल्ली ट्यूबर कुलोसिस सेंटर, कसौली स्थित दि लेडी–लिनलिथगो सैनिटॉरियम, धामपुर स्थित दि किंग एडवर्ड VII सैनिटॉरियम और महरौली स्थित ट्यूबरकुलोसिस अस्पताल।

5. **भारत सेवक समाज :** भारत सेवक समाज, जो एक गैर राजनीतिक और गैर सरकारी संगठन है, वर्ष 1952 में गठित किया गया। भारत सेवक समाज का एक प्रमुख उद्देश्य लोगों को अपने स्वयं के कार्यों और प्रयासों से स्वस्थ्य जीवन व्यतीत करने में सहायता करना है। देश के सभी राज्यों और लगभग सभी जिलों में इसकी शाखाएं कार्य कर रही हैं। गांवों में स्वच्छता की स्थिति में सुधार लाना भारत सेवक समाज का एक महत्त्वपूर्ण कार्य है।

6. **केंद्रीय समाज कल्याण बोर्ड :** केंद्रीय समाज कल्याण बोर्ड एक स्वायत्त संगठन है जो शिक्षा मंत्रालय के सामान्य प्रशासनिक नियंत्रण के अधीन कार्य करता है। इसे भारत सरकार द्वारा अगस्त 1953 में स्थापित किया गया। बोर्ड के निम्नलिखित कार्य हैं :
   - (*i*) देश में स्वैच्छिक कल्याण संगठनों की आवश्यकताओं का सर्वेक्षण।
   - (*ii*) स्वैच्छिक आधार पर समाज कल्याण संगठनों को संवर्धित और स्थापित करना।
   - (*iii*) मौजूदा पात्र संगठनों और संस्थानों को वित्तीय सहायता प्रदान करना। बोर्ड ने 1968 में ग्रामीण क्षेत्रों में रहने वाली महिलाओं और बच्चों के कल्याण के लिए परिवार और बाल कल्याण सेवाएं शुरू की। इन परियोजनाओं के क्रियाकलापों में शिल्प संबंधी प्रशिक्षण देना, सामाजिक शिक्षा साक्षरता प्रसार हेतु कक्षाएं आयोजित करना, महिलाओं को प्रसूति सहायता, दूध का वितरण तथा बच्चों के लिए बालवाड़ी और क्रीड़ा केंद्र स्थापित करना शामिल है। बोर्ड ने औद्योगिक सहकारी समितियों की स्कीम भी शुरू की है जहाँ शहरी क्षेत्रों में रह रहीं निम्न मध्यमवर्गीय महिलाएं सवैतनिक कार्य करके अपने परिवार की आय में वृद्धि कर सकती हैं।

7. **कस्तूरबा मेमोरियल फंड :** यह फंड (निधि) 1944 में कस्तूरबा गांधी की मृत्यु के पश्चात् उनकी स्मृति में स्थापित किया गया। इस निधि का मुख्य उद्देश्य महिलाओं और विशेषकर ग्रामीण महिलाओं की स्थिति में ग्राम सेविकाओं के माध्यम से सुधार लाना है। इस ट्रस्ट के पास 1 करोड़ से अधिक की राशि संचित है और यह देश में अनेक कल्याणकारी परियोजनाएं चला रहा है।

8. **फैमिली प्लानिंग एसोसिएशन ऑफ इंडिया :** फैमिली प्लानिंग एसोसिएशन की स्थापना 1949 में की गई तथा इसका मुख्यालय मुंबई में स्थापित किया गया। इस संस्था ने भारत में परिवार नियोजन के कार्य को बढ़ावा देने में अग्रगण्य भूमिका निभाई है। इस एसोसिएशन की शाखाएं देशभर में फैली हुई हैं। ये शाखाएं सरकार से प्राप्त अनुदान सहायता से परिवार नियोजन संबंधी क्रियाकलापों को आयोजित करती है।

   इस एसोसिएशन ने सैकड़ों चिकित्सकों, स्वास्थ्यकर्मियों और सामाजिक कार्यकर्ताओं को प्रशिक्षण प्रदान किया है। मुख्यालय का एक कार्य पत्र भेजकर या व्यक्तिगत रूप से सपंर्क करने वाले व्यक्तियों/संस्थाओं को परिवार नियोजन के विषय में पूछे गए प्रश्नों का उत्तर देना है।

9. **अखिल भारतीय महिला सम्मेलन :** यह देश में महिलाओं के कल्याणार्थ संस्थापित एक मात्र स्वैच्छिक संगठन है। इसकी संस्थापना वर्ष 1926 में की गई और वर्तमान में इसकी शाखाएं देश भर में फैली हुई हैं। इसकी अधिकांश शाखाएं माता–शिशु कल्याण केंद्र, चिकित्सा

केंद्र, वयस्क शिक्षा केंद्र, दूध केंद्र और परिवार नियोजन केंद्र चलाती है।

10. ऑल इंडिया रिलीफ सोसायटी : ऑल इंडिया रिलीफ सोसायटी की स्थापना नेत्रहीन व्यक्तियों के लिए कार्य कर रही विभिन्न संस्थाओं के बीच समन्वय स्थापित करने की दृष्टि से वर्ष 1946 में की गई। यह संस्था नेत्रहीन व्यक्तियों के लिए आई रिलीफ कैंप आयोजित करती है और अनेक अन्य उपाय भी करती है।

11. व्यावसायिक निकाय : इंडियन मेडिकल एसोसिएशन, ऑल इंडिया लाइसेन्सिएट्स एसोसिएशन, ऑल इंडिया डेन्टल एसोसिएशन, दि ट्रेंड नर्सेज एसोसिएशन ऑफ इंडिया सभी ऐसे व्यक्तियों के स्वैच्छिक संगठन हैं जो अपने संबंधित क्षेत्र में विशेषज्ञता प्राप्त हैं और पंजीयन योग्य योग्यताएं रखते हैं। ये व्यावसायिक निकाय वार्षिक सम्मेलन आयोजित करते हैं, पत्र–पत्रिकाएं प्रकाशित करते हैं, वैज्ञानिक सत्र और प्रदर्शनियाँ आयोजित करते हैं, अनुसंधान कार्य करते हैं, व्यावसायिक शिक्षा के मानक निर्धारित करते हैं और प्राकृतिक आपदाओं की स्थिति में राहत कैंप आयोजित करते हैं।

12. अंतर्राष्ट्रीय एजेन्सियाँ : रॉकफेलर फाउंडेशन, फोर्ड फाउंडेशन और केयर (कोऑपरेटिव फॉर अमेरिकन रिलीफ एवरीव्हेयर) स्वैच्छिक अंतर्राष्ट्रीय स्वास्थ्य एजेन्सियों के उदाहरण हैं।

संक्षिप्त पुनर्विलोकन

1. स्वास्थ्य शिक्षा का एकमात्र अर्थ स्वास्थ्य संबंधी प्रचार करना ही नहीं है बल्कि यह अधिगम या आत्मज्ञान की एक प्रक्रिया है। स्वास्थ्य शिक्षा किसी एक व्यक्ति द्वारा दूसरे व्यक्ति को नहीं दी जा सकती। यह एक गतिक प्रक्रिया है जिसके दौरान कोई व्यक्ति स्वास्थ्य जीवन के उद्देश्यों से जुड़े विचारों, नई प्रवृत्तियों और नए व्यवहारों को स्वीकार या अस्वीकार कर सकता है। यह स्वास्थ्य कार्यक्रम के पहलुओं को स्वीकार करता है।
2. **स्वास्थ्य शिक्षा की परिभाषा :** स्वास्थ्य शिक्षा की परिभाषा विभिन्न व्यक्तियों द्वारा भिन्न–भिन्न रूप में दी जाती है। संयुक्त राज्य अमेरिका के नेशनल कॉन्फ्रेन्स ऑन प्रीवेन्टिव मेडिसीन द्वारा स्वीकृत परिभाषा निम्नवत् है :

"स्वास्थ्य शिक्षा एक प्रक्रिया है जो लोगों को स्वस्थ व्यवहार और जीवन शैली को स्वीकार करने और बनाए रखने के लिए मार्गदर्शन, अभिप्रेरण और सहायता प्रदान करती है, इस लक्ष्य की प्राप्ति हेतु अपेक्षित पर्यावरण परिवर्तन का समर्थन करती है तथा व्यावसायिक–प्रशिक्षण और अनुसंधान कार्य करती है।

स्वास्थ्य शिक्षा के उद्देश्य

1. 'उत्तम स्वास्थ्य' को स्वयं ही एक मूल्यवान संपत्ति बनना चाहिए ताकि लोग स्वयं अपने ही हित मे स्वास्थ्य की वांछनीयता के प्रति जागरूक हों।
2. लोग "स्वास्थ्य के प्रति जागरूक" बनें और स्वास्थ्य संरक्षण के कौशल से अवगत हों।
3. लोग अपनी स्वास्थ्य समस्याओं का स्वयं समाधान कर सकें।

स्वास्थ्य शिक्षा के कार्यक्रम

1. सांस्कृतिक पृष्ठभूमि
2. सामान्य शिक्षा
3. अभिप्रेरण
4. पुरस्कार और दंड

स्वास्थ्य शिक्षा में निहित तथ्य

स्वास्थ्य शिक्षा में निहित तथ्य का आशय उन विषयों से है जिनमें लोगों को शिक्षा प्रदान की जाती है। यह भिन्न–भिन्न समय और भिन्न–भिन्न प्रकार के ऑडियन्स (श्रोताओं/शिक्षार्थियों) के संदर्भ में भिन्न-भिन्न होता है। यह स्पष्ट है कि सामुदायिक चिकित्सा विज्ञान का ऐसा कोई शीर्षक नहीं है जिसे सरल गैर तकनीकी भाषा में अनूदित किए बिना स्वास्थ्य शिक्षा अभियान हेतु प्रयोग में लाया जा सके।

(*i*) मानव जीवविज्ञान

(*ii*) स्वच्छता (व्यक्तिगत और पर्यावरण स्वच्छता)

(*iii*) पोषण

(*iv*) परिवार कल्याण

(*v*) संचारी और गैर संचारी रोग

(*vi*) दुर्घटनाओं का निवारण

(*vii*) स्वास्थ्य सेवाओं का प्रयोग

(*viii*) मानसिक स्वास्थ्य : इससे संबंधित जागरूकता कार्यक्रम

संदेश संप्रेषण के तत्त्व

1. संप्रेषक
2. संदेश
3. श्रोता
4. संचार के माध्यम

सामूहिक चर्चा, सेमीनार और पैनल चर्चा संगोष्ठी

जनशिक्षा : जनसंचार के माध्यमों द्वारा आम जनता को जागरूक बनाना

टेलीविजन : टेलीविजन 20वीं शताब्दी का सर्वाधिक सशक्त माध्यम है। नेटवर्क स्थापित कर दिए जाने के बाद यह जन संचार का सर्वाधिक सस्ता माध्यम है।

रेडियो : यह भी जन संचार का एक सशक्त माध्यम है क्योंकि इसकी पहुँच लगभग सभी घरों तक है। रेडियो वार्ता 15 मिनट से अधिक अवधि की नहीं होनी चाहिए।

फिल्म : यह जन साधारण को प्रभावित करने वाला एक अन्य अत्यधिक प्रभावी श्रव्य–दृश्य माध्यम है। तथापि, फिल्म उत्पादन की लागत बहुत अधिक होती है और स्थानीय आवश्यकताओं के अनुरूप फिल्मों का उत्पादन कर पाना सदैव संभव नहीं होता।

समाचार पत्र : समाचार पत्रों की पहुँच भी जन–जन तक है, जिससे यह भी जन संचार का एक महत्त्वपूर्ण माध्यम है।

पोस्टर : पोस्टर आकर्षक, कलात्मक और लोगों की रुचि के अनुरूप होने चाहिए। इसमें प्रसारित संदेश न्यूनतम शब्दों का तथा लोगों की भावना के अनुरूप होना आवश्यक है।

स्वास्थ्य प्रदर्शनी : विशिष्ट विषयों पर विभिन्न विचारों को प्रदर्शनी के माध्यम से प्रस्तुत किया जाता है। प्रदर्शनी में चयनित विषय के सभी पहलू शामिल हों, इस पर ध्यान दिया जाना चाहिए।

केंद्रीय स्वास्थ्य शिक्षा ब्यूरो

सामान्य जन को स्वास्थ्य शिक्षा प्रदान करने और संबद्ध विषय में मार्गदर्शन प्रदान करने के संबंध में सरकार द्वारा वर्ष 1956 में व्यक्त वचनबद्धता के दृष्टिगत दिल्ली में केंद्रीय स्वास्थ्य शिक्षा ब्यूरो की स्थापना की गई। यह संगठन स्वास्थ्य संबंधी प्रशिक्षण, अनुसंधान और मूल्यांकन कार्य करता है। यह देश में स्वास्थ्य शिक्षा कार्य को संवर्धन और समन्वित करने वाला एक केंद्रीय स्वास्थ्य सेवा संगठन के रूप में कार्य करता है।

1958 में स्वास्थ्य मंत्रालय ने केंद्रीय स्वास्थ्य शिक्षा ब्यूरो के अधीन एक विद्यालय स्वास्थ्य शिक्षा प्रभाग की स्थापना की। 1959 में केंद्रीय सहायता से राज्य स्वास्थ्य शिक्षा ब्यूरो स्थापित करने की एक स्कीम तैयार की गई।

जीव संबंधी और प्राथमिक आँकड़े

जीव संबंधी आँकड़ों का अर्थ है महत्त्वपूर्ण घटनाओं जैसेकि जन्म, मृत्यु, विवाह, तलाक, गोद लेना आदि संबंधी आंकड़ों का संग्रहण और रख–रखाव।

स्वास्थ्य संबंधी आँकड़े

इसमें किसी समुदाय के सदस्यों की रोगग्रस्तता और उपलब्ध कराई गई स्वास्थ्य सेवाओं से संबंधित आँकड़े होते हैं। इसमें निम्नलिखित शामिल हैं :

(*a*) **स्वास्थ्य की स्थिति :** रोगग्रस्तता, मृत्युदर

(*b*) **स्वास्थ्य को प्रभावित करने वाले कारक :** पोषण, आवास, सामाजिक, आर्थिक और पर्यावरण संबंधी कारक

(*c*) **सेवाएं** : निवारक, उपचारात्मक, स्वास्थ्य लाभ संबंधी आंकड़े।

जीव संबंधी आँकड़ों के स्रोत

1. जनगणना
2. जन्म, मृत्यु और विवाह का पंजीकरण
3. राष्ट्रीय प्रतिदर्श सर्वेक्षण

जनगणना : जनगणना का अर्थ है किसी समय विशेष के दौरान किसी देश में रहने वाले सभी व्यक्तियों के सबंध में जनसांख्यिकी, आर्थिक और सामजिक आँकड़ों के संग्रहण, संकलन और प्रकाशन की कुल प्रक्रिया।

जीव संबंधी आँकड़ों का उपयोग

1. स्वास्थ्य संबंधी विभिन्न क्रियाकलापों की योजना बनाना।
2. नियोजित क्रियाकलापों का मूल्यांकन करना
3. जीवों के भौगोलिक वितरण और स्वास्थ्य संबंधी स्थिति जानना।

4. एक देश के संबंध में विभिन्न आंकड़ों की अन्य देशों से संबंधित आँकड़ों से तुलना करना।
5. सामुदायिक स्वास्थ्य समस्याओं का अनुसंधान कराना।

मृत्यु के कारणों का वर्गीकरण

मृत्यु के कारणों का वर्गीकरण रोगों के अंतर्राष्ट्रीय वर्गीकरण के अनुसार किया जाना चाहिए। इस वर्गीकरण को विश्व स्वास्थ्य संगठन द्वारा लगभग प्रत्येक 10 वर्ष पर संशोधित किया जाता है। प्रत्येक नया संशोधित वर्गीकरण पूर्ववर्ती वर्गीकरण की तुलना में काफी उपयोगी सिद्ध होता है। इसमें प्रसूति और प्रसव पूर्व रोगग्रस्तता तथा प्रसव पूर्व मृत्यु के कारण मृत्युदर को भी शामिल किया गया है।

वस्तुनिष्ठ प्रश्न

1. स्वास्थ्य शिक्षा है :
A. स्वास्थ्य संवर्धन
B. स्वास्थ्य क्षीणन
C. संपूर्ण जन स्वास्थ्य
D. यह प्रयोग में नहीं है

2. सामुदायिक स्वास्थ्य शिक्षा की प्रक्रिया का सर्वाधिक महत्त्वपूर्ण चरण है :
A. चिकित्सकों से संपर्क स्थापित करना
B. सामुदायिक विचार–विमर्श
C. ध्वनि विस्तारक यंत्रों के प्रयोग द्वारा समुदाय के सभी सदस्यों को स्वास्थ्य शिक्षा प्रदान करना
D. स्थानीय आवश्यकता के प्रति जागरूक होना

3. स्वास्थ्य शिक्षा योजना में निम्नलिखित एक को छोड़कर अन्य सभी का प्रयोग किया जाता है :
A. स्वास्थ्य शिक्षा प्रदान करने के दौरान महसूस की गई आवश्यकता
B. सरल शब्दों का प्रयोग
C. आकर्षक नारा
D. भागीदारी सुनिश्चित करना

4. विश्व स्वास्थ्य संगठन (WHO) का संविधान कब तैयार किया?
A. 1947 B. 1950
C. 1952 D. 1956

5. एक स्वास्थ्य शिक्षा कार्यक्रम जिसमें 10 व्यक्तियों का एक दल सामान्य रुचि के विषय पर चर्चा कर रहा हो, कहलाता है :
A. कार्यशाला B. पैनल चर्चा
C. सामूहिक चर्चा D. परिचर्चा

6. निम्नलिखित में से कौन एक सार्वजनिक शिक्षा की विशेषता नहीं है?
A. संप्रेषण में आनेवाली स्थानीय समस्याओं से निपटना
B. सुबोध
C. सुगम
D. तीव्र

7. भोरे समिति का गठन किस वर्ष किया गया ?
A. 1943 B. 1946
C. 1947 D. 1952

8. प्राथमिक स्वास्थ्य केंद्रों की स्थापना ———— की रिपोर्ट के अनुसार की गई
A. भोरे समिति B. करतार सिंह
C. मुदलियार समिति D. योजना आयोग

9. मुदलियार समिति की रिपोर्ट के संबंध में निम्नलिखित में से किस एक को छोड़कर अन्य सभी सत्य हैं?
A. स्वास्थ्य सेवा की गुणवत्ता में सुधार लाना
B. जिला अस्पतालों में स्वास्थ्य सुविधाएं सुदृढ़ करना
C. प्रथम दो पंचवर्षीय योजनावधियों के दौरान किए गए उपायों को सुदृढ़ बनाना
D. प्रत्येक प्राथमिक केंद्र द्वारा 80,000 की आबादी को स्वास्थ्य सेवाएं प्रदान किया जाना

10. मुदलियार रिपोर्ट द्वारा निम्नलिखित में से किस एक की सिफारिश नहीं की गई?
A. जिला अस्पतालों में विशेषज्ञ चिकित्सकों की सेवाएं उपलब्ध कराना
B. प्रत्येक प्राथमिक स्वास्थ्य केंद्र द्वारा 8000 की आबादी को स्वास्थ्य सेवाएं प्रदान करना
C. अखिल भारतीय स्वास्थ्य सेवाओं का गठन करना

D. चिकित्सीय और स्वास्थ्य सेवाओं का समन्वयन

सूची-I (स्वास्थ्य नियोजन समितियों) को **सूची II (मुख्य सिफारिशों–महत्त्वपूर्ण परिणामों)** से सुमेलित कीजिए और नीचे दिए गए कूटों से सही उत्तर का चयन कीजिए:

सूची I

(*a*) श्रीवास्तव समिति (*b*) चड्ढा समिति
(*c*) करतार सिंह समिति (*d*) जुंगाल वाला समिति

सूची II

1. मलेरिया उन्मूलन कार्यक्रम से जुड़े कर्मी एफ०पी० कार्य की भी देख–रेख करेंगे
2. उच्चतम से निम्नतम स्तरों तक सेवाओं का समन्वयन
3. स्वास्थ्य गाइडों की नियुक्ति
4. बहुद्देश्यीय स्वास्थ्य–कर्मियों की नियुक्ति

कूट :

	(*a*)	(*b*)	(*c*)	(*d*)
A.	3	4	1	2
B.	3	1	4	2
C.	2	1	4	3
D.	2	4	1	3

12. श्रीवास्तव समिति द्वारा निम्नलिखित की सिफारिश की गई :

A. सरकारी चिकित्सकों द्वारा निजी क्लिनिक चलाने पर रोक लगाना
B. बहुद्देशीय स्वास्थ्य–कर्मियों की नियुक्ति
C. प्राथमिक स्वास्थ्य केंद्रों की स्थापना
D. उपर्युक्त सभी

13. पंचायती राज का अर्थ है :

A. स्थानीय स्वास्थ्य सेवा केंद्र
B. सामुदायिक स्वास्थ्य सेवा केंद्र
C. प्राथमिक स्वास्थ्य सेवा
D. स्थानीय स्वशासन

14. सामुदायिक विकास कार्यक्रम का अर्थ है :

A. स्वयं ग्रामीणों के प्रयास से ग्रामीण जीवन में एक विशेष आर्थिक परिवर्तन लाना
B. महिला और बाल कल्याण हेतु कार्यक्रम आयोजित करना
C. बेहतर खाद और बीजों की सहायता से कृषि उपज में वृद्धि करना
D. 60 से 80 हजार तक की आबादी वाले गांवों में विकास कार्यक्रम आयोजित करना

15. पेय जल को रोगाणु मुक्त करने की सर्वोत्तम विधि है:

A. छानना B. उबालना
C. क्लोरीनीकरण D. उपर्युक्त में से कोई नहीं

16. डाइएथिल टोलुएमाइड (Diethyl toluamide) एक प्रभावी ———— रसायन है।

A. लार्वा या डिंबनाशी (Larvicide)
B. ऐनोफेलीज मच्छरों के फ्यूपा को नष्ट करने वाला
C. कीटों को दूर भगाने वाला
D. छिड़काव हेतु प्रयुक्त
E. उपर्युक्त में से कोई नहीं

17. **सूची I (रोग वाहकों)** को **सूची II (संचारित रोगों के नाम)** से सुमेलित कीजिए और नीचे दिए गए कूट से सही उत्तर का चयन कीजिए

सूची I	**सूची II**
(*a*) क्लुलेक्स मच्छर	1. पुनरावर्ती ज्वर
(*b*) सिक्ता मक्खी	2. पीत ज्वर
(*c*) एडीज मच्छर	3. जापानी एन्सेफैलिटिस
(*d*) सिर में होने वाला जूँ	4. काला आजार (kala-azar)

कूट :

	(*a*)	(*b*)	(*c*)	(*d*)
A.	3	1	2	4
B.	4	1	3	2
C.	2	4	3	1
D.	4	3	2	1

18. भारत में निम्नलिखित में से कौन–सा रोग पाया जाता है?

A. वेस्टनाइल फीवर (Westnile fever)
B. मुरे घाटी एन्सफैलिटिस (Murray valley encephalitis)
C. पीत ज्वर (Yellow fever)
D. कोलेरेडो टिक फीवर (Colorado tick fever)

19. एडीज निम्नलिखित में से किस एक को छोड़कर अन्य सभी रोगों का वाहक है?

A. डेंगू B. पीत ज्वर
C. एन्सेफैलिटिस D. रक्तस्रावी ज्वर

20. क्यूलेक्स मच्छर निम्नलिखित में से किसका संचरण नहीं करता?

A. डेंगू

B. फाइलेरिया

C. विषाणु जनित सन्धि शोथ (Viral arthritis)

D. वेस्टनाइल फीवर

21. निम्नलिखित में से कौन-सा रोग मच्छरों के कारण फैलता है?

A. मलेरिया

B. टॉक्सोप्लाज्मोसिस

C. हिरटोप्लाज्मा

D. निद्रालू व्याधि (Sleeping sickness)

22. क्यूलेक्स मच्छर निम्नलिखित में से किसे संचारित कर सकता है?

A. मलेरिया

B. काला आजार (kala-azer)

C. डेंगू ज्वर

D. उपर्युक्त में से कोई नहीं

23. निम्नलिखित में से किसे कण्टक मच्छर (Nuisance Mosquito) कहा जाता है?

A. ऐनोफेलीज

B. क्यूलेक्स

C. एडीज

D. सेट्सी (सी–सी) मक्खी

24. कार्यस्थल पर विकिरण के प्रभाव का अधिकतम अनुमेय स्तर ——— प्रतिवर्ष है।

A. 5 रेडियन उत्सर्जन B. 2 रेडियन उत्सर्जन

C. 10 रेडियन उत्सर्जन D. 50 रेडियन उत्सर्जन

25. चूहे के शरीर पर रहने वाला पिस्सू (rat flea) निम्नलिखित में से किस एक को छोड़कर अन्य सभी को संचारित करता है?

A. प्लेग

B. सालमोनेलोसिस

C. एच० डाइमुनिटा (H.Dimunita)

D. मूष ज्वर (Murine fever)

26. निम्नलिखित में से कौन एक भारत में संधिपाद वाहित संक्रमण की श्रेणी में नहीं है?

A. जापानी बी० एनसेफैलिटिस

B. KDF

C. डेंगू

D. टैनेपॉक्स

27. क्यासनुस वन रोग (Kyasanus Forest disease) का वाहक है :

A. ऐनोफेलीज मच्छर B. क्यूलेक्स मच्छर

C. पिस्सू D. कुटकी/किलनी (Tick)

28. खाई ज्वर (Trench fever) निम्नलिखित में से किसके द्वारा संचारित होता है?

A. पिस्सू B. जूँ

C. कुटकी मच्छर D. उपर्युक्त में से कोई नहीं

29. कठोर किलनी (Hard tick) द्वारा निम्नलिखित में से किसे संचारित किया जाता है?

A. ओरोयो ज्वर (Oroyo fever)

B. प्राच्य व्रण (Oriental sore)

C. लीशमैनिया (Leishmania

D. टिक टाइफस (Tick typhus)

30. उचित रूप में कार्य करने के लिए उपचयन ताल (Oxidation pond) को निम्नलिखित में से किसकी आवश्यकता है?

A. शैवाल, सूर्य का प्रकाश और फर्न

B. शैवाल, अपमार्जक जीवाणुओं और सूर्य का प्रकाश

C. शैवाल, मृतजीवी जीवाणुओं और सूर्य का प्रकाश

D. शैवाल, मानव में रोगजनक जीवाणु और सूर्य का प्रकाश

31. सेप्टिक टैंक के संबंध में निम्नलिखित में से क्या सत्य है?

A. समय–समय पर रोगाणुनाशी रसायनों का प्रयोग

B. टैंक के भीतर अवायवीय पाचन की क्रिया होती है तथा टैंक के बाहर वायवीय पाचन की क्रिया होती है

C. टैंक की न्यूनतम क्षमता 100 गैलन होती है

D. 24 घंटे की प्रतिधारण अवधि पर्याप्त नहीं है

32. किसी छोटे समुदाय के लिए मलजल निबटान की एक कम खर्चीली और दक्ष विधि है :

A. मलजल को नदियों में विसर्जित करना

B. उपचयन ताल विधि

C. टपक छनाई विधि

D. सक्रियित आपंक विधि

33. टपक छनाई विधि का प्रयोग निम्नलिखित हेतु किया जाता है :

A. मलजल के प्राथमिक उपचार

B. मलजल के द्वितीयक उपचार

C. मलजल बहिः स्रोत उपचार

D. मलजल फार्मिंग उपचार

34. जैव ऑक्सीजन मांग (BOD) का अर्थ है निम्नलिखित के साथ संदूषण :

A. जीवाणुओं (कोलाइरूपी)

B. कार्बनिक पदार्थों

C. नाइट्रेटों

D. शैवाल

35. जल में ऑक्सीजन मांग का परिकलन जल की निम्नलिखित विशेषता को जानने के लिए किया जाता है :

A. जैविक मांग
B. कार्बनिक प्रकृति
C. स्थिरण अवधि
D. E. कोलाइ अनुपात

36. मलजल का सामर्थ्य निम्नलिखित पदों में व्यक्त किया जाता है :

A. जैव ऑक्सीजन मांग

B. रासायनिक ऑक्सीजन मांग

C. निलंबित ठोस

D. ई कोलाइ की संख्या

37. आपंक (Sludge) का अवायवीय पाचन निम्नलिखित में से कहाँ देखा जाता है?

A. जल शौचालय (Aqua privy)

B. मलजल के बहिः स्रोत

C. सेप्टिक टैंक

D. उपर्युक्त सभी

38. सेप्टिक टैंक में अपघटन की प्रक्रिया निम्नलिखित द्वारा होती है :

A. अवायवीय पाचन
B. वायवीय पाचन
C. उपर्युक्त दोनों
D. इनमें से कोई नहीं

39. निम्नलिखित में से कौन एक स्वच्छ शौचालय नहीं है?

A. जल–शौचालय

B. बोर होल (Bore hole)

C. आर सी ए टाइप (RCA type)

D. सर्विस शौचालय (Service latrine)

40. वाटर सील शौचालय में जल की स्वीकृत गहराई ––– सेमी से अधिक नहीं होनी चाहिए?

A. 2.5
B. 4.0
C. 5.0
D. 2.5

41. कैंपों के लिए उपयुक्त शौचालय है :

A. जल शौचालय (aqua privy)

B. खाई छिद्र (trench hole)

C. गर्त शौचालय (pit latrine)

D. रसायन

42. गर्त शौचालय की गहराई .... फीट होती है।

A. 2–4
B. 4–6
C. 6 – 10
D. 10 – 12

43. निम्नलिखित में से कौन एक स्वच्छता अवरोध है?

A. विष्ठा का पृथक्करण

B. मक्खियों पर नियंत्रण

C. विष्ठा का निबटान

D. उचित जल आपूर्ति

44. निम्नलिखित में से स्वास्थ्य और सफाई को ध्यान में रखते हुए किसके निबटान हेतु शोषक गड्ढे का प्रयोग किया जाता है?

A. कूड़ा
B. कचरा
C. मलजल
D. आपंक

45. मल और कचरों, जूठे भोजनांशों का निबटान निम्नलिखित द्वारा किया जाता है :

A. रासायनिक विसंक्रमण

B. दहन

C. कम्पोस्टिंग

D. उपर्युक्त में से कोई भी

46. नियंत्रित टिपिंग (controlled tipping) निम्नलिखित के निबटान की एक विधि है :

A. मलजल
B. मानव विष्ठा
C. अपंक (Sluge)
D. कचरा

47. रेड क्रॉस भी स्थापना किसके द्वारा की गई है?

A. हिप्पोक्रैट्स
B. हेनरी डयुरैन्ट
C. गैलीन
D. मैडम क्यूरी

48. कैटा तापमापी (Kata thermometer) का प्रयोग निम्नलिखित में से किसकी माप करने के लिए किया जाता है?

A. अधिकतम ताप
B. न्यूनतम ताप
C. विकिरित ताप
D. वायु की शीतलन शक्ति

49. निम्नलिखित में से किस स्तर से अधिक शोर उत्पन्न होने पर कान का परदा फट सकता है?

A. 40 डेसिबल
B. 80 डेसिबल
C. 120 डेसिबल
D. 160 डेसिबल

उत्तरमाला

1	**2**	**3**	**4**	**5**	**6**	**7**	**8**	**9**	**10**
A	D	C	A	C	A	A	B	D	B
11	**12**	**13**	**14**	**15**	**16**	**17**	**18**	**19**	**20**
A	B	D	A	A	C	D	A	C	A
21	**22**	**23**	**24**	**25**	**26**	**27**	**28**	**29**	**30**
A	D	B	A	B	D	D	B	D	C
31	**32**	**33**	**34**	**35**	**36**	**37**	**38**	**39**	**40**
B	B	B	B	B	A	C	A	A	D
41	**42**	**43**	**44**	**45**	**46**	**47**	**48**	**49**	
D	D	A	C	C	D	B	D	D	

9. स्वास्थ्य प्रशासन और कार्यक्रम (Health Administration and Programmes)

1. राष्ट्रीय स्वास्थ्य कार्यक्रम

1946 में प्रकाशित भोरे समिति की रिपोर्ट में स्वास्थ्य के संबंध में महत्त्वपूर्ण राष्ट्रीय समस्याओं पर प्रकाश डाला गया था। स्वतंत्रता के पश्चात् भारत सरकार ने देश में लोगों के लिए स्वास्थ्य सेवाएं शुरू की। भारत के विशाल भू-भाग को देखते हुए यह एक –जटिल कार्य था। देश की जनता, विशेषकर ग्रामीण जनता स्वास्थ्य संबंधी पहलुओं से बिल्कुल अनजान थी। इसके अतिरिक्त उपलब्ध सीमित संसाधनों के कारण भी यह कार्य काफी धीमी गति से चला।

व्यापार और वाणिज्य तथा लोगों की आवाजाही के कारण भी रोग एक राज्य से दूसरे राज्य में बहुत तेजी से फैलता है। कुछ समस्याओं पर राज्य और केंद्र दोनों स्तर की सरकारों की सहायता के दृष्टिगत केन्द्र सरकार ने योजना–निर्माण, मार्गदर्शन, तथा राष्ट्रीय स्वास्थ्य कार्यक्रमों के वित्त–पोषण और समन्वयन का कार्य किया। यह अत्यंत आवश्यक है कि कुछ व्यापक स्वास्थ्य समस्याओं के समाधान हेतु पूरे देश में एक समान रूप से स्वास्थ्य कार्यक्रम चलाया जाए और उन्हें नियंत्रित किया जाए। राज्य सरकारों का भी कर्त्तव्य है कि वे इन कार्यक्रमों को पूरी निष्ठा के साथ क्रियान्वित करें।

ये कार्यक्रम कोई स्थायी कार्यक्रम नहीं होते। इनमें नये–नये कार्यक्रम जुड़ते रहते हैं। उदाहरण के लिए, राष्ट्रीय कैन्सर नियंत्रण कार्यक्रम और राष्ट्रीय एड्स नियंत्रण कार्यक्रम का राष्ट्रीय स्वास्थ्य कार्यक्रम में समावेश हुआ जबकि उद्देश्य पूरा हो जाने के कारण राष्ट्रीय चेचक उन्मूलन कार्यक्रम को राष्ट्रीय स्वास्थ्य कार्यक्रम की परिधि से बाहर कर दिया गया। नये कार्यक्रमों को कियान्वित करने के लिए प्रशिक्षित जनशक्ति का उपयोग किया जाता है। कुछ कार्यक्रमों को निम्नवत् वर्गीकृत किया गया है :

1. मलेरिया, पेचिश, टयूबरकुलोसिस, कुष्ठ, फाइलेरिया, ट्रैकोमा, एड्स आदि जैसे संचारी रोगों पर नियंत्रण
2. पर्यावरण संबंधी कार्यक्रम : स्वच्छता, स्वच्छ जल आपूर्ति, मल विसर्जन, कचरा निबटान तथा पर्यावरण की स्वच्छता हेतु अन्य आवश्यक कार्यक्रम
3. पोषाहार : घेंघा रोग की रोकथाम हेतु संपूरक भोजन, पोषाहार संबंधी शिक्षा, अरक्तता, जीरोप्थैल्मिया (Xeropthalmia)
4. जनसंख्या नियंत्रण (परिवार नियोजन)
5. ग्रामीण स्वास्थ्य
6. असंचारी रोग (कैन्सर, मधुमेह), नेत्रहीनता
7. व्यापक कार्यक्रम (न्यूनतम आवश्यकता कार्यक्रम, बीस सूत्री कार्यक्रम)

(*a*) संचारी रोगों की रोकथाम हेतु राष्ट्रीय कार्यक्रम

1. विस्तारित प्रतिरक्षण कार्यक्रम को सर्व प्रतिरक्षण कार्यक्रम में बदलना
2. राष्ट्रीय मलेरिया उन्मूलन कार्यक्रम
3. राष्ट्रीय फाइलेरिया नियंत्रण कार्यक्रम
4. राष्ट्रीय ट्यूबरकुलोसिस नियंत्रण कार्यक्रम
5. राष्ट्रीय कुष्ठ उन्मूलन कार्यक्रम
6. प्रवाहिका रोग नियंत्रण कार्यक्रम
7. लैंगिक संपर्क द्वारा संचारित रोगों पर नियंत्रण कार्यक्रम
8. गिनि कृमि उन्मूलन कार्यक्रम
9. राष्ट्रीय एड्स नियंत्रण कार्यक्रम

(*b*) पर्यावरण स्वच्छता

राष्ट्रीय जलापूर्ति और स्वच्छता कार्यक्रम

(*c*) व्यापक विकास

1. न्यूनतम आवश्यकता कार्यक्रम
2. बीस सूत्री कार्यक्रम

(*d*) राष्ट्रीय परिवार कल्याण कार्यक्रम

(*e*) राष्ट्रीय पोषाहार कार्यक्रम

1. अनुप्रयुक्त पोषाहार अरक्तता रोग निरोधी कार्यक्रम
2. मध्याह्न भोजन कार्यक्रम
3. विशेष पोषण कार्यक्रम
4. समन्वित बाल विकास योजना
5. राष्ट्रीय घेंघा रोग नियंत्रण कार्यक्रम जिसका बाद में नाम बदल कर आयोडीन हीनताजन्य विकार नियंत्रण कार्यक्रम रख दिया गया।

(*f*) असंचारी रोग

1. राष्ट्रीय कैंसर नियंत्रण कार्यक्रम
2. राष्ट्रीय मधुमेह नियंत्रण कार्यक्रम

2. राष्ट्रीय मलेरिया उन्मूलन कार्यक्रम

इस रोग पर नियंत्रण हेतु 1953 में राष्ट्रव्यापी मलेरिया नियंत्रण कार्यक्रम शुरू किया गया। इस कार्यक्रम के परिणाम आशातीत हुए। मलेरिया के रोगियों की संख्या 1946 के 7.5 करोड़ के स्तर से घट कर 1958 में 20 लाख के स्तर पर पहुँच गई। इन परिणामों से उत्साहित होकर और इस आशंका से कि कहीं इस रोग के वाहक मच्छरों में प्रतिरोधी शक्ति न विकसित हो जाए, इस कार्यक्रम को राष्ट्रीय मलेरिया उन्मूलन कार्यक्रम में बदल दिया गया।

नियंत्रण कार्यक्रम में कीटनाशी रसायन (डी डी टी) के छिड़काव की नीति अपनाई गई थी ताकि ऐनोफेलीज मच्छरों को मार दिया जाए और रोग संचारण की इस कड़ी को ही समाप्त कर दिया जाए। बहुत कम कीमत पर और निःशुल्क भी मलेरिया रोधी औषधियां वितरित की गईं तथा लार्वा नियंत्रण उपाय प्रयोग में लाए गए।

राष्ट्रीय मलेरिया उन्मूलन कार्यक्रम को चार स्तरों में चलाया गया।

(*i*) आरंभिक तैयारी का चरण (preparatory phase)
(*ii*) आक्रमण चरण (Attack phase)
(*iii*) सुदृढ़ीकरण का चरण (Consolidation phase)
(*iv*) अनुरक्षण चरण (Maintenance phase)

मलेरिया उन्मूलन कार्यक्रम में स्वच्छता निरीक्षक की भूमिका

(*i*) स्वच्छता सुनिश्चित करके ऐनोफेलीज मच्छरों के प्रजनन पर नियंत्रण
(*ii*) समुदाय के लोगों को स्वास्थ्य विषयक शिक्षा प्रदान करना ताकि इलाके में कीटनाशकों का छिडकाव हो, लोग समय पर उपचार कराएँ तथा मलेरिया के रोगियों की पहचान के लिए स्लाइड एकत्रित करने में लोगों का सहयोग प्राप्त हो
(*iii*) मलेरिया के रोगियों की संख्या में वृद्धि की घटना की रिपोर्ट करना
(*iv*) ज्वर उपचार डिपो धारक के रूप में कार्य करना

3. राष्ट्रीय ट्यूबरकुलोसिस नियंत्रण कार्यक्रम

राष्ट्रीय ट्यूबरकुलोसिस नियंत्रण कार्यक्रम वर्ष 1962 में शुरू किया गया। जिसका दीर्घकालिक उद्देश्य देश में ट्यूबरकुलोसिस (टी०बी) के रोगियों की संख्या में उस स्तर तक कमी लाना था ताकि यह रोग जन स्वास्थ्य समस्या का रूप न ले। इसका अर्थ है कि एक रोगी से वर्ष भर में संक्रमित होने वाले नये रोगियों की संख्या एक से भी कम हो।

बेंगलुरू स्थित राष्ट्रीय ट्यूबरकुलोसिस संस्थान इस कार्यक्रम के लिए एक शीर्ष संस्थान है। चेन्नई स्थित ट्यूबर कुलोसिस अनुसंधान केंद्र टी.बी. रोधी नई–नई और सर्वाधिक उपयुक्त औषधियां विकसित करने के लिए नित नये अनुसंधान करता रहता है। राष्ट्रीय ट्यूबरकुलोसिस संस्थान जिला ट्यूबरकुलोसिस केंद्रों में आए टी.बी. के रोगियों की समस्या के समाधान में भी सहायता करता है। देश भर में 17 ट्यूबरकुलोसिस प्रशिक्षण और प्रदर्शन केंद्र कार्य कर रहे हैं जहां चिकित्साकर्मियों और पैरा चिकित्साकर्मियों को प्रशिक्षण प्रदान किया जाता है।

ट्यूबरकुलोसिस रोधी औषधियों की क्रिया और प्रतिकूल प्रभाव का विवरण

औषधियों के नाम	क्रिया	प्रतिकूल प्रभाव
1. आइसोनायजिड	जीवाणुनाशी	बहुतंत्रिकाशोथ (Polyneuritis) कभी–कभी हेपेटाइटिस या साइकॉप्सि
2. रिफैम्पिसिन	— वही —	हेपेटाइटिस
3. पाइरिजिनामाइड	— वही —	आर्थ्रल्जिया
4. स्ट्रेप्टोमाइसिन	— वही —	सिर में चक्कर आना या बहरापन
5. एथाम्बुटोल	जीवाणु निरोधी	दृक्तंत्रिका रोग
6. थायोऐसिटाजोन	— वही —	त्वचा रोग या हेपेटाइटिस कभी–कभी बाह्य उपत्वचीय समस्या
7. पैरा एमिनो सैलिसाइक्लिक ऐसिड	— वही —	उल्टी युक्त पेचिश आदि

4. राष्ट्रीय कुष्ठ उन्मूलन कार्यक्रम

वर्ष 1955 में केंद्र सरकार द्वारा वित्त पोषित एक कार्यक्रम के रूप में राष्ट्रीय कुष्ठ नियंत्रण कार्यक्रम शुरू किया गया। इसके निम्नलिखित उद्देश्य थे :

1. कुष्ठ रोगियों की रोग के शुरूआत में ही पहचान करना
2. आवासीय उपचार

मजबूत राजनीतिक इच्छाशक्ति के फलस्वरूप इस कार्यक्रम का नाम बदलकर राष्ट्रीय कुष्ठ उन्मूलन कार्यक्रम कर दिया गया। इस कार्यक्रम के निम्नलिखित उद्देश्य हैं :

1. जनसंख्या सर्वेक्षण द्वारा कुष्ठ रोगियों की रोग की शुरूआत में ही पहचान करना। इसके अंतर्गत विद्यालयों में सर्वेक्षण, संपर्क में आने वाले रोगियों की जांच और स्वेच्छा से संदर्भित मामलों में जाँच कार्य शामिल हैं।
2. अल्पकालिक बहुऔषधीय उपचार
3. स्वास्थ्य शिक्षा
4. स्वास्थ्य लाभ हेतु क्रियाकलाप

यह कार्यक्रम निम्नलिखित स्थानों पर चलाया जाता है:

1. कुष्ठ नियंत्रण यूनिट और संशोधित कुष्ठ नियंत्रण यूनिट — 708
2. एसईटी केंद्र — 7400
3. शहरी कुष्ठ केंद्र — 942
4. पुनर्संरचनात्मक शल्य चिकित्या यूनिट — 75
5. कुष्ठ प्रशिक्षण केंद्र — 42
6. कुष्ठ रोग–निवारण संवर्धन यूनिट — 12

देश के उन सभी 76 जिलों जिनमें कुष्ठ रोग का सर्वाधिक प्रसार है, को 1980-90 के दौरान बहुऔषधीय उपचार कार्यक्रम के अंतर्गत लाया गया। 2005 (दिसंबर) तक अन्य 1225 बहुऔषधीय उपचार केंद्र खोले गए।

5. बहुऔषधीय उपचार

किसी एक टीके द्वारा कुष्ठ से प्रतिरक्षा न होने के कारण कुष्ठ नियंत्रण की नीति रसायन उपचार पर आधारित है। आरंभ में इनके लिए डैप्सन नामक रसायन का प्रयोग किया गया किंतु एकल औषधीय प्रयोग के कारण कुष्ठ के जीवाणु में इस रसायन के विरुद्ध प्रतिरोधक क्षमता उत्पन्न हो गई।

अतः कुष्ठ उपचार हेतु बहुऔषधीय चिकित्सा की नई नीति अपनाई गई।

बहुऔषधीय उपचार के उद्देश्य

(*a*) रोगी को जीवाणु मुक्त करके रोग–संचरण की शृंखला को अवरुद्ध करना
(*b*) रोगी को रोगमुक्त करना
(*c*) औषधि के विरुद्ध प्रतिरोधक क्षमता उत्पन्न न होने देना

बहुऔषधीय उपचार के लाभ

(*a*) उपचार की अवधि कम हुई
(*b*) रोगी का सहयोग बेहतर रूप में प्राप्त हो सका
(*c*) यह एक लागत प्रभावी उपाय है
(*d*) स्वास्थ्य कर्मियों पर काम का बोझ कम हुआ

6. लैंगिक संपर्क द्वारा संचारित होने वाले रोगों (STD) पर नियंत्रण कार्यक्रम

यह कार्यक्रम क्षेत्रीय आधार पर चलाया जाता है। इस कार्यक्रम के अंतर्गत क्षेत्रीय STD शिक्षण और प्रशिक्षण केंद्र दिल्ली, चेन्नई, हैदराबाद, कोलकाता और नागपुर में खोले गए हैं। इन केंद्रों में संदर्भ प्रयोगशाला और क्षेत्रीय सर्वेक्षण व सचल एस.टी.डी. केंद्र स्थापित किए गए हैं। यहाँ सेवारत चिकित्सक और पैरा चिकित्सा–कर्मियों के लिए प्रशिक्षण और अभिमुखीकरण कार्यक्रम आयोजित किए जाते हैं तथा प्रयोगशाला तकनीशियनों के लिए अल्पकालिक अभिमुखीकरण पाठ्यक्रम चलाए जाते है। ये केंद्र रतिज रोगों की प्रयोगशालाओं का मूल्यांकन और व्यापक प्रसार वाले रतिज रोगों के संबंध में अध्ययन कार्य भी करते हैं जिनमें विशेष ध्यान देश के पिछड़े और जनजातीय क्षेत्रों पर दिया जाता है।

एस टी डी कार्यक्रमों में एम पी डब्लू/एस आई की भूमिका

(*a*) रोगियों, संपर्क में आने वाले युवाओं और अत्यधिक जोखिम का सामना कर रहे समूहों को स्वास्थ्य शिक्षा प्रदान करना

(*b*) नए रोगियों की पहचान करना

(*c*) रोगियों को प्रयोगशाला जाँच और उपचार के लिए भेजना

(*d*) रोगियों को नियमित, पूर्ण और विशिष्ट उपचार के संबंध में जानकारी देना

7. एड्स नियंत्रण कार्यक्रम

भारत सरकार ने इस समस्या से निबटने के लिए 1985 में एक टास्क फोर्स का गठन किया। नई दिल्ली स्थित स्वास्थ्य सेवा महानिदेशालय में एक एड्स प्रकोष्ठ स्थापित किया गया जिसे देश में एड्स से संबंधित सभी कार्यों के बीच समन्वय स्थापित करने का कार्य सौंपा गया।

इस सबंध में राष्ट्रीय नीति निम्नवत् है :

1. संपूर्ण देश को कवर करने के लिए निगरानी केंद्र स्थापित करना
2. अत्यधिक जोखिम वाले समूहों की पहचान और उनकी जांच करना, उदाहरण के लिए गर्भवती महिलाओं, वेश्याओं (सेक्स वर्करों), रक्तदाताओं, समलैंगिकों और मादक औषधियों के सेवन के अभ्यस्त व्यक्तियों को एड्स होने का सर्वाधिक खतरा रहता है।
3. पहचाने गए मामलों के प्रबंधन और तत्संबंधी अनुवर्ती कार्रवाई हेतु विशिष्ट दिशानिर्देश जारी करना
4. रक्त बैंकों, रक्त दाताओं और डायलाइसिस यूनिटों के लिए दिशा–निर्देश तैयार करना
5. जनसंचार के माध्यमों पर प्रचार हेतु अनुसंधान कार्य करना

8. राष्ट्रीय कैंसर नियंत्रण

इस समय देश में 150 सार्वजनिक अस्पताल शल्य–चिकित्सा, विकिरण उपचार और रसायन उपचार द्वारा कैंसर की चिकित्सा कर रहे हैं।

कैंसर के उपचार हेतु टेलीथेरेपी कोबाल्ट यूनिट 54 मेडिकल कॉलेजों और 45 अन्य चिकित्सा संस्थाओं में स्थापित किए गए हैं।

केंद्र में परिवार कल्याण मंत्री की अध्यक्षता में कैंसर नियंत्रण बोर्ड स्थापित किया गया है। 15 राज्यों और संघ राज्य क्षेत्रों ने राज्य कैंसर नियंत्रण बोर्ड स्थापित किए हैं। देश में 10 क्षेत्रीय कैंसर केंद्र हैं।

क्षेत्रीय कैंसर केंद्रों के कार्य

1. सर्वेक्षण
2. निदान, उपचार और अनुवर्ती उपचार
3. चिकित्सा और पैरा चिकित्सा–कर्मियों को प्रशिक्षण देना
4. अधिकाधिक लोगों की जांच करना, स्वास्थ्य शिक्षा और औद्योगिक स्वास्थ्य विज्ञान विषयक जानकारी प्रदान करना
5. अनुसंधान द्वारा प्राप्त जानकारी को प्रयुक्त करना

राष्ट्रीय कैंसर नियंत्रण परियोजना

यह परियोजना भारत सरकार द्वारा शुरू की गई जो निम्नलिखित हेतु कार्य करती है :

1. प्राथमिक रोकथाम द्वारा तंबाकू के कारण होने वाले कैंसर पर नियंत्रण स्थापित करना

2. ग्रीवा और मुख के कैंसर की शुरुआत में ही पहचान और उपचार करना

3. अनुसंधान मूल्यांकन करना और अधिकाधिक उपचार सुविधाएं उपलब्ध कराना

9. राष्ट्रीय प्रतिरक्षण कार्यक्रम (संशोधित)

लाभप्राप्तकर्ता	आयु	टीका	खुराक की संख्या	प्रतिरक्षक औषधि को शरीर में पहुँचाने का मार्ग
शिशु	6 सप्ताह से	डीपीटी	3	अंतःपेशीय
	9 माह	पोलियो	3	मुख
		बीसीजी	1*	अंतः त्वचीय अवत्वचीय
	9 से 12	चेचक		अंतः त्वचीय अवत्वचीय
बच्चे	16 से 24 माह	डीपीटी	1**	अंतः पेशीय
		पोलियो	1**	मुख
	5 से 6 वर्ष	डीटी	1@	अंतः पेशीय
		टायफॉइड	2	अवत्वचीय
	10 वर्ष	टिटेनस टॉक्साइड	1@	अंतः पेशीय
	16 वर्ष	टिटेनस टॉक्साइड	1@	अवत्वचीय
		टायफॉइड	1@	अवत्वचीय
गर्भवती महिला	16-36	टिटेनस टॉक्साइड	1@	अंतः पेशीय

10. मध्याह्न भोजन कार्यक्रम

यह कार्यक्रम 1962-63 में स्कूली बच्चों के लिए उनकी वृद्धि और विकास को ध्यान में रख कर शुरू किया गया। स्कूली बच्चों को अतिरिक्त पोषण की आवश्यकता होती है। बच्चे जल्दबाजी में स्कूल आते हैं जिसके लिए उन्हें काफी दूर तक पैदल भी चलना पड़ता है। मध्याह्न भोजन कार्यक्रम से स्कूल में उपस्थिति भी बढ़ सकती है।

इस कार्यक्रम के संबंध के निम्नलिखित सिद्धांतों का पालन किया जाता है :

1. भोजन स्थानीय आधार पर उपलब्ध सस्ते खाद्यान्नों से तैयार किया जाता है।
2. भोजन बदल–बदल कर बनाया जाना आवश्यक है।
3. इस भोजन से बच्चों की आधी प्रोटीन संबंधी आवश्यकता और एक तिहाई कैलोरी आवश्यकता की पूर्ति होनी चाहिए।
4. भोजन के साथ बच्चों को पोषाहार संबंधी शिक्षा भी दी जाती है।
5. भोजन संपूरक आहार होना चाहिए न कि घर के भोजन के बदले।

आदर्श व्यंजन सूची

अनाज	ग्राम/ दिन/बच्चा	ग्राम/दिन/बच्चा
अनाज और ज्वार–बाजारा आदि	75 पत्तेदार सब्जियाँ	30
दाल	30 बिना पत्तेवाली सब्जियाँ	30
तेल और वसा	8	

11. समन्वित बाल विकास सेवा (ICDS)

समन्वित बाल विकास सेवा कार्यक्रम एक माता व शिशु स्वास्थ्य कार्यक्रम है। यह पोषाहार कार्यक्रम की तुलना में व्यापक कार्यक्रम है और इसका लक्ष्य बच्चे का सर्वांगीण विकास करना है। हम यहाँ ICDS के केवल पोषाहार संबंधी घटक पर ही चर्चा करेंगे। इसमें बच्चे की वृद्धि को ध्यान में रखते हुए उसे संपूरक पोषाहार उपलब्ध कराया जाता है तथा पोषाहार विषयक शिक्षा भी प्रदान की जाती है। संपूरक पोषाहार वर्ष में 300 दिन उपलब्ध कराया जाता है तथा जहां तक संभव हो, बच्चे को स्कूल में ही भोजन करा दिया जाता है और उसे यह भोजन घर ले जाने की अनुमति नहीं दी जाती। इस कार्यक्रम के अंतर्गत सभी लाभार्थियों को प्रतिदिन 300 किलो कैलोरी और 8-10 ग्राम प्रोटीन प्रदान करने वाला भोजन उपलब्ध कराया जाता है।

12. राष्ट्रीय घेंघा नियंत्रण कार्यक्रम

यह कार्यक्रम आयोडीनहीनता जन्य विकार नियंत्रण कार्यक्रम के नाम से भी जाना जाता है। भारत सरकार ने 1952 में राष्ट्रीय घेंघा नियंत्रण कार्यक्रम आरंभ किया जिसके निम्नलिखित क्रियाकलाप हैं :

1. जिन क्षेत्रों में घेंघा रोग पाया गया है उनका सर्वेक्षण करना
2. आयोडीन युक्त नमक का उत्पादन करना तथा उसे उन क्षेत्रों के लोगों को उपलब्ध कराना जहां लोगों को घेंघा रोग हो रहा है।
3. 5 वर्ष बाद संबंधित क्षेत्रों का पुनः सर्वेक्षण करना और कार्यक्रम के प्रभाव के विषय में जानकारी प्राप्त करना।
4. इस कार्यक्रम के अंतर्गत मुख्य नीति यह बनाई गई कि देश में आयोडीन युक्त नमक का उत्पादन किया जाए और उसे विशेषकर उन सभी क्षेत्रों में उपलब्ध कराया जाए जिन क्षेत्रों में लोगों को घेंघा रोग होता है। अनुमान है कि देश में 40-50 मिलियन लोग घेंघा रोग के शिकार हैं। 2.2 मिलियन लोग मानसिक अक्षमता के शिकार हैं तथा 6.6 मिलियन लोग हल्के तंत्रिका जन्य अक्षमता के शिकार हैं। देश के सभी राज्यों तथा 7 संघ राज्य क्षेत्रों में से 4 में स्थानीय घेंघा रोग के रोगी हैं।

वस्तुनिष्ठ प्रश्न

1. निम्नलिखित में से किस एक को छोड़कर अन्य सभी समस्याग्रस्त गांव की श्रेणी में हैं?

A. जहाँ समुदाय से 1.6 किमी की परिधि मे कोई जल स्रोत उपलब्ध न हो

B. जल 15 मीटर से अधिक गहराई पर हो

C. जल में Na^+, K^+, F^- लवणों की अधिकता हो

D. जहाँ गिनिकृमि से संक्रमण का खतरा हो

2. कैंसर नियंत्रण कार्यक्रम निम्नलिखित में से किस वर्ष शुरू किया गया?

A. 1976 B. 1986

C. 1970 D. 1992

3. भारत में राष्ट्रीय मधुमेह नियंत्रण कार्यक्रम में निम्नलिखित में से किस एक को छोड़कर अन्य सभी क्रियाकलाप शामिल हैं?

A. आनुवंशिक परीक्षण और आनुवंशिक परामर्श द्वारा मधुमेह की प्राथमिक रोकथाम

B. उचित स्वास्थ्य शिक्षा द्वारा आरंभिक चरण में ही उच्च जोखिम की आशंका वाले रोगियों की पहचान करना

C. रोग का आरंभ में ही निदान और प्रबंधन

D. उपापचय क्रियाओं तथा रोग के हृदय–वाहिका तंत्र पर प्रतिकूल प्रभाव पर रोक, मंदन आरोपित करना

4. प्रजनन और शिशु स्वास्थ्य कार्यक्रम के एक अंग के रूप में सामुदायिक आवश्यकताओं के मूल्यांकन दृष्टिकोण में विभिन्न स्वास्थ्य क्रियाकलापों के लिए लक्ष्य निम्नलिखित के स्तर पर तय किए जाते हैं :

A. समुदाय

B. उपकेंद्र

C. प्राथमिक स्वास्थ्य केंद्र

D. जिला

5. शिशु उत्तरजीविता और सुरक्षित मातृत्व योजना" (CSSM) में प्रमुख बल निम्नलिखित पर दिया जाता है :

A. प्रजनन स्वास्थ्य का संवर्धन
B. प्रसूति महिलाओं में रोगग्रस्तता समाप्त कर देना
C. महिलाओं द्वारा गर्भधारण पर नियंत्रण
D. प्रसवपूर्व, प्रसव के दौरान और प्रसव पश्चात् अनिवार्य सेवाएं उपलब्ध कराना

6. प्रजनन और बाल स्वास्थ्य कार्यक्रम में बच्चों की उत्तर जीविता और सुरक्षित मातृत्व कार्यक्रम के अतिरिक्त मुख्य रूप से और क्या शामिल किया गया है?
A. प्रजनन नली को संक्रमण से बचाना
B. नवजात शिशु की अनिवार्य देखभाल
C. प्रथम संदर्भ यूनिट
D. जोखिम में स्थित प्रसूति महिलाओं और बच्चों की देखभाल करना

7. प्रजनन और बाल स्वास्थ्य कार्यक्रम के अंतर्गत निम्नलिखित दो सूचकों का प्रयोग किया जाता है :
A. 1 वर्ष की आयु के समय आयु संभाविता और माताओं में मृत्यु दर
B. अशोधित जन्म दर और शिशु मृत्यु दर
C. अशोधित मृत्युदर और शिशु मृत्यु दर
D. अशोधित मृत्यु दर और अशोधित जन्म दर

8. विस्तारित प्रतिरक्षण कार्यक्रम में वर्ष 1990 तक कितने बच्चों के प्रतिरक्षण (टीकाकरण) का लक्ष्य रखा गया था?
A. 80% B. 90%
C. 95% D. 100%

9. विस्तारित प्रतिरक्षण कार्यक्रम में वर्ष 1990 तक कितना लक्ष्य प्राप्त किया जाना था?
A. 60% कवरेज B. 80% कवरेज
C. 90% कवरेज D. 100% कवरेज

10. राष्ट्रीय घेंघा नियंत्रण कार्यक्रम में आयोडीन की आपूर्ति की जाती है :
A. पेय जल में
B. आयोडीन युक्त नमक के रूप में
C. आयोडेट नमक के रूप में
D. आयोडीन युक्त तेल के अंतःपेशीय इंजेक्शन द्वारा

11. भारत में राष्ट्रीय दृष्टिहीनता नियंत्रण कार्यक्रम द्वारा 2005 तक के लिए निर्धारित लक्ष्य दृष्टिहीनता को कम करके उसे कुल आबादी के निम्नलिखित प्रतिशत तक लाना था :
A. 0.3 प्रतिशत B. 0.6 प्रतिशत
C. 1.2 प्रतिशत D. 2.4 प्रतिशत

12. राष्ट्रीय दृष्टिहीनता निवारण कार्यक्रम के अंतर्गत विटामिन 'ए' दिया जाता है :
A. 1 से 5 वर्ष तक के सभी बच्चों को 6 माह के अंतराल पर
B. रतौंधी के शिकार बच्चों को
C. प्रोटीन ऊर्जा कुपोषण के गंभीर रूप से शिकार बच्चों को
D. बिटोट चित्ति युक्त बच्चों को

13. राष्ट्रीय ट्यूबरकुलोसिस कार्यक्रम के अंतर्गत किसी प्राथमिक स्वास्थ्य केंद्र (PHC) को PH I-R कहलाने के लिए निम्नलिखित अपेक्षा को पूरा करना आवश्यक है:
A. सूक्ष्मदर्शी यंत्र की उपलब्धता
B. सूक्ष्मदर्शी यंत्र और रेडियोलॉजी की उपलब्धता
C. रेडियोलॉजी की उपलब्धता
D. विशेषज्ञ चिकित्सकों की उपलब्धता

14. निम्नलिखित कथन पर विचार कीजिए : संशोधित राष्ट्रीय ट्यूबरकुलोसिस नियंत्रण कार्यक्रम का एक नीतिगत आधार है जो निम्नलिखित में परिलक्षित होता है :
1. व्यवस्था की जवाबदेही
2. अधिकाधिक रोगियों की पहचान
3. प्रत्येक रोगी के लिए डॉट्स (DOTS) आधारित औषधियाँ सुनिश्चित करना

उपर्युक्त में से कौन से कथन सत्य हैं?
A. 1 और 2 B. 2 और 3
C. 1 और 3 D. 1, 2 और 3

15. ट्यूबरकुलोसिस के उपचार का प्रमुख उद्देश्य है :
A. विकिरण चिकित्सात्मक उपचार
B. संसर्ग अनुज्ञापन
C. जीवाण्विक उपचार
D. रोग को गंभीर होने से रोकना

16. राष्ट्रीय ट्यूबरकुलोसिस नियंत्रण कार्यक्रम का लक्ष्य है:
A. ट्यूबरकुलोसिस का उन्मूलन
B. ट्यूबरकुलोसिस के संचारण पर रोक लगाना
C. ऐसे सभी रोगियों का उपचार करना जिसके बलगम (कफ) में ट्यूबरकुलोसिस के जीवाणु पाए गए हों

D. ट्यूबरकुलोसिस से रोगग्रस्तता में इस स्तर पर कमी लाना कि यह रोग सार्वजनिक स्वास्थ्य के लिए कोई बड़ी समस्या न बन सके
E. सभी शिशुओं को बीसीजी का टीका लगाना

17. डॉट्स (DOTS) के बारे में निम्नलिखित में से क्या असत्य है?
A. एक मल्टिब्लिस्टर पैक में सतत् चरण वाली औषधियाँ दी जाती हैं
B. चिकित्सीय उपचार स्वास्थ्यकर्मी की उपस्थिति में लिया जाना चाहिए
C. सप्ताह में दो बार खुराक और डॉट (DOT) समय पर लिया जाना चाहिए
D. उपचार में प्रगति होती है

18. जिला टी.बी. नियंत्रण कार्यक्रम मुख्य रूप से निम्नलिखित में से किससे संबंधित है?
A. नये रोगियों की पहचान करना
B. रोग के विरुद्ध प्रतिरोधक क्षमता प्राप्त रोगियों को जानना
C. रोगियों की पहचान और उपचार करना
D. उपर्युक्त सभी

19. 1000 में से 1 व्यक्ति में कुष्ठ रोग की व्यापकता जानने के लिए सर्वेक्षण की कौन–सी विधि प्रयोग में लाई जाती है?
A. संपर्क सर्वेक्षण B. समूह सर्वेक्षण
C. व्यापक सर्वेक्षण D. उपर्युक्त में से कोई भी

20. राष्ट्रीय कुष्ठ उन्मूलन कार्यक्रम के अंतर्गत व्यापक सर्वेक्षण किया जाता है जबकि कुष्ठ रोग की व्यापकता हो :
A. 1 /1000 B. 3 /1000
C. 5 /1000 D. 10 /1000

21. भारत ने जनसांख्यिकीय चक्र के किस चरण में प्रवेश किया है?
A. उच्च स्थिर चरण
B. निम्न स्थिर चरण
C. प्रारंभिक विस्तारी चरण
D. परवर्ती विस्तारी चरण

22. कुष्ठ की उच्च व्यापकता तब कही जाती है यदि प्रति 100 की जनसंख्या में कुष्ठ रोगियों की संख्या हो:
A. 1–2 B. 2–5
C. 5–10 D. 10–20

23. कुष्ठ रोग निरोधी क्रियाकलाप में प्रचलनात्मक सूचक के रूप में निम्नलिखित में से किसका प्रयोग किया जाता है?
A. रोगियों की संख्या
B. रोगियों की संख्या और पूर्व व्यापकता
C. पुनरावर्तन दर और पहचाने गए नये रोगियों की संख्या का अनुपात
D. रोगियों की संख्या और पहचाने गए नए रोगियों की संख्या का अनुपात

24. विभिन्न प्रकार के बैसिलस जीवाणुओं के कारण होने वाले सभी प्रकार के कुष्ठ रोगों के उपचार के लिए राष्ट्रीय कुष्ठ उन्मूलन कार्यक्रम के अंतर्गत बहुऔषधीय उपचार में निम्नलिखित शामिल हैं:
A. क्लोफैजिमाइन थायसेटाजोन और डैप्सन
B. क्लोफैजिमाइन रिफैम्पिसिन और डैप्सन
C. इथायोनामाइड, रिफैम्पिसिन और डैप्सन
D. प्रोपियोनामाइड रिफैम्पिसिन और डैप्सन

25. कुष्ठ नियंत्रण कार्यक्रम में आरंभ में निदान किए गए मामलों में प्रभावोत्पादकता का सूचक है :
A. नये रोगियों में विकलांगता
B. पुराने रोगियों में लेप्रोमिन पॉजिटिव की प्रतिशतता
C. बहुल/न्यून बैसिलरी मामलों का अनुपात
D. उपर्युक्त सभी

26. 1000 में से 1 व्यक्ति में कुष्ठ रोग की व्यापकता जानने के लिए सर्वेक्षण की निम्नलिखित में से कौन–सी विधि प्रयोग में लाई जाती है?
A. संपर्क सर्वेक्षण B. समूह सर्वेक्षण
C. व्यापक सर्वेक्षण D. उपर्युक्त में से कोई भी

27. निम्नलिखित में से किस रोग के संबंध में उद्भवन अवधि दीर्घतम होती है?
A. मलेरिया B. हेपेटाइटिस
C. कुष्ठ D. फाइलैरिया

28. राष्ट्रीय कुष्ठ उन्मूलन कार्यक्रम में व्यापक पैमाने पर शल्य चिकित्सा कार्यक्रम चलाया जाता है यदि रोग की व्यापकता हो :

A. 1/1000 B. 2/2000
C. 6/1000 D. 10/1000

29. अब मलेरिया पर निगरानी रखने के लिए निम्नलिखित में से किसे मॉनीटर नहीं किया जाता?

A. ऐनोफेलीज मच्छरों के प्रजनन की दर
B. नवजात परजीवी के उत्पन्न होने की दर
C. वर्षभर में परजीवी के कारण सामने आने वाले नए रोगियों की संख्या
D. रोगग्रस्तता के नए मामले

30. निम्नलिखित में से किस एक को छोड़कर भारत में अन्य सभी की रोकथाम हेतु राष्ट्रीय कार्यक्रम चलाए जाते हैं?

A. फाइलेरिया B. कुष्ठ
C. चेचक D. ट्रैकोमा

31. न्यूनतम आवश्यकता कार्यक्रम के उद्देश्यों में निम्नलिखित में से क्या शामिल नहीं है?

A. 30.000 आबादी के लिए एक प्राथमिक स्वास्थ्य केंद्र
B. मध्याह्न भोजन कार्यक्रम को स्वच्छता से जोड़ना
C. स्वास्थ्य, जल और स्वच्छता को समेकित करना
D. शहरी क्षेत्रों को प्राथमिकता देना

32. राष्ट्रीय मलेरिया उन्मूलन कार्यक्रम के अंतर्गत वार्षिक रक्त परीक्षा की न्यूनतम दर होनी चाहिए :

A. 10% B. 12%
C. 14% D. 18%

33. राष्ट्रीय मलेरिया उन्मूलन कार्यक्रम का संशोधित कार्यक्रम निम्नलिखित पर आधारित है :

A. ए पी आई
B. ए बी ई आर
C. नवजात परजीवी के उत्पन्न होने की दर
D. प्लीहा दर (spleen rate)

34. राष्ट्रीय मलेरिया उन्मूलन कार्यक्रम में एपी आई–2 क्षेत्र के लिए सिफारिश है :

A. अनुमानित उपचार
B. वर्ष में 2 बार डीडीटी का छिड़काव
C. सभी रोगियों के संबंध में महामारी के सम्बन्ध में जाँच करना
D. एक वर्ष तक सभी रोगियों पर चिकित्सीय निगरानी रखना

35. मलेरिया उन्मूलन कार्यक्रम के संबंध में निम्नलिखित में से क्या सत्य नहीं है?

A. यह 1953 में शुरू किया गया
B. संशोधित योजना 1970 में शुरू की गई
C. 1958 में इसके रोगियों की संख्या 2 मिलियन थी।
D. 1961 में इसके रोगियों की संख्या घटकर 5,000 हो गई

36. भारत में वर्ष 2000 तक एपीआई में कमी आने का अनुमान था :

A. 1/10 B. 1/100
C. 1/1000 D. 0.5 /1000

37. राष्ट्रीय मलेरिया उन्मूलन कार्यक्रम के अंतर्गत "ज्वर डीपो उपचार" का कार्य है :

A. रोगियों की पहचान + छिड़काव
B. स्लाइडों को एकत्र करना + ज्वर का उपचार करना
C. केवल ज्वर–ग्रस्त रोगियों का ही उपचार करना
D. उपचार + स्लाइड एकत्र करना + छिड़काव

38. राष्ट्रीय मलेरिया उन्मूलन कार्यक्रम के अंतर्गत वार्षिक रक्त परीक्षा की न्यूनतम दर होनी चाहिए :

A. 10% B. 12%
C. 14% D. 18%

39. राष्ट्रीय मलेरिया उन्मूलन कार्यक्रम के संबंध में निम्नलिखित में से किस एक को छोड़कर अन्य सभी कथन सत्य हैं?

A. एक वर्ष के भीतर निगरानी के अधीन आबादी के कम से कम 10% के रक्त के नमूनों की जाँच की जानी चाहिए
B. सक्रिय और निष्क्रिय निगरानी तथा रक्त जाँच द्वारा पुष्टि हुए मामलों पर आधारित वार्षिक रोगग्रस्तता
C. प्रति 100 रोगियों के रक्त के नमूनों में से जांचे गए स्लाइडों की संख्या से वार्षिक रक्त जाँच दर का परिकलन किया जाता है

D. स्लाइड से रोगी के रक्त में मलेरिया परजीवी की उपस्थिति की दर से मलेरिया के संचरण के रूख का पता चलता है

40. राष्ट्रीय मलेरिया उन्मूलन कार्यक्रम के अंतर्गत जिन क्षेत्रों में वर्ष में मलेरिया रोगियों की संख्या (API) 2 से अधिक हो, उनमें वाहक मच्छर डीडीटी से प्रतिरक्षित माने जाते हैं, अतः ऐसे क्षेत्रों में निम्नलिखित के छिड़काव की सिफारिश की जाती है:

A. HCH – 1 बार प्रति वर्ष

B. HCH – 2 बार प्रति वर्ष

C. HCH – 3 बार प्रतिवर्ष

D. मैलाथियॉन – 2 बार प्रति वर्ष

41. राष्ट्रीय मलेरिया उन्मूलन कार्यक्रम के अंतर्गत प्लाज्मोडियम वाइवैक्स के कारण हुए मलेरिया का प्रबल उपचार निम्नलिखित में से कितने दिनों तक किया जाता है?

A. 1 दिन B. 5 दिन

C. 7 दिन D. 14 दिन

उत्तरमाला

1	2	3	4	5	6	7	8	9	10
C	A	A	D	D	A	A	D	D	B
11	**12**	**13**	**14**	**15**	**16**	**17**	**18**	**19**	**20**
A	A	B	B	C	D	D	C	B	D
21	**22**	**23**	**24**	**25**	**26**	**27**	**28**	**29**	**30**
D	D	D	B	A	B	C	D	B	C
31	**32**	**33**	**34**	**35**	**36**	**37**	**38**	**39**	**40**
D	A	A	C	B	C	B	A	C	C
41									
B									

10. स्वास्थ्य पर्यावरण (Health Environment)

1. मृत शरीर का निबटान

मानव

(*a*) अफ्रीकी लोगों द्वारा मृत शरीर को वन में छोड़ दिया जाता है जहाँ जंगली जंतु उसे खा जाते हैं।

(*b*) गिनिया में कुछ जनजातीय समुदाय के लोग मृत शरीर को समुद्र में फेंक देते हैं।

(*c*) भारत में पारसी समुदाय के लोग मृत शरीर को एक गोल टावर पर रख देते हैं जिसे "टावर ऑफ साइलेंस" (Tower of Silence) कहा जाता है जहाँ गीध और अन्य पक्षी मृत शरीर को खा जाते हैं।

(*d*) तिब्बती लोग बहुधा अत्यधिक धार्मिक प्रवृत्ति के लोगों के मृत शरीर को एक प्रक्रिया द्वारा, जिसमें मृत शरीर पर नमक और मक्खन का लेप किया जाता है, परिरक्षित कर देते हैं। भारत में सेंट जैवियर का मृत शरीर एक ऐसी ही प्रक्रिया द्वारा सुरक्षित रखा गया है।

(*e*) विगत में मिस्र के लोग मृत शरीर को पिरामिडों में सुरक्षित रखते थे जिन्हें ममी कहा जाता है।

उपर्युक्त कुछ विधियाँ मानव स्वास्थ्य और पर्यावरण की स्वच्छता की दृष्टि से उपयुक्त नहीं है किंतु उनका प्रयोग धार्मिक दृष्टि से किया जाता रहा है। अन्यथा विश्वभर में मृत शरीर के निबटान की दो व्यापक विधियाँ प्रचलन में हैं:

1. मृत शरीर को जलाना (दाह संस्कार)
2. जमीन में दफनाना

मृत शरीर को जलाना (दाह संस्कार) : यह मृत शरीर के निबटान की सर्वाधिक सुरक्षित विधि है :

1. परंपरागत रूप से मृत शरीर को जलाने के लिए लकड़ियों, गाय के गोबर से बने उपलों आदि का प्रयोग किया जाता है।
2. **विद्युत शवदाह गृह :** इसमें मृत शरीर तेजी से और संपूर्णतः जल जाता है। यह विधि तुलनात्मक रूप से कम खर्चीली भी है।

श्मशान भूमि

(*a*) श्मशान भूमि आवासीय स्थल से 500 फीट दूर होना चाहिए।

(*b*) इसके लिए 100 मीटर × 100 मीटर की भूमि पर्याप्त है।

(c) इसके चारों ओर 7 फीट ऊँची दीवार बनाई जानी चाहिए।

(*d*) यह ऐसे स्थान पर हो जहाँ आसानी से पहुँचा जा सके।

(*e*) वर्षा ऋतु में इस स्थान पर जल भराव नहीं होना चाहिए।

(*f*) यहाँ पर्याप्त प्रकाश और जलापूर्ति की व्यवस्था होनी चाहिए।

(*g*) यहाँ पर्याप्त संख्या में चिताएं बनी हों तथा वर्षा ऋतु में शवदाह को ध्यान में रखते हुए उन पर शेड हो।

कब्रिस्तान (Burial Ground)

उद्देश्य यह है कि मृत शरीर तेजी से वियोजित हो और उसका पूर्ण ऑक्सीकरण हो।

(*a*) यहाँ की मिट्टी रेतीली, रंध्रमय हो तथा प्राकृतिक या कृत्रिम रूप से 8 फीट तक सूखी हुई हो। इसके लिए चिकनी मिट्टी उपयुक्त नहीं होती क्योंकि यह पूरी तरह से सूखी हुई नहीं होती और शुष्क मौसम में बनी दरारों से मृत शरीर के सड़ने के कारण उत्पन्न पदार्थ इधर–उधर फैल जाते हैं।

(*b*) यहाँ पेड़ लगाए जाने चाहिए ताकि सड़–गल रहे मृत शरीरों से निकली विषैली गैसें अवशोषित कर ली जाएं।

(*c*) मृत शरीर को ताबूत में रखा जाता है जो आसानी से नष्ट होने वाले होने चाहिए ताकि मृत शरीर आसानी से वियोजित हो सके। मुस्लिम समुदाय के लोग ताबूत का प्रयोग करते हैं।

(*d*) कब्र को उपयुक्त रूप में चिह्नित किया जाना चाहिए तथा कब्रों के बीच एक खड़ंजा डाला हुआ रास्ता होना चाहिए। (दफनाने के लिए स्थान 7×4' और कब्रों के बीच 4' का स्थान)।

(*e*) मृत शरीर को 3 से 5 फीट की गहराई में दफनाना चाहिए।

(*f*) इस क्षेत्र में प्रकाश की समुचित व्यवस्था होनी चाहिए।

2. पशुओं के मृत शरीर का निबटान

पशुओं के मृत शरीर का निबटान इस प्रकार किया जाना चाहिए कि इससे वातावरण किसी भी प्रकार से प्रदूषित न हो। छोटे पशुओं जैसे कि चूहे आदि के मृत शरीर को ठोस कचरों, कूड़ों आदि के साथ ही निबटा दिया जा सकता है। कुत्ते आदि के मृत शरीर को थोड़ा गड्ढा खोदकर उसमें डाल दिया जाना चाहिए और ऊपर से मिट्टी से ढक दिया जाना चाहिए। यह कार्य प्रायः ऐसी भूमि पर किया जाता है जहाँ कूड़े आदि डाले जाते हैं।

बड़े पशुओं जैसे कि गाय, भैंस या बछड़ों के मृत शरीरों का निबटान अधिक सावधानी पूर्वक किया जाता है। इनकी खाल मूल्यवान होती है जिसे उतार लिया जाता है। कुछ महानगरों, उदाहरण के लिए मुंबई में इन पशुओं के मृत शरीर के निबटान हेतु विशिष्ट अनुबंध किए जाते हैं जिनके अनुसार इनकी खाल किसी दूर–निर्जन स्थान पर उतारी जाती है तथा मृत शरीर के शेष भाग का इस प्रकार निबटान किया जाता है ताकि पर्यावरण किसी भी प्रकार से प्रदूषित न हो। जिन शहरों में हवाई अड्डे हैं उनमें मृत शरीर के निबटान के लिए विशेष सावधानी बरतने की आवश्यकता होती है क्योंकि फेंके गए मृत शरीरों की ओर पक्षी आकर्षित होते हैं जो हवाई जहाजों के लिए खतरे का कारण बनते हैं।

3. रोग नियंत्रण की विधियां विकसित करना

रोग निवारण और नियंत्रण तथा सार्वजनिक स्वास्थ्य के अनुरक्षण हेतु रोग नियंत्रण की विधियां विकसित करना अत्यधिक आवश्यक है। कुछ रोगों (जैसे कि कार्य या निवास स्थल की परिस्थितियों के कारण उत्पन्न रोगों) के लिए निवारण ही उचित विधि है क्योंकि ऐसे रोगों में नियंत्रण या औषधियों के प्रयोग द्वारा नियंत्रण का कोई अधिक लाभ नहीं होता। उदाहरण के लिए जब तक जल प्रदूषण पर रोक न लगाई जाए तब तक हैजा, संक्रामक हेपेटाइटिस आदि रोग फैलते रहेंगे और किसी व्यक्ति विशेष का उपचार करने से रोग का फैलाव नहीं रुकेगा। अनेक संचारी और असंचारी तथा कुपोषण के कारण होने वाले रोग हैं जिनके निवारण और नियंत्रण हेतु उचित विधि विकसित करना अनिवार्य है। उदाहरण के लिए :

1. जल को शुद्ध बनाने की विधियाँ (निस्पंदन या छानना, क्लोरीनीकरण, आदि)
2. पाइपों और लाइनों का उचित वितरण
3. मल निबटान के लिए शौचालयों या मल–जल वहन व्यवस्था का होना आवश्यक है।
4. कूड़े का उचित निबटान
5. सीढ़ीदार कुओं को समाप्त करना (गिनि कृमि से होने वाले रोग के निवारण हेतु)

खाद्य पदार्थों द्वारा वाहित रोग (Food borne disease)

हैजा, आंत्र ज्वर, पेचिश, पोलियो, संक्रामक हेपेटाइटिस, खाद्य विषाक्तता, आंत्र कृमि जैसे रोगों पर निम्नलिखित द्वारा नियंत्रण किया जा सकता है:

(*a*) जल का शोधन

(*b*) कूड़े का उचित रूप में निबटान

(*c*) चूहों पर नियंत्रण (घरों और गोदामों में चूहों के प्रवेश पर रोक ताकि चूहों द्वारा खाद्य पदार्थों को संदूषित न किया जा सके)

संधिपाद वाहित रोग

मलेरिया, फाइलेरिया, प्लेग, टाइफस, लिशमैनिता आदि संधिपाद वाहित रोग हैं। जिन पर निम्नलिखित द्वारा नियंत्रण स्थापित किया जा सकता है:

(*a*) जल भराव वाले स्थानों (जैसे कि गड्ढों, खाइयों, प्रयोग में नहीं लाए जाने वाले कुओं आदि) को मिट्टी आदि से भर देना।

(*b*) सड़कों, पुलों, रेलमार्गों आदि का निर्माण करते समय यह ध्यान देना आवश्यक है कि जल का प्राकृतिक बहाव बाधित न हो।

(c) अपशिष्ट जल निबटान

(*d*) घरों में मच्छरों के प्रवेश पर रोग

(*e*) सेप्टिक टैंकों, संवाहन हेतु प्रयुक्त तार की जालियों, सेप्टिक टैंकों की पाइपों पर ठीक से लगने वाले कवर लगाए जाएं।

(*f*) आसपास से वनस्पतियाँ साफ करना ताकि मृदु किलनी (कुटकी) पर नियंत्रण किया जा सके।

(*g*) घरों में दीवारों पर किसी दरार आदि को भर देना (सिक्ता मक्खी पर नियंत्रण हेतु)

वायु जनित रोग

चेचक, रूबेला, छोटी माता, गलसुआ, इन्फ्लुएंजा, डिफ्थीरिया, काली खांसी, ट्यूबरकुलोसिस, मस्तिष्क सुषम्ना ज्वर आदि वायुवाहित रोग हैं जिन पर निम्नलिखित उपायों द्वारा नियंत्रण किया जा सकता है:

(*a*) उचित प्रकाश और संवातन की सुविधा युक्त आवास में रहना।

(*b*) झोपड़पट्टियों में वास दशाओं को उन्नत बनाना या उन्हें हटा देना।

(c) धूल नियंत्रण।

व्यवसायगत रोग

1. भौतिक कारकों (गरमी, सर्दी, वायु दाब, बिजली, शोर और विकिरण) के कारण होने वाले रोग।
2. रासायनिक कारकों (कार्बनिक और अकार्बनिक धूल, धातु, विषैले रसायन आदि) के कारण होने वाले रोग।
3. दुर्घटना और आहत होना जिन्हें निम्नलिखित उपायों द्वारा नियंत्रित किया जा सकता है:

   (*a*) पर्यावरण स्वच्छता को बनाए रखना, कचरों का उचित निबटान।

   (*b*) मशीनों का उचित रख–रखाव तथा दुर्घटना से बचाव के उपाय करना।

पोषण : दाँतों का क्षय और फ्लुओरोसिस जिन पर निम्नलिखित द्वारा नियंत्रण किया जा सकता है:

(*a*) दाँतों के क्षय (या दाँतों का कमजोर या पीला पड़ जाना) से बचाव के लिए पेय जल में फ्लुओराइड मिलाना।

(*b*) फ्लुओरोसिस से बचाव के लिए जल से फ्लुओराइड की अतिरिक्त मात्रा को हटाना।

(*c*) मृदा वाहित रोग ऐन्किलोस्टोमता (Ancylostomiasis) जो अंकुश कृमि के कारण होने वाला रोग है। इस रोग पर नियंत्रण ग्रामीण क्षेत्रों में स्वच्छ शौचालयों का निर्माण करके किया जा सकता है।

वायु और संवातन

	सांस द्वारा ली गई वायु	**सांस द्वारा छोड़ी गई वायु**	**परिवर्तन**
ऑक्सीजन (O_2)	20.9%	16.5%	O_2 की मात्रा में 4.4% की कमी आती है
कार्बन डाइ ऑक्साइड (CO_2)	.04%	4.44%	CO_2 की मात्रा 4.4% बढ़ जाती है
नाइट्रोजन	79%	79%	अपरिवर्तित
जलवाष्प	वायु में उपस्थित मात्रा	संतृप्त	जलवाष्प में वृद्धि होती है
तापमान	वायु के तापमान के अनुसार	शरीर के तापमान के अनुसार	वृद्धि होती है
कार्बनिक पदार्थ	वायु में उपस्थित मात्रा	वृद्धि होती है	वृद्धि होती है
अन्य गैसें	अल्प मात्रा	अपरिवर्तित	अपरिवर्तित

वायु निम्नलिखित द्वारा अशुद्ध होती है

1. मनुष्य और पशुओं में श्वसन क्रिया : साँस द्वारा छोड़ी गई वायु में O_2 की मात्रा कम हो जाती है और CO_2, तापमान, आर्द्रता और कार्बनिक अशुद्धियों की मात्रा में वृद्धि होती है।

2. दहन : दहन (जटिल कार्बनिक पदार्थों के सरल यौगिकों में बदलने) के कारण O_2 की मात्रा कम होती है और CO_2, CO, कार्बन कज्जल और SO_2 आदि वातावरण में निर्मुक्त होते हैं। परिवेशी तापमान में भी वृद्धि होती है।

(*a*) **जलना :** 500 ग्राम कोयले को जलाने के लिए 350 घन फीट ऑक्सीजन या वायु की आवश्यकता होती है। इसके परिणामस्वरूप 1% बिना जला कार्बन कण कार्बन कज्जल के रूप में तथा CO_2, CO, CS_2, H_2S, SO_2, NH_3 और जलवाष्प भी निकलता है।

(*b*) कोयले के भंजक आसवन अर्थात कोयले को ऑक्सीजन की अनुपस्थिति में गरम करने पर कोल गैस निर्मित होती है। इसमें 46% H_2S, 37% मार्शगैस, 7% CO और कुछ अन्य गैसें निहित होती हैं।

3. कार्बनिक पदार्थों का विघटन : कार्बनिक पदार्थों के विघटन के फलस्वरूप CO_2, NH_3, H_2S आदि गैसें निकलती हैं। इन गैसों का स्वास्थ्य पर प्रतिकूल प्रभाव पड़ता है, जीवन क्षमता कम होती है तथा रोगों के प्रति संवेदनशीलता में वृद्धि होती है।

वायु प्रकृति में निम्नलिखित द्वारा शुद्ध होती है

1. **पवन की क्रिया :** पवन अर्थात बहती हुई हवा के कारण अशुद्धियाँ दूर–दूर तक बिखर जाती हैं।
2. **वर्षा :** वर्षा के कारण वायु में उपस्थिति अशुद्धियाँ घुल जाती हैं अर्थात वायु में उपस्थित धूलकण, कार्बन कज्जल आदि धरती पर आ जाते हैं।
3. **सूर्य का प्रकाश :** सूर्य की ऊष्मा वायु में उपस्थित कीटों और रोगाणुओं को मार देती है तथा सूर्य के प्रकाश की पराबैंगनी किरणें रोगाणुओं के जीवद्रव्य के लिए विष के रूप में काम करती हैं।
4. पौधे प्रकाश संश्लेषण की क्रिया के दौरान वायु से CO_2 लेकर वायुमंडल में O_2 गैस छोड़ते हैं जिससे वायु में अधिक मात्रा में O_2 गैस और कम मात्रा में CO_2 गैस उपस्थित होती है।
5. वायु में उपस्थित ऑक्सीजन और ओजोन गैसें उपचयन की क्रिया द्वारा रोगाणुओं को मार देती हैं।

4. स्वास्थ्य की दृष्टि से उपयुक्त कमरा

1. कमरे का तापमान 75°F के आस–पास होना चाहिए।
2. आर्द्रता लगभग 65% से 70% तक होनी चाहिए।
3. CO_2 की मात्रा 0.6%–0.7% से अधिक नहीं होनी चाहिए।
4. कमरे में वायु का बहाव प्रति घंटा 10 बार होना चाहिए।
5. कमरे की वायु में धूलकण नहीं होने चाहिए।

प्रदूषण के सूचक

1. SO_2 : वायु प्रदूषण की जाँच हेतु किए जाने वाले सर्वेक्षणों से यह ज्ञात होता है कि SO_2 अनेक शहरी और औद्योगिक क्षेत्रों में कोयला और ईंधन के दहन द्वारा उत्पादित एक प्रमुख प्रदूषक अवयव है।

2. वायु में मृदाकणों या धुएं की उपस्थिति : इसकी जांच के लिए एक पेपर टेप का प्रयोग किया जाता है तथा घनत्व की माप प्रकाश विद्युत मापक (Photo-electric meter) द्वारा की जाती है।

3. निलंबित कण : घरेलू और औद्योगिक संस्थानों में तापन के लिए प्रयुक्त ईंधन से निकल कर अनेक कण वायु में निलंबित हो जाते हैं जिसे माइक्रोग्राम/घन मीटर के रूप में व्यक्त किया जाता है। वायु में निलंबित CO_2, NO_2 और सीसे की भी माप की जाती है।

स्वास्थ्य पर पड़ने वाले प्रभाव

1. मनुष्य पर प्रभाव : इसका तात्कालिक प्रभाव यह है कि इसके कारण रोगग्रस्तता और मृत्युदर में वृद्धि होती है, आँखों में जलन, दमा आदि प्रमुख दुष्प्रभाव है। (भोपाल में 1984 में हुई गैस त्रासदी के कारण लगभग 12000 लोगों की मृत्यु हो गई थी)।

2. विलंबित प्रभाव : चिरस्थाई श्वासनली शोथ, दमा, फेफड़े का प्राथमिक कैंसर, दृश्यता में कमी आने के कारण

दुर्घटना होने की संभावना बढ़ जाती है, अरुचिकर गंध के कारण सिर में चक्कर, उल्टी आदि की समस्या उत्पन्न होती है।

3. पौधों और मवेशियों पर प्रभाव : पौधे SO_2, फ्लोरीन यौगिकों, धूम–कोहरे आदि के प्रति काफी संवेदनशील होते हैं। इनके कारण पौधों की पत्तियों पर चित्तियाँ पड़ जाती है तथा पत्तियाँ जल जाती हैं, फसलों का नष्ट होना, पौधों की वृद्धि मंद हो जाती है। मवेशी ऐसी पत्तियों और पौधों को खाकर कैकेक्सिया (Cachexia) के शिकार हो जाते हैं।

4. सामाजिक और आर्थिक पहलू :

(*a*) अम्लीय वर्षा और धूम कोहरे के कारण इमारतें संक्षारित होती हैं तथा हाइड्रोजन सल्फाइड के कारण इनका रंग बिगड़ जाता है।

(*b*) फ्लोरीन के कारण काँच निक्षारित हो जाता है। इससे तारकोल और कज्जल चिपक जाते हैं। ओजोन के कारण रबड़ की वस्तुओं को नुकसान पहुँचता है।

वायुमंडल के दाब की माप के लिए प्रयुक्त यंत्र बैरोमीटर कहलाता है। बैरोग्राफ एक ऐसा यंत्र है जो वायुमंडल के दाब को निरंतर रिकॉर्ड करता रहता है।

स्वास्थ्य पर वायुदाब के प्रभाव : ऊँचे स्थानों पर वायु दाब में कमी आती है और वायु विरल हो जाती है। 25000 फीट से अधिक ऊँचाई पर सांस लेने हेतु उपकरण का प्रयोग आवश्यक हो जाता है। ऊँचाई वाले स्थानों पर शरीर–क्रिया पर निम्नलिखित प्रभाव पड़ते हैं :

(*a*) **श्वसन दर में वृद्धि :** यह दर सामान्यतः प्रति मिनट 18 होती है।

(*b*) रक्त में हीमोग्लोबिन की सांद्रता बढ़ जाती है जिससे रक्त द्वारा अधिक ऑक्सीजन का वहन किया जाने लगता है।

(*c*) हृदय की हर धड़कन के साथ शरीर में पंप किए जाने वाले रक्त की मात्रा बढ़ जाती है ताकि रक्त परिसंचरण की मात्रा में वृद्धि हो।

बैरोमीटर : सरलतम बैरोमीटर में लगभग 80 सेमी लंबी एक नलिका होती है। इस नलिका को पारद से भरकर पारदयुक्त एक पात्र में उल्टा रख दिया जाता है। ऐसा करने पर यह देखा जा सकता है कि नलिका में पारे के स्तर में गिरावट होती है और यह समुद्र तल पर 76 सेमी ऊंचा पारद स्तंभ निर्मित करता है। समुद्रतल से ऊपर जाने पर प्रत्येक 120 मीटर की ऊँचाई पर पारद स्तंभ में 1 सेमी की कमी आती है।

यूपैथियोमीटर : यह एक प्रकार का सुख–चैन सूचक है। इसमें 2 तापमापी होते हैं जिनमें से एक का बल्ब काले रंग का और दूसरे का बल्ब रुपहले रंग का होता है। इन बल्बों को गरम किया जाता है और तापमापी में ऊपरी चिह्न से निचले चिह्न तक पारे के गिरने में लगे समय को नोट किया जाता है। उदाहरण के लिए यदि यह गिरावट 30 सेकंड और 21 सेकंड हो तथा काले बल्ब वाले तापमापी में 30 और 21 के संगत मान 35 और 20 हों तो समतुल्य सुख–चैन = 35 + 20 = 55F।

लू लगना (तापाघात) : इस स्थिति में शरीर का तापमान बढ़कर 110°F तक हो जाता है तथा रोगी की त्वचा शुष्क हो जाती है। रोगी को दौरा पड़ने लगता है तथा वह प्रलाप करते हुए मूर्छित हो जाता है। यदि उसके शरीर का ताप तत्काल कम नहीं किया जाए तो रोगी की मृत्यु तक हो सकती है।

उपचार : रोगी को हिमजल से स्नान कराकर उसका शरीर ठंडा करना चाहिए। उसके शरीर का ताप 101°F और 103°F के बीच रखा जाना चाहिए। रोगी को कई दिनों तक पूर्णतः आराम करने की सलाह दी जाती है।

तापाघात से बचाव

1. **अधिक से अधिक मात्रा में पानी पीना :** धूप में परिश्रम का काम करने वाले व्यक्तियों को प्रतिघंटा 1 लीटर पानी पीना चाहिए।
2. जिन स्थानों पर वायु का तापमान और आर्द्रता अधिक हो वहाँ अधिक समय तक काम नहीं करना चाहिए। कठोर परिश्रम वाले कार्यों के बीच आराम का समय निश्चित होना चाहिए।
3. पहने जाने वाले कपड़े हल्के वजन और हल्के रंग के तथा ढीले होने चाहिए।
4. धूप के चश्मे, टोप आदि पहनने चाहिए।

5. जिन स्थानों पर काफी गरमी हो वहाँ उचित संवातन या वातानुकूलन की व्यवस्था होनी चाहिए।

शीताघात : यह घटना ऐसी जगहों पर होती है जहां वायुताप काफी कम होता है जैसेकि उत्तरी और दक्षिणी ध्रुवों के निकटवर्ती स्थानों में, सर्दियों के दौरान यूरोपीय और अमेरिकी देशों में या ऊँचे पर्वतीय क्षेत्रों में। मुख्य प्रभाव उपयुक्त रूप में रक्त परिसंचरण नहीं होने के कारण उत्पन्न होता है। इसके कारण त्वचा सुन्न हो जाती है, पेशियाँ कमजोर हो जाती हैं तथा प्रभावित व्यक्ति उनींदापन और बेहोशी का शिकार हो जाता है। हाथ–पैरों की उंगलियां गैंग्रीन की शिकार हो जाती हैं। उपचार हेतु प्रभावित अंग को 44°C तापमान पर स्थित जल में 20 मिनट तक रखा जाना चाहिए। प्रभावित व्यक्ति को बार–बार गरम पेय पिलाना चाहिए।

आर्द्रतामापी (Hygrometers) : यह वायु में उपस्थित आर्द्रता को मापने के लिए प्रयोग में लाया जाने वाला यंत्र है। वायु की आर्द्रता प्रत्यक्ष विधि द्वारा मापी जाती है। उदाहरण के लिए डैनियल आर्द्रतामापी, रेनॉल्ट आर्द्रतामापी, डिनि आर्द्रतामापी के प्रयोग द्वारा। इसे अप्रत्यक्ष विधि द्वारा भी मापा जाता है। उदाहरण के लिए शुष्क और आर्द्र बल्ब आर्द्रतामापी और दोली आर्द्रतामापी (Sling psychrometer) के प्रयोग द्वारा।

शोर (Noise) : विभिन्न स्रोतों से उत्पन्न होने वाला शोर एक महत्त्वपूर्ण स्वास्थ्य समस्या है। व्यापक अर्थों में शोर का अर्थ ऐसी किसी भी ध्वनि से है जो तेज हो और हमारे कानों को प्रिय न लगे। यह भी कहा जाता है कि गलत समय और गलत स्थान पर उत्पन्न की जाने वाली गलत ध्वनि शोर कहलाती है। शोर की परिभाषा ऐसी तेज ध्वनि के रूप में दी जाती है जो वायु के अनावर्ती कंपन के फलस्वरूप उत्पन्न होती है।

शोर में तारत्व (चक्रों की आवृत्ति), तीव्रता (प्रबलता) और स्वरूप तीन अभिलक्षण होते हैं:

— शोर की माप डेसिबल मात्रक में की जाती है।

— 120 डेसिबल ध्वनि एक तरंग के रूप में महसूस की जाती है।

शोर के स्रोत

स्रोत	डेसिबल	संवेदन
1. बॉयलर मार्कर शॉप	120	अत्यधिक प्रबल
2. वात–ड्रिल	110	अधिक प्रबल
3. सायरन	100	काफी प्रबल
4. रेडियो	70	प्रबल
5. सार्वजनिक पुस्तकालय	40	शांत
6. शांति	0	अश्रव्य

शोर के प्रभाव

मवेशियों पर : श्वसन दर, हृदय की धड़कन, रक्त चाप में अचानक किंतु अस्थाई वृद्धि हो जाती है, तथा बाल की कोशिकाएं मृत होने लगती हैं।

मनुष्य पर : सुनने की शक्ति पर प्रभाव

1. उच्च तीव्रता वाले शोर के अल्पकालिक प्रभाव के फलस्वरूप कान के पर्दे फट जाते हैं।
2. प्रभावित व्यक्ति काफी समय तक कुछ भी सुन पाने की स्थिति में नहीं रहता तथा शोर के स्रोत को हटा देने पर ही वह कुछ भी सुन पाने की स्थिति में आता है।

कानूनी उपाय

1. 8 घंटे की पाली में अनुमेय शोर स्तर 90 डेसिबल है।
2. फैक्टरी में उत्पन्न शोर के कारण यदि कोई कर्मचारी बहरेपन का शिकार हो जाता है तो यह घटना फैक्टरी निरीक्षक के लिए एक ध्यान देने वाली बात है। जिसकी सूचना वह उच्च अधिकारियों को देगा।
3. शोर के कारण उत्पन्न बहरेपन के लिए प्रभावित व्यक्ति को मुआवजा दिया जाता है जिसे वह फैक्टरी प्रबंधन से वसूल करता है।

स्वीकार्य शोर स्तर (डेसिबल में)

आवासीय	सोने का कमरा (शयन कक्ष)	25
	बैठक	40
वाणिज्यिक	कार्यालय	35-45
	रेस्तरां	40-60
औद्योगिक	कार्यशाला	40-60
	प्रयोगशाला	40-50
शैक्षिक	कक्ष	30-40
	पुस्तकालय	35-45
अस्पताल	वार्ड	20-35

प्रकाश व्यवस्था

उपयुक्त प्रकाश व्यवस्था की विशेषताएँ

1. पर्याप्तता : संबंधित उपयोग के अनुसार भिन्न–भिन्न तीव्रता की प्रकाश व्यवस्था आवश्यक होती है। जहाँ सीढ़ी कक्ष के लिए मात्र 5 फुट कैंडल प्रकाश की आवश्यकता है वहीं उद्योगों में 100 फुट कैंडल तक प्रकाश की आवश्यकता होती है।

2. वितरण : सभी जगह समान तीव्रता का प्रकाश एक समान रूप से उपलब्ध होना चाहिए।

3. चौंध न होना : प्रकाश में अत्यधिक चमचमाहट या चौंध नहीं होनी चाहिए क्योंकि इससे काफी असुविधा महसूस होती है।

4. निरंतरता : प्रकाश में स्फुरण अर्थात झिलमिलाहट नहीं होनी चाहिए बल्कि उसमें निरंतरता होनी चाहिए।

5. प्रकाश के कारण घनी छाया नहीं बननी चाहिए। प्राकृतिक या कृत्रिम प्रकाश में दिन के प्रकाश जैसी तीव्रता होनी चाहिए तथा कक्ष में सतहों से प्रकाश का पर्याप्त परावर्तन होना भी आवश्यक है।

प्रकाश का मापन

दिवालोक गुणांक (Daylight factor) : इसे किसी स्थान पर तात्क्षणिक प्रदीपन और अन्य सभी स्थलों पर साथ–साथ उत्पन्न होने वाले प्रदीपन के अनुपात के रूप में दिया जाता है।

दिवालोक गुणांक (D.F.)

$$= \frac{\text{किसी स्थान पर तात्क्षणिक प्रदीपन}}{\text{अन्य सभी स्थलों पर साथ–साथ उत्पन्न होने वाला प्रदीपन}} \times 100$$

प्रकाश का जीवों पर प्रभाव : बिलिरूबिन उत्सर्जन में वृद्धि होती है। यह शरीर के तापमान, शारीरिक क्रियाकलाप, मेलानिक्स संश्लेषण और विटामिन डी सक्रियण को प्रभावित करता है।

विकिरण से होने वाले खतरे : किसी परमाणु के विघटन और उसके फलस्वरूप ऐल्फा, बीटा, गामा या एक्स–किरणों जैसी विकिरण ऊर्जा के उत्सर्जन को रेडियो सक्रियता कहते है।

विकिरण का अर्थ है विशिष्ट किरणों के साथ विद्युत चुंबकीय तरंगों का उत्सर्जन।

रेडियो विकिरण का जीवों पर प्रभाव : ये रेडियो सक्रिय किरणें जीवों के कोशिकाद्रव्य (cytoplasm) पर क्रिया करके प्रोटीन को विकृत कर देती हैं अर्थात उसके प्राकृतिक गुणों को नष्ट कर देती हैं, केंद्रक को प्रभावित करती हैं तथा कोशिका विभाजन को भी प्रभावित करती हैं जिसके परिणामस्वरूप संतति कोशिकाएं अत्यधिक क्षतिग्रस्त हो जाती हैं।

मनुष्य पर विकिरण के प्रभाव

प्रभाव उत्पन्न करने वाले कारक हैं :

1. विकिरण के प्रकार
2. विकिरण की मात्रा
3. विकिरण की अवधि
4. विकिरण से संपूर्ण शरीर प्रभावित हुआ है या कोई अंग विशेष
5. विकिरण के स्रोत से दूरी
6. संरक्षक वस्त्र, यदि हो

अत्यधिक प्रभाव : यदि अल्पावधि के लिए भी विकिरण से पर्याप्त सामना हुआ हो।

चिरकालिक : लंबे समय तक अल्पमात्रा में विकिरण क्षेत्र में रहना।

अत्यधिक प्रभावित होने के अभिलक्षण : 400-500 रेडियन–50% मृत्यु तथा शेष 100% व्यक्ति रोग, उल्टी, मूर्छा, शरीर से बाल का हटना, डायरिया (रक्त स्राव युक्त), मुँह में घाव, ज्वर और अंततः मृत्यु के शिकार होंगे।

3000 रेडियन–100% व्यक्तियों की एक सप्ताह के भीतर मृत्यु हो जाएगी।

विकिरण से विशिष्ट सुरक्षा के उपाय

1. इसके प्रभाव से यथासंभव बचने के प्रयास करना।
2. विकिरण पदार्थों की न्यूनतम प्रभावी मात्रा प्रयोग में लाना।
3. बिना सोचे–समझे ऐसे पदार्थों के प्रयोग से बचना।
4. सीसे का ऐप्रन, चश्मों का प्रयोग।
5. छन्नों (फिल्टरों) और प्रतिबिंब तीव्रक का प्रयोग करना।
6. परिरक्षक ढांचों का प्रयोग करना और विकिरण के स्रोत से दूर रहना।
7. अपेक्षित प्रक्रिया का संपूर्णतः पालन करना।

विकिरण के प्रभाव से संरक्षण में सहायता करने वाली अंतर्राष्ट्रीय एजेंसियाँ

1. विश्व स्वास्थ्य संगठन (WHO)
2. अंतर्राष्ट्रीय परमाणु ऊर्जा संघ (IAEA)
3. अंतर्राष्ट्रीय विकिरण संरक्षण आयोग (ICRP)

वस्तुनिष्ठ प्रश्न

1. निम्नलिखित में से किस एक को छोड़कर अन्य सभी में डी डी टी के विरुद्ध प्रतिरोधक शक्ति पाई गई है?

A. फ्लेबोटोमस (Phlebotomus)
B. क्युलेक्स फैटीगन्स (Culex fatigans)
C. ऐनोफेलीज स्टीफेंसी (Anopheles stephensi)
D. मुस्का डोमेस्टिक (Musca domestic)

2. वाहक मच्छरों (कीटों) पर नियंत्रण हेतु छिड़काव किए जाने वाले रसायन का अनिवार्य संघटक होता है:

A. मैलाथियॉन B. फेनोथियॉन
C. पाइरेथ्रम D. बी एच सी

3. पैरिस ग्रीन किसके लिए डिंबनाशी (larvicidal) का कार्य करता है?

A. एनोफेलीज B. क्युलेक्स
C. ऐडीज D. उपर्युक्त में से कोई नहीं

4. सबसे कम विषाक्त कार्ब–फॉस्फोरस यौगिक है:

A. पैरिस ग्रीन B. मैलाथियॉन
C. पैराथियॉन D. डी डी टी

5. मच्छरों पर पाइरेथ्रम का प्रभाव माना जाता है:

A. अवशिष्ट B. प्रतिकर्षी
C. बेहोश कर देने वाला D. संपर्क–क्रिया प्रभाव

6. एबेट (abate) है एक:

A. सायनाइड यौगिक
B. कार्ब–फॉस्फोरस यौगिक
C. कार्ब–क्लोरीनं यौगिक
D. उपर्युक्त में से कोई नहीं

7. अत्यधिक कम आयतन का धुंध उत्पन्न करने के लिए सामान्यतः निम्नलिखित में से किस कीटनाशी रसायन का प्रयोग किया जाता है?

A. एबेट B. डी डी टी
C. पैरिस ग्रीन D. मैलाथियॉन

8. मैलाथियॉन का अवशिष्ट प्रभाव कितने समय तक बना रहता है?

A. 3 माह B. 6 माह
C. 9 माह D. 12 माह

9. निम्नलिखित में से किस एक को छोड़कर अन्य सभी कार्ब–फॉस्फोरस यौगिक हैं?

A. मैलाथियॉन B. प्रोपोक्सर
C. एबेट D. फेनेथियॉन

10. निम्नलिखित में से कौन एक वनस्पति मूल का कीटनाशी रसायन है?

A. एबेट B. बी एच सी
C. प्रोपोक्सर D. पाइरेथ्रम

11. निम्नलिखित में से किस एक को छोड़कर अन्य सभी कार्ब–फॉस्फोरस यौगिक है?
A. फेनेथियॉन B. पाराथियॉन
C. क्लोरापाइरिफस D. पाइरेथ्रम

12. निम्नलिखित में से कोन एक कार्ब–क्लोरीन यौगिक है?
A. गारंडोन B. डाइकैथ्यॉन
C. केपोन D. प्रोपोक्सर

13. शैक्षिक संस्थाओं में आर–पार वायु–गमन (संवातन) हेतु फर्श स्थान के प्रतिशत के रूप में दरवाजों और खिड़कियों के लिए संस्तुत संयुक्त स्थान होता है:
A. 10% B. 15%
C. 25% D. 35%

14. वायु प्रदूषण के कारण निम्नलिखित में से कौन–सा रोग हो सकता है?
A. त्वचा शोथ (Dermatitis)
B. कार्सिनोमा ब्रोन्कस (Carcinoma Bronchus)
C. ब्रोन्किकटैसिस (Bronchiectasis)
D. न्यूमोनिया (Pneumonia)

15. भारतीय केंद्रीय प्रदूषण नियंत्रण बोर्ड द्वारा प्रस्तावित गुणवत्ता मानक निम्नलिखित की सांद्रता की सीमाओं पर आधारित है:
A. निलंबित कणिकामय पदार्थ और सल्फर डाइऑक्साइड
B. निलंबित कणिकामय पदार्थ, सल्फर डाइऑक्साइड और नाइट्रोजन के ऑक्साइड
C. निलंबित कणिकामय पदार्थ, सल्फर, नाइट्रोजन डाइऑक्साइड और कुछ ऑक्सीकारक
D. निलंबित कणिकामय पदार्थ, सल्फर डाइऑक्साइड, नाइट्रोजन के ऑक्साइड़ और कार्बन मोनोक्साइड

16. निम्नलिखित में से किस एक को छोड़कर अन्य सभी सामान्य स्तर के वायु प्रदूषण के सूचक हैं:
A. सल्फर डाइऑक्साइड सांद्रण
B. मृदा कणीभवन सूचकांक
C. फॉर्मेल्डीहाइड सांद्रण
D. कुल निलंबित कण

17. वायु प्रदूषण पर निगरानी रखने वाला सर्वाधिक महत्त्वपूर्ण सूचक है:
A. सल्फर डाइऑक्साइड और निलंबित कण
B. सल्फर डाइऑक्साइड
C. नाइट्रोजन के ऑक्साइड और पॉलिऐरोमैटिक हाइड्रोकार्बन
D. कार्बन मोनो ऑक्साइड

18. निम्नलिखित में से किस एक को छोड़कर अन्य सभी वायु प्रदूषण के सूचक हैं?
A. मृदा कणीभवन सूचकांक
B. SO_2 का सांद्रण
C. फॉर्मेल्डीहाइड का सांद्रण
D. कार्बन कज्जल, धूल और निलंबित कण

19. निम्नलिखित में से कौन एक प्राथमिक वायु प्रदूषक नहीं है?
A. धुआँ और धूलकण B. SO_2
C. NO_2 D. ओजोन

20. निम्नलिखित में से कौन–सा प्रभावी तापमान (डिग्री F में) सुखदायी कहलाता है?
A. 70 और 76 के बीच B. 77 और 80 के बीच
C. 81 और 82 के बीच D. 83 से अधिक

21. जल की अस्थाई और स्थाई कठोरता निम्नलिखित द्वारा दूर की जा सकती है:
A. उबालकर B. चूना मिलाकर
C. परम्युटिट विधि द्वारा D. उपर्युक्त सभी

22. निम्नलिखित में से किसके कारण जल में स्थायी कठोरता उत्पन्न होती है?
A. कैल्सियम बाइकार्बोनेट
B. कैल्सियम सल्फेट
C. मैग्नीशियम सल्फेट
D. नाइट्रेट

23. किसी स्रोत से नमूने के रूप में लिया गया जल आंशिक रूप से कठोर कहलाता है यदि उसमें कठोरता उत्पन्न करने वाले आयन हों लगभग:
A. 50 PPM (भाग प्रति मिलियन)
B. 50 –150 PPM (भाग प्रति मिलियन)
C. 150 – 300 PPM (भाग प्रति मिलियन)
D. 300 PPM (भाग प्रति मिलियन)

E. उपर्युक्त में से कोई नहीं

24. सोडियम परम्युटिट का प्रयोग निम्नलिखित हेतु किया जाता है?

A. जल को विसंक्रमित करने

B. जल को रोगाणुमुक्त करने

C. जल की कठोरता दूर करने

D. अवशिष्ट क्लोरीन की जाँच करने

25. यूएनडीपी एक अंतर्राष्ट्रीय एजेन्सी है जो निम्नलिखित के लिए कार्य करती है:

A. बाल विकास

B. देश में मानव और प्राकृतिक संसाधनों का विकास

C. देश का आर्थिक विकास

D. देश में अनुसंधान और प्रौद्योगिकीय विकास

26. जल का चिरकालिक प्रदूषण जल में निम्नलिखित की उपस्थिति द्वारा सूचित होता है:

A. नाइट्रेट

B. नाइट्राइट

C. मुक्त और लवण जलीय NH_3

D. क्लोराइड

27. विश्व स्वास्थ्य संगठन के एक सिद्धांत के रूप में प्राथमिक स्वास्थ्य सुविधा प्रत्येक विश्वजन के लिए उपलब्ध कराने का निर्णय निम्नलिखित में से कहाँ आयोजित किए गए सम्मेलन में लिया गया?

A. जेनेवा B. न्यूयॉर्क

C. अल्माटा D. ऑस्ट्रिया

28. जल में नाइट्रेट का स्तर ..... मिग्रा/ली से अधिक नहीं होगा।

A. 0.5 B. 1.0

C. 2.0 D. 4.0

29. निम्नलिखित में से कौन–सा जीव विष्ठा प्रदूषण का सूचक नहीं है?

A. स्टेफाइलोकोकस (Stephylococcus)

B. स्ट्रेप्टोकोकस (Streptococcus)

C. ई कोलाई (E- coli)

D. क्लोस्ट्रिडियम परफ्रिन्जेन्स (Clostridium perfringens)

30. निम्नलिखित में से किस जीव को प्रयोगशाला में सरलतापूर्वक संवर्धित किए जा सकने के कारण जल प्रदूषण के जीवाण्विक सूचक (bacteriological indicator) के रूप में व्यापक रूप से प्रयोग में लाया जाता है?

A. विष्ठा में पाया जाने वाला स्ट्रेप्टोकोकी (Faecal streptococci)

B. ऐस्किरिकिया कोली (Eschirichia coli)

C. क्लोस्ट्रिडियम परफ्रिन्जेन्स (Clostridium perfringens)

D. सालमोनेला टाइफी (Salmonella typhi)

31. सुरक्षित पेय जल के संबंध में विश्व स्वास्थ्य संगठन द्वारा निर्धारित मानक है:

A. प्रति 100 मिली जल में 3 से कम कोलिफॉर्म जीवाणु

B. प्रति 100 मिली जल में 10 से कम कोलिफॉर्म जीवाणु

C. प्रति 100 मिली जल में 20 से कम कोलिफॉर्म जीवाणु

D. प्रति 100 मिली जल में 100 से कम कोलिफॉर्म जीवाणु

32. कुएं के क्लोरीनीकरण के संबंध में निम्नलिखित में से कौन–सा कथन सत्य नहीं है?

A. क्लोरीन मांग का परिकलन करना होता है

B. जल का आयतन निर्धारित करना होता है

C. ब्लीचिंग पाउडर विलयन तत्काल डालना होता है

D. 1 घंटे की संपर्क अवधि प्रदान की जाती है

33. क्लोरीनीकरण के संबंध में निम्नलिखित में से किस एक को छोड़कर अन्य सभी सत्य हैं?

A. क्लोरीन एक स्थाई यौगिक है

B. उपलब्ध क्लोरीन 33% होती है

C. क्रिया तीव्र और संक्षिप्त होती है

D. मुक्त क्लोरीन का न्यूनतम संस्तुत सांद्रण 0.5% मिग्रा/1 घंटा होता है

34. समय पर अर्थात सगर्भता की अवधि पूर्ण होने पर बच्चे को जन्म देने वाली माता की तुलना में समय से पूर्व अर्थात सगर्भता की एक निश्चित अवधि से पहले ही प्रसव करने वाली माता के स्तन के दूध में निम्नलिखित में से किसकी मात्रा कम होती है?

A. लैक्टोस B. कैल्सियम
C. कैलोरी D. प्रोटीन

35. आर्थोटोल्युडिन परीक्षण के संबंध में निम्नलिखित में से किस एक को छोड़कर अन्य सभी सत्य हैं?
A. मुक्त क्लोरीन का अनुमान लगाया जाता है
B. 1 मिली जल के लिए 0.1 मिली अभिकर्मक का प्रयोग किया जाता है
C. पीला रंग
D. 10 सेकेंड में प्रेक्षण प्राप्त होते हैं

36. पेय जल में अवशिष्ट क्लोरीन की मात्रा होनी चाहिए:
A. 0.5 PPM
B. 0.6 PPM
C. 0.8 PPM
D. 1.2 PPM (PPM = भाग प्रति मिलियन)

37. जल के क्लोरीनीकरण से निम्नलिखित में से किस रोग से बचाव नहीं हो सकता?
A. बैसिलस जीवाणु के कारण होने वाला पेचिश रोग (Bacillary dysentery)
B. टायफॉइड ज्वर (Thyphoid fever)
C. हैजा (Cholera)
D. गिआर्डियता (Giardiasis)

38. निम्नलिखित में से कौन रसायन ग्रैम–पॉजिटिव और ग्रैम निगेटिव जीवाणुओं, विषाणुओं और निम्न pH स्तरों पर बीजाणुओं (Spores) को भी प्रभावकारी रूप में नष्ट करने के कारण एक महत्त्वपूर्ण रोगाणुनाशक माना जाता है?
A. फीनॉल B. ऐल्कोहॉल
C. क्लोरीन D. हैक्साक्लोरोफीन

39. जल में काफी अधिक संख्या में उपस्थित रोगाणुओं आदि से जल को मुक्त करने के लिए क्लोरीन के प्रयोग की एक सर्वाधिक प्रभावकारी और लागत प्रभावी विधि के रूप में निम्नलिखित में से किसका उपयोग किया जाता है?
A. ब्लीचिंग पाउडर B. क्लोरऐमीन
C. क्लोरीन गैस D. परक्लोरोन

40. शोर प्रदूषण से निम्नलिखित में से किस एक को छोड़कर अन्य सभी स्वास्थ्य समस्याएं उत्पन्न होती हैं?
A. मूत्र विसर्जन की मात्रा में वृद्धि
B. लैंगिक क्रियाकलापों में कमी
C. बहरापन
D. अनिद्रा

उत्तरमाला

1	2	3	4	5	6	7	8	9	10
A	C	A	B	D	B	B	A	B	D
11	**12**	**13**	**14**	**15**	**16**	**17**	**18**	**19**	**20**
D	C	A	B	C	C	A	C	C	B
21	**22**	**23**	**24**	**25**	**26**	**27**	**28**	**29**	**30**
C	A	B	C	B	A	C	B	B	B
31	**32**	**33**	**34**	**35**	**36**	**37**	**38**	**39**	**40**
A	C	A	D	A	A	D	A	A	D

अभ्यास प्रश्न पत्र

प्रश्न पत्र सेट – I

1. रक्तरहित स्कैल्पेल (bloodless scalpel) के रूप में निम्नलिखित में से किसका प्रयोग किया जाता है?

A. स्फटिक क्रिस्टल B. रेडियोसमस्थानिक

C. एक्स किरण D. लेसर

2. सहायक T-कोशिकाओं की संख्या में कमी आना निम्नलिखित में से किस रोग का अभिलक्षण है?

A. माइआस्थेनिया ग्रैविस (Myasthenia gravis)

B. कैंसर

C. एड्स

D. टेशाक रोग (Taysach's disease)

3. अंतरिक्षयात्रियों द्वारा भोजन के रूप में निम्नलिखित में से किस शैवाल का प्रयोग किया जाता है?

A. क्लोरेला (Chlorella)

B. स्पाइरोगायरा (Spirogyra)

C. कैरा (Chara)

D. बेट्रेकोस्पर्मम (Batrachospermum)

4. निम्नलिखित में से किस एक को छोड़कर अन्य सभी रोग प्रोटोजोआ संघ के एककोशिक जीवों द्वारा उत्पन्न किए जाने वाले रोग हैं?

A. दिल्ली बॉयल B. गैंबिया फीवर

C. मलेरिया D. फाइलेरियासिस

5. हाइड्रा का शरीर होता है:

A. मेडूसाभ (medusoid)

B. पॉलिपाभ (Polypoid)

C. उपर्युक्त (A) और (B) दोनों

D. इनमें से कोई नहीं

6. निम्नलिखित में से किस एक को छोड़कर अन्य सभी डिंबरूपी (Larval forms) हैं?

A. प्लैनुला B. ऐम्फिब्लास्टुला

C. ग्लोकोडियम D. न्युरूला

7. निम्नलिखित में से कौन–सा जीव पूर्णतः मानव बस्तियों के आस–पास पाया जाने वाला जीव है और कभी भी वन्य क्षेत्र में नहीं पाया जाता?

A. मधुमक्खी B. लाक्षा कीट

C. बॉम्बिक्स मोराइ D. एरी कृमि

8. रक्त भोजी जीव कहलाते हैं:

A. मांसाहारी (carnivores)

B. शाकाहारी (herbivores)

C. अपरदभोजी (detritus feeder)

D. रुधिराहारी (sanguivores)

9. स्तनपायी जीवों के अतिरिक्त एक अन्य समूह के जीव भी अपने शरीर का ताप नियत बनाए रखते हैं। ये हैं:

A. उभयचर (amphibians)

B. सरीसृप (reptiles)

C. पक्षी (birds)

D. मत्स्य (fishes)

10. हमारी नाक के अगले सिरे में होती है:

A. प्रत्यास्थ उपास्थियाँ (elastic cartilage)

B. कैल्सियमयुक्त उपास्थियाँ (calcified cartilage)

C. रेशे युक्त उपास्थियाँ (fibrous cartilage)

D. काचाभ उपास्थियाँ (hyaline cartilage)

11. रक्त कोशिकाओं के निर्माण की प्रक्रिया कहलाती है:

A. अंगभवन (organogenesis)

B. अंडजनन (oogenesis)

C. रक्तोत्पत्ति (haemopoiesis)

D. शुक्राणु जनन (spermiogenesis)

12. निम्नलिखित में से कौन एक अस्थि कोशिका है?

A. क्युप्फर कोशिकाएं (Kupffer cells)

B. कोन्ड्रोब्लास्ट (Chondroblast)

C. ऑस्टियोब्लास्ट (Osteoblast)

D. ऑस्टियोक्लास्ट (Osteoclast)

13. निम्नलिखित में से किसके अवशोषण हेतु ऊर्जा की आवश्यकता नहीं होती?

A. वसा B. प्रोटीन

C. कार्बोहाइड्रेट D. उपर्युक्त सभी

14. मानव मूत्र में स्रावित एकमात्र विटामिन है:

A. विटामिन बी.कंप्लेक्स B. विटामिन 'सी'

C. विटामिन 'डी' D. विटामिन 'के'

15. मानव में निम्नलिखित में से कौन एक अवशिष्ट अंग (vestigial organ) है?

A. कर्ण पल्लवों पर उगे लंबे रोम

B. उँगलियों के नाखून

C. रदनक दंत (canine teeth)

D. निमेषक पटल (nictitating membrane)

16. निम्नलिखित में से कौन एक जैव उर्वरक नहीं है?

A. ऐनाबेना (Anabaena)

B. राइजोबियम (Rhizobium)

C. ऐजोस्पिरिलम (Azospirillum)

D. स्पाइरोगायरा (Spirogyra)

17. निम्नलिखित में से किसके दूध में वसा की प्रचुर मात्रा होती है?

A. गाय B. बकरी

C. भैंस D. भेड़

18. सूर्य के प्रकाश की उपस्थिति में हाइड्रोकार्बनों और नाइट्रोजन के ऑक्साइडों की वायुमंडलीय अभिक्रिया के फलस्वरूप निर्मित होने वाले उत्पाद कहलाते हैं:

A. गैसीय प्रदूषक B. कणिकामय प्रदूषक

C. द्वितीयक प्रदूषक D. प्राथमिक प्रदूषक

19. निम्नलिखित में से किसे द्वितीयक प्रदूषक कहा जाता है?

A. CO_2 B. O_2

C. CH_4 D. O_3

20. अम्लीय वर्षा निम्नलिखित में से किसके कारण होती है?

A. SO_2 और NO_2 B. SO_3 और SO_2

C. NO और NO_2 D. SO_2 और H_2O

21. निम्नलिखित में से किसके कारण कैंसर रोग उत्पन्न होने की संभावना होती है?

A. गैसीय प्रदूषक B. कणिकामय प्रदूषक

C. द्वितीयक प्रदूषक D. उपर्युक्त सभी

22. तंबाकू में सात पॉलिसाइक्लिक हाइड्रोकार्बनों के अतिरिक्त एक रेडियोसक्रिय पदार्थ भी पाया जाता है जिसे कहते हैं:

A. I-131 B. CO-132

C. U-235 D. Po-210

23. प्रदूषकों के संरक्षण की सर्वाधिक महत्त्वपूर्ण विधि है:

A. वायु का ऑक्सीकरण

B. अम्ल और भस्म का रासायनिक उदासीनीकरण

C. उपर्युक्त दोनों D. इनमें से कोई नहीं

24. ह्यूमस किसमें सहायता करता है?

A. मृदा के कणीभवन में

B. पौधों की वृद्धि और विकास में

C. चिकनी मिट्टी और रेतीली मिट्टी की जलधारण क्षमता बढ़ाने में

D. उपर्युक्त सभी

25. लवणजलीय दलदल में उगने वाली मैंग्रोव वनस्पतियाँ कहलाती हैं:

A. हैलियोफाइट्स B. एपिफाइट्स

C. हैलोफाइट्स D. सियोफाइट्स

26. ओजोन स्तर निम्नलिखित में से कहाँ पाया जाता है?

A. ट्रोपोस्फेयर B. स्ट्रैटोस्फेयर

C. ओजोनोस्फेयर D. आयनोस्फेयर

27. निम्नलिखित में से "ग्रीन हाउस" गैसें हैं:

A. केवल CO_2

B. क्लोरोफ्लोरोकार्बन और CH_3

C. नाइट्रोजन के ऑक्साइड

D. उपर्युक्त सभी

28. संपूर्ण जलमंडल में अलवण जल का प्रतिशत (%) है:

A. 97% B. 50%

C. 100% D. 3%

29. गैसीय चक्र (gaseous cycles) और अवसादी चक्र (sedimentary cycle) कहाँ चलते हैं?

A. केवल वायुमंडल में

B. केवल स्थलमंडल में

C. केवल जलमंडल में

D. वायुमंडल और स्थलमंडल में

30. ग्रीन हाउस प्रभाव निम्नलिखित में से किसके कारण उत्पन्न होता है?

A. CO_2 की कम मात्रा में उपस्थिति

B. CO_2 की अधिक मात्रा में उपस्थिति

C. वायुमंडल में कहीं–कहीं उपस्थित CO_2

D. उपर्युक्त में से कोई नहीं

31. वन समुदाय निम्नलिखित में से किसका एक उदाहरण है:

A. वासस्थान B. विशिष्ट वासस्थान

C. कठलता D. जीवमंडल

32. केंचुआ किसानों की किस प्रकार सहायता करता है?

A. मृदा को सरंध्र बनाकर उसकी उर्वरता में वृद्धि करके

B. मृदा की क्षारकता और अम्लीयता में कमी लाकर

C. मृदा अपरदन की घटना में वृद्धि करके

D. मृदा में उपस्थित जीवाणुओं को नष्ट करके

33. A. हालांकि केंचुआ उभयलिंगी है किंतु इनमें जनन क्रिया हेतु दो लिंगी जीवों की आवश्यकता होती है।

B. ऐसा इसलिए कि मैथुन क्रिया ग्रीष्म ऋतु में होती है।

A. A सत्य है, किन्तु B असत्य

B. A असत्य है, किंतु B सत्य

C. दोनों सत्य हैं और B, A का सही स्पष्टीकरण है

D. दोनों सत्य हैं किंतु B, A का सही स्पष्टीकरण प्रस्तुत नहीं करता है

34. केंचुए की त्वचा निम्नलिखित में से किस पदार्थ की उपस्थिति के कारण भूरे रंग की दिखाई देती है?

A. मेलानिन

B. हीमोग्लोबिन

C. हीमोसायनिन

D. पॉरफायरिन

35. कीट निम्नलिखित के कारण उड़ सकने में समर्थ होते हैं:

A. काइटिनी पंखों

B. कार्य करने की क्षमता

C. एकलैंगिक होने

D. उपर्युक्त सभी

36. संधिपाद संघ के जीवों (arthropods) में होता है:

A. द्विपार्श्वतः सममित शरीर और संयुक्त बाह्यकंकाल

B. सखंड शरीर और सरल या संयुक्त नेत्र

C. शरीर में धड़, वक्ष और उदर

D. उपर्युक्त सभी

37. फीरोमोन (Pheromones) का स्त्रवण निम्नलिखित में से किसके द्वारा किया जाता है?

A. कीटों B. सेफैलोपोडा (शीर्षपादों)

C. स्काइफोजोआ D. गैस्ट्रोपोडा

38. संयुक्त नेत्रों में अपने स्वयं के लेन्सों का एक छोटा यूनिट होता है जिसे कहते हैं:

A. नेत्रांशक (Ommatidium)

B. संधानी (Synangium)

C. स्त्रीधानी (Archegonium)

D. कोनिडियम (Chonidium)

39. संधिपाद संघ के जीवों में:

A. क्रस्टेशियाइयों में बाह्य निषेचन होता है किंतु अन्यों में आंतरिक निषेचन होता है

B. अंडप्रजनक अवस्था देखी जाती है

C. सजीव प्रजनक अवस्था देखी जाती है

D. उपर्युक्त सभी

40. लार्वा से वयस्क जीव बनने की प्रक्रिया कहलाती है:

A. निर्मोचन (Moulting)

B. निर्मोकोत्सर्जन (Ecdysis)

C. कायांतरण (Metamorphosis)

D. युग्मक–संलयन (syngamy)

41. संधिपादों में अवयस्क जीव जो वयस्कों के समान दिखाई देते हैं किंतु उनमें पंख और प्रजनन अंग नहीं होते, कहलाते हैं:

A. अर्भक या निम्फ (Nymph)

B. ओमैटिडा (Ommatida)

C. जायगोस्पोर (Zygospore)

D. अंडा (Egg)

42. संधिपाद संघ के जीव वृद्धि हेतु निम्नलिखित प्रक्रिया द्वारा अपने काइटिनी आवरण से मुक्त होते हैं:

A. निर्मोचन (Moulting)

B. निर्मोकोत्सर्जन (Ecdysis)

C. कायांतरण (Metamorphosis)
D. उपर्युक्त (A) और (B) दोनों

43. ''फॉसिल आर्थ्रोपोड'' जिनका अस्तित्व लगभग 600 मिलियन वर्ष पहले था, निम्नलिखित श्रेणी के जीव थे:
A. ऐरेक्निडा B. सेफैलोपोडा
C. ट्राइलोबाइट D. ट्रोफोकोरन

44. निम्नलिखित में से किस समूह के जंतु मानव के लिए प्रत्यक्षतः लाभकारी हैं:
A. ड्रैगन फ्लाई, टिड्डियाँ और रेशम कीट
B. रेशम कीट, मधुमक्खी और भृंग
C. मधुमक्खी, रेशम कीट और लाक्षा कीट
D. लाक्षा कीट, रेशम कीट और टिड्डियाँ

45. ''कैन्थेराइडिन (cantheridine)'' निम्नलिखित से प्राप्त होता है:
A. कोकिनल कीट
B. स्पैनिश मक्खी
C. लाल चींटी
D. गोलक घुन (boll weevil)

46. तिलचट्टे का जीवन चक्र निम्नलिखित में से किस श्रेणी में आता है?
A. एमेटाबोला (Ametabola)
B. हेमिमेटाबोला (Hemimetabola)
C. पौरोमेटाबोला (Paurometabola)
D. होलोमेटाबोला (Holometabola)

47. मैगट (Maggot) निम्नलिखित को कहा जाता है:
A. क्युलेक्स का लार्वा
B. घरेलू मक्खी का प्यूपा
C. घरेलू मक्खी का लार्वा
D. ड्रेगन फ्लाई का लार्वा

48. सबसे बड़े आकार का शिकारी कीट है:
A. ड्रैगन फ्लाई B. स्पैनिश फ्लाई
C. प्रेइंग मैंन्टिस D. सिल्वर फिश

49. तिलचट्टे का मुखांग होता है:
A. काटने के लिए प्रयुक्त किया जा सकने वाला
B. हॉपिंग प्रकार का
C. साइफन प्रकार का
D. काटने और चबाने के लिए प्रयुक्त किया जा सकने वाला

50. पुरुष तिलचट्टा मादा तिलचट्टे से निम्नलिखित की उपस्थिति के कारण भिन्न होता है:
A. लंबी शृंगिकाएं (long antennae)
B. गुदा शल्क (anal scale)
C. द्विक (amphids)
D. गुदाशूक (anal styles)

51. निम्नलिखित में से किस कीट में चिबुकास्थियाँ नहीं होतीं?
A. मस्का (Musca)
B. ऐफिस (Aphis)
C. ब्लाटा (Blatta)
D. ऐनोफेलीज (Anopheles)

52. तिलचट्टे की देह गुहा को कहते हैं:
A. प्रगुहा (Coelom)
B. कूट प्रगुहा (Pseudocoel)
C. रक्तगुहा (Haemocoel)
D. आंतरगुहा (Coelenteron)

53. संगोलित ग्रंथि (Conglobate gland) निम्नलिखित में से किसके पुरुष प्रजनन अंगों में पाई जाती है?
A. मेंढक B. झींगा
C. केंचुआ D. तिलचट्टा

54. ऐनोफेलीज के अंडे निम्नलिखित की उपस्थिति के कारण जल में तैरते हैं:
A. युग्मनज केंद्रक
B. ऊर्णवसा (जरदी) (Yolk)
C. वात आशय
D. वायु के बुलबुले

55. जिस जंतु में पूर्ण कायांतरण होता है उसके जीवन चक्र में निम्नलिखित में से कौन–सा चरण आवश्यक है?
A. वयस्क B. अंडा
C. लार्वा D. उपर्युक्त सभी

56. घरेलू मक्खी में मुखांग निम्नलिखित कार्य के लिए विशिष्ट रूप में बने होते हैं:
A. द्रव भोजन को चूसने
B. रक्त चूषण क्रिया
C. चबाने
D. फूलों के रस को चूसने

57. तपती गर्मियों और ठंडी सर्दियों के दौरान मलेरिया के रोगियों और मच्छरों की संख्या दोनों में काफी कमी हो जाती हैं। आर्द्र दशाएं (बरसात या नमी का मौसम) आने पर मलेरिया के रोगियों की संख्या फिर बढ़ने लगती है जिसका कारण है:

A. बरसात या नमी के मौसम में मलेरिया परजीवी पुनः सक्रिय हो जाते हैं
B. जीवित बच गए मच्छरों में जीवित बीजाणुज (Sporozoites) बहुगुणित होने लगते हैं
C. बंदर
D. स्थाई जलाशयों में जीवित बचा मच्छर का लार्वा

58. काला आजार और प्राच्य व्रण (oriental sore) निम्नलिखित में से किसके द्वारा फैलते हैं?

A. घरेलू मक्खी B. खटमल
C. सिक्ता मक्खी D. फल मक्खी

59. बिस्तरों में पाया जाने वाला खटमल निम्नलिखित में से कौन–सा रोग फैलाता है:

A. पीत ज्वर B. टायफॉइड
C. खाई ज्वर D. टाइफस

60. पीत ज्वर निम्नलिखित में से किसके द्वारा संचारित किया जाता है?

A. क्युलेक्स मच्छर B. ऐडीज स्ट्रिनी
C. ऐडीज D. ऐनोफेलीज

61. वयस्क क्युलेक्स और ऐनोफेलीज मच्छरों की अलग–अलग पहचान निम्नलिखित की सहायता से की जा सकती है:

A. मुखांग B. शृंगिक पंख
C. बैठने की मुद्रा D. खाने की आदत

62. केंचुआ और तिलचट्टा में उभयनिष्ठ विशेषताएं क्या हैं?

A. वृक्क द्वारा उत्सर्जन B. त्वचा–निर्मोचन
C. अधरीय तंत्रिका रज्जु D. उभयलिंगाश्रयिता

63. निम्नलिखित में से किसमें रक्त द्वारा O_2 का वहन नहीं किया जाता?

A. केंचुआ B. मच्छर
C. तिलचट्टा
D. स्तनधारी जीवों के गर्भ में

64. तिलचट्टा और अन्य कीट में मुख्य उत्सर्जित पदार्थ होता है:

A. यूरिया B. NH_3
C. गुआनिन D. यूरिक ऐसिड

65. नर मच्छर हमारी त्वचा में छिद्र नहीं कर सकते क्योंकि उनके पास निम्नलिखित अंग नहीं होता:

A. चिबुकास्थि (Mandibles)
B. शृंगिकाएँ (Antennal)
C. शुंड (Proboscis)
D. मनीला (Manilla)

66. तिलचट्टे की दृष्टि होती है:

A. किर्मी (mosaic)
B. घरेलू मक्खी के सदृश
C. त्रिगुणित (triploid)
D. बिल्ली के प्रकार की

67. उष्मायन (hatching) से लेकर पूर्ण विकसित होने तक की संपूर्ण अवधि के दौरान तिलचट्टा कितनी बार निर्मोकोत्सर्जन की प्रक्रिया से गुजरता है?

A. 7 से अधिक बार नहीं B. 8 से अधिक बार नहीं
C. 9 से अधिक बार नहीं D. 10 से अधिक बार नहीं

68. भारत सरकार ने निम्नलिखित किस वर्ष "वन्य जीव संरक्षण अधिनियम" पारित किया?

A. 1972 B. 1986
C. 1982 D. 1947

69. एम.ए.बी. का विस्तार है:

A. मैन एंड बायोलॉजी
B. मैन एंड बोटैनी
C. मैन एंड इट्स बायोग्राफी
D. मैन एंड बायोस्फेयर

70. सुंदर लाल बहुगुणा निम्नलिखित में से किससे संबंधित हैं?

A. हरित क्रांति (Green Revolution)
B. श्वेत क्रांति (White Revolution)
C. भारत में स्वतंत्रता आंदोलन (India's Independence Movement)
D. चिपको आंदोलन (Chipko Movement)

71. आई.यू.सी.एन. का विस्तार है:

A. इंटरनेशनल यूनियन फॉर कन्जर्वेशन ऑफ नेचुरल रिसॉर्सेस

B. इंटरनेशनल यूनियन ऑफ कमांडोस ऑफ नेवी
C. इंटरस्टेट यूनियन ऑफ कमिशनर और एन सी सी
D. इंटरनेशनल यूनियन फॉर कंजर्वेशन ऑफ नेचर एंड नेचुरल रिसॉर्सेस

72. सजीव का कौन–सा कोशिकांग प्रदूषक SO_2 द्वारा प्रभावित होता है?
A. केंद्रक (Nucleus)
B. संपूर्ण कोशिका झिल्ली तंत्र
C. कोशिका भित्ति D. डी.एन.ए.

73. निम्नलिखित में से किससे पर्यावरण किसी भी प्रकार से प्रदूषित नहीं होता?
A. H_2 B. CO_2
C. CO D. SO_2

74. प्रकाश रासायनिक धूमकोहरे से निम्नलिखित में से किस प्रकार का प्रदूषण उत्पन्न होता है?
A. मृदा प्रदूषण B. जल प्रदूषण
C. वायु प्रदूषण D. वायु प्रदूषण

75. निम्नलिखित में से किससे जल की जैव ऑक्सीजन मांग (B.O.D.) में वृद्धि होती है?
A. शैवाल
B. रेत
C. माँस
D. चीनी मिल से निकलने वाले बहिःस्राव

76. वन्य जीवों को सर्वाधिक गंभीर खतरा निम्नलिखित में से किससे है?
A. जैव विकास (Organic Evolution)
B. जैव नियंत्रण (Biological Control)
C. नई प्रजातियों का सृजन (Creation of new species)
D. प्राकृतिक वास स्थानों को नष्ट किया जाना (Habitat destruction)

77. मानव को सर्वाधिक गंभीर पर्यावरण संबंधी खतरा निम्नलिखित के कारण हैः
A. वायु प्रदूषण B. ध्वनि प्रदूषण
C. जल प्रदूषण D. रेडियो–सक्रिय प्रदूषण

78. सूर्य के पराबैंगनी विकिरण के कारण होने वाली अभिक्रिया से निम्नलिखित का उत्पादन होता हैः
A. CO B. SO_2
C. F_2 D. O_3 (ओजोन)

79. प्रदूषण का मुख्य कारण हैः
A. मनुष्य B. पौधे
C. पशु–पक्षी D. मनुष्य और पशु–पक्षी

80. शरीर की सबसे छोटी अस्थि निम्नलिखित में से कहाँ पाई जाती है?
A. कान B. आँख
C. नाक D. उँगलियाँ

उत्तरमाला

1	2	3	4	5	6	7	8	9	10
D	C	A	D	B	D	C	D	C	A
11	12	13	14	15	16	17	18	19	20
C	C	A	B	D	D	C	B	D	A
21	22	23	24	25	26	27	28	29	30
D	A	C	C	C	B	B	D	D	B
31	32	33	34	35	36	37	38	39	40
B	A	C	C	A	D	A	A	D	C
41	42	43	44	45	46	47	48	49	50
A	B	A	C	A	B	C	C	C	D
51	52	53	54	55	56	57	58	59	60
A	B	D	B	D	A	B	C	C	A
61	62	63	64	65	66	67	68	69	70
A	A	A	B	A	A	A	A	D	D
71	72	73	74	75	76	77	78	79	80
D	D	A	B	D	D	D	D	D	A

प्रश्न पत्र सेट – II

1. निम्नलिखित में से कौन कीटनाशी मृदा में सर्वाधिक समय तक बना रहता है?
   A. मैलाथियॉन B. ऐल्ड्रिन
   C. एफ–बी एच सी D. पैराथियॉन
2. डी डी टी है एक:
   A. जैव निम्नीकरणीय प्रदूषक
   B. ग्रीन हाउस गैस
   C. जैव अनिम्नीकरणीय प्रदूषक
   D. उपर्युक्त सभी
3. फसलों पर डीडीटी के छिड़काव से निम्नलिखित प्रकार का प्रदूषण उत्पन्न होता है:
   A. केवल वायु प्रदूषण
   B. केवल वायु और मृदा प्रदूषण
   C. केवल वायु और जल प्रदूषण
   D. वायु, मृदा और जल प्रदूषण
4. कार्बन मोनोऑक्साइड (CO) निम्नलिखित कारण से मानव के लिए हानिकारक है:
   A. इससे CO_2 सांद्रण में कमी आती है
   B. यह कैंसर जनी (Carcinogenic) पदार्थ है
   C. यह O_3 की परत को क्षीण करता है
   D. यह O_2 को हीमोग्लोबिन से संयोजित होने से रोकता है
5. पी.ए.एन. का विस्तार है:
   A. फोटो ऐसिडिक नाइट्रेट
   B. परऑक्सी एसिटाइल नाइट्रेट
   C. पैन एंड नवाइज
   D. इनमें से कोई नहीं
6. पी.ए.एन. निम्नलिखित को अवरुद्ध कर देता है:
   A. ग्लोइकोलाइसिस B. एटीपी संश्लेषण
   C. CO_2 स्थिरीकरण D. हिल अभिक्रिया
7. भारत में पर्यावरण संरक्षण अधिनियम किस वर्ष प्रख्यापित किया गया?
   A. 1974 B. 1988
   C. 1981 D. 1986
8. भोपाल गैस त्रासदी निम्नलिखित में से किस वर्ष हुई?
   A. 1988 B. 1986
   C. 1984 D. 1982
9. पेट्रोल में निम्नलिखित में से क्या मिश्रित करने पर वाहनों से निकलने वाले उत्सर्जन की मात्रा में कमी लाई जा सकती है?
   A. Ca-लवण B. CO-लवण
   C. Si-लवण D. Ba-लवण
10. ''ब्लू बेबी सिंड्रोम'' (The blue baby syndrome) निम्नलिखित द्वारा प्रदूषण के कारण उत्पन्न होता है:
    A. क्लोराइड B. सायनाइड
    C. फ्लुओराइड D. नाइट्रेट
11. सर्वाधिक हानिकारक नाशकमार रसायन है:
    A. पी.ए.एन. B. 2, 4 8-डी
    C. डी.टी.टी. D. 2, 4-डी
12. सीसा को निम्नलिखित श्रेणी में माना जाता है:
    A. वायु प्रदूषक B. जल प्रदूषक
    C. मृदा प्रदूषक D. उपर्युक्त सभी
13. भोपाल गैस त्रासदी निम्नलिखित के कारण घटित हुई:
    A. सीसा
    B. सायनाइड
    C. पारद
    D. मिथाइल आइसोसायनाइड
14. रेडियो सक्रिय प्रदूषकों का प्रभाव निम्नलिखित पर निर्भर करता है:
    A. अर्ध आयु और ऊर्जा निर्मोचन क्षमता
    B. विसरण दर
    C. रेडियो सक्रिय तत्त्व के निक्षेपण की दर
    D. उपर्युक्त सभी
15. शोर प्रदूषण से शरीर का कौन–सा भाग सर्वप्रथम सर्वाधिक प्रभावित होता है?
    A. कर्ण पल्लव B. कान का परदा
    C. उपर्युक्त दोनों D. इनमें से कोई नहीं
16. मनुष्य के सुनने का सामान्य परास (normal range) होता है:

A. 15 हर्ट्स से 15,000 हर्ट्स
B. 15 डेसिबल से 800 डेसिबल
C. उपर्युक्त दोनों
D. इनमें से कोई नहीं

17. नदी जल में अत्यधिक मल जल विसर्जित करने पर जैव ऑक्सीजन मांग (BOD) में:
A. मामूली कमी आती है B. कोई परिवर्तन नहीं होता
C. काफी कमी आती है D. वृद्धि होती है

18. निम्नलिखित में से किसके कारण हुए जल प्रदूषण से "मिनिमैटा (Minimata)" रोग होता है:
A. Pb B. R-CHO
C. R-OH D. Hg

19. पलवारने या मल्च बनाने (mulching) से निम्नलिखित में सहायता मिलती है:
A. आर्द्रता संरक्षण
B. खर–पतवार पर नियंत्रण
C. मृदा संवर्धन
D. मृदा उर्वरता में वृद्धि

20. पृथ्वी के किस भाग में जीवन का अस्तित्व है?
A. स्थलमंडल (Lithosphere)
B. जीवोम (Biome)
C. जलमंडल (Hydrosphere)
D. वायुमंडल

21. ढीली अलवण मृदा में उगने वाले पौधे कहलाते हैं:
A. शैलोद्‌भिद (Lithophytes)
B. लवणमृदोद्‌भिद (Halophytes)
C. समोद्‌भिद (Mesophytes)
D. मरुद्‌भिद (Xerophytes)

22. निम्नलिखित में से कौन–सी एक फसल मृदा अपरदन को रोकने में सर्वाधिक प्रभावी है:
A. हरा चना B. मक्का
C. पहाड़ी मिर्च D. अरहर

23. वायुमंडल में निम्नलिखित में से किस गैस की उपस्थिति से ताजमहल को खतरा है?
A. क्लोरीन B. O_2
C. NO_2 D. SO_2

24. जल में उपस्थित सूक्ष्म जीवों द्वारा ग्रहण की गई जल की मात्रा कहलाती है:
A. एम.ए.बी. B. आई.सी.ओ.एच.
C. पी.ए.एन. D. बी.ओ.डी.

25. बी.ओ.डी. का विस्तार है:
A. बायोलॉजिक ऑक्सीजन डिमांड
B. बायोफिजिकल ऑक्सीजन डिमांड
C. बैन ऑन डेस्ट्रॉइंग फॉरेस्ट
D. बायोकेमिकल ऑक्सीजन डिमांड

26. नाशकमार रसायन निम्नलिखित में से कौन–सी क्रिया भी करते हैं?
A. शाकनाशी B. कीटनाशी
C. कवकनाशी D. उपर्युक्त सभी

27. सुपोषण (Eutrophication) की स्थिति निम्नलिखित में से कहाँ देखी जाती है?
A. झीलों और नदियों B. समुद्रों और तालाबों
C. तालाबों और नदियों D. झीलों और तालाबों

28. भारत में मृदा अपरदन के मुख्य कारण हैं:
A. वन नाशन B. अतिचारण
C. उपरोक्त दोनों D. मरुभवन

29. संपारिस्थितिकी (Synecology) पद निम्नलिखित के अध्ययन से संबंधित है:
A. पर्यावरण B. एकल जीव
C. पादप समुदाय D. इनमें से सभी

30. एक सामान्य प्रकार के पर्यावरण में विभिन्न प्रजातियों के जीवों का निवास जिनके बीच अन्योन्य संबंध स्थापित हो, कहलाता है:
A. जैव समुदाय B. तालाब समुदाय
C. परिस्थितिकी D. पारिस्थितिक तंत्र

31. किसी तालाब में पाए जाने वाले जीवों की विभिन्न प्रजातियों का समुदाय कहलाता है:
A. जैव समुदाय B. तालाब समुदाय
C. पादप समुदाय D. इनमें से सभी

32. निम्नलिखित में से कौन एक अंतरजाति संबंध (Interspecific relation) है?
A. अपमार्जन (Scavanging)
B. सहजीविता (Symbiosis)
C. परभक्षण (Predation)
D. परजीविता (Parasitism)

33. व्यक्ति के शारीरिक अंगों के बीच समेकित और समन्वित संबंध स्थापित करने के लिए उसके शरीर में निम्नलिखित में से कौन–सा रासायनिक यौगिक स्रावित होता है?

A. फेरोमोन्स (Pheromones)

B. इकोसाइसॉन (Ecocysone)

C. गंध ग्रंथियाँ (Scent glands)

D. इनमें से कोई नहीं

34. व्यक्तियों के सहयोगपूर्ण संबंध की एक इकाई के रूप में किसी प्रजाति के अंतर्गत आने वाली एक श्रेणी को कहते हैं:

A. उपभोक्ता B. आबादी

C. प्रदूषण D. वंश

35. किसी विशिट जीव संख्या का वर्णन करने के लिए निम्नलिखित में से कौन अवयव सर्वाधिक महत्त्वपूर्ण है?

A. दिया गया स्थान B. समय

C. जीवों की संख्या D. उपर्युक्त सभी

36. निम्नलिखित में से कौन–सा सूत्र जनसंख्या घनत्व को सूचित करता है:

A. $D = \frac{S}{N}$ B. $D = \frac{N}{S}$

C. $S = \frac{N}{D}$ D. $N = \frac{D}{S}$

(जहाँ D = जनसंख्या घनत्व, N = किसी वर्ष विशेष के दौरान व्यक्तियों की संख्या में हुई कुल वृद्धि, S = जनसंख्या का कुल योग)

37. निम्नलिखित में से कौन जनसंख्या आमाप का निर्धारक तत्त्व नहीं है?

A. दुर्भावना B. आप्रवासन

C. मृत्युदर D. प्रवासन

38. जनसंख्या में निम्नलिखित कारकों के कारण क्रमशः वृद्धि और कमी आती है:

A. गतिशीलता, आप्रवासन और मृत्युदर, उत्प्रवासन

B. गतिशीलता, मृत्युदर और उत्प्रवासन, आप्रवासन

C. उत्प्रवासन, गतिशीलता और आप्रवासन, मृत्युदर

D. प्रवासन, गतिशीलता और आप्रवासन, उत्प्रवासन

39. मानव जनसंख्या वृद्धि और भावी विकास के पूर्वानुमानों के रुखों का अध्ययन कहलाता है:

A. टोपोग्राफी (Topography)

B. ग्रेन्टोलॉजी (Grentology)

C. डेमोग्राफी (Demography)

D. सोशलिज्म (Socialism)

40. ट्यूबरकुलोसिस के जीवाणु द्वारा उत्पन्न आविष कहलाता है:

A. वाइब्रिन B. एफ्लोटॉक्सिन

C. साइटोटॉक्सिन D. ट्यूबरक्युलियन

41. मानव जनसंख्या की एक महत्त्वपूर्ण विशेषता है:

A. विकसित देशों में जनसंख्या वृद्धि अधिक स्थिर गति से होती है

B. विकासशील देशों में जनसंख्या वृद्धि अधिक स्थिर गति से होती है

C. विकसित और विकासशील दोनों प्रकार के देशों में जनसंख्या वृद्धि अधिक स्थिर गति से होती है

D. उपर्युक्त में से कोई नहीं

42. कीट समाज निम्नलिखित के उत्पाद हैं:

A. रासायनिक विकास (Chemical evolution)

B. जैव विकास (Organic evolution)

C. शावकीजनन (Paedogenesis)

D. जैविक विकास (Biological evolution)

43. किसी प्रजाति के अनेक जीव भोजन और मैथुन हेतु साथी की तलाश में किसी क्षेत्र विशेष में फैल जाते हैं, जिसे कहा जाता है:

A. होमो रेंज (Homo range)

B. रेंज ऑफ टेरीटरी (Range of territory)

C. जोन ऑफ ओवर लैप (Zone of overlap)

D. क्षेत्र (Territory)

44. बहुरूपता (Polymorphism) जीवों की प्रजातियों की निम्नलिखित में से किसमें सहायता करता है?

A. अनुकूलन

B. उत्तरजीविता

C. उपर्युक्त दोनों

D. उत्तरजीविता और प्रजनन

45. विभिन्न प्रजातियों में विभेद को बनाए रखने का मुख्य कारक है:

A. प्रजननात्मक पार्थक्य B. विभेदक प्रजनन
C. द्विविखंडन D. बन्ध्यता

46. पारिवारिक जीवन या परिवार का गठन निम्नलिखित में से किसका अभिलक्षण है?

A. केवल मनुष्य B. सभी जीव
C. सभी पक्षी D. कुछ जंतु

47. जंतुओं की प्रादेशिक या क्षेत्रीय परिसीमाएं निम्नलिखित द्वारा चिह्निनत होती हैं:

A. प्रजनन B. पाचन
C. विकास D. मूत्रत्याग

48. संदूषित खिलौनों, कपड़ों, कप–प्लेटों, साबुनों आदि के प्रयोग से रोगों का अप्रत्यक्ष संचारण कहलाता है:

A. रोग वाहकों द्वारा संचारण
B. फॅर्माइट संचारण
C. वायु संचारण
D. माध्यम द्वारा संचारण

49. बर्फ, जल, खाद्य पदार्थों, रक्त आदि द्वारा रोगों का अप्रत्यक्ष संचारण कहलाता है:

A. रोग वाहकों द्वारा रोगों का संचारण
B. संक्रमणी पदार्थों (fomites) द्वारा रोगों का संचारण
C. वायु द्वारा रोगों का संचारण
D. जल द्वारा रोगों का संचारण

50. निम्नलिखित में से कौन–सा रोग नियंत्रित न किए जाने पर 100% सांघातिक होता है?

A. रैबीज B. हाइड्रोफोबिया
C. इंफ्लुएंजा D. उपर्युक्त A और B

51. रोगजनकों की उग्रता निम्नलिखित पर निर्भर करती है:

A. आविषजनता
B. संक्रामकता
C. उपर्युक्त दोनों
D. आविषता और प्रतिकृति क्रिया

52. टीकाकरण (Vaccination) शब्द का प्रतिपादन सर्वप्रथम निम्नलिखित में से किसने किया?

A. लुई पास्चर B. रॉबर्ट कोच
C. एंटन लीवेनहॉक D. एडवर्ड जेनर

53. हिस्टामाइन (Histamine) निम्नलिखित में से किसके द्वारा निर्मुक्त किया जाता है?

A. भक्षकाणुओं (Phagocytes)
B. एककेंद्रकाणुओं (Monocytes)
C. वसा अणुओं (Adipocytes)
D. लसीकाणुओं (lymphocytes)

54. शरीर के तापस्थापी (Thermostat) को उच्च ताप पर व्यवस्थित करने के लिए श्वेत रक्त कणिकाओं (WBC) द्वारा निर्मुक्त यौगिक कहलाते हैं:

A. कैंसरजनी (carcinogens)
B. रोगजनक (pathogens)
C. साइप्रोजनी (cyprogens)
D. उत्तापजनक (pyrogens)

55. प्रतिरक्षी अणु (antibodies) होते हैं:

A. प्रोटीन प्रकृति के B. पॉलिसैकेराइड
C. लाइपोप्रोटीन D. उपर्युक्त सभी

56. प्रतिरक्षी तंत्र की प्रमुख कोशिकाएं कहलाती हैं:

A. ऐंटीबॉडीज (antibodies)
B. लसीकाणु (lymphocytes)
C. रक्ताणु (erythrocytes)
D. ऐंटीजन (antigens)

57. प्रतिरक्षी तंत्र की T और B कोशिकाएं गर्भ में जन्म लेती हैं तथा ——— में वयस्क अवस्था को प्राप्त करती हैं।

A. मस्तिष्क और यकृत B. यकृत और थाइमस
C. यकृत और मस्तिष्क D. यकृत और अस्थिमज्जा

58. B कोशिकाओं द्वारा उत्पादित प्रतिरक्षी अणुओं (antibodies) की अनुमानित संख्या होती है:

A. 20 लाख/दिन B. 20 हजार/दिन
C. 200 बिलियन/दिन D. 20 ट्रिलियन/दिन

59. T कोशिकाओं का निम्नलिखित कार्य है:

A. प्रतिरक्षी अणुओं (antibodies) का निर्माण करना
B. कोशिकीय प्रतिरक्षण शक्ति विकसित करना
C. उपर्युक्त दोनों
D. इनमें से कोई नहीं

60. T कोशिकाओं की आयु होती है:

A. 2-3 वर्ष B. 3-4 वर्ष
C. 4-5 वर्ष D. व्यक्ति के जीवन पर्यंत

61. सहायक T कोशिकाओं के कार्य हैं:

A. B कोशिकाओं द्वारा प्रतिरक्षी अणुओं के उत्पादन को उद्दीपित करना
B. आविष उत्पन्न करना
C. संपूर्ण प्रतिरक्षी तंत्र को मंदित करना
D. उपर्युक्त सभी

62. स्मृति कोष्ठिकाओं का उत्पादन निम्नलिखित में से किसके द्वारा किया जाता है?

A. B कोशिकाओं B. T कोशिकाओं
C. सक्रिय कोशिकाओं D. इनमें से कोई नहीं

63. स्मृति कोशिकाएं कहाँ संचित होती हैं:

A. यकृत (liver) लसीका पर्वों (lymphnodes) में
B. केवल यकृत में
C. केवल लसिका पर्वों में
D. प्लीहा और लसिका पर्वों में

64. निष्क्रिय रोधक्षमता (passive immunity) का पता निम्नलिखित में से किसने लगाया?

A. एडवर्ड जेनर B. एमिल वेक्स बेहरिंग
C. लुई पास्चर D. रॉबर्ट कोच

65. किसी विषाणुजनित संक्रमण से शरीर की रक्षा करने के लिए कोशिकाओं द्वारा निर्मुक्त प्रोटीन कहलाता है:

A. इम्युनोग्लोबिन B. इंटरफेरोन
C. पाइरोजेन D. उपर्युक्त में से कोई नहीं

66. यदि किसी व्यक्ति में जन्म से ही T और B कोशिकाएं न हों तो इसे कहते हैं:

A. एड्स (AIDS)
B. एआरसी (ARC)
C. हेपैटाइटिस (Hepatitis)
D. एससीआईडी (SCID)

67. एस सी आई डी (SCID) का विस्तार है:

A. सिविअर क्रॉनिक इम्युनोडेफिसिएन्सी
B. स्पेशल क्रॉनिक इम्युनो डेफिसिएन्सी
C. सिविअर क्रेनियल इम्युनोडेफिसिएन्सी
D. उपर्युक्त में से कोई नहीं

68. एड्स (AIDS) का विस्तार है:

A. अक्वायर्ड इम्युनो डेफिसिएन्सी सिन्ड्रोम
B. एप्लाइड इम्युनो डेफिसिएन्सी सिन्ड्रोम
C. एवरेज इंडियन डवलपमेंट सिस्टम
D. उपर्युक्त में से कोई नहीं

69. निम्नलिखित में से कौन–सी अव्यवस्था अन्य लसीकाणुओं को सक्रिय करने वाली सहायक कोशिकाओं की संख्या में कमी आने से उत्पन्न होती है?

A. एड्स (AIDS) B. एससीआईडी (SCID)
C. ए आर सी (ARC) D. उपर्युक्त में से कोई नहीं

70. एड्स से जुड़ी समस्याओं (AIDS related complex) को कहा जाता है:

A. एस सी आई डी (SCID)
B. ए आर सी (ARC)
C. लसीकाणु D. स्क्वॉयड (SCOID)

71. एड्स निम्नलिखित में से किस विषाणु के कारण होता है?

A. एच सी एल वी-III (HCLV-III)
B. एच.आई.वी. III (HIV-III)
C. आर.डी.एक्स. (RDX)
D. जेड एल एन (ZLN)

72. एच आई वी (HIV) का निम्नलिखित विस्तार है:

A. हायर इम्युनाइज्ड वैक्सिन
B. ह्यूमन इम्युनोडेफिसिएन्सी वायरस
C. हाइएस्ट इम्युनाइजेशन वैल्यु
D. उपर्युक्त में से कोई नहीं

73. एड्स (AIDS) का हल्का रूप है:

A. ए आर सी (ARC) B. एस सी आई डी (SCID)
C. एच आई वी (HIV) D. इनमें से सभी

74. प्रतिजनी निर्धारक (antigenic determinant) प्रतिरक्षी अणुओं (antibody molecules) के किस भाग से बंधे होते हैं?

A. भारी शृंखलाओं
B. हल्की शृंखलाओं
C. इन दोनों से
D. इनमें से किसी से भी नहीं

75. प्रतिरक्षी अणुओं को वास्तव में उत्पादित करने वाली कोशिकाएं हैं:

A. सहायक T कोशिकाएं

B. साइटोजेनिक T कोशिकाएं

C. नाशक T कोशिकाएं

D. प्लाज्मा कोशिकाएं

76. जिस व्यक्ति में थाइमस ग्रंथि नहीं होती वह निम्नलिखित में सक्षम नहीं होता:

A. प्रतिरक्षी अणुओं के उत्पादन

B. सायटोजेनिक T कोशिकाओं के उत्पादन

C. शरीर के ताप को नियंत्रित करने

D. उपर्युक्त सभी

77. जब रक्त के बजाय ऊतक में प्रतिजन और प्रतिरक्षी अणुओं के बीच अभिक्रिया हो तो इसे कहते हैं:

A. बिंदुक संक्रमण (Droplet infection)

B. तीव्रग्राही अभिक्रिया (Anaphylactic reaction)

C. जन्मजात रोग (Congenital disease)

D. स्क्विड (SQUID)

78. निम्नलिखित को सुमेलित कीजिए:

(*a*) कुष्ठ – माइकोबैक्टेरियम लेप्रि

(*b*) फाइलेरिया – वूचेरेरिया बैन्क्रोफ्टाइ

(*c*) उपदंश (सिफलिस) – ट्रोपोनेमापैलिडियम

(*d*) सूजाक (गोनोरिया) – नाइजिरीया गोनोरेस

कूट :	(*a*)	(*b*)	(*c*)	(*d*)
A.	1	2	3	4
B.	4	3	2	1
C.	2	3	4	1
D.	1	2	4	3

79. बी सी जी निम्नलिखित के लिए एक प्रतिरक्षी टीका है:

A. ट्यूबरकुलोसिस B. हैजा

C. हेपैटाइटिस D. उपर्युक्त सभी

उत्तरमाला

1	2	3	4	5	6	7	8	9	10
D	A	D	D	B	D	A	A	B	C
11	**12**	**13**	**14**	**15**	**16**	**17**	**18**	**19**	**20**
A	A	D	D	B	C	D	A	B	B
21	**22**	**23**	**24**	**25**	**26**	**27**	**28**	**29**	**30**
C	A	D	D	D	D	D	C	C	A
31	**32**	**33**	**34**	**35**	**36**	**37**	**38**	**39**	**40**
B	B	A	B	D	A	A	C	C	D
41	**42**	**43**	**44**	**45**	**46**	**47**	**48**	**49**	**50**
A	D	C	C	A	A	A	D	B	D
51	**52**	**53**	**54**	**55**	**56**	**57**	**58**	**59**	**60**
C	D	A	B	A	B	B	B	C	A
61	**62**	**63**	**64**	**65**	**66**	**67**	**68**	**69**	**70**
A	A	A	B	B	D	A	A	A	B
71	**72**	**73**	**74**	**75**	**76**	**77**	**78**	**79**	
B	B	A	C	C	D	B	A	A	

प्रश्न पत्र सेट – III

1. टीबी के जीवाणु प्रायः शरीर के किस अंग को अपना शिकार बनाते हैं:

A. मस्तिष्क B. फेफड़े

C. यकृत D. आमाशय

2. डी पी टी का टीका निम्नलिखित में से किसके उपचार हेतु लगाया जाता है?

A. डिफ्थीरिया, कुकुर खाँसी और टिटेनस

B. मधुमेह, काली खांसी और टिटेनस

C. डिफ्थीरिया,काली खांसी और टीबी

D. मधुमेह, कुकुर खांसी और टीबी

3. निम्नलिखित में से कौन एक मुख्यतः जलवाहित रोग है?

A. टीबी B. काली खांसी

C. डिफ्थीरिया D. हैजा

4. निम्नलिखित में से कौन एक लैंगिक संपर्क द्वारा संचारित रोग (S.T.D) है:

A. कुष्ठ B. उपदंश

C. ट्यूबरकुलोसिस D. टिटेनस

5. निम्नलिखित में से किसके कारण महिलाओं में बाँझपन हो सकता है:

A. उपदंश (Syphilis)

B. सूजाक (Gonorrohoea)

C. कुष्ठ (Leprosy)

D. उपर्युक्त सभी

6. टिटेनस के मुख्य अभिलक्षण हैं:

A. जबड़ा बंद हो जाना

B. मांसपेशियों में दर्द भरी ऐंठन

C. उपर्युक्त दोनों

D. लसिका पर्वों का फूलना

7. कर्णपूर्व ग्रंथियों (Parotid glands) का फूल जाना और उनमें दर्द होना निम्नलिखित में से किस रोग के अभिलक्षण हैं?

A. खसरा (Measles)

B. गलशोथ (गलसुआ)

C. छोटी माता (Chicken pox)

D. उपर्युक्त सभी

8. खसरे के दौरान शरीर पर आई लाल चित्तियों को कहते हैं:

A. प्युटेडा B. नेबुला

C. स्पार्ट D. आयल जोन

9. निम्नलिखित में से किस रोग के लिए कोई टीका उपलब्ध नहीं है?

A. खसरा B. चेचक (मसूरिका)

C. गलशोथ D. छोटी माता

10. आयरन लंग (Iron lung) का प्रयोग निम्नलिखित में से किस रोग में किया जाता है?

A. ट्यूबरकुलोसिस B. पोलियोमाइलिटिस

C. ट्रैकोमा D. उपर्युक्त सभी

11. "ओरल रिहाइड्रेशन थेरापी" का प्रयोग निम्नलिखित में से किस रोग के उपचार हेतु किया जाता है?

A. ट्यूबरकुलोसिस B. डिफ्थीरिया

C. क्लोरोसिस D. हैजा

12. फाइलेरिया के रोग वाहक का नाम है:

A. एडीज B. क्युलेक्स

C. ऐनाफेलीज D. मैगट (अपादक)

13. चिरकालिक हाइपरग्लाइसीमिया बदल कर...........का रूप ले लेता है।

A. गलशोथ B. फाइलेरिया

C. संधिशोथ D. मधुमेह

14. यदि शरीर से यूरिक अम्ल उत्सर्जित न हो तो इस कारण होने वाला रोग है:

A. संधिशोथ B. गाउट

C. मधुमेह D. इनमें से कोई नहीं

15. कैंसर का मुख्य कारण है:

A. कोशिका प्रचुरोद्भवन B. कोशिका परिपक्वन

C. उपरोक्त दोनों D. इनमें से कोई नहीं

16. रक्त और लसिका तंत्र से कैंसर ग्रस्त कोशिकाओं का शरीर के विभिन्न भागों में फैलना कहलाता है:
A. मेटास्टैसिस (Metastasis)
B. होमोस्टैसिस (Homostasis)
C. सुदम ट्यूमर (Benign tumors)
D. दुर्दम ट्यूमर (Malignant tumors)

17. कैंसर उत्पन्न करने वाले कारक और जनक कहलाते हैं:
A. कार्सिनोजन और पाइरोजन
B. ओनकोजन और इंटरफेरोन
C. पाइरोजन और कार्सिनोजन
D. कार्सिनोजन और ओनकोजन

18. छाती का कैंसर, फेफड़े का कैंसर, आमाशय का कैंसर और अग्न्याशय का कैंसर निम्नलिखित में से किसके प्रकार हैं:
A. कार्सिनोमास (बहिःत्वचीय)
B. सार्कोमास (मध्य त्वचा के ऊतक में)
C. ल्यूकीमिया (रक्त में)
D. उपर्युक्त (B) और (C)

19. अस्थि अर्बुद (Bone tumour), पेशी अर्बुद (Muscle tumour) और लसिका पर्वों का कैंसर निम्नलिखित के प्रकार हैं:
A. ल्यूकीमिया
B. मांसार्बुद (Sarcoma)
C. कैंसर अर्बुद (Carcinoma)
D. इनमें से कोई नहीं

20. ल्यूकोसाइट का अत्यधिक उत्पादन निम्नलिखित का कारण बनता है:
A. कैंसर अर्बुद (carcinoma)
B. मांसार्बुद (sarcoma)
C. ल्यूकीमिया
D. सुदम ट्यूमर

21. भारत में पुरुषों और स्त्रियों को होने वाले प्रमुख प्रकार के कैंसर हैं:
A. छाती का कैंसर और मुख का कैंसर
B. आमाशय का कैंसर और छाती का कैंसर
C. गले का कैंसर और योनि का कैंसर
D. मुख, गले का कैंसर और गर्भाशय ग्रीवा का कैंसर

22. कैंसर रोधी औषधियों (उदाहरण : विनक्रिस्टिन, वायटासिन) का स्रोत एक सामान्य प्रकार के खर–पतवार का नाम है :
A. विन्का रोजिया
B. पेपर नाइग्रम
C. डिजिटैलिस
D. कैंसर के लिए कोई औषधि अभी विकसित नहीं की जा सकी है

23. भारत में अंधापन किस रोग के कारण होता है?
A. ट्रैकोमा B. रिटेन्सिस
C. पोलियोमायलिस D. इनमें से कोई नहीं

24. एफ्लाटॉक्सिन के कारण निम्नलिखित का कैंसर होता है:
A. त्वचा B. फेफड़े
C. योनि D. यकृत

25. ऐल्किनिज्म (अक्रम विकार) से ग्रस्त व्यक्तियों के शरीर में निम्नलिखित का स्रवण नहीं हो सकता:
A. मेलानिन B. इंसुलिन
C. डब्ल्यू.बी.सी. D. आर.बी.सी.

26. निम्नलिखित में से कौन प्रमुख रूप से एक वंशागत रोग है?
A. बौनापन B. बहुअंगुलिकता
C. हंटिंग्टन रोग D. उपर्युक्त सभी

27. एकाधिसूत्रता (trisomy) निम्नलिखित के कारण उत्पन्न रोग है:
A. गुणसूत्रों का उत्परिवर्तन
B. X गुणसूत्रों की विविधता
C. अंड कोशिका निर्माण के दौरान अवियोजन (non disjunction)
D. उपर्युक्त सभी

28. 21 वें एकाधिसूत्रता के कारण अलिंगसूत्री असामान्यता (autosomal abnormality) कहलाती है:
A. ट्यूनर सिंड्रोम B. हैशैपू रोग
C. डाउन सिंड्रोम D. क्लिनफेल्टर रोग

29. पुरुषों में XYY लिंग गुणसूत्र अपसामान्यता कहलाती है:
A. डाउन सिंड्रोम B. क्लिनफेल्टर सिंड्रोम
C. टर्नर सिंड्रोम D. इनमें से कोई नहीं

30. महिलाओं में एक X का अनुपस्थित होना (XO) कहलाता है:
A. डाउन सिंड्रोम B. टेसैक रोग
C. क्लिनफेल्टर सिंड्रोम D. टर्नर सिंड्रोम

31. XO अभिलक्षण वाले जीव निम्नलिखित द्वारा उत्पन्न होते हैं:
A. यदि O अंडाणु को Y का वहन करने वाले शुक्राणु द्वारा निषेचित किया जाए
B. यदि O अंडाणु को X का वहन करने वाले शुक्राणु द्वारा निषेचित किया जाए
C. टर्नर सिंड्रोम के कारण
D. उपर्युक्त सभी

32. फेनिलकीटोन मेह (Phenylketonuria) नामक एक अप्रभावी रोग मुख्यतः निम्नलिखित के कारण होता है:
A. एंजाइमों B. प्रोटीनों
C. एमिनो अम्लों D. विटामिनों

33. निम्नलिखित में से कौन एक प्रकार का मानसिक रोग है जिससे ग्रस्त रोगी को 'पागल' करार दे दिया जाता है?
A. विक्षिप्ति (Neurosis) B. फाइकोसिस (Phycosis)
C. मिरगी (Epilepsy) D. ऐडीसन रोग

34. ई.सी.टी (E.C.T.) है:
A. आघात उपचार (Shock treatment)
B. तीव्रग्राही आघात (anaphylactic shock)
C. इलैक्ट्रोकार्डियो परीक्षण (electrocardio test)
D. उपर्युक्त में से कोई नहीं

35. औषधियों पर शारीरिक और मानसिक निर्भरता कहलाती है:
A. मिरगी (Epilepsy)
B. व्यसन या लत (Addiction)
C. अवसाद (Depression)
D. एम्फिसेमा (Emphysema)

36. गर्भवती महिलाओं पर निकोटिन का निम्नलिखित प्रभाव पड़ता है:
A. उसकी मृत्यु हो जाती है
B. गर्भस्थ शिशु की वृद्धि मंद हो जाती है
C. उपर्युक्त दोनों
D. इनमें से कोई नहीं

37. तंबाकू निम्नलिखित से प्राप्त होता है:
A. निकोटियाना टोबैकम और निकोटियाना रस्टिका
B. केवल निकोटियाना टोबैकम से
C. केवल निकोटियाना रस्टिका से
D. इनमें से कोई नहीं

38. ऐल्कोहॉल का सेवन करने वाले व्यक्ति की दृष्टि धुंधली और स्थिर हो जाती है तथा प्रायः दृष्टि क्षेत्र कम हो जाता है। इसे कहते हैं:
A. टनेल विजन (Tunnel vision)
B. कंप्लेक्स विजन (Complex vision)
C. कंपाउंड विजन (Compound vision)
D. अफेक्ट विजन (Affect vision)

39. ऐल्कोहॉल के सेवन से निम्नलिखित में से शरीर का कौन–अंग अधिक प्रभावित होता है?
A. फेफड़े B. यकृत
C. आमाशय D. हृदय

40. अत्यधिक मात्रा में ऐल्कोहॉल के सेवन से यकृत की कोशिकाएं रेशेदार ऊतक (fibrous tissue) द्वारा प्रतिस्थापित हो जाती हैं। इसे कहते हैं:
A. वसीय यकृत सिंड्रोम जो यकृत सिरोसिस का रूप ले लेता है
B. ट्वीनर्स सिंड्रोम जो बाद में फाइकोसिस का रूप ले लेता है
C. क्लिनफेलर्स सिंड्रोम जो बाद में न्युरोसिस का रूप ले लेता है
D. डाउन सिंड्रोम जिससे व्यक्ति बाद में चलकर नपुंसक हो जाता है

41. साइकोट्रोपिक औषधियों में निम्नलिखित शामिल है:
A. शामक और प्रशांतक (Sedatives and Tranquillisers)
B. विभ्रमजनक और उद्दीपक (Hallucinogens and Stimulants)
C. उपशामक स्वापक और भाव को बदलने वाली औषधियाँ
D. उपर्युक्त सभी

42. ऐसी औषधियाँ जिनका सेवन करने पर या तो गहरी निद्रा आ जाती है या फिर नींद आती ही नहीं, कहलाती है:

A. शामक और प्रशांतक
B. वैलियम और बार्बिट्यूरेटस
C. उपर्युक्त A और B दोनों
D. इनमें से कोई नहीं

43. मस्तिष्क की क्रिया को अवमंदित करने वाली और अत्यधिक दर्द से मुक्ति दिलाने वाली औषधियाँ कहलाती हैः
A. शामक　B. प्रशांतक
C. वैलियम　D. उपशामक स्वापक

44. उपशामक स्वापक समूह की सर्वाधिक खतरनाक औषधि हैः
A. मॉर्फिन　B. हेरोइन
C. कोड्वाइन　D. पेथिडिन और मेथाडोन

45. कैफीन (चाय, कॉफी) निम्नलिखित में से किस श्रेणी में आता है?
A. शामक　B. उद्दीपक
C. प्रशांतक　D. उपर्युक्त सभी

46. जिन औषधियों के प्रयोग से चिरकालिक फाइकोसिस (phycosis) हो जाता है और प्रयोक्ता यह दावा करने लगते हैं कि वे ''ध्वनियों को देख सकते हैं'' और ''रंगों को सुन सकते हैं'' वे निम्नलिखित में से किस श्रेणी में आती हैं?
A. शामक और प्रशांतक　B. उपशामक और स्वापक
C. उद्दीपक　D. विभ्रमजनक

47. एल.एस.डी., चरस, भांग, गांजा, हशीश आदि निम्नलिखित में से किस श्रेणी में आते हैं?
A. शामक　B. विभ्रमजनक
C. उद्दीपक　D. इनमें से कोई नहीं

48. चरस, भांग और गांजा निम्नलिखित में से किससे निष्कर्षित किए जाते हैं?
A. निकोटियाना टोबैकम　B. कैन्नोबिस साटिवा
C. राइसम स्टिलम　D. विन्का रोजिया

49. भारत में सर्व प्रतिरक्षण कार्यक्रम (Universal Immunization Programme) किस वर्ष शुरू किया गया?
A. 1975　B. 1985
C. 1990　D. 1992

50. ई.सी.जी. नामक परीक्षण मुख्य रूप से निम्नलिखित के कार्यकरण में उत्पन्न किसी अक्रम गतिरोध का पता लगाने के लिए किया जाता हैः
A. हृदय　B. मस्तिष्क
C. यकृत　D. आमाशय

51. इलेक्ट्रॉन इन्सेफैलोग्राम (EEG) का प्रयोग सर्वप्रथम किसके द्वारा किया गया?
A. हन्स बर्गर　B. आइन्थोवेन
C. कैल्विन　D. इ.इगर्ट

52. मिरगी और मस्तिष्क रोगों का उपचार करने के लिए प्रयुक्त उपकरण हैः
A. ई.सी.सी.　B. ई.ई.जी.
C. ई.पी.एस.　D. सीटी स्कैन

53. सुपर कन्डक्टिंग क्वांटम इंटरफरेन्स डिवाइस (SQUID) और मैनेजेटोएन्स फैलोग्राफी (MET) निम्नलिखित में से किस श्रेणी के उपकरण हैंः
A. ई.सी.जी.　B. ई.पी.एस.
C. ई.ई.जी.　D. उपर्युक्त में से कोई नहीं

54. रक्त में कॉलेस्टेरॉल, ग्लूकोस, यूरिया और इलेक्ट्रोलाइट्स जैसे जैव रासायनिक पदार्थों के स्तर का पता लगाने के लिए प्रयुक्त उपकरण कहलाता हैः
A. एन्डोस्कोप　B. ई.सी.जी.
C. ई.पी.एस.　D. ऑटोएनालाइजर

55. रोगों की पहचान और उपचार के लिए एक्स–रे का अध्ययन कहलाता हैः
A. ऑथ्थैल्मोलॉजी (Opthalmology)
B. एक्सलॉजी (X-logy)
C. हेमैटोलॉजी (Hematology)
D. रेडियोलॉजी (Radiology)

56. सीटी–स्कैन (CT-scan) हैः
A. कंप्यूटराइज्ड टोमोग्राफिक स्कैनिंग
B. कॉमन टेस्ट ऑफ स्टोमक स्कैन
C. कंप्यूटराइज्ड टोपोग्राफिक स्कैनिंग
D. उपर्युक्त A और C दोनों

57. मानव ने सर्वप्रथम निम्नलिखित में से किसे पालतू बनाया?
A. बिल्ली　B. गाय
C. कुत्ता　D. चूहा

58. गाय के भ्रूण को निम्नलिखित में से कितने तापमान पर रखा जाता है?

A. 0°C B. – 196°C

C. 25°C (सामान्य ताप) D. – 203°C

59. निम्नलिखित में से किसे निर्धन की गाय कहते हैं?

A. बकरी B. गाय

C. भेड़ D. सूअर

60. 'पश्मीना' किससे प्राप्त होता है?

A. कश्मीरी बकरी B. भेड़

C. याक D. उपर्युक्त सभी

61. निम्नलिखित में से किसे मनुष्य के लिए 'मांस बनाने वाली मशीन' कहते हैं?

A. भेड़ B. गाय

C. बकरी D. सुअर

62. शहद उत्पादन के लिए मधुमक्खियों के प्रजनन और प्रबंधन का अध्ययन कहलाता है:

A. एपीकल्चर (Apiculture)

B. सीरीकल्चर (Sericulture)

C. एनीमोकल्चर (Anemoculture)

D. इनमें से कोई नहीं

63. निम्नलिखित में से कौन एक खाद्य मछली है?

A. रोहू B. कत्ला

C. मांगुड़ D. उपर्युक्त सभी

64. साल्मन (Salmon) मछली का प्रयोग निम्नलिखित में से किसके उत्पादन में किया जाता है?

A. तेल B. घी

C. विटामिन ए D. साबुन

65. बोर्दो मिश्रण (Bordeaux mixture) है एक:

A. शाकनाशी B. कवकनाशी

C. खर–पतवार नाशी D. सूत्रकृमिनाशी

66. बोर्दो मिश्रण में निम्नलिखित शामिल है:

A. $CuSO_4 + Ca(OH)_2 + H_2O$

B. $CuSO_4 + NaOH + H_2O$

C. $H_2SO_4 + Fe(OH)_3 + H_2O$

D. $H_2O + NH_4OH + NaCl$

67. "मृदरोमिल आसिता (Downy Mildew)" निम्नलिखित के कारण उत्पन्न होती है:

A. प्लाज्मोडियम फैल्सीपेरम

B. प्लाज्मोडियम विटिकोला

C. बाहर्निया विटिस

D. उपर्युक्त में से कोई नहीं

68. सबसे पुराना और प्रसिद्ध संश्लिष्ट नाशकमार रसायन है:

A. डी डी टी B. बी एच सी

C. 2, 4-डी D. उपर्युक्त सभी

69. मच्छर प्रतिकर्षी रसायनों (उदाहरण के लिए बेगन स्प्रे) में प्रयुक्त रसायन है:

A. कार्बोफ्युरान B. ऐल्डिकार्ब

C. टेमिक D. प्रोपोक्सर

70. तंत्रिका तंत्र पर प्रबल प्रभाव डालने वाला रसायन है:

A. ऑर्गेनोक्लोमाइन B. पाइरेथॉइड

C. कार्बोमेट D. ऑर्गेनोफॉस्फेट

71. निम्नलिखित में से कौन जंतु के पचास ऊतकों को प्रभावित करता है?

A. कार्बोमेट B. पाइरेथ्रिड

C. ऑर्गेनोक्लोमाइन D. ऑर्गेनोफॉस्फेट

72. बोर्दो मिश्रण का पता निम्नलिखित में से किसने लगाया?

A. मिलर डेट B. आर. कोच

C. सी–बेयर D. पास्चर

73. पाइरेथ्रिन निम्नलिखित में से किस पौधे से निष्कर्षित किया जाता है?

A. क्राइसेन्थिम जिनेरैरिफोलियम (Chrysanthemum Zinerarifolium)

B. सिजेलपिनिया इंडिका (Cliaselpinia indica)

C. सिजेलपिनिया सुप्पुर (Ceaselpinia suppur)

D. पाइनस स्पेसिज

74. धान में खैरा रोग (Khaira disease) निम्नलिखित के कारण होता है:

A. मृदा में कम मात्रा में Mg की उपस्थिति

B. मृदा में कम मात्रा में Mn की उपस्थिति

C. मृदा में अत्यधिक मात्रा में NO_2 की उपस्थिति

D. मृदा में अत्यधिक मात्रा में Cl की उपस्थिति

75. आई.पी.एम. (IPM) है:

A. इंटीग्रेटेड पेस्ट मैनेजमेंट (Integrated Pest Management)

B. इंडियन पेस्ट मैनेजमेंट (Indian Pest Management)

C. इटैलियन पैसिफिक मार्च (Italian pacific march)

D. उपर्युक्त में से कोई नहीं

76. 'भोपाल गैस त्रासदी' निम्नलिखित के कारण हुई:

A. इथाइल आइसोसायनाइड

B. मिथाइल आइसोसायनाइड

C. मेथानॉल

D. इथानॉल

77. मवेशियों के गोबर और फसलों के अवशिष्ट का मिश्रण कहलाता है:

A. फार्मयार्ड खाद (Farmyard manure)

B. कम्पोजिट खाद (Composit manure)

C. हरी खाद (green manure)

D. उपर्युक्त में से कोई नहीं

78. सड़ी हुई वनस्पतियों और पशुओं के मलमूत्र (गोबर) के मिश्रण को कहते हैं:

A. फार्मयार्ड खाद B. कम्पोजिट खाद

C. हरी खाद D. इनमें से कोई नहीं

79. जैव उर्वरकों (biofertilizers) के मुख्य स्रोत हैं:

A. जीवाणु, विषाणु, कवक

B. जीवाणु, साइनोजीवाणु, कवक

C. जीवाणु, कवक, शैवाल

D. कवक, विषाणु, जीवाणु

80. धान की फसल के लिए एक सर्वोत्तम किस्म का जैव उर्वरक है:

A. एजोला ऐनाबीना (Azolla Anabeana)

B. एजोला पिनाटा (Azolla Pinnata)

C. आर जेड डी 120 (RZD-120)

D. उपर्युक्त सभी

81. मृदीय कारक (Edaphic factors) निम्नलिखित से संबंधित है:

A. मृदा (Soil) B. स्थल की ऊँचाई

C. जल की मात्रा D. तापमान

उत्तरमाला

1	2	3	4	5	6	7	8	9	10
B	B	D	B	B	A	B	B	C	D
11	**12**	**13**	**14**	**15**	**16**	**17**	**18**	**19**	**20**
C	A	A	B	D	A	D	C	C	D
21	**22**	**23**	**24**	**25**	**26**	**27**	**28**	**29**	**30**
C	A	C	B	B	A	D	C	A	D
31	**32**	**33**	**34**	**35**	**36**	**37**	**38**	**39**	**40**
C	A	C	B	B	A	A	B	A	B
41	**42**	**43**	**44**	**45**	**46**	**47**	**48**	**49**	**50**
B	C	A	B	A	B	A	A	A	C
51	**52**	**53**	**54**	**55**	**56**	**57**	**58**	**59**	**60**
C	A	A	D	D	C	D	A	D	C
61	**62**	**63**	**64**	**65**	**66**	**67**	**68**	**69**	**70**
A	D	C	C	A	B	D	D	B	D
71	**72**	**73**	**74**	**75**	**76**	**77**	**78**	**79**	**80**
C	B	C	A	B	B	C	B	D	A
81									
A									

प्रश्न पत्र सेट – IV

1. जैव निम्नीकरणीय प्रदूषक का एक उदाहरण है:

A. नाशकमार   B. शव

C. धूमकोहरा   D. ऐलुमिनियम के डब्बे

2. भारत में कागज उद्योग मुख्य रूप से निम्नलिखित पर निर्भर है:

A. बांस (Bamboo)   B. खोई (bagass)

C. शंकु वृक्ष   D. उपर्युक्त A और B दोनों

3. वृद्धि हॉर्मोन की अधिकता से निम्नलिखित में से कौन–सी दशा उत्पन्न होती है?

A. डायबिटीज इंसीपिडस (Diabetes insipidus)

B. अतिकायता (acromegaly)

C. अवटु अतिक्रियता (hyperthyroidism)

D. उच्च रक्त चाप

4. मूत्राशय की एपिथिलियम कोशिकाएं :

A. संरक्षी प्रकृति की होती हैं

B. अवशोषक कार्य करती हैं

C. निर्जलन को रोकती हैं

D. पृष्ठ क्षेत्रफल में अत्यधिक परिवर्तन कर सकती हैं

5. नाइट्रोजनी अपशिष्ट पदार्थों का न्यूनतम सांद्रण निम्नलिखित से होकर प्रवाहित होने वाले रक्त में होता है:

A. वृक्क धमनी   B. वृक्क शिरा

C. फुप्फुस धमनी   D. फुप्फुस शिरा

6. फैसिओला के अंडे से निकलने वाला पहला लार्वा कहलाता है:

A. सर्केरिया (cercaria)

B. मिरोसिडियम (mirocidium)

C. रेडिया (radia)

D. मेटासर्केरिया

7. निम्नलिखित में से कौन एक सूक्ष्म पोषक तत्त्व है?

A. Mg   B. K

C. Ca   D. Zn

8. लिटमस एक प्राकृतिक रंजक है जो निम्नलिखित से प्राप्त होता है:

A. शैवाल   B. कवक

C. लाइकेन   D. ब्रायोफाइटा

9. टेरामाइसिन निम्नलिखित में से किससे प्राप्त होता है?

A. स्ट्रेप्टोमाइसेज लैवेन्डुलाइ

B. स्ट्रेप्टोमाइसेज रिमोसस

C. स्ट्रेप्टोमाइसिज ग्रिसिअस

D. उपर्युक्त में से कोई नहीं

10. एंजाइम रासायनिक अभिक्रिया की दर में निम्नलिखित द्वारा वृद्धि करते हैं:

A. अभिक्रिया के संतुलन बिंदु को परिवर्तित करके

B. अभिक्रिया की सक्रियण ऊर्जा को घटा कर

C. उत्पाद के निर्मित होने के तुरंत बाद उससे संयोजित होकर

D. अभिकारक पदार्थ को जटिल बनाकर

11. निम्नलिखित को सुमेलित कीजिए:

(*a*) शुद्ध रेशम		1.	सैमिया सिन्थिया
(*b*) तशर		2.	ऐन्थरी असामेन्शिया
(*c*) मुगा		3.	बॉम्बिक्स मोराइ
(*c*) ट्राइ		4.	अंथ्री पैप्लिओ

कूट:	(*a*)	(*b*)	(*c*)	(*d*)
A.	3	4	2	1
B.	1	2	3	4
C.	4	3	2	1
D.	3	4	1	2

12. मवेशियों के गोबर पर उगने वाले कवक कहलाते हैं:

A. अधिजांतव (epizoic)

B. कोष्ठोपरिक (epixylous)

C. मूलोपरिक (epirhizous)

D. शमलरागी (coprophilic)

13. निम्नलिखित को सुमेलित कीजिए:

(*a*) ऐनेलिडा	1. ऐम्मोसीट
(*b*) साइक्लोस्टोमाटा	2. ट्रोकोफोर
(*c*) एकाइनोडर्मेटा	3. टॉर्नेरिया
(*d*) हेमिकॉर्डेटा	4. ऑरिकुलैरिया

कूटः (*a*) (*b*) (*c*) (*d*)

A. 2 4 1 3

B. 1 2 3 4

C. 3 1 2 4

D. 4 1 3 2

14. आनुवंशिकता के नियमों को प्रयुक्त करके मानव प्रजाति में संवर्धन से संबंधित विज्ञान कहलाता हैः

A. यूथेनिक्स B. यूजेनिक्स

C. इथोलॉजी D. आनुवंशिकी

15. पारिस्थितिक तंत्र निम्नलिखित का एक जटिल अन्योन्य संबंधित तंत्र हैः

A. व्यक्तियों

B. जनसंख्या

C. भौतिक पर्यावरण से युक्त समुदाय

D. अपनी मृदा दशाओं से युक्त समुदाय

16. प्रथम मानव फॉसिल निम्नलिखित में से किसका था?

A. जावा मानव B. रामापिथिकस

C. ऑस्ट्रा लोपिथिकस D. ड्रायोपिथिकस

17. बुद्धिमत्ता, स्मृति और अन्य मानसिक विधाओं के लिए उत्तरदायी मनःक्षेत्र निम्नलिखित का एक संबद्ध क्षेत्र हैः

A. भित्तीय पालि (Parietal lobe)

B. अनुकपाल पालि (occipital lobe)

C. अग्रपालि (frontal lobe)

D. अधश्चेतक (hypothalamus)

18. शार्क से प्राप्त शैग्रीन होता हैः

A. यकृत से निष्कर्षित तेल

B. खाद्य पेशी

C. पॉलिश के लिए प्रयुक्त त्वचा

D. स्मृति प्रतीक के रूप में प्रयुक्त विषमपालि पुच्छ

19. मानव आँखें निम्नलिखित से छोटी वस्तुएं नहीं देख सकतीः

A. 10 माइक्रॉन B. 100 माइक्रॉन

C. 1000 माइक्रॉन D. 10,000 माइक्रॉन

20. सजीव कोशिकाओं के कोशिकांगों को अभिरंजित करने के लिए निम्नलिखित में से किस अभिरंजक का प्रयोग किया जाता है?

A. राइट अभिरंजक (Wright stain)

B. मैलोसाइट ग्रीन (Malochite green)

C. ऐसिटोकार्माइन (Acetocarmine)

D. सैफ्रेनिन (Safranine)

21. विकास का उपयोगी और अनुपयोगी सिद्धांत (use and disuse principle) निम्नलिखित में से किसके द्वारा प्रतिपादित किया गया था?

A. ह्यूगो डिब्राइज B. लैमार्क

C. वाइजमैन D. डार्विन

22. साइनेकालॉजी (Synecology) में निम्नलिखित में से किसका अध्ययन किया जाता है?

A. एकल जीव B. पर्यावरण

C. सजीव समुदाय D. इनमें से कोई नहीं

23. अरेखित पेशियाँ (unstriated muscles) हैंः

A. ऐच्छिक और हृदय की दीवार में होती हैं

B. अनैच्छिक और आंत्र की दीवार में होती हैं

C. अनैच्छिक और हृदय की दीवार में होती हैं

D. ऐच्छिक और आंत्र की दीवार में होती हैं

24. एक व्यक्ति अपने भोजन में केवल उबला अंडा और डबल रोटी ही खाने का निर्णय करता है। उसे निम्नलिखित में से कौन–सा रोग होने की आशंका हैः

A. मैरास्मस (Marasmus)

B. रतौंधी (Night blindness)

C. स्कर्वी (Scurvy)

D. रिकेट्स (Rickets)

25. पित्त निम्नलिखित की उपस्थिति के कारण वसा का पायस बनाता हैः

A. पित्त वर्णक B. पित्त लवणों

C. एस्टरेस D. कॉलेस्टेरॉल

26. निम्नलिखित में से कौन एक ताँबा युक्त वर्णक हैः

A. हीमोग्लोबिन

B. हीमोएरिथ्रिन

C. हीमोसायनिन

D. क्लोरोक्रुओरीन

27. निम्नलिखित में से कौन डिंभ अभिलक्षण (larval characters) को बनाए रखने में सहायक है?

A. इंसुलिन
B. थायरॉक्सिन
C. एक्डाइसोन
D. किशोर अवस्था में स्रावित होने वाला हार्मोन

28. हरित क्रांति निम्नलिखित में से किसकी संकर किस्म के द्वारा लाई गई?
A. गेहूँ B. धान
C. मक्का D. उपर्युक्त सभी

29. विद्युत हृद्लेखी यंत्र (Electrocardiogram) में P किसे सूचित करता है?
A. परिकोष्ठी क्रियाकलाप (atrial activity)
B. हृदय का उचित रूप में कार्य करना
C. निलय का संकुचन
D. आनुवंशिकी इंजीनियरी

30. चैलॉन (challones) है:
A. कीट कारा (insect prison)
B. स्वतः उत्पन्न प्रतिरक्षी कण (auto antibodies)
C. समसूत्री संदमक (mitotic inhibitors)
D. वृद्धि संवर्धक पदार्थ

31. किसी झील में छोटे जीवों के जनसंख्या विस्फोट से एक विषाणु जनित पहलू उत्पन्न होता है जिसे कहते हैं:
A. अति संवर्धन
B. चरम संवर्धन
C. प्रभाविता
D. पारिस्थितिकीय अनुक्रमण

32. प्लास्टिक अत्यधिक उपयोगी होनें के बावजूद निम्नलिखित कारण से खतरनाक समझे जाते हैं:
A. ये जल में अविलेय होते हैं
B. अत्यधिक कठोर होते हैं
C. ये विषैले होते हैं
D. जैव अनिम्नीकरणीय होते हैं

33. भोपाल गैस त्रासदी होने का कारण यह था कि लोगों द्वारा वायु में उपस्थित .... गैस को साँस में लिया गया।
A. कार्बोक्स डाइऑक्साइड
B. कार्बोक्स मोनो ऑक्साइड
C. मिथाइल आइसोसायनेट
D. हाइड्रोजन सल्फाइड

34. डाइवर रोग निम्नलिखित को कहते हैं:
A. एम्फाइसेमा (Emphysema)
B. विसंपीडन रोग (Decompression sickness)
C. श्वासावरोध (Asphyxia)
D. डिस्पोन्सिया (Dysponsia)

35. बी ओ डी (BOD) का विस्तार है:
A. बेसिक ऑक्सीजन डिमांड
B. बायोकेमिकल ऑक्सीजन डेफिसिट
C. बेसिक ऑक्सीजन डेफिसिट
D. बायोलॉजिकल ऑक्सीजन डिमांड

36. वन संरक्षण का सर्वोत्तम उपाय है:
A. अतिचारण और वनों की कटाई पर रोक
B. वननाशन संबंधी उपाय
C. लोगों को वनोत्पाद लेने से रोकना
D. उपर्युक्त सभी

37. पहली ई ई जी (E.E.G.) जाँच किसने कराई?
A. हॉनर बर्गर B. आइन्थोवेन
C. चार्डेक D. डॉ. सेठी

38. हमारे शरीर का कठोरतम भाग है:
A. दंत इनैमल B. डेन्टाइन (दंत पंक्ति)
C. अस्थि D. टेन्डम

39. भारत में विशालतम ऐक्वेरियम कहाँ अवस्थित है?
A. लखनऊ, उ.प्र. B. देहरादून, उ.प्र.
C. अलीपुर, कोलकाता D. तारापुर, मुंबई

40. अल्ट्रासाउंड द्वारा निम्नलिखित में से किस अंग की जाँच नहीं की जा सकती है?
A. मूत्राशय B. गर्भ
C. मस्तिष्क D. गुर्दा (वृक्क)

41. निम्नलिखित में से किस प्रक्रम में आँकड़ों को संसाधित करने के लिए कंप्यूटर की भूमिका महत्त्वपूर्ण होती है?
A. इलेक्ट्रोकार्डियोग्राम
B. एन एम आर इमैजिंग
C. सीटी स्कैन
D. उपर्युक्त (B) और (C) दोनों

42. एक्स किरणों का पहला चिकित्सीय अनुप्रयोग निम्नलिखित में से किसने किया?

A. रुंटजन B. बेक्वेरल

C. मैरी क्युरी D. पियरे क्युरी

43. निम्नलिखित में से कौन–सा कथन असत्य है?

A. हमारे शरीर में उपस्थित रक्त का भार शरीर के कुल भार का 8% होता है

B. रक्त का pH मान 6.5 से 7.0 तक होता है

C. पुरुषों के शरीर में प्रायः 5-6 लीटर रक्त होता है

D. रक्त में कोशिकाओं की तुलना में अधिक प्लाज्मा होता है

44. निम्नलिखित का प्रयोग करके डी एन ए फिंगरप्रिंटिंग नहीं की जा सकती

A. लाल रक्त कणिकाओं

B. श्वेत रंग कणिकाओं

C. शुक्राणु

D. नियंत्रक कोशिकाएं

45. हमारे शरीर में कीटोन का निर्माण मुख्य रूप से निम्नलिखित का अत्यधिक उपापचय होने पर होता है:

A. कार्बोहाइड्रेट

B. प्रोटीन

C. लिपिड

D. ए–कीटोग्लुटेरिक अम्ल

46. वर्ष 1950 में शुरू किया गया वन महोत्सवः

A. वननाशन के विरुद्ध एक उपाय है

B. वनरोपण कार्यक्रम से संबद्ध है

C. सामाजिक वानिकी से संबद्ध है

D. मृदा अपरदन रोकने के लिए शुरू किया गया है

47. जल प्रदूषण नियंत्रित करने का एक सर्वोत्तम उपाय है:

A. बहिःस्रावों का उपचार करके हानिकारक रसायनों को उससे अलग कर देना

B. अधिकाधिक संख्या में मछलियाँ पालना

C. उपयोगी जलोद्भिद वनस्पतियों को उगाना

D. प्रदूषित जल को समुद्र में विसर्जित करना

48. मनुष्यों में त्वचा के रंग की वंशानुगत प्राप्ति निम्नलिखित के कारण होती है:

A. पॉलिजेन B. बहु ऐलील

C. प्लीयोट्रोपिज्म D. सह–प्रभाविता

49. निम्नलिखित में से किस परजीवी को अपना जीवनचक्र पूरा करने के लिए दो पोषियों (hosts) की आवश्यकता नहीं होती?

A. यकृत पर्णाभ (Liver fluke)

B. फीता कृमि (Tape worm)

C. गोल कृमि (Round worm)

D. गिनि कृमि (Guinea worm)

50. पर्वतारोहियों को उच्च कार्बोहाइड्रेट युक्त भोजन करना चाहिए क्योंकि कार्बोहाइड्रेटः

A. उच्च ऊर्जा प्रदान करने वाले यौगिक होते हैं

B. सुपाच्य होते हैं

C. ऐमिनो अम्लों में परिवर्तित किए जा सकते हैं

D. सरल यौगिकों में वियोजित होने के लिए कम मात्रा में ऑक्सीजन का उपयोग करते हैं

51. यदि पति–पत्नी दोनों का रक्त समूह AB है तो उनकी संतान का रक्त समूह निम्नलिखित में से क्या नहीं हो सकता?

A. A B. AB

C. B D. O

52. निम्नलिखित में से किसमें क्लिनफेल्टर सिंड्रोम हो सकता है?

A. बांझपन के शिकार पुरुष

B. समलैंगिक पुरुषों

C. समलैंगिक स्त्रियों

D. सामान्य पुरुष

53. मानव में गंजापन से निम्नलिखित में से किसे जानने में सहायता मिलती है?

A. लिंग संबद्ध जीनों

B. लिंग प्रभावित जीन

C. लिंग सीमित जीन

D. ऑटोसोमल वंशानुगति

54. इंसुलिन से रक्त में ग्लुकोस का स्तर निम्नलिखित क्रिया द्वारा घटता है:

A. यकृत में ग्लुकोस की खपत को बढ़ावा देकर

B. यकृत में ग्लाइकोजेनेसिस

C. पेशी कोशिकाओं में ग्लुकोस की खपत को बढ़ावा देकर

D. उपर्युक्त सभी

55. संक्रमण के दौरान जीवाणुभोजी निम्नलिखित में अंतःक्षेपित होता है:

A. केवल कैप्सिड

B. केवल पेटिकांशकों (capsomeres) में

C. केवल डी एन ए में

D. डी एन ए और पुच्छ रेशों (tail fibres) में

56. शोर प्रदूषण के कारण निम्नलिखित में से कौन–सी घटना नहीं होती?

A. श्रवण शक्ति का स्थाई या अस्थाई तौर पर समाप्त हो जाना

B. तंत्रिकातंत्र संबंधी अव्यवस्था

C. मांसपेशियों में ऐंठन

D. सिर दर्द

57. सप्रतिबंध प्रतिवर्ती क्रियाओं (Conditional reflexes) का पता निम्नलिखित में से किसके द्वारा लगाया गया?

A. हॉपकिन्स B. पैवलोव

C. जेनर D. हाल्डेन

58. च्यूइंग गम (Chewing Gum) निम्नलिखित का उपयोग करके तैयार किया जाता है:

A. ऐक्रस जैपोटा (चीकू) के लैटेक्स

B. पाइनस एक्सेल्सा के रेजिन

C. मोरिंगा ओलाइफेरा की गोंद

D. ऐकेशिया अरेबिका (बबूल, कीकर) की गोंद

59. सैलिवा, लावेन्डुला, मेन्था और पोगोस्टेमन ये सभी निम्नलिखित के स्रोत हैं:

A. औद्योगिक स्नेहक पदार्थ

B. रसोई तेल

C. ऐरोमैटिक (सुगंध) तेल

D. मादक पेय

60. अफीम (opium) निम्नलिखित में से किससे प्राप्त होता है?

A. सूखी पत्तियाँ

B. मूल

C. अनपके संपुटों से प्राप्त लैटेक्स

D. बीज

61. कण्डरा (tendon) निम्नलिखित को संयोजित करती है:

A. त्वचा को पेशियों से

B. अस्थि को पेशियों से

C. कार्टिलेज (उपास्थियों) को पेशियों से

D. अस्थि को अस्थि से

62. कीटों का रक्त:

A. मानव रक्त के समान रंग का होता है

B. धमनियों और शिरों से होकर प्रवाहित होता है

C. एक असंवृत तंत्र से होकर परिसंचित होता है

D. हीमोग्लोबिन संयुक्त होता है

63. निम्नलिखित में से किसके कारण हृदय की धड़कन बढ़ जाती है?

A. ऐसीटिलकोलिन (acetylcholine)

B. ऐड्रिनैलिन (Adrenaline)

C. मेलाटोनिक्स (Melatonix)

D. एफ.एस.एच. (F.S.H.)

64. निम्नलिखित की कमी के कारण डायबिटीज इंसीपिडस (उदकमेह) रोग होता है:

A. इंसुलिन B. ग्लूकैगॉन

C. ऐल्डोस्टेरोन D. वैसोप्रेसिन

65. ऑइस्ट्रोजन और प्रोजेस्टेरॉन के स्तर में कमी आने के कारण होता है–

A. मायोमेट्रियम में वृद्धि और तनुकरण

B. प्लैसेंटा का निर्माण

C. गर्भाशय की ओर जाने वाली रुधिर वाहिकाओं में संकुचन जिससे गर्भाशय की एपीथिलियम कोशिकाएं विमोचित होती है

D. अंडाशय से एक अंडाणु का निर्मोचन

66. वायुमंडल में संतुलन की स्थिति निम्नलिखित में से किसके द्वारा बनाए रखी जाती है?

A. उत्पादक (हरे पेड़–पौधे)

B. उत्पादक (हरे पेड़–पौधे) और उपभोक्ता (जंतु)

C. अपघटक

D. उत्पादक, उपभोक्ता और अपघटक

67. कीटाहारी पौधे जिस मृदा में उगते हैं उसमें निम्नलिखित में से किसकी कमी होती है?

A. फॉस्फोरस B. नाइट्रोजन
C. सल्फर D. जल

68. किसी भी पारिस्थितिक तंत्र मे निम्नलिखित में से किसकी निरंतर आपूर्ति हेतु एक बाह्य स्रोत का होना आवश्यक है?

A. खाद्य पदार्थों B. खनिज
C. ऊर्जा D. उपर्युक्त सभी

69. रौवॉल्फिया सर्पेन्टाइना (Rauwolfia serpentina) पौधे का उपयोग निम्नलिखित में से किसे नियंत्रित करने के लिए किया जाता है?

A. डायबेटीज B. निद्रालुव्याधि
C. रक्त चाप D. मस्तिष्क शोथ

70. निम्नलिखित में से कौन ग्रैम निगेटिव (Gram negative) है

A. एशिरिचिया कोलि
B. स्टैफाइलोकोकस ऑरियस
C. स्ट्रेप्टोकोकस ड्युरान्स
D. सभी रोगजनक जीवाणु

71. नील क्रांति निम्नलिखित में से किससे संबंधित है?

A. खाद्य तेलों के उत्पादन में कई गुना वृद्धि
B. समुद्र से काफी अधिक मछलियाँ प्राप्त होना
C. समुद्र की तली में उपलब्ध संपदा की खोज
D. औद्योगिक उद्देश्यों हेतु वायुमंडलीय गैसों का बेहतर उपयोग करना

72. गन्ने के रस में निम्नलिखित प्रचुर मात्रा में पाया जाता है:

A. सुक्रोस B. फ्रक्टोस
C. ग्लुकोस D. उपरोक्त सभी

73. वसा टोलिओलीन का श्वसन निम्नलिखित सूत्र द्वारा प्रदर्शित किया जाता है:

$$C_{57}H_{104}O_6 + 80O_2 \rightarrow 57CO_2 + 52H_2O$$

इस वसा के संबंध में श्वसन भागफल (Respiratory quotient, R.Q.) निम्नलिखित में से किसके द्वारा निरूपित होता है?

A. $\frac{80\,O_2}{57\,CO_2} = 1.4$

B. $\frac{80\,O_2}{52\,H_2O} = 1.5$

C. $\frac{57\,CO_2}{80\,O_2} = 0.71$

D. $\frac{52\,H_2O}{80\,O_2} = 0.65$

74. बकरियों और भेड़ों में स्कॉर्पि तथा मनुष्यों में कुष्ठ रोग फैलाने वाला रोगाणु है:

A. पी पी एल (PPLO)
B. प्रिऑन (Prion)
C. विरऑयड (Viroid)
D. विरिऑन (Virion)

75. विश्व में सबसे लंबा पेड़ है:

A. चीड़ (पाइनस) B. सिकुआ
C. गिंगो D. फाइकस

76. ए बी ओ रक्त समूहों के संभावित समलक्षणी (लक्षण प्ररूप) हैं:

A. 4 B. 6
C. 8 D. 16

77. मादा के जनन मार्ग में पुरुष शुक्राणुओं की आयु होती है:

A. 24-48 घंटे B. 24 घंटे से कम
C. 4-5 दिन D. 1-2 दिन

78. ऐसा जीव जिसमें नर और मादा दोनों ऊतक होते हैं (लैंगिक किर्मीर-Sex mosaic) कहलाता है:

A. अर्ध युग्मजी (Hemizygous)
B. स्त्री पुरुष (Gynandromorph)
C. उभयलिंगी (Hermophsrodite)
D. हाइपोमॉर्फ (Hypomorph)

79. रेशम कीट के जीवन चक्र में आर्थिक दृष्टि से महत्त्वपूर्ण प्रावस्था है:

A. अंडा B. कैटरपिलर
C. प्यूपा D. वयस्क

80. निम्नलिखित में से कौन एक स्थानीय निश्चेतक (anaesthetic) और साथ ही उद्दीपक भी है?

A. कोकीन B. ऐल्कोहॉल
C. हेरोइन D. कुनैन

उत्तरमाला

1	2	3	4	5	6	7	8	9	10
B	D	B	D	B	A	D	C	C	B
11	12	13	14	15	16	17	18	19	20
A	D	A	B	C	C	C	C	B	B
21	22	23	24	25	26	27	28	29	30
B	C	B	C	B	C	D	A	A	C
31	32	33	34	35	36	37	38	39	40
A	D	C	B	D	D	A	A	D	C
41	42	43	44	45	46	47	48	49	50
D	A	B	A	B	B	A	A	A	D
51	52	53	54	55	56	57	58	59	60
D	A	A	D	C	C	B	A	C	C
61	62	63	64	65	66	67	68	69	70
B	C	B	D	C	D	C	C	C	A
71	72	73	74	75	76	77	78	79	80
B	A	C	B	B	A	A	B	C	A

प्रश्न पत्र सेट – V

1. टैडपोल का मुख्य भोजन हैं:
A. कृमि
B. छोटी मछलियाँ
C. कीट
D. जलीय शैवाल और अन्य वनस्पति पदार्थ

2. मच्छर नियंत्रण में डी डी टी के अप्रभावी हो जाने का निम्नलिखित कारण है:
A. हवा लगने से डी डी टी का डी डी ई में बदल जाना
B. डी डी टी का प्रयोग बंद होना क्योंकि यह मानव द्वारा प्रयुक्त खाद्य पदार्थ में पहुँच रहा था
C. मच्छर की ऐसी प्रजाति विकसित होना जो डी डी टी को डी डी ई में परिवर्तित करने में सक्षम है
D. उपर्युक्त सभी

3. ग्रीन हाउस प्रभाव एक ऐसी स्थिति है जिसमें:
A. पृथ्वी के वायुमंडल में स्थित ओजोन स्तर क्षीण हो जाता है
B. वायुमंडल में कार्बन डाइऑक्साइड की मात्रा में वृद्धि होती है
C. वायुमंडल में CO_2 की मात्रा में वृद्धि होने के कारण अवरक्त विकिरणों के अवशोषण के फलस्वरूप वायुमंडल के तापमान में वृद्धि हो जाती है
D. पृथ्वी की सतह के निकट कॉस्मिक किरणों के प्रहार में वृद्धि होती है

4. अधिकांश ऐंटीबायोटिक्स का विषाणुओं पर प्रभाव नहीं होने का निम्नलिखित कारण है:
A. ऐंटीबायोटिक्स उन सभी जीवाणुओं को मार देते हैं जो विषाणुओं का पोषण करते हैं
B. विषाणु इतने छोटे होते हैं कि ऐंटीबायोटिक्स उन पर क्रिया नहीं कर पाते
C. विषाणुओं की अपनी कोई उपापचय क्रिया नहीं होती
D. उपर्युक्त सभी

5. वननाशन के प्रभाव के संबंध में निम्नलिखित में से कौन–सा कथन सत्य नहीं है?
A. इससे मृदा अपरदन में वृद्धि होती है
B. इससे स्थानीय मौसम में परिवर्तन होता है
C. इससे पोषक तत्त्वों के पुनश्चक्रण की गति तीव्र होती है
D. इससे वन्य जीवों का प्राकृतिक वास स्थान नष्ट होता है

6. कम से कम समय में मानव जनसंख्या की वृद्धि दर कम करने की संस्तुत विधि है:
A. लोगों को शिक्षित करना
B. निवारक और गर्भ निरोधक उपायों को अपनाना
C. आप्रवासन को प्रोत्साहित करना
D. जीवन स्तर में वृद्धि करना

7. तालाब पारिस्थितिक तंत्र में डायटमों (diatoms) और स्पंजों द्वारा प्रयुक्त लवण है:
A. नाइट्रेट
B. फॉस्फोरस
C. सल्फर
D. सिलिकेट

8. आजकल निम्नलिखित में से किस निश्चेतक (anaesthetic) का प्रयोग सर्वाधिक किया जाता है?
A. हैलोथेन (halothane)
B. क्लोरोफॉर्म (Chloroform)
C. इथर (Ether)
D. ऐल्कोहॉल

9. स्त्रियों में अंडोत्सर्ग को प्रेरित करने वाला तात्कालिक कारक है:
A. एल एच (LH)
B. एफ एस एच (FSH)
C. एस्ट्राडिऑल (Estradiol)
D. प्रोजेस्टेरॉन (Progesterone)

10. निम्नलिखित में से किस प्रोटोजोआ संघ के रोगजनक को अपना जीवन चक्र पूरा करने के लिए किसी वाहक की आवश्यकता नहीं होती?

A. प्लाज्मोडियम वाइवैक्स
B. ट्रिपैनेसोमा गैम्बिएन्स
C. लिश्मैनिया डोनोवेनाइ
D. एन्टअमीबा हिस्टोलिटिका

11. किसी वन क्षेत्र के ऊपर की हवा में कार्बन–डाइऑक्साइड की मात्रा सर्वाधिक कब होती है?
A. सुबह सवेरे B. सुबह (मध्यकाल में)
C. दोपहर D. सूर्यास्त के बाद

12. फलों के रस में निम्नलिखित में से किसकी प्रचुर मात्रा निहित होती है?
A. विटामिन ए B. कैल्सियम
C. पोटैशियम D. सोडियम

13. निम्नलिखित में से किस वन क्षेत्र में लंबे वृक्ष नहीं होते और छोटे–छोटे पौधे अधिकाधिक संख्या में पाए जाते हैं?
A. उष्णकटिबंधीय वर्षा वन
B. टुण्ड्रा वन
C. शंकु वन
D. पर्णपाती वन

14. अस्थि निर्माण और वृद्धि में निम्नलिखित में से कौन सहायक होता है?
A. विटामिन डी B. विटामिन बी
C. विटामिन के D. विटामिन ई

15. मूत्र निर्माण के दौरान वृक्काणु (nephron) का कौन–सा भाग यूरिया को स्रावित करने और जल को अवशोषित करने का कार्य करता है?
A. केशिका–गुच्छ (glomerulus)
B. जल
C. मूत्राशय
D. हेनले पाश (Henle's loop)

16. सही जोड़े बनाइए:

रोग	रोगाणु
(*a*) पेचिश	1. एंटअमीबा हिस्टोलिटिका
(*b*) भेड़ में लिवर रॉट	2. वूचेरेरिया ब्रैन्क्रोफ्टाइ
(*c*) फाइलेरियता	3. विटामिन ए की कमी
(d) येरोफ्थड्रिया	4. ऐस्कैरिस लंब्रीकोइडीज
	5. फैसिओला हेपैटिका

कूट:	(*a*)	(*b*)	(*c*)	(*d*)
A.	1	5	2	3
B.	1	2	3	4
C.	4	3	1	2
D.	5	3	1	2

17. दृश्य अवबोधन और मस्तिष्क की कार्यप्रणाली को बाधित करने वाला औषध कहलाता है:
A. प्रशांतक (tranquilliser)
B. विभ्रम जनक (hallucinogenic)
C. स्वापक (narcotics)
D. अल्ट्रासोनोग्राफी (ultrasonography)

18. महिलाओं में बंध्यापन की जांच और प्रबंधन में निम्नलिखित में से किसका व्यापक उपयोग किया जाता है?
A. एक्स किरणों B. सीटी स्कैन
C. पी ई टी (PET) D. अल्ट्रासोनोग्राफी

19. क्या होगा यदि अलवण जल में रहने वाले कुछ प्रोटोजोआ संघ के जीवों को लवण जल (समुद्री जल) में स्थानांतरित कर दिया जाए?
A. उनकी संकुचनशील धानियां काफी तेजी से काम करने लगेंगी
B. उनकी संकुचनशील धानियां बड़े आकार की हो जाएंगी
C. उनकी संकुचनशील धानियों में कोई परिवर्तन नहीं होगा
D. उनकी संकुचनशील धानियां लुप्त हो जाएंगी

20. रक्त के स्कंदन (Blood Coagulation) में निम्नलिखित में से किसकी भूमिका नहीं होती?
A. फाइब्रिन B. थ्रोम्बोसाइट्स
C. प्लाज्मा D. फैक्टर–एक्स

21. डायासलेमा (Diaslema) है:
A. खरगोश के जबड़ों में एक दंतविहीन स्थान
B. खरगोश के जबड़ों में एक प्रकार का दाँत
C. शिशुओं में दूध के दाँत
D. श्रोणि मेखला का एक भाग

22. निम्नलिखित में से कौन एक नवीकरणीय संसाधन है?
A. जीवाश्म ईंधन B. खनिज पदार्थ
C. पेट्रोलियम D. मृदा

23. ऐल्कोहॉल का सेवन करने के अभ्यस्त लोगों का यकृत खराब हो जाता है क्योंकि उनके यकृत को

A. ऐल्कोहॉल पचाने का कार्य करना पड़ता है

B. अत्यधिक मात्रा में ग्लाइकोजन संचित करना पड़ता है

C. पित्त स्रावित करने के लिए अत्यधिक उद्दीपित होना पड़ता है

D. अत्यधिक वसा संचित करना पड़ता है

24. ओजोन स्तर उपस्थित होता है:

A. वायुमंडल में B. स्ट्रैटोस्फेयर में

C. आयनोस्फेयर में D. बायोस्फेयर में

25. खेत में विनाइट्रीकारक जीवाणुओं की काफी अधिक संख्या में उपस्थिति वनस्पतियों के लिए हानिकारक होती है क्योंकि:

A. वे अमोनीकरण (ammonification) को बढ़ावा देते हैं

B. वे नाइट्रेट को नाइट्राइट में बदल देते हैं

C. वे आण्विक नाइट्रोजन उत्पन्न कर सकते हैं

D. उपर्युक्त सभी

26. पनीर बनाने के लिए प्रयुक्त निम्नलिखित में से किस चरण में पहले जामन (rennet) का प्रयोग किया जाता था किंतु अब सूक्ष्मजैविक एंजाइमों का प्रयोग किया जाता है?

A. दूध को जमाने

B. खट्टा हो रहे दूध में ठोस अवयवों का स्कंदन (जमना)

C. दही से पानी को अलग करने

D. पनीर को जमाने

27. किसी आहार श्रृंखला में निम्नलिखित में से किसकी संख्या सर्वाधिक होती है?

A. प्राथमिक उपभोक्ता B. द्वितीयक उपभोक्ता

C. अपघटक D. उत्पादक

28. यदि एक व्यक्ति धातु निर्मित किसी गरम किंतु खाली बर्तन को अचानक उठा लेता है तो वह उसे तत्काल नीचे पटक देगा किंतु यदि वही व्यक्ति उतना ही गरम किसी महंगी धातु की थाली (जिसमें स्वादिष्ट भोजन परोसे गए हों) अचानक उठा ले तो वह उसे तेजी से किंतु भूमि पर बिना पटके रखेगा। यह दूसरी अनुक्रिया निम्नलिखित में से किसके कारण है?

A. सप्रतिबंध प्रतिवर्ती क्रिया

B. मेरु प्रतिवर्त (spinal reflex)

C. अंतरंग प्रतिवर्त (visceral reflex)

D. उपर्युक्त (A) और (B) दोनों

29. ज्वालामुखी विस्फोट के बाद सर्वप्रथम निम्नलिखित में से कौन जीव प्रकट होता है?

A. वेलवित्शिया B. इफेडरा

C. स्टेनजीरिआ D. गिंगो बाइलोबा

30. "ऐंटीबायोटिक" शब्द का प्रतिपादन निम्नलिखित में से किसने किया?

A. सेल्मन वाक्समैन B. बेब्स

C. पॉल वेल्मिन D. फ्लेमिंग

31. थाइरॉक्सिन के निर्माण हेतु अनिवार्य खनिज है:

A. कैल्सियम B. फॉस्फोरस

C. सोडियम D. आयोडीन

32. आमाशय द्वारा स्रावित HCl को निम्नलिखित द्वारा उदासीन बनाया जाता है:

A. जठर रस B. अग्न्याशय रस

C. पित्त D. आंत्र द्वारा स्रावित रस

33. किसी भारी भू–स्खलन के कारण पर्वतीय ढलान वनस्पति शून्य हो सकता है। तथापि, समय बीतने पर ऐसे चट्टानी ढलान भी अनेकों प्रकार की वनस्पतियों से ढक जाते हैं। यह प्रक्रिया कहलाती है:

A. पारिस्थितिकीय उपनिवेशिता

B. वनरोपण

C. प्राथमिक अनुक्रमण

D. उपर्युक्त में से कोई नहीं

34. फैसिओला हेपैटिका का मध्यस्थ पोषी है:

A. हेलिक्स B. बुलिनस

C. पाइला D. पिंक्टेडा

35. निम्नलिखित में से किसकी प्लाज्मा और मूत्र दोनों में लगभग समान सांद्रता होती है?

A. K^+ B. NO^+

C. PO_4^{3-} D. SO_4^{2-}

36. भारत का राष्ट्रीय ऑर्किडआलय (National orchidarium) निम्नलिखित में से कहाँ स्थित है?

A. शिमला B. कोलकाता

C. बेंगलुरू D. अकार्ड

37. निम्नलिखित को सुमेलित कीजिए:

(*a*) फीता कृमि	1. अल्पप्रजक परजीवी, प्रायः अपने पोषी को ही मार डालते हैं
(*b*) मच्छर	2. द्वितीयक पोषी के शरीर में भक्षण के बाद प्राथमिक पोषी द्वारा संचारित होता है
(*c*) मलेरिया परजीवी	3. मुक्तजीवी लार्वा और परजीवी वयस्क हो सकते हैं
(*d*) बर्र	4. मुक्तजीवी वयस्क और परजीवी लार्वा हो सकते हैं

कूट:	(*a*)	(*b*)	(*c*)	(*d*)
A.	3	2	4	1
B.	1	2	3	4
C.	4	3	1	2
D.	2	3	1	4

38. नीचे दिए गए आँकड़े से बताइए कि किस देश में जनसंख्या वृद्धि की दर न्यूनतम है?

देश	**जन्म दर/1000**	**मृत्यु दर**
A. M	15	5
B. N	25	10
C. O	35	18
D. P	48	41

39. वंशागति (inheritance) के संबंध में निम्नलिखित में से कौन–सा प्राचीन सिद्धांत आनुवंशिकता संबंधी वर्तमान संकल्पना के समान है?

A. अरस्तू का सिद्धांत (Aristotlis theory)

B. पूर्वरचना सिद्धांत (Preformation theory)

C. संपुटन सिद्धांत (Encasement theory)

D. पश्चजनन का सिद्धांत (Theory of epigenesis)

40. घरेलू मक्खी के मुखांगों में निम्नलिखित में से कौन नहीं पाया जाता?

A. मैक्सिलरी स्पर्शक (Maxillary Palps)

B. अधोग्रसनी (Hypopharynx)

C. ओष्ठक (Labelum)

D. चिबुकास्थि (Mandibles)

41. टीनिया का ब्लैडर वर्म चरण कहलाता है?

A. गोलांकुश (On chosphere)

B. पुटीपुच्छक (Cysticercus)

C. स्ट्रॉबिला (Strobila)

D. रॉस्टेलम (Rostellum)

42. मानव नेत्र की परिक्रामी शक्ति होती है:

A. 10 माइक्रॉन B. 100 माइक्रॉन

C. 1000 माइक्रॉन D. 50 माइक्रॉन

43. भारत की संकटापन्न प्रजातियों को निम्नलिखित में से किसमें सूचीबद्ध किया गया है?

A. भारत के वनस्पति सर्वेक्षण विभाग के सभी रिकॉर्डों में

B. भारत के प्राणिविज्ञान सर्वेक्षण विभाग के सभी रिकॉर्डों में

C. रेड डाटा बुक (लाल पुस्तिका) में

D. उपर्युक्त में से किसी में नहीं

44. संयुक्त सूक्ष्मदर्शी (compound Microscope) का आविष्कार किसने किया?

A. जर्नाइक B. नाल और रस्का

C. रॉबर्ट हुक D. जानसेन

45. निम्नलिखित में से कौन एक नेरिटांचली पर्यावरण (neritic environment) का सर्वाधिक महत्त्वपूर्ण अभिलक्षण है?

A. निम्न वायुमंडलीय आर्द्रता

B. अत्युच्च या अति निम्न तापमान

C. कम वर्षा

D. वाष्पीकरण की उच्च दर

46. इंसुलिन निम्नलिखित में से किसकी जड़ में पाया जाता है?

A. गेहूँ B. आम

C. डाहलिया D. गन्ना

47. चेचक निम्नलिखित में से किसके कारण फैलता है?

A. ऐडेनो विषाणु B. एसबी–40 विषाणु
C. वैरिसेला विषाणु D. जीवाणुभोजी T_2

48. निम्नलिखित को सुमेलित कीजिए :

(*a*)	जैविक क्षमता	1.	स्तनधारियों द्वारा विश्राम के दौरान सामान्यतः साँस लेते हुए एक श्वसन चक्र में फेफड़ों द्वारा ली गई वायु का आयतन
(*b*)	साँस द्वारा छोड़ी गई वायु का निश्चित आयतन	2.	अधिकतम निःश्वसन के बाद फेफड़ों में बची वायु का आयतन
(*c*)	अवशिष्ट आयतन	3.	सामान्य निःश्वसन के बाद फेफड़ों से निष्कासित की जाने वाली वायु का संभावित आयतन
(*d*)	ज्वारीय आयतन	4.	प्रणोदित निःश्वसन के बाद फेफड़ों से निष्काषित की जाने वाली वायु का संभावित आयतन

कूटः	(*a*)	(*b*)	(*c*)	(*d*)
A.	3	2	1	4
B.	1	2	3	4
C.	4	3	2	1
D.	2	3	1	4

49. निम्नलिखित में से प्रोटोजोआ संघ का कौन–सा वर्ग परजीवी रूप का होता है?

A. सैक्रोमैस्टिगोफोरा (Sacromastigophora)
B. राइजोपोडा (Rhizopoda)
C. स्पोरोजोआ (Sporozoa)
D. सिलिएटा (Ciliata)

50. बच्चों में कायप्रेरक हॉर्मोन (Somatotropic hormone) के कारण होता है:

A. महाकायता (Gigantism)
B. अतिकायता (Acromegaly)
C. बौनापन (Dwarfism)
D. क्रेटीनता (Cretinism)

51. ऑक्सीजन और कार्बन मोनोक्साइड की सामान्य सांद्रता से युक्त वायु को साँस में लेने पर हमारा दम घुटने लगता है क्योंकिः

A. कार्बन मोनोक्साइड ऑक्सीजन से अभिक्रिया करके ऊतकों के लिए एक आविष पदार्थ निर्मित करता है
B. हीमोग्लोबिन ऑक्सीजन के बजाय कार्बन मोनोक्साइड से संयोजित हो जाता है और निर्मित संयुक्त यौगिक वियोजित नहीं होता
C. कार्बन मोनोक्साइड डायाफ्राम और अंतरापर्शुक पेशियों (intercostal muscles) को प्रभावित करता है
D. कार्बन मोनोक्साइड फेफड़े की तंत्रिकाओं को प्रभावित करता है

52. निम्नलिखित में से किसे पॉन्ड सिल्क (तालाब का रेशम) कहा जाता है?

A. क्लोरेला B. क्लैमाइडोमोनस
C. स्पाइरोगायरा D. नॉस्टॉक

53. संकेत पद (epithet) 'मांस बनाने वाली मशीन (meat making machine)' का प्रयोग निम्नलिखित में से किसके लिए किया जाता है?

A. मवेशी B. सूअर
C. हिरण D. उपर्युक्त सभी

54. बोर्डो मिश्रण (Bordeaux mixture) का परीक्षण सर्वप्रथम निम्नलिखित में से किस पर किया गया?

A. अंगूर में मृदुरोमिल आसिता
B. आलू में विलंबित अंगमारी
C. क्रूसीफरों में श्वेत किट्ट रोग
D. मूंगफली में टिक्का रोग

55. नर मच्छर मनुष्य की त्वचा को भेद नहीं सकता क्योंकि उसमें:

A. चिबुकास्थि (mandibles) काफी छोटी होती है
B. चिबुकास्थि नहीं होती
C. शृंगिकाएं काफी छोटी होती हैं
D. इनमें से कोई नहीं

56. पी एल ओ (PLO) जीवाणु के समान जीव हैं जो जीवाणुओं से निम्नलिखित दृष्टि से भिन्न होते हैं:

A. इनमें कोशिका भित्ति और मध्यकाय (मीजोसोम) नहीं होता
B. ये जीवाणु से बड़े आकार के होते हैं
C. इनके कोशिकाद्रव्य में रिबोसोम होता है
D. इनमें कोशिका का द्विविखंडन होता है

57. निम्नलिखित में से कौन एक स्थानीय निश्चेतक और साथ ही उद्दीपक भी है?
A. कोकीन B. ऐल्कोहॉल
C. हेरोइन D. कुनैन

58. ऐस्पिरिन है एक:
A. ऐसीटिल सैलिसाइक्लिक अम्ल, कोकेन और ऐट्रोपिन का मिश्रण
B. रासायनिक पदार्थ ऐसीटिल सैलिसाइक्लिक अम्ल
C. पादप उत्पाद
D. मूंगफली से प्राप्त यौगिक

59. ऐस्केरिस का लार्वा निम्नलिखित रूप में होता है:
A. पेरेन्काइमुला (Parenchymula)
B. प्लैनुला (Planula)
C. यष्टिकारूप (Rhabditiform)
D. बैगलार्वा (Baglarva)

60. मानव शरीर की सबसे बड़ी ग्रंथि है:
A. लार ग्रंथि B. जठर ग्रंथि
C. आंत्र ग्रंथि D. यकृत

61. हाल में आनुवंशिक इंजीनियरी द्वारा निम्नलिखित में से किस रोग से बचाव का टीका तैयार किया गया है?
A. एड्स B. हर्पीज (Herpes)
C. पीलिया D. पोलियो

62. हमारे शरीर में सर्वाधिक प्रचुर मात्रा में पाया जाने वाला अकार्बनिक लवण निम्नलिखित में से किस तत्व का है?
A. कैल्सियम B. आयोडीन
C. आयरन D. सोडियम

63. भोजी स्तर (tophic level) निम्नलिखित में से किसके द्वारा निर्मित होता है?
A. केवल पौधों
B. केवल जंतुओं
C. आहार श्रृंखला से संबद्ध जीवों
D. उपर्युक्त में से कोई नहीं

64. बच्चों में रिकेट्स रोग निम्नलिखित में से किसकी कमी के कारण होता है?
A. विटामिन 'ए' B. विटामिन 'बी'
C. विटामिन 'डी' D. विटामिन 'सी'

65. एक सामान्य व्यक्ति एक मिनट में कितनी बार साँस लेता है?
A. 25-30 बार B. 10-15 बार
C. 14-18 बार D. 20-25 बार

66. यदि किसी गर्भवती महिला के किसी रोग से ग्रस्त होने की संभावना हो तो निदान की निम्नलिखित में से कौन–सी विधि सर्वाधिक सुरक्षित मानी जाती है?
A. सीटी स्कैन B. एक्स किरण रेडियोग्राफी
C. सोनोग्राफी D. पी ई टी स्कैन

67. गर्भवती महिलाओं को निम्नलिखित में से कौन–सा टीका दिया जाता है?
A. बी सी जी का टीका B. टायफॉइड का टीका
C. टिटेनस का टीका D. उपर्युक्त सभी

68. विटामिन 'के' है:
A. टोकोफेरॉल B. कैल्सिफेरॉल
C. फैलोक्विनॉन D. रेटिनॉल

69. निम्नलिखित में से कौन एक जैव उर्वरक है?
A. यूरिया B. ऐजोस्पिरिलम
C. सुपरफॉस्फेट D. कंपोस्ट

70. यकृत पर्णाभ (liver fluke) का मध्यस्थ पोषी है:
A. सूअर
B. साइक्लॉप्स
C. घोंघा
D. कोई भी जलीय अकशेरुकी जीव

71. सबसे छोटा कोशिकांग है:
A. लाइसोसोम B. स्फेरोसोम
C. परऑक्सीसोम D. राइबोसोम

72. केरल स्थित मूक घाटी (Silent valley) निम्नलिखित की दृष्टि से महत्त्वपूर्ण है:
A. यह भारत का एकमात्र सदाबहार वन है
B. यहाँ अत्यधिक मूल्यवान वृक्ष उगे हैं
C. यह एक अच्छा पिकनिक स्थल है
D. यहाँ जंतुओं और पौधों की दुर्लभ प्रजातियाँ पाई जाती हैं

73. बाथ स्पंज (Bath sponge) निम्नलिखित से प्राप्त होता है:

A. यूप्लेक्टेला (Euplectella)

B. यूस्पंजिया (Euspongia)

C. ल्युकोसोलेनिया (Leucosolenia)

D. स्पंजिला (Spongilla)

74. बड़ी आंत (large intestine) का मुख्य कार्य है:

A. अपशिष्ट पदार्थों का संचयन

B. सेलुलोस का पाचन

C. जल का अवशोषण

D. ऐमिनो अम्लों का अवशोषण

75. टिटेनस के धनुस्तंभी आविष (tetanising toxin) के विरुद्ध टीका निम्नलिखित विकसित करने के लिए दिया जाता है:

A. सहज रोधक्षमता B. सक्रिय रोधक्षमता

C. निष्क्रिय रोधक्षमता D. स्वतः रोधक्षमता

76. पहला मानव इंसुलिन ह्यूमैलिन (Humalin) निम्नलिखित का प्रयोग करके विकसित किया गया:

A. ट्रांसजेनिक जंतुओं

B. ट्रांसजेनिक पौधों

C. पुनर्योगज ई. कोली क्लोन (Recombinent E. Coli clones)

D. राइजोपस स्टोलोनिफर

77. जाति आवर्तन नियम (Biogenetic law) के अनुसार ''व्यक्तिवृत्त (ontogeny) जातिवृत्त (phylogeny) को दोहराता है''—इसे निम्नलिखित में से किसके द्वारा प्रतिपादित किया गया?

A. जे.बी. लैमार्क B. ई.एच. हीकेल

C. ए.एफ.एल. वाइजमेन D. टी.एच. मोर्गन

78. हीमोग्लोबिन का महत्त्वपूर्ण खनिज संघटक है:

A. पोटैशियम B. सोडियम

C. मैग्नीशियम D. आयरन

79. निम्नलिखित में से किस आनुवंशिक रोग से ग्रस्त व्यक्ति का रक्त नहीं जमता?

A. हीमैट्युरिया B. हीमोफीलिया

C. हीमोलाइसिस D. हीमोरेज

उत्तरमाला

1	2	3	4	5	6	7	8	9	10
D	C	C	C	C	B	D	A	A	D
11	**12**	**13**	**14**	**15**	**16**	**17**	**18**	**19**	**20**
D	C	B	A	D	A	B	D	D	C
21	**22**	**23**	**24**	**25**	**26**	**27**	**28**	**29**	**30**
A	D	D	B	C	B	C	D	A	A
31	**32**	**33**	**34**	**35**	**36**	**37**	**38**	**39**	**40**
D	B	C	B	B	D	A	D	D	D
41	**42**	**43**	**44**	**45**	**46**	**47**	**48**	**49**	**50**
B	B	C	D	B	C	A	A	C	C
51	**52**	**53**	**54**	**55**	**56**	**57**	**58**	**59**	**60**
B	C	B	A	A	A	A	B	C	D
61	**62**	**63**	**64**	**65**	**66**	**67**	**68**	**69**	**70**
B	A	C	C	C	C	C	C	B	C
71	**72**	**73**	**74**	**75**	**76**	**77**	**78**	**79**	
D	A	B	D	B	C	B	D	B	

प्रश्न पत्र सेट – VI

1. वृक्क की कार्यात्मक इकाई है:
A. तंत्रिकोशिका (neuron)
B. वृक्काणु (nephron)
C. मैलपीगी पिंड (Malpighian Body)
D. संवलित नलिकाएं (convoluted tubules)

2. मानव शरीर में सर्वाधिक कठोर सामग्री है:
A. अस्थि B. उपास्थि
C. दंतवल्क D. दंतपंक्ति

3. बच्चों को दिया जाने वाला त्रिक टीका (triple vaccine) निम्नलिखित से बचाव करता है:
A. ट्यूबरक लेमीनस, कुकर खांसी, डिफ्थीरिया
B. कुकर खांसी, टिटेनस, डिफ्थीरिया
C. सरदी–जुकाम, पोलियो, टिटेनस
D. न्युमोनिया, टिटेनस, पोलियो

4. सबसे बड़े आकार का पाया जाने वाला पुष्प है:
A. बृहत जल कुमुदिनी B. डाहलिया
C. रैफ्लेसिया D. सूर्यमुखी

5. निम्नलिखित में से किस विषाणु के कारण पेशियों में दुष्पोषण (dystrophy) होता है:
A. एड्स विषाणु B. रुबेला विषाणु
C. गलसुआ विषाणु D. पोलियो विषाणु

6. केंचुआ शुष्क भूमि में नहीं रह सकता, क्योंकि:
A. यह शुष्क भूमि पर संचलन नहीं कर सकता
B. इसे प्रजनन और जीवन वृत्त दोनों को पूरा करने के लिए जल की आवश्यकता होती है
C. इसे श्वसन के लिए नम भूमि की आवश्यकता है
D. यह काफी अधिक मात्रा में जल ग्रहण करता है

7. किसी संक्रमित कुत्ते से रैबिज के संक्रमण का मुख्य स्रोत उसका .... है।
A. मल–मूत्र B. मूत्र
C. त्वचा D. लार

8. टीकाकरण की शुरुआत निम्नलिखित में से किसके द्वारा की गई?
A. अलैक्जैंडर–फ्लेमिंग B. एडवर्ड जेनर
C. लैंडस्टीनर D. विलियम हार्वे

9. प्लाज्मोडियम में पोषण होता है:
A. पूर्णजांतविक (Holozoic)
B. पूर्णपादपी (Holophytic)
C. मृतजीवी
D. परजीवी

10. मस्तिष्क को ढकने वाली झिल्ली कहलाती है:
A. प्लूरा (Pleura)
B. पेरिकार्डियम (Pericardium)
C. तानिका (Meninges)
D. पेरिटोनियम (Peritoneum)

11. प्राणि विषाणु (animal virus) में निम्नलिखित निहित होता है:
A. आर एन ए B. डी एन ए
C. लवक D. माइटोकॉन्ड्रिया

12. निम्नलिखित में से किस पर्यावरण संबंधी कारक से वाष्पोत्सर्जन की दर कम हो जाती है:
A. उच्च आर्द्रता B. उच्च तापमान
C. उच्च प्रकाश तीव्रता D. उच्च पवन वेग

13. विटामिन होते हैं:
A. ऊर्जा उत्पादक
B. शरीर का निर्माण करने वाले
C. नियंत्रक
D. ऊष्मा उत्पादक

14. निम्नलिखित में से किसमें प्राथमिक पोषी द्वारा द्वितीयक पोषी को खा लेने पर संक्रमण संचारित होता है:
A. फैसिओला हेपैटिका
B. टीनिया सेलियम
C. ट्रिपैनोसोमा गैम्बिएन्स
D. वूचेरेरिया बैन्क्रोफ्टाइ

15. वृक्काणु (nephron) में मूत्र निम्नलिखित में से कहाँ सांद्रित होता है?

A. ग्लोमेरूल

B. बोमन संपुट

C. समीपस्थ संवलित नलिका

D. हेनल पाश और दूरस्थ संवलित नलिका

16. एक व्यक्ति के रक्त आलेप में श्वेत रक्त कणिकाओं की अंतरात्मक गणना निम्नवत् पाई गई:

न्यूट्रोफिल 65% यूसिनोफिल 6%

बैसोफिल 1% लिंफोसाइट 25%

मोनोसाइट 5%

इस व्यक्ति के निम्नलिखित में से किस रोग से ग्रसित होने की संभावना है?

A. ल्युकीमिया

B. जीवाणु संक्रमण

C. एलर्जी संबंधी अभिक्रियाएं

D. कुछ औषधों का हानिकारक प्रभाव

17. कीटाहारी पौधे अपनी .... आवश्यकता को पूरा करने के लिए कीटों को खाते हैं:

A. भोजन B. नाइट्रोजन

C. जल D. खनिज पदार्थ

18. पौटेमिन विषाक्तता का अर्थ है:

A. रसायन विषाक्तता

B. गैस विषाक्तता

C. जीवाणु के कारण विषाक्तता

D. उपर्युक्त में से कोई नहीं

19. पित्त में होते हैं:

A. प्रोटीन को पचाने वाले एन्जाइम

B. कार्बोहाइड्रेट को पचाने वाले एन्जाइम

C. वसा को विखंडित करने वाले एंजाइम

D. कोई भी एंजाइम नहीं

20. दूध के पाश्चुरीकरण का अर्थ है:

A. वसा को अलग करना

B. दूध में विटामिन ए और डी मिलाना

C. दूध को 30 मिनट तक 110°C तापमान पर गरम करके तत्काल ठंडा करना

D. दूध को 30 मिनट तक 60°C तापमान पर गरम करके तत्काल ठंडा करना

21. कपास की खेती के लिए निम्नलिखित में से किस प्रकार की मृदा सर्वाधिक उपयुक्त होती है?

A. दुमटी मृदा B. कृष्ण कपासी मृदा

C. रेतीली मृदा D. चिकनी मृदा

22. डायलायसिस निम्नलिखित में से किस रोग से ग्रस्त व्यक्ति में किया जाता है?

A. हृदय रोगी

B. फेफड़े का रोगी

C. फोड़ा या व्रण का शिकार व्यक्ति

D. गुर्दे का विफल होना

23. मोतियाबिंद (cataract) निम्नलिखित के कारण होता है:

A. आँख में धूल जम जाने

B. लेन्स के अपारदर्शी हो जाने

C. नेत्र तंत्रिकाओं के कमजोर हो जाने

D. नेत्रश्लेष्मला (conjunctiva) के मोटी हो जाने

24. कोशिका में नए विषाणुओं के संश्लेषण को रोकने के लिए ज्ञात विषाणुरोधी पदार्थ कहलाता है:

A. ट्रांसफेरॉन B. ऐंटीबॉडी

C. इंटरफेरॉन D. इनफेरॉन

25. निम्नलिखित में से प्रदूषक गैस है:

A. SO_2 B. CO_2

C. CO D. NO_2

26. दूसरी बार गर्भधारण करने पर यदि RH^- माता का गर्भस्थ शिशु RH^+ हो तो :

A. उस पर कोई प्रभाव नहीं पड़ेगा

B. भ्रूण तीव्र गति से विकसित होगा

C. इससे गर्भ रक्ताणु कोरकता (erythroblastosis foetalis) उत्पन्न होगी जिसमें गर्भस्थ शिशु की लाल रक्त कोशिकाएँ नष्ट हो जाती हैं

D. RH^+ भ्रूण RH^- में बदल जाएगा

27. लार में उपस्थित एमिलेस आमाशय में जाकर निम्नलिखित द्वारा निष्क्रियित हो जाता है:

A. पेप्सिन B. HCl की अधिक मात्रा

C. रेनिन D. जठर लाइपेस

28. हाल के वर्षों में वैज्ञानिकों ने यीस्ट की कुछ ऐसी प्रजातियाँ विकसित की हैं जो ह्यूमैलिन नामक मानव

इंसुलिन उत्पन्न करने में सक्षम है। ऐसा निम्नलिखित में से किस क्षेत्र में हुई प्रगति के कारण संभव हुआ है?

A. संकरण तकनीक
B. पुनर्योगज डी एन ए प्रौद्योगिकी
C. क्लोनिंग की विधि
D. ऊतक संवर्धन

29. क्वाशिओरकर (Kwashiorkor) एक अफ्रीकी शब्द है जिसका अर्थ है "उपेक्षित वर्ग" जो अल्पविकसित और विकासशील देशों के ऐसे बच्चों के संबंध में प्रयोग में लाया जाता है जिनकी वृद्धि रुक गई है, भूख समाप्त हो गई है, जो अरक्तता के शिकार हैं और जिनका पेट बाहर निकल आया है, टाँगें काफी पतली हो गई हैं जिनके कारण उनकी मृत्युदर में काफी वृद्धि हुई है। यह हीनताजन्य रोग निम्नलिखित की कमी के कारण होता है:

A. विटामिन B. वसा
C. प्रोटीन D. कार्बोहाइड्रेट

30. प्रतिवर्ती क्रियाएं हैं:

A. सहज रूप में किए जाने वाले कार्य
B. स्वतः होने वाली तात्क्षणिक क्रियाएं जिन्हें मेरुरज्जु द्वारा नियंत्रित किया जाता है
C. बाह्य उद्दीपकों के प्रति मंद प्रतिक्रिया
D. स्वायत्त तंत्रिका तंत्र द्वारा नियंत्रित क्रियाएं

31. यूनानी शब्द "हाइजिया (Hygeia)" का अर्थ है:

A. स्वास्थ्य की देवी B. प्रेम की देवी
C. अध्ययन की देवी D. उपर्युक्त में से कोई नहीं

32. निम्नलिखित में से किसका फूल सबसे छोटा होता है?

A. प्याज
B. सरसों
C. अंजीर
D. वोल्फिया माइक्रोस्कोपिका

33. एक प्रकार के शैवाल से बनाई गई एंटीबैक्टीरियल औषधि है:

A. क्लोरेलिन B. क्लैविसिन
C. ऐस्परैजिलिन D. पेनिसिलिन

34. आर्टेमिशिया मैरिटिमा से एक प्रकार की औषधि निर्मित की जाती है जिसे सैन टॉक्सिन (san toxin) कहा जाता है। इस औषधि का प्रयोग निम्नलिखित में से किस रूप में किया जाता है?

A. साँप के विष के प्रतिकारक (antidote) के रूप में
B. ऐंटी ऐसिड के रूप में
C. ऐंटीसेप्टिक के रूप में
D. प्रतिकृमीय (antihelminthic) के रूप में

35. ऑटोमोबाइलों द्वारा उत्सर्जित प्रमुख प्रदूषक पदार्थ है:

A. SO_2 B. CO_2
C. NO D. CO

36. पारिस्थितिकीय पिरामिड जिसे कभी भी उत्क्रमित नहीं किया जा सकता है:

A. बायोमास का पिरामिड
B. ऊर्जा का पिरामिड
C. संख्या का पिरामिड
D. उपर्युक्त में से कोई भी

37. वन अनुसंधान संस्थान निम्नलिखित में से कहाँ अवस्थित है:

A. देहरादून B. शिमला
C. मुंबई D. कोलकाता

38. पूर्वोत्तर भारत के वर्षा वन में किया गया एक पारिस्थितिकीय अध्ययन है:

A. जैविक अध्ययन (Biological study)
B. स्वपारिस्थितिकीय अध्ययन (Autoeccological study)
C. संपारिस्थितिकीय अध्ययन (Synecological study)
D. सांख्यिकीय अध्ययन (Statistical study)

39. रेखित एपिथिलियम कोशिकाएं (stratified epithelium cells) निम्नलिखित में से किसकी विशेषता है?

A. स्तनधारियों की त्वचा B. ग्रासनली
C. मूत्राशय D. उपर्युक्त A और B दोनों

40. भक्षकाणु क्रिया (phagocytosis) निम्नलिखित से जुड़ी एक परिघटना है:

A. उदासीनरंजी (neutrophils) और एककेंद्रकाणु (monocytes)
B. इओसिनरागी और क्षारकरागी
C. उदासीनरंजी और लसिकाणु
D. एककेंद्रकाणु और लसिकाणु

41. निम्नलिखित में से किस परजीवी को अपना जीवनचक्र पूरा करने के लिए केवल एक पोषी की आवश्यकता होती है?

A. ऐस्कारिस लम्ब्रीकोइडीज

B. ड्रैकुनकुलस मेडिमेनसिस

C. फैसिओला हेपैटिका

D. ट्रिपैनोसोमा गैम्बिएंस

42. केंचुआ और तिलचट्टे में निम्नलिखित में से कौन–सी बात एक सी है?

A. हीमोसील

B. श्वसन वर्णक हीमोग्लोबिन

C. नेफ्रिडिया

D. दोहरा अधर तंत्रिका रज्जु

43. उरु अस्थि (femur) के शीर्ष और ऐसीटैबुलम गुहा के बीच स्थित संधि कहलाती है:

A. हिन्ज संधि (Hinge joint)

B. धुराग्र संधि (Pivot joint)

C. कंदुक खल्लिका संधि (ball and socket joint)

D. विसर्पणी संधि (gliding joint)

44. रक्त स्कंदन (blood coagulation) की प्रक्रिया में शामिल विटामिन है:

A. विटामिन 'के' B. विटामिन 'बी$_6$'

C. विटामिन 'सी' D. विटामिन 'डी'

45. "श्रांति (fatigue)" शब्द सर्वाधिक उपयुक्त रूप में निम्नलिखित में से किससे संबंधित है?

A. मस्तिष्क B. तंत्रिकापेशीय संधि

C. तंत्रिका D. साइटोन

46. निम्नलिखित को सुमेलित कीजिए:

(*a*) प्लैनुला	1. यकृत पर्णाभ
(*b*) ट्रोकोफोर (trochophore)	2. ओबीलिया
(*c*) मीरासिडियम (Miracidium)	3. मीयर
(*d*) बाइपिनैरिया (Bipinnaria)	4. मच्छर
	5. स्टारफिश

कूट:	(*a*)	(*b*)	(*c*)	(*d*)
A.	1	2	3	5
B.	2	3	4	5
C.	1	2	3	4
D.	5	4	3	2

47. निम्नलिखित को सुमेलित कीजिए :

(*a*) जैवनाशकमार रसायन	1. ऐजोला ऐनाबीना सहजीवी
(*b*) जैवशाकनाशी	2. फाइटोफ्थोरा पामिवोरा
(*c*) जैव उर्वरक	3. ऐजाडायरेक्टा इंडिका
(*d*) कवक शाकनाशी	4. किरमिजी कीट
	5. आर्थ्रोबाट्रिस

कूट:	(*a*)	(*b*)	(*c*)	(*d*)
A.	3	4	2	1
B.	2	3	4	1
C.	1	2	3	4
D.	2	1	3	4

48. निम्नलिखित को सुमेलित कीजिए:

(*a*) SO_2	1. जैव आवर्धन
(*b*) डी डी टी	2. लाइकेन मरुभूमि
(*c*) क्लोरोफ्लोरो कार्बन	3. नॉक नी (knock knee)
(*d*) पारद	4. ओजोन छिद्र
	5. मिनामाता रोग

कूट:	(*a*)	(*b*)	(*c*)	(*d*)
A.	2	1	4	5
B.	1	2	3	4
C.	5	4	3	2
D.	4	3	2	1

49. अनेक विकसित देशों में डी डी टी के उपयोग पर प्रतिबंध है क्योंकि:

A. यह स्तनधारियों पर उच्च आविष प्रभाव उत्पन्न करता है

B. यह पर्यावरण में शीघ्र वियोजित नहीं होता

C. यह कीटों के लिए कम अविषालु है

D. यह जल में अत्यधिक विलेय है

50. परंपरागत रेडियोग्राफी का एक महत्त्वपूर्ण लाभ निम्नलिखित है:

A. यह तत्काल उपलब्ध हो सकता है

B. यह कम खतरनाक होता है

C. मध्यवर्ती लागत

D. इसके निर्वचन, उपयोगिता और विश्वसनीयता से आम चिकित्सक परिचित हैं

51. यदि किसी व्यक्ति को कोई गंभीर चोट लग जाती है तो उसका मस्तिष्क दर्द की अनुभूति को कम करने के लिए कुछ यौगिकों को स्रावित करता है। ये यौगिक कहलाते हैं:

A. एंटेफैलिन (Entephalins)
B. ऐम्फिटैमिन (Amphitamines)
C. हिस्टैमिन (Histamines)
D. एंटीहिस्टैमिन (antihistamines)

52. सीटी स्कैन की तुलना में एन एम आर प्रतिबिंबन (NMR-imaging) का लाभ यह है कि:

A. इसमें खतरनाक विकिरण नहीं निकलता
B. इसमें किसी भी तल पर प्रतिबिंब प्राप्त किए जा सकते हैं
C. यह मस्तिष्क को पहुँचने वाली किसी भी क्षति के प्रति अत्यधिक संवेदनशील होता है
D. उपर्युक्त सभी

53. जल से भय लगना निम्नलिखित में से किस रोग का अभिलक्षण है?

A. पेचिश B. डायरिया
C. हैजा D. रैबीज

54. जिरोन्टोलॉजी विज्ञान की वह शाखा है जिसमें .... का अध्ययन किया जाता है।

A. गर्भ (foetus)
B. मृत्यु
C. शरीर रचनात्मक विकार
D. बुढ़ापा

55. पीली अस्थि मज्जा (yellow bone marrow):

A. कम मात्रा में रक्त आपूर्ति के कारण पीले रंग की होती है
B. रक्तोत्पादन की दृष्टि से निष्क्रिय
C. रक्त कोशिकाएं निर्मित नहीं कर सकतीं
D. रक्तोत्पादन की दृष्टि से अत्यधिक सक्रिय होती है

56. साक वैक्सीन (salk vaccine) निम्नलिखित से बचाव हेतु टीका है:

A. एड्स B. रैबीज
C. पोलियो D. हर्पीज विषाणु

57. घरेलू मक्खी के शरीर में होती हैं:

A. दो जोड़ी टाँगें और 1 जोड़े पंख
B. तीन जोड़ी टाँगें और 1 जोड़े पंख
C. तीन जोड़ी टाँगें और 2 जोड़े पंख
D. दो जोड़ी टाँगें और 2 जोड़े पंख

58. नेत्रविज्ञानी (ophthalmologist) द्वारा नेत्रदान करने वाले व्यक्ति की मृत्यु हो जाने पर उसकी आँखों की .... निकाली जाती है।

A. आइरिस B. कॉर्निया
C. लेंस D. नेत्रगोलक

59. जूट का निर्माण निम्नलिखित से होता है:

A. पत्ते के रेशों
B. कॉर्निया
C. काष्ठ रेशा (Bast fibre)
D. जाइलम रेशा

60. संपूर्ण जीवमंडल के लिए ऊर्जा का एकमात्र स्रोत है:

A. मृदा B. सूर्य
C. महासागर D. वायुमंडल

61. मानव मस्तिष्क में बुद्धिमत्ता का स्थान है:

A. प्रमस्तिष्क (Cerebrum)
B. अनुमस्तिष्क (Cerebellum)
C. मेडुला ऑब्लांगाटा
D. पोन्स (Pons)

62. निम्नलिखित में से किसके प्लाज्मा में हीमोग्लोबिन घुला होता है:

A. तिलचट्टा B. मेंढक
C. केंचुआ D. घोंघा

63. दक्षिण अफ्रीका के कालाहारी मरुभूमि में रहने वाली कंग जनजाति अपनी भोजन संबंधी आवश्यकताओं के लिए निम्नलिखित के बीज पर निर्भर करती है:

A. सीरस ग्रैंडिफ्लोरस
B. अनानास कोमोसस
C. बॉहिनिया एस्कुलेन्टा
D. वेल्विशिया माइराबिलिस

64. सही उत्तर का चयन कीजिए:

A. प्रोटिस्टा – सभी एककोशिक, यूकैरियोटिक जीव
B. कवक – केवल मृतजीवी

C. मॉनेरा — एकल आवरण तंत्र

D. जंतु — केवल परजीवी

65. हाइड्रोपॉनिक्स है:

A. झाड़ी या झुरमुट (Shrubbery) को कलात्मक रूप में काटने की कला

B. लघु आकार के पौधों को उगाने की कला

C. मृदाविहीन माध्यम में पौधे उगाना

D. चुंबकित जल में पौधे उगाना

66. मनुष्य के प्रति 100 मिली रक्त में सामान्य रक्त ग्लुकोस का स्तर होता है:

A. 50-80 मिग्रा B. 80-200 मिग्रा

C. 100-150 मिग्रा D. 120-180 मिग्रा

67. मनुष्य के रक्त में लाल रक्त कणिकाओं की औसत आयु होती है:

A. 90 दिन B. 120 दिन

C. 45 दिन D. 150 दिन

68. "पारिस्थितिक संस्तर–स्थिति (Ecological horizon)" शब्द का प्रयोग निम्नलिखित में से किसके लिए किया जाता है:

A. मृदा परिच्छेदिका के विभिन्न संस्तर

B. दूरस्थ क्षेत्र जहाँ आकाश और पृथ्वी आपस में मिलते प्रतीत होते हैं

C. उष्णकटिबंधीय वनों में विभिन्न प्रकार की वनस्पतियाँ

D. उपर्युक्त में से कोई भी

69. बॉम्बे डक (Bombay duck) है एक:

A. महाराष्ट्र के समुद्रतट पर पाई जाने वाली समुद्री खाद्य मछली

B. महाराष्ट्र के तालाबों और झीलों में विशेष रूप से अलवण जल में पाई जाने वाली खाद्य मछली

C. महाराष्ट्र के घरों में भोजन पकाने के लिए प्रयुक्त विशिष्ट शैली

D. माहिम तट के पश्चजल में पाया जाने वाला घोंघा

70. अंकीय सूत्र 2.3.3.3 – 0.3.3.3.3 निम्नलिखित के संबंध में लागू होता है:

A. मनुष्य B. मेंढक

C. खरगोश D. घोड़ा

71. मनुष्य में पाया जाने वाला ट्रिपैनोसोमा नामक अंतःपरजीवी पाया जाता है:

A. रक्त में B. फेफड़ों में

C. यकृत में D. आहार नाल में

72. दुर्दम तृतीयक मलेरिया (Malignant tertiary Malaria) निम्नलिखित के कारण होता है:

A. प्लाज्मोडियम वाइनैक्स

B. प्लाज्मोडियम फैल्सीपेरम

C. प्लाज्मोडियम मलेरिआई

D. प्लाज्मोडियम ओवेल

73. टीनिया का ब्लैडर वर्म चरण है:

A. गोलांकुश (Onchosphere)

B. पुटी पुच्छक (Cysticercus)

C. स्ट्रॉबिला (Strobila)

D. रेस्टेलटम (Rasteltum)

74. निम्नलिखित में से किस स्रवण में उसके साथ ही कोशिका का एक कोशिकांग भी नष्ट हो जाता है?

A. वोडोराइन (wodorine)

B. होलोसाइन (holocine)

C. एवोराइन (aorine)

D. मेरोक्राइन (merocrine)

75. पाइनस के परागकण के पंख (wings) निम्नलिखित द्वारा निर्मित होते हैं:

A. बाह्य चोल (exine)

B. मेसोस्पोरियम (Mesosporium)

C. अंतःचोल (intine)

D. बाह्य अंतःचोल (exo intine)

76. मृदीय कारक (edaphic factors) निम्नलिखित में से किससे संबंधित हैं?

A. पर्यावरण में जल की मात्रा

B. मृदा

C. किसी स्थल की समुद्रतल से ऊँचाई

D. तापमान परिवर्तन

77. डार्विन का प्राकृतिक चयन का सिद्धांत निम्नलिखित में से किसके संबंध में संतोषजनक स्पष्टीकरण नहीं दे पाता?

A. अति उत्पादन

B. अस्तित्व हेतु संघर्ष

C. विविधता

D. योग्यतम की उत्तरजीविता

78. छिपकली का अंडा निम्नलिखित में से किस प्रकार का होता है?

A. माइक्रोलेसिथल (Microlecithel) प्रकार का

B. मैक्रोलेसिथल (Macrolicithal) प्रकार का

C. ऐलेसिथल (Alecithal) प्रकार का

D. मेसोलेसिथल (Mesolecithal) प्रकार का

79. यदि यह मान लिया जाए कि कोई सहलग्नता और जीन–विनिमय नहीं हो रहा है तो अर्धसूत्री विभाजन के दौरान मेंडेलीय कारकों का पृथक्करण निम्नलिखित किस प्रावस्था में होता है?

A. डिप्लोटीन B. मेटाफेज–I

C. एनाफेज–I D. एनाफेज–II

80. प्लाज्मोडियम के जीवन चक्र का कौन–सा चरण प्राथमिक और द्वितीयक दोनों पोषकों में पूरा होता है?

A. खंडजाणु (Merozoite)

B. पोषाणु (Trophozoite)

C. चलयुग्मज (Ookinete)

D. युग्मकजनक (Gametocyte)

उत्तरमाला

1	**2**	**3**	**4**	**5**	**6**	**7**	**8**	**9**	**10**
B	C	B	C	D	C	D	B	D	C
11	**12**	**13**	**14**	**15**	**16**	**17**	**18**	**19**	**20**
B	C	D	B	C	B	C	A	B	D
21	**22**	**23**	**24**	**25**	**26**	**27**	**28**	**29**	**30**
B	D	B	C	B	C	B	B	C	B
31	**32**	**33**	**34**	**35**	**36**	**37**	**38**	**39**	**40**
A	D	A	D	D	B	A	C	D	A
41	**42**	**43**	**44**	**45**	**46**	**47**	**48**	**49**	**50**
A	D	C	A	B	A	A	A	B	D
51	**52**	**53**	**54**	**55**	**56**	**57**	**58**	**59**	**60**
A	D	D	D	B	C	B	B	C	B
61	**62**	**63**	**64**	**65**	**66**	**67**	**68**	**69**	**70**
A	C	C	A	C	B	B	C	A	B
71	**72**	**73**	**74**	**75**	**76**	**77**	**78**	**79**	**80**
A	B	B	D	D	B	C	B	C	D

प्रश्न पत्र सेट – VII

1. टीनिया सोलियम में निम्नलिखित में से कौन–सा तंत्र उपस्थित नहीं होता?
   A. तंत्रिका तंत्र B. प्रजनन तंत्र
   C. उत्सर्जन तंत्र D. पाचन तंत्र
2. निम्नलिखित में से किसका कोई मध्यस्थ पोषी नहीं है?
   A. फीता कृमि B. यकृत पर्णाभ
   C. गोलकृमि D. प्लाज्मोडियम
3. मादा ऐनोफेलीज मच्छर का मुखांग निम्नलिखित कार्य की दृष्टि से विशिष्ट प्रकार का होता है:
   A. काटने और चबाने
   B. वेधन
   C. स्पंजिंग
   D. इनमें से कोई नहीं
4. निम्नलिखित में से कौन जंतु समूह केवल समुद्री प्रकार का है:
   A. सीलेंट्रेटा B. स्पंज
   C. एकाइनोडर्मेटा D. मोलस्क
5. ऐब्सिसिक अम्ल के कारण निम्नलिखित परिघटना होती है:
   A. पत्तियों का तेजी से गिरना
   B. प्रसुप्ति (dormancy)
   C. वृद्धि अवमंदित होना
   D. उपर्युक्त सभी
6. हमारे शरीर में सर्वाधिक प्रचुर मात्रा में उपस्थित अकार्बनिक लवण है:
   A. Ca B. I_2
   C. Fe D. Na
7. निम्नलिखित में से किस रोग में अधिक लोग मृत्यु का शिकार होते हैं?
   A. मलेरिया B. प्लेग
   C. एड्स D. जलवाहित रोग
8. भोपाल गैस त्रासदी निम्नलिखित में से किस वर्ष घटित हुई?
   A. 1986 B. 1988
   C. 1982 D. 1984
9. पुरानी पुस्तकों के पन्ने निम्नलिखित कारण से भूरे रंग के हो जाते हैं:
   A. धूल जमा होना
   B. अत्यधिक उपयोग
   C. सेलुलोस का उपचयन
   D. सिल्वर फिश की उपस्थिति
10. मॉलिब्डेनम का निम्नलिखित कार्य है:
   A. कार्बन स्वांगीकरण (carbon assimilation)
   B. गुणसूत्र संकुचन (chromosome contraction)
   C. पुष्पण प्रेरण (flowering induction)
   D. नाइट्रोजन स्थिरीकरण (nitrogen fixation)
11. रैवीनैला मेडागास्करेन्सिस का सामान्य नाम है:
   A. मत्स्य पुच्छ ताड़ (Fish tail Palm)
   B. तालीपात ताड़ (Talipot Palm)
   C. ट्रैवलर ताड़ (Travellers Palm)
   D. पंखिया ताड़ (Palmyra Palm)
12. स्टेथोस्कोप (stethoscope) का आविष्कार निम्नलिखित में से किसने किया?
   A. लीनेक (Laennec)
   B. एडवर्ड जेनर (Edward Jenner)
   C. रॉबर्ट कोच (Robert Koch)
   D. आइन्थोवेन (Einthoven)
13. लाइकेन किसी स्थान के .... प्रदूषण को सर्वाधिक स्पष्ट रूप में सूचित करता है:
   A. वायु B. जल
   C. मृदा D. शोर
14. ओन्कोलॉजी (Onchology) में निम्नलिखित में से किसका अध्ययन किया जाता है?

A. मृत कोशिकाओं
B. जीवित कोशिकाओं
C. कैंसर ग्रस्त कोशिकाओं
D. विभाजित हो रही कोशिकाओं

15. सूक्ष्मदर्शी की दो सन्निकट बिंदुओं को दो अलग–अलग बिंदुओं के रूप में पहचानने की क्षमता कहलाती है:
A. फोकल बिंदु (focal point)
B. विभेदन क्षमता (resolving power)
C. विवर्तन (diffraction)
D. क्रांतिक बिंदु (critical point)

16. .... एक जीवाणु जनित रोग है।
A. रैबीज B. चेचक
C. खसरा D. ट्यूबरकुलोसिस

17. ऑक्सैनोमीटर (auxanometer) नामक यंत्र से निम्नलिखित में से क्या मापी जाती है?
A. वाष्पोत्सर्जन B. वृद्धि
C. श्वसन D. प्रकाश संश्लेषण

18. अनुज्ञापक विधि (tracer method) में निम्नलिखित में से किसका प्रयोग किया जाता है?
A. सूक्ष्म पोषक तत्त्वों (micro nutrients)
B. रेडियोसमस्थानिक (radioisotopes)
C. विटामिन
D. एंजाइम

19. भारतीय महिलाओं की औसत आयु होती है:
A. 50 वर्ष B. 55 वर्ष
C. 65 वर्ष D. 70 वर्ष

20. पक्ष्माभी उपकला (ciliated epithelium) निम्नलिखित में से किसमें पायी जाती है?
A. अंडवाहिनी (Oviduct)
B. मुख्य श्वसनिका (Primary Bronchioles)
C. मेंढक की मुख गुहिका (Buccal cavity of frog)
D. उपर्युक्त सभी

21. दृष्टिपटल (retina) के शलाका और शंकु (rods and cones) कहलाते हैं:
A. ध्वनि ग्राही (Phono receptors)
B. रसायन ग्राही (Chemoreceptors)
C. प्रकाश ग्राही (Photoreceptors)
D. यंत्रग्राही (Mechanoreceptors)

22. "मृत्युज काठिन्य (rigor mortis)" होता है:
A. जब पेशियां क्षमता से अधिक तन जाती हैं
B. जब पेशियों को कम मात्रा में ऑक्सीजन की आपूर्ति होती है
C. मृत जंतुओं की पेशियों में
D. जब पेशियाँ श्रांत (fatigued) हो जाती हैं

23. जापानी मिनामाता रोग निम्नलिखित के कारण होता है:
A. कार्बन मोनोक्साइड विषाक्तता
B. कीटनाशी द्वारा विषाक्तता
C. पारद विषाक्तता
D. रेडियोसक्रिय अवघात

24. रैबीज का टीका सर्वप्रथम निम्नलिखित में से किसने विकसित किया?
A. लुई पाश्चर B. रॉबर्ट गैलो
C. रॉबर्ट कोच D. विलियम हार्वे

25. शरीर की रोग प्रतिरक्षण संबंधी क्रियाएं निम्नलिखित में से किसके द्वारा नियंत्रित होती हैं?
A. ऐल्बूमिन (albumins)
B. ऐल्फा ग्लोबुलिन (alpha globulins)
C. बीटा ग्लोबुलिन (beta globulins)
D. गामा ग्लोबुलिन (gama globulins)

26. मानव खोपड़ी में अस्थियों की संख्या होती है:
A. 14 B. 22
C. 30 D. 8

27. उत्परिवर्तन कराने के लिए एक्स–किरणों का प्रयोग निम्नलिखित में से किस वैज्ञानिक ने शुरू किया?
A. टी एच मॉर्गन B. एच.जे. म्युलर
C. फ्रेडरिक मीशर D. डी ई मूर

28. सामान्य कोशिकाओं की तुलना में कैंसर ग्रस्त कोशिकाएं रेडियो सक्रिय विकिरण द्वारा अधिक आसानी से नष्ट हो जाती हैं क्योंकि कैंसर ग्रस्त कोशिकाएं:
A. पोषण की कमी से जूझ रही होती हैं
B. विभाजित नहीं होनें वाली कोशिकाएं होती हैं

C. तीव्र गति से विभाजित होती हैं

D. असामान्य कोशिकाएं होती हैं

29. सर्दी–जुकाम, दमा और हे फीवर (hay fever) के उपचार हेतु प्रयुक्त एक ऐल्केलॉइड (alkaloid) निम्नलिखित में से किससे प्राप्त होता है?

A. ऐट्रोफा बेलाडोना (Atropha Belladona)

B. इफेडरा वल्गेरिया (Ephedra vulgaria)

C. पाइनस रॉक्सबर्धी (Pinus roxburghii)

D. उपर्युक्त में से कोई नहीं

30. बरसात के दिनों में लकड़ी के दरवाजे निम्नलिखित में से किस प्रक्रिया द्वारा फूल जाते हैं?

A. परासरण (osmosis)

B. बहिःपरासरण (exosmosis)

C. अंतःशोषण (imbibition)

D. उपर्युक्त सभी

31. प्लाज्मोडियम में युग्मकजनकों (gametocytes) का निर्माण कहाँ होता है?

A. मादा ऐनोफेलीज मच्छर के आमाशय में

B. मादा ऐनोफेलीज मच्छर की लार ग्रंथि में

C. मनुष्य के रक्त में

D. मनुष्य के यकृत में

32. मानव के मूत्र से सामान्यतः निम्नलिखित में से कौन–सा विटामिन स्रावित होता है?

A. विटामिन 'ए' B. विटामिन 'सी'

C. विटामिन 'के' D. विटामिन 'बी$_6$'

33. पित्त रस का मुख्य कार्य हैः

A. एंजाइमों द्वारा वसा का पाचन

B. पाचन हेतु वसा का पायसीकरण

C. प्रोटीन की पाचन–क्रिया को त्वरित करना

D. पाचन हेतु प्रोटीन का पायसीकरण

34. मानव शरीर में अस्थियों की कुल संख्या हैः

A. 305 B. 206

C. 606 D. 636

35. जैविक ऑक्सीजन मांग (Biological Oxygen Demand, BOD) निम्नलिखित में से किसके नमूने में उपस्थित प्रदूषणकारी कार्बनिक पदार्थ की एक माप है?

A. जल

B. वायु

C. मृदा

D. तालाब की तली में स्थित पंक

36. निम्नलिखित में से कौन–सा वन ऐसे वन के रूप में जाना जाता है जो ''कभी नहीं जलता''?

A. शंकु वन B. उष्णकटिबंधीय वर्षा वन

C. पर्णपाती वन D. टुण्ड्रा वन

37. निम्नलिखित में से कौन सामान्यतः एक वायु प्रदूषक नहीं है?

A. CO B. हाइड्रोकार्बन

C. SO_2 D. CO_2

38. त्रिकोणाकार कटक (Deltoid ridge) निम्नलिखित में से कहाँ पाया जाता है?

A. प्रगंडिका (Humerus)

B. उर्विका (Femur)

C. रेडियो–अल्ना (Radio ulna)

D. अंतर्जंघिका (tibia) और बहिर्जंघिका (fibula) के बीच की संधि

39. नाइट्रोजन के उपापचय (Nitrogen metabolism) में निम्नलिखित में से कौन–सा खनिज तत्त्व एक महत्त्वपूर्ण भूमिका निभाता है?

A. I B. Mo

C. Cu D. S

40. कोशिकीय ऊर्जा निम्नलिखित में से किसके द्वारा व्यक्त की जाती है?

A. जी टी पी (GTP) B. सी ए एम पी (CAMP)

C. ए एम पी (AMP) D. ए टी पी (ATP)

41. अपोहन क्रिया (Dialysis) निम्नलिखित में से किसके विफल होने की स्थिति में की जाती है?

A. हृदय B. यकृत

C. वृक्क D. मस्तिष्क

42. सुनंदिनी एक अधिक दूध देने वाली गाय की नस्ल का नाम है जिसे भारत के निम्नलिखित में से किस राज्य में विकसित किया गया है?

A. केरल B. हरियाणा
C. आंध्र प्रदेश D. बिहार

43. निम्नलिखित को सुमेलित कीजिए:

(*a*) परजीविता 1. अंतरजातीय संबंध
(*b*) हानिकारक कीट 2. दीमक
(*c*) सामाजिक जीवन 3. ऐफिड
(*d*) मैथुन प्रतिस्पर्धा 4. अंतरजातीय संबंध
5. हाथी

कूट:	(*a*)	(*b*)	(*c*)	(*d*)
A.	2	3	4	1
B.	2	3	4	5
C.	1	2	3	5
D.	2	4	3	1

44. यदि जाड़े की रात में कोई व्यक्ति कमरे के दरवाजों–खिड़कियों को बंद करके कमरे में अंगीठी जलाकर सो जाए तो निम्नलिखित में से किसके कारण उसकी मृत्यु हो सकती है?

A. अत्यधिक गरमी
B. कार्बन मोनोक्साइड विषाक्तता
C. कार्बन डाइऑक्साइड की अधिकता
D. रक्त में नाइट्रोजन की अधिकता

45. फीताकृमि का लार्वा कहलाता है:

A. सर्केरिया B. रेडिया
C. सिस्टिसेरस D. मिरासिडियम

46. प्रतिजैविक औषधि के रूप में पेनिसिलिन की खोज निम्नलिखित में से किसने की?

A. लुई पाश्चर B. फ्लेमिंग
C. इवानोवस्की D. जेनर

47. समान गुणों और भिन्न–भिन्न आण्विक संरचना वाले एंजाइम कहलाते हैं:

A. आइसो एंजाइम B. कोएंजाइम
C. ऐपो एंजाइम D. होलोएंजाइम

48. बचपन में थाइरॉइड ग्रंथि की निष्क्रियता के कारण व्यक्ति का शारीरिक, मानसिक और लैंगिक विकास अवमंदित होता है। यह दशा कहलाती है:

A. बौनापन (dwarfism)
B. क्रेटीनता (cretinism)
C. मिक्सोडेमा (myxodema)
D. ऐडीसन रोग

49. जीवाण्विक कोशिकाओं का परजीवीकरण करने वाले विषाणु जिन्हें जीवाणुभोजी कहा जाता है, सर्वप्रथम 1917 में .... द्वारा खोजे गए।

A. इवानोवस्की B. स्टैनले
C. डी हेरल D. लोवे

50. एंटअमीबा हिस्टोलिटिका का प्रसार निम्नलिखित में से किससे होता है?

A. सिक्ता मक्खी के काटने से
B. ऐनोफेलीज मच्छर के काटने से
C. संक्रमित व्यक्ति के साथ प्रत्यक्ष संपर्क से
D. संदूषित भोजन और जल ग्रहण करने से

51. अभिबद्ध जबड़ा (Lock jaw) निम्नलिखित में से किससे होता है?

A. विषाणु B. क्लॉस्ट्रिडियम टीटेनी
C. आइको बैक्टीरियम D. विब्रियोकॉलेरी

52. कार्बोहाइड्रेट हैं:

A. शरीर के निर्माता
B. शरीर की क्रियाओं के नियंत्रक
C. ऊर्जा उत्पादक
D. उपर्युक्त में से कोई नहीं

53. मनुष्य की लार में निम्नलिखित में से कौन–सा एंजाइम निहित होता है?

A. इरेप्सिन B. टायलिन
C. एमिलेस D. माल्टेस

54. हाथी पाँव या फीलपाँव (elephantiasis) नामक रोग निम्नलिखित में से किसके कारण होता है?

A. एस्कैरिस लम्ब्रीकोइडीज
B. वूचेरेरिया बैंक्रोफ्टाइ
C. टीनिया सोलियम
D. ऐंकिलोस्टोमा डूओडिनेल

55. विगत या वर्तमान में जीवित सबसे बड़े आकार के स्तनधारी जीव का नाम है:

A. जिर्राफ B. हाथी
C. नीली ह्वेल D. दरियाई घोड़ा

56. रक्त में श्वेताणुओं (Leucocytes) की संख्या कम होने की दशा कहलाती है:
A. ल्यूकीमिया (Leukemia)
B. ल्यूकोपीनिया (Leukopenia)
C. पॉलिएरिथ्रिमिया (Polyerythremia)
D. हीमोलायसिस (Haemolysis)

57. ध्वनि के .... डेसिबल से अधिक हो जाने और उस स्तर पर निरंतर बने रहने के फलस्वरूप शोर प्रदूषण उत्पन्न होता है।
A. 80 B. 120
C. 45 D. 200

58. क्रमाकुंचन गति (Peristalsis) निम्नलिखित में से किसके संकुचन के फलस्वरूप उत्पन्न होती है?
A. उदर पेशीय
B. डायाफ्राम
C. आहारनाल की चिकनी पेशियों
D. गुरुत्वाकर्षण बल

59. पसीना निकलना है एक:
A. निरंतर होने वाली प्रक्रिया
B. तंत्रिका तंत्र के नियंत्रण में होने वाली प्रक्रिया
C. उत्सर्जन की प्रक्रिया
D. उपर्युक्त सभी

60. यह जानने के लिए कि हृदय उचित रूप में कार्य कर रहा है अथवा नहीं, निम्नलिखित में से किस उपकरण का प्रयोग किया जाता है?
A. स्फिग्मोमैनोमीटर (sphygmomanometer)
B. इलैक्ट्रोकार्डियोग्राफ (electrocardiograph)
C. इलैक्ट्रोइन्सेफैलोग्राफ (electroencephalograph)
D. हीमैटेमेसिस (haematemesis)

61. विषाणुओं की खोज किसने की?
A. स्टैनले B. लुई पाश्चर
C. डिमिट्री इवानोस्की D. जेनर

62. जंतुओं की सर्वाधिक संख्या में प्रजातियाँ निम्नलिखित में से किस संघ में आती हैं?
A. कॉर्डेटा B. आर्थ्रोपोडा
C. मोलस्का D. सीलेन्टरेटा

63. अस्थियों के सिरे आपस में निम्नलिखित में से किसके द्वारा जुड़े होते हैं?
A. कण्डरा (tendon) B. स्नायु (ligament)
C. पेशी (muscles) D. उपास्थि (cartilage)

64. वर्णांधता (colour blindness) निम्नलिखित में से किस कारण होती है?
A. विटामिन 'ए' की कमी
B. लेंस का अपारदर्शी हो जाना
C. कमजोर दृक् तंत्रिका
D. जीन उत्परिवर्तन

65. अफ्रीका की "निद्रालु व्याधि" निम्नलिखित में से किसके कारण होती है?
A. प्लाज्मोडियम वाइवैक्स
B. लीशमैनिया
C. ट्रिपैनोसोमा गैम्बिएन्स
D. एंटअमीबा हिस्टोलिटिका

66. सार्व रक्तदाता का रक्त समूह होता है:
A. A B. AB
C. B D. O

67. नाड़ी की धड़कन यदि 140 प्रति मिनट हो यह निम्नलिखित में से किसका अभिलक्षण है?
A. हाथी B. वृद्ध व्यक्ति
C. वयस्क पुरुष D. नवजात शिशु

68. नमक मिला मांस जीवाणुओं के प्रभाव से लंबे समय तक खराब नहीं होता क्योंकि:
A. नमक मांस को निर्जलित कर देता है
B. नमक मांस के ऊपर एक संरक्षी आवरण विकसित करता है
C. नमक की उपस्थिति के कारण जीवाणु श्वसन क्रिया नहीं कर पाते
D. जीवाणु जीवद्रव्यकुंचन (Plasmolysis) के कारण निर्जलित हो जाते हैं तथा शुष्क और अप्रभावी हो जाते हैं:

69. निषेचित अंडाणु के अंतःरोपण हेतु गर्भाशय को तैयार करने वाला हॉर्मोन है:

A. ऑक्सीटोसिन B. प्रोलैक्शन

C. प्रोजेस्टेरॉन D. थायरोट्रोपिन

70. खाद्य विषाक्तता निम्नलिखित में से किसके कारण होती है?

A. प्लाज्मोडियम वाइवैक्स

B. सालमोनेला

C. लिशमैनिया

D. इनमें से कोई नहीं

71. विटामिन डी की कमी से बच्चों को रिकेट और वयस्कों को ऐस्टियोमैलैसिया नामक रोग होता है क्योंकि यह निम्नलिखित के उपापचन हेतु अनिवार्य है:

A. सोडियम और पोटैशियम के सल्फेट

B. कैल्सियम और फॉस्फेट

C. लौह तत्त्व

D. आयोडीन

72. किसी जंतु के शरीर में जीवन क्षीणीकृत या हत रोगजनकों को प्रविष्ट कराने का निम्नलिखित परिणाम होता है:

A. निष्क्रिय रोगरोधी क्षमता

B. सक्रिय रोगरोधी क्षमता

C. रोगरोधी क्षमता विकसित नहीं होती

D. रोगजनकों पर उदासीनरंजी (neutrophils) का आक्रमण होता है

73. जीवाणुभोजी होते हैं:

A. जीवाणुनाशी विषाणु

B. जीवाणुनाशी औषधि

C. कीटनाशी जीवाणु

D. आंत्र में रहने वाले जीवाणु

74. जंतु अपने शरीर में निम्नलिखित में से किसे संश्लेषित कर सकते हैं?

A. सभी प्रकार के विटामिन

B. केवल विटामिन 'ए'

C. केवल विटामिन 'डी'

D. विटामिन 'बी' और 'सी'

75. वृक्क नलिका के बोमन संपुट (Bowman's capsule) और केशिका गुच्छ (Glomerulus) को एक साथ निम्नलिखित में से किस नाम से जाना जाता है?

A. हेनले पाश B. मैलपीगी संपुट

C. वृक्काणु D. कुंडलित नलिका

76. मनुष्य को ट्युबरकुलोसिस निम्नलिखित में से किसके कारण होता है?

A. बैसिलस ऐंथ्रासिस

B. विब्रियो कोलेरी

C. कोरिनेबैक्टीरियम डिफ्थेरियाइ

D. माइकोबैक्टीरियम

77. आयोडीन की कमी से शरीर में निम्नलिखित में से किसकी कमी हो जाती है?

A. पैराथॉर्मोन B. थायरॉक्सिन

C. ऑक्सिटोसिन D. इंसुलिन

78. यदि कोई जीव अपने पर्यावरण के साथ पूर्णतः समस्वरित हो तो ऐसा कहा जाता है कि उसने अपना .... पा लिया है:

A. पारिस्थितिकी तंत्र

B. पारिस्थितिकी में विशिष्ट स्थान

C. बायोम

D. जीवमंडल (Biosphere)

79. मृत पौधों और जंतुओं को खाकर जीवित रहने वाले कवक कहलाते हैं:

A. स्वपोषी (autotrophs)

B. परजीवी (parasites)

C. मृतजीवी (seprobes)

D. सहभोजी (commensals)

80. मृतजीवी प्रायः निम्नलिखित में से किस स्थान पर उगते हैं?

A. कंपोस्ट (compost) B. अपरद (detritus)

C. ह्यूमस (humus) D. उपर्युक्त सभी

उत्तरमाला

1	2	3	4	5	6	7	8	9	10
D	C	B	C	D	A	D	D	C	D
11	**12**	**13**	**14**	**15**	**16**	**17**	**18**	**19**	**20**
C	A	A	C	B	D	B	B	C	D
21	**22**	**23**	**24**	**25**	**26**	**27**	**28**	**29**	**30**
C	C	C	A	A	B	B	C	B	C
31	**32**	**33**	**34**	**35**	**36**	**37**	**38**	**39**	**40**
C	B	B	B	A	B	D	A	B	D
41	**42**	**43**	**44**	**45**	**46**	**47**	**48**	**49**	**50**
C	A	A	B	C	B	A	B	B	D
51	**52**	**53**	**54**	**55**	**56**	**57**	**58**	**59**	**60**
B	C	B	B	C	B	A	C	D	B
61	**62**	**63**	**64**	**65**	**66**	**67**	**68**	**69**	**70**
C	B	B	D	C	D	D	D	C	B
71	**72**	**73**	**74**	**75**	**76**	**77**	**78**	**79**	**80**
B	B	A	C	B	D	B	B	C	D

प्रश्न पत्र सेट – VIII

1. निम्नलिखित में से प्रतिशुष्कनेत्रता विटामिन (anti-xerophthalmic vitamin) है:

A. विटामिन 'ए' B. विटामिन 'बी$_1$'
C. विटामिन 'डी' D. विटामिन 'के'

2. बैंगनी (नील लोहित) जीवाणु निम्नलिखित में से किस प्रकार का पोषण करते हैं?

A. मृतजीवी B. रसायन पोषित
C. रसायन स्वपोषित D. परजीवी

3. मानव रक्त को सर्वप्रथम निम्नलिखित में से किसने रक्त समूहों में वर्गीकृत किया?

A. विलपैम हार्वेरी B. लैंड स्टीनर
C. मैलिगी D. हॉवेल

4. स्कर्वी नामक रोग निम्नलिखित में से किसकी कमी से होता है?

A. विटामिन 'बी$_1$' B. विटामिन 'बी$_6$'
C. विटामिन 'सी' D. विटामिन 'के'

5. मानव शरीर में सबसे लंबी अस्थि है:

A. टिबिया (अंतर्जंघिका) B. फीमर (बहिर्जंघिका)
C. ह्यूमेरस D. पसली

6. एक प्रकार की खाद्य विषाक्तता जिसे पोटैमिन विषाक्तता कहते हैं, कभी–कभी विषाक्त डिब्बाबंद खाद्य पदार्थों को खाने से होती है जिसमें प्रभावित व्यक्ति को बेहोशी, दोहरी दृष्टि, अंगघात (लकवा) जो चेहरे से शुरू होकर शरीर के निचले अंगों को प्रभावित करता जाता है, भोजन निगलने में कठिनाई आदि समस्याएं उत्पन्न हो जाती हैं, निम्नलिखित में से किसके कारण होती है?

A. विषाणु B. क्लोस्ट्रिडियम बोटुलिनम
C. स्ट्रैप्टोकोकी D. स्टैफाइलोकोकस

7. केवल आर्थिक लाभ अर्जित करने के लिए ऐसी गायों के थन में, जिनका दूध अन्यथा सूख चुका होता है, दूध उतारने के लिए निम्नलिखित में से किस हार्मोन का इंजेक्शन दिया जाता है?

A. थायरॉक्सिन B. पैराथॉर्मोन
C. ऑक्सिटॉक्सिन D. इंसुलिन

8. प्लेग फैलाने वाला बैसिलस जीवाणु निम्नलिखित में से किसके माध्यम से संचारित होता है?

A. वायु B. जल
C. पिस्सू D. संदूषित भोजन

9. अंकुश कृमि (Hook worm) संक्रमण निम्नलिखित में से किनमें सामान्य तौर पर पाया जाता है?

A. फैक्टरी श्रमिकों
B. राजमिस्त्रियों
C. अस्पताल के कर्मचारियों
D. कृषि श्रमिकों

10. यदि एक व्यक्ति जिसका रक्त समूह O है, एक ऐसी महिला से विवाह करे जिसका रक्त समूह A है तथा उसकी पत्नी के पिता का रक्त समूह O है तो इनसे होने वाले बच्चे का रक्त समूह O होगा, इसकी संभावना कितनी है?

A. 25% B. 50%
C. 75% D. 100%

11. एल एस डी (लिसर्जिक अम्ल डाइएथिल ऐमाइड) एक खतरनाक व्यसन उत्पन्न करने वाली औषधि है तथा व्यसनी व्यक्ति को व्यसन से मुक्त करने की कोई आशा नहीं रह जाती और वह उपचार के अयोग्य हो जाता है। यह है एक:

A. प्रशांतक B. उद्दीपक
C. अवसादक D. विभ्रम उत्पादक

12. अर्गोटेमीन (ergotamine) जो क्लैविसेप्स नामक परजीवी कवक से उत्पन्न किया गया एक ऐल्कालॉइड है, जिसे प्रायः अरगॉट के नाम से जाना जाता है:

A. एक अवसादक (depressant) है
B. एक विटामिन है
C. गर्भाशय की चिकनी पेशियों को उद्दीपित करता है जिससे प्रसव शीघ्र होता है
D. हृदय गति को रोक देता है

13. निकट दृष्टि (Myopia) के शिकार व्यक्ति निम्नलिखित में से किस प्रकार का लेंस प्रयोग में लाते हैं?

A. उत्तल लेंस B. समोत्तल लेंस
C. अवतल लेंस D. सिलिंडरी लेंस

14. वर्तमान जानकारी के अनुसार pH कारक निम्नलिखित में उपस्थित होता है:
A. सभी स्तनधारियों
B. केवल पुरुषों
C. सभी रीढ़धारी जीवों
D. केवल पुरुषों और रीसस बंदरों

15. चेचक निम्नलिखित में से किसके द्वारा होता है?
A. जीवाणु B. विषाणु
C. कवक D. शैवाल

16. नाइट्रोजन निम्नलिखित में से किसका एक महत्त्वपूर्ण संघटक है?
A. कार्बोहाइड्रेट B. वसा
C. प्रोटीन D. सभी खनिज लवण

17. मानव शरीर में ताप नियंत्रण का कार्य मस्तिष्क का कौन सा भाग करता है?
A. प्रमस्तिष्क (cerebrum)
B. अनुमस्तिष्क (cerebellum)
C. अधश्चेतक (hypothalamus)
D. मेडूला (medulla)

18. किस प्रकार की अरक्तता में लाल रक्त कणिकाओं की संख्या माप–योग्य नहीं रह जाती?
A. हीमडायटिक अरक्तता (Haemdytic anaemia)
B. पेरीसियस अरक्तता (Pericius anaemia)
C. एप्लास्टिक अरक्तता (Aplastic anaemia)
D. रक्तस्रावी अरक्तता (Haemorragic anaemia)

19. रक्त में कार्बन डाइऑक्साइड का परिवहन अधिकांशतः निम्नलिखित में से किस रूप में होता है?
A. कार्बोक्सी हीमोग्लोबिन (Carboxy haemoglobin)
B. कार्बिनो हीमोग्लोबिन (Carbino haemoglobin)
C. कार्बोनिक अम्ल (Carbonic Acid)
D. सोडियम और पोटैशियम के बाइकार्बोनेट

20. एक दुर्घटनाग्रस्त व्यक्ति के रक्त में एग्लुटिनिक्सिन 'ए' मिश्रित करने पर लाल रक्त कणिकाएं सपुंजित हो गईं। इस व्यक्ति का रक्त समूह है:
A. A B. B
C. O D. AB या B

21. 'इरेप्सिन' नामक एंजाइम निम्नलिखित में से किस पर क्रिया करता है?
A. कार्बोहाइड्रेट B. वसा
C. प्रोटीन D. खनिज लवण

22. हृदय का संकुचन कहलाता है:
A. हृदय की धड़कन (heartbeat)
B. प्रकुंचन (systole)
C. अनुशिथिलन (diastole)
D. हृदय की ध्वनि (heart sound)

23. कीटों में निम्नलिखित में से कौन–सा हॉर्मोन स्रावित न होने तक लार्वा वयस्क में नहीं बदलता है?
A. प्रोथोरैसिक ओट्रोपिन (Prothoracic Otropin)
B. एक्डाइसोन (Ecdysone)
C. किशोर हॉर्मोन (Juvenile hormone)
D. डॉयपोज हॉर्मोन (Diapause hormone)

24. लाल रक्त कोशिकाएं निम्नलिखित में से कहाँ नष्ट होती हैं?
A. अस्थि मज्जा (Bone marrow)
B. पीतक कोष (Yolk sac)
C. यकृत (Liver)
D. वृक्क (Kidney)

25. खराब हो चुकी मछली, मांस, अंडा पाउडर आदि खाने से हुई खाद्य विषाक्तता जिसके कारण प्रभावित व्यक्ति को उल्टी और पेट में अत्यधिक दर्द होने लगता है तथा कभी–कभी मृत्यु भी हो जाती है, निम्नलिखित में से किस जीवाणु के कारण होती है?
A. राइजोबियम B. विब्रियो कोलेरी
C. साल्मोनेला D. माइकोबैक्टीरियम

26. गंधक जीवाणु (Sulphur Bacteria) होता है:
A. स्वपोषित (autotrophic)
B. रसायन स्वपोषित (chemoautotrophic)
C. मृतजीवी (saprophytic)
D. परजीवी (parasitic)

27. कोई व्यक्ति जिस पदार्थों या दशाओं के प्रति अतिसंवेदनशील है उनके समुपस्थित हो जाने पर व्यक्ति द्वारा असंक्रामक, अप्राकृतिक और असामान्य प्रतिक्रिया व्यक्त करना कहलाता है:

A. संक्रमण B. प्रतिरक्षण
C. ऐलर्जी D. टॉक्सिन

28. फ्लोरीन निम्नलिखित में से किसके लिए आवश्यक है?
A. थाइरॉक्सिन का संश्लेषण
B. दांत के इनामेल
C. अस्थियों के कठोर होने
D. तंत्रिका आवेग के संचरण

29. रसांकुर (Villi) सूक्ष्म रोमवत् संरचनाएं हैं जो अवशोषण में सहायक हैं और .... में पाए जाते हैं।
A. आमाशय
B. अग्न्याशय
C. क्षुद्रांत्र (इलियम)
D. बृहदंत्र (कोलन)

30. स्टार फिश में पाया जाने वाला सरल और आद्य तंत्र कहलाता है:
A. प्रजनन तंत्र
B. पाचन तंत्र
C. तंत्रिका तंत्र
D. जलवाहिका तंत्र

31. मानव शरीर का सबसे बड़ा रासायनिक कारखाना है:
A. आंत्र (Intestine)
B. यकृत (Liver)
C. मस्तिष्क (Brain)
D. अग्न्याशय (Pancrea)

32. प्लाज्मोडियम में निम्नलिखित में से किस चरण में युग्मनज परिसर्पण गति करते हैं?
A. बीजाणु (Spore)
B. बीजाणुज (Sporozoite)
C. चलयुग्मज (Ookinete)
D. विकशाभीभवन (Exflagellation)

33. एक व्यक्ति की बाँह में एक स्थान पर एक चीरा लग गया है। चिकित्सक ने ध्यान से जाँच पड़ताल के बाद पाया कि उस स्थान पर उस व्यक्ति की नस कट गई है। निम्नलिखित में से किस बात ने चिकित्सक को इस निष्कर्ष पर पहुँचने में सहायता की?
A. रक्त क्षति की मात्रा कम थी
B. रक्त प्रवाह में उछाल नहीं था
C. रक्त का रंग गहरा लाल नहीं था
D. काट काफी गहरी थी

34. अपादक (मैगट) निम्नलिखित में से किसके लार्वा को कहते हैं?
A. तितली B. घरेलू मक्खी
C. तिलचट्टा D. ड्रैगन फ्लाई

35. बेकरी वाले ब्रेड बनाने में यीस्ट का प्रयोग करते हैं क्योंकि इससे:
A. स्वाद में वृद्धि होती है
B. ब्रेड मुलायम और स्पंजी हो जाता है
C. ब्रेड कुछ दिनों तक खराब नहीं होता
D. ब्रेड में विटामिन 'डी' की मात्रा में वृद्धि होती है

36. आनुवंशिक प्रयोग हेतु उपयोग में लाया जाने वाला एशरिकिआ कोली (Escherichia Coli) हमारे शरीर के किस अंग में निवास करता है?
A. आमाशय B. यकृत
C. आंत D. फेफड़े

37. रोगोत्पादक सूक्ष्म जीवों और उनके बीजाणुओं को नष्ट करने की प्रक्रिया कहलाती है:
A. पाश्चुरीकरण
B. प्रतिजैविकी औषधि उपचार (antibiotic medicine)
C. विसंक्रमण
D. स्वच्छीकरण

38. वसा पर पित्त की क्रिया निम्नलिखित की एक प्रक्रिया है:
A. जल अपघटन (hydrolysis)
B. उपचयन (oxidation)
C. अपचयन (reduction)
D. साबुनीकरण (saponification)

39. शाम के धुंधलके के बाद किसी व्यक्ति में विटामिन 'ए' की कमी के कारण उसे दिखाई नहीं पड़ता। यह निम्नलिखित में से किस रोग का लक्षण है?
A. वर्णांधता (colour blindness)
B. रतौंधी (nyctalopia)
C. निकट दृष्टि (myopia)
D. ग्लॉकोमा (glaucoma)

40. अधिकांश संचारी रोग जीवाणुओं और विषाणुओं के कारण होते हैं जिसे रोगों के रोगाणु सिद्धांत (Germ theory of disease) के रूप में व्यक्त किया जाता है। इस सिद्धांत को प्रतिपादित करने का श्रेय निम्नलिखित में से किसे दिया जाता है?

A. एडवर्ड जेनर (Edward Jenner)
B. हिप्पोक्रेट्स (Hippocrates)
C. लुई पाश्चर और रॉबर्ट कोच
D. लैंडस्टीनर

41. निम्नलिखित में से किस परजीवी का अपने जीवन चक्र के दौरान कोई मध्यस्थ पोषी नहीं होता?

A. यकृत पर्णाभ B. प्लाज्मोडियम
C. टीनिया D. ऐस्कारिस

42. ई.सी.जी. में यदि P तरंग परिवर्तित हो, तो यह निम्नलिखित का सूचक है:

A. अलिंद (atria) सामान्य रूप में कार्य नहीं कर रहा है
B. निलय (ventricles) सामान्य रूप में कार्य कर रहा है
C. आवेग संचरण की दर काफी तीव्र है
D. व्यक्ति एक बार हृदय आघात का सामना कर चुका है

43. निंबूकुल के फल और इंडियन गूजबेरी में निम्नलिखित में से कौन–सा विटामिन प्रचुर मात्रा में पाया जाता है?

A. विटामिन 'बी' B. विटामिन 'सी'
C. विटामिन 'ई' D. विटामिन 'के'

44. जल में विलयशील विटामिन है:

A. विटामिन 'ए', 'बी' और 'सी'
B. विटामिन 'बी' और 'सी'
C. विटामिन 'सी' और 'ए'
D. उपर्युक्त में से कोई नहीं

45. मनुष्य के शरीर में वायु का आरक्षित आयतन होता है:

A. 8000 मिली B. 3000 मिली
C. 1000 मिली D. 500 मिली

46. अलवण जल के तालाब का बी.ओ.डी. (जैविक ऑक्सीजन मांग) उच्च होता है यदि उसका जल हो:

A. स्वच्छ
B. प्रदूषित
C. सूर्य के प्रकाश से दूर
D. जलीय जीवों से पूर्ण

47. एंटअमीबा हिस्टोलिटिका में निम्नलिखित नहीं होने के कारण वह अमीबा प्रोटियस से भिन्न होता है:

A. कूटपाद (Pseudopodia)
B. संकुचनशील धानी (Contractile vacuole)
C. खाद्य रसधानी (Food vacuole)
D. केंद्रक (Nucleus)

48. ग्रैम पॉजिटिव जीवाणुओं में होती है:

A. सघन और एकसमान कोशिका भित्ति
B. लगभग 70% पेप्टिडो ग्लाइकॉन युक्त कोशिका भित्ति
C. 10% से कम लिपिड युक्त कोशिका भित्ति
D. उपर्युक्त में से कोई नहीं

49. शहद में उपस्थित शर्करा है:

A. ग्लूकोस B. माल्टोस
C. लैक्टोस D. फ्रक्टोस

50. यदि किसी व्यक्ति के रक्त की लाल रक्त कणिकाओं में कोई भी एन्टीजन (antigen) नहीं हो तथा A और B दोनों प्रतिरक्षी अणु (antibodies) रक्त प्लाज्मा में स्थित हों तो ऐसे व्यक्ति का रक्त निम्नलिखित में से किस समूह में आता है?

A. A B. B
C. AB D. O

51. नेत्र का अंधबिंदु (Blind spot) होता है:

A. निष्क्रिय स्थल
B. अभिग्राही पृष्ठ से बाह्य भाग में स्थित बिंदु
C. रेटिना पर दृक् तंत्रिकाओं द्वारा घिरा बिंदु
D. प्रकाश का अभिग्रहण नहीं करने वाला बिंदु

52. ट्रिपैनोसोमा गैंबिएन्स का स्थायी पोषी है:

A. भेड़ B. घोड़ा
C. भैंस D. बारहसिंगा

53. निम्नलिखित में से कौन स्तनधारी जीवों में तापस्थायी (thermostat) का कार्य करता है :

A. मेडुला (Medulla)
B. अधश्चेतक (Hypothalamus)

C. प्रमस्तिष्क वृंतक (Cerebral Peduncles)
D. पोन्स सेरेब्रैलिस (Pons cerebralis)

54. दमा एक श्वसन रोग है जो निम्नलिखित के कारण होता है:
A. श्वासनली का संक्रमण
B. फेफड़ों का संक्रमण
C. फुप्फुसावरणी गुहा में रक्तस्राव
D. श्वसनी पेशियों में लहर उत्पन्न होना

55. निम्नलिखित में से कौन एक लाभकारी जीव नहीं है?
A. पेनिसिलियम B. एगैरिकस
C. डायटम D. बैसिलस ऐंथ्रैसिस

56. व्हिस्की ऐल्कोहॉल के आसवन से प्राप्त पदार्थ है जो निम्नलिखित के किण्वन से प्राप्त होता है:
A. गन्ने का रस
B. फलों के रस
C. अनाज का दलिया
D. चाशनी

57. निम्नलिखित में से किस मादक औषध के सेवन से व्यक्ति विभ्रम और मानसिक अवसाद का शिकार हो जाता है तथा उसके व्यक्तित्व में भी बदलाव आ जाता है?
A. बार्बिट्यूरेट (Barbiturates)
B. लिसर्जिक अम्ल डाइएथिल ऐमाइड (एल एस डी)
C. मॉर्फिन
D. उपर्युक्त सभी

58. यीस्ट निम्नलिखित में से किस विटामिन का एक उत्तम स्रोत है?
A. विटामिन 'ए' B. विटामिन 'बी'
C. विटामिन 'डी' D. विटामिन 'ई'

59. पादक कोशिका सिद्धांत का प्रतिपादन निम्नलिखित में से किस जीवविज्ञानी ने किया?
A. श्वान B. सी पी स्वानसन
C. श्लाइडेन D. आर विर्चो

60. कोशिका में पहले समावेशित किए गए रेडियो सक्रिय समस्थानिकों के वितरण के तनुकरण हेतु प्रयुक्त तकनीक कहलाती है:
A. कोशिका प्रभाजन (cell fractionation)
B. स्वविकिरणी चित्रण (autoradiography)
C. कला–4 विपर्यासी सूक्ष्मदर्शिकी (Phase-4 Contrast Microscopy)
D. ऊतक संवर्धन (tissue culture)

61. निम्नलिखित में से किस सूक्ष्मदर्शी में उच्चतम वियोजन क्षमता होती है?
A. कला विपर्यासी सूक्ष्मदर्शी (Phase contrast microscope)
B. प्रतिदीप्ति सूक्ष्मदर्शी (Fluorescent Microscope)
C. ध्रुवण सूक्ष्मदर्शी (Polarizing microscope)
D. इलैक्ट्रॉन सूक्ष्मदर्शी (Electron microscope)

62. यदि किसी विषमयुग्मजी जीव (heterozygous organism) जिसके जीनों के दो युग्म Aa Bb द्वारा निरूपित हों, के केंद्रकों का अर्धसूत्री विभाजन हो तो युग्मकों का संभावित जीन प्ररूपी संयोजन होगा:
A. AB, ab
B. Aa, Bb
C. AB, ab, Aa, aB
D. दी गई सूचना अपर्याप्त है

63. यदि किसी पुरुष के y-गुणसूत्र द्वारा एक लिंग सहलग्नी जीन का वहन किया जाता है तो उस पुरुष से यह जीन संचारित होगा:
A. उसकी सभी पुत्रियों में
B. उसके सभी पुत्रों में
C. उसके आधे पुत्रों में
D. उसकी आधी पुत्रियों में

64. यदि किसी लड़के के पिता को हीमोफीलिया है और उसकी माता में हीमोफीलिया का एक जीन है तो इस बात की कितनी संभावना है कि उस लड़के को भी यह रोग हो?
A. 0% B. 50%
C. 75% D. 100%

65. पृथ्वी पर निवास करने वाले सभी सजीव मिलकर .... का निर्माण करते हैं।
A. बायोम (Biome)
B. जीवमंडल (Biosphere)

C. समुदाय (Community)

D. जीवसंख्या (Population)

66. किसी क्षेत्र–विशेष में रहने वाले पौधे और जंतु मिलकर .... का निर्माण करते हैं।

A. जीवसंख्या

B. बायोम

C. समुदाय

D. पारिस्थितिकी तंत्र

67. ब्लैडर वर्म निम्नलिखित में से किसका लार्वा है?

A. ऐस्कारिस B. टीनिया

C. नेरिस D. फैसिओला

68. निम्नलिखित में से किस जीव में वास्तविक प्रगुहा (True Coelom) होती है?

A. ऐस्कारिस B. फैसिओला

C. ओबेलिया D. फेरेटिमा

69. केंचुआ (फेरेटिमा पोस्थुमा) में कितने जोड़े हृदय होते हैं:

A. 3 B. 4

C. 5 D. 6

70. निम्नलिखित में से कौन-सा विटामिन वसा में विलयशील है?

A. नियासिन B. बायोटीन

C. ऐस्कॉर्बिक अम्ल D. कैल्सिफेरॉल

71. निम्नलिखित में से कौन जैविक दृष्टि से सक्षम विवाह नहीं है?

A. पुरुष RH^- और महिला RH^+

B. पुरुष RH^+ और महिला RH^+

C. पुरुष RH^+ और महिला RH^-

D. पुरुष RH^- और महिला RH^-

72. निम्नलिखित में से कहाँ ग्लूकोस पूर्णतः अवशोषित हो जाता है?

A. हेनले पाश (Henle's loop)

B. समीपस्थ संवलित नलिका (Proximal Convoluted tubule)

C. दूरस्थ संवलित नलिका (distal convoluted tubule)

D. संग्राहक नलिका (collecting tubule)

73. अमोनिया रासायनिक अभिक्रिया के एक चक्र द्वारा यूरिया में बदल जाता है। इसे कहते हैं:

A. जैव उपचयन (Bio oxidation)

B. ऑर्निथीन चक्र (Ornithine cycle)

C. आर्जिनीन चक्र (Arginine cycle)

D. कोरि का चक्र (Cori's cycle)

74. निम्नलिखित में से किस संधि के कारण हम अपने सिर को एक ओर से दूसरी ओर घुमा फिरा सकते हैं?

A. हिंज संधि (hinge joint)

B. धुराग्र संधि (pivot joint)

C. अद्वितीय संधि (unique joint)

D. सोडल संधि (soddle joint)

75. निम्नलिखित में से कौन एक व्यसन उत्पन्न करने वाला पदार्थ नहीं है?

A. निकोटीन B. कैफीन

C. एल्कोहॉल D. ऐस्पिरिन

76. यदि .... किसी व्यक्ति के आहार का प्रमुख घटक न हो तो उसे पेलैग्रा नामक रोग हो सकता है।

A. पत्तेदार सब्जियाँ B. दूध

C. अंडे D. अनाज

77. टेबल सुगर (Table sugar) है:

A. ग्लूकोस B. लैक्टोस

C. सुक्रोस D. फ्रुक्टोस

78. क्लोरोफ्लोरोकार्बन निम्नलिखित में से किसके प्राकृतिक सांद्रण के लिए खतरा उत्पन्न करता है?

A. कार्बन डाइऑक्साइड

B. ऑक्सीजन

C. नाइट्रोजन

D. ओजोन

79. सांड और बैल में यह अंतर है कि बैल:

A. जनदनाशन अर्थात बधियाकरण (Castration) द्वारा बन्ध्या बना दिए जाते हैं

B. प्राकृतिक रूप से शुक्राणु उत्पन्न करने में अक्षम होते हैं

C. प्राकृतिक रूप से अधिक मजबूत होते हैं

D. अधिक उग्र होते हैं

80. इम्पेशिएन्स बालसेमिना (गुलमेंहदी) निम्नलिखित में से किसके संबंध में एक सूचक पौधे के रूप में काम करता है?

A. ऐलुमिनियम
B. जस्ता
C. सोना
D. ताँबा

उत्तरमाला

1	**2**	**3**	**4**	**5**	**6**	**7**	**8**	**9**	**10**
A	C	B	C	B	B	C	C	D	B
11	**12**	**13**	**14**	**15**	**16**	**17**	**18**	**19**	**20**
D	C	C	D	B	C	C	B	D	B
21	**22**	**23**	**24**	**25**	**26**	**27**	**28**	**29**	**30**
C	B	B	C	C	B	C	B	C	C
31	**32**	**33**	**34**	**35**	**36**	**37**	**38**	**39**	**40**
B	C	B	B	B	C	C	D	B	C
41	**42**	**43**	**44**	**45**	**46**	**47**	**48**	**49**	**50**
D	A	B	B	B	B	B	C	D	D
51	**52**	**53**	**54**	**55**	**56**	**57**	**58**	**59**	**60**
C	D	B	D	D	C	D	B	C	B
61	**62**	**63**	**64**	**65**	**66**	**67**	**68**	**69**	**70**
D	C	B	B	B	C	B	D	B	C
71	**72**	**73**	**74**	**75**	**76**	**77**	**78**	**79**	**80**
C	B	B	B	D	D	C	D	A	B

ENGLISH LANGUAGE

1. Comprehension Passages

ENGLISH LANGUAGE COMPREHENSION

The objective of language comprehension test is to ascertain the ability of the candidates to understand the passage properly. Therefore candidates are required to take notice of the following points:

1. Read the full passage very attentively and intelligently.
2. Try to comprehend the gist of it.
3. Make a mental note of all the important details and points given in the passage.
4. Read the passage for the second time in case you have not been able to understand it satisfactorily.
5. Divide the time proportionately for all the passages.
6. Answer the questions on the basis of facts, as given in the paragraph.
7. Don't waste much time in answering the questions of any one passage.
8. Check all the answers once again, very carefully, to see whether any question is left unanswered by mistake.

MODEL QUESTIONS (FOR PRACTICE)

Directions: *Each of the following passages is followed by five questions. Read the passage carefully and then answer the questions that follow each. For each question, four probable answers A, B, C and D are given. Only one out of these is correct. Choose the correct answer.*

PASSAGE-1

The use of words like 'welcome', 'thank you', 'please', etc., at the right moment reflects a polite nature. The civic sense also lies within the scope of good manners. We should not shout or talk loudly in public places like hospitals and libraries and create disturbance. We should not cheat people or make fun of them. Cleanliness is also necessary. We must not throw the waste on roads and make use of dustbins. We should not harm the public property as it belongs to all of us. While in a queue, discipline should be maintained. We must give fair chance to others.

1. Expressions like 'welcome' 'thank you' and 'please' reflect
   A. happiness B. discipline
   C. civic sense D. polite nature
2. While in a library, we should
   A. respect others B. avoid arguments
   C. talk in low tone D. be courteous
3. A public property belongs to
   A. nobody
   B. all of us
   C. government
   D. one who maintains it

4. Discipline is
   A. the rule of proper conduct or action
   B. the rule of road sense
   C. making use of dustbins
   D. forming a queue
5. The most appropriate title for this passage would be
   A. Polite Nature
   B. Courtesy
   C. Good Manners
   D. Civic Sense

PASSAGE-2

There is an old proverb 'Early to bed and early to rise makes a man healthy and wise.' I am in the habit of getting up early in the morning and have formed the habit of taking long morning walks in the past two years. It is a light exercise and best for physical fitness. The morning air which is fresh and pure is beneficial for the lungs. The early rays of the rising sun are good for healthy skin. 'Health is wealth' and doctors also recommend morning walk to their patients for gaining sound health and freshness of energy.

1. What is good for lungs?
   A. Sunrays B. Fresh air
   C. Sound sleep D. Light exercise
2. What is a light exercise?
   A. Early to bed
   B. Early to rise
   C. Morning walk
   D. Gaining sound health
3. What is good for skin?
   A. Fresh air
   B. Morning air
   C. Morning walk
   D. Rising sun's rays
4. What is best for physical fitness?
   A. Light exercise
   B. Long morning walk
   C. Early to rise
   D. Fresh and pure air
5. Long morning walk
   A. bring sound sleep
   B. ensures physical fitness
   C. ensures healthy skin
   D. keeps healthy, wealthy and wise

PASSAGE-3

Mahatma Gandhi lived a splendid long life and has set great moral standards before us. He showed to the world the true way to peace. He wished to see India prosper but he became a martyr for the noble cause of Hindu-Muslim unity at the time of partition when a religious fanatic, Nathuram Godse, shot him dead on January 30, 1948. His last words were 'Hey Ram'. He lived and died for his country and countryman.

1. Mahatma Gandhi showed the world the true way to
   A. prosperity B. love
   C. truth D. peace
2. Mahatma Gandhi became a martyr for the noble cause of
   A. truth
   B. non-violence
   C. freedom of India
   D. Hindu-Muslim unity
3. Mahatma Gandhi was shot dead
   A. before India achieved independence
   B. by a mad man
   C. by an intolerant religious person
   D. by a non-religious person
4. Mahatma Gandhi set great moral standards. It means
   A. he was a great religious teacher
   B. he was a great moralist
   C. he made India morally stronger
   D. moral was everything to him
5. Gandhiji lived and died for his country and countryman. It means
   A. he was born in India and died in India
   B. he was a patriot
   C. he was a great moralist
   D. he sacrified his life for India and her people

PASSAGE-4

On one hot day a crow felt very thirsty. He flew from one place to another in search of water. After long hours of labour he found a pitcher. Eagerly, he perched on the mouth of the pitcher. He found that the water was at the bottom of the vessel. He tried his best to dip his beak but did not succeed. He did not know what to do. Suddenly some pebbles lying nearby gave him an idea. One by one he dropped the pebbles with his beak into the pitcher. The level of water slowly came up to the mouth of the pitcher. The crow then drank the water and quenched his thirst.

1. The crow found a pitcher
A. as it flew
B. after many hours of labour
C. full of water
D. which was empty

2. What is the moral of the passage?
A. No pains, no gains
B. God helps those who help themselves
C. Necessity is the mother of invention
D. Try and try again, you will succeed at last

3. The crow flew from place to place
A. in search of pitcher
B. in search of pebbles
C. in search of water
D. in search of a vessel

4. The pitcher, the crow found
A. was full of water
B. was dry
C. had little water in the bottom
D. had water up to its mouth

5. As the crow dropped pebbles into the pitcher, what happend?
A. The pitcher broke down
B. The water leaked one of the pitcher
C. The level of water into the pitcher rose up slowly
D. Water level immediately rose to the mouth of the pitcher

PASSAGE-5

Once upon a time a crane and a fox lived in a forest. They were good friend. One day the fox invited the crane to a feast. He made a tasty food and served it before the crane on a plate. The crane could not eat anything because of the long beak. But the fox licked all his food. The crane felt insulted. He decided to teach the fox a lesson. Next day he invited the fox. He prepared the same tasty food and placed it in front of the fox inside a narrow glass. The crane ate easily while the fox looked on. Now, it was the fox's turn to remain hungry.

1. What is the moral of the passage?
A. Beware of the wicked
B. One good turn deserves another
C. Be contented with what you have
D. Tit for tat

2. The crane could not eat tasty food because the
A. food was served in a shallow plate
B. food was very hot
C. food was served in a long jar
D. crane was not hungry

3. The fox had to remain hungry because
A. the food served was not enough in quantity
B. the food was served inside a narrow glass
C. the food served was not tasty
D. the food was all liquid

4. Why did the crane feel insulted?
A. Because he was invited to feast but he could not eat anything
B. Because the food was served in a shallow plate and he could not eat
C. Because the food was too hot
D. Because the fox gulped all the food quickly

5. The crane successfully taught a lesson to the fox when he invited the fox to a feast and served the food
A. in a narrow glass
B. in a large plate
C. in a broken plate
D. in a long jar

PASSAGE-6

The family set down at the table and began to talk about the summer holidays. They had to decide a place to visit during the vacation. Should they go to their village or to a hill station? The parents preferred the village while the children wished to go the hill station. After few moments of discussion the elders decided to visit both the places. First they shall go to the village for a week and then stay at the hill station for the remaining days. For the first time the family shall be together during the holidays. The children were happy with the holiday plan.

1. The purpose for which the family set down at the table was
A. to decide a place to visit during the vacation
B. to educate the children how to carry articles during a visit to a hill station
C. to decide the date when they should start their journey
D. to tell the children that they will visit a hill station during this vacation

2. The final plan was to visit
A. their village
B. a hill station
C. their village as well as a hill station
D. their home town

3. The final decision was made by
A. the boys B. the girls
C. the women D. the elders

4. They decided first to go to their village and stay there for
A. a day B. a week
C. ten days D. a fortnight

5. Why were children happy?
A. Because a hill station was included in their holiday plan
B. Because a visit to their village was excluded from their holiday plan
C. Because their choice prevailed
D. Because they were going all alone to the hill station

PASSAGE-7

Once Govind intended to go on pilgrimage with his family. He asked Mirind to accompany. But for his trade's reason, he did not go with him. So Govind thought it safe to leave the box of his jewellery with him, as it was dangerous to leave it in a lone house or take it on the journey. So he went to him with the box. He took him to a lonely place under a tree and handed it over to him. He told Mirind, "Keep it safe with you. I shall return from the journey after six month then I shall take it back from you." Mirind said, "Don't worry, I shall keep it as safe as own."

1. Govind intended to go
A. for a business trip
B. to a hill station
C. on a long journey to a sacred place
D. to his home town for a long period

2. Why did Govind leave his box of jewellery with Mirind?
A. Because it was not safe to take the box with him on a long journey
B. Because Mirind was his fast friend
C. Because the box was very heavy
D. Because his house was unsafe

3. Why did Govind take Mirind to a lonely place?
A. To tell him that the box contained valuable jewellery
B. So that no third person could see box
C. To show him what was within the box
D. To tell him that the box will remain with him

4. Where did Govind hand over the box of jewellery to Mirind?
A. At Mirind's house
B. At his own house
C. In a lonely place
D. In a lonely place under a tree

5. It was not safe to leave the box in a lone house. Here the word 'lone house' means
A. a house in a deserted place
B. a house where none lives
C. a house without door and lock
D. a house near the forest

PASSAGE-8

Zahir-ud-din Babar was the first Mughal emperor of India. A descendent of Timur on father's side and Changez Khan on his mother's side, Babar was a brave warrior. After defeating Ibrahim Lodhi in the First Battle of Panipat in 1526 he entered Delhi and soon gained control over Agra. After many more battles with Rajputs he extended his empire over Punjab, Uttar Pradesh and north Bihar. He died at a young age of 48 years in 1530 at his capital Agra without getting much time to consolidate his victories.

1. Zahir-ud-din Babar was the first
   A. Muslim ruler of India
   B. Mughal ruler of India
   C. Afghan ruler of India
   D. Turk ruler of India
2. Babar was born in the years
   A. 1480 B. 1482
   C. 1492 D. 1962
3. Babar first occupied
   A. Punjab B. Agra
   C. Delhi D. Panipat
4. Babar was a brave warrior. Here brave warrior means
   A. courageous soldier
   B. a kind hearted soldier
   C. a clever fighter
   D. a victorious general
5. Babar extended his empire over Punjab and Uttar Pradesh after many more battles with the
   A. Afghans B. Rajputs
   C. Mughals D. Lodhies

PASSAGE-9

Our National Flag is tricolour. It has three equal horizontal strips. The strip at the top is saffron, in the middle is white and at the bottom is green. The ratio of width to length of the flag is 2 : 3. In the centre of the white strip is a wheel in navy blue. The wheel represents the *chakra.* Its design is similar to the wheel which appears on the abacus of the Sarnath Lion Capital of Ashoka. Its diameter approximates to the width of the white strip. The wheel has 24 spokes. It was adopted by Constituent Assembly on July 22, 1947. We love our national flag. We respect it. We are ready to sacrifice our life to protect its honour. It represents the nation. So it is a symbol of national honour.

1. In our national flag the wheel is located in the centre of
   A. saffron strip B. white strip
   C. green strip D. blue strip
2. In our national flag which of the strips is at the bottom in our national flag
   A. blue C. saffron
   B. white D. green
3. Why do we love our national flag?
   A. Because it is tricolour
   B. Because it has three strips
   C. Because it has a wheel at the centre
   D. Because it is a symbol of national honour
4. Our national flag was approved by
   A. President
   B. Lok Sabha
   C. Parliament
   D. Constituent Assembly
5. The diameter approximates to the width of the white strip. Here the word 'approximates' means
   A. is more or less equal
   B. is exactly equal
   C. is not equal
   D. is related

PASSAGE-10

Distance in large cities are long. All the people do not have their own means of transport. They have to depend upon the state or private buses. The number of bus users is very large. Every bus stop is, therefore, crowded. The number of buses is not adequate. Thus people suffer the torture of long wait at the bus stop. Some bus stops are quite orderly. People form queues and get into the buses turn by turn. However, often this order is forgotten and confusion spreads when the bus comes and the law of jungle prevails.

1. Why are the bus stops crowded?
   A. Because they are small is size
   B. Because the number of passengers is very large
   C. Because they are situated at some busy centre
   D. Because people do not form queues
2. Long wait at the bus stop is the result of
   A. over-crowding in the buses
   B. late running of buses
   C. shortage of buses
   D. slow speed of buses
3. Some bus stops are quite orderly where
   A. there is no crowd
   B. the number of buses is adequate

C. people do not have to wait for long
D. people form queues and enter the buses one by one

4. Most of the people who travel by buses are
A. non-working
B. do not have their own vehicles
C. have to go a long distance
D. live in large cities

5. What happens when people do not have their own transport?
A. They have to wait for a bus at a bus stop
B. They have to depend upon the state or private buses
C. They have to travel long distances
D. They form queues and get into buses one by one

PASSAGE-11

A certain king once fell ill and doctors said that only a sudden fright would restore his health but the king was not a man for anyone to play tricks on, except his fool. One day, when the fool was with him in his boat he cleverly pushed the king into water but he was rescued and put to bed. The fright, the bath and bed cured the diseased king, but he was so angry with the fool that he turned him out of the country.

1. What did the doctor say about the king?
A. Only a sudden fright would restore the king's health
B. Only fool would cure the king
C. Only a boat trick could cure the king
D. The king had suffered a sudden fright

2. He cleverly pushed the king into water but *he* was rescued and put to bed. In this sentence *he* refers to
A. the king B. the fool
C. the doctor D. the river

3. When the fool pushed the king into water they were
A. in the palace B. in the bed
C. in the garden D. in a boat

4. Who played the trick on the king?
A. The doctor B. The boatman
C. The fool D. The fright

5. The fool who cured the king was
A. rewarded
B. thrown into water
C. turned out of the country
D. put into jail

ANSWERS

Passage	1	2	3	4	5
Passage 1.	D	C	B	A	C
Passage 2.	B	C	D	B	B
Passage 3.	D	D	C	B	D
Passage 4.	B	C	C	C	C
Passage 5.	D	A	B	B	A
Passage 6.	A	C	D	B	A
Passage 7.	C	A	B	D	B
Passage 8.	B	B	C	A	B
Passage 9.	B	D	D	D	A
Passage 10.	B	C	D	B	B
Passage 11.	A	A	D	C	C

2. English Grammar

PARTS OF SPEECH

Part of speech	Definition or Function	Examples
Noun	Name of a person, place, animal, quality or thing	Ram, boy, dog pen, sun, Delhi, truth, honesty
Pronoun	Used in place of a noun	I, you, he she, they
Articles & Determiners	Points out indefinite and definite nouns	a, an, the, few, some
Adjective	Describes a noun or pronoun	big, honest, wooden valuable, quiet, deep, soft, narrow
Adverb	Describes a verb, an adjective or another adverb	silently, widely, softly, quietly, very, carefully
Verb	Tells about action or state of something or someone	is, am, was, have, do, like, walk, work, make, throw, tell
Conjuction	Joins words, clauses or sentences	and, but, when, yet, while, else
Preposition	Links a noun or pronoun to another word	at, to, after, on for, under, over, with
Interjection	Expresses sudden feelings or emotions	Ah!, Alas!, oh!, ouch!, hi!, well!, Hurrah!

NOUNS

A word which denotes a person, a thing, an animal or a place is said to be a noun.

There are two noun numbers in English — the *Singular* and the *Plural*.

Singular Numbers : A noun that denotes one person or one thing, is said to be in the Singular number. For example — book, pencil, bird, dog, hen etc. are in singular number.

Plural Number : A noun that denotes more than one person or one thing is said to be in plural number. For example — boys, pens, lions, girls, men etc. are in plural number.

REMEMBER

Singular	*Plural*
Cat	Cats
Book	Books
Pen	Pens
Room	Rooms
Tree	Trees
Bus	Buses
Bush	Bushes
Box	Boxes
Glass	Glasses
Dish	Dishes
Judge	Judges
Tax	Taxes
Watch	Watches
Calf	Calves
Thief	Thieves
Knife	Knives

Singular	Plural
Scarf	Scarves
Wife	Wives
Leaf	Leaves
Wolf	Wolves
Half	Halves
Monarch	Monarchs
Roof	Roofs
Hoof	Hoofs
Gulf	Gulfs
Staff	Staffs
Radio	Radios
Bamboo	Bamboos
Folio	Folios
Hero	Heroes
Volcano	Volcanoes
Mango	Mangoes
Potato	Potatoes
Photo	Photos
Piano	Pianos
Baby	Babies
Fly	Flies
Country	Countries
Lady	Ladies
Boy	Boys
Monkey	Monkeys
Ox	Oxen
Child	Children
Man	Men
Woman	Women
Tooth	Teeth
Axis	Axes
Basis	Bases
Foot	Feet
Goose	Geese
Englishman	Englishmen
Radius	Radii
Vertex	Vertices
Stimulus	Stimuli

1. Note the plurals of the following nouns:

Singular	*Plural*	*Singular*	*Plural*
copy	copies	cry	cries
baby	babies	duty	duties
body	bodies	country	countries
family	families	diary	diaries
fly	flies	fairy	fairies
city	cities	spy	spies
army	armies	storey	storeys
bay	bays	monkey	monkeys

2. The following nouns do not undergo any change in plural form, in general.

Singular	*Plural*	*Singular*	*Plural*
deer	deer	sheep	sheep
thousand	thousand	pair	pair
hundred	hundred	score	score
dozen	dozen	gross	gross

Note: We can write—

(*a*) thousands of men; (*b*) two pairs of shoes; (*c*) dozens of mangoes; (*d*) scores of people etc.

But—

(*a*) two thousand rupees; (*b*) three hundred men; (*c*) five dozen eggs, etc.

3. The following nouns are usually used in plural forms. They take a plural verb after them—

eatables	fetters	surroundings
riches	alms	spectacles
trousers	pants	scissors
premises	thanks	annals
congratulations	goods	shorts
tongs	pains	arms
breeches	(for troubles)	

4. The following are the nouns which are plural in appearance but are usually used in singular number. They are followed by a singular verb—

news	politics	physics
mathematics	economics	ethics
politics	classics	gallows
statistics	athletics	innings
mechanics	summons	mumps

5. Collective nouns often used as plurals—

public	police	cattle
audience	clergy	folk
people	poultry	nation
elite	gentry	glitterati

6. The nouns that are usually used in singular forms—

advice	hair	rice
fuel	alphabet	machinery
offspring	issue	furniture
mischief	stationery	luggage
bedding	information	abuse

7. Material nouns are always used in singular number—

gold copper milk
water silk wool

Note: They may be used in plural with a different meaning.

copper coins (coppers), chains or fetters (irons), cans made of tin (tins).

GENDERS

The difference in sex is denoted by Gender in grammar. The various genders are as follows :

1. **Masculine Gender :** A noun that denotes a male is said to be of the masculine gender, as man, uncle, ox, boy etc.
2. **Feminine Gender :** A noun that denotes a female is said to be of feminine gender, as woman, aunt, princess, cow etc.
3. **Common Gender :** Nouns which denote both males and females are said to be of the common gender, as friend, cousin, person, parent, baby etc.
4. **Neuter Gender :** A noun that denotes the name of object without life is said to be of neuter gender, as file, table, pencil.

REMEMBER

Masculine	*Feminine*
Boy	Girl
Son	Daughter
Brother	Sister
Murderer	Murderess
Sorcerer	Sorceress
Son-in-law	Daughter-in-law
Father-in-law	Mother-in-law
Man-servant	Maid-servant
Land-lord	Land-lady
Bachelor	Maid
Gentleman	Lady
Monk	Nun
Earl	Countess
Lad	Lass
Sir	Madam
Duke	Dutchess
Emperor	Empress
Milk-man	Milk-maid
Pea-cock	Pea-hen

Masculine	*Feminine*
Step-father	Step-mother
Hero	Heroine
Viceroy	Vicerine
Mr.	Mrs.
Governor	Governess
Master	Mistress
Wizard	Witch
Heir	Heiress
Host	Hostess
Lion	Lioness
Mayor	Mayoress
Actor	Actress
Buck	Doe
Colt	Filly
Dog	Bitch
Horse	Mare
Count	Countess
Hunter	Huntress
Prince	Princess
Abbot	Abbess
God	Goddess
Author	Authoress
Ox	Cow
Widower	Widow
Grand-father	Grand-mother
He-goat	She-goat
Milk-man	Milk-woman
Bridegroom	Bride
Tiger	Tigress
Priest	Priestess
Poet	Poetess
Shepherd	Shepherdess
Nephew	Niece
Stag	Hind

PRONOUNS

The repetition of a noun in a sentence or a set of sentences is really boring. So, instead of repeating the noun, we can use a word (for that noun) called the pronoun.

"A pronoun is a word that we use instead of a noun".

Example:

This is *Sachin. He* plays cricket.

Note: *He* is the pronoun used in place of *Sachin.*

Kinds of Pronouns

1. **Personal pronouns :** A pronoun which is used instead of the name of a person is known as a 'Personal Pronoun'. A list of the 'Personal pronouns' is listed below :
   I, my, mine, me, we (First Person)
   You, your, yours (Second Person)
   He, his, him, she, her, hers, it,
   its, they, their, theirs, them (Third Person)

2. **Demonstrative, Indefinite and Distributive Pronouns :**

   (a) Demonstrative Pronouns : Pronouns used to point out the objects to which they refer are called Demonstrative Pronouns.

   Examples :
   (i) *This* is a present from my uncle.
   (ii) *These* are merely excuses.
   (iii) Bembay mangoes are better than *those* of Bangaluru.

   (b) Indefinite Pronouns : All pronouns which refer to persons or things in a general way and do not refer to any particular person or thing are called Indefinite Pronouns.

   Examples :
   (i) *Somebody* has stolen my watch.
   (ii) *Few* escaped unhurt.
   (iii) Did you ask *anybody* to come?

   (c) Distributive Pronouns : Each, either, neither are called distributive pronouns because they refer to persons or things one at a time. For this reason they are always singular and followed by the verb in singular.

   Examples :
   (i) *Each* of the men received a reward.
   (ii) *These* men received *each* a reward.
   (iii) *Either* of you can go.

3. **Relative Pronouns :** A relative pronoun refers or relates to some noun going before, which is called its Antecedent.

   Examples :
   (i) I met Hari *who* used to live here.
   (ii) I have found the pen *which* I had lost.
   (iii) Here is the book *that* you lent me.

4. **Interrogative Pronouns :** These pronouns, are used for asking questions.

   Examples :
   (i) *Whose* book is this?
   (ii) *What* will all the neighbours say?
   (iii) *Which* do you prefer, tea or coffee?

Note : Interrogative pronouns can also be used in asking indirect questions. Consider the following examples :
(i) I asked *who* was speaking.
(ii) Tell me *what* you have done.
(iii) Say *which* you would like best.

Behaviour of the Pronouns

1. If three pronouns are used together in the same sentence they are arranged in the following order :

2 ↓	+	3 ↓	+	1 ↓
Second Person		Third Person		First Person

   Examples :
   I, you and he must help *that* poor man. (Incorrect)
   You, he and I must help *that* poor man. (Correct)

2. When two or more singular nouns are joined by and, the pronoun used for them should be plural.
   Examples :
   Mohan and Sohan are friends. *They* play football. *They* live at Lajpat Nagar.

3. But if these nouns joined by and refer to the same person or thing, the pronoun used should be singular.
   Examples :
   (i) Delhi, the beautiful city and the capital of India, is famous for *its* historical monuments.
   (ii) The manager and owner of the firm expressed *his* views on the demands of the workers.

4. When two nouns are used with as well as, the pronoun agrees with the first subject.
Examples :
(a) Mohan as well as his friends is doing *his* work.
(b) The students as well as their teachers are doing *their* work.
5. When two singular nouns joined by 'and' are preceded by *each* or *every,* the pronoun used must be singular and should agree in gender with the second noun.
Examples :
(a) Every man and every woman will do *her* best for the nation.
(b) Each boy and each girl went to *her* house.
6. When two nouns are joined by using 'with', the pronoun agrees with the noun coming before 'with'.
Examples :
(a) The boy with *his* parents has gone to see a movie.
(b) The children with *their* parents have gone to picnic.
7. When two different nouns are joined by either.......... or; neither .... nor, the pronoun is used according to the number and gender of the second noun.
Examples :
(a) Either your sister or you have done *your* work.
(b) Neither the students nor the teacher was in *his* class.
8. The pronoun coming after '*than*' must be in the same case as that coming before '*than*'.
Examples :
(a) She plays better than *me.* (Incorrect)
She plays better than *I.* (Correct)
(b) His elder brother is more intelligent than *him.* (Incorrect)
His elder brother is more intelligent than *he.* (Correct)
9. 'Many a' always takes a singular pronoun and singular verb.
Example :
Many a soldier has met *his* death in the battle field.
10. 'Who', 'Whose', 'Whom' are used only for persons.
Examples :
(a) *Who* is knocking at the door?
(b) *Whose* pen is this?
(c) *What* do you want?
11. 'Which' is used for things.
Example :
Which game do you like?

MULTIPLE CHOICE QUESTIONS

Directions: *In the following questions choose the correct options to fill the blanks.*

1. The place was so dirty that ..... wished to run away from there.
A. everybody B. anybody
C. few D. some

2. ..... was there to help me.
A. Somebody B. Anything
C. Anybody D. Nobody

3. Is there .... to eat?
A. some B. something
C. any D. few

4. ..... of the students were making a great noise.
A. Anyone B. Somebody
C. Many D. Nobody

5. ..... of the students can solve this sum.
A. Someone B. Anybody
C. Somebody D. None

6. ...... of us should try our best to make India a heaven.
A. Any B. Somebody
C. Anybody D. All

7. ...... of us do not know the real meaning of our lives.
A. Any B. Something
C. Several D. Many

8. My .... black.
A. hairs are B. hair is
C. hairs shall D. hair will

9. She saw two .... on the last Sunday.
A. thiefs B. theifs
C. thieves D. theives

10. My sister is a ....
A. bacheloress B. bachelor
C. unmaried D. spinster

11. One is supposed to do ....
A. our duty B. their duty
C. one's duty D. his duty

12. Take anything .... you want.
A. that B. which
C. than D. then

13. I cannot tolerate ....
A. separated you
B. your separation
C. separation from you
D. you separated

14. He is .... faithful partner.
A. Yours B. You
C. Your D. Your's

15. Ajay is more smart than ....
A. her B. hers
C. herself D. she

16. Vivek works harder than ....
A. me B. I
C. her D. his

17. They should help ....
A. the poor people B. the poor
C. the poor persons D. the poor peoples

18. .... are mad.
A. All his sons B. His all sons
C. Sons all his D. All sons his

19. The poor fellow .... to fate.
A. resigned
B. resigned himself
C. resigned itself
D. resigned themselves

20. Nobody will help you but ....
A. I B. me
C. ours D. his

21. It is a good chance, You must avail .... this opportunity.
A. of B. yourself of
C. for D. from

22. The person who is elected .... my relative.
A. is B. he is
C. his D. him

23. He made ....
A. yours mention B. mention of you
C. mention for you D. mention about you

24. .... I know, he is quite faithful.
A. As far as B. So far as
C. So far this D. So far so

25. It is a duty of a person to take .... for his family.
A. pain B. pains
C. pain-killers D. pained

26. She does not love .... husband.
A. his B. her
C. its D. their

27. Let .... work together.
A. him and me B. he and I
C. he and him D. I and me

28. Copper, Silver and Gold ....
A. each will do B. either will do
C. any one will do D. any will do

29. Jessica and Roma are very irregular .... habits.
A. in her B. in their
C. in its D. in every

30. One likes to enjoy .... who was a great poet.
A. The sonnets of Shakespeare
B. Shakespeare's sonnets
C. Sonnets
D. Shakespeare

31. That is the boy .... everybody loves.
A. whom B. who
C. that D. whose

32. That is the girl .... won the first prize.
A. whom B. who
C. whose D. which

33. That is the man .... purse was lost.
A. who B. whom
C. whose D. their

ANSWERS

1	2	3	4	5	6	7	8	9	10
A	D	B	C	D	D	D	B	C	D
11	**12**	**13**	**14**	**15**	**16**	**17**	**18**	**19**	**20**
C	A	C	C	D	B	B	A	B	B
21	**22**	**23**	**24**	**25**	**26**	**27**	**28**	**29**	**30**
B	A	B	A	B	B	A	C	B	A
31	**32**	**33**							
A	B	C							

ARTICLES

The family of the articles has only three members. They are : A, An and The. However, they fall under two groups :

(a) Definite Article *(b)* Indefinite Article

'The' is known as definite article whereas 'a' and 'an' are known as indefinite articles.

Use of the Definite Article 'The'

'The' is used before

1. The superlative degree :
   He is the ablest man of the town.
   (ablest is a superlative degree)
2. The name of states, countries etc. having a descriptive name :
   (i) The J & K is a small state. (J & K is a descriptive name)
   (ii) He lives in the U.S.A. (U.S.A. is a descriptive name)
   (But the Delhi and the America are wrong because neither Delhi nor America is a descriptive name)
3. The names of the scriptures :
   The Gita is a holy book. (Gita is a scripture)
4. Name of newspapers :
   The Tribune is published from Chandigarh.
5. Name of rivers, canals, seas, oceans, bays, gulfs, groups of islands etc. :
   (i) The Ganga is a holy river.
   (ii) The Indian Ocean is the deepest ocean.
   (iii) The Persian Gulf is a narrow gulf.
6. The name of famous buildings :
   The Taj is one of the best buildings in India.
7. The names of nationals, sects and communities:
   (i) The English defeated the Germans in the World War.
   (ii) The rich should help the poor.
   (iii) The Hindus believe in the caste system.
8. Proper nouns used as common nouns :
   (i) Kalidas is the Shakespeare of India.
   (ii) Delhi is the London of India.
9. Famous historical events :
   The Industrial Revolution changed the face of England.
10. The directions and the celestial bodies:
    The sun rises in the east.
11. Titles :
    Akbar, the Great was loved by his subjects.

Do not use 'the'

1. Before languages :
   The English is an international language. (Incorrect)
   English is an international language. (Correct)
2. Before the names of games :
   The hockey is a popular game. (Incorrect)
   Hockey is a popular game. (Correct)

Use of the Indefinite Articles 'A' and 'An'

'A' is used before :

1. All singular common nouns beginning with a consonant :
   (i) A boy sings a song.

(ii) A black and a white cow were grazing in the field.

2. If a word begins with a vowel but gives the sound of a consonant, 'a' should be used before it :
   (i) He was helped in his work by a European.
   (ii) He is a one-eyed man.
   (iii) It is a useful work.

'An' is used as follows :

1. All singular common nouns beginning with a vowel (*i.e.*, a, e, i, o, u) :
   (i) He is an artist.
   (ii) He is an old man.
   (iii) I intend to buy an umbrella.
2. If a word starts with a consonant but gives the sound of a vowel, "an" should be used before it :
   (i) Brutus is an honourable man.
   (ii) He is an honour to his profession.
   (iii) He is an L.L.B.
   (iv) He is an M.A.
   (v) You will reach there in an hour.

Demonstratives, that, these and those

1. The demonstrative adjectives and pronouns are for objects nearby the speaker:
   this (singular) those (plural)
   and for objects far away from the speaker.
   That (singular) those (plural)
2. Demonstratives are the only adjectives that agree in number with their nouns.
   That hat is nice.
   Those hats are nice.
3. When there is the idea of selection, the pronoun "one" (or "ones") often follows the demonstrative.
   I want a book. I'll get this (one).
   If the demonstrative is followed by an adjective, "one"(or "ones") must be used.
   I want a book. I'll get this big one.

MULTIPLE CHOICE QUESTIONS

Directions: *In the following questions choose the correct options to fill the blanks.*

1. .... will have to be paid for this material.
A. Half rupee B. Half a rupee
C. A half rupee D. An half rupee

2. .... is taking keen interest in India.
A. The USA B. USA
C. An USA D. A USA

3. Only .... can save our country.
A. the Hitler B. a Hitler
C. Hitler D. an Hitler

4. I can run for ....
A. hundred miles B. the hundred miles
C. a hundred miles D. an hundred miles.

5. .... man-eater has been killed.
A. The B. A
C. An D. Either A or B

6. What .... fine idea!
A. the B. an
C. a D. No article

7. .... earth is moving around the sun.
A. An B. A
C. The D. No article

8. This is .... first example while I got.
A. the B. a
C. an D. No article

9. This is .... house which was built during earthquake.
A. a B. an
C. the D. No article

10. .... America is a rich country.
A. The B. An
C. A D. No article

11. .... U.S.A. is a developed country.
A. A B. An
C. The D. No article

12. .... Bible is a holy book.
A. A B. The
C. An D. No article

13. .... rich should help the poor.
A. The B. A
C. An D. No article

14. .... Gold is a costly metal.
A. The B. A
C. An D. No article

15. Kalidas is .... Shakespeare of India.
A. a B. an
C. the D. No article

16. I cannot do .... difficult work.
A. a such B. the such
C. such the D. such a

17. How foolish .... plan it is!
A. a B. an
C. the D. No article

18. An ink is .... useful article.
A. an B. a
C. the D. No article

19. There are .... husband and wife.
A. a B. an
C. the D. No article

20. He is learning .... French
A. the B. a
C. an D. No article

ANSWERS

1	2	3	4	5	6	7	8	9	10
B	A	B	C	D	C	C	A	C	D
11	**12**	**13**	**14**	**15**	**16**	**17**	**18**	**19**	**20**
C	B	A	D	C	D	A	B	D	D

ADJECTIVES & ADVERBS

An Adjective is a word which adds something to the meaning of a noun or a pronoun.

Mridula is an *intelligent* girl.
He has a *black* goat.
He is a *brilliant* student.
She is a *clever* girl.
It is a *beautiful* picture.

In the sentences given above, the words in italics are adjectives.

An Adverb is a word which qualifies the meaning of a Verb, an Adjective or another Adverb.

(*i*) He talks *slowly*.
(*ii*) He is a *very* good student.
(*iii*) He talks *very* slowly.

In sentence (*i*), *slowly* qualifies the verb *talks*.

In sentence (*ii*), *very* qualifies the adjective *good*.

In sentence (*iii*), *very* qualifies the adverb *slowly*.

Adjectives have three degrees of comparison :

1. **Positive Degree :** It expresses the common form of an adjective.
   Example :
   Ram is a *tall* boy.
   In the above sentence *tall* is an adjective and expresses the common form.
2. **Comparative Degree :** It expresses the more of the same form.
   Example :
   Ram is *taller* than Mahesh.
   In the above sentence *taller* is an adjective that expresses the more of the common form of the adjective *tall*.

"When and How to Use" Comparative Degree?

(a) Comparative Degree is used when two persons or two groups of persons or things are compared.
Examples :
(a) He is *wiser* than his younger brother.
(b) This glass is *cleaner* than the other.

(b) When two different qualities in the same person are compared, more is used instead of 'er' to form the comparative. The formula used in this case should be :
More + Positive Degree
She is *fairer* than polite. (Incorrect)
She is *more fair* than polite. (Correct)

(c) When selection of one out of two persons or things is meant, the degree of comparison is followed by of and *the* is used before it.
Example :
Zia is abler of *the* two sisters.

(d) If two comparatives are used in the same sentence to impress upon an idea, both should be preceded by the definite article.

Examples :

(i) The higher you go, the cooler it is.

(ii) The more we get, the more we desire.

(e) When one person or thing is compared with another of the same kind, other is used after the comparative degree. In such sentences other is normally preceded by any or all.

Examples :

(i) Kalidas is greater than any dramatist. (Incorrect)

Kalidas is greater than any other dramatist. (Correct)

(ii) Lead is heavier than all metals. (Incorrect)

Lead is heavier than all other metals. (Correct)

(f) Senior, junior, superior, inferior, prior, anterior (earlier than) and posterior (later than) are always followed by 'to'.

Examples :

(i) Ram is senior *to* Mohan by three years.

(ii) That pen is inferior *to* that.

(iii) He is junior *to* me in rank.

(iv) This event was posterior *to* that.

Note: Never use *than* after the above mentioned adjectives.

Important Information

(a) 'Preferable' is also used as an adjective of the comparative degree. As such, it is always followed by *to* and not *a*.

Death is preferable than dishonour. (Incorrect)

Death is preferable *to* dishonour. (Correct)

(b) To intensify the Degree of comparison, we use *far* or *much* before the comparative.

Examples :

(i) This book is *far* better than that.

(ii) His performance was *much* better than Mohan's.

Warning : Always avoid the use of double comparatives.

Don't say : Ram is more cleverer than his younger brother.

Say: Ram is cleverer than his younger brother.

3. **Superlative Degree :** It expresses the most of the common form of an adjective.

Example :

He is the ablest man of the town.

How and when to use the Superlative Degree?

(a) The Superlative Degree is used when more than two persons or things are compared.

(b) The Superlative Degree is generally preceded by 'the' and followed by 'of' in most of the cases or otherwise.

(c) When an adjective of the superlative degree is preceded by a Possessive Adjective or a Noun in the Possessive case, 'the' should not be used before it.

Example :

Which is Kalidas' best play?

It will be a blunder to use 'the' before the Superlative Degree in such cases.

Don't say : Which is Kalidas' the best play.

(d) To intensify the degree of comparison, *by far* is used before the superlative degree.

Example :

India is *by far* the most beautiful country of the world.

Note: Always avoid the use of double superlatives.

Don't say : He is the most strongest boy in the class.

Say : He is the strongest boy in the class.

Use of some Important Adjectives

1. (a) **'Some'** is used as follows :

(i) With countable nouns where it means—a little, a small quantity.

(ii) In a question which shows some request.

Examples :

(i) There is some water in the bottle.

(ii) Some of the students were absent yesterday.

(iii) Will you have some milk?

(iv) Will you buy some fruit for me?

(b) **'Any'** is used as follows :

(i) In negative sentences.

(ii) In interrogative sentences.

(iii) After 'Hardly', 'Scarcely' and 'Barely'.
(iv) After 'If'.

Examples :

(i) There is not any sugar in the pot.
(ii) We haven't any rice in the house.
(iii) I have hardly any money.
(iv) There are scarcely any plants in this field.
(v) If there is any danger, blow the whistle.

2. (a) **Older :** Older (and oldest) are used for persons animals and things. But 'Older' and 'Oldest' refer to the persons who do not belong to the same family.

Examples :

(i) Radha is older than Shyama.
(ii) John is the oldest member of the staff. 'Older' and 'Oldest' refer to the persons who do not belong to the same family.

(b) **Elder** (and **eldest**) are used in respect of the members of the same family like sons, daughters, brothers, sisters.

Examples :

(i) My elder sister is a lecturer.
(ii) Meenakshi is the eldest of the three sisters.

Note :

(i) 'Elder' is not followed by 'than'.
(ii) 'Elder' and 'Eldest' cannot be used for things.

3. (a) **'Few'** is negative and is the opposite of 'Many'. It means 'not many'.
(b) **'A few'** is positive and means 'some at least'. It is the opposite of 'None'.
(c) **'The few'** means 'minority' and suggests 'whether there is'.

Examples :

(i) We have few holidays in school.
(ii) Only a few boys will fail in the examination.
(iii) The few poems that he wrote are very popular.

4. (a) **Further** means 'something additional'.
(b) **Farther** means 'a greater distance'.

Examples :

(i) Further discussion will be held in the office of the principal.
(ii) Amritsar is farther from Delhi than Ambala.

5. (a) **Little** is negative. It means, 'not much', or 'hardly any'.
(b) **A little** is positive. It means 'some quantity'.
(c) **The little** denotes quantity. It means, 'not much but all that is, or whatever quantity there is'.

Examples :

(i) There is little hope of his success.
(ii) He knows a little of everything.
(iii) I have spent the little money I had.
(iv) The little knowledge of shoe-making proved very useful to me.

6. (a) '**Much**' expresses 'quantity'.
(b) '**Many**' expresses 'number'.
(c) **'Many a'**—'Singular noun' and 'Singular verb' are used with 'many a'.

Examples :

(i) There is not *much* water in the jug.
(ii) *Many* boys are absent today.
(iii) *Many* a battle has been fought on the soil of India.

7. (a) '**Less**' denotes 'in a small degree'.
(b) '**Fewer**' denotes 'number'.

Examples :

(i) He devotes less time to his studies.
(ii) There are no fewer than ten chairs in this room.

8. (a) '**Each**' is used for a single number of 'two persons' or 'things'.
(b) '**Every**' is used for a single number of 'many persons' or 'things'.

Examples :

(i) Each boy must take part in games.
(ii) There are only two poets. Each poet recited his poem.
(iii) Every man dies in this world.
(iv) Every man is expected to do his duty.

9. (a) '**Either**' means one of the two or both.
(b) '**Neither**' is negative of the either.

Examples :

(i) You may buy either of these two chairs.
(ii) Neither of them could speak on the stage.

10. (a) '**Later**' expresses 'late in time'.

(b) '**Latter**' means 'second in position or order'.

Examples :

(i) My father reached later than I expected.

(ii) The latter position was better than the former.

Use of some Important Adverbs

1. (a) Also, too, enough:

(i) He taught English. Also, he edited the school magazine

(ii) He is a writer and also he is a painter.

(iii) He is too obstinate to listen to any reason.

(iv) This is too difficult a piece for the junior students.

(v) Sarla was kind enough to help the poor.

(vi) He is brave enough to help the truth.

Note: 'Too' is used in a negative sense, but enough is used in a positive sense.

(b) Fairly and rather: Both suggest the meaning 'moderately'. But, mainly 'fairly' is used with the words that denote a positive meaning and rather is used with the words that denote a negative meaning:

(i) Rita did fairly well in that competition, but her performance was rather poor in sports.

(ii) Mona is fairly rich, but she is rather stingy.

Note: 'Rather' can also be used in a positive sense.

(i) This is a rather interesting job.

(ii) That boy is rather smart.

(c) Hardly, barely, scarcely: These words mostly convey the negative suggestions and are almost similar.

(i) I have hardly any strength now.

(ii) There was barely any supply to the township,

(iii) There were scarcely a hundred guests present.

Note: With slight variance in the meaning, the words given above convey the idea of 'very little', 'not enough', 'lack of quantity and number'.

(d) Yet, Still: These adverbs can often be used to connect the sentence units:

(i) He has been defeated many times in the contest; still he wants to be a competitor.

(ii) Mona was sick; yet she went on doing her work.

(e) Alone:

(i) He alone (none else) is capable of handling that fire,

(ii) He hunted all alone in the forest. (not in any company)

Special Note:

(a) Apart from their conventional positions the adverbs might be used in different positions with different meanings and angles.

(i) He had only four books.

(ii) John only contacted his friend in need.

(iii) He greeted me only.

(iv) Only he greeted me there.

(b) Inversion: Some adverbs can be inverted *i.e.* placed in the beginning of the sentence and then be followed by an interrogative form. The most common of these adverb are: so, seldom, never, nowhere, under no circumstances, hardly, scarcely etc.

(i) So big was the bus that it could not enter the narrow lane.

(ii) Hardly had he reached the station when he received the message.

MULTIPLE CHOICE QUESTIONS

Directions: *In the following questions choose the correct options to fill the blanks.*

1. The girl whom you met is the .... sister of Ravi.

A. eldest B. elder
C. older D. oldest

2. The historical place is ....

A. seeing worth

B. worthy of seeing
C. worth seeing
D. worthy seeing

3. These flowers smell ....
A. sweet B. sweetly
C. more sweetly D. sweetest

4. .... aspirant cannot pass the entrance examination.
A. Each B. Every
C. All D. No

5. Harivansh Rai .... second Shakespeare.
A. is a B. is
C. is the D. is an

6. .... student in the class got prizes.
A. Each and every B. Every and each
C. Every D. Never

7. It is .... picture than the one we saw last Monday.
A. interesting B. much interesting
C. more interesting D. most interesting

8. She is clever ....
A. that her mother is
B. as her mother is
C. to her mother is
D. than her mother is

9. They will get ....
A. Red, green and black paper
B. Red, green black paper
C. Red and green and black paper
D. Red green black paper

10. Health is .... wealth.
A. preferable to
B. more preferable than
C. more preferable to
D. most preferable then

11. .... water that was in the jug evaporated.
A. Little B. The little
C. Small D. A small

12. He has not sung .... songs.
A. much B. most
C. more D. many

13. Srishti has searched .... office.
A. whole the B. the whole
C. a whole D. some whole

14. Premchand was .... best and .... famous writer.
A. a, the most B. the, a most
C. the, more D. the, the most

15. William Shakespeare is famous as ....
A. a poet and a dramatist
B. a poet and dramatist
C. the poet and the dramatist
D. a poet and the dramatist

16. What does .... leader suggest?
A. other B. another
C. others D. anothers

17. He .... money.
A. has few B. have few
C. has little D. have little

18. The .... boys are rewarded.
A. first two B. two first
C. firsts two D. two's first

19. He is .... brave.
A. stronger than
B. stronger then
C. more strong then
D. more strong than

20. No sooner said ....
A. so done B. and done
C. then done D. but done

21. She returned .... than I had thought.
A. quickly B. more quicker
C. more quickly D. quicker

22. He is .... foolish person.
A. rather the B. a rather
C. rather a D. rather

23. This pen .... rupees.
A. costs twenty
B. twenty costs only
C. costs only twenty
D. only costs twenty

24. It is .... pride.
A. nothing else but
B. nothing else than
C. else nothing than
D. but

25. This tea is .... to drink.
A. too hot B. very hot
C. enough hot D. much hot

ANSWERS

1	2	3	4	5	6	7	8	9	10
A	C	A	B	A	C	C	C	A	A
11	**12**	**13**	**14**	**15**	**16**	**17**	**18**	**19**	**20**
B	D	B	D	B	B	C	A	D	C
21	**22**	**23**	**24**	**25**					
C	C	C	A	A					

DETERMINERS

Determiners are actually Adjectives. They are always followed by nouns.

Determiners are of the following kinds:

1. Demonstrative Determiners
this, that, these, those

2. Possessive Determiners
my, our, your, his, her, its, their

3. Quantitative Determiners
some, any, much, enough, sufficient, whole, a little, the little, little, all, both

4. Numerical Determiners
a few, some, few, the few, any, several, many, no, etc.

One, two, three ... (Cardinals)

First, second, third ... (Ordinals)

5. Distributive Determiners
either, neither

6. Articles

Indefinite: a, an

Definite: the

MULTIPLE CHOICE QUESTIONS

Directions: *In the following questions choose the correct options to fill the blanks.*

1. Give me .... rice.
A. some B. few
C. a few D. any

2. .... sheep grazing on the slope of the hill had gone away.
A. Any B. The few
C. This D. Much

3. Have you got .... magazines to read?
A. all B. much
C. some D. little

4. I have .... money that I want to spend on shares.
A. any B. much
C. less D. some

5. There is .... owl on the branch of the tree.
A. a B. the
C. an D. some

6. My brother is .... MBA.
A. a B. an
C. the D. any

7. Have you got .... cheese?
A. some B. many
C. a few D. few

8. No, I have not got .... cheese.
A. many B. few
C. any D. some

9. There is only .... milk left in the bottle.
A. enough B. few
C. much D. a little

10. There is .... hope of his recovery.
A. any B. little
C. many D. few

11. .... dogs were barking at the strangers.
A. Some B. Any
C. Much D. Less

12. The girl bought her father .... juice.
A. few B. some
C. any D. many

13. You should take .... honey everyday.
A. any B. many
C. a little D. a few

14. .... boy was punished by the teacher.
A. Either B. All
C. Any D. Many

15. .... girl was asked to join the army.
A. None B. Neither
C. All D. Any

16. .... water in the jug has been drunk by Mohan.
A. The little B. The few
C. A few D. Few

17. I shall play .... piano at the party.
A. some B. any
C. the D. few

18. .... labourers were found dead in the mine.
A. Any B. Fewer
C. Many D. Less

19. Could I borrow .... umbrella?
A. our B. your
C. yours D. my

20. My brother is standing in the .... row.
A. any B. many
C. some D. first

ANSWERS

1	2	3	4	5	6	7	8	9	10
A	B	C	D	C	B	A	C	D	B
11	**12**	**13**	**14**	**15**	**16**	**17**	**18**	**19**	**20**
A	B	C	A	B	A	C	C	B	D

THE VERB

A Verb is a word that tells something about the action or state of or happenning to a person or thing.

A Verb tells the following:

1. What a person or thing does.
Sachin goes to school daily.
The bell *rang* loudly.
Many birds fly in the sky.
She *sang* a song.

2. What a person or thing is.
India *is* the biggest democracy in the world.
Ram Mehar *is* very rich.
They *are* happy.

3. What is done to a person or thing.
You *are liked* by all.
Two thieves *were arrested.*
Four students *were punished* by the teacher.

4. What happens to a person or thing.
His maternal uncle *died* last week.
Two ships *sank* yesterday.
Leaves *turn* yellow in autumn.

5. What a person or thing has, had, and so on.
I *have* a new car.
He *had* a scooter last year.
He *has* several cows and goats.

It goes without saying that a verb is the most important part of a sentence. No sentence is complete without a Verb.

Important Information

1. If two or more singular nouns are joined by 'and' the verb used will be plural.

Example:
(i) He and I were going to the market.
(ii) Ram and Mohan are friends.

2. If two singular nouns joined by 'and' points out to the same thing or person, the verb used must be singular.

Example:
(i) Rice and curry is the favourite food of the Punjabis.
(ii) The Collector and District Magistrate is away.

3. In case two subjects are joined by 'as well as' the verb agrees with the first subject.

Example :
(i) Kanta as well as her children is playing.
(ii) Children as well as their mother are playing.

In the case of first sentence the verb (is) agrees with Kanta and in the case of second sentence the verb (are) agrees with the children.

4. 'Neither', 'Either', 'Every', 'Each', 'Everyone', and 'Many a' are followed by a singular verb.
   Example :
   (i) Either of the plans is to be adopted.
   (ii) Neither of the two brothers is sure to pass.
   (iii) Every student is expected to be obedient.
   (iv) Everyone of them desires this.
   (v) Many a person is drowned in the sea.
5. If two subjects are joined by 'Either .... or' / 'Neither .... nor', the verb agrees with the subject near to it.
   Example :
   (i) Either my brother or I am to do this work.
   (ii) Neither he nor they are prepared to do this work.
6. 'A great many' is always followed by a 'plural noun' and a 'plural verb'. For example : A great many students have been declared successful.
7. Similarly if two subjects are joined by 'with', 'together with', 'no less than', in addition to 'and not', etc. the verb agrees with the first subject.
   Example :
   (i) The boy with his parents has arrived.
   (ii) He, no less than I, is to blame.
8. Nouns, plural in form, but singular in meaning, take a singular verb.
   Example :
   This news was broadcast from television yesterday.

MULTIPLE CHOICE QUESTIONS

Directions: *In the following questions choose the correct options to fill the blanks.*

1. The bus with all its passengers .... lost.
A. were B. was
C. are D. would

2. You as well as I .... responsible for this work.
A. am B. are
C. was D. is

3. Raghava like all his companions .... a spoiled child.
A. are B. were
C. is D. will be

4. Pen and ink .... required for me.
A. are B. were
C. is D. has required

5. Every girl and every boy .... attended the seminar.
A. have B. has
C. is D. are

6. Not only she but all her sisters ...... been married.
A. has B. have
C. is D. are

7. There .... nothing but miseries in life.
A. is B. are
C. were D. will be

8. Neither prose nor poem .... given.
A. were B. was
C. has D. have

9. Either he or I .... wrong.
A. is B. are
C. am D. were

10. Either Sulekha or Rekha .... coming here.
A. are B. is
C. were D. have

11. .... the child or his parents to blame?
A. Is B. Are
C. Were D. Has

12. You and I .... neighbours.
A. am B. are
C. was D. has

13. The house with all its belongings ..... sold away.
A. were B. are
C. was D. must

14. Either water or juice .... required.
A. is B. are
C. were D. has

15. There were not as many tables as .... required.
A. was B. were
C. is D. are

16. They each .... a book.
A. have B. are
C. has D. is

17. He and I .... class friends.
A. is B. am
C. was D. are

18. She as well as I .... guilty.
A. is B. are
C. am D. must be

19. Purushottam .... not read more on this chapter.
A. needs B. has been need
C. need D. had been need

20. He came .... to his aunt.
A. run B. running
C. to run D. in run

21. She dislikes .... meat.
A. eat to B. to eat
C. eating D. to eating

22. He likes ....
A. sing to B. singing
C. to sing D. to singing

23. We are ready .... the match.
A. play to B. to playing
C. playing D. to play

24. .... is injurious to health.
A. Smoking B. To smoke
C. To smoking D. Smoke to

25. He loves .... raw vegetables.
A. eaten B. eating
C. to eating D. eat to

26. He seemed .... finished his homework.
A. have to B. to have
C. having D. to having

ANSWERS

1	2	3	4	5	6	7	8	9	10
B	B	C	C	B	B	A	B	C	B
11	**12**	**13**	**14**	**15**	**16**	**17**	**18**	**19**	**20**
A	B	C	A	B	A	D	A	C	B
21	**22**	**23**	**24**	**25**	**26**				
C	B	D	A	B	B				

CONJUNCTIONS

A conjunction is a word which connects words, clauses or sentences.

Look at the following sentences.

(i) He bought apples *and* mangoes.

(ii) God made the country *and* man made the town.

(iii) The door was open *but* there was no one in the house.

(iv) He knows that I am here *and* that I want to see him.

In the sentence (i), *and* connects two words—*apples* and *mangoes.*

In the sentence (ii), *and* connects two sentences—*God made the country* and *man made the town.*

In the sentence (iii), *but* connects two sentences—*The door was open* and *there was no one in the house.*

In the sentence (iv), *and* connects two clauses—*that I am here* and *that I want to see him.*

The main coordinating conjunctions are:

and, but, for, or, nor, also, either ..... or, neither ..... nor.

There are some conjunctions which are used in pairs. They are:

either .... or, ... neither .... nor, both .... and, though .... yet, whether .... or, not only .... but also.

Example: *Either* take it *or* leave it.

It is *neither* useful *nor* ornamental.

They *both* like *and* respect me.

Though he is suffering from high fever, *yet* he does not cry.

He does not care *whether* you go *or* stay.

He is *not only* doltish, *but also* obstinate.

The conjunctions which are used in pairs in this way, are called correlative conjunctions, or merely correlatives.

Use of Important Conjunctions

1. **As soon as :** As soon as denotes simultaneous time.

   Example : As soon as he saw his enemy, he took to his heels.

2. **No sooner .... than :**

   (a) 'No sooner' is always followed by 'than'.

   (b) Please remember that 'No sooner' is always followed by do/does/did. As such only first form of the verb should be used after the subject.

   Example :

   No sooner did he see his enemy than he took to his heels.

3. **Hardly :** Hardly is followed by when.

   Examples :

   (i) Hardly had I left the house when it started raining.

   (ii) We had hardly come into the room when his father began chastising him.

   Note :

   A. Hardly is never followed by than.

   B. 'Scarcely' can also be used in the sense and manner of 'Hardly'.

4. **Lest :** Lest is used in the sense of so that .... not. It is always followed by should. Lest is negative in sense. Hence 'not' should never be used with it.

   Example :

   Work hard lest you should fail.

   Note : 'Lest' is always followed by 'should' and not 'may'.

5. **Unless :** Unless expresses condition. It is also used in the negative sense. Use of 'not' is not allowed with unless because unless is already in the negative sense.

   Example :

   Unless you labour hard you will not pass.

6. **Until :** 'Until' expresses time. It means 'till not'.

   Example :

   Wait here until I return.

   Note : Until is in the negative sense. So 'not' should not be used with it. Example :

   Wait here until I do not return. (Incorrect)

   Wait here until I return. (Correct)

7. **As well as :** When two subjects are joined by 'as well as', the verb always agrees with the first subject.

   Examples :

   (i) The teacher as well as students is playing.

   (ii) Students as well as the teacher are playing.

   Note : 'Both' and 'as well as' cannot be used together in the same sentence.

   Examples :

   Both Sita as well as Kanta are beautiful. (Incorrect)

   Sita as well as Kanta is beautiful. (Correct)

   Both Sita and Kanta are beautiful. (Correct)

8. **As if :** 'As if' is used in the sense of pretension. While using 'as if' in a sentence, we should see that even the third person singular subject gets 'were'.

   Example :

   He talks as if he were mad.

9. **Till :** Till expresses time. Till is always used in the affirmative.

   Example :

   We did not come back till sunset.

10. **Rather than :** 'Rather than' is used in the sense of 'preference'. 'Rather' is always followed by 'than'.

    Example :

    I would rather die than submit.

11. **As long as/so long as :** Both express time during which an action or event takes place.

    Example :

    As long as there is life, there is hope.

12. **However :** It is both a subordinate and co-ordinate clause.

    Examples :

    (a) Mala worked hard, she however, failed.

    (b) However hard he may work, he cannot pass.

13. **Such as :** 'Such as' gives us the sense of 'like'. Such is always followed by 'as'.

    Example :

    Life is such a puzzle as cannot be solved.

MULTIPLE CHOICE QUESTIONS

Directions: *In the following questions choose the correct options to fill the blanks.*

1. Neither he .... his friend is good.
A. or B. and
C. but D. nor

2. The officer asked the peon .... why he was late.
A. that B. if
C. but D. No word needed

3. Both Ajay .... Vijay are intelligent.
A. or B. nor
C. and D. No word needed

4. No Sooner did the thief see the public .... he ran away.
A. then B. and
C. but D. than

5. Abhinav .... his brothers was going to Mumbai.
A. but B. yet
C. No word needed D. together with

6. He behaves .... he were the captain of the team.
A. as if B. as
C. No word needed D. that

7. Either Rupali .... Sonali is going to attend the meeting.
A. and B. but
C. nor D. or

8. Neither Nirmal .... Ashwinee is going to listen the speech.
A. and B. but
C. nor D. or

9. Ravi .... Prakash are going to Kolkata.
A. or B. nor
C. but D. and

10. Rice .... curry is my usual breakfast.
A. and B. but
C. then D. than

11. Hardly had he left .... his brother came.
A. then B. than
C. when D. that

12. I would rather have a copy .... a book.
A. then B. than
C. when D. that

13. He is no other .... my friend.
A. then B. than
C. when D. but

14. He saw a snake ....he awoke.
A. then B. when
C. than D. No word needed

15. Ten years have passed .... my grandmother died.
A. since B. when
C. then D. than

16. She is .... good .... bad.
A. either, not B. neither, or
C. neither, nor D. neither, than

17. The cellphone is both cheap .... best.
A. than B. and
C. then D. or

18. No sooner did the rogue see the police .... he disappeared.
A. then B. than
C. so D. because

19. Srishti will go .... Sanju goes.
A. if B. than
C. then D. although

20. She is wise .... timid.
A. and B. yet
C. but D. however

21. Make hay .... the sun shines.
A. though B. while
C. after D. before

22. He is so weak .... he cannot walk.
A. but B. that
C. then D. so

23. Although he is rich, ... he is unhappy.
A. but B. yet
C. so D. still

24. Wait here .... I come back.
A. till B. until
C. before D. after

25. He is my friend .... I shall help him.
A. so
B. hence
C. that is why
D. therefore

26. He must go away .... he will be beaten.
A. otherwise B. and
C. or D. else

27. God loves good men .... good men love God.
A. and B. or
C. that D. those

28. He was late .... he was not punished.
A. but B. yet
C. still D. therefore

29. Walk slowly ...., you may fall.
A. and B. or
C. so D. otherwise

30. Work hard, ... you will fail.
A. and B. or
C. otherwise D. else

ANSWERS

1	2	3	4	5	6	7	8	9	10
D	D	C	D	D	A	D	C	D	A
11	**12**	**13**	**14**	**15**	**16**	**17**	**18**	**19**	**20**
C	B	B	B	A	C	B	B	A	C
21	**22**	**23**	**24**	**25**	**26**	**27**	**28**	**29**	**30**
B	B	B	A	B	C	A	C	D	D

PREPOSITIONS

A *Preposition* is a word which is placed before a noun or a pronoun to show its relation to some other word in the sentence.

1. I saw a goat *in* the field.
2. I am fond *of* hot coffee.

In sentence 1, the word *in* shows the relation between two things—*goat* and *field.*

In sentence 2, the word *of* shows the relation between the attribute expressed by the adjective *found* and *tea.*

The words *in* and *of* are here used as prepositions.

The noun or pronoun which is used with a preposition is called its object. The noun or pronoun is in the objective case. It is governed by the preposition. Now it is absolutely clear that in sentence 1, the noun *field* is in the objective case. The word *field* is governed by the preposition *in.*

A preposition may have two or more objects.

The road runs over *hill* and *plain.*

Here, the words *hill* and *plain* are used as objects.

Use of Important Prepositions

1. Among, Between

'**Among**' is used for more than two persons or things; '**Between**' is used only for two.

Examples :

(i) Distribute these sweets *among* the poor students of the class.

(ii) Distribute these books *between* Ram and Shyam.

2. Among, In

'**Among**' is used before collective plural nouns. '**In**' is used before collective singular nouns.

Examples :

(i) I found him standing *among* the crowd.

(ii) I saw him in the crowd.

3. Beside, Besides

'**Beside**' means 'by the side of'. '**Besides**' means 'in addition to'.

Examples :

(i) The daughter was sitting *beside* her mother.

(ii) *Besides* his relatives, he invited his friends also.

4. In, Within

'**In**' means at the expiry of a period of time in future, '**Within**' means before the expiry of a period of time in any tense.

Examples :

(i) She will return *in* a week.

(ii) I shall finish my work *within* a weak.

5. On, Upon

'**On**' is used for things at rest; '**Upon**' is used for things in motion.

Examples :

(i) He is sitting *on* the floor.

(ii) The dog sprang *upon* the table.

6. By, With

'**By**' denotes the agent or doer, '**With**' denotes the instrument with which anything is done.

Examples :

(i) The bird was killed *by* the hunter with an arrow.

(ii) He beat the dog *with* a stick.

(iii) I shall reach here *by* five o'clock.

7. After, In

'**After**' means at the end of a period of time in the past. '**In**' means at the end of a period of time in future.

Examples :

(i) I shall return your book *in* a week.

(ii) He returned the book *after* a week.

8. For, From, Since

'**For**' is used before a noun denoting a period of time with all the tenses. '**From**' is used before a noun or phrase denoting a point of time, it is used in all the tenses. '**Since**' is used before a noun or phrase denoting some point of time and is always produced by a verb in the perfect continuous tense or third form of a verb.

Examples :

(i) We have been playing cards *for* two hours.

(ii) She stayed with her uncle *from* the 15th of March to the 15th of May.

(iii) I have been reading this book *since* morning.

9. Above, Over

'**Above**' means 'higher from', **Over** is used in the following four senses :

(i) In the sense of 'above' :
At noon, the sun is *over* our heads.

(ii) In the sense of 'beyond' :
I cannot get *over* my disappointment.

(iii) In the sense of 'Superiority' :
God *over* all blesses for ever more.

(iv) In the sense of 'Conclusion' :
It is all *over* with me.

10. At, Towards

'**At**' denotes the idea of aim, '**Towards**' denotes the idea of destination.

Examples :

(i) He threw the stone *at* the cat.

(ii) He went *towards* the house.

11. At, In, On

'At' is used as follows :

(i) '**At**' is used with small towns and villages.

Examples :

(a) He was born *at* Sonepat.

(b) He lives *at* village Bangra. (Bangra is a village)

(ii) '**At**' is used before a noun denoting a definite point of time.

Example :

He called on me *at* 9 p.m. yesterday.

'In' is used as follows :

(iii) '**In**' is used with the names of big cities, provinces and countries.

Examples :

(a) His father lives *in* England.

(b) His younger brother lives *in* Calcutta.

(iv) '**In**' is used before the names of months and years.

Example :

His elder sister was born *in* 1972 *in* the month of May.

'**On**' is used with dates and names of days.

Examples :

(a) I joined college *on* the 26th April.

(b) He will leave for Kolkata *on* Wednesday next.

Important Information

1. '**In**' is also used in the following phrases : In the morning; In the evening, In winter, In summer.

2. **'In'** also denotes a place inside anything. He travelled *in* a crowded bus.
3. **'At'** is used in the following phrases : *At* home, *At* the station, *At* work, *At* play.

12. Below, Beneath

Below means 'of lower level in position, dignity and expectation' etc. *Beneath* means 'under'.

Examples :

(i) It is *below* my dignity to talk to her.
(ii) They rested *beneath* the shade of a tree.

13. In, Into, To

'In' expresses Rest or Motion inside anything. **'Into'** expresses Motion towards the inside of anything or change from one medium to another. **'To'** denotes motion from one place to another.

Examples :

(i) The boys are *in* the room.
(ii) Translate this passage from English *into* Hindi.
(iii) Every morning he goes *to* the temple.

14. Till, By, Of, Off

- 'Till' means upto or not earlier than.
- 'By' means not later than.
- 'Of' shows cause, source, separation, quality, contents, possession, apposition, point of reference, space in time etc.
- 'Off' shows separation at a near distance, and detached condition.

Consider the following examples:

(i) I shall work *till* 5 a.m.
(ii) Madhu died *of* cancer.
(iii) The nib *of* the pen is made *of* gold.
(iv) He presented me a bottle *of* perfume.
(v) Our principal is a man *of* principle.
(vi) He lived in the house *of* his friend.
(vii) *By* this time tomorrow, I'll have finished my job.
(viii) My house is *off* the road.
(ix) The book fell *off* the table.

MULTIPLE CHOICE QUESTIONS

Directions: *Tick the correct preposition for the blank in each of the following sentences.*

1. He applied ...... the manager.
A. for B. to
C. with D. by

2. Trust ...... God and do the right.
A. in B. for
C. to D. with

3. She is worthy ...... a prize.
A. with B. for
C. to D. of

4. Mr. Gomes has no taste ...... music.
A. of B. for
C. with D. to

5. You are hard ...... hearing.
A. at B. of
C. with D. for

6. He is sure ...... his success
A. for B. with
C. on D. of

7. Preeti was warned ...... the danger ahead.
A. for B. at
C. of D. about

8. I am thankful ...... you for a good advice.
A. for B. with
C. to D. of

9. Deepak would not surrender ...... the police.
A. with B. to
C. for D. on

10. The small plant in your lawn is very sensitive ...... touch.
A. on B. with
C. to D. about

11. Divya was sure to succeed ..... the examination.
A. for B. in
C. to D. with

12. Geeta was jealous ...... Ravina's beauty.
A. to B. with
C. for D. of

13. He was ignorant ..... what was happening there.
A. for B. of
C. to D. with

14. Your pen is inferior ...... mine.
A. than B. with
C. from D. to

15. Reenu is no match ...... Meenu.
A. to B. for
C. with D. upon

16. It is necessary ...... you to apply for this job.
A. on B. with
C. for D. to

17. Be loyal ...... your country.
A. for B. to
C. on D. with

18. Mukesh is junior ...... me.
A. than B. to
C. from D. of

19. Deepika was innocent ...... the crime.
A. of B. with
C. from D. to

20. I am desirous.... joining the Indian cricket team.
A. for B. of
C. to D. on

ANSWERS

1	2	3	4	5	6	7	8	9	10
B	A	D	B	B	D	D	D	B	D
11	**12**	**13**	**14**	**15**	**16**	**17**	**18**	**19**	**20**
B	D	B	D	B	D	B	B	A	B

SYNONYMS

A synonym is a word which conveys a meaning similar to the given word.

REMEMBER

Words	*Synonyms*
Add	Increase
Adequate	Enough
Adjust	Adapt
All	Aggregate
Allow	Permit
Abode	Dwelling
Apt	Proper
Assess	Appraise
Accuse	Calumniate
Abashed	Timid
Annoy	Displease
Ample	Enough, Sufficient
Amplify	Increase
Apathetic	Unenthusiastic
Accost	Address
Authentic	True

Words	*Synonyms*
Adjust	Fit
Approve	Assent, Allow, Accept
Adapt	Conform
Adversary	Opponent, Rival, Competitor
Beat	Whack
Benign	Kind
Breeze	Zephyr
Baffle	Puzzle
Booty	Spoil
Beauty	Charm
Beast	Animal
Bandit	Robber
Blaze	Shine
Bond	Tie
Bend	Twist
Bate	Diminish
Beg	Plead
Barbaric	Wild, Savage
Bashful	Shy, Reserved

Words	*Synonyms*
Begin	Start
Blend	Mix, Mingle
Bizarre	Funny
Below	Under
Bedevil	Confuse
Bemoan	Lament
Babble	Nonsense
Blame	Fault
Behaviour	Demeanour
Call	Accost
Copy	Imitate
Close	Shut
Caress	Love
Camp	Stay
Connect	Attach
Cut	Injure, Curtail
Cling	Stick
Conical	Funny
Convey	Carry
Conspicuous	Prominent
Cheerful	Happy, Pleasant
Curtail	Decrease
Cheerless	Sad, Dejected
Curious	Strange
Circumstance	Factor, Situation, Condition
Competent	Capable
Congruent	Overlapping
Cope	Deal, Endure
Confident	Sure
Complex	Intricate
Cajole	Coax, Flatter
Cunning	Crafty
Delectable	Joyful, Delightful
Devilish	Diabolical
Delicate	Soft
Devil	Fiend
Delay	Postpone
Dislike	Repugnance
Destroy	Ruin

Words	*Synonyms*
Dwell	Live, Dilate
Declare	Pronounce
Drunk	Flushed
Deficient	Lacking
Damn	Condemn, Curse
Decrease	Diminish
Destruction	Devastation
Efficient	Competent
Ethnic	Racial
Enthral	Enslave
Earnest	Serious
Envious	Jealous
Ending	Final
Egg	Incite
Extempore	At once
Extensive	Far-ranging
Extra	Surplus
Existence	Life
Exceed	Overstep
Enormous	Vast
Excessive	Superfluous
Free	Unhindered
Frigid	Cold
Feed	Cater
Fame	Reputation
Frame	Make
First	Initial
Frighten	Terrorise, Intimidate
Fervent	Fervid
Fall	Decline
Feeble	Frail
Fickle	Changeable
Finish	Conclude
Fraud	Deception
Forgiving	Placable
Grow	Develop
Greed	Avidity
Greet	Welcome
Grave	Serious
Group	Constellation

Words	*Synonyms*
Given	Bestowed
Gratitude	Thankfulness
Have	Possess
Hire	Rent
Hit	Strike
Handsome	Beautiful
Hinder	Prevent
Heap	Pile
Hope	Expect
Hard	Harsh
Help	Aid
Hymn	Song
Henpecked	Enslaved
Hoodwink	Mystify, Cheat
Humble	Polite, Urbane, Modest
Harass	Vex, Trouble
Impart	Instil
Intact	Untouched
Instal	Establish
Indict	Impeach
Imitate	Ape
Instigate	Incite
Initiate	Start, Introduce
Inimical	Unfriendly
Insufferable	Intolerable
Impartiality	Justice
Jolly	Merry
Joyful	Delectable
Join	Conjoin
Kind	Benign
Kill	Murder
Kindred	Similar
Kinship	Relationship
Keen	Sharp
Knowledge	Scholarship
Lazy	Slothful
Large	Substantial, Gargantuan
Listless	Careless, Lackadaisical
Lax	Loose
Little	Small
Lifelike	Realistic

Words	*Synonyms*
Lofty	High
Lenient	Soft, Gentle
Lacking	Deficient, Wanting
Lessen	Decrease
Middleclass	Bourgeois
Mitigate	Lessen, Abate
Modesty	Humility, Lowliness
Mix	Mingle, Blend
Mixture	Mingling
Mixed	Assorted
Modify	Decrease
Mean	Imply
Multifarious	Varied
Miscarry	Abort
Note	Notice
Noble	Stately
Native	Indigenous
Needful	Necessary
Notify	Declare
Nervous	Shaky, Tremulous, Timid
Natural	Spontaneous
Near	Close
Normal	Natural
Offend	Displease
Oppress	Persecute, Tyrannize
Opponent	Adversary
Obstruct	Hinder, Check
Offence	Fault
Offender	Villain
Overstep	Exceed
Overlapping	Congruent
Occult	Mystic
Profane	Unholy
Patience	Forbearance
Pornographic	Obscene
Plenitude	Abundance
Prominent	Important
Prodigal	Spender
Procrastinate	Postpone
Promote	Develop, Honour
Persecute	Tyrannise

Words	*Synonyms*
Profess	Claim
Pliant	Flexible
Plebian	Common
Polished	Sophisticated
Quake	Shake
Quit	Leave
Queer	Eccentric
Quell	Suppress
Quantify	Allot
Reply	Answer
Relinquish	Retire
Read	Peruse
Relation	Reference
Render	Do
Remainder	Residuals
Repeat	Reiterate
Repentant	Contrite
Retaliative	Retaliatory
Rumour	Hearsay
Reveal	Divulge
Ritualistic	Ceremonious
Soft	Delicate
Sort	Kind, Choose, Select
Selfish	Egoistic
Sensual	Earthly
Suppress	Quell, Check
Stimulate	Provoke
Tasteless	Insipid
Travel	Journey
True	Authentic, Faithful, Truthful
Turbulence	Turmoil
Tragedy	Calamity
Tasteful	Tasty, Delicious
Touching	Painful
Thankful	Grateful
Tremendous	Great, Huge
Tough	Strong
Terminate	Conclude, End
Theory	Doctrine
Tell	Relate
Tremble	Shake, Shiver
Urge	Spur

Words	*Synonyms*
Unbeaten	Unsubdued
Use	Utilize, Practise
Underhand	Unfair, Undue
Unfair	Unjust
Unravel	Reveal, Divulge
Unimportant	Common
Unconcerned	Apathetic
Unimitated	Inimitable
Unfortunate	Unlucky
Understand	Perceive, Comprehend
Vain	Proud, Haughty, Conceited, Shameless
Vale	Valley, Dale, Dell
Vice	Fault
Virtue	Quality
Veracity	Reality
Value	Price, Prize
Vex	Tease
Vibrate	Quiver, Shake
Violent	Excessive
Vivid	Clear, Lucid
Victory	Triumph
Vulgar	Indecent
Virtuous	Honest
Variegated	Varied, Multifarious
Well	Good
Yell	Cry, Shout
Yonder	There
Yearn	Wish, Desire
Yoke	Slavery
Zest	Earnestness, Enthusiasm
Zealous	Earnest

ANTONYMS

A antonym is a word which conveys a meaning opposite to the given word.

REMEMBER

Words	*Antonyms*
Abhor	Love
Abnormal	Normal
Able	Unable
Acceptable	Unacceptable
Adequate	Inadequate
Amusing	Boring

Words	Antonyms	Words	Antonyms
Angry	Calm	Hard	Soft
Apex	Bottom	Hate	Love
Attract	Repel	Honest	Dishonest
Bad	Good	Idle	Busy
Barren	Fertile	Immoral	Moral
Beautiful	Ugly	Include	Exclude
Bitter	Sweet	Incorrect	Correct
Brave	Cowardly	Intelligent	Unintelligent
Brief	Lengthy	Kind	Cruel
Bright	Dull	Like	Dislike
Calm	Violent	Long	Short
Careful	Careless	Lucid	Vague
Clear	Vague, Cloudy	Major	Minor
Cold	Hot	Naive	Experienced
Cruel	Kind	Nadir	Apex
Dear	Cheap	Neat	Clumsy
Deep	Shallow	Obedient	Disobedient
Difficult	Easy	Obscure	Clear
Direct	Indirect	Oppose	Support
Dishonest	Honest	Optimistic	Pessimistic
Disobey	Obey	Out	In
Encourage	Discourage	Patience	Impatience
Enormous	Tiny	Peaceful	Belligerent
Excellent	Bad	Pious	Impious
Expensive	Cheap	Polite	Impolite
Eat	Fast	Potent	Impotent
Fair	Unfair	Prominent	Unimportant
Fake	Authentic	Proper	Improper
False	True	Pure	Impure
Famous	Notorious	Quick	Slow
Fool	Genius	Quiet	Disturbance
Generous	Miserly	Real	False, Unreal
Genius	Fool	Reject	Select, Choose
Genuine	Unauthentic	Reliable	Unreliable
Gigantic	Tiny	Respect	Disrespect
Glad	Depressed	Right	Wrong
Good	Bad	Robust	Feeble, Weak
Great	Little	Sad	Happy
Happy	Sad		

Words	Antonyms
Secret	Open
Sensible	Insensible
Severe	Mild
Sharp	Blunt
Simple	Complex
Sociable	Unsociable
Tall	Short
Tidy	Untidy
Uncanny	Canny
Violent	Calm
Vivid	Vague

Words	Antonyms
Strong	Weak
Big	Small
Easy	Difficult
Fast	Slow
High	Low
Catchy	Unattractive
Ugly	Handsome, Beautiful, Tidy
Tasty	Insipid
Sonorous	Harsh

MULTIPLE CHOICE QUESTIONS

Directions (Qs. 1 to 20): *In the following questions choose the word which best expresses the meaning of the given word.*

1. ABSURD
   A. Foolish B. Simple
   C. Courageous D. Silly
2. ABANDON
   A. Lose B. Profit
   C. Vacate D. Foil
3. CAJOLE
   A. Pause B. Lenient
   C. Blast D. Lure
4. COMBAT
   A. Fight B. Conflict
   C. Shoot D. Quarrel
5. LAMENT
   A. Condone B. Console
   C. Complain D. Contribution
6. DEBACLE
   A. Disgrace B. Defeat
   C. Collapse D. Decline
7. SHIVER
   A. Fear B. Tremble
   C. Shake D. Ache
8. TORTURE
   A. Terror B. Harassment
   C. Torment D. Tranquility
9. LAUDABLE
   A. Lovable B. Commendable
   C. Profitable D. Oblivious
10. FIXED
    A. Sterile B. Static
    C. Stubborn D. Parennial
11. QUEER
    A. Unfamiliar B. Cute
    C. Curious D. Strange
12. SUFFICIENT
    A. Fit B. Proper
    C. Adequate D. Vast
13. GLOSS
    A. Brightness B. Soothing
    C. Rubbing D. Miracle
14. LONGING
    A. Prune B. Apathy
    C. Curtail D. Craving
15. JEER
    A. Applaud B. Magnanimity
    C. Avoid D. Scoff
16. ZENITH
    A. Minimum B. Nadir
    C. Plant D. Peak
17. GARB
    A. Distort B. Dress
    C. Trivial D. Rage

18. ABHOR
A. Rude B. Reconcile
C. Crave D. Detest

19. YIELD
A. Shum B. Incisive
C. Retain D. Surrender

20. YOKE
A. Twist B. Release
C. Link D. Extra

Directions (Qs. 21 to 38): *In the following questions choose the word which best expresses the opposite of the given word.*

21. TRAGIC
A. Dramatic B. Strong
C. Gentle D. Comic

22. ORAL
A. Verbal B. Sane
C. Minor D. Written

23. ADMIRE
A. Hate B. Unlike
C. Dislike D. Enough

24. VIOLENT
A. Gentle B. Savage
C. Haughty D. Decline

25. ADVERSITY
A. Windfall B. Inprosperity
C. Prosperity D. Slave

26. GENUINE
A. Spurious B. Obscure
C. Countless D. Apathetic

27. GRUDGE
A. Essence B. Guile
C. Goodwill D. Ill-will

28. STIFF
A. Soft B. Courteous
C. Lively D. Flexible

29. VANITY
A. Conceit B. Pride
C. Ostentious D. Humility

30. FRONT
A. Upper B. Unusual
C. Back D. Rear

31. ATTRACT
A. Lured B. Longing
C. Repel D. Disguise

32. COMFORT
A. Discomfort B. Discontent
C. Uncomfort D. Miscomfort

33. WELCOME
A. Repel B. Accept
C. Resist D. Fight

34. TACTFUL
A. Naive B. Loose
C. Strict D. Uncivilized

35. DUTIFUL
A. Harmful B. Watchful
C. Forgetful D. Remiss

36. RIGID
A. Flux B. Adoptable
C. Yielding D. Adaptable

37. RARE
A. Petty B. Poor
C. Small D. Common

38. ZEAL
A. Despair B. Calmness
C. Passiveness D. Indifference

ANSWERS

1	2	3	4	5	6	7	8	9	10
D	C	D	A	C	C	B	C	B	B
11	**12**	**13**	**14**	**15**	**16**	**17**	**18**	**19**	**20**
D	C	A	D	D	D	B	D	D	C
21	**22**	**23**	**24**	**25**	**26**	**27**	**28**	**29**	**30**
D	D	C	A	C	A	C	D	D	D
31	**32**	**33**	**34**	**35**	**36**	**37**	**38**		
C	A	C	A	D	D	D	D		

3. Sentence Completion

It is such an exercise which starts with the primary schools and continues in the highest level of competitive examinations. One must practise it regularly to score well.

Directions (Qs. 1 to 15): *Pick out the most effective word(s) from the given words to fill in the blanks to make the sentence meaningfully complete.*

1. The student ...... that book from the library to study at home.

A. issued B. borrowed
C. hired D. lent

2. I wish I ...... a king.

A. was B. am
C. should be D. were

3. He ...... to listen to my arguments and walked away.

A. denied B. disliked
C. objected D. refused

4. The flow of blood was so ...... that the patient died.

A. intense B. adequate
C. profuse D. extensive

5. When I met her yesterday, it was the first time I ...... her since Christmas.

A. saw B. have seen
C. had seen D. have been seing

6. Can you pay ...... all these articles?

A. for B. of
C. off D. out

7. I ...... you to be at the party this evening.

A. expect B. hope
C. look forward to D. desire

8. ...... being a handicapped person, he is very cooperative and self-reliant.

A. Because B. Although
C. Since D. Despite

9. The child broke ...... from his mother and ran towards the painting.

A. away B. after
C. down D. with

10. With his ...... income, he finds it difficult to live a comfortable life.

A. brief B. sufficient
C. meagre D. huge

11. He could ...... a lot of money in such a short time by using his intelligence and working hard.

A. spend B. spoil
C. exchange D. accumulate

12. Though the brothers are twins, they look ......

A. alike B. handsome
C. indifferent D. different

13. Unfavourable weather conditions can ..... illness.

A. cure B. detect
C. treat D. enhance

14. No sooner did the bell ring, ... the actor started singing.

A. when B. than
C. after D. before

15. If I ...... realised it, I would not have acted on his advice.

A. was B. had
C. were D. have

Directions (Qs. 16 to 25): *In each question, an incomplete statement (Stem) followed by four fillers* *is given. Pick out the best one which can complete the incomplete stem correctly and meaningfully.*

16. Unless you work harder you will fail, means .....

A. if you fail you will work harder.
B. you must at least plan well than you will not fail.
C. hardly you will fail if you do not desire so.
D. if you do not put more efforts, then you will fail.

17. Even if it rains I shall come, means .....

A. if I come it will not rain.
B. if it rains I shall not come.
C. I will certainly come whether it rains or not.
D. whenever there is rain I shall come.

18. Dinesh is as stupid as he is lazy means .....

A. Dinesh is stupid because he is lazy.
B. Dinesh is lazy because he is stupid.
C. Dinesh is either stupid or lazy.
D. Dinesh is equally stupid and lazy.

19. He is so lazy that he .....

A. cannot depend on others for getting his work done.
B. cannot delay the schedule of completing the work.
C. can seldom complete his work on time.
D. dislike to postpone the work that he undertakes to do.

20. He always stammers in public meetings, but his today's speech .....

A. was fairly audible to everyone present in the hall.
B. was not received satisfactorily.
C. could not be understood properly.
D. was free from that defect.

21. In order to raise the company's profit, the employees .....

A. demanded two additional increments.
B. decided to go on paid holidays.
C. requested the management to implement new welfare schemes.
D. offered to work overtime without any compensation.

22. Although, he is reputed for making very candid statements, ...

A. his today's speech was not fairly audible.
B. his promises had always been realistic.
C. his speech was very interesting.
D. his today's statements were very ambiguous.

23. I felt somewhat more relaxed .....

A. but tense as compared to earlier.
B. and tense as compared to earlier.
C. as there was already no tension at all.
D. and tension-free as compared to earlier.

24. With great efforts his son succeeded in convincing him not to donate his entire wealth to an orphanage .....

A. and lead the life of a wealthy merchant.
B. but to a home for the forsaken children.
C. and make an orphan of himself.
D. as the orphanage needed a lot of donations.

25. Even though it is a very large house, ...

A. there is a lot of space available in it for children.
B. there is hardly any space available for children.
C. there is no dearth of space for children.
D. the servants take a long time to clean it.

ANSWERS

1	2	3	4	5	6	7	8	9	10
B	D	D	C	C	A	A	D	A	C
11	**12**	**13**	**14**	**15**	**16**	**17**	**18**	**19**	**20**
D	D	D	B	B	D	C	D	C	D
21	**22**	**23**	**24**	**25**					
D	D	D	C	B					

4. Spotting Errors

The most common errors in English are of spellings, grammar and usage of words. By regular practice, the errors can be easily spotted and minimised.

MULTIPLE CHOICE QUESTIONS

Directions: *In the following questions some of the sentences have errors and some are correct. Find out which part of a sentence has an error, the number of that part is your answer. If a sentence is free from errors, then your answer is D i.e., No error.*

1. (A) Either Ram or/(B) you is responsible/(C) for this action./(D) No error.

2. (A) The student flatly denied/(B) that he had copied/(C) in the examination hall./(D) No error.

3. (A) By the time you arrive tomorrow/(B) I have finished/(C) my work./(D) No error.

4. (A) The captain with the members of his team/(B) are returning/(C) after a fortnight./(D) No error.

5. (A) After returning from/(B) an all-India tour/(C) I had to describe about it./(D) No error.

6. (A) The teacher asked his students/(B) if they had gone through/(C) either of the three chapters included in the prescribed text./(D) No error.

7. (A) Do you know/(B) how old were you/(C) when you came here?/(D) No error.

8. (A) Beware of/(B) a fair-weather friend/(C) who is neither a friend in need nor a friend indeed./(D) No error.

9. (A) Copernicus proved/(B) that Earth/(C) moves round the Sun./(D) No error.

10. (A) The property/(B) was divided/(C) among the two brothers./(D) No error.

11. (A) I am quite certain/(B) that the lady is not only greedy/(C) but miserly./(D) No error.

12. (A) The brilliant success in the examination/(B) as well as his record in sports/(C) deserves high praise./(D) No error.

13. (A) I cannot find/(B) where has he gone/(C) though I have tried may best./(D) No error.

14. (A) If I was/(B) the Prime Minister of India/(C) I would work wonders/(D) No error.

15. (A) If it weren't/(B) for you,/(C) I wouldn't be alive today./(D) No error.

16. (A) He looked like a lion/(B) baulked from/(C) its prey./(D) No error.

17. (A) Widespread flooding/(B) is affecting/(C) large areas of the villages./(D) No error.

18. (A) If we really set to/(B) we can get the whole house/(C) cleaned in an afternoon./(D) No error.

19. (A) It's arrogant for you/(B) to assume you'll/(C)win every time./(D) No error.

20. (A) The two books are the same/(B) except for the fact that this/(C) has an answer in the back./(D) No error.

21. (A) Your husband doesn't/(B) believe that you are older/(C) than I./(D) No error.

22. (A) I could not/(B) answer to/(C) the question./(D) No error.

23. (A) Two years passed/(B) since/(C) my cousin died./(D) No error.

24. (A) I am learning English/(B) for ten years/(C) without much effect./(D) No error.

25. (A) Ramesh has agreed/(B) to marry with the girl/(C) of his parent's choice./ (D) No error.

26. (A) When he was arriving./(B) the party was/(C) in full swing./(D) No error.

27. (A) The most studious boy/(B) in the class/(C) was made as the captain./(D) No error.

28. (A) I am participating/(B) in the two-miles race/(C) tomorrow morning./(D) No error.

29. (A) When the boy committed a mistake/(B) the teacher made him to do/(C) the sum again./(D) No error.

30. (A) Whenever a person lost anything/(B) the poor folk around/(C) are suspected./(D) No error.

ANSWERS

1	2	3	4	5	6	7	8	9	10
B	D	B	B	C	C	D	D	B	C
11	**12**	**13**	**14**	**15**	**16**	**17**	**18**	**19**	**20**
C	D	B	A	C	C	C	A	A	C
21	**22**	**23**	**24**	**25**	**26**	**27**	**28**	**29**	**30**
C	B	A	A	B	A	C	B	B	A

EXPLANATORY ANSWERS

1. Replace 'is' by 'are'.
2. No error.
3. Replace 'have' by 'would have'.
4. Replace 'are' by 'is'.
5. Replace 'had to describe' by 'described'.
6. Replace 'either' by 'any'.
7. No error.
8. No error.
9. Omit 'that'.
10. Replace 'among' by 'between'.
11. Add 'also'.
12. No error.
13. Replace 'has he' by 'he has'.
14. Replace 'was' by 'were'.
15. Replace 'wouldn't be' by 'would not have been'.
16. Replace 'its' by 'his'.
17. Replace 'areas' by 'area',
18. Replace 'set to' by 'set on'.
19. Replace 'for' by 'of'.
20. Replace 'in' by 'on'.
21. Replace 'I' by 'me'.
22. Omit 'to'.
23. Replace 'passed' by 'have passed'.
24. Replace 'am' by 'have been'.
25. Omit 'with'.
26. Replace 'was arriving' by 'arrived'.
27. Omit 'as'.
28. Replace 'in' by 'at'.
29. Omit 'to'.
30. Replace 'lost' by 'loses'.

5. One Word Substitution

There are many single words in English language which can be perfectly used for a number of words. These words help in expressing ideas in a short and correct manner for the right occasion. Such words not only increase the vocabulary but also enable you to economise in the use of words to a great extent.

Multiple Word Expression	*Substitution*
One who always looks towards the bright side of things	Optimist
One who always looks towards the dark side of things	Pessimist
The time when one develops from a child into an adult	Adolescence
The process of growing more plants in order to form a forest.	Afforestation
The science which deals with farming	Agriculture
From some other country or place etc.	Alien
A term, etc. giving more than one meaning	Ambiguous
A vehicle which is used to carry sick persons	Ambulance
An animal which can live both in water and on land	Amphibian
A lawless situation when there is no government	Anarchy
Belonging to the history of thousands of years old	Ancient
Once a year	Annual
A very old object but still valuable	Antique
Words of opposite meanings	Antonyms
Words of similar meanings	Synonyms
Signatures of a famous person	Autograph
A government led by one person with absolute authority	Autocracy
A written work of one's own life history	Autobiography
A person who has never been married	Bachelor
A person usually having no hair on his head	Bald
A place where one can deposit money and get interest	Bank
A person who cuts our hair	Barber
A building/group of buildings where soldiers live	Barracks
A person who makes buns and biscuits	Baker
A person who lives by asking people for food and money without doing any useful job	Beggar
The crime of having married to two persons at the same time	Bigamy
The branch of science which deals with the study of plants	Botany
Able to speak two languages	Bilingual

Multiple Word Expression	*Substitution*
Able to speak more than two languages	Polyglot
The branch of science which deals with the living organisms	Biology
A powerful snow storm	Blizzard
A great successful book or movie	Blockbuster
A short news on the radio or TV	Bulletin
A system in which the most important works are organised by the government officials	Bureaucracy
A person who has no vision in his eyes	Blind
A page or a series of pages on which the information of days, weeks, months, etc. is given	Calendar
A person who eats human flesh	Cannibal
A complete list of items often arranged alphabetically	Catalogue
A sudden disaster	Catastrophe
A period of 100 years	Century
A branch of science which deals with chemicals	Chemistry
A printed leaf usually issued by banks that we sign to carry certain financial deal	Cheque
A person who makes or mends shoes	Cobbler
A group of people who has been chosen by others to make decisions on their own	Committee
A building in which nuns live	Convent
An animal which feeds on other animals	Carnivorous
A person who does criticism	Critic
A person who cannot hear	Deaf
A condition in which one loses a lot of water from one's body because of vomiting, etc.	Dehydration
A system of government in which the people cast their votes to elect their leaders	Democracy
The study of skin problems	Dermatology
A long piece of land covered with sand	Desert
The art of managing relationships between countries	Diplomacy
A piece of information about the words in a book form	Dictionary
A piece of information about the telephone numbers of the people in a book from	Directory
A person in charge of a newspapers, magazine etc.	Editor
A person who thinks he is better than the others	Egoist
To leave your country and settle in some other country	Emigrate
A book or series of books giving almost all knowledge about an area or some persons etc.	Encyclopaedia
Study of insects	Entomology
Time when day and night are of the same duration	Equinox
To sell things out of the country	Export
To purchase things from some other country	Import
A plant or animal no longer in existence	Extinct
A situation when there is a shortage of food for a long period of time	Famine
An amount of money that we pay for some action or services	Fee
Related to women	Feminine
An animal strong and aggressive	Ferocious

Multiple Word Expression	*Substitution*
A piece of land where plants grow easily from the soil that is favourable to them	Fertile
A work of literature having some imaginary events	Fiction
A large amount of water covering certain area	Flood
A person who sells flowers	Florist
A religious ceremony for burying or cremating a dead person	Funeral
A substance which kills fungus	Fungicide
A person studying or having studied the diseases and the related things of female reproductory system	Gynaecologist
The murder of the person of the same group race or country	Genocide
A substance which kills germs	Germicide
A situation in which many people die because of fire during war	Holocaust
The act of killing a person deliberately	Homicide
A word having the pronunciation as the other one does but it differs in meaning	Homophone
A word having the same spelling as the other one does but it is pronounced in some other way	Homonym
A person who is attracted towards the person of the same sex	Homosexual
Go across and parallel to the ground	Horizontal
A substance which kills the insects	Insecticide
That cannot be corrected	Incorrigible
That cannot be defeated	Invincible
That cannot be eaten	Inedible
That cannot be seen	Invisible
A place in a school or college where books are kept for the benefit of students, teachers etc.	Library
A place in a school or college where scientific experiments are performed	Laboratory
An official who is a judge in the lowest court	Magistrate
A piece of music or a book before it is printed	Manuscript
Related to men	Masculine
One who believes in the existence of God	A theist
One who does not believe in the existence of good	An atheist
That can be believed	Credible
That cannot be believed	Incredible
That which dissolves in a solvent	Soluble
That which does not dissolves in a solvent	Insoluble
Hard writing that can be read	Legible
Hard writing that cannot be read	Illegible
A person who does jobs beneficial to mankind	Philanthropist
A person who goes on foot	Pedestrian
A person who fights for his own country	Patriot
An act of killing oneself	Suicide
A woman whose husband is dead	Widow
A man whose wife is dead	Widower
A person who eats vegetarian and non-vegetarian diets	Omnivorous

Multiple Word Expression	*Substitution*
Something which is everywhere at the same time	Omnipresent
One who knows everything	Omniscient
A child who does not have parents	Orphan
An award etc. given after the death of the person	Posthumous
The place where animals are kept for amusement and to increase the knowledge of the public	Zoo
The science which deals with the study of animals	Zoology

MULTIPLE CHOICE QUESTIONS

Directions: *In questions given below, out of the four alternatives, choose the one which can be substituted for the given words/sentences.*

1. Something that relates to everyone in the world
A. General B. Common
C. Usual D. Universal

2. An expression of mild disapproval
A. Warning B. Denigration
C. Impertinence D. Reproof

3. One who is not easily pleased by anything
A. Maiden B. Medieval
C. Precarious D. Fastidious

4. Murder of a king
A. Infanticide B. Matricide
C. Genocide D. Regicide

5. A remedy for all diseases
A. Stoic B. Marvel
C. Panacea D. Recompense

6. A dramatic performance
A. Mask B. Mosque
C. Masque D. Mascot

7. Study of birds
A. Orology B. Optology
C. Ophthalmology D. Ornithology

8. Ready to believe
A. Credulous B. Credible
C. Creditable D. Incredible

9. Incapable of being seen through
A. Ductile B. Opaque
C. Obsolete D. Potable

10. One who eats everything
A. Omnivorous B. Omniscient
C. Irresistible D. Insolvent

11. A place where bees are kept is called
A. An apiary B. A mole
C. A hive D. A sanctuary

12. One who cannot be corrected
A. Incurable B. Incorrigible
C. Hardened D. Invulnerable

13. One who is in charge of a museum
A. Curator B. Supervisor
C. Caretaker D. Warden

14. Continuing fight between parties, families, clans, etc.
A. Enmity B. Feud
C. Quarrel D. Skirmish

15. A voice loud enough to be heard
A. Audible B. Applaudable
C. Laudable D. Oral

16. A paper written by hand
A. Handicraft B. Manuscript
C. Handiwork D. Thesis

17. Habitually silent or talking little
A. Serville B. Unequivocal
C. Taciturn D. Synoptic

18. To slap with a flat object
A. Chop B. Hew
C. Gnaw D. Swat

19. A person who speaks many languages
A. Linguist B. Monolingual
C. Polyglot D. Bilingual

20. A light sailing-boat built specially for racing
A. Canoe B. Yacht
C. Frigate D. Dinghy

21. A fixed orbit in space in relation to earth
A. Geological B. Geo-synchronous
C. Geo-centric D. Geo-stationary

22. A style in which a writer makes a display of his knowledge
A. Pedantic B. Verbose
C. Pompous D. Ornate

23. A religious discourse
A. Preach B. Stanza
C. Sanctorum D. Sermon

24. A place that provides refuge
A. Asylum B. Sanatorium
C. Shelter D. Orphanage

25. Detailed plan of a journey
A. Travelogue B. Travelkit
C. Schedule D. Itinerary

26. A person who insists on something
A. Disciplinarian B. Stickler
C. Instantaneous D. Boaster

27. A drawing on transparent paper
A. Red print B. Blue print
C. Negative D. Transparency

28. One who believes that all things and events in life are predetermined is a
A. Fatalist B. Puritan
C. Egoist D. Tyrant

29. A school boy who cuts classes frequently is a
A. Defeatist B. Sycophant
C. Truant D. Martinet

30. The act of violating the sanctity of the church is
A. Blasphemy B. Heresy
C. Sacrilege D. Desecration

31. A place where monks live as a secluded community
A. Cathedral B. Diocese
C. Convent D. Monastery

32. One who is fond of fighting
A. Bellicose B. Aggressive
C. Belligerent D. Militant

33. Tending to move away from the centre or axis
A. Centrifugal B. Centripetal
C. Axiomatic D. Awry

34. Words inscribed on tomb
A. Epitome B. Epistle
C. Epilogue D. Epitaph

35. Leave or remove from a place considered dangerous
A. Evade B. Evacuate
C. Avoid D. Exterminate

36. Original inhabitants of a country
A. Abroge B. Aborger
C. Aborgory D. Aborigins

37. Government by the officials
A. Theocracy B. Plutocracy
C. Bureaucracy D. Democracy

38. Incapable of being exhausted
A. Inexhaustible B. Inaexhaustible
C. Exhaustable D. Non-tired

39. A person of good understanding, knowledge and reasoning power
A. Expert B. Intellectual
C. Snob D. Literate

40. One absorbed in his own thoughts and feelings rather than in things outside
A. Scholar B. Recluse
C. Introvert D. Intellectual

ANSWERS

1	2	3	4	5	6	7	8	9	10
D	D	D	D	C	C	D	A	B	A
11	12	13	14	15	16	17	18	19	20
A	B	A	B	A	B	C	D	A	B
21	22	23	24	25	26	27	28	29	30
D	A	D	A	D	B	D	A	C	C
31	32	33	34	35	36	37	38	39	40
D	A	A	D	B	B	C	A	B	C

6. Spelling Errors

There are thousands of words in English language. It is difficult to remember the spellings and meanings of all at once. Try to learn as many as you can. Use a dictionary regularly.

Directions: *Find the correctly spelt words.*

1. A. Damage B. Dammage
   C. Damaige D. Dammege
2. A. Efficiant B. Effecient
   C. Efficient D. Eficient
3. A. Schedule B. Schdule
   C. Schedale D. Schedeule
4. A. Occurad B. Occurred
   C. Ocurred D. Occured
5. A. Grieff B. Grief
   C. Grieef D. Grrief
6. A. Guarantee B. Garuntee
   C. Guaruntee D. Gaurantee
7. A. Meddicine B. Medicine
   C. Medicene D. Medicinne
8. A. Benefeted B. Benefitted
   C. Benifited D. Benefited
9. A. Acommodation B. Acomodation
   C. Accomodation D. Accommodation
10. A. Querrelsome B. Quarrelsame
    C. Quarrelsome D. Querralsome
11. A. Sympathetic B. Smypathetic
    C. Sympothetic D. Sympethetic
12. A. Prograssive B. Progressive
    C. Progresive D. Prograsive
13. A. Uncivilized B. Uncevilized
    C. Uncivillized D. Uncevelized
14. A. Extravagant B. Extreragent
    C. Extreregant D. Extravegent
15. A. Missunderstood B. Miesunderstood
    C. Misunderstood D. Misunderstod
16. A. Belligerent B. Beligirent
    C. Belligarant D. Belligerrent
17. A. Astonished B. Astronished
    C. Astoneshed D. Asstonished
18. A. Sincerely B. Sencerely
    C. Sincerelly D. Sincerrely
19. A. Rigourous B. Rigerous
    C. Rigorous D. Regerous
20. A. Satellite B. Sattellite
    C. Satelite D. Sattelite
21. A. Pesanger B. Passenger
    C. Pessenger D. Pasanger
22. A. Humurous B. Humorous
    C. Humoreus D. Humorrous
23. A. Exeggerate B. Exaggerate
    C. Exadgerate D. Exagerate
24. A. Fariegn B. Forein
    C. Foriegn D. Foreign
25. A. Excesive B. Excessive
    C. Exccessive D. Exccesive
26. A. Forcaust B. Forcast
    C. Forecast D. Forecaste
27. A. Paralleted B. Paralelled
    C. Parralleled D. Parallelled

28. A. Ocasion B. Occassion
C. Occasion D. Ocassion

29. A. Boquet B. Bouquet
C. Bouquete D. Bouquette

30. A. Chettering B. Chaterring
C. Chattering D. Chatering

31. A. Discourage B. Disscourage
C. Discourege D. Discaurage

32. A. Curageous B. Courageous
C. Courrageous D. Couregeous

33. A. Abandon B. Abanddon
C. Abendon D. Abbandon

34. A. Embarassment
B. Emberrassement
C. Embarrassment
D. Embbaresment

35. A. Eccintric B. Eccentrie
C. Eccentric D. Eccintrie

36. A. Occasional B. Occassional
C. Occesional D. Occessional

37. A. Querrel B. Querral
C. Quarrel D. Quarel

38. A. Contrebution B. Contribution
C. Contributtion D. Conterbution

39. A. Desgrace B. Disgrece
C. Disgrice D. Disgrace

40. A. Harassment B. Herassment
C. Harasment D. Harassmient

41. A. Imaginative B. Imeginative
C. Imagenative D. Imaginetive

42. A. Suficient B. Suficiant
C. Sufficient D. Sufficiant

43. A. Adequate B. Edequate
C. Adaquete D. Edaquete

44. A. Exparienced B. Experianced
C. Experienced D. Experrienced

45. A. Flatering B. Fletering
C. Flattering D. Fletaring

46. A. Cuttiveted B. Culltrivated
C. Cultivated D. Caltivated

47. A. Praiceworthy B. Peiseworthy
C. Praiseworthy D. Praisaworthy

48. A. Profesional B. Professionel
C. Professional D. Profissional

49. A. Ameteur B. Amateur
C. Amataur D. Amateor

50. A. Unfevourable B. Unfevaurable
C. Unfavourable D. Unfivourable

ANSWERS

1	2	3	4	5	6	7	8	9	10
A	C	A	B	B	A	B	B	D	C
11	**12**	**13**	**14**	**15**	**16**	**17**	**18**	**19**	**20**
A	B	A	A	C	A	A	A	C	A
21	**22**	**23**	**24**	**25**	**26**	**27**	**28**	**29**	**30**
B	B	B	D	B	C	A	C	B	C
31	**32**	**33**	**34**	**35**	**36**	**37**	**38**	**39**	**40**
A	B	A	C	C	A	C	B	D	A
41	**42**	**43**	**44**	**45**	**46**	**47**	**48**	**49**	**50**
A	C	A	C	A	C	C	C	B	C

गणित

1

संख्या प्रणाली
(NUMBER SYSTEM)

किसी व्यंजक को हल करते समय अंग्रेजी अक्षर 'BODMAS' का ध्यान रखा जाता है:

B = Bracket (कोष्ठक)

O = Of (का)

D = Division (भाग)

M = Multiplication (गुणा)

A = Addition (जोड़)

S = Subtraction (घटाव)

अर्थात् किसी व्यंजक में बहुत-सी क्रियाएँ एक साथ करनी हो तो इस नियम के अनुसार पहले कोष्ठक, फिर 'का', फिर भाग, फिर गुणा, फिर जोड़, घटाव की जाती है।

कोष्ठक को हल करते समय सर्वप्रथम रेखा कोष्ठक (–) फिर छोटा कोष्ठक, फिर मंझला कोष्ठक, फिर बड़ा कोष्ठक हल किया जाता है।

कुछ महत्त्वपूर्ण सूत्र

(1) $(a + b)^2 = a^2 + 2ab + b^2$

(2) $(a - b)^2 = a^2 - 2ab + b^2$

(3) $a^2 - b^2 = (a + b)(a - b)$

(4) $a^2 + b^2 = (a + b)^2 - 2ab = (a - b)^2 + 2ab$

(5) $a^3 + b^3 = (a + b)(a^2 - ab + b^2)$

(6) $a^3 - b^3 = (a - b)(a^2 + ab + b^2)$

(7) $(a + b)^3 = a^3 + 3ab(a + b) + b^3$

(8) $(a - b)^3 = a^3 - 3ab(a - b) - b^3$

(9) $a^3 + b^3 + c^3 - 3abc = (a + b + c)(a^2 + b^2 + c^2 - ab - bc - ca)$

(10) $(a + b)^2 = (a - b)^2 + 4ab$

(11) $(a - b)^2 = (a + b)^2 - 4ab$

संख्याएँ, जोड़, घटाव, गुणा और भाग

जिन संख्याओं में वस्तुओं की गणना की जाती है, उन्हें प्राकृतिक संख्याएँ कहते हैं। जैसे: 1, 2, 3 आदि । शून्य को प्राकृतिक संख्या नहीं माना जाता है।

जो संख्या 2 से पूर्णतः विभाजित हो जाती हैं, **सम संख्याएँ** कहलाती हैं और जो 2 से विभाजित नहीं होती हैं उनको **विषम संख्या** कहते हैं।

अभाज्य संख्याएँ: वे संख्याएँ जिनके केवल दो ही गुणनखण्ड हो सकें पहला तो 1 और दूसरी वह संख्या स्वयं, **अभाज्य संख्याएँ** कहलाती हैं। जैसे 2, 3, 5, 7 आदि अभाज्य संख्याएँ हैं। परन्तु 1 अभाज्य संख्या नहीं है।

भाज्य संख्याएँ: वे संख्याएँ जिनमें 1 और स्वयं के अतिरिक्त कम-से-कम किसी एक अन्य संख्या का भाग पूरा–पूरा चला जाए, **भाज्य संख्याएँ** कहलाती हैं। जैसे: 4, 6, 8, 9 आदि भाज्य संख्याएं हैं परन्तु 1 भाज्य संख्या नहीं है।

परिमेय संख्याएँ: यदि किसी संख्या को $\frac{a}{b}$ के रूप में दर्शाया जा सके जहाँ a और b पूर्णांक हैं तथा b का मान शून्य नहीं है, तो वह संख्या **परिमेय संख्या** कहलाती है। जैसे $\frac{2}{3}, \frac{4}{1}$, आदि ।

अपरिमेय संख्याएँ: यदि किसी संख्या को $\frac{a}{b}$ के रूप में न रखा जा सके जबकि a और b पूर्णांक हैं तथा b का

मान शून्य नहीं है, तो वह संख्या **अपरिमेय संख्या** कहलाती है। चूंकि $\sqrt{2}$ का मान 1.414.. होता है इसलिए इसको $\frac{a}{b}$ के रूप में नहीं लिखा जा सकता है। अतः $\sqrt{2}$ अपरिमेय संख्या है।

अभ्यास

निर्देशः *निम्नलिखित प्रत्येक प्रश्न के चार संभावित उत्तर दिये हुए हैं। उनमें से एक उत्तर सही है, उसी उत्तर को ज्ञात करो।*

1. $207 \times 781 \times 39 \times 94$ को सरल करने पर गुणनफल में इकाई का अंक क्या होगा?

A. 9 B. 2
C. 1 D. 7

2. 305, 211, 702 तथा 13 का गुणनफल निकाला जाए, तो गुणनफल में इकाई का अंक क्या होगा?

A. 5 B. 0
C. 1 D. 2.

3. जब किसी संख्या को 296 से भाग दिया जाता है, तो 75 शेष बचता है। यदि उसी संख्या में 37 से भाग दें तो क्या शेष बचेगा?

A. 3 B. 5
C. 1 D. 6

4. 1 से 32 तक सभी विषम संख्याओं का योग क्या होगा?

A. 256 B. 128
C. 25 D. 16

5. प्रथम 25 सम संख्याओं का योग क्या होगा?

A. 156 B. 204
C. 650 D. 448

6. निम्नलिखित में कौनसी संख्या इकाई के स्थान पर न होगी जबकि किसी संख्या का वर्ग किया जाए?

A. 0 B. 4
C. 1 D. 2

7. यदि किसी संख्या का घन किया जाए तो इकाई के स्थान पर कौनसा अंक होगा?

A. 5
B. 7
C. 0 से 9 तक कोई भी अंक
D. 4

8. 1 से 100 तक संख्या लिखने में कितने अंकों की आवश्यकता होती है?

A. 100 B. 192
C. 99 D. 198

9. तीन अंकों तक की ऐसी कितनी संख्याएँ हो सकती हैं जो 19 से पूर्णतः विभाजित हों?

A. 52 B. 47
C. 25 D. 31

10. चार अंकों की ऐसी छोटी से छोटी संख्या ज्ञात करो जो 13 से पूर्णतः विभाजित हो?

A. 1014 B. 9984
C. 988 D. 1001

11. 3901 में 9 के स्थानीय मान तथा जातीय मान में क्या अंतर है?

A. 900 B. 9
C. 891 D. 40

12. निम्नलिखित में से कौनसी संख्या अभाज्य है?

A. 15 B. 33
C. 21 D. 3

13. 0, 2, 3, 6 और 7 अंकों से बनने वाली 5 अंकों की बड़ी से बड़ी और छोटी से छोटी संख्या का अन्तर क्या है?

A. 50953 B. 35905
C. 55953 D. 95821

14. 3289200000 को वैज्ञानिक पद्धति में किस प्रकार से लिख सकते हैं?

A. 32.892×10^8 B. 3.2892×10^9
C. 328.92×10^7 D. इनमें से कोई नहीं

15. निम्नलिखित संख्या श्रेणी में लुप्त पद के स्थान पर कौनसी संख्या आएगी?

2, 6, 11, 17, ..., 32

A. 24 B. 26
C. 25 D. 28

16. .02040 में कितने सार्थक अंक हैं?

A. 2 B. 3
C. 4 D. 5

17. निम्नलिखित भिन्नों में से सबसे बड़ी भिन्न कौन-सी है?

$$\frac{2}{3}, \frac{3}{5}, \frac{8}{11}, \frac{11}{17}$$

A. $\frac{2}{3}$ B. $\frac{8}{11}$
C. $\frac{3}{5}$ D. $\frac{11}{17}$

18. दी गई भिन्नों $\frac{5}{8}, \frac{21}{35}, \frac{9}{16}, \frac{6}{7}$ में सबसे बड़ी और सबसे छोटी भिन्न के मध्य क्या अन्तर है?

A. $\frac{33}{112}$ B. $\frac{11}{37}$
C. $\frac{13}{15}$ D. $\frac{9}{35}$

19. यदि किसी संख्या तथा उसके $\frac{1}{5}$ भाग में अन्तर 20 है, तो वह संख्या क्या है?

A. 20 B. 40
C. 100 D. 25

20. $\frac{3}{5}$ तथा $\frac{7}{3}$ के व्युत्क्रमों (Reciprocals) के योग का व्युत्क्रम क्या होगा?

A. $\frac{4}{5}$ B. $\frac{36}{5}$
C. $\frac{21}{44}$ D. $\frac{1}{4}$

21. मनमोहन अपनी आय का $\frac{1}{5}$ भाग जेब खर्च में व्यय करता है तथा शेष का $\frac{4}{5}$ भाग अन्य खर्चों में। यदि उसके पास ₹ 48 प्रति माह बचे रहते हैं तो उसकी मासिक आय क्या है?

A. ₹ 360 B. ₹ 400
C. ₹ 320 D. ₹ 300

22. यदि किसी संख्या के $\frac{4}{5}$ और $\frac{3}{4}$ भाग का अन्तर 4 हो, तो वह संख्या क्या है?

A. 60 B. 100
C. 80 D. 40

23. निम्नलिखित में से कौनसा भिन्न समूह अवरोही क्रम में है?

A. $\frac{7}{12}, \frac{9}{17}, \frac{13}{24}$ B. $\frac{7}{12}, \frac{13}{24}, \frac{9}{17}$
C. $\frac{9}{17}, \frac{13}{24}, \frac{7}{12}$ D. $\frac{9}{17}, \frac{7}{12}, \frac{13}{24}$

24. 0.36 को सरलतम भिन्न में लिखने पर अंश और हर का योग कितना होगा?

A. 15 B. 34
C. 45 D. 75

25. $5\frac{1}{3} \times 4\frac{1}{8} + 13\frac{1}{5} \div 8\frac{1}{4} - \frac{3}{5}$ का मान क्या है?

A. $2\frac{1}{3}$ B. $11\frac{1}{5}$
C. 23 D. 10

26. $2 - \{3 - (4 - \overline{2-3})\}$ का मान ज्ञात करो।

A. 3 B. 2
C. 4 D. 6

27. $75 \times (3 + 4 \div 2)$ का मान निम्नलिखित में से कौनसा है?

A. 155 B. 227
C. $262\frac{1}{2}$ D. 375

28. $\dfrac{1}{1-\frac{7}{12}}$ का मान निम्नलिखित में से किसके बराबर है?

A. $\frac{5}{12}$ C. $\frac{7}{12}$
C. $2\frac{2}{5}$ D. $\frac{11}{12}$

29. $\frac{3}{7}$ का $\left(2\frac{1}{9} \text{ का } 2\frac{4}{19}\right)$ का मान क्या होगा?

A. 5 B. 2
C. 1 D. $\frac{1}{19}$

30. $\dfrac{8.73 \times 8.73 \times 8.73 + 4.27 \times 4.27 \times 4.27}{8.73 \times 8.73 - 8.73 \times 4.27 + 4.27 \times 4.27}$

A. 11 B. $1\frac{4}{7}$
C. 13 D. $9\frac{1}{11}$

31. 225 मीटर लम्बे तार में से 4.5 मीटर लम्बे कितने टुकड़े कटेंगे?

A. 45 B. 50
C. 90 D. 25

32. 1.234 को 0.007 से गुणा कीजिए।

A. .8638
B. .008638
C. .08638
D. 1.241

33. .002 को .01 से विभाजित कीजिए।

A. .02 B. 2
C. .2 D. .0002

34. $\frac{7}{25}$ इस भिन्नांश को दशमलव में ज्ञात कीजिए।

A. .28 B. .25
C. .8 D. 2.8

35. किसी संख्या को 221 से भाग देने पर 64 शेष बचता है। यदि उसी संख्या को 13 से विभाजित करें तो शेष क्या बचेगा?

A. 0 B. 1
C. 11 D. 12

36. एक संख्या को 28 से विभाजित करने पर शेष 20 रहता है। यदि इस संख्या को 7 से विभाजित करें तो शेष क्या रहेगा?

A. 2 B. 6
C. 3 D. 5

37. ऐसी संख्या ज्ञात कीजिए जिसे 13 से गुणा करने पर उसमें 180 की वृद्धि होती है?

A. 13 B. 12
C. 15 D. 14

38. 0, 1, 2 के व्यवहार के तीन अंक विशिष्ट वृहत्तम संख्या और न्यूनतम संख्या में अन्तर कितना है?

A. 198 B. 108
C. 90 D. 100

39. तीन अंक विशिष्ट वृहत्तम संख्या तीन अंक विशिष्ट न्यूनतम संख्या से कितना अधिक है?

A. 1 B. 99
C. 899 D. 999

40. छः अंक विशिष्ट वृहत्तम संख्या, सात अंक विशिष्ट न्यूनतम संख्या से कितना कम है?

A. 1 B. 99
C. 999 D. 9999

उत्तरमाला

1	**2**	**3**	**4**	**5**	**6**	**7**	**8**	**9**	**10**
B	B	C	A	C	D	C	B	A	D
11	**12**	**13**	**14**	**15**	**16**	**17**	**18**	**19**	**20**
C	D	C	B	A	C	B	A	D	C
21	**22**	**23**	**24**	**25**	**26**	**27**	**28**	**29**	**30**
D	C	B	B	C	C	D	C	B	C
31	**32**	**33**	**34**	**35**	**36**	**37**	**38**	**39**	**40**
B	B	C	A	D	B	C	B	C	A

कुछ चुने हुए प्रश्नों के व्याख्यात्मक उत्तर

1. 207, 781, 39 तथा 94 के इकाई के अंक क्रमशः 7, 1, 9 और 4 हैं तथा $7 \times 1 \times 9 \times 4 = 252$
चूंकि 252 में इकाई का अंक 2 है।
अतः $207 \times 781 \times 39 \times 94$ में भी इकाई का अंक **2** होगा।

3. अभीष्ट संख्या $= 296 \times x + 75$
$= 37 \times 8x + 37 \times 2 + 1$
$= 37(8x + 2) + 1$
अतः अभीष्ट शेष = 1

4. 1 से 32 के बीच सभी विषम संख्याएँ निम्नलिखित हैं:

1, 3, 5, 7, 9, 11, 13, 15, 17, 19, 21, 23, 25, 27, 29 और 31

इनका योग = $(16)^2$ = **256**

नोटः विषम संख्याओं की गिनती ज्ञात करने के लिए अंतिम सम संख्या का आधा कर देते हैं।

यथा 1 से 32 के बीच सभी विषम संख्याओं की गिनती

$$= \frac{1}{2} \times 32 = 16$$

इन विषम संख्याओं का योग ज्ञात करने के लिए प्राप्त गिनती का वर्ग कर देते हैं।

यथाः 1 से 32 तक की विषम संख्याओं का योग = $(16)^2$ = **256**.

5. प्रथम 25 सम संख्याओं का योग = $25 \times 26 =$ **650**

नोटः n सम संख्याओं का योग ज्ञात करने के लिए सम संख्याओं की गिनती n और उससे अगली गिनती $(n + 1)$ का गुणा कर लेते हैं। अतः n सम संख्याओं का योग = $n(n + 1)$

6. किसी संख्या का वर्ग करते हैं तो इकाई के स्थान पर केवल 0, 1, 4, 5, 6 और 9 हो सकती हैं। अतः 2 ऐसा अंक है जो इकाई के स्थान पर नहीं होगा।

7. चूंकि

$0^3 = 0$	$5^3 = 125$
$1^3 = 1$	$6^3 = 216$
$2^3 = 8$	$7^3 = 343$
$3^3 = 27$	$8^3 = 512$
$4^3 = 64$	$9^3 = 729$

अतः किसी संख्या के घन में 0 से लेकर 9 तक कोई भी अंक हो सकता है।

8. 1 से 9 तक के लिए = 9 अंक

10 से 99 तक के लिए $90 \times 2 =$ 180 अंक

100 के लिए = 3 अंक

1 से 100 तक के लिए = 9 + 180 + 3 = 192 अंक

9. 1 अंक की कोई भी संख्या ऐसी नहीं है जो 19 से पूर्णतः विभाजित हो केवल 2 अंक की संख्याएँ जो 19 से पूर्णतः विभाजित हों = 5

तीन अंकों की संख्याएँ 100 से 999 तक होती हैं इनमें 114, 133, 152 .... 988 संख्याएँ 19 से पूर्णतः विभाजित होती हैं इसकी संख्या यदि n हो, तो

$T_n = a + (n - 1)\,19$

या $988 = 114 + (n - 1) \times 19$

$$\Rightarrow (n - 1) = \frac{988 - 144}{19} = \frac{874}{19} = 46$$

$n = 47$

∴ तीन अंकों तक उन संख्याओं की गिनती जो 19 से पूर्णतः विभाजित हों = 5 + 47 = **52**

10. चार अंकों तक की छोटी से छोटी संख्या = 1000

1000 को 13 से भाग देने पर 76 बार भाग जाता है और 12 शेष बचते हैं। अब 1000 से बड़ी संख्याओं 1001, 1002 आदि पर विचार करने से पता लगता है कि 1001, 13 से पूर्णतः विभाजित है। अतः अभीष्ट संख्या 1001 है।

11. 3901 में 9 का स्थानीय मान = 900

तथा 3901 में 9 का जातीय मान = 9

∴ अभीष्ट अन्तर = 900 − 9 = **891**

13. 0, 2, 3, 6 और 7 अंकों से बनने वाली पांच अंकों की बड़ी से बड़ी संख्या = 76320

तथा 0, 2, 3, 6 और 7 अंकों से बनने वाली पांच अंकों की छोटी से छोटी संख्या = 20367

∴ अन्तर = 76320 − 20367 = **55953**

(**नोटः** अंकों में 0 भी होता है तो छोटी से छोटी संख्या लिखने के लिए 0 को अगली बड़ी संख्या के बाद लिखा जाता है।)

14. किसी संख्या को 10 की घात के रूप में लिखने को वैज्ञानिक पद्धति से लिखना कहा जाता है। अतः 3289200000 = 3.2892×10^9

15. दो लगातार पदों के अंतर क्रमशः 4, 5, 6, 7 व 8 हैं।

16. किसी दशमलव बिन्दु के दायीं ओर परन्तु अशून्य अंक के बायीं ओर जितने भी शून्य होते हैं, वे सार्थक अंक नहीं होते हैं। अतः .02040 में केवल चार सार्थक अंक हैं।

17. 3, 5, 11 और 17 का लघुत्तम = 2805

$$\therefore \quad \frac{2}{3} = \frac{2 \times 935}{3 \times 935} = \frac{1870}{2805}$$

$$\frac{3}{5} = \frac{3 \times 561}{5 \times 561} = \frac{1863}{2805}$$

$$\frac{8}{11} = \frac{8 \times 225}{11 \times 225} = \frac{2040}{2805}$$

तथा $$\frac{11}{17} = \frac{11 \times 165}{17 \times 165} = \frac{1715}{2805}$$

चूंकि इन सभी भिन्नों के हर एक समान हैं परन्तु अंश 2040 सबसे बड़ा है।

$\therefore$ सबसे बड़ी भिन्न $\frac{8}{11}$ है।

19. माना संख्या x है

तो $x-\frac{x}{5}=20$ या, $\frac{4x}{5}=20$

$\therefore \quad x=\frac{5\times20}{4}=25$

20. $\frac{3}{5}$ का व्युत्क्रम = $\frac{5}{3}$ तथा $\frac{7}{3}$ का व्युत्क्रम = $\frac{3}{7}$

$\therefore$ $\frac{3}{5}$ और $\frac{7}{3}$ के व्युत्क्रमों का योग = $\frac{5}{3}+\frac{3}{7}=\frac{35+9}{21}=\frac{44}{21}$

$\therefore$ योग का व्युत्क्रम $=\frac{21}{44}$

21. माना उसकी मासिक आय ₹ 1 है।

$\therefore$ जेब खर्च = ₹ 1 का $\frac{1}{5}=\frac{1}{5}$

तथा शेष $=1-\frac{1}{5}=\frac{4}{5}$

अन्य खर्च = $\frac{4}{5}$ का $\frac{4}{5}=\frac{16}{25}$

$\therefore$ बचत $=\frac{4}{5}-\frac{16}{25}=\frac{4}{25}$

$\therefore$ मासिक आय $=48\div\frac{4}{25}$ = ₹ 300

22. माना संख्या 1 है।

1 का $\frac{4}{5}=\frac{4}{5}$ तथा 1 का $\frac{3}{4}=\frac{3}{4}$

$\therefore$ अन्तर $=\frac{4}{5}-\frac{3}{4}=\frac{1}{20}$

$\therefore$ संख्या $=4\div\frac{1}{20}=80$

24. $0.36=\frac{36}{100}=\frac{9}{25}$

$\therefore$ अंश और हर का योग = 9 + 25 = **34**

25. $5\frac{1}{3}\times4\frac{1}{8}+13\frac{1}{5}\div8\frac{1}{4}-\frac{3}{5}$

$=\frac{16}{3}\times\frac{33}{8}+\frac{66}{5}\div\frac{33}{4}-\frac{3}{5}$

$=\frac{16}{3}\times\frac{33}{8}+\frac{66}{5}\times\frac{4}{33}-\frac{3}{5}$

$=\frac{22}{1}+\frac{8}{5}-\frac{3}{5}$

$=\frac{110+8-3}{5}=\frac{115}{5}=23$

27. $75\times(3+4\div2)=75\times(3+2)=75\times5=375$

29. $\frac{3}{7}$ का $\left(2\frac{1}{9}\text{ का }2\frac{4}{19}\right)$

$=\frac{3}{7}$ का $\left(\frac{19}{9}\text{का }\frac{42}{19}\right)$

$=\frac{3}{7}$ का $\frac{14}{3}=\frac{3}{7}\times\frac{14}{3}=2$

30. $\frac{8.73\times8.73\times8.73+4.27\times4.27\times4.27}{8.73\times8.73-8.73\times4.27+4.27\times4.27}$

$=\frac{(8.73)^3+(4.27)^3}{(8.73)^2-8.73\times4.27+(4.27)^2}$

$=\frac{(8.73+4.27)\left[(8.73)^2-8.73\times4.27+(4.27)^2\right]}{(8.73)^2-8.73\times4.27+(4.27)^2}$

क्योंकि $a^3+b^3=(a+b)(a^2-ab+b^2)$

$=8.73+4.27=$ **13**

35. संख्या $221k+64$

$=13\times17\times k+13\times4+12$

$=13(17k+4)+12$

$\therefore$ 13 से भाग देने पर 12 शेष बचेगा।

36. संख्या $=28k+20$

$=7\times4k+7\times2+6$

$=7(4k+2)+6$

$\therefore$ अभीष्ट शेषफल = 6

37. माना संख्या x है

$\therefore 13x-x=180$ या, $12x=180$

$\therefore x=\frac{180}{12}=$ **15**

38. अंकों 0, 1 व 2 से बनी वृहत्तम संख्या = 210

तथा अंकों 0, 1 व 2 से बनी न्यूनतम संख्या = 102

$\therefore$ अभीष्ट अन्तर = 210 − 102 = 108

2

महत्तम समापवर्तक एवं लघुत्तम समापवर्त्य (HCF & LCM)

म॰स॰प॰, महत्तम समापवर्तक का संक्षिप्त रूप है।

किन्हीं दो या दो से अधिक संख्याओं का म॰स॰प॰ वह बड़ी से बड़ी संख्या है जिससे वे संख्याएँ पूरी-पूरी विभाजित हो जाएँ।

ल॰स॰प॰, लघुत्तम समापवर्त्य का संक्षिप्त रूप है।

किन्हीं दो या दो से अधिक संख्याओं का ल॰स॰प॰ वह छोटी से छोटी संख्या है जिसमें दी हुई संख्याओं का पूरा-पूरा भाग चला जाए।

प्रमुख सूत्रः

1. दो संख्याओं का ल॰स॰प॰ तथा म॰स॰प॰ का गुणनफल = दोनों संख्याओं का गुणनफल

2. भिन्नों का ल॰स॰प॰ = $\frac{\text{अंशों का ल.स.प.}}{\text{हरों का म.स.प.}}$

3. भिन्नों का म॰स॰प॰ = $\frac{\text{अंशों का म.स.प.}}{\text{हरों का ल.स.प.}}$

अभ्यास

निर्देशः निम्नलिखित प्रत्येक प्रश्न में चार संभावित उत्तर दिए हुए हैं जिनमें से एक उत्तर सही है, उसी सही उत्तर को ज्ञात कीजिए।

1. 12, 36, 6 और 9 का ल॰स॰प॰ है:

A. 108 B. 144
C. 72 D. 36

2. 70 और 245 का महत्तम समापवर्तक है:

A. 35 B. 55
C. 45 D. 30

3. वह छोटी से छोटी संख्या जिसमें 3 जोड़ दिया जाए, तो वह 21, 25, 27 और 35 से पूर्णतया भाज्य हो जाती है, होगी:

A. 4735 B. 4635
C. 4725 D. 4722

4. 15, 30, 45, 60 और 75 का महत्तम समापवर्तक है:

A. 15 B. 30
C. 45 D. 40

5. 4, 8, 12 और 16 का ल॰स॰प॰ होगा:

A. 8 B. 12
C. 16 D. 48

6. दो संख्याओं का लघुत्तम समापवर्त्य एवं महत्तम समापवर्तक क्रमशः 48 एवं 8 है। यदि उनमें से एक संख्या 16 है, तो दूसरी संख्या होगी:

A. 12 B. 18
C. 24 D. 36

7. चार घंटे 3, 4, 5 तथा 8 सेकण्डों के अन्तर से बजते हैं। कितने मिनटों के बाद वे एक साथ पुनः बजेंगे?

A. 2 मिनट B. 120 मिनट
C. 5 मिनट D. 4 मिनट

8. किन्हीं दो संख्याओं का गुणनफल 1000 है। यदि उनका म॰स॰प॰ 5 हो, तो ल॰स॰प॰ ज्ञात कीजिए:

A. 200 B. 300
C. 400 (5) 5000

9. दो संख्याओं का गुणफल 1400 है तथा उन्हीं संख्याओं का महत्तम समापवर्तक 5 है, तो लघुत्तम समापवर्त्य होगा:

A. 260 B. 7000
C. 5/1400 D. 280

10. एक आयताकार मैदान की लम्बाई 90 मीटर और चौड़ाई 60 मीटर है। बड़ी से बड़ी कितने मीटर लम्बी रस्सी मंगाई जाए कि मैदान की लम्बाई व चौड़ाई को उससे पूरा-पूरा नापा जा सके?

A. 180 मीटर B. 15 मीटर
C. 30 मीटर D. 45 मीटर

11. तीन अंकों की ऐसी दो संख्याएँ ज्ञात करो जिनका महत्तम समापवर्तक 80 व लघुत्तम समापवर्त्य 5760 हो?

A. 540, 960 B. 720, 640
C. 630, 540 D. 580, 800

12. वह छोटी से छोटी संख्या जो 8, 9, 12, 15 तथा 18 से पूर्णतया विभाजित हो तथा पूर्ण वर्ग हो, होगी:

A. 3600 B. 2500
C. 1800 D. 900

13. 5 अंकों की वह छोटी से छोटी संख्या, जिसे 52, 56, 78 तथा 91 से भाग देने पर शेष कुछ न बचे, होगी:

A. 10,000 B. 11,264
C. 10,920 D. 12,188

14. 5 अंकों की वह छोटी से छोटी संख्या, जिसे 52, 56, 78 तथा 91 से भाग देने पर शेषफल क्रमशः 28, 32, 54 तथा 67 बचे, होगी:

A. 10,896 B. 11,264
C. 10,920 D. 110,018

15. वह बड़ी से बड़ी संख्या जिससे 590, 908 तथा 1014 को भाग देने पर प्रत्येक दशा में समान शेष बचे, होगी:

A. 104 B. 105
C. 108 D. 106

16. चार अंकों की बड़ी से बड़ी संख्या जो 12, 15, 18 और 27 से पूर्णतया विभाज्य हो, होगी:

A. 9720 B. 9840
C. 9460 D. 9802

17. 7 का छोटे से छोटा गुणज, जब 6, 9, 15 तथा 18 से विभाजित किया जाता है, तो प्रत्येक अवस्था में 4 शेष रहता है, वह है:

A. 74 B. 94
C. 184 D. 364

18. $\frac{2}{3}, \frac{3}{5}, \frac{4}{7}, \frac{9}{13}$ का ल॰स॰प॰ है:

A. 36 B. $\frac{1}{36}$
C. $\frac{1}{1365}$ D. $\frac{12}{455}$

19. वह छोटी से छोटी संख्या ज्ञात कीजिए जो 6, 10, 15 तथा 18 से पूर्णतया विभाजित हो तथा एक पूर्ण वर्ग भी हो:

A. 900 B. 90
C. 600 D. 360

20. एक फल विक्रेता के पास 20 केले तथा 70 आम हैं। वह इन्हें अलग-अलग समान संख्या में पेटियों में रखना चाहता है, बताओ उसे कम से कम कितनी पेटियाँ चाहिए?

A. 14 B. 9
C. 5 D. 6

21. दो व्यंजकों का म॰स॰प॰ H है तथा ल॰स॰प॰ L है। यदि उनमें से एक व्यंजक K हो, तो दूसरे का मान होगा:

A. $\frac{H \times L}{K}$ B. $\frac{H \times K}{L}$
C. $\frac{L}{H \times K}$ D. $\frac{H}{L \times K}$

22. दो संख्याओं का म॰स॰प॰ 25 है तथा ल॰स॰प॰ 1050 है। यदि एक संख्या 150 हो, दूसरी संख्या है:

A. 200 B. 125
C. 150 D. 175

23. दो संख्याओं का अनुपात 3 : 4 है व ल॰स॰प॰ 180 है, तो पहली संख्या है:

A. 15 B. 20
C. 45 D. 60

24. दो संख्याओं का ल॰स॰प॰ 72 तथा म॰स॰प॰ 12 है। यदि पहली संख्या 24 है, तो दूसरी संख्या होगी:

A. 18 B. 36
C. 48 D. 30

25. 3 संख्याओं का म॰स॰प॰ 12 है। यदि उनका अनुपात 1 : 2 : 3 है, तो संख्याएँ हैं:

A. 12, 24, 36 B. 10, 20, 30
C. 5, 10, 15 D. 4, 8, 12

उत्तरमाला

1	**2**	**3**	**4**	**5**	**6**	**7**	**8**	**9**	**10**
D	A	D	A	D	C	A	A	D	C
11	**12**	**13**	**14**	**15**	**16**	**17**	**18**	**19**	**20**
B	A	C	A	D	A	D	A	A	B
21	**22**	**23**	**24**	**25**					
A	D	C	B	A					

कुछ चुने हुए प्रश्नों के व्याख्यात्मक उत्तर

3. 21, 25, 27, 35 से पूर्णतया भाज्य संख्या इनका ल॰स॰प॰ होगा जो कि **4725** आता है।

$\because$ इसमें 3 जोड़ा गया है, अतः अभीष्ट संख्या 4722 होगी।

6. दूसरी संख्या $= \frac{48 \times 8}{16} = \mathbf{24}$

7. 3, 4, 5 और 8 का लघुत्तम = 120 सेकण्ड = **2 मिनट**

8. संख्या का ल॰स॰प॰ $= \frac{1000}{5} = \mathbf{200}$

9. ल॰स॰ × म॰स॰ = संख्याओं का गुणनफल

ल॰स॰ × 5 = 1400

या ल॰स॰ $= \frac{1400}{5} = \mathbf{280}$

10. लम्बाई और चौड़ाई को पूरा-पूरा नापने के लिए इनके म॰स॰प॰ के बराबर लम्बाई की रस्सी चाहिए।

$\because$ 60, 90 का म॰स॰प॰ = 30। अतः 30 मीटर रस्सी मंगाई जाएगी।

13. $\because$ 5 अंकों की सबसे छोटी संख्या 10000 है।

52, 56, 78, 91 का ल॰स॰प॰ = 2184

इन चारों संख्याओं से पूर्णतः भाज्य संख्या 2184 या इसका गुणज 10000 को 2184 से भाग देने पर 4 बार भाग जाता है और 1264 शेष बचता है।

2184 की गुणज संख्या जो 10000 से बड़ी व सबसे छोटी हो, 2184 × 5 = 10920 होगा।

17. 6, 9, 15, 18 का लघुत्तम समापवर्त्य = 90

माना अभीष्ट संख्या (90K + 4) है जो 7 का गुणज है।

K का न्यूनतम मान, जिससे 90K + 4, 7 से भाज्य हो, K = 4 होगा।

अतः वह संख्या 90 × 4 + 4 = **364**

23. अनुपात 3 : 4

अतः संख्याएँ $3x$ तथा $4x$ तथा इसका मान ल॰स॰प॰ $12x$ होगा।

$\therefore\ 12x = 180$

$\Rightarrow x = \frac{180}{12} = 15$

अतः पहली संख्या $= 3x = 3 \times 15 = 45$

3

वर्गमूल एवं घनमूल
(SQUARE ROOT AND CUBE ROOT)

किसी संख्या को उसी संख्या से गुणा करने पर जो गुणनफल प्राप्त होता है, उस गुणनफल की वह संख्या **वर्गमूल** कहलाती है। किसी संख्या के वर्गमूल को $\left(\sqrt{\ }\right)$ चिह्न द्वारा प्रदर्शित करते हैं। जैसे: $5 \times 5 = 25$ होता है। अतः 25 का वर्गमूल 5 है।

किसी भिन्न का वर्गमूल, भिन्न के अंश के वर्गमूल को हर के वर्गमूल से भाग देने से प्राप्त होता है।

वर्गमूल के संबंध में कुछ ध्यान देने योग्य बातें

1. जिस संख्या के अंत में शून्यों की संख्या विषम होती है वह संख्या पूर्ण वर्ग नहीं होती है।
2. जिस संख्या के अन्त में 2, 3, 7 या 8 आए, तो वह संख्या पूर्ण वर्ग नहीं होती है।
3. किसी सम संख्या का वर्गमूल सदैव सम संख्या होता है।
4. किसी विषम संख्या का वर्गमूल सदैव विषम संख्या होता है।

किसी संख्या को यदि परस्पर तीन बार गुणा किया जाए तो जो गुणनफल प्राप्त होता है, उस गुणनफल की वह संख्या, **घनमूल** कहलाती है। जैसे $6 \times 6 \times 6 = 216$ होता है। अतः 216 का घनमूल 6 है।

अभ्यास

निर्देशः निम्नलिखित प्रत्येक प्रश्न के चार संभावित उत्तर दिए हुए हैं जिनमें से एक उत्तर सही है, उस सही उत्तर को ज्ञात करो।

1. 1681 का वर्गमूल क्या है?

A. 51 B. 61
C. 49 D. 41

2. 564001 का वर्गमूल है:

A. 731 B. 781
C. 751 D. 701

3. 1.3924 का वर्गमूल है:

A. 1.38 B. 1.18
C. 1.48 D. 1.08

4. 20.25 का वर्गमूल है:

A. 4.50 B. 0.45
C. 0.045 D. 45.0

5. 0.6241 का वर्गमूल है:

A. 7.90 B. 0.79
C. .079 D. 0.71

6. यदि $\dfrac{2592}{\sqrt{?}} = 324$ हो, तो ? के स्थान पर कौनसी संख्या होगी?

A. 16 B. 8
C. 144 D. 64

7. $\dfrac{\sqrt{121}}{11} \times \dfrac{45}{\sqrt{169}} \times \dfrac{13}{\sqrt{225}}$ का मान है:

A. 3　　B. 35.96
C. 10.83　　D. 5.36

8. $\sqrt{128+\sqrt{260-\sqrt{16}}}$ का मान है:
A. 16　　B. 12
C. 32　　D. 24

9. यदि $\sqrt{0.00000676} = 0.0026$ हो, तो 6760000 का वर्गमूल कितना होगा?
A. 2600　　B. 260
C. 26　　D. $\frac{1}{26}$

10. एक कुएँ को बनवाने के लिए लोगों ने तय किया कि प्रत्येक व्यक्ति उतने ही रुपए चन्दे में देगा जितने कि व्यक्तियों की कुल संख्या है। यदि कुल चन्दा ₹ 34969 प्राप्त हुआ, तो प्रत्येक व्यक्ति ने कितने रुपये दिए?
A. 183　　B. 58
C. 583　　D. 187

11. 256×10^{50} का वर्गमूल होगा:
A. 1.15×10^{25}　　B. 16×10^{25}
C. 0.16×10^{25}　　D. 1.6×10^{24}

12. एक वर्ग का विकर्ण 130 सेमी० है, वर्ग की भुजा की लम्बाई दशमलव के दो स्थानों तक होगी:
A. 91.79 सेमी०　　B. 65 सेमी०
C. 91.97 सेमी०　　D. 97.19 सेमी०

13. $\frac{\sqrt{.9}}{\sqrt{9}}$ का मान होगा:
A. $\sqrt{0.1}$　　B. 0.3
C. 3.16　　D. 0.316

14. एक कमरा जो वर्गाकार है, उसका क्षेत्रफल 73.96 वर्गमीटर है। उसकी भुजा की लम्बाई होगी:
A. 36.98 मीटर　　B. 8.6 मीटर
C. 6.8 मीटर　　D. 8.48 मीटर

15. वह सबसे छोटी संख्या जिसे 438867 से घटाने पर एक पूर्ण वर्ग संख्या शेष रहती है?
A. 511　　B. 533
C. 621　　D. 623

16. $\sqrt[3]{9261}$ का मान होगा:
A. 9258　　B. 21
C. 378　　D. 7

17. 0.000729 का घनमूल बराबर है:
A. 0.027　　B. 0.009
C. 0.09　　D. 0.729

18. 85184000 का घनमूल बराबर है:
A. 660　　B. 4400
C. 440　　D. 2800

19. यदि $3^3 + 4^3 = x^3 - 5^3$, तो x का मान होगा:
A. 12　　B. 2
C. 9　　D. 6

20. 8 के वर्ग के घनमूल का वर्गमूल होगा:
A. 2　　B. 4
C. 8　　D. 6

21. $\sqrt[3]{25+\sqrt[3]{8}}$ का मान होगा:
A. 2　　B. 3
C. 7　　D. 9

22. यदि $\sqrt[3]{19683} = 27$ हो, तो
$\sqrt[3]{19.683}+\sqrt[3]{.019683}+\sqrt[3]{19683}$ का मान होगा:
A. 27.97
B. 29.79
C. 29.97
D. 27.54

23. एक संदूक में सेब इस प्रकार रखे हैं कि प्रत्येक तह की हर पंक्ति में उतने ही सेब हैं, जितनी उस तह में कुल पंक्तियां हैं। यदि कुल तहों की संख्या भी पंक्तियों की संख्या के बराबर हो और संदूक में 1728 सेब हों, तो हर पंक्ति में सेबों की संख्या होगी:
A. 12　　B. 18
C. 21　　D. 26

24. $\sqrt[3]{\sqrt{4096}}$ का मान होगा:
A. 4
B. 8
C. 12
D. 6

25. 675 को किस छोटी से छोटी संख्या से गुणा किया जाए कि गुणनफल पूर्ण घन हो जाए?
A. 5　　B. 6
C. 7　　D. 8

उत्तरमाला

1	2	3	4	5	6	7	8	9	10
D	C	B	A	B	D	A	B	A	D
11	**12**	**13**	**14**	**15**	**16**	**17**	**18**	**19**	**20**
B	C	A	B	D	B	C	C	D	A
21	**22**	**23**	**24**	**25**					
B	C	A	A	A					

कुछ चुने हुए प्रश्नों के व्याख्यात्मक उत्तर

1.

$$\begin{array}{r|l} & 41 \\ \hline 4 & 1681 \\ & 16 \\ \hline 81 & 81 \\ & 81 \\ \hline & \times \end{array}$$

$\therefore$ 1681 का वर्गमूल = 41

4.

$$\begin{array}{r|l} & 4.5 \\ \hline 4 & 20.25 \\ & 16 \\ \hline 85 & 425 \\ & 425 \\ \hline & \times \end{array}$$

6. $\dfrac{2592}{\sqrt{?}} = 324$

$\therefore \sqrt{?} = \dfrac{2592}{324} = 8 \qquad \therefore ? = 64$

7. $\dfrac{\sqrt{121}}{11} \times \dfrac{45}{\sqrt{169}} \times \dfrac{13}{\sqrt{225}} = \dfrac{11}{11} \times \dfrac{45}{13} \times \dfrac{13}{15} = 3$

8. $\sqrt{128+\sqrt{260-\sqrt{16}}} = \sqrt{128+\sqrt{260-4}}$

$= \sqrt{128+\sqrt{256}} = \sqrt{128+16} = \sqrt{144} = \mathbf{12}$

10. प्रत्येक व्यक्ति द्वारा दिए गए रुपए

$= \sqrt{34969} = \mathbf{187}$

12. माना वर्ग की भुजा = x सेमी।

पाइथागोरस प्रमेय से,

$x^2 + x^2 = (130)^2$

या $\quad 2x^2 = 16900$

या $\quad x^2 = 8450$

$\therefore \quad x = \sqrt{8450} = 91.97$

$\therefore$ भुजा = 91.97 सेमी।

14. भुजा = $\sqrt{\text{क्षेत्रफल}} = \sqrt{73.96} = 8.6$ मीटर

15.

$$\begin{array}{r|l} & 662 \\ \hline 6 & 438867 \\ 6 & 36 \\ \hline 126 & 788 \\ 6 & 756 \\ \hline 1322 & 3267 \\ & 2644 \\ \hline & 623 \end{array}$$

अतः वह छोटी से छोटी संख्या 623 है।

16. $\because 9261 = 3 \times 3 \times 3 \times 7 \times 7 \times 7$

$\therefore \sqrt[3]{9261} = 3 \times 7 = 21$

18. $\because 85184 = 2 \times 2 \times 2 \times 11 \times 11 \times 11 \times 2 \times 2 \times 2$

$\therefore \sqrt[3]{85184} = 2 \times 11 \times 2 = 44$

$\therefore \sqrt[3]{85184000} = 440$

[**विशेष टिप्पणी–** पूर्ण घन संख्या के अंत में जितने शून्य होते हैं, घनमूल में उसके एक तिहाई शून्य लिख देते हैं।]

19. $\quad 3^3 + 4^3 = x^3 - 5^3$

या $\quad 27 + 64 = x^3 - 125$

या $27 + 64 + 125 = x^3$

या $\quad 216 = x^3$ या $x = \sqrt[3]{216} = 6$

21. $\sqrt[3]{25+\sqrt[3]{8}} = \sqrt[3]{25+2} = \sqrt[3]{27} = 3$

25. $\because\ 675 = 3 \times 3 \times 3 \times 5 \times 5$

$\because$ यहाँ 5×5 का तीन समान गुणनखण्डों का समूह पूर्ण नहीं है।

$\therefore$ इसे पूर्ण घन बनाने लिए 5 से गुणा किया जाएगा।

4

प्रतिशत
(PERCENTAGE)

प्रतिशत से तात्पर्य है कि प्रत्येक 100 पर 1 अर्थात् प्रतिशत एक विशेष प्रकार की भिन्न है जिसका हर 100 होता है और अंश प्रतिशत को दर्शाता है।

प्रतिशत के नियम

(*i*) किसी प्रतिशत को भिन्न में परिवर्तित करने हेतु 100 का भाग दिया जाता है।

(*ii*) किसी भिन्न को प्रतिशत में परिवर्तित करने हेतु 100 से गुणा किया जाता है।

(*iii*) किसी राशि x को अन्य राशि y के प्रतिशत के रूप में प्राप्त करने हेतु $\frac{x}{y} \times 100$ का मान ज्ञात किया जाता है।

नोटः प्रतिशत की कोई इकाई नहीं होती।

अभ्यास

1. रमेश अपनी आय का 3/4 भाग व्यय करता है, तो उसकी बचत कितने प्रतिशत होगी?

A. 20% B. 25%
C. 30% D. 35%

2. 25 सेमी॰ 1 मीटर का कितने प्रतिशत है?

A. 20% B. 25%
C. 30% D. 50%

3. 150 ग्राम एक किलोग्राम का कितने प्रतिशत है?

A. 12% B. 15%
C. 20% D. 25%

4. एक व्यापारी को अपने धन का 125% लाभ हुआ। अब उसका धन ₹ 27000 हो गया। उसके पास आरम्भ में धन था:

A. ₹ 10000 B. ₹ 11000
C. ₹ 12000 D. ₹ 13000

5. एक गांव की जनसंख्या 1500 है। उसमें 40% पुरुष, 30% स्त्रियां तथा शेष बच्चे हैं। बच्चों की संख्या होगी:

A. 450 B. 600
C. 480 D. 520

6. एक व्यापारी 1 किलोग्राम की जगह 800 ग्राम तौलता है। वह कितने प्रतिशत की गलती करता है?

A. 20% B. 25%
C. 40% D. 80%

7. A की तनख्वाह B से 50% ज्यादा है। B की तनख्वाह A से कितना प्रतिशत कम है?

A. 50% B. 150%
C. $33\frac{1}{3}\%$ D. 100%

8. किसी वस्तु पर 15% कम कर दिया गया। इससे उसकी खपत 10% बढ़ जाती है। प्राप्त राजस्व पर क्या प्रभाव पड़ेगा?

A. $6\frac{1}{2}\%$ बढ़ोतरी B. $6\frac{1}{2}\%$ कमी
C. 5% बढ़ोतरी D. कोई परिवर्तन नहीं

9. एक कक्षा में 15 लड़के और 10 लड़कियां हैं। लड़कियों का प्रतिशत कितना है?

A. 25% B. 40%

C. 80% D. $55\frac{1}{2}\%$

10. ₹ 16 का 125% बराबर है:

A. ₹ 20 B. ₹ 30

C. ₹ 25 D. ₹ 141

11. 24, 64 का कितना प्रतिशत है?

A. $37\frac{1}{4}\%$ B. 37.75%

C. $37\frac{1}{2}\%$ D. 44%

12. एक परीक्षा में 70% परीक्षार्थी अंग्रेजी में पास हुये, 65% गणित में और 27% दोनों में फेल हुये। पास विद्यार्थियों का प्रतिशत है:

A. 73% B. 38%

C. 62% D. 80%

13. एक विद्यार्थी को पास होने के लिए 33% अंकों की आवश्यकता होती है। वह 220 अंक प्राप्त करने पर 11 अंकों से फेल हो जाता है, तो अधिकतम अंक का मान है:

A. 500 B. 689

C. 700 D. 711

14. अगर चाय की कीमत 20% बढ़ा दी जाये, तो एक गृहणी को इसकी खपत कितने प्रतिशत कम कर देनी चाहिये ताकि उसका खर्च न बढ़े?

A. 20% B. 25%

C. $16\frac{2}{3}\%$ D. 40%

15. एक कोयला ख़ान में 24% बर्बादी के बाद अगर कुल उत्पादन 60800 टन है, तो खान का सकल उत्पादन कितना है?

A. 80000 टन B. 75322 टन

C. 800000 टन D. 8000 टन

16. एक परीक्षा में 80% छात्र गणित में और 70% छात्र विज्ञान में सफल हुये परन्तु 10% छात्र दोनों विषयों में फेल थे। यदि 144 छात्र दोनों विषयों में सफल हुये, तो कुल छात्र संख्या कितनी थी?

A. 200 B. 250

C. 230 D. 240

17. A को B से 35% कम धन प्राप्त होता है, तो B को A से कितना प्रतिशत अधिक धन प्राप्त होगा?

A. $53\frac{13}{11}\%$ B. $53\frac{11}{13}\%$

C. $43\frac{11}{13}\%$ D. $43\frac{13}{11}\%$

18. एक विद्यालय $7\frac{1}{2}\%$ छात्रों को छात्रवृत्ति देता है। यदि 18 छात्र छात्रवृत्ति पाते हैं, तो विद्यालय में कुल छात्र हैं:

A. 200 छात्र B. 240 छात्र

C. 225 छात्र D. 230 छात्र

19. एक व्यक्ति अपने पैसों का $12\frac{1}{2}\%$ खर्च कर देता है। बाकी बचे पैसों का 75% खर्च करने के बाद उसके पास ₹ 175 बचे थे। शुरू में उसके पास कितने पैसे थे?

A. ₹ 2800 B. ₹ 1750

C. ₹ 800 D. ₹ 700

20. एक आयत की लम्बाई तीन गुनी और चौड़ाई दूनी कर दी जाये, तो क्षेत्रफल कितना बढ़ जायेगा?

A. 500% B. 600%

C. 300% D. 900%

21. 30%, 20% व 10% के समतुल्य एकल छूट का मान है?

A. 40% B. 46%

C. 49.6% D. 46.9%

22. किसी वर्ग की एक भुजा को 50% कम कर दिया जाय, तो परिमिति कितना % कम हो जायेगी?

A. 100% B. 50%

C. 25% D. 30%

23. नाथूमल ने अपने कुल धन का 10% अपने लड़के को दिया और शेष का 60% अपनी पत्नी को दिया। अब यदि उसके पास ₹ 360 शेष हों, तो प्रारम्भ में उसका धन था:

A. ₹ 1200 B. ₹ 1100

C. ₹ 1150 D. ₹ 1000

24. संजीव को विवेक से 10% अधिक लाभ और विवेक को महेश से 15% अधिक लाभ मिला। बताओ संजीव को महेश से कितना प्रतिशत धन अधिक मिला?

A. 26% B. 27.5%
C. 27% D. 26.5%

25. रमेश अपने वेतन का 25% बचाता है। यदि उसका व्यय महंगाई के कारण 16% बढ़ जाये, तो केवल ₹ 260 मासिक बचत होगी। उसका मासिक वेतन कितना है?

A. ₹ 2000 B. ₹ 2200
C. ₹ 2500 D. ₹ 1800

26. एक परीक्षा में अजय ने नवीन से 50% कम, नवीन ने भूपेन्द्र से 20% अधिक तथा भूपेन्द्र ने महावीर से 15% कम अंक प्राप्त किये। यदि अजय ने 510 अंक प्राप्त किये हों, तो महावीर ने कितने अंक प्राप्त किये?

A. 750 अंक B. 1000 अंक
C. 800 अंक D. 900 अंक

27. ₹ 2500 के माल पर $1\frac{1}{2}\%$ कमीशन देना पड़ा, तो प्राप्त आय होगी:

A. ₹ 2460 B. ₹ 2462.50
C. ₹ 2458.60 D. ₹ 2461.75

28. सुभाष अपने धन का 50% अपनी पत्नी को देता है। शेष का 50% अपने बड़े लड़के को देता है तथा शेष भाग अपने छोटे लड़के को दे देता है, तो छोटे लड़के का प्रतिशत है:

A. 25% B. $12\frac{1}{2}\%$
C. 20% D. $22\frac{1}{2}\%$

29. एक विद्यालय में 700 छात्र में से 27% द्वितीय श्रेणी में, 30% तृतीय श्रेणी में उत्तीर्ण हुये। द्वितीय श्रेणी में उत्तीर्ण छात्रों की संख्या है:

A. 189 B. 188
C. 178 D. 162

30. लोकेश अपने मासिक वेतन का 20% खाने पर, शेष का 40% धन किराये पर और शेष धनराशि अन्य रुटीन कामों पर खर्च करता है। उसकी वार्षिक आमदनी क्या होगी, अगर वह हर माह ₹ 8760 अन्य रुटीन कामों पर खर्च करता है?

A. ₹ 122000 B. ₹ 219000
C. ₹ 200000 D. ₹ 188000

31. एक आयत की लम्बाई 10% बढ़ा दी जाये व चौड़ाई 10% घटा दी जाये, तो उसके क्षेत्रफल में प्रतिशत कमी अथवा वृद्धि होगी?

A. 1% वृद्धि B. 1% कमी
C. 2% वृद्धि D. 2% कमी

32. एक गाँव की जनसंख्या 176400 है। इसमें 5% वार्षिक दर से वृद्धि हो, तो 2 वर्ष पूर्व इस कस्बे की जनसंख्या थी?

A. 170000 B. 194481
C. 160000 D. 150000

33. एक छात्र 20% अंक लाने पर 30 अंकों से अनुत्तीर्ण रहता है। दूसरा छात्र 39% अंक लाता है। उसे आवश्यक अंकों से 46 अंक अधिक प्राप्त होते हैं। परीक्षा के कुल अंक कितने हैं?

A. 500 B. 550
C. 400 D. 650

34. चुनाव में एक उम्मीदवार जिसको 30% मत मिले, 15000 मतों से हार गया। जीतने वाले प्रत्याशी को मिलने वाले मतों की संख्या होगी?

A. 26000 B. 26500
C. 26250 D. 27000

35. एक नगर की जनसंख्या प्रतिवर्ष 20% की दर से घट रही है। यदि 2 वर्ष पूर्व में इसकी जनसंख्या 10,000 हो, तो वर्तमान जनसंख्या क्या होगी?

A. 6000 B. 6600
C. 6400 D. 6500

36. शराब और पानी के 70 लीटर मिश्रण में 10% पानी है। इसमें कितना पानी मिलाया जाए कि पानी $12\frac{1}{2}\%$ हो जाये?

A. 2 लीटर B. 5 लीटर
C. 10 लीटर D. 12 लीटर

37. केले के भाव में 25% कमी होने से एक व्यक्ति ₹ 120 में 5 किलो केले अधिक खरीद सकता है। कमी आने से पहले केले का भाव था:

A. ₹ 5 प्रति किलो B. ₹ 8 प्रति किलो
C. ₹ 10 प्रति किलो D. ₹ 7 प्रति किलो

38. एक नगर की जनसंख्या 35000 है। पुरुषों की संख्या में 6% तथा स्त्रियों की संख्या में 4% वृद्धि होने से जनसंख्या 36760 हो जाती है। प्रारम्भ में पुरुषों की संख्या होगी?

A. 17000
B. 18000
C. 19000
D. 20000

39. एक गाँव की आबादी का 60% निरक्षर है। साक्षर आबादी की 28% महिलाएँ हैं। यदि साक्षर पुरुषों की संख्या 4320 हो, तो गाँव की कुल आबादी है?

A. 14000 B. 14550
C. 15000 D. 15500

40. 850 लड़कियों के एक स्कूल में 44% मुसलमान हैं, 28% हिन्दू हैं, 10% सिख और बाकी दूसरे समुदायों के हैं। दूसरे समुदायों की कितनी लड़कियाँ हैं?

A. 143 B. 153
C. 163 D. 157

उत्तरमाला

1	2	3	4	5	6	7	8	9	10
B	B	B	C	A	A	C	B	B	A
11	**12**	**13**	**14**	**15**	**16**	**17**	**18**	**19**	**20**
C	C	C	C	A	D	B	B	C	A
21	**22**	**23**	**24**	**25**	**26**	**27**	**28**	**29**	**30**
C	B	D	D	A	B	B	A	A	B
31	**32**	**33**	**34**	**35**	**36**	**37**	**38**	**39**	**40**
B	C	C	C	C	A	B	B	C	B

कुछ चुने हुए प्रश्नों के व्याख्यात्मक उत्तर

12. अंग्रेजी में फेल होने वाले छात्रों का प्रतिशत $= 30\%$

गणित में फेल होने वाले छात्रों का प्रतिशत $= (100 - 65) = 35\%$

दोनों विषयों में फेल होने वाले छात्रों का प्रतिशत $= 27\%$

एक या दोनों विषयों में फेल होने वाले छात्रों का प्रतिशत $= (35 + 30 - 27)\% = 38\%$

पास % $= (100 - 38) = 62\%$

17. माना B का धन = ₹ 100

$\therefore$ A का धन $= 100 - 35 =$ ₹ 65

$\therefore$ A का धन ₹ 65 तो B का धन = ₹ 100

$\therefore$ A का धन ₹ 100 तो B का धन

$$= \frac{100}{65} \times 100 = 153\frac{11}{13}$$

अर्थात् B का धन

$\left(153\frac{11}{13} - 100\right) = 53\frac{11}{13}$% अधिक है।

22. माना वर्ग की भुजा = x मीटर

वर्ग की परिमिति = $4x$ मीटर

प्रश्नानुसार अन्तिम भुजा $= \frac{x}{2}$

वर्ग की परिमिति $= 4 \times \frac{x}{2} = 2x$ मीटर

परिमिति में कमी $= 4x - 2x = 2x$ मीटर

प्रतिशत कमी $= \frac{2x}{4x} \times 100 = 50\%$ कमी

24. माना महेश का भाग = ₹ 100

प्रश्नानुसार विवेक का हिस्सा = ₹ 115

संजीव का हिस्सा

$= 115 \times \frac{110}{100} = \frac{1265}{10} =$ ₹ 126.5

अतः संजीव का महेश से अधिक लाभ

$= (126.5 - 100) = 26.5\%$

25. माना मासिक वेतन ₹ 100

25% बचत से उसका व्यय = ₹ 75

व्यय 16% बढ़ने पर उसका व्यय

$= 75 \times \frac{116}{100} =$ ₹ 87

उसकी बचत = ₹ 13

$\therefore$ बचत ₹ 13 तो मासिक वेतन = ₹ 100

$\therefore$ बचत ₹ 260 तो मासिक वेतन

$= \frac{100}{13} \times 260 =$ ₹ 2000

31. माना आयत की प्राथमिक लम्बाई व चौड़ाई क्रमशः x व y मीटर है।

आयत का प्राथमिक क्षेत्रफल = $x \times y$ वर्ग मीटर

प्रश्नानुसार आयत की अन्तिम लम्बाई

$= \frac{x \times 110}{100} = 1.1x$ व चौड़ाई $\frac{y \times 90}{100} = .9y$ होगी

अन्तिम क्षेत्रफल = $1.1x \times .9y = .99xy$ वर्ग मीटर

प्रतिशत कमी

$= \frac{xy - .99xy}{xy} \times 100 = .01 \times 100 = 1\%$ कमी

35. नगर की वर्तमान जनसंख्या

$$= 10000\left(1 - \frac{20}{100}\right)^2 = 10000 \times \left(\frac{4}{5}\right)^2$$

$$= 10000 \times \frac{16}{25} = 6400$$

37. माना पहले केले का भाव था = ₹ x प्रति किलो

पहले केले की मात्रा = $\frac{120}{x}$ किलो

केले का नया मूल्य

$= \frac{x \times 75}{100} =$ ₹ $.75x$ प्रति किलो

प्रश्नानुसार $\quad \frac{120}{.75x} = \frac{120}{x} + 5$

$$\frac{120}{.75x} = \frac{120 + 5x}{x}$$

$$120 = .75(120 + 5x)$$

$$120 = 90 + 3.75x$$

$$3.75x = 30$$

$x = \frac{30}{3.75} =$ ₹ 8 प्रति किलो

38. माना प्रारम्भ में पुरुषों की संख्या = x

प्रारम्भ में स्त्रियों की संख्या = $(35000 - x)$

प्रश्नानुसार

$$x \times \frac{106}{100} + (35000 - x) \times \frac{104}{100} = 36760$$

$$106x + 35000 \times 104 - 104x = 3676000$$

$$2x = 3676000 - 3640000$$

$$2x = 36000$$

$$x = 18000$$

39. माना आबादी x

प्रश्नानुसार,

$$x \times \left(\frac{100 - 60}{100}\right) \times \left(\frac{100 - 28}{100}\right) = 4320$$

$$x \times \frac{40}{100} \times \frac{72}{100} = 4320$$

$$x = \frac{4320 \times 100 \times 100}{40 \times 72}$$

$$x = 15000$$

6

लाभ तथा हानि (PROFIT & LOSS)

क्रय मूल्य (C.P.): जिस मूल्य पर वस्तु को खरीदा जाता है। वह उस वस्तु का क्रय मूल्य (Cost Price) कहलाता है।

विक्रय मूल्य (S.P.): जिस मूल्य पर वस्तु बेची जाती है। वह उस वस्तु का विक्रय मूल्य (Selling Price) कहलाता है।

अंकित मूल्य (M.P.): दुकानदार वस्तुओं पर मूल्य को कुछ बढ़ाकर अंकित करता है तथा बट्टा काटकर फिर ग्राहक को किसी मूल्य पर बेचता है। वह बढ़ा हुआ मूल्य ही अंकित मूल्य (Marked Price) कहलाता है।

बट्टा (Discount): अंकित मूल्य पर दुकानदार द्वारा दिया जाने वाला कमीशन ही बट्टा कहलाता है। बट्टा अंकित मूल्य पर कुछ प्रतिशत के रूप में प्रदर्शित किया जाता है।

कुछ प्रमुख सूत्रः

(i) लाभ = विक्रय मूल्य – क्रय मूल्य

(ii) हानि = क्रय मूल्य – विक्रय मूल्य

(iii) $\text{लाभ प्रतिशत} = \dfrac{\text{वास्तविक लाभ} \times 100}{\text{क्रय मूल्य}}$

(iv) $\text{हानि प्रतिशत} = \dfrac{\text{वास्तविक हानि} \times 100}{\text{क्रय मूल्य}}$

नोटः लाभ प्रतिशत अथवा हानि प्रतिशत हमेशा क्रयमूल्य पर ही ज्ञात किये जाते हैं।

(v) लाभ प्रतिशत में ज्ञात होने पर विक्रय मूल्य

$$= \frac{\text{क्रय मूल्य} \times (100 + \text{लाभ\%})}{100}$$

(vi) हानि प्रतिशत में ज्ञात होने पर विक्रय मूल्य

$$= \frac{\text{क्रय मूल्य} \times (100 - \text{हानि\%})}{100}$$

(vii) लाभ प्रतिशत ज्ञात होने पर क्रय मूल्य

$$= \frac{\text{विक्रय मूल्य} \times 100}{(100 + \text{लाभ\%})}$$

(viii) हानि प्रतिशत ज्ञात होने पर क्रय मूल्य

$$= \frac{\text{विक्रय मूल्य} \times 100}{(100 - \text{हानि\%})}$$

(ix) बट्टा = अंकित मूल्य – विक्रय मूल्य

(x) विक्रय मूल्य = अंकित मूल्य – बट्टा

(xi) *(a)* यदि दो क्रमागत बट्टे दिये हों, तो इनके तुल्य एक बट्टा

$$= 100 - \frac{(100 - r_1)(100 - r_2)}{100}$$

जहाँ r_1, r_2 बट्टों की दरें है।

(b) क्रमागत बट्टों की संख्या तीन होने पर तुल्य बट्टा

$$= 100 - \frac{(100 - r_1)(100 - r_2)(100 - r_3)}{10000}$$

अभ्यास

1. एक किताब ₹ 80 में खरीदा गया और 20% लाभ पर बेची गयी। किताब का विक्रय मूल्य होगाः
   A. ₹ 90 B. ₹ 94
   C. ₹ 96 D. ₹ 100
2. अगर 8 वस्तुओं का क्रयमूल्य 10 वस्तुओं के विक्रय मूल्य के बराबर हो, तो लाभ अथवा हानि प्रतिशत होगीः
   A. 10% लाभ B. 10% हानि
   C. 20% लाभ D. 20% हानि
3. एक व्यापारी नगद भुगतान पर 5% छूट देता है। उसे 14% लाभ कमाने के लिये अपने सामानों का मूल्य कितने प्रतिशत ज्यादा लिखना होगा?
   A. 15% B. 20%
   C. 25% D. 30%
4. राहुल को एक छाता ₹ 75 में बेचने पर उसको उसके क्रय मूल्य के बराबर प्रतिशत लाभ हुआ। घड़ी का क्रयमूल्य क्या है?
   A. ₹ 40 B. ₹ 45
   C. ₹ 50 D. ₹ 60
5. रामस्वरुप ने दो भैंसें कुल ₹ 5200 में खरीदी। उसने एक भैंस को 15% हानि पर और दूसरी को 36% लाभ पर बेचा, तो इस प्रकार दोनों का विक्रय मूल्य समान था। प्रत्येक भैंस का मूल्य होगाः
   A. ₹ 1400; ₹ 2400
   B. ₹ 2000; ₹ 3200
   C. ₹ 3500; ₹ 1400
   D. ₹ 3200; ₹ 2000
6. यदि किसी वस्तु की कीमत 25% कम कर दी जाये तथा उसकी बिक्री 20% बढ़ा दी जाये, तो बताओ प्राप्त धन पर क्या प्रभाव पड़ेगा?
   A. 5% कम B. समान रहेगा
   C. 10% कम D. 5% वृद्धि
7. यदि एक आदमी एक साइकिल 12% छूट के बाद ₹ 330 में खरीदता है, तो साइकिल का लिखित मूल्य ज्ञात कीजिएः
   A. ₹ 375 B. ₹ 380
   C. ₹ 369.60 D. ₹ 342
8. एक दुकानदार ₹ 250 प्रति किग्रा॰ की दर से काजू खरीदता है और ₹ 10 प्रति 50 ग्राम की दर से बेचता है, तो उसको कितने प्रतिशत लाभ या हानि होगी?
   A. 20% लाभ B. 20% हानि
   C. 25% लाभ D. 25% हानि
9. एक दुकानदार ₹ 6.60 में चाय बेचकर 10% लाभ प्राप्त करता है। यदि वह उसे ₹ 9 में बेचे, तो उसको कितना प्रतिशत लाभ मिलेगा?
   A. 30% B. 40%
   C. 50% D. 60%
10. केले ₹ 6 प्रति दर्जन के भाव से खरीदकर 60 पैसे प्रति नग के हिसाब से बेचे जायें, तो लाभ % होगाः
    A. 20% B. 22%
    C. 10% D. 8%
11. 30 किताबों का क्रय मूल्य 25 किताबों के विक्रय मूल्य के समान हो, तो % लाभ होगाः
    A. 25% B. 23%
    C. 22% D. 20%
12. एक गाय को ₹ 560 में बेचने पर क्रय मूल्य का $\frac{1}{6}$ की हानि होती है। गाय का क्रय मूल्य हैः
    A. ₹ 672 B. ₹ 650
    C. ₹ 682 D. ₹ 670
13. एक दुकानदार मशीन के अंकित मूल्य पर 5% कमीशन देता है। यदि कमीशन 7% कर देता है, तो ₹ 15 कम लाभ होता है। मशीन का अंकित मूल्य क्या है?
    A. ₹ 735 B. ₹ 750
    C. ₹ 785 D. ₹ 705
14. दुकानदार एक टी.वी. ₹ 6000 में खरीदता है तथा इसको 15% हानि पर बेचता है, तो टी.वी. का विक्रय मूल्य होगाः
    A. ₹ 5100 B. ₹ 5600
    C. ₹ 5900 D. ₹ 5910
15. किसी वस्तु को ₹ 19 में बेचने पर उतनी ही हानि होती है जितना कि 5% लाभ पर बेचने पर लाभ होता है। वस्तु को 5% लाभ पर बेचने पर वस्तु का विक्रय मूल्य क्या होगा?

A. ₹ 20 B. ₹ 20.50
C. ₹ 19.95 D. इनमें से कोई नहीं

16. एक व्यापारी अंकित मूल्य पर 15% कमीशन काटता है। वह क्रय मूल्य से कितने अधिक प्रतिशत मूल्य अंकित करे कि उसे 19% लाभ हो?
A. 20% B. 35%
C. 45% D. 40%

17. एक गाय को ₹ 510 में बेचने से 15% हानि होती है। यदि उसे ₹ 575 में बेचा जाय, तो कितने % लाभ अथवा हानि होगी?
A. $6\frac{1}{4}$% हानि B. $4\frac{1}{6}$% लाभ
C. $6\frac{1}{4}$% लाभ D. $4\frac{1}{6}$% हानि

18. वाजपेयी किसी वस्तु पर सूची मूल्य लागत से 40% अधिक रखता है। वह सूची मूल्य पर 10% व्यापारिक बट्टा काटता है, तो लाभ % होगाः
A. 26% B. 36%
C. 14% D. 10%

19. यदि एक फल विक्रेता ₹ 8 के 24 केले की दर से खरीदता है तथा उसको ₹ 5 प्रति दर्जन की दर से बेचता है, तो उसको प्रतिशत लाभ होगाः
A. 20% B. 25%
C. 30% D. 35%

20. आलू बेचने पर किसी व्यापारी को $7\frac{1}{2}$% क्षति पहुँची। यदि वह इस विक्रय मूल्य से ₹ 24 अधिक में विक्रय करता, तो उसको $12\frac{1}{2}$% लाभ हुआ होता। आलू का क्रय मूल्य ज्ञात कीजिए।
A. ₹ 120 B. ₹ 96
C. ₹ 90 D. ₹ 88

21. A 20% लाभ पर एक साइकिल B को बेचता है और B इसे 25% लाभ पर C को बेच देता है। अगर C ने इसके लिए ₹ 225 दिये हों, तो A ने कितने रुपये दिये थे?
A. ₹ 100 B. ₹ 125
C. ₹ 150 D. ₹ 175

22. एक राशन विक्रेता 2 रुपये किलो की 26 किलो चीनी ₹ 3.60 की 30 किलो चीनी में मिला देता है। मिश्रण को वह ₹ 3.00 किलो के भाव से बेच देता है। उसे कितने प्रतिशत का लाभ होता है?
A. 5% B. 8%
C. 10% D. 12%

23. एक व्यक्ति अपनी कार ₹ 5000 में बेच देता है और कुछ नुकसान उठाता है। अगर वह इसे ₹ 5600 में बेचता, तो उसे पिछले नुकसान का दुगुना लाभ होता। कार का क्रय मूल्य कितना है?
A. ₹ 5000 B. ₹ 5200
C. ₹ 5300 D. ₹ 5500

24. एक रुपये में 12 के भाव संतरे बेचने पर किसी व्यक्ति को 4% की हानि हुई। 44% लाभ कमाने के लिये वह एक रुपये में कितने संतरे बेचे?
A. 7 B. 8
C. 10 D. 9

25. एक लिखे हुए मूल्य पर 20% की छूट दी जाये, तो लाभ 60% होता है। अगर छूट बढ़ाकर 25% कर दी जाये, तो लाभ का प्रतिशत क्या होगा?
A. 40% B. 50%
C. 25% D. 30%

26. एक शराब व्यापारी शराब के 10 पीपे खरीदता है। अगर वह इस शराब को ₹ 5 लीटर के भाव से बेचे तो उसे ₹ 200 का नुकसान होता है जबकि ₹ 6 लीटर बेचने से उसे पूरे पर ₹ 150 का लाभ होता है। प्रत्येक पीपे में कितनी शराब है?
A. 40 लीटर B. 35 लीटर
C. 45 लीटर D. 30 लीटर

27. किसी सामान को 77 पैसे में बेचने से एक व्यक्ति को अपने पूरे धंधे का $\frac{1}{10}$ लाभ हुआ। अगर वह इसे 68 पैसे में बेचता, तो उसे क्या लाभ या हानि होती?
A. 20% लाभ B. 10% लाभ
C. 20% हानि D. 10% हानि

28. एक व्यापारी चाय की एक किस्म में 4% नुकसान उठाने का दावा करता है। पर वास्तव में एक किलो की जगह 840 ग्राम तोलता है। उसे कितना प्रतिशत वास्तविक लाभ होता है?
A. $14\frac{2}{7}$% लाभ B. $14\frac{2}{7}$% हानि
C. 15% हानि D. 14% लाभ

29. 120 सेब बेचने से एक फल विक्रेता को 20 सेब के क्रय मूल्य के बराबर लाभ होता है। उसे कितने प्रतिशत का लाभ हुआ?

A. 8% B. 15%

C. 20% D. $16\frac{2}{3}\%$

30. चीनी के मूल्य में 10% की कमी होने पर आरती ₹ 225 में 25 किग्रा॰ चीनी अधिक खरीद सकती है। चीनी का घटा मूल्य प्रति किग्रा॰ में है:

A. 30 पैसे B. 90 पैसे

C. 95 पैसे D. 97 पैसे

31. कोई वस्तु यदि 10% हानि की जगह 10% लाभ पर बेची जाती है, तो ₹ 10 अधिक मिलते हैं। वस्तु का क्रय मूल्य है:

A. ₹ 55 B. ₹ 50

C. ₹ 45 D. ₹ 60

32. चुन्नू ने ₹ 20 में 21 पेन खरीदे तथा उन्हें ₹ 21 में 20 की दर से बेच दिया। लाभ % है:

A. $10\frac{2}{4}\%$ B. $10\frac{2}{3}\%$

D. $10\frac{1}{4}\%$ D. $10\frac{3}{4}\%$

33. एक व्यापारी ने ₹ 500 का गेहूँ खरीदकर आधा 20% लाभ पर और शेष 10% हानि पर बेच दिया। बताओ कुल कितने प्रतिशत लाभ हुआ?

A. 4% B. 6%

C. 5% D. 7%

34. मुकेश एक वस्तु को 25% हानि पर बेचता है, यदि वह उसे 60 रुपये अधिक में बेचता, तो 5% लाभ होता। वस्तु का क्रय मूल्य होगा:

A. ₹ 200 B. ₹ 120

C. ₹ 220 D. ₹ 150

35. किसी वस्तु के मूल्य में 10% कमी कर दी गयी है। उस वस्तु का मूल्य पहले जितना लाने के लिये कितने प्रतिशत की बढ़ोत्तरी करनी होगी?

A. $9\frac{1}{11}\%$ B. 9%

C. $11\frac{1}{9}\%$ D. 10%

36. मोहनदास 10 किग्रा॰ तेल ₹ 15 प्रति किलो दर से तथा 5 किग्रा॰ तेल ₹ 10 प्रति किग्रा॰ की दर से खरीदकर दोनों को मिलाता है। यदि वह मिश्रण पर 12.5% लाभ उठाये, तो मिश्रण का विक्रय मूल्य प्रति किग्रा॰ कितना होगा?

A. ₹ 14 B. ₹ 15

C. ₹ 11.50 D. ₹ 15.75

37. एक व्यक्ति ने अपने दो मकानों में से प्रत्येक को ₹ 467 व ₹ 958 का बेचा। एक पर उसे 12% लाभ तथा दूसरे पर 12% हानि हुई। पूरे लेनदेन में उसे कुल कितने प्रतिशत लाभ या हानि हुई?

A. 1.04% लाभ

B. 1.04% हानि

C. 1.44% लाभ

D. 1.44% हानि

38. एक दुकानदार ने ₹ 60 में 1 क्विन्टल नमक खरीदा। इसे वह प्रति किलो किस भाव से बेचे कि 20% लाभ हो?

A. ₹ 72 B. 72 पैसे

C. ₹ 7.20 D. ₹ 36

39. एक रुपये में 9 की दर से खरीदी गयी नारंगी और एक रुपये में 7 की दर से खरीदी गयी इतनी ही नारंगी को मिलाकर एक रुपये में 8 के भाव से बेचने से % लाभ या हानि होगी:

A. न लाभ न हानि

B. लाभ $1\frac{9}{16}\%$

C. हानि $1\frac{9}{16}\%$

D. इनमें से कोई नहीं

40. एक व्यापारी ग्राहक को चीनी बेचने में खराब बाट का इस्तेमाल करता है और इससे $11\frac{1}{9}\%$ लाभ कमाता है। वह एक किलो की जगह कितना तोलता है?

A. 800 ग्राम

B. 900 ग्राम

C. 850 ग्राम

D. 950 ग्राम

उत्तरमाला

1	2	3	4	5	6	7	8	9	10
C	D	B	C	D	C	A	B	C	A
11	12	13	14	15	16	17	18	19	20
D	A	B	A	D	D	D	A	B	A
21	22	23	24	25	26	27	28	29	30
C	A	B	B	B	B	D	A	D	B
31	32	33	34	35	36	37	38	39	40
B	C	C	A	C	B	D	B	C	B

कुछ चुने हुए प्रश्नों के व्याख्यात्मक उत्तर

2. माना 8 वस्तुओं का क्रय मूल्य = ₹ 100

प्रश्नानुसार $\because$ 10 वस्तुओं का विक्रय मूल्य = ₹ 100

$\therefore$ 8 वस्तुओं का विक्रय मूल्य $= \frac{100\times8}{10} =$ ₹ 80

हानि = 100 − 80 = ₹ 20

प्रतिशत हानि $= \frac{\text{हानि} \times 100}{\text{क्रय मूल्य}}$

$= \frac{20 \times 100}{100} = 20\%$ हानि

4. माना क्रयमूल्य = ₹ x

प्रश्नानुसार $x + x$ का $x\% = 75$

[क्रयमूल्य + लाभ = विक्रय मूल्य]

$$x + \frac{x \times x}{100} = 75$$
$$100x + x^2 = 7500$$
$$x^2 + 100x - 7500 = 0$$
$$x^2 + 150x - 50x - 7500 = 0$$
$$x(x + 150) - 50\,(x + 150) = 0$$
$$(x + 150)\,(x - 50) = 0$$

$(x - 50) = 0$ से $x = 50$

5. माना प्रथम भैंस का क्रय मूल्य = ₹ x

प्रश्नानुसार द्वितीय भैंस का क्रय मूल्य = $(5200 - x)$

15% हानि पर प्रथम भैंस का विक्रय मूल्य

$$= \frac{x \times (100-15)}{100} = \frac{85x}{100}$$

36% लाभ से द्वितीय भैंस का विक्रय मूल्य

$$= (5200 - x) \times \frac{136}{100}$$

प्रश्नानुसार, $(5200 - x) \times \frac{136}{100} = \frac{85x}{100}$

$$(5200 - x) \times 136 = 85x$$
$$5200 \times 136 - 136x = 85x$$
$$5200 \times 136 = 136x + 85x$$
$$221x = 5200 \times 136$$
$$x = \frac{5200 \times 136}{221}$$
$$x = \frac{707200}{221}$$
$$= ₹\ 3200$$

द्वितीय भैंस का क्रय मूल्य = 5200 − 3200

= ₹ 2000

9. 6.60 रुपये विक्रय मूल्य तथा 10% लाभ वाली वस्तु का क्रयमूल्य

$$= \frac{\text{विक्रय मूल्य} \times 100}{(100 + \text{लाभ}\%)}$$

$$= \frac{6.60 \times 100}{(100+10)} = \frac{6.60 \times 100}{110} = ₹\ 6$$

वस्तु को ₹ 9 में बेचने पर लाभ = 9 − 6 = ₹ 3

$\%$ लाभ $= \frac{3}{6} \times 100 = 50\%$ लाभ

13. माना मशीन का अंकित मूल्य = ₹ 100

कमीशन = 5% = ₹ 5

विक्रय मूल्य = ₹ 95

अब नया कमीशन = 7% = ₹ 7

विक्रय मूल्य = ₹ 93

विक्रय मूल्य का अन्तर = 95 − 93 = ₹ 2

∴ जब ₹ 2 अन्तर तो अंकित मूल्य = ₹ 100

∴ जब ₹ 15 अन्तर तो अंकित मूल्य

$= \frac{100}{2} \times 15 =$ ₹ 750

15. माना वस्तु का क्रय मूल्य = ₹ x है।

∴ यथार्थ हानि = $x - 19$

तथा 5% लाभ पर लाभ = $\frac{5 \times x}{100} - \frac{5x}{100}$

प्रश्नानुसार $\frac{5x}{100} = x - 19$

$5x = 100x - 1900$

$95x = 1900$

$x = \frac{1900}{95} =$ ₹ 20

∴ 20% क्रय मूल्य वाली वस्तु पर 5% लाभ के पश्चात् विक्रय मूल्य

$= 20 \times \frac{105}{100} =$ ₹ 21

20. $12\frac{1}{2}\% - \left(7\frac{1}{2}\%\right) = 20\%$

∵ 20% = ₹ 24

∴ $100\% = \frac{24 \times 100}{20} =$ ₹ 120

∴ आलू का क्रय मूल्य = ₹ 120 होगा।

26. माना एक पीपे में x लीटर शराब है, तो 10 पीपे में शराब की मात्रा होगी = $10x$ लीटर

प्रश्नानुसार,

दोनो विक्रय मूल्यों का अन्तर = (150 + 200)

$= 10x \times 6 - 10x \times 5 = 350$

$= 10x = 350 \Rightarrow x = 35$ लीटर

28. माना एक किलो चाय का क्रय मूल्य = ₹ 100

प्रश्नानुसार दुकानदार के लिये 1 किलो चाय का विक्रय मूल्य 4% हानि पर = ₹ 96

परन्तु 1 किलो = 1000 ग्राम पर वह 840 ग्राम तोलता है।

∵ 1000 ग्राम का क्रय मूल्य = ₹ 100

∴ 840 ग्राम का क्रय मूल्य $= \frac{100}{1000} \times 840$

= ₹ 84

अर्थात् वह ₹ 84 के माल को ₹ 96 में बेचता है, तो उसका प्रतिशत लाभ

$= \frac{96 - 84}{84} \times 100$

$= \frac{12 \times 100}{84} = \frac{100}{7} = 14\frac{2}{7}\%$ लाभ

37. ऐसे प्रश्नों में हमेशा हानि होती है

$$\text{हानि}\% = \left(\frac{\text{उभय निष्ठ लाभ अथवा हानि}\%}{10}\right)\%$$

$= \left(\frac{12}{10}\right)^2 \%$

$= \frac{144}{100}\%$

$= 1.44\%$

7

मिश्रण
(ALLIGATION)

जब दो या दो से अधिक वस्तुएँ किसी विशेष अनुपात में मिलायी जायें तो बनने वाले पदार्थ को मिश्रण कहते हैं।

मिश्रण पर आधारित सूत्रः

यदि ₹ a प्रति किग्रा॰ वाली महंगी वस्तु की मात्रा A को ₹ b प्रति किग्रा॰ वाली सस्ती वस्तु की मात्रा B के साथ मिलाया जाये और प्राप्त मिश्रण C, ₹ c प्रति किग्रा॰ वाली वस्तु बने तो

$$\frac{\text{महंगी वस्तु की मात्रा}}{\text{सस्ती वस्तु की मात्रा}} = \frac{\text{मिश्रण का मूल्य} - \text{सस्ती वस्तु का मूल्य}}{\text{महंगी वस्तु का मूल्य} - \text{मिश्रण का मूल्य}}$$

अर्थात् $\frac{A}{B} = \frac{c-b}{a-c}$

अभ्यास

1. ₹ 3.50 प्रति किग्रा वाले बाजरे में ₹ 2.25 प्रति किग्रा वाले बाजरे को मिलाकर मिश्रित बाजरे को एक दुकानदार ₹ 2.75 प्रति किग्रा में बेचता है, तो मिश्रण में पहले तथा दूसरे बाजरे का अनुपात होगाः

A. 2 : 3 B. 3 : 2
C. 1 : 2 D. 2 : 1

2. ₹ 10 प्रति किलो की 15 किलो चाय में ₹ 4 प्रति किलो की कितनी चाय मिलायी जाये कि चाय ₹ 6.50 प्रति किलो की हो जाये?

A. 21 किग्रा B. 16 किग्रा
C. 4 किग्रा D. 14 किग्रा

3. दूध और पानी के 20 किग्रा मिश्रण में 10% पानी है। इसमें कितना पानी और मिलाया जाये कि मिश्रण में पानी की मात्रा 25% हो जाये?

A. 5 किग्रा B. 4 किग्रा
C. 7 किग्रा D. 8 किग्रा

4. ₹ 11 प्रति लीटर की शराब को ₹ 6 प्रति लीटर की शराब के साथ किस अनुपात में मिलाया जाये कि वह ₹ 8 प्रति लीटर की हो जाये?

A. 2 : 3 B. 8 : 2
C. 5 : 7 D. 1 : 3

5. 54 पैसे लीटर के 14 लीटर दूध में कितना पानी मिलाया जाये कि मिश्रण का भाव 42 पैसा लीटर हो जाये?

A. 4 लीटर B. 7 लीटर
C. 5 लीटर D. 3 लीटर

6. 80 किग्रा मिश्रण में दूध और पानी का अनुपात 3 : 2 है। इसमें कितना पानी मिलाया जाये कि नये मिश्रण में दूध और पानी का अनुपात 2 : 3 हो जाये?

A. 40 किग्रा B. 25 किग्रा
C. 35 किग्रा D. 20 किग्रा

7. एक पीपे में 3 हिस्सा दूध और 1 हिस्सा पानी है। इसमें से कितना मिश्रण निकालकर पानी डाल दिया जाये कि मिश्रण में आधा पानी और आधा दूध हो जाये?

A. $\frac{1}{2}$ B. $\frac{1}{3}$

C. $\frac{2}{3}$ D. $\frac{1}{4}$

8. ₹ 16 प्रति लीटर की लागत से मिलने वाले दूध को ₹ 18 प्रति लीटर में बेचा जाना हो, तो उसमें किस अनुपात में पानी मिलाया जाय कि 25 प्रतिशत का लाभ हो?

A. 9 : 2 B. 9 : 1

C. 1 : 9 D. 2 : 9

9. सुहास ने 20 किग्रा चावल ₹ 7.50 प्रति किग्रा की दर से और 30 किग्रा चावल ₹ 7.75 प्रति किग्रा की दर से खरीदकर मिश्रण तैयार किया। उसको 45% लाभ अर्जित करने हेतु प्रति किग्रा चावल को आसन्नतः किस दर से बेचना चाहिये?

A. ₹ 10 प्रति किग्रा B. ₹ 11 प्रति किग्रा

C. ₹ 12 प्रति किग्रा D. ₹ 12.50 प्रति किग्रा

10. एक चिड़ियाघर में कुछ कबूतर व खरगोश हैं। यदि सिरों की संख्या 200 तथा पैरों की संख्या 580 हो, तो वहाँ पर कितने कबूतर हैं?

A. 100 B. 95

C. 105 D. 110

11. किसी बर्तन में 90 लीटर मदिरा है। उस बर्तन में से प्रतिदिन 30 लीटर मदिरा निकाली जाती है और उतनी ही मात्रा में पानी मिलाया जाता है। 3 दिन के अन्त में बर्तन में मदिरा की मात्रा लगभग होगी?

A. 26 लीटर B. 60 लीटर

C. 42 लीटर D. 30 लीटर

12. शराब और पानी के 125 गैलन मिश्रण में 20% पानी है। इसमें कितना प्रतिशत पानी मिलाया जाये कि नये मिश्रण में पानी 25% हो जाये?

A. 8 गैलन B. 7 गैलन

C. $8\frac{1}{3}$ गैलन D. 5 गैलन

13. ₹ 56 प्रति किग्रा की चाय ₹ 82 प्रति किग्रा की चाय के साथ किस अनुपात में मिलायी जाये कि मिश्रण का क्रय मूल्य ₹ 67 प्रति किग्रा हो जाये?

A. 15 : 11 B. 11 : 15

C. 12 : 13 D. 13 : 12

14. तीन बराबर के बर्तन में शराब और पानी का अनुपात क्रमशः 3 : 4, 4 : 5 व 5 : 6 है। तीनों बर्तनों के पानी को एक बड़े बर्तन में उड़ेल देने पर नये मिश्रण में शराब व पानी का अनुपात होगाः

A. 900 : 1159 B. 920 : 1159

C. 1152 : 920 D. 1159 : 900

15. सोने और ताँबे की मिश्रधातुओं में क्रमशः सोने और ताँबे का अनुपात 7 : 2 व 7 : 11 है। दोनों धातुओं की समान मात्रा मिलाने पर मिश्रित धातु में सोने और ताँबे का अनुपात होगाः

A. 7 : 6 B. 6 : 7

C. 7 : 5 D. 5 : 7

16. एक खेत में मुर्गी व भेड़ हैं। यदि उनके सिरों व पैरों की कुल संख्या क्रमशः 38 व 100 हो, तो मुर्गियों व भेड़ों की संख्या का अनुपात होगा?

A. 13 : 6 B. 6 : 13

C. 7 : 9 D. 9 : 7

17. चांदी व स्टील की दो मिश्रधातुओं को क्रमशः 5 : 3 और 8 : 5 के अनुपात में मिलाकर बनाया गया। दोनों मिश्रधातुओं की समान मात्रा मिलाने पर मिश्रित मिश्रधातु में चांदी व स्टील का अनुपात होगाः

A. 120 : 35 B. 35 : 120

C. 129 : 79 D. 79 : 129

18. एक मिश्रण में 3 भाग शराब तथा एक भाग पानी से बना है। 12 लीटर पानी और डालने पर मिश्रण में शराब पानी की दोगुनी हो जाती है। मिश्रण में शराब की मात्रा कितनी है?

A. 65 लीटर B. 70 लीटर

C. 72 लीटर D. 80 लीटर

19. 150 बच्चों के बीच ₹ 67.50 इस तरह बांटे गये कि हर लड़के को 50 पैसे और हर लड़की को 35 पैसे मिले। तो इनमें लड़कों की संख्या होगीः

A. 80 B. 100

C. 90 D. इनमें से कोई नहीं

20. शराब और पानी के दो मिश्रण में शराब व पानी का अनुपात क्रमशः 1 : 3 व 3 : 1 है। अगर पहले का

2 गैलन व दूसरे का 3 गैलन मिला दिया, जाय तो मिश्रण में पानी व शराब का अनुपात होगाः

A. 2 : 7 B. 11 : 9
C. 9 : 11 D. 7 : 2

21. एक बर्तन में स्पिरिट और पानी का मिश्रण भरा है। इसमें 18% स्पिरिट है। इसमें से 8 लीटर मिश्रण निकालकर पानी भर दिया जाता है। अब अगर मिश्रण में 15 प्रतिशत स्पिरिट है, तो बर्तन में कितना मिश्रण है?

A. 30 लीटर B. 48 लीटर
C. 35 लीटर D. 40 लीटर

22. दूध और पानी के मिश्रण में दूध और पानी 3 : 2 के अनुपात में है। यदि मिश्रण में 4 लीटर पानी और मिला दिया जाय, तो दूध और पानी समान मात्रा में हो जाते हैं तो मिश्रण में दूध की मात्रा हैः

A. 10 लीटर B. 12 लीटर
C. 15 लीटर D. 20 लीटर

23. 15 किग्रा चीनी ₹ 10 प्रति किग्रा की दर से तथा 10 किग्रा चीनी ₹ 14 प्रति किग्रा के भाव से खरीदकर मिश्रण को ₹ 16 प्रति किग्रा की दर से बेचने पर कितना लाभ होगा?

A. ₹ 100 B. ₹ 90
C. ₹ 110 D. ₹ 120

24. 30 किलो चीनी ₹ 20 प्रति किग्रा के भाव से तथा 20 किग्रा चीनी ₹ 15 प्रति किग्रा से खरीदकर मिश्रण को ₹ 21.60 प्रति किग्रा से बेचने पर कितने प्रतिशत लाभ होगा?

A. 10% B. 12%
C. 15% D. 20%

25. 549 लीटर दूध और पानी के मिश्रण में दूध और पानी का अनुपात 7 : 2 है। इसमें कितना पानी और डाला जाये कि दूध और पानी का अनुपात 7 : 3 हो जाये?

A. 60 लीटर B. 61 लीटर
C. 62 लीटर D. 63 लीटर

उत्तरमाला

1	2	3	4	5	6	7	8	9	10
A	A	B	A	A	A	B	B	B	D
11	**12**	**13**	**14**	**15**	**16**	**17**	**18**	**19**	**20**
A	C	A	B	C	A	C	C	B	C
21	**22**	**23**	**24**	**25**					
B	B	C	D	B					

कुछ चुने हुए प्रश्नों के व्याख्यात्मक उत्तर

5. 14 लीटर दूध का मूल्य = 54 × 14 = 756 पैसे
∵ पानी का मूल्य शून्य माना जाता है। अतः 756 पैसे में 42 पैसा प्रति लीटर के दूध की मात्रा होगी = $\frac{756}{42}$
= 18 लीटर
अतः पानी की मात्रा = 18 − 14 = 4 लीटर

7. माना पीपे में 1 लीटर दूध है, तो
प्रश्नानुसार दूध की मात्रा 3/4 लीटर और पानी की मात्रा 1/4 लीटर होगी
माना मिश्रण में से x लीटर भाग निकाला, तो

प्रश्नानुसार,

$$\frac{\frac{3}{4}-\frac{3}{4}\times x}{\left(\frac{1}{4}-\frac{1}{4}\times x\right)+x}=\frac{1}{1}$$

$$\frac{3-3x}{1+3x}=\frac{1}{1}$$

$$3-3x = 1+3x$$

$$2 = 6x \Rightarrow x=\frac{1}{3}$$

10. माना कबूतर व खरगोश की संख्या क्रमशः x व y है।

प्रश्नानुसार, $x + y = 200$ ...(*i*)

$2x + 4y = 580$

या $x + 2y = 290$ ...(*ii*)

$(ii) - (i)$ $y = 90$

(i) में मान रखने पर $x = 110$

11. प्रत्येक x लीटर द्रव में से y लीटर द्रव निकालकर उसमें y लीटर पानी मिलाने पर तथा यह क्रिया n बार दोहराने पर मिश्रण में शुद्ध द्रव की मात्रा शेष

$$= x\left(1-\frac{y}{x}\right)^n \text{ लीटर}$$

$$= 90\left(1-\frac{30}{90}\right)^3$$

$$= \frac{90\times 60\times 60\times 60}{90\times 90\times 90} = 26 \text{ लीटर}$$

12. अभीष्ट अनुपात $= \dfrac{\frac{3}{3+4}+\frac{4}{4+5}+\frac{5}{5+6}}{\frac{4}{7}+\frac{5}{9}+\frac{6}{11}} = \dfrac{\frac{3}{7}+\frac{4}{9}+\frac{5}{11}}{\frac{4}{7}+\frac{5}{9}+\frac{6}{11}}$

$$= \frac{920}{1159} = 920 : 1159$$

18. माना मिश्रण की मात्रा $= x$ लीटर

प्रश्नानुसार,

$$\frac{x\times\frac{3}{3+1}}{\left(x\times\frac{1}{4}+12\right)} = \frac{2}{1}$$

$$\frac{3x}{4} = \frac{x}{2}+24 \Rightarrow \frac{x}{4} = 24 \Rightarrow x = 24\times 4$$

शराब की मात्रा $= \dfrac{3x}{4} = \dfrac{3\times 24\times 4}{4} = 72$ लीटर

20. मिश्रण में, $\dfrac{\text{पानी}}{\text{शराब}} = \dfrac{2\times\frac{3}{4}+3\times\frac{1}{4}}{2\times\frac{1}{4}+3\times\frac{3}{4}}$

$$= \frac{6+3}{2+9} = \frac{9}{11} = 9 : 11$$

21. माना मिश्रण x लीटर है

प्रश्नानुसार, $x\times\dfrac{18}{100}-\dfrac{8\times 18}{100} = x\times\dfrac{15}{100}$

$\Rightarrow$ $18x - 144 = 15x$

$\Rightarrow$ $3x = 144 \Rightarrow x = 48$ लीटर

22. माना मिश्रण की मात्रा $= x$ लीटर

प्रश्नानुसार, $\dfrac{x\times\frac{3}{3+2}}{x\times\frac{2}{5}+4} = \dfrac{1}{1} \Rightarrow \dfrac{3x}{5} = \dfrac{2x}{5}+4$

$\Rightarrow$ $\dfrac{x}{5} = 4 \Rightarrow x = 20$

मिश्रण में शराब की मात्रा $= \dfrac{3x}{5} = \dfrac{3\times 20}{5}$

$= 12$ लीटर

24. चीनी का कुल क्रय मूल्य $= 30\times 20 + 20\times 15$

$= 600 + 300 =$ ₹ 900

चीनी का प्रति किग्रा क्रय मूल्य $= \dfrac{900}{30+20} = \dfrac{900}{50}$

$=$ ₹ 18 प्रति किग्रा

प्रति किग्रा लाभ $= 21.60 - 18 =$ ₹ 3.60

प्रतिशत लाभ $= \dfrac{3.60}{18}\times 100 = 20\%$

25. 549 लीटर में दूध की मात्रा $= 549\times\dfrac{7}{9} = 61\times 7$

$= 427$ लीटर

पानी का भाग $= 549 - 427$

$= 122$ लीटर

माना x लीटर पानी मिलाया गया

प्रश्नानुसार, $\dfrac{427}{122+x} = \dfrac{7}{3}$

$427\times 3 = 122\times 7 + 7x$

$7x = 1281 - 854$

$7x = 427$

$x = \dfrac{427}{7} = 61$ लीटर

8

साधारण और चक्रवृद्धि ब्याज
(SIMPLE AND COMPOUND INTEREST)

साधारण ब्याजः जब कोई व्यक्ति किसी अन्य व्यक्ति अथवा बैंक से कोई राशि उधार लेकर प्रयोग में लेता है और उस राशि को लौटाते समय दूसरे व्यक्ति द्वारा उस राशि के ऊपर अतिरिक्त धन मांगा जाता है जिसे ब्याज कहा जाता है। उधार ली गयी राशि मूलधन कहलाती है। जब मूलधन आगे के प्रत्येक वर्ष के लिये समान हो तथा ब्याज की राशि भी आगे के प्रत्येक वर्ष के लिये समान हो, तो उसे साधारण ब्याज कहते हैं। मूलधन व ब्याज का योग मिश्रधन कहलाता है।

साधारण ब्याज से संबंधित कुछ सूत्र

(1) $\text{साधारण ब्याज} = \dfrac{\text{मूलधन} \times \text{दर} \times \text{समय}}{100}$

(2) $\text{दर} = \dfrac{\text{साधारण ब्याज} \times 100}{\text{मूलधन} \times \text{समय}}$

(3) $\text{समय} = \dfrac{\text{साधारण ब्याज} \times 100}{\text{मूलधन} \times \text{दर}}$

(4) $\text{मूलधन} = \dfrac{\text{साधारण ब्याज} \times 100}{\text{दर} \times \text{समय}}$

(5) मिश्रधन = मूलधन + साधारण ब्याज

नोट : सूत्र में दर % वार्षिक व समय वर्ष में होना चाहिए।

चक्रवृद्धि ब्याजः यदि प्रत्येक वर्ष का ब्याज उसके प्रारम्भिक मूलधन में जोड़ दिया जाय, तो प्रत्येक वर्ष के अंत का मिश्रधन दूसरे वर्ष के लिये मूलधन के समान होगा और इस प्रकार इस नये मूलधन पर अगले वर्ष का ब्याज दिया जाता है। ब्याज गणना की यह पद्धति चक्रवृद्धि ब्याज कहलाती है। चक्रवृद्धि ब्याज की गणना में प्रत्येक वर्ष का मूलधन व ब्याज परिवर्तित होता रहता है। अतः समान दर व समय मूलधन पर चक्रवृद्धि ब्याज साधारण ब्याज से अधिक होता है।

चक्रवृद्धि ब्याज से संबंधित सूत्र

(1) $\text{चक्रवृद्धि ब्याज} = \text{मूलधन}\left[\left(1+\dfrac{\text{दर}}{100}\right)^{\text{समय}} - 1\right]$

(2) $\text{चक्रवृद्धि मिश्रधन} = \text{मूलधन}\left(1+\dfrac{\text{दर}}{100}\right)^{\text{समय}}$

महत्त्वपूर्ण टिप्पणियाँ

(a) यदि ब्याज प्रति छमाही जोड़ा जाता है। अर्थात् वर्ष में दो बार ब्याज की गणना होने की अवस्था में दर को आधा व समय को दुगुना कर दिया जाता हैः
सूत्र के रूप में:

$$\text{मिश्रधन} = \text{मूलधन}\left(1+\dfrac{\text{दर}/2}{100}\right)^{2\times n}$$

n = समय वर्ष में

(b) यदि ब्याज प्रति तिमाही जोड़ा जाता है। अर्थात् वर्ष में चार बार ब्याज की गणना होने की अवस्था में दर को चौथाई व समय को चौगुना कर दिया जाता है
सूत्र के रूप में:

$$\text{मिश्रधन} = \text{मूलधन}\left(1+\frac{\text{दर}/4}{100}\right)^{4\times n}$$

(c) यदि दर समान न होकर प्रतिवर्ष परिवर्तित होती है। माना प्रथम, द्वितीय व तृतीय वर्ष दर क्रमशः R_1, R_2 व R_3 है, तो

अन्तिम मूल्य = प्रारम्भिक मूल्य

$$\left(1+\frac{R_1}{100}\right)\left(1+\frac{R_2}{100}\right)\left(1+\frac{R_3}{100}\right)$$

जहाँ R_1, R_2 व R_3 का चिह्न + अथवा – हो सकता है। वृद्धि दर पर + चिह्न व ह्रास दर होने पर R_1, R_2, R_3 क्रमशः (–) में होंगे।

अभ्यास

1. कितने % दर से ₹ 1500 का ब्याज, 5 वर्ष में ₹ 300 होगा?

A. 5% B. $5\frac{1}{2}$%

C. $4\frac{1}{2}$% D. 4%

2. किस धन का 4% वार्षिक ब्याज की दर से 5 वर्ष में ब्याज ₹ 120 हो जायेगा?

A. ₹ 600 B. ₹ 620

C. ₹ 610 D. ₹ 650

3. अगर कोई राशि 7 वर्षों में दुगुनी हो जाती है तो 5 गुनी कितने वर्षों में हो जायेगी?

A. 24 वर्ष B. 28 वर्ष

C. 32 वर्ष D. 35 वर्ष

4. A ने B के 2 वर्षों के लिए ₹ 600 और C को ₹ 150 4 वर्षों के लिये दिये। A ने B व C से कुल ₹ 90 बतौर ब्याज प्राप्त किये हों, तो दर प्रतिशत क्या होगा?

A. 5% B. 7%

C. 8% D. 10%

5. 10% प्रतिवर्ष के साधारण ब्याज पर कोई राशि कितने वर्षों में दूनी हो जायेगी?

A. 5 वर्ष B. 10 वर्ष

C. 20 वर्ष D. 40 वर्ष

6. 2 पैसे प्रतिमाह दर से ₹ 471 पर 7 माह का साधारण ब्याज क्या होगा?

A. 6500 पैसे B. 6594 पैसे

C. 7000 पैसे D. 7200 पैसे

7. किसी धन का $6\frac{1}{2}$% वार्षिक ब्याज की दर से 6 वर्ष का मिश्रधन ₹ 5560 है, तो उस धन का 7% वार्षिक ब्याज की दर से $5\frac{1}{2}$ वर्ष का मिश्रधन क्या होगा?

A. ₹ 5540 B. ₹ 5440

C. ₹ 5600 D. ₹ 5500

8. कितने समय में किसी धन का साधारण ब्याज उस धन का 2/3 गुना हो जायेगा जबकि दर 5% वार्षिक हो।

A. $13\frac{1}{3}$ वर्ष B. $14\frac{1}{3}$ वर्ष

C. 15 वर्ष D. $13\frac{2}{3}$ वर्ष

9. ₹ 600 का 5% वार्षिक सरल ब्याज की दर से 5 वर्ष का मिश्रधन होगा:

A. ₹ 720 B. ₹ 750

C. ₹ 770 D. ₹ 780

10. एक व्यक्ति ₹ 5000 4% वार्षिक ब्याज पर डाकखाने में तथा ₹ 3000 6% ब्याज वार्षिक दर से बैंक में जमा कराता है। बताओ उसे कुल जमा राशि पर कितने प्रतिशत ब्याज मिलता है?

A. $4\frac{1}{2}$% B. $4\frac{2}{3}$%

C. $4\frac{2}{5}$% D. $4\frac{3}{4}$%

11. किसी धन राशि पर 6% वार्षिक ब्याज की दर से दूसरे और चौथे वर्षों के अन्त में प्राप्त होने वाले साधारण ब्याजों का अन्तर ₹ 600 है। वह धनराशि कितनी है?

A. ₹ 3000 B. ₹ 4000

C. ₹ 5000 D. ₹ 6000

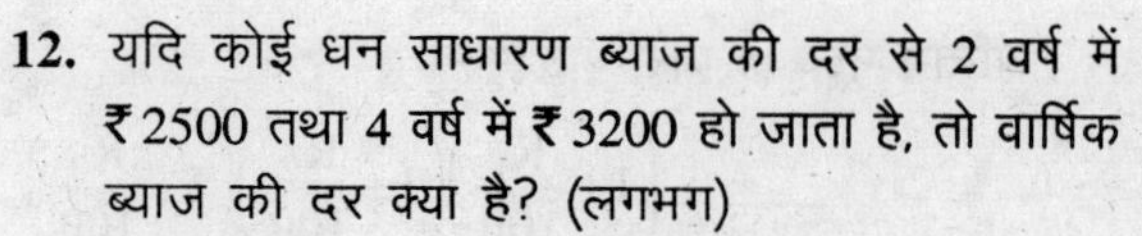

12. यदि कोई धन साधारण ब्याज की दर से 2 वर्ष में ₹ 2500 तथा 4 वर्ष में ₹ 3200 हो जाता है, तो वार्षिक ब्याज की दर क्या है? (लगभग)

A. 16% B. 19%
C. 20% D. 21%

13. ₹ 850 का, $4\frac{1}{3}$ वर्ष में, 6% वार्षिक की दर से साधारण ब्याज होगा:

A. ₹ 250 B. ₹ 221
C. ₹ 315 D. ₹ 360

14. कितने समय में 12.5% वार्षिक साधारण ब्याज की दर से कोई धन अपने से दुगुना हो जायेगा?

A. 6 वर्ष
B. 8 वर्ष
C. 10 वर्ष
D. ज्ञात नहीं किया जा सकता।

15. ₹ 150 का कितने समय में 8% वार्षिक ब्याज की दर से वही ब्याज होगा जो ₹ 800 का 3 वर्ष का $4\frac{1}{2}\%$ की दर से मिलता है?

A. 9 वर्ष B. 8 वर्ष
C. 12 वर्ष D. 6 वर्ष

16. राम ₹ 8000 धन का कुछ भाग 4% वार्षिक तथा शेष 5% वार्षिक की दर से ब्याज पर उठाता है। यदि उसकी कुल ₹ 350 वार्षिक ब्याज की आय हो, तो दोनों भागों का अनुपात होगा:

A. 4 : 5 B. 5 : 4
C. 3 : 5 D. 5 : 3

17. कोई धन 4 वर्ष में $11\frac{1}{2}\%$ ब्याज की दर से ₹ 1460 हो जाये, तो वह धन ज्ञात कीजिए:

A. ₹ 564 B. ₹ 790
C. ₹ 1000 D. ₹ 1200

18. किस दर से ₹ 2000 की राशि 3 वर्ष में ₹ 2240 होगी?

A. 3% B. 4%
C. $5\frac{3}{4}\%$ D. 6%

19. ₹ 5000 का 5 वर्ष का मिश्रधन ₹ 6375 हो जाता है तो वार्षिक ब्याज की दर है।

A. 5% B. $5\frac{1}{2}\%$
C. 2% D. 5%

20. कितना धन 3 वर्ष में 4% साधारण ब्याज की दर से ₹ 560 हो जायेगा?

A. ₹ 490 B. ₹ 500
C. ₹ 510 D. ₹ 501

21. कोई राशि 5% वार्षिक ब्याज की दर से कितने समय में अपने से $\frac{5}{4}$ गुना हो जायेगी?

A. 3 वर्ष B. 5 वर्ष
C. $5\frac{1}{2}$ वर्ष D. 6 वर्ष

22. कोई धन साधारण ब्याज की दर से 2 वर्ष में ₹ 4000 तथा 3 वर्ष में ₹ 4500 हो जाता है। ब्याज की दर होगी:

A. 16% B. $16\frac{1}{3}\%$
C. $16\frac{2}{3}\%$ D. $16\frac{3}{4}\%$

23. ₹ 1550 की राशि में से कुछ हिस्सा 5% पर कर्ज दिया गया और कुछ 8% पर। 3 साल का साधारण ब्याज ₹ 300 प्राप्त किये, तो 8% पर कितने रुपये दिये गये थे?

A. ₹ 900 B. ₹ 600
C. ₹ 800 D. ₹ 750

24. एक राशि पर साधारण ब्याज मूलधन का 4/9 है और वर्षों की संख्या दर प्रतिशत के बराबर है। दर प्रतिशत क्या है?

A. 5% B. 6%
C. $6\frac{1}{3}\%$ D. $6\frac{2}{3}\%$

25. किसी राशि पर 5% की दर से 2 वर्ष में चक्रवृद्धि ब्याज ₹ 328 है। इसी दर पर इतने ही समय में साधारण ब्याज क्या होगा?

A. ₹ 300 B. ₹ 350
C. ₹ 320 D. ₹ 315

26. एक व्यक्ति ने घर बनाने के लिए ₹ 1000 का कर्ज लिया। वह 5% की दर से साधारण ब्याज देता है। वह घर को किराये पर चढ़ा देता है। जिससे उसे ₹ 12.50

प्रतिमाह किराये के प्राप्त होते है। कितने बर्षों में वह कर्ज चुका सकता है?

A. 7 वर्ष B. 15 वर्ष
C. 10 वर्ष D. 8 वर्ष

27. साधारण ब्याज की दर पर अगर ₹ 900 चार वर्ष में ₹ 1080 हो जाये, तो इसी दर पर कितने रुपये 5 वर्ष में ₹ 1275 हो जायेंगे?

A. ₹ 610 B. ₹ 1200
C. ₹ 1020 D. ₹ 1250

28. ₹ 1200 कितने समय में $5\frac{1}{2}\%$ वार्षिक ब्याज की दर से ₹ 1464 हो जायेंगे?

A. 4 वर्ष B. $4\frac{1}{2}$ वर्ष
C. $4\frac{2}{3}$ D. 3 वर्ष

29. कोई धन सरल ब्याज से 2 वर्ष में ₹ 450 और 5 वर्ष में ₹ 750 हो जाता है। बताइये वही धन 7 वर्ष में कितना हो जायेगा?

A. ₹ 925 B. ₹ 975
C. ₹ 945 D. ₹ 950

30. चन्दू ने कुछ राशि जमा की जो कि 20 वर्ष में दुगुनी हो जाती है। कितने वर्षों में वह तिगुनी हो जायेगी?

A. 40 वर्ष B. 15 वर्ष
C. 35 वर्ष D. 42 वर्ष

31. 10% सालाना चक्रवृद्धि ब्याज पर ₹ 2000 कितने समय में ₹ 2420 हो जायेंगे?

A. 4 वर्ष B. 2 वर्ष
C. 8 वर्ष D. 3 वर्ष

32. चक्रवृद्धि ब्याज दर पर कोई राशि अगर 2 वर्ष में तीन गुनी हो जाती है, तो वह 27 गुणा कितने समय में होगी?

A. 18 साल B. 6 साल
C. 12 साल D. 15 साल

33. कोई राशि 4 वर्ष के साधारण ब्याज के योग से ₹ 1300 हो जाती है और सात वर्ष बाद ₹ 1525 हो जाती है। दर प्रतिशत क्या है?

A. 7% B. 7.5%
C. 5% D. 10%

34. किस राशि का छह महीने का ब्याज $3\frac{1}{2}\%$ की दर से, $2\frac{3}{4}\%$ ब्याज दर के मुकाबले ₹ 25.50 ज्यादा होगा?

A. ₹ 680 B. ₹ 6800
C. ₹ 6880 D. ₹ 6850

35. 10% वार्षिक चक्रवृद्धि ब्याज पर ₹ 2000 कितने समय में ₹ 2420 हो जायेगा?

A. 4 वर्ष B. 2 वर्ष
C. 8 वर्ष D. 3 वर्ष

36. ₹ 3903 में A का हिस्सा कितना है। यदि 7 वर्ष बाद A का हिस्सा B के 9 वर्ष बाद के हिस्से के समान है तथा चक्रवृद्धि ब्याज दर 4% है?

A. ₹ 1928 B. ₹ 2018
C. ₹ 2028 D. ₹ 1875

37. किस वार्षिक चक्रवृद्धि ब्याज की दर से ₹ 625 2 वर्ष में ₹ 676 हो जायेंगे?

A. 4% B. 5%
C. 10% D. 6%

38. किसी राशि का 4 वर्ष का 4% वार्षिक ब्याज दर से ब्याज उसी राशि पर 5% वार्षिक चक्रवृद्धि ब्याज दर से 3 वर्ष के ब्याज से ₹ 57 ज्यादा है, तो राशि क्या है?

A. ₹ 24000 B. ₹ 25000
C. ₹ 2400 D. ₹ 240000

39. ₹ 6000 का 5% वार्षिक ब्याज की दर से 3 वर्ष के चक्रवृद्धि ब्याज व साधारण ब्याज में अन्तर है:

A. ₹ 41 B. ₹ 44
C. ₹ 45.75 D. ₹ 43.25

40. ₹ 1000 का 3 वर्ष का 16% वार्षिक ब्याज की दर से चक्रवृद्धि ब्याज क्या होगा जबकि ब्याज चुकाने की अवधि वार्षिक हो?

A. ₹ 578.88 B. ₹ 547
C. ₹ 582.90 D. ₹ 560.90

41. घनश्याम ने ₹ 200 बैंक में जमा कराये। यदि चक्रवृद्धि ब्याज की दर 4% हो तथा ब्याज प्रति छमाही जोड़ा जाता है तो वर्ष के अन्त में उसके खाते की रकम होगी:

A. ₹ 210 B. ₹ 209
C. ₹ 208.08 D. ₹ 218

42. ₹ 10000 का 4% वार्षिक ब्याज की दर से $2\frac{1}{4}$ वर्ष का ब्याज़ क्या होगा जबकि ब्याज प्रत्येक 9 माह में लगाया जाता हो?

A. ₹ 937.27 B. ₹ 950
C. ₹ 927.27 D. ₹ 926

43. एक मनुष्य ने 10% चक्रवृद्धि ब्याज की दर से कुछ धन उधार लिया और उसे तीन बराबर किश्तों में अदा किया। यदि प्रत्येक किश्त ₹ 1331 की हो, तो उसने कितना धन उधार लिया था?

A. ₹ 3010 B. ₹ 3100
C. ₹ 3310 D. ₹ 3400

44. यदि किसी वस्तु का मूल्य 10% प्रतिवर्ष घट रहा हो तथा 3 वर्ष बाद उसका मूल्य ₹ 18225 रह गया तो प्रारम्भ में उसका मूल्य था:

A. ₹ 22000 B. ₹ 24000
C. ₹ 25000 D. ₹ 27000

45. एक धन पर 4% की दर से प्रथम वर्ष का चक्रवृद्धि ब्याज ₹ 25 है। उसी धन पर उसी दर से 2 वर्षों का चक्रवृद्धि ब्याज होगा:

A. ₹ 50 B. ₹ 51
C. ₹ 52 D. ₹ 54

46. ₹ 1600 का 10% वार्षिक चक्रवृद्धि ब्याज की दर से कितने वर्ष में मिश्रधन ₹ 1852.20 हो जायेगा जबकि ब्याज प्रति छमाही जोड़ा जाता हो?

A. 1 वर्ष B. $1\frac{1}{2}$ वर्ष
C. $1\frac{3}{4}$ वर्ष D. 2 वर्ष

47. किसी धन पर 3 वर्ष में किसी निश्चित दर से साधारण ब्याज ₹ 78 है तथा 2 वर्ष में चक्रवृद्धि ब्याज ₹ 53.04 है। दर ज्ञात करो:

A. 5% B. 3%
C. 6% D. इनमें से कोई नहीं

48. एक गाँव की जनसंख्या प्रतिवर्ष 20% की दर से घट जाती है। यदि 2 वर्ष पूर्व इसकी जनसंख्या 10,000 हो, तो वर्तमान जनसंख्या क्या होगी?

A. 6000 B. $\frac{10000}{144}$
C. 6400 D. 7600

49. यदि कोई धन चक्रवृद्धि ब्याज से 2 वर्ष में ₹ 1,460 तथा 3 वर्ष में ₹ 1606 हो जाता है, तो ब्याज की वार्षिक दर क्या होगी?

A. 9% B. 10%
C. 11% D. 12%

50. यदि किसी धन का 2 वर्ष में 10% वार्षिक ब्याज की दर से साधारण ब्याज और चक्रवृद्धि ब्याज का अन्तर ₹ 1.50 हो तो वह धन ज्ञात करो:

A. ₹ 150 B. ₹ 750
C. ₹ 1500 D. ₹ 7500

51. यदि एक धन चक्रवृद्धि ब्याज की दर से 3 वर्ष में दोगुना हो जाता है, तो उसी चक्रवृद्धि ब्याज की दर से वह कितने वर्षों में सोलह गुना हो जायेगा?

A. 6 वर्ष में
B. 12 वर्ष में
C. 8 वर्ष में
D. 24 वर्ष में

52. एक व्यापारी कुछ पूँजी के साथ काम शुरू करता है और प्रतिवर्ष 25% की दर पर लाभ कमाता है। 3 वर्षों के बाद उसके पास ₹ 10000 हो, तो मूल पूंजी क्या है?

A. ₹ 5120 B. ₹ 5520
C. ₹ 4120 D. ₹ 5000

53. ₹ 2210 का 10% चक्रवृद्धि ब्याज पर दो हिस्सों में कर्ज पर दिये गये कि 3 वर्ष बाद का पहला हिस्सा 5 वर्ष बाद के दूसरे हिस्से के बराबर हो। पहला हिस्सा होगा:

A. ₹ 1210 B. ₹ 1000
C. ₹ 1205 D. ₹ 1105

54. कोई राशि उधार ली गयी और ₹ 882 की दो बराबर किस्तों से लौटा दी गयी। इसमें अगर 5% वार्षिक चक्रवृद्धि ब्याज भी शामिल हो, तो उधार ली गयी राशि कितनी है?

A. ₹ 1724 B. ₹ 1600
C. ₹ 1620 D. ₹ 1640

55. एक घर की कीमत ₹ 10,000 है। दूसरे खर्च व करों को मिलाकर साल भर का खर्चा ₹ 360 बैठता है।

मालिक को अपने निवेश का 6% ब्याज मिले इसके लिये उसे हर माह कितना किराया मिलना चाहिये?

A. ₹ 60 B. ₹ 65

C. ₹ 80 D. ₹ 85

56. राजेश व मीरा ने ₹ 450 उधार लिये। एक वर्ष बाद दोनों ने समान ब्याज चुकाया। राजेश की ब्याज दर 5% तथा मीरा की 10% थी तो मीरा ने कितना धन उधार लिया?

A. ₹ 150 B. ₹ 300

C. ₹ 200 D. ₹ 250

57. $2\frac{1}{2}$ वर्ष में वार्षिक कितने प्रतिशत साधारण ब्याज की दर से ₹ 120 ₹ 130 हो जायेगा?

A. $2\frac{1}{2}$ B. 4

C. $3\frac{1}{3}$ D. 5

उत्तरमाला

1	2	3	4	5	6	7	8	9	10
D	A	B	A	B	B	A	A	B	D
11	**12**	**13**	**14**	**15**	**16**	**17**	**18**	**19**	**20**
C	C	B	B	A	D	C	B	B	B
21	**22**	**23**	**24**	**25**	**26**	**27**	**28**	**29**	**30**
B	C	D	D	C	C	C	A	D	A
31	**32**	**33**	**34**	**35**	**36**	**37**	**38**	**39**	**40**
B	B	B	B	B	C	A	A	C	D
41	**42**	**43**	**44**	**45**	**46**	**47**	**48**	**49**	**50**
C	C	C	C	B	B	D	C	B	A
51	**52**	**53**	**54**	**55**	**56**	**57**			
B	A	A	D	C	A	C			

कुछ चुने हुए प्रश्नों के व्याख्यात्मक उत्तर

3. माना मूलधन = ₹ P, ब्याज की दर = R%

प्रश्नानुसार ब्याज = ₹ P; समय = 7 वर्ष

$$P = \frac{P \times R \times 7}{100} \Rightarrow R = \frac{100}{7}\%$$

$R = \frac{100}{7}\%$, मूलधन = ₹ P; मिश्रधन = 5P

ब्याज = 5P − P = 4P

$$4P = \frac{P \times 100 \times T}{7 \times 100}$$

T = 28 वर्ष

10. डाकखाने में एक वर्ष का ब्याज $= \frac{5000 \times 4 \times 1}{100}$ = ₹ 200

बैंक में ब्याज $= \frac{3000 \times 6 \times 1}{100}$ = ₹ 180

कुल 1 वर्ष का ब्याज = 200 + 180 = ₹ 380

मूलधन = 5000 + 3000 = 8000;

समय = 1 वर्ष, ब्याज = ₹ 380

$$\text{दर} = \frac{\text{ब्याज} \times 100}{\text{मूलधन} \times \text{समय}}$$

$$= \frac{380 \times 100}{8000 \times 1}$$

$$= 4\frac{6}{8}\% = 4\frac{3}{4}\%$$

16. मानाप्रथम भाग = ₹ x

द्वितीय भाग = $(8000 - x)$

प्रश्नानुसार $\frac{x \times 4 \times 1}{100} + \frac{(8000 - x) \times 5 \times 1}{100} = 350$

$4x + 40000 - 5x = 35000$

$x = 5000$

द्वितीय भाग = $8000 - 5000 = 3000$

दोनों भागों का अनुपात = $5000 : 3000 = 5 : 3$

26. माना T वर्ष में वह धनराशि ब्याज सहित चुका देता है, तो

प्रश्नानुसार, $1000 + \frac{1000 \times 5 \times T}{100} = 12.50 \times 12 \times T$

$1000 + 50\,T = 150\,T$

$100\,T = 1000$

$T = 10$ वर्ष

34. माना राशि = P; छः महीने = $\frac{1}{2}$ वर्ष

प्रश्नानुसार $P \times \frac{1}{2} \times \frac{7}{2 \times 100} = \frac{P \times 1 \times 11}{2 \times 4 \times 100} + 25.50$

$\frac{7P}{400} = \frac{11P}{800} + 25.50$

$\frac{7P}{400} = \frac{11P + 20400}{800}$

$7P = \frac{11P + 20400}{2}$

$14P - 11P = 20400$

$P = \frac{20400}{3} = ₹\,6800$

36. माना A का हिस्सा = ₹ x अतः B का हिस्सा $= (3903 - x)$

प्रश्नानुसार

$$x \times \left\{1 + \frac{4}{100}\right\}^7 = (3903 - x)\left(1 + \frac{4}{100}\right)^9$$

$$x = (3903 - x)\left(\frac{104}{100}\right)^2$$

$$(3903 - x) = \frac{x \times 25 \times 25}{26 \times 26}$$

$$(3903 - x) = \frac{625}{676}x$$

$$3903 \times 676 - 676x = 625x$$

$$3903 \times 676 = 1301x$$

$$x = \frac{3903 \times 676}{1301} = ₹\,2028$$

42. 4% वार्षिक अथवा $4 \times \frac{3}{4}$% प्रति 9 माह = 3% प्रति 9 माह

$2\frac{1}{4}$ वर्ष $= \left(12 \times 2 + \frac{12}{4}\right)$ माह

= 27 माह = 3×9 माह

चक्रवृद्धि ब्याज $= \left[\left(1 + \frac{\text{दर}}{100}\right)^n - 1\right]$

$= 10000\left\{\left(1 - \frac{3}{100}\right)^3 - 1\right\}$

$= 10000\left\{\frac{103 \times 103 \times 103}{100 \times 100 \times 100} - 1\right\}$

$= 10000\left\{\frac{1092727 - 1000000}{1000000}\right\}$

$= \frac{10000 \times 92727}{1000000} = ₹\,927.27$

43. वार्षिक किश्त ₹ 1331 है

∴ वह मूलधन जिसका 1 वर्ष का मिश्रधन ₹ 1331 है

$= \frac{1331}{\left(1 + \frac{10}{100}\right)} = \frac{1331}{\frac{110}{100}} = 1331 \times \left(\frac{10}{11}\right) = ₹\,1210$

∴ वह मूलधन जिसका 2 वर्ष बाद मिश्रधन ₹ 1331 है

$= 1331 \times \frac{10}{11} \times \frac{10}{11} = ₹\,1100$

∴ वह मूलधन जिसका तीन वर्ष का मिश्रधन ₹ 1331 है

$= 1331 \times \frac{10}{11} \times \frac{10}{11} \times \frac{10}{11} = ₹\,1000$

अतः कुल मूलधन = 1210 + 1100 + 1000

= ₹ 3310

45. चक्रवृद्धि ब्याज = मूलधन $\left[\left(1+\frac{\text{दर}}{100}\right)^{\text{समय}}-1\right]$

$$25 = \text{मूलधन}\left[\left(1+\frac{4}{100}\right)-1\right]$$

$\therefore$ मूलधन $= \frac{25\times 100}{4} = ₹\,625$

$\therefore$ ₹ 625 का 2 वर्षों का 4% वार्षिक दर से चक्रवृद्धि ब्याज

$$= 625\left[\left(1+\frac{4}{100}\right)^2-1\right]$$

$$= 625\left[\frac{26}{25}\times\frac{26}{25}-1\right]$$

$$= 625\left[\frac{676-625}{625}\right] = ₹\,51$$

53. माना पहला हिस्सा = ₹ x; द्वितीय हिस्सा $= (2210 - x)$

प्रश्नानुसार $x\left(1+\frac{10}{100}\right)^3 = (2210-x)\left(1+\frac{10}{100}\right)^5$

$$x = (2210-x)\frac{11}{10}\times\frac{11}{10}$$

$$100x = 2210\times 121 - 121x$$

$$221x = 2210\times 121;$$

$$x = ₹\,1210$$

55. निवेश का वार्षिक ब्याज $= \frac{10000\times 6\times 1}{100} = ₹\,600$

कुल वार्षिक व्यय $= 600 + 360 = ₹\,960$

प्रति माह किराया $= \frac{960}{12} = ₹\,80$

9

अनुपात, समानुपात एवं समानुपाती भाग
(RATIO, PROPORTION AND PROPORTIONAL DIVISION)

अनुपातः एक राशि में दूसरी सजातीय राशि का विभाजन अनुपात कहलाता है।

जैसेः 20 ग्राम व 100 ग्राम का अनुपात 20 : 100 अथवा 1 : 5

अर्थात् अनुपात एक भिन्न है जिसकी पहली राशि अंश व दूसरी राशि हर होगी।

समानुपातः जब दो अनुपात समान हों, तो समानुपात कहलाते हैं।

जैसेः $\frac{a}{b} = \frac{c}{d}$

अर्थात् $\frac{a}{b}$ और $\frac{c}{d}$ दो भिन्न-भिन्न अनुपात समानुपात में हैं

समानुपात को इस प्रकार भी लिखा जाता हैः

$a : b :: c : d$

समानुपात के लिये महत्त्वपूर्ण सूत्रः

यदि $a : b$ व $c : d$ समानुपात में हैं, तो

बाह्य राशियों का गुणनफल = आन्तरिक राशियों का गुणनफल

$$a \times b = b \times c$$

विततानुपात अथवा मध्यानुपातः

यदि तीन राशियाँ a, b, c विततानुपात में हों, तो

$$a : b :: b : c$$

या $b \times b = a \times c$ [समानुपात के नियम में]

$$b^2 = ac$$

$$b = \sqrt{ac}$$

प्रतिलोमानुपात अथवा व्युत्क्रमानुपातः

जब दो अनुपात इस प्रकार हों कि प्रथम अनुपात की राशि को बढ़ाने पर द्वितीय अनुपात की राशि घटती हो, तो अनुपात व्युत्क्रमानुपात कहलाते हैं।

जैसे : एक दीवार को 9 कारीगर 16 दिन में बनाते हैं, तो 12 कारीगर इसको 12 दिन में ही बना लेते हैं।

यहाँ कारीगर व दिनों की संख्या में व्युत्क्रमानुपात है।

समानुपाती भागः किसी राशि को दिये अनुपात में बाँटने की प्रक्रिया समानुपाती विभाजन कहलाती है।

उदाहरण स्वरूपः यदि किसी y राशि को $a : b : c$ में बाँटना है, तो

पहला भाग = $\frac{a}{a+b+c} \times y$

दूसरा भाग = $\frac{b}{a+b+c} \times y$

तीसरा भाग = $\frac{c}{a+b+c} \times y$

अभ्यास

1. 10 ग्राम व 1 किलो का अनुपात होगाः

A. 1 : 50 B. 1 : 10
C. 1 : 100 D. 1 : 1000

2. 16 तथा 36 का मध्यानुपाती क्या होगा?

A. 20 B. 24
C. 30 D. 32

3. 12 मनुष्य किसी काम को 48 दिन में करते हैं, तो 36 आदमी उसी काम को कितने दिनों में करेंगे?

A. 12 दिन B. 16 दिन
C. 24 दिन D. 48 दिन

4. यदि A : B = 3 : 4; B : C = 5 : 6; C : D = 8 : 9 हो, तो A : B : C : D ज्ञात कीजिये।

A. 15 : 20 : 24 : 27 B. 15 : 24
C. 15 : 20 : 27 : 36 D. 20 : 24 : 27 : 36

5. 8, 12, 18 का चतुर्थानुपाती हैः

A. 24 B. 27
C. 30 D. 32

6. 8, 21, 13 और 31 में क्या जोड़ा जाये कि जोड़ने पर राशियाँ समानुपाती हों?

A. 2 B. 3
C. 5 D. 4

7. A : B = 7 : 8; B : C = 16 : 17 हो, तो A : C होगाः

A. 14 : 17 B. 17 : 14
C. 4 : 7 D. 8 : 16

8. 6 और 18 का तृतीयानुपाती होगाः

A. 324 B. 10
C. 54 D. 36

9. श्याम की मासिक आय ₹ 900 है। वह प्रतिमाह ₹ 600 रु. खर्च कर देता है। श्याम की मासिक बचत और व्यय का अनुपात हैः

A. 1 : 2 B. 2 : 1
C. 3 : 1 D. 1 : 3

10. एक थेले में 25 पैसे, 10 पैसे तथा 5 पैसे के सिक्के 1 : 2 : 3 के अनुपात में हैं। यदि थैले में ₹ 30 हों तो 5 पैसे के सिक्कों की संख्या ज्ञात कीजिएः

A. 50 B. 100
C. 125 D. 150

11. यदि 13 मीटर लम्बी लोहे की छड़ का भार 24 किग्रा. हो, तो 5 मीटर लम्बी उसी छड़ का भार कितना होगा?

A. 9 किग्रा. B. 10 किग्रा.
C. 4.68 किग्रा. D. 6.5 किग्रा.

12. दो भाइयों की वर्तमान आयु का योग 36 वर्ष है। यदि चार वर्ष बाद उनकी आयु 5 : 6 के अनुपात में हो जाये तो, बड़े भाई की आयु ज्ञात करो।

A. 12 वर्ष B. 16 वर्ष
C. 20 वर्ष D. 30 वर्ष

13. दो संख्याओं में 1 : 2 का अनुपात है। यदि प्रत्येक संख्या में 8 जोड़ दें, तो 3 : 4 का अनुपात हो जाता है। उन सँख्याओं का योग क्या होगा?

A. 10 B. 12
C. 14 D. 16

14. अगर 8 आदमी 80 हेक्टेयर की फसल 24 दिन में काट सकते है, तो 36 लोग 36 दिन में कितनी फसल काट सकते हैं?

A. 100 हेक्टेयर B. 400 हेक्टेयर
C. 540 हेक्टेयर D. 600 हेक्टेयर

15. 750 लोगों की सैनिक छावनी में 20 हफ्ते का भोजन उपलब्ध है। अगर 4 सप्ताह के बाद सेना में 450 आदमी और आ जायें तो इंतजाम कितने दिन चलेगा?

A. 8 सप्ताह B. 9 सप्ताह
C. 10 सप्ताह D. 12 सप्ताह

16. यदि $\frac{3}{5}:x::\frac{1}{5}:\frac{2}{3}$ हो, तो x का मान होगाः

A. 2 B. 1
C. 4 D. 3

17. 10 वर्ष पहले गीता और सीता की आयु में 3 : 5 का अनुपात था। यदि उनकी वर्तमान आयु में 2 : 3 का अनुपात हो, तो 20 वर्ष बाद उनकी आयु का अनुपात होगा?

A. 1 : 2 B. 4 : 5
C. 3 : 2 D. 3 : 4

18. तीन संख्याओं का योग 116 है। यदि दूसरी और तीसरी संख्या का अनुपात 9 : 16 तथा पहली और तीसरी का अनुपात 1 : 4 हो, तो दूसरी संख्या क्या है?

A. 36 B. 16
C. 14 D. इनमें से कोई नहीं

19. एक फार्म में मुर्गियों, सुअरों व घोड़ों का अनुपात 10 : 2 : 3 है। यदि फार्म में 120 मुर्गियाँ हों, तो फार्म में घोड़ों की संख्या होगीः

A. 25 B. 36
C. 40 D. 24

20. ₹ 680 को अ, ब तथा स में इस प्रकार बाँटा गया कि अ को ब का 2/3 भाग तथा ब को स का 1/4 भाग मिलता है। अ का भाग होगाः

A. ₹ 120 B. ₹ 480
C. ₹ 500 D. ₹ 80

21. ₹ 470 को तीन व्यक्तियों में इस प्रकार बांटों कि पहले व्यक्ति का 3 गुना दूसरे व्यक्ति का 5 गुना तथा तीसरे व्यक्ति का 4 गुना बराबर हो। दूसरे व्यक्ति का हिस्सा होगाः

A. ₹ 1200 B. ₹ 120
C. ₹ 200 D. ₹ 150

22. ₹ 581 को तीन हिस्सों में इस तरह विभाजित करो कि पहले भाग का चौगुणा दूसरे का पांच गुणा और तीसरे का सात गुणा बराबर हो। तो पहला हिस्सा होगाः

A. ₹ 245 B. ₹ 260
D. ₹ 270 D. ₹ 280

23. स्पिरिट तथा पानी के एक मिश्रण में स्पिरिट तथा पानी का अनुपात 5 : 1 है। 5 लीटर पानी और डालने पर यह अनुपात 5 : 2 हो जाता है। पुराने मिश्रण में स्पिरिट की मात्रा है:

A. 25 लीटर B. 24.5 लीटर
D. 24 लीटर D. 26 लीटर

24. ₹ 340 को A, B तथा C में इस प्रकार बाँटो कि A तथा B का अनुपात 1 : 2 हो तथा B व C का अनुपात 3 : 4 होः

A. 60, 120, 160 B. 50, 100, 190
C. 65, 130, 145 D. 55, 110, 225

25. रमेश व सुरेश की आज की उम्र 9 : 4 के अनुपात में है। सात वर्ष बाद यही अनुपात 5 : 3 होगा। आज की रमेश की उम्र होगीः

A. 25 वर्ष B. 18 वर्ष
C. 30 वर्ष D. 48 वर्ष

26. ₹ 2600 को 11 : 18 : 23 के अनुपात में बांटने पर 18 अनुपात वाले व्यक्ति का हिस्सा होगाः

A. ₹ 600 B. ₹ 900
C. ₹ 1100 D. ₹ 1500

27. 3 वर्ष, 6 वर्ष तथा 10 वर्ष की आयु वाले तीन लड़के अपनी आयु के अनुपात में पैतृक सम्पत्ति पाते हैं। यदि सबसे छोटे लड़के को ₹ 75000 मिलते हैं, तो कुल सम्पत्ति कितनी थी?

A. ₹ 225000 B. ₹ 475000
C. ₹ 250000 D. ₹ 700000

29. प्रेम, सपना व हीरा के बीच एक राशि क्रमशः 2 : 3 : 5 के अनुपात में बाँटी जानी है। यदि सपना को ₹ 1200 मिले, तो प्रेम को कितने रुपये मिले?

A. ₹ 800 B. ₹ 1000
C. ₹ 700 D. ₹ 500

30. A तथा B की वार्षिक आय का अनुपात 3 : 2 तथा खर्च का अनुपात 5 : 3 है। यदि वर्ष के अन्त में प्रत्येक की बचत ₹ 1000 हो, तो A की वार्षिक आय कितनी है?

A. ₹ 4000 B. ₹ 5000
C. ₹ 6000 D. ₹ 6500

31. एक विद्यालय में अध्ययनरत लड़कों और लड़कियों का अनुपात क्रमशः 17 : 18 है। यदि लड़कों की संख्या लड़कियों की संख्या से 150 कम है, तो कुल लड़कियाँ कितनी हैं?

A. 2500 B. 2600
C. 2700 D. 2800

32. तीन आदमी A, B और C एक निश्चित दूरी 5 घण्टे, 8 घण्टे तथा 10 घण्टे में तय करते हैं। उनकी शारीरिक क्षमता का अनुपात क्या है?

A. 8 : 5 : 4 B. 4 : 5 : 8
D. 5 : 8 : 10 D. 10 : 8 : 5

33. एक किले में 250 लोगों के लिये 28 दिन के भोजन की व्यवस्था है। अगर 12 दिनों के बाद 150 लोग और आ जायें, तो व्यवस्था कितने दिनों तक चलेगी?

A. 4 दिन B. 10 दिन
C. 8 दिन D. 6 दिन

34. 12 आदमी रोज 10 घंटे काम करके एक खाई 36 दिनों में खोद सकते हैं। तो 36 लोगों को 30 दिन में काम समाप्त करने के लिये रोज कितने घंटे काम करना होगा?

A. 3 घंटे B. 4 घंटे
C. 6 घंटे D. 8 घंटे

35. अगर ₹ 160 में 8 लोगों का परिवार 80 दिन तक चलता है तो ₹ 210 में 12 लोगों का परिवार कितने दिनों तक चलेगा?

A. 70 दिन B. 50 दिन
C. 60 दिन D. 80 दिन

36. अगर 8 आदमी किसी काम को 75 दिन में पूरा करते हैं, तो इस काम को कितने आदमी 40 दिन में पूरा कर सकेंगे?

A. 20 आदमी B. 10 आदमी
C. 30 आदमी D. 15 आदमी

37. अगर 5 लोगों की 12 दिन की मजदूरी ₹ 60 है, तो 6 लोगों की 20 दिन की मजदूरी क्या होगी?

A. ₹ 150 B. ₹ 100
D. ₹ 80 D. ₹ 120

38. एक थैले में एक रुपये 50 पैसे और 25 पैसे के सिक्के 2 : 3 : 10 के अनुपात में हैं। इनका कुल मूल्य ₹ 72 है, तो सिक्कों की कुल संख्या का योग क्या होगा?

A. 170 B. 200
C. 180 D. 150

39. ₹ 351 को $\frac{1}{2}:\frac{1}{3}:\frac{1}{4}$ के अनुपात में बांटने पर तीसरा हिस्सा होगा:

A. ₹ 81 B. ₹ 162
C. ₹ 108 D. इनमें से कोई नहीं

40. ₹ 81 को तीन हिस्सों में इस तरह बाँटा गया कि पहले हिस्से का आधा, दूसरे हिस्से का तिहाई तथा तीसरे का चौथाई बराबर हो। पहला हिस्सा होगा:

A. ₹ 18 B. ₹ 27
C. ₹ 36 D. इनमें से कोई नहीं

उत्तरमाला

1	2	3	4	5	6	7	8	9	10
C	B	B	A	B	C	A	C	A	D
11	**12**	**13**	**14**	**15**	**16**	**17**	**18**	**19**	**20**
A	C	B	C	C	A	D	A	B	D
21	**22**	**23**	**24**	**25**	**26**	**27**	**28**	**29**	**30**
B	A	A	A	B	B	B	A	A	C
31	**32**	**33**	**34**	**35**	**36**	**37**	**38**	**39**	**40**
C	A	B	B	A	D	D	C	A	A

कुछ चुने हुए प्रश्नों के व्याख्यात्मक उत्तर

6. माना x जोड़ा गया है।

प्रश्नानुसार $(8+x):(21+x)::(13+x):(31+x)$

समानुपात के लिये

$$(8+x)(31+x) = (21+x)(13+x)$$
$$248+31x+8x+x^2 = 273+13x+21x+x^2$$
$$248+39x = 273+34x$$
$$5x = 25;\quad x = 5$$

10. माना 25 पैसे व 10 पैसे तथा 5 पैसे के क्रमशः $x, 2x$ व $3x$ सिक्के हों, तो

प्रश्नानुसार $.25\times x + .10\times 2x + .05\times 3x = 30$

$$.25x + .20x + .15x = 30$$
$$.60x = 30$$
$$x = \frac{30}{.60} = \frac{30\times 100}{60} = \frac{3000}{60}$$
$$x = 50$$

5 पैसों के सिक्कों की संख्या = $3x = 3\times 50 = 150$

13. $\frac{x}{y} = \frac{1}{2};\ 2x = y$ ...(i)

$$\frac{x+8}{y+8} = \frac{3}{4}$$
$$4x+32 = 3y+24$$
$$4x-3y = -8 \quad ...(ii)$$

समी॰ *(i)* से मान रखने पर

$$2y-3y = -8;\ y = 8$$

समी॰ *(i)* में मान रखने पर $2x = 8;\ x = 4$

प्रश्नानुसार $x+y = 4+8 = 12$

14. $\left.\begin{array}{l}\text{आदमी } 8:36\\ \text{दिन } 24:36\end{array}\right\} ::$ हेक्टेयर $80:x$

आदमी और दिन का हेक्टेयर के साथ समानुपात का संबंध है क्योंकि अधिक हेक्टेयर होने पर अधिक आदमी व दिन की आवश्यकता होगी।

— समानुपात के नियम से

$$8 \times 24 \times x = 36 \times 36 \times 80$$

$$x = \frac{36 \times 36 \times 80}{8 \times 24}$$

$$= 540 \text{ हेक्टेयर}$$

15. 4 सप्ताह बाद

750 लोगों के लिये 16 सप्ताह का भोजन उपलब्ध है।

माना $(750 + 450) = 1200$ लोगों के लिये ये भोजन x सप्ताह के लिये पर्याप्त है।

लोग	भोजन (सप्ताह)
750	16
1200	x

लोग और सप्ताह में व्युत्क्रमानुपात है।

समानुपात के लिये

$$750 : 1200 : : x : 16$$

$$750 \times 16 = 1200 \times x$$

$$x = \frac{750 \times 16}{1200} = 10 \text{ सप्ताह}$$

18. माना तीन संख्याएं क्रमशः x, y व z हैं

प्रश्नानुसार $x + y + z = 116$ ...(i)

$$\frac{y}{z} = \frac{9}{16} \Rightarrow z = \frac{16y}{9}$$

(i) से $\frac{4y}{9} + y + \frac{16y}{9} = 116$

$$4y + 9y + 16y = 116 \times 9$$

$$29y = 116 \times 9; \quad y = 36$$

21. प्रश्नानुसार $3x = 5y = 4z$

$$\frac{x}{y} = \frac{5}{3}; \quad \frac{y}{z} = \frac{4}{5}$$

$$x : y = 5 : 3; \quad y : z = 4 : 5$$

$$x : y = 20 : 12 \quad y : z = 12 : 15$$

$$\therefore \quad x : y : z = 20 : 12 : 15$$

द्वितीय भाग $= \frac{12}{20 + 12 + 15} \times 470$

$$= \frac{12 \times 470}{47} = ₹\ 120$$

29. माना कि प्रेम, सपना तथा हीरा को ₹ $2x$, ₹ $3x$ तथा ₹ $5x$ मिले

प्रश्नानुसार,

$$3x = 1200$$

$$x = 400$$

$$2x = 2 \times 400 = ₹\ 800$$

अतः प्रेम को ₹ 800 मिला।

30. माना A तथा B की आय क्रमशः $3x$ व $2x$ तथा उनके खर्च क्रमशः xy तथा $8y$ हैं। तब

$$3x - 5y = 1000$$

$$2x - 3y = 1000$$

हल करने पर

$$x = ₹\ 2000$$

$\therefore$ A की आय $= 3x = ₹\ 6000$

34. आदमी 12 : 36 } : : घंटे

दिन 36 : 30 $x : 10$

आदमी व दिन का घंटे के साथ व्युत्क्रमानुपात है क्योंकि कम घंटे काम करने से अधिक दिन व आदमी की आवश्यकता होगी।

समानुपात के लिए

$$12 \times 36 \times 10 = 36 \times 30 \times x$$

$$x = \frac{12 \times 36 \times 10}{36 \times 30} = 4 \text{ घंटे}$$

40. माना तीन हिस्से क्रमशः x, y, z हैं

प्रश्नानुसार $\frac{x}{2} = \frac{y}{3} = \frac{z}{4}$

$$x : y = 2 : 3 \quad y : z = 3 : 4$$

$$\therefore \quad x : y : z = 2 : 3 : 4$$

पहला हिस्सा होगा $\frac{2}{2 + 3 + 4} \times 81$

$$\frac{2}{9} \times 81 = ₹\ 18$$

10

साझा
(PARTNERSHIP)

जब दो या दो से अधिक व्यक्ति अपनी-अपनी पूँजी लगाकर सम्मिलित रूप से कोई व्यापार करते हैं, तो यह साझा कहलाता है। व्यापार में प्राप्त लाभ को साझेदारों में उनके द्वारा लगायी गयी पूँजी तथा पूँजी जितनी अवधि के लिये लगायी जाती है, के अनुसार विभाजित किया जाता है:

लाभ का बंटवारा निम्नानुसार हो सकता है :

(1) **जब साझीदारों ने समान समय के लिये अलग-अलग पूँजी लगायी हो:** ऐसी अवस्था में लाभ का बँटवारा पूँजी के अनुपात में होता है।

(2) **जब साझीदार समान पूँजी अलग-अलग समय के लिए लगाते हैं:** लाभ का बँटवारा समय के अनुपात में होगा।

(3) **जब साझीदार अलग-अलग पूँजी अलग-अलग समय के लिये लगायें:** ऐसी अवस्था में लाभ का बँटवारा पूँजी व समय के गुणकों के अनुपात में होगा।

सक्रिय व निष्क्रिय साझेदार: जब कोई साझीदार व्यापार में पूंजी लगाने के अलावा व्यापार की देखरेख भी करता है, तो उसे सक्रिय साझेदार कहते हैं। जबकि साझीदार व्यापार में पूंजी तो लगाता है परन्तु व्यापार की कोई देखरेख नहीं करता तो उसे निष्क्रिय साझेदार कहा जाता है।

अभ्यास

1. A ने ₹ 8000 लगाकर एक व्यापार आरम्भ किया। चार माह बाद B ₹ 12000 लगाकर A के साथ शामिल हो गया। वर्ष के अन्त में लाभ ₹ 6000 हो, तो लाभ में B का हिस्सा होगा:

A. ₹ 2000 B. ₹ 2500
C. ₹ 3000 D. ₹ 3500

2. किसी व्यापार में A व B की पूंजियों का अनुपात 3 : 2 है। जबकि A व C की पूंजियों का अनुपात 2 : 1 है। यदि उनको ₹ 1,57,300 का लाभ होता है, तो B को कितने रुपये लाभ के रूप में मिलेंगे?

A. ₹ 45000 B. ₹ 48,400
C. ₹ 49,400 D. ₹ 50,000

3. A, B व C के क्रमशः 2 : 5 : 9 के अनुपात में पूंजी निवेश किया। यदि कुल अर्जित लाभ 40% था तथा इसमें B का हिस्सा ₹ 10,800 था, तो उन तीनों द्वारा निवेश की गयी कुल राशि कितनी थी?

A. ₹ 86,400 B. ₹ 85000
C. ₹ 83,400 D. ₹ 87,400

4. किसी व्यापार में सुनीता व रामपाल ने क्रमशः ₹ 1700 व ₹ 2000 लगाये। यदि वर्ष के अन्त में लाभ ₹ 1850 हो तो बताओ सुनीता का क्या लाभ है?

A. ₹ 850 B. ₹ 1000
C. ₹ 950 D. ₹ 800

5. राम, रहीम व रमेश ने व्यापार में क्रमशः ₹ 4000, ₹ 5000 और ₹ 3000 एक वर्ष के लिये लगाया। यदि वर्ष के अन्त में ₹ 1320 लाभ हुआ, तो लाभ में राम का हिस्सा कितना होगा:

A. ₹ 410 B. ₹ 420
C. ₹ 430 D. ₹ 440

6. रमेश, महेश व दिनेश ने किसी व्यापार में क्रमशः ₹ 5000, ₹ 7000 तथा ₹ 8000 लगाये। वर्ष के अन्त में महेश को ₹ 3500 का लाभ हुआ, तो रमेश का लाभ होगा :
A. ₹ 4000 B. ₹ 3500
C. ₹ 3000 D. ₹ 2500

7. A और B व्यापार शुरू करते है। A, ₹ 3000 4 माह के लिये तथा B ₹ 2000 6 माह के लिये लगाता हैं। कुल ₹ 500 के लाभ में A को कितना दिया जाना चाहिये?
A. ₹ 200 B. ₹ 300
C. ₹ 250 D. ₹ 350

8. A और B, ₹ 300 से व्यापार आरम्भ करते हैं। 4 माह बाद C भी इसमें शामिल हो जाता है। उसे व्यापार में कितनी पूँजी लगानी चाहिये ताकि साल के अंत में तीनों को लाभ का 1/3 मिले।
A. ₹ 150 B. ₹ 300
C. ₹ 250 D. ₹ 225

9. A और B व्यापार शुरू करते हैं। शुरू में दोनों ₹ 5000 लगाते हैं, परन्तु 8 माह बाद B अपने निवेश का 2/5 भाग निकाल लेता है, तो उन्हें लाभ का बंटवारा किस अनुपात में करना चाहिये?
A. 15 : 13 B. 2 : 5
C. 5 : 2 D. 5 : 4

10. A, B व C मिलकर व्यापार शुरू करते हैं। A, 3 माह के लिये ₹ 500 लगाता है। B, 8 माह के लिये ₹ 650 और C, 11 माह के लिये ₹ 300। उन्हें ₹ 420 का लाभ होता है, तो C का हिस्सा मालूम कीजिये।
A. ₹ 138.60 B. ₹ 218.40
C. ₹ 100 D. ₹ 238.60

11. A और B, ₹ 30 किराये पर एक मैदान लेते हैं। इसमें A, 10 गाय 9 महीने के लिये रखता है और B, 20 गाय $7\frac{1}{2}$ महीने के लिये रखता है। A को कितना किराया देना चाहिये?
A. ₹ 17.25 B. ₹ 15
C. ₹ 18.75 D. ₹ 11.25

12. नवीन ने ₹ 4000 पूंजी लगाकर एक व्यापार आरम्भ किया। 5 माह बाद प्रवीण कुछ पूंजी लगाकर नवीन के साथ साझेदार हो गया। यदि वर्ष के अन्त में लाभ 10 : 7 के अनुपात में बांटा गया, तो बताओ प्रवीण ने कितनी पूंजी लगायी थी?
A. ₹ 4200 B. ₹ 4000
C. ₹ 6000 D. ₹ 4800

13. गीता, सीता व नीता ने एक चरागाह किराये पर लिया। गीता की 250 गायें, सीता की 300 गायें व नीता की 150 गायें वर्ष भर चरती रहीं। सीता ने किराये के रूप में ₹ 120.60 दिये, तो चरागाह का कुल किराया कितना था?
A. ₹ 241.00 B. ₹ 240
C. ₹ 281.40 D. ₹ 280

14. रामबाबू अपने खेत में 3 महीने तक 10 घंटे व संजय अपने खेत में 3 महीने तक 12 घंटे पानी देता है। यदि पानी का बिल ₹ 16.50 हो, तो रामबाबू का बिल होगा:
A. ₹ 9.00 B. ₹ 11
C. ₹ 7.50 D. ₹ 4.50

15. A, B तथा C मिलकर एक व्यापार आरम्भ करते हैं। A पूरी पूंजी का $\frac{1}{3}$ भाग लगाता है। B, A तथा C की पूंजी के योग के बराबर पूंजी लगाता है। यदि वर्ष के अन्त में कुल लाभ ₹ 840 हो, तो B का लाभ ज्ञात कीजिये:
A. ₹ 140 B. ₹ 420
C. ₹ 280 D. ₹ 200

16. A, B व C ने एक कार किराये पर ली तथा किराया ₹ 1040 तय किया गया यदि A ने इसे 7 घण्टे, B ने 8 घण्टे व C ने 11 घण्टे काम में लिया हो, तो बताओ B कितना किराया देगा?
A. ₹ 280 B. ₹ 320
C. ₹ 440 D. ₹ 300

17. A, B तथा C, ₹ 610 किराये पर चरागाह साझे में लेते हैं। A, 20 गायें $3\frac{1}{2}$ माह तक; B, 25 गायें 4 माह तक

और C, 30 गायें $4\frac{1}{2}$ माह तक चराते हैं। C का किराया होगाः

A. ₹ 270　　B. ₹ 200
C. ₹ 140　　D. ₹ 250

18. A, B व C ने ₹ 30000 लगाकर एक व्यापार आरम्भ किया। यदि ₹ 7,200 के लाभ में से A को, ₹ 1,920 तथा C को ₹ 2,880 तो B द्वारा लगायी गयी पूंजी क्या होगी?

A. ₹ 9000　　B. ₹ 15000
C. ₹ 12000　　D. ₹ 10000

19. A, B व C ने मिलकर व्यापार प्रारम्भ किया तथा $\frac{1}{3}:\frac{1}{4}:\frac{1}{5}$ के अनुपात में पूंजी लगायी। चार माह बाद A अपनी आधी पूंजी वापस ले लेता है। कुल ₹ 847 के वार्षिक लाभ में A का भाग है?

A. ₹ 312　　B. ₹ 260
C. ₹ 280　　D. ₹ 342

20. सूरज, नीरज व धीरज ने मिलकर एक व्यापार में ₹ 5100 लगाये। सूरज ने नीरज से ₹ 900 अधिक तथा धीरज ने नीरज से ₹ 300 कम लगाये। यदि व्यापार में ₹ 1360 का लाभ हुआ, तो नीरज का लाभ होगाः

A. ₹ 640　　B. ₹ 400
C. ₹ 300　　D. ₹ 700

21. A, B व C ने मिलकर एक व्यापार आरम्भ किया। यदि A ने कुल पूंजी का 1/3, B ने कुल पूंजी का 1/4 तथा शेष राशि C ने लगायी हो, तो ₹ 840 के कुल लाभ में A का हिस्सा होगाः

A. ₹ 200　　B. ₹ 220
C. ₹ 242　　D. ₹ 280

22. A, B तथा C प्रत्येक ₹ 400 लगाकर व्यापार आरम्भ करते हैं। A, 2 वर्ष के अन्त में अपना धन निकाल लेता है। B भी A के 2 वर्ष बाद अपना धन निकाल लेता है। यदि 6 वर्ष के अन्त में लाभ ₹ 1200 हुआ हो, तो B का लाभ होगाः

A. ₹ 200　　B. ₹ 600
C. ₹ 800　　D. ₹ 400

23. दो व्यक्ति एक मैदान किराये पर लेते हैं। A इसमें 12 घोड़े 5 माह तक चराता है और B, 3 घोड़े व 5 गायें 6 माह तक चराता है। अगर एक दिन में 3 घोड़े 5 गायों के बराबर खाते हैं, तो A को किराये का कौनसा हिस्सा देना होगा?

A. $\frac{5}{8}$　　B. $\frac{3}{8}$
C. $\frac{3}{5}$　　D. $\frac{2}{3}$

24. P व Q ने क्रमशः ₹ 4,500 तथा ₹ 5500 लगाकर साझे में व्यापार आरम्भ किया। P को कार्यवाहक के रूप में लाभ का 12% मिलता है। ₹ 8000 के लाभ में P का कुल लाभ कितना होगा?

A. ₹ 4120　　B. ₹ 4128
C. ₹ 4512　　D. ₹ 4720

25. दो साझीदार एक व्यापार में क्रमशः ₹ 12500 तथा ₹ 8500 लगाते हैं तथा तय करते हैं कि लाभ के 60% को बराबर बांट लेंगे तथा शेष लाभ को लगायी गयी पूंजी के अनुपात में बांट लेंगे। यदि एक सांझीदार को दूसरे की अपेक्षा ₹ 300 अधिक मिलते हैं, तो कुल लाभ होगाः

A. ₹ 3937.50　　B. ₹ 3397.50
C. ₹ 3739.50　　D. ₹ 3000

उत्तरमाला

1	2	3	4	5	6	7	8	9	10
C	B	A	A	D	D	C	D	A	A
11	**12**	**13**	**14**	**15**	**16**	**17**	**18**	**19**	**20**
D	D	C	C	B	B	A	D	C	B
21	**22**	**23**	**24**	**25**					
D	D	A	B	A					

कुछ चुने हुए प्रश्नों के व्याख्यात्मक उत्तर

3. माना इन तीनों के द्वारा निवेशित कुल राशि = ₹ x

$\therefore$ कुल लाभ = x का 40% $= \frac{x \times 40}{100} = 2/5x$

इसीलिए अर्जित लाभ में B का हिस्सा

$$= \frac{5}{(2+5+9)} \times \frac{2}{5}x$$

$$10800 = \frac{5}{16} \times \frac{2}{5}x$$

$$\therefore \quad x = 10800 \times \frac{16}{5} \times \frac{5}{2} = ₹\ 86{,}400$$

10.

A	:	B	:	C
3 × 500	:	8 × 650	:	11 × 300
1500	:	5200	:	3300
30	:	104	:	66
15	:	52	:	33

$$\text{C का हिस्सा} = \frac{33}{15+52+33} \times 420 = \frac{33 \times 420}{100}$$

$$= ₹\ 138.60$$

13.

गीता	:	सीता	:	नीता
250	:	300	:	150
5	:	6	:	3

$$\text{कुल किराया} = \frac{\text{कुल अनुपात}}{\text{सीता का अनुपात}} \times \text{सीता का किराया}$$

$$= \frac{5+6+3}{6} \times 120.60$$

$$= \frac{14}{6} \times 120.60 = ₹\ 281.40$$

15. माना तीनों की पूँजी क्रमशः A, B व C है, तो

प्रश्नानुसार $\quad$ A की पूंजी $= \frac{A+B+C}{3}$

B की पूँजी = A + C = B

प्रश्नानुसार A की पूंजी : B की पूंजी

$$\frac{A+B+C}{3} : (A+C) = B$$

B का मान रखने पर $\quad \frac{2(A+C)}{3} : A+C = \frac{2}{3} : 1$

$\because$ A की पूंजी कुल पूंजी का 1/3 है अतः लाभ भी कुल लाभ का 1/3 होगा

$$\text{A का लाभ} = \frac{840}{3} = ₹\ 280$$

$$\frac{\text{A का लाभ}}{\text{B का लाभ}} = \frac{\text{A की पूंजी}}{\text{B की पूंजी}}$$

$$\frac{280}{\text{B का लाभ}} = \frac{2/3}{1}$$

$$\text{B का लाभ} = \frac{280}{2/3} = \frac{280 \times 3}{2} = ₹\ 420$$

19.

A	:	B	:	C
$\frac{1}{3}$	:	$\frac{1}{4}$	:	$\frac{1}{5}$

= 20 : 15 : 12

माना A, B व C ने क्रमशः $20x$, $15x$ व $12x$ पूंजी लगायी

प्रश्नानुसार A ने आधी पूंजी 4 महीने बाद वापस ली अतः तीनों द्वारा 1 महीने तक लगायी गयी पूंजी का अनुपात =

$$A : B : C = 20x \times 4 + 10x \times 8 : 15x \times 12 : 12x \times 12$$

$$= 160x : 180x : 144x$$

$$= 80 : 90 : 72$$

$$\text{लाभ में A का हिस्सा} = \frac{80}{80+90+72} \times 847$$

$$= \frac{80}{242} \times 847 = ₹\ 280$$

23. $\because$ 3 घोड़े = 5 गायें

$\therefore$ 3 घोड़े + 5 गायें = 6 घोड़े

A व B का किराये में अनुपात

$$A : B = 12 \times 5 : 6 \times 6$$

$$= 60 : 36$$

$$= 10 : 6 = 5 : 3$$

A का कुल किराये का भाग होगा $= \frac{5}{5+3} = \frac{5}{8}$ भाग

24. कार्यवाहक के रूप में P का हिस्सा $= 8000 \times \frac{12}{100}$

$= ₹ 960$

शेष लाभ = ₹ 7040

$P : Q = 4500 : 5500 = 9 : 11$

P का हिस्सा $= \frac{9}{9+11} \times 7040 = ₹ 3168$

P का कुल हिस्सा $= 3168 + 960 = ₹ 4128$

25. साझीदारों की पूंजी का अनुपात $= 12500 : 8500$

$= 25 : 17$

माना कुल लाभ = ₹ x

x का 60% $= x \times \frac{60}{100} = \frac{3x}{5}$

$\frac{3x}{5}$ का आधा अर्थात् $\frac{3x}{10}$ प्रत्येक साझीदार को मिलेगा।

शेष लाभ $= x - \frac{3x}{5} = \frac{2x}{5}$

शेष लाभ में A का हिस्सा $= \frac{25}{25+17} \times \frac{2x}{5}$

$= \frac{25}{42} \times \frac{2x}{5}$

B का हिस्सा $= \frac{17}{42} \times \frac{2x}{5}$

प्रश्नानुसार $\frac{25}{42} \times \frac{2x}{5} - \frac{17}{42} \times \frac{2x}{5} = 300$

$$\frac{2x}{5 \times 42}\{25-17\} = 300$$

$$\frac{2x}{5 \times 42} \times 8 = 300$$

$$x = \frac{300 \times 5 \times 42}{16}$$

$$x = 3937.50$$

11

औसत
(AVERAGE)

एक ही प्रकार की विभिन्न संख्याओं के योग में, संख्याओं की संख्या का भाग देने पर भागफल औसत कहलाता है। इस प्रकार,

$$\text{औसत} = \frac{\text{दिये गये परिणामों का योग}}{\text{परिणामों की संख्या}} \quad \text{अथवा}$$

(*i*) $\text{औसत} = \dfrac{\text{कुल राशियों का योग}}{\text{उनकी संख्या}}$

(*ii*) कुल राशियों का योग = औसत × राशियों की संख्या

(*iii*) $\text{राशियों की संख्या} = \dfrac{\text{समस्त राशियों का योग}}{\text{औसत}}$

महत्वपूर्ण सूत्र

$$\text{औसत चाल} = \frac{\text{चली गयी कुल दूरी}}{\text{लगा कुल समय}}$$

अथवा

$$\text{औसत चाल} = \frac{2 \times \text{पहली चाल} \times \text{दूसरी चाल}}{\text{पहली चाल} + \text{दूसरी चाल}}$$

अभ्यास

1. 24 लड़कों में से 6 की लम्बाई 1 मीटर 15 सेमी०, 8 की 1 मीटर 5 सेमी० और बाकी की 1 मीटर 11 सेमी० है। लड़कों की औसत लम्बाई क्या है?

A. 1 मीटर 10 सेमी० B. 1 मीटर 20 सेमी०
C. 1 मीटर 15 सेमी० D. 1 मीटर 8 सेमी०

2. एक व्यक्ति का पहले 5 महीनों का औसत खर्च ₹ 120 है और अगले सात महीनों तक ₹ 130 है। अगर वह वर्ष भर में ₹ 290 बचाता है, तो उसकी औसत मासिक आय मालूम कीजिये।

A. ₹ 290 B. ₹ 200
C. ₹ 210 D. ₹ 150

3. एक स्कूल में 12 वर्ष के 15 लड़के, 15 वर्ष के 16 और 14 वर्ष के 18 लड़कों की औसत उम्र क्या है?

A. $14\frac{6}{7}$ वर्ष B. $12\frac{6}{7}$ वर्ष
C. $13\frac{6}{7}$ वर्ष D. $13\frac{5}{7}$ वर्ष

4. 11 परिणामों का औसत 30 है, पहले पांच का 25 और अंतिम पांच का 28 है, तो छठे परिणाम का मान होगा:

A. 55 B. 65
C. 45 D. 75

5. 10 पैसे और 5 पैसे के 80 सिक्कों का योग अगर ₹ 6.25 हो, तो दोनों सिक्कों की संख्या अलग अलग ज्ञात करो।

A. 45, 35 B. 42, 38
C. 39, 41 D. 37, 43

6. तीन संख्याओं का औसत 77 है। पहली संख्या दूसरी संख्या की दोगुनी है तथा दूसरी संख्या, तीसरी संख्या की दोगुनी है, वह संख्याएँ ज्ञात करोः

A. 22, 44, 48 B. 24, 48, 96

C. 33, 66, 132 D. 35, 70, 140

7. A, B और C की औसत आयु 7 वर्ष है। A और B की औसत आयु 6 वर्ष तथा B और C की औसत आयु 8 वर्ष है। B की आयु बताइयेः

A. 6 वर्ष B. 7 वर्ष

C. 8 वर्ष D. 9 वर्ष

8. किसी हफ्ते सोमवार, मंगलवार और बुधवार का औसत तापमान 45° था और मंगलवार, बुधवार और गुरूवार का औसत तापमान 46° था। यदि गुरूवार का तापमान 47° था, तो सोमवार का तापमान कितना था?

A. 44° B. 45°

C. 46° D. 47°

9. किसी कक्षा के 30 लड़कों की औसत आयु 10 वर्ष है। यदि उनके अध्यापक की आयु और जोड़ दी जाये, तो औसत आयु 1 वर्ष बढ़ जाती है। अध्यापक की आयु ज्ञात करोः

A. 38 वर्ष B. 40 वर्ष

C. 30 वर्ष D. 41 वर्ष

10. एक वाहन A से B तक की दूरी 60 किमी/घंटा की चाल से तय करता है। परन्तु B से A तक की यात्रा 90 किमी/घण्टा की चाल से तय करता है। पूरी यात्रा की औसत चाल क्या है?

A. 60 किमी/घंटा B. 72 किमी/घंटा

C. 94 किमी/घंटा D. 80 किमी/घंटा

11. 6 व्यक्तियों के औसत भार में, एक 80 किग्रा० वाले व्यक्ति के स्थान पर नया व्यक्ति आने पर 3 किग्रा की कमी हो जाती है, तो नये व्यक्ति का भार क्या है?

A. 58 किग्रा० B. 60 किग्रा०

C. 62 किग्रा० D. 70 किग्रा०

12. 30 विद्यार्थियों की औसत आयु 9 वर्ष है। यदि उनके अध्यापक की आयु भी सम्मिलित कर ली जाये, तो औसत आयु 10 वर्ष है। अध्यापक की आयु होगीः

A. 30 वर्ष B. 35 वर्ष

C. 40 वर्ष D. 45 वर्ष

13. चार संख्याओं में से पहली तीन का औसत 16 तथा अन्तिम तीन का 15 है। यदि अन्तिम संख्या 18 है, तो प्रथम संख्या क्या होगी?

A. 20 B. 21

C. 18 D. 22

14. किसी परीक्षा में 60 विद्यार्थियों का औसत अंक 25 है। उत्तीर्ण होने वाले विद्यार्थियों का औसत अंक 27 है और अनुत्तीर्ण होने वालों के औसत अंक 15 हैं। उत्तीर्ण होने वाले छात्रों की संख्या ज्ञात कीजिये।

A. 40 B. 50

C. 45 D. 35

15. 11 संख्याओं का औसत 30 है। प्रथम 6 संख्याओं का औसत 35 है तथा आखिरी 6 संख्याओं का औसत 28 होने पर छठी संख्या होगीः

A. 38 B. 48

C. 32 D. 36

16. राजू, शशि और महेश का औसत वेतन ₹ 800 है। शशि, प्रमोद व महेश का औसत वेतन ₹ 900 है। यदि प्रमोद का वेतन ₹ 900 है, तो राजू का वेतन क्या होगा?

A. ₹ 600

B. ₹ 300

C. ₹ 1700

D. ज्ञात नहीं किया जा सकता।

17. तीन व्यक्तियों की औसत आयु 45 वर्ष है। उनकी उम्रों का अनुपात 2 : 3 : 4 है। सबसे बड़े व सबसे छोटे की आयु का अन्तर कितना होगा?

A. 15 वर्ष B. 20 वर्ष

C. 30 वर्ष D. 45 वर्ष

18. एक कक्षा के पाँच विद्यार्थियों का कुल वजन क्रमशः 49.6 किग्रा०, 39.8 किग्रा०, 40.8 किग्रा०, 45.2 किग्रा० तथा 24.6 किग्रा है, तो उनका औसत वजन हैः

A. 38 किग्रा० B. 40 किग्रा०

C. 42 किग्रा० D. 45 किग्रा०

19. यदि 10 विद्यार्थियों के समूह की औसत आयु 15 वर्ष है। जब 5 विद्यार्थी और आ गये, तो समूह की औसत आयु 1 वर्ष बढ़ जाती है। नए विद्यार्थियों की औसत आयु कितनी होगी?

A. 17 वर्ष B. 18 वर्ष
C. 19 वर्ष D. 20 वर्ष

20. 7 के प्रथम पांच गुणकों का औसत क्या होगा?
A. 20 B. 21
C. 22 D. 23

21. किसी स्टोर में काम करने वाले 5 कर्मचारियों की औसत आयु 36 वर्ष है। एक नये कर्मचारी के आने से औसत आयु 37 वर्ष हो जाती है, तो नये कर्मचारी की आयु होगी:
A. 40 वर्ष B. 41 वर्ष
C. 42 वर्ष D. 43 वर्ष

22. 8 व्यक्तियों में से दो जिनकी उम्र 20 और 24 वर्ष है, की जगह दो महिलाएँ आ जाएँ, तो पुरुषों की औसत आयु 2 वर्ष बढ़ जाती है। महिलाओं की औसत आयु क्या है?
A. 28 वर्ष B. 30 वर्ष
C. 32 वर्ष D. 34 वर्ष

23. एक बल्लेबाज ने 17वीं पारी में 85 का स्कोर बनाया और इसमें अपना औसत 3 बढ़ा लिया। 17वीं पारी से पहले उसका औसत क्या था?
A. 34 B. 37
C. 38 D. 47

24. एक पिता और उसके छः बच्चों की औसत आयु 12 वर्ष है। अगर पिता को छोड़ दिया जाय, तो औसत आयु 5 वर्ष कम हो जाती है। पिता की आयु कितनी है?
A. 42 वर्ष B. 40 वर्ष
C. 48 वर्ष D. 50 वर्ष

25. 40 लड़कों की एक कक्षा में औसत आयु 16.95 वर्ष है, पर एक नये लड़के के दाखिले से औसत आयु 17 वर्ष हो जाती है। नये लड़के की आयु होगी?
A. 15 वर्ष B. 19 वर्ष
C. 18 वर्ष D. 17.5 वर्ष

26. तीन साल पहले 5 सदस्यों के एक परिवार की औसत आयु 17 वर्ष थी। एक बच्चा होने पर भी परिवार की औसत आयु वही है। बच्चे की आयु कितनी है?
A. 1 वर्ष B. 2 वर्ष
C. 6 माह D. 9 माह

27. रमेश स्थान A से 40 किमी०/घंटा की चाल से चलकर 2 घंटे में आधी दूरी तय करता है। B स्थान पर जाने के लिये अब वह किस चाल से चले कि अगले चार घण्टे में B स्थान पर पहुँच जाये?
A. 15 किमी०/घण्टा B. 20 किमी०/घंटा
C. 25 किमी०/घंटा D. 30 किमी०/घंटा

28. चार क्रमिक सम संख्याओं का औसत 29 है। यदि पहले की चार संख्याओं में उसके तुरन्त की दो और क्रमिक संख्याओं को जोड़ दिया जाये, तो नया औसत कितना बढ़ जायेगा?
A. 1 B. 2
C. 3 D. 4

29. किसी कारखाने के कुल 660 कारीगरों व अधिकारियों के वेतन का औसत मान प्रतिमाह ₹ 380 हो तथा अधिकारियों के वेतन का औसत मान प्रतिमाह ₹ 2100 तथा कारीगरों का औसत मान ₹ 340 हो तो कारीगरों की संख्या होगी:
A. 600 B. 560
C. 645 D. 625

30. यदि दो संख्याओं का औसत 88.5 हो और एक संख्या औसत से 5.5 कम हो, तो दूसरी संख्या क्या होगी?
A. 94 B. 96
C. 98 D. 100

उत्तरमाला

1	2	3	4	5	6	7	8	9	10
A	D	D	B	A	C	B	A	D	B
11	**12**	**13**	**14**	**15**	**16**	**17**	**18**	**19**	**20**
C	C	B	B	B	A	C	B	B	B
21	**22**	**23**	**24**	**25**	**26**	**27**	**28**	**29**	**30**
C	B	A	A	B	B	B	B	C	A

कुछ चुने हुए प्रश्नों के व्याख्यात्मक उत्तर

23. माना 17वीं पारी से पहले का औसत x था

प्रश्नानुसार $\frac{16\times x+85}{17}=(x+3)$

$16x+85=17x+51$

$x=85-51=34$

24. माना पिता की आयु = x वर्ष

प्रश्नानुसार $\frac{7\times 12-x}{6}=(12-5)$

$84-x=42$

$x=84-42=42$ वर्ष

26. तीन वर्ष बाद परिवार के सभी सदस्यों की आयु

$=17\times 5+5\times 3$

$=85+15=100$ वर्ष

माना बच्चे की आयु = x वर्ष

प्रश्नानुसार $\frac{100+x}{6}=17$

$\Rightarrow \quad x=102-100=2$ वर्ष

27. माना A से B की आधी दूरी x किमी॰

प्रश्नानुसार $\frac{x}{40}=2 \Rightarrow x=80$ किमी॰

शेष आधी 80 किमी॰ दूरी 4 घंटे में तय करती है, तो औसत चाल

$=\frac{80}{4}=20$ किमी॰/घंटा

28. $\frac{(x)+(x+2)+(x+4)+(x+6)}{4}=29$

$4x+12=29\times 4$

$4x=116-12$ या, $x=\frac{116-12}{4}$ या, $x=26$

प्रश्नानुसार छ क्रमिक सम संख्या का औसत

$\frac{26+28+30+32+34+36}{6}=31$

अतः अभीष्ट अन्तर $31-29=2$

29. माना कारीगरों की संख्या = x

प्रश्नानुसार

$\frac{(660-x)\times 2100+340x}{660}=380$

$660\times 2100-2100x+340x=250800$

$1386000-250800=1760x$

$x=\frac{1135200}{1760}=645$

12

आयु
(AGES)

आयु संबंधी प्रश्नों को हल करने हेतु पहले समीकरण बनाये जाते हैं फिर समीकरण में अज्ञात राशियों को ज्ञात किया जाता है।

अभ्यास

1. 10 बच्चों के एक समूह की औसत आयु 14 वर्ष है। इस समूह में पांच बच्चे और सम्मिलित कर लिये जाते हैं, तो औसत आयु में 1 वर्ष की वृद्धि होती है, तो नये बच्चों की औसत आयु क्या होगी?

A. 15 वर्ष B. 16 वर्ष
C. 17 वर्ष D. 18 वर्ष

2. A तथा B की आयु का अन्तर 25 वर्ष है तथा दोनों की आयु का अनुपात 9 : 4 है, तो C की आयु क्या होगी यदि वह B से 15 वर्ष बड़ा है?

A. 35 वर्ष B. 40 वर्ष
B. 45 वर्ष D. 50 वर्ष

3. रंजन तथा शुभ की आयु का अनुपात क्रमशः 4 : 5 है। अब से चार वर्षों में उनकी आयु का अनुपात 5 : 6 हो जाता है, शुभ की वर्तमान आयु क्या है?

A. 18 वर्ष B. 20 वर्ष
C. 22 वर्ष D. 25 वर्ष

4. तरुण तथा उसकी माता की आयु का योग 49 वर्ष है। 7 वर्ष पूर्व माता की आयु वरुण की आयु से चार गुनी थी। वरुण की माता की वर्तमान आयु ज्ञात कीजिये।

A. 35 वर्ष B. 38 वर्ष
C. 39 वर्ष D. 40 वर्ष

5. पिता तथा उसके पुत्र की आयु का वर्तमान योग 50 वर्ष है, 5 वर्ष पूर्व पिता की आयु पुत्र की आयु की 7 गुनी थी। पिता तथा पुत्र की वर्तमान आयु क्या है?

A. 10, 40 B. 15, 35
C. 20, 30 D. 12, 38

6. पिता की आयु पुत्र से पांच गुनी है। 15 साल में वह अपने बेटे की आयु का $2\frac{1}{2}$ गुणा हो जायेगा। पिता की अभी की आयु निकालिये।

A. 40 वर्ष B. 42 वर्ष
C. 45 वर्ष D. 50 वर्ष

7. पिता अपने पुत्र से तीन गुना बड़ा है। 8 वर्ष पूर्व वह अपने पुत्र से चार गुनी उम्र का था। पिता की वर्तमान आयु क्या है?

A. 70 वर्ष B. 72 वर्ष
C. 78 वर्ष D. 80 वर्ष

8. पिता तथा पुत्र की आयु मिलाकर 46 वर्ष है। 5 वर्ष पूर्व पिता की आयु पुत्र की आयु से 11 गुनी थी। 5 वर्ष बाद पुत्र की आयु कितनी होगी?

A. 12 वर्ष B. $12\frac{1}{2}$ वर्ष
C. 13 वर्ष D. $13\frac{1}{2}$ वर्ष

9. यदि 15 वर्ष बाद किसी आदमी की आयु 15 वर्ष पूर्व की आयु की चार गुनी हो, तो उसकी वर्तमान आयु कितनी है?

A. 25 वर्ष B. 27 वर्ष
C. 28 वर्ष D. 30 वर्ष

10. जयेश अनिल से उतना छोटा है जितना वह प्रशान्त से बड़ा है। यदि अनिल तथा प्रशान्त की आयु का योग 48 वर्ष हो, तो जयेश की आयु क्या है?

A. 22 वर्ष B. 23 वर्ष
C. 24 वर्ष D. 25 वर्ष

11. 5 वर्ष पूर्व विनय की आयु विकास की आयु का एक-तिहाई थी तथा अब विनय की आयु 17 वर्ष है। विकास की वर्तमान आयु क्या है?

A. 40 वर्ष B. 41 वर्ष
C. 42 वर्ष D. 44 वर्ष

12. एक व्यक्ति के दो बच्चे हैं। इन बच्चों की उम्र के योग के तिगुनी उस व्यक्ति की उम्र है। पांच वर्ष बाद बच्चों की उम्र के योग से दोगुनी उसकी उम्र होगी। यह बताइये कि उस व्यक्ति की वर्तमान उम्र क्या है?

A. 45 वर्ष B. 55 वर्ष
C. 60 वर्ष D. 65 वर्ष

13. सुरेश की उम्र किरण की उम्र की दो गुनी है। यदि दोनों की उम्र का जोड़ 24 वर्ष हो, तो सुरेश की उम्र क्या होगी?

A. 15 वर्ष B. 16 वर्ष
C. 18 वर्ष D. 20 वर्ष

14. 10 वर्ष पहले गीता और नीता की आयु में 3 : 5 का अनुपात था। यदि उनकी वर्तमान आयु में 2 : 3 का अनुपात है, तो 20 वर्ष बाद उनकी आयु का अनुपात क्या होगा?

A. 3 : 4 B. 4 : 5
C. 5 : 6 D. 2 : 3

15. पंद्रह वर्ष बाद एक आदमी उससे चार गुना बड़ा हो जायेगा जितना वह 15 वर्ष पूर्व था। वर्तमान आयु ज्ञात कीजिये।

A. 20 वर्ष B. 25 वर्ष
C. 30 वर्ष D. 40 वर्ष

उत्तरमाला

1	2	3	4	5	6	7	8	9	10
C	A	B	A	A	C	B	C	A	C
11	**12**	**13**	**14**	**15**					
B	A	B	A	B					

कुछ चुने हुए प्रश्नों के व्याख्यात्मक उत्तर

6. बेटे की मौजूदा आयु = x वर्ष

पिता की मौजूदा आयु = $5x$ वर्ष

15 साल बाद बेटे की आयु = $(x + 15)$ वर्ष

पिता की आयु = $(5x + 15)$ वर्ष

प्रश्नानुसार $5x + 15 = 2\frac{1}{2}(x + 15)$

$$5x + 15 = \frac{5}{2}(x + 15)$$

$$10x + 30 = 5x + 75$$

$5x = 45;\ x = 9$ वर्ष

पिता की आयु $= 5x = 9 \times 5 = 45$ वर्ष

10. प्रश्नानुसार

$A - J = J - P$ $A + P = 2J$

$A + P = 48$ $2J = 48$

$J = \frac{48}{2} = 24$ वर्ष

12. माना उसकी उम्र x वर्ष और उसके दोनों बच्चों की उम्र क्रमशः p व q वर्ष है।

प्रश्नानुसार $x = 3(p + q)$

$$p + q = \frac{x}{3} \quad ...(1)$$

प्रश्नानुसार $x + 5 = 2\{(p + 5) + (q + 5)\}$

$= 2(p + q + 10)$

समीकरण (1) से मान रखने पर

$$(x + 5) = 2\left(\frac{x}{3} + 10\right)$$

$$x + 5 = 2\left(\frac{x + 30}{3}\right)$$

$$3x + 15 = 2x + 60$$

$x = 45$ वर्ष

13

कार्य तथा समय (टंकी पर आधारित प्रश्न)
(WORK & TIME [CISTERN BASED QUESTION])

कार्य करने की क्षमता सभी व्यक्तियों की समान नहीं होती। कोई आदमी कार्य को जल्दी समाप्त कर लेता है तो कोई कार्य को धीमी गति से करता है। ऐसे प्रश्नों को हल करने के लिये सभी व्यक्तियों द्वारा एक दिन में किया गया कार्य अलग-अलग ज्ञात किया जाता है। फिर कुल एक दिन का कार्य ज्ञात किया जाता है। उसका व्युत्क्रम ही काम में लगा समय दिनों में प्रदान करता है।

जैसेः यदि लतेश एक कार्य को 10 दिन में समाप्त करता है, तो उसका प्रत्येक दिन का कार्य = $\frac{1}{10}$ भाग होगा।

अभ्यास

1. यदि तीन आदमी या चार औरतें एक काम को 9 दिन में कर सकते हैं, तो उसी काम को 6 आदमी और 4 औरतें मिलकर कितने दिन में समाप्त करेंगे?

A. 2 दिन B. 3 दिन

C. $3\frac{1}{2}$ दिन D. 4 दिन

2. 8 पुरुष या 12 लड़के किसी कार्य को 25 दिन में पूरा करते हैं, तो उसी कार्य को 6 पुरुष तथा 11 लड़के कितने दिनों में पूरा करेंगे?

A. 12 दिन में B. 14 दिन में

C. 15 दिन में D. 16 दिन में

3. यदि 3 आदमी या 5 औरतें या 8 लड़के एक काम को 38 दिन में कर सकते हैं, तो 6 आदमी, 10 औरतें तथा 6 लड़के उस काम को कितने दिन में करेंगे?

A. 6 दिन B. 8 दिन

C. 10 दिन D. 12 दिन

4. A अकेला किसी कार्य को 15 दिन में समाप्त कर सकता है तथा B अकेला उस कार्य को 12 दिन में समाप्त कर सकता है। दोनों मिलकर इस कार्य को समाप्त कितने दिनों में करेंगे?

A. $6\frac{1}{3}$ दिन B. $6\frac{2}{3}$ दिन

C. $6\frac{3}{4}$ दिन D. $6\frac{4}{5}$ दिन

5. A एक काम को 2 दिन में, B 4 दिन में और C 8 दिन में कर सकता है। यदि तीनों मिलकर उस काम को करें, तो कितने दिन में पूरा कर लेंगे?

A. 7/8 दिन B. 8/7 दिन

C. $1\frac{3}{4}$ दिन D. $1\frac{1}{2}$ दिन

6. A एक काम को 24 दिन में कर सकता है तथा B उसी का 2/3 भाग 12 दिन में कर सकता है। यदि दोनों मिलकर उससे दो गुना काम करें, तो कितने दिन में कर लेंगे?

A. $5\frac{1}{7}$ दिन B. $10\frac{2}{7}$ दिन

C. $17\frac{2}{7}$ दिन D. $20\frac{4}{7}$ दिन

7. X किसी काम को 12 दिन में तथा Y उसी काम को 18 दिन में कर सकते हैं। यदि वे दोनों मिलकर उसी काम को करें, तो काम कितने दिनों में पूरा हो जायेगा?

A. 30 दिन B. 15 दिन

C. $7\frac{1}{2}$ दिन D. $7\frac{1}{5}$ दिन

8. राम और मोहन मिलकर एक काम को 6 दिन में कर सकते हैं। पहले राम ने 4 दिन तक अकेले काम किया। फिर वह चला गया। तब मोहन ने बचे काम को 9 दिन में समाप्त कर लिया। राम अकेला उस काम को कितने दिन में समाप्त कर सकता था?

A. 10 दिन B. 16 दिन

C. 14 दिन D. 15 दिन

9. A और B दोनों मिलकर 10 घंटों में एक खेत जोतते हैं, किन्तु A अकेला 15 घंटों में उसे जोत सकता है। B अकेला उसी खेत को जोतने में कितना समय लेगा?

A. 10 घंटे B. 20 घंटे

C. 30 घंटे D. 40 घंटे

10. आनन्द व संजीव मिलकर कोई कार्य 8 दिन में समाप्त करते हैं। आनन्द अकेला कार्य करे तो 12 दिन लेता है। संजीव अकेला कार्य करे तो कितने दिन लेगा?

A. 16 दिन B. 24 दिन

C. 4 दिन D. 8 दिन

11. A और B कोई काम 18 दिन में कर सकते हैं। B और C, 24 दिन में। A और C, 36 दिन में। सब एक साथ मिलकर इस काम को कितने दिन में समाप्त करेंगे?

A. 16 दिन B. 14 दिन

C. 15 दिन D. 12 दिन

12. A, B और C कोई काम क्रमशः 24, 30 और 40 दिन में कर सकते हैं। तीनों ने काम एक साथ शुरू किया पर C कार्य पूरा होने के चार दिन पहले काम छोड़ देता है। काम कितने दिन में पूरा हुआ?

A. 10 दिन B. 11 दिन

C. 12 दिन D. 13 दिन

13. A कोई काम 40 दिन में कर सकता है। उसने 5 दिन तक काम किया फिर B ने उसे 21 दिन में पूरा किया। A और B मिलकर इस काम को कितने दिन में पूरा करेंगे?

A. 15 दिन B. 20 दिन

C. 21 दिन D. 24 दिन

14. A कोई काम 15 दिन में तथा B 20 दिनों में कर सकता है। वे C की मदद से ये काम 5 दिन में पूरा कर लेते हैं। C अकेला इस काम को कितने दिन में पूरा करेगा?

A. 10 दिन, B. 12 दिन

C. 15 दिन D. 20 दिन

15. A एक काम को 18 दिन में और B उसी काम को 24 दिन में समाप्त कर सकता है। उन्होंने एक साथ मिलकर 8 दिन तक काम किया और तब A काम छोड़कर चला गया। शेष काम को B कितने दिन में पूरा करेगा?

A. 5 दिन B. $5\frac{1}{3}$ दिन

D. 8 दिन D. 10 दिन

16. A, B व C मिलकर एक काम को $5\frac{7}{13}$ दिन में कर सकते हैं। A अकेले उस काम को 12 दिन में और B अकेले उस काम को 18 दिन में करता है। बताइये C अकेला उस काम को कितने दिन में करेगा?

A. 20 दिन B. 22 दिन

C. 24 दिन D. 30 दिन

17. रमेश एक काम को 25 दिन में कर सकता है। 14 दिन काम करने के बाद उसने श्याम को भी साथ ले लिया और दोनों ने मिलकर शेष काम 6 दिन में समाप्त किया। बताइये कि श्याम अकेला उस काम को कितने दिन में समाप्त कर सकता है?

A. 20 दिन B. 25 दिन

C. 30 दिन D. 35 दिन

18. A अकेला कोई काम 10 दिन में कर सकता है। B अकेला उसी काम को 15 दिन में कर सकता है। अगर A व B समान दिन कार्य करके कार्य को खत्म करते हैं, तो ₹ 50 में से A की मजदूरी होगी:

A. ₹ 20 B. ₹ 30

C. ₹ 35 D. ₹ 25

19. ₹ 200 की मजदूरी पर A व B कोई कार्य करना कबूल करते हैं। A अकेला उसे 6 दिन में व B अकेला इसे

8 दिन में कर सकता है। C की मदद से वे इस कार्य को 3 दिन में समाप्त कर लेते हैं। C को कितने पैसे दिये गये?

A. ₹ 25 B. ₹ 50
C. ₹ 60 D. ₹ 75

20. अशोक एक काम को करने में अरुण से दुगुना और आलोक से तिगुना समय लेता है। वे तीनों मिलकर एक दिन में काम समाप्त कर लेते हैं। आलोक उस काम को अकले कितने दिन में समाप्त कर लेगा?

A. 1 दिन B. 2 दिन
C. 3 दिन D. 4 दिन

21. यदि किसी कार्य को राम, श्याम तथा मोहन क्रमशः अकेले, अकेले 2, 4, 8 दिन में समाप्त कर सकते हैं तथा वे एक कार्य कुल ₹ 6335 के ठेके पर लेते हैं, तो श्याम को कितनी मजदूरी मिलेगी?

A. ₹ 1810 B. ₹ 2810
C. ₹ 2850 D. ₹ 1850

22. 2 व्यक्ति और 3 लड़के कोई काम 8 दिन में कर सकते हैं और 3 व्यक्ति व 2 लड़के इसे 7 दिनों में समाप्त कर सकते हैं। अगर एक लड़के को ₹ 3 दिये जाते हैं, तो एक व्यक्ति को क्या मिलेगा?

A. ₹ 6 B. ₹ 7
C. ₹ 5 D. ₹ 7.50

23. A अकेला किसी कार्य को 24 दिनों में कर सकता है। और B अकेला उसी काम को 30 दिनों में। एक लड़के की मदद से वे इसे 12 दिन में पूरा कर लेते हैं। कुल ₹ 200 मजदूरी में लड़के को क्या मिलेगा?

A. ₹ 40 B. ₹ 50
C. ₹ 75 D. ₹ 20

24. A काम करने में B से दूना अच्छा है। दोनों मिलकर कोई काम 14 दिन में पूरा करते हैं। A अकेला इसे कितने दिनों में पूरा कर सकता हैं?

A. 16 दिन B. 32 दिन
C. 21 दिन D. 42 दिन

25. दो पाइप A और B किसी हौज को कितने मिनट में भर सकते हैं यदि A व B क्रमशः उसे अलग-अलग 30 व 60 मिनट में भर सकते हैं?

A. 10 मिनट B. 20 मिनट
C. 15 मिनट D. 12 मिनट

26. एक हौज दो पाइपों द्वारा क्रमशः 10 और 15 घंटों में भर दिया जाता है। एक तीसरा पाइप इसको 8 घंटे में खाली कर देता है। यदि तीनों नल एक साथ खोल दिये जायें, तो हौज कितने घंटे में भर जायेगा?

A. 13 घंटे B. 24 घंटे
C. 33 घंटे D. कभी नहीं भरेगा

27. एक हौज 9 घंटे में भरता है और दूसरे पाइप से 7 घंटे में खाली हो जाता है। जब दोनों पाइप खोल दिये जायें, तो पता कीजिये कि हौज कब भर जायेगा?

A. 63 घंटे B. 16 घंटे
C. 2 घंटे D. कभी नहीं भर सकता

28. अगर 3 नल एक साथ खोल दिये जायें, तो एक हौज 12 घंटे में भर सकता है। तीन नलों में से, एक हौज को 10 घंटे में भर सकता है और दूसरा 15 घंटे में। तीसरा नल किस तरह काम करता है?

A. यह हौज को 5 घंटे में भर देगा।
B. यह हौज को 12 घंटे में खाली कर देगा।
C. यह हौज को 5 घंटे में खाली कर देगा।
D. यह हौज को $12\frac{1}{2}$ घंटे में भर देगा।

29. एक हौज 9 घंटे में भरता है, किन्तु इसकी तली में छेद होने के कारण यह 1 घंटा अधिक समय लेता है। यदि हौज भरा हो, तो यह कितनी देर में खाली हो जायेगा?

A. 30 घंटे B. 40 घंटे
C. 45 घंटे D. 90 घंटे

30. एक नल किसी टंकी को 60 मिनट में भर सकता है। दूसरा नल उस भरी टंकी को 50 मिनट में खाली कर सकता है। यदि टंकी भरी हो और दोनों नल खुले हों, तो टंकी खाली होने में कितने मिनट लगेंगे?

A. 60 मिनट B. 180 मिनट
C. 300 मिनट D. 170 मिनट

31. दो नल किसी हौज को क्रमशः 10 और 12 मिनट में भर सकते हैं। हौज के पेंदे में लगा निकास नल 5 लीटर प्रति मिनट पानी बाहर निकालता है। यदि हौज खाली हो और तीनों नल खोल दिये जायें, तो यह $7\frac{1}{2}$ मिनट में भर जाता है। हौज में कितने लीटर पानी आता है?

A. 90 लीटर B. 80 लीटर
C. 100 लीटर D. 120 लीटर

32. एक हौज में तीन पाइप A, B व C लगे हैं। पाइप A और B हौज को क्रमशः 4 और 5 घंटे में भर सकते हैं और C इसे 2 घंटे में खाली कर सकता है। अगर ये पाइप क्रमशः 1, 2 व 3 बजे क्रमशः सुबह खोले जायें, तो हौज कितने बजे खाली हो जायेगा?

A. 5 बजे सवेरे B. 5 बजे शाम
C. कभी नहीं D. 6 बजे सवेरे

33. P और Q दो पाइप एक हौज को 24 घंटे में व 32 घंटे में भर सकते हैं। दोनों पाइप खोल दिये जायें तो पता कीजिये कि पहले पाइप को कब बंद कर देना चाहिये ताकि हौज 16 घंटे में पूरा भर जाये।

A. 12 घंटे बाद B. 8 घंटे बाद
C. 28 घंटे बाद D. कोई नहीं

34. दो नल एक हौज को क्रमशः 8 घंटे व 12 घंटे में भर सकते हैं। एक तीसरा नल इसको 3 घंटे में खाली कर सकता है। अगर तीनों नल एक साथ खोल दिये जायें, तो हौज को खाली होने में कितना समय लगेगा?

A. 7 घंटे B. 5 घंटे
C. 6 घंटे D. 8 घंटे

35. एक मजदूर 30 दिन के लिये इस शर्त पर रखा गया कि जिस दिन वह काम करेगा उस दिन उसको ₹ 15 मजदूरी मिलेगी और जिस दिन वह काम नहीं करेगा उस दिन उसे दैनिक मजदूरी का 40% का जुर्माना भरना होगा। यदि अन्त में उसे ₹ 345 मिले, तो बताइये वह कितने दिन उपस्थित रहा?

A. 20 दिन B. 25 दिन
C. 30 दिन D. 35 दिन

36. दो पाइप A व B एक टंकी को भरने में क्रमशः 24 और 30 मिनट लेते हैं। दोनों नल खुले हुए हैं, परन्तु 8 मिनट बाद पहला नल बन्द कर दिया जाता है। टंकी को भरने में दूसरा पाइप कितना समय लेगा?

A. 10 मिनट B. 12 मिनट
C. 15 मिनट D. 20 मिनट

37. दो नल एक हौज को क्रमशः 6 व 7 मिनट में भरते हैं। यदि दोनों नल बारी-बारी से एक-एक मिनट के लिये खोले जायें, तो हौज को भरने में कितना समय लगेगा?

A. $6\frac{3}{7}$ मिनट B. $6\frac{4}{7}$ मिनट
C. $6\frac{5}{7}$ मिनट D. $6\frac{6}{7}$ मिनट

38. दो नल A और B एक हौज को क्रमशः 30 मिनट व 40 मिनट में भर सकते हैं। तीसरा नल C हौज से 15 लीटर प्रति मिनट की दर से पानी बाहर निकालता है। यदि तीनों नल एक साथ खोले जायें और हौज 30 मिनट में भर जाये, तो बताइये कि हौज में कितना पानी आता है?

A. 400 लीटर B. 500 लीटर
C. 600 लीटर D. 1000 लीटर

39. तीन नल A, B व C एक हौज को क्रमशः 20 मिनट, 30 मिनट और 40 मिनट में भर सकते हैं। तीनों नल एक साथ खोल दिये जायें, तो बताइये दूसरा नल कितने समय बाद बन्द कर दिया जाये कि हौज 10 मिनट में पूरा भर जाये?

A. 7 मिनट B. $7\frac{1}{2}$ मिनट
C. 8 मिनट D. 9 मिनट

40. एक टंकी एक बहाव के कारण 8 घंटे में खाली होती है। एक नल को खोलने पर प्रति मिनट 6 लीटर पानी भरता है और टंकी तब 12 घंटे में खाली होती है। टंकी में पानी की क्षमता ज्ञात करो?

A. 8500 लीटर B. 8640 लीटर
C. 7540 लीटर D. 7960 लीटर

उत्तरमाला

1	2	3	4	5	6	7	8	9	10
B	C	B	B	B	D	D	A	C	B
11	**12**	**13**	**14**	**15**	**16**	**17**	**18**	**19**	**20**
A	B	A	B	B	C	C	B	A	B
21	**22**	**23**	**24**	**25**	**26**	**27**	**28**	**29**	**30**
A	A	D	C	B	B	D	B	D	C
31	**32**	**33**	**34**	**35**	**36**	**37**	**38**	**39**	**40**
C	B	A	D	B	B	A	C	B	B

कुछ चुने हुए प्रश्नों के व्याख्यात्मक उत्तर

3. 1 आदमी का प्रतिदिन का कार्य $= \frac{1}{38 \times 3}$

1 औरत का प्रतिदिन का कार्य $= \frac{1}{38 \times 5}$

1 लड़के का प्रतिदिन का कार्य $= \frac{1}{38 \times 8}$

(6 आदमियों + 10 औरतें + 6 लड़कों) का प्रतिदिन का कार्य

$$= \left[6 \times \frac{1}{38 \times 3} + 10 \times \frac{1}{38 \times 5} + 6 \times \frac{1}{38 \times 8}\right]$$

$$= \frac{1}{38}\left[2 + 2 + \frac{3}{4}\right] = \frac{1}{38} \times \frac{19}{4} = \frac{1}{8} \text{ भाग}$$

अर्थात सभी को कार्य समाप्त करने में समय लगेगा = 8 दिन

15. दोनों का एक दिन का कार्य $= \frac{1}{18} + \frac{1}{24} = \frac{4+3}{72} = \frac{7}{72}$

दोनों का 8 दिन का काम $= 8 \times \frac{7}{72} = \frac{7}{9}$ भाग

$\therefore$ शेष काम $= \left(1 - \frac{7}{9}\right) = \frac{2}{9}$ भाग

$\because$ B 1 काम करता है = 24 दिन में

$\therefore$ B 2/9 काम करता है $= 24 \times \frac{2}{9} = \frac{16}{3} = 5\frac{1}{3}$ दिन

19. A का प्रतिदिन का कार्य $= \frac{1}{6}$

B का प्रतिदिन का कार्य $= \frac{1}{8}$

माना C का प्रतिदिन का कार्य $= \frac{1}{C}$

प्रश्नानुसार $\left(\frac{1}{6} + \frac{1}{8} + \frac{1}{C}\right) \times 3 = 1$

$$\frac{1}{C} = \frac{1}{3} - \left(\frac{1}{6} + \frac{1}{8}\right)$$

$$\frac{1}{C} = \frac{8-4-3}{24} = \frac{1}{24}$$

$\because$ तीनों ही तीन दिन कार्य करते हैं अतः मजदूरी उनको प्रतिदिन के कार्य के अनुपात में बांटी जायेगी।

$\therefore A : B : C = \frac{1}{6} : \frac{1}{8} : \frac{1}{24} = 4 : 3 : 1$

C का हिस्सा $= \frac{1}{(4+3+1)} \times 200 = \frac{200}{8} =$ ₹ 25

22. माना व्यक्ति का प्रतिदिन का कार्य M व एक लड़के का प्रतिदिन का कार्य B है, तो

प्रश्नानुसार $2M + 3B = \frac{1}{8}$ ...(*i*)

$3M + 2B = \frac{1}{7}$ ...(*ii*)

$(i) \times 3$ $6M + 9B = \frac{3}{8}$ ...(*iii*)

$(ii) \times 2$ $6M + 4B = \frac{2}{7}$ ...(*iv*)

(*iii*) में से (*iv*) घटाने पर

$$5B = \frac{3}{8} - \frac{2}{7} = \frac{21-16}{56} = \frac{5}{56}$$

$$B = \frac{1}{56}$$

B का मान (*i*) में रखने पर $2M + 3 \times \frac{1}{56} = \frac{1}{8}$

$$2M = \frac{1}{8} - \frac{3}{56} = \frac{4}{56}$$

$$M = \frac{2}{56} = \frac{1}{28}$$

प्रश्नानुसार $M : B = \frac{1}{28} : \frac{1}{56} = 2 : 1$

अर्थात् एक व्यक्ति को एक लड़के से दुगुनी मजदूरी मिलेगी। एक लड़के को ₹ 3 मिलने पर एक व्यक्ति को ₹ 6 मिलेगा।

31. माना तीसरा नल हौज को C मिनट में खाली कर सकता है, तो

प्रश्नानुसार $\left(\frac{1}{10} + \frac{1}{12}\right) - \frac{1}{C} = \frac{1}{15/2}$

$$\frac{1}{C}=\frac{1}{10}+\frac{1}{12}-\frac{2}{15}$$

$$\frac{12+10-16}{120}=\frac{6}{120}=\frac{1}{20}$$

$$C=20$$

अर्थात् तीसरा नल भरे हौज को 20 मिनट में खाली करेगा।

$\because$ 1 मिनट में पानी बाहर निकलता है = 5 लीटर

$\therefore$ 20 मिनट में पानी बाहर निकलता है = 5×20 = 100 लीटर

अर्थात् हौज की क्षमता 100 लीटर है।

32. A के हौज भरने की प्रति घण्टा क्षमता = $\frac{1}{4}$ भाग

B के हौज भरने की प्रति घण्टा क्षमता = $\frac{1}{5}$ भाग

C के हौज खाली करने की प्रति घण्टा क्षमता = $\frac{1}{2}$ भाग

1 से दो बजे तक पाइप A द्वारा हौज भरेगा = $\frac{1}{4}$ भाग

2 से 3 बजे तक पाइप (A+ B) द्वारा हौज भरेगा

$$=\frac{1}{4}+\frac{1}{5}=\frac{5+4}{20}=\frac{9}{20} \text{ भाग}$$

कुल हौज भरा = $\frac{1}{4}+\frac{9}{20}=\frac{5+9}{20}=\frac{14}{20}=\frac{7}{10}$ भाग

3 बजे के बाद तीनों नल खुले हैं।

$\therefore$ तीनों नल द्वारा प्रति घंटे में हौज भरेगा

$$=\frac{1}{4}+\frac{1}{5}-\frac{1}{2}=\frac{5+4-10}{20}=-\frac{1}{20} \text{ भरेगा}$$

अर्थात् 1 घंटे में हौज का $\frac{1}{20}$ भाग खाली रहेगा।

$\because$ $\frac{1}{20}$ भाग खाली होता है = 1 घंटे में

$\therefore$ $\frac{7}{10}$ भाग खाली होता है = $\frac{1}{1/20}\times\frac{7}{10}$ = 14 घंटे में

सुबह 3 बजे + 14 घंटे

(सुबह 3 बजे + 12 घंटे) + 2 घंटे

शाम 3 बजे + 2 घंटे

शाम 5 बजे

33. माना पाइप P को T घंटे बाद बन्द किया जा रहा है, तो प्रश्नानुसार

$$\left(\frac{1}{32}+\frac{1}{24}\right)\times T+\frac{1}{32}(16-T)=1$$

$$\frac{T}{32}+\frac{T}{24}+\frac{1}{2}-\frac{T}{32}=1 \text{ या } \frac{T}{24}=1-\frac{1}{2}=\frac{1}{2}$$

$$\frac{T}{24}=\frac{1}{2}\Rightarrow T=12 \text{ घंटे}$$

35. माना वह x दिन उपस्थित रहा, तो

प्रश्नानुसार, $15\times x-(30-x)\times 15\times\frac{40}{100}=345$

$$15x-180+6x=345$$

$$21x=345+180$$

$$x=\frac{525}{21}=25 \text{ दिन}$$

37. दो मिनट में दोनों नल द्वारा टंकी भरी जायेगी

$$=\left(\frac{1}{6}+\frac{1}{7}\right) \text{ भाग }=\frac{7+6}{42}=\frac{13}{42} \text{ भाग}$$

पहले 6 मिनट में दोनों नल द्वारा टंकी भरी जायेगी

$$=\frac{13}{42}\times 3=\frac{39}{42} \text{ भाग}$$

शेष भाग = $1-\frac{39}{42}=\frac{3}{42}=\frac{1}{14}$ भाग

अब टंकी पहले नल द्वारा भरी जायेगी।

$\because$ $\frac{1}{6}$ भाग भरने में लगा समय = 1 मिनट

$\therefore$ $\frac{1}{14}$ भाग भरने में लगा समय = $\frac{1}{1/6}\times\frac{1}{14}=\frac{3}{7}$ मिनट

अतः कुल लगा समय = $6+\frac{3}{7}=6\frac{3}{7}$ मिनट

40. टंकी बहाव द्वारा प्रति घंटे खाली होती है = $\frac{1}{8}$ भाग

जब दूसरा नल खुला हो, तो टंकी प्रति घण्टे खाली होती है = $\frac{1}{12}$ भाग

अर्थात् भरने वाले नल से टंकी प्रति घंटे भरी जाती है

$$=\frac{1}{8}-\frac{1}{12}=\frac{1}{24} \text{ भाग}$$

$\therefore$ नल द्वारा पूरी टंकी को भरने में लगा समय = 24 घंटे

$\because$ 1 मिनट में टंकी में पानी आता है = 6 लीटर

$\therefore$ 24 घण्टे = 24×60 मिनट में पानी आता है

= $6\times 24\times 60=8640$ लीटर

14

समय, चाल और दूरी
(TIME, SPEED AND DISTANCE)

नियम एवं प्रमुख सूत्र

समय, चाल और दूरी से संबंधित प्रश्नों को हल करते समय निम्नलिखित सूत्र ध्यान में रखने चाहिए:

1. चाल = कुल दूरी ÷ समय
2. समय = कुल दूरी ÷ चाल
3. कुल दूरी = समय × चाल
4. यदि दो गाड़ियाँ एक ही दिशा में चल रही हों, तो उनकी सापेक्ष चाल, दोनों गाड़ियों की चाल के अन्तर के बराबर होती है।
5. यदि दो गाड़ियाँ विपरीत दिशा में चल रही हों, तो उनकी सापेक्ष गति, दोनों गाड़ियों की गतियों के योग के बराबर होती है।
6. धारा के बहने की दिशा में किसी नाव की चाल = नाव की स्थिर जल में चाल + नदी की चाल
7. धारा के बहने की विपरीत दिशा में किसी नाव की चाल = नाव की स्थिर जल में चाल − नदी की चाल।

अभ्यास

1. यदि 100 मीटर लम्बी एक रेलगाड़ी जो 50 किमी प्रति घंटे की गति से चल रही है, एक दूसरी रेलगाड़ी को जो 120 मीटर लम्बी है तथा विपरीत दिशा में चल रही है, 6 सेकंड में पार कर जाती है, तो दूसरी रेलगाड़ी की गति क्या है?

   A. 40 किमी/घंटा B. 82 किमी/घंटा
   C. 120 किमी/घंटा D. 60 किमी/घंटा

2. यदि एक रेलगाड़ी 40 किमी॰ प्रति घंटा की चाल से चल रही है। एक आदमी भी उसी ओर रेल की पटरी के समान्तर 25 किमी/घंटा की चाल से जा रहा है। यदि रेलगाड़ी उस आदमी को 48 सेकंड में पार कर ले, तो रेलगाड़ी की लम्बाई क्या है?

   A. 200 मीटर B. 50 मीटर
   C. 100 मीटर D. 150 मीटर

3. एक रेलगाड़ी और एक मोटर एक स्थान से एक साथ रवाना हुईं। मोटर की रफ्तार 40 किमी/घंटा तथा रेलगाड़ी की रफ्तार 50 किमी/घंटा है। यदि अगला स्टेशन 100 किमी दूरी पर है, तो रेलगाड़ी मोटर से कितनी जल्दी पहुँचेगी?

   A. 33 मिनट B. 50 मिनट
   C. 40 मिनट D. 30 मिनट

4. यदि एक रेलगाड़ी की लम्बाई 150 मीटर है तथा वह एक खम्भे को 12 सेकेंड में पार कर जाती है, तो रेलगाड़ी की चाल किमी/घंटा में क्या है?

   A. 60 किमी/घंटा B. 50 किमी/घंटा
   C. 45 किमी/घंटा D. 75 किमी/घंटा

5. एक रेलगाड़ी आगरा से मथुरा के लिए 60 किमी॰/घंटा से चलती है और 45 मिनट में पहुँच जाती है। यदि लौटते समय उसकी चाल 10% कम हो जाती है, तो वह मथुरा से आगरा आने में कितना समय लेगी?

   A. 1 घंटा 10 मिनट B. 50 मिनट
   C. 1 घंटा D. 1 घंटा 20 मिनट

6. दो घुड़सवार दो अलग-अलग स्थानों पर से जो एक दूसरे से 30 किमी की दूरी पर हैं, एक-दूसरे की ओर चलते हैं। यदि उनकी गतियाँ क्रमशः 15 किमी/घण्टा और 12 किमी/घंटा हों, तो वे कितने समय के बाद मिलेंगे?
   A. 2 घंटा 40 मिनट B. 1 घंटा
   C. 45 मिनट D. 1 घंटा 6 मिनट 40 सेकंड
7. यदि 600 मीटर लम्बे एक प्लेटफार्म को पार करने में 30 मी./सेकंड से चलने वाली कोई रेलगाड़ी 30 सेकंड लेती है, तो गाड़ी की लम्बाई क्या है?
   A. 120 मीटर B. 200 मीटर
   C. 300 मीटर D. 150 मीटर
8. यदि 150 मीटर लंबी एक रेलगाड़ी जो 30 मी./सेकंड की चाल से चल रही है, किसी आदमी को जो विपरीत दिशा में 5 मी./सेकंड की चाल से चल रहा है, पार कर जाती है, तो पार करने में कितने सेकंड लगेंगे?
   A. 3 B. $4\frac{2}{7}$
   C. 4 D. 6
9. किसी गाड़ी का पहिया 1 सेकंड में 4 चक्कर लगाता है। यदि पहिए का व्यास 84 सेमी. हो, तो पहिए की चाल किमी/घंटा में क्या होगी? $\left(\pi = \frac{22}{7}\right)$
   A. 38.016 B. 38.00
   C. 31.16 D. 39
10. दो स्टेशन P व Q के बीच की दूरी 220 किमी. है। एक रेलगाड़ी P स्टेशन से Q की तरफ 80 किमी./घंटा की चाल से चलती है। यदि उसके आधा घण्टा बाद दूसरी रेलगाड़ी Q स्टेशन से P की ओर 100 किमी./घंटा की चाल से चलती है, तो दोनों रेलगाड़ी P स्टेशन से कितनी दूरी पर मिलेंगी?
   A. 110 किमी. B. 80 किमी.
   C. 120 किमी. D. 100 किमी.
11. 10 किमी./घण्टा की चाल से चलने वाला कोई साइकिल चालक 100 मीटर कितने सेकंड में चलेगा?
   A. 25 B. 36
   C. 40 D. 42
12. यदि 100 मीटर लम्बी एक रेलगाड़ी प्लेटफार्म पर खड़े एक आदमी को 10 सेकंड में पार कर लेती है, तो गाड़ी की चाल क्या है?
   A. 38 किमी/घंटा B. 72 किमी/घंटा
   C. 75 किमी/घंटा D. 36 किमी/घंटा
13. 1.2 किमी. लम्बी एक रेलगाड़ी 72 किमी./घण्टा की चाल से एक पुल के ऊपर से जा रही है। यदि पुल की लम्बाई 1.2 किमी. हो, तो पुल पार करने में कितना समय लगेगा?
   A. 30 सेकंड B. 1 मिनट
   C. 1 मिनट 30 सेकंड D. 2 मिनट
14. एक आदमी स्थिर जल में 3 किमी./घंटा की चाल से तैर सकता है। यदि धारा की चाल 2 किमी./घंटा हो, तो वह आदमी 6 किमी. धारा के विपरीत जाने और वापस आने में कितना समय लेगा?
   A. 4 घंटे 12 मिनट B. 7 घंटे 12 मिनट
   C. 6 घंटे 48 मिनट D. 6 घंटे
15. 4 किमी. प्रति घंटा की चाल से चलकर एक क्लर्क अपने दफ्तर 5 मिनट देर से पहुँचता है। यदि वह 5 किमी. प्रति घंटा की चाल से चलने लगे, तो 2.5 मिनट जल्दी पहुँचता है। घर से दफ्तर की दूरी क्या है?
   A. 2 किमी. B. 3 किमी.
   C. 4 किमी. D. 2.5 किमी.
16. एक मनुष्य अपनी वास्तविक चाल की तीन-चौथाई चाल से चलने पर अपने कार्यालय पहुंचने में वास्तविक समय से 20 मिनट अधिक लेता है। वह वास्तविक समय कितना लेता है?
   A. 30 मिनट B. 60 मिनट
   C. 75 मिनट D. 90 मिनट
17. एक रेलगाड़ी 86.4 किमी. प्रति घंटा की चाल से जा रही है। 10 मिनट में उसके द्वारा तय की गई दूरी होगी:
   A. .014 किमी. B. 144 किमी.
   C. 1.44 किमी. D. 14.4 किमी.
18. एक मनुष्य किसी स्थान तक 16 किमी. प्रति घंटे की चाल से जाता है और वह 28 किमी. प्रति घंटे की चाल से लौटता है। उसकी औसत चाल, किमी. प्रति घंटा होगी:

A. 32 B. 56

C. $20\frac{4}{11}$ D. 21

19. दो स्थान A और B एक-दूसरे से 22 किमी॰ दूर हैं। एक साइकिल चालक A से B की ओर 8 किमी॰ प्रति घंटे की चाल से रवाना होता है और दूसरा B से A की ओर 10 किमी/घंटे की चाल से आधा घण्टे बाद रवाना होता है। वे दोनों जिस स्थान पर मिलेंगे, वह स्थान A से दूर होगा:

A. 12 किमी॰ B. 14 किमी॰

C. 16 किमी॰ D. 18 किमी॰

20. तमिलनाडु एक्सप्रेस नई दिल्ली से चेन्नई तक के 33 घंटे लेती है और 12 घंटे वहीं रुकने के बाद उसी दिन वापस चलती है। यदि वह नई दिल्ली से सोमवार की रात को 11 बजे चलती है, तो वापस नई दिल्ली पहुँचने का दिन और समय होगा:

A. शुक्रवार, सायं 5 बजे

B. शुक्रवार, प्रातः 5 बजे

C. शुक्रवार, दोपहर 11 बजे

D. गुरुवार, सायं 5 बजे

21. एक व्यक्ति शहर A से शहर B तक 360 किमी॰ की दूरी इस प्रकार तय करता है कि यात्रा का एक तिहाई भाग 2 घंटे में तथा शेष यात्रा 40 किमी प्रति घंटे की चाल से पूरी करता है। सम्पूर्ण यात्रा में औसत चाल थी:

A. 45 किमी/घंटा B. 50 किमी॰/घंटा

C. 60 किमी॰/घंटा D. 40 किमी॰/घंटा

22. 36 किमी॰ प्रति घंटे की चाल से गतिशील 100 मीटर लंबी रेलगाड़ी कितने सेकंड में एक निश्चित टेलीग्राफ पोस्ट को पार कर लेगी?

A. 50 B. 10

C. 20 D. 15

23. दो रेलगाड़ियाँ कानपुर और दिल्ली से एक साथ रवाना होती हैं और एक-दूसरे की ओर चलती हैं। उनकी गति क्रमशः 16 किमी॰/घंटा तथा 21 किमी॰/घंटा है। जब वे मिलती हैं तब पता चलता है कि एक ने दूसरे से 60 किमी॰ अधिक दूरी तय की है। दोनों स्टेशनों के बीच की दूरी है:

A. 445 किमी॰ B. 444 किमी॰

C. 440 किमी॰ D. 450 किमी॰

24. एक गाड़ी का पहिया एक सेकण्ड में 4 चक्कर लगाता है। यदि पहिये की व्यास 84 सेमी॰ हो, तो उसकी गति है:

A. 39 किमी/घंटा B. 38.016 किमी॰/घंटा

C. 84 किमी॰/घण्टा D. 38.16 किमी॰/घंटा

25. एक रेलगाड़ी 60 किमी॰ की दूरी 45 मिनट में तय करती है। यदि इसकी गति 5 किमी॰/घंटा कम कर दी जाए, तो उसी दूरी को वह कितने समय में तय करेगी?

A. 50 मिनट B. 55 मिनट

C. 48 मिनट D. 52 मिनट

उत्तरमाला

1	2	3	4	5	6	7	8	9	10
B	A	D	C	B	D	C	B	A	C
11	**12**	**13**	**14**	**15**	**16**	**17**	**18**	**19**	**20**
B	D	D	B	D	B	D	C	A	B
21	**22**	**23**	**24**	**25**					
A	B	B	B	C					

कुछ चुने हुए प्रश्नों के व्याख्यात्मक उत्तर

1. माना दूसरी गाड़ी की गति x किमी/घंटा है।

चूंकि दोनों गाड़ियां एक-दूसरे की विपरीत दिशा में चल रही हैं

$\therefore$ सापेक्ष चाल = $(50 + x)$ किमी॰/घंटा

दोनों गाड़ियों की लम्बाई = $100 + 120 = 220$ मीटर

$= \frac{220}{1000}$ किमी॰

तथा पार करने में लगा समय 6 सेकंड = $\frac{6}{3600}$ घंटे

$$\therefore 50+x=\frac{\frac{220}{1000}}{\frac{6}{3600}}=\frac{220\times3600}{6\times1000}=132$$

$\therefore x=132-50=82$ किमी॰/घंटा

2. चूंकि रेलगाड़ी और आदमी एक ही ओर जा रहे हैं।

$\therefore$ सापेक्ष चाल = $40-25=15$ किमी॰/घंटा

$$\therefore \quad 15=\frac{\text{गाड़ी की लम्बाई}}{\frac{48}{3600}\text{ घण्टे}}$$

$\therefore$ गाड़ी की लम्बाई = $15\times\frac{48}{3600}$ किमी॰

$= \frac{15\times48\times1000}{3600}$ मीटर

$= 200$ मीटर

5. लौटते समय गाड़ी की चाल = $\frac{90}{100}\times60$

$= 54$ किमी॰/घंटा

60 किमी॰/घंटा से समय लगता है $\frac{3}{4}$ घंटा

$\therefore$ 1 किमी॰/घंटा से समय लगता है = $\frac{3}{4}\times60$

$\therefore$ 54 किमी॰/घंटा से समय लगता है

$= \frac{3}{4}\times\frac{60}{54}=\frac{5}{6}$ घंटा = 50 मिनट

7. चाल = कुल दूरी / समय

$\therefore$ 30 = कुल दूरी / 30

$\therefore$ कुल दूरी = $30\times30=900$ मीटर

8. सापेक्ष चाल = $30+5=35$ मी॰/से॰

$\therefore$ पार करने में लगा समय = $\frac{150}{35}=4\frac{2}{7}$ सेकंड

9. पहिए की परिधि = $\frac{22}{7}\times84=264$ सेमी॰

$\therefore$ 1 सेकंड में चली हुई दूरी = $4\times264=1056$ सेमी॰

$\therefore$ चाल किमी॰/घंटा में = $\frac{1056}{100\times1000}\times\frac{60\times60}{1}$

$=38.016$

16. नई चाल = वास्तविक चाल का $\frac{3}{4}$

$\therefore$ नया समय जो लिया गया = वास्तविक समय का $\frac{4}{3}$

वास्तविक समय का $\frac{4}{3}$ − वास्तविक समय = 20 मिनट

$\therefore$ वास्तविक समय $\left(\frac{4}{3}-1\right)=20$

$\therefore$ वास्तविक समय = $20\times\frac{3}{1}=60$ मिनट

19. प्रथम साइकिल द्वारा A स्थान से आधा घण्टे में तय की गई दूरी = $\frac{1}{2}\times8=4$ किमी॰

$\therefore$ A और B के मध्य बची दूरी = $22-4=18$ किमी॰

दोनों की सापेक्ष चाल = $8+10=18$ किमी॰/घंटा

समय = दूरी / चाल = $\frac{18}{18}$ = 1 घंटा

23. माना कानपुर से चलने वाली गाड़ी ने x किमी॰ व दिल्ली से चलने वाली गाड़ी ने $(x+60)$ किमी॰ की दूरी तय की।

दोनों ने क्रमशः समय लिया $\frac{x}{16}$ घंटा और $\frac{x+60}{21}$ घंटा

प्रश्नानुसार, $\frac{x}{16}=\frac{x+60}{21}$

या $21x=16x+960$ या $x=192$

अतः कुल दूरी $192+192+60=444$ किमी॰

25. दूरी = 60 किमी॰, समय 45 मिनट = $\frac{3}{4}$ घंटा

$\therefore$ चाल = $\frac{60\times4}{3}=80$ किमी॰/प्रति घंटा

5 किमी॰/घंटा, कम होने पर चाल = 75 किमी॰/घंटा

$\therefore$ समय = $\frac{60}{75}=\frac{4}{5}$ घंटा = 48 मिनट

15

क्षेत्रफल
(AREA)

वर्ग, आयत, त्रिभुज, चतुर्भुज, वृत्त

किसी द्विविमीय आवृत्ति द्वारा जितना स्थान घेरा जाता है वह उसका क्षेत्रफल कहलाता है। क्षेत्रफल की इकाई वर्ग इकाई है।

क्षेत्रफल से संबंधित प्रमुख सूत्र

1. आयत का क्षेत्रफल = लम्बाई × चौड़ाई
2. वर्ग का क्षेत्रफल = (भुजा)^2 = $\frac{1}{2}$(विकर्ण)^2
3. आयत का परिमाप = 2(लम्बाई + चौड़ाई)
4. वर्ग का परिमाप = 4 × भुजा
5. त्रिभुज का क्षेत्रफल = $\frac{1}{2}$ × आधार × ऊँचाई
6. कमरे की चारदीवारी का क्षेत्रफल = 2 × ऊँचाई (लम्बाई + चौड़ाई)
7. समबाहु त्रिभुज का क्षेत्रफल = $\frac{\sqrt{3}}{4}$(भुजा)^2
8. त्रिभुज का क्षेत्रफल जिसकी तीनों भुजाएं क्रमशः a, b, c हों

   $= \sqrt{s(s-a)(s-b)(s-c)}$

   जहाँ $s = \frac{a+b+c}{2}$
9. समान्तर चतुर्भुज का क्षेत्रफल = आधार × ऊँचाई
10. समचतुर्भुज का क्षेत्रफल = $\frac{1}{2}$ × विकर्णों का गुणनफल
11. समलम्ब चतुर्भुज का क्षेत्रफल = $\frac{1}{2}$ × समान्तर भुजाओं का योग × समान्तर भुजाओं के बीच लम्बवत् दूरी
12. वृत्त का क्षेत्रफल = πr^2 जहाँ r वृत्त की त्रिज्या है
13. त्रिज्या खण्ड का क्षेत्रफल = $\frac{\theta \times \pi r^2}{360°}$

    जहाँ θ त्रिज्या खण्ड द्वारा केन्द्र पर आन्तरिक कोण (डिग्री में) है।
14. वृत्त की परिधि = $2\pi r$
15. किसी समकोण त्रिभुज में पाइथोगोरस प्रमेय से

    (कर्ण)^2 = (लम्ब)^2 + (आधार)^2

    जहाँ कर्ण समकोण के सामने की भुजा व लम्ब व आधार समकोण की आसन्न भुजाएं हैं।

    अथवा

    (लम्ब)^2 = (कर्ण)^2 − (आधार)^2

अभ्यास

1. एक समकोण त्रिभुज की समकोण वाली भुजाओं का अनुपात 1 : 2 है, और त्रिभुज का क्षेत्रफल 36 वर्ग इकाई है। त्रिभुज के कर्ण की लम्बाई है:

A. 3 इकाई B. $\sqrt{3}$ इकाई

C. $\sqrt{5}$ इकाई D. $6\sqrt{5}$ इकाई

2. यदि एक वृत्त का क्षेत्रफल पूर्ण संख्या (Whole Number) है, तो निम्न में से उसकी त्रिज्या है:

A. 4 B. 4π

C. $\frac{2}{\pi}$ D. $\frac{2}{\sqrt{\pi}}$

3. साथ में दिए गए वृत्त की त्रिज्या 5 सेमी॰ है। छायांकित भाग का क्षेत्रफल कितने वर्ग सेमी॰ है?

40° 30°

A. $\frac{37}{36}\pi^2$ B. $\frac{175}{36}\pi$

C. $\frac{125}{28}\pi$ D. $\frac{75}{18}\pi^2$

4. यदि किसी समबाहु त्रिभुज की एक भुजा पूर्ण संख्या (Whole Number) है, तो निम्नलिखित में से कौनसा क्षेत्रफल हो सकता है?

A. 6 B. $\frac{25\sqrt{3}}{4}$

C. $2\sqrt{2}$ D. $8\sqrt{3}$

5. 5.3 सेमी॰ भुजा वाले वर्ग का क्षेत्रफल कितना कम हो जाएगा, यदि उसकी भुजा 3 सेमी छोटी हो जाए?

A. 2.3 वर्ग मीटर B. 12.8 वर्ग मीटर

C. 22.8 वर्ग मीटर D. 2.28 वर्ग मीटर

6. एक वर्ग का विकर्ण 6 इंच लंबा है। उसका क्षेत्रफल कितने वर्ग इंच होगा?

A. 9 B. 12

C. 18 D. 36

7. यदि किसी वृत्त की त्रिज्या दुगुनी कर दी जाए, तो उसके क्षेत्रफल में परिवर्तन होगा:

A. आठ गुना बड़ा B. चार गुना बड़ा

C. दुगुना बड़ा D. उतना ही रहेगा

8. यदि एक समद्विबाहु त्रिभुज का आधार 'a' है और उसकी समान भुजाएँ प्रत्येक b है, तो उसका क्षेत्रफल होगा:

A. $\frac{a}{4}\sqrt{4b^2-a^2}$ B. $\frac{a}{4}\sqrt{4b^2+a^2}$

C. $\frac{a}{4}\div\sqrt{4b^2+a^2}$ D. $\frac{a}{4}\sqrt{b^2-4a^2}$

9. 7 सेमी॰ त्रिज्या वाले वृत्त की परिधि है:

A. 96 सेमी॰ B. 48 सेमी॰

C. 140 सेमी॰ D. 44 सेमी॰

10. एक समान्तर चतुर्भुज का आधार और ऊँचाई क्रमशः 12 सेमी व 8 सेमी है। इसका क्षेत्रफल है:

A. 96 वर्ग सेमी B. 48 वर्ग सेमी॰

C. 140 वर्ग सेमी॰ D. 192 वर्ग सेमी

11. एक 10 मीटर लम्बे व 5 मीटर चौड़े बरामदे में 10 सेमी॰ भुजा वाली कितनी टाइलें लगेंगी?

A. 10,000 B. 1

C. 2,500 D. 5,000

12. 21 मीटर त्रिज्या के वृत्ताकार बगीचे के चारों ओर 2 किमी/घंटे की चाल से एक चक्कर लगाने में कितना समय लगेगा?

A. 132 घंटे B. .132 घंटे

C. 500/33 घंटे D. .066 घंटे

13. 10 सेमी॰ भुजा वाले दो वर्गों का कुल क्षेत्रफल एक बड़े वर्ग के क्षेत्रफल के बराबर है। बड़े वर्ग की भुजा होगी:

A. $10\sqrt{2}$ सेमी॰ B. 10 सेमी॰

C. 20 सेमी॰ D. 50 सेमी॰

14. एक कमरे की लम्बाई, चौड़ाई की डेढ़ गुनी है। यदि कमरे का क्षेत्रफल 121.5 वर्ग फुट है। कमरे की लम्बाई है :

A. 9 फुट B. 13.5 फुट

C. 11.5 फुट D. 11.25 फुट

15. एक कमरे की चारों दीवारों का क्षेत्रफल 200 वर्गमीटर है। यदि कमरे की लम्बाई 12 मीटर और चौड़ाई 8 मीटर हो, तो उसकी ऊँचाई होगी:

A. 5 मीटर B. 10 मीटर
C. 7.5 मीटर D. 20 मीटर

16. 12 मीटर × 10 मीटर नाप के एक बगीचे में लम्बाई के समान्तर 3 मीटर चौड़ा और चौड़ाई के समान्तर 2 मीटर चौड़ा मार्ग बना हुआ है। मार्गों का कुल क्षेत्रफल है:
A. 56 वर्ग मीटर B. 50 वर्ग मीटर
C. 51 वर्ग मीटर D. 48 वर्ग मीटर

17. एक त्रिभुज की तीनों भुजाएँ क्रमशः 6 सेमी., 8 सेमी. व 10 सेमी. हैं। त्रिभुज का क्षेत्रफल वर्ग सेमी. में होगा:
A. 36 वर्ग सेमी. B. 24 वर्ग सेमी.
C. 48 वर्ग सेमी. D. 72 वर्ग सेमी.

18. एक वृत्त के अन्दर बड़े से बड़े आकार का एक वर्ग खींचा गया है। यदि वर्ग का क्षेत्रफल 98 वर्ग सेमी. हो, तो वृत्त का क्षेत्रफल होगा:
A. 98 वर्ग सेमी. B. 196 वर्ग सेमी.
C. 154 वर्ग सेमी. D. 88 वर्ग सेमी.

19. एक समलम्ब चतुर्भुज की समान्तर भुजाएँ क्रमशः 12 डेसीमीटर व 10 डेसीमीटर हैं तथा उनके बीच की दूरी 6 डेसीमीटर है। उनका क्षेत्रफल होगा:
A. 66 वर्ग सेमी.
B. 66 वर्ग डेसीमीटर
C. 132 वर्ग डेसीमीटर
D. 66 वर्ग मीटर

20. दो वृत्तों के व्यास क्रमशः 10 सेमी. और 8 सेमी. हैं; उनके क्षेत्रफलों का अनुपात होगा:
A. 5 : 4 B. 25 : 16
C. 4 : 5 D. 16 : 25

21. एक ही केंद्र से दो वृत्त खींचे गए हैं, जिनकी त्रिज्याएं क्रमशः 4 सेमी. व 3 सेमी. हैं। दोनों वृत्तों के बीच के भाग का क्षेत्रफल होगा:
A. $\frac{550}{7}$ वर्ग सेमी B. 44 वर्ग सेमी.
C. $\frac{22}{7}$ वर्ग सेमी D. 22 वर्ग सेमी.

22. एक वृक्ष का तना इस प्रकार टूटा कि यह बिल्कुल अलग नहीं हुआ। यदि उसका ऊपरी सिरा वृक्ष के तल से 8 मीटर दूर जमीन को स्पर्श कर रहा है और टूटे हुए उस भाग की लम्बाई 10 मीटर हो, तो वृक्ष की पूरी ऊँचाई है:
A. 14 मीटर B. 18 मीटर
C. 16 मीटर D. 24 मीटर

23. एक समान्तर चतुर्भुज का क्षेत्रफल 75 वर्ग सेमी. तथा ऊँचाई 5 सेमी. है। इसी आधार पर स्थित दुगुने क्षेत्रफल वाले आयत का परिमाप होगा:
A. 15 सेमी. B. 50 सेमी.
C. 25 सेमी. D. 30 सेमी.

24. 20 मीटर लम्बा और 15 मीटर चौड़ा एक हॉल है। इसके फर्श पर 75 सेमी. चौड़ाई की दरी पट्टी बिछाई गई है। दरी पट्टी की लम्बाई होगी:
A. 4 मीटर B. 40,000 मीटर
C. 400 मीटर D. 4,000 मीटर

25. एक विद्यालय के सभा भवन में 80 सेमी. भुजा के वर्गाकार 100 चौके लगे हैं। सभा भवन की लम्बाई 10 मीटर हो, तो चौड़ाई होगी:
A. 64 मीटर B. 80 मीटर
C. 640 मीटर D. 6.4 मीटर

उत्तरमाला

1	2	3	4	5	6	7	8	9	10
D	D	B	B	C	C	B	A	D	B
11	**12**	**13**	**14**	**15**	**16**	**17**	**18**	**19**	**20**
D	D	A	B	A	B	B	C	B	B
21	**22**	**23**	**24**	**25**					
D	C	B	C	D					

कुछ चुने हुए प्रश्नों के व्याख्यात्मक उत्तर

1. माना दो भुजाएँ x व $2x$ हैं।

$\frac{1}{2} \times x \times 2x = 36$ या $x^2 = 36$ या $x = 6$

$\therefore$ दो भुजाएँ 6 व 12 हैं।

कर्ण $= \sqrt{6^2 + 12^2} = \sqrt{36+144} = \sqrt{180} = 6\sqrt{5}$

4. माना भुजा $= x$

$\therefore$ समबाहु त्रिभुज का क्षेत्रफल $= \frac{\sqrt{3}}{4}x^2 = \frac{25\sqrt{3}}{4}$

$\therefore \quad x = \sqrt{25} = 5$ अर्थात् भुजा $= 5$

यहाँ विकल्प B से ही भुजा पूर्ण संख्या आती है।

8. त्रिभुज की तीनों भुजाएं a, b, c हैं।

$\because s = \frac{a+b+c}{2} = \frac{a+2b}{2}$, यहाँ $b = c$ है।

त्रिभुज का क्षेत्रफल $= \sqrt{s(s-a)(s-b)(s-c)}$

$$= \sqrt{\frac{a+2b}{2}\left(\frac{a+2b}{2} - a\right)\left(\frac{a+2b}{2} - b\right)\left(\frac{a+2b}{2} - b\right)}$$

$$= \sqrt{\frac{a+2b}{2}\left(\frac{2b-a}{2}\right)\left(\frac{a}{2}\right)\left(\frac{a}{2}\right)}$$

$$= \sqrt{\frac{a^2}{16}\left(4b^2 - a^2\right)}$$

$$= \frac{a}{4}\sqrt{4b^2 - a^2}$$

12. परिधि $= 2\pi r = 2 \times \frac{22}{7} \times 21$

$= 132$ मीटर $= 0.132$ किमी॰

चाल $= 2$ किमी॰/घंटा

समय $= \frac{\text{दूरी}}{\text{चाल}} = \frac{0.132}{2} = 0.066$ घंटे

15. कमरे की ऊँचाई $= \frac{\text{चारों दीवारों का क्षेत्रफल}}{2(\text{लम्बाई} + \text{चौड़ाई})}$

$= \frac{200}{2(12+8)} = 5$ मीटर

18. $\because$ वर्ग का क्षेत्रफल $= \frac{1}{2} \times (\text{विकर्ण})^2 = 98$

$\therefore \quad (\text{विकर्ण})^2 = 98 \times 2 = 196$

$\therefore \quad$ विकर्ण $= \sqrt{196}$

$= 14$ सेमी॰

$\therefore \quad$ वृत्त का व्यास $= 14$ सेमी॰

त्रिज्या $= 7$ सेमी॰

वृत्त का क्षेत्रफल $= \frac{22}{7} \times (7)^2$

$= 154$ वर्ग सेमी॰

23. समान्तर चतुर्भुज का आधार $= \frac{\text{क्षेत्रफल}}{\text{ऊंचाई}}$

$= \frac{75}{5} = 15$ सेमी॰

आयत का क्षेत्रफल $= 2 \times 75 = 150$ वर्ग सेमी॰

$\therefore$ आयत की ऊँचाई $= \frac{150}{15} = 10$ सेमी॰

आयत का परिमाप $= 2(15 + 10)$

$= 2 \times 25 = 50$ सेमी॰

25. एक चौके का क्षेत्रफल $= .80 \times .80 = .64$ वर्ग मीटर

$\therefore$ 100 चौकों का क्षेत्रफल $= .64 \times 100$

$= 64$ वर्गमीटर

अर्थात् सभा भवन का क्षेत्रफल $= 64$ वर्गमीटर

लम्बाई $= 10$ मीटर

$\therefore$ चौड़ाई $= \frac{64}{10} = 6.4$ मीटर

YOUR SPACE

सामान्य सचेतता
(General Awareness)

हमारा भारत

भारत एक दृष्टि में

- **राजधानी-**नई दिल्ली
- **क्षेत्रफल-**32,87,263 वर्ग कि.मी.
- **क्षेत्रफल की दृष्टि से विश्व में स्थान-**सातवां
- **स्थित-**भूमध्य रेखा के उत्तर में 8°4′ और 37°6′ उत्तरी अक्षांश और 68°7′ तथा 97°25′ पूर्वी देशांतर के मध्य
- **विस्तार-**उत्तर से दक्षिण तक 3,214 किमी., पूर्व से पश्चिम तक 2,933 किमी.
- **भूमि सीमा-**15,200 किमी.
- **समुद्री तट-**7,516.6 किमी.
- **सीमावर्ती देश-**उत्तर-पश्चिम में पाकिस्तान और अफगानिस्तान, उत्तर में चीन, नेपाल और भूटान, पूर्व में म्यांमार और बंगलादेश, दक्षिण में मन्नार की खाड़ी और पाक-जलडमरूमध्य श्रीलंका से अलग करते हैं।
- **प्राकृतिक संरचना-**मुख्य भूमि चार भागों में विभक्त–विस्तृत पर्वतीय क्षेत्र, सिंधु और गंगा के मैदान, रेगिस्तानी क्षेत्र, दक्षिणी प्रायद्वीप
- **प्रमुख नदियाँ**–(क) हिमालय समूह : गंगा, यमुना, सिन्धु तथा ब्रह्मपुत्र; (ख) दक्षिणी नदियाँ : कृष्णा, कावेरी, गोदावरी, महानदी, दामोदर, भरतपुझा, नर्मदा, ताप्ती, पम्बा, पेरियार, पेन्नार, शरावती, नेत्रवती
- **जलवायु-**ऊष्ण कटिबंधीय चार ऋतुएँ–शीत ऋतु, ग्रीष्म ऋतु, वर्षा ऋतु, शरद ऋतु
- **जीव-जंतु-**लगभग 89,451 किस्म के
- **राष्ट्रीय उद्यान-**107 (अगस्त 2025)
- **वन्य जीव अभ्यारण्य-**574 (अगस्त 2025)
- **राजभाषा-**हिन्दी
- **उच्च न्यायालयों की संख्या-**25

भारत की जनगणना 2011

भारत में जनगणना का विधिवत् कार्य 1881 में आरम्भ हुआ। 2011 की जनगणना (अंतिम) के अनुसार भारत की कुल जनसंख्या 121,08,54,977 थी। जबकि 10 वर्ष पूर्व 2001 में कुल जनसंख्या 102,70,15,247 थी। वर्ष 2011 की जनगणना के प्रमुख तथ्य निम्नलिखित हैं:

- **कुल जनसंख्या-**121,08,54,977
- **पुरुष-**62,32,70,258
- **महिला-**58,75,84,719
- **कुल जनसंख्या में पुरुषों का प्रतिशत-**51.53%
- **कुल जनसंख्या में महिलाओं का प्रतिशत-**48.46%
- **भारत की जनसंख्या का विश्व जनसंख्या में भाग-**17.5%
- **दशकीय वृद्धि दर (2001-2011)-**17.7%
- **सर्वाधिक वृद्धि दर-**मेघालय 27.9%
- **न्यूनतम वृद्धि दर-**नगालैंड–0.6%
- **सर्वाधिक जनसंख्या वाला राज्य-**उत्तर प्रदेश (19,98,12,341)
- **न्यूनतम जनसंख्या वाला राज्य-**सिक्किम (6,10,577)
- **स्त्री-पुरुष अनुपात-**943 : 1000
- **सर्वाधिक लिंगानुपात-**केरल, 1084 : 1000
- **न्यूनतम लिंगानुपात-**हरियाणा 879 : 1000
- **जनसंख्या घनत्व-**382 व्यक्ति प्रति वर्ग किलोमीटर
- **सर्वाधिक घनत्व-**बिहार (1,106)
- **न्यूनतम घनत्व-**अरुणाचल प्रदेश (17)
- **केन्द्रशासित प्रदेशों में सर्वाधिक घनत्व-**दिल्ली (11,320)
- **केन्द्रशासित प्रदेशों में न्यूनतम घनत्व-**अण्डमान निकोबार द्वीप समूह (46)
- **साक्षरता प्रतिशत-**73%
- **पुरुष साक्षरता-**80.9%
- **महिला साक्षरता-**64.6%
- **सर्वाधिक साक्षरता-**केरल (94%)
- **न्यूनतम साक्षरता-**बिहार (61.8%)

भारत के प्रमुख पर्यटन स्थल

पर्यटन स्थल	स्थान एवं राज्य
• कन्हेरी की गुफाएँ	मुम्बई (महाराष्ट्र)
• एलीफेण्टा की गुफाएँ	मुम्बई (महाराष्ट्र)
• अजन्ता की गुफाएँ	छत्रपति संभाजीनगर (महाराष्ट्र)
• एलोरा की गुफाएँ	छत्रपति संभाजीनगर (महाराष्ट्र)
• कन्दरिया महादेव मन्दिर	खजुराहो (मध्य प्रदेश)
• मृगनयनी का महल	ग्वालियर (मध्य प्रदेश)
• गोलकुण्डा का किला	हैदराबाद (तेलंगाना)
• जूनागढ़ किला	बीकानेर (राजस्थान)
• ताजमहल	आगरा (उत्तर प्रदेश)
• हजरतबल मस्जिद	श्रीनगर (जम्मू और कश्मीर)
• जन्तर-मन्तर	जयपुर (राजस्थान)
• नाहरगढ़ का किला	जयपुर (राजस्थान)
• भरतपुर का किला	भरतपुर (राजस्थान)
• हवा महल	जयपुर (राजस्थान)
• उम्मेद भवन महल	जोधपुर (राजस्थान)
• आराम बाग	आगरा (उत्तर प्रदेश)
• लाल किला	दिल्ली
• हुमायूँ का मकबरा	दिल्ली
• शालीमार बाग	श्रीनगर
• सेंट जॉर्ज किला	चेन्नई (तमिलनाडु)
• शेरशाह का मकबरा	सासाराम (बिहार)
• फतेहपुर सीकरी	आगरा (उत्तर प्रदेश)
• आगरा फोर्ट	आगरा (उत्तर प्रदेश)
• पुराना किला	दिल्ली
• जहाँगीर महल	आगरा फोर्ट (उत्तर प्रदेश)
• अकबर का मकबरा	सिकन्दरा (उत्तर प्रदेश)
• अकबर का किला	प्रयागराज (उत्तर प्रदेश)
• विजय स्तम्भ	चित्तौड़गढ़ (राजस्थान)
• कुतुबमीनार	दिल्ली
• अढ़ाई दिन का झोपड़ा	अजमेर (राजस्थान)
• प्रिन्स ऑफ वेल्स म्यूजियम	मुम्बई (महाराष्ट्र)
• फिरोज शाह कोटला	दिल्ली
• बूँदी का किला	बूँदी (राजस्थान)
• पिछोला झील	उदयपुर (राजस्थान)
• काकरिया झील	अहमदाबाद (गुजरात)
• दरगाह अजमेर शरीफ	अजमेर (राजस्थान)
• जोधपुर दुर्ग	जोधपुर (राजस्थान)
• निशात बाग	जम्मू और कश्मीर
• फतेह सागर	उदयपुर (राजस्थान)
• जय समन्द	उदयपुर (राजस्थान)
• शीश महल	आगरा (उत्तर प्रदेश)

पर्यटन स्थल	स्थान एवं राज्य
• खास महल	आगरा (उत्तर प्रदेश)
• दीवाने खास	आगरा फोर्ट (उत्तर प्रदेश)
• नाखुदा मस्जिद	कोलकाता (प. बंगाल)
• बड़ा इमामबाड़ा	लखनऊ (उत्तर प्रदेश)
• टीपू का महल	मैसूर (कर्नाटक)
• गोलघर	पटना (बिहार)
• कोणार्क मन्दिर	पुरी (ओडिशा)
• जगन्नाथ मन्दिर	पुरी (ओडिशा)
• चौंसठ योगिनी मन्दिर	खजुराहो (मध्य प्रदेश)
• चेन्ना केशव मन्दिर	वैलूर (कर्नाटक)
• लक्ष्मण मन्दिर	छतरपुर (मध्य प्रदेश)
• दिलवाड़ा का जैन मन्दिर	माउण्ट आबू (राजस्थान)
• हर मन्दिर	पटना (बिहार)
• स्वर्ण मन्दिर	अमृतसर (पंजाब)
• काली का मन्दिर	कोलकाता (प. बंगाल)
• बाँके बिहारी मन्दिर	वृन्दावन (उत्तर प्रदेश)
• लक्ष्मी नारायण मन्दिर	दिल्ली
• द्वारकाधीश का मन्दिर	मथुरा (उत्तर प्रदेश)
• शेरशाही मस्जिद	पटना (बिहार)
• मक्का मस्जिद	हैदराबाद (तेलंगाना)
• चरार-ए-शरीफ	श्रीनगर (जम्मू और कश्मीर)
• पत्थर मस्जिद	जम्मू और कश्मीर
• जामा मस्जिद	दिल्ली
• मोती मस्जिद	दिल्ली
• विलियम फोर्ट	कोलकाता (प. बंगाल)
• बीबी का मकबरा	छत्रपति संभाजीनगर (महाराष्ट्र)
• चश्मा शाही	जम्मू और कश्मीर
• एतमादुद्दौला का मकबरा	आगरा (उत्तर प्रदेश)
• कोच्चि का किला	केरल
• सफदरजंग का मकबरा	दिल्ली
• जन्तर-मन्तर	दिल्ली
• विवेकानन्द रॉक मैमोरियल	कन्याकुमारी (तमिलनाडु)
• वैलूर मठ	कोलकाता (प. बंगाल)
• लक्ष्मण झूला	ऋषिकेश (उत्तराखंड)
• शान्ति निकेतन	पश्चिम बंगाल
• साबरमती आश्रम	अहमदाबाद (गुजरात)
• गेटवे ऑफ इंडिया	मुम्बई (महाराष्ट्र)
• जिम कार्बेट पार्क	नैनीताल (उत्तराखंड)
• विक्टोरिया मैमोरियल	कोलकाता
• सनसेट प्वॉइण्ट	माउण्ट आबू (राजस्थान)
• चार मीनार	हैदराबाद (तेलंगाना)
• काँचीपुरम का मन्दिर	चेन्नई (तमिलनाडु)
• सहेलियों की बाड़ी	उदयपुर (राजस्थान)

विभिन्न राज्यों/संघ शासित प्रदेशों में मिलने वाली जनजातियां

प्रदेश	जनजातियां
उत्तर प्रदेश, उत्तराखंड	बुक्सा, थारू, बिड़कोल, भोटिया, खरवार, जौनसारी, राजी
पश्चिम बंगाल, बिहार, झारखंड	संथाल, भुइया, कोरबा, उरांव, हो, विरहोर, असुर, मुंडा, कोल
राजस्थान	मीणा, भील, गरासिया, सहरिया, सांसी, दमोर, मेव, मेरात, कोली
अण्डमान-निकोबार द्वीप समूह	ओंग, सोपन, आरबा, अण्डमानी, निकोबारी
हिमाचल प्रदेश, जम्मू एवं कश्मीर, लद्दाख	बकरवाल, गद्दी, गुर्जर, लाहौल लांबा, पंगवाला, किन्नर
असम, अरुणाचल प्रदेश, नगालैंड, मेघालय, मणिपुर	गुरूंग, रियांग, चकमा, मिनीपोंग, पासी, ग्लोंग, सिंगपो, रेंगमा, सेंगमा, यांग, नागा, गारो
मिजोरम	खासी
गुजरात	टोड़िया, भील, डाफर, रैवारी, पटेलिया, डूबला, कथोड़ी, सिद्दीस
केरल	कडर, इरुला, मुथुवन, कनिक्कर, मलनकुरावन, मलयारायन, मलावेतन, मलायन, मन्नान, उल्लातन, यूराली, पनियां, पुलायन, मल्लार, कुरुम्बा
तमिलनाडु, ओडिशा	जुवांग, खोंड, गोंड, बड़गा, बोंडो, जुआंग, परजा, भूमिज
महाराष्ट्र, आन्ध्र प्रदेश, तेलंगाना	भील, गोंड, अगरिया, असुरा, भारिया, कोया, वर्ली, कोली, डुका, बैगा, गडावास, कामर, खडिया, खोंडा, कोल, कोलम, कोरबा, मुन्डा
मध्य प्रदेश, छत्तीसगढ़	कोरकू, भील, बैगा, गोंड, अगरिया, भारिया, कोरबा, कोल, उरांव, प्रधान, नगेशिया, हल्वा, भतरा, माड़िया, सहरिया, कमार, कंवर
त्रिपुरा	लुभाई, माग, हलम, खशिया, भूटिया, मुन्डा, संथाल, भील, जमनिया, रियांग, उचाई
कर्नाटक	गौडालू, हक्की, पिक्की, इरुगा, जेनु, कुरुव, मलाईकुड, भील, गोंड, टोडा, वर्ली, चेन्चू, कोया, अर्नादन, चेरवा, होलेया, कोरमा
पंजाब	गद्दी, स्वांगला, भोट

विशेष दर्जा प्राप्त राज्य

राज्य	विशेष दर्जा प्राप्त करने का वर्ष	राज्य	विशेष दर्जा प्राप्त करने का वर्ष
असम	1969	त्रिपुरा	1972
नगालैंड	1969	सिक्किम	1975-76
हिमाचल प्रदेश	1971	मिजोरम	1986-87
मणिपुर	1972	अरुणाचल प्रदेश	1986-87
मेघालय	1972	उत्तराखंड	2001-02

भारत में प्रथम

नोबेल पुरस्कार प्राप्तकर्ता	**1. साहित्यः** रवीन्द्रनाथ टैगोर (1913) **2. भौतिकीः** सी॰वी॰ रमन (1930) **3. शान्तिः** मदर टेरेसा (1979) **4. अर्थशास्त्रः** अमर्त्य सेन (1998)

स्वतंत्र भारत के प्रथम एवं अंतिम भारतीय गवर्नर जनरल	चक्रवर्ती राजगोपालाचारी
महिला राष्ट्रपति	प्रतिभा पाटिल
महिला राज्यपाल	श्रीमती सरोजिनी नायडू
सुप्रीम कोर्ट की महिला न्यायाधीश	श्रीमती मीरा साहिब फातिमा बीबी
महिला प्रधानमंत्री	श्रीमती इंदिरा गांधी
महिला मुख्यमंत्री	श्रीमती सुचेता कृपलानी
संयुक्त राष्ट्र महासभा की महिला अध्यक्ष	श्रीमती विजयालक्ष्मी पंडित (1954)
अंतर्राष्ट्रीय न्यायालय के भारतीय अध्यक्ष	डॉ॰ नगेन्द्र सिंह
इंगलिश चैनल तैरकर पार करने वाली भारतीय महिला	आरती गुप्ता
इंगलिश चैनल तैरकर पार करने वाला भारतीय पुरुष	मिहिर सेन
ब्रिटिश पार्लियामेंट के भारतीय सदस्य	दादा भाई नौरोजी
फील्ड मार्शल	एस॰एच॰एफ॰जे॰ मानेकशा
विक्टोरिया क्रॉस विजेता	खुदादाद खां
एवरेस्ट शिखर पर चढ़ने वाला भारतीय	शेरपा तेंजिंग (29 मई, 1953)
एवरेस्ट पर चढ़ने वाली भारतीय महिला	कु॰ बचेन्द्रीपाल (23 मई, 1984)
एवरेस्ट पर दो बार विजय प्राप्त करने वाली भारतीय महिला	संतोष यादव (10 मई, 1992; 10 मई, 1993)
भारतीय अंतरिक्ष यात्री (पुरुष)	राकेश शर्मा (3 अप्रैल, 1984)
भारतीय अंतरिक्ष यात्री (महिला)	कल्पना चावला (19 नवम्बर, 1997)
भारत रत्न से विभूषित महिला	श्रीमती इंदिरा गांधी
संयुक्त राष्ट्र संघ की महासभा में हिन्दी में भाषण देने वाला प्रथम भारतीय	अटल बिहारी वाजपेयी
भारतीय महिला मिस यूनिवर्स	कु॰ सुष्मिता सेन
भारतीय महिला मिस वर्ल्ड	रीता फारिया
समाचार-पत्र	बंगाल गजट (27 जनवरी, 1780)
डाक टिकट	1852
तार लाइन	1851 (कलकत्ता-डायमंड हार्बर)
रेल	16 अप्रैल, 1853 (बम्बई-थाणे)
विद्युत रेल	1925 (बम्बई-कुर्ला)
उपग्रह	आर्यभट्ट (1975)
रॉकेट	रोहिणी (1967)
आणविक रियेक्टर	अप्सरा (1956)
आणविक बिजलीघर	तारापुर आणविक बिजलीघर (1969)
भारतीय वायु सेना की महिला पायलट	हरित कौर देओल
फास्ट ब्रीडर आणविक रियेक्टर	कलपक्कम
बिना ऑक्सीजन एवरेस्ट की चोटी पर पहुंचने वाला भारतीय	फु दोरजी (1987)
मेट्रो रेलवे	कोलकाता (1984)

फिल्म (मूक)	राजा हरिश्चन्द्र (1913)
फीचर फिल्म (बोलती हुई)	आलम आरा (1931)
इंडियन नेशनल कांग्रेस की प्रथम महिला अध्यक्ष	श्रीमती एनी बेसेंट
इंडियन नेशनल कांग्रेस के प्रथम अध्यक्ष	व्योमेशचन्द्र बनर्जी (1888)
आई॰सी॰एस॰ में सफल होने वाला प्रथम भारतीय	सत्येन्द्र नाथ टैगोर
चीफ ऑफ डिफेंस स्टाफ (CDS)	जनरल बिपिन रावत

भारत में सबसे बड़ा/लम्बा/ऊँचा आदि

सबसे ऊंची चोटी*-के-2

सर्वाधिक आबादी वाला शहर-मुम्बई

सबसे लम्बी नदी-गंगा (2525 कि॰मी॰)

सबसे बड़ा राज्य (क्षेत्रफल में)-राजस्थान

सबसे बड़ा राज्य (आबादी में)-उत्तर प्रदेश

सबसे लम्बा पुल (सड़क)-असम में लोहित नदी पर भूपेन हजारिका सेतु (9.15 कि॰मी॰)

सर्वाधिक जनसंख्या घनत्व वाला राज्य-बिहार (1,106 प्रति वर्ग कि॰मी॰)

सर्वाधिक साक्षर राज्य-केरल (साक्षरता लगभग 94%)

सबसे बड़ा अजायबघर-इण्डिया म्यूजियम, कोलकाता

सबसे लम्बा बांध-हीराकुड (ओडिशा)

सबसे लम्बी सुरंग (सड़क)-डॉ. श्यामा प्रसाद मुखर्जी सुरंग (जम्मू–कश्मीर 9.28 किमी.)

सबसे लम्बी सुरंग (रेलवे)-जम्मू–कश्मीर में खारी और सम्बेर सेक्शन के मध्य T-50 सुरंग (12.77 किमी.)

सबसे बड़ा चिड़ियाघर-अरिगनार अन्ना जूलॉजिकल पार्क, चेन्नई, तमिलनाडु

सबसे लम्बी सड़क-राष्ट्रीय राजमार्ग (NH)-44 (3745 किमी.)

सबसे ऊंची मीनार-कुतुबमीनार, दिल्ली (72.5 मी॰)

सबसे बड़ी मस्जिद-जामा मस्जिद, दिल्ली

बहादुरी के लिए सबसे बड़ा पुरस्कार-परमवीर चक्र

सबसे बड़ा रेगिस्तान-थार (राजस्थान)

सबसे बड़ा डेल्टा-सुन्दरवन डेल्टा, (75,000 वर्ग कि॰मी॰)

सबसे बड़ा गुम्बज-गोल गुम्बज (बीजापुर-42 मी॰ व्यास)

सबसे ऊँचा दरवाजा-बुलंद दरवाजा (फतेहपुर सीकरी : 176 फीट)

सबसे बड़ी मीठे पानी की झील-वुलर झील (जम्मू–कश्मीर)

सबसे लम्बा प्लेटफार्म-श्री सिद्धारूढ़ा स्वामी जी रेलवे स्टेशन (हुब्बल्लि, कर्नाटक 1507 मी. लम्बा)

सर्वाधिक वर्षा (वार्षिक औसत)-चेरापूंजी के निकट मासिनराम (12,000 मि॰मी॰)

झरना, सबसे ऊँचा-कुंचिकल (कर्नाटक : 455 मी॰)

सबसे बड़ा पशुओं का मेला-सोनपुर (बिहार)

सबसे बड़ा गुफा मंदिर-कैलाश मंदिर (एलोरा)

सबसे अधिक वन क्षेत्रफल वाला राज्य-मध्य प्रदेश

सबसे बड़ी कृत्रिम झील-गोविन्द सागर (भाखड़ा)

* विश्व की सबसे ऊंची चोटी मांउट एवरेस्ट है जो नेपाल में है। के-2 विश्व की दूसरी सबसे ऊँची और भारत की सबसे ऊँची (8611 मी॰) चोटी है।

✧✧✧✧✧

राष्ट्रीय प्रतीक

राष्ट्रीय ध्वज

भारत का राष्ट्रीय ध्वज **तिरंगा** है। यह आयताकार तीन पट्टियों से बना है। इसमें सबसे ऊपर केसरिया, मध्य में श्वेत और नीचे हरा रंग है। केसरिया शक्ति, श्वेत शांति और हरा समृद्धि का प्रतीक माना जाता है। झण्डे की लम्बाई-चौड़ाई का अनुपात 3 : 2 है। श्वेत पट्टी के मध्य नीले रंग का एक चक्र है। चक्र में 24 तीलियाँ हैं। झण्डा फहराने के संबंध में भारत सरकार ने कुछ नियम बनाए हैं जिनका पालन करना अति आवश्यक है। संविधान सभा ने इसे 22 जुलाई 1947 को अंगीकार किया था।

राजचिह्न

भारत का राजचिह्न सारनाथ में अशोक निर्मित सिंह स्तम्भ की अनुकृति है। इस चिह्न में चार सिंह हैं, जो एक दूसरे के विपरीत दिशा में घूम कर बैठे हुए हैं। इन चार में से केवल तीन सिंह दिखाई देते हैं, चौथा पीछे की ओर छिपा हुआ है और दिखाई नहीं देता। नीचे चौरस पट्टी के मध्य में उभरी हुई नक्काशी में एक चक्र है, जिसके दाईं ओर एक सांड़ और बाईं ओर एक घोड़ा है। नीचे मुण्डकोपनिषद से लिया गया सूत्र 'सत्यमेव जयते' देवनागरी लिपि में लिखा गया है। इसका अर्थ है 'सत्य की ही विजय होती है'। सरकार ने राजचिह्न को 26 जनवरी 1950 को स्वीकृत किया।

राष्ट्र गीत

श्री बंकिम चन्द्र चटर्जी द्वारा रचित गीत 'वन्दे मातरम्' को राष्ट्र गान के समकक्ष स्थान दिया गया है। उनके विख्यात उपन्यास 'आनन्द मठ' से उद्धृत यह गीत राष्ट्रीय आन्दोलन में एक महान प्रेरणा-स्रोत रहा है। इस गीत को सबसे पहले 1896 में भारतीय राष्ट्रीय कांग्रेस के अधिवेशन में गाया गया था।

राष्ट्र गान

रवीन्द्र नाथ टैगोर के गीत 'जन गण मन' को 24 जनवरी, 1950 को राष्ट्र गान के रूप में स्वीकार किया गया। यह गीत 'भारत-विधाता' शीर्षक से सर्वप्रथम 'तत्व-बोधिनी' पत्रिका के जनवरी 1912 के अंक में प्रकाशित हुआ था। यह गीत पहली बार 27 दिसम्बर 1911 को भारतीय कांग्रेस के कलकत्ता (कोलकाता) अधिवेशन में गाया गया था। पूरे गीत के 5 पद हैं। इसमें से प्रथम पद को राष्ट्र गान स्वीकार किया गया है। इसे गाने का निर्धारित समय लगभग 52 सेकण्ड है।

राष्ट्रीय पंचांग

सरकारी कार्यों में प्रयोग हेतु राष्ट्रीय पंचांग 22 मार्च, 1957 से अपनाया गया है। यह पंचांग शक संवत् पर आधारित है। 78 ई. में प्रारम्भ हुए शक संवत् का पहला महीना चैत्र है और वर्ष 365 दिन का है। इस पंचांग के दिन स्थायी रूप से ग्रेगेरियन कैलेंडर से सम्बद्ध दिनों के अनुरूप बैठते हैं। इस प्रकार सामान्य वर्षों में इस पंचांग का पहला दिन 22 मार्च के दिन आता है और लौंद (लीप) वर्ष में 21 मार्च के दिन।

राष्ट्रीय पंचांग के माह इस प्रकार हैं: 1. चैत्र, 2. बैशाख, 3.ज्येष्ठ, 4. आषाढ़, 5. श्रावण, 6. भाद्रपद, 7. आश्विन, 8. कार्तिक, 9. मार्गशीर्ष, 10. पौष, 11. माघ, 12. फाल्गुन।

राष्ट्रीय पशु : बाघ (पैंथरा टाइग्रिस-लिन्नायस)

राष्ट्रीय पक्षी : मोर (पावो क्रिस्टेटस)

राष्ट्रीय पुष्प : कमल

हमारी पृथ्वी

पृथ्वी सूर्य के अलावा आठ अन्य ग्रहों बुध, शुक्र, पृथ्वी, मंगल, बृहस्पति, शनि, यूरेनस और नेपच्यून वाले सौर मण्डल का एक सदस्य ग्रह है। ग्रहों के पास अपना स्वयं का प्रकाश नहीं होता और शुक्र और यूरेनस के अलावा सभी ग्रह अपनी धुरी पर पश्चिम से पूर्व की ओर परिक्रमा करते हैं। अनेक उपग्रह संबंधित ग्रह की परिक्रमा करते हैं। अंतरिक्ष में हजारों पुच्छल तारे और करोड़ों उल्काएं भी मौजूद हैं। पृथ्वी का एक ही उपग्रह है 'चन्द्रमा'। बुध और शुक्र का कोई भी उपग्रह नहीं है। सूर्य से पृथ्वी की औसत दूरी $1,496 \times 10^8$ कि.मी. है। पृथ्वी सूर्य का तीसरा सबसे निकट और पांचवाँ सबसे बड़ा ग्रह है।

पृथ्वी : तथ्य और आँकड़े

पृथ्वी का द्रव्यमान	5.882×10^{21} टन
पृथ्वी का घनत्व	पानी की अपेक्षा 5.517 गुणा
पृथ्वी का आयतन	1.083×10^{11} घन किमी.
भूमध्यरेखीय परिधि	4.007×10^4 किमी.
ध्रुवीय व्यास	12,714 किमी.
विषुवतीय व्यास	12,756 किमी.
ध्रुवीय परिधि	4.0×10^4 किमी.
अनुमानित आयु	लगभग 4600 करोड़ वर्ष
भू-पृष्ठ	148,951,000 वर्ग किमी.
जलीय सतह	361,150,000 वर्ग किमी.
भू-सतह का सबसे उच्च बिन्दु	माउंट एवरेस्ट (8,848 मीटर)
भू-सतह का सबसे निम्न बिन्दु	मृत सागर का तट (समुद्र तल से 396 मीटर नीचे)
महासागर की सर्वाधिक गहराई	फिलीपींस के पूर्व में प्रशान्त महासागर में मेरियाना ट्रेंच (समुद्र तल से 11,033 मीटर नीचे)

सौरमण्डल

सबसे बड़ा ग्रह	बृहस्पति (Jupiter)
सबसे छोटा ग्रह	बुध (Mercury)
पृथ्वी का उपग्रह	चन्द्रमा (Moon)
सूर्य के सबसे निकट ग्रह	बुध (Mercury)
सूर्य से सबसे दूर स्थित ग्रह	वरुण (Neptune)
पृथ्वी के सबसे निकट स्थित ग्रह	शुक्र (Venus)
सबसे अधिक चमकीला ग्रह	शुक्र (Venus)
सबसे अधिक चमकीला तारा	साइरस (Dog Star)
सबसे अधिक ठण्डा ग्रह	वरुण (Neptune)
सबसे अधिक गर्म ग्रह	शुक्र (Venus)
रात्रि में लाल दिखाई देने वाला ग्रह	मंगल (Mars)
सबसे बड़ा उपग्रह	गैनीमेड (Gannymede)
सबसे छोटा उपग्रह	डिमोस (Deimos)
नीला ग्रह	पृथ्वी (Earth)
भोर का तारा	शुक्र (Venus)
साँझ का तारा	शुक्र (Venus)
पृथ्वी की बहन	शुक्र (Venus)
हरा ग्रह	वरुण (Neptune)
विशाल लाल धब्बे वाला ग्रह	बृहस्पति (Jupiter)

पृथ्वी का आकार : पृथ्वी का आकार पूर्णरूप से वृत्तीय नहीं है बल्कि अंडाकार है। ऐसा इस वजह से है क्योंकि यह ध्रुवों पर चपटी और विषुवत पर उभरी हुई है। पृथ्वी का ध्रुवीय व्यास विषुवतीय व्यास से 42 किलोमीटर छोटा है। अत: पृथ्वी अंडाकार है।

पृथ्वी की गतियाँ : पृथ्वी अपनी धुरी पर किसी लट्टू की भांति घूमती है और 24 घंटे में एक चक्कर पूरा कर लेती है जबकि सूर्य की परिक्रमा करने में उसे 365 दिन, 5 घंटे, 45 मिनट और 46 सेकेंड लगते हैं। पृथ्वी की दैनिक गति के कारण रात और दिन होते हैं जबकि वार्षिक गति (परिक्रमा) के कारण ऋतु परिवर्तन होता है। पृथ्वी गैर-ज्योतिर्मय वृत्त है। पृथ्वी का जो भाग सूर्य के सामने आ जाता है वहाँ दिन होता है और जो भाग सूर्य के सामने नहीं होता वहाँ रात होती है। पृथ्वी का आवर्तन पश्चिम से पूर्व की तरफ होता है। इसी कारणवश हमें यह प्रतीत होता है कि सूर्य, चन्द्रमा और तारे विपरीत दिशा में घूम रहे हैं।

आवर्तन के प्रभाव : (क) दिन और रात होते हैं। (ख) देशांतर और समय में अंतर आ जाता है। (ग) वायु और तरंगों की दिशा में परिवर्तन होता है। (घ) दिन में दो बार समुद्र में लहरें उठती हैं।

परिक्रमा के प्रभाव : पृथ्वी दीर्घवृत्तीय कक्षा में सूर्य की परिक्रमा करती है। पृथ्वी को एक बार सूर्य का चक्कर लगाने में 365.25 दिन लग जाते हैं। एक सामान्य वर्ष 365 दिन का होता है जबकि चार वर्षों में 5 घंटे 45 मिनट और 46 सेकेंड एक दिन बना देते हैं और हर चौथा वर्ष अधि वर्ष (लीप ईयर) बन जाता है, जिसमें 366 दिन होते हैं। ऋतु में परिवर्तन मुख्यत: परिक्रमण की वजह से ही होता है।

21 जून : इस समय उत्तरी गोलार्द्ध में ग्रीष्मकाल होता है जबकि दक्षिणी गोलार्द्ध में शरदकाल होता है। दोपहर में सूर्य की सीधी किरणें कर्क रेखा पर पड़ती हैं।

22 दिसम्बर : इस समय उत्तरी गोलार्द्ध में शरदकाल और दक्षिणी गोलार्द्ध में ग्रीष्मकाल होता है। दोपहर में सूर्य की सीधी किरणें मकर रेखा पर पड़ती हैं।

सम्पात : 21 मार्च और 23 सितम्बर को पृथ्वी का प्रत्येक भाग सूर्य के सामने आ जाता है और सूर्य ठीक भूमध्य रेखा के ऊपर होता है। इन अवस्थाओं में पृथ्वी के प्रत्येक भाग में रात और दिन बराबर होते हैं। 21 मार्च को वसन्त सम्पात (Vernal equinox) और 23 सितम्बर को शरद सम्पात (Autumnal equinox) कहते हैं।

चट्टानों का रूपान्तरण

मूल चट्टान	रूपान्तरित चट्टान
शैल	स्लेट
चूना पत्थर	संगमरमर
चॉक तथा डोलोमाइट	संगमरमर
बलुआ पत्थर	क्वार्ट्जाइट
ग्रेनाइट	नीस
बेसाल्ट	सिस्ट
स्लेट	फाइलाइट
कांग्लोमरेट	क्वार्ट्जाइट

वायुमण्डल की संरचना

मण्डल	ऊँचाई (किमी)	विशेष तथ्य
क्षोभमण्डल	0-18	मौसमी घटनाएँ होती हैं।
समतापमण्डल	18-50	वायु परिवहन होता है तथा ओजोन परत पाई जाती है।
मध्यमण्डल	50-80	ऊँचाई के साथ तापमान में गिरावट होती है।
आयनमण्डल	80-640	विद्युत आवेशित कण पाए जाते हैं। रेडियो तरंगें इसी मण्डल से वापस पृथ्वी पर लौटती हैं।
बाह्यमण्डल	640 किमी से ऊपर	तापमान 5000°C होता है।

✧✧✧✧✧

विश्व बोध

विभिन्न देशों के राष्ट्रीय प्रतीक

देश	प्रतीक
ऑस्ट्रेलिया	कंगारू
फ्रांस	लिली
ईरान	गुलाब
जापान	गुलदाउदी
यूनाइटेट किंगडम	गुलाब
कनाडा	सफेद लिली
जर्मनी	कार्न फ्लावर
आयरलैंड	तीन पत्ती वाली घास
पाकिस्तान	अर्द्धचंद्र
यू.एस.ए.	सुनहरी छड़ी
डेनमार्क	वुलिन
भारत	सिंह स्तम्भ
इटली	सफेद लिली
स्पेन	बाज

शहरों, राज्यों एवं देशों के परिवर्तित नाम

पुराना नाम	परिवर्तित नाम
एबिसीनिया	इथियोपिया
अंगोरा	अंकारा
औरंगाबाद	संभाजी नगर
बनारस	वाराणसी
बड़ौदा	बड़ोदरा
बताविया	जकार्ता
बसुतोलैण्ड	लिसोथो
बेचुआनालैण्ड	बोत्सवाना
बॉम्बे	मुम्बई
ब्रिटिश गुयाना	गुयाना
बर्मा	म्यांमार
कालीकट	कोझीकोड
कलकत्ता	कोलकाता
केप केनवरल	केप केनेडी
काउनपुर	कानपुर
सेंट्रल प्रोविंसेज	मध्य प्रदेश

पुराना नाम	परिवर्तित नाम
अपर बोल्टा	बुर्कीना फासो
जुबुलपोर	जबलपुर
लियोपोलदविले	किन्हास
मेडागास्कर	मालागासी
मद्रास	चेन्नई
मलाया	मलेशिया
जुलन्धर	जालंधर
मंयुक्यिो	मंचूरिया
मैसोपोटामिया	इराक
सिलोन	श्रीलंका
क्रिस्टिना	ओस्लो
जायरे	कांगो (डेमोक्रेटिक रिपब्लिक)
कांस्टेटिनपोल	इस्तान्बूल
डाका	ढाका
डहोमे	बेनिन
डच ईस्ट इंडीज	इंडोनेशिया
डच गुयाना	सूरीनाम
लोर सेई	पूर्वी तिमोर
एलिस आइसलैंड	तुवालू
फार्मोसा	ताइवान
गौहाटी	गुवाहाटी
गोल्ड कोस्ट	घाना
हालैण्ड	नीदरलैण्ड
रोडेशिया	जिम्बाब्वे
सैगोन	हो चिन मिन्ह सिटी
सेलिसबरी	हरारे
सैंडविच आइसलैंड	हवाईअन द्वीप
तंजानिका व जंजीबार	तंजानिया
सियाम	थाईलैंड
सिमला	शिमला
साउथ वेस्ट अफ्रीका	नामीबिया
स्पेनिस गुयाना	विषुवतीय गुयाना
न्यू हेब्रिडस	वनुआतु
उत्तरी रोडेशिया	जाम्बिया
न्यासालैण्ड	मालावी

पुराना नाम	परिवर्तित नाम
पंजिम	पणजी
पीकिंग	बीजिंग
पर्शिया	ईरान
पूना	पुणे
तंजौर	तंजावुर
यूनाइटेड प्रोविंसेज	उत्तर प्रदेश
यू.एस.एस.आर.	सीआईएस
विशाखापट्नम	विशाखापत्तनम
यूगोस्लाविया	सर्बिया
बंगलौर	बेंगलुरु
इलाहाबाद	प्रयागराज
उत्तरांचल	उत्तराखंड
पांडिचेरी	पुडुचेरी
पूर्वी पाकिस्तान	बांग्लादेश
रंगून	यंगून
उड़ीसा	ओडिशा
तुर्की	तुर्किए
फैजाबाद	अयोध्या

महत्त्वपूर्ण सीमा रेखाएं

- **डूरंड लाइन :** यह भारत और अफगानिस्तान के बीच सीमा के विभाजन को परिलक्षित करती थी। इसका सीमांकन सर मोर्टीमर डूरंड ने 1896 में किया था। अब यह पाकिस्तान और अफगानिस्तान के बीच की सीमा रेखा है।
- **हिंडेनवर्ग लाइन :** यह वह रेखा है जहां से विश्व युद्ध के दौरान जर्मनी की सेना वापस लौट गई थी। यह रेखा पोलैण्ड और जर्मनी के बीच की सीमा रेखा है।
- **मैकमोहन रेखा :** यह भारत और चीन के बीच सीमा रेखा है जिसका सीमांकन सर हेनरी मैकमोहन ने किया था।
- **मैगिनोट रेखा :** यह फ्रांस और जर्मनी के बीच सीमा रेखा है।
- **रेडक्लिफ रेखा :** यह भारत और पाकिस्तान के बीच सीमा रेखा है जिसका सीमांकन सर सिरिल रेडक्लिफ ने किया था।
- **17वां पैरेलल :** यह उत्तरी एवं दक्षिणी वियतनाम के बीच की सीमा रेखा है।
- **38वां पैरलल :** यह उत्तर और दक्षिण कोरिया के बीच सीमा रेखा है।
- **49वां पैरलल :** यह यू.एस. और कनाडा के बीच सीमा रेखा है।
- **अदूर निसे रेखा :** यह रेखा पोलैण्ड और पूर्वी जर्मनी के बीच की सीमा रेखा है जो द्वितीय विश्व युद्ध में खींची गई थी।
- **सिंगफ्रेड रेखा :** प्रथम विश्व युद्ध में फ्रांस और जर्मनी के बीच की सीमा रेखा।

विश्व के प्रमुख जल प्रपात

जल प्रपात	स्थान	ऊँचाई (मी०)
एंजिल	वेनेजुएला	979 (यह कैरो नदी पर स्थित संसार का सबसे ऊँचा जल प्रपात है।)
योसेमाइट	कैलिफोर्निया	739
दक्षिण-मर्डाल्फोसेन	नार्वे	655
तुगेला	द० अफ्रीका	614
कुकवेनन	वेनेजुएला	610
सूथरलैंड	न्यूजीलैंड	580
रिब्बोन	कैलिफोर्निया	491
ग्रेट-कामारना	गुयाना	488
कुंचिकल	भारत	455
डेल्ला	कनाडा	440
गवार्नी	फ्रांस	422
नियाग्रा	कनाडा एवं अमेरिका की सीमा	120

विश्व की प्रमुख नहरें

नाम	स्थिति	स्थान
ईरी	ईरी झील और मिशीगन झील को जोड़ती है।	अमेरिका
सू नहर	सुपीरियर झील और ह्यूइन झील को जोड़ती है।	अमेरिका
कील नहर	उत्तरी सागर को बाल्टिक सागर से जोड़ती है।	जर्मनी
पनामा नहर	कैरीबियन सागर और प्रशांत महासागर	पनामा
स्वेज नहर	लाल सागर और भूमध्य सागर	मिस्र
मैनचेस्टर नहर	मैनचेस्टर एवं लिवरपूल के बीच	ग्रेट ब्रिटेन

विश्व की प्रमुख नदियाँ

नाम	उद्गम स्थल	गिरने का स्थान	लम्बाई (किमी)	प्रमुख स्थान
नील (विश्व की सबसे लम्बी नदी)	विक्टोरिया झील	भूमध्य सागर	6670	आस्वान बाँध व नासिर झील स्थित है।
अमेजन (आयतन की दृष्टि से विश्व की सबसे बड़ी नदी)	एण्डीज पर्वत	अटलांटिक महासागर	6448	
मिसीसिपी मिसौरी	अलास्का झील	मैक्सिको की खाड़ी	6300	पक्षीपाद डेल्टा बनाती है।
यांग्टिसीक्यांग	तिब्बत का पठार	चीन सागर	5494	
ह्वांग हो	कुललुन पर्वत	चीन की खाड़ी	4840	
कांगो / जायरे	लुआलिया और लुआपुआ का संगम	अटलाण्टिक महासागर	4800	विषुवत् रेखा को दो बार काटती है।
अमूर	शिल्का रूस, आरगून का संगम	टार्टइ स्ट्रेट	4510	चीन और रूस की सीमा बनाती है।
वोल्गा	बल्डाई पठार	कैस्पियन सागर	3700	यूरोप की सबसे लम्बी नदी
डेन्यूब	ब्लैक फॉरेस्ट	काला सागर	2820	बेलग्रेड, बुखारेस्ट, बुडापेस्ट और वियना शहर स्थित है।
सेंट लारेंस	आण्टेरियो झील	सेंट-लॉरेंस की खाड़ी	3058	नियाग्रा जल प्रपात स्थित है।
कोलोरेडो	ग्रैण्ड कंट्री	कैलीफोर्निया की खाड़ी	2333	ह्यूबर बाँध स्थित
नाइजर	गिनी	गिनी की खाड़ी	4800	तेल नदी कहलाती है।
मेकांग	तिब्बत का पठार	दक्षिण चीन सागर	4023	द.पू. एशिया की सबसे लम्बी नदी।
सिन्धु	मानसरोवर झील के पास	अरब सागर	3180	
ब्रह्मपुत्र	मानसरोवर झील	बंगाल की खाड़ी	2900	
डार्लिंग-मर्रे	ऑस्ट्रेलिया आल्पस	हिन्द महासागर	3720	ऑस्ट्रेलिया की सबसे बड़ी नदी।

विश्व की प्रमुख झीलें

झील का नाम	भौगोलिक क्षेत्र	क्षेत्रफल (वर्ग.किमी.)	विशेष तथ्य
कैस्पियन सागर	पूर्व सोवियत संघ तथा ईरान	3,94,299	खारे पानी की सबसे बड़ी झील
सुपीरियर झील	संयुक्त राज्य अमेरिका एवं कनाडा	82,414	ताजे पानी की सबसे बड़ी झील
विक्टोरिया झील	केन्या, युगाण्डा तथा तंजानिया	69,485	
अरल सागर झील	कजाकिस्तान एवं उज्बेकिस्तान	64,457	
ह्यूरन झील	संयुक्त राज्य अमेरिका तथा कनाडा	59,600	
मिशीगन झील	संयुक्त राज्य अमेरिका	57,800	
बैकाल झील	रूस	31,500	यह सबसे गहरी (1940 मी.) झील है।

ग्रेट बेरियर झील	कनाडा	31,080	
ग्रेट स्लेव झील	कनाडा	28,438	
विनीपेग झील	कनाडा	24,341	
ओण्टेरियो झील	सं.रा. अमेरिका तथा कनाडा	19,529	
टिटिकाका	पेरू-बोलीविया	9,065	यह विश्व की सबसे ऊँची (3811 मी०) झील है।
आयर झील	ऑस्ट्रेलिया	9,583	

विश्व की प्रमुख खाड़ियाँ

खाड़ी	क्षेत्रफल (वर्ग.किमी.)	खाड़ी	क्षेत्रफल (वर्ग.किमी.)
मैक्सिको की खाड़ी	15,44,000	हडसन की खाड़ी	12,33,000
अरब की खाड़ी	2,38,000	सेंट लॉरेन्स की खाड़ी	2,37,000
कैलिफोर्निया की खाड़ी	1,62,000		

महासागरों की प्रमुख जलधाराएं

जलधारा का नाम	प्रकृति	विशेष विवरण	महासागर का नाम
• उत्तरी विषुवतीय जलधारा	उष्ण अथवा गर्म		अटलांटिक महासागर
• गल्फस्ट्रीम धारा	उष्ण	हेटेरस अंतरीप तक इसे फ्लोरिडा धारा कहते हैं।	अटलांटिक महासागर
• कनारी धारा	ठंडी		अटलांटिक महासागर
• फ्लोरिडा की धारा	उष्ण		अटलांटिक महासागर
• लेब्राडोर की धारा	ठंडी		अटलांटिक महासागर
• बैंगुला की धारा	ठंडी		अटलांटिक महासागर
• फाकलैंड की धारा	ठंडी		अटलांटिक महासागर
• विपरीत भूमध्यरेखीय जलधारा	गर्म	इसे गिनी की धारा भी कहते हैं।	अटलांटिक महासागर
• उत्तरी भूमध्यरेखीय जलधारा	गर्म		प्रशांत महासागर
• क्यूरोसीवो जलधारा	गर्म	जापानी लोग इसे काली धारा भी कहते हैं।	प्रशांत महासागर
• कैलिफोर्निया जलधारा	ठंडी		प्रशांत महासागर
• पूर्वी ऑस्ट्रेलिया की जलधारा	गर्म	इसे न्यू साउथवेल्स की धारा के नाम से भी जाना जाता है।	प्रशांत महासागर
• अलास्का धारा	गर्म		प्रशांत महासागर
• दक्षिणी विषुवतीय जलधारा	गर्म		हिन्द महासागर
• मोजाम्बिक धारा	गर्म		हिन्द महासागर
• अगुलहास धारा	गर्म		हिन्द महासागर
• पश्चिमी ऑस्ट्रेलिया की धारा	ठंडी		हिन्द महासागर
• ग्रीष्मकाल मानसून प्रवाह	गर्म		हिन्द महासागर
• शीतकालीन मानसून प्रवाह	परिवर्तनशील		हिन्द महासागर

विश्व की प्रमुख जनजातियाँ

जनजाति	सम्बन्धित क्षेत्र/देश
माओरी	न्यूजीलैंड
बुशमैन	कालाहारी मरुस्थल (बोत्सवाना)
वेद्दा	श्रीलंका
बद्दू	अरब
आइनू	जापान
यूकाधिर	साइबेरिया
एस्कीमो	ग्रीनलैंड, कनाडा
मसाई	पूर्वी अफ्रीका
बोरो	ब्राजील
सेमांग	मलेशिया
जूलू	नेटाल (दक्षिण अफ्रीका)
खिरगीज	मध्य एशिया
रेड इंडियन	उ० अमेरिका
पिग्मीज	कांगो बेसिन
नीग्रो	मध्य एशिया
याइ	टुण्ड्रा प्रदेश

विश्व की प्रमुख भौगोलिक खोजें

1. **क्रिस्टोफर कोलम्बस**–प० द्वीप समूह (1492), द० अमेरिका (1498 ई०)
2. **जॉन कैवेट**–न्यूफाउण्डलैण्ड (1497 ई०)
3. **कोपरनिकस**–सौरमंडल (1540 ई०)
4. **केपलर**–ग्रहों की गति नियम (1600 ई०)
5. **मैगलन**–विश्व का भ्रमण, अटलांटिक के दक्षिण से प्रशांत महासागर की खोज (1519 ई०)
6. **वास्को-डि-गामा**–केप ऑफ गुड होप होकर भारत आगमन (1498 ई०)
7. **कैप्टन कुक**–हवाई द्वीप समूह (1770 ई०)
8. **फ्रिड्टजौफ नानसेन**–ग्रीनलैंड एवं उत्तरी ध्रुव का पहाड़ी भाग (1888 ई०)
9. **आर. एमण्डसन**–दक्षिणी ध्रुव पर पहुँचने वाला प्रथम व्यक्ति (1911 ई०)
10. **रॉबर्ट पियरे**–उत्तरी ध्रुव की खोज (1909 ई०)

विश्व के प्रसिद्ध स्थान

1. झुकी हुई मीनार : पीसा (इटली)
2. मर्डेका पैलेस : जकार्ता (इण्डोनेशिया)
3. रेड स्क्वायर, क्रेमलिन : मास्को
4. स्फिंक्स, पिरामिड : मिस्र
5. पोर्सलिन टावर : नानकिंग (चीन)
6. लोवर, एफिल टावर : पेरिस (फ्रांस)
7. पोटाला : ल्हासा (तिब्बत)
8. श्वेत डेगेन पैगोडा : यंगून
9. ओपेरा हाउस : सिडनी
10. ब्राडवे स्ट्रीट, स्टेच्यू ऑफ लिबर्टी, एंपायर स्टेट बिल्डिंग : न्यूयार्क (सं. रा. अमेरिका)
11. अल अक्सा, वेलिंग वाल, टेंपल माउंट : जेरूसलम (इजरायल)

विश्व के प्रमुख भौगोलिक उपनाम

उपनाम	देश/स्थान
एण्टीलीज का मोती	क्यूबा
गगनचुम्बी इमारतों का नगर	न्यूयॉर्क (सं.रा.अमेरिका)
एटरनल सिटी (होली सिटी)	रोम
क्वेकर सिटी	फिलाडेल्फिया
चीन का शोक	ह्वांगहो नदी (पीली नदी)
निरंतर-बाही झरनों का शहर	क्विटो (इक्वेडोर)
शुगर बाऊल ऑफ द वर्ल्ड	क्यूबा
सात पहाड़ियों का नगर	रोम (इटली)
पर्ल ऑफ दी ऑरियण्ट	सिंगापुर
गार्डन सिटी	शिकागो
पूर्व का मोती	श्रीलंका
लैंड ऑफ मॉर्निंग काम	कोरिया
लैंड ऑफ थाउजेण्ड लेक्स	फिनलैंड
भूमध्यसागर का द्वार	जिब्राल्टर
लैंड ऑफ दी थाउजैंड एलीफैन्ट्स	लाओस
स्वर्णिम पैगोडा का देश	म्यांमार
सिटी ऑफ गोल्डन गेट	सैन फ्रांसिस्को
क्वीन ऑफ एड्रियाटिक	वेनिस (इटली)
पिलर्स ऑफ हरक्यूलिस	स्ट्रेट ऑफ जिब्राल्टर
श्वेत शहर	बेलग्रेड
पूर्व का मैनचेस्टर	ओसाका (जापान)
लिली का देश	कनाडा
होली लैंड	जेरूसलम (इजरायल)
सूर्योदय का देश	जापान
कॉकपिट ऑफ यूरोप	बेल्जियम

उपनाम	देश/स्थान
आंसुओं का प्रवेश द्वार	बाब-अल-मंडब जलडमरूमध्य
लैंड ऑफ मिडनाइट सन	नार्वे
अरब सागर की रानी	कोच्चि (भारत)
लैंड ऑफ ह्वाइट एलीफैंट्स	थाइलैंड
दक्षिण का ब्रिटेन	न्यूजीलैंड
वेनिस ऑफ द वर्ल्ड	स्टॉकहोम (स्वीडन)
स्मारकों की नगरी	वियना (ऑस्ट्रिया)
पवनचक्कियों की भूमि	नीदरलैण्ड
आइलैंड ऑफ क्लोव्ज	जंजीवार (तंजानिया)
नील नदी का देश	मिस्र
एमराल्ड द्वीप	आयरलैंड
लैंड ऑफ थंडरवोल्ट	भूटान
मोतियों का द्वीप	बहरीन

नदियों के तट पर बसे विश्व के प्रमुख नगर

नगर	नदी
लन्दन (इंग्लैंड)	टेम्स
कैन्टन (चीन)	सीक्यांग
मास्को (रूस)	मस्कोवा
न्यूयार्क (सं.रा.अ.)	हडसन
बर्लिन (जर्मनी)	स्प्री
बेलग्रेड	डेन्यूब
पेरिस (फ्रांस)	सीन
बुडापेस्ट (हंगरी)	डेन्यूब
पर्थ (ऑस्ट्रेलिया)	स्वान
वाशिंगटन	पोटोमेक
बगदाद (इराक)	टाइग्रिस
वियाना (ऑस्ट्रिया)	डेन्यूब
आस्वान (मिस्र)	नील
टोकियो (जापान)	अराकावा
सेंट लुईस (अमेरिका)	मिसिसिपी
शंघाई (चीन)	यांग्टिसीक्यांग
रोम (इटली)	टाइबर
यंगून (म्यांमार)	इरावदी
प्राग	वितावा
ओटावा (कनाडा)	सेंट लारेंस
सिडनी (ऑस्ट्रेलिया)	डार्लिंग
मैड्रिड (स्पेन)	मैजेनसेस
लिस्बन	टेगस
लिस्बन (पुर्तगाल)	टंगस
अंकारा (तुर्किए)	किजिल
लाहौर (पाकिस्तान)	रावी
मॉण्ट्रियल (कनाडा)	सेंट लारेंस
कराची (पाकिस्तान)	सिंधु
बोन (जर्मनी)	राइन
डबलिन (आयरलैंड)	लीफें
काहिरा (मिस्र)	नील
दिल्ली (भारत)	यमुना
ब्यूनस आयर्स (अर्जेंटीना)	लाप्लाटा
शिकागो (सं.रा.अ.)	शिकागो
लिवरपुल (इंग्लैंड)	मर्सी
ब्रिस्टल (इंग्लैंड)	एवन्
बसरा (इराक)	दजला एवं फरात
कीव (यूक्रेन)	नीपर

विश्व के प्रमुख घास के मैदान

घास के मैदान	सम्बन्धित देश/क्षेत्र
पम्पास	अर्जेन्टीना
प्रेयरी	अमेरिका
वेल्ड	दक्षिण अफ्रीका
डाउन्स	ऑस्ट्रेलिया
केन्टरबरी	न्यूजीलैण्ड
स्टेपी	सेंट्रल एशिया और ईस्टर्न यूरोप, रूस, यूक्रेन, चीन, उज्बेकिस्तान, तुर्कमेनिस्तान

प्रमुख देशों में स्थानान्तरित कृषि

कृषि	देश
चेन्ना	श्रीलंका
कैगिन	फिलीपीन्स
लैडान	इण्डोनेशिया एवं मलेशिया
रोका	ब्राजील
तमाराई	थाइलैण्ड
कोनुको	वेनेजुएला

✧✧✧✧✧

संयुक्त राष्ट्र संघ

स्थापना	:	24 अक्टूबर, 1945
संस्थापक सदस्य	:	50
मुख्यालय	:	न्यूयार्क
वर्तमान सदस्य संख्या	:	193 (इस संगठन का सदस्य बनने वाला अन्तिम देश दक्षिण सूडान है)।
ध्वज	:	ध्वज की पृष्ठभूमि हल्की नीली है और उस पर श्वेत रंग से राष्ट्र संघ का प्रतीक बना हुआ है।
कार्यकारी भाषाएँ	:	अंग्रेजी तथा फ्रेंच
अन्य मान्यता प्राप्त भाषाएँ	:	रशियन, अरबी, स्पेनिश तथा चीनी।

संयुक्त राष्ट्र संघ के लक्ष्य और उद्देश्य

संयुक्त राष्ट्र के कार्यों को तीन भागों में विभाजित किया जा सकता है, यथा–सुरक्षा, कल्याण और मानव अधिकार। संयुक्त राष्ट्र संघ के सदस्य-राष्ट्रों से चार कर्त्तव्यों के पालन की अपेक्षा की जाती है कि–(क) वे अपने विवादों को शांतिपूर्वक ढंग से निपटायेंगे, (ख) वे सैन्यबल का प्रयोग नहीं करेंगे, (ग) घोषणा-पत्र के पालन में सहायता करेंगे और (घ) आक्रामक की सहायता नहीं करेंगे। संयुक्त राष्ट्र संघ–जाति, भाषा, लिंग और धर्म का विचार किए बिना सब मनुष्यों के मानवीय अधिकारों को मान्यता देता है।

संयुक्त राष्ट्र संघ के प्रमुख अंग

प्रमुख अंग 6 हैं–**1.** साधारण महासभा, **2.** सुरक्षा परिषद्, **3.** आर्थिक व सामाजिक परिषद्, **4.** अंतर्राष्ट्रीय न्यायालय, **5.** प्रन्यास परिषद्, **6.** सचिवालय

प्रमुख अंतर्राष्ट्रीय संगठनों के मुख्यालय और स्थापना वर्ष

अंतर्राष्ट्रीय संगठन	मुख्यालय	स्थापना वर्ष
संयुक्त राष्ट्र संघ (UNO)	न्यूयार्क	1945
अंतर्राष्ट्रीय मुद्रा कोष (IMF)	वाशिंगटन डी.सी.	1945
विश्व स्वास्थ्य संगठन (WHO)	जेनेवा	1948
खाद्य एवं कृषि संगठन (FAO)	रोम	1945
अंतर्राष्ट्रीय श्रम संगठन (ILO)	जेनेवा	1919
यूनेस्को (UNESCO)	पेरिस	1946
अंतर्राष्ट्रीय न्यायालय	हेग	1945
विश्व डाक संघ (UPU)	बर्न	1874
अंतर्राष्ट्रीय नागरिक उड्डयन संगठन (ICAO)	मांट्रियल	1947

अंतर्राष्ट्रीय संगठन	मुख्यालय	स्थापना वर्ष
सं॰ रा॰ औद्यो॰ विकास संगठन (UNIDO)	वियना	1966
अंतर्राष्ट्रीय परमाणु ऊर्जा अभिकरण (IAEA)	वियना	1957
अंतर्राष्ट्रीय वित्त निगम (IFC)	वाशिंगटन डी.सी.	1956
सं॰ रा॰ विकास कार्यक्रम (UNDP)	न्यूयॉर्क	1965
यूनिसेफ (UNICEF)	न्यूयॉर्क	1946
अंतर्राष्ट्रीय समुद्री संगठन (IMO)	लंदन	1948
विश्व मौसम विज्ञान संगठन (WMO)	जेनेवा	1950
अंतर्राष्ट्रीय दूर संचार संघ (ITU)	जेनेवा	1865
अरब लीग	काहिरा	1945
राष्ट्रमंडल (Commonwealth)	लंदन	1931
विश्व व्यापार संगठन (WTO)	जेनेवा	1995
अंतर्राष्ट्रीय विकास संघ (IDA)	वाशिंगटन डी.सी.	1960
अंतर्राष्ट्रीय पुनर्निर्माण एवं विकास बैंक (विश्व बैंक) (IBRD)	वाशिंगटन डी.सी.	1944
विश्व बौद्धिक संपदा संगठन (WIPO)	जेनेवा	1967
मुस्लिम राष्ट्रों का संघ (OIC)	जेद्दा	1969
यूरोपियन संघ	ब्रुसेल्स	(1958 में स्थापित EEC का परिवर्तित रूप)
रेडक्रास	जेनेवा	1863
इंटरपोल (INTERPOL)	लियोन	1923
एशियाई विकास बैंक (ADB)	मनीला	1966
उत्तरी अटलांटिक संधि संगठन (NATO)	ब्रुसेल्स	1949
आसियान (ASEAN)	जकार्ता	1967
BRICS बैंक	शंघाई	2014
संयुक्त राष्ट्र व्यापार एवं विकास सम्मेलन (UNCTAD)	जेनेवा	1964
जी-15	जेनेवा	1989
दक्षेस (SAARC)	काठमांडू	1985

भारत का भूगोल

प्रसिद्ध पर्वत शिखर

पर्वत शिखर	समुद्र तल से ऊंचाई (मीटर में)
1. K-2	8,611 पाकिस्तान के कब्जे में
2. कंचनजंगा	8,598
3. नंगा पर्वत	8,126
4. गशेर ब्रुम	8,068 पाकिस्तान के कब्जे में
5. ब्रॉड पीक	8,047 पाकिस्तान के कब्जे में
6. डिस्तगिल सर	7,885 पाकिस्तान के कब्जे में
7. माशेर ब्रुम (पूर्वी)	7,821
8. नंदा देवी	7,817
9. माशेर ब्रुम (पश्चिम)	7,806 पाकिस्तान के कब्जे में
10. राकापोशी	7,788 पाकिस्तान के कब्जे में

भारत के प्रमुख दर्रे

दर्रे	राज्य/केन्द्रशासित प्रदेश
काराकोरम	लद्दाख
माना	उत्तराखण्ड
जोजिला	लद्दाख
नीति	उत्तराखण्ड
पीरपंजाल	जम्मू-कश्मीर
नाथूला	सिक्किम
बनिहाल	जम्मू-कश्मीर
जैलेप्ला	सिक्किम
बुर्जिल	जम्मू-कश्मीर
बोम्डिला	अरुणाचल प्रदेश
शिपकी	हिमाचल प्रदेश
यांग्याप	अरुणाचल प्रदेश
रोहतांग	हिमाचल प्रदेश
दिफू	अरुणाचल प्रदेश
बड़ालाचा	हिमाचल प्रदेश
तुजु	मणिपुर
लिपुलेख	उत्तराखण्ड

पश्चिमी घाट के दर्रे

दर्रा	ऊं. (मी.)	स्थिति
थालघाट	580	नासिक एवं मुम्बई के बीच का संपर्क मार्ग
भोरघाट	520	मुम्बई एवं पुणे के बीच का संपर्क मार्ग
पालघाट	530	कोयंबटूर एवं कोचीन के बीच का संपर्क मार्ग
सिनकोट	280	तिरुवनंतपुरम एवं मदुरै के बीच का संपर्क मार्ग

प्रमुख जल–अन्तराल

नाम	अवस्थिति
8° चैनल	मालदीव व मिनीकॉय के मध्य
9° चैनल	लक्षद्वीप व मिनीकॉय के मध्य
10° चैनल	छोटा अंडमान व कारनिकोबार के मध्य
ग्रैण्ड चैनल	सुमात्रा (इंडोनेशिया) व निकोबार के मध्य
पाक स्ट्रेट	तमिलनाडु व श्रीलंका के मध्य
डुंकन पास	दक्षिण अंडमान व लघु अंडमान के मध्य
पाक खाड़ी	तमिलनाडु व श्रीलंका के मध्य
कोको स्ट्रेट	काको द्वीप (म्यांमार) व उ. अंडमान के मध्य
मन्नार खाड़ी	द.पू. तमिलनाडु व श्रीलंका के मध्य
लक्षद्वीप सागर	लक्षद्वीप व मालाबार तट के मध्य

भारत की महत्वपूर्ण झीलें

झीलें	राज्य/केन्द्रशासित प्रदेश
चिल्का	ओडिशा
कोलेरू, पुलीकट	आन्ध्र प्रदेश
लोकटक	मणिपुर
सुकना	चण्डीगढ़
लोनार	महाराष्ट्र
निजाम सागर	तेलंगाना
उमियम झील	मेघालय
नैनीताल, भीमताल	उत्तराखंड
वुलर, डल	जम्मू-कश्मीर
पुल्ह झील	उत्तर प्रदेश
अष्टमुदी	केरल
परशुराम कुण्ड	अरुणाचल प्रदेश
पोगांग शो	लद्दाख

भारत की प्रमुख नदियाँ

नदी	उद्गम	मुहाना	लम्बाई (किमी.)	विशेष तथ्य
सिन्धु	मानसरोवर झील (तिब्बत)	अरब सागर	3100 (भारत में 1114)	सतलज, रावी, व्यास, झेलम इसकी सहायक नदियाँ हैं। लद्दाख में यह नदी गिलगित गॉर्ज का निर्माण करती है।
सतलज	राक्षसताल	चिनाब	1450 (भारत में 1050)	भाखड़ा, नांगल व नाथपा झांकरी बाँध।
गंगा	गंगोत्री के पास गोमुख से	बंगाल की खाड़ी	2525	देव प्रयाग में भागीरथी अलकनंदा से मिलती है और संयुक्त धारा का नाम गंगा हो जाता है। फरक्का बाँध एवं भागीरथी पर टिहरी बाँध।
यमुना	यमुनोत्री के पास बंदरपूंछ से	गंगा	1376	चम्बल, बेतवा, केन सहायक नदियाँ हैं।
चम्बल	महूँ (जानपाव पहाड़ी)	यमुना	1050	गाँधीनगर, राणासागर तथा जवाहर सागर बाँध स्थित है।
गण्डक	धौलाधार पर्वत	गंगा	300	त्रिवेणी के पास बाँध
सोन	अमरकंटक पहाड़ी	गंगा	784	बाणसागर व रिहन्द बाँध
ब्रह्मपुत्र	मानसरोवर झील (तिब्बत)	बंगाल की खाड़ी	2900 (भारत में 916)	ब्रह्मपुत्र नदी अरुणाचल प्रदेश में दिहांग, तिब्बत में शांग-पो और बांग्लादेश में 'जमुना' के नाम से प्रसिद्ध।
नर्मदा	अमरकंटक	अरब सागर	1290	इंदिरा सागर, महेश्वर, सरदार सरोवर बाँध। डेल्टा के बजाए एश्चुअरी बनाती है।
ताप्ती	मुलताई (बैतूल)	खम्भात की खाड़ी	720	काकरापार व ऊकाई बाँध / यह नदी डेल्टा के बजाए एश्चुअरी बनाती है।
महानदी	सिहावा के समीप	बंगाल की खाड़ी	890	हीराकुड, तिरकपाड़ा बाँध स्थित है, डेल्टा बनाती है।
कृष्णा	पश्चिमी घाट की पहाड़ी (महाबलेश्वर के पास)	बंगाल की खाड़ी	1290	शैलम तथा नागार्जुन सागर बाँध स्थित है। डेल्टा बनाती है।
गोदावरी	त्रयम्बक गाँव की पहाड़ी	बंगाल की खाड़ी	1450	दक्षिण की गंगा कहा जाता है। एनीकट बाँध स्थित है। डेल्टा बनाती है।
कावेरी	ब्रह्मगिरि की पहाड़ी	बंगाल की खाड़ी	760	शिवसमुद्रम जल प्रपात स्थित है। डेल्टा बनाती है।
तुंगभद्रा	कर्नाटक के पश्चिमी घाट	कृष्णा	331	कुमुदवती, वर्धा, मगारी आदि सहायक नदियाँ हैं।
माही	विन्ध्याचल पर्वत	खम्भात की खाड़ी	533	वनकवोरी बाँध।

भारत के महत्वपूर्ण जल प्रपात

जल प्रपात	ऊँचाई (मी.)	नदी	राज्य
कुंचिकल	455	वरही	कर्नाटक
दूधसागर	310	मांडवी	गोवा
गरसोप्पा	260	शरावती	कर्नाटक
येन्ना	183	नर्मदा	मध्य प्रदेश
रकीमकुण्ड	168	गायघाट	बिहार
केवटी	98	महाना	मध्य प्रदेश

नदियों के किनारे बसे प्रमुख नगर

नगर	नदी	नगर	नदी
दिल्ली	यमुना	गुवाहाटी	ब्रह्मपुत्र
आगरा	यमुना	जबलपुर	नर्मदा
बद्रीनाथ	अलकनंदा	कोटा	चम्बल
प्रयागराज	गंगा, यमुना	कटक	महानदी
हरिद्वार	गंगा	नासिक	गोदावरी
कानपुर	गंगा	श्रीरंगपट्टनम	कावेरी
पटना	गंगा	जौनपुर	गोमती
श्रीनगर	झेलम	हैदराबाद	मूसी
अयोध्या	सरयु	मथुरा	यमुना
सूरत	ताप्ती	जमशेदपुर	स्वर्णरेखा
कोलकाता	हुगली	भागलपुर	गंगा
लखनऊ	गोमती	वाराणसी	गंगा
उज्जैन	क्षिप्रा		

प्रमुख बहुउद्देशीय नदी घाटी परियोजनाएँ

परियोजना का नाम	नदी	लाभान्वित राज्य
दामोदर घाटी परियोजना	दामोदर	झारखंड, पश्चिम बंगाल
टिहरी बाँध परियोजना	भागीरथी	उत्तराखंड
नागार्जुन सागर परियोजना	कृष्णा	आन्ध्र प्रदेश, तेलंगाना
कोसी परियोजना	कोसी	बिहार तथा नेपाल
हीराकुड बाँध परियोजना	महानदी	ओडिशा
व्यास परियोजना	व्यास	राजस्थान, पंजाब, हरियाणा, हिमाचल प्रदेश
चम्बल परियोजना	चम्बल	राजस्थान, मध्य प्रदेश
मयूराक्षी परियोजना	मयूराक्षी	पश्चिम बंगाल
तुंगभद्रा परियोजना	तुंगभद्रा	आन्ध्र प्रदेश, कर्नाटक
गण्डक परियोजना	गण्डक	बिहार, नेपाल
फरक्का परियोजना	गंगा, भागीरथी	पश्चिम बंगाल
काकरापारा परियोजना	ताप्ती	गुजरात
नागपुर शक्तिगृह परियोजना	कोराडी	महाराष्ट्र
इन्दिरा गाँधी नहर परियोजना	सतलज	राजस्थान, पंजाब तथा हरियाणा
रिहन्द परियोजना	रिहन्द	उत्तर प्रदेश
महानदी डेल्टा परियोजना	महानदी	ओडिशा
कुण्डा परियोजना	कुण्डा	तमिलनाडु
इडुक्की परियोजना	पेरियार	केरल
कोयना परियोजना	कोयना	महाराष्ट्र
सतलज परियोजना	चिनाब	जम्मू-कश्मीर
रंजीत सागर बाँध परियोजना	रावी	पंजाब
नाथपा-झाकरी परियोजना	सतलज	हिमाचल प्रदेश
शरावती परियोजना	शरावती	कर्नाटक
नर्मदा सागर परियोजना	नर्मदा	मध्य प्रदेश, गुजरात
जवाहर सागर परियोजना	चम्बल	राजस्थान
तुलबुल परियोजना	झेलम	जम्मू कश्मीर
सरदार सरोवर परियोजना	नर्मदा	गुजरात, मध्य प्रदेश, महाराष्ट्र एवं राजस्थान
दुलहस्ती परियोजना	चिनाब	जम्मू-कश्मीर
तिलैया परियोजना	बराकर	झारखंड

कृषि क्रांतियाँ

क्रांति	क्षेत्र
हरित क्रांति	खाद्यान्न उत्पादन
लाल क्रांति	टमाटर उत्पादन
श्वेत क्रांति	दुग्ध उत्पादन
गोल क्रांति	आलू उत्पादन
भूरी क्रांति	उर्वरक उत्पादन
रजत क्रांति	अंडा उत्पादन
नीली क्रांति	मत्स्य उत्पादन
सुनहरी क्रांति	बागवानी उत्पादन
पीली क्रांति	तिलहन उत्पादन
गुलाबी क्रांति	झींगा उत्पादन

राष्ट्रीय उद्यान और अभयारण्य

अगस्त 2025 तक हमारे देश में 107 राष्ट्रीय उद्यान और 574 वन्यजीव अभयारण्य हैं। कुछ महत्त्वपूर्ण अभयारण्यों और उद्यानों के नाम नीचे दिए गए हैं।

- कान्हा राष्ट्रीय उद्यान (म.प्र.)
- शिवपुरी राष्ट्रीय उद्यान (म.प्र.)
- जलदापाड़ा अभयारण्य (प. बंगाल)
- काजीरंगा अभयारण्य (असम)
- मानस अभयारण्य (असम)
- हजारीबाग राष्ट्रीय उद्यान (झारखंड)
- पलामू राष्ट्रीय उद्यान (झारखंड)
- डालमा वन्य जीव अभयारण्य (झारखंड)
- सेमलीपाल राष्ट्रीय पार्क (ओडिशा)
- वनकटना वन्य जीव अभयारण्य (उ.प्र.)
- भरतपुर वन्य जीव अभयारण्य (राजस्थान)
- डर्राह वन्य जीव अभयारण्य (राजस्थान)
- कॉर्बेट राष्ट्रीय उद्यान (उत्तराखंड)
- चन्द्रप्रभा अभयारण्य (उ.प्र.)
- डाचीगाम अभयारण्य (जम्मू-कश्मीर)
- दुधवा राष्ट्रीय उद्यान (उ.प्र.)
- नन्दा देवी कस्तूरी मृग वन (उत्तराखंड)
- माउंट आबू वन्य जीव अभयारण्य (राजस्थान)
- रणथम्भौर वन्य जीव अभयारण्य (राजस्थान)
- सरिस्का क्रीड़ा अभयारण्य (राजस्थान)
- रंगथिट्टू पक्षी अभयारण्य (कर्नाटक)
- बांदीपुर अभयारण्य (कर्नाटक)
- डंडेली अभयारण्य (कर्नाटक)
- महावीर अभयारण्य (गोवा-कर्नाटक सीमा)
- पेरियार अभयारण्य (केरल)
- वेदान्त-गाल पक्षी अभयारण्य (तमिलनाडु)
- गिरि वन (गुजरात)
- बोरीवल्ली राष्ट्रीय उद्यान (महाराष्ट्र)
- मोलेम क्रीड़ा अभयारण्य (गोवा)
- कोट्टीगांव क्रीड़ा अभयारण्य (गोवा)
- नागजीरा वन्य जीव अभयारण्य (महाराष्ट्र)
- बान्धवगढ़ राष्ट्रीय उद्यान (मध्य प्रदेश)
- घाट प्रभा पक्षी अभयारण्य (कर्नाटक)
- खगचन्दजेन्दा राष्ट्रीय उद्यान (सिक्किम)
- पेंच राष्ट्रीय उद्यान (महाराष्ट्र)
- रोहिया राष्ट्रीय उद्यान (हिमाचल प्रदेश)
- सुल्तानपुर सरोवर पक्षी अभयारण्य (हरियाणा)
- तोदोवा राष्ट्रीय उद्यान (महाराष्ट्र)
- मुदमलाई अभयारण्य (तमिलनाडु)
- नगर होल अभयारण्य (कर्नाटक)
- नाल सरोवर पक्षी अभयारण्य (गुजरात)
- बोंडला क्रीड़ा अभयारण्य (गोवा)
- तनसा झील वन्य जीव अभयारण्य (महाराष्ट्र)
- बनारघट्टा राष्ट्रीय उद्यान (कर्नाटक)
- ईराविकुलम राजमल्ली राष्ट्रीय उद्यान (केरल)

भारत के प्रसिद्ध पर्वतीय स्थल

स्थान	राज्य/केन्द्रशासित प्रदेश
अल्मोड़ा	उत्तराखंड
माउण्ट आबू	राजस्थान
चेरापूंजी	मेघालय
मसूरी	उत्तराखंड
कोडईकनाल	तमिलनाडु
नैनीताल	उत्तराखंड
डलहौजी	हिमाचल प्रदेश
ऊटकमंड	तमिलनाडु
दार्जिलिंग	पश्चिम बंगाल
पंचमढ़ी	मध्य प्रदेश
गुलमर्ग	जम्मू और कश्मीर
रानीखेत	उत्तराखंड
कसौली	हिमाचल प्रदेश
शिलांग	मेघालय
महाबलेश्वर	महाराष्ट्र
शिमला	हिमाचल प्रदेश

✧✧✧✧✧

रक्षा

भारत की रक्षा सेनाओं का सर्वोच्च कमाण्डर भारत का राष्ट्रपति होता है। भारत की सशस्त्र सेनाओं में तीन मुख्य सेवाएं हैं–थल सेना, नौ सेना और वायु सेना। तीनों सेनाओं के प्रमुख क्रमशः थल सेनाध्यक्ष, नौ सेनाध्यक्ष और वायु सेनाध्यक्ष होते हैं।

सेना में कमीशंड पद (Commissioned Ranks)

थल सेना

1. जनरल
2. लेफ्टिनेंट जनरल
3. मेजर जनरल
4. ब्रिगेडियर
5. कर्नल
6. लेफ्टिनेंट कर्नल
7. मेजर
8. कैप्टन
9. लेफ्टिनेंट

वायु सेना

1. एयर चीफ मार्शल
2. एयर मार्शल
3. एयर वाइस मार्शल
4. एयर कॉमोडोर
5. ग्रुप कैप्टन
6. विंग कमाण्डर
7. स्क्वाड्रन लीडर
8. फ्लाइट लेफ्टिनेंट
9. फ्लाइंग ऑफिसर

नौ सेना

1. एडमिरल
2. वाइस एडमिरल
3. रियर एडमिरल
4. कॉमोडोर
5. कैप्टन
6. कमाण्डर
7. लेफ्टिनेंट कमाण्डर
8. लेफ्टिनेंट
9. सब लेफ्टिनेंट

थल सेना कमाण्ड :

कमाण्ड	मुख्यालय
पश्चिमी कमाण्ड	चांडी मंदिर (चंडीगढ़)
पूर्वी कमाण्ड	कोलकाता
उत्तरी कमाण्ड	ऊधमपुर
दक्षिणी कमाण्ड	पुणे
मध्य कमाण्ड	लखनऊ
द.प. कमाण्ड	जयपुर
ट्रेनिंग कमाण्ड	शिमला

जल सेना कमाण्ड :

कमाण्ड	मुख्यालय
पूर्वी कमाण्ड	विशाखापट्टनम
दक्षिणी कमाण्ड	कोच्चि
पश्चिमी कमाण्ड	मुम्बई

वायु सेना कमाण्ड :

कमाण्ड	मुख्यालय
पूर्वी कमाण्ड	शिलांग
पश्चिमी कमाण्ड	नई दिल्ली
केन्द्रीय कमाण्ड	प्रयागराज
दक्षिणी कमाण्ड	तिरुअनंतपुरम
द.-प. कमाण्ड	गांधीनगर
ट्रेनिंग कमाण्ड	बेंगलुरु
मेन्टेनेन्स कमाण्ड	नागपुर

थल सेना प्रशिक्षण संस्थान :

कमाण्ड	मुख्यालय
नेशनल डिफेन्स एकेडमी (NDA)	खड़कवासला
नेशनल डिफेन्स कॉलिज	नई दिल्ली
इंडियन मिलिट्री एकेडमी (IMA)	देहरादून
डिफेन्स सर्विस स्टाफ कॉलिज	विलिंग्टन
इन्फेनटरी स्कूल	महू
आर्म्ड सेण्टर	अहमदनगर
आर्टीलरी स्कूल	देवलाली

वायु सेना प्रशिक्षण संस्थान :

कमाण्ड	मुख्यालय
एयर फोर्स एडमिनिस्ट्रेटिव कॉलिज	कोयम्बटूर
एयर फोर्स एकेडमी	हैदराबाद
पैराटूपर ट्रेनिंग स्कूल	आगरा
एयर फोर्स टेक्निकल कॉलिज	जलाहली (बेंगलुरु)
एलीमेन्ट्री फ्लाइंग स्कूल	बिदर

नौ सेना प्रशिक्षण संस्थान :

कमाण्ड	मुख्यालय
आइ.एन.एस. चिल्का	भुवनेश्वर
आइ.एन., बेन्दुरथी	कोच्चि
आइ.एन.एस. तसिरकार्स	विशाखापट्टनम
इण्डियन नेवल एकेडमी	कोच्चि
आइ.एन.एस. शिवाजी	लोनावाला

आंतरिक सुरक्षा के संगठन

संगठन	स्थापना वर्ष	मुख्यालय
असम राइफल्स	1835	शिलांग
केन्द्रीय रिजर्व पुलिस बल	1939	नई दिल्ली
भारत-तिब्बत सीमा पुलिस	1962	नई दिल्ली
सीमा सुरक्षा बल (BSF)	1965	नई दिल्ली
केन्द्रीय औद्योगिक सुरक्षा बल	1969	नई दिल्ली
तट रक्षक बल	1978	नई दिल्ली
राष्ट्रीय सुरक्षा गार्ड	1984	नई दिल्ली

रक्षा स्टाफ प्रमुख (सीडीएस)

देश में उच्चतर रक्षा प्रबंधन में सुधार लाने के लिए सेवा प्रमुख समतुल्य वेतन और अतिरिक्त सुविधाओं वाले रक्षा स्टाफ प्रमुख (सीडीएस) का पद गठित किया गया है जो फोर स्टार वाले जनरल रैंक का है। रक्षा स्टाफ प्रमुख (चीफ ऑफ डिफेंस स्टाफ) रक्षा मंत्रालय में बनाये गए सैन्य मामलों के विभाग (डीएमए) के भी मुखिया हैं और इसके सचिव के रूप में कार्य करते हैं। जनरल विपिन रावत ने 1 जनवरी, 2020 से 08 दिसम्बर, 2021 तक देश के प्रथम सीडीएस के रूप में कार्य किया। जनरल अनिल चौहान ने 30 सितम्बर, 2022 से देश के दूसरे सीडीएस के रूप में पदभार संभाला।

✧✧✧✧✧

कला एवं साहित्य

भारत के प्रमुख चित्रकार एवं उनकी कृतियां

अवनीन्द्र नाथ टैगोर	शाहजहाँ का ताज को देखना, बुद्ध और सुजाता, कमल के पत्ते पर अश्रुकण, वन साम्राज्ञी, औरंगजेब का बुढ़ापा, भारतमाता आदि।
गगनेन्द्र नाथ टैगोर	माँ से विदा लेते चैतन्य, कल्कि अवतार आदि।
राजा रवि वर्मा	दुष्यन्त को प्रेम-पत्र लिखती शकुन्तला, नायर लेडी, शकुन्तला वियोग आदि।
नन्द लाल बोस	उमा की तपस्या, घायल बकरी को ले जाते भगवान बुद्ध, कृष्णार्जुन, उड़ीसा की एक दुकान, प्रणाम, बसन्त, गोपिनी आदि।
के० वेंकटप्पा	हनुमान द्वारा लंका दहन, स्वर्ण मृग, राम और मृग तृष्णा आदि।
जॉर्ज कीट	कृष्ण जन्म, कर्ण जन्म, यम मार्कण्डेय, निराभरण गोपियाँ आदि।
भवेश चन्द्र सन्याल	आश्रयहीन लड़की, गोल मार्केट के भिखारी आदि।
मनीषी डे	नारी-श्रृंगार, पनघट की ओर, बंगाली शरणार्थी।
अमृता शेरगिल	एलिफेन्ट्स बाथिंग इन ग्रीन पुल, हिल साईड, भारतीय लड़कियाँ आदि।
नारायण श्रीधर बेन्द्रे	स्टेशन पर यात्री, बुद्ध पूजा आदि।
देवी प्रसाद राय चौधरी	लेपचा कुमारी, भौटिया आदि।
शोभा सिंह	हीर-रांझा
सतीश गुजराल	काला चांद

संगीत

भारत में चार प्रकार के संगीत-साज मिलते हैं—तंतु या तार वाले, समीर या वायु वाले, अवनाद अथवा थाप से संचालित होने वाले और घन जिसमें घंटियाँ, मंजीरे, घड़ियाल आदि शामिल हैं। तंतु या तार वाले सामान्य साज हैं जैसे—वीणा, सितार, सारंगी, सरोद, दिलरुबा, इसराज, एकतारा, तानपुरा और मयूरी। वायु संचालित साज हैं शहनाई, बाँसुरी, नादस्वरम, निनकिर्नस और पोंगी। थाप अथवा संघात से संचालित होने वाले साज हैं: तबला, मृदंग, ढोलक, पखावज, घटाम तथा कंजीरा-मंजीरा। करतल, जल तरंग आदि अन्य भारतीय साज हैं। गायन के क्षेत्र में विष्णु नारायण भातखण्डे, बेगम अख्तर, बड़े गुलाम अली, हीराबाई बरोडकर, भीमसेन जोशी, केसरभाई केलकर, ओंकारनाथ ठाकुर, सिद्धेश्वरी देवी, त्यागराज, विष्णु दिगंबर पलुसकर, पंकज मलिक, एम.एस. सुब्बालक्ष्मी, पंडित जसराज, गंगूभाई हंगल, मल्लिकार्जुन मंसूर, डागर बंधु, डी.के. जयरामन, के.जे. यशुदास, गुलाम मुस्तफा खान, कुमार गंधर्व, के.एल. वसंधा कुमारी, किशोरी अमोनकर, गिरिजा देवी, वी.के. नारायण स्वामी दीक्षित, तानसेन, श्यामा शास्त्री, स्वाति तिरूनल आदि साजपरक संगीत के कुछ दिग्गज कलाकार रहे हैं।

साजपरक संगीत के कुछ दिग्गज कलाकार निम्न हैं:-

बाँसुरी—हरि प्रसाद चौरसिया, पन्नालाल घोष, टी.आर. महालिंगम, एन. रमानी, विजय राघव राव, रघुनाथ सेठ, राजेन्द्र कुलकर्णी

जंजीरा—वी. नागराजन

घटाम—टी.एच. विनयाकरम

गिटार—पंडित विष्णु मोहन भट्ट, मोहन भट्ट, बृजभूषण कालरा, श्रीकृष्ण नलिन

हारमोनियम—पुरुषोत्तम वालावाकर, एम. धौलपुरी

मृदंग—पालघात आर. रघु, यू.एस. वर्मन

पखावज—गोविन्द राव, अनोखे लाल, कंठी महाराज

रूद्रवीणा—जिया मोहिउद्दीन डागर, असद अली खान

संतूर—शिव कुमार शर्मा, तरुण भट्टाचार्य

सितार—पंडित रविशंकर, बिलायत खान, देबू चौधरी, अब्दुल हलीम, जफर खान

सरोद—अली अकबर खान, अमजद अली खान, अलाउद्दीन खान, सरेन रानी, बज नारायण, मुकेश शर्मा, चंदन राय

शहनाई—बिस्मिल्ला खान, सुरबहार इमरत खान, दयाशंकर जगन्नाथ

वायलिन—लालगुडी जयारमण, एल. सुब्रह्मण्यम, एम.एस. गोपालकृष्णन, एस. सुब्रह्मण्यम, वी.जी. जोग, एन. राजन

तबला—अल्लारखा खां, गुदई महाराज, जाकिर हुसैन, लतीफ खाँ, किशन महाराज आदि।

नृत्य

- **भरतनाट्यम :** इस नृत्य शैली का ताल्लुक तमिलनाडु से है। यह कर्नाटक संगीत के साथ किया जाने वाला एकांतिक नृत्य है। अपने शुद्ध रूप में यह नृत्य शरीर की विभिन्न हलचलों, कोणों व घुमाव के जरिए लय-ताल का एक बेहतरीन नमूना पेश करता है।
- **ओडिसी :** इसकी उत्पत्ति ओडिशा में हुई है। यह नृत्य भरतनाट्यम के समानांतर है। 'गीत-गोविन्द' नामक काव्य की संरचना इस नृत्य शैली के काव्य तथा संगीत घटकों पर हावी रही है।
- **मणिपुरी :** यह मणिपुर का लयबद्ध नृत्य है। यह राधा-कृष्ण और गोपियों की अवधारणा के इर्द-गिर्द संकेद्रित रही है। नगाड़ों और मंजीरों पर बजने वाले कई प्रकार के ताल इस नृत्य के साथ-साथ चलते हैं।
- **कत्थक :** यह उत्तरी भारत का एक विशिष्ट शहरी नृत्य है। पूर्व में इसे दरबारों से जुड़ी नृत्य परंपरा के रूप में लिया जाता था। इस नृत्य के दौरान गायन चलता रहता है, मृदंग बजते रहते हैं तथा एक और कलाकार साज बजाता रहता है। कलाकारों का यह समूह सुर-ताल का आकर्षक नजारा पेश करता है।
- **कथकली :** यह केरल की शास्त्रीय नृत्य नाटिका है। अपने स्वरूप में यह नृत्य वर्णात्मक होने के बजाय नाट्यरूप में होता है। यह नृत्य महाकाव्यों के मिथकीय घटनाओं पर आधारित होता है जिसे अतिनाटकीय अंदाज में प्रस्तुत किया जाता है। नाटकीय कथा आँखों और भौहों के संचालन से, हाथों की भाव-भंगिमाओं से तथा शरीर के विशिष्ट संचालन से आगे बढ़ती है।
- **कुचिपुड़ी :** इस नृत्य का अभ्युदय आंध्र प्रदेश में हुआ माना जाता है। पारंपरिक रूप से यह नृत्य-नाटिका मंदिरों से संबद्ध रही है।

विभिन्न राज्यों के कुछ महत्वपूर्ण लोक-नृत्य :

- **महाराष्ट्र :** तमाशा, दही हण्डी, गोफ, दीपक, डिंडी
- **गुजरात :** गरबा, रासलीला, तिप्पनी, डांडिया
- **ओडिशा :** छऊ, माया शवरी, दलचाई
- **राजस्थान :** घूमर, कठपुतली, तेरा ताली
- **मध्य प्रदेश/छत्तीसगढ़ :** लोटा नृत्य, जवारा
- **हिमाचल प्रदेश :** दशहरा नृत्य, हिकत, नेतियो
- **पंजाब :** गिद्धा, भांगड़ा, पणिहारी
- **उत्तर प्रदेश/उत्तराखंड :** रासलीला, नौटंकी, थाली, धुरंग, झुमेला, हुड़का बोल, कजरी
- **नगालैण्ड :** बांस नृत्य, केदोहोह
- **असम :** बिहू, केली गोपाल, सतरिया
- **पश्चिम बंगाल :** कीर्तन, कालत्री, असुरबध, वृता, काली नाच
- **बिहार/झारखंड :** छऊ, मगही, दुर्गा नृत्य
- **तमिलनाडु :** तेरुकलथु, कबलतम, कर्गम, पुली वेशम
- **केरल :** मोहिनी अट्टम, पदायुनी
- **कर्नाटक :** यक्षगान, कुजीता, कोडवास
- **जम्मू-कश्मीर/लद्दाख :** दुम्हल, हिकत, चाकरी
- **त्रिपुरा :** हजागिरि
- **आंध्र प्रदेश/तेलंगाना :** डंडारिया, बंजारा, घण्टा मरदाला
- **गोवा :** गोडे मोदनी, ढकनी
- **मेघालय :** नोंगकरेम, बांग्ला
- **मणिपुर :** ढोल चोलम, बसंत रस
- **हरियाणा :** धमचाल, लहूर, भांगड़ा, गिद्दा
- **झारखंड :** सरहुल, सोहराई

शास्त्रीय नृत्य के कुछ प्रख्यात कलाकार :

- **भरतनाट्यम :** यामिनी कृष्णमूर्ति, रुक्मिणी देवी अरुण्डेल, स्वप्न सुन्दरी, सोनल मानसिंह, वैजयंती माला, मृणालिनी साराभाई, चंद्रलेखा, इंद्राणी, राम गोपाल, बाल सरस्वती
- **कथकली :** गोपीनाथ, के.के. नायर, कुंजुकुरुप, टी.के. चंदू, शांताराव, उदयशंकर
- **कुचिपुड़ी :** स्वप्न सुंदरी, राजा रेड्डी, राधा रेड्डी, शोभा नायर, वेदांतम सत्यनारायण, विम्पत्ति चिन्ना सत्यम
- **कत्थक :** बिरजू महाराज, गोपीकृष्ण, शंभू महाराज, सितारा देवी, उमा शर्मा, दुर्गा लाल, शोभना नारायण
- **मणिपुरी :** उदय शंकर, दरोहरा झावेरी, चैतम्बि सिंह, बिपिन सिंह, सूर्यमुखी
- **ओडिसी :** केलुचरण महापात्र, इंद्राणी रहमान, माधवी मुद्गल, प्रोतिमा बेदी, संयुक्ता पाणिग्रही, सोनल मानसिंह, देवू दास, प्रियवंदा मोहन्ती, मिनाती दास

✧✧✧✧✧

महत्वपूर्ण दिवस

दिवस	महत्व
9 जनवरी	प्रवासी दिवस
15 जनवरी	थल सेना दिवस
25 जनवरी	भारतीय पर्यटन दिवस
26 जनवरी	भारतीय गणतंत्र दिवस
30 जनवरी	शहीद दिवस, विश्व कुष्ठ निवारण दिवस (महात्मा गाँधी की पुण्य तिथि)
1 फरवरी	तटरक्षक दिवस, डाक जीवन बीमा दिवस
4 फरवरी	विश्व कैंसर दिवस
20 फरवरी	विश्व सामाजिक न्याय दिवस
21 फरवरी	विश्व मातृभाषा दिवस
22 फरवरी	पल्स पोलियो दिवस
28 फरवरी	राष्ट्रीय विज्ञान दिवस (रमन प्रभाव की स्मृति में)
8 मार्च	अन्तर्राष्ट्रीय महिला दिवस
15 मार्च	विश्व उपभोक्ता अधिकार दिवस, विश्व विकलांगता दिवस
21 मार्च	विश्व वानिकी दिवस, विश्व रंगभेद उन्मूलन दिवस
22 मार्च	विश्व जल दिवस
23 मार्च	शहीद दिवस, विश्व मौसम विज्ञान दिवस
24 मार्च	विश्व तपेदिक दिवस
7 अप्रैल	विश्व स्वास्थ्य दिवस
18 अप्रैल	विश्व विरासत दिवस
22 अप्रैल	विश्व पृथ्वी दिवस
1 मई	मई दिवस (अन्तर्राष्ट्रीय श्रम दिवस)
8 मई	विश्व रेडक्रॉस दिवस
9 मई	अन्तर्राष्ट्रीय थैलीसीमिया दिवस
11 मई	राष्ट्रीय प्रौद्योगिकी दिवस
24 मई	कॉमनवेल्थ दिवस
31 मई	धूम्रपान विरोध दिवस

दिवस	महत्व
1 जून	अन्तर्राष्ट्रीय बाल दिवस
5 जून	विश्व पर्यावरण दिवस
14 जून	वर्ल्ड ब्लड डोनर डे
20 जून	शरणार्थी दिवस
21 जून	विश्व योग दिवस
11 जुलाई	विश्व जनसंख्या दिवस
6 अगस्त	विश्व शांति दिवस, हिरोशिमा दिवस
10 अगस्त	अंतर्राष्ट्रीय युवा दिवस
29 अगस्त	राष्ट्रीय खेल दिवस
5 सितम्बर	शिक्षक दिवस
8 सितम्बर	विश्व साक्षरता दिवस
14 सितम्बर	हिन्दी दिवस
16 सितम्बर	विश्व ओजोन दिवस
21 सितम्बर	अन्तर्राष्ट्रीय शांति दिवस
27 सितम्बर	विश्व पर्यटन दिवस
2 अक्टूबर	गाँधी जयन्ती / अन्तर्राष्ट्रीय अहिंसा दिवस
3 अक्टूबर	विश्व पर्यावास दिवस
5 अक्टूबर	विश्व आवास दिवस
9 अक्टूबर	विश्व डाक दिवस
16 अक्टूबर	विश्व खाद्य दिवस
17 अक्टूबर	विश्व गरीबी उन्मूलन दिवस
20 अक्टूबर	राष्ट्रीय एकता दिवस, विश्व सांख्यिकी दिवस
14 नवम्बर	विश्व मधुमेह दिवस
19 नवम्बर	अन्तर्राष्ट्रीय नागरिक दिवस
26 नवम्बर	विश्व पर्यावरण संरक्षण दिवस
1 दिसम्बर	विश्व एड्स दिवस
10 दिसम्बर	अन्तर्राष्ट्रीय मानवाधिकार दिवस
18 दिसम्बर	अन्तर्राष्ट्रीय प्रवास दिवस
29 दिसम्बर	विश्व जैव विविधता दिवस

✧✧✧✧✧

खेल जगत

खेलों से जुड़ी शब्दावली

- **एथलेटिक्स:** ऐली, स्प्रॉम, बैटन, बेंड, ब्लाइंड पास, बॉक्स, सर्किल, क्लियरेंस, क्रासबार, हीट्स, फाल्स स्टार्ट, फ्लॉप स्टाइल, फाउल, हर्डलेस, लेन, लैप, डेकाथलॉन, हैप्टेथलॉन, मैराथन, पेंटाथलोन, स्क्रैच, शॉट पुट, स्प्रिंट, स्टार्टिंग ब्लॉक स्टेपल चेज, स्ट्रॅडल, टाई, जोन।
- **बैडमिंटन:** एश, एली, बैक हैण्ड, ब्लाक, कैरी, चैकिंग द स्मैस, कोर्ट, क्रास कोर्ट, डबल हिट, ड्राप शाट, फाल्ट, फोरहैण्ड, फ्रेम, गेम प्वाइंट, किल, लोब, लव, नेट, रैकेट, रैली, सर्व, शार्ट सर्व, शटल (बर्ड भी कहते हैं) साइड आउट, अंडर हैंड।
- **बेसबॉल:** आर्म थ्रोअर, एराउंड द हार्न, बल्क, बाल, बाल हॉक, बेस ओपन बेस रनर, बैट, बैटर, कैचर, काक्ड आर्म, क्रास फायर, डाउनर, होम, हाट कार्नर, इनफील्ड फ्लाई, की स्टोन सैक, लेट अप, पेग, पिंच हिटर, पॉपी, पंच, रबर, इनअप, सिंकर, स्लाइडर, थ्री फुट लाइन।
- **बास्केट बॉल:** बैक डोर, बैंग बोर्ड, बैंक शाट, बाउंस पास, चार्ज, चेस्ट पास, कार्नर प्लेयर, कट, डेड बॉल, डबल फाउल, ड्रिबल, फेक, फील्ड गोल, फाउल, फ्री थ्रो, गोल, हेल्ड बॉल, जम्प बॉल, पायवोट, रिवाइंड, रिस्ट्रेनिंग सर्कल, टी, टैक्नीकल फाउल, थ्रो इन।
- **बिलियर्डस एंड स्नूकर:** एंगल, राउण्ड द टेबल, बल्क, बॉल, ब्रेक, ब्रिज, केनन, क्यू बॉल, कॉप, फॉलो, हजार्ड, पाकेट, पॉट, पिरामिड, रेडबॉल, रेस्ट्स, रन, सेट अप, शार्ट स्विंग, टेबल।
- **बॉक्सिंग:** स्प्रॉन, अटैक, ब्लैक पेडल, बैक हैंड पंच, ब्लाकिंग, बोली, बाउट, बट, चॉप, कम्बीनेशन, कट, डाइव, एलबोइंग, फर्स्ट ब्लड, फ्लोर, फुल काउंट, ग्लोब्स, हीलिंग, होल्डिंग, हुक, जब, माउथपीस, पंच, रिंग, स्कोरिंग, सेकेण्ड, स्पॉट, वार्निंग।
- **क्रिकेट:** ऑल राउण्डर, ऐशेज, बैकफुट, बेल्स, बॉल, बैट, बैटिंग, बैट्समैन, बीमर, बाउंसर, बाउण्ड्री, बॉलर, बॉलिंग क्रीज, बाई, कॉट एण्ड बोल्ड, कॉल, कैच, कॉट बिहाइंड, सेंचुरी, क्लीन बोल्ड, कवर प्वाइंट, क्रास बैट, कट, कटर, डेड बॉल, एक्स्ट्राज, फास्ट मीडियम, फॉलोआन, फ्रंट फुट, फुलटॉस, ग्लास, गुगली, गार्ड, गिल्ली, हाफ वॉली, हैट्रिक, हिट विकेट, हुक, इनस्वींगर, लेटकट, लेग ब्रेक, लेग साइड, मेडन, मिड ऑफ, मिड ऑन, मिड विकेट, नाइट वाचमैन, प्वाइंट, ओपनर, ओवर, ओवर थ्रो, ओवर द विकेट, पिच, पुल-राउण्ड द विकेट, स्क्वायर कट, स्क्वायर लेग, स्वीप, टॉस, अम्पायर, विकेट कीपर, यार्कर।
- **गोल्फ:** एश, एड्रेस, एयर शॉट, एप्रोन, अवे, बॉल मार्क, ब्रिडी, बोगी, बाई, चिप, क्लब, कप, ड्राइव, ईगल, फ्लफ्फ, हाल्वड्, हैण्डीकैप, हजार्ड, होल, ऑनर, हुक, जिग्गर, लाई, पार, पिन, पुट, रन, स्लाइस, स्टांस, स्विंग, टी, वेज।
- **हॉकी:** बैकपास, बुली, कैरिंग द बॉल, सेंटर फारवर्ड, चार्जिंग, कार्नर, डी, डिफेंडर, ड्रिबलिंग, फ्लिक, फारवर्ड, फाउल, फ्रीहिट, फुल बैक्स, गोल, हाब्स, हिट, हुकिंग, इंटरसेप्टिंग, लांग कार्नर, शार्ट पेनल्टी स्ट्रोक, पुश, रिवर्स स्टिक, स्कूप, सिक्सटीन यार्ड हिट, स्टिक, स्ट्राइकिंग सर्कल, टैकलिंग, थ्रू पास, ट्रैपिंग, ट्वेन्टी फाइव यार्ड लाइन, अंडरकटिंग।
- **सॉकर:** बाईसाईकिल किक, बाड़ी सर्व, बाक्स या पेनल्टी एरिया, कैरिंग, चेस्टिंग, क्लीयरिंग, कार्नर किक, कार्नर फ्लैग, क्रास, क्रास ओवर, डी, डायरेक्ट फ्री किक, डाइव, डबल फाउल, ड्रिवल, ड्राप वॉल, एक्स्ट्रा टाइम, फिनिशिंग, फ्लैंक, फाउल, गोल किक, गोल पोस्ट, गोल्स, हॉफ वॉली, हैट्रिक, हैडिंग, इनडायरेक्ट फ्री किक, इंटरसेप्सन, किक ऑफ, लाइंस मैन, लिंक मैन, लोब, मार्किंग, न्यूटमैग, ऑफ साइड, पास, पेनल्टी स्पॉट, रिवर्स पास, सीजर्स किक, शैडो मार्किंग, साइड लाइंस, स्ट्राइकर, स्वीपर, टेंकल, थ्रोइन, ड्रिपिंग, विंगर, येलो कार्ड।
- **स्क्वैश:** एंगल, बोर्ड कोर्ट, कट लाइन, ड्राइव, फुट फाउल्ट, हॉफ कोर्ट लाइन, हैमर, हैंड इन, किल, निक, पेनल्टी प्वाइंट, रैली, सर्विस बाक्स, सेट, शार्ट लाइन, वॉली, वेल्स।
- **स्वीमिंग:** बैकस्ट्रोक, बटरफ्लाई, ब्रेस्ट स्ट्रोक, कैसल, क्राउल, फाल्स स्टार्ट, फ्री स्टाइल, किकिंग, लेग, मेडले रिले, पुल, टच।

- **टेबल टेनिसः** एश, बैकहैण्ड, शॉट, ब्लेड, ब्लॉक शॉट, ड्यूस, ड्राप शॉट, गेम, ग्रिप, रैली, सर्विस, स्मैश, टॉप स्पिन, रिवर्स सेंटर लाइन।
- **टेनिसः** एश, एडवांटेज, बैक कोर्ट, बैक हैण्ड, बॉल ब्वाय या बॉल गर्ल, ब्रेक, बाई, सेंट्रल लाइन, चिप, चाप, कोर्ट, डेड, ड्यूस, डबल फाल्ट, डाउन द लाइन, ड्राप शॉट, ड्राप वॉली, इरर, फेस या रैकेट, फाउल्ट, फोर कोर्ट, फ्रेम, गेम, गेम प्वाइंट, ग्राउंड स्ट्रोक, लेट, लाइन बॉल, लोब, लव, मैच प्वाइंट, नेट, नेट बॉल, ओवर हैड, स्मैश, पासिंग शॉट, रैली रिटायर, रिटर्न, सर्व, सर्विस, सेट, सेटप्वाइंट, शार्ट बाल, स्मैश, स्ट्रोक, टॉस, अंडरहैंड, वॉली।
- **वॉलीबॉलः** एश, एड ऑन, बैकलाइन, ब्लॉक, बॉडी फाउल, कैरिंग द बॉल, चेस्टपास, कवर, क्रास कोर्ट शाट, ड्यूस, डिग, डबल हिट, फुट फाउल्ट, गेम प्वाइंट, किल, हेल्ड, बॉल, मल्टीपल टचेज, नेट, ओवर नेट, प्वांइट, पावर सर्व, सर्व, सेट, साइड आउट, स्मैश, स्पाइकर टाइम आउट।

खेल के मैदान की माप

- **बैडमिंटन कोर्ट** : 20 फीट × 44 फीट (युगल); 17 फीट × 44 फीट (एकल)
- **बेसबॉल** : डायगोनल बेस में से निकटतम आधार के बीच की दूरी 90 फीट और 127 फीट 3⅜ इंच होती है। पिचर के सर्किल और बॉलर के बीच 60½ फीट की दूरी होती है।
- **बास्केटबॉल कोर्ट** : 85 फीट × 46 फीट।
- **बिलियड्‌र्स टेबल** : 12 फीट × 6 फीट 1½ इंच।
- **बॉक्सिग रिंग** : 20 फीट वर्ग।
- **क्रिकेट** : दोनों विकेट 22 गज की दूरी पर होते हैं। बॉल का व्यास लगभग 9 से.मी. और वजन 5½ से 5¾ ओंस होता है।
- **हैंडबॉल कोर्ट** : 126 से 147 फीट लम्बा और 60 से 73 फीट चौड़ा।
- **हॉकी का मैदान** : 100 गज × 55 गज।
- **रग्बी मैदान** : यह मैदान अंडाकार होता है जिसकी अधिकतम लम्बाई 150 से 200 गज और अधिकतम चौड़ाई 120 से 170 गज होती है।
- **रोविंग** : एकल नौका चालन हेतु नौका की लम्बाई 27 फीट और युगल के लिए 34 फीट होती है। कॉक्स्ड जोड़ा 35 फीट, काक्सलेस फोर 44 फीट, कॉक्स्ड फोर 45 फीट और कॉक्स्ड एट 62 फीट होता है।
- **फुटबॉल मैदान** : 100 से 130 गज लम्बा और 50 से 100 गज चौड़ा।
- **स्क्वैश कोर्ट** : 32 फीट × 21 फीट, कट लाइन 6 फीट का और टिन 19 इंच का होता है।
- **स्वीमिंग पुल** : 50 मीटर लम्बा।
- **टेबल टेनिस** : टेबल 9 फीट × 5 फीट का होता है तथा नेट की ऊंचाई 6 इंच होती है।
- **टेनिस कोर्ट** : एकल के लिए 78 फीट × 27 फीट और युगल के लिए 78 फीट × 36 फीट।
- **वालीबॉल कोर्ट** : 18 मीटर × 9 मीटर।
- **मैराथन दौड़** : 26 मील 385 गज।

ओलंपिक

प्राचीन काल में अपने नागरिकों को स्वस्थ एवं फिट बनाए रखने के लिए यूनानवासी प्रतियोगी खेल स्पर्द्धाओं का आयोजन करते थे। जौस देवता के सम्मान में प्रथम ओलम्पिक खेलों का आयोजन ओलम्पस माउंट में ईसा पूर्व 776 में किया गया था। इसके बाद 394 ईस्वी जबकि यूनानी सभ्यता का पतन हो गया, प्रत्येक 4 वर्षों के अंतराल के बाद ओलम्पिक खेलों का आयोजन किया जाता रहा। आधुनिक समय में फ्रांस के धनकुबेर पियरे डी कुबर्टिन ने आधुनिक खेलों को पुनर्जीवित किया। प्रथम आधुनिक ओलम्पिक खेल का आयोजन 1896 में एथेंस (यूनान) में किया गया। इसके बाद से विश्व युद्धों को छोड़कर प्रत्येक 4 वर्ष के अंतराल पर ओलम्पिक खेलों का आयोजन होता रहा है। ओलम्पिक खेलों का ध्वज श्वेत रंग का है जिस पर 5 रंगीन छल्ले बने हैं। प्रत्येक रिंग एक महादेश का प्रतिनिधित्व करता है। एक ही वर्ष में ग्रीष्मकालीन और शीतकालीन ओलंपिक खेलों का आयोजन किया जाता है।

एशियाई खेल

द्वितीय विश्व युद्ध के पश्चात् अनेकों एशियाई देशों ने स्वतंत्रता प्राप्त की। ओलंपिक खेलों की तर्ज पर प्रत्येक चार वर्षों बाद एशियाई खेलों के आयोजन की योजना बनायी गई। भारत ने 1951 में नई दिल्ली में प्रथम एशियाई खेलों का आयोजन किया।

राष्ट्रमंडल खेल

राष्ट्रमंडल खेल भी प्रत्येक चार वर्ष बाद आयोजित किए जाते हैं उसी वर्ष में जिसमें एशियाई खेल आयोजित होते हैं। सभी राष्ट्रमंडल देश (ब्रिटेन के पूर्व उपनिवेश) इसमें भाग ले सकते हैं। प्रथम राष्ट्रमंडल खेल 1930 में हैमिल्टन (कनाडा) में आयोजित हुआ जिसे ''ब्रिटिश अम्पायर गेम'' के नाम से जाना गया। 1954 में इनका नाम बदलकर ''ब्रिटिश अम्पायर एण्ड कॉमनवेल्थ गेम्स'' कर दिया गया। 1970 में एक बार फिर इनका नाम परिवर्तन कर 'ब्रिटिश कॉमनवेल्थ गेम्स' किया गया। वर्ष 1978 से इन्हें कामनवेल्थ गेम्स अथवा राष्ट्रमंडल खेलों के नाम से जाना जा रहा है।

प्रमुख खेल एवं उससे संबंधित जानकारी

क्रिकेट : क्रिकेट खेल का जन्मदाता इंग्लैंड को माना जाता है। दुनिया का पहला क्रिकेट क्लब हैम्बल्डन में 1760 के दशक में बना और मेरिलबॉन क्रिकेट क्लब (MCC) 1787 में।

हॉकी : हॉकी का पहला संगठित क्लब 1861 में स्थापित 'ब्लैकहीथ एबी एण्ड क्लब' (इंग्लैंड) है। हॉकी की सर्वोच्च संस्था 'फेडरेशन इंटरनेशल दि हॉकी' (एफ. आई. एच.) है, जिसकी स्थापना 1884 ई. में की गयी थी। हॉकी का पहला अन्तर्राष्ट्रीय मैच 26 जून, 1895 को राइल में वेल्स एवं आयरलैंड के बीच खेला गया। ओलम्पिक में सर्वाधिक आठ बार हॉकी का खिताब भारत ने जीता है।

फुटबॉल : फुटबॉल का जन्म इंग्लैंड में हुआ। 1857 ई. में इंग्लैंड में विश्व का पहला फुटबॉल क्लब 'शेफील्ड फुटबॉल क्लब' का गठन हुआ। भारत में फुटबॉल अंग्रेजों के द्वारा लाया गया और भारत का पहला फुटबॉल क्लब 'डलहौजी क्लब' था।

टेबल टेनिस : इस खेल का जन्मदाता इंग्लैंड है। 'इंटरनेशनल टेबल टेनिस एसोसिएशन' की स्थापना 1926 ई. में की गयी थी। टेबल टेनिस विश्व चैम्पियनशिप का मैच पहली बार 1927 ई. में हुआ।

लॉन टेनिस : आधुनिक संदर्भ में इस खेल का विकास इंग्लैंड में हुआ। टेनिस की सर्वोच्च संस्था इंटरनेशनल टेनिस फेडरेशन (I.T.F.) की स्थापना 1913 ई. में पेरिस में की गई।

बास्केटबॉल : इस खेल का आविष्कार जेम्स स्मिथ ने सन् 1891 में अमेरिका में किया। इसके अन्तर्राष्ट्रीय संघ की स्थापना सन् 1932 में फेडरेशन इंटरनेशनल डे बास्केटबॉल एसोसिएशन (FIBA) के नाम से हुई। भारत में प्रथम बास्केटबॉल खेल सन् 1930 में खेला गया। इसका पहला विश्व चैम्पियन मैच 1950 ई. में आयोजित हुआ।

बैडमिंटन : आधुनिक बैडमिंटन का विकास संभवत: इंग्लैंड में हुआ था। इसकी सर्वोच्च संस्था इंटरनेशनल बैडमिंटन फेडरेशन की स्थापना 1934 में की गयी थी। विश्व बैडमिंटन चैम्पियनशिप की शुरुआत 1977 ई. में हुई थी।

पोलो : आमतौर से यह माना जाता है कि पोलो का जन्म फारस में हुआ था। फारस में 525 ई.पू. में 'पुलु' के नाम से यह खेल खेला जाता था। कुछ लोगों का मानना है कि पोलो का जन्म भारत के मणिपुर में हुआ।

एथलेटिक्स : पहला ओलंपिक जो ई.पू. 8वीं सदी में हुआ था उसमें यह एक मात्र खेल था। ई.पू. 8वीं शताब्दी में होमर द्वारा लिखित इलियड में पैदल दौड़ का वर्णन मिलता है। एथलेटिक्स इंग्लैंड में ईसा बाद 12वीं सदी में प्रारंभ हुई।

कुश्ती : ई.पू. 708 में यूनानियों ने अपने ओलंपिक में कुश्ती को शामिल कर लिया था। कुल मिलाकर कुश्ती के 50 प्रकार हैं। ओलंपिक में ग्रीको रोमन और फ्री स्टाइल कुश्ती आर्मेचर होती है।

शतरंज : सामान्यत: ऐसा माना जाता है कि भारत में यह खेल ईसा बाद 7वीं सदी में शुरू हुआ।

गोल्फ : आधुनिक गोल्फ का खेल सर्वप्रथम स्कॉटलैंड में शुरू हुआ। आधुनिक गोल्फ में पुरुषों के ग्रैंड स्लैम में चार टूर्नामेंट होते हैं। मास्टर ओपन, यूनाइटेड स्टेट्स ओपन, ब्रिटिश ओपन और प्रोफेशनल गोल्फर्स एसोसिएशन ऑफ अमेरिका (पी.जी.ए.) चैम्पियनशिप।

वाटर पोलो : यह खेल सन् 1860 ई. में इंग्लैंड में शुरू हुआ। इस खेल को शुरू करने का श्रेय मुख्यत: ग्लासगो के विलियम विल्सन को जाता है।

बेसबॉल : यह खेल 19वीं सदी के मध्य में अमेरिका में विकसित हुआ। ऐसा माना जाता है कि इसकी खोज अबनेर डबलडे ने सन् 1839 ई. में की। इस खेल के नियमों को एलेक्जेंडर कार्टराइट ने लिखा।

तैराकी : द फेडरेशन इंटरनेशनल डी नेशनल एमैच्योर (FINA) तैराकी एवं अन्य सभी गैर-पेशेवर जल-क्रीड़ाओं को संचालित करती है।

स्पोर्ट्स से जुड़े प्रमुख खिलाड़ी

- **एथलेटिक्स :** कार्ल लुईस, मौरिस ग्रीन, माइकल जानसन, लिंडफोर्ड क्रिस्टी, जैकी जायनर, मेरियन जोंस, बेन जानसन, कैल्विन स्मिथ, जेसी ओवंस, सर्गेई बुबका, सेबेस्टियन को, मिल्खा सिंह, पीटी उषा, उसैन बोल्ट, ज्योतिर्मय सिकदर।
- **बॉक्सिग :** कैसियस क्ले (मोहम्मद अली), जो फ्रेजर, माइक टायसन, लैरी टोलम्स, फैंक ब्रूनो, हेनरी कूपर, आर्ची मूर, इवांडर होलीफील्ड, विजेंद्र कुमार, एम.सी. मैरीकॉम।
- **बैडमिंटन :** प्रकाश पादुकोण, सैय्यद मोदी, दिनेश खन्ना, जेमी पोलसन, नंदू नाटेकर, लिम स्वीकिंग, सायना नेहवाल।
- **बिलियर्ड :** गीत सेठी, माइकल फरेरा, पंकज आडवाणी।
- **शतरंज :** बोरिस स्पॉस्की, गैरी कास्परोव, अंतोली कार्पोव, विक्टर कोरकोनी, विश्वनाथन आनंद, कोनेरू हम्फी, प्रवीण थिप्से, रोहिणी खादिलकर, सूर्य शेखर गांगुली, गुकेश डी.।
- **क्रिकेट :** सुनील गावस्कर, बिशन सिंह बेदी, कपिल देव, मुहम्मद अजहरुद्दीन, सचिन तेंदुलकर, जी.आर. विश्वनाथ, लाला अमरनाथ, अजित वाडेकर, वी एस चंद्रशेखर, ईएएस प्रसन्ना, एस. वेंकटराघवन, डान ब्रैडमेन, रिचर्ड हैडली, गैरी सोबर्स, इयान बाथम, विवियन रिचर्डस, क्लाइव लायड, इमरान खान, ज्योफ बायकाट, टोनी ग्रेग, वसीम अकरम, हनीफ मोहम्मद, रिची बेनो, माल्कम मार्शल, माइकल होल्डिंग, ग्रेग चैपल, जावेद मियांदाद, विजय मांजरेकर, फैंकवारेल, बिल लॉरी, क्लाइब राइस, विराट कोहली, मार्क टेलर, जीएल गारनर, अर्जुन राणातुंगा, अरविन्द डीसिल्वा, सौरव गांगुली, विनोद कांबली, नयन मोंगिया, अजित अगरकर, जैक कालिस, इयान हिली, जान ट्राइकास, क्रेग मैकडरमोट, ब्रायन मैकलिमन, डब्ल्यू आर हैमंड, सनत जयसूर्या, ब्रायन लारा, एंडी फ्लावर, बी.वी.एस. लक्ष्मण, राहुल द्रविड़, डेनियल विटोरी, वीरेन्द्र सहवाग, एम. एस. धोनी, युवराज सिंह, रिकी पोन्टिंग।
- **हॉकी :** ध्यान चंद, अशोक कुमार, अजित सिंह, परगट सिंह, प्रीतपाल सिंह, जफर इकबाल, शंकर लक्ष्मण, चारू चार्ल्सवर्थ, बलबीर सिंह, टेरी वाल्स, किशनलाल, धनराज पिल्लै।
- **फुटबॉल :** पेले, डियागो माराडोना, फ्रेंज बेकनबोर, सोक्रेट्स, रूड गुलिट, गैरी लिनेकर, कोरेका, पी सी बनर्जी, अरुणलाल घोष, युनी गोस्वामी, इंदर सिंह, डावर सूकर, रोनाल्डो, रिवाल्डो, डिसचैम्पस, ओलिवर कॉन, लुईस फिगो, वाइचुंग भूटिया।
- **टेनिस (लान) :** ब्योन बोर्ग, जिमी कानर्स, जान मैकनरो, इवान लेंडल, पीट सम्प्रास, मार्टिना नवरातिलोवा, स्टेफी ग्राफ, स्टीफन एडवर्ग, आंद्रे अगासी, माइकल चांग, रमेश कृष्णन, बोरिस बेकर, लिएण्डर पेस, महेश भूपति, विजय अमृतराज, आनंद अमृतराज, जयदीप मुखर्जी, राड लीवर, राय इमर्सन, नरेश कुमार, प्रेमजीत लाल, मार्टिना हिंगिस, मेरी पियर्स, सेरेना विलियम्स, वीनस विलियम्स, सानिया मिर्जा, सोमदेव वर्मन, रोजर फेडरर, राफेल नडाल, मारिया शरापोवा।
- **गोल्फ :** ग्रेग नारमेन, निक प्राइस, जीव मिलखा सिंह, एस. चौधरी, आर.के. पीतांबर, विक्रमजीत सिंह, अर्जुन अटवाल।
- **जिम्नास्टिक :** नादिया कोमानिय, एल लेतीनीना, वी. कस्लावस्का, ई.जेबो, डब्ल्यू. किंम, वाई मा, श्रूसोनोवा, डेनिएला सिलीवास, ए ब्रेगलिया, वी युकारिन, एन एंद्रियानोव, सर्गेई स्पिट्ज।
- **स्वीमिंग :** आरती गुप्ता, अरुण कुमार शा, वैद्यनाथ, डाउन फ्रेजर, मिहिर सेन, आरती शाहा, मार्क स्पिट्ज, माइकल फेल्प्स।
- **कुश्ती :** दारा सिंह, भीमसेन, मुख्तार सिंह, सुदेश कुमार, चांदगी राम, सुशील कुमार।
- **निशानेबाजी:** अंजली भागवत्, राज्यवर्धन सिंह राठौर, समरेश जंग, अभिनव बिंद्रा, गगन नारंग।

विश्व के प्रसिद्ध कप और ट्राफियाँ

✦ अमेरिकन कप	याच रेसिंग
✦ एशेज	क्रिकेट (इंग्लैंड बनाम आस्ट्रेलिया)
✦ कनाडा कप	गोल्फ (विश्व चैम्पियनशिप)
✦ कोलम्बो कप	सॉकर
✦ चैम्पियन ट्राफी	हाकी (पुरुष) विश्व की 6 श्रेष्ठ टीमों के मध्य
✦ डेविस कप	लान टेनिस (पुरुष)
✦ डर्बी	घोड़ा दौड़ (इंग्लैंड)
✦ इंदिरा गांधी गोल्फ कप	हॉकी (महिला) (भारत)
✦ जुलस रिमेट कप	सॉकर—विश्व कप (पुरुष)
✦ किंग्स कप	एयर रेसेज (इंग्लैंड)
✦ मर्डेका	सॉकर (पुरुष)(मलेशिया)
✦ प्रिंस ऑफ वेल्स कप	गोल्फ (इंग्लैंड)
✦ रोथमेंस कप	क्रिकेट
✦ रायडर कप	गोल्फ (इंग्लैंड)
✦ स्वेथलिंग कप	विश्व टेबल टेनिस (पुरुष)
✦ थामस कप	विश्व बैडमिंटन (पुरुष)
✦ उबेर कप	विश्व बैडमिंटन (महिला)
✦ वाकर कप	गोल्फ (इंग्लैंड)
✦ विटमैन कप	लान टेनिस (महिला)
✦ विम्बलडन कप	लान टेनिस (इंग्लैंड)

कप और ट्राफियाँ—भारत

- आगा खाँ कप — हॉकी (मुंबई)
- ऑल इंडिया महाराजा रणजीत सिंह गोल्ड कप — हॉकी
- बर्ना बेलक कप — टेबल टेनिस (पुरुष)
- बेटन कप — हॉकी (पुरुष)
- मुंबई गोल्ड कप — हॉकी
- बर्दवान ट्राफी — वेट लिफ्टिंग
- सीके नायडू ट्राफी — क्रिकेट
- डीसीएम ट्राफी — फुटबॉल
- ध्यान चंद ट्राफी — हॉकी
- डॉ. बीसी राय ट्राफी — राष्ट्रीय जूनियर फुटबॉल
- दिलीप ट्राफी — क्रिकेट
- डूरंड कप — फुटबॉल
- एजरा कप — पोलो
- आईएफए शील्ड — फुटबॉल
- ईरानी कप — क्रिकेट
- देवधर ट्राफी — क्रिकेट
- जयलक्ष्मी कप — राष्ट्रीय महिला टेबल टेनिस
- कुप्पुस्वामी नायडू ट्राफी — हॉकी
- लेडी रतन टाटा ट्राफी — हॉकी
- मौलाना आजाद ट्राफी — अंतर विश्वविद्यालय खेल
- मुरुगप्पा गोल्ड कप — हॉकी
- राष्ट्रीय लीग — फुटबॉल
- नेहरू कप — हॉकी
- ओबेदुल्ला गोल्ड कप — हॉकी
- राधामोहन कप — पोलो
- राजकुमारी चैलेंज कप — जूनियर गर्ल्स टेबल टेनिस
- रामानुजम ट्राफी — जूनियर ब्वाय टेबल टेनिस
- रंगास्वामी कप — राष्ट्रीय पुरुष हॉकी
- रणजी ट्राफी — राष्ट्रीय पुरुष क्रिकेट
- रोवर्स कप — फुटबॉल
- संतोष ट्राफी — राष्ट्रीय पुरुष फुटबॉल
- सुब्रतो कप — अंतर स्कूल फुटबॉल
- वेलिंगटन ट्राफी — नौकाचालन

प्रसिद्ध खेल मैदान एवं उनसे सम्बन्धित खेल

खेल-मैदान	खेल	स्थान
इन्द्रप्रस्थ स्टेडियम	इन्डोर गेम	दिल्ली
जवाहरलाल नेहरू स्टेडियम	एथलेटिक्स	दिल्ली
अरुण जेटली स्टेडियम	क्रिकेट	दिल्ली
अम्बेडकर स्टेडियम	फुटबॉल	दिल्ली
शिवाजी स्टेडियम	हॉकी	दिल्ली
नेशनल स्टेडियम	हॉकी	दिल्ली
वानखेडे स्टेडियम	क्रिकेट	मुम्बई
ब्रेबोर्न स्टेडियम	क्रिकेट	मुम्बई
ईडन गार्डन	क्रिकेट	कोलकाता
ग्रीन पार्क स्टेडियम	क्रिकेट	कानपुर
कीनन स्टेडियम	क्रिकेट	जमशेदपुर
नेहरू (चेपक) स्टेडियम	क्रिकेट	चेन्नई
वाराबती स्टेडियम	क्रिकेट	कटक
इप्सम	डर्बी घुड़दौड़	ब्रिटेन
हेडिंग्ले मैनचेस्टर	क्रिकेट	ब्रिटेन
लार्ड्स, ओवल, लीड्स	क्रिकेट	ब्रिटेन
ब्लैक हीथ	रग्बी फुटबॉल	लन्दन
विम्बलडन	लॉन टेनिस	लन्दन
वेम्बले स्टेडियम	फुटबॉल	लन्दन
ब्रुकलैण्ड	फुटबॉल	इंग्लैंड
टिबंकहम	रग्बी फुटबॉल	इंग्लैंड
पटनी मार्टलेक	नौका दौड़	इंग्लैंड
टेंट ब्रिज	क्रिकेट	इंग्लैंड
एण्ट्री	घुड़दौड़	इंग्लैंड
व्हाइट सिटी	कुत्तों की दौड	इंग्लैंड
हरलिघम	पोलो	इंग्लैंड
पर्थ, ब्रिस्बेन, मेलबोर्न	क्रिकेट	आस्ट्रेलिया
यांकी स्टेडियम	बॉक्सिंग	न्यूयार्क
ब्रूकलिन	बेसबॉल	न्यूयार्क
फोरस्ट हिल	टेनिस	न्यूयार्क
नरेन्द्र मोदी स्टेडियम	क्रिकेट	अहमदाबाद

✧✧✧✧✧

पुरस्कार एवं सम्मान

राष्ट्रीय पुरस्कार

- **भारत रत्न**–यह भारत का सर्वोच्च असैनिक सम्मान है। यह कला, साहित्य, विज्ञान एवं खेलकूद के क्षेत्र में अतिविशिष्ट सेवाओं तथा सार्वजनिक क्षेत्र में उत्कृष्टतम योगदान के लिए प्रदान किया जाता है। सरकारी सेवाओं में लगे व्यक्तियों को यह पुरस्कार नहीं दिया जाता है।
- **पद्म विभूषण**–यह अलंकरण सभी क्षेत्रों में उल्लेखनीय योगदान के लिए दिया जाता है। सरकारी सेवाओं में लगे व्यक्ति भी इसके पात्र माने जाते हैं।
- **पद्म भूषण**–सभी क्षेत्रों में उल्लेखनीय योगदान के लिए यह उपाधि प्रदान की जाती है। सरकारी सेवाओं में रत व्यक्ति भी इसे पाने के हकदार हैं।
- **पद्म श्री**–विविध क्षेत्रों में उत्तम कार्य करने के उपलक्ष्य में यह उपाधि प्रदान की जाती है। सरकारी सेवा में लगे लोगों को भी इस उपाधि से अलंकृत किया जा सकता है।

शौर्य पदक

- **परमवीर चक्र**–शत्रु के समक्ष दृढ़ता से वीरता-प्रदर्शन के फलस्वरूप दिया जाने वाला यह सबसे बड़ा पुरस्कार है। यह अत्यन्त वीरतापूर्ण कार्य जल, थल तथा नभ में से किसी भी सेना के कर्मचारी द्वारा किये जाने पर दिया जाता है।
- **महावीर चक्र**–यह दूसरा सर्वोच्च पदक है जो शत्रु के समक्ष अद्वितीय शौर्य प्रदर्शन के फलस्वरूप प्रदान किया जाता है। इस प्रकार का वीरतापूर्ण कार्य थल, जल एवं नभ सेनाओं में से किसी के भी द्वारा किया गया हो सकता है।
- **वीर चक्र**–यह तीसरी श्रेणी का सेना पदक है जो शत्रु के समक्ष वीरता-प्रदर्शन करने के उपलक्ष्य में प्रदान किया जाता है। यह पदक जल, थल और नभ सेना के किसी भी वर्ग के कर्मचारी को वीरतापूर्ण कार्य के लिए प्राप्त हो सकता है।
- **अशोक चक्र**–यह ऐसा पदक है जो जल, थल और नभ कहीं पर भी उत्कृष्ट वीरतापूर्ण कार्य करने अथवा आत्म-बलिदान होने के फलस्वरूप प्रदान किया जाता है। लेकिन इस प्रकार का काम शत्रु के समक्ष होना आवश्यक नहीं। गुणों के आधार पर इस पदक के तीन वर्ग हैं–प्रथम, द्वितीय तथा तृतीय। द्वितीय पदक का नाम कीर्ति चक्र तथा तृतीय पदक का नाम शौर्य चक्र है।

अन्य राष्ट्रीय पुरस्कार/सम्मान

- **ज्ञानपीठ पुरस्कार**–यह पुरस्कार सांस्कृतिक एवं साहित्यिक संस्था 'भारतीय ज्ञानपीठ' द्वारा वर्ष 1965 से प्रदान किया जाता है। प्रत्येक वर्ष यह पुरस्कार संविधान की आठवीं अनुसूची में सम्मिलित 22 भारतीय भाषाओं और अंग्रेजी में से चयनित भारतीय लेखकों को प्रदान किया जाता है। इस पुरस्कार से पुरस्कृत साहित्यकार को 21 लाख रुपए नकद, एक स्मृति चिह्न, एक प्रशस्ति-पत्र तथा वाग्देवी (सरस्वती) की प्रतिमा प्रदान की जाती है।
- **दादा साहब फाल्के पुरस्कार**–इस पुरस्कार की स्थापना भारतीय फिल्म उद्योग के संस्थापक दादा साहब फाल्के की याद में भारत सरकार के सूचना एवं प्रसारण मंत्रालय द्वारा की गई है। इस पुरस्कार की धनराशि 15 लाख रुपए है।
- **जमनालाल बजाज पुरस्कार**–यह पुरस्कार रचनात्मक सामाजिक कार्य क्षेत्र में महत्त्वपूर्ण योगदान, ग्रामीण विकास हेतु विज्ञान एवं प्रौद्योगिकी के उपयोग तथा महिलाओं एवं बच्चों के उत्थान व कल्याण कार्यों हेतु प्रदान किया जाता है। इन पुरस्कारों के तहत 10-10 लाख की पुरस्कार राशि अब प्रदान की जाती है।
- **सरस्वती सम्मान**–15 लाख रुपये का यह पुरस्कार उत्कृष्ट साहित्यिक कृति पर दिया जाता है।
- **व्यास सम्मान**–के॰ के॰ बिड़ला फाउंडेशन द्वारा स्थापित यह पुरस्कार किसी एक साहित्यिक कृति को प्रदान किया जाता है। इसके तहत एक प्रशस्ति पत्र तथा 4 लाख रुपये की धनराशि प्रदान की जाती है।
- **मेजर ध्यानचंद खेल रत्न पुरस्कार**–1992 में स्थापित यह पुरस्कार भारत सरकार द्वारा खेलों में सराहनीय प्रदर्शन करने वाले खिलाड़ियों को प्रदान किया जाता है। इसमें 25 लाख रुपये की धनराशि, एक पदक और एक प्रशस्ति पत्र प्रदान किया जाता है। पहले इस पुरस्कार का नाम राजीव गांधी खेल रत्न पुरस्कार था।

✦ **अर्जुन पुरस्कार**–1961 में स्थापित यह पुरस्कार भारत सरकार द्वारा विभिन्न खेलों में विशेष उपलब्धि प्राप्त करने वाले खिलाड़ियों को प्रदान किया जाता है। इसमें अर्जुन की काँस्य प्रतिमा, प्रशस्ति पत्र तथा 15 लाख रुपये की धनराशि और समारोह परिधान प्रदान किया जाता है।

✦ **द्रोणाचार्य पुरस्कार**–1985 में स्थापित यह पुरस्कार भारत सरकार द्वारा खेल प्रशिक्षकों द्वारा की गयी उत्कृष्ट सेवाओं के लिए प्रदान किया जाता है। यह पुरस्कार दो वर्गों आजीवन और नियमित में प्रदान किया जाता है। आजीवन वर्ग में 15 लाख रुपये तथा नियमित वर्ग में 10 लाख रुपये, गुरु द्रोणाचार्य की प्रतिमा, प्रशस्ति पत्र, तथा समारोह परिधान प्रदान किया जाता है।

अंतर्राष्ट्रीय पुरस्कार

✦ **नोबेल पुरस्कार**–इस पुरस्कार का प्रवर्तन सन् 1901 में डाइनामाइट के आविष्कारक अल्फ्रेड बर्नहर्ड नोबेल (1833-1896 ई॰) द्वारा व्यक्त की गई इच्छा के परिणामस्वरूप किया गया था। नोबेल पुरस्कार प्रति वर्ष रसायन शास्त्र, भौतिकी, साहित्य, चिकित्सा, शान्ति-प्रोत्साहन और अर्थशास्त्र (अर्थशास्त्र के लिए यह पुरस्कार 1969 से दिया जाना शुरू किया गया) के क्षेत्र में दिये जाते हैं। निम्न भारतीय अब तक इस पुरस्कार से सम्मानित किए जा चुके हैं: *(i)* डॉ॰ रवीन्द्रनाथ टैगोर (1913) उनकी कृति 'गीतांजलि' के लिए, *(ii)* डा॰ सी॰ वी॰ रमन (1930) भौतिकी के लिए, *(iii)* मदर टेरेसा (1979) शान्ति के लिए, *(iv)* प्रो॰ अमर्त्य सेन (1998) अर्थशास्त्र के लिए और *(v)* कैलाश सत्यार्थी (2014) शान्ति के लिए। इसके अलावा भारतीय मूल के चार लोगों सुब्रमण्यन चंद्रशेखर (भौतिक विज्ञान), हर गोविंद खुराना (चिकित्सा विज्ञान), वेंकटरामन रामकृष्णन (रसायन विज्ञान) और अभिजीत बनर्जी (अर्थशास्त्र) को भी यह पुरस्कार मिल चुका है।

✦ **रेमन मैग्सेसे पुरस्कार**–एशिया महाद्वीप का सबसे बड़ा पुरस्कार फिलीपीन्स के भूतपूर्व राष्ट्रपति की स्मृति में वर्ष 1957 से प्रदान किया जाता है। इसमें एक स्वर्ण पदक तथा पचास हजार डॉलर प्रदान किये जाते हैं। इसे एशिया का नोबेल पुरस्कार भी कहा जाता है।

✦ **शान्ति, निःशस्त्रीकरण व विकास के लिए इन्दिरा गांधी पुरस्कार**–1986 में स्थापित यह पुरस्कार भारत सरकार द्वारा अन्तर्राष्ट्रीय शान्ति, निरस्त्रीकरण एवं विकास के क्षेत्र में उल्लेखनीय योगदान हेतु प्रदान किया जाता है। पुरस्कार राशि 25 लाख रुपये नगद व साथ में एक स्मृति-चिन्ह दिया जाता है।

✦ **महात्मा गांधी अन्तर्राष्ट्रीय पुरस्कार**–एक करोड़ रु॰ की राशि का यह पुरस्कार भारत सरकार का सर्वोच्च असैनिक अन्तर्राष्ट्रीय पुरस्कार है जो 1995 में शुरू किया गया था। यह पुरस्कार अहिंसा के जरिए सामाजिक, आर्थिक और राजनीतिक परिवर्तन के लिए काम करने वाले व्यक्ति को दिया जाता है।

✦ **मैन बुकर पुरस्कार**–ब्रिटेन की संस्था बुकर मैकोनल कंपनी एंड पब्लिशर्स एसोसिएशन के द्वारा यह पुरस्कार 1969 में स्थापित हुआ। यह प्रतिवर्ष किसी लेखक को अंग्रेजी भाषा की उत्कृष्ट रचना हेतु प्रदान किया जाता हैं। इसकी पुरस्कार राशि 50,000 पाउण्ड है।

✦ **ऑस्कर पुरस्कार**–संयुक्त राज्य अमेरिका की 'नेशनल एकेडमी ऑफ मोशन पिक्चर आर्ट्स एण्ड साइंसेज' द्वारा फिल्म जगत का अत्यन्त प्रतिष्ठित यह पुरस्कार प्रतिवर्ष प्रदान किया जाता है।

प्रमुख देशों के सर्वोच्च सम्मान

देश	सर्वोच्च सम्मान
भारत	भारत रत्न
पाकिस्तान	निशान-ए-पाकिस्तान
कुवैत	मुबारक अल कबीर पदक
सऊदी अरब	शाह अब्दुल अजीज पदक
अर्जेन्टीना	द ऑर्डर ऑफ सॉन मार्टिन
निकारागुआ	आगस्टोसीजर सैण्डिनो ऑर्डर
हंगरी	द ऑर्डर ऑफ वैनर
वियतनाम	द ऑर्डर ऑफ द गोल्डेन स्टार
ब्रिटेन	मेम्बर ऑफ ब्रिटिश एम्पायर, विक्टोरिया क्रॉस
जापान	ऑर्डर आफ मौलोवनिश सन
डेनमार्क	आर्डर ऑफ द डैने ब्रोग
फ्रांस	लेजेण्ड ऑफ ऑनर
अमेरिका	प्रेसिडेंशियल मेडल ऑफ फ्रीडम
जर्मनी	पोर ली मैरिट आयरन क्रॉस
नीदरलैण्ड्स	नीदरलैण्ड्स लॉयन

✧✧✧✧✧

कम्प्यूटर ज्ञान

कम्प्यूटर : एक परिचय

- कंप्यूटर एक ऐसी इलेक्ट्रॉनिक युक्ति है जो दिए गए निर्देशन समूह के आधार पर सूचना को संसाधित करती है। इस निर्देशन समूह को प्रोग्राम कहते हैं। कंप्यूटर का हिन्दी रूपांतर 'संगणक' है।
- कंप्यूटर के विकास की दिशा में प्रथम प्रयास 19वीं शताब्दी में चार्ल्स बैवेज ने किया था, इसलिए उन्हें कम्प्यूटर का पितामह कहा जाता है। विश्व के प्रथम कम्प्यूटर मार्क-I का विकास वर्ष 1944 में हार्वर्ड विश्वविद्यालय में किया गया था।
- भारत में बना पहला कम्प्यूटर सिद्धार्थ है।
- कंप्यूटर में प्रयुक्त उच्चस्तरीय भाषाएं—फोरट्रॉन, कोबोल, बेसिक, अल्गोल, पास्कल, कोमाल, लोगो, प्रोलॉग तथा फोर्थ हैं। कंप्यूटर की भाषा में जानकारी को 'डाटा' और हिदायतों को 'प्रोग्राम' कहा जाता है।

कम्प्यूटर के प्रकार

- **माइक्रो कम्प्यूटर :** ये वस्तुतः एक ही व्यक्ति द्वारा उपयोग में लाए जाने के कारण व्यक्तिगत कम्प्यूटर (PC) कहलाते हैं।
- **मिनी कम्प्यूटर :** आकार तथा कार्यक्षमता की दृष्टि से ये छोटे होते हैं तथा एक बड़ी मेज पर आ सकते हैं। इन पर एक साथ बीस-तीस टर्मिनल पर कार्य किया जाता है।
- **मेन फ्रेम कम्प्यूटर :** ये बड़े आकार के कम्प्यूटर होते हैं जिनका डिजाइन स्टील के फ्रेम में लगाकर किया जाता है। इसकी मेमोरी उपर्युक्त दोनों से अधिक होती है।
- **सुपर कम्प्यूटर :** ये कम्प्यूटर बहुत अधिक शक्तिशाली होते हैं तथा जटिल संक्रियाओं को भी बहुत शीघ्र गति से करते हैं। इसकी संग्रहण क्षमता भी अधिक होती है।

कम्प्यूटर के मुख्य घटक

कंप्यूटर के मुख्य रूप से चार घटक होते हैं—

- **हार्डवेयर :** हार्डवेयर कम्प्यूटर के वे घटक होते हैं, जिन्हें हम देख और छू सकते हैं। हार्डवेयर के अंतर्गत सेन्ट्रल प्रोसेसिंग यूनिट (CPU), डीवीडी ड्राइव, मॉनीटर, की-बोर्ड, मॉउस, स्पीकर्स आदि आते हैं।
- **सॉफ्टवेयर :** सॉफ्टवेयर कंप्यूटर के उन घटकों को कहा जाता है जिन्हें हम देख और छू नहीं सकते हैं किन्तु उनकी सहायता से कंप्यूटर के द्वारा वांछित परिणाम प्राप्त कर सकते हैं। ये निर्देशों के समुच्चय होते हैं, जिनके द्वारा कंप्यूटर एक या एक से अधिक कार्यों को सम्पन्न करता है।
- **ऑपरेटिंग सिस्टम :** कंप्यूटर के हार्डवेयर रिसोर्सेज जैसे मेमोरी, प्रोसेसर तथा इनपुट-आउटपुट डिवाइसेस को व्यवस्थित करने के लिए बनाए गए सॉफ्टवेयर को ऑपरेटिंग सिस्टम कहते हैं।
- **एप्लीकेशन प्रोग्राम :** उन सॉफ्टवेयर्स को एप्लीकेशन प्रोग्राम कहा जाता है जिनकी सहायता से हम कंप्यूटर को दिए गए किसी निश्चित आदेश का पालन करवाते हैं। उदाहरण के तौर पर वर्ड प्रोसेसर्स जैसे कि एमएस ऑफिस, एकाउंटिंग सॉफ्टवेयर्स, टैली आदि।

कम्प्यूटर के मुख्य कार्य

कंप्यूटर मुख्य रूप से चार प्रकार के कार्य करता है :

(1) डाटा का संकलन तथा निवेशन
(2) डाटा का संचयन
(3) डाटा संसाधन
(4) डाटा/इन्फॉर्मेशन का निर्गमन या पुनर्निर्गमन

कम्प्यूटर के विभिन्न भाग

- **सीपीयू (CPU):** यह सेन्ट्रल प्रोसेसिंग यूनिट का संक्षिप्त रूप है। यह कम्प्यूटर का सबसे प्रमुख भाग है, जो कि निर्देशों का उपयोग कर संपूर्ण कंप्यूटर प्रणाली को संचालित करता है। इसे कम्प्यूटर का मस्तिष्क कहा जाता है।
- **रैम (RAM):** यह रैण्डम एक्सेस मेमोरी का संक्षिप्त रूप है। यह कम्प्यूटर की मेन मेमोरी का एक महत्वपूर्ण हिस्सा होता है। कम्प्यूटर में संप्रेषित सभी डाटा रैम में ही जमा होते हैं।
- **रोम (ROM):** यह रीड ऑनली मेमोरी का संक्षिप्त रूप है। रोम स्थायी स्मृति है, जो कम्प्यूटर के निर्माण के समय ही स्थापित कर दी जाती है। इसमें मौजूद डाटा को केवल पढ़ा जा सकता है।
- **मदर बोर्ड (Mother Board):** यह सर्किट बोर्ड होता है, जिसमें कम्प्यूटर के प्रत्येक भाग को जोड़ा जाता है।

✦ **सीडी रोम (CD-ROM):** सीडी रोम यानी कॉम्पैक्ट डिस्क छोटे-से आकार में होते हुए भी बहुत बड़ी मात्रा में आंकड़ों एवं चित्रों को ध्वनियों के साथ संग्रहित करने में सक्षम होता है।

✦ **कम्प्यूटर वायरस (Computer Virus):** यह एक प्रकार का इलेक्ट्रॉनिक कोड है, जिसका उपयोग कम्प्यूटर में समाहित सूचनाओं को समाप्त करने के लिए होता है। कुछ मुख्य कम्प्यूटर वायरस हैं–माइकेल एंजेलो, डार्क एवेंजर, फिलिप, सी ब्रेन, ब्लडी आदि।

इन्टरनेट

✦ दुनिया के विभिन्न स्थानों पर स्थापित टेलिफोन लाइनों अथवा उपग्रहों की सहायता से एक-दूसरे के साथ जुड़े कम्प्यूटर नेटवर्क 'इंटरनेट' कहलाते हैं।

✦ ई-मेल, ईलर्निंग, ई-कॉमर्स, वर्ल्ड वाइड वेब इंटरनेट की सेवाएं हैं।

नेटवर्किंग

✦ इसका अर्थ विभिन्न कम्प्यूटरों को आपस में जोड़ना है, जिसमें ये सर्वर से जुड़े होते हैं। प्रत्येक कम्प्यूटर का अपना प्रोसेसर होता है। नेटवर्किंग के अनेक लाभ हैं जैसे–डाटा का आदान-प्रदान, फाइलों का स्थानान्तरण फ्लॉपीज के बिना सम्भव होना, चिकित्सा, अभियन्त्रण आदि में स्पष्ट लाभ, डाटा, सुरक्षा, कम स्मृति संग्राहक का उपयोग आदि।

✦ नेटवर्किंग के मुख्यतः तीन प्रकार होते हैं–
लैन : स्थानीय क्षेत्र (लोकल एरिया) नेटवर्क
मैन : महानगर क्षेत्र (मेट्रोपोलिटन एरिया)
वैन : व्यापक क्षेत्र (वाइड एरिया) नेटवर्क

कंप्यूटर का आधुनिक विकास

✦ **स्मार्ट फोन** : यह एक ऐसा मोबाइल फोन है, जिसमें कंप्यूटर की क्षमता तथा फोन की सभी सुविधा एक साथ उपलब्ध है।

✦ **आई पैड (i-Pad):** यह टैबलेट है, जिसे Apple द्वारा डिजाइन तथा विकसित किया गया है।

✦ **टैबलेट** : यह एक प्रकार का लैपटॉप पीसी है जिसमें आकर्षक टूल्स तथा टच-स्क्रीन लगा होता है।

✦ **ब्लूटूथ** : यह एक वायरलैस तकनीक है, जिसका प्रयोग कम दूरी पर डाटा आदान-प्रदान के लिए किया जाता है।

जैविक कम्प्यूटर

✦ यह एक ऐसा कम्प्यूटर है, जिनमें इनपुट और आउटपुट दोनों ही जीवन्त हैं। डीएनए प्रयुक्त यह नैनो कंप्यूटर जीवित प्रणाली से संचालित है। इसमें डीएनए चिप का प्रयोग होता है। इजराइल स्थित वेजमान इंस्टीट्यूट ऑफ साइंस के वैज्ञानिक इहुड शोप्रियो के नेतृत्व में पहला जैविक कंप्यूटर तैयार किया गया है।

कम्प्यूटर शब्दावली

✦ **एप्लीकेशन प्रोग्राम :** एक ऐसा प्रोग्राम जो कोई निश्चित कार्य ही करता हो जैसे–वर्ड प्रोसेसिंस या डेटाबेस प्रबंधन अथवा एकाउंटिंग का कार्य करने वाला सॉफ्टवेयर। इनमें वर्ड प्रोसेसिंग के लिए M.S. Word, डेटाबेस प्रबंधन के लिए Visual FOX PRO, डिजायनिंग के लिए Adobe Photoshop अथवा एकाउंटिंग के लिए Tally एवं Busy प्रसिद्ध एप्लीकेशनल प्रोग्राम है।

✦ **बिट (Bit):** इलेक्ट्रॉनिक डेटा को मापने की एक यूनिट बिट कहलाती है। 8 बिट मिलकर एक बाइट का निर्माण करती है।

✦ **बूट (Boot):** कम्प्यूटर को कार्यावस्था में लाने के लिए आपरेटिंग सिस्टम द्वारा किया जाने वाला प्रारम्भिक कार्य बूट कहलाता है।

✦ **चिप (Chip):** प्रायः सिलिकन की बनी हुई यह एक पतली चिप्पी है, जिस पर विशेष प्रक्रिया से सर्किट बनाए जाते हैं।

✦ **कम्पाइलर (Compiler):** वह प्रोग्राम जो उच्चस्तरीय भाषा को मशीनी भाषा में परिवर्तित करता है, कम्पाइलर कहा जाता है।

✦ **कर्सर 'की' (Cursor 'Key'):** की-बोर्ड पर पाये जाने वाले वे बटन जिन पर तीर के निशान बने होते हैं, कर्सर 'की' कहलाता है।

✦ **एरर मैसेज (Error Message):** किसी सॉफ्टवेयर द्वारा किसी गड़बड़ी के बारे में दर्शाया जाने वाला संदेश एरर मैसेज कहलाता है।

✦ **फाइल (File):** डेटा का वह संग्रह जिसे किसी नाम से सेव किया जाता है, फाइल कहलाता है।

✦ **प्रोग्राम (Program):** कम्प्यूटर के कार्य निर्देशन के लिए निम्न या उच्चस्तरीय भाषा में लिखे गए आदेशों की शृंखला, कम्प्यूटर प्रोग्राम कहलाता है।

✧✧✧✧✧

सामान्य विज्ञान

विज्ञान की विविध शाखाएं

नाम	अध्ययन	नाम	अध्ययन
एरोनॉटिक्स	वैमानिकी का अध्ययन	फिलाटेली	टिकट संग्रह कला
एनाटोमी	मानव शरीर की रचना	हार्टीकल्चर	बागवानी
आर्कियोलॉजी	पुरातत्व अध्ययन	सीस्मोलॉजी	भूकंप का अध्ययन
एकॉस्टिक	ध्वनि से संबंधित अध्ययन	ऑस्टोलॉजी	हड्डियों का अध्ययन
एस्ट्रोनामी	खगोल अध्ययन	जेनेटिक्स	आनुवंशिकी का अध्ययन
एण्टोमोलॉजी	कीटाणुओं का अध्ययन	जूलॉजी	जन्तु विज्ञान
एस्ट्रोफिजिक्स	ग्रह-मंडल का अध्ययन	बायलॉजी	प्राणी विज्ञान
कैलिस्थेनिक्स	व्यायाम विद्या का अध्ययन	जिओलॉजी	भूगर्भ की बनावट का अध्ययन
क्रोनोलॉजी	ऐतिहासिक क्रम का अध्ययन	पैथॉलाजी	रोगों का अध्ययन
बॉटनी	वनस्पति का अध्ययन	फिजिक्स	भौतिक विज्ञान
केमिस्ट्री	रसायन का अध्ययन	बायोकेमिस्ट्री	प्राणी का रासायनिक अध्ययन
सेरामिक्स	चीनी के बर्तनों के निर्माण का अध्ययन	युजेनिक्स	नस्ल सुधार का अध्ययन
इकोलॉजी	जीव एवं पर्यावरण संबंधों का अध्ययन	एटिमोलॉजी	शब्द व्युत्पत्ति का अध्ययन
एन्टोमोलॉजी	कीट-पतंगों का अध्ययन		

आविष्कार और आविष्कारक

आविष्कार	आविष्कारक	देश	सन्
वायुयान	ओरविल और विलबर राइट	अमेरिका	1903
बॉल-पाइंट	जॉन जे॰ लाउड	अमेरिका	1888
बैरोमीटर	इवेंजलिस्ता टौरीसेली	इटली	1644
बाईसिकिल	कर्कपैट्रिक मैकमिलन	इंग्लैंड	1839-40
बाईफोकल लेंस	बेन्जामिन फ्रैंकलिन	अमेरिका	1780
बनसेन बर्नर	आर॰ विल्हेम वोन बनसेन	जर्मनी	1855
कार (पेट्रोल)	कार्ल बेन्ज	जर्मनी	1888
सीमेंट (पोर्टलैंड)	जोसेफ एस्पडिन	इंग्लैंड	1824
सिनेमा	निकोलस और जीन लूमियर	फ्रांस	1895
क्लॉक (मैकेनिकल)	आई.सिंग और लियांग लिंग-तसान	चीन	1725
डीजल इंजन	रूडोल्फ डीजल	जर्मनी	1895
डायनेमो	हाइपोलाइट पिक्सी	फ्रांस	1832
इलैक्ट्रिक लैम्प	थॉमस अल्वा एडिसन	अमेरिका	1879
सेफ्टी पिन	वाल्टर हन्ट	अमेरिका	1849
सिलाई मशीन	बार्थलेमी थिम्मोनियर	फ्रांस	1829
जहाज (भाप)	जे॰सी॰ पेरियर	फ्रांस	1775

जहाज (टरबाइन)	होन。 सर सी。 पारसंस	इंग्लैंड	1894
स्लाइड रूल	विलियम ऑग्ट्रेड	इंग्लैंड	1621
भाप का इंजन	जेम्स वॉट	इंग्लैंड	1765
स्टेनलेस स्टील	हेरि ब्रियरले	इंग्लैंड	1913
समुद्री जहाज	डेविड बुशनेल	अमेरिका	1776
टैंक	सर अर्नस्ट स्विनटन	इंग्लैंड	1914
टेलीग्राफ	एम。 लम्मोंड	फ्रांस	1787
टेलीग्राफ कोड	सैमुअल एफ。 बी。 मोर्स	अमेरिका	1837
टेलीफोन (परफैक्टेड)	अलेक्जैण्डर ग्राहम बेल	अमेरिका	1876
टेलीस्कोप	हेन्स लिप्परशे	नीदरलैंड्स	1608
टेलीविजन (मैकेनिकल)	जे.एल。 बेयर्ड	इंग्लैंड	1926
टेलीविजन (इलेक्ट्रॉनिक)	पी.टी。 फार्न्सवर्थ	अमेरिका	1927
थर्मामीटर	गैलिलियो गैलिली	इटली	1593
ट्रांसफार्मर	माइकल फैराडे	इंग्लैंड	1831
ट्रांजिस्टर	बरडीन, शोकले तथा ब्राट्टेन	अमेरिका	1948
टाइपराइटर	पेलेग्रिन टेरी	इटली	1808
कपड़ा धोने की मशीन (विद्युत)	हर्ले मशीन कम्पनी	अमेरिका	1907
घड़ी	बारथोलोम्यू मैनफ्रेडी	इटली	1462

माप/तौल की इकाइयां

वॉट	बिजली की शक्ति की इकाई
ओम	विद्युत प्रतिरोध
हट्र्ज	तरंगों की आवृत्ति
डाइन	बल की सापेक्ष इकाई
कैलोरी	ऊष्मा की इकाई
कूलम्ब	विद्युत की मात्रा
एम्पियर	विद्युत धारा
नॉट	समुद्र पोतों की गति
बार	वायुमंडलीय दाब की इकाई
डेसीबल	सापेक्ष ध्वनि की तीव्रता
एंगस्ट्रम	प्रकाश तरंगों की लम्बाई
कैरेट	बहुमूल्य पत्थर की तौल
फैदम	समुद्र की गहराई की इकाई
न्यूटन	बल
कैन्डला	ज्योति तीव्रता
प्रकाश वर्ष	आकाश के ग्रहों आदि की दूरी की इकाई

चिकित्सा विज्ञान संबंधी आविष्कार

रफ-बैटिन	इन्सुलिन (डायबिटीज के उपचार के लिए)
ब्रह्मचारी यू.एन.	काल-ज्वर बुखार की चिकित्सा
डॉ. क्रिश्चियन बर्नार्ड	हृदय प्रत्यारोपण
जी. डोमाग	सल्फा ड्रग्स
राबर्ट कोच	हैजे का टीका
डॉ. पाल मुलर	डी.डी.टी.
आइजकमेन	बेरी-बेरी की चिकित्सा
आर्थर बर्ग तथा जेम्स वाटसन	आर.एन.ए.
जेम्स वाटसन तथा क्रिक	डी.एन.ए.
ड्रेसर	एस्प्रिन
रेबी	क्लोरोक्वीन (कुनैन)
हरगोविन्द खुराना	कृत्रिम जीन
फिनले	टेरामाइसिन
ल्यूवेनहॉक	बैक्टीरिया
रोबर्थ	टायफायड के जीवाणु
रीड	पीले बुखार की चिकित्सा
फिन्सेन	अल्ट्रा वायलेट रेंज द्वारा चिकित्सा
पाल एरिक	सिफलिस की चिकित्सा
सर अलेक्जेंडर फ्लेमिंग और फ्लोरे	पेन्सिलिन
विलियम हार्वे	रक्त परिवहन (संचरण)
कार्ल लैंडस्टीनर	रक्त-आधान

हैनीमेन	होम्योपैथी की स्थापना
फंक	विटामिन
मैकुलन	विटामिन 'ए'
मैकुलन	विटामिन 'बी'
यूजोक्ट होल्कट	विटामिन 'सी'
एफ.जी. हॉपकिन्स	विटामिन 'डी'
एडवर्ड जेनर	चेचक का टीका
राबर्ट कोच	टी.बी. की चिकित्सा
लेनेक	स्टेथॉस्कोप
लार्डजोसेफ लिस्टर	एण्टीसेप्टिक द्वारा चिकित्सा
लुई पाश्चर	हाइड्रोफोबिया की चिकित्सा
डॉ. रोनेल्ड रॉस	मलेरिया की चिकित्सा
डॉ. जोन्स इ. साल्क	एण्टी पोलियो वैक्सीन
सर जेम्स हैरीसन	क्लोरोफार्म की खोज
वैक्समैन	स्ट्रेप्टोमाइसिन
हैनीमेन	होम्योपैथी

विटामिन की कमी से होने वाले रोग

विटामिन	रोग	स्रोत
विटामिन A	रतौंधी	गाजर, दूध, अंडा
विटामिन B_{12}	अरक्तता	कलेजी, अंडा
विटामिन B_1	बेरी-बेरी	दाल, अंडा, मूंगफली
विटामिन C	स्कर्वी	संतरा, टमाटर
विटामिन B_2	मुँह की त्वचा	कलेजी, दूध, मांस
विटामिन D	सूखा रोग	सूर्य का प्रकाश,
विटामिन B_6	एनीमिया और होंठ फटना	कलेजी, दूध, मांस मछली का तेल
विटामिन E	बांझपन	हरी सब्जियाँ, दूध, कलेजी
विटामिन B_3	पेलाग्रा	मछली, अंडा
विटामिन K	रक्त का थक्का जमने में कमी	हरी सब्जी

प्रमुख बीमारियों द्वारा प्रभावित अंग

बीमारी	प्रभावित अंग
निमोनिया	फेफड़े
टायफाइड	आँत
डिप्थीरिया	श्वसन नलिका
सिफलिस	जनन अंग
मेनिनजाइटिस	मस्तिष्क
आर्थ्राइटिस	जोड़ों की सूजन
एग्जीमा	चमड़ी
पीलिया	यकृत
अतिसार	आँत का अग्रभाग
सुजाक, श्वेत प्रदर	मूत्र मार्ग
प्लूरिसी	छाती
पायरिया	दाँत तथा मसूड़े
गठिया या ट्यूमैटिज्म	जोड़ों में
टिटनेस	तंत्रिका तंत्र, मांसपेशी
कुष्ठ	त्वचा, तंत्रिकाएं
हैजा	आँत, आहार नाल
रिकेट्स	हड्डियाँ
गोइटर (गण्डमाला)	थाइराइड ग्रंथि
काली खाँसी	श्वसन तंत्र
बॉट्यूलिज्म	तंत्रिका-तंत्र
एड्स	सम्पूर्ण शरीर
प्लेग	फेफड़े, लाल रक्त कणिकाएं
रेबीज या हाइड्रोफोबिया	तंत्रिका तंत्र
खसरा	सम्पूर्ण शरीर
कालाजार	रुधिर, प्लीहा व अस्थि मज्जा
हरपीस	त्वचा, श्लेष्मकला
क्षय रोग	शरीर का कोई भी अंग, विशेषकर फेफड़े
केटेरेक्ट, ग्लाइकोमा, ट्रेकोमा, मायोपिया	आँख
चेचक	सम्पूर्ण शरीर, विशेषकर चेहरा तथा हाथ-पैर

प्रमुख पाचक एन्जाइम एवं उनके कार्य

पाचक एन्जाइम	स्रोत	कार्य
टाइलिन	लार ग्रन्थि	स्टार्च का माल्टोस में परिवर्तन
एमाइलेज	लार ग्रन्थि, अग्न्याशय	पॉलीसैकेराइड का डाइसैकेराइड में परिवर्तन
पेप्सिन	आमाशय	प्रोटीन को पेप्टाइड खण्डों में तोड़ना
ट्रिप्सिन एवं काइमोट्रिप्सिन	अग्न्याशय	प्रोटीन एवं पॉलीपेप्टाइड को पेप्टाइड खण्डों में तोड़ना
लाइपेस	अग्न्याशय	ट्राइग्लिसराइड को वसीय अम्ल एवं मोनोग्लिसराइड में तोड़ना

मानव शरीर से सम्बन्धित महत्वपूर्ण तथ्य

तथ्य	स्थिति/मात्रा
अस्थियों की कुल संख्या	206
सबसे छोटी अस्थि	स्टेपीज (मध्य कर्ण में)
सबसे लम्बी अस्थि	फीमर (जंघा में)
कशेरुकाओं की कुल संख्या	33
पेशियों की कुल संख्या	+639
सबसे लम्बी पेशी	सारटोरियस
बड़ी आँत की लम्बाई	1.5 मी (4.9 फीट)
छोटी आँत की लम्बाई	6.25 मी (20 फीट)
यकृत का भार (पुरुष में)	1.4-1.8 किग्रा
यकृत का भार (महिला में)	1.2-1.4 किग्रा
सबसे बड़ी ग्रन्थि	यकृत
सर्वाधिक पुनरुद्भवन की क्षमता	यकृत में
सबसे कम पुनरुद्भवन की क्षमता	मस्तिष्क में
शरीर का सबसे कठोर भाग	दाँत का इनेमल
सबसे बड़ी लार ग्रन्थि	पैरोटिड ग्रन्थि
शरीर का सामान्य तापमान	98.4°F (37°C)
शरीर में रुधिर की मात्रा	5.5 ली
हीमोग्लोबिन की औसत मात्रा (पुरुष में)	13.16 g/dl
हीमोग्लोबिन की औसत मात्रा (महिला में)	11.5-14 g/dl
श्वेत रुधिर कोशिकाओं (WBCs) की संख्या	5000-10000/cu mm
सबसे छोटी श्वेत रुधिर कोशिका	लिम्फोसाइट
सबसे बड़ी श्वेत रुधिर कोशिका	मोनोसाइट कोशिका
श्वेत रुधिर कोशिकाओं का जीवनकाल	120 दिन
लाल रुधिर कोशिकाओं (RBCs) का जीवनकाल	2-5 दिन
रुधिर का थक्का बनने का समय	3-6 मिनट
सर्वग्राही रुधिर वर्ग	AB
सर्वदाता रुधिर वर्ग	O
सामान्य रुधिर दाब	120/80 Hg
वयस्क में हृदय गति	72 बार प्रति मिनट

श्वसन अंग और उसके उदाहरण

श्वसन अंग	उदाहरण
फेफड़े	मनुष्य, मेंढक, पक्षी, छिपकली, पशु इत्यादि
त्वचा	मेंढक, केंचुआ
गिल्स	टैडपोल, मछली प्रॉन
श्वसन नाल	कीट
शरीर सतह	अमीबा, युग्लीना

जन्तु विज्ञान से सम्बन्धित महत्वपूर्ण तथ्य

विशेषता	नाम

- सबसे बड़ी स्तनी–**नीली व्हेल**
- सबसे विशाल स्थलीय स्तनी–**हाथी**
- सबसे बड़ी अस्थि–**फीमर (जंघा में)**
- सबसे बड़ा अण्डा–**शतुरमुर्ग**
- सबसे बड़ा शिरा–**इन्फीरियर वेना केवा**
- सबसे बड़ा स्थलीय पक्षी–**शतुरमुर्ग**
- विशालतम जीवित सरीसृप–**टर्टिल**
- विश्व में सबसे विषैला सर्प–**ऑस्ट्रेलिया का पेनिन्सुलर टाइगर सर्प**
- सबसे लम्बा स्तनी–**जिराफ**
- सबसे छोटी चिड़िया–**हमिंग बर्ड**
- दाँत रहित स्तनी–**चींटीखोर**
- शरीर का सबसे व्यस्त अंग–**यकृत**
- शरीर का सबसे भारी अंग–**यकृत**
- सबसे भारी कशेरुका–**लुम्बर**
- सबसे मजबूत पेशी–**जबड़े की पेशी**
- सबसे पुराना प्राइमेट–**लीमर**
- सबसे पुरानी स्तनी–***एकिडना***
- सबसे पुराना कपि–**गिब्बन**
- सबसे विषैला भारतीय सर्प–**किंग कोबरा**
- विषैली छिपकली–***हीलोडर्मा***
- विषैली मछली–**स्टोन मछली**
- अण्डा देने वाली स्तनी–***एकिडना,* डक बिल्ड प्लेटीपस**
- सबसे छोटा स्तनी–**छछुँदर**
- सबसे तेज दौड़ने वाला जन्तु–**चीता**
- सबसे बड़ा सर्प–**पाइथन**
- घोंसला बनाने वाला साँप–**किंग कोबरा**

✧✧✧✧✧

वस्तुनिष्ठ प्रश्नोत्तर

1. मोहनजोदड़ो और हड़प्पा के प्राचीन नगर अब कहाँस्थित हैं?
A. भारत में B. पाकिस्तान में
C. बांग्लादेश में D. तिब्बत में

2. सिन्धु सभ्यता से प्राप्त मुहरें निम्नलिखित में से किससे बनी थीं?
A. लाजवर्द B. कांस्य
C. रजत D. स्टेटाइट

3. निम्नलिखित में से कौन-सा वेद गद्य एवं पद्य में रचित है?
A. ऋग्वेद B. यजुर्वेद
C. सामवेद D. अथर्ववेद

4. ऋग्वैदिककालीन आर्यों के युद्ध के देवता कौन थे?
A. मंगल B. इन्द्र
C. रुद्र D. शिव

5. महावीर स्वामी को किस स्थान पर ज्ञान प्राप्त हुआ?
A. ऋजुपालिका नदी के तट पर
B. पुनपुन नदी के तट पर
C. गंगा नदी के तट पर
D. कोसी नदी के तट पर

6. अशोक के अभिलेखों को पढ़ने का प्रथम श्रेय प्राप्त है–
A. विल्किन्स को B. विलियम जोन्स को
C. जेम्स विलियम को D. जेम्स प्रिंसेप को

7. किसने भारत में सर्वप्रथम स्वर्ण सिक्के को चलाया था?
A. कुषाण B. मौर्य
C. हिन्द यवन D. गुप्त

8. गुप्तकाल में प्रमुख गणितज्ञ एवं खगोलशास्त्री था–
A. वराहमिहिर B. आर्यभट्ट
C. रामानुजाचार्य D. उपर्युक्त सभी

9. निम्नलिखित का काल क्रम है–
1. हल्दीघाटी युद्ध
2. बैरम खाँ का पतन
3. असीरगढ़ की विजय
4. अबुल फजल की हत्या
A. 1, 2, 3, 4 B. 3, 2, 4, 1
C. 1, 4, 2, 3 D. 2, 4, 3, 1

10. विदेशी आक्रमणकारियों को ऐतिहासिक क्रम में लिखिए–
1. मुहम्मद-बिन-कासिम 2. मुहम्मद गोरी
3. महमूद गजनवी 4. चंगेज खाँ
A. 1, 3, 4, 2 B. 4, 3, 2, 1
C. 1, 3, 2, 4 D. 4, 2, 3, 1

11. किस शासक के दरबार में सर्वाधिक हिन्दू पदाधिकारी थे?
A. अकबर B. शाहजहाँ
C. जहाँगीर D. औरंगजेब

12. किस शासक ने सिंचाई कर लगाया था?
A. मुहम्मद तुगलक B. फिरोज तुगलक
C. अलाउद्दीन खिलजी D. सिकन्दर लोदी

13. कबीर की मृत्यु किस स्थान पर हुई?
A. प्रयाग B. काशी
C. मगहर D. मथुरा

14. अंग्रेजों ने सर्वप्रथम अपना व्यापारिक कारखाना लगाया था–
A. मुम्बई में B. हुगली में
C. सूरत में D. बंगलौर में

15. भारतीय राष्ट्रीय कांग्रेस के प्रथम मुस्लिम अध्यक्ष थे–
A. बदरुद्दीन तैयबजी
B. मौलाना अबुल कलाम आजाद
C. सर सैयद अहमद खाँ
D. मो. जिन्ना

16. ऑल इण्डिया ट्रेड यूनियन के प्रथम अध्यक्ष थे–
A. लाला लाजपत राय B. एम.एन. जोशी
C. स्वामी सदानन्द D. बाल गंगाधर तिलक

17. भारत में सर्वप्रथम टेलीग्राफ व्यवस्था प्रारम्भ हुई थी–
A. 1850 में B. 1853 में
C. 1854 में D. 1856 में

18. असहयोग आन्दोलन वापस ले लिया गया था–
A. रौलट एक्ट के बाद
B. प्रथम विश्व युद्ध के बाद
C. जलियाँवाला बाग हत्याकाण्ड के बाद
D. चौरी-चौरा घटना के बाद

19. क्रिप्स मिशन को किसने 'उत्तर तिथिय चैक' की संज्ञा दी?
A. महात्मा गांधी B. पं. जवाहर लाल नेहरू
C. राजेन्द्र प्रसाद D. मोतीलाल नेहरू

20. थियोसोफिकल सोसाइटी का अन्तर्राष्ट्रीय मुख्यालय है–
A. अड्यार B. सैनफ्रांसिस्को
C. न्यूयार्क D. जेनेवा

21. सत्यशोधक समाज की स्थापना किसने की थी?
A. गोपाल कृष्ण गोखले B. महादेव गोविन्द रानाडे
C. ज्योतिबा फूले D. गोपाल हरि देशमुख

22. तैमूर ने किसके शासनकाल में भारत पर आक्रमण कियाथा?
A. बलबन
B. इल्तुतमिश
C. फिरोजशाह तुगलक
D. नासिरुद्दीन महमूदशाह तुगलक

23. समुद्रगुप्त ने अपने दक्षिण अभियान में किस वेंगी शासक को हराया था?
A. नंदी वर्मन B. हस्ती वर्मन
C. देव वर्मन D. नीरू वर्मन

24. मुहम्मद-बिन-तुगलक द्वारा अपनाया गया सांकेतिक मुद्रा किस धातु का बना हुआ था?
A. कांसा B. पीतल और तांबा
C. चाँदी D. लोहा

25. अकबर के शासन काल में मुगल सेना का सेनापति कौन था?
A. राजा मान सिंह B. टोडरमल
C. भगवंत दास D. फकीर अजीउद्दीन

26. इनमें से दिल्ली के सिंहासन पर बैठने वाला पहला अफगान शासक कौन था?
A. सिकन्दर लोदी B. शेरशाह
C. बहलोल लोदी D. इनमें से कोई नहीं

27. महमूद गवाँ का सम्बन्ध निम्नलिखित में किस दक्षिण राज्य से था?
A. बीजापुर B. वारंगल
C. काकतीय D. बहमनी

28. राष्ट्रीय कांग्रेस ने किस वर्ष "पूर्ण स्वराज्य" का प्रस्ताव पारित किया?
A. 1929 में B. 1916 में
C. 1924 में D. 1930 में

29. कांग्रेस तथा मुस्लिम लीग के बीच लखनऊ समझौता कब हुआ था?
A. 1906 में B. 1916 में
C. 1924 में D. 1929 में

30. सुभाष चन्द्र बोस के राजनीतिक गुरु कौन थे?
A. चित्तरंजन दास B. अरविन्द घोष
C. महात्मा गांधी D. बाल गंगाधर तिलक

31. पाकिस्तान के प्रथम प्रधानमंत्री कौन थे?
A. मुहम्मद अली जिन्ना
B. लियाकत अली खाँ
C. फीरोज खाँ नून
D. मौलाना मुहम्मद अली

32. भारतीय स्वतंत्रता के समय ब्रिटेन का प्रधानमंत्री कौन था?
A. लॉर्ड एटली B. विंस्टन चर्चिल
C. रैम्से मैक्डोनाल्ड D. रॉबर्ट वॉलपोल

33. 15 अगस्त, 1947 से 26 जनवरी, 1950 तक भारत का राजनीतिक दर्जा क्या था?
A. ब्रिटिश उपनिवेश
B. ब्रिटिश न्यास क्षेत्र
C. ब्रिटिश संरक्षण प्रदेश
D. ब्रिटिश राष्ट्रमंडल का एक अधिराज्य

34. किस वायसराय ने 1878 में भारतीय भाषाओं के समाचार-पत्रों पर अंकुश लगाया था?
A. लॉर्ड रिपन B. लॉर्ड नार्थबुक
C. लॉर्ड लिटन D. लॉर्ड एलगिन

35. निम्नलिखित में से किस अधिवेशन में राष्ट्रीय कांग्रेस के नरम एवं गरम दलों का पुनः विलय हो गया?
A. लाहौर (1929) B. पुणे (1917)
C. लखनऊ (1916) D. मद्रास (1915)

36. मुस्लिम लीग द्वारा "प्रत्यक्ष कार्यवाही दिवस" कब मनाया गया था?
A. 24 मार्च, 1946 B. 30 मार्च, 1946
C. 17 जून, 1946 D. 16 अगस्त, 1946

37. सिन्धु घाटी सभ्यता के लोग किस धातु से परिचित नहीं थे?
A. लोहा B. चाँदी
C. ताँबा D. सोना

38. सिन्धु घाटी सभ्यता का वह नगर कौन-सा है जहाँ बृहत् स्नानागार (Great Bath) के अवशेष मिले हैं?

A. लोथल　　B. मोहनजोदड़ो
C. कालीबंगा　　D. हड़प्पा

39. विक्रम संवत् कब-से प्रारम्भ हुआ?

A. 38 ई.पू.　　B. 58 ई.पू.
C. 78 ई.पू.　　D. 87 ई.पू.

40. पंचमार्क सिक्के सर्वाधिक रूप से किस धातु के बने थे?

A. सोना　　B. चाँदी
C. ताँबा　　D. काँच

41. निम्नलिखित में से कौन-सा ग्रह सबसे कम समय में सूर्य का चक्कर लगाता है?

A. शुक्र　　B. बुध
C. पृथ्वी　　D. शनि

42. पृथ्वी के अलावा किस आकाशीय पिंड पर जीवन की सम्भावना है, क्योंकि वहाँ का पर्यावरण जीवन के लिए अनुकूल है–

A. बृहस्पति
B. मंगल
C. यूरोपा-बृहस्पति का चन्द्रमा
D. चन्द्रमा-पृथ्वी का चन्द्रमा

43. दो ग्रह जिनके उपग्रह नहीं हैं, वे हैं–

A. पृथ्वी एवं बृहस्पति　　B. बुध एवं शुक्र
C. बुध एवं शनि　　D. शुक्र एवं मंगल

44. मानक समय क्या होता है?

A. किसी देशान्तर का सूर्य के अनुसार समय
B. ग्रीनविच औसत का समय
C. देश के लगभग बीच से गुजरने वाले देशान्तर का स्थानीय समय
D. उपर्युक्त में से कोई नहीं

45. रात और दिन होने की प्रक्रिया में कौन-सा तथ्य सही है?

A. पृथ्वी का अक्ष का 66½° अंश का झुका होना
B. पृथ्वी का सूर्य के चारों ओर परिक्रमण
C. पृथ्वी का अपनी (अक्ष) धुरी पर घूमना
D. उपर्युक्त में से कोई नहीं

46. ओजोन पर्त अवस्थित है–

A. क्षोभमंडल में　　B. क्षोभसीमा में
C. समतापमंडल में　　D. प्रकाशमंडल में

47. विली-विली है–

A. एक प्रकार का वृक्ष जो शीतोष्ण कटिबंध में उगता है
B. एक प्रकार की हवा जो मरुस्थल में चलती है
C. उत्तर-पश्चिम आस्ट्रेलिया का उष्णकटिबंधीय चक्रवात
D. लक्षद्वीप समूह के निकट सामान्यतः पाई जाने वाली मछली का एक प्रकार

48. चावल की खेती के लिए आदर्श जलवायु परिस्थितियाँ हैं–

A. 100 सेमी. से ऊपर वर्षा और 25°C से ऊपर ताप
B. फसल की पूरी अवधि के लिए ठण्डी और नम जलवायु
C. 100 सेमी. से कम वर्षा व 25°C से कम ताप
D. पूरी फसल अवधि में कुछ गरम और शुष्क जलवायु

49. सदाबहार वर्षा वन पाए जाते हैं–

A. आस्ट्रेलिया में　　B. ब्राजील में
C. कनाडा में　　D. फ्रांस में

50. सूची-I तथा सूची-II को सुमेलित कीजिए तथा सूचियों के नीचे दिए गए कूट का प्रयोग कर सही उत्तर चुनिए–

सूची-I (अग्रणी उत्पादक देश)	**सूची-II (पदार्थ)**
(*a*) चीन	1. प्राकृतिक रबड़
(*b*) भारत	2. दूध
(*c*) सउदी अरब	3. लौह-अयस्क
(*d*) थाइलैण्ड	4. पेट्रोलियम

कूट :

	(*a*)	(*b*)	(*c*)	(*d*)
A.	1	2	3	4
B.	4	3	2	1
C.	3	2	4	1
D.	2	3	1	4

51. किस घास के मैदान में वृक्ष नहीं पाए जाते हैं?

A. लैनॉस　　B. पम्पास
C. सवाना　　D. स्टेपी

52. माओरी जनजाति का निवास स्थान है–

A. इंग्लैण्ड　　B. न्यूजीलैण्ड
C. ग्रीनलैण्ड　　D. आयरलैण्ड

53. क्षेत्रफल की दृष्टि से भारत का सबसे बड़ा राज्य है–

A. बिहार　　B. पंजाब
C. राजस्थान　　D. उत्तर प्रदेश

54. पश्चिमी घाटों के मालाबार तट पर स्थित माहे निम्नलिखित में से किसका भाग है?

A. केरल B. महाराष्ट्र
C. पुदुचेरी D. तमिलनाडु

55. निम्नलिखित में से कहाँ प्राचीन चट्टानें पाई जाती हैं?

A. अरावली B. हिमालय
C. शिवालिक D. उपर्युक्त सभी

56. भारत में 'मरुस्थल की राजधानी' किसे कहते हैं?

A. उदयपुर B. जैसलमेर
C. जयपुर D. पालामऊ

57. 'मानसून प्रस्फोट' से क्या तात्पर्य है?

A. वर्षा की कृत्रिम वैज्ञानिक प्रक्रिया
B. आकाश में बादलों का गलत सघन रूप में आच्छादित होना
C. मेघाच्छन्न मौसम, जिसमें एक लम्बे समय तक वर्षा होती रहे
D. मानसून के समय विद्युत चमकने, बादल गरजने के साथ तीव्र मूसलाधार वर्षा

58. भारत में उगाई जाने वाली अधिकतर कॉफी की किस्म है–

A. ओल्ड चिक्स B. कुर्ग्स
C. अरेबिका D. केन्ट्स

59. सूची-I को सूची-II से सुमेलित कीजिए तथा सूचियों के नीचे दिए गए कूट का प्रयोग कर सही उत्तर चुनिए–

सूची-I	**सूची-II**
(*a*) कोयम्बटूर	1. तेलशोधन
(*b*) राउरकेला	2. रेल डिब्बा
(*c*) कपूरथला	3. लौह-इस्पात
(*d*) बरौनी	4. सूती वस्त्र

कूट :

	(*a*)	(*b*)	(*c*)	(*d*)
A.	4	3	2	1
B.	1	2	3	4
C.	2	3	4	1
D.	4	2	3	1

60. 'दचिगाम अभयारण्य' स्थित है :

A. जम्मू-कश्मीर में
B. महाराष्ट्र में
C. हिमाचल प्रदेश में
D. उत्तराखण्ड में

61. पक्की सड़कों की कुल लम्बाई का सर्वाधिक हिस्सा निम्नलिखित में से किस प्रांत में है?

A. पंजाब B. महाराष्ट्र
C. उत्तर प्रदेश D. बिहार

62. भारत का सुदूर दक्षिण-बिन्दु कौन है?

A. कन्याकुमारी
B. लक्षद्वीप
C. रामेश्वरम्
D. ग्रेट निकोबार स्थित इंदिरा प्वाइंट

63. 'हजार झीलों की भूमि' किसे कहा जाता है?

A. स्वीडन B. फिनलैण्ड
C. डेनमार्क D. फ्रांस

64. नागार्जुन सागर बाँध किस नदी पर बनाया गया है?

A. कृष्णा (आन्ध्र प्रदेश)
B. गोदावरी (महाराष्ट्र)
C. कृष्णा (कर्नाटक)
D. गोदावरी (गुजरात)

65. निम्नलिखित में से किस प्रदेश में काली मिट्टी वाले क्षेत्र में सबसे अधिक खेती होती है?

A. बिहार B. उत्तर प्रदेश
C. महाराष्ट्र D. गुजरात

66. भू-वैज्ञानिकों की दृष्टि में भारत में सबसे पुरानी पर्वतमालाएँ कौन-सी हैं?

A. विन्ध्य B. सतपुड़ा
C. हिमालय D. अरावली

67. निम्नलिखित में से कौन-सी नदी समुद्र में नहीं मिलती है?

A. गंगा B. यमुना
C. नर्मदा D. गोदावरी

68. मानसून निवर्तन से अधिकतम वर्षा कहाँ पर होती है?

A. मुम्बई B. चेन्नई
C. दिल्ली D. कोलकाता

69. प्राचीन भारतीयों को वर्मा (म्यांमार) किस नाम से ज्ञात था?

A. सुवर्णभूमि B. सुवर्णद्वीप
C. यवद्वीप D. मलयमण्डलम्

70. चीन का शोक है:

A. लिन पियाओ B. सिकियांग
C. ह्वांगहो D. सैंग हो

71. चाय की खेती निम्नलिखित में से किसका उदाहरण है?
A. बृहत् (Extensive) कृषि
B. सघन (Intensive) कृषि
C. जीविकोपार्जन (Subsistence) कृषि
D. रोपण (Plantation) कृषि

72. मानचित्र में समुद्र तल से समान ऊँचाई वाले स्थानों को दर्शाने वाली रेखाओं को कहते हैं–
A. आइसोनेफ B. कंटूर रेखा
C. आइसोबार D. आइसोहेल

73. ब्राजील स्थित अमेजन बेसिन के वन कहलाते हैं–
A. पम्पास B. सेल्वास
C. कैम्पोस D. लानोस

74. किस महासागर में द्वीपों की संख्या सर्वाधिक है?
A. प्रशान्त महासागर में
B. हिन्द महासागर में
C. उत्तरी अटलाण्टिक महासागर में
D. दक्षिण अटलाण्टिक महासागर में

75. लूनी नदी किस राज्य में प्रवाहित होती है?
A. महाराष्ट्र B. बिहार
C. पंजाब D. राजस्थान

76. सम दिवारात्रि (Equinox) कब होता है?
A. 21 जून
B. 22 दिसम्बर
C. 21 मार्च एवं 22 सितम्बर
D. 21 जून एवं 22 दिसम्बर

77. दक्षिणी अमरीका के वृक्ष रहित घास के मैदान को क्या कहते हैं?
A. पम्पास B. डाउन्स
C. प्रेयरीज D. लानोस

78. मिट्टी का वैज्ञानिक एवं क्रमबद्ध अध्ययन कहलाता है–
A. विश्व रचना विज्ञान B. भौतिक भूगोल
C. मृत्तिका विज्ञान D. इनमें से कोई नहीं

79. गोबी रेगिस्तान कहाँ है?
A. पश्चिमी अफ्रीका में B. दक्षिणी अमरीका में
C. दक्षिणी आस्ट्रेलिया में D. मंगोलिया में

80. भारत निम्नलिखित में से किस संगठन का सदस्य नहीं है?
A. जी-15 B. आसियान
C. यूएनओ D. राष्ट्रमंडल

81. भारत की संविधान सभा का प्रथम अधिवेशन कब शुरू हुआ?
A. 10 जून, 1946 B. 9 दिसम्बर, 1946
C. 19 दिसम्बर, 1947 D. 30 जून, 1949

82. भारतीय संविधान सभा के किस अनुच्छेद में देवनागरी लिपि में हिन्दी को भारत की राजकीय भाषा के रूप में मान्यता दी गई है?
A. अनुच्छेद 343 B. अनुच्छेद 345
C. अनुच्छेद 348 D. अनुच्छेद 347

83. भारत के संविधान में अंतर्राष्ट्रीय शान्ति और सुरक्षा की अभिवृद्धि का उल्लेख है–
A. संविधान की उद्देशिका में
B. राज्य की नीति के निर्देशक तत्वों में
C. मूल कर्त्तव्यों में
D. नवीं अनुसूची में

84. सूची-I को सूची-II से सुमेलित कीजिए तथा सूचियों के नीचे दिए गए कूट का प्रयोग कर सही उत्तर चुनिए–

सूची-I	**सूची-II**
(*a*) अन्तर्राज्यीय परिषद्	1. अनुच्छेद 315
(*b*) वित्त आयोग	2. अनुच्छेद 280
(*c*) प्रशासनिक अधिकरण	3. अनुच्छेद 263
(*d*) संघ लोक सेवा आयोग	4. अनुच्छेद 323(ए)

कूट :

	(*a*)	(*b*)	(*c*)	(*d*)
A.	2	4	3	1
B.	3	2	1	4
C.	1	2	4	3
D.	3	2	4	1

85. राष्ट्रपति के उम्मीदवार के लिए क्या आवश्यक नहीं है?
A. आयु 35 वर्ष हो
B. पढ़ा-लिखा हो
C. सांसद चुने जाने की योग्यता रखता हो
D. देश का नागरिक हो

86. सर्वसम्मति से निर्वाचित भारत के राष्ट्रपति थे–
A. एस. राधाकृष्णन B. वी.वी. गिरि
C. एन. संजीवारेड्डी D. ज्ञानी जैल सिंह

87. संसद/विधान सभा के किसी सदस्य की सदस्यता तब समाप्त समझी जाती है, यदि वह बिना सदन को सूचित किए अनुपस्थित रहता है–
A. 60 दिन B. 90 दिन
C. 120 दिन D. 150 दिन

88. किस सभा का सभापति उसका सदस्य नहीं होता है?
A. राज्य सभा B. लोक सभा
C. विधान सभा D. विधान परिषद्

89. शिक्षा का विषय–
A. संघीय सूची में B. राज्य सूची में
C. समवर्ती सूची में है D. अवशिष्ट विषयों में है

90. सूची-I को सूची-II से सुमेलित कीजिए तथा सूचियों के नीचे दिए गए कूट का प्रयोग कर सही उत्तर चुनिए–

सूची-I (स्थापना वर्ष)	सूची-II (राज्य)
(*a*) 1960	1. सिक्किम
(*b*) 1962	2. गोआ
(*c*) 1975	3. महाराष्ट्र
(*d*) 1987	4. नागालैण्ड

कूट :

	(*a*)	(*b*)	(*c*)	(*d*)
A.	2	4	3	1
B.	3	4	1	2
C.	4	3	1	2
D.	3	4	2	1

91. प्रथम पंचायती राजव्यवस्था का उद्घाटन पं. जवाहर लाल नेहरू द्वारा 2 अक्टूबर, 1959 को किया गया था–
A. साबरमती में B. वर्धा में
C. नागौर में D. सीकर में

92. निम्नलिखित विधेयकों में से किसी एक का भारतीय संसद के दोनों सदनों द्वारा अलग-अलग विशेष बहुमत से पारित होना आवश्यक है?
A. साधारण विधेयक
B. धन विधेयक
C. वित्त विधेयक
D. संविधान संशोधन विधेयक

93. भाषा के आधार पर राज्यों के गठन हेतु राज्य पुनर्गठन आयोग की स्थापना कब की गई थी?
A. 1856 B. 1956
C. 1957 D. 1960

94. पंचायतों के निर्वाचन में चुनाव लड़ने के लिए उम्मीदवार की न्यूनतम आयु कितनी होनी चाहिए?
A. 21 वर्ष B. 18 वर्ष
C. 25 वर्ष D. 30 वर्ष

95. भारतीय संविधान के किस अनुच्छेद के तहत् जीवन रक्षा तथा व्यक्तिगत स्वतंत्रता का प्रावधान है?
A. अनुच्छेद 20 B. अनुच्छेद 21
C. अनुच्छेद 22 D. अनुच्छेद 23

96. संविधान निर्माण का कार्य पूरा करके संविधान सभा ने संविधान को कब स्वीकार किया?
A. 15 अगस्त, 1947 को B. 26 जनवरी, 1950 को
C. 26 नवम्बर, 1949 को D. 24 जनवरी, 1950 को

97. निम्नलिखित में से किस संविधान संशोधन के अनुसार राष्ट्रपति निर्वाचन के निर्वाचक मण्डल में पुडुचेरी तथा दिल्ली विधान सभा के निर्वाचित सदस्यों को भी रखा गया है?
A. 71वाँ B. 42वाँ
C. 73वाँ D. इनमें से कोई नहीं

98. भारतीय संविधान के किस भाग को उसकी 'आत्मा' की संज्ञा दी जाती है?
A. मौलिक अधिकारों को
B. राज्य के नीति-निर्देशक सिद्धान्तों को
C. संविधान की प्रस्तावना को
D. अनुसूचियों को

99. भारत की संचित निधि से धन का व्यय निम्नलिखित में से किस माध्यम से किया जा सकता है?
A. संसद की अनुमति से
B. नीति आयोग की अनुमति से
C. भारत के नियंत्रक एवं महालेखा परीक्षक की अनुमति से
D. राष्ट्रपति की अनुमति से

100. नीति आयोग की स्थापना हुई–
A. 26 नवम्बर, 1950 B. 15 जून, 1950
C. 1 जनवरी, 2015 D. 15 जनवरी, 1950

101. भारत में संविधान के किस अनुच्छेद में अस्पृश्यता समाप्त की गई है?
A. अनुच्छेद 42 B. अनुच्छेद 15
C. अनुच्छेद 14 D. अनुच्छेद 17

102. वह रिट, जो भारत में उच्च न्यायालय अथवा सर्वोच्च न्यायालय द्वारा किसी व्यक्ति अथवा व्यक्ति समुदाय को आदेश देती है कि वह अपना कर्त्तव्य पालन करे, है–
A. बन्दी प्रत्यक्षीकरण रिट
B. उत्प्रेक्षण रिट
C. परमादेश रिट
D. इनमें से कोई नहीं

103. संविधान में जोड़ी गई दसवीं अनुसूची किससे सम्बन्धित है?
A. मिजोरम राज्य के लिए विशेष प्रावधानों से
B. दल-बदल के आधार पर अयोग्यता सम्बन्धी प्रावधानोंसे
C. सिक्किम के स्तर से सम्बन्धित शर्तों से
D. उपर्युक्त में से किसी से नहीं

104. राज्यसभा के सदस्यों की कुल संख्या .... हो सकती है।
A. 240 B. 260
C. 241 D. 250

105. सर्वोच्च न्यायालय के न्यायाधीशों की नियुक्ति के पूर्व मुख्य न्यायाधीश से विचार-विमर्श करना राष्ट्रपति के लिए–
A. बाध्यकारी है
B. बाध्यकारी नहीं है
C. विवेक का प्रश्न है
D. संविधान इस विषय पर मौन है

106. निम्नलिखित में से कौन-सा पदाधिकारी संसद के किसी भी सदन की कार्यवाही में भाग ले सकता है?
A. भारत का मुख्य न्यायाधीश
B. भारत का महान्यायवादी (एटॉर्नी जनरल)
C. भारत का रक्षा सचिव
D. भारत का गृह सचिव

107. भारत में वस्तु एवं सेवा कर (GST) किस वर्ष से लागू हुआ है?
A. 2016 B. 2017
C. 2018 D. 2019

108. भारतीय संविधान की कौन-सी विशेष व्यवस्था इंग्लैंड से ली गई है?
A. संसदीय प्रणाली B. संघीय प्रणाली
C. मूल अधिकार D. सर्वोच्च न्यायपालिका

109. संविधान के किस संशोधन द्वारा सम्पत्ति के अधिकार को मूल अधिकारों की श्रेणी से निकाल दिया गया है?
A. 42वें संशोधन B. 44वें संशोधन
C. 48वें संशोधन D. 24वें संशोधन

110. भारत के राष्ट्रपति की मर्जी तक निम्नलिखित में से कौन अपने पद पर रह सकता है?
A. सर्वोच्च न्यायालय के न्यायाधीश
B. चुनाव आयुक्त
C. राज्यपाल
D. लोकसभा अध्यक्ष

111. निम्न में से किसका उपयोग ऊँचाई नापने के लिए होता है?
A. बैरोमीटर B. प्लानोमीटर
C. अल्टीमीटर D. हाइड्रोमीटर

112. फ्लक्स घनता और चुम्बकीय क्षेत्र की क्षमता का अनुपात किसी माध्यम में होता है उसका–
A. चुम्बक की घनता B. ग्रहणशीलता
C. सम्बन्धित व्याकता D. पारगम्यता

113. ध्वनि तरंगें हैं–
A. अनुदैर्ध्य
B. अनुप्रस्थ
C. आंशिक लम्बवत्, आंशिक अनुदैर्ध्य
D. कभी-कभी अनुदैर्ध्य, कभी-कभी अनुप्रस्थ

114. कैमरे में किस प्रकार का लेन्स उपयोग में लाया जाता है?
A. उत्तल B. अवतल
C. वर्तुलाकार D. समान मोटाई का

115. एक स्वतंत्र रूप से लटका हुआ चुम्बक सदा ठहरता है (स्थिर होता है) वह दिशा है–
A. पूर्व-उत्तर B. उत्तर-पश्चिम
C. उत्तर-दक्षिण D. दक्षिण-पश्चिम

116. प्रकाश संश्लेषण में पौधे कौन-सी गैस का अवचूषण करते हैं?
A. CO_2 B. O_2
C. N_2 D. H_2

117. विद्युत मात्रा की इकाई है–
A. ऐम्पियर B. ओम
C. वोल्ट D. कूलॉम

118. 1 किग्रा. राशि का वजन है–
A. 1 न्यूटन B. 10 न्यूटन
C. 9.8 न्यूटन D. 9 न्यूटन

119. एक्स-रे के आविष्कारक थे–
A. आइन्स्टीन B. डब्ल्यू.एच. ब्रॅग
C. रॉन्जन D. हेनरी बेकरेल

120. नाड़ी गति द्वारा डॉक्टर ज्ञात करता है–
A. रक्तचाप B. साँस गति
C. हृदय की धड़कन D. उपर्युक्त में से कोई नहीं

121. निम्न में से कौन आवेश की इकाई नहीं है?
A. फैराडे B. फ्रैंकलीन
C. कुलम्ब D. एम्पीयर/सेकण्ड

122. मानव शरीर में क्रोमोसोम की संख्या होती है–

A. 46 B. 48
C. 49 D. 50

123. एक प्रकाशवर्ष इससे सर्वाधिक समीप है–

A. 10^8 मीटर B. 10^{12} मीटर
C. 10^{16} मीटर D. 10^{20} मीटर

124. हवाई जहाज के 'ब्लैक बॉक्स' का क्या रंग होता है?

A. काला B. लाल
C. बैंगनी D. नारंगी

125. निम्नांकित में से कौन एक कीट के शरीर से निकलास्राव है?

A. मोती B. मूँगा
C. लाख D. गोंद

126. निम्नांकित में से कौन-सी धातु किसी नगर की वायु को, जहाँ बहुत अधिक संख्या में मोटर कारें आदि हों, प्रदूषित करती है?

A. कैडमियम B. क्रोमियम
C. सीसा D. ताँबा

127. परमाणु के नाभिक में होते हैं–

A. इलेक्ट्रॉन तथा न्यूट्रॉन B. इलेक्ट्रॉन तथा प्रोट्रॉन
C. प्रोट्रॉन तथा न्यूट्रॉन D. प्रोट्रॉन तथा रेडान

128. निम्नांकित में कौन कठोरतम है?

A. सोना B. हीरा
C. लोहा D. टंगस्टन

129. शरीर के किस भाग में पित्त का निर्माण होता है?

A. यकृत B. तिल्ली
C. पित्ताशय की थैली D. पैन्क्रियाज

130. एन्जाइम मूलतः क्या है?

A. वसा B. शर्करा
C. प्रोटीन D. विटामिन

131. मानव शरीर में सबसे छोटी ग्रन्थि कौन है?

A. एड्रीनल B. थाइरॉइड
C. पैन्क्रियाज D. पिट्यूटरी

132. रेफ्रीजरेटर में थर्मोस्टेट का कार्य है–

A. तापमान को कम करना
B. हिमायन ताप को बढ़ाना
C. एक समान तापमान को बनाए रखना
D. गलनांक को घटाना

133. सूर्य की ऊर्जा उत्पन्न होती है–

A. आयनन द्वारा
B. नाभिकीय संलयन द्वारा
C. नाभिकीय विखण्डन द्वारा
D. ऑक्सीकरण द्वारा

134. द्रव क्रिस्टल प्रयुक्त होते हैं–

A. कलाई घड़ियों में B. प्रदर्शन युक्तियों में
C. पॉकेट कैलकुलेटरों में D. उपर्युक्त सभी में

135. निम्नांकित में से कौन-सा उर्वरक मृदा में सर्वाधिक अम्ल छोड़ता है?

A. यूरिया
B. अमोनियम सल्फेट
C. अमोनियम नाइट्रेट
D. कैल्सियम अमोनियम नाइट्रेट

136. खाद्य पदार्थों के संरक्षण हेतु निम्नांकित में से कौन-सा प्रयुक्त होता है?

A. सोडियम कार्बोनेट B. एसीटिलीन
C. बेंजोइक अम्ल D. सोडियम क्लोराइड

137. कृष्ण-छिद्र सिद्धान्त को प्रतिपादित किया था–

A. सी.वी. रमन ने B. एच.जे. भाभा ने
C. एस. चन्द्रशेखर ने D. हरगोविन्द खुराना ने

138. साइनोकोबालमिन है–

A. विटामिन सी B. विटामिन बी-2
C. विटामिन बी-6 D. विटामिन बी-12

139. निम्नांकित जोड़ों में किसका सुमेल है?

A. निमोनिया-फेफड़े
B. मोतिया बिन्द-थायराइड ग्रन्थि
C. पीलिया-आँख
D. मधुमेह-यकृत

140. दूध उदाहरण है–

A. एक शिलिषि का B. एक पायस का
C. एक निलम्बन का D. एक फेन का

141. भारत के राष्ट्रीय ध्वज में केसरिया, सफेद और हरे रंग की तीन–

A. आड़ी पट्टियाँ हैं
B. खड़ी पट्टियाँ हैं
C. एक दूसरे को काटती हुई पट्टियाँ हैं
D. तिरछी पट्टियाँ हैं

142. हमारे राष्ट्रीय ध्वज की लम्बाई और चौड़ाई का अनुपात–
A. 2 : 3 है B. 3 : 4 है
C. 4 : 3 है D. 3 : 2 है

143. भारत के राष्ट्रीय ध्वज के बीच में एक गोल चक्र है; यह चक्र–
A. तीनों रंग की पट्टियों पर है
B. केसरिया रंग की पट्टी पर है
C. सफेद रंग की पट्टी पर है
D. हरे रंग की पट्टी पर है

144. किसी भाषा को किसी राज्य की राजभाषा के रूप में अंगीकार करने का अधिकार किसे है?
A. राष्ट्रपति B. संसद
C. राज्य विधान सभा D. राजभाषा आयोग

145. हमारे राष्ट्रीय ध्वज में तीन पट्टियाँ हैं; उनमें सबसे नीचे वाली पट्टी किस रंग की है?
A. केसरिया B. सफेद
C. हरे D. इनमें से कोई नहीं

146. हमारे राष्ट्रगान 'जन-गण-मन' में कुल कितने पद हैं?
A. तीन B. पाँच
C. चार D. दो

147. राष्ट्र गीत 'वन्देमातरम्', 'आनन्दमठ' नामक ग्रंथ से लिया गया है, जिसके लेखक हैं–
A. बंकिम चन्द्र चटर्जी B. रवीन्द्र नाथ टैगोर
C. व्योमेश चन्द्र बनर्जी D. सुरेन्द्रनाथ बनर्जी

148. हमारे राजचिह्न में ऊपर चार सिंह बने हैं (तीन दिखाई पड़ते हैं) और उनके नीचे देवनागरी लिपि में 'सत्यमेव जयते' लिखा है। यह 'सत्यमेव जयते' कहाँ से उद्धृत किया गया है?
A. भगवद्गीता से B. मुण्डक उपनिषद से
C. ऋग्वेद से D. स्कन्द पुराण से

149. भारत का राष्ट्रीय पंचांग–
A. शक् संवत् पर आधारित है
B. हिजरी संवत् पर आधारित है
C. विक्रमी संवत् पर आधारित है
D. विक्रमांक-चालुक्य संवत् पर आधारित है

150. भारत का राष्ट्रीय पशु है–
A. गाय B. हाथी
C. अश्व D. बाघ

151. होमगार्ड का गठन कब हुआ था?
A. 1972 B. 1962
C. 1968 D. 1965

152. स्थल सेना के निम्नलिखित पदों में सबसे छोटा कौन-सा है?
A. लेफ्टीनेंट B. ब्रिगेडियर
C. कर्नल D. कैप्टन

153. प्रादेशिक सेना का गठन कब हुआ था?
A. 1949 B. 1957
C. 1962 D. 1972

154. प्रादेशिक सेना में भर्ती होने के लिए क्या आयु होनी चाहिए?
A. 21 से 30 वर्ष B. 21 से 35 वर्ष
C. 18 से 35 वर्ष D. 20 से 35 वर्ष

155. एन.सी.सी. में कितने डिवीजन हैं?
A. चार B. पांच
C. तीन D. दो

156. एयरफोर्स अकादमी कहां है?
A. बेलगाम B. कोयम्बटूर
C. हैदराबाद D. सिकन्दराबाद

157. असम राइफल्स का मुख्यालय कहाँ है?
A. इंफाल B. आइजोल
C. दिसपुर D. शिलांग

158. हर साल 7 दिसम्बर को भारत में मनाया जाता है–
A. वायु सेना दिवस
B. झंडा दिवस
C. नौसेना दिवस
D. कोस्ट गार्ड दिवस

159. भारत में नौसेना दिवस किस दिन मनाया जाता है?
A. 8 अक्टूबर B. 15 जनवरी
C. 21 दिसम्बर D. 7 दिसम्बर

160. भारत की सेना के प्रथम भारतीय सेनापति थे–
A. जनरल के.एम. करियप्पा
B. फील्ड मार्शल मानेकशा
C. जनरल राजेन्द्र सिंह
D. उपरोक्त में से कोई भी नहीं

161. वीटो का अधिकार–
A. संयुक्त राष्ट्र के सभी सदस्यों को प्राप्त है
B. सुरक्षा परिषद् के सभी सदस्यों को प्राप्त है
C. सुरक्षा परिषद् के सभी स्थायी सदस्यों को प्राप्त है
D. सुरक्षा परिषद् के सभी अस्थायी सदस्यों को प्राप्त है

162. संयुक्त राष्ट्र संघ का मुख्यालय कहाँ है–
A. वाशिंगटन B. न्यूयार्क
C. बोस्टन D. शिकागो

163. संयुक्त राष्ट्र संघ का ध्वज किस रंग का है?
A. हल्के नीले रंग का
B. हल्के गुलाबी रंग का
C. गहरे केसरिया रंग का
D. आधा हल्के रंग का और आधा केसरिया रंग का

164. संयुक्त राष्ट्र संघ की बैठकों में आमतौर से काम-काज किस भाषा में होता है?
A. अंग्रेजी B. रूसी
C. फ्रेंच D. अंग्रेजी और फ्रेंच

165. अंतर्राष्ट्रीय न्यायालय का मुख्यालय कहाँ है?
A. हेग B. जेनेवा
C. रोम D. बर्न

166. राष्ट्रमंडल के सदस्य वे देश हैं, जो–
A. ब्रिटेन के अधीन हैं
B. ब्रिटेन से आर्थिक सहायता पाते हैं
C. पहले ब्रिटेन के अधीन थे किन्तु अब स्वाधीन हैं
D. ब्रिटेन से अस्त्र-शस्त्र प्राप्त करते हैं

167. सार्क (दक्षिण एशियाई सहयोग संगठन) में कितने देश सदस्य हैं?
A. पांच B. छः
C. आठ D. सात

168. निम्नलिखित देशों में से कौन-सा देश सार्क (SAARC) का सदस्य नहीं है?
A. भारत B. पाकिस्तान
C. बांग्लादेश D. म्यांमार

169. गुट निरपेक्ष देशों का पहला शिखर सम्मेलन किस वर्ष हुआ था?
A. 1955 में B. 1961 में
C. 1983 में D. 1976 में

170. गुट निरपेक्ष आन्दोलन के सदस्य देश–
A. शक्तिशाली देशों के गुटों से दूर रहते हैं
B. परस्पर एक-दूसरे की रक्षा के लिए वचनबद्ध हैं
C. एक दूसरे को सैनिक सहायता देते हैं
D. एक सैनिक संधि के सदस्य हैं

171. जमनालाल बजाज पुरस्कार किस क्षेत्र में सराहनीय योगदान के लिए प्रदान किया जाता है?
A. शांति व निःशस्त्रीकरण B. कृषि
C. रचनात्मक कार्य D. साहित्य

172. भारत वर्ष में प्रथम रेमन मैग्सेसे पुरस्कार विजेता कौन था?
A. सी.डी. देशमुख B. जय प्रकाश नारायण
C. डॉ. वर्गीज कुरियन D. आचार्य विनोबा भावे

173. भारतीय ज्ञानपीठ पुरस्कार किसे प्रदान किया जाता है?
A. उत्कृष्ट हिन्दी कविता के लिए
B. भारतीय साहित्य में उत्कृष्ट योगदान के लिए
C. हिन्दी साहित्य में उत्कृष्ट योगदान के लिए
D. भारतीय दर्शन की उत्कृष्ट समीक्षा के लिए

174. अध्यापकों के लिए राष्ट्रीय पुरस्कारों की घोषणा कब की जाती है?
A. 14 नवम्बर B. 5 सितम्बर
C. 30 जनवरी D. 26 जनवरी

175. निम्नलिखित में से किस विषय पर नोबेल पुरस्कार नहीं दिया जाता है?
A. चिकित्सा B. गणित
C. अर्थशास्त्र D. रसायन शास्त्र

176. बुकर पुरस्कार किस क्षेत्र में प्रदान किया जाता है?
A. कल्पना साहित्य लेखन
B. औषधि
C. साहस के कार्य
D. विज्ञान

177. हर गोविन्द खुराना को नोबेल पुरस्कार किस क्षेत्र में योगदान के लिए मिला था?
A. चिकित्सा शास्त्र B. भौतिक शास्त्र
C. अर्थशास्त्र D. शांति

178. सर्वोच्च शौर्य पुरस्कार 'परमवीर चक्र' के प्रथम विजेता कौन थे?
A. मेजर ध्यान सिंह B. के. गुरुवचन सिंह
C. मेजर शैतान सिंह D. मेजर सोमनाथ शर्मा

179. धन्वन्तरि पुरस्कार किस क्षेत्र में विशिष्ट योगदान के लिए दिया जाता है?
A. संगीत B. नृत्य
C. दर्शन D. चिकित्सा

180. कलिंग पुरस्कार किस क्षेत्र में दिया जाता है?
A. साहित्य के क्षेत्र में
B. विज्ञान के क्षेत्र में
C. सामाजिक कल्याण के लिए किए गए कार्य के लिए
D. अन्तर्राष्ट्रीय शान्ति एवं सद्भावना के लिए

181. नोबेल पुरस्कार का आरम्भ कब से हुआ?
A. सन् 1901 से B. सन् 1905 से
C. सन् 1896 से D. सन् 1934 से

182. अर्थशास्त्र के लिए नोबेल पुरस्कार कब से आरम्भ हुआ?
A. सन् 1969 ई. से
B. सन् 1939 ई. से
C. सन् 1901 ई. से
D. सन् 1935 ई. से

183. निम्नलिखित किस अफ्रीकी नेता को भारत-रत्न से सम्मानित किया गया है?
A. होस्नी मुबारक B. जोमो केन्योटा
C. अनवर सादात D. नेल्सन मंडेला

184. विज्ञान को सर्वसुलभ व सर्वोपयोगी बनाने में सर्वाधिक योगदान देने वाले व्यक्ति को भारतीय नाम वाले किस अन्तर्राष्ट्रीय पुरस्कार से सम्मानित किया जाता है?
A. कालिंजर पुरस्कार
B. कलिंग पुरस्कार
C. मानवता पुरस्कार
D. ऐसा कोई पुरस्कार नहीं है

185. नेहरू पुरस्कार कौन-सी संस्था प्रदान करती है?
A. इंडियन कौंसिल ऑफ कल्चरल रिलेशन्स
B. इंडो-सोवियत कल्चरल सोसाइटी
C. भारतीय राष्ट्रीय कांग्रेस
D. भारतीय ज्ञानपीठ

186. वीरता का सर्वोच्च सम्मानसूचक पदक जो शत्रु के सामने असीम शौर्य और अदम्य साहस दिखाने या आत्म-बलिदान करने पर भेंट किया जाता है, उसका क्या नाम है?
A. चक्रव्यूह B. अशोक चक्र
C. महावीर चक्र D. परमवीर चक्र

187. प्रथम मरणोपरान्त 'भारत-रत्न' अलंकरण किसे प्रदान किया गया था?
A. के. कामराज नाडार B. आचार्य विनोबा भावे
C. लाल बहादुर शास्त्री D. एम.जी. रामचन्द्रन

188. निम्नलिखित में से कौन-सा पुरस्कार केवल एशियावासियों को दिया जाता है?
A. नेहरू सद्भावना पुरस्कार
B. पुलित्जर पुरस्कार
C. इन्दिरा गांधी शान्ति पुरस्कार
D. मैग्सेसे पुरस्कार

189. अर्जुन पुरस्कार कब से प्रारम्भ हुए?
A. 1961 ई. से B. 1962 ई. से
C. 1963 ई. से D. 1964 ई. से

190. ऑस्कर अवॉर्ड जीतने वाले पहले भारतीय थे–
A. नरगिस दत्त B. शशि कपूर
C. सत्यजीत रे D. भानु अथैया

191. अपर कट शब्द किस खेल में प्रयोग किया जाता है?
A. टेनिस B. वॉलीबॉल
C. क्रिकेट D. बॉक्सिंग

192. निम्नलिखित में से कौन-सा कप/ट्रॉफी फुटबॉल से सम्बन्धित नहीं है?
A. मर्डेका कप B. डूरण्ड कप
C. सन्तोष ट्रॉफी D. दिलीप ट्रॉफी

193. फिनिस शब्द का प्रयोग किस खेल में होता है?
A. शतरंज B. ब्रिज
C. बिलियड्‌र्स D. रग्बी

194. एक दिवसीय क्रिकेट तथा टेस्ट मैचों में सर्वाधिक रन बनाने का रिकॉर्ड किसके नाम है?
A. सौरभ गांगुली B. सचिन तेन्दुलकर
C. डॉन ब्रैडमैन D. ब्रायन लारा

195. निम्नलिखित में से कौन-सी अन्तर्राष्ट्रीय टेनिस खेल प्रतियोगिता घास के मैदान पर खेली जाती है?
A. यू.एस. ओपन B. फ्रेंच ओपन
C. विम्बलडन D. ऑस्ट्रेलियाई ओपन

196. 'विम्बलडन ट्रॉफी' का सम्बन्ध किस खेल से है?
A. पोलो (इंग्लैंड) से B. समुद्री दौड़ से
C. घुड़दौड़ से D. टेनिस से

197. निम्नलिखित में से किस पदक का सम्बन्ध हॉकी से नहीं है?
A. आगा खां कप B. वर्दवान ट्रॉफी
C. ध्यानचन्द ट्रॉफी D. बम्बई गोल्ड कप

198. 'रिवर्स स्विंग' एवं 'बीमर' नामक शब्दावलियां किस खेल से संबंधित हैं?
A. नौकायन B. क्रिकेट
C. फुटबॉल D. हॉकी

199. निम्नलिखित में से किस ट्रॉफी का सम्बन्ध हॉकी से है?
A. सिन्धिया गोल्ड कप B. संतोष ट्रॉफी
C. रोहिंगटन बेरिया ट्रॉफी D. सुब्रतो मुखर्जी ट्रॉफी

200. 'ज्यूल्स रिमेट ट्रॉफी का सम्बन्ध किस खेल से है?
A. फुटबॉल (विश्व) से B. गोल्फ से
C. हॉकी (भारत) से D. लॉन टेनिस (विश्व) से

201. 'मर्डेका' का सम्बन्ध किस खेल से है?
A. फुटबाल (विश्व) से
B. फुटबाल (भारत) से
C. फुटबाल (एशिया) से
D. क्रिकेट (आस्ट्रेलिया-इंग्लैंड) से

202. प्रथम ओलम्पिक खेल ओलम्पिया (ग्रीस) में कब खेले गए थे?
A. 233 ई.पू. में B. 1500 ई.पू. में
C. 500 ई.पू. में D. 776 ई.पू. में

203. 394 ई. में रोम के बाद एक सम्राट ने ओलम्पिक खेलों को बंद कर दिया था। इसको पुनः किसने शुरू किया?
A. मि. स्पोर्ट्समैन ने
B. बैरन पीयरे डी कोबर्टिन ने
C. जनरल फ्रेंको ने
D. अब्राहम लिंकन ने

204. सर्वप्रथम आधुनिक ओलिम्पिक ध्वज कब फहराया गया?
A. 1896 में B. 1908 में
C. 1920 में D. 1924 में

205. ग्रैंड स्लेम निम्नलिखित में से किस खेल से सम्बन्धित है?
A. फुटबॉल B. टेनिस
C. हॉकी D. पोलो

206. प्रथम आधुनिक ओलम्पिक खेल कब और कहां खेले गए?
A. रोम, 1894 ई. में B. मैड्रिड, 1840 ई. में
C. लिस्बन, 1800 ई. में D. एथेन्स, 1896 ई. में

207. फीफा विश्व कप फुटबॉल-2022 का विजेता कौन है?
A. ब्राजील B. अर्जेन्टीना
C. फ्रांस D. इटली

208. भारत में खेल सम्बन्धी दो राष्ट्रीय इंस्टीट्यूट हैं। एक नेताजी सुभाष बोस के नाम से पटियाला में है, दूसरा किसके नाम से ग्वालियर में है?
A. राणा प्रताप B. पृथ्वीराज चौहान
C. शिवाजी D. रानी लक्ष्मीबाई

209. सबसे बड़े मैदान में खेला जाने वाला खेल कौन-सा है?
A. हॉकी B. क्रिकेट
C. पोलो D. कबड्डी

210. लॉन टेनिस जाल की ऊँचाई कितनी होती है?
A. 2 फुट 6 इंच B. 3 फुट 6 इंच
C. 4 फुट D. 2 फुट 2 इंच

211. 'ए सूटेबल ब्वाय' पुस्तक का लेखक कौन है?
A. खुशवंत सिंह B. अरुण शोरी
C. विक्रम सेठ D. उपरोक्त में से कोई नहीं

212. 'कैन्टरबरी टेल्स' पुस्तक का लेखक कौन है?
A. ज्योफरी चासर B. लियो टॉलस्टाय
C. गुन्नार मिर्डल D. विलियम शेक्सपियर

213. निम्नलिखित में से कौन-सी पुस्तक प्रेमचन्द द्वारा रचित नहीं है?
A. गोदान B. गबन
C. प्रेम पचीसी D. आनंदमठ

214. बांग्लादेश की लेखिका तस्लीमा नसरीन को किस पुस्तक से ख्याति मिली?
A. शर्म B. लज्जा
C. नारी स्वातंत्र्य D. अबला

215. 'पावर्टी एण्ड अन-ब्रिटिश रूल इन इण्डिया' का लेखक कौन है?
A. लाला लाजपत राय
B. लाला हरदयाल
C. विनायक दामोदर सावरकर
D. दादाभाई नौरोजी

216. 'मुद्राराक्षस' ग्रंथ का लेखक कौन है?
A. विशाखदत्त B. कालिदास
C. भारवि D. माघ

217. 'माई प्रेसिडेंशल ईयर्स' पुस्तक का लेखक कौन है?
A. ज्ञानी जैल सिंह B. वी.वी. गिरि
C. आर. बेंकटरमन D. डॉ. शंकर दयाल शर्मा

218. 'जय सोमनाथ' किसकी कृति है?
A. के.एम. मुंशी B. वृन्दावन लाल वर्मा
C. अमृत लाल नागर D. मदन मोहन मालवीय

219. वर्शिपिंग फाल्स गॉड्स पुस्तक के लेखक हैं–
A. विक्रम सेठ B. अरुण शौरी
C. सलमान रुश्दी D. खुशवन्त सिंह

220. निम्नलिखित पुस्तकों में से कौन-सी पुस्तक सलमान रुश्दी की है?
A. दि वर्ल्ड ऑफ फतवाज
B. दि मूर्स लास्ट साई
C. दि अदर हॉफ
D. फूल्स पैराडाइज

221. मार्ग्रेट थैचर द्वारा रचित पुस्तक है–
A. लांग वॉक टु फ्रीडम B. दि पाथ टु पावर
C. इमेज एंड इमेजिनेशन D. 10 डाउनिंग स्ट्रीट

222. 'फ्रीडम एट मिडनाइट' के लेखक कौन हैं?
A. जवाहरलाल नेहरू तथा डॉ. राजेन्द्र प्रसाद
B. एम.ओ. मथाई तथा फ्रैंक मोरेस
C. मैक्सिम गोर्की तथा दोस्तोवस्की
D. लैरी कॉलिन्स और डोमिनिक लापियर

223. 'अंकल टॉम्स केबिन' के लेखक का क्या नाम है?
A. एच.बी. स्टोव B. एडम स्मिथ
C. टॉल्स्टॉय D. थामस मूर

224. 'वार एण्ड पीस' और 'अन्ना कैरेनिना' दोनों एक ही अन्तर्राष्ट्रीय ख्याति प्राप्त लेखक की कृतियाँ हैं; उस लेखक का क्या नाम है?
A. ओलीवर गोल्डस्मिथ B. श्वेतलाना
C. लुई ब्रोमफील्ड D. लियो टाल्स्टॉय

225. नीरज चोपड़ा का संबंध किस खेल से है?
A. हॉकी B. क्रिकेट
C. फुटबॉल D. भाला फेंक

226. 'दास कैपिटल' के लेखक कौन हैं?
A. शेक्सपियर B. कौटिल्य
C. कर्नल जॉन हण्ट D. कार्ल मार्क्स

227. 'मदर' के लेखक का क्या नाम है?
A. मैक्सिम गोर्की B. पर्ल एस. बक
C. कैथराइन मेयो D. टी.एस. इलियट

228. 'कलम का सिपाही' में किसकी जीवनी प्रस्तुत की गई है?
A. शरतचन्द्र B. प्रेमचन्द
C. राहुल सांकृत्यायन D. जोश मलीहाबादी

229. 'झण्डा ऊँचा रहे हमारा' गीत किस कवि की रचना है?
A. श्यामलाल गुप्त 'पार्षद' B. मैथिलीशरण गुप्त
C. सोहनलाल द्विवेदी D. रामधारी सिंह 'दिनकर'

230. 'आइने अकबरी' का लेखक कौन था?
A. इब्न बतूता B. अकबर
C. अबुल फजल D. अकबर मुरादाबादी

231. कम्प्यूटर–
A. एक उपकरण है जो गणितीय और तार्किक संक्रियायें सम्पन्न करता है
B. एक उपकरण है, जो केवल गणितीय संक्रियायें सम्पन्न करता है
C. एक स्मृति उपकरण है
D. एक गणना उपकरण है

232. 'PC' का अर्थ है–
A. प्राइवेट कम्प्यूटर B. पर्सनल कल्कुलेटर
C. पर्सनल कम्प्यूटर D. प्रोफेसनल कम्प्यूटर

233. 'बाइनरी अंक प्रणाली' में अधिकतम अंक (digit) कितने होते हैं?
A. 1 B. 10
C. 2 D. 4

234. निम्नलिखित में से कौन-सा 'इनपुट' उपकरण है?
A. मॉनीटर B. प्रिंटर
C. प्लॉटर D. माउस

235. CPU का पूरा नाम है–
A. सेन्ट्रल प्रोग्रामिंग यूनिट
B. सेन्ट्रल प्रोसेसिंग यूनिट
C. सेन्ट्रल प्रोग्रामिंग अण्डरस्टैंडिंग
D. सेन्ट्रल प्रोसेसिंग अण्डरस्टैंडिंग

236. गणना हेतु प्रयोग में लाया गया पहला उपकरण था
A. ENIAC B. ABACUS
C. एनालिटिकल इंजन D. EDSAC

237. ABACUS का प्रयोग कब शुरू हुआ था?
A. 250 ई. B. 450 ई.पू.
C. 1200 ई.पू. D. 1200 ई.

238. किस अंग्रेज को 'कम्प्यूटर का जनक' कहा जाता है?
A. ब्लेज पास्कल B. लेबनित्ज
C. चार्ल्स बैबेज D. जे.पी. एकर्ट

239. निम्नलिखित में से कौन-सी कम्प्यूटर की सेकेण्डरी मेमोरी है?
A. RAM B. ROM
C. रजिस्टर्स D. फ्लॉपी

240. निम्नलिखित में से कौन पैकेज नहीं है?
A. BASIC B. dBASE
C. वर्ड परफेक्ट D. पेज मेकर

241. कौन-सा बेमेल है?
A. वर्ड स्टार B. वर्ड परफेक्ट
C. DOS Editor D. विण्डो

242. डाटा के समुच्चय (Set) को क्या कहते हैं?
A. फील्ड B. रेकार्ड
C. फाइल D. इनमें से कोई नहीं

243. Keyboard है?
A. इनपुट यूनिट है
B. आउटपुट यूनिट है
C. इनपुट यूनिट और आउटपुट यूनिट दोनों हैं
D. उपरोक्त में से कोई भी नहीं है

244. प्रिंटर–
A. आउटपुट यूनिट है
B. इनपुट यूनिट है
C. उपरोक्त दोनों हैं
D. उपरोक्त में से कोई भी नहीं है

245. फ्लॉपी–
A. इनपुट यूनिट है
B. आउटपुट यूनिट है
C. इनपुट यूनिट और आउटपुट यूनिट दोनों हैं
D. उपरोक्त में से कोई भी नहीं है

246. कम्प्यूटर की विशेषताएं हैं–
1. तेज रफ्तार 2. स्वचालन
3. कार्यशीलता 4. परिवर्तनशीलता
निम्नलिखित में से कौन-सी विशेषता सही है?
A. 1 और 2 सही हैं B. 1, 2 और 4 सही हैं
C. 1, 2 और 3 सही हैं D. उपरोक्त सभी सही हैं

247. 1 बाइट बराबर है–
A. 8 बिट B. 16 बिट
C. 36 बिट D. 64 बिट

248. असंसाधित तथ्य को क्या कहा जाता है?
A. डाटम B. डाटा
C. फाइल D. फील्ड

249. कम्प्यूटर–
A. सूचना ग्रहण करता है
B. सूचना को निर्दिष्ट प्रयोजन के लिए अनुकूल बनाता है
C. परिणाम प्रदर्शित करता है
D. उपरोक्त सभी बातें सही हैं

250. डाटा क्या है–
A. संसाधित तथ्य
B. असंसाधित तथ्य
C. अंक और अक्षर
D. उपरोक्त में से कोई भी नहीं

251. 'जीने की कला' (आर्ट ऑफ लिविंग) के प्रतिपादक और प्रचारक कौन हैं?
A. महर्षि महेश योगी B. श्री श्री रवि शंकर
C. स्वामी चिन्मयानंद D. भगवान रजनीश

252. डंकन पैसेज निम्नलिखित में से किसके बीच स्थित है?
A. दक्षिणी और लिटिल अंडमान
B. उत्तरी और दक्षिणी अंडमान
C. उत्तरी और मध्य अंडमान
D. अंडमान और निकोबार

253. निम्नलिखित में से किस शहर को 'इलेक्ट्रॉनिक सिटी' के रूप में जाना जाता है?
A. गुरुग्राम B. जयपुर
C. बेंगलुरु D. हैदराबाद

254. रासायनिक रूप से 'मिल्क ऑफ मैग्नेशिया' क्या होता है?
A. मैग्नीशियम कार्बोनेट
B. सोडियम बाइकार्बोनेट
C. कैल्सियम हाइड्रॉक्साइड
D. मैग्नीशियम हाइड्रॉक्साइड

255. वन अनुसंधान संस्थान कहाँ स्थित है?

A. देहरादून में　　B. भोपाल में
C. लखनऊ में　　D. दिल्ली में

256. निम्नलिखित कलाकारों और उनके कला-रूपों के मेल मिलाइए–

कलाकार	कला-रूप
(*a*) पन्नालाल घोष	1. चित्रकला
(*b*) पंडित भीमसेन जोशी	2. कर्नाटक संगीत (कंठ संगीत)
(*c*) अंजलि ईला मेनन	3. बाँसुरी
(*d*) मदुराई मणि अय्यर	4. हिन्दुस्तानी संगीत (कंठ संगीत)

कूट :

	(*a*)	(*b*)	(*c*)	(*d*)
A.	1	3	2	4
B.	2	1	4	3
C.	3	4	1	2
D.	4	2	3	1

257. मनरेगा के स्थान पर 'विकसित भारत-जी राम जी अधिनियम' किस वर्ष लागू हुआ?

A. 2022　　B. 2023
C. 2024　　D. 2025

258. किस क्षेत्र में अधिकांश मौसम सम्बन्धी गतिविधियाँ होती हैं?

A. आयनमंडल　　B. क्षोभमंडल
C. समतापमंडल　　D. क्षोभसीमा

259. निम्नलिखित में से वह पर्वत श्रेणी कौन-सी है जो भारत में सबसे पुरानी है?

A. हिमालय　　B. विंध्याचल
C. अरावली　　D. सहयाद्रि

260. निमज्जित वस्तु का पता लगाने के लिए किस उपकरण का प्रयोग किया जाता है?

A. राडार　　B. सोनार
C. क्वासार　　D. पल्सार

उत्तरमाला

1	2	3	4	5	6	7	8	9	10
B	D	B	B	A	D	C	B	A	C
11	**12**	**13**	**14**	**15**	**16**	**17**	**18**	**19**	**20**
D	B	C	C	A	A	B	D	A	A
21	**22**	**23**	**24**	**25**	**26**	**27**	**28**	**29**	**30**
C	D	B	B	C	C	D	A	B	A
31	**32**	**33**	**34**	**35**	**36**	**37**	**38**	**39**	**40**
B	A	D	C	C	D	A	B	B	B
41	**42**	**43**	**44**	**45**	**46**	**47**	**48**	**49**	**50**
B	B	B	C	C	C	C	A	B	C
51	**52**	**53**	**54**	**55**	**56**	**57**	**58**	**59**	**60**
D	B	C	C	A	B	D	C	A	A
61	**62**	**63**	**64**	**65**	**66**	**67**	**68**	**69**	**70**
B	D	B	A	C	D	B	B	A	C
71	**72**	**73**	**74**	**75**	**76**	**77**	**78**	**79**	**80**
D	B	B	A	D	C	A	C	D	B
81	**82**	**83**	**84**	**85**	**86**	**87**	**88**	**89**	**90**
B	A	B	D	B	C	A	A	C	B
91	**92**	**93**	**94**	**95**	**96**	**97**	**98**	**99**	**100**
C	D	B	A	B	C	D	C	A	C
101	**102**	**103**	**104**	**105**	**106**	**107**	**108**	**109**	**110**
D	C	B	D	A	B	B	A	B	C

111	112	113	114	115	116	117	118	119	120
C	B	A	A	C	A	D	C	C	C
121	122	123	124	125	126	127	128	129	130
D	A	C	D	C	C	C	B	A	C
131	132	133	134	135	136	137	138	139	140
D	C	B	D	B	C	C	D	A	B
141	142	143	144	145	146	147	148	149	150
A	D	C	C	C	B	A	B	A	D
151	152	153	154	155	156	157	158	159	160
B	A	A	C	C	C	D	B	C	A
161	162	163	164	165	166	167	168	169	170
C	B	A	D	A	C	C	D	B	A
171	172	173	174	175	176	177	178	179	180
C	D	B	B	B	A	A	D	D	B
181	182	183	184	185	186	187	188	189	190
A	A	D	B	A	D	C	D	A	D
191	192	193	194	195	196	197	198	199	200
D	D	B	B	C	D	B	B	A	A
201	202	203	204	205	206	207	208	209	210
C	D	B	B	B	D	B	D	C	B
211	212	213	214	215	216	217	218	219	220
C	A	D	B	D	A	C	A	B	B
221	222	223	224	225	226	227	228	229	230
B	D	A	D	D	D	A	B	A	C
231	232	233	234	235	236	237	238	239	240
A	C	C	D	B	B	A	C	D	A
241	242	243	244	245	246	247	248	249	250
D	A	A	A	C	D	A	B	D	B
251	252	253	254	255	256	257	258	259	260
B	A	C	D	A	C	D	B	C	B

✧✧✧✧✧